Elke Scherstjanoi

SED-Agrarpolitik unter sowjetischer Kontrolle 1949–1953

Veröffentlichungen zur SBZ-/DDR-Forschung im Institut für Zeitgeschichte

R. Oldenbourg Verlag München 2007

Bibliographische Information der Deutschen Nationalbibliothek
Die Deutsche Nationalbibliothek verzeichnet diese Publikation in der Deutschen Nationalbibliographie; detaillierte bibliographische Daten sind im Internet über http://dnb.d-nb.de abrufbar.

Rosenheimer Straße 145, D-81671 München
Internet: oldenbourg.de

Gedruckt auf säurefreiem, alterungsbeständigem Papier (chlorfrei gebleicht)
Satz: Typodata GmbH, München
Druck: Memminger MedienCentrum, Memmingen
Bindung: Buchbinderei Klotz, Jettingen-Scheppach

ISBN 978-3-486-57994-9

Inhalt

Einleitung

1. Zum Anliegen

1.1. Forschungsstand, Untersuchungsgegenstand, Untersuchungszeitraum

Die folgende Darstellung ist der Politik der SED im Bereich von Agrarproduktion und ländlicher Gesellschaft während der frühen fünfziger Jahre gewidmet. Sie beschreibt die Agrarentwicklung im östlichen Teil Deutschlands und ihre politischen Hintergründe nach Abschluß des durch die Bodenreform bestimmten sozialen Umbruchs auf dem Lande. Die damals wichtigsten Bestandteile dieser Politik, die Lenkung von agrarischen Produktions- und Reproduktionsprozessen im volkswirtschaftlichen Gesamtzusammenhang und der differenzierte Umgang mit den verschiedenen Schichten der Bauernschaft, stehen im Zentrum der Betrachtung. Die noch kaum entwickelte Agrarökonomik der SED und die Agrarwissenschaften werden aus pragmatischen Gründen ausgeblendet.

Die agrarischen Verhältnisse werden hier als Gegenstand politischer Kooperation der herrschenden SED mit der Sieger- und Besatzungsmacht UdSSR begriffen, die stark von außenpolitischen und völkerrechtlichen Konstellationen determiniert war. Die Institution, die im Untersuchungszeitraum sowjetische gesellschaftspolitische Interessen in Deutschland legal vertrat, war – nach Auflösung der Sowjetischen Militäradministration in Deutschland (SMAD) – die Sowjetische Kontrollkommission in Deutschland (SKK).[1] Ihr agrarpolitisches Engagement verfolgte bestimmte gesellschaftspolitische Ziele. Welche, das soll auch mit dieser Untersuchung deutlicher, als es bislang erfolgt ist, herausgearbeitet werden.

Die paradigmatischen Positionen, von denen her ein Zugang zur sowjetisch gelenkten SED-Agrarpolitik gesucht wurde, lassen sich in drei Grundaussagen bündeln:

1. Die SED-Agrarpolitik 1949–1953 war „sozialistische" Politik in dem Sinne, daß sie von den sich selbst so verstehenden sozialistischen Eliten entworfen, konzipiert, vertreten und durchgesetzt wurde. Letztendliches Ziel der meisten der hier agierenden Personen war ein Sozialismus im staatlichen Rahmen einer „Diktatur des Proletariats". Die Untersuchung dient weder dazu, die Adäquatheit des Sozialismusbegriffes zu hinterfragen, noch wird sie die Zusammenhänge zwischen Herrschaft, Gesellschaftziel und staatspolitischem Wirken des politischen Hegemons SED in der DDR thematisieren. Daß die SED *in der DDR* ihre Macht erhalten wollte und aus sowjetischer Sicht auch sollte, ist unzweifelhaft. Und auch die ferne sozialistische Perspektive eines geeinten Deutschlands stellten sich sowjetische und deutsche Kommunisten nur unter Führung einer „Partei neuen Typs" vor, die über entscheidende Machtmittel im Staate verfügt. Den seinerzeit aktuel-

[1] Zu Geschichte, Struktur und Wirkung der SKK siehe Scherstjanoi, SKK-Statut.

len und den fern avisierten Herrschaftsstrukturen und -methoden angemessen ist der Begriff des „Staatssozialismus"; mit ihm soll von gleichzeitig existierendem, andersartig sozialistischem Gedankengut abgehoben werden.

2. Die staatssozialistische SED-Agrarpolitik jener Jahre war ein Experimentierfeld, und zwar im dreifachen Sinne: a) insofern als Politik immer auch einen gewissen Grad an Improvisation enthält; b) insofern als die staatssozialistischen (d. h. die sowjetischen) Erfahrungen jener Zeit nur bedingt als brauchbar galten und die marxistisch-leninistische Lehre „schöpferisch weiterentwickelt" werden sollte, und c) insofern als die ostdeutsche Perspektive in den Jahren 1949 bis 1953 als vergleichsweise offen galt. Letzteres wird von einigen Historikern angezweifelt und soll deshalb auch im Rahmen der hier vorgestellten Untersuchung an gegebener Stelle erörtert werden.

3. Die SED-Agrarpolitik jener Jahre war eine abhängig (d h. nicht SED-autonom) konzipierte und praktizierte Politik. Das Maß der Unselbständigkeit der SED entsprach dem allgemeinen Status einer „Souveränität unter Vorbehalt"[2], die die Siegermacht der SED-geführten Regierung im Provisorium DDR zugebilligt hatte. Es ergab sich aus einer doppelten Abhängigkeit: 1) jener im Ergebnis des Krieges entstandenen Abhängigkeit jeder deutschen Politik vom Willen der Alliierten sowie 2) einer typischen partei- und gesellschaftspolitischen Abhängigkeit der stalinistischen SED von der stalinistischen KPdSU[3] als dem politischen und ideologischen Führungszentrum.

Das Verhältnis zwischen der Siegermacht UdSSR und der staatstragenden SED in jener Zeit genauer zu bestimmen, ist ein weiteres Anliegen der Arbeit. Hierfür werden die agrarpolitischen Entscheidungen der Jahre 1949 bis 1953 quasi beispielhaft rekonstruiert und bewertet. Für jeden anderen Bereich müßten solche Analysen natürlich ebenfalls angestellt werden, und erst Betrachtungen mehrerer Politikfelder würden solide Verallgemeinerungen zulassen. Doch erlaubte die Archivsituation in Moskau solche Studien nicht in der wünschenswerten Breite.[4] Dafür ergab sich die Möglichkeit, die einzelnen Entscheidungen im Agrarbereich wirklich sehr detailliert zu betrachten. Jede Ausweitung des Blickes würde ein weiteres Buch ergeben.

Was nun das zu untersuchende Verhältnis anbelangt, so ist in Rechnung zu stellen, daß die SED im geteilten, besetzten und – völkerrechtlich gesehen – im Kriegszustand befindlichen Deutschland gewiß die wichtigste deutsche Interessenvertreterin Moskaus, nicht aber ohne eigene nationale Interessen war. Politisch-organisatorisch sowie mit ihren gesellschaftspolitischen Visionen weitgehend „auf Moskauer Linie", verstand sie sich durchaus als eine deutsche Partei. Daraus erga-

[2] Siehe Scherstjanoi, SKK-Statut (Vorwort).

[3] Die sowjetische kommunistische Partei änderte im Untersuchungsraum ihren Namen. Bis Oktober 1952 enthielt ihr Name noch die alte Ergänzung „(B)", danach nicht mehr. In dieser Einleitung wird generalisierend von KPdSU gesprochen, in den darstellenden Kapiteln dann je zeitgemäß von KPdSU(B) oder KPdSU.

[4] Schon für den Grenzbereich von SED-Agrarpolitik und dem Wirken in den westdeutschen Teilstaat hinein waren ausreichende Daten nicht zu bekommen. Die vorliegende Untersuchung klammert daher sowohl die Westarbeit der VdgB als auch die Tätigkeit des Gesamtdeutschen Arbeitskreises für Land- und Forstwirtschaft aus. Den Forschungsstand mit Schwerpunkt nachrichtendienstlicher Arbeit bietet Scholz, Bauernopfer.

ben sich spezifische Verständigungsprobleme. Zugleich war die SED nicht nur, wie andere Staatsparteien im sowjetischen Einflußgebiet, eine von der KPdSU abhängige kommunistische Partei neuen Typs. Sie hatte mehr nachzuweisen als nur Kooperationsfähigkeit, mußte mehr abbauen als nur den alle treffenden Verdacht, nationale Interessen überzubewerten. Sie war *die* kommunistische Staatspartei, die in Deutschland, dem vormaligen Hauptaggressor und besiegten Kriegsgegner der Alliierten, national und sozial beheimatet war. Sie trug die Verpflichtung zur Wiedergutmachung durch die Deutschen öffentlich mit, begriff sie moralisch und völkerrechtlich als Voraussetzung für ihr eigenes Bestehen. Zugleich stellte die SED die im nationalen Rahmen am wenigsten akzeptierte prosowjetische Partei in Osteuropa dar. Unter den Parteien in der sich formierenden außen- und sicherheitspolitischen Gemeinschaft des Ostens war sie auch die einzige im Westen nicht akzeptierte. Ihre Position war selbst unter den Bruderparteien schwach, die nationale Schmach lastete auch auf deutschen Kommunisten und Sozialdemokraten.

Hinzu kam, daß die in Absprache mit der UdSSR proklamierte nationale Politik der SED keineswegs garantieren konnte, daß sie dereinst eine gesamtdeutsch wirkende, international anerkannte Partei werden würde. Der Staat, den die SED beherrschte, war damals im Westen gar nicht und im Osten lediglich als Übergangslösung akzeptiert. Inwieweit die deutschlandpolitischen Angebote der Sowjetunion an die westlichen Alliierten die im Osten Deutschlands vorgenommene Umgestaltung in Frage stellen konnten, war – allen propagandistischen Verlautbarungen zum Trotz – völlig offen. Die SED mußte mit der Gefahr leben, im weltpolitischen Kalkül der UdSSR „geopfert“ zu werden, denn eine politisch-staatliche Wiedervereinigung der beiden Teile Deutschlands hätte ihre Existenz als Staatspartei beendet.

Folglich war das Herrschaftsverhalten der SED-Führung unter sowjetischer Kontrolle und unter sowjetischem Einfluß von besonderen Widersprüchen geprägt. Subjektive Eigenheiten der Repräsentanten der SED-Herrschaft und der sowjetischen Besatzungsmacht dürften ein Übriges getan haben. Wie eigenständig und wie abhängig die SED als Staatspartei unter diesen Bedingungen Politik betrieb, wie sie ihre und zugleich die fremden Interessen vertrat, ist bislang noch nicht eingehend untersucht worden. Am Beispiel der Agrarpolitik wird es nun behandelt.

Dargestellt werden ländliche Makroprozesse sowie die Rollen, die der Staat DDR, seine Hegemonialpartei SED und ihre sowjetischen „Paten“ für diese Agrarentwicklung spielten. Es geht um handlungsleitende Interessen und Vorbilder, um das Mit- und Gegeneinander in den Entscheidungsfindungen, um Formen, Reichweite und Grenzen der gegenseitigen Verständigung in agrarpolitischen Fragen sowie um die Ergebnisse der Kooperation. Der gesamte Komplex wird im deutschlandpolitischen Handeln der kooperierenden Herrschaftsträger verankert. Die Untersuchung verbindet mithin zwei Themenfelder: die DDR-Agrargeschichte als Teil von DDR-Gesellschaftsgeschichte und die Geschichte der deutsch-sowjetischen Zusammenarbeit als Teil der Herrschaftsgeschichte des SED-Regimes.

Die Untersuchung setzt mit dem Jahr 1949 ein. Es galt in der SED-Historiographie als Jahr des „Abschlusses der antifaschistischen Umwälzung“, darunter der „auf dem Lande“. Bei näherer Betrachtung zeigt sich, daß dieses Jahr bezüglich der Agrargeschichte tatsächlich eine Bedeutung hatte – und zwar unabhängig von der DDR-Gründung im Oktober 1949. Diese kennzeichnete zwar einen staatsgeschichtlichen Qualitätssprung, bildete aber – wie auch am Beispiel der Agrarentwicklung gezeigt werden kann – keine tiefergehende gesellschaftspolitische Zäsur. Die DDR galt ihren Gründern als Provisorium auf dem Weg zu einem gesamtdeutschen Staatswesen. Auch im deutsch-sowjetischen Umgang traten zunächst kaum Veränderungen in Folge der Übertragung von Teilsouveränität an die DDR ein. Das Jahr 1949 kann für die Untersuchung gesellschaftsgestaltender Politik vielmehr deshalb einen Ausgangspunkt darstellen, weil an seinem Beginn die sowjetische Entscheidung stand, daß der ostdeutsche Teilstaat nach Denazifizierung und Demonopolisierung den Volksdemokratien in ihrer gesellschaftlichen Entwicklung vorerst nicht folgen sollte.

Ostdeutschland blieb sowjetisch besetzt und hatte für die östliche Siegermacht auch nach der DDR-Gründung und bis 1952/53 die Funktion eines Verhandlungsobjektes im deutschlandpolitischen Ringen der Alliierten. Im Vordergrund stand für Moskau die Suche nach deutschen Bündnispartnern für seine Deutschlandpläne. Aus seiner Sicht sollte die „Diktatur des Proletariats" in der DDR, als die die Herrschaftsverhältnisse intern durchaus gewertet wurden, daher vorerst nicht zu weiteren sozialen Transformationen genutzt werden. Drei Jahre später, im Sommer 1952, proklamierte die SED auf ihrer 2. Parteikonferenz den Aufbau der Grundlagen des Sozialismus in der DDR. Nachdem diese Losung im Juni 1953 noch einmal kurzzeitig in Frage gestellt und kurz darauf eine bedrohliche Herrschaftskrise beigelegt worden war, fand diese Orientierung die nachhaltige Zustimmung der Stalin-Nachfolger. Die Zeit von 1949 bis 1952/53 stellte folglich eine Zeit gesellschaftspolitischer Offenheit dar, die, gerade unter dem Aspekt der Herrschaftskooperation SED-KPdSU betrachtet, nach den nationalgeschichtlichen Alternativen der ostdeutschen Entwicklung befragt werden kann.

Kaum ein anderer Themenbereich der DDR-Politikgeschichte weist so große Defizite auf wie der Komplex „SED – KPdSU (bzw. UdSSR)". Während unbestreitbare Urteile auf hoher Abstraktionsebene ständig wiederholt werden, herrscht weitgehende Unkenntnis über die konkreten historischen Formen, Zusammenhänge und Abläufe der Beziehung. Keiner bestreitet, daß die SED im östlichen deutschen Teilstaat „Befehlsempfänger Moskaus" war. Aber über „Befehlsinhalte", „Befehlsübermittlung", „Befehlsausführung", womöglich „Befehlsverweigerung" und deren eventuelle Folgen, über „Befehlskontrolle" und sowjetische Korrekturen an eigenen „Befehlen" weiß die Fachwelt wenig.

Indes, eine Tiefenanalyse verspricht durchaus, das Phänomen der politischen und ideologischen Abhängigkeit in seinem Wesen genauer zu erkennen. Es könnte sich als falsch erweisen, eine bedingungslose Unterordnung vorauszusetzen, die den Begriff „Befehl" rechtfertigen würde. Viele Wissenschaftler waren und sind ohnehin seit langem eher zurückhaltend bei der Verwendung solcher Sprachbilder aus der Zeit des Kalten Krieges und wählten bzw. wählen lieber Begriffe wie „Beeinflussung" und „Lenkung". Völlig abwegig ist auch der Begriff der „Zusammenarbeit" nicht, doch bliebe dabei noch immer deren Qualität zu prüfen. Die Vorgänge sind deshalb als Akte von Kooperation zunächst einmal genau zu beschreiben, was nicht nur wissenschaftlich sinnvoll ist. Die Beschränkung auf die Rolle des „Befehlsempfängers" würde die Staatspartei SED weitgehend ihrer historischen Verantwortung entheben, und dies wäre keine kritische Aufarbeitung jüngster deutscher Vergangenheit.

Im Vergleich zur Fachliteratur über die Geschichte der Kooperation ist die über die SED-Agrarpolitik im ersten Nachkriegsjahrzehnt durchaus umfangreich zu nennen. Sowohl in der DDR als auch in der Bundesrepublik vor 1989 entstanden zur ostdeutschen Landwirtschaft Monographien, Dissertationen, größere Studien und Aufsätze. Die jüngsten sind eher selten spezifisch agrargeschichtliche Darstellungen (siehe die Arbeiten von Arnd Bauerkämper). Häufig ist Agrargeschichte Teil eines volkswirtschaftsgeschichtlich komplexen Themas (siehe Friederike Sattler, Wirtschaftsordnung), einer politikgeschichtlichen Untersuchung (siehe Theresia Bauer, Blockpartei) oder rechtsgeschichtlicher Analysen (siehe Marcus Mollnau, Bodenrechtsentwicklung). Während im Rahmen von Forschungen zur SED-Diktatur, zu Unrechtsstaat und Widerstand bislang vielfach Ergebnisse präsentiert wurden, die ein spezifisch agrargeschichtliches Problemverständnis eher vermissen lassen, konnten jüngere Studien unter alltagsgeschichtlichem Aspekt die agrargeschichtlichen Erkenntnisse erweitern (siehe Dagmar Langenhan, Halte dich; Barbara Schier, Alltagsleben). Bereichernd und anregend wirkte die sozialgeschichtlich ausgerichtete Regionalforschung (siehe Christel Nehrig, Uckermärker Bauern). Insgesamt jedoch bleibt zu resümieren, daß die Agrargeschichte und insbesondere die Agrarpolitikgeschichte der frühen fünfziger Jahre nicht gebührend beachtet wurden und die Aufmerksamkeit vorrangig der Bodenreform 1945 und dem Abschluß der Kollektivierung 1960 als prägenden (vermeintlich wichtigsten) Ereignissen der DDR-Agrarentwicklung galt und gilt.

Agrarpolitische Entscheidung, verstanden als vielschichtiger Prozeß der Abstimmung von Interessen und Zielen agrarischer Entwicklung bis zum Ergreifen entsprechender Maßnahmen, war bislang überhaupt kein Forschungsthema. Während sich die DDR-Historiographie solchen Aufgaben kaum stellen konnte (siehe die ansonsten faktenreiche Arbeit von Dieter Schulz, Probleme), war die bundesdeutsche Forschung vor 1989 ausschließlich auf Berichte von Insidern angewiesen, die aus der DDR in die Bundesrepublik geflüchtet waren. Diese Berichte (siehe Matthias Kramer, Landwirtschaft; Karl von der Neide, Raiffeisens Ende), die in den fünfziger Jahren das Bild von der „Zone" mitbestimmten, bedürfen kritischer Prüfung. In jüngeren Darstellungen werden – gelegentlich in umfangreichen Beschreibungen – einzelne agrarpolitische Dispute zwar behandelt, hin und wieder wird eine politische Entscheidung auch mit ihrer Vorgeschichte dargeboten. Doch ein ganzheitliches Bild von Problemlösungen der Jahre 1949 bis 1952/53 ist noch nicht entstanden. Die eher ausschnittartige Behandlung führte überdies zu einigen Fehlinterpretationen.

Die nachfolgende Studie beschreibt und analysiert erstmals agrarische Produktions- und Lebensverhältnisse als Gegenstand sowjetisch gelenkter SED-Politik, indem sie Interna der sowjetischen Kontrollbehörde in Deutschland, der SKK, auswertet und relevanten Akten aus ostdeutschen Archiven gegenüberstellt. Hintergründe und Verläufe aufzuhellen, gelang nicht für alle agrarpolitischen Entscheidungen in gleichem Maße. Die Ursachen dafür sind in der Aktenlage zu suchen. Sie wies sowohl in Berlin als auch in Moskau einige Besonderheiten auf.

1.2. Die Quellen

Die Untersuchung fußt auf Quellen unterschiedlicher Provenienz. Die deutschen sind allgemein zugänglich, die meisten russischsprachigen unterlagen in Moskau vorübergehend liberalen Benutzungsregelungen, sind heute jedoch zum Teil wieder gesperrt.

In der Stiftung Archiv der Parteien und Massenorganisationen der DDR (SAPMO) im Bundesarchiv (BArch), Berlin, wurden die Protokolle der Sitzungen des Politbüros des ZK der SED und seines Sekretariats sowie die Hinterlassenschaft der Abteilung Landwirtschaft des ZK der SED ausgewertet. Letztere ist für den Untersuchungszeitraum allerdings sehr dürftig. Entscheidungen im Grenzbereich zu anderen Politikfeldern wurden über die Akten einiger anderer Abteilungen beim ZK der SED nachvollzogen (Organisationsabteilung bzw. Organisations-Instrukteur-Abteilung bzw. Abteilung Leitende Organe der Partei und der Massenorganisationen; Abteilung Staat und Recht; Arbeitsgruppe Kirchenfragen, Abteilung befreundete Organisationen). Wichtige Hinweise zu agrarpolitischen Entscheidungen fanden sich in Unterlagen aus dem Sekretariat Paul Merker und dem Büro Walter Ulbricht, interessante Bruchstücke in den Personalnachlässen Wilhelm Pieck, Otto Grotewohl, Walter Ulbricht, Fred Oelßner. Der Pieck-Nachlaß enthält die bislang einzig bekannte, umfangreiche Sammlung von Notizen über Begegnungen der SED-Spitze mit Vertretern der SKK, mithin die einzige einigermaßen geschlossene deutsche Quelle über Beratungen auf der Ebene SED-Führung/DDR-Regierung und SKK-Vorsitzender bzw. dessen Stellvertreter.[5] Des weiteren stand die Sammlung stenographischer Mitschriften von Konferenzen und Beratungen der SED-Führung mit nachgeordneten Strukturen zur Verfügung.

Aus der Hinterlassenschaft staatlicher Einrichtungen der DDR, archiviert ebenfalls im Bundesarchiv, interessierten vor allem die Materialien des Ministeriums für Land- und Forstwirtschaft der DDR bzw. seines Vorgängers, der Hauptverwaltung für Land- und Forstwirtschaft in der Deutschen Wirtschaftskommission. Genutzt wurden Akten aus der Deutschen Wirtschaftskommission, der Staatlichen Plankommission (SPK), der Zentralen Kommission für Staatliche Kontrolle, des Ministeriums für Arbeit und Gesundheitswesen, der Deutschen Bauernbank sowie des Ministerrates der DDR und seines Präsidiums. Schließlich wurden einzelne Akten der VdgB(BHG), des FDGB und der Gewerkschaft Land-, Nahrungsgüter- und Forstwirtschaft in die Untersuchung einbezogen. Partei- und Staatsapparat wurden ausschließlich auf zentraler Ebene untersucht. Entscheidungen auf Länderebene, Einschätzungen von Entwicklungen in den Ländern, Bezirken und Kreisen der DDR gelangten nur so weit ins Blickfeld der vorliegenden Untersuchung, als sie von den genannten zentralen SED-Institutionen bzw. staatlichen Einrichtungen oder von zentralen sowjetischen Behörden behandelt worden waren.

Sowjetische Vorschläge und Ordern fanden nur in Ausnahmefällen in diesen deutschen Akten ihren Niederschlag: sehr selten im russischen Original oder in dessen deutscher Übersetzung, meist in Form von Bezugnahmen auf und Zitaten aus Anweisungen, oder aber als Entwürfe für schriftliche Antworten auf diese

[5] Diese Sammlung ist veröffentlicht. Siehe Badstübner/Loth, Pieck – Aufzeichnungen.

„Empfehlungen" sowie als kleinere nachträgliche Notizen und Aktenvermerke zu Treffen mit SKK-Vertretern. Sowohl im Landwirtschaftsministerium als auch in der SPK existieren nur Bruchstücke des agrarpolitischen Schriftverkehrs mit der Sowjetischen Kontrollkommission. Gesprächsaufzeichnungen finden sich ausgesprochen selten, meist verkürzt in Form von Aktennotizen. Agrarpolitische Memoranden der SKK blieben nur im Einzelfall erhalten. Sie sind als solche häufig nicht zu erkennen.[6]

Weil Dokumente zu historischen Sachverhalten, die ohne aktuelles politisches Interesse sind, in Moskauer Archiven vergleichsweise großzügig ausgehändigt wurden, war der Vorstoß zu einschlägigen Akten dort einigermaßen erfolgreich. Die sowjetische Einflußnahme auf die ostdeutsche Agrarentwicklung der fünfziger Jahre gilt in Rußland als unproblematisch.

Die Masse der genutzten russischsprachigen Dokumente sowjetischer Provenienz stammt aus den Beständen der Sowjetischen Kontrollkommission in Deutschland (SKK), die im Außenpolitischen Archiv der Russischen Föderation (AVP RF), einem behördlichen Archiv beim Ministerium für Auswärtige Angelegenheiten der Russischen Föderation in Moskau, archiviert sind.[7] Hier wurden Akten aus den Beständen des Sekretariats der SKK, des Politberaters beim Vorsitzenden der SKK, der Planökonomischen Abteilung, der Abteilung für Wirtschaftsfragen und der Abteilung für Landwirtschaft zur Verfügung gestellt. Die Aktenbestände der SKK-Landesvertretungen bzw. der -Bezirksvertretungen waren nicht zugänglich. Genutzt wurden außerdem einzelne Akten aus dem Bestand der 3. Europa-Abteilung des Außenministeriums. Doch da in diesem Archiv keinerlei Findhilfsmittel ausgereicht werden, ist ein Urteil darüber, welcher Anteil der Überlieferung ausgewertet werden und wie zuverlässig die Analyse daher ausfallen konnte, nicht möglich. Nachteilig wirkte sich auch der ungleichmäßige Service des Archives aus. Ein beständiger Zugang zu einmal ausgereichten Akten war zu keiner Zeit gesichert, vieles blieb dem Zufall oder zumindest einer undurchsichtigen Öffnungspolitik überlassen, die planvolles Arbeiten nicht zuließ. Es mußte versucht werden, diese Nachteile durch detailgetreue Auswertung der Akten vor dem Hintergrund deutscher Überlieferung wettzumachen.

Die Bestände der SKK enthalten, soweit das aus dem gesichteten Material zu schließen ist, sehr viel statistisches Material, angefordertes und eigenständig bzw. mit deutscher Vorleistungen erstelltes.[8] Auf sowjetischer Seite wurden die deutschen Angaben manchmal mit eigenständig ermittelten verglichen. Selbstredend gingen bei der SKK die Ergebnisse von Betriebs-, Boden- und Viehzählungen und ähnlichem ein. Regelmäßige Erhebungen finden sich zum Verlauf der Frühjahrsbestellung, zur Ernte und zur Planerfüllung bei Erfassung und Aufkauf von Agrarerzeugnissen. Je nach Problemlage wurden bestimmte Prozesse über längere Zeit beobachtet und ausgewertet, etwa die Entstehung von LPG im Herbst 1952/Frühjahr 1953. Einzelne Entwicklungen sind durch kurzzeitige statistische Datenerfas-

[6] Zu den Formen der Kommunikation zwischen SKK und SED bzw. DDR-Regierungsbehörden siehe Scherstjanoi, SKK-Statut. Einen sehr seltenen Fall der Überlieferung stellen die Akten des in der Deutschen Bauernbank angefallenen Schriftverkehrs mit der SKK dar. Solch weitgehend geschlossene Sammlung von Unterlagen der Berichterstattung an die sowjetische Behörde fand sich sonst nirgendwo.

[7] In der Forschungsliteratur spricht man oft auch kurz vom „Außenpolitischen Archiv".

[8] Zu den Regeln der Berichterstattung siehe Scherstjanoi, SKK-Statut, S. 61–63.

sung dokumentiert, die auf speziellen Auftrag der SKK-Leitung hin erfolgte, so die Preisentwicklung bei Agrarprodukten und Lebensmitteln, die technische Ausstattung der MAS oder die Realisierung des Neubauernbauprogramms. Hier kam es vermutlich zu keiner regelmäßigen Ermittlung über den gesamten Untersuchungszeitraum hinweg, was nicht heißen muß, daß keine deutschen Zahlenangaben über längere Perioden vorlagen. Im Rahmen der Planungsarbeit und in Vorbereitung deutscher Verordnungen und Anweisungen wurden gelegentlich deutsche und sowjetische Vorstellungen, soweit sie bezifferbar waren, in einer Tabelle einander gegenübergestellt. Solche Tabellen fungierten als Argumentation gegenüber der Leitung der SKK, zum Beispiel wenn die Fachabteilungen ihre Haltung zu einem deutschen Vorschlag begründeten.

Einen Großteil der Dokumente machen interne Berichte verschiedener Art aus, die in den Wirtschaftsabteilungen, im Sekretariat der SKK oder im Büro des Politberaters später in die Ablage gelangten. Vermutlich im Zusammenhang mit Erörterungen von Agrarfragen in oberen Gremien der SKK, den Beratungen beim SKK-Vorsitzenden bzw. den Wirtschaftspolitischen Beratungen bei seinem Stellvertreter und beim Politberater (Protokolle fanden sich in den Akten nur vereinzelt), wurden Analysen zum Charakter der ländlichen Produktionsverhältnisse, zur Lage der Bauern und der übrigen Landbevölkerung und zur politischen Stimmung im Dorf verfaßt. Die SKK-Landesvertretungen lieferten Zuarbeiten. Nicht selten enthalten die Ausführungen einen historischen Vorspann, der das Bemühen verdeutlicht, die gesellschaftsgeschichtliche Tragweite des Geschehens zu erfassen.

Eine zweite Gruppe von Berichten umfaßt solche, die aufgrund dringenden Handlungsbedarfes in einer oder in wenigen Teilfrage(n) erstellt wurden, etwa zur Lage der Arbeiter auf volkseigenen Gütern oder zur Verbesserung der „Kaderarbeit" für die Landwirtschaft. Solche Berichte kamen aus den Wirtschaftsabteilungen oder aus der Informationsabteilung der SKK; letztere war für die politischen Institutionen in der DDR zuständig. Hatte man dort ein Problem erkannt, trug man es mit abschließenden Vorschlägen SKK-Chef Čujkov, seinen Stellvertretern und/oder dem Politberater Semenov vor und entwarf Empfehlungen. Regelmäßige Berichte entstanden aus der Beobachtung von Wahlen in Parteien und Massenorganisationen. In unserem Fall interessierten vor allem die in VdgB und Genossenschaften. Die DBD war, soweit dies aus den Akten geschlossen werden darf, im Untersuchungszeitraum kaum Gegenstand agrarpolitisch relevanter Beobachtung. Nicht immer läßt sich heute feststellen, ob die Empfehlungen in der vorgefundenen Diktion bei der SED bzw. den DDR-Behörden eintrafen. Doch als Teil eines Meinungsbildungsprozesses, dessen Endergebnis zumindest in der realen Maßnahme sichtbar wird, sind diese „Empfehlungen" wichtig. In einigen Fällen beschreiben die sowjetischen Papiere die Differenzen zur Haltung der Deutschen.

Berichtscharakter trugen häufig auch die Vorlagen der SKK-Fachabteilungen an die SKK-Leitung, die als Stellungnahme zu einer in Arbeit befindlichen deutschen Entscheidung oder einer deutschen Initiative fungierten. Entwürfe für Gesetze, Verordnungen und staatliche Anordnungen, ZK-Beschlüsse und innerparteiliche Richtlinien wurden von der SKK meist erst nach Beschlußfassung im SED-Politbüro (seltener nach Sekretariatsbeschluß) begutachtet. Die zuständige Abteilung legte der SKK-Leitung ihre Einschätzung vor, wobei sie Probleme häufig ausführlich beschrieb. Korrekturen erfolgten in der Regel also oft erst *nach* dem Politbürobeschluß. Nicht selten mußten abschließende deutsche Entscheidungen vertagt werden. In einigen Fällen kam es zu Änderungen sogar noch nach einem DDR-Regierungsbeschluß, quasi unmittelbar vor seiner Veröffentlichung. Da sich SED-Führung und DDR-Regierung ganz und gar nicht untertänig verhielten und sowjetische Änderungswünsche durchaus auch zurückzuweisen verstanden, kam hin und wieder der Zeitplan durcheinander. Bei unentschiedener Sachlage verlegte man schließlich die Details in die erste Durchführungsbestimmung oder verzichtete auf Bekanntgabe konkreterer Pläne.

Den letzten Schritt wiederum belegen die sowjetischen Akten so gut wie nicht und die deutschen Akten nur sehr selten, was es natürlich auch schwierig macht, die Entscheidung bis zu ihrem Abschluß nachzuvollziehen. Dennoch, schon die zeitlichen Abläufe sind oft aufschlußreich. Sie lassen sich anhand der SKK-Akten besser rekonstruieren als anhand deutscher Akten. Allerdings empfiehlt sich eine genaue Prüfung der Daten, denn die SKK-Referenten nahmen es mit den Zeitangaben nicht immer so genau und notierten sie gelegentlich falsch. Bei mündlicher Kommunikation konnte schon ungenaues Hinhören zu fehlerhaften Notizen führen.

Zu den Berichten gehören schließlich auch die sowjetischen Aufzeichnungen von Begegnungen mit deutschen Vertretern, meist in den Räumen der SKK. Sie sind manchmal als sogenannte „Tagebuchaufzeichnungen" überliefert, obgleich sie nicht aus einem Tagebuch im herkömmlichen Sinne, einer Sammlung tagtäglicher Notizen, stammen. Der Bericht über den Verlauf einer Unterredung konnte aber auch als Aktennotiz gekennzeichnet sein. Regelrechte Wortprotokolle über Treffen auf der Ebene deutscher Sachbearbeiter/sowjetischer Sachbearbeiter lagen nicht vor (protokolliert wurden meines Erachtens nur Begegnungen mit der SKK-Spitze). Auf die Abfolge der Treffen kann man aus den Akten folglich nicht schließen. Die Notizen zu Unterredungen machten nur einen sehr kleinen Teil der zugänglichen schriftlichen Hinterlassenschaft der SKK-Wirtschaftsabteilungen aus.

Unterlagen zu Begegnungen auf oberer Ebene in der SKK, so wie von Pieck beschrieben, konnten nur für das Jahr 1950 eingesehen werden, und dies auch nicht im Archiv des Russischen Außenministeriums, sondern im vormaligen KPdSU-Parteiarchiv, dem jetzigen Russischen Staatsarchiv für soziale und politische Geschichte (RGASPI). Bei einigen dieser Treffen wurde unter anderem die aktuelle Agrarpreispolitik erörtert. Unklar ist, ob weitere solcher Protokolle im genannten Archiv bzw. im Archiv für die KPdSU-Akten ab 1952 (Russisches Staatsarchiv für neueste Geschichte, RGANI) vorhanden sind oder ob die auf das Jahr 1950 begrenzte Anzahl derartiger Protokolle das Ergebnis anfänglich ungeklärter Unterstellungsverhältnisse und Berichtswege ist. Die seit geraumer Zeit bekannten Wortprotokolle von Begegnungen auf allerhöchster Ebene in Moskau lagern nun ebenfalls im RGASPI (zuvor im Präsidentenarchiv). Jene mit Stalin wurden einzeln veröffentlicht.[9]

[9] Die für den Untersuchungszeitraum wichtigsten im Dezember 1948, Mai 1950 und April 1952 liegen in deutschsprachigen Editionen vor: Scherstjanoi/Semmelmann, Gespräche Stalins ; Bonwetsch, Stalin. Das ohne Stalin ablaufende Treffen im September 1949 ist bislang nur über die Pieck-Notizen zu erschließen (Badstübner/Loth, Pieck-Aufzeichnungen, S. 292–309). Zum Spitzentreffen im Juni 1953 liegt umfangreiches dokumentarisches Material ediert vor, siehe Abschnitt IV.4.

Charakter und Funktion sogenannter Memoranden (pamjatki, zapiski) der SKK sind bereits bekannt.[10] In den eingesehenen Akten der SKK fand sich keine geschlossene Sammlung davon. Die vorgefundenen, sporadisch archivierten Memoranden bzw. die als Vorleistungen und Entwürfe für Memoranden erkennbaren Papiere decken sich nicht mit den wenigen, in deutschen Archiven vorhandenen Memoranden. Eine Schätzung, wie viele solcher schriftlicher Ordern es gegeben hat, ist unmöglich. Die Zahl ist aber auch nicht entscheidend. Der mündliche Vortrag, insbesondere das Gespräch mit SED-Spitzenfunktionären (siehe Pieck-Notizen), hatte das gleiche Gewicht.

Leider gelang es nicht, hinreichende Informationen über die sowjetischen Funktionsträger zu bekommen. Die Moskauer Archivare verweigerten den Einblick in „Kaderakten". Im Außenpolitischen Archiv waren noch nicht einmal allgemeinste Angaben wie Geburtsjahr und Berufsausbildung zu erhalten. Die Kenntnis von Struktur und Personal der SKK verblieb, von Ausnahmen abgesehen, auf dem Niveau von 1998.[11]

Eine Prüfung der Verzeichnisse für den Bestand Landwirtschaftsministerium der UdSSR im Russischen Staatsarchiv für Wirtschaft (RGAE) ergab, daß dort zur SKK-Landwirtschaftspolitik nichts zu finden ist. Die Bestände der Landwirtschaftsabteilung des ZK der KPdSU 1948–1953 im Russischen Staatsarchiv für neueste Geschichte (RGANI)[12] sind für den hier untersuchten Zeitraum noch nicht freigegeben, bieten vermutlich aber auch nichts Konkretes. Damit blieb das Archivstudium in Moskau vor allem auf den nicht überschaubaren und schwer erschließbaren SKK-Bestand konzentriert. Daß sich dennoch wichtige Zusammenhänge rekonstruieren ließen, war Ergebnis langwieriger Sammlung dokumentarischen Materials.

Zur Ergänzung archivalischer Überlieferung wurden Erinnerungsberichte herangezogen. Einige der DDR-Aktiven jener Zeit haben sich öffentlich zu Wort gemeldet und Memoiren publiziert. Unter den nach 1989 verfaßten Rückblicken findet sich der von Landwirtschaftsminister (ab 1953) Hans Reichelt. Aufschlußreich sind auch Erinnerungen von weniger Prominenten, etwa der des sächsischen Bauern und späteren LPG-Vorsitzenden Manfred Kipping. Selbstzeugnisse flossen in Biographien ein, etwa in die des langjährigen VdgB-Vorsitzenden Vieweg im Buch von Michael F. Scholz. In der DDR publizierte, zu unrecht vergessene Lebensberichte, wie der von Klaus Schlehufer über Bernhard Grünert, erwiesen sich als nützlich. Der langjährige Generalsekretär der VdgB(BHG) Erich Knorr steuerte zu dieser Untersuchung Erinnerungen bei. Von den sowjetischen Experten konnten die bis 1950 aktiven Konstantin Ivanovič Koval', Stellvertreter des SKK-Vorsitzenden für Wirtschaftsfragen, und Leonid Alekseevič Korbut, Stellvertreter des Leiters der Landwirtschaftsabteilung, befragt werden. Dagegen erwiesen sich die 1995 in Deutschland edierten Erinnerungen des Politberaters V. S. Semenov als nicht zuverlässig.

[10] Siehe Scherstjanoi, SKK-Statut, S. 68–70.
[11] Siehe Scherstjanoi, SKK-Statut.
[12] Sie sind nicht, wie man annehmen würde, im für die Zeit bis 1952 zuständigen Russischen Staatsarchiv für soziale und politische Geschichte (RGASPI), sondern im RGANI in den Findhilfsmitteln verzeichnet, dort aber unzugänglich: RGANI, fond 5, opis' 24.

1.3. Der Aufbau der Darstellung

Das Buch beginnt mit einer Darstellung agrarpolitischer Entwicklung vor 1949. Vieles in der Agrarpolitik der SED und in der ländlichen Gesellschaft der frühen DDR hatte seinen Ausgangspunkt in der Zeit der Sowjetischen Besatzungszone. Längere Wirkungen gingen insbesondere von der Bodenreform und der Genossenschaftspolitik aus. Es lag daher nahe, die Idee und Praxis ostdeutscher Agrarpolitik von vor 1949 in einem ersten Kapitel zumindest soweit zu thematisieren, daß sowjetische Interessen und sowjetische Einflußnahme in ihrer Kontinuität und Diskontinuität deutlich werden.

Das zweite Kapitel führt zunächst die Spitzenbegegnung in Moskau im Dezember 1948 mit ihren agrarpolitischen Kernaussagen vor, bevor die unmittelbar folgenden Entscheidungen in ihrer Genesis beschrieben und analysiert werden. Das Treffen, das mittlerweile anhand russischer Gesprächsaufzeichnungen gut rekonstruierbar ist, hatte auch für die Agrarpolitik der SED eine herausragende Bedeutung. Es gab ein politisches Konzept vor, dem die SED bis 1952 folgte.

Kapitel III thematisiert die wichtigsten agrarpolitischen Entscheidungen bis Herbst 1952. Es beschreibt die wirtschaftlichen Aufgaben und die zunehmend komplizierte Realisierung der Vorhaben; es stellt die Entwicklung der zentralen Planung und Beauflagung privater Bauernwirtschaften im Kontext verschiedener Maßnahmen zur gezielten Förderung bzw. Beschränkung bestimmter Produktionsprofile und Produktionsweisen vor und zeigt, welche sozialen Spannungen sich ergaben; es thematisiert den Widerspruch zwischen den Interessen von Agrarproduzenten und volkswirtschaftlichen Gesamtinteressen in der Wahrnehmung der Herrschaftsträger, umreißt deren Bild von der Bauernschaft und das politische Engagement für oder gegen einzelne Bauerngruppen. Ein Abschnitt befaßt sich mit dem bedeutendsten strukturellen Eingriff in die ländliche Gesellschaft, mit der Reform des ländlichen Genossenschaftswesens. Ein weiterer Abschnitt beleuchtet die Rolle der Staatsbetriebe, ihren strukturellen Um- und Ausbau und ihre volkswirtschaftliche Bedeutung. Schließlich wird auch die Zulassung erster Produktionsgenossenschaften volksdemokratischen Typs als in die „Festigung der antifaschistisch-demokratischen Ordnung“ gehöriges Phänomen vorgestellt. So wie sie von Stalin empfohlen wurde, bedurfte sie keines Strategiewechsels.

Dieser setzte mit dem 10. Plenum des ZK der SED im Herbst 1952 ein; Kapitel IV beginnt mit der Beschreibung der historischen Zusammenhänge. Wie sich der Strategiewechsel mit einer kontraproduktiven Politik der Bewältigung von Finanz- und Konsumtionsproblemen verwob und die SED schließlich in eine Herrschaftskrise trieb, kann unter agrarpolitischen Gesichtspunkten sehr gut verdeutlicht werden. Das Kapitel geht auf Ausmaß und Dynamik der Krise ein, zeigt oberflächliche Korrekturversuche und widersinnige Entscheidungen, leuchtet die politischen Erschütterungen auf dem Lande aus und ergründet den Neuen Kurs der Korrektur. Diese Korrektur bedeutete eine Rückkehr zur Politik vor dem 10. Plenum.

Die Analyse der Herrschaftskooperation von SED und sowjetischen Vertretern wird auf unterschiedliche Weise – in Abhängigkeit von der Aussagekraft der Quellen – in die Beschreibung der Zustände und Entwicklungen eingearbeitet. Anliegen ist es, sowohl die sowjetischen Interessen zu zeigen, als auch die der SED und ihren Agrarspezialisten gebotenen Freiräume auszuleuchten und den agrarpolitischen Meinungsaustausch so konkret wie möglich zu rekonstruieren.

Die Darstellung ist in weiten Teilen der Nüchternheit wirtschaftsgeschichtlicher Betrachtung verpflichtet. Sie kann sich darin nicht nur auf die „Wädekin-Schule" mit ihren Arbeiten zur Geschichte der volksdemokratischen Agrarpolitik stützen (siehe die Arbeiten von Karl-Eugen Wädekin), sondern auch auf anerkannte Untersuchungen zur frühen sowjetischen Agrargeschichte (beispielsweise die Arbeiten von Stephan Merl). Eine Reihe von Begriffen ist spezifisch für die Agrargeschichte des Staatssozialismus. Die aktuelle Politik-Geschichtsschreibung distanziert sich zwar häufig von solchen Fachbegriffen, doch ist es sinnvoll, sie beizubehalten. Die historischen Termini dieser Agrarpolitik werden in der Forschung nach wie vor benutzt. Wichtiger als durch Apostrophierung und Wortschöpfung Distanz zu demonstrieren, ist es allemal, das Phänomen zu begreifen. Aktuellen Defiziten begegnend werden daher in der Darstellung bestimmte Prinzipien und Begriffe staatssozialistischer Agrarpolitik am Rande mit erläutert. Jedes Kapitel beginnt mit einem Problemaufriß und Bemerkungen zum Stand von Forschung und Diskurs.

Die Studie wird durch eine Dokumentation ergänzt. Die meisten der 28, vorwiegend erstmals veröffentlichten Dokumente stammen aus dem Moskauer SKK-Bestand.

2. Ausgangswissen und Hypothesen

2.1. Die deutschlandpolitische Grundannahme

Betrachtet man die DDR aus der Perspektive ihres Untergangs, ging sie im wesentlichen den gleichen Weg der Transformation in einen kommunistisch regierten Staat mit einer staatssozialistisch strukturierten Gesellschaft wie andere Länder des Ostblocks. Doch schon ein Blick auf die staats- und völkerrechtliche Konstellation am Beginn dieses Weges gebietet Vorsicht vor allzu rascher Gleichsetzung: So hatte die UdSSR 1953 den Kriegszustand mit Deutschland bekanntlich noch nicht für beendet erklärt, die Souveränität des östlichen Teilstaates unterlag Beschränkungen. Die DDR wurde selbst im Wirtschaftsverbund des Ostblockes erst Mitte der fünfziger Jahre wie ein gleichberechtigtes Mitglied behandelt. Das spricht nicht per se gegen Entwicklungsanalogie und wird in manchen Fachbeiträgen sogar als Rahmenbedingung für einen angeblich besonders frühen und intensiven Systemtransfer interpretiert. Um also festzustellen, a) ob bzw. inwieweit die Entwicklungen – zeitgleich oder zeitversetzt – analog verliefen, b) ob sie in gleichem Maße zwingend waren, und c) welche Rolle „der sowjetische Faktor" spielte, müssen die politischen Entscheidungen möglichst detailliert rekonstruiert werden. In unserem Fall sind Agrarpolitik und Deutschlandpolitik in engen zeitlichen Bezügen zu sehen.

Da das vorliegende Buch die historiographisch umstrittene sowjetische Sicherheits- und Deutschlandpolitik nicht behandelt, kann deren Inhalt hier nur hypothetisch unterstellt werden. Es wird davon ausgegangen, daß die UdSSR 1949-1953 in Ostdeutschland eine Festigung der bis dahin entstandenen politischen und sozialen Verhältnisse wünschte, damit sich diese im Ergebnis von Friedensvertragsverhandlungen *so weit als möglich* auf Gesamtdeutschland übertragen ließen. Eine vollständige Ausweitung der „antifaschistisch-demokratischen Ordnung" auf Westdeutschland sah auch Moskau als illusionär an. Das Ziel bestand in der dauerhaften Verhinderung von Militarismus, rüstungsrelevanter Wirtschaft und antisowjetischer Außenpolitik in Nachkriegsdeutschland, was aus Moskauer Sicht ein westliches Bündnis, gar Militärbündnis, unter Einbeziehung Gesamt- oder Teildeutschlands unbedingt ausschloß. Die UdSSR strebte eine längerfristige militärische Neutralisierung Deutschlands und eine Schwächung US-amerikanischer Positionen in Europa an. Ein Friedensvertrag der Alliierten mit Deutschland galt als erreichbar, und der Stalinschen Führung ging es um „gute Karten" in künftigen Verhandlungen, um schließlich eine sicherheitspolitisch wirksame Eingrenzung gesamtdeutscher Souveränität und Wirtschaftsstärke zu erreichen.

Das Vorgehen im besetzten deutschen Teilstaat ordnete sich diesem Ziel unter (es ist eine andere Frage, ob es geschickt genug war), die Stalinsche Führung leitete von diesem Ziel den Inhalt der gesellschaftlichen und politischen Umgestaltung in der SBZ/DDR ab. Das Primärziel gebot es ihr aber auch, das Gebiet für das Wiedererstarken der UdSSR und für die militärische Sicherung der Westgrenze ihres Einflußgebietes zu nutzen. Die DDR sollte ihren wirtschaftlichen Wiederaufbau weitgehend aus eigener Kraft bewältigen, dabei Wiedergutmachung leisten und zugleich politisch und sozial zumindest soweit annehmbar für die Westmächte und die Westdeutschen sein, daß ein Friedensvertrag zustandekommt. Und während die Ergebnisse der Bodenreform im vormals „junkerlichen" Osten für Moskau unbedingt zu erhalten (nicht im Westen zu kopieren) waren, sah es eine weitergehende strukturelle Umgestaltung der DDR-Landwirtschaft für die Zwecke einer gesamtdeutschen Regelung als unnötig, bündnispolitisch betrachtet sogar als kontraproduktiv an.

Innerhalb der entstandenen Strukturen ging es der UdSSR 1949–1952 vor allem um die Leistungsfähigkeit der Agrarproduktion und der Agrarproduzenten im Rahmen der ostdeutschen Binnenwirtschaft, die wiederum als Hintergrund für Reparationsleistungen wichtig war. Der Ertrag der ostdeutschen Landwirtschaft interessierte auch als Gegenstand von regulärem Außenhandel.[13] Der Anteil der Agrarwirtschaft an der Wiedergutmachung mußte unter den gegebenen volkswirtschaftlichen Bedingungen – aus sowjetischer Sicht betrachtet – vor allem im Verzicht auf Akkumulation bestehen. Zugleich trafen sich die Interessen der Besatzungsmacht und die aller politischen Parteien der DDR in der Absicht, daß die Agrarproduktion im Interesse der besseren Versorgung der Bevölkerung mit Lebensmitteln voranzubringen sei. Dies waren die volkswirtschaftlichen Primärinteressen. Ein sekundäres agrarwirtschaftliches Interesse, und zwar das an modernisierender Profilveränderung hin zur Erzeugung von mehr tierischen Eiweißen und von Fetten, sollte und konnte nur in Abhängigkeit von Investitionsreserven geltend gemacht werden.

Bis 1952 war Stalin deutlich bemüht, die gesamtdeutsche Option nicht zu beschädigen. Jüngst veröffentlichte Gesprächsprotokolle der SED-Führung mit Stalin[14] bestätigen, daß er diese Option im Dezember 1948 gegenüber der SED mit Nachdruck behauptete. Sie belegen, daß er sie – bei aller Verunsicherung – auch im

[13] Er war überdies im Zusammenhang mit Unterhaltsleistungen an diverse sowjetische Besatzungseinrichtungen von Belang, denn anders als in der Industrie besaß die Besatzungsmacht im Untersuchungszeitraum keine relevanten Produktionsstätten in der ostdeutschen Landwirtschaft mehr. In der SBZ verfügte die Besatzungsmacht noch über einige Selbstversorgungsobjekte in Deutschland (Güter). Fünf größere Betriebe wurden im Sommer 1949 an die Länder zurückgegeben. Im März 1950 kündigte SKK-Chef Čujkov die unentgeltliche Rückgabe weiterer Güter an die Regierung der DDR an (siehe Besprechung am 23.3.1950, in: Badstübner/Loth, Pieck-Aufzeichnungen, S. 337–339, hier S. 337.) Die Landesregierungen wurden fortgesetzt zu Versorgungsleistungen verpflichtet.
Seit 1945 waren aus den Ländern der SBZ Naturalien und Erzeugnisse der Lebensmittelindustrie auf Reparationskonto entnommen bzw. zur Versorgung der sowjetischen Besatzungstruppen und sowjetischer Verwaltungseinrichtungen abgezogen worden. So brachte das Land Sachsen-Anhalt 1946/47 Zucker im Wert von 18,8 Millionen RM als Reparation auf (siehe Karlsch, Allein bezahlt, S. 178). Die Gesamtleistungen der ostdeutschen Landwirtschaft und der ländlichen Kommunen im Rahmen der Wiedergutmachung gegenüber der UdSSR und anderen Ländern sind noch nicht ermittelt. Bereitstellung und Verrechnung erfolgten seinerzeit nach komplizierten Verfahren. Im Gesamtumfang der Reparationen machten Agrarprodukte alles in allem einen geringen Teil aus. Indes, aus den Landeshaushalten flossen – direkt und indirekt (etwa durch Außenhandelsverluste) – auch Finanzen auf das Reparationskonto, die im Agrarbereich erwirtschaftet worden waren. Indirekt betroffen war der Agrarsektor von Demontagen und Reparationen im Bereich des Fahrzeug- , Werkzeug- und Maschinenbaus sowie der chemischen Industrie. Häufig kam es zu planlosen Forderungen gegenüber den Ländern. Auch 1949 war die „Besatzungsversorgung durch Reg[ierung] nicht voll befriedigt" worden, wie Pieck es sich während einer Besprechung in der SKK notierte. Die Besatzungsmacht stellte der DDR daher Lieferungen aus der Sowjetunion für die Versorgung ihrer Truppen in Rechnung (siehe Besprechung am 22.12.1949, in: Badstübner/Loth, Pieck-Aufzeichnungen, S. 320).

[14] Siehe Scherstjanoi/Semmelmann, Gespräche Stalins.

Sommer 1952 noch aufrecht hielt. Ja, sie machen sogar die Entscheidung der 2. SED-Parteikonferenz (Juli 1952), in der DDR den Sozialismus-Aufbau zu proklamieren, wieder historiographisch interessant. Denn ist vom Protokoll der Parteikonferenz her schon nicht recht nachvollziehbar, weshalb das Gros der bundesdeutschen Zeithistoriker bis heute dem SED-Bild von der strategischen Wende im Juli 1952 Glauben schenkt, so liefern die neuerdings zugänglichen sowjetischen Interna neue Indizien dafür, daß eine solche Wende nicht beabsichtigt war.

Für das November-Plenum 1952 des ZK der SED, das erste nach dem XIX. Parteitag der KPdSU, läßt sich hingegen eine solche strategische Wende festmachen. Die Schwierigkeit ihrer historiographischen Einordnung besteht darin, daß sie mit einer seit langem herangereiften, dann kurzfristig durch äußere Belastungen extrem verschärften volkswirtschaftlichen Erschütterung zusammenfiel, die sich schließlich zu einer manifesten Herrschaftskrise auswuchs, zum Aufstand am 17. Juni 1953. Es bleibt schwierig zu bestimmen, welche der Ereignisse im Frühjahr 1953 dem Kurswechsel und welche länger herangereiften Krisenkomponenten geschuldet waren.

Eine authentische sowjetische Stellungnahme zum Kurswechsel der SED im November 1952 liegt weder aus den letzten Lebenswochen Stalins, noch aus der ersten Zeit der Neuformierung der sowjetischen Führung nach Stalins Tod im März 1953 vor. Interessanterweise nahmen Stalins Nachfolger in Moskau zunächst wenig vom „forcierten" Sozialismusaufbau in der DDR Notiz, während sie sich mit neuem Ernst der Vorbereitung einer deutschlandpolitischen Offensive mit gesamtdeutscher Option widmeten.[15] Bei der Beilegung der Konflikte in der DDR spielte die Rücknahme des SED-Kurses vom November dann aber eine außerordentlich große Rolle. Zugleich entschied die Besatzungsmacht, die Losung vom Sozialismusaufbau in der DDR von der SED nicht aufgeben zu lassen. Der Aufstand und seine Niederwerfung durch sowjetisches Militär hatten gesamtdeutsch ausgerichtete Angebote aus Moskau ohnehin ihrer Glaubwürdigkeit beraubt. Ab Sommer 1953 war den Stalin-Nachfolgern im Kreml klar, daß Friedensvertragsverhandlungen kaum so bald zu erwarten waren. Die sowjetische Deutschlandpolitik schwenkte nach internen Debatten schrittweise auf eine neue Option um: Die Teilung Deutschlands galt ab 1953/54 als *kurzfristig* nicht revidierbar.

Die gesamtdeutsche Option, die das Vorgehen Moskaus in der deutschen Frage 1949 bis 1952 bestimmte, muß auch für die Agrarpolitik in der SBZ/DDR entscheidend gewesen sein. Folgt man ihr gedanklich, so hatte Agrarpolitik im Untersuchungszeitraum im Sinne dieser Option die Stabilisierung der neuen, durch die Bodenreform geschaffenen Produktionsverhältnisse und, allgemein gesagt, die Verminderung sozialer und politischer Spannungen auf dem Lande anzustreben, während die ländlichen Produzenten zu möglichst hohen Leistungen zu bewegen waren. Ob dies von den Herrschenden auch so gesehen wurde, bleibt zu untersuchen.

Besondere Aufmerksamkeit ist dabei dem Spannungsverhältnis zwischen dem Etappenziel der deutschen Einheit und dem Fernziel des Sozialismus zu widmen. Die seinerzeit vorgenommene Unterscheidung zwischen den aktuellen agrarpolitischen Aufgaben und den agrarpolitischen Aufgaben nach Beseitigung der Zwei-

[15] Siehe Scherstjanoi, Deutschlandpolitik.

staatlichkeit ist durchaus ernst zu nehmen und zum Maßstab für die Beurteilung der realen Abläufe zu machen. Daß sich deutsche wie sowjetische Kommunisten die fernere Zukunft des geeinten Deutschlands als staatssozialistische vorstellten, bedarf keines Beweises. Doch welche Maßnahme mit antikapitalistischer Stoßrichtung wann als zeitgemäß, sinnvoll und durchführbar galt, inwiefern dafür sowjetische oder andere Erfahrungen wichtig wurden, und wie sich das in verschiedenen Phasen sowjetischer Deutschlandpolitik innerhalb des SED-dominierten Herrschaftsapparates vermitteln ließ, das läßt sich nicht aus jenem Fernziel ableiten. Es muß aus einer möglichst großen Anzahl konkreter politischer Handlungen induziert werden, deren reale Wirkung schließlich auch über das ursprünglich geplante Etappenziel hinausgegangen sein kann.

Vorauszusetzen ist, daß die Kooperation der von der UdSSR protegierten Staatspartei SED mit den sowjetischen Vertretern in der DDR auf einem politisch-weltanschaulichen Grundkonsens beruhte. Dessen Wirkungsweise ist nicht hinreichend bekannt, und die Studie wird die Möglichkeit bieten, die Bedeutung von Ideologie und Dogma in der Herrschaftskooperation SED-SKK zu ergründen.

2.2. Agrargeschichtliches Ausgangswissen und Problematisierungen

Obgleich die Kenntnis von der Entwicklung der ostdeutschen agrarischen Produktionsverhältnisse jener Jahre unbedingt zu präzisieren ist, kann auf sicherem Wissen um die allgemeine Entwicklung der Landwirtschaft und der ländlichen Lebensverhältnisse aufgebaut werden. Es besagt, daß der ländliche Raum Ostdeutschlands im Untersuchungszeitraum keinem grundlegenden strukturellen Wandel unterlag. Es gab viele Agrarbetriebe, die im Nebenerwerb Kleinstflächen nutzten, doch es überwogen privatbäuerliche, kleinbetriebliche Ackerbauwirtschaften als Haupterwerb. Rund die Hälfte aller Betriebe wirtschaftete auf eigenen Flächen von 1 bis 10 Hektar. Viehbetriebe, meist in mittelgroßen Wirtschaften, waren in der Minderzahl. In Betrieben aller Größengruppen wurden ständig oder zeitweise Lohnarbeiter beschäftigt, die Hauptlast der Arbeit und der Betriebsorganisation lag aber in den allermeisten Betrieben auf den mitarbeitenden Familienmitgliedern. Pacht erweiterte die Größe der zu bearbeitenden Flächen oft, es gab sie in allen Betriebsgrößengruppen.

Marktwirtschaftlich frei war die ostdeutsche Agrarproduktion nicht. Der Staat griff über Preise, Produktionsauflagen und Kontrollen in die Produktion landwirtschaftlicher Erzeugnisse ein, zwang zur Erzeugnisabgabe zu von ihm festgelegten Bedingungen, antwortete mit harten Strafen auf die Nichterfüllung des Solls und bediente sich notfalls der Maßnahme der Zwangsbewirtschaftung. Solch wichtige Komponenten agrarwirtschaftlicher Entwicklung wie die Änderung der Flächennutzung, Kulturenwechsel, Wechsel von Ackerbau zu Viehwirtschaft im volkswirtschaftlichen Rahmen, in der Region oder im Einzelbetrieb, das Verhältnis zwischen Zucht- und Fleisch-bzw. Milchwirtschaft, die Nutzung mineralischer Dünger, Aufwand und Standortwahl für Meliorationsarbeiten, die Einführung agrarwirtschaftlicher Neuerungen und aktueller wissenschaftlicher Erkenntnisse – dies alles kam unter weitestgehender zentraler staatlicher Lenkung zum Tragen.

In einigen Darstellungen zur DDR-Agrargeschichte werden das Ablieferungssystem generell, das Preis- und Kreditierungssystem und sämtliche Maßnahmen der Lenkung von Anbau und Viehnutzung als prinzipiell unmodern, entwicklungsfeindlich und intensivierungshemmend beurteilt. In anderen Arbeiten ist generalisierend von einer „Zwangsmodernisierung“ die Rede, die, so formulierte es Arnd Bauerkämper, als normatives Konzept „einen totalitären Herrschaftsanspruch begründete“.[16] Ohne die Debatte um „Moderne“ und „Modernisierung“ aufzunehmen, sei an dieser Stelle auf die Gefahr hingewiesen, die von theorielastigen Untersuchungsansätzen ausgehen kann. In beiden genannten Thesen folgte die SED-Agrarpolitik der frühen fünfziger Jahre in der Hauptsache kommunistischen Visionen, die bestenfalls durch äußere Zwänge zeitweilig in ihrer Gestaltungskraft verblaßten. Das politische Vermögen der Herrschenden wird auf die Fähigkeit beschränkt, vorübergehend Abstriche am Leitbild zu machen, der Handlungsspielraum reduziert sich auf entsprechende Konzessionen. Dem, was der Marxismus-Leninismus überzogen „schöpferische Weiterentwicklung“ der „Lehre“ nannte, der pragmatischen Suche nach situationsgerechten Lösungen, kommt man mit diesem Paradigma aber nicht bei. Und schließlich impliziert die Bewertung als „Antimoderne“ bzw. „Zwangsmoderne“ eine geschönte Sicht auf die modernen westlichen Agrarverhältnisse der freien Wirtschaft, die jedoch zu keiner Zeit ohne erhebliche staatliche Eingriffe in die Preis- und Absatzkonstellationen ländlicher Produzenten auskam.

Die folgende Untersuchung geht davon aus, daß agrarische Zwangsbewirtschaftungssysteme grundsätzlich in der Lage sind, günstige Bedingungen für Produktion und Verbrauch zu schaffen. Sie sind bei zeitlicher und inhaltlicher Beschränkung unter Umständen auch für nichttotalitäre Systeme annehmbar (etwa nach Naturkatastrophen). Und sie sind bestens geeignet, die rasche Rekonstruktion kriegsgeschädigter Volkswirtschaften voranzubringen. Im Konkreten hängt ihre Wirkung natürlich von einer Vielzahl von Faktoren ab, auch von den gesellschaftspolitischen Zielsetzungen der Herrschaftsträger, den inneren und äußeren Bedingungen, unter denen sie das staatliche Monopol anwenden und durch Maßnahmen in anderen Wirtschaftsbereichen ergänzen, von Herrschaftserfahrung und Lernvermögen. Wie in der Praxis staatliches Steuerungsverhalten und „sperriges“ bäuerliches Produzentenverhalten aufeinandertreffen, sich in ihrer Entwicklung wechselseitig bedingen, dies muß schon recht konkret unter Berücksichtigung der jeweils aktuellen Visionen, Ziele und Interessen untersucht werden.

2.2.1. Die Leistungen der Landwirtschaft

Vier Jahre nach Kriegsende und mithin fast ebenso viele Jahre nach den einschneidenden Eigentumsveränderungen durch die Bodenreform in der SBZ stellte deren Landwirtschaft einerseits einen stark veränderten, andererseits einen noch nicht im gewünschten Maße rekonstruierten sozialen Raum und volkswirtschaftlichen Faktor dar. 1949 lebten in der SBZ annähernd 12 Millionen Männer und Frauen im arbeitsfähigen Alter, das waren etwa 63 Prozent der ostdeutschen Gesamtbevölke-

[16] So Bauerkämper, Ländliche Gesellschaft, S. 15.

rung (1939: 67,5 Prozent).[17] Fast 2 Millionen Erwerbstätige waren in der Landwirtschaft beschäftigt, darunter als sogenannte Selbstversorger etwa 550 000 selbständige Landwirte und 880 000 mithelfende Familienangehörige.[18] Auf einem Territorium, das vor dem Krieg (bis 1938) etwa ein Drittel der deutschen Agrarprodukte[19] geliefert hatte, wirtschafteten 1949 über 813 000 Betriebe mit landwirtschaftlicher Nutzfläche (1939: 589 000 Betriebe)[20], davon 74 Prozent im Haupterwerb. Der überwiegende Teil der Betriebe, nämlich über 800 000, befanden sich 1949 in privater Nutzung. Über 540 000 Bauern waren sogenannte Bodenempfänger, knapp die Hälfte davon waren „Neubauern".

Nachdem sich infolge des Krieges die Anbaufläche insgesamt um etwa 10 Prozent, die Viehbestände – regional unterschiedlich – um 60–75 Prozent vermindert hatten, konnten 1948/49 erste geringe Erfolge bei der Erweiterung der Produktion erreicht werden: Die Anbaufläche war im Ergebnis von Räumungen, Flurbereinigungen, Neulanderschließung und Melioration auf rund 96 des Vorkriegswertes gewachsen. Der Viehbestand konnte 1949 im Vergleich zu 1945/46 auf 140–160 Prozent gesteigert werden und lag etwa bei Kühen bei 73 Prozent des Standes von 1938.[21] Neben diesem punktuell guten Ergebnis beim Viehbestand war jedoch noch immer ein großer Leistungsabfall im Ackerbau und in der durch Futtermangel gehemmten Fleisch- und Milchproduktion zu verzeichnen. Die durchschnittlichen Hektarerträge, Milchleistung und Lebendgewicht des Schlachtviehs reichten nicht an die Leistungen von 1934–38 heran; die landwirtschaftliche Produktion erbrachte insgesamt erst 65 Prozent der Vorkriegswerte. Allerdings zeichnete sich ein agrarwirtschaftlicher Aufwärtstrend ab. Der war, wie Siegfried Kuntsche schreibt, „vor allem durch eine Bündelung aller verfügbaren Ressourcen und die umfassende Lenkung der Agrarwirtschaft im Rahmen der Zentralverwaltungswirtschaft bedingt, resultierte nicht zuletzt aber aus dem Leistungswillen der Bauern und gerade auch der Neubauern."[22]

Beides, die noch unzureichende Rekonstruktion und die Tendenz zur Produktionssteigerung, war deutschlandweit zu beobachten, wobei die Fortschritte in Westdeutschland zweifellos größer waren. 1949 blieb Westdeutschland in einigen Kennziffern des agrarwirtschaftlichen Wiederaufbaus, etwa bei den Anbauflächen, noch hinter der SBZ zurück. Ein vergleichsweise gutes Ernteergebnis ermöglichte es einigen Ländern der Ostzone, Getreide, Futtermittel, Kartoffeln und Zucker in den Westen Deutschlands zu liefern, wo die Anbauflächen zurückgegangen und die Ablieferungspflichten für Großbetriebe nicht so hoch wie im Osten waren. Die industriell benachteiligten Länder der Ostzone hatten schon seit 1945 versucht, in Westdeutschland Agrarprodukte gegen Industriewaren zu handeln, was

[17] Diese und die folgenden Zahlen sind gerundet. Sie fußen auf Angaben aus: Statistisches Jahrbuch der DDR 1955, hier S. 25.
[18] Die Angaben zur Erwerbstätigkeit sind gerundete Werte, abgeleitet von Angaben der Statistik mit Stand 31. 8. 1950, siehe ebenda, S. 27.
[19] Konkreter: durchschnittlich 56 Prozent der gesamten Zuckerrübenproduktion, 40 Prozent der Kartoffel- und 38 Prozent der Getreideproduktion, 29 Prozent der Fleisch- und 26 Prozent der Milchproduktion Deutschlands.
[20] Siehe Statistisches Jahrbuch der DDR 1955, S. 195.
[21] Siehe Kotow, Agrarverhältnisse, Teil 2, S. 67, 75.
[22] Kuntsche, Ostzonale Bodenreform, S. 12.

der Binnenversorgung natürlich Lebensmittel entzog. Doch auch im Osten nahmen die Erträge langsam zu, und 1949 schienen die Ergebnisse jenen Recht zu geben, die unter den gegebenen Bedingungen zunächst auf arbeitsintensive, extensiv zu erweiternde, streng kontrollierte und staatlich reglementierte (Anbau- und Abgabezwang) Agrarproduktion im Familienbetrieb gesetzt hatten und nun schrittweise über verschiedene Intensivierungsfaktoren auch im Klein- und Mittelbetrieb an die Produktionsergebnisse der Vorkriegszeit herankommen wollten.

Die Bauern und Landarbeiter der DDR erreichten auch in den Folgejahren ein bemerkenswertes Wachstum der durchschnittlichen Hektarerträge bei den wichtigsten Kulturen. Während der drei Erntejahre 1950 bis 1952 lag das Ergebnis im Durchschnitt für Weizen bei 29,3 dz/ha, für Roggen bei 21,4 dz/ha, für Futtergetreide bei 24,9 dz/ha. Zuckerrüben brachten im Durchschnitt der Jahre 1950 bis 1952 etwa 282 dz/ha, Kartoffeln 136 dz/ha.[23] Bei Zuckerrüben und Ölsaaten holte der Ertrag den Vorkriegsstand noch nicht wieder ganz ein, doch bei den anderen Roherzeugnissen stiegen die Leistungen im großen und ganzen wieder auf den Vorkriegsstand.[24] Wie Kotow zurecht als beachtlich herausstellte, erhöhten sich die Hektarerträge 1951–1953 auch im Vergleich zu den durchschnittlichen Ernteerträgen der Jahre 1948–1950 bei allen Kulturen um 10 bis 33 Prozent.[25] Zugleich setzte eine Trendwende zur intensiven Viehwirtschaft ein. Der Viehbestand wuchs von 1951 bis 1952 bei Rindern um rund 128 000 Stück, bei Schweinen um über 2 Millionen Stück.[26] Damit erreichte die Agrarproduktion in der DDR ein Spitzenniveau unter den Ländern des RGW. Bei Getreide und Hülsenfrüchten waren die Erträge bereits fünf Jahre nach Kriegsende mehr als doppelt so hoch wie in der UdSSR, höher als in Ungarn, höher auch als in der ČSR.[27]

[23] Siehe Statistisches Jahrbuch der DDR 1955, S. 206f., 212f. (Natural-Roherträge).

[24] Kramer, Landwirtschaft, S. 99–101, weist zurecht darauf hin, daß wegen der unterschiedlichen Verfahren der Ertragsfeststellung die Nachkriegsangaben nur bedingt mit den Vorkriegsangaben vergleichbar sind. Die ostdeutschen Angaben von 1946 bis 1949 halten den unmittelbar vor der Ernte geschätzten und auf Grundlage von Drusch- und Rodeergebnissen korrigierten Ertrag fest. Ab 1950 ermittelte man die sogenannte „Halmernte" ohne Abzug der Ernteverluste. Die Vorkriegswerte hielten dagegen die „Speicherernte" fest. Die Ergebnisse der hier vorgenommenen Vergleiche sind daher vorsichtig formuliert. Laut Kramer sind allerdings auch die in der DDR veröffentlichten Zahlen zu den Roherträgen ab 1950 generell zu hoch angesetzt. Er macht Schönfärberei und Unsachlichkeit in der Arbeit von Einschätzungskommissionen dafür verantwortlich. Verifizierungen dieses Vorwurfes sind nicht bekannt. Angesichts zahlreicher Fachurteile kann m. E. durchaus von einer ungefähren Angleichung der Erträge in den Jahren 1950 bis 1952 an das Vorkriegsniveau gesprochen werden.

[25] Siehe Kotow, Agrarverhältnisse, Teil 2, S. 211. Wollte man für die Daten ab Erntejahr 1950 den von Kramer geforderten Abzug vornehmen, um realistische Zahlen zu erhalten (bei Getreide mindestens 10–15 Prozent; Hülsenfrüchten, Zuckerrüben, Feldfutterplanzen ca. 20 Prozent; Kartoffeln und Futterrüben ca. 25 Prozent), so käme man – außer bei Kartoffeln und Gemüse – noch immer auf gestiegene Hektarerträge. Siehe Hektarerträge der wichtigsten landwirtschaftlichen Kulturen (2. Entwurf), 9. 6. 1950, BArch, DE 1, 20146, Bl. 8; Übersichten zu Hektarerträgen, April 1951 bzw. 30. 5. 1952, ebenda, Bl. 47, 167; Statistisches Jahrbuch der DDR 1955, S. 206f., 212f.

[26] Siehe Kotow, Agrarverhältnisse, Teil 2, S. 214 (nach dem Statistischen Jahrbuch der DDR).

[27] Siehe RGW, S. 281. Die sogenannten Volksdemokratien können hier freilich nur bedingt zum Vergleich herangezogen werden, da sich ihre Landwirtschaft zu diesem Zeitpunkt in der Phase der Kollektivierung befand.

2.2.2. Die ländliche Betriebsstruktur

Nachdem im Ergebnis einer Bodenreform sowohl die Eigentumsverhältnisse als auch die Betriebsgrößenstruktur erheblich umgestaltet und dabei auch gewisse Standortveränderungen vorgenommen worden waren, nachdem Großgrundbesitzer sowie von der NS-Zeit her belastete Großbauern wirtschaftlich und politisch entmachtet und – soweit sie noch vor Ort waren – aus den Betrieben entfernt und diese aufgeteilt an neue Eigentümer übergeben worden waren, bezweckte Agrarpolitik in Ostdeutschland zu Beginn der fünfziger Jahre die Festigung und begrenzte Erweiterung des bäuerlichen Familienbetriebes. Sowohl die SED und die von ihr dominierte DDR-Regierung als auch die Vertreter der UdSSR in der DDR verfolgten dieses Ziel, ohne es zeitlich zu begrenzen. Moskau hielt die SED-Führung zu einer stabilisierenden Gesellschaftspolitik an.

In den ersten zweieinhalb Jahren nach der Gründung der DDR änderte sich daher, aus der Perspektive volkswirtschaftlicher und sozialer Makroprozesse betrachtet, in der ostdeutschen Landwirtschaft wenig. Der Produktionsumfang auf dem Lande sowie die ländlichen Lebens- und Eigentumsverhältnisse blieben weitgehend konstant. Die Statistik weist einen leichten Rückgang der Gesamtzahl der land- und forstwirtschaftlichen Betriebe mit über 0,5 ha Bodenfläche aus: 1950 waren es ca. 888 000, 1951 ca. 886 500, 1952 ca. 872 000 Betriebe. Die Zahl der Privatbetriebe ging geringfügig zurück: 1950 betrug sie ca. 856 000, 1951 ca. 855 000, 1952 ca. 843 000. Die von staatlichen Gütern (VEG) bearbeitete Fläche blieb gering. Sie wuchs von ca. 177 000 auf ca. 232 000 ha. Die privat genutzte landwirtschaftliche Fläche verringerte sich von ca. 6,157 Millionen auf ca. 6,085 Millionen ha.

Unbedeutende Veränderungen erfuhr auch die Struktur der Flächennutzung innerhalb des privaten Sektors. Die von kleinen und mittelgroßen Privatbetrieben mit 5–20 ha Bodenbesitz genutzte landwirtschaftliche Nutzfläche blieb etwa gleich. Private Agrarbetriebe mit über 20 ha nutzten insgesamt eine geringfügig abnehmende landwirtschaftliche Nutzfläche, das gleiche galt aber auch für kleine private Betriebe mit 1–5 ha.[28] Beim Anteil der Betriebsgrößengruppen an der privat genutzten Fläche gab es zwischen 1950 und 1952 keine größeren Verschiebungen. Insgesamt bewirtschafteten ostdeutsche Privatbetriebe im Juni 1952 ca. 7,58 der vorhandenen 10,83 Millionen Hektar Wirtschaftsfläche (landwirtschaftliche Nutzfläche, Forsten und Holzungen, kultivierbares und nicht kultivierbares Ödland sowie bebaute und unbebaute Flächen).[29] Das ostdeutsche Dorf blieb also ganz überwiegend privatwirtschaftlich-einzelbäuerlich strukturiert. Der Staat gewährleistete ein Minimum an Intensivierungsmitteln wie Dünger und Qualitätssaatgut und stellte Landtechnik – vorzugsweise für die technikarmen klein- und mittelbäuerlichen Betriebe – preisgünstig zur Verfügung. Staatliche Produktionsbetriebe hatten kein großes Gewicht.

[28] Angaben jeweils mit Stand vom 3. Juni aus: Statistisches Jahrbuch der DDR 1955, S. 194, 196, 200, 202 (alle Angaben ohne Berlin).
[29] Siehe ebenda, S. 200–203.

Anteil von Privatbetrieben unterschiedlicher Größe an der privat genutzten LNF der DDR 1950 und 1952[30]

Betriebe mit ...	Prozentualer Anteil 1950	Prozentualer Anteil 1952
weniger als 1 ha LNF	27,7	31,0
1–5 ha LNF	23,2	21,4
5–10 ha LNF	29,6	28,7
10–20 ha LNF	13,9	13,5
20–50 ha LNF	5,1	4,9
mehr als 50 ha LNF	0,5	0,5

In der SED-Führung war man sich Ende 1949 über Folgendes im klaren: „Wir können der Landwirtschaft nur noch beschränkte Mittel geben. Entscheidend ist jetzt der Aufbau der Schwerindustrie."[31] SED und SMAD/SKK setzten noch immer auf die mit der Bodenreform geschaffenen neuen Besitzverhältnisse als produktionsstimulierende Struktur. Die seinerzeit als wichtigsten Antrieb aufgezeigte „fanatische Hingabe der Bauern mit ihren Familien", die den bäuerlichen Betrieb „zur äußersten Leistungsfähigkeit" (Hoernle) hatte bringen sollen, wurde noch 1949 für ergiebig genug gehalten, vor den versorgungspolitischen Herausforderungen bis hin zur Abschaffung der Rationierung von Lebensmitteln zu bestehen. Ob diese Überlegung falsch war, wird im Nachhinein nicht mehr zu prüfen sein, zu viele Komponenten dieses Planes änderten sich bereits im Laufe der ersten beiden folgenden Jahre. Der technikreduzierte Familienbetrieb stieß wegen der extrem ungünstigen agrarischen Reproduktionsbedingungen Mitte der fünfziger Jahre an seine Grenzen.

Das staatliche Monopol über faktisch alle Intensivierungsfaktoren schloß auch im Fall der DDR-Agrarproduktion der frühen fünfziger Jahre nicht nur nicht aus, daß die Entwicklungsfaktoren der Volkswirtschaft optimal genutzt wurden. Es ließ im Prinzip auch individuelles Fortkommen, sozialen Aufstieg, Verbesserung der Lebenslage für private Bauern zu. Gesellschaftliches und individuelles Interesse, das Interesse der Herrschaft und die Interessen der Beherrschten, das Interesse der Produktionsplanung und das der Erzeuger fanden durchaus einen gewissen Konsens.

Im Sommer 1952 wurde öffentlich ein Prozeß eingeleitet, in dessen Ergebnis sich die Agrarstruktur anfangs zwar nicht einschneidend veränderte, der aber neuen Perspektiven zu folgen begann. Walter Ulbricht, Generalsekretär des ZK der SED, erklärte auf der 2. SED-Parteikonferenz im Juli 1952, daß die Entwicklung in Deutschland nun an einem Wendepunkt stünde, der neue Aufgaben erfordere. In der Landwirtschaft sollten die aus der werktätigen Bauernschaft kommenden Initiativen zur Schaffung von Produktionsgenossenschaften nun unterstützt werden, also von Agrarbetrieben, die auf der Grundlage von privatem Eigentum an Produktionsmitteln zu deren gemeinsamer Nutzung, zumindest zu gemeinsamer Bodenbearbeitung, übergehen.[32] Das galt bis dahin als „falsche Linie".

[30] Siehe Kotow, Agrarverhältnisse, Teil 2, S. 183, auf der Grundlage des Statistischen Jahrbuches der DDR von 1956 (Angaben jeweils vom Juni des entsprechenden Jahres).

[31] Protokoll der Sitzung der Abteilung Landwirtschaft des ZK vom 15. 11. 1949, SAPMO BArch, DY 30, IV 2/7, 74, unpag.

[32] Walter Ulbricht, Die gegenwärtigen Aufgaben, S. 53, 58f., 105f., 108–111.

Im Verlauf des zweiten Halbjahres 1952 entstanden in der DDR verschiedene produktionsorientierte landwirtschaftliche Zusammenschlüsse, die bald schon Landwirtschaftliche Produktionsgenossenschaften (LPG) hießen.[33] Ende Dezember 1952 bestanden über 1900 LPG auf rund 190 000 ha Fläche. Damit waren zum Jahresende rund 4 Prozent der LNF aller privaten Agrarbetriebe in genossenschaftlicher Bewirtschaftung. Die Mitgliedschaft der LPG setzte sich vor allem aus Landwirten mit Kleinbetrieben, überwiegend Neubauern, und aus Landarbeitern – zum Teil mit Familienmitgliedern – zusammen. Im Frühjahr 1953 stiegen die Zahl von Neugründungen und das Ausmaß von Erweiterungen bestehender LPG enorm an, im Ergebnis wirtschaftlichen und administrativen Drucks während der Frühjahrsbestellung verdoppelte sich die Zahl der LPG, so daß Anfang Mai über 4000 LPG bestanden. Zugleich erreichte das Hoflegen einen Höhepunkt, es kam massenhaft zur Flucht von Bauern aus der DDR nach Westberlin und in die Bundesrepublik. Über 22 700 Bauernwirtschaften mit über 643 000 ha Land waren im Mai 1953 nicht mehr in den Händen ihrer privaten Besitzer von 1951.[34]

Auf Moskauer Anweisung mußte die SED die „forcierte" Kollektivierung im Juni 1953 stoppen und teilweise wieder rückgängig machen. Der private Familienbetrieb, noch immer die dominierende Form landwirtschaftlicher Produktion, erhielt wieder vollen Anspruch auf staatliche Zuwendungen. Die inzwischen auf rund 13 Prozent der landwirtschaftlichen Nutzfläche existierenden Produktionsgenossenschaften sollten im Wettbewerb der Eigentumsformen keine zusätzlichen Vergünstigungen erhalten.

Doch die meisten der geschaffenen LPG blieben bestehen. Lediglich 11 Prozent der im Juni 1953 existierenden Produktionsgenossenschaften lösten sich bis Februar 1954 wieder auf, ihre Mitgliederzahl sank um 22,5 Prozent, die Nutzfläche um 16 Prozent.[35] Der Kollektivierungsprozeß wurde in einem frühen Stadium „eingefroren". Die Landwirtschaft der DDR war weiterhin vorwiegend privatkleinbäuerlich strukturiert. Sie entwickelte sich mit sehr niedrigem Anteil an Produktionsgenossenschaften, unter denen für die nächsten Jahre die einfachen Zusammenschlüsse dominierten, weiter. Die SED-Politik sorgte in der Zeit von 1952 bis 1955 für wachsende Verkaufserlöse und für eine Steigerung der Marktleistung von Einzelbauern um 12 Prozent.[36] Die Landwirtschaft der DDR behielt noch weitere sieben Jahre einen starken privaten Sektor.

[33] In der Literatur wird gelegentlich der Begriff *Produktiv*genossenschaft verwendet. Das deutet auf eine westliche Erfahrung hin. Lediglich in den ersten Nachkriegsjahren, als solche Genossenschaften von der SED noch abgelehnt wurden, wurde in der SBZ der alte, traditionelle Begriff benutzt, den die westliche Geschichtsschreibung zu Osteuropa – ausgenommen die versierte agrargeschichtliche – bis heute anwendet. Der DDR-Sprachgebrauch kannte nur „*Produktions*genossenschaft". Dieser Begriff empfiehlt sich nicht nur der historiographischen Genauigkeit wegen. Er verhindert auch abwegige Schlüsse, etwa die Annahme, die SED habe 1947 *Produktiv*genossenschaften (so genannt in einer Quelle) deshalb abgelehnt, weil sie „erkennbar einen völlig unproduktiven Typus von Genossenschaften [bevorzugte]" (Schwartz, Zwischen Zusammenbruch, S. 85). Der Begriff hat nichts mit Produktivität im Sinne von Leistungsfähigkeit zu tun, sondern besagt, daß im unmittelbaren Produktionsbereich gemeinschaftliche Nutzungsverhältnisse geschaffen werden. Kredit-, Zuliefer- und Verarbeitungsgenossenschaften fallen nicht unter „Produktiv-" bzw. „Produktionsgenossenschaften".

[34] Siehe Schulz, Probleme, S. 72.

[35] Siehe ebenda, S. 85.

[36] Siehe ebenda, S. 89.

2.2.3. Die Bauern

Die ostdeutschen Rahmenbedingungen für landwirtschaftliche Produktion stellten Ende der vierziger/Anfang der fünfziger Jahre fraglos eine große Herausforderung für die Agrarproduzenten dar. SED-Führung und SMAD/SKK hatten sich für die Förderung des Familienbetriebes entschieden. Das wirtschaftliche Risiko war für den Einzelbauern dennoch nicht eben gering. Krankheit, Alter oder anders bedingter Arbeitskräfteausfall bedeuteten in der Regel den Beginn einer wachsenden Verschuldung. Doch waren Kredit- und Preispolitik der SED für die Masse der Einzelbauern offenbar bis 1951 einigermaßen attraktiv, so daß unter weitgehend gleichbleibenden Eigentumsverhältnissen der volkswirtschaftliche Reingewinn aus der landwirtschaftlichen Produktion auf vielen Höfen zunahm.

Es ist mehrfach belegt, daß die ostdeutschen Bauern verschiedener Betriebsgrößen an einem raschen Wiedererreichen der ackerbaulichen Leistungen der Vorkriegszeit, aber auch an einer Entwicklung der Viehwirtschaft interessiert waren und eine zentralisierte, staatliche „Vermarktung" ihrer Produkte als Kriegsfolgeerscheinung zunächst akzeptierten. Die staatlich regulierte Agrarproduktion stellte auch zu Beginn der fünfziger Jahre für die Mehrzahl der Bauern in Ostdeutschland noch eine gangbare Alternative zur westdeutschen Landwirtschaft dar, wo die Standesgenossen schrittweise in die freie, ungeschützte Marktwirtschaft entlassen werden sollten und die zunehmende Öffnung des europäischen Marktes den Rückgang des Absatzes einheimischer Produkte verhieß. Im Osten schien Leistungssteigerung 1949/50 im großen und ganzen möglich und lohnend. Staatlich geförderte und gelenkte Politik zur Ertragssteigerung versprach für eine große Zahl von Klein- und insbesondere für Neubauern (keineswegs für alle) betriebswirtschaftliche Stabilisierung und eine gewisse Akkumulation.

Die SED erklärte ständig, daß für die Veranlagung der Pflichtabgabe die natürlichen Gegebenheiten und die betriebswirtschaftliche Situation der Produzenten berücksichtigt würden, was die Bauern auch energisch einklagten. Doch die vom Staat verplante Menge an Agrarerzeugnissen und das jährliche Soll wuchsen von 1949 bis 1952 beträchtlich. Im Ergebnis einer auf maximale Ertragsleistungen ausgerichteten Lenkung der bäuerlichen Familienbetriebe kam es bis 1952 zu starken sozialen Erschütterungen und Differenzierungen in der Bauernschaft, die sich in der allgemeinen Eigentums- und Flächennutzungsstatistik natürlich nicht niederschlugen. Sie beschleunigten die von der Politik durchaus erwartete Landflucht unter jenen Bauern, die 1945–1947 als Neueinsteiger eine Wirtschaft übernommen hatten, um vorübergehend den Unterhalt der Familie zu sichern. Unter den mittelgroßen Alt-Betrieben gab es sowohl starke Verschuldung bis hin zu Ruin, Unsicherheit und Gefährdung als auch wirtschaftlichen Aufschwung der Familienunternehmen. Großbauern gelang es zunächst mit ihrer besseren Technik und durch Einsatz von Billiglohnarbeitern, ihre Einkommen zu vergrößern und die Produktionskapazitäten begrenzt auszubauen, bevor auch sie ab 1951 verstärkt von Destabilisierung betroffen waren.

Zu einer deutlichen, durchgehenden Verbesserung der Lebenslage der Bauern in der DDR kam es im Untersuchungszeitraum nicht, wenngleich einzelne Betriebe durchaus geringfügig wachsende Einkünfte abwarfen. Hinsichtlich des täglichen Kalorienverbrauchs der Landbevölkerung und der durchschnittlichen Ausstattung der ländlichen Haushalte mit Kleidung und Mobiliar war der Stand der Vorkriegszeit 1949/50 nicht erreicht, und in den Folgejahren stellte sich eine Besserung nur bei wenigen Bauernfamilien ein. Besonders ärmlich lebten auch 1952/53 noch immer die Masse der Neu- und die „alten" Kleinbauern sowie die Landarbeiter.

Die SED-Führung sah die ostdeutsche Bauernschaft in ihrer überwiegenden Mehrheit als Partner beim Erreichen ihres nationalen Anliegens, der staatlichen Einheit Deutschlands, an. Sie suchte nach Wegen der „Einbeziehung d[er] Bauern in [den] Kampf für unsere Politik".[37] Dies war Konsens zwischen SED-Führung und SKK. Trotz wiederholter Zuspitzung der politischen Lage, etwa im Umfeld der Volkskammerwahlen 1950, und trotz wachsender Klassenkampf-Stimmung wurde kein Angriff auf die „kapitalistischen Elemente" gestartet. Den Mittelschichten sollte die Perspektive privatwirtschaftlichen Vorwärtskommens in Ostdeutschland nicht genommen werden.

Angesichts der volkswirtschaftlichen Rahmenbedingungen lohnte sich für viele der wirtschaftsschwachen Bauern eine „fanatische Hingabe" im Familienbetrieb (Edwin Hoernle) dennoch kaum. Ein Teil von ihnen nahm daher das Angebot der SED im Sommer 1952 gern an, landwirtschaftliche Produktionsgenossenschaften zu bilden, zumal ihnen attraktive Investitionshilfen versprochen wurden. Vereinzelt war es zuvor schon zu spontanen Betriebszusammenlegungen gekommen, die die SED mit Blick auf die gesamtdeutsche Ausstrahlung ihrer Agrarpolitik immer auflösen ließ. Auf der anderen Seite waren 1952 die nunmehr wirtschaftlich erstarkten Neubauern nicht für „Kolchosen" zu haben. Sie stellten mit der traditionell konservativen Bauernschaft, welche Gemeinschaftsbewirtschaftung in Form von – heute so genannten – Produktivgenossenschaften grundsätzlich ablehnte und kaum bereit war, das Angebot zu prüfen, 1952 das Gros der abwartend reagierenden Landbevölkerung. Die SED ging Ende 1952 jedoch davon aus, die gesamte Klein- und Mittelbauernschaft recht bald von den Vorteilen des Technikeinsatzes in genossenschaftlichen Großbetrieben überzeugen zu können. Dies gelang ihr nicht.

Die ländliche Gesellschaft Ostdeutschlands blieb also im großen und ganzen bis 1952 auf dem Weg, den sie 1945 eingeschlagen hatte. Das war ein anderer als der westdeutsche. Doch ein die traditionellen, regionalen Besonderheiten überlagernder, sozialökonomischer „Riß" trennte die Dörfer in der DDR damals noch nicht von denen in der Bundesrepublik.

SED-Agrarpolitik bezweckte, wie gesagt, 1949 bis 1953 hauptsächlich die Steigerung der Erträge im kleinen und mittelgroßen Familienbetrieb, um deren Marktanteil zu vergrößern und dadurch die Lebensmittelversorgung schrittweise von der Rationierung zu befreien. Angesichts beschränkter Akkumulation finanzierte der Staat eine Technik-Ausleihe, die er sukzessive ausbauen wollte. Ohne erhebliche Hilfe von außen und bei anhaltend hohen Reparationsleistungen aus der chemischen Industrie wurde mühsam die über viele Jahre vernachlässigte Bodenqualität wieder ein wenig verbessert. Langsam sollte die vorwiegend auf Ackerbau ausgerichtete Landwirtschaft auf mehr und auf intensive Vieh- und Futterwirtschaft umgestellt werden. Damit folgte die Agrarentwicklung einem allge-

[37] Notizen vom 16.-28. 9. 1949 in Moskau, in: Badstübner/Loth, Pieck-Aufzeichnungen, S. 314f., hier S. 315.

meinen europäischen Modernisierungstrend, wobei es gelang, die im Nutzflächenumfang reduzierte Landwirtschaft an die Vorkriegsleistungen heranzuführen. Die technische Ausstattung vieler Betriebe blieb aber unter dem Vorkriegsniveau, Feldarbeit war hochgradig arbeitsintensiv.

Die sowjetische Orientierung auf eine weiterhin stark privatwirtschaftlich dominierte Mehrsektoren-Landwirtschaft mit positiver Ausstrahlung auf den Westen wurde von der SED-Führung nicht nur akzeptiert, sondern auch überzeugt vertreten. Allerdings war diese Orientierung in sich widersprüchlich. Sie verlangte, zwischen gewollten produktionsstimulierenden und ungewollten „kapitalistischen", zugleich ländliches Privatkapital vergrößernden, Wirkungen zu unterscheiden und letztere zu beschränken, wenn nicht auszuschließen. Privatbäuerliches Eigentum, das soziale Abhängigkeiten im Dorf befestigen oder gar vergrößern würde, sollte nicht unbegrenzt wachsen können. Es sollte strenger staatlicher Kontrolle unterworfen werden. Mithin sollten in der DDR jene Triebkräfte ausgeschaltet werden, die in der Bundesrepublik bald für agrarwirtschaftliche Konzentration, Innovation und Modernisierung sorgten – mit stärkerer sozialer Differenzierung und bald auch Reduzierung der Bauernschaft.

Angestrebt wurden mittelgroße Betriebe mit dauerhaft höheren Erträgen als der Eigenbedarf. Doch mußte der SED-Staat immer wieder prüfen, wohin er seine knappen Mittel lenken sollte, welche privatwirtschaftliche Initiative unter den gegebenen Bedingungen nötig ist und welche als „kapitalistische" zu unterbinden war. Es bereitete vermutlich große Schwierigkeiten festzulegen, was – auch unter regional unterschiedlichen natürlichen Bedingungen – als ein kapitalistisch wirtschaftender Agrarbetrieb anzusehen war, und Privatwirtschaften welcher Größe (nach Nutzfläche und Anzahl der Lohnarbeitskräfte) wie stark in ihrer betrieblichen Akkumulation gefördert oder begrenzt werden sollten. Die SED geriet in einen Zielkonflikt, der angesichts der schlechten materiellen Voraussetzungen für den Systemwettbewerb mit der Bundesrepublik zunehmend zu einem Dilemma wurde: Rasche Ertragssteigerung durch unbegrenztes privatbäuerliches Engagement, doch mit der Folge wirtschaftlichen und politischen Erstarkens großbäuerlich-kapitalistischer Eliten bei Zurückdrängung von Neu- und Kleinbauern – oder aber Begrenzung großbäuerlicher Initiative, dafür staatliche Hilfe insbesondere für die Kleinproduzenten, mit der Folge, daß das Leistungswachstum unterhalb der Möglichkeiten blieb. Wie die SED diese Entscheidungsprobleme bewältigte und wie sie darin von der Besatzungsmacht gelenkt wurde, wäre im einzelnen zu prüfen.

Die Beschlüsse zu Höhe und Differenzierung von Pflichtabgaben, zur Kreditpolitik, zum Verhältnis zwischen Erfassungs- und Aufkaufpreisen, zum Schutz der Lohnarbeit vor übermäßiger Ausbeutung sowie zur Festigung der Staatsbetriebe erfolgten stets eingebettet in volkswirtschaftliche Grundsatzüberlegungen. Dabei ging starker Druck von den Industrialisierungsvorhaben aus, deretwegen die der Landwirtschaft im Fünfjahrplan 1951–1955 abverlangte Aufbauleistung recht hoch angesetzt wurde. Im Rahmen des Fünfjahrplanes bis 1955 sollten nur 1,4 Milliarden DM staatliche Investitionen in den Agrarbereich fließen.[38] Wieder-

[38] Im Vergleich dazu: 14,12 Milliarden DM (= 52,51 Prozent aller Investitionen) in die Industrie, 1,98 Milliarden in das Transportwesen, 5,15 Milliarden DM in die Wohnungs- und Kommunalwirtschaft.

aufbau „aus eigener Kraft ohne Verschuldung an das ausländische Monopolkapital"[39] hieß nämlich: Wirtschaftliche Rekonstruktion im wesentlichen ohne Auslandshilfe, unter intensivster Ausbeutung von Arbeitskraft und Arbeitszeit, bei extremem Materialverschleiß und starkem Energie- und Rohstoffmangel, mit einer nur notdürftig funktionierenden Infrastruktur. Zwar gehörte auch die Landwirtschaft zu den von der SED nicht nur sorgsam gelenkten, sondern im Umfang erweiterten Wirtschaftssektoren. Doch das reale Verhältnis von Bruttoprodukt, Produktionsmittelverbrauch und Nettoprodukt deutet in seiner Entwicklung von 1950 bis 1953 tendenziell auf Stagnation in der Landwirtschaft hin.

Berücksichtigt man die Besonderheiten agrarischer Reproduktionsprozesse mit ihren vergleichsweise langen Wirkungszeiten, so erscheinen für die Anzeichen von Stagnation in Ostdeutschland zwei zentrale Sachverhalte den ursächlichen Hintergrund zu bilden. Ganz allgemein gesprochen war das bestehende System der Produktions- und Verteilungszusammenhänge, das heißt der Eigentumsverhältnisse, Betriebsstrukturen und Produktionsprofile, der Arbeitskräfteverhältnisse, der Veräußerungsbedingungen, zwangswirtschaftlichen Auflagen und Stimuli, Anfang der fünfziger Jahre an die Grenze seiner Effizienz gekommen; daneben wirkte sich nun der bereits über viele Jahre (die Kriegsjahre mitgerechnet) anhaltende materielle und physische Verschleiß in der Landwirtschaft aus. In welchem Verhältnis diese Gegebenheiten für die Verlangsamung des Wachstums der Produktion im Agrarbereich Ostdeutschlands verantwortlich zu machen sind, und ob hier nicht auch ganz natürliche Faktoren eine wichtige Rolle spielten, bedarf noch gründlicher agrarwirtschaftlicher und agrarsoziologischer Untersuchungen. Sie müßten eigentlich in einen größeren als den deutschen Nachkriegszusammenhang gestellt werden, was hier aber nicht geleistet werden kann.

Der Wiederaufbau im ländlichen Raum Ostdeutschlands erfolgte also – mehr wegen der materiell- technischen Rahmenbedingungen als wegen transformationspolitischer Prämissen – ohne hinreichende Investitionen. Die Bauernwirtschaften aller Größengruppen benötigten dringend Kapitaleinlagen. Darin unterschied sich die ostdeutsche Landwirtschaft 1952/53 aber nicht von der westdeutschen. Erst 1952/53 begannen dort die marktwirtschaftlichen Mechanismen auch zugunsten von mehr Stabilität im ländlichen Raum zu wirken, wobei es beständig zu Betriebsvergrößerungen auf Kosten vieler kleiner Höfe kam. Der auffälligste, nicht traditionell-regionalbedingte Unterschied bestand 1949 bis 1952 darin, daß im Osten staatliche Produktionsstätten und Technik-Leihbetriebe existierten. Analoges wies die sowjetische Agrarstruktur auf. Die DDR-Historiographie nannte diese Betriebe später „sozialistische Elemente" und „Stützpunkte der revolutionären Arbeiterschaft auf dem Lande", um auf Kontinuität im revolutionären Umbruch hinzuweisen und im nachhinein Schlüssigkeit und Planmäßigkeit ihrer Herrschaftgeschichte zu betonen. Das Bild suggeriert, daß die weitere Entwicklung zum DDR-Sozialismus durch die Schaffung solcher Strukturen alternativlos vorgezeichnet war.

Die folgende Studie wird sich auch damit auseinandersetzen müssen. Fraglos entstanden und festigten sich in der ostdeutschen Landwirtschaft im Untersu-

[39] Gesetz über den Volkswirtschaftsplan 1950, das zweite Jahr des Zweijahrplanes der Deutschen Demokratischen Republik , 20. 1. 1950, in: GBl. 1950, S. 41–55, hier S. 41.

chungszeitraum Strukturelemente, für die es in Westdeutschland kein Pendant gab. Abgesehen davon, daß es sich lohnen würde, unter dem Blickwinkel längerfristiger „Entwicklungpfade" auch jene Strukturen auf ihre (ost)deutschen Besonderheiten hin zu prüfen, bleibt es ein methodisches Grundanliegen, diese Unterschiede nicht primär von ihrer späteren Ausformung her als Komponenten deutscher Teilung zu behandeln.

Insbesondere mit den LPG entwickelten sich ab 1952 Betriebsstrukturen, die der westdeutschen Agrarwelt fremd blieben. Generell marktwirtschaftsunverträglich waren sie nicht, wie es beispielsweise die Geschichte der Produktivgenossenschaften in der Landwirtschaft Frankreichs beweist. Als GmbH bestehen einige der früheren LPG in Ostdeutschland mit Analogien zu den ersten Vereinigungen bis heute fort.

2.3. *„Sowjetisierung" und „Volksdemokratisierung"*

2.3.1. Allgemeine Überlegungen zu „Modelltransfer"

Wenn von ostdeutscher Agrarentwicklung in den Jahren 1949 bis 1953 die Rede ist, findet häufig der Begriff der „Sowjetisierung" Anwendung. „Sowjetisierung" soll einen Prozeß kennzeichnen, in dem die Gesellschaft als ganze oder Teile der Gesellschaft einschließlich des politischen Systems Qualitätsmerkmale der sowjetischen Gesellschaft annahmen. Der Begriff findet Anwendung auf die staatssozialistischen Ordnungen in Ost-, Südost- und Mitteleuropa, eingeschlossen die DDR.[40]

Selbstverständlich ist „sowjetische Einflußnahme" noch kein Synonym für „Sowjetisierung",[41] und die Wirkung sowjetischer Gewalt (Militärpräsenz) war, wie Michael Reimann feststellte, keine ausreichende Voraussetzung für Systemtransfer. Die Sowjetisierungs-Forschung ist sich weitgehend darin einig, daß die „Zustimmung zu der neuen Ordnung" hinzukommen mußte, die auch ohne sowjetisches Zutun vorbereitet werden konnte, und daß es schließlich nationale Besonderheiten der Transformation gab.[42] Um von der „Schwammigkeit genereller Aussagen"[43] wegzukommen, sind allerdings genauere Einblicke in die Genesis gesellschaftspolitischer Entscheidungen vonnöten. Zuvor seien jedoch einige allgemeine Fragen zum Begriff beantwortet.

Wenn „Sowjetisierung" mehr bedeuten soll als nur Angleichung im politischen Bereich, mehr als die Errichtung von Machtverhältnissen sowjetisch-stalinisti-

[40] In diesen Betrachtungen wird eine der üblichen Arten der Verwendung des Begriffes „Sowjetisierung" von vornherein ausgeschlossen: die Verwendung im Sinne von Annexion und Kolonisierung durch sowjetisches Militär und Behörden. In diesem Sinne wurde „Sowjetisierung" in den zwanziger Jahren von sowjetrussischen Politikern und Militärs für die Eroberung von Territorien, etwa im Mittleren Osten, gebraucht und mit weltrevolutionären Perspektiven erklärt. Auch 1940/41 fand der Ausdruck für die Gebietserweiterungen in der Ukraine, in Moldawien und im Baltikum Anwendung. Die Schaffung eines ostmitteleuropäischen Cordon sanitaire nach Kriegsende wurde nicht auf diesen Begriff gebracht. Doch auch diese „Interessensphärenpolitik" wird aus den Betrachtungen der DDR-Agrarpolitik hier weitgehend herausgelassen. Zur begrifflichen Unterscheidung siehe Bonwetsch, Sowjetisierung.

[41] Auf diese Unterscheidung legt Wert: Kaiser, Sowjetischer Einfluß.

[42] Reimann, Sowjetisierung, S. 7.

[43] Lemberg, Sowjetisches Modell, S. 366. Siehe auch Jarausch/Siegrist, Amerikanisierung.

schen Typs, mehr als de facto Einparteienherrschaft und staatlich-repressive bis terroristische Gewaltanwendung zum Erhalt dieser Herrschaftsverhältnisse, dann geht es um einen Gesellschaftswandel, der langwieriger, komplexer und widersprüchlicher ist als der Wandel im politischen System. Dann interessieren Unterschiede im Tempo sowie in der Intensität des Wandels – im Vergleich mit dem Vorbild und im Vergleich der „Nachahmer" untereinander. Es ergeben sich Fragen nach der Anziehungskraft, die vom sowjetischen oder einem anderen „Modell" ausging, nach Veränderungen in den Absichten der Akteure, nach Korrekturen, die ihrerseits „modellstiftend" sein konnten, sowie nach den inneren und äußeren Bedingungen hierfür. Nationale Besonderheiten der dem Modell „nachgebildeten" Gesellschaften und Phasenverschiebungen bei der Modellübernahme müssen dann nicht mehr die Ausnahme, können vielmehr Elemente eines sich aus dem „Sowjetmodell" heraus entwickelnden neuen Modells sein: eines „Volksdemokratie-Modells". Ob eine solche „Volksdemokratisierung" dann eher als eine Variante von „Sowjetisierung" oder eher als Alternative zu ihr zu bewerten ist, hängt stark von der forschungsleitenden Ausgangsfrage ab. In unserem Forschungszusammenhang interessiert, wo sich neue Qualität deutlich vom sowjetischen Vorbild abhob. Wenn sie dann stärkere Übereinstimmung mit volksdemokratischen Erscheinungen aufweist, könnte danach gefragt werden, ob volksdemokratische Erfahrung bewußt in Abgrenzung zu sowjetischer rezipiert wurde.

Für Verallgemeinerungen auf der Ebene ganzer Staaten und Gesellschaften bedarf es detaillierter vergleichender Transformationsstudien, die noch nicht vorliegen. Aber auch wenn man, wie in unserem Fall, bei Einzelstudien zu sowjetischer Einflußnahme im Agrarsektor bleibt, hat die begriffliche Fixierung zur Voraussetzung, daß das sowjetische Modell oder ein anderes Modell für agrarische Umgestaltung definiert wird. Dabei bedarf es auch zeitlicher Eingrenzung, denn es kommt nur ein Vergleich mit jener Qualität des Vorbildes in Betracht, die zum Zeitpunkt des zu untersuchenden Transfers bzw. der zu untersuchenden „Nachahmung" erreicht worden war.

Die meisten vergleichenden Betrachtungen der Volksdemokratien beziehen sich – ohne daß es immer gesagt wird – auf die Sowjetunion der dreißiger bis fünfziger Jahre, den ausgeprägten Staatssozialismus Stalinschen Zuschnitts. Das macht für Nachkriegsanalysen auch deshalb einen Sinn, weil in politischer Propaganda, in ideologischer Auseinandersetzung und im geschichtswissenschaftlichen Diskurs zumeist genau dies gemeint war: der Vergleich mit der Sowjetunion unter Stalin. Bei Untersuchungen zu den frühen fünfziger Jahren stößt man aber oft auf Urteile von Kommunisten – sowohl von prosowjetisch eingestellten als auch von SU-kritischen[44], die durchaus von den Entwicklungsstufen des Vorbildes wußten. Als wichtige Zäsuren betrachteten sie die Jahre 1929/30, den Beginn der durchgängigen Kollektivierung, und das Jahr 1936, das Jahr der „ersten sozialistischen Verfassung der Welt" und zugleich das der letzten großen Abrechnung mit den „linken und rechten Abweichlern" in der Partei. Von wann ab eine Gesellschaft als „sowjetisiert" zu gelten hat, war auch unter Kommunisten umstritten. Und zu Recht konnte in Hinblick auf einige gesellschaftliche und politische Institutionen

[44] Zur marxistischen Kritik an der Sowjetunion siehe Beyerstedt, Marxistische Kritik.

auf ältere westliche Traditionen verwiesen werden, etwa bei den Konsumgenossenschaften, der Arbeitersportbewegung, der staatlichen Sozialversicherung usw.

Offenkundig ist es kaum möglich, „Sowjetisierung" oder eine andere „Modellübernahme" ausschließlich vom Gestaltungswillen der politischen Akteure her zu erklären. Ob die Annäherung an das sowjetische bzw. ein anderes Modell bewußt in der Absicht vorangetrieben wurde, es komplett zu übernehmen (komplettes Modell meint hier nicht unbedingt die ganze Gesellschaft, sondern kann auf einen zu untersuchenden Teil begrenzt sein) oder nur einzelne Anleihen beabsichtigt waren, ist auch unerheblich für die Charakterisierung des Transformationsprozesses. Maßgebend für die Bestimmung als „Sowjetisierung" ist, ob die Annäherung an das Modell *unter Rückgriff auf Gestaltungselemente des politischen Systems der UdSSR und der sowjetischen Politik und Gesellschaft* geschah. Dies dürfte eine sinnvolle Voraussetzung für die Anerkennung einer Modell*übernahme* sein.

Was nur historische Parallele ist, sollte ausgeschlossen bleiben. Die Geschichte kennt wesensgleiche Phänomene (etwa den italienischen Faschismus und den deutschen Nationalsozialismus), die vielleicht in wechselseitiger Wahrnehmung, aber doch eigenständig entstanden. Auch bei de facto Wesensgleichheit von Zuständen und Erscheinungen in der UdSSR und in den Volksdemokratien bzw. der DDR sind diese nur dann als Ergebnis von Modellübernahme zu kennzeichnen, wenn sie mit Bezug auf das Vorbild herbeigeführt wurden und/oder sich unter entscheidendem Einfluß der sowjetischen Besatzungsmacht und ihrer Kontrollbehörden herausbildeten. Alles andere ist schlicht Analogie.

Folglich sollte das prozessuale Phänomen der Annäherung und Übernahme nach Kriterien bewertet werden, die aus dem Modell heraus bestimmt werden. Damit steht der Historiker aber vor der Aufgabe, für seinen analytischen Bedarf festzulegen, von welchem „Modell" er ausgeht: (a) vom Staatssozialismus schlechthin, das heißt vom gesellschaftlichen und politischen System in seinen Grundelementen (stalinistische Partei, Hegemonie dieser Partei im Staat, „Entpolitisierung" der Gesellschaft, dominierender staatlicher Sektor in der Volkswirtschaft; egalisierende Verteilung des gesellschaftlichen Bruttoproduktes), oder aber (b) speziell vom Staatssozialismus sowjetischer Prägung, wobei dann noch näher zu bestimmen wäre, von welcher Entwicklungsperiode, mit welchem Maß an staatlicher Regulierung und Repression, mit welchen Artikulationsmöglichkeiten verschiedener gesellschaftlicher Gruppen, mit welchen Perspektiven für verschiedene Eigentumsformen.

Theodor Bergmann, Peter Gey und Wolfgang Quaisser wählten das allgemeine Modell. Sie zählten in ihrer Einleitung zu Vergleichs- und Einzelstudien realsozialistischer Entwicklungswege der Agrarpolitik die Bestandteile des Leitbildes auf und nannten sie „Grundmerkmale [sowohl] realsozialistischer Wirtschaft im allgemeinen [...], als auch der sozialistischen Landwirtschaft im besonderen":

1. Das Privateigentum an Produktionsmitteln ist in ‚höhere' Betriebs- und Eigentumsformen (in der Landwirtschaft: Produktionsgenossenschaften und Staatsgüter) überführt. 2. Ein sozialistisches Agrarsystem ist Bestandteil einer gesamtwirtschaftlichen Planung. 3. Die Wirtschaftseinheiten werden quasi naturalwirtschaftlich gesteuert, das Wirtschaftsgeschehen folgt staatlicher Lenkung. 4. Die Verteilung der Arbeitserträge erfolgt entsprechend der individuellen Arbeitsleistung. 5. Die Produktionsstruktur ist durch Großbetriebe gekennzeichnet. Sie er-

leichtern die Planungs- und Lenkungsmöglichkeit. 6. Es wird der Einsatz fortschrittlichster Technologie unter Berücksichtigung modernster Organisations- und Produktionsverfahren angestrebt.[45] Neben diesen allgemeinen Richtlinien, das sollte ergänzt werden, gab stalinistische Ideologie den Gedanken vor, daß „sozialistische Landwirtschaft" nur stufenweise zu erreichen ist.

Die Anwendung solcher sehr allgemeinen Kriterien ist in zweierlei Hinsicht fragwürdig. Zum einen benötigt die Historiographie, solange sie bei diesem allgemeinen Leitbild bleibt, keinen weiteren Begriff für die Transformation, weil sich alle Staatsparteien des Ostblockes an diesen „Grundmerkmalen" orientierten, mehr oder minder konsequent. Soll der Begriff „Sowjetisierung" heuristischen Wert haben, muß er Spezifischeres kennzeichnen als das Verfolgen derart allgemeiner Ziele. Zum anderen waren einzelne „Grundmerkmale" in ihrer Allgemeingültigkeit durchaus umstritten, als die Staatsparteien der Volksdemokratien vor der Frage standen, welche sowjetischen Erfahrungen zu übernehmen sind. So galt die naturalwirtschaftliche Lenkung von Produktionsgenossenschaften nicht unbedingt als ehernes Gesetz.

Ein praktikabler Ansatz für die Definition von „Sowjetisierung" ist daher: *Transformation in Folge der Übernahme von vermeintlich positiven Erfahrungen aus der Geschichte des sowjetischen Sozialismusaufbaus ab 1929/30.*

Freilich konnten Erfahrungen auch aus dessen Vor- oder Frühphasen übernommen werden. Doch hat die Forschung die Frage nicht beantwortet und es eher zu einer Ansichtssache erklärt, inwieweit mit der Errichtung des sowjetischen *Staatskapitalismus* der zwanziger Jahre in Anbetracht seiner ausgeprägten Mehrsektorenwirtschaft ein System geschaffen wurde, aus dem *notwendigerweise* das sowjetisch-stalinistische „Modell" hervorging, auf das wiederum die Staatsparteien der Volksdemokratien in den vierziger Jahren zurückgriffen. Nur wenn diese Entwicklung zwingend gewesen wäre – was wissenschaftlich nicht erwiesen ist –, könnte davon gesprochen werden, daß Analogien zum sowjetischen Staatskapitalismus erste Erscheinungsformen von Modellangleichung waren.

Oft wird aus der „Stalinisierung" der Staatspartei auf eine gezielte „Sowjetisierung" geschlossen. Im Falle der SED gilt manchem Historiker ihr Aufstieg zur hegemonialen, staatstragenden Partei als letztes Indiz dafür, daß nun eine „Sowjetisierung" der Gesellschaft stattfinden sollte und schon begann. Stalinistische Partei – stalinistischer Staat – „sowjetisierte" Gesellschaft, eine gewisse Logik hat diese Kette, ergibt sich doch aus dem gleichen anti-emanzipatorischen Partei-, Staats- und Gesellschaftsverständnis, daß *letzten Endes* wesensgleiche Gesellschaften entstehen sollten. Doch kannte auch stalinistische Herrschaftslogik die Frage nach dem Machbaren. Sie verwertete Erfahrungen der sowjetischen Geschichte, und sie forderte – bei aller Vorliebe für die sogenannten Gesetzmäßigkeiten – auch das In-Rechnung-Stellen von konkreten nationalen und internationalen Bedingungen, historisch-regionalen Besonderheiten und subjektiven „Reifeprozessen".

Die KPdSU-Erfahrung war für die SED-Agrarpolitik 1949–1953 vor allem interessant als (1) konkrete Erfahrung, die in Situationen gewonnen worden war, welche den nunmehr in der DDR gegebenen ähnelten. Man kann sie *analoge Er-*

[45] Gey/Quaisser, Konzeptionen, S. 22.

fahrung nennen. Die sowjetische Politik hatte im Laufe der Zeit ähnliche Aufgaben zu bewältigen: in den zwanziger Jahren bei der Produktionssteigerung in der Mehrsektorenwirtschaft; in der unmittelbaren Nachkriegszeit bei der Überwindung kriegsbedingter Zerstörung und übermäßiger Zwangsbewirtschaftung, dies allerdings unter strukturell anderen Voraussetzungen; und schließlich in den frühen fünfziger Jahren bei der Abschaffung rationierter Lebensmittelversorgung und doppelter Agrarpreisgestaltung. Wichtig war sowjetische Erfahrung nicht minder als (2) seither überdachte, *politisch verarbeitete Erfahrung*. Die SED-Funktionäre interessierten sich dafür, wie die KPdSU – nunmehr als Berater – auf die eigene Vergangenheit zurückblickte, wie sie beispielsweise ihre NÖP-Erfahrungen bewertete und das Tempo der Kollektivierung sowie die Liquidierung der Kulaken einschätzte und inwieweit dies ihre Ratschläge bestimmte. Schließlich war (3) die aktuelle Vorstellung der KPdSU von der Verwertbarkeit sowjetischer Erfahrung entscheidend, die *empfohlene Erfahrung*. Hier flossen alle relevanten strategischen und taktischen, auch deutschlandpolitischen Überlegungen mit ein, die von der SED zwar nicht restlos gebilligt, schließlich jedoch respektiert werden mußten.

Politisch verarbeitete und von Moskau *empfohlene* Erfahrung konnte 1949 auch schon auf volksdemokratische Praxis zurückgreifen. Die ostmittel- und die südosteuropäischen Erkenntnisse waren noch recht vage. Gleichwohl ging die SED-Führung davon aus, daß die in Deutschland anzuwendenden Strukturen und Methoden der agrarischen Umgestaltung denen ihrer volksdemokratischen Nachbarn näher kommen werden als den sowjetischen. Wie Georgi Dimitroff erklärte, galten 1949 als allgemeine Aufgaben der Volksdemokratie im Agrarbereich:

„Vorbereitung der Bedingungen für die Liquidierung der kapitalistischen Ausbeuterelemente in der Landwirtschaft auf dem Wege einer konsequenten Politik, deren Einschränkung und dann deren Verdrängung und Liquidierung; allseitige Entfaltung von Produktionsgenossenschaften unter der Hauptmasse der Bauernschaft, staatliche Unterstützung der Klein- und Mittelbauern durch ihre Versorgung mit landwirtschaftlichen Maschinen, mit Maschinen- und Traktorenstationen, mit Krediten, mit Anleihen zum Aufkauf für Saatgut usw., so daß ihr Interesse für das Bündnis mit der Arbeiterklasse gehoben wird, sie durch Beispiele aus dem Leben der Arbeitsgenossenschaften von den Vorzügen einer gemeinsamen Führung der Landwirtschaft überzeugt und im Geiste der Unversöhnlichkeit gegenüber den kapitalistischen Elementen erzogen werden. Was die Frage der Nationalisierung des Grunds und Bodens betrifft, so sind wir der Meinung, daß diese Frage unter unseren Verhältnissen bei der Entwicklung der landwirtschaftlichen Arbeitsgenossenschaft keine praktische Bedeutung hat."[46]

2.3.2. Mögliche Erfahrungsanleihen der SED ab 1949

In Hinblick auf die Übereinstimmung mit dem in Sowjetrußland beschrittenen Weg schrieb das aktuelle Dogma als „das Wesentliche" die „Diktatur des Proletariats" unumstößlich fest. Sie war in der SBZ/DDR 1949 zweifellos gegeben. Daraus abzuleiten, daß auch „Sowjetisierung" oder „Volksdemokratisierung" alternativlos vorgesehen waren, wäre falsch. Denn, erstens, hatte jede konkrete „Diktatur

[46] Dimitroff, Über das Wesen, S. 678.

des Proletariats", erst recht die extrem abhängige SED-Herrschaft, mit äußeren Entwicklungen und deren strategischen und taktischen Folgen für ihre nationale Politik zu rechnen und, zweitens, sollten insbesondere in der Entwicklung der Landwirtschaft nationale Spezifika durchaus zulässig sein. Hinzu kommt: Das Volksdemokratie-Modell war 1949 vor allem in Fragen der agrarischen Umstrukturierung erst in Herausbildung begriffen und noch nicht in allen politikbestimmenden Konturen erkennbar. Die Gegenüberstellung dieser und jener Erfahrung war im Untersuchungszeitraum daher Bestandteil der Meinungsbildung in der SED-Führung und bei ihren sowjetischen Beratern.

1950 kamen die Volksdemokratien auf dem beschriebenen Weg voran. Allerdings bestanden, höchst unterschiedlich strukturiert, Mehrsektoren-Landwirtschaften fort. Allesamt waren sie weniger ertragreich als die ostdeutsche. Von 1949 bis 1950 vergrößerte sich die Anzahl von landwirtschaftlichen Produktionsgenossenschaften unterschiedlichen Typs (dazu zählen keine Staatsgüter), beispielsweise in Bulgarien von rund 1600 auf rund 2500 (ohne Diversifizierung von Typen) mit rund 43 Prozent der Anbaufläche; in Ungarn von rund 1000 auf rund 1500 sehr verschiedenen Typs mit insgesamt rund 4 Prozent der Anbaufläche; in Polen von rund 240 auf rund 2200 Genossenschaften, die meist aus Kleinstbetrieben entstanden waren und rund 3 Prozent der Fläche bewirtschafteten; in der ČSR von 28 auf über 5000, die sich zumeist auf der sogenannten „Vorstufe" befanden.[47]

Der größte Teil dieser Genossenschaften glich sich im Verlauf der Jahre 1950/51 in fast allen Volksdemokratien statutarisch mehr und mehr den sowjetischen Kollektivwirtschaften (Kolchosen) an. Wie schnell und konsequent dem sowjetischen Beispiel weiterhin gefolgt werden sollte (mit Ausnahme der Nationalisierung des Bodens, versteht sich), wollte man der Praxis überlassen. Für jene Kritiker, die kommunistischen Leitgedanken folgten, wies der 1949/50 erreichte Entwicklungsstand mehr Ähnlichkeit mit dem sowjetischen Modell auf als mit den kapitalistischen Landwirtschaften des Westens, doch für „Assimilation" hielten sie dies noch nicht. Erst anderthalb Jahre später, im Herbst 1951, als die Transformation der Agrarverhältnisse in den Volksdemokratien forciert wurde, erklärten Trotzkisten, die strukturelle Assimilation an die Sowjetunion sei im wesentlichen erreicht.[48]

Eine strategische Positionsbestimmung war für die SED-Führung unter den von der Sowjetunion bestimmten deutschlandpolitischen Prämissen nicht leicht. In ihren Volksdemokratisierungsbestrebungen im Dezember 1948 gebremst, sah sie ihre Aufgabe 1950 so: „Wir gehen zum Sozialismus – aber Zick-Zack, wir sprechen nicht davon". Sie sollte sich dafür an der NÖP orientieren. [49] Als Walter Ulbricht zwei Jahre später, im April 1952, bei dem erwähnten Treffen der SED-Führung mit Stalin den Eindruck gewann, dieser wollte nun, daß die Sozialismus-Losung in der DDR verkündet würde, gab er rückblickend Auskunft: „Wir haben die in der DDR entstandenen gesellschaftlichen Beziehungen ein wenig maskiert."[50]

[47] Gerundete Zahlen nach Maerzke, Entstehung, und Wädekin, Sozialistische Agrarpolitik in Osteuropa.
[48] Siehe Beyerstedt, Marxistische Kritik, S. 251f.
[49] Wilhelm Pieck in der Notiz während einer Begegnung mit SKK-Politberater Semenov am 14.2.1950, in: Badstübner/Loth, Pieck-Aufzeichnungen, S. 333f., hier 334.
[50] Scherstjanoi/Semmelmann, Gespräche Stalins, Teil 2, S. 265.

Ist daraus abzuleiten, daß SED und sowjetische Besatzungsmacht, ohne sich dazu zu bekennen, den Sozialismusaufbau in der DDR bereits vor 1952 zielstrebig vorantrieben? Auf welche Erfahrungen griffen sie zurück? War mit der Politik des „Abschöpfens" von Werten aus der Landwirtschaft für die Industrialisierung vielleicht nicht doch primär die Fortsetzung des sozialen Wandels auf dem Lande bezweckt, – quasi in Anlehnung an die Entkulakisierung in der Sowjetunion? Betrieben SED und SKK also 1949 bis 1952 eine Transformationspolitik im Agrarbereich als „latente Sozialisierung" auf Kosten der Großbauern?

Mehrere Indizien zeugen von einem Bestreben in der SED-Führung, den Klassenkampf in der DDR voranzutreiben. Ab 1951 wurden auch die sowjetischen Empfehlungen widersprüchlicher. Einerseits traten sowohl die SED-Führung als auch die Moskauer Berater in eine gewisse „Illusionsphase" ihrer deutschlandpolitischen Aktionen ein[51] , das heißt, sie entwickelten Pläne für Friedensvertragsverhandlungen nach wie vor mit gesamtdeutscher Option, ohne zu bemerken, wie unrealistisch diese wurde. Andererseits sorgten volkswirtschaftliche Schwierigkeiten in der DDR, insbesondere auch Probleme der Landwirtschaft, für ein deutlicheres Interesse für und einen stärkeren Rückgriff auf praktische Erfahrungen der zentralen Wirtschaftslenkung. Jetzt hieß es, in staatlichen Angelegenheiten wolle man „von der Sowjetunion lernen". Das war noch immer auf bestimmte volkswirtschaftliche und betriebswirtschaftliche Mechanismen (Rechnungsführung,[52] Wettbewerbsgestaltung, Betriebssicherheitssystem) begrenzt. Die SED erhob keinesfalls den Staatssozialismus sowjetischen Typs als ganzes zum Vorbild, noch viel weniger formulierte sie entsprechende aktuelle Aufgaben gesellschaftlicher Umgestaltung. Doch stellt sich natürlich die Frage, ob SED-Führung und SKK mit ihrer „extensiven Auslegung" dessen, was antifaschistisch-demokratische Ordnung in Ostdeutschland leisten könnte und müßte, an das sowjetische Staats- und Gesellschaftsmodell nicht schon so weit herankamen, daß man von Gestaltungsprozessen im Sinne von modelladäquatem „Aufbau des Sozialismus" sprechen kann.

Die SED-Führung schätzte im Sommer 1952 selbst zunächst intern und dann öffentlich auf ihrer 2. Parteikonferenz ein, daß sich in der DDR *die Staatsmacht* von einer antifaschistisch-demokratischen zu einer volksdemokratischen Staatsmacht, zur Diktatur des Proletariats also, entwickelt hatte.[53] In Moskau sah die Parteiführung das ebenso. Damit war nach ihrer gemeinsamen Meinung ein Entwicklungsstadium erreicht, das den „planmäßigen" Sozialismusaufbau *möglich*

[51] Siehe Lemke, Einheit.

[52] Dieses volkswirtschaftliche Verfahren sowjetischer Provenienz orientierte auf die Rentabilität der Wirtschaftseinheiten im volkswirtschaftlichen Gesamtkorpus. Betrieben, Ministerien und anderen Strukturelementen wurden gewisse planerische, produktions- und absatzorganisatorische Mitspracherechte eingeräumt. Sie wurden angehalten, gewinnorientiert zu wirtschaften, und erhielten als Gegenleistung einen bestimmten Anteil am erarbeiteten Gewinn zur Nutzung für bestimmte Sozialleistungen. In der Praxis kam es ständig zu Ziel- und Interessenkonflikten zwischen der zentralen Planungsinstanz und den Wirtschaftseinheiten, die produktiv zu nutzen im Grunde nicht gelang. In der DDR wurde die volkseigene Wirtschaft 1952 auf die Prinzipien der wirtschaftlichen Rechnungsführung verpflichtet, das heißt auf Selbstkostensenkung, Erschließung örtlicher Reserven und Mobilisierung organisatorischer und geistiger Potenzen durch Leistungsentlohnung, in der Produktion nach technisch begründeten Arbeitsnormen (TAN).

[53] Siehe Scherstjanoi/Semmelmann, Gespräche Stalins, Teil 2.

machte. De facto läßt sich diese Einschätzung bereits auf die Verhältnisse im Jahr 1949 anwenden. Von dem im Agrarsektor Erreichten verdienten nach damaligem Verständnis insbesondere die MAS und die volkseigenen Güter die Bezeichnung „sozialistisch", weil sie als Elemente einer staatssozialistischen Agrarstruktur strukturell ausbaufähig waren. Doch die Landwirtschaft insgesamt war Mitte 1952 ein vorwiegend privatbäuerlich strukturierter Teil einer bestenfalls „vorsozialistischen" Mehrsektorenwirtschaft.

Es könnte eingewendet werden, daß diese Zustandsbeschreibung nach systemimmanenten Kriterien die wahren strukturellen Verhältnisse verklärt. Doch, wie eingangs gezeigt wurde und wie es auch mehrheitlich in der Forschung Anerkennung findet, blieb die Agrarstruktur Ostdeutschlands bis Mitte 1952 tatsächlich eine überwiegend privatbäuerliche. Die folgende Untersuchung geht von der Hypothese aus, daß genau dies auch das Ergebnis gemeinsamer Gestaltungsabsichten von SED-Führung und sowjetischer Besatzungsmacht war. Die *politischen* Strukturen in der DDR unterschieden sich 1949–1952 kaum von denen in den Volksdemokratien; die gesamtdeutschen Pläne der UdSSR schien das nicht zu stören, denn politische Strukturen konnten rasch geändert werden. Die *soziale* Umgestaltung hatte Moskau jedoch nicht forcieren wollen, der Mittelstand war Bündnispartner im Kampf um den Friedensvertrag. Bei der Rekonstruktion von einzelnen agrarpolitischen Entscheidungen der Jahre 1949–1952 wird der gesellschaftskonzeptionelle Grenzbereich auszuloten sein, den die Entscheidungen – bewußt oder unbewußt – womöglich überschritten.

Die Jahre 1952/53 gingen in die Geschichte der ostdeutschen Landwirtschaft als die eines ersten Kollektivierungsexperimentes ein, dem mit dem Aufstand vom 17. Juni 1953 ein vorläufiges Ende gesetzt wurde. Die individuelle einzelbäuerliche Wirtschaft, so hieß es Ende 1952, stünde einer weiteren Technisierung im Wege, moderne Technik und Agrarwissenschaft legten größere Wirtschaftseinheiten nahe, wofür sich verschiedene Kollektivwirtschaften anböten. Solche Kollektivwirtschaften waren nach gängiger stalinistischer Sozialismustheorie keine Elemente des *staatskapitalistischen* Sektors, wie noch die Genossenschaften alten Typs, sondern erweiterten den *sozialistischen* Sektor der Volkswirtschaft, den zuvor allein VEG und MAS ausmachten.

Bei ihrem strukturellen Eingriff in die ländlichen Produktionsverhältnisse bediente sich die SED ganz offen staatssozialistischer Vorbilder. Sie sprach von einer Wende, dem nunmehr zu beginnenden planmäßigen Aufbau des Sozialismus in der DDR, beharrte aber zugleich auf einem nationalen Bedeutungszusammenhang dieser Entscheidung. Unter Bezugnahme auf Marx, Engels, Lenin und Stalin sowie auf das sowjetische und auf volksdemokratische Beispiele erklärte sie ihre Agrarpolitik zum Bestandteil eines solchen Sozialismusaufbaus, der sich von den alten und den aktuellen sozialdemokratischen Sozialismus-Bekundungen dadurch unterscheide, daß er konsequent antikapitalistisch sei und der arbeitenden Bevölkerung, der Arbeiterschaft, den werktätigen Bauern und der neuen demokratischen Intelligenz einen wirklichen materiellen und geistig-kulturellen Aufschwung böte. Die SED ließ keinen Zweifel daran, daß sie, wie damals alle staatskommunistischen Parteien, die LPG – auf lange Frist gesehen – als Übergangsform zum hochindustrialisierten Großbetrieb verstand. LPG sollten auch im geeinten

Deutschland den Einzelbauern zum Sozialismus führen. Diese Perspektive mag heute absurd erscheinen, 1952/53 jedoch waren selbst in der bundesrepublikanischen Parteienlandschaft „antikapitalistische“ Bekenntnisse noch politikrelevant.

Ob die SED-Führung im Sommer 1952 bei Kollektivwirtschaften eher an Lenins moderatere „Schule“, oder aber an Stalins „Zwangserziehung“ dachte, war bislang ebenso unbekannt wie die Umstände, die dazu führten, daß sich binnen kurzem die letztgenannte Variante durchsetzte. Die Entscheidungen müssen deshalb in allen erkennbaren Bestandteilen und in ihrer Entwicklung rekonstruiert werden. Darüber hinaus zielt die Untersuchung aber vor allem auf echte und vermeintliche Zwangsläufigkeiten in der DDR-Landwirtschaftsentwicklung 1952/53. Im historischen Kontext ist zu ergründen, ob es zu dem Kurs auf eine rasche, umfassende Kollektivierung der Landwirtschaft, der in der Realität bald schon einsetzte, eine reale Alternative gab, ob eine solche überhaupt erwogen wurde und welche Überlegungen und Sachzwänge zur bekannten Entwicklung führten.

Die Analyse muß vergleichende Betrachtungen zur Entwicklung in der UdSSR nach 1929 und in den Volksdemokratien nach 1948 einschließen, fragt aber vor allem nach der ostdeutschen Spezifik des Experimentes. Die Parallelen waren von der SED nie verheimlicht worden, weder 1952 noch später. Auch die SED-Geschichtsschreibung sprach von Kollektivierung nach sowjetischem Vorbild und unter Aufnahme volksdemokratischer Erfahrungen, wenngleich gerade die krisenrelevanten Aspekte jenes Experimentes nie hinreichend thematisiert wurden. Als historische Gemeinsamkeiten bei der Schaffung landwirtschaftlicher Kollektivwirtschaften sah man neben den volkswirtschaftlichen Rahmenbedingungen (staatliches Großhandels- und Finanzmonopol, staatliche Erfassungs- und Aufkaufbetriebe, staatlich regulierte Industrie) folgendes an:

(1) Angestrebt waren genossenschaftliche Zusammenschlüsse verschiedenen Grades von Gemeinschaftlichkeit, angefangen von lediglich gemeinsamer Bodenbearbeitung bis hin zur gemeinsamen Tierhaltung und weitreichender gemeinsamer Ausführung aller Produktion, wobei eine individuelle Hauswirtschaft mit kleinem Selbstversorgerbereich (Gemüseanbau, Kleintierhaltung) fortbestehen sollte.

(2) Diesen Genossenschaften und ihren Gremien wurde eine bedeutende Rolle in Kommunalpolitik und Sozialpolitik sowie im dörflich-kulturellen Leben zugeschrieben.

(3) Es bedurfte eines starken gestaltenden und kontrollierenden Einflusses der kommunistischen Partei in diesen Produktionseinheiten und in der Dorfgemeinde.

(4) Notwendig schienen anfängliche staatliche Sonderkonditionen für die Produktionssteigerung (Kredite, Abgabenermäßigung, Steuerermäßigung), insbesondere eine intensive organisatorische Anbindung an ein staatliches Technik-Leihunternehmen, nach sowjetischem Vorbild Maschinen-Traktoren-Station (MTS) genannt, wodurch die Produktionsgenossenschaften im Vergleich zu Einzelwirtschaften günstigere Reproduktionsbedingungen erhielten und leichter Rentabilität erreichen konnten.

Wie bereits erwähnt, war die volksdemokratische Erfahrung mit der Kollektivierung der Landwirtschaft, die dort 1949 einsetzte, noch recht jung. Bald zeigten sich gewisse Unterschiede, die vor allem in nationalen Besonderheiten der Agrarentwicklung vor 1945 und während der Bodenreformen 1945 bis 1947 begründet lagen. Unterschiedliche Produktivkraftentwicklung, Eigentums- und Erwerbsstrukturen und ein traditionell unterschiedliches Verhältnis der Agrarproduzenten zum Großbetrieb waren nach marxistisch-leninistischer Lehre für diese Entscheidungen durchaus zu berücksichtigen. Hinzu kamen die spezifischen klimatischen und die Bodenverhältnisse, die Ackerbau- oder Viehbetrieben natürlich einen regional eigenen Stempel aufdrücken mußten.

Nach drei Jahren boten sich von den ersten praktischen Erfahrungen der sogenannten Bruderparteien für Ostdeutschland besonders die aus Ungarn an. Ungarn hatte vor 1945 einen vergleichsweise großen einheimischen Großgrundbesitz; die Enteignungsgrenze lag mit 114 ha der ostdeutschen Bodenreformregelung am nächsten. 3,2 Millionen ha Land wurden aufgeteilt (zunächst wurde ein Resthof belassen, dann auch der enteignet). Außerdem wurde mittelgroßer Besitz von NS-Kollaborateuren und volksdeutschen Bauern enteignet. Im Ergebnis der Bodenreform, die politische Unterstützung aus radikalen kleinbäuerlichen Kreisen erfahren hatte, entstand eine Agrarstruktur überwiegend aus Kleinbetrieben mit durchschnittlich erheblich weniger Fläche als in der SBZ. Mehr als die Hälfte der Bauern hatte nur bis zu drei ha Land zur Verfügung. Ihnen standen staatliche Leihbetriebe zur Seite. Die Staatsgüter waren in Ungarn nahezu bedeutungslos. Mit dieser Struktur erreichte die ungarische Landwirtschaft 1950 rund 85 Prozent der Vorkriegsleistungen.

Analog zur Entwicklung in der SBZ hatte man in Ungarn zunächst die alten bäuerlichen Genossenschaften reaktiviert, gefördert und unter zentrale Leitung gestellt.[54] Ungarns Erfahrungen waren 1952 auch deshalb so interessant, weil es 1951 mit guten Ernteergebnissen die Ertragsleistung von 1938 erreichte. Daß das nicht von Dauer war und daß eine Mißernte schon im Herbst 1952 die strukturellen Schwierigkeiten vergrößern würde, so daß erhebliche Versorgungsprobleme entstanden, konnte man Anfang 1952 noch nicht sehen.

Die polnischen Erfahrungen taugten für die DDR trotz klimatischer Ähnlichkeiten dagegen nur begrenzt, denn dort war der staatliche Sektor gewaltig, folglich bestanden vor der Kollektivierung noch relativ wenig staatliche Leihbetriebe für die Privatbauern (1949: 30); Initiativen „von unten" zur gemeinschaftlichen Arbeit gab es kaum, im Gegenteil, in altpolnischen Gebieten war die Resistenz gegen die Kollektivierungspropaganda erheblich. In der Tschechoslowakei, deren Agrarpolitik von der Forschung gern als „paradigmatisch für die der anderen osteuropäischen Länder" angesehen wird,[55] gab es zwar eine teilweise ähnliche Situation wie in der SBZ (hoher Anteil von Neubesiedlung; erheblicher Einfluß alter Genossenschaften bis 1948), aber auch bedeutsame Unterschiede (kaum großer Landbesitz bei Tschechen vor 1945; in einer zweiten Enteignungswelle eine recht niedrige Eigentumsobergrenze von 50 ha).

In fast allen östlichen und südöstlichen Nachbarländern hatten die Staatsparteien 1949 bis 1952 mit drei bis vier unterschiedlichen Genossenschaftstypen experimentiert. Die einfachsten Formen waren Vereinigungen zur gemeinschaftlichen Feldarbeit; in ihnen wurde der Ertrag für das Genossenschaftsmitglied entspre-

[54] Siehe Wädekin, Sozialistische Agrarpolitik, S. 170–172.
[55] Ebenda, S. 149.

chend dem Arbeitsbeitrag *und* (bis zu 40 Prozent des Reineinkommens) entsprechend der eingebrachten Nutzfläche errechnet. Zum Teil wurde auch der Rohertrag aufgeteilt. Derlei gemeinschaftliche Bewirtschaftung gab es in Europa schon lange, auch in Sowjetrußland (dort hieß eine solche Genossenschaft während der NÖP tovariščestvo po obščestvennoj obrabotke zemli). 1928–29 traten in Sowjetrußland viele Bauern in solche einfachen Gemeinschaften ein, um dem erkennbaren Trend zur Kolchosbildung zu entgehen.

Neben solchen einfacheren Nutzungsstrukturen wurden in den Volksdemokratien auch – in Anlehnung an die sowjetischen Kolchose (Artel') – Betriebe zusammengefügt, die das Mitglied stärker an den Betrieb banden. Die Rechte und Pflichten des Mitglieds, sein Verhältnis zum gemeinschaftlichen Ertrag und die Austrittsbedingungen wurden in sogenannten Statuten festgelegt, für deren Abfassung jeweils landesweit sogenannte Musterstatuten gesetzlich fixiert wurden. Der nicht nationalisierte, private Bodenbesitz ging so in die gemeinschaftliche Nutzung ein, daß die individuellen Nutzungsrechte bedeutsam beschnitten wurden. Vieh, Geräte und Technik konnten ebenfalls in gemeinsame Nutzung übergehen. Der höhere Typ von Genossenschaften glich fast völlig dem sowjetischen Kolchos. Der bedeutendste Unterschied bestand darin, daß in den Volksdemokratien den Mitgliedern der Anteil am Ertrag nicht nur nach Arbeitsleistung ausgezahlt wurde, sondern daß bis zu 15 Prozent des Reineinkommens unter Berücksichtigung der eingebrachten Fläche zur Verteilung kamen. Allein in der Tschechoslowakei entstanden auch LPG einer noch höheren Kategorie, die für die Mitglieder bei der jährlichen Aufteilung des Erlöses keine Anrechnung des Bodenanteils mehr vorsahen und damit dem Kolchos-Modell am nächsten kamen.[56] Allgemein waren es zu Beginn der fünfziger Jahre in Ost- und Südosteuropa vor allem Pflanzenbetriebe, die als Genossenschaften von den Bauern betrieben wurden, denn hier überzeugten die Möglichkeiten des großen Technikeinsatzes zumindest ansatzweise.

Die arbeitsorganisatorische Seite der LPG-Produktion hatte in den meisten Volksdemokratien ebenfalls sowjetische Vorbilder. Die LPG unterstanden nicht nur mit groben Parametern der zentralen Planung, sie wurden umfänglich und detailliert in das zentrale Planungssystem integriert; die Arbeit wurde analog zu den Industriebetrieben in Abteilungen (Brigaden) und kleineren Arbeitsgruppen organisiert, die Leistung an Arbeitsnormen gemessen. Bei dieser staatlichen Regulierung im Agrarbereich sammelte man jetzt eigene Erfahrungen.

Soweit der Erfahrungsschatz, auf den die SED-Führung Mitte 1952 zurückgreifen konnte. Ihre Entscheidungen und die sowjetische Einflußnahme werden vor diesem Hintergrund zu prüfen sein.

Es machte das Besondere des Kollektivierungsversuchs in der DDR aus, daß er noch vor der ersten Ernte in eine Krise mündete. In den Volksdemokratien hatte es nach dem Eintritt in die Kollektivierungsphase 1949/50 zwar auch gewisse Anlaufschwierigkeiten gegeben, und die waren erwartet worden, so wie man auch in der DDR 1952 mit gewissen Produktionseinbußen und sogar mit örtlichen Bauernprotesten, etwa wie 1950 in Polen,[57] rechnen konnte. Doch was in der DDR

[56] Siehe ebenda, S. 108.
[57] Siehe ebenda, S. 166.

eintrat, sprengte alle bisherigen Vorstellungen von „Schwierigkeiten". Die volkswirtschaftlichen Verwerfungen führten in eine manifeste Bedrohung der Herrschaftsverhältnisse.

Für diese Entwicklung läßt sich auf den ersten vergleichenden Blick schon eine Teilerklärung finden. Die Volksdemokratien hatten mit der Kollektivierung zu einem Zeitpunkt eingesetzt, als die volkswirtschaftliche Wiederaufbauphase an einem Höhepunkt angelangt war und insbesondere im Agrarbereich durch Ausnutzung privatbäuerlicher Initiativen zuversichtlich stimmende Ergebnisse erreicht wurden. Die Annäherung an die Vorkriegserträge schien nahe. Ungarn und die Tschechoslowakei verbuchten im ersten Jahr der verhaltenen Kollektivierung keine wesentlichen Einbrüche in der Bruttoproduktion.

1951 korrigierten die dortigen Staatsparteien ihre bereits laufenden Fünfjahrpläne. Die Partei der Ungarischen Werktätigen entschied auf ihrem II. Parteitag im Februar 1951, die Industrieproduktion bis 1954 um 200 Prozent anstatt um 86 Prozent zu erhöhen; die Agrarproduktion sollte um 50 bis 55 Prozent statt um 42 Prozent gesteigert werden.[58] Diese völlig unrealistischen Planvorgaben bewirkten zwar eine hohe Investitionssteigerung für den Agrarbereich, doch zugleich für mehrere Jahre einen unter dem Vorkriegsniveau liegenden Investitionsanteil der Landwirtschaft an den gesamtvolkswirtschaftlichen Investitionen. Für den ungarischen Versuch, aus einer kleinparzellierten Struktur zur Großproduktion überzugehen, war das verheerend, denn der Anteil der ehemals landlosen Familien in den neuen Genossenschaften, der 1949 bei 70 Prozent gelegen hatte, betrug 1951 noch immer 34 Prozent. Weniger als drei Prozent der Genossenschaftsbauern hatten Höfe der Größenordnung 8,5 bis 14,5 ha Land eingebracht. Für die geplante Produktionssteigerung fehlte es an finanziellen und technischen Mitteln, die Investitionspläne waren völlig überspannt. So konnten die strukturell unterversorgten Kollektivwirtschaften den Familien ihrer Mitglieder 1951 und 1952 im Durchschnitt nicht einmal 80 Prozent des privaten Konsums einer Einzelbauerfamilie ermöglichen.[59] Der Lebensstandard im Land sank bis 1953 wieder unter das Niveau von 1949. Ähnliche Rückschläge zeigten sich in der ČSR. Sie bestärkten jene Kräfte in den Staatsparteien, die im Wettbewerb der verschiedenen Sektoren keinen Sinn mehr sahen. Der Angriff auf die Privatwirtschaft wurde verschärft.

In der DDR hatte es bereits vor dem Start zur Kollektivierung eine solche Planveränderung gegeben. Im Vergleich zum Entwurf, den der III. SED-Parteitag im Sommer 1950 als Direktive zum Fünfjahrplan (1951–1955) verabschiedet hatte, enthielt das verbindliche Gesetz zum Fünfjahrplan vom Oktober 1951 höher gesteckte Ziele. Die Veränderungen liefen auch in der DDR auf einen noch rascheren Ausbau der Schwerindustrie hinaus. Geplant war eine noch schnellere Steigerung der Arbeitsproduktivität (nicht „mindestens 60", sondern konkret 72 Prozent Steigerung) und eine stärkere Senkung der Selbstkosten in der volkseigenen Industrie als 1950 vorgeschlagen. Die industrielle Bruttoproduktion sollte bis 1955 an-

[58] Siehe Geschichte der ungarischen revolutionären Arbeiterbewegung, S. 592, 594. Siehe auch Ilku, Pobeda, S. 26, der von ursprünglich geplanten 35 Prozent Produktionssteigerung in der Landwirtschaft spricht.

[59] Siehe Ferenc, Reform, S. 242f., 254, 264.

statt auf 43,8 auf 49,52 Milliarden DM anwachsen.[60] Diese Modifizierung, die in enger gemeinsamer Arbeit von deutschen und sowjetischen Behörden zustande kam, war, gemessen an der Korrektur des ungarischen Fünfjahrplans, nicht dramatisch, doch im Agrarbereich durchaus folgenschwer. Der verabschiedete DDR-Fünfjahrplan sah von 1950 bis 1955 eine Steigerung der Agrarproduktion um 57 Prozent im Vergleich zu 1950 vor. Wie bereits dargelegt, breiteten sich 1951 vor allem falsche Vorstellungen von den Intensivierungsmöglichkeiten in der Tierproduktion aus. Diese Illusionen waren bei der SED-Führung mit einer Absage an das Vorhaben der Abgabensenkungen verbunden und führten zu immer drückenderen Ablieferungspflichten für Mittel- und Großbauern. Die Produktionsziele wurden 1950/51 nicht erreicht, betrieblicher Ruin machte sich breit, noch bevor von LPG die Rede war.

Letztlich waren für eine landwirtschaftliche Großproduktion in der DDR zwar immer noch günstigere materielle Ausgangsbedingungen als in den meisten Volksdemokratien gegeben, die Stimmung unter den ostdeutschen Bauern tendierte jedoch von Anfang an stärker zu Skepsis und Argwohn. Hinzu kam natürlich die jahrelange, intensive westdeutsche Propaganda, die die Bauern für die leisesten Anzeichen von Gemeinschaftsbewirtschaftung hellhörig machte, indem sie „Kolchosenwirtschaft" prognostizierte. Diese Schwierigkeiten waren der SED-Führung bekannt. Sie waren der Grund für die bislang geübte Zurückhaltung in der Kollektivierungsfrage, für die sie auch jede sowjetische Unterstützung erhielt, solange im Mittelpunkt gemeinsamer DDR-Agrarpolitik der Familienbetrieb stand. Sieben Jahre lang war insbesondere den Kleinbauern von der SED die Festigung ihrer privaten Wirtschaften nahegelegt worden. Auch Neubauern, die dies erreicht hatten, sahen 1952 – anders als vielleicht noch 1945/46 – keinen zwingenden Grund, gemeinschaftlich zu wirtschaften. Wie SED und SKK mit dieser spezifischen Erfahrung umgingen, als der Weg zu den Kollektivwirtschaften geebnet werden sollte, ist zu untersuchen.

[60] Der III. Parteitag (Juli 1950) hatte einen Beschluß zum Fünfjahrplan gefaßt. Einige Kennziffern dieses Planentwurfs wurden jedoch mit dem am 31.10.1951 angenommenen Plangesetz angehoben. Und dies nicht etwa nur, wie es in der Begründung durch den Vorsitzenden der Staatlichen Plankommission Heinrich Rau hieß, wegen der nun reelleren Betrachtung der (höheren) Ausgangswerte der industriellen Produktion von 1950. Siehe Fünfjahrplan zur Entwicklung der Volkswirtschaft (2); Ulbricht, Fünfjahrplan und Perspektiven (1); ders., Der Fünfjahrplan des friedlichen Aufbaus; Rau, Ziele.

I. Die Agrarpolitik der Besatzungszeit 1945–1948

Die ostdeutsche Agrarpolitik der ersten Nachkriegsjahre gehört zu den meistdebattierten Themen der deutschen Zeitgeschichte, denn bei der Frage nach Zweck und Reichweite der „antifaschistisch-demokratischen Umwälzungen auf dem Lande“, wie es später im SED-Sprachgebrauch hieß, scheint es im Kontext der sowjetischen Deutschlandplanung um so etwas wie ein *deutschlandpolitisch eingerahmtes Urkonzept einer agrarischen Umgestaltung* durch die östliche Siegermacht und ihre Interessenvertreterin SED zu gehen. Die strittigen Fragen zu den Intentionen lassen sich in etwa so zusammenfassen:

Inwieweit entsprachen eine Bodenreform im allgemeinen und diese konkrete Bodenreform im besonderen den agrar- und volkswirtschaftlichen Erfordernissen der Nachkriegszeit – außerhalb besatzungsrechtlich legitimierter Bestrafungs- und Entschädigungsforderungen, inwieweit gar nationalen Erfordernissen im weiteren Sinne (Modernisierung)? War die Bodenreform in Ostdeutschland als eine Vorleistung für die sozialistische Kollektivierung der Landwirtschaft geplant oder zumindest in Betracht gezogen worden? Welche Rolle spielten Forderungen „von unten“, welchen Stellenwert hatten sie für die Verfechter der Reform? Mit welcher Zwangsläufigkeit folgte der Bodenreform die „sozialistische Landwirtschaft“, um erneut im Sprachgebrauch der DDR-Historiographie zu bleiben? Und was von alledem geht auf sowjetische Pläne und/oder Besatzungsgewalt zurück? – Mit der Aufgabe, umfassende Antworten zu finden, wäre dieses einleitende Kapitel überfordert. Den Diskurs kritisch aufgreifend sollen die folgenden kursorischen Betrachtungen zur Agrarpolitik der Jahre 1945 bis 1949 lediglich einen gedanklichen Einstieg in die Analyse sowjetisch gelenkter und kontrollierter Agrarpolitik der nachfolgenden Jahre ermöglichen.

Die schärfsten Kritiker der Bodenreform sahen und sehen – ganz analog zur SED-Geschichtsschreibung, welche die antifaschistisch-demokratische Umwälzung auf dem Lande in einen „einheitlichen revolutionären Prozeß“ einfaßte – einen Kausalzusammenhang im realen historischen Prozeß sowie Kontinuität in den Zwecksetzungen von Anbeginn an. Sozialismus auf dem Lande erscheint in diesem Verständnis als notwendige Folge einer genau mit diesem Ziel verfolgten und mit Macht durchgesetzten Bodenreform. Diese alte Bewertung liegt auch einigen neueren Betrachtungen zugrunde. Jochen-Christoph Kaiser hält die Bodenreform für einen „ersten Schritt auf dem Weg zur sozialistischen Umgestaltung“, bei der es in erster Linie um die nötige Klientel für den Ausbau der SED-Herrschaft gegangen sei, welche wiederum auf eine Neuordnung sowjetischen Typs im Agrarbereich hinausgelaufen wäre. Kaiser zufolge ließ das „unabänderliche Konzept der Klientelgewinnung auf dem Lande“ die KPD selbst solche Übergangslösungen anstreben, wie die Schaffung neuen Privateigentums an Grund und Boden.[1]

[1] Siehe Kaiser, Klientelbildung, S. 121, 126.

Solange die These von der Klientelgewinnung nicht mehr beinhaltet, als daß die KPD/SED mit der Bodenreform bei Landlosen, Kleinbauern und Umsiedlern Einfluß gewinnen und von der Loyalität größerer Bauerngruppen politisch profitieren wollte, ist sie akzeptabel.[2] Zu bemerken wäre hierzu lediglich, daß das Bemühen um aktive Unterstützung und Loyalität noch keine Gesellschaftsstrategie ausmacht. Jede Politik zielt auf Klientelgewinnung, und daß sich die SED in den Unterschichten Zuspruch holte, entsprach nun einmal ihrem politischen Profil. Deshalb kann es – bei aller Berechtigung, mit der Politikgeschichte auch „Klientelgewinnung" zu ergründen hat – nicht überzeugen, ihr im Zusammenhang mit der Bodenreform einen solch hohen konzeptionellen Stellenwert einzuräumen.

„Klientelgewinnung" meint in einigen Fällen sogar mehr, nämlich Klientelbildung. Es wird behauptet, kommunistische Agrarpolitik zielte nach 1945 primär auf soziale Notlagen und Instabilität. Die Nähe dieser Betrachtung zu verelendungstheoretischen Ansätzen liegt auf der Hand. Politologische und herrschaftssoziologische Debatten haben zwar die große Bedeutung stabiler oder zumindest sich stabilisierender Volkswirtschaften zur Legitimierung nach innen, und zwar auch und gerade für Diktaturen, wiederholt unterstrichen und damit, so scheint es, das Argument entkräftet, wonach es SED und SMAD 1945 im Interesse revolutionärer Stimmung bewußt darauf angelegt hätten, die Agrarproduktion „herunterzufahren" und die Bauern gegenüber staatlichen Eingriffen gefügig zu machen. Doch diese Erkenntnisse haben es schwer. Ihr Extrem erreicht die Vorstellung von der Klientelbildung in der Annahme, den Kommunisten sei es um die Schaffung wirtschaftlich ineffektiver Besitzverhältnisse auf dem Lande gegangen, um schon bald genügend Freiwillige für den nächsten Enteignungsschritt, die Kollektivierung, zu finden. Sie hätte 1945 gezielt Voraussetzungen dafür geschaffen, daß ihre Forderung nach kollektiven Großbetrieben bald auf ein positives Echo stößt.[3]

Solche Wertungen bezwecken, die seinerzeit öffentlich gemachten Absichten zu diskreditieren: die Beseitigung der wirtschaftlichen Grundlagen preußischen Expansionsstrebens und deutschen Militarismus und die Lösung anstehender Versorgungs- und Beschäftigungsprobleme durch – vorübergehend alternativlosen – arbeitsintensiven Ackerbau. Es besteht kein Anlaß, solche Ziele in Abrede zu stellen. Einräumend, daß die Bodenreform „wesentliches Element zur Entmachtung des Großgrundbesitzes sein und eine Bestrafung von Kriegsverbrechern und Naziaktivisten bedeuten" sollte, meinen einige Historiker allerdings, sie sei von der SMAD *zugleich* „als revolutionärer Akt auf dem Weg zum Sozialismus" verstanden worden[4]. In dieser Zweckkombination habe die Bodenreform dem Sicherheitsbedürfnis der Siegermächte entsprochen und „konnte zugleich ein konstruktiver Beitrag zur Bewältigung jener drängenden Probleme [... sein]". Es sei aber abzusehen gewesen, „daß eine solche Reform nicht nur zu erheblichen Umstruk-

[2] Etwa bei Sattler, Wirtschaftsordnung, S. 162–164. Sattler behandelt „Klientelbildung" jedoch eingeschränkt auf Werbung um ländliche KPD/SED-Mitgliedschaft.

[3] Daß sich die KPD/SED nicht für eine andere Bodenreform-Variante entschied, etwa das sozialdemokratische Modell der Aufsiedlung mit Erbpachtrecht, spricht eher gegen ein solches Ziel. Aufsiedlung hätte, indem es die Entwicklung eines Eigentümerbewußtseins in Schranken gehalten hätte, die Agrarbevölkerung besser auf eine künftige Kollektivierung vorbereitet. Es hätte auch staatliche Großbetriebe schneller ermöglicht.

[4] Schwabe, Arroganz, S. 35, 37, 41.

turierungen im Agrarbereich, sondern zu einer „Umschichtung des gesamten Sozial- und Wirtschaftsgefüges führen müßte". Sie habe folglich „eine sozial- und wirtschaftspolitische Zielsetzung mit derart weitreichenden Konsequenzen" enthalten, die „auf eine grundlegende Umgestaltung der jeweiligen sozio-ökonomischen Struktur hinauslaufen mußte(n)".[5] – Allein, die Argumentation überzeugt nicht. Hier wird nicht nur vom Verlauf auf die Absichten geschlossen, sondern letzteren auch keinerlei Wandel zugebilligt.

Das Positive an der Debatte um die „Klientelbildung" ist, daß sie den Blick auf einen wesentlichen Unterschied zwischen der ostdeutschen Bodenreform und der sowjet-russischen Lösung der Agrarfrage im Zuge der Eroberung politischer Herrschaft lenkt. Die sowjetische Variante könnte mit größerer Berechtigung als durchtriebene Klientelbeschaffung gelten, zielte sie doch auf die Nationalisierung allen Bodens – eine nicht originär bolschewistische, aber dort außerordentlich loyalitätsstiftende Maßnahme. Aus der Gegenüberstellung ist abzuleiten: Kommunistisch konzipierte Agrarpolitik folgte zumindest in ihrer frühen, der „Eroberung wirtschaftlicher Kommandohöhen" vorangestellten Phase keinem bestimmten Sozialisierungs-Stufenplan. Christian Krebs ist allerdings Recht zu geben darin, daß mit der Unterscheidung zwischen der Nationalisierung des Bodens in Sowjetrußland und der Schaffung bäuerlichen Privateigentums durch die Bodenreform in der SBZ noch nicht bewiesen ist, daß die Errichtung sozialistischer Agrarverhältnisse in Ostdeutschland nicht bereits 1945 beabsichtigt war.[6]

Von der dürftigen Quellenbasis für politische Intentionen abgesehen, bietet sich das Problem der echten oder vermeintlichen Ziele der Bodenreform für einen grundsätzlichen Einwand an. Er betrifft die Interpretationen der frühen gesellschaftspolitischen Absichten von SED und sowjetischer Besatzungsmacht generell. Der Grundgedanke ist nicht neu, die jüngsten Forschungen haben ihn lediglich bestätigt: Die Politik der östlichen Besatzungsmacht folgte 1945 keinem festgefügten Konzept für Deutschland. Auch die gesellschaftspolitische Fragestellung zu den Zielen der Bodenreform könnte sich daher als überzogen erweisen. Zumindest muß neben den destruktiven Elementen Demonopolisierung und Denazifizierung, für die es einen alliierten Konsens gab, ein langfristig konstruktiver Planungsansatz nicht unbedingt bestanden oder alternativlos fortbestanden haben.

Jene Historiker, die ihn dennoch suchen, gewichten vor allem die Bedeutung ideologischer Leitbilder. Hans Immler ging 1971 davon aus, daß alles in allem „der im Leitbild der sozialistischen Landwirtschaft enthaltene Stufenplan zur Sozialisierung der Landwirtschaft in der DDR *ohne nennenswerte Abweichungen befolgt* (Hervorhebung E. S.) wurde". Zwar war es aus seiner Sicht unwahrscheinlich, daß „jede Maßnahme [...] von vornherein programmiert war".[7] Doch für die DDR-Agrarentwicklung insgesamt hielt Immler das Leitbild für „entscheidend". Er sah weitgehende Zielstrebigkeit bei den Akteuren und ein klares Grundkonzept. Zumindest für wichtige Teilschritte der Transformation aber, darunter die Bodenreform 1945, bedürfe die Aussage, so Immler, der Prüfung.

[5] Trittel, Bodenreform, S. 32f.
[6] Siehe Krebs, Weg, S. 89f.
[7] Immler, Agrarpolitik, S. 28.

Ganz zweifellos war der sogenannte „Leninsche Genossenschaftsplan“[8] als marxistisch-leninistisches Allgemeingut für SED und sowjetische Besatzungsmacht immer eine wichtige Komponente politischer Ziel- und Zwecksetzung. Doch die Frage nach seinerzeit gesehenen Alternativen zum sowjetischen Vorbild, nach mehr oder weniger deutlichen „Abweichungen“ ist damit keineswegs hinfällig. Freilich bleibt es dann immer noch eine Sache des Standpunktes, ob man die entdeckten Abweichungen als „nennenswert“ ansieht oder nicht. Immlers Einschätzung – *durchgängige Befolgung eines Grundkonzeptes* – steht also zur Debatte.

Immler, Krebs und andere traten und treten Bestrebungen entgegen, die agrargeschichtliche Entwicklung in der Sowjetunion und der DDR ausschließlich nach Analogien abzusuchen oder gar Kongruenzen zu fixieren.[9] Für unser Forschungsziel bildet der Vergleich von Einzelerscheinungen jedoch eine wichtige Methode. Zugleich ist in Rechnung zu stellen, daß es in allen modernen Regimes infolge komplizierter Interessenkonstellationen zu vielschichtigen, schwer rekonstruierbaren Wechselwirkungen zwischen Leitbild (Modell) und politischer Praxis kommen kann. Möglicherweise hatte Edgar Tümmler dies im Sinn, als er zur „agrarpolitische[n] Zielsetzung der Sowjetzone“ bemerkte, „daß ideologische Grundsätze doch mehr im Hintergrund des Geschehens standen“.[10] Andererseits seien die Kollektivierung der Landwirtschaft auch Tümmler zufolge alternativlos verfolgt worden, die agrarwirtschaftlichen Veränderungen in der SBZ/DDR Resultat einer zielgerichteten Übernahme des sowjetischen Modells gewesen, bei der bestimmte *taktische* Rücksichten und ernährungspolitische Zwänge lediglich ein *zeitliches Hinausschieben* verursachten.

Nur unwesentlich hebt sich davon die Interpretation ab, wonach klare Sowjetisierungsabsichten im Agrarbereich von 1947/48 an die SBZ-Agrarpolitik bestimmt hätten, aus bündnispolitischen Überlegungen allerdings weiterhin liberal bemäntelt worden seien. Davon geht beispielsweise Bernhard Wernet-Tietz aus.[11] Auch Friederike Sattler, die in der Zeit zwischen 1948 und 1952 eine „Agrarpolitik zwischen Konsolidierungsansätzen und Kollektivierungsbeginn“ ansiedelt, interpretiert die 1948 im Zweijahrplan (1949–1950) formulierten Aufgaben als strategischen Einschnitt. Aus ihrer Sicht mißlang 1948 der „Abschluß der Bodenreform“, für den sie stabile Eigentums- und Wirtschaftsverhältnisse auf dem Lande zum

[8] Das marxistisch-leninistische Leitbild wurde und wird auch in der westlichen Geschichtsschreibung mit dieser Stalinschen Wortschöpfung umschrieben. Krebs, Weg. S. 57f., räumt dabei sehr wohl ein, daß Lenin nicht sein Schöpfer war. Er hält aber am Begriff fest und konstatiert die reale Bedeutung des „Genossenschaftsplanes“ mit der Einschränkung, daß seine Realisierung in der UdSSR scheiterte (nach marxistisch-leninistischem Verständnis scheiterte der Plan nicht) und daß dies Anlaß für die Einleitung der Zwangskollektivierung war. Treffender wäre es, bei der Vorleistung Lenins für die KPdSU-Agrarpolitik von einer *Leninschen Genossenschaftsidee* zu sprechen, die unter Bürgerkriegsbedingungen und den nachfolgenden Versuchen der Herrschaftsstabilisierung von Lenin konkretisiert und modifiziert wurde, wobei sein pragmatischer Ansatz und seine zunehmend kritische Bewertung der Allgemeingültigkeit dieser Idee hervorzuheben sind. Ein *agrarwissenschaftlich* begründetes Langzeitprogramm war es nicht.

[9] Ganz extrem: Horz, Kollektivierung.

[10] Tümmler zufolge führten handfeste Interessen der UdSSR, insbesondere an Reparationen aus Deutschland, zu der „unumstößliche[n] Forderung, agrarpolitisch sich strikt an das sowjetische Vorbild zu halten.“ (Tümmler/Merkel/Blohm, Agrarpolitik, S. 14.)

[11] Siehe Wernet-Tietz, Bauernverband, S. 35f.

Kriterium erhebt. Die SED hätte aus machtpolitischem Kalkül heraus und ausgerüstet mit einem zonalen Herrschaftsapparat Ende 1948 einen neuen agrarpolitischen Kurs eingeschlagen, den Kurs der Verdrängung bislang geduldeter Großbauern. Auf Moskauer Druck hin habe sie ihn nur nicht öffentlich mit Kollektivierungsabsichten verbinden dürfen.[12]

Die hier vorgelegte Studie setzt andere Zäsuren. Die oben angestellten Überlegungen zur gesamtdeutschen Option der UdSSR implizieren, daß es einen solchen Bruch 1948 nicht gab. Zwar wurden in der zweiten Jahreshälfte 1948 entsprechende Pläne geschmiedet und Vorentscheidungen getroffen, doch das Spitzentreffen im Dezember 1948 verhinderte ihre Umsetzung.[13] Gleichwohl verursachte die Widersprüchlichkeit sowjetischer Interessen in und um Deutschland eine durchaus wechselvolle Geschichte von Agrarpolitik. Arnd Bauerkämper, der analoge Prämissen setzt, kommt zu dem Schluß, SMAD und KPD/SED hätten es 1945/46 vor allem darauf angelegt, das sozioökonomische Konfliktpotential auf dem Lande zu reduzieren und ihren Einfluß in ländlichen Regionen zu vergrößern. Sie hätten diese „a priori nicht widerspruchsfreien Ziele“ nicht vollständig, ungebrochen und schnell erreichen können[14]. Die Kollektivierung indes sei dann „eng mit dem Scheitern der deutschlandpolitischen Initiativen der Sowjetunion im Frühjahr 1952 verknüpft“ gewesen.[15] Am Abschluß seiner mehrjährigen Studien vollzog Bauerkämper zwar eine gewisse Wendung, sah er die handlungsleitenden Motive wieder recht simpel: Die Machthaber in der DDR hätten angestrebt, „den Staat nach dem Vorbild der Parteiorganisation einzurichten, die Gesellschaft mit ihrer Herrschaft zu durchdringen und die Menschen weitestgehend zu erfassen“. Und diese Pläne der „Verstaatlichung der Gesellschaft“ gründeten nach Bauerkämper in der totalitären Illusion vom überlegenen sozialistischen Weg in die Moderne.[16] Für die Bodenreform blieb der Agrarhistoriker jedoch dabei: Sie wäre zwar „einem reduktionistischen Verständnis von Entnazifizierung geschuldet“ gewesen und „Voraussetzung eines weitergehenden Wandels“, doch dieser lief „keineswegs linear und zielgerichtet“ auf Staatssozialismus hinaus. Er sei „nicht eindeutig und unveränderlich festgeschrieben“ gewesen, „nicht programmatisch determiniert“, freilich „konzeptionell konditioniert,“[17] wobei Bauerkämper das dem sowjetischen Leitbild folgende Konzept des Staatssozialismus meint.

Diese Bewertung bezieht sich auf die gesamten spätvierziger und fünfziger Jahre. Für das Verhältnis von Kontinuität und Wandel im Untersuchungszeitraum 1949–1953 indes bietet sie noch immer zu viel Stringenz. Was die Bodenreform anlangt, fand Siegfried Kuntsche eine einfache aber treffende Formulierung. Er sieht in der Bodenreform „eine ‚Revolution von oben‘“, „die von der SMAD im Rahmen eines alliierten Konsenses im Zusammenwirken mit der KPD vollzogen wurde“, und zugleich „eine von breiten Schichten der Bevölkerung selbst durchgesetzte Aktion.“ Bestimmte Elemente des Umbruchs, insbesondere die sich ent-

[12] Siehe Sattler, Wirtschaftsordnung, S. 423–464.

[13] Siehe Scherstjanoi, Deutschlandpolitische Absichten; Scherstjanoi/Semmelmann, Gespräche Stalins, Teil 1.

[14] Siehe Bauerkämper, Problemdruck, S. 297.

[15] Siehe Bauerkämper, Bodenreform-Kollektivierung, S. 136.

[16] Bauerkämper, Ländliche Gesellschaft, S. 16.

[17] Ebenda, S. 71 f.

wickelnden macht- und bündnispolitischen Konstellationen auf dem Lande, hätten dann die weitere Entwicklung, inklusive die sozialistische Agrarrevolution, *begünstigt*.[18]

Was an sozialen und politischen Entwicklungen auf dem Dorf von 1945 bis 1949 nun wirklich einer dezidiert (pro)sozialistischen Konzeption entsprang, ist nur im Einzelfall und nahe am Detail zu untersuchen. Hierbei lohnt es sich, zwei Problemkomplexe näher zu betrachten. Sie können helfen, den nachfolgende Zeitabschnitt besser zu verstehen. Der erste, die Entscheidung für die demokratische Bodenreform in der SBZ im Sommer 1945, führt die Genesis dieser grundlegenden agrarpolitischen Entscheidung im Moment weitgehender gesellschaftspolitischer Offenheit vor. Mit dem zweiten Beispiel, der Politik gegenüber landwirtschaftlichen Genossenschaften, rückt die Betrachtung in eine Phase sowjetischer Deutschlandpolitik vor, die von erheblichen Widersprüchen und Fehlentscheidungen geprägt war. Die Ambivalenz sowjetischer Vorgehensweise fand ganz besonders in der Genossenschaftspolitik ihren Niederschlag.

[18] Siehe Kuntsche, Umgestaltung, S. 197f.

1. Die Bodenreform in Ostdeutschland

1.1. Agrarreformerische Pläne für den „Block der kämpferischen Demokratie"

Die Moskauer KPD-Führung entwickelte Ende 1944 mit ihrem „Aktionsprogramm des Blocks der kämpferischen Demokratie" ein Programm für „eine wirkliche Demokratisierung" und „die nationale Wiedergeburt Deutschlands", das „den aktiven Einsatz aller gesunden Volkskräfte" verlange.[19] Zu diesem Zeitpunkt ging die KPD im Moskauer Exil noch von einer antinazistischen Massenbewegung aus, die im Gefolge weiterer militärischer Niederlagen auch in deutschen Siedlungsgebieten entstehen würde. Für die Zeit danach erwarteten sie eine militärische Besetzung Deutschlands durch die Siegermächte. Das Aktionsprogramm war für diese Phase der militärischen Besetzung konzipiert. Wie lange sie dauern würde, war Ende 1944 unklar. Doch daß sie für die weitere politische und gesellschaftliche Entwicklung in Deutschland eine große Bedeutung haben würde, stand außer Zweifel.

Die Moskauer KPD-Exilanten schlugen in einer Programmfassung vom Oktober 1944 vor, im Zusammenhang mit der sofortigen Inangriffnahme von Wiedergutmachungsleistungen für die geschädigten Völker unverzüglich mit dem Aufbau einer Friedenswirtschaft und der „Sicherung der Volksernährung" zu beginnen. Dies implizierte: „Freiheit für bäuerliche Wirtschaften und ihre staatliche Förderung. Gewährung billiger staatlicher Kredite zum Wiederaufbau ihrer Wirtschaften. Demokratische Neuordnung der Boden- und Besitzverhältnisse zugunsten der landarmen Bauern und der Landarbeiter. Wiederherstellung freier bäuerlicher Genossenschaften und Schaffung demokratischer Bauernkammern als öffentlich-rechtliche Berufsvertretung." Die Arbeitsschutzgesetzgebung sollte ausgebaut und auf Landarbeiter ausgedehnt werden.[20]

Im November war das Programm gedanklich ausgebaut und stringenter strukturiert. Der Volksbewegungscharakter der Erneuerung war nun stärker gewichtet. Als dringlichste Aufgaben nach der „Beseitigung des nationalsozialistischen Regimes" formulierte die KPD-Führung: 1. Sicherung eines lang dauernden Friedens, 2. Sicherung der Freiheit und der Volksrechte, 3. Sicherung von Arbeit für alle schaffensfreudigen Menschen, 4. Sicherung der Ernährung des Volkes, 5. Sicherung einer wahrhaft gerechten Verteilung der Lasten des Wiederaufbaus und der Wiedergutmachung".[21] Das Programm sah die „Schaffung eines Bodenfonds von mindestens 10 Millionen Hektar zur Stillung des schlimmsten Bodenhungers des schaffenden Landvolkes" vor und zwar „a) durch Enteignung allen Grund- und Bodenbesitzes der Kriegsschuldigen und Kriegsverbrecher; b) durch Enteignung des Grund- und Bodenbesitzes der Bodenspekulanten sowie Enteignung jedes dem Charakter des Betriebes fremden Grund- und Bodenbesitzes der Industrie-,

[19] Die Grundzüge des Programms sind hinlänglich dokumentiert und untersucht. Siehe Laschitza, Kämpferische Demokratie; Sywottek, Volksdemokratie; Erler/Laude/Wilke, Nach Hitler; Kirste, Wirtschaftspolitik; Keiderling, Gruppe Ulbricht.

[20] Siehe Aktionsprogramm des Blockes der kämpferischen Demokratie (3. Entwurf), in: Keiderling, Gruppe Ulbricht, S. 130–134, hier S. 131.

[21] Aktionsprogramm des Blocks der kämpferischen Demokratie, Abschrift eines Entwurfs, vermutlich November 1944, in: Erler/Laude/Wilke, Nach Hitler, S. 290–303.

Handels- und Bank- AG und GmbH; c) durch Zwangsaufkauf zu staatlichen Festpreisen allen Grund und Bodens von Industriellen, Großhändlern, Bankiers, Rentiers und Großgrundbesitzern; d) durch Enteignung des Großgrundbesitzes (einer Familie) über 150 ha. Enteignet wird ferner der Grund- und Bodenbesitz aller Saboteure der Volksernährung, unabhängig von der Größenklasse."[22] Es hieß: „Der so gewonnene Boden wird vom Staat nur zu einem geringen Teil zur Schaffung staatlicher Mustergüter verwendet; der überwiegende Teil wird an landarme Bauern und Landarbeiter bei weitgehender Zahlungserleichterung abgegeben. Der Staat wahrt sich für die zwei nachfolgenden Generationen der erwerbenden Familie das Recht für die Rückführung des Bodens in den Bodenfonds unter Vergütung des Kaufpreises und der inzwischen durchgeführten Wirtschafts- und Bodenverbesserungen, falls die Erwerber ihren staatspolitischen Pflichten als demokratische Bürger zuwiderhandeln."[23] Die Weitergabe des Bodens an neue Interessenten sollte nur über staatliche Institutionen erfolgen dürfen. Ansonsten sei die Wirtschaftsfreiheit des schaffenden Bauern zu sichern, sobald der Übergang zu normalen Verhältnissen dies gestatte; alle drückenden Pachtverhältnisse seien stufenweise aufzuheben, intensive Bodennutzung und Tierhaltung staatlicherseits durch Kredite zu fördern; das Genossenschaftswesen sollte unterstützt und die demokratische Selbstverwaltung der Genossenschaften gesichert werden. Diese „demokratische Neuordnung der Boden- und Besitzverhältnisse" baute auf zwei Grundgedanken auf. Zum einen fußte sie auf der Idee, für die dem deutschen Volk nun gerechterweise abverlangten Wiedergutmachungsleistungen und für den Wiederaufbau die „Kriegsgewinnler", Kriegsverbrecher und die Personen, die die nationale Notlage zur persönlichen Bereicherung ausnutzten (Spekulanten), stärker zur Kasse zu bitten als andere. Für diese Forderung erwartete die KPD angesichts der Not breite Unterstützung unter den Deutschen. Sie verband ihre Erwartung mit der Vorstellung, das Notbündnis könnte auf einem antifaschistischen Widerstandskampf aufbauen, der bis zu Aufständen oder „Teilaufständen" im umkämpften Gebiet führe. Sie hoffte deshalb auch auf einen „Nachlaß" bei den Wiedergutmachungsforderungen der Siegermächte. Zum anderen entsprach die „Neuordnung" der Vorstellung, die Besitzverhältnisse auf dem Lande, insbesondere in Preußen, grundsätzlich ändern zu müssen. Großgrundbesitz galt nicht nur im kommunistischen Verständnis als Überbleibsel längst überholter, vorbürgerlicher Verhältnisse, als Hort politischen und kulturellen Konservatismus, als Stütze aggressiver Außenpolitik. Im KPD-Verständnis waren diese Besitzverhältnisse Ausdruck einer unvollendeten bürgerlichen Revolution; ihre Beseitigung lag im nationalen Interesse. Beide Grundgedanken entsprachen kommunistischen Vorstellungen von den Aufgaben in Nachkriegsdeutschland, waren jedoch keine sozialistischen. Es waren Forderungen nach sozialer Gerechtigkeit in der Notgemeinschaft und nach einer längst fälligen demokratischen (bürgerlichen) Agrarreform. Sie erhielten mit der Pflicht der „restlosen Liquidierung des Faschismus auf dem Dorfe" eine wichtige politische Klammer. Schließlich griff die KPD die traditionelle Aufgabe auf, die persönlichen und organisatorischen Bindungen zwischen Industriearbeiterschaft, dem „werktätigen Bauerntum" und den Landarbeitern zu festigen. Diese

[22] Ebenda, S. 295f.
[23] Siehe ebenda.

als „eine organische, untrennbare Einheit" und als „unabdingbares Glied unserer nationalen Gesamtaufgabe" vorführend, erarbeitete der langjährige KPD-Funktionär für Agrarfragen Edwin Hoernle im Herbst 1944 ein regelrechtes „Agrarprogramm des Blocks der kämpferischen Demokratie".[24]

Dieses Programm zielte nicht unmittelbar auf den Aufbau einer sozialistischen Agrarverfassung. In ihm läßt sich auch hinter antifaschistischer Rhetorik keine solche Absicht entdecken. Es bezweckte keinen umfassenden Entzug von Verfügungsgewalt über das Gros der agrarischen Produktionsmittel. Entsprechend radikale Überlegungen, die Hoernle noch 1942 zu Papier brachte, fehlen. Nichts läßt auf heimliche Vergesellschaftungsabsichten schließen; dem bäuerlichen Kleinbetrieb wird der Großbetrieb, auch der kapitalistische Großbetrieb, nicht entgegengestellt. Vorgebeugt werden sollte nicht jeder politischen Opposition im ländlichen Raum, sondern lediglich dem Widerstand gegen die konkrete Umverteilung im Zuge der Enteignung von Großgrundbesitz. Und wäre tatsächlich das „Prinzip der Bedürfnisbefriedigung" für sich genommen als sozialistisches zu kennzeichnen, [25] dann ist es wirklich das einzige, was an diesem Programm eine kommunistische Zwecksetzung zweifelsfrei belegt. Im „Agrarprogramm des Blocks der kämpferischen Demokratie" war die alte Forderung nach „Durchführung einer gründlichen Boden- und Wirtschaftsreform" schließlich aufgehoben in einem knapp (für die Zeit der militärischen Besetzung) bemessenen, nationalen Notprogramm, das die Bestrafung von Kriegsschuldigen forderte und *insofern* antimonopolistische und antikapitalistische Züge trug. Es orientierte auf eine kleinbetriebliche Agrarstruktur.[26]

[24] Siehe „Das Agrarprogramm des Blocks der kämpferischen Demokratie", August 1944, in: Hoernle, Bündnis, S. 333–345. Vorarbeiten bei Schumann, Hoernle, S. 66–68.

[25] Krebs, Weg, S. 63–57, arbeitete heraus, auf welche vier Grundprinzipien des Leninschen Genossenschaftsplanes sich die SED berufen konnte und berief: „1. Für den Aufbau einer sozialistischen Agrarverfassung sind weder die Betriebsgröße noch die Eigentumsformen von ausschlaggebender Bedeutung. Entscheidend ist, daß die Verfügungsgewalt über die Produktionsmittel den privaten Produzenten möglichst vollständig entzogen und den Vertretern der Zentralgewalt in den Partei- und Verwaltungsorganen übertragen wird. [...] 2. Die Betriebsgröße und Betriebsform sind weit weniger eine Funktion ihrer ökonomischen Effizienz als vielmehr ein Ergebnis des Strebens nach Vergesellschaftung der Produktionsprozesse sowie deren Anpassung an die Bedürfnisse der zentralen Leitung und Planung der Agrarproduktion durch die Partei. Im Verhältnis zum bäuerlichen Betrieb stellt selbst der kapitalistische Großbetrieb der Landwirtschaft [...] einen Wert an sich dar, weil er (klein)bäuerliche Interessen ausschließt. Er kann enteignet werden wie jeder gewerbliche Industriebetrieb (siehe F. Engels.) [...]. 3. Da sich die kommunistische Gesellschaft nach Marx am Prinzip der Bedürfnisbefriedigung orientiert, müssen die KPdSU wie die SED insbesondere in der Agrarproduktion die Funktion der obersten Produktionsleitung wahrnehmen. [...] 4. Als letzter großer Bereich von Prinzipien der Agrarpolitik der KPdSU mit Vorbildwirkung für die SED sind die Maßnahmen zu nennen, die jeder Opposition im ländlichen Raum vorbeugen sollen. Vorhandene Institutionen sind dem Willen der Partei zu unterwerfen, wo solche Institutionen fehlen, sind sie neu zu gründen [...]." Krebs sieht diese vier Punkte auch als Merkmale einer auf Sozialismus zielenden Agrarpolitik an: 1. Möglichst vollständiger Entzug der bäuerlichen Verfügungsgewalt über die Agrarproduktion, 2. Anpassung von Betriebsgrößen an die Bedürfnisse der zentralen Leitung und Planung durch die Partei, 3. Bedürfnisbefriedigung nach Maßgabe der Partei, 4. Ausschaltung jeglicher Opposition im ländlichen Raum.

[26] Wie klein solche Kleinbetriebe aus agrarwissenschaftlicher Sicht sein sollten, war nicht klar. Noch Mitte der dreißiger Jahre sprach Hoernle im Zusammenhang mit der Forderung nach „radikaler Vernichtung des parasitären Bodenmonopols der Latifundien" von Enteignungen von „Großbesitzungen über 500 und teilweise über 300 Hektar". Als bäuerliche Betriebe (Haupterwerb im Familienbetrieb) bezeichnete er in Deutschland alle bis 20 ha und einen größeren Teil der Betriebe mit 20–50 ha. Kapitalistische Lohnarbeiterbetriebe wären in der Regel Betriebe über 50 ha. Als „befriedigend mit Boden versehen" seien Betriebe mit über 15–30 ha

Der KPD-Agrarexperte Edwin Hoernle hatte – wie zuvor in Deutschland, so auch im Moskauer Exil – versucht, die Besonderheiten der deutschen Agrarverhältnisse in Rechnung zu stellen. Er kennzeichnete die deutsche Landwirtschaft als weitgehend spezialisierte, bäuerlich-individualistische Intensivlandwirtschaft, eine „ausgesprochene Marktlandwirtschaft" in einem dichtbevölkerten Industrieland. Sie sei „ökonomisch und sozial außerordentlich differenziert". Hauptmasse der ländlichen Bevölkerung seien seit langem Landproletariat und werktätige Kleinbauern. Hoernle stellte weiter fest, daß das NS-Regime mit Zwangswirtschaft, Erbhofrecht und gezielter Subventionierung von Großbetrieben fortgesetzt soziale und politische Differenzierung auf dem Lande bewirkt hatte.

Ende 1944 gewann Hoernles Analyse weiter an Konturen. Er konstatierte eine „systematische Spaltung der deutschen Bauernschaft in eine besonders eng mit dem faschistischen Staats- und Parteiapparat verbundene, privilegierte und [...] relativ gesicherte ‚staatstragende Schicht' [...] und eine große Mehrheit von meist kleinen ‚Landwirten', deren Besitz [im NS-Staat – E. S.] als nicht lebensfähig liquidiert werden sollte". Hoernle differenzierte weiter: Unter den Nutznießern des NS-Systems gebe es „eine kleine Minderheit bodenreicher und kapitalstarker, vom Staate reichlich subventionierter Großagrarier", eine „nicht unbedeutende Schicht wohlbezahlter Hoheitsträger, die das Dorf terrorisierten und ihre Stellung zu einer fetten Einnahmequelle machten", und eine „ebenfalls keineswegs kleine Schicht von charakterlosen Geschäftemachern und politischen Konjunkturrittern".[27] Wie schwierig es unter diesen Bedingungen sein würde, eine traditionelle Interessenvertretung ländlicher Unterschichten mit der notwendigen „Entlarvung und Bestrafung von Volksfeinden" zu verbinden, muß sich den KPD-Funktionären bereits angedeutet haben. So gab Hoernle zu verstehen, daß man „eine gewisse Anzahl" der Hoheitsträger des geschlagenen Regimes „unter scharfer Kontrolle ausnützen" könne. Doch insgesamt waren die Vorstellungen von einer Politik für die „werktätige Landbevölkerung" bzw. für „die Bauern", einer Politik, die nicht zuletzt der Sicherung der Ernährung gerecht werden sollte, wenig konkret.

Das Programm der kämpferischen Demokratie und insbesondere sein agrarpolitischer Teil entstanden ohne direkte inhaltliche Hilfestellung durch sowjetische Berater. Zumindest gibt es keine Hinweise auf Kooperation. Überhaupt plante die KPD-Führung im Moskauer Exil 1944 weitestgehend isoliert von den internen sowjetischen Erörterungen über die europäische Nachkriegsgestaltung und den Umgang der Alliierten mit Deutschland nach dessen Kapitulation. Andererseits waren Fragen der agrarischen Neuordnung Deutschlands zu diesem Zeitpunkt in Moskau auch Randprobleme. Die Agrarproduktion in Nachkriegsdeutschland war für Moskau vorerst nur in reparationspolitischer Perspektive interessant. Für entsprechende Konsultationen in der Europäischen Beratenden Kommission der drei

(je nach Bodenqualität) anzusehen. Am nationalsozialistischen Erbhofrecht kritisierte Hoernle, daß es nur vorgäbe, lebensfähige kleinere und mittlere Bauernhöfe zu festigen und zu fördern. Eine den nationalen Bedürfnissen entsprechende Bodenreform müsse dies aber leisten und volles Grundeigentum herstellen, „zumindest in dem Sinn der freien Verfügungsgewalt zur Produktion und zur Vererbung" (siehe Hoernle, Bauer, in: ders., Bündnis, S. 211–332). – Nach Bauerkämper, Antifaschismus, S. 625, sollte die „anvisierte kleinbetriebliche Agrarstruktur" unter anderem „die Macht der KPD steigern". Hierfür fand sich in den Quellen kein Indiz.

[27] Hoernle, Agrarpolitik, in: Erler/Laude/Wilke, Nach Hitler, S. 312–318.

bzw. vier Siegermächte erarbeiteten sich sowjetische Vertreter einen Standpunkt.[28] Ab Oktober 1944 verfolgte die sowjetische Diplomatie aufmerksam die Entwicklung der von Morgenthau vorgelegten und in Amerika zunächst heftig umstrittenen Pläne für eine Agrarisierung Deutschlands, die zum Zwecke der Aufnahme von 30–40 Millionen Menschen im ländlichen Raum auch die Aufteilung deutschen Großgrundbesitzes an neue Bodenempfänger vorsah. Morgenthau rechnete übrigens mit einer erheblichen Abnahme der deutschen Bevölkerung infolge eines zwangsweisen Einsatzes deutscher Arbeitskräfte in den geschädigten Ländern als Form der Reparation.[29]

Dies kam auch sowjetischen Vorstellungen entgegen. Vor dem beweglichen Hintergrund reparationspolitischer Kompromißfindung entwickelte eine sowjetische Kommission zur Ermittlung des der UdSSR zugefügten Schadens eigene Vorstellungen über die Höhe der Reparationsforderungen, über den der UdSSR zustehenden Anteil daraus sowie über Form und Zeitraum der Entnahmen.[30] Sie sahen eine einmalige Entnahme (im Verlauf von etwa 2 Jahren) und über 10 Jahre ausgedehnte kontinuierliche Entnahmen aus der deutschen Wirtschaft vor, wobei sich die sowjetische Seite einen Anteil von mindestens 10 Milliarden Dollar auszuhandeln gedachte. Innerhalb dieses Reparationsprogramms war der Agrarproduktion kein gewichtiger Part zugedacht.[31] Im weiteren aber stand fest, daß die Leistungen der deutschen Agrarwirtschaft für die UdSSR von der auszuhandelnden Gesamtreparationssumme abhängig gemacht werden müßten.[32] Die sowjetische Volkswirtschaft sollte vor allem mit Zucker und Vieh beliefert werden. Ende Dezember 1944 setzte sich in Moskau die Ansicht durch, daß deutsche Agrarprodukte vor allem in Form von jährlichen Lieferungen in die UdSSR gehen sollten.[33] Zugleich war Moskau bemüht, dem sicherheitspolitischen Aspekt der deutschen Entwaffnung in den Verhandlungen mehr Geltung zu verschaffen.

Von all diesen Erwägungen erfuhren die deutschen Kommunisten nichts. Umgekehrt tangierte die sowjetische Reparationsplanung zu dieser Zeit in keiner Weise das Problem der Umgestaltung der deutschen Agrarordnung nach dem

[28] Siehe Bericht Smirnovs an Dekanozov, 9. 8. 1944, in: UdSSR und deutsche Frage, Bd. 1, S. 441 f.

[29] Siehe Telegramme Gromykos an Molotov, 6. 10. und 13. 11. 1944, in: ebenda, S. 472–476, 496–501; Bericht Majskijs an Molotov, 9. 10. 1944, in: ebenda, S. 476–482.

[30] Siehe Bericht Majskijs an Molotov, 15. 12. 1944, in: ebenda, S. 502–514.

[31] Im Sommer 1944 planten die Siegermächte: Sollte eine einmalige Entnahme aus dem deutschen Vermögen im Wert von insgesamt 13 Milliarden Dollar verabredet werden, so könnte darunter Vieh im Wert von 1 Milliarde Dollar sein. Dies hätte eine 20–30prozentige Reduzierung des bei Kriegsende erwarteten Viehbestandes bedeutet. Jährliche Lieferungen sollten Lebensmittel und Zucker im Wert von 0,21 Milliarden Dollar einschließen.

[32] Interne sowjetische Dokumente belegen folgende Überlegungen: Bei dem denkbar kleinsten Reparationsanteil für die UdSSR von 5 Milliarden Dollar, der für Moskau aber unannehmbar war, seien keinerlei Agrarleistungen an die UdSSR möglich. Ein 10-Milliarden-Dollar-Anteil würde der UdSSR die Möglichkeit eröffnen, bei den jährlichen Leistungen auch Lieferungen von Zucker und Vieh im Wert von 100 Millionen Dollar zu erhalten (unter den Einmalentnahmen wären dann keine Agrarprodukte). Bei 15 Milliarden Dollar Reparationen an die UdSSR indes könnte man Agrarleistungen von 650 Millionen Dollar (Einmalentnahme) und 145 Millionen Dollar (jährlich über 10 Jahre), insgesamt folglich für mehr als 1 Milliarde Dollar erwarten. Auch aus dem Bedarf an Agrarprodukten heraus ergab sich also die Forderung von Reparationsleistungen im Wert von mindestens 10 Milliarden Dollar an die UdSSR.

[33] Siehe Entwurf eines Memorandums über Reparationen, Majskij an Stalin, 20. 12. 1944, in: UdSSR und deutsche Frage, Bd. 1, S. 517–521.

Krieg. Lediglich in Teilfragen läßt sich eine Modifizierung am deutschen „Agrarprogramm des Blocks der kämpferischen Demokratie“ nachweisen. So dürfte die prononcierte Forderung nach „Vernichtung der ökonomischen Basis des deutschen Junkertums“, so wie sie sich in einem Anfang Februar in Moskau gehaltenen Referat Hoernles verstärkt niederschlug,[34] ein Ziel ausdrücken, das nun erst so deutlich vorgegeben wurde. Im wesentlichen deckte es sich mit der traditionellen Forderung nach einer Bodenreform. Die Formel wollte aber zusätzlich deren sicherheitspolitische Legitimität hervorheben – annehmbar und überzeugend, so schien es, auch für die Deutschen.

1.2. Die Modifizierung agrarreformerischer Pläne im Frühjahr 1945

Der Kriegsverlauf nötigte dazu, einen weiteren Aspekt in die Überlegungen zur Bodenreform einzubeziehen: das Problem der zusätzlichen Versorgung größerer Flüchtlingsströme aus dem Osten ins Reich. Anfang Februar hoffte die KPD noch immer auf bewaffnete Erhebungen im deutschen Hinterland. Über Kriegsdauer, Zerstörungsgrad und Bevölkerungsbewegungen machte sie sich Illusionen. Doch im Februar war bereits klar: „Diese Bodenreform wird um so notwendiger sein, je größere Teile Deutschlands durch die Kriegsverlängerung der Hitlerregierung zum Kriegsschauplatz gemacht werden, je größer die Flüchtlingsscharen sind [...].“[35] Für diese Reform waren „die fortgeschrittensten Elemente im Dorf“ zu aktivieren, „die dorfverbundensten Elemente zu benutzen“ und „die gesamte werktätige Dorfbevölkerung einschließlich der Flüchtlinge“ unter einer „fortschrittlichen Generallosung, einer Plattform der nächsten Sofortmaßnahmen“ zu mobilisieren.[36] Im Rahmen der „radikalen Boden- und Besitzreform“ sollten NS-Aktivisten und Kriegsgewinnler entschädigungslos enteignet werden. Es war vorgesehen, diesen Besitz zusammen mit dem Bodeneigentum von NS-Organisationen und Staat in einen „staatlichen Bodenfonds“ zu überführen, der im übrigen – und dies war neu – aus einer Art Notabgabe „größerer Grundbesitzer“ und aus freiwilligen Bodenspenden zu speisen gewesen wäre.[37] Bodenkommissionen sollten den Boden aufteilen und über die möglichst vollständige Nutzung wachen. Eine sofortige Generalentschuldung der Bauern, ein demokratisches Pächterschutzgesetz, Steuerentlastungen und andere Hilfsmaßnahmen bis hin zu zeitweiligen Arbeitsverpflichtungen der Stadtbevölkerung waren vorgesehen, um die Produktionsbedingungen umgehend zu verbessern. Diese und andere Maßnahmen sollten im weiteren von einem „demokratischen Staat“ fortgesetzt werden. Das Mindestprogramm schloß die Forderung nach Aufhebung sämtlicher zwangswirtschaftlicher NS-Maßnahmen ein. Zugleich stand fest, daß gewisse Ablieferungspflichten und behördliche Kontrollmaßnahmen vorübergehend unausweichlich waren. Nach Außerkraftsetzung der NS-Gemeindeordnung, nach demokratischen Neuwahlen im Dorf, Wiederherstellung landwirtschaftlicher Berufsvertretungen

[34] Siehe Die Agrarpolitik des Blocks der kämpferischen Demokratie, Vortrag, 4.2.1945, in: Erler/Laude/Wilke, Nach Hitler, S. 311–326.

[35] Ebenda, S. 323.

[36] Siehe ebenda, S. 319f.

[37] Siehe ebenda, S. 322f.

und Genossenschaften und dergleichen sollte eine möglichst große Öffentlichkeit an der Notverwaltung teilhaben.

Im Verlauf des Februars 1945 erkannte die KPD-Führung in Moskau, daß die Aufgaben des Sturzes des NS-Regimes, der Notverwaltung unter Mobilisierung „fortschrittlicher" Kräfte in Deutschland und der Schaffung neuer politischer Verhältnisse unbedingt *entflochten und zeitlich ausgedehnt* werden mußten. Die Alliierten hatten auf der Krimkonferenz ihre Absicht bekräftigt, Deutschland nach Kriegsende in Besatzungszonen einzuteilen. Es zeigte sich, daß die Deutschen keinerlei Anstalten machten, sich aktiv an der Zerschlagung des Hitlerregimes zu beteiligen; der Widerstand blieb unter allen Erwartungen gering. Wie groß die Lethargie war, offenbarte sich schrittweise. Folglich war damit zu rechnen, daß deutsche Volksausschüsse in den von den Alliierten besetzten Gebieten bestenfalls als Hilfsorgane fungieren durften. Die KPD nahm an, daß deren Kompetenzen davon abhängig gemacht werden würden, wie es gelänge, antifaschistische Kräfte zu mobilisieren. Erst „nach der Übergangsperiode der milit[ärischen] Besetzung Deutschlands durch die verbündeten Mächte" stünde die Schaffung eines freien demokratischen Deutschlands an[38]. Die Bodenreform rückte in den präzisierten Plänen also gewissermaßen aus dem nahen Blickfeld. In den besetzten Gebieten sei zuerst „für die Sicherung der notdürftigen Volksernährung – bei freier Wirtschaft und Handel" einzutreten. Sinnvoll schien in den von der Roten Armee eingenommenen Territorien auch die „Schaffung eines demokr[atischen] Landarbeiter-Bauernbundes".[39]

Die Rote Armee ihrerseits billigte deutschen Organen im besetzten Gebiet vorerst auch nur Aufgaben im Versorgungsbereich zu.[40] Entsprechend fielen die Richtlinien für die ersten Kader-Einsatzgruppen der KPD aus. Am 20. April 1945 wurde in einer Besprechung im Moskauer Hotel Lux festgestellt, daß die allgemeinen politischen Aufgaben auf dem Lande die gleichen seien wie in der Stadt, „nur begrenzter". Im Vordergrund stand die Gewährleistung von Bodenbearbeitung und Ernte.[41] Zwischen den von der UdSSR besetzten und den von den westlichen Alliierten besetzten Gebieten wurde hierbei nicht groß unterschieden. Zugleich sahen Walter Ulbricht, Wilhelm Pieck und Anton Ackermann die von Hoernle erarbeiteten Richtlinien zur Bauernfrage[42] als überarbeitungsbedürftig an. Die Bodenreform sei „zu lasch" ausgeführt.[43] Was immer hinter dieser Kritik stecken mochte, bis Kriegsende blieb der KPD-Führung unklar, wie die im Vorjahr erarbeitete Position in der Agrarfrage Anwendung finden würde oder welche Veränderungen sie erfahren müßte.

Etwa ab Mai 1945 war die Bodenreform ein Thema für die Moskauer Deutschlandplaner. In heute einsehbarer Form geschah dies im Zusammenhang mit Erör-

[38] Siehe Brief Piecks an Dimitroff, 15.2.1945, in: Keiderling, Gruppe Ulbricht, S. 190f.; Rede Piecks in der KPD-Parteischule, 10.3.1945, in: ebenda, S. 246–254.

[39] Besprechung der KPD-Leitung in Moskau 17.2.1945, in: ebenda, S. 200–203, hier S. 202, 203.

[40] Siehe Entwurf Panjuškins, 19.2.1945, in: ebenda, S. 228–230.

[41] Siehe Notizen Piecks von einer Besprechung der KPD-Führung in Moskau, 20.4.1945, in: ebenda, S. 271.

[42] Ein Dokument unter diesem Titel ist nicht bekannt. Inhaltlich dürfte es sich mit dem Vortrag vom 4.2.1945 (Anm. 34) gedeckt haben.

[43] Siehe Leitungssitzung am 14.2.1945, in: ebenda, S. 189f.

terungen in der Interalliierten Reparationskommission, konkret mit der Erarbeitung eines sowjetischen Standpunktes in der Frage des deutschen Industrieniveaus. Unter verschiedenen Zuarbeiten sowjetischer Experten für die sowjetischen Kommissionsmitglieder fand sich eine sowjetische Analyse deutscher agrarreformerischer Standpunkte aus der Weimarer und der NS-Zeit. Autor der Literaturanalyse war ein gewisser Ulickij. Bezeichnenderweise waren es vor allem volkswirtschaftliche und bevölkerungspolitische Probleme, die er studierte, und nicht etwa Macht- und Herrschaftsfragen. Ulickij hatte Vorschläge für eine Agrarreform geprüft, wie sie am Ende des Ersten Weltkrieges debattiert worden waren.[44] Grundgedanken des namhaften Alexander Backhaus von 1919[45] aufgreifend, wonach es bei einer Agrarreform in Deutschland zum Zwecke der Steigerung der Agrarproduktion nicht so sehr um Neuerschließung landwirtschaftlicher Nutzfläche ginge, sondern um eine Aufteilung größeren Bodenbesitzes bei gleichzeitiger Gewährleistung einer Intensivierung der Produktion[46], übernahm Ulickij Hinweise auf die Spezifika bäuerlicher Existenz nach einer Reform. Er wiederholte, daß die für Deutschland effektivste Form des Eigentums die eigene Scholle sei. Zur Finanzierung neuer Wohngebäude nach billiger Bauweise bräuchte es staatlicher Gelder.

Einem Buch des Bevölkerungswissenschaftlers Friedrich Burgdörfer aus dem Jahre 1935[47] entnahm Ulickij weitere Argumente. Burgdörfers Konzept war deutlich vom „volksbiologischen" Ansatz getragen. Er arbeitete heraus, wie unter der Landbevölkerung im Reich gerade den deutschen Bauernfamilien zu zahlenmäßiger Stärkung, Seßhaftigkeit und wirtschaftlichem Aufschwung zu verhelfen wäre. Burgdörfer entwickelte einige dem sowjetischen Fachmann beachtenswert scheinende Gedanken. Die „Rückbildung zum vorwiegenden Agrarstaat" war für den Demographen „kaum denkbar", wohl aber eine „allmähliche Akzentverschiebung in der Richtung einer stärkeren Betonung der agrarischen Grundlage der Gesamtwirtschaft", ein „angemessenes Gleichgewicht zwischen Landwirtschaft und Industrie".[48] Mit diesem Ziel riet er auch zur Umverteilung des Bo-

[44] Siehe Ulickij, Die deutsche Wirtschaftswissenschaft über die Entwicklung der Volkswirtschaft, 15.5.1945, in: AVP RF, fond 428, opis' 1, papka 13, delo 84, listy 63–73.

[45] Siehe Backhaus, Agrarreform.

[46] Siehe Backhaus, Agrarreform, S. 14. B. befürwortete eine „Enteignung des Landes gegen Entschädigung unter gewissen Vorbedingungen in schonender Form" (etwa durch Gewährung eines Vorkaufsrechtes an Kommunen) und riet zur Bestätigung der Eigentumsübertragung nach Kaufgenehmigung und zu einem Befähigungsnachweis des neuen Besitzers als Landwirt (S. 16). Es heißt bei ihm: „Es erscheint sehr wohl möglich, 1 Million Hektar Großgrundbesitz ohne weiteres der Umwandlung in mittlere und kleinere Betriebe zu unterwerfen. In Betracht kommen namentlich Staatsdomänen, Besitzungen über 500 ha landwirtschaftlicher Nutzfläche und von diesen hauptsächlich solche, deren Eigentümer einen großen übrigen Landbesitz haben. Es sollten in erster Linie ausgewählt werden Großgüter mit guten natürlichen Vorbedingungen, die jedoch schlecht bewirtschaftet sind, ferner solche, die unter Arbeitsnot leiden [...]. Die innere Kolonisation wird ferner in Gegenden vorgenommen werden müssen, die einen Mangel an bäuerlicher Landwirtschaft und ein Vorwiegen des Großgrundbesitzes aufweisen. Die Parzellierung selbst muß nach den lokalen Verhältnissen disponiert werden. Insbesondere werden die Betriebsgrößen davon abhängig sein. Als Durchschnittsergebnis könnte die Schaffung folgender Gutsbetriebe angebracht erscheinen: 40000 Kleinbetriebe je 10 ha, 7000 Mittelbetriebe je 50 ha, 1000 Restgüter je 250 ha. Die Belassung von Großgütern als Restgüter ist unbedingt notwendig zur Verwertung der vorhandenen Gebäude und des Inventars sowie auch zur Anregung und Förderung der Mittel- und Kleinbetriebe." (S. 22f.)

[47] Siehe Burgdörfer, Agrarstaat.

[48] Ebenda, S. 105.

dens. Bodenbesitz über 100 ha müsse aufgeteilt werden, wollte man innerhalb von rund 25 Jahren mindestens 600 000 Landwirte auf 6 Millionen ha Land unterbringen.[49] Die produktionstechnischen Bedenken, die Burgdörfer äußerte, nahm Ulickij kaum zur Kenntnis. Backhaus' Argumentation (die allerdings auf eine weniger radikale Zerstückelung des Bodenbesitzes setzte) sagte ihm offenbar deutlich genug, daß die Agrarreform in Deutschland zwar bestimmte Zwangsmaßnahmen – auch zur weiteren Gewährleistung der effektiven Bewirtschaftung des Bodens – brauchte, insgesamt aber realisierbar sei. Bei Backhaus hieß es übrigens auch, daß alle im Ausland lebenden Deutschen durch die Bodenumverteilung heimgeführt werden könnten.

Vieles von diesen deutschen Überlegungen war geeignet, die noch vagen sowjetischen Vorstellungen vom Umgang mit dem besiegten Deutschland trefflich zu konkretisieren. Zugleich wurde der Siegermacht eine Entscheidung darüber, ob nun, wie im Morgenthauplan, radikale industrielle Entwaffnung und Agrarisierung oder vielleicht doch „ein angemessenes Gleichgewicht" zwischen Landwirtschaft und Industrie das künftige Deutschland prägen sollten, keineswegs sofort abverlangt. Auch die anderen Siegermächte hatten sich noch nicht festgelegt. Man rechnete mit gemeinsamer Entscheidungsfindung. Zunächst aber standen die Aufnahme Tausender Flüchtlinge und Ausgesiedelter in den Besatzungszonen sowie eine weitgehende Selbstversorgung Deutschlands mit Agrarprodukten auf der Tagesordnung. Die weitere Perspektive blieb den sowjetischen Vertretern in den alliierten Verhandlungsgremien also vorerst unklar,[50] man suchte weiter nach brauchbaren Ansätzen für ein Agrarkonzept, das nun freilich bald Konturen gewinnen mußte.

Die KPD-Führung befaßte sich unterdessen – ohne allzu große Eile – weiter mit dem Bodenreformgedanken. Vermutlich kam es zu Konsultationen mit Funktionären anderer KP-Vertretungen in Moskau, immerhin arbeitete Hoernle als Abteilungsleiter im Moskauer Weltwirtschaftsinstitut. Dimitroff wurde noch im April zu Rate gezogen. Doch die Erfahrungen in Polen, Rumänien und Ungarn, wo Bodenreformgesetze bereits angenommen worden waren, nützten der KPD nur bedingt. In der deutschen Agrarpolitik mußten ab Frühjahr 1945 außerdem neue Faktoren Berücksichtigung finden. Es deutete sich an, daß die deutsche Landbevölkerung nur zögerlich der Idee einer Bodenumverteilung folgen würde. Erste direkte Kontakte mit der Landbevölkerung bei Inspektionsreisen nach Kriegsende hatten dies den KPD-Funktionären und den sowjetischen Militärs gezeigt. Sie er-

[49] Siehe ebenda, S. 92f. B. rechnete mit einer bis zu einem gewissen Grade naturgegebenen Rückbildung der Überindustrialisierung und einem Stillstand bzw. -rückgang der Bevölkerungsentwicklung bei gleichzeitiger starker Überalterung. Zur Bodenumverteilung führte er aus: „Das würde bedeuten, daß nicht nur alles kulturfähige Moor- und Ödland herangezogen werden müßte, sondern es wäre darüber hinaus auch die fast völlige Aufteilung aller landwirtschaftlichen Großbetriebe (von über 100 ha Fläche) erforderlich, wobei zu beachten ist, daß auf leichteren Böden, namentlich im Osten, Betriebe mit über 100 ha Fläche nicht ohne weiteres als Großbetriebe, sondern oft nur als großbäuerliche Betriebe anzusprechen sind. Eine so weitgehende, nahezu restlose Zerschlagung der landwirtschaftlichen Großbetriebe dürfte schwerlich durchzuführen sein und auch vom betriebswirtschaftlichen, produktionstechnischen und vor allem auch vom Standpunkt der Lebensmittelversorgung der Stadtbevölkerung auf Bedenken stoßen", – selbst bei mehr Technik, rationelleren Wirtschaftsmethoden und besserer Düngung.

[50] Zu den Schwierigkeiten der Konsensfindung siehe Mai, Kontrollrat.

fuhren, daß es schwierig werden würde, die einheimischen Bauern von grundlegenden Veränderungen der Besitzverhältnisse zu überzeugen. Unabhängig von ordnungspolitischen Zwecksetzungen wurde jedwede Umbruchsidee als Teil eines nationalen Zusammenbruchs wahrgenommen und beargwöhnt. Die gewachsenen Dorfstrukturen wurden respektiert. Momentan lag das Hauptinteresse der Bauern schlicht in der Wiederaufnahme der Bewirtschaftung ihrer Höfe und in der Abwehr von Plünderung. Anfang Juni 1945 berichtete Walter Ulbricht in einer Beratung in Moskau über Inspektionen in ländlichen Regionen Brandenburgs: Die Bauern „verlangen, daß Ruhe einzieht, Ordnung". Es gab „Mißtrauen in der Frage, ob wir wirklich erlauben würden, Weizen und andere Erzeugnisse frei zu verkaufen".[51] Ein Bericht Hoernles vom August 1945 kündet von Furcht vor Übergriffen der Besatzungstruppen, undurchsichtiger Abgaben- und Preispolitik, Behördenwillkür und Arbeitslosigkeit auf dem Lande.[52]

Nicht überall waren Flüchtlinge dazu zu bewegen, verlassene Großbesitzungen in Nutzung zu nehmen, um wenigstens einstweilen für den eigenen Bedarf Lebensmittel zu produzieren. Ihre Familien hatten wenig Interesse, am neuen Wohnort seßhaft zu werden. Dabei stand die Aufnahme nicht etwa von Hunderttausenden Flüchtlingsfamilien aus dem Osten auf der Tagesordnung, wie es Hoernle noch im Februar 1945 erwartet hatte[53], sondern von mehreren Millionen Menschen allein in der SBZ[54], Menschen, die nur zum Teil aus der Landwirtschaft kamen, häufig auch nur im Nebenerwerb Agrarprodukte hergestellt hatten. In den Familien fehlte in der Regel der männliche Hauptproduzent. Hinzu kamen Tausende Menschen, die aus den umliegenden Städten aufs Land geflohen und ohne Erwerb waren. Schließlich aber waren die materiellen Zerstörungen in Ost- und Mitteldeutschland sehr viel gravierender als Ende 1944 angenommen. Nicht um 20–30 Prozent, sondern um etwa 50 Prozent waren die Viehbestände im Vergleich zur Vorkriegszeit zurückgegangen. Bei Schweinen betrug der Rückgang mehr als 72 Prozent. Zugvieh fehlte im Osten fast völlig. 30 Prozent des Maschinenparks der Landwirtschaft waren zerstört.[55] Im Odergebiet und im märkischen Raum waren viele Flächen durch das Kriegsgeschehen so stark in Mitleidenschaft gezogen, daß sie als landwirtschaftliche Nutzfläche für die kommende Bestellung – und eventuell sogar länger – nicht in Frage kamen. Insgesamt aber war der Zerstörungsgrad höchst unterschiedlich; in manchem Dorf war nicht einmal ein Fenster zerschlagen.

Dies alles stellte eine Umverteilung des Bodens vor zusätzliche Aufgaben, gab ihr ein spezifisches Gepräge: Sie mußte in höchstem Maße auf ernährungspolitische Kurzzeiteffekte ausgerichtet werden (was auch den Zeitpunkt ihrer Durchführung tangierte), sie mußte von überregionalem Vieh- und Maschinenausgleich begleitet sein und sie mußte, zumindest vorübergehend, auf maximale Arbeitskraftnutzung orientieren, wobei von einem starken Rückgang intensiver Bewirtschaftung auszugehen war.

[51] Stenogramm der Mitteilung der Genossen Ackermann, Ulbricht und Sobottka über die Lage in Deutschland, 7. 6. 1945, zitiert bei Laufer, Genossen, S. 367.
[52] Bericht Hoernles aus Brandenburg, 9. 8. 1945 an Pieck, siehe Schumann, Hoernle, S. 68–73.
[53] Siehe Hoernle, Agrarpolitik, Vortrag, 4. 2. 1945, S. 316.
[54] Ende Dezember befanden sich rund 4 Millionen Vertriebene in der SBZ.
[55] Siehe Meinicke, Bodenreform und Vertriebene, S. 1.

Damit erschien die ursprünglich erwogene Bodenaufteilung in völlig anderem Licht. Die KPD hielt, mit den neuen Problemen konfrontiert, im Mai 1945 nur noch allgemein am Bodenreformgedanken in seiner Einheit von Agrarreformierungs-, Notgemeinschafts- und Bestrafungsgedanken fest. Einzelheiten der Bodenumverteilung sollten und konnten so rasch nicht festgelegt werden. Vermutlich sah man noch nicht einmal Gelegenheit, alles gründlich genug zu erörtern. Anderes, etwa die Vorbereitung der Erntearbeiten, hatte Vorrang.

1.3. Sowjetische Vorgaben

In ihrem ersten politischen Aufruf meinte die KPD daher die Forderung nach einer Bodenreform nicht erheben zu können. Doch die Besatzungsmacht brachte ganz unvermittelt ihr Interesse zur Geltung. Anton Ackermann berichtete später über eine Verständigung Anfang Juni in Moskau: „Die Konzeption der deutschen Genossen sah nicht eine sofortige demokratische Bodenreform vor. Stalin wies darauf hin, daß diese eine allgemeine demokratische Aufgabe sei und trat für eine sofortige demokratische Bodenreform – auch unter Hinweis auf die Rolle des Junkertums – ein.“[56] Der erste KPD-Aufruf nach Zulassung der Parteien in der SBZ sollte das unmißverständlich aussagen.

Die sowjetische Haltung fußte von Anfang an auf einem sicherheitspolitischen Interesse. Auch gegenüber den anderen Siegermächten brachte die UdSSR nun zum Ausdruck, daß die „restlose Liquidierung des Faschismus auf dem Dorfe“ vor allem auf die „Vernichtung der ökonomischen Basis des deutschen Junkertums“ zielen mußte. Deutlicher als noch zu Beginn des Jahres 1945 erkannte sie, daß (1) alle versorgungs- und bevölkerungspolitischen Betrachtungen stärker im Kontext von Sicherheitsinteressen zu begreifen und (2) das Vorhaben einer agrarischen Neuordnung in Deutschland als geeignetes Pilotprojekt für alliierte Kooperation in den Vordergrund zu rücken seien. Stalin forderte von der KPD, noch vor der Potsdamer Konferenz sehr deutlich zu werden.

Die von der Besatzungsmacht als „vorzügliches Dokument“[57] akzeptierte Endfassung des Aufrufs der KPD vom 11. Juni 1945 sah schließlich eine Umverteilung von Bodenbesitz vor. Als Punkt 7 war unter den „unmittelbarsten und dringendsten Aufgaben“ formuliert: „Liquidierung des Großgrundbesitzes, der großen Güter der Junker, Grafen und Fürsten und Übergabe ihres ganzen Grund und Bodens sowie des lebenden und toten Inventars an die Provinzial- bzw. Landesverwaltungen zur Zuteilung an die durch den Krieg ruinierten und besitzlos gewordenen Bauern.“[58] Die Programm-Korrektur wirkte offensichtlich auch unmittelbar aktivierend. Ende Juni rief Walter Ulbricht – möglicherweise ohne direkte sowjetische Aufforderung – dazu auf, „ohne Verzögerung“ mit der Enteignung

[56] Siehe Erinnerungsprotokoll Anton Ackermanns „Zu der Frage über das Zustandekommen des Aufrufs vom 11. Juni 1945“, 31. 8. 1963, SAPMO BArch, Sgy 30/1291/3, Bl. 428f.; veröffentlicht in: Klotz, Zwangsvereinigung, S. 101f., hier S. 101.

[57] Ebenda.

[58] Aufruf der KPD vom 11. Juni 1945 „Schaffendes Volk in Stadt und Land! Männer und Frauen! Deutsche Jugend!“, in: *Deutsche Volkszeitung* (Berlin), 13. 6. 1945; veröff. unter anderem in: Benser/Krusch, Dokumente, Bd. 1, S. 227–233; Herbst/Stephan/Winkler, SED, S. 530–534; Erler/Laude/Wilke, Nach Hitler, S. 397.

und Neuzuteilung des Bodens zu beginnen.[59] Er rechnete mit örtlichen Initiativen. Der Besitz nicht belasteter Großbauern sollte unberührt bleiben.

Im Juli 1945 befaßte sich die KPD-Führung intensiv mit der Lage auf dem Lande und der Bodenreform. Und genau in dieser Reihenfolge wurden auch die Prioritäten gesetzt. Es ging in erster Linie um die „beschleunigte Ernteeinbringung". Wie auch immer die Reform-Überlegungen in der sowjetischen Führung konkret nun aussahen, was auch immer demnächst zum Inhalt einer solchen Reform erklärt werden würde, jetzt ging es vorerst um eine reibungsarme ökonomische Notverwaltung. Den Stimmungen unter den Bauern Rechnung tragend, hob die SMAD am 18. Juni die Totalablieferung für Getreide, Kartoffeln, Gemüse und Ölsaaten auf und führte eine Teilablieferungspflicht ein. Im Juli wurde die Regelung auf tierische Erzeugnisse ausgeweitet. Arbeitsämter organisierten Ernteeinsätze, Landrats- und Gemeindeämter waren angehalten, für Zugvieh- und Maschinenausgleich zu sorgen. Die Felder vieler verlassener Güter wurden von Soldaten der Roten Armee abgeerntet. Ein Aufruf zur Mobilisierung aller Kräfte mußte verfaßt werden.[60] Auf Drängen Hoernles wurde Walter Ulbricht Mitte Juni verpflichtet, zu Ernteeinbringung und Agrarreform einen Beschluß zu formulieren.[61] Er war für „Bauernagitation" verantwortlich gemacht worden.[62]

Ulbrichts damalige Überlegungen zur Bodenreform sind bislang ebensowenig rekonstruiert wie die Zusammenarbeit mit der Sowjetischen Militäradministration in dieser Frage.[63] Die Arbeit an den Bodenreform-Grundgedanken ruhte vor allem auf den Schultern des Leiters der Landabteilung des ZK, Rudolf Reutter. Möglicherweise vertraten beide einen radikaleren Standpunkt als ihn Hoernle zu Jahresbeginn fixiert hatte.[64] Doch blieb die Parteiführung insgesamt zurückhaltend. In der Konstituierungsphase des „Zentralen Einheitsfront-Ausschusses der antifaschistischen Parteien" der SBZ artikulierten CDU und LDP gegenüber Bodenbesitzveränderungen Bedenken. Für die Gründungserklärung einigte man sich allgemein auf die „Säuberung Deutschlands von den Überresten des Hitlerismus", den Wiederaufbau der Wirtschaft, die Sicherung der Versorgung sowie einen gemeinsamen Ernteaufruf.[65] Die Vorstellungen der Besatzungsmacht waren noch immer zu wenig konturiert.

[59] Siehe Rede Walter Ulbrichts auf der ersten Funktionärskonferenz der KPD Groß-Berlins am 25.6.1945, in: Benser/Krusch, Dokumente, Bd. 1, S. 237–255, hier S. 252.

[60] Es wurde festgelegt, daß Hoernle in einer erweiterten Sekretariatssitzung am 14.7. über „Ernteeinbringung und Bodenreform" referieren sollte. Eine spezielle Abteilung für Agrar- und Bauernfragen sollte geschaffen werden. Protokoll des Sekretariats am 8.7.1945, in: ebenda, S. 34–36.

[61] Siehe Protokoll der erweiterten Sekretariatssitzung am 14./15.7.1945, in: Benser/Krusch, Dokumente, Bd. 2, S. 2.

[62] Siehe Zentrale Aufgaben der Parteiführung, 9.6.1945, in: Benser/Krusch, Dokumente, Bd. 1, S. 222. Zugleich lagen Fragen des Wirtschaftsaufbaus in Ulbrichts Verantwortung. Möglicherweise zeigt sich in dieser Kompetenzverlagerung eine von Moskau unterstützte inhaltliche Ausrichtung der Agrarpolitik.

[63] Laufer, UdSSR und Einleitung, S. 25, sieht in Ulbricht den Urheber jener „Kernthesen", die Semenov als gemeinsamen Bodenreform-Entwurf vom Juni 1945 bezeichnet (Semjonow, Von Stalin, S. 237). Aufzufinden waren die „Kernthesen" bislang nicht.

[64] Nehrig/Piskol, Rolle, S. 327f., sprechen von einer gemeinschaftlichen Vorarbeit Reutter-Hoernle.

[65] Siehe Suckut, Blockpolitik, S. 53–67; Notizen Piecks von Sitzungen des Arbeitsausschusses KPD-SPD, in: Benser/Krusch, Dokumente, Bd. 2, S. 572–581.

1.4. Die Bodenreform im Kontext erster alliierter Differenzen

Ende Juli 1945 erhielten die Moskauer Deutschlandplaner Aufwind für die Inangriffnahme der Reform. War man im Frühsommer schon zu der Erkenntnis gelangt, daß die Agrarreform zu einer großen Herausforderung für die Alliierte Zusammenarbeit werden würde, so ergab sich nun in der Sicht der östlichen Siegermacht die Zweckmäßigkeit eines Einzelvorstoßes.

Auf der Potsdamer Konferenz der Siegermächte (17. Juli–2. August 1945) konnten die Alliierten in Reparationsangelegenheiten keine solche Einigung erzielen, die es gestattet hätte, in der Frage „Agrarisierung – ja oder nein" weiterzukommen. Das betraf in erster Linie das Reparationsproblem, die konkrete Festlegung der Höhe der Ansprüche, die Form der Leistungen und die Verfahren der Entnahme. Entscheidendes blieb offen[66]:

Genaue Beträge von Reparationen wurden nicht festgelegt. Trotz großen Interesses auch der Briten und Franzosen an Reparationsleistungen in Form von Arbeit gelang es nicht, die entsprechende sowjetische Forderung vertraglich festzuhalten: Die Klärung der Frage wurde zurückgestellt; deutsche Arbeitskraft sollte in Deutschland genutzt werden. In der Frage der Lieferungen aus der laufenden Produktion, die eine Planung kontinuierlicher Leistungen (auch Agrarleistungen) erst ermöglicht hätte, kam man aber ebenfalls nicht überein. Über das Deutschland zu belassende Lebensniveau (respektive Industrieniveau) wurde auch keine Einigung erzielt.[67] Geklärt werden konnte nur, daß alle Zonen Massen von deutschen Aussiedlern würden aufnehmen müssen. Der reparationspolitische Kompromiß sah vor, daß die UdSSR neben Entnahmen aus der eigenen Zone 15 Prozent der in den Westzonen entnommenen Anlagen für eine Gegenleistung erhalten sollte. Dies sollten Rohstofflieferungen, Holz und Nahrungsmittel sein.[68] Zugleich war man überein gekommen, daß bis auf weiteres zwar „keine zentrale deutsche Regierung gebildet" wird, Deutschland während der Besatzungszeit jedoch „als eine wirtschaftliche Einheit zu betrachten" sei. Die „Wirtschaftlichen Grundsätze" legten fest: „Bei der Organisation der deutschen Wirtschaft ist das Hauptgewicht auf die Entwicklung der Landwirtschaft und der Friedensindustrie für den inneren Bedarf zu legen." Eine gemeinsame Politik der Alliierten sei unter anderem „hinsichtlich [...] der Land- und Forstwirtschaft und der Fischerei" festzulegen.[69]

Eine Bodenreform in Deutschland wurde in Potsdam von niemandem thematisiert. Die Ursachen sind unerforscht und auch nicht so ohne weiteres rational ab-

[66] Die UdSSR hielt auch in Potsdam an der Vorstellung fest, Reparationen von Deutschland teils als einmalige Entnahme, teils als jährliche Lieferung innerhalb von zehn Jahren zu verlangen. Agrarprodukte (Zucker, Vieh, landwirtschaftliche Erzeugnisse) sollten in Form jährlicher Lieferungen bereitgestellt werden. Für diese jährlichen Verpflichtungen legte die sowjetische Seite keinen Schlüssel zur Aufteilung auf die Wirtschaftsbereiche und Industriezweige vor, regte aber an, einen solchen zu erarbeiten. Siehe Sowjetischer Vorschlag für einen Reparationsplan, 23.7.1945, in: Potsdamer (Berliner) Konferenz, S. 294f.

[67] Es hieß lediglich, der mittlere Lebensstandard Deutschlands dürfe während der Besatzungszeit den mittleren Lebensstandard der europäischen Länder – ausgenommen die UdSSR und das Vereinigte Königreich – nicht übersteigen.

[68] Siehe Protokoll der Berliner Konferenz der drei Großmächte. Reparationen von Deutschland, in: Potsdamer (Berliner) Konferenz, S. 389.

[69] Protokoll der Berliner Konferenz der drei Großmächte. Wirtschaftliche Grundsätze, in: ebenda, S. 388.

zuleiten. Potsdam muß der sowjetischen Führung den Eindruck vermittelt haben, daß vor allem die Amerikaner weiterhin versuchen würden, von der reparationspolitischen „Verhandlungsgrundlage" von Jalta abzurücken. Im Lichte der Potsdamer Vereinbarungen kristallisierten sich dann immer mehr folgende Beweggründe dafür heraus, der sowjetischen Entscheidung für eine Bodenreform in Deutschland den Entschluß hinzuzufügen, sie *in der SBZ unverzüglich und ungeachtet der westlichen Haltung* einzuleiten.

1. Die Beseitigung von Großgrundbesitz hatte in sowjetischer Sicht neben dem politisch-moralischen Zweck der Bestrafung von Kriegverbrechern und NS-Aktivisten eine große sicherheitspolitische Bedeutung: Sie schien vor erneutem Streben nach Osten zu schützen und ein Wiedererstarken militaristischer Kräfte in Deutschland zu verhindern.

2. Trotz vergleichsweise guter Lebensmittelreserven in der SBZ mußten Vorkehrungen für eine möglichst umfassende Selbstversorgung der Bevölkerung getroffen werden. Entscheidend für die Ausrichtung einer ernährungspolitisch motivierten Agrarreform in der SBZ war dabei, daß die östliche Siegermacht keinerlei Intensivierungshilfen anbieten konnte und wollte. Für die nächsten Jahre mußte die ostdeutsche Agrarwirtschaft also mit niedrigstem Technisierungsgrad auskommen. Es mußte eine Agrarproduktion in Gang gesetzt werden, die auf enormen Arbeitskräfte- und Materialverschleiß hinauslief. Dazu sah man keine Alternative.

3. Wenn unter diesen Umständen eine Veränderung in der Agrarbesitzstruktur stattfinden sollte, dann müßte sie in allernächster Zeit stattfinden. Der Zeitpunkt ergab sich einerseits aus dem agrarischen Produktionsrhythmus (Eigentumsveränderungen werden im Agrarbereich zweckmäßigerweise vor einer Periode der Feldbestellungen in Angriff genommen), andererseits aus der politischen Stimmung in der Bevölkerung. Mit einer Verbesserung der Stimmung war über den Winter hin kaum zu rechnen. Außerdem waren Reparationsleistungen aus der Agrarwirtschaft der SBZ, wenn überhaupt, dann als wiederholte Entnahmen in einer zweiten Phase der Wiedergutmachung vorgesehen. Zwischen Bodenreform, Agrarproduktion und Reparationen in Form von Mehrfachleistungen bestand ein Zusammenhang, der erst zu einem späteren Zeitpunkt relevant werden würde. Aus der vorerst ungeklärten Reparationsfrage folgte also nicht, daß die Agrarreform besser zu verschieben wäre. Eher umgekehrt. Es entbehrte nicht einer gewissen Logik, die Zahl der Lebensmittelselbstversorger möglichst rasch zu vergrößern, ungeachtet der Entscheidung über das künftige deutsche Industrieniveau.

4. Auch die anderen Alliierten befürworteten die Abschaffung von deutschem Großgrundbesitz. Sowohl als Problem der Agrarordnung in Deutschland als auch als Bestandteil der Frage nach der Zukunft des Staates Preußen wurde eine Neuordnung von Bodenbesitzverhältnissen auch von den westlichen Siegermächten nachhaltig thematisiert. Man konnte davon ausgehen, daß die Westalliierten nicht allein ihres Ansehens wegen, sondern auch in der Sache interessiert waren und in ihren Zonen ebenfalls Agrarreformen anstrebten. Von allen bestehenden und denkbaren Streitpunkten war demnach die Bodenreform, vielleicht auch weil sie in Potsdam nicht angesprochen worden war, für Moskau *das* Objekt

alliierter Kooperation mit den größten Chancen für eine einvernehmliche Lösung.[70]

Es kann nicht ausgeschlossen werden, daß der Moskauer Vorstoß ein Test des Bündnisses in der Anti-Hitler-Koalition sein sollte. Der von Potsdam enttäuschte Stalin wollte vielleicht Macht demonstrieren. Vielleicht aber suchte er nach einer einigermaßen chancenreichen „Nagelprobe" für den Konsens. Formell konnte er sich bei einem Alleingang auf die in Potsdam ausgehandelte Machtfülle der Zonenbefehlshaber stützen. Daß er den Test bis zu einem Konflikt zu treiben gedachte, ist nicht anzunehmen. Stalin wählte nicht die Form eines Befehls, sondern ließ die Bodenreform von vornherein als eine deutsche Entscheidung erscheinen. So war es – verglichen mit Aktionen der folgenden Zeit des Kalten Kriegs – eher ein freundliches Auf-die-Füße-Treten, mehr Stichelei als Affront. Stalin wird auf die positive Wirkung des Beispiels gesetzt haben. Die Versorgungsprobleme in der SBZ als kompliziert, die Reformvorbereitung im großen und ganzen als ausreichend und eine kurzzeitige Verstimmung der westlichen Partner als erträglich einschätzend, gelangte Moskau Anfang August zu der Überzeugung, daß die Bodenreform in der SBZ *recht bald* realisiert werden mußte.[71]

Am 1. August 1945 stand für die KPD-Führung intern fest, daß eine Kampagne zur Agrarreform vorbereitet wird.[72] Wie konkret und sicher ihre Vorstellungen in diesem Moment waren, muß offenbleiben. Alles in allem scheinen die volkswirtschaftlichen Zusammenhänge nur ungenügend thematisiert worden zu sein. Erste Funktionärsberatungen Mitte August dienten dem Meinungsaustausch. Hierbei kam zur Sprache, wie wenig sinnvoll Kleinstbetriebe waren.[73] Im Verlauf des Monats entstand im Sekretariat des ZK der KPD unter mehrmaliger Absprache mit der SMAD eine Direktive zur Bodenreform.[74] Am 16. August kam man überein und wollte das künftig auch so betonen, daß Mittel- und Großbauernbetriebe von der Reform nicht berührt würden. Neubauernstellen sollten 5-8 ha groß werden.[75] Vom Sekretariat des ZK in einer Erweiterten Sitzung am

[70] Wie die Entwicklung zeigte, waren solche Überlegungen 1945 durchaus realistisch. Noch auf der Moskauer Tagung der Außenminister 1947 einigte man sich, in allen Zonen Landreformen durchzuführen. Siehe Mai, Kontrollrat, S. 250–255.

[71] Laufer, UdSSR und Einleitung, S. 34f., folgert aus der überstürzten Durchführung, daß Moskau Interessen verfolgte, die „über den Gegenstand der Reform hinausgingen". Es hätte im „Kampf um die Beseitigung des ‚Hitlerismus' [...] bewußt oder unbewußt die Herausbildung tiefgehender Unterschiede" zwischen SBZ und dem Rest Deutschlands „in Kauf genommen". Daraus wiederum leitet Laufer Teilungsabsichten ab.

[72] Siehe Protokoll der Sekretariatssitzung am 1. 8. 1945, in: Benser/Krusch, Dokumente, Bd. 1, S. 54. Siehe auch Nehrig/Piskol, Rolle; Bauerkämper, Antifaschismus, S. 626f.

[73] Zu den Vorbehalten gegen Parzellierungen und private Kleinstbetriebe siehe Kuntsche, Gemeinwirtschaft.

[74] Bauerkämper, Antifaschismus, S. 627, erwähnt zwei Entwürfe und eine Endfassung. Bei Nehrig/Piskol, Rolle, S. 328, heißt es: „Am 12. August lag dem Sekretariat des Zentralkomitees ein Entwurf der Bodenreformdirektive vor, der mehrmals, z. T. mit V. S. Semjonov als Vertreter der SMAD, beraten und überarbeitet wurde." Siehe auch die Erinnerungen des damaligen Mitarbeiters des Sekretariats Wolfgang Leonhard, Revolution, 1955 u. a.

[75] Siehe Protokoll der Sekretariatssitzung am 16. 8. 1945 sowie Anlage, in: Benser/Krusch, Dokumente, Bd. 1, S. 65, 68f. Das Sekretariat hatte bereits am 7. 8. entschieden, daß der Minimalbesitz einer Bauernwirtschaft je nach Bodenqualität 5–8 ha betragen soll, nicht – wie zuerst vorgesehen – 5 ha (Protokoll der Sitzung am 7. 8. 1945, in: ebenda, S. 57).

22./23. August bestätigt, ging die Direktive an alle KPD-Bezirks- und Kreisleitungen.[76]

Parallel zu den KPD-Überlegungen entstanden in Moskau und bei der SMAD in Karlshorst ebenfalls Entwürfe für Richtlinien.[77] Am 20. August ging aus dem sowjetischen Außenministerium eine resümierende Betrachtung zur Erarbeitung des Bodenreform-Entwurfes zur Bestätigung an Stalin. Es hieß, der Entwurf sei „in Anlehnung an die entsprechenden Reformen in Polen, Ungarn und Rumänien gestaltet", allerdings betrüge die Obergrenze des erlaubten bäuerlichen Besitzes nicht 50 sondern 100 ha, denn „die Reform als Ganzes [richtet] sich ausschließlich gegen die großen, in gutsherrlichem Erbbesitz stehenden Junkerwirtschaften und Rittergüter mit über 100 ha". Kirchenbesitz blieb unangetastet. Das Papier ging von 8671 Betrieben mit 100 und mehr ha auf insgesamt rund 4,5 Millionen ha Boden aus.[78]

Mit „23. August" datiert, gelangte noch ein Papier der SMAD-Landwirtschaftsabteilung nach Moskau, das die Enteignung von Besitz über 40 ha Land vorsah, Großgrundbesitzern mit über 100 ha indes sämtlichen Boden nehmen wollte. Auf 5 ha Restland dürften lediglich politisch Unbelastete unter ihnen einen Anspruch erheben.[79] KPD-Entwürfe, welche eine Reduzierung des Großbauernbesitzes auf maximal 50 ha Land vorgesehen hatten, waren zu diesem Zeitpunkt in Konsultationen mit der SMAD aber bereits verworfen.[80] Die KPD-Führung in Berlin verfügte, wie erwähnt, bereits über eine Direktive, die sich inhaltlich weitgehend mit dem deckte, was die KPD bald schon in den zentralen Blockausschuß, in die Präsidien der Landes- und Provinzialverwaltungen und unmittelbar auf Großveranstaltungen in die deutsche Bevölkerung tragen sollte. Am 29. August erörterten Pieck und Hoernle mit Semenov und einem SMAD-Agrarexperten den Inhalt von Durchführungsbestimmungen.[81]

Die sowjetische Vorgabe zentraler inhaltlicher Eckpunkte ist noch nicht im einzelnen rekonstruiert, gilt aber als sicher.[82] Der Zeitpunkt des Auftaktes der Re-

[76] Siehe Protokoll der Sitzung des Sekretariats am 20. 8. 1945, in: ebenda, S. 70–72; Protokoll der Erweiterten Sitzung des ZK der KPD, 22./23. 8. 1945, in: ebenda, S. 74; Anweisung des ZK der KPD an die Bezirks- und Kreisleitungen über die Durchführung der Bodenreform, (Mitte August), in: Benser/Krusch, Dokumente, Bd. 2, S. 13–18, Erstabdruck durch Schwank/Göttlicher, KPD, S. 849–853.

[77] Laut UdSSR und deutsche Frage, Bd. 2, S. XLVII (Einleitung), lag bereits am 31. 7. 1945 ein erster Entwurf vor, der Semenov zufolge von ihm stammte. Er soll den Auftrag erhalten haben, „Gesetzentwürfe für die verschiedenen Provinzen und Länder der Ostzone auszuarbeiten" (Semjonow, Von Stalin, S. 236). Dies kann sich eigentlich nur auf die Zeit nach einer Grundsatzentscheidung beziehen. Diese wiederum bringt Semenov in Zusammenhang mit einer mündlichen Verständigung zwischen Pieck, Grotewohl, Ulbricht und Stalin. Für eine solche gibt es aber keine Quellenbelege. Laufer/Kynin edierten keinen der Entwürfe.

[78] Bericht Molotovs an Vyšinskij und Stalin, 20. 8. 1945, in: UdSSR und deutsche Frage, Bd. 2, S. 96–98, hier S. 96f.

[79] Siehe Laufer, UdSSR und Einleitung, S. 25. Auch dieses Dokument wurde nicht ediert. In ihm soll von „Nationalisierung" gesprochen worden sein.

[80] Siehe Bauerkämper, Antifaschismus, S. 627.

[81] Siehe Beratung in Karlshorst, 29. 8. 1945, in: Badstübner/Loth, Pieck-Aufzeichnungen, S. 56f., hier S. 56.

[82] Interne sowjetischen Papiere gingen rückblickend davon aus. So heißt es in einem „Bericht über die sozial-ökonomischen Umgestaltungen in der Landwirtschaft der DDR" von 1951: „Die Sowjetische Militäradministration in Deutschland erfüllte die Potsdamer Vereinbarungen über die Demokratisierung Deutschlands und erarbeitete Bestimmungen [položenija] über eine Bodenreform, die von den deutschen Landesregierungen im Zeitraum vom 3. bis 15. September 1945

form war bis zuletzt umstritten. „Fachleute Hoernle u. russ. Genossen", notierte Pieck über eine Unterredung mit Politberater Semenov am 28. August, „seien [der] Auffassung, daß Kampagne zeitlich nicht günstig, mitten in Herbstbestellung, Felder bleiben liegen, besser ab Mitte November". Pieck ließ den Einwand als „ökonomisch richtig" gelten, entschied aber: „politisch nicht – nicht mehr aufzuschieben, Fristen zu kurz." Semenov monierte ungenügenden Eifer und Ernst in der Bodenreformkampagne.[83] Ursprünglich sollte zum 22. August ein Entwurf für Blockbeschlüsse in der Provinz Sachsen und im Land Thüringen fertig sein, am 26. August eine Bauernversammlung in Neuruppin mit Wilhelm Pieck als Hauptredner den offiziellen Auftakt bilden.[84] Am 27. August erfuhr die KPD in der Provinz Sachsen vom ZK-Abgesandten Reutter, daß sie im Landesblockausschuß schnellstens die Annahme eines Bodenreformgesetzes erreichen und eine Pionierrolle spielen sollte.[85] Am 30. August brachte die KPD das Anliegen im zentralen Blockausschuß in Berlin vor, der sogleich einen Sonderausschuß einsetzte.[86] Die politische Kampagne unter der Losung „Junkerland in Bauernhand" begann schließlich am 2. September 1945 mit einer Rede Piecks vor 350 Bauern, Landarbeitern und Umsiedlern auf einer Konferenz in Kyritz (Brandenburg).[87]

Die Provinzialverwaltung Sachsen verabschiedete am 3. September 1945 die erste Bodenreformverordnung.[88] Innerhalb weniger Tage setzte die KPD in allen Ländern der SBZ nahezu identische Verordnungen durch.[89] Am 13. September nahm der Gemeinsame Ausschuß der Einheitsfront der antifaschistisch-demokratischen Parteien in Berlin eine Erklärung zur Bodenreform an, in der die Mitglieder der Parteien aufgefordert wurden, „alles zu tun, damit die Bodenreform durchgeführt wird. Die Bodenreform soll eine gerechte Bodenverteilung und eine Steigerung der landwirtschaftlichen Produktion herbeiführen. Sie bedeutet gleichzeitig einen entscheidenden Schritt zur friedlich-demokratischen Erneuerung unseres sozialen Lebens."[90]

Die Reform bildete zu diesem Zeitpunkt eher ein Reform-Rahmenprogramm denn ein ausgewogenes Konzept. Es war festgelegt worden, daß aller Grundbesitz von „Kriegsverbrechern und Kriegsschuldigen", „aktiven Verfechtern der Nazipartei und ihrer Gliederungen" und „führenden Personen des Hitlerstaates" sowie

als Gesetze über die Bodenreform angenommen wurden." (AVP RF, fond 0457 „g", opis' 3, papka 28, delo 1, list 12f.)

83 Siehe Besprechung mit Semenov, 28. 8. 1945, Badstübner/Loth, Pieck-Aufzeichnungen, S. 55.

84 Siehe Protokoll der Sekretariatssitzung am 20. 8. 1945, in: Benser/Krusch, Dokumente, Bd. 1, S. 70–72, hier S. 71.

85 Siehe Stöckigt, Kampf der KPD; Bauerkämper, Antifaschismus, S. 628.

86 Siehe Protokoll der Sitzung am 30. 8. 1945, in: Suckut, Blockpolitik, S. 85.

87 Siehe Deutsche Volkszeitung, 4. 9. 1945.

88 Siehe Verordnung über die Bodenreform in der Provinz Sachsen, 3. 9. 1945, in: Verordnungsblatt für die Provinz Sachsen. 1945, Nr. 1, S. 28. Leonhard, Revolution, S. 506–508, gibt an, daß die sächsische Verordnung jener Text war, den er zuvor im Sekretariat des ZK der KPD aus dem Russischen ins Deutsche übersetzen mußte. 1945 schien es ihm, er habe eine ursprünglich deutsche Vorlage wieder rückübersetzen müssen. Später war er überzeugt, die KPD hätte das Gesetz von der Besatzungsmacht oktroyiert bekommen.

89 Die Bodenreformverordnungen (im Land Mecklenburg am 5., in der Provinz Mark Brandenburg am 6., im Land Sachsen und im Land Thüringen am 10. 9. 1945) und die Durchführungsbestimmungen und Anordnungen finden sich bei Döring, Bodenreform. Siehe auch: Bodenreform. Junkerland in Bauernhand (1945).

90 Erklärung, 13. 9. 1945, in: Suckut, Blockpolitik, S. 89f., hier S. 89.

Grundbesitz über 100 ha vollständig und entschädigungslos enteignet wird, ebenso wie dem Staat gehörender Grundbesitz. Soweit letzterer als Spezialwirtschaft (Versuchsstationen, Mustergüter, Saat- und Zuchtbetriebe) in Landesbesitz weiter genutzt werden könne, bliebe er zusammenhängend erhalten. Nicht zu enteignen sei Bodenbesitz von Kirchen, Gemeinden und Genossenschaften. Das enteignete Land würde in spezielle Bodenfonds bei den Länder- und Provinzialverwaltungen eingespeist und aus diesen heraus neu verteilt. Dabei würde Privatbesitz an Boden neu entstehen bzw. als „Aufstockung" zusätzlich übernommen. Dieser neue Besitz würde *käuflich* – zu sehr günstigen Bedingungen (in Höhe des Wertes einer Ernte, zahlbar in Raten innerhalb von 10 oder 20 Jahren) – *schuldenfrei* erworben und ins Grundbuch eingetragen, er sei aber nicht teilbar, nicht belastbar und nicht veräußerbar. Er ginge überwiegend an landlose und landarme Bauern, Landarbeiter und Flüchtlinge. Die potentiellen Bodenempfänger, die ländlichen Unterschichten also, würden gemeinsam über die Landverteilung in den Dörfern und Kreisen entscheiden (Bodenkommissionen). Es hieß, daß die neuen Betriebe in der Regel 5 ha, bei schlechter Bodenqualität bis 10 ha groß sein sollen, daß die enteigneten Gerätschaften und Maschinen in gemeinschaftlichen Besitz übergehen und von speziell zu gründenden Hilfskomitees vergeben würden, welche sie vornehmlich Neubauern zur Verfügung stellten. Diese Komitees nähmen die nicht vergebenen Boden- und Vermögensanteile in Verwaltung bzw. die nicht sofort aufteilbaren Güter vorübergehend in Treuhandbewirtschaftung.

1.5. Konkretisierung und politische Zielsetzung

Die von Moskau aus vorgegebenen Eckdaten zur Bodenreform ließen viele Details unberührt. Nicht entschieden war die Frage nach dem Umgang mit jenen Großgrundbesitzern, die nach dem Besitz-Kriterium unter Enteignung fielen, jedoch keine Anhänger, eventuell sogar Opfer oder aktive Gegner des NS-Regimes gewesen waren. Semenov und der Leiter der SMAD-Landwirtschaftsabteilung Čuenkov meinten noch Ende August, für diese seien auf Landesebene Sonderregelungen zu treffen.[91] Ihnen könnte ein „Restgut" belassen und das Angebot gemacht werden (offensichtlich im Falle zusammenhängender Weiterbewirtschaftung), „als Berater [zu] bleiben". In Thüringen sah eine Durchführungsbestimmung beispielsweise vor, in seltenen Ausnahmefällen nur den 100 ha überschreitenden Teil des Großgrundbesitzes zu konfiszieren.[92]

[91] Siehe Beratung in Karlshorst, 29.8.1945, in: Badstübner/Loth, Pieck-Aufzeichnungen, S.56f., hier S.56.

[92] Regelungen wurden erst Anfang 1946 gefunden. Danach konnten politisch nicht zu belangende Großgrundbesitzer, soweit sie gegen die Bodenreform nicht öffentlich Stellung bezogen, am Ort verbleiben und sich um eine Neubauernstelle bewerben. Darüber entschied die örtliche Bodenkommission. Bei eventuellen Ausweisungen hatten „politisch einwandfreie" Enteignete das Recht, nach schriftlicher Genehmigung Gegenstände des persönlichen Bedarfs der Familie mitzunehmen an den neuen Wohnort (siehe Döring, Bodenreform, S.265). In der Praxis ergab sich allerdings aus der Kompetenz örtlicher Bodenkommissionen und aus übereilten Enteignungsverfahren vielfaches Unrecht. Politisch unbelastete Großgrundbesitzer, in der sozialen Schicht eher die Ausnahme, wurden auch zwangsumgesiedelt und sogar verhaftet. Denn Widersetzen konnte unter besatzungsrechtlichem Gesichtspunkt als „Sabotage" geahndet werden. Im Herbst 1945 waren solche Fälle vergleichsweise zahlreich. Kuntsche, Umgestaltung, S.196f., spricht resümierend von zahlreichen Gewalt- und Willkürakten, die das demokratische Anlie-

„Was mit [den enteigneten – E. S.] Großgrundbesitzern machen“, wußte man zuerst auch nicht. Die sowjetischen Berater meinten, man solle sie „isolieren, evtl. verhaften“. Daß weniger eindeutige Fälle zu einem Problem werden könnten, kam vorerst nicht zur Sprache. „Wie Maschinen [und] Zugvieh ausnutzen“, das heißt, auf welche Weise in den Komitees für gegenseitige Bauernhilfe die Produktionsvoraussetzungen für Neubauern geschaffen werden sollten, war ebenfalls unbestimmt. Finanzpolitische Zusammenhänge wurden nicht erörtert. Wichtige Aspekte von Besitz- und Nutzungsrechten (ein Rückgaberecht, die Möglichkeit des staatlichen Entzugs oder Aufkaufs und anderes) waren noch nicht einmal thematisiert. Unklar waren des weiteren Umfang und Modus der Verteilung von Waldboden: In Deutschland galt es als nicht erstrebenswert, zusammenhängende Waldgebiete aufzuteilen; sowjetische Berater erwarteten aber, die Neubauern würden aus dem zugewiesenen Wald tüchtig Baumaterial holen und Boden kultivieren, was man in der KPD bezweifelte.

Prüfen wir einige Bestandteile der Bodenreformverordnungen genauer nach möglichen ordnungspolitischen Absichten:

Die 100-ha-Grenze: Letztlich ergab sich die 100-ha-Untergrenze für die Enteignungen und damit die maximale Größe nicht anzutastender Betriebe aus einem Abwägen ordnungs-, bündnis- und versorgungspolitischer Interessen. Ende 1944 hatte die KPD im Moskauer Exil Enteignungen von Familienbesitz mit über 150 ha Land vorgesehen. Mitte August 1945 hatte die KPD dagegen vorgeschlagen, auch Großbauernbesitz, der 50 ha überschreitet, zu konfiszieren.[93] Es ist durchaus glaubhaft, daß Stalin selbst es war, der die Grenze des zu enteignenden Bodenbesitzes schließlich auf 100 ha festlegte. Sowjetische Agrarexperten hatten, wie wir wissen, bereits vor Kriegsende deutsche Agrarwissenschaftler in dieser Weise interpretiert. Angeblich soll errechnet worden sein, bei einer Enteignungsgrenze von 50 ha unterlägen mehr als doppelt so viele Eigentümer der vollständigen bzw. teilweisen Enteignung als bei einer 100-ha-Grenze.[94] Somit ist die von Semenov überlieferte Begründung durchaus glaubhaft: Stalin meinte, die deutschen Kommunisten sollten die Zahl ihrer Feinde nicht noch vergrößern.[95] Ganz eindeutig wurde bei der Festlegung der Grenze nicht auf eine für künftige „Satellitenstaaten“ obligatorische Größe zurückgegriffen, denn so etwas gab es nicht.

Alternativen zur Entscheidung, Großgrundbesitz entschädigungslos und vollständig zu enteignen, scheinen in der KPD und bei der Besatzungsmacht 1945 kaum erwogen worden zu sein. Vollständige Enteignung ergab sich mit gewisser Notwendigkeit aus der Bestrafungskomponente der Reform. Sie bedeutete vor allem, Familienbesitz insgesamt (aller Grund und Boden mit Acker, Wald, Wiesen,

gen der Bodenreform verzerrten. Das Vorgehen habe den Charakter einer „generalisierenden Repressivmaßnahme“ angenommen. Die Deformationen hätten sich „hauptsächlich durch Eingriffe örtlicher Kommandanturen [...] und aus Maßnahmen, die die SMAD anwies“, ergeben. Zum Umgang mit politisch belasteten und verdächtigen Großgrundbesitzern siehe Bauerkämper, Antifaschismus, S. 630f.

93 Siehe Bauerkämper, Antifaschismus, S. 627.

94 Siehe Laufer, UdSSR und Einleitung, S. 27.

95 Semenov schreibt in seinen Memoiren Stalin auch die Idee zu, den Kaufpreis für das Land in Höhe einer Getreideernte festzulegen. Selbst der Vorschlag, die alten Grundbücher demonstrativ zu vernichten und neue, repräsentative Besitzurkunden auszugeben, soll von Stalin gekommen sein. Siehe Semjonow, Von Stalin, S. 238.

Weiden, Seen und dergleichen sowie sämtliche Bebauung) anzurechnen und keinen „Resthof" zu belassen. Nirgendwo manifestierte sich der radikale Wunsch nach Bestrafung der Agrar-Elite so deutlich wie in diesem Punkt. Die sowjetische Besatzungsmacht propagierte vollständige und entschädigungslose Enteignung als notwendig im Interesse einer konsequent-demokratischen Erneuerung. Auch im Westen forderten bis in liberale und christlich-demokratische Führungspositionen hinein engagierte Anhänger der Reform, der Boden solle denen gehören, die ihn bearbeiten.

In CDU und LDP gab es Forderungen nach Entschädigung. Insgesamt war man im mittelständischen Lager darauf bedacht, den antimonopolistischen und Entnazifizierungszweck der agrarischen Umgestaltung ohne Generalentscheidung gegen eine bestimmte Betriebsgröße zu verfolgen. Wo die Grenzen zu ziehen wären zwischen sozial gerechten, politisch vertretbaren, ja unvermeidlichen, auch tiefgreifenden Besitzänderungen und der unantastbaren, fundamentalen privatwirtschaftlichen Ordnung, war im bürgerlich-liberalen Verständnis nicht klar definiert. Die Führungsgremien von CDU und LDP tendierten mehr zu einer Siedlungspolitik oder zu einer weniger radikalen Agrarreform mit sozialem Auffangmechanismus für Großagrarier. In der Mitgliedschaft fand dagegen die Forderung nach entschädigungsloser Enteignung, Aufteilung und örtlichen Kontrollkommissionen Anklang.

Für die KPD äußerte sich damals Edwin Hoernle, seine Argumente dürften auch die der sowjetischen Besatzungsmacht gewesen sein: Abgesehen davon, daß Entschädigung am Ende dieses Krieges eine maßlose Ungerechtigkeit bedeuten würde, standen für sie auch keine Mittel zur Verfügung.[96] Von Moskau Kredite zu erwarten, wäre in der Tat deplaziert gewesen. Entschädigung hätte überdies bedeutet, bestehende Belastungen der Besitzgüter zu veranschlagen. Dies war schon technisch nahezu unmöglich. Außerdem korrespondierte die Grundprämisse der schuldenfreien Aufteilung des Bodens, ein agrarreformerischer Uraltgedanke, mit der Durchsetzung entschädigungsloser Konfiszierung. Daß vor dem Krieg bei Großgrundbesitz mit über 100 ha in Mecklenburg, Pommern und Brandenburg etwa 72 Prozent, in Sachsen, Sachsen-Anhalt und Thüringen etwa 46 Prozent des Grundwertes an Staats- und Landesbanken verpfändet waren, wurde in späteren östlichen Darstellungen als zusätzliche Rechtfertigung für entschädigungslose Enteignung angeführt: Ungefähr zwei Drittel des Großgrundbesitzes sei nicht mehr Eigentum der nominellen Besitzer gewesen, sondern Bankbesitz, und als die Banken Volkseigentum wurden, faktisch an das Volk gegangen.[97] Doch diese Argumentation stammt nicht aus der Entscheidungs- und Anfangsphase der Bodenreform. Auch über Bankbesitz war 1945/46 noch keine Entscheidung gefallen.

[96] Hoernle, Bodenreform, S. 36, führte aus: Entschädigungen in Höhe des gegenüber den Neubesitzern erhobenen Kaufpreises würden etwa 1 Milliarde RM umfassen. Entschädigungen zum Einheitswert von durchschnittlich 1000 RM pro ha würden eine Gesamtsumme von etwa 2 Milliarden bedeuten, dies als Steuerlast auf jeden Einwohner der Zone umgerechnet – etwa 112 RM. Hoernle hielt beides für politisch und moralisch ungerechtfertigt. Siehe auch Originalmanuskript für einen Artikel in der *Täglichen Rundschau* am 15. 9. 1945 bei Schumann, Hoernle, S. 74–76.

[97] Siehe Kotow, Agrarverhältnisse, S. 204.

Die Festlegung in den Bodenreformgesetzen ist durchaus so zu verstehen, daß auch eine *Neuentstehung* von Grundbesitz über mehr als 100 ha nicht gewünscht war. Juristisch Verbindliches wurde jedoch weder von den Landes- und Provinzialverwaltungen noch von der Besatzungsmacht geschaffen, so daß davon auszugehen ist, daß die Siegermacht mit der Neuverteilung und der damit verbundenen Entmachtung der bestehenden ländlichen Oberschicht ihr Interesse vorerst befriedigt sah. Auch in diesem Punkt konnte sie mit einem alliierten Kompromiß rechnen. Die Verständigung verzögerte sich jedoch und blieb letztlich ganz aus. Erst 1948, nachdem einerseits mit dem Kontrollratsgesetz Nr. 45 vom 20. Februar 1947 zwangswirtschaftliche Eingriffe (erst recht durch Besatzungsmächte) in Grundbesitz grundsätzlich legitimiert worden waren, andererseits aber die Bodenreform als gesamtdeutsches Thema bereits vom Tisch war, wurden in der SBZ gesetzliche Bestimmungen eingeführt, die Grundbesitzerwerb (etwa durch Heirat) über 100 ha hinaus untersagten, beziehungsweise den die Grenze übersteigenden Besitz in die Bodenfonds zu übernehmen geboten.[98] Es wurde das Recht eingeräumt, den Erbgang auszuschließen. Auch durch zusätzliche Pacht durften nicht mehr als 100 ha bewirtschaftet werden. Diese Entscheidungen erklären sich vor dem Hintergrund gewisser radikaler Tendenzen in den Gesellschaftsentwürfen von SED und SMAD für Ostdeutschland. Immerhin gaben sie mittelbäuerlichen Wirtschaften bis 100 ha durchaus eine Perspektive. 1945 war dies alles noch offen geblieben.

Die Größe der Neubauernhöfe: Hier war offenbar die Überlegung maßgebend, daß eine recht große Anzahl von Bodennehmern zu erwarten ist.[99] Die Quellen liefern zwar keinen konkreten Anhaltspunkt für Kalkulationen, doch auch die Agrarreformer der entstehenden Weimarer Republik hatten so gerechnet. Nur war, zum einen, jetzt das Zahlenverhältnis ungünstiger, und zum anderen war die Zahl der Anwärter 1945 schwer zu konkretisieren. Gewählt wurde ein Umverteilungsmodus, in dessen Folge schließlich 1949 auf einer landwirtschaftlichen Nutzfläche von rund 6 Millionen ha anstelle von 588 000 (im Jahre 1939) etwa 813 300 Agrarbetriebe wirtschafteten, die unbesetzten Neubauernstellen nicht mitgerechnet. Die Zahl der Bauernhöfe wuchs folglich um mehr als ein Drittel.[100]

Diese Entscheidung war und blieb umstritten. Auch für Hoernle war der Einwand, eine optimale Bauernstelle sei 10–40 ha groß, „durchaus ernstzunehmen".[101] Für sowjetische Agrarexperten mag die Argumentation der Gegner einer starken Parzellierung dagegen schwer nachvollziehbar gewesen sein. Die Zahl der kleinen unter den Agrarbetrieben war zuvor schon beträchtlich, und der Anteil der Kleinstbetriebe mit bis zu 5 ha Land nahm in Folge der Reform sogar ab, da der

98 Siehe Döring, Bodenreform, S. 126–130.

99 Für die Annahme, daß so kalkuliert wurde, spricht das rege Interesse der sowjetischen Besatzungsmacht an Rodung von Staats- und Privatforsten auf Bodenreformland. Neben dem Acker- und Wiesenland vergrößerte eine Rodung die Menge verfügbaren Bau- und Heizmaterials. Die SMAD-Funktionäre mußten sich jedoch davon überzeugen lassen, daß der deutsche Bauer ungern Wald rodet. Siehe Semjonow, Von Stalin, S. 239; Beratung in Karlshorst, 29. 8. 1945, in: Badstübner/Loth, Pieck-Aufzeichnungen, S. 56f.

100 Siehe Kuntsche, in: Die antifaschistisch-demokratische Umwälzung (Deutsche Geschichte, Bd. 9), S. 129.

101 Hoernles Manuskript, zitiert bei Schumann, Hoernle, S. 74–76, hier S. 74.

Prototyp 5-ha-Hof angestrebt wurde.[102] Laut Bodenreformverordnungen war es auch „Ziel der Bodenreform [...], das Ackerland der bereits bestehenden Bauernhöfe unter 5 ha zu vergrößern". Doch absolut gesehen stieg die Zahl der Kleinst- und Kleinbetriebe (bis zu 10 ha) von 430 300 (im Jahr 1939) auf 650 000 (im Jahr 1949) und somit auf etwa 150 Prozent. Bei im Durchschnitt faktisch 4 ha Land für diese Betriebsgrößengruppe (1949) ergab sich daraus eine erhebliche Schwächung der durchschnittlichen Betriebsstruktur.

Dem auch in Moskau bekannten Backhaus zufolge waren in Deutschland zu Beginn des Jahrhunderts Agrarbetriebe mit 2–5 ha Land nur unter besonders günstigen Verhältnissen in der Lage, eine Familie zu ernähren; Betriebe mit 5–20 ha gestatteten in der Regel einer Familie selbständiges Durchkommen.[103] Ob dies zur Kenntnis genommen wurde, wissen wir nicht. Hoernle entgegnete auf den Vorwurf, ein Kleinstbetrieb von 5–10 ha würde die Ernährung nicht sichern, sondern erschweren: Das einzige, worauf momentan aufgebaut werden könne, sei „der sprichwörtliche Bauernfleiß", der unter den gegebenen Bedingungen nur von der *bäuerlichen Familienarbeitsgemeinschaft* aufzubringen sei. „Bauernfleiß [und] Fanatismus, mit denen der kleine Bauer an seiner Scholle klebt." Nicht Gemeinwirtschaft sei anzustreben, sondern „die fanatische Hingabe der Bauern mit ihren Familien", die den bäuerlichen Betrieb „zur äußersten Leistungsfähigkeit" bringt.[104] Bei arbeitsintensiver und rationeller Bodenbewirtschaftung seien Betriebe von 5 ha durchaus zur Erhaltung einer Bauernfamilie und sogar zu mehr in der Lage, sofern die Betriebe vor der hohen Grundrente und vor Steuern bewahrt würden und öffentliche Hilfe in Anspruch nehmen könnten, hieß es.[105] Gemeinschaftsbetriebe wären ohnehin auf besondere Starthilfen angewiesen, mit denen nicht zu rechnen sei. Folgt man diesen Argumenten, so machte es angesichts des geringen Technisierungsgrades und der schlechten Ausstattung mit Zugvieh allerdings auch keinen Sinn, die neuen Familienbetriebe mit sehr viel mehr Boden auszustatten.

Die Größe der Neubauernbetriebe ergab sich somit aus einer Entscheidung unter Berücksichtigung der Nachkriegsbedingungen. Eine grundsätzliche Favorisierung des privatbäuerlichen 5-ha-Betriebes in einer künftigen Agrarordnung ist aus der Bodenreform ebensowenig abzulesen wie ein Interesse an ruinösen Produktionsbedingungen und baldiger Kollektivierung. Recht bald versuchte man ja auch, die einmal getroffene Regelung nach Möglichkeit zu ergänzen. So erkannte man 1946, daß den Neubauern für Wohn- und Wirtschaftsgebäude, die zu errichten waren, zusätzliches Land (in der Regel 1,5 ha) in Besitz gegeben werden muß. Im Interesse fester neuer Dorfstrukturen wurde 1946 festgelegt, daß die Hofanlagen nur in bereits existierenden Siedlungen aus dem Hofanlagenfonds der Gemeinden zugeteilt werden müssen und neue fernliegende Einzelgehöfte verboten sind. Später übernahmen gefestigte Betriebe häufig Pachtland und vergrößerten somit ihre Wirtschaften über die von der Bodenreform vorgesehene Größe des Neubauernhofes hinaus.

[102] Der Anteil der Betriebe mit bis zu 10 ha landwirtschaftlicher Nutzfläche an der Gesamtzahl der Betriebe lag im Jahr 1939 bei 73 Prozent und im Jahr 1949 bei 88 Prozent. Die absolute Zahl der Betriebe mit 5–10 ha stieg dabei fast auf das Zweieinhalbfache.

[103] Siehe Backhaus, Agrarreform, S. 17.

[104] Hoernles Bericht aus Brandenburg, 20. 8. 1945, zitiert bei Schumann, Hoernle, S. 68–73, hier 71; Protokoll einer Dienstbesprechung, 23. 2. 1946, zitiert bei Kluge, Bodenreform, S. 111.

[105] Siehe Reutter, Großgrundbesitzerland, S. 28–30.

Zahlreiche Betriebe, die als Spezialbetriebe durch Teilung betriebsuntüchtig geworden wären (Molkereien, Ziegeleien, Mühlen und ähnliches), fielen 1945 nicht unter die Aufteilung, was einer alten agrarreformerischen Forderung entsprach. In der Regel wurden sie zu kommunalen oder Landesgütern erklärt oder fielen den Komitees der gegenseitigen Bauernhilfe zu. Schließlich darf auch nicht vergessen werden, daß ein Großteil des Bodens weiterhin als privater „Altbesitz" bewirtschaftet wurde. Für ihn führte man erst 1948 die 100-ha-Grenze ein, nachdem es in den Jahren zuvor in der Praxis zu zahlreichen Mißverständnissen wegen unklarer rechtlicher Regelungen gekommen war. Die starke Konzentration von Bodenreformland in privater Hand war somit von Anfang an unmöglich, die von Altbesitz wurde es in den Folgejahren. Gesellschaftskonzeptionelle Schlüsse für die ersten Nachkriegsjahre sind mit Vorsicht zu ziehen.

Eigentum und Verfügung: Häufig wird aus der Tatsache, daß der *neue* Besitz nicht veräußerbar war, auf spätere Kollektivierungsabsichten geschlossen. Es sei kein wirkliches Privateigentum an Boden entstanden, und die neuen Eigentums- und Nutzungsformen hätten der weiteren Vergesellschaftung regelrecht Vorschub geleistet. Manch einer sieht im staatlichen Bodenfonds „eine Institution, mit deren Hilfe die Entstehung bäuerlichen Eigentums wirksam verhindert werden konnte."[106] Im Extremfall heißt es, die Bodenreform habe „ehemals privaten Landbesitz faktisch in Staatseigentum" verwandelt, weshalb sie „im Grunde die erste Maßnahme zur Kollektivierung" gewesen war.[107]

Klarzustellen ist hier zunächst, daß bäuerliches mobiles Eigentum, welches sich aus der gesetzeskonformen Bewirtschaftung von Bodenreformland ergab, formell betrachtet unbegrenzt angehäuft werden konnte. Begrenzt wurde lediglich Bodenreform*land* in der Hand eines Einzelbauern. Alteigentum war von alledem ohnehin nicht tangiert.[108] Es waren daher vor allem die allgemeinen Produktionsbedingungen, die ein merkliches Wachstum alt- und neubäuerlichen Eigentums nach 1945 verhinderten. Einer Vermehrung des Eigentums durch Spekulation und Schwarzmarktverkäufe war schon durch alliierte Regelung ein Riegel vorgeschoben. Die Länder, Kommunen und Komitees der gegenseitigen Bauernhilfe, aber auch die „Volkssolidarität" der SBZ beteiligten sich mit Krediten, Schuldenerlassen oder -stundung, mit administrativ organisiertem Viehausgleich, kontrollierter Saatgut- und Düngemittelausgabe und vielem mehr an der Neuentstehung bäuerlichen Eigentums.[109] Dabei schufen die Bodenreformbestimmungen die Voraussetzungen für eine bevorzugte Unterstützung kleiner Betriebe. Doch in der Re-

[106] Krebs, Weg, S. 141–147, hier S. 146.

[107] Buss, Struktur, S. 17f.

[108] Zum Unterschied in der Verfügbarkeit zwischen altbäuerlichem Grund und Boden und zugeteiltem Bodenreformland siehe Werner, Bodenreform, S. 92–112.

[109] So wurde beispielsweise den Neubauern im Land Sachsen 1946 Saatgut als zinsfreie Anleihe gewährt. In der Provinz Brandenburg erhielten sie im gleichen Jahr Darlehen bis zu 6000 DM als langfristige Tilgungskredite zum Ankauf von Saatgut, Düngemitteln, Inventar und Baustoffen. Die Landesregierungen stützten die Saatgut-, Düngemittel- und Zuchtviehpreise für Kleinbauern. Sie genehmigten Holzeinschlag für Bauten und versuchten, nachdem im März 1947 die Höchstgrenze für Neubauernkredite durch SMAD-Befehl aufgehoben worden war, mit ihren Landeskreditinstituten regional spezifische ländliche Bauprogramme zu finanzieren. Im Durchschnitt wurden je Neubauerngehöft in den ersten Jahren 10000 bis 150000 DM für Erschließung und Bau vergeben. Besondere Hilfe erfuhren die von der Oderbruch-Überschwemmung im Frühjahr 1947 betroffenen Wirtschaften. Befehl Nr. 209 der SMAD vom

form und in einem landeseigenen Bodenfonds Hindernisse für marktwirtschaftliche Anreize und Eigentumsentstehung schlechthin zu sehen, geht an den rechtlichen, volks- und betriebswirtschaftlichen Zusammenhängen jener Zeit vorbei.

Artikel VI der Bodenreformverordnungen verbot Verkauf, Verpachtung und Belastung des neu übernommenen Bodens. Die zeitgenössische Argumentation, die von vielen Neubauern angenommen wurde, lautete: Mit diesen Beschränkungen der Verfügungsgewalt über den Boden soll das aus der Bewirtschaftung des Landes erworbene Eigentum sichergestellt werden; Zwangsvollstreckungen und Zersplitterung der Höfe seien ausgeschlossen, die Neubauern seien „vom Joch der Grundrente befreit". Dies war nicht bloß eine Floskel. Es ist durchaus plausibel, daß auf diese Weise, nachdem unter ernährungs- und arbeitskraftpolitischen Gesichtspunkten eine Entscheidung für den bäuerlichen Kleinbetrieb getroffen worden war, diesem ein gewisser Bestand gesichert werden mußte. Die östliche Besatzungsmacht ging von der Annahme aus, die Masse der Bodenempfänger ließe sich nur bei deutlichen Besitzgarantien zur maximalen Arbeitsleistung bewegen. (Siedlungsprojekte kamen, abgesehen davon, daß sie Großgrundbesitz nicht grundsätzlich beseitigten, auch deshalb nicht in Betracht.)

Das Veräußerungsverbot wirkte sich natürlich dahingehend aus, daß Betriebsvergrößerung *ausschließlich aus Bodenreformland* unmöglich wurde. Ob sich in diesem Sachverhalt ein antikapitalistischer Charakter der Agrarpolitik äußerte, wird strittig bleiben. Auch läßt sich nicht nachweisen, daß das Belastungsverbot die Möglichkeit der Neubauern einschränken sollte, Kapital zu akkumulieren. Für die Stärkung ihrer Wirtschaften wurden den Neubauern nämlich relativ günstige Kreditangebote gemacht. Nicht zuletzt stellten die eigentlichen Kaufbedingungen einen solchen Kredit der Länder dar.

Das heißt also, eine ganze Reihe von Festlegungen berechtigt dazu, im Neubauern-Bodenbesitz mehr als nur ein privates *Nutzungs*recht (gar ein beschränktes)[110] zu sehen. Die gesetzlichen Bestimmungen erlaubten in sehr seltenen Ausnahmefällen durchaus Teilung und Verpachtung. Andererseits konnte gegen den Willen des Bodenempfängers das Land nicht wieder in den Bodenfonds zurückgehen. (Für Fälle, in denen der vergebene Boden zum Zwecke der Errichtung oder Erweiterung von Industrie- oder Verkehrsanlagen, von Schutzdeichen oder ähnlichem von Land oder Kommune erworben werden mußte, wurden später spezielle

9.9.1947 ordnete ein zonenweites „Neubauernbauprogramm", die rasche Errichtung von Wohn- und Wirtschaftsgebäuden für Neubauern an, welches die Landesetats außerordentlich belastete. Den Neubauern wurden innerhalb dieses Programms sogar zinslose Kredite gewährt, schließlich auch ein Teil der Schulden erlassen. Alle diese Mittel wurden ohne grundbuchliche Belastung vergeben. 1948 wurden die Kreditbedingungen für Saatgutbeschaffung und ähnliches in allen Ländern der SBZ vereinheitlicht: Danach konnten zur Sicherung der Agrarproduktion an alle Bodenempfänger und die VdgB Kredite ohne Höchstbegrenzung zu einem jährlichen Zinssatz von 3 Prozent und unter Garantie der Landesregierungen vergeben werden. Freilich waren dies alles keine „Geschenke" an die Agrarproduzenten. Über die bestehende Preisschere zwischen Agrar- und Industrieprodukten zahlte der Bauer der ersten Nachkriegsjahre fleißig in den Landeshaushalt ein. Doch die Kreditpolitik diente als eine Form der Umverteilung mittelfristig und in ausgleichender Weise doch dem Erwerb von Eigentum im Agrarbereich.

110 So bei Krebs, Weg, S. 142, der die Einschätzung eines DDR-Lehrbuches zum Bodenrecht aus dem Jahr 1976 bemüht, dem zufolge über den staatlichen Bodenfonds die „Gesellschaft als ganze" verfügte.

Regelungen erlassen, die jedoch das Einverständnis des Neubauern nicht obsolet machten.) Entzug von Bodenreformland war nur in drei Fällen möglich: Wenn gegen den Eigentümer ein Strafurteil erging, das auf Vermögenseinzug lautete; wenn er seine Wirtschaft verlassen hatte und ein Einziehungsverfahren durchgeführt wurde; wenn er nachträglich als nicht bezugsberechtigt eingruppiert wurde (etwa als ehemaliger NS-Aktivist). Aber selbst hier genoß der Neubauer den gleichen[111] oder gar größeren[112] Rechtsschutz als ein Altbesitzer. Und vor allem: Bodenentzug bei schlechter Bewirtschaftung allein war nicht möglich, woraus sich in den Folgejahren zahlreiche Probleme für die zentrale Planwirtschaft ergaben.[113]

1945 war mit der Vergabe des Bodenreformlandes in neues, beschränkt verfügbares Eigentum allgemein die Idee verbunden, Boden und Wirtschaft aus der Bodenreform sollten *ungeteilt* erblich bleiben.[114] Im Detail befaßten sich die Gesetzgeber aber nicht mit dem Erbrecht. Bemerkenswerterweise blieb die Sicherung der Erbfolge bis in die fünfziger Jahre hinein nicht geregelt. Spätere Festlegungen über den Wechsel der Besitzer schlossen Zersplitterung durch Erbschaft aus und zielten auf Bewirtschaftung und möglichst geringe Belastung der Höfe. Zu diesem Zwecke war sogar eine vorweggenommene Erbfolge möglich.[115]

Die Neubauernhöfe galten als unteilbar. Andererseits waren die Landes- und Zentralverwaltungen bemüht, die Rückgabe des Landes in den Bodenfonds zur Ausnahme zu machen. Zahlreiche Quellen bezeugen, daß Landesbehörden – oft unter direkter Einflußnahme der SMAD – örtliche Entscheidungen revidierten, in deren Vollzug unbewirtschaftetes Bodenreformland vorschnell in staatliche oder kommunale Bewirtschaftung übernommen worden war. Schließlich wurde die Rückgabe für den Bodenempfänger sogar erschwert (er mußte einen Nachfolger finden). Auf diese Weise versuchte die kommunistisch gelenkte Zentralwirtschaft über lange Zeit Verstaatlichungseffekte zu verhindern.

Alles in allem waren die Bestimmungen von 1945 auch in Fragen des Eigentumsrechts unfertig, was sich nur damit erklären läßt, daß die Absichten weitge-

111 Etwa im Falle eines Strafurteils.

112 Weitergehenden Rechtsschutz genoß der Neubauer etwa im Zusammenhang mit Zwangsbewirtschaftungsmaßnahmen: Während das Kontrollratsgesetz Nr. 45 solche Maßnahmen generell gegenüber allen Bodenbesitzern zuließ, waren sie an die ausdrückliche Zustimmung des Zonenbefehlshabers in jedem Einzelfall gebunden, wenn es sich um einen Neubauern handelte. Weitergehender Rechtsschutz ergab sich in der Praxis auch aus dem Umstand, daß Revisionen an der Bodenzuteilung (etwa wegen nachträglich bekanntgewordener NS-Aktivität) nur in sehr krassen Fällen und nur durch die Landesbodenkommissionen vorgenommen werden konnten.

113 Ausführlicher zu den Eigentumsrechten Döring, Bodenreform, S. 291–294.

114 Krebs, Weg, S. 142f., führt aus, warum er Bodenreformland für „in der Praxis [...] weder erblich noch vererbbar" hält. Seine Position ist unter Agrarrechtsspezialisten bis heute umstritten. In der aktuellen Auseinandersetzung um das Bodenreformeigentum nach 1990 äußerten sich verschiedene Rechtsexperten explizit für die Anerkennung des vollen Erbrechtes von Bodenreformbegünstigten und ihren Erben, und zwar ungeachtet späterer Auslegungen in der DDR. Zu keinem Zeitpunkt wäre den Rechtsvorschriften in SBZ oder DDR etwas anderes zu entnehmen gewesen als die grundsätzliche Geltung der allgemeinen erbrechtlichen Regelungen, d. h. des BGB, dann des ZGB, schreibt Joachim Göhring, Abwicklung, S. 174. Der Europäische Gerichtshof stellte sich im Januar 2004 genau auf diesen Standpunkt, als er entschied, daß ein Bundesgesetz aus dem Jahr 1992 rechtswidrig sei, das rund 70000 Erben von Bodenreformland den Anspruch darauf verweigerte, nur weil sie es in der späten DDR abgesprochen bekamen.

115 Siehe Döring, Bodenreform, S. 293.

hend auf den Entwaffnungs-, den Bestrafungs- und den volkswirtschaftlichen Mobilisierungszweck begrenzt waren. Bäuerlicher Altbesitz unter 100 ha blieb weitgehend unberührt. Der Kontrollrat verabschiedete im Februar 1947 mit Gesetz Nr. 45 einen grundlegenden Beschluß, der Grundeigentum in Deutschland wieder als freies Grundeigentum, so wie es vor dem 1. Januar 1933 bestand, gewährleistete. Zugleich wurde festgelegt, daß deutsche Behörden berechtigt sind, die Nutzungsrechte einzuschränken, zur Bewirtschaftung oder Verpachtung zu zwingen.[116] Erst Anfang 1949 erging in der SBZ eine Anordnung zum Gesetz Nr. 45, welche den eigentumsrechtlichen Sonderstatus von Neubauernwirtschaften festschrieb.[117] Sollten die Unsicherheiten, die die Etablierung des neuen Eigentumrechtes an Bodenreformland von 1945 bis 1949 begleiteten, tatsächlich für etwas symptomatisch gewesen sein, dann für die Schwierigkeit, eine Eigentumskategorie zu fixieren, die zur individuellen Wertschöpfung reizte und die zugleich so stark behördlicher (staatlicher) Kontrolle unterworfen war, daß wirtschaftliche Ineffizienz verhindert werden konnte.

Auch durch große Agrarbetriebe, die nicht zur Aufteilung gelangten, waren ordnungspolitische Entscheidungen nicht „vorprogrammiert". Die öffentliche Hand übernahm etwa ein Drittel des Bodenfonds (Staatsforsten, 560 Landesgüter, Bodenbesitz von Parteien und Organisationen). Sie besaß damit mehr als je zuvor, was im übrigen gegen radikale Parzellierungsabsichten spricht. Vieh, Stallungen und Maschinenparks von Großbetrieben gingen zum Teil in Landeseigentum über. Gemeindeeigentum blieb bestehen und wurde in Einzelfällen (bei nur lokaler Bedeutung des Gemeinschaftsbetriebes) neu konstituiert. Sozialismus bedeutet das für sich genommen nicht.

Komitees (Ausschüsse) für gegenseitige Bauernhilfe: Die Ausschüsse für gegenseitige Bauernhilfe entstanden 1945/46 in etwa zwei Dritteln aller Landgemeinden als juristische Personen. Als solche waren sie auch gemeinschaftliche Empfänger von Boden- und anderem Besitz (Traktoren und andere größere Technik, Werkstätten, Gebäude und sonstiges Großinventar; Zuchttiere, Futter; Spezialeinrichtungen wie Gewächshäuser, Speicher, Garagen; Kleinbetriebe wie Molkereien oder Ziegeleien) aus der Bodenreform. Aus ihnen gingen später die Unternehmen der Vereinigung der gegenseitigen Bauernhilfe (VdgB) hervor. Die Einrichtung solcher Institutionen gemeinschaftlichen Besitzes ergab sich aus der Tatsache der vollständigen Enteignung. Intensivierungsmobilisatoren auf privater Grundlage (etwa so, wie sie noch Backhaus vorgesehen hatte) waren kaum vorhanden. Die wenigen vorhandenen zu privatisieren, hätte bedeutet, traditionelle, großbäuerliche Abhängigkeiten zu restaurieren.

Im Frühjahr 1946 existierten zonenweit etwa 52 000 Komitees, Mitglieder waren in der Regel die individuellen Bodenempfänger. Ein sowjetisches Pendant dazu gab es übrigens nicht.[118] Die Komitees basierten auf der Idee der Agrar-Arbeitsge-

116 Siehe Kontrollratsgesetz Nr. 45 vom 20. 2. 1947 bezüglich der Aufhebung der Erbhofgesetze und Einführung neuer Bestimmungen über land- und forstwirtschaftliche Grundstücke, in: AKD, S. 256–261; Döring, Bodenreform, S. 130.

117 Siehe Anordnung zur Durchführung des Gesetzes Nr. 45 des Kontrollrats, 23. 2. 1949, ZVOBl. 1949, S. 191 f. Ausführungsbestimmungen, 10. 3. 1949, in: ebenda, S. 193–200.

118 Gelegentlich werden Parallelen zu den „Komitees der Dorfarmut" gezogen, die 1918–19 in Sowjetrußland von den Bolshewiki geschaffen wurden. Doch dies waren Einrichtungen völ-

meinschaft, die sowohl in Europa als auch in Rußland bzw. der Sowjetunion verschiedene Formen gefunden hatte. Die eigentumsrechtlichen Bestimmungen für die Komitees in der SBZ waren 1945 noch ungeklärt. Im Bodenreform-Konzept von KPD und SMAD war festgehalten, daß diese Institutionen dem Grundgedanken der Reform, der Förderung kleinbetrieblicher Produktion, dienen sollten: mit Ernte-, Gespann- und Transportleistungen, Lagerraum, Stallungen, Verarbeitungstechnik – in erster Linie und zu Vorzugsbedingungen für Neubauern. Dafür erhielten sie die enteignete Landtechnik, Gebäude u. a. zur unentgeltlichen Verfügung. Ohne diese gemeinschaftliche Nutzung von Zugvieh und Technik wäre der Neubauernhof nicht zu bewirtschaften gewesen. Im weiteren zeigte es sich, daß die technikarme Landwirtschaft der Nachkriegszeit auf gegenseitige Hilfe der Produzenten noch lange angewiesen war. Auch unter Altbesitzern bestand traditionell Bedarf an Leihtechnik und gemeinschaftlicher Nutzung von landwirtschaftlichen Erstverarbeitungsbetrieben, Sämerein und Deckstationen. In der Absicht, Neubauern zu stärken und auch die Mittelbauern aus dem Einfluß der Großbauern zu lösen (was einem Grundanliegen der Bodenreform entsprach), wurden die Ausschüsse mit Landesmitteln gestützt. Mitte 1949 befanden sich über 3650 landwirtschaftliche Nebenbetriebe in VdgB-Besitz. Das waren beispielsweise von den insgesamt 4180 Schmieden, Stellmachereien und sonstigen Reparaturwerkstätten, die – größtenteils durch die Bodenreform – konfisziert worden waren, 2557; von den rund 1700 konfiszierten Mühlen, Brennereien, Ziegeleien, Treibhäusern und Pumpwerken – über 1000.[119]

Im KPD-Konzept der kämpferischen Demokratie war ebenfalls von Bauern- und Landarbeiterkomitees die Rede gewesen. Im Rahmen einer erhofften antifaschistischen Aktion auf dem Lande sollten diese Institutionen des Bündnisses von Werktätigen auf dem Lande den „Kampf gegen die Überreste des Faschismus" unterstützen. Im Sommer 1945 wurden künftigen Ausschüssen indes eher wirt-

lig anderer Art. Komitees der Dorfarmut waren politische Institutionen des *Kriegskommunismus*. Häufig spontan entstanden, wurden solche Komitees bald zielgerichtet geschaffen, um während der interventions- und bürgerkriegsbedingten Destabilisierungen die mittellose Landbevölkerung für die Requirierung von Agrarprodukten und andere administrative Verteilungs- und Versorgungsleistungen zu mobilisieren. Bedeutung erlangten sie dort, wo die ländlichen Sowjets den Forderungen des Staates nach Lebensmittellieferungen nicht nachkommen wollten. Diesen Komitees gehörten faktisch nur Teile der Dorfarmut an; den Mittelbauern einzubeziehen, wie es Lenin gefordert hatte, gelang nicht. Über Produktionsmittel verfügten diese Komitees nicht. Den VdgB am nächsten standen die „Bäuerlichen Gesellschaften der gegenseitigen Hilfe", die 1924 in der UdSSR per Dekret geschaffen wurden. Das waren genossenschaftsähnliche Vereinigungen von leistungsschwachen Bauern (etwa vormalige Rotarmisten), organisiert auf Gemeinde-, Rayons- und Gouvernement-Ebene. Sie unterstanden dem Volkskommissariat für Sozialfürsorge. Ihre Aufgabe war es, ärmeren Bauern, Witwen und Waisen soziale Unterstützung (Spenden), praktische Hilfe im dörflichen Alltag und wirtschaftliche Unterstützung (Technikverleih) zu gewähren, ihnen beim Eintritt in die Genossenschaften zu helfen sowie das kommunale Angebot an Bildung und medizinischer Betreuung auf dem Lande finanziell zu stützen. Geld sollte aus der Bewirtschaftung zugewiesener Produktionsmittel kommen. Die „Gesellschaften" durften Boden pachten, Immobilien mieten, Handel und Handwerk betreiben. Bei ausschließlicher Betreuung eigener Mitglieder waren sie von Steuern befreit. Anders als in der SBZ ging der Gründung dieser Einrichtungen keine umfangreiche Enteignungsaktion auf dem Lande voraus, so daß die „Gesellschaften" insgesamt kaum über eine materielle Basis verfügten. Wirtschaftlich oder politisch bedeutsam waren sie nie. Nach Jahren der Scheinexistenz der „Gesellschaften" wurde der Gründungsbeschluß 1947 kassiert.

119 Siehe Dölling, Wende, S. 165f.

schaftliche Aufgaben zuteil, ging es doch darum, die Höfe leistungsfähig zu machen. Vermutlich rechneten KPD und SMAD von Anfang an mit einer wachsenden wirtschaftlichen und *insofern* auch politischen Bedeutung dieser Ausschüsse. Möglicherweise war auch bereits absehbar, daß unter Nachkriegsbedingungen eine weitgehende Zusammenfassung sinnvoll sein könnte. Im Frühjahr 1946 organisierten sich die Ausschüsse auf Kreis- und Landesebene.

Die örtlichen Komitees, Kreis- und Landesverbände wurden als Körperschaften des öffentlichen Rechts von den Landesregierungen anerkannt. Mitte 1946 bildete man in Berlin ein Zentrales Bauernsekretariat als Geschäftsstelle der Zentralvereinigung der gegenseitigen Bauernhilfe (ZVdgB), dem u. a. die Koordinierung der Finanzen aufgetragen wurde. In welcher Beziehung die Ausschüsse zu den im November 1945 wieder zugelassenen Genossenschaften stehen sollten und wie sich die beiden Typen von Gemeinschaftsunternehmen die agrarwirtschaftlichen Aufgaben teilen würden, blieb vorerst offen.

Gewiß, auch die ersten Ausschüsse trugen als Institutionen kleinbäuerlicher Solidarität bereits „Klassencharakter". Im weiteren waren sie jedoch eher Ort sozialer und politischer Auseinandersetzungen zwischen den bäuerlichen Schichten. Der Charakter einer politischen Massenorganisation mit staatlichen Funktionen[120] war weder in den Ausschüssen von Anfang an angelegt, noch ergab er sich zwingend aus der Bodenreform. Als die im Februar 1946 von der Deutschen Verwaltung für Land- und Forstwirtschaft (DVLF) unter Edwin Hoernle organisierte erste zentrale Tagung zur Bodenreform dazu aufrief, die Ausschüsse zur „Schaffung einer breiten demokratischen Massenorganisation der werktätigen Bauernschaft" zu nutzen[121], war gesellschaftskonzeptionell noch wenig entschieden.[122]

Nach bisheriger Kenntnis spielte bei den ersten Zentralisierungsversuchen die Vorbereitung auf die Wahlen 1946 in der SBZ eine große Rolle. Während die DVLF angesichts des dringenden Bedarfs an kompetenter Verwaltung der Gebäude und Maschinenparks vorschlug, die Komitees den Landratsämtern zu unterstellen, riet SMAD-Politberater Semenov, im Provinzmaßstab eine Vereinigung zu gründen. Anfang Februar trug er die Idee Armeegeneral Žukov, dem Obersten Chef der SMAD, vor und versicherte, die SED-Führung unterstütze diese Variante. Agrarwirtschaftlicher Sachverstand wäre auf diese Weise hinlänglich garantiert, die Gefahr der Verbürokratisierung minimiert. Analoges hätte sich in Polen bewährt. Es hieß: „Das wird eine Organisation von großer politischer Bedeutung. Wir können sie unter anderem bei Wahlen nutzen."[123] In welcher Weise durch diese Institutionen welche bäuerlichen Interessen – etwa in den Gemeindevertretungen, Kreis- und Landtagen – vertreten werden sollten, war Gegenstand politischer Auseinandersetzung. Noch nicht untersucht ist, wie die SMAD in formelle und inhaltliche Angelegenheiten der Komitees eingriff. Bis im November 1947 durch Schaffung eines Hauptausschusses der VdgB eine zonale Vereinigung mit

[120] So in DDR-Lesart (etwa bei Klemm, Agrarreformen, S. 165) und in bundesdeutscher Lesart (etwa bei Immler, Agrarpolitik, S. 35; Wernet-Tietz, Bauernverband, S. 45 f.).
[121] Siehe Kuntsche, Gemeinwirtschaft; Stöckigt, Kampf um die Vorbereitung; Wernet-Tietz, Bauernverband.
[122] Dazu bislang nur Wernet-Tietz, Bauernverband, S. 50–53.
[123] Schreiben Semenovs an Žukov, 9. 2. 1946, AVP RF, fond 0457a, opis' 2, papka 5, delo 19, listy 130–132, hier list 131.

stark bündnispolitischen und Verwaltungsaufgaben entstand, verging noch eine gewisse Zeit.

Politische Implikationen: KPD und SMAD schrieben der Bodenreform von Anfang an politische Mobilisierungseffekte zu. „Die Bodenreform gibt der Partei große Möglichkeiten der Ausdehnung ihres Einflusses auf die bäuerliche Bevölkerung und der Schaffung einer festen Zusammenarbeit zwischen Arbeitern und Bauern", hieß es in Anweisungen an KPD-Funktionäre im Sommer 1945.[124] Semenov deutete in seinen Memoiren an, Stalin sei es um das „Bündnis der Hauptkräfte der Revolution" gegangen.[125] Doch wie weit man letztere voranzutreiben gedachte, erschließt sich noch nicht aus der Absicht der politischen Mobilisierung. Deren Ziel war anfangs sehr allgemeiner Art. Zunächst mußte die Reform von den Bodenempfängern mitgetragen werden, *dafür* brauchte die KPD Unterstützung. Sodann mußte die „fanatische Hingabe der Bauern" an die Bewirtschaftung erreicht werden. Erst an dritter Stelle ging es den Kommunisten um die Unterstützung von KPD-Politik im weiteren Sinne und natürlich um Unterstützung ihrer Machtpolitik. Die Ausschüsse sind „die Organe der werktätigen Bauern im Dorfe, das wichtigste Instrument der bäuerlichen Selbsthilfe und nicht zuletzt die Stützpunkte der Partei in jedem Dorfe", instruierte das ZK der KPD die Genossen.[126]

Das im Modus der Bodenreform-Landvergabe bereits sichtbare Interesse für die Belange der ländlichen Unterschichten war konstitutiv für kommunistische Politik und muß nicht verwundern. Zugleich fand sich für die Forderung nach „Junkerland in Bauernhand" ein praxiswirksamer Konsens zwischen kommunistischem, sozialreformerischem und christlichem Sozialethos, so daß auch bei folgenden Maßnahmen der Landes- und Provinzialverwaltungen, veranlaßt nicht selten durch Befehle der SMAD, das soziale Engagement der KPD/SED für Landarbeiter und Kleinbauern in anderen Parteien Unterstützung fand und fortgesetzt werden konnte: durch Bevorzugung der Neubauern bei Kreditvergabe und sonstiger staatlicher Unterstützung; durch Vergünstigungen bei der Nutzung von Wohnraum und Stallungen, Technik, Zugvieh und anderem über die Komitees der gegenseitigen Bauernhilfe; durch gestaffelte Pflichtabgaben; durch ein spezielles staatliches Bauhilfeprogramm. Gleichwohl erfuhr das politische Bündnis im Block mit der Bodenreform die erste Belastung. Dem Ja zur Bodenreformdirektive durch CDU und LDP folgten politische Auseinandersetzungen in den Ländern und Kreisen um basisdemokratische und rechtsstaatliche Instrumentarien ihrer Umsetzung und um die auf die Unterschichten zielende Hilfe. In CDU und LDP sammelten sich Wortführer einer weniger radikalen Umverteilung und Gegner staatlicher Neubauernhilfe, die sich im Dorf häufig auf die Ablehnung von Neuankömmlingen stützen konnten. Die sowjetischen Vorgaben für die KPD-Bündnispolitik, die von Anfang an auch auf eine Minimierung der Konflikte mit den mittelstarken Bauern (die im Unterschied zu den Neubauern nun „Altbauern" genannt wurden) ausgerichtet waren, mußten daher vielseitig sein. Großbauernbe-

124 Anweisung des ZK der KPD an die Bezirks- und Kreisleitungen über die Durchführung der Bodenreform, (Mitte August), in: Benser/Krusch, Dokumente, Bd. 2, S. 13–18, hier S. 18.

125 Semjonow, Von Stalin, S. 236.

126 Schreiben des ZK der KPD an die Bezirksleitung Mecklenburg, 24. 10. 1945, in: Schwank/Göttlicher, KPD, S. 854–856, hier S. 855.

triebe galt es zu Wiederaufbauzwecken zu nutzen; ihre Besitzer waren politisch zu neutralisieren, wenn Unterstützung für die Reform nicht zu erwarten war. Altbauern mittlerer Betriebsgröße sollten gewonnen werden.[127] Dies bedeutete auch, daß allzu laute Kritik an der Bodenreformpraxis nicht geduldet wurde.[128]

Insgesamt aber machte die Besatzungsmacht bewußt einen Unterschied zur eigenen Agrargeschichte. Selbst die politische Indikation für Enteignungen im Rahmen der Bodenreform wurde nicht auf das eigene „Modell" zugeschnitten. „Ortsbauernführer persönlich nicht berühren, wenn nicht bes[onderer] Schweinehund. Anders bei Kreisbauernführer, die aktive Nazis [waren]", lautete die Anweisung an die KPD-Führung.[129] Führende KPD-Funktionäre riefen gegen Jahresende verstärkt dazu auf, neben Klein- und Neubauern auch Mittel- und Großbauern in die Arbeit der Ausschüsse einzubeziehen. Diese Kombination aus Mobilisierung unterer Schichten einerseits und Neutralisierung bis Gewinnung von Besitzern mittelstarker bis großer Agrarbetriebe andererseits bestimmte das Verhältnis der KPD/SED zur Landbevölkerung bis in die fünfziger Jahre hinein. Dabei war von Anfang an klar, daß die Akzeptanz der KPD und die Unterstützung, die sie auf dem Lande in Ostdeutschland erfahren würde, von besonderer Bedeutung für die gesamtdeutsche Ausstrahlung ostdeutscher Umgestaltung war.

Resümee

Alles in allem verdichtet sich die Annahme, daß die sowjetische Besatzungsmacht im Sommer 1945 tiefgründige agrarwirtschaftliche oder agrarrechtliche Vorüberlegungen zu Bodenbesitzveränderungen nicht angestellt hatte, als sie die Bodenreform in Angriff nahm. Zum Zeitpunkt der Reformgesetzgebung war nicht geklärt, inwieweit über den Rahmen von politischer und wirtschaftlicher Entmachtung hinaus Besitzstrukturen dauerhaft geschaffen werden sollen. Die Fakten sprechen eher dafür, daß man zunächst ein Signal setzen wollte (sowohl für die Westmächte als auch für die deutsche Bevölkerung), kurzfristige Wirtschaftseffekte im Auge hatte und auf geringfügige Korrekturen anhand praktischer Einsichten setzte. Dem Moment der Spontaneität wurde – selbstverständlich in besatzungsrechtlich streng gezogenen Grenzen – eine gewisse Bedeutung zugestanden: Abgeleitete Fragen sollten operativ beantwortet werden, Regelungen sich im Prozeß der Umsetzung der Reform ergeben, Erfahrungen sukzessive einfließen. SMAD und KPD gingen im August 1945 davon aus, die Umverteilung in der SBZ bis Ende Oktober 1945 abschließen zu können.[130] Das Weitere war aus sowjetischer Sicht Gegenstand gemeinsamer deutschlandpolitischer Entscheidungen der Alliierten.

127 Eine verbindliche Festlegung für die Kategorien „Mittelbauer" und „Großbauer" gab es nicht. In Sachsen galten Bauern mit „20–50 ha schon [als] sehr reiche Großbauern" (Beratung in Karlshorst, 29. 8. 1945, in: Badstübner/Loth, Pieck-Aufzeichnungen, S. 56f., hier S. 56). Siehe dazu hinten Kapitel III.4.

128 Der CDU-Hauptvorstand setzte auf sowjetischen Druck hin im Dezember 1945 die Vorsitzenden Andreas Hermes und Walther Schreiber ab, der LDP-Vorsitzende Waldemar Koch legte sein Amt nieder.

129 Beratung in Karlshorst, 29. 8. 1945, in: Badstübner/Loth, Pieck-Aufzeichnungen, S. 56f., hier S. 57.

130 Anweisung des ZK der KPD an die Bezirks- und Kreisleitungen über die Durchführung der Bodenreform, (Mitte August), in: Benser/Krusch, Dokumente, Bd. 2, S. 13–18.

Natürlich bezweckte die östliche Siegermacht erhebliche Umstrukturierungen, nämlich solche, die das Sozial- und Wirtschaftsgefüge des Dritten Reiches erschüttern sollten. Preußisch-junkerliche Besitzverhältnisse galten ihr – und anderen Besatzungsmächten – als überlebt und gefährlich. Ungeachtet späterer Bekundungen bleibt festzustellen, daß die UdSSR ihre Position in der Agrarfrage primär von diesem Zusammenhang her ableitete. Wie grundlegend die kapitalistische Grundstruktur in Deutschland durch diese Bodenreform in Frage gestellt würde und ob dies überhaupt wünschenswert sei, erörterte die sowjetische Führung 1945 nicht. Bei so viel Offenheit in den Dispositionen kann Stalins Vorstellung, die Bodenreform sei genau so auch in anderen Teilen Deutschlands anwendbar, 1945 so prägnant nicht gewesen sein. Semenov zufolge war die Vielfalt deutscher Agrarverhältnisse bekannt. Zugleich ist der Debatte von damals sowie den Erinnerungen einiger unmittelbar Beteiligter zu entnehmen, daß KPD-Funktionäre und Besatzungsmacht die Bodenreform in ihrer Ausrichtung auf den bäuerlichen Familien-Kleinbetrieb generell für übertragbar hielten.[131] Nach damaligem sowjetischen Verständnis gab es für ganz Deutschland zu einer solchen Reform keine akzeptable Alternative. Sie schien sozial gerecht und agrarwirtschaftlich sinnvoll.

Gerade die Unfertigkeit des agrarpolitischen Konzeptes und der pragmatische Zugang der Besatzungsmacht machten die Bodenreform für verschiedene demokratische Kräfte in Deutschland erst annehmbar. In der Realität verursachten die Unfertigkeit der Reform und ihre überstürzte Inangriffnahme viel Durcheinander, örtliche Willkür, Hilflosigkeit der Behörden und Verunsicherung der Bauern, was zu einer Diskreditierung des Reformgedankens in der deutschen Öffentlichkeit beitrug.[132]

Die neuen Bodenbesitzverhältnisse machten eine Kollektivierung volkswirtschaftlich nicht zwingend. Hier kann die polnische Entwicklung als Beispiel dienen, wo nach Bodenreform und Ausweitung kleinbäuerlicher Bewirtschaftung 1948 der Übergang zur Kollektivierung zwar verkündet wurde, indes die Kollektivbetriebe im Landesdurchschnitt nie mehr als 15 Prozent, in stark kollektivierten und von staatlichen Gütern durchzogenen Regionen maximal 32 Prozent der landwirtschaftlichen Nutzfläche bewirtschafteten.[133]

131 Hoernle, Bodenreform, 1946, S. 14f., errechnete für die Westzonen eine Fläche von fast 1 Million ha Großgrundbesitz mit je mehr als 400 ha LNF, meist in Pacht bewirtschaftet. Leonid Alekseevič Korbut, 1945–1947 stellvertretender, dann Leiter der Abteilung bzw. Verwaltung für Land- und Forstwirtschaft der SMAD, erklärte anhand von Aufzeichnungen, die SMAD-Landwirtschaftsexperten seien davon ausgegangen, daß beispielsweise in der britischen Zone rund 500 000 ha Land zur Umverteilung kommen könnten. Insgesamt hätten in Bodenfonds und als Guts- und Großgrundbesitzerland in den Westzonen etwa 1,77 Millionen ha Land für Bodenreformen zur Verfügung gestanden. Zeitgenössischen westlichen Veröffentlichungen zufolge gab es zum Beispiel in Nordrhein-Westfalen rund 300 000, in Hessen 100 000, in Bayern 74 000 Bodenbewerber. Siehe Interview der Verfasserin mit Korbut am 18. 9. 1995 in Moskau, Archiv der Verfasserin.

132 Dies belegt sehr anschaulich der Bericht eines Landwirts, Bürgermeisters einer kleinen thüringischen Gemeinde und Gründungsmitglied des CDU-Landesverbandes Thüringens, der wenig später die SBZ verlies: Anton Hilbert, Denkschrift über die ostdeutsche Bodenreform (März 1946), veröffentlicht von Merz, Bodenreform, S. 1166–1170.

133 Siehe Wädekin, Agrarpolitik, S. 165; Quaisser, Landwirtschaft.

2. Die landwirtschaftlichen Genossenschaften und die Vereinigung der gegenseitigen Bauernhilfe (VdgB)

2.1. Vorbild NÖP?

Auf den ersten Blick könnte die sowjetrussische Agrarentwicklung der zwanziger Jahre als historische Parallele zur ostdeutschen nach 1945 erscheinen. Das agrarwirtschaftliche Ziel der Bolshewiki bestand nach dem Ende des Kriegskommunismus in der Festigung der – vorwiegend Ackerbau betreibenden – Individualwirtschaften. Eigeninteresse von Produzentengruppen wurde wieder wichtig und mit ihm privatwirtschaftliches Gruppeninteresse an Verwertung und Handel.[134]

Vor 1917 hatten landwirtschaftliche Genossenschaften im russischen Dorf nur geringe, regional unterschiedliche Verbreitung gefunden. Die Markterfahrung der Bauern war rudimentär. An die Macht gekommen, versuchten die Bolshewiki zunächst – nach kurzer bündnispolitischer Rücksichtnahme auf Sozialrevolutionäre und Menshewiki – , einen Zusammenschluß aller bestehenden Genossenschaften in Konsumkommunen zwangweise durchzusetzen. Die Entscheidung rührte aus radikalen Vergesellschaftungsvorstellungen und aus der Erkenntnis, daß der Staat kurzfristig keine Alternative zur regionalen Warenverteilung schaffen konnte. Die sogenannte „Neue ökonomische Politik" (NÖP) des „Staatskapitalismus" zielte ab 1921 dagegen auf einen ökonomischen Wettbewerb des noch nicht gefestigten proletarischen Staates, der allerdings über die „ökonomischen Kommandohöhen" (Außenhandelsmonopol, Bankwesen, Boden und Bodenreichtümer) verfügte, mit den Privatproduzenten. Sie war eine Transformationsstrategie für ein kleinbäuerlich strukturiertes Land.

Lenin schrieb darin den privatwirtschaftlichen Genossenschaften „unter dem Gesichtswinkel des späteren Übergangs vom Staatskapitalismus zum Sozialismus ein gigantisches Plus" zu. Freiheiten und Rechte für diese Genossenschaften würden unter den gegenwärtigen Bedingungen in Rußland Freiheiten und Rechte für den Kapitalismus bedeuten, schrieb er, doch dies wäre „für uns zur Zeit vorteilhaft und nützlich, selbstverständlich in einem gewissen Grade". Erstrebenswertes Ziel sei der „Aufschwung des Kleinbetriebes" gerade im Zusammenhang mit gemeinschaftlichen Konsumtions- und Distributionsformen, was „seinen Übergang – in unbestimmter Frist – zur Großproduktion auf der Grundlage des freiwilligen Zusammenschlusses erleichtern" wird. Denn gemeinschaftliches Wirtschaften wollte gelernt sein. In diesem Sinne hielt Lenin das Wachsen kapitalistischer Genossenschaften für identisch mit dem Wachsen von Sozialismus.[135] Vermittels zeitweiliger Stärkung kapitalistischer Kräfte auf dem Dorf sollte die von bäuerlichen Kleinbetrieben ausgehende kapitalistische Tendenz also letzten Endes gebannt werden.

Lenin favorisierte im Sinne kulturzivilisatorischen Fortschritts in Richtung Sozialismus genossenschaftliche Vereinigungen von Landarmut, Klein- und Mittelbauern. Sie waren Bestandteil der *smyčka*, einer politischen Annäherung breiter Schichten der Bevölkerung – Lohnarbeiter, Agrarproduzenten, mittelständiger

[134] Aktuelle Ergebnisse der NÖP-Forschung siehe in: NEP v kontekste.

[135] Siehe Lenin, Naturalsteuer, S. 361 f.

Stadt- und Landschichten, Intellektueller sowie Kleinindustrieller – unter den Bedingen der „Diktatur des Proletariats“, zum Zweck ökonomischen und kulturellen Vorankommens. Die Genossenschaften hatten die Doppelfunktion, „einerseits Organe zur Vertretung bäuerlicher Interessen und zur Schaffung materieller Anreize für Bauern, andererseits Mittel zur Regulierung und Kontrolle der Masse der Kleinbauernwirtschaften“ zu sein.[136] Produktionsnahe Aufgaben überwogen, reine Konsumgenossenschaften verloren an Bedeutung.

Lenins NÖP mobilisierte den Markt. Zentralversorgerische Auflagen wurden den Genossenschaften erlassen, regionale Bindungen gefördert, Handels- und Unternehmerfreiheit weitgehend gewährt, autonome Investitionspolitik ermöglicht. Wichtiger Bestandteil der NÖP war eine weitgehend liberale Preisgestaltung, eingeleitet durch den Übergang zu einer Kombination aus bäuerlicher Pflichtabgabe in Naturalien und Geld und staatlich gestütztem Aufkauf von Produkten, die der Bauer über das Limit der Pflichtabgabe hinaus produzierte. Daneben existierte ein kleiner, regionaler freier Markt. Die Öffnung war freilich nicht grenzenlos. Über sein Getreide-Ausfuhrmonopol sicherte sich der Staat den nötigen Zugriff.

Die NÖP war unter den Bolshewiki nicht unumstritten. Die Befürworter staatlicher Reglementierung waren in der Partei stark vertreten. Das wachsende Warenangebot gab der Liberalisierung recht, doch stellte sich immer häufiger die Frage nach den Perspektiven. Zum einen galt es zu klären, inwieweit die Genossenschaften Interessenvertretungen der bäuerlichen Produzenten, einzelner sozialer Untergruppen oder aber Ort der Interessenkonfrontation von Staat und Bauernschaft waren und bleiben konnten. Dahinter stand die theoretisch kaum geklärte Frage, mit welcher Bauerngruppe in welcher Zeit der von Lenin geplante „Lernprozeß“ auf dem Weg zum Sozialismus zu bewältigen sein würde. Zum anderen war umstritten, welches Maß an Zentralisierung und staatlicher Kontrolle den unmittelbaren volkswirtschaftlichen und den mittelbaren ordnungspolitischen Zielen am besten entspricht. Für Kommunen mit vornehmlich kleinbäuerlicher und landarmer Bevölkerung und für Bauerngenossenschaften aus mittel- bis großbäuerlichen Betrieben wurden verschiedene Konzepte entworfen. „Weder für die praktische Politik noch für die theoretische Diskussion“, schreibt Helmut Altrichter, „bot sich das Genossenschaftswesen damit als Einheit. Je konkreter die Probleme und je präziser die Fragen, desto problematischer wurde die Formel von der nahtlosen ‚Identität‘ zwischen der Genossenschaftsentwicklung und dem sozialistischen Staatsinteresse.“[137]

Das laufende Experiment vor Augen, konnte man in den zwanziger Jahren schwer sagen, wie von der Wahrnehmung bestimmter, noch kaum bewußter Gruppeninteressen unter der Landbevölkerung zum eigentlichen Sozialismus, der zunehmend als industriell produzierender Staatssozialismus begriffen wurde, übergegangen werden kann: ob durch Unifizierung aller oder durch Liquidierung bestimmter Agrargenossenschaften, durch Übernahme ihrer Funktionen durch zentrale staatliche Behörden, oder umgekehrt. Nicht einmal über das den Sozialismus ausmachende Verhältnis zwischen Staat und Agrarproduzent war man sich

[136] Merl, Agrarmarkt, S. 192.
[137] Altrichter, Bauern von Tver, S. 162f.

einig. Vieles blieb also in der weitgehend pragmatischen Herangehensweise der Bolshewiki während der NÖP noch unbeachtet. Mitte der zwanziger Jahre setzte sich die Überzeugung durch, daß man für die Masse der Bauernschaft Rußlands, die noch kaum genossenschaftliche Erfahrungen hatte, „die Kollektivierung nicht von der Produktionsecke her beginnen" kann (Bucharin)[138], sondern den Weg über Absatz-, Versorgungs- und Kreditgenossenschaften (im modernen Sprachgebrauch „Service-Genossenschaften") gehen soll. Auch die Zukunft der sich – innerhalb und außerhalb von Genossenschaften – teilweise erweitert reproduzierenden großbäuerlichen Wirtschaften war lange, noch über Lenins Tod hinaus, strittig. Die organisatorische und wirtschaftliche Leitung der Genossenschaften lag zunächst bei einem universalen Zentralverband. Zwischenzeitlich ging sie an spezialisierte Zentralverbände über, bevor 1927 eine erneute Zusammenfassung erfolgte. Der personelle Einfluß der Bolshewiki war hier gegeben, anfangs jedoch nicht dominant. Überdies wirkte die Hälfte aller Agrargenossenschaften bis Ende 1927 außerhalb der Verbände. Staatliche und genossenschaftliche Kreditgesellschaften konkurrierten um die Gunst der Artels.

Die Rolle der sowjetischen Genossenschaften jener Jahre bedarf, auch wegen der später in der SBZ benutzten Argumente, genauerer Prüfung. Wir beschränken uns hier auf allgemeine Erkenntnisse: Die Praxis der zwanziger Jahre zeigte, daß Lenin mit seinem begrenzten Autonomie-Angebot an den Agrarproduzenten recht behielt. „Wenn der Bauer einer Genossenschaft beitrat, die die Weiterverarbeitung und den Absatz seiner Produkte übernahm (zum Beispiel einer Molkereigenossenschaft)," resümiert Altrichter in einer Regionalstudie, „so versuchte er, seine Marktchancen zu erhöhen; er ließ sich von kapitalistischen, nicht von sozialistischen Motiven leiten. Er erwartete von der Genossenschaft, durchaus legitim, die Vertretung seiner Belange – auch gegenüber sogenannten gesamtstaatlichen Interessen."[139] Andererseits zeigte sich, daß vor allem wirtschaftsstarke Bauern nicht etwa die Absatzgenossenschaften, sondern den lukrativeren, weil rasch zahlenden, zentralen staatlichen Aufkauf bevorzugten. Genossenschaftlicher Aufkauf war eher für kleine Bauern ohne Transportmittel interessant, hier nahm der Anteil der Genossenschaften an der zentralen Beschaffung zu. Die Bauern entschieden danach, welche Wirtschafts- und Verteilungsmechanismen einträglicher waren.

Ende der zwanziger Jahre zeigte sich in den russischen Dörfern ein Trend weg von den Universalgenossenschaften. Von den Bolshewiki nachhaltig gefördert, gewannen Spezialgenossenschaften an Bedeutung. Nach fachlichem Prinzip in Regionalverbänden organisiert, waren diese vom Staat besser zu kontrollieren als universelle Dorfgenossenschaften. Doch nicht allein dies, sondern eine wirkliche Zunahme marktwirtschaftlicher Effekte, ließ die kommunistische Partei diese Entwicklung unterstützen. Insgesamt allerdings nahm das Genossenschaftskapital nur langsam zu. Nach noch nicht einmal zehnjähriger Förderung blieben bäuerliche Eigeninitiative und Investitionsstärke noch schwach. Ein Großteil der Genossenschaften hatte sich noch nicht in die Verbände (und damit in überregionale Kooperation) eingefügt, als das Experiment auf halbem Wege abgebrochen wurde.

138 Zitiert bei Merl, Agrarmarkt, S. 154.
139 Altrichter, Bauern von Tver, S. 162.

Der politische Wandel setzte schrittweise mit der Neubestimmung der Aufgaben der Agrarwirtschaft zur Finanzierung der Industrialisierung ein. Er führte zu einer wesentlichen Einschränkung der Marktmechanismen. 1926 bewirkte die Festlegung eines verbindlichen staatlichen Getreidepreises bereits eine deutliche Verlangsamung der bis dahin raschen Genossenschaftsentwicklung. Bald wurde eine Zwangsablieferung für Agrarprodukte eingeführt, welche die Einzelproduzenten und Genossenschaften enorm belastete. Schließlich entschied Stalin, daß für die Genossenschaften, deren entscheidende Produktionsmittel nach Lenin lediglich „zeitweilig und bedingt den Ausbeutern als Konzessionsobjekte überlassen" waren,[140] die Zeit nun abgelaufen sei. Unter Inanspruchnahme entstellten Leninschen Gedankenguts, in Verkennung volkswirtschaftlicher Zwänge und eingebettet in einen gesamtgesellschaftlichen Radikalisierungsschub ersetzte Stalin 1929 den vagen Terminus der „Einschränkung" oder „Verdrängung" großbäuerlichen Einflusses durch die Forderung nach Liquidierung des Kulakentums.[141] Auch gegenüber Mittel- und Kleinbauern setzte er eine restriktive Politik durch, in deren Ergebnis Privatproduzenten bald generell die Existenzgrundlage entzogen wurde. Aus den „Artels" und „Kooperationen" wurden schrittweise „Kollektivwirtschaften" (Kolchose). Deren Eigenart bestand darin, wirtschaftlich und politisch direkt durch Organe des Sowjetstaates geführt zu werden. Der regionale Zusammenschluß der früheren Genossenschaften wurde 1932 aufgelöst, die Kollektivwirtschaften unterstanden dem Volkskommissariat für Landwirtschaft der UdSSR. Selbständige Wirtschaften hatten keine Chance.

Die Stalinsche Führung verkündete zwar, eine gewisse betriebswirtschaftliche Selbstbestimmung (Anbauplanung, Investitionsfreiheiten im kulturellen Bereich) und interne Demokratie (Wählbarkeit der Vorstände u.a.) seien im Interesse höchstmöglicher Arbeitsmotivation und als Schutz vor bürokratischer Willkür wichtig[142], doch in einer Zeit strengster zentralwirtschaftlicher Auflagen blieb dies Gerede. Die radikalen Eingriffe in Produktions- und Investitionsbelange sowie Personalfragen der jungen Kollektivwirtschaften waren Teil des Übergangs zu einem komplexen Kommandosystem in Politik und Wirtschaft. Sie führten in den Folgejahren zu einem Rückgang der Produktion im Agrarbereich. Ende der vierziger Jahre, nach Kompensation der Kriegsverluste, produzierte die Landwirtschaft der UdSSR wertmäßig nur 15 Prozent mehr als vor der Kollektivierung.[143]

Die Veränderungen Ende der zwanziger/Anfang der dreißiger Jahre bildeten eine Zäsur in der Geschichte der UdSSR.[144] Ein ganz zentraler Punkt war Stalins Be-

[140] Lenin, Genossenschaftswesen, S. 14.

[141] In der marxistisch-leninistischen Theorie besagt „Liquidierung als Klasse" nicht die physische Vernichtung der Vertreter besagter Klasse, sondern Vernichtung der den bisherigen Sozialstatus bestimmenden Existenzgrundlage (Eigentums- und Produktionsverhältnisse, Arbeitsinhalte u. a.) der Individuen und Familien dieser Klasse. Die Verwendung des Begriffs beweist also noch wenig und muß in den Kontext anderer, jeweils aktueller Ideologeme sowie der praktischen Politik gegenüber den Bauerngruppen gestellt werden. Die Realisierung der Losung durch Stalin in Sowjetrußland bedeutete freilich in der Tat vor allem physische Vernichtung Hunderttausender von Bauern und ihrer Familien.

[142] Siehe Lukjanow/Lasarew, Sowjetstaat, S. 134–137.

[143] Siehe Gordon/Klopov, Čto eto bylo?, S. 70–73.

[144] Einen Einblick in die verschiedenen wissenschaftlichen Deutungen des schnellen Endes der NÖP gibt Manfred Hildermeier, Geschichte, S. 260–262.

hauptung, es wäre falsch anzunehmen, „die Kulaken und Konzessionäre" könnten „in den Sozialismus hineinwachsen"[145]. In Stalins Konzept vom Sozialismus-Aufbau waren Massenrepressalien daher ein vermeintlich notwendiges Mittel der Klassenauseinandersetzung. Es tobte der „Kampf auf Leben und Tod" gegen alle „kapitalistischen Elemente auf dem Lande".

Stephan Merl zufolge waren die Genossenschaften im sowjetischen Staatskapitalismus der NÖP mit der Aufgabe letztlich überfordert gewesen, Bauern- und zugleich staatliche Interessen zu vertreten.[146] Selbst wenn diese Wertung zutreffen sollte, so war sie 1945/46 doch kein Erfahrungsbestand: weder für Befürworter von Experimenten nach NÖP-Art, noch für Verfechter stalinistischer Gegenentwürfe. Die sowjetische Agrargeschichte war der KPD/SED-Führung weder im Detail der historischen Abläufe noch als unheilvolle Folge von Entstellungen Leninscher Absichten bewußt. Die Idee der doppelten Vertreterschaft war nicht abgenutzt. Außerdem öffnete sich die SED 1946 mit ihrem „besonderen deutschen Weg zum Sozialismus" die Perspektive einer im Vergleich zu Sowjetrußland *weniger opferreichen* inneren Auseinandersetzung auf einem *friedlichen*, *relativ leichten* Weg zum Sozialismus.[147] Für den Agrarbereich war das vage Bild eines Hineinwachsens aller Agrarproduzenten in die kollektive Großproduktion gezeichnet. Die SED nahm es verständlicherweise nicht auf sich, die Bedeutung der kurzlebigen NÖP zu erörtern. Das Wesen sozialistischer Produktionsverhältnisse, die Rolle von Privatproduzenten auf dem Weg zum und im Sozialismus oder die Funktion des Marktes waren vorerst kein Thema. Von solchen Debatten hielt die SMAD die SED regelrecht ab.

2.2. Die Entstehung ostdeutscher Netzwerke und Gemeinschaftsunternehmen 1945/46

Mit landwirtschaftlichen Genossenschaften und Komitees bzw. Vereinigungen der gegenseitigen Bauernhilfe entstanden 1945/46 in der SBZ zwei verschiedene Institutionen bäuerlicher Interessenvertretung und Selbstverwaltung, erstere als privatrechtliche Einrichtung, letztere als Körperschaften öffentlichen Rechts. Beide hatten die Aufgabe, Produktions- und Lebensbedingungen der Bauern zu verbessern. Ihre Klientel deckte sich nicht, doch es gab Überschneidungen. Diese waren in einer Reihe gemeinsamer agrarwirtschaftlicher Aufgaben und Interessen unter den Agrarproduzenten sowie in einer allgemeinen, objektiv bestehenden und subjektiv gesehenen wirtschaftspolitischen Problemlage begründet, die als typisch für eine materiell schwache, strukturell instabile Mehr-Sektoren-Agrarwirtschaft gelten kann.

Die Komitees und ihre Vereinigung sollten den Interessen vor allem der Bodenempfänger, folglich in erster Linie der Neubauern (die Kleinbauern waren) sowie der kleinen bis mittelstarken Altbauern dienen. (Siehe Abschnitt I. 1.4.) Ihre Hauptaufgabe bestand in Hilfe bei Produktion, Lagerung und – je nach den örtlichen Gegebenheiten – Verarbeitung von Agrarerzeugnissen. In ihren Statuten be-

[145] Stalin, Rechte Abweichung, S. 276.
[146] Siehe Merl, Agrarmarkt, S. 192.
[147] Siehe Hofmann, Anton Ackermann.

kannten sich die Verbände der VdgB zur Aufgabe der Förderung der bäuerlichen Landwirtschaft, einschließlich ihrer Nebengewerke und verwandter Berufssparten. VdgB-Einrichtungen waren in Deutschland eine Neuheit, Genossenschaften dagegen nicht. Letztere wurden nach der NS-Zwangswirtschaft als selbständige Vereinigungen *wiederbelebt*. Daher fand sich in ihnen, sofern die Höfe in Größe und Struktur fortbestanden, in der Regel die alte Mittel- bis Großbauernschaft in regional tradierten Strukturen zusammen. Ländliche (oder landwirtschaftliche) Genossenschaften übernahmen traditionelle Aufgaben. Sie betrieben Vieh-, Saatgut- und Düngemitteleinkauf, die Verwertung der Erzeugnisse sowie den Kredit- und Warenverkehr auf dem Lande.

In Nachkriegsdeutschland mußte es bei der Gewährleistung einer ausreichenden landwirtschaftlichen Produktion nicht um zivilisatorische Nachholarbeit im Sinne einer „Erziehung" des Agrarproduzenten gehen. Die NS-Agrarpolitik hatte den starken Marktbestrebungen der Bauern keinen Abbruch getan, alte Markterfahrung und Vermarktungsmotivation waren 1945 ebenso aktivierbar wie die Tradition freier gemeinschaftlicher Institutionen. Die deutsche Arbeiterbewegung brauchte auch nicht bei Lenin anzuknüpfen, um in Handelsgenossenschaften, Kreditverbänden, Konsumgenossenschaften und dergleichen eine sozialistische Perspektive zu erkennen. Lassalle und Kautsky boten ausreichend Anregungen für proletarische „Emancipation" in „Consumvereinen". Genossenschaften galten neben den Parteien und den Gewerkschaften als drittes Standbein der Arbeiterbewegung. Auch für die ländlichen Genossenschaften waren neben sozialreformerischen und liberalen Sinngebungen sozialistische Visionen bereits vorhanden.

Es ist nicht bekannt, ob sich Vertreter der sowjetischen Besatzungsmacht in Deutschland 1945 inhaltlich mit dem Phänomen des Genossenschaftswesens als traditionell wichtiger Säule der europäischen Sozialdemokratie befaßten. Wir wissen nicht, ob sie die Parallelen entdeckten, die zwischen westeuropäischen Vorstellungen vom Genossenschaftssozialismus und Lenins Ausführungen zur Rolle der NÖP-Genossenschaften in Sowjetrußland bestanden: in der Aufgabe, Erzieherin zu Gemeinschaftssinn und Gemeinschaftsarbeit zu sein. Es ist anzunehmen, daß ihnen der anti-etatistische Grundzug in den europäischen reformistischen Genossenschaftsvisionen, so sie ihn wahrnahmen, eher unangebracht erschien. Andererseits war es der Arbeiterbewegung ja vor allem um *Konsumgenossenschaften* in urbanen Regionen gegangen.[148] Als diese auch in der SBZ Ende 1945 wieder zugelassen und mit ihrem alten, vom NS-Regime seinerzeit konfiszierten Eigentum wieder reaktiviert wurden[149], war sowohl Sozialdemokraten als auch Kommunisten in Deutschland bewußt, daß eine strenge Aufgabenteilung zwischen Konsum- und Erzeugergenossenschaften notwendig ist.[150]

Die konkrete Vorbereitung des Neubeginns der *ländlichen Genossenschaften* in Ostdeutschland liegt noch im Dunkeln.[151] Wie bereits erwähnt, hatte die KPD-

148 Sie bleiben hier außer Betracht.

149 Siehe Befehl Nr. 176 der SMAD vom 18. 12. 1945 betreffs Wiederherstellung der Konsumgenossenschaften in der SBZ, abgedruckt bei Gärtner, Genossenschaftsbewegung, S. 44–46.

150 Siehe Richtlinien der SPD und KPD für die Neugründung der Konsumgenossenschaften (1945), abgedruckt in: Gärtner, Genossenschaftsbewegung, S. 47–51, insbesondere S. 48.

151 Die umfassendste Studie stammt aus den sechziger Jahren: Buss, Struktur.

Exilführung in Moskau in ihrem Agrarprogramm die Wiederbelebung und Förderung landwirtschaftlicher Genossenschaften in Deutschland nach Kriegsende vorgesehen. Ende August 1945 bereite sich die KPD auf die Wiederzulassung der landwirtschaftlichen Genossenschaften (Raiffeisengenossenschaften)[152] vor. Im Grunde war es ein politischer Neubeginn für sie, die sich bislang eher indifferent zu der „Getreidehandelsfirma" verhalten hatte. Für Kommunisten stellte sich die Frage, „ob der demokratische wirtschaftliche Aufbau Deutschlands – der nur über den Weg der Solidarität erfolgen kann – besser durch öffentliche Kollektive oder durch die kollektive Selbsthilfe, das Genossenschaftswesen, zu erfolgen habe."[153] Doch sie entdeckten: „Das ländliche Genossenschaftswesen ‚Raiffeisen' ist eigentlich das, was wir im Augenblick, als ländliche Bauernorganisation gesehen, sehr gut gebrauchen können." Sein Vorteil als Bank- und Geldinstitut lag in der unmittelbaren Nähe zum ländlichen Produzenten. „Infolge ihrer weit verzweigten Organisationen und in ihrer bis ins Kleinste durchdachten genossenschaftlichen Arbeit" schienen die Raiffeisengenossenschaften berufen, „in der Sicherung der Ernährung [...] die Hauptrolle zu spielen." Sowohl als Vermittler agrarwissenschaftlicher Erfahrungen als auch als Helfer beim staatlichen Aufkauf von Agrarerzeugnissen könnten sie „auf den Plan treten".[154] Dabei war es aus KPD-Sicht von Vorteil, daß die Leitungen der ländlichen Genossenschaften niemals ausschließlich von NS-Aktivisten besetzt worden waren.

Während in der Bodenreformfrage zwischen SPD und KPD 1945 erhebliche Differenzen bestanden und in konzeptioneller Hinsicht kaum kooperiert wurde[155], konnten deutsche Kommunisten im Sommer 1945 in Sachen Genossenschaften auf die Sozialdemokraten zählen. Der SPD-Zentralausschuß rief zum „genossenschaftlichen Zusammenschluß in der Landwirtschaft" auf.[156] Das sozialdemokratische Siedlungs- und Genossenschaftskonzept implizierte den Gedanken, Bauarbeiter und Handwerker aus dem Arbeitslosenheer in die Dörfer umzusiedeln. In traditioneller Weise verband Gustav Klimpel, Sekretär für Agrarpolitik des Zentralausschusses, die aktuelle versorgungs- und arbeitskräftepolitische Aufgabe mit der Vision vom neuen Verhältnis zwischen Stadt und Land. Sozialdemokraten hegten mit der Genossenschaftsidee auch die Hoffnung auf größere Betriebseinheiten in der Landwirtschaft, als es die Kommunisten mit der Bodenreform propagierten.[157] Eine Debatte fand aber nicht statt.

Allem Anschein nach geht die Wiederzulassung der ländlichen Genossenschaften – bei aller Offenheit in den deutschen Arbeiterparteien – doch auf eine relativ

152 1930 umfaßte der Reichsverband der deutschen landwirtschaftlichen Genossenschaften – Raiffeisen – insgesamt 28 Zentralkassen und 28 Bezugs- und Absatz-Hauptgenossenschaften mit insgesamt rund 51 000 angeschlossenen Genossenschaften sowie etwa noch einmal so viel Einzelgenossenschaften (Gärtner, Genossenschaftsbewegung, S. 16). Anders als die Konsumgenossenschaften wurden sie im Dritten Reich nicht aufgelöst, sondern mit allen ihren Werten dem Reichsbauernführer und dem Reichsnährstand unterstellt.

153 Gärtner, Genossenschaftsbewegung, S. 39.

154 Referat des Genossen Kellermann, Beilage zum Protokoll der erweiterten Sekretariatssitzung am 31. 8. 1945, in: Benser/Krusch, Dokumente, Bd. 2, S. 20–27, hier S. 20.

155 Siehe Malycha, Landwirtschaft, S. 38f.

156 Siehe Aufruf des Zentralausschusses der SPD vom 15. Juni 1945 zum Aufbau eines antifaschistisch-demokratischen Deutschlands, in: Dokumente und Materialien, Reihe III, Bd. 1, S. 28ff.

157 Siehe Malycha, Landwirtschaft, S. 41.

eigenständige Entscheidung der Besatzungsmacht zurück. Am 20. November 1945 erließ die SMAD Befehl Nr. 146 zur Wiederaufnahme der Tätigkeit der landwirtschaftlichen Genossenschaften auf der Grundlage des Genossenschaftsgesetzes von 1889. Sie ordnete „unter Berücksichtigung der außerordentlichen Wichtigkeit des Genossenschaftswesens für die maximale Leistungssteigerung der Produktion in der Landwirtschaft, in der Versorgung der Bauern mit Erzeugnissen, in der Hilfeleistung den Bauern gegenüber in Bezug auf Verarbeitung und Absatz von landwirtschaftlichen Produkten" unverzüglich „die Wiederaufnahme der Tätigkeit aller Arten von landwirtschaftlichen Genossenschaften (Kredit-, diverse Viehzucht-, Meliorations-, Frucht- und Gemüse und andere)" an. Es wurde „die Vereinigung [...] zu Kreis- und Provinz-Genossenschaftsverbänden und zu Zentralkassen." befohlen.[158] Ein Musterstatut lag vor.

Im Kontext der Entscheidung für eine vermeintlich gesamtdeutsch ausstrahlende Bodenreform hielt die sowjetische Besatzungsmacht Genossenschaften als Einrichtungen der bäuerlichen Selbsthilfe auf einem begrenzt geöffneten Markt also für wichtig. Sie sah in ihnen eine Stütze für Produzenten im einem kriegszerstörten Agrarsektor. Nach Lage der Dinge mußte sie an Initiativen kleiner und mittlerer Warenproduzenten wirtschaftlich auch dort interessiert sein, wo die Bodenreform noch kaum Zuspruch gefunden hatte. Und soweit solche Initiativen antimonopolistische Tendenzen trugen, waren sie fraglos auch politisch sehr willkommen. Walter Ulbricht hielt es zwar für überdenkenswert, ob die Aufgaben der genossenschaftlichen Zentralbanken nicht besser von den Landesbanken übernommen werden sollten[159], doch der Befehl genehmigte kurzerhand auch die traditionellen Zentralkassen. Die Leitung der Verbände und Zentralkassen sollte bis zur Wahl neuer Verwaltungsorgane von Organisationsbüros übernommen werden.

Großzügigkeit dieser Art hatte ihre Ursache natürlich in der Machtfülle der Sieger- und Besatzungsmacht. Selbstverständlich waren sowohl die provisorische als auch die reguläre Genossenschaftsverwaltung den Grundsätzen der Entnazifizierung verpflichtet. Den landwirtschaftlichen Genossenschaften wurde per Befehl „eine Auffüllung ihres Geschäftskapitals für Rechnung zusätzlicher Geschäftsanteile der alten Mitglieder der Genossenschaften in Höhe von 50 Prozent der Genossenschaftsanteile und gleichzeitig durch Einziehen der Geschäftsanteile der neuen Mitglieder" gestattet. Damit nahmen Kredit-, Waren-, Verwertungs- und andere Genossenschaften auf dem Lande ihre Tätigkeit wieder auf. Einige griffen auf den traditionellen Namen „Raiffeisen" zurück. Ende 1946 gab es annähernd 6300 Einzelgenossenschaften mit rund 789 000 Mitgliedern in fünf Landesverbänden.[160] Der mitgliederstärkste war mit über 274 000 Mitgliedern der Verband der Provinz Sachsen. Zahlreich und bedeutsam waren anfangs vor allem zentrale Kreditgenossenschaften mit Warenverkehr, andere zentrale Kreditgenossenschaften

[158] Befehl Nr. 146 der SMAD vom 20. 11. 1945, abgedruckt in: Gärtner, Genossenschaftsbewegung, S. 40–42, hier S. 40f. Siehe auch Um ein antifaschistisch-demokratisches Deutschland, S. 206–209; Buss, Struktur, S. 24–26.

[159] Siehe Referat des Genossen [Hermann] Kellermann am 31. 8. 1945, S. 20.

[160] Sie nannten sich: Verband landwirtschaftlicher Genossenschaften in Sachsen e. V., Raiffeisen-Verband Thüringen e. V., Verband landwirtschaftlicher Genossenschaften der Provinz Sachsen e. V., Raiffeisen-Verband Mecklenburg-Vorpommern e. V. und Brandenburgischer Raiffeisen-Verband e. V.

und Molkereigenossenschaften.[161] Daß die SMAD einen zonalen Dachverband im Osten verbot, ist als Zeichen deutschlandpolitischer Offenheit und nicht etwa als Ausdruck von Mißtrauen oder gar Unterlegenheitsgefühlen[162] zu verstehen. – Die westlichen Alliierten hielten sich bei der Wiederzulassung von Genossenschaften zunächst zurück, Ende 1946 gab es dann aber auch in den westlichen Zonen rund 3 Millionen Mitglieder von Ortsgenossenschaften.[163]

Beide Einrichtungen, VdgB und Genossenschaften, waren als Wirtschaftssubjekte darum bemüht, möglichst viele Agrarproduzenten einzubeziehen. Beide wirtschafteten mit Eigenmitteln, bedienten sich aber auch der Möglichkeit betrieblicher Kooperation auf Vertragsgrundlage. Den Vereinigungen wurde aufgetragen, mit den Genossenschaften zusammenzuarbeiten, deren Handelsstrukturen zu nutzen, etwa beim Saatgut- oder Düngemitteleinkauf. Zunehmend machte die VdgB zwar ihren politischen Einfluß als Kind der Bodenreform geltend und beteiligte sich an kontrollierenden und reglementierenden Maßnahmen der Verwaltungen gegenüber verschiedenen Wirtschaftseinheiten: auch gegenüber den Genossenschaften, etwa bei der Festlegung von Preisen oder Verrechnungssätzen für Naturalzahlungen, bei der Abfassung bindender Liefervorschriften u.ä. Doch umgekehrt erhielten die Genossenschaften über Kontakte zu den Ausschüssen bzw. Vereinigungen zahlreiche Möglichkeiten der Information und Beschwerdeführung. Warengenossenschaften profitierten von den Angeboten VdgB-eigener Transport- und Verarbeitungsbetriebe.

Derartiges spielte sich anfangs vor allem auf Gemeinde- und Kreisebene ab. Immer häufiger ging es dann aber auch um regionale „Monopolstellungen", entwickelten sich VdgB und Genossenschaften auf bestimmten Gebieten als Konkurrenten. Die Länder der SBZ und die Deutsche Verwaltung für Land- und Forstwirtschaft, nachhaltig an beiden Institutionen interessiert, versuchten daher, so etwas wie eine Arbeitsteilung herzustellen: die Genossenschaften für den staatlichen Aufkauf und die Erfassung, für Warenverkehr und Kreditierung zu nutzen, die VdgB dagegen für den Bereich „Technikservice".

Die Konkurrenz hatte zweifelsohne damit zu tun, daß es entgegen dem sozialen Entdifferenzierungsprozeß, den die Bodenreform bewirkt hatte, allmählich wieder zu sozialem Auf- und Abstieg auf dem Lande kam, der von einer Zunahme sozialer Spannungen begleitet war. Neue Formierungsbestrebungen wirkten auf die Institutionen der Agrarproduzenten. SMAD und SED waren daher zunehmend vor die schwierige Aufgabe gestellt, sich im Rahmen noch vager ordnungs- und wirtschaftspolitischer Strategie unter den Agrarproduzenten Partner zu suchen, soziale Bündnisangebote zu entwerfen und die entsprechenden Institutionen und Mechanismen in der Politik zu finden. Der Umgang mit den Genossenschaften und der VdgB reflektiert in besonderer Weise sowohl diese Notwendigkeit als auch die wachsende Kompliziertheit der politischen Entscheidung.

Wie die Agrarpolitik von SMAD und KPD/SED generell, so gewann dann 1947/48 auch die Genossenschaftspolitik an Profil. Zunehmend drängten sich ordnungspolitische Fragen auf. Zu einem Zeitpunkt, da zahlreiche Großbauernwirt-

161 Siehe Buss, Struktur, S. 28f.
162 So sieht es Karl von der Neide, Raiffeisens Ende, S. 8.
163 Siehe Buss, Struktur, S. 28.

schaften trotz erheblicher Ablieferungspflichten schon wieder erweitert reproduzieren konnten[164], sah sich die SED-Führung immer mehr an ihren Klassenauftrag erinnert und zur Präzisierung ihres Gesellschaftskonzepts veranlaßt. Doch vorschnelle Entscheidungen, die eine alliierte Lösung eventuell hätten erschweren können, wollte Moskau vermeiden. Das Problem des privaten Produktionsmittelbesitzes im Agrarbereich und seiner genossenschaftlichen Nutzung stellte sich für die Besatzungsmacht – wie andere Wirtschaftsfragen auch – zunehmend als Dreifachproblem: als aktuell-volkswirtschaftliches, deutschlandpolitisch-taktisches und – dies allerdings mit Abstand an letzter Stelle – als grundsätzlich sozialismusstrategisches Problem.

Volkswirtschaftliche Effektivität und politische Ruhigstellung hatten weiterhin Vorrang unter den Zielsetzungen. Die vormaligen Großgrundbesitzer (viele wurden, sofern sie nicht ohnehin die SBZ verließen, an neuen Wohnorten in der SBZ angesiedelt), stellten keine Gefahr dar, solange es gelang, restaurative Bestrebungen abzuwehren.[165] Auf der anderen Seite galt der „werktätige Bauer" als soziale Basis und Leitbild kommunistischer Agrarpolitik, gleichviel, wie schnell und wie „friedlich" die Umgestaltung vollzogen werden sollte. Der Mittelbauer war, sofern er mehr „Werktätiger" war, eigenste Klientel; sofern er wichtiger Marktproduzent war, – begehrter Bündnispartner, und dies alles im Lichte ursprünglich Leninscher, aber ebenso früher Stalinscher Politikerfahrung. Beachtung verdiente die sich in Ostdeutschland mit dem „besonderen deutschen Weg zum Sozialismus" eröffnende Perspektive für die ländliche Oberschicht. Fortgesetzt galt: „Wenn wir Getreide haben wollen, dann müssen wir linksradikale Forderungen nach ‚Enteignung' der Großbauern zurückweisen, die es mancherorts gibt. Ich spreche schon gar nicht davon", erklärte Politberater Semenov im September 1947, „daß diese Losung aus allen anderen politischen Gründen schädlich ist."[166] Was für die Stalinsche Agrarpolitik der dreißiger Jahre zum Kanon gehört hatte, nämlich daß der Kulak niemals friedlich in den Sozialismus „hineinwächst", erschien in Nachkriegsdeutschland strittig, wurde aber zunächst nicht weiter problematisiert.

Im Zusammenhang mit den ersten Kommunal- und Landtagswahlen 1946 hatten SED und SMAD schon begonnen, die auf Landesebene koordinierten Vereinigungen der gegenseitigen Bauernhilfe als politischen Sammlungs- und Artikulationsraum für die unteren Bauernschichten auszubauen. 1947/48 schrieben sie dann den alle Bauernschichten integrierenden Genossenschaften überwiegend wirtschaftliche Aufgaben zu, ohne jedoch den macht- und bündnispolitischen Aspekt gerade auch volkswirtschaftlicher Entscheidungen zu vernachlässigen. Die SMAD suchte auch nach anderen Formen der politischen Einflußnahme auf die Agrarproduzenten und nach (Neu)bauern-Selbsthilfe-Institutionen. Mitte 1947 wurde beispielsweise erwogen, sogenannte „Bauern-Kammern" zu schaffen,

164 Siehe Kuntsche, in: Die antifaschistisch-demokratische Umwälzung (Deutsche Geschichte, Bd. 9), S. 276f.

165 Siehe Bericht Kabanovs, Leiter der Verwaltung für Land- und Forstwirtschaft der SMAD, an Semenov „Stand der Bodenreform", 10. 7. 1947, AVP RF, fond 0457 a, opis' 4, papka 17, delo 36, listy 121–126, hier list 125f.

166 Redemanuskript Semenovs für den 2./3. 9. 1947, in: UdSSR und deutsche Frage, Bd. 3, S. 378–396, hier S. 391; undatierte, anders übersetzte Variante bei Badstüber/Loth, Pieck-Aufzeichnungen, S. 161–172.

in denen neben der SED vor allem die VdgB dominieren sollte. Als die Rückgabe von Neubauernland noch weitgehend als Ergebnis großbäuerlichen Gegendruck gewertet wurde, kam man auf den Gedanken, solchen Kammern die Entscheidungen über die Landrückgabe oder über zusätzliche Hilfen für den Neubauern (wie Erweiterung durch Pacht) zu überantworten, was die neue Institution in die Traditionslinie der Bodenkommissionen gerückt hätte.[167] Realisiert wurde diese Idee nicht.

Insgesamt lassen sich die frühen Bemühungen um die Bauernschaft in der SBZ also durchaus in die NÖP-Tradition einordnen, obgleich sie weder öffentlich noch intern von SMAD oder KPD/SED so gesehen wurden. Anleihen zu thematisieren hätte bedeutet, die Frage nach den ordnungspolitischen Konsequenzen zu stellen, und das war wegen der vagen Aussichten nicht sinnvoll.

Für die Vertreter der These von der alternativlosen frühen „Sowjetisierung" stellt das wiedererstehende Genossenschaftswesen in der SBZ von Anfang an ein „Hilfsorgan für die Beseitigung eines selbständigen Bauerntums" dar.[168] SMAD und KPD hätten 1945 *zwei* gemeinschaftliche Einrichtungen für die Bauern in der SBZ nur deshalb geschaffen, weil sie wußten, daß deutsche ländliche Genossenschaften niemals Schrittmacher einer Kollektivierung sein würden. Um die unverzichtbare Sowjetisierung durchzusetzen habe die VdgB „sozusagen von Staats wegen der überlegene [...], vom Vertrauen der Partei getragene Gegner der Genossenschaften" sein müssen.[169] – Diese Erklärung läßt zumindest die Frage aufkommen, warum sich die SMAD 1945 überhaupt auf das Experiment mit dem „Gegner" einließ. Nein, die Geschichte der Genossenschaften in der SBZ und ihres Verhältnisses zur VdgB bestätigt vielmehr die These, daß es der UdSSR nach 1945 in (Ost)Deutschland zunächst um die Gewährleistung von Produktion und Versorgung vermittels einer partiellen Wiederbelebung des Marktes ging, und daß sie bis 1947/48 nur verhalten in gesellschaftsgestaltender Absicht agierte.[170]

Selbstredend mußte es KPD/SED und SMAD um die Stabilisierung von Herrschaftsverhältnissen gehen, die politisches Agieren hinreichend ermöglichten, und zwar unabhängig davon, was für ein Gesamtdeutschland die Alliierten „aushandeln" würden. Auf der Suche nach politischen Institutionen, die kommunistische Interessenpolitik auf dem Lande durchzusetzen helfen konnten, kamen für die KPD/SED – abgesehen von ihren Parteiorganisationen im ländlichen Raum – anfangs sowohl die Ausschüsse bzw. Kreis- und Landesvereinigungen für gegenseitige Bauernhilfe als auch die Genossenschaften in Betracht. Es ging ihnen sowie „den Sowjets" aber nicht darum, die Bauernschaft in Scheinvertretungen „gleichzuschalten". Die sozialen Spannungen waren aufzuspüren und im Interesse einer Produktionssteigerung zu minimieren. In ihrer distributiven Vermittlerrolle unter den Agrarproduzenten, aber auch zwischen dem Bauern und einer stark zwangswirtschaftlich geprägten Gesamtvolkswirtschaft waren die „alten" Genossenschaf-

[167] Siehe Bericht Kabanovs „Stand der Bodenreform", 10.7.1947, list 126.

[168] So bei Tümmler/Merkel/Blohm, Agrarpolitik, S. 34.

[169] Buss, Struktur, S. 94–99.

[170] Für einige Historiker dieser Richtung stellt sich dann freilich die nachfolgende Geschichte der Genossenschaften als Teil einer 1947/48 einsetzenden „Gleichschaltung des landwirtschaftlichen Organisationswesens" dar. So Wernet-Tietz, Bauernverband, S. 46, 89.

ten als sogenannte Service-Genossenschaften schon deshalb unersetzbar, weil SMAD und KPD/SED alle Versuche bekämpften, gemeinschaftliche Bodenbearbeitung und Tierhaltung zu organisieren.

2.3. Volkswirtschaftliche Optimierung und politische Mobilisierung – Agrarpolitik im Rahmen der antifaschistisch-demokratischen Ordnung 1947/48

Das Jahr 1947 war volkswirtschaftlich gesehen das Jahr der drohenden Katastrophe. Kriegswirtschaft und Zerstörung, Demontagen und Zonenaufteilung wirkten sich nun verheerend auf Produktion und Verteilung von Gütern aus. Damit verstärkte sich – allein schon aus den ökonomischen Zwängen der Mangelwirtschaft heraus – auch für die VdgB und das Genossenschaftswesen der Druck in Richtung eines „zentralen Ausgleichs der Kräfte und Leistungen“.[171] Die örtlichen landwirtschaftlichen Genossenschaften waren zunehmend auf Vermittlungen durch Zentralgenossenschaften angewiesen und diese wiederum auf enge Kooperation mit konsumgenossenschaftlichen Zentralen; Landesgenossenschaftsbanken als Zentralkassen aller Genossenschaften eines Landes gewannen an Gewicht. Ihre Förderung war eingebunden in Landesetats, die in wachsendem Maße zonaler Koordinierung bedurften. Der fortschreitende materielle Verschleiß machte länderübergreifende Ausgleiche notwendig. Vereinheitlichungs- und Zentralisierungsbestrebungen gingen aber auch von den Raiffeisengenossenschaften selbst aus, die in Rechnung stellten, daß traditionelle Wirtschaftsbeziehungen nach Westdeutschland abbrachen. Der Verbandspräsident von Sachsen-Anhalt sah die Zukunft in einem einheitlich ausgerichteten Ostzonen-Genossenschaftsverband – auch mit Blick auf eine baldige deutsche Einheit.[172]

SED und VdgB-Führung waren ab 1947 bestrebt, angesichts immer dringender werdender Zonen-Zentralisierung strukturelle Veränderungen im Genossenschaftswesen durchzusetzen. Es stellte, bei Lichte besehen, längst ein höchst kompliziertes Netzwerk sehr verschieden starker Individualproduzenten, Agrarprodukte-Verwertungsbetriebe, Aufkauf- und Handelseinrichtungen, Kreditinstitute sowie zahlreicher Angestellter dar. Die zentralen Verwertungsgenossenschaften seien bei den Bauern „verhaßt“, stellte der sächsische SED-Landesvorstand fest. Sie sähen in ihr eine Vereinigung von Fleischern und Händlern und fühlten sich durch hohe Gebühren betrogen und benachteiligt.[173] SED und SMAD dachten daher über eine genossenschaftliche Alternative nach, welche im klein- und mittelbäuerlichen Interesse den Einfluß der bestehenden zentralen Verwertungsgenossenschaften einschränken und das Schwergewicht der Vermittlung zwischen zentraler Planung und Agrarproduktion näher an die Basis rücken würde. In diesem Zusammenhang wurden erstmals auch Vorstellungen von einer engeren Verknüpfung von VdgB und Genossenschaften entwickelt. VgdB-Vorsitzender Vieweg

[171] Siehe Gärtner, Genossenschaftsbewegung, S. 66.

[172] Siehe Bericht über den 50. Verbandstag der landwirtschaftlichen Genossenschaften und die Generalversammlung des Verbandes im Mai 1947 in Halle, SAPMO BArch, DY 30, IV 2/7-292, unpag.

[173] Siehe Vierteljahresbericht der Abteilung Landwirtschaft der Landesleitung Sachsen der SED, 6. 1. 1948, ebenda.

sprach im Mai 1947 auf dem Raiffeisenverbandstag des Landes Sachsen-Anhalt von einem Plan zur „Neuordnung des Genossenschaftswesens".[174]

Dessen Erarbeitung verlief allerdings recht disparat. In der Genossenschafts-Hochburg Sachsen-Anhalt (vormals Provinz Sachsen), wo Ende 1947 von den rund 498000 privaten Agrarbetrieben mit 0,5 bis 100 ha Land ca. 90000 Wirtschaften, darunter etwa 20000 Neubauernwirtschaften, in 1428 ländlichen Genossenschaften organisiert waren[175], bemängelten SED-Agrarexperten, daß die Bauern dennoch „im großen und ganzen auf sich allein angewiesen" wären. Sie „haben untereinander kaum einen Zusammenhang und sind nicht in der Lage, in der Kreisebene [gegenüber dem] Landratsamte geschlossen aufzutreten". Die SED-Agrarfunktionäre schlugen deshalb vor, aus den jeweils im Kreise ansässigen Genossenschaften Kreisgenossenschaften zu bilden, dabei Zweigstellen der Kreditgenossenschaften zu Warenkreisgenossenschaften umzuwandeln, welche sich auf 4–5 Raiffeisenkassen im Kreise stützen und andere kleinere Genossenschaften finanziell betreuen sollten. Denkbar wäre auch, wie es hieß, eine Umwandlung der Kreisgeschäftsstellen der Viehverwertungsgenossenschaften bzw. ein Zusammenschluß der Molkereigenossenschaften auf Kreisebene. Kreis- und Orts-VdgB könnten analog zu den kleineren Genossenschaften *korporative Mitglieder* der neuen Kreisgenossenschaften werden. Diese sollten feste Einzugsgebiete für die Erfassung und den Aufkauf landwirtschaftlicher Produkte zugewiesen bekommen. Ähnliche Bestrebungen hatten in Mecklenburg und Brandenburg bereits zur Bildung von Kreisgenossenschaften in der einen oder anderen Form geführt, und SMAD-Mitarbeiter hatten diese Entwicklung „wärmstens befürwortet" und „offiziell unterstützt".[176]

Universalgenossenschaften entsprachen durchaus den Interessen klein- und zum Teil auch mittelbäuerlicher Wirtschaften. Gerade Besitzer schwächerer Betriebe, die sich einem komplizierten Gewirr von Distributions- und Zirkulationsmechanismen gegenüber sahen, begrüßten Vereinfachungen. Gegen großbäuerliche Dominanz in wirtschaftsstarken Genossenschaften hatten besonders Kleinbauern eine Menge einzuwenden. Nicht selten fühlten sich auch Mittelbauern von großen Verwertungsgenossenschaften bedrängt.

Das Verhältnis Mittel-/Großbauer war regional unterschiedlich, z. T. von sehr persönlichen Beziehungen geprägt und insgesamt alles andere als reibungsfrei. Wenig spezialisierte Betriebe konnten sich eine Mitgliedschaft in mehreren Genossenschaften finanziell kaum leisten und zogen nicht selten beim Absatz den Kürzeren. Unter diesen Bedingungen boten Universalgenossenschaften, in Kreis- und Landesverbänden sowie einem Zonenverband zusammengeführt, für kleinere bis mittlere Individualproduzenten und für die staatliche Wirtschaft gleichermaßen Vorteile: überschaubare Absatz- und Verwertungsprozesse, Ausschaltung eines teuren

[174] Siehe Bericht über den 50. Verbandstag der landwirtschaftlichen Genossenschaften und Generalversammlung des Verbandes, Mai 1947 in Halle, SAPMO BArch, DY 30, IV 2/7-292, unpag.

[175] Diese Schätzungen gab die SED-Landesleitung Sachsen-Anhalt aufgrund des Jahresberichtes des Raiffeisengenossenschaftsverbandes 1947 nach Berlin weiter. Siehe Kommentar zum Jahresbericht 1947 des Raiffeisengenossenschaftsverbandes 1947 Sachsen-Anhalt, o. D., Abschrift vom 16. 4. 1948, ebenda.

[176] Ebenda.

Zwischenhandels durch kleine Warenbewegung auf dem Lande, weitgehende Verhinderung von Benachteiligung schwacher Betriebe, Vereinfachung von Kreditgewährung und -abzahlung. Die Universalgenossenschaft stellte für die Masse der Bauern der SBZ ein diskutables Genossenschaftsmodell dar. Sein Favorisieren war zweifellos von antikapitalistischen, nicht aber von genossenschaftsfeindlichen Motiven getragen.[177]

Doch nicht überall fanden diese Ideen die Zustimmung der führenden Raiffeisenfunktionäre, ganz abgesehen von den Mitgliedern und Funktionären starker Spezialverbände. Der Landesvorsitzende des Landes Sachsen-Anhalt lehnte sie ab.[178] Außerdem offenbarte sich, daß auf das bestehende System der Händler und Verwerter in den Zentralverbänden nicht ganz verzichtet werden konnte. Bei einigen Produkten, etwa Sämereien, wollten neue Genossenschaften die schlechtgehenden Handelsgeschäfte gar nicht übernehmen. Was beim Übergang zu Universalgenossenschaften mit den zentralen Verwertungsgenossenschaften geschehen sollte, war in SED und VdgB auch noch unklar.[179] Ein Entwurf des SED-Zentralsekretariats zur Neuordnung des Genossenschaftswesens wurde daher in den SED-Landesleitungen noch über Monate erörtert, während in den Ländern (mehr oder weniger in Abstimmung mit den Landesverbänden der landwirtschaftlichen Genossenschaften) mit unterschiedlichem Erfolg bereits praktische Schritte zur Umwandlung unterster Raiffeisenstrukturen in Universalgenossenschaften unternommen wurden. Im Bemühen, den genossenschaftlichen Gedanken vor allem zur praktischen Hilfe für Klein- und Neubauern umzusetzen, suchten SED und SMAD gemeinsam[180] nach konfliktarmen Wegen, die auch für die Masse der mittelstarken Produzenten gangbar waren.

Etwas anders lagen derweil die Dinge bei der VdgB. SED und SMAD favorisierten sie immer stärker als politische Massenorganisation auf dem Lande. Politberater Semenov bezeichnete die Vereinigung nun als den „wichtigsten Transmissionsriemen der SED zu den Massen der werktätigen Bauernschaft".[181] Als sich die Vereinigung, die 1946 vor allem auf Kreis-, Landes- und Provinzialebene agiert hatte, im November 1947 stärker auf Zonenebene formierte, waren es vornehmlich politische Erwägungen, die zu dieser Entscheidung führten. Der Leiter der SMAD-Verwaltung für Land- und Forstwirtschaft Aleksandr Fedorovič Kabanov

177 Nach Karl von der Neide, Raiffeisens Ende, S. 11, 13, hatte die ganze Kampagne „mit wirtschaftlichen Gesichtspunkten [...] kaum etwas zu tun", sondern lief „lediglich auf staatliche Zwangsmaßnahmen hinaus, die an die Stelle der bisherigen Organe bäuerlicher Selbsthilfe und Selbstverwaltung die Instrumente der staatlichen Planwirtschaft setzten". Inwieweit es 1948 tatsächlich darum ging, die bäuerliche Selbstverwaltung restlos durch staatliche Instrumente zu ersetzen, muß dahingestellt bleiben. Faktisch wurde nicht „ersetzt" sondern „zurückgedrängt". Auch von der Neide beschreibt (S. 9), wie die Raiffeisenverbände noch 1949 staatlicherseits wichtige Aufgaben bis hin zu zonalen Lenkungsfunktionen in Einzelbereichen zugewiesen bekamen.

178 Siehe ebenda.

179 Siehe Vierteljahresbericht der Abteilung Landwirtschaft des SED-Landesvorstandes Sachsen-Anhalt, 2. 4. 1948, SAPMO BArch, DY 30, IV 2/7-292, unpag.

180 So verständigten sich am 25. 2. 1948 die SED-Landesleitung Sachsen und die SMAD in Karlshorst darauf, daß erstere für zwei Kreise konkrete Pläne der Reorganisierung entwirft und nach Billigung durch die Besatzungsmacht zur Realisierung im Landesmaßstab übergeht. Siehe ebenda.

181 Memorandum Semenovs, 15. 1. 1947, in: Bonwetsch/Bordjugov/Naimark, Politik, S. 267 f., hier S. 267.

(der wenig später in die Verwaltung für Zivilfragen überwechselte) berichtete Politberater Semenov Mitte 1947 von einer Zunahme großbäuerlicher Aktivitäten in den Komitees für gegenseitige Bauernhilfe, in denen „ein Kampf der politischen Parteien um die Festigung der Positionen" vor sich gehe. Andererseits werde die VdgB zusehends zu einer Beschwerde- und Vermittlungsstelle zu SMAD-Organen degradiert und übernehme administrative Funktionen als Anhängsel der Verwaltung. Es fehle eine zonale Struktur, „die eine einheitliche Linie in der Arbeit der Vereinigung realisieren könnte", wozu das bestehende Zonen-Sekretariat mit seinen Konsultativfunktionen nicht in der Lage sei. Eine zonale Vereinigung mache es „einfacher, die Positionen der SED in dieser Organisation zu stärken."[182] Auf dem 1. Deutschen Bauerntag am 22./23. November 1947 formierte sich die VdgB als zonale Bauernorganisation.

Wirtschaftliche Aufgaben blieben für die VdgB allerdings auch wichtig. Die Vereinigung sollte nach wie vor in erster Linie Neu- und Kleinbauern stützen, aber eben kein administratives Anhängsel werden, sondern zu einem gehörigen Teil basisnahe, regionale Selbsthilfeeinrichtung bleiben. Dies scheint vor dem Hintergrund starker Zentralisierungstendenzen in der Wirtschaft zunehmend problematisch geworden zu sein. In Ausführung des Befehls Nr. 138 der SMAD vom 4. Juni 1947, der die Gründung einer Deutschen Wirtschaftskommission (DWK) – noch ohne Einbeziehung der Land- und Forstwirtschaft – anordnete, einigten sich am 26. Juni die DVLF und die Ministerien der Länder und Provinzen[183] auf eine Koordinierung von Produktion, Absatz und Produktionsmittelverteilung in allen land-, forst- und wasserwirtschaftlichen Bereichen im Rahmen der DWK, was die SMAD mit Befehl Nr. 164 vom 28. Juni 1947 bestätigte.[184]

Ab Herbst 1947 erhielt die Tendenz zur zonalen Planung und Lenkung agrarwirtschaftlicher Prozesse neuen Aufwind durch Entwicklungen in der deutschen Frage. Die SMAD-Führung forderte, alarmiert durch die Direktive Nr. JCS 1779 des State Departments an den Chef der amerikanischen Besatzungstruppen in Deutschland[185], die Fachabteilungen zu Analysen über Versäumnisse der Westalliierten bei der Realisierung des Potsdamer Abkommens auf. Aus der Land-

182 Bericht Kabanovs „Stand der Bodenreform", 10. 7. 1947, list 125.

183 Mit Befehl 180 der SMAD vom 21. 7. 1947 wurden die beiden Provinzen Sachsen und Brandenburg infolge der Auflösung des preußischen Staates zu Ländern.

184 Siehe Befehl Nr. 164 der SMAD „Billigung des Abkommens über die gemeinsame Arbeit der Deutschen Verwaltung für Land- und Forstwirtschaft in der SBZ mit den Regierungen der Länder und Provinzen" (Ergänzung zum Befehl Nr. 138 vom 4. 6. 1947), vom 28. 6. 1947, AVP RF, fond 1, opis' 16, delo 6, listy 241-244. Bemerkenswerterweise strebten die SED-Wirtschaftsfunktionäre für den Agrarbereich erst im Sommer 1947, also ein halbes Jahr nach entsprechenden Vereinbarungen in Industrie, Energiewirtschaft, Handel und Versorgung, eine analoge zonale Wirtschaftslenkung mit Eingriffen in die Länderhoheit an.

185 Die Direktive wurde damals als besorgniserregende Abkehr von früheren westlichen Positionen (Direktive Nr. 1076) und von alliierten Vereinbarungen gewertet. Und in der Tat markierte sie eine Wende in der amerikanischen Besatzungspolitik, deren wichtigste Ziele nunmehr die Wiederherstellung eines freien Marktes, der Schutz der westdeutschen Wirtschaft vor Sozialisierungen in Industrie und Agrarproduktion und die Einbeziehung der zu vereinenden Westzonen in den Marshallplan waren. SMAD-Chef Sokolovskij warf den Westmächten in einem Brief vom 8. 9. 1947 an General Clay die Preisgabe der deutschlandpolitischen Kooperation vor, worauf dieser mit ebensolchen Vorhaltungen am 27. 9. 1947 antwortete. Hinweise in AVP RF, fond 457, opis' 3, papka 3, delo 4 (für Einblicke in Exzerpte und Kopien danke ich Dr. Jan Foitzik).

wirtschaftsabteilung war zu erfahren, daß agrarpolitische Ziele, über die dereinst Einvernehmen bestand, im Westen nicht mehr verfolgt würden.[186] Eine gesamtdeutsche Agrarpolitik schien folglich immer weniger Aussichten auf baldige Inangriffnahme zu haben, womit eine zonenorientierte Agrarwirtschaftsverwaltung noch bedeutsamer wurde.

In die einhundertköpfige Deutsche Wirtschaftskommission wurde per Funktion der VdgB-Vorsitzende aufgenommen; das war Ausdruck einer sozialen Mitbestimmungs- und Vermittlungsfunktion der Vereinigung. Als die SED-Führung Ende 1947/Anfang 1948 versuchte, die Produzenten in Stadt und Land auf traditionelle Weise über Volksausschüsse politisch zu mobilisieren, um allgemeinen Krisenerscheinungen entgegenzuwirken, setzte sie ebenfalls auf die VdgB als politische Organisation. Im April 1948 wurden per SMAD-Befehl dem sogenannten Hauptverband der Vereinigung der gegenseitigen Bauernhilfe die Rechte einer Organisation des öffentlichen Rechts verliehen. Die Gesamtaufsicht über die Verwirklichung des Statuts der VdgB wurde der Hauptverwaltung für Land- und Forstwirtschaft der DWK überantwortet.[187] Für die VdgB ergab sich aus dieser Entwicklung die Schwierigkeit, als Massenorganisation und als agrarwirtschaftlicher Faktor den Zentralisierungszwängen genügen und zugleich als Selbsthilfe-Organisation und Sprachrohr von Kleinbauern eine gewisse lokale Autonomie behalten zu müssen. Dies erkannten SED und SMAD durchaus. Ihnen stellte sich die Frage, was aus den wirtschaftlichen Strukturelementen der VdgB mit ihrem nicht unbeachtlichem Produktionsmittelbesitz werden sollte.[188]

Anfang 1948 nahmen SED und SMAD die Bildung einer Bauernpartei in Angriff, die – etwa durch entsandte vormalige SED-Mitglieder – stark von der Arbeiterpartei beeinflußt war.[189] Diese Neuschöpfung gehörte zu einer Gruppe politischer und wirtschaftsorganistorischer Maßnahmen, die – zunächst ohne signifikante Pläne für eine „Sowjetisierung" der SBZ – einem dreifachen Ziel dienen sollten. Sie sollten (1) den Reformen im Osten optimale Wirkung garantieren, (2) den politischen Status quo sichern und (3) die Bevölkerung in begrenzt pluralistischen, strikt kontrollierten Strukturen politisch aktivieren, natürlich im Interesse sowjetischer Deutschlandpolitik. Vor allem war bezweckt, größeren Teilen der Landbevölkerung, die sich der SED gegenüber noch immer sehr reserviert verhielt, bei künftigen politischen Auseinandersetzungen eine parteipolitische Alternative jenseits von CDU und LDP zu bieten.

186 Es hieß, im Westen würden, abgesehen von der unzureichenden Enteignung von Großgrundbesitz in der britischen bzw. dem völligen Fehlen einer Bodenreform in der amerikanischen Zone, keine ernsthaften Versuche unternommen, die Anbaufläche zu erweitern und den Viehbestand zu erhöhen. Einige Wirtschaftsvereinigungen des (mittlerweile vom Kontrollrat als aufgelöste Einrichtung des NS-Regimes betrachteten) Reichsnährstandes seien in der britischen Zone weiterhin aktiv. Siehe Bericht Korbuts an Semenov, 11. 10. 1947, AVP RF, fond 0457a, opis' 4, papka 17, delo 36, listy 18–22.

187 Siehe Befehl Nr. 61 der SMAD vom 14. 4. 1948 über die Vereinigung der gegenseitigen Bauernhilfe, ZVOBl. 1948, S. 475; BArch, DC 15, 872, Bl. 260.

188 Das DWK-Sekretariat behandelte am 28. 7. 1949 eine Vorlage zur Tätigkeit der VdgB unter Aufsicht der DWK laut SMAD-Befehl 61/1948. Die Vorlage wurde zurückgestellt.

189 Ausführlicher dazu Bauer, Blockpartei, S. 77–129. In der Bewertung gesellschaftspolitischer Absichten von SED-Führung und SMAD im behandelten Zeitabschnitt stimme ich mit Bauer nicht überein.

Insgesamt blieb die SMAD-Politik gegenüber den Bauernorganisationen bis Anfang 1948 auf der Suche nach Strukturen, die ihrem wirtschafts- und versorgungspolitischen Interesse genügen und gesellschaftspolitisch möglichst flexibel gehandhabt werden konnten. Privatwirtschaftliche Genossenschaften hatten darin nach wie vor einen Platz.[190]

2.4. Volksdemokratie? Visionen und erste Schritte

1948 wurde die SBZ-Entwicklung von widersprüchlichen Entscheidungen der östlichen Besatzungsmacht bestimmt. Von Jahresbeginn an, vor allem aber im zeitlichen Umfeld der Berlin-Krise, herrschte in Moskau deutschlandpolitische Unsicherheit.[191] Entsprechend den Wetterwendungen im interalliierten Klima stellten SMAD und SED-Führung vom Frühsommer 1948 an einmal mehr, einmal weniger deutlich die Weichen in Richtung einer Ausweitung des Klassenkampfes, einschließlich politischer Angriffe auf die bürgerlichen Partner im politischen System der SBZ. Die SED formierte sich zielstrebig weiter zu einer „Partei neuen Typs". Sie trieb die Entwicklung der SBZ ab Mitte 1948 unter Anleitung sowjetischer Berater (die ohne hinlänglichen Moskauer Auftrag agierten) in Richtung „Diktatur des Proletariats" voran. Erörtert wurde die Erweiterung des staatlichen Sektors. Die Zentralisierung von Planung und Verwaltung wurde ausgebaut, wenngleich für 1948 noch nicht von einer entscheidenden neuen Stufe bei der wirtschaftlichen Lenkung in der SBZ gesprochen werden kann.[192]

Da solche Bestrebungen, die sowohl innerhalb der SED-Führung als auch bei maßgeblichen SMAD-Vertretern schon zu recht konkreten Vorstellungen über das weitere Vorgehen führten, in Moskau nicht energisch genug abgelehnt wurden, sahen sich die Verfechter dieser Politik bestätigt. Sie wollten die SBZ in ihrer politischen und sozialen Entwicklung rasch den Weg der Volksdemokratien folgen lassen. Im Herbst 1948 rückte die SED vor dem Hintergrund des Jugoslawienkonfliktes von ihren Vorstellungen vom „besonderen deutschen Weg zum Sozialismus" öffentlich ab.[193]

Diese Politik war – bis auf die Stalinisierung der SED und das grundsätzliche Einverständnis mit dem theoretischen Dogma von der Allgemeingültigkeit der „Diktatur des Proletariats" – in Moskau nicht „abgesegnet" worden. Einen gesellschaftsstrategischen Kurswechsel hatte Stalin nicht vorgegeben. Unter den Bedingungen der viergeteilten Besatzungsherrschaft bestand zwar keine Gefahr, daß ein „Liebäugeln" mit der Volksdemokratie oder gar reale Schritte in diese Richtung in einen Bürgerkrieg in Deutschland münden würden, doch der Konflikt zwischen

190 Als mit Befehl Nr. 82 der SMAD vom 29. 4. 1948 die Rückgabe des durch den NS-Staat beschlagnahmten Eigentums an demokratische Organisationen umfassend rechtskräftig wurde, fielen darunter auch alle genossenschaftlichen Organisationen. In den deutschen Übersetzungen des Befehlstextes mußten nachträglich entsprechende Korrekturen aufgenommen werden, da zunächst nur von „Konsumgenossenschaften" die Rede war (BArch, DC 15, 872, Bl. 238-241).

191 Für diese gibt es wegen Quellenmangels noch keine ausreichende Erklärung. Siehe Scherstjanoi, Berlin-Blockade; dies., Staaten.

192 Siehe Steiner, Deutsche Wirtschaftskommission, S. 105.

193 Auf die objektiven und die subjektiven Hintergründe der Auseinandersetzungen im Osten Deutschlands kann hier nicht ausführlich eingegangen werden. Siehe Scherstjanoi, Deutschlandpolitische Absichten.

den Siegermächten spitzte sich stark zu und förderte die nationale Spaltung. Die interalliierten Spannungen vornehmlich im Kontext westlicher Staatskonsolidierung analysierend, schenkte die sowjetische Führung gleichwohl den volksdemokratischen Experimenten in der Politik ihrer ostdeutschen Interessenvertreter zunächst wenig Aufmerksamkeit. In Moskau blieb unbemerkt, daß die SED-Politik gegenüber den ländlichen Institutionen 1948 in der Tendenz radikaler wurde.

Dabei hatte sich die Partei-Führung, abgesehen vom unbestrittenen grundsätzlichen Anspruch der SED auf politische Hegemonie, noch nicht festgelegt, wie stark an den sozial- und bündnispolitischen Prämissen der Vorjahre gerüttelt und wie in diesem Zusammenhang mit VdgB und Genossenschaften umgegangen werden soll. Ihr Hauptaugenmerk richtete sich zunächst auf die VdgB als die stärker politische Institution. Bereits Ende 1947 hatte die SED zur „Ausschaltung der Großbauern" aus den VdgB-Leitungen aufgefordert. Großbauern machten damals nur etwa 8 Prozent aller Mitglieder aus. Knapp 16 Prozent der Ausschußmitglieder und knapp 17 Prozent der Vorsitzenden waren Ende 1947 auf allen Ebenen der Organisation Bauern der Kategorie „über 20 ha". In den Ausschüssen überwogen insgesamt Bauern mit 5–20 ha Land. Die SED hatte in den Führungsgremien viel Einfluß. LDP und CDU besetzten durchschnittlich nur etwa je 10 Prozent der Wahlämter.

Wirtschaftlich hatten sich 1947 viele größere Altbauernhöfe trotz Pflichtablieferung gefestigt, vor allem im Ergebnis intensiver Ausbeutung ländlicher Lohnarbeiter. Großbauern profitierten von fachlichen Erfahrungen und einem traditionellen sozialen Netzwerk im Dorfe. Natürlich waren sie bestrebt, die Reproduktionsbedingungen für den eigenen Betrieb zu verbessern und dafür auch politische Institutionen zu nutzen. Der Zutritt zur VdgB war ja keiner Bauerngruppe verwehrt gewesen, obgleich für Leistungen der Vereinigung per Gesetz gestaffelt (nach der Größe der Wirtschaften) zu zahlen war. Daß es den Altbauern mancherorts gelang, die örtlichen Vereinigungen zu dominieren, die Tarifregelungen zu unterlaufen und die VdgB-Technik doch zuerst auf den eigenen Feldern einzusetzen, bevor bedürftigere Neubauern sie zugewiesen bekamen, war kein billiger Propagandatrick der SED. Der Alt- und Großbauerneinfluß war tatsächlich gewachsen. „Gefährlich" war er für die SED zwar nicht. Es ist gleichwohl begreiflich, daß angesichts der Bedeutsamkeit staatlicher Wirtschaftshilfe die sogenannten „großbäuerlichen Elemente" von SED und Besatzungsmacht dort nicht geduldet wurden, wo sie kleinbäuerliche Produzenten bedrängten und ausnutzten.

Im Sommer 1948 sah sich die SED in dieser Haltung erheblich bestärkt, als sich zahlreiche „Kapitalisten auf dem Lande" als Mitglieder von CDU oder LDP in den politischen Auseinandersetzungen um die Währungsreform, die Berlin-Blockade und den Zweijahrplan mit deutlich antisowjetischen und Anti-SED-Parolen lauter bemerkbar machten. Die schärfere Gangart der SED den Großbauern gegenüber fand jedoch nicht die durchgängige Unterstützung der Klein- und Mittelbauern, sondern beeinträchtigte die allgemeine Stimmung auf dem Lande erheblich und nährte alte Ängste. Auch der DBD-Gründungskongreß zeigte ein übriges Mal „die Furcht der Bauern vor einer neuen Bodenreform und vor einer Kollektivierung", was die SMAD besorgt zur Kenntnis nahm.[194]

194 Siehe Memorandum der SMAD-Informationsverwaltung über die Zonenkonferenz der DBD am 16./17.7.1948, in: Bonwetsch/Bordjugov/Naimark, Politik, S.167f., hier S.168.

Der Besatzungsmacht mußte eigentlich daran gelegen sein, die VdgB als Massenorganisation sozial breit und nationalpolitisch offen zu gestalten. Doch insbesondere die politischen Abteilungen der SMAD waren dem „Volksdemokratisierungs"-Trend stark verfallen. So schien es der SMAD-Informationsverwaltung nun nicht mehr hinnehmbar, daß „das Großbauerntum immer mehr und mehr bestrebt [war], sich der Ausschüsse der VdgB zu bemächtigen" und daß „in vielen Kreisen [...] Parteilose und Vertreter der bürgerlichen Parteien an der Spitze der Ausschüsse der VdgB" sind.[195] Der Thüringer SMA-Landeschef Kolesničenko, ein entschiedener Gegner der These vom „friedlichen Hineinwachsen in den Sozialismus", forderte energische Maßnahmen gegen das „Eindringen von CDU-Mitgliedern in die Führungsorgane der VdgB, der Genossenschaften und der Raiffeisenvereine".[196] Ende 1948 setzten SED und SMAD besondere Untersuchungskommissionen ein, die Fälle von Sabotage der Kleinbauernhilfe zutage fördern sollten.[197] – Anders in der SMAD-Landwirtschaftsverwaltung. Dort sah man zwar auch, daß sich die „Kapitalisten" unter den Bauern um Einfluß in der VdgB bemühten und dabei auf politische Angebote von CDU und LDP eingingen. Doch blieben die abschließenden Urteile 1948 hier eher mild. Einer politisch zuverlässigen VdgB räumte die SMAD zugleich weiterhin wirtschaftliche Funktionen ein. Sie veranlaßte die deutschen Behörden zu eigentumsrechtlichen Fixierungen. Die bereits an die Vereinigung übergebenen und alle im weiteren noch in Nutzung zu gebenden Betriebe, die einst im Zuge der Bodenreform enteignet worden waren, sollten „als Eigentum der VdgB gesichert werden".[198]

Die bislang weniger als politische „Transmissionsriemen" und eher als Träger eines sozialen Bündnisses und als Ort wirtschaftlicher Interessenvermittlung gedachten (Raiffeisen)Genossenschaften waren für Kämpfe um politische Macht zwar weniger geeignet, doch auch in ihnen spiegelten sich gesellschaftliche Zustände, die die SED-Führung Mitte 1948 rasch ändern zu müssen glaubte. SED und SMAD hatten sich zuvor schon auf Landesebene für die Verdrängung von Großbauern und Großhändlern aus den Leitungen der Genossenschaften, insbesondere der großen Spezialgenossenschaften eingesetzt. Jetzt sahen sie den Widerstand der Raiffeisen-Eliten im Lichte eines sich verschärfenden Klassenkampfes und riefen öffentlich zur Wachsamkeit gegenüber großbäuerlicher Sabotage auf, was natürlich Proteste schürte. Die SED beobachtete, daß Großbauern auch in den neuen Genossenschaften ihren Einfluß geltend machen wollten, und versuchte, dies zu verhindern.[199] Sie stellte sich daher nicht nur die Aufgabe einer „Stärkung der führenden Rolle der VdgB im Verhältnis zu den landwirtschaftlichen Genossenschaften", sondern dachte auch an die „Entfernung der Großbauern aus den

[195] Vortrag Tjul'panovs vom 8.5.1948, in: Badstübner/Loth, Pieck-Aufzeichnungen, S. 216–227, hier S. 221 f.

[196] Diesen Standpunkt vertrat er zumindest gegenüber seinen Moskauer Vorgesetzten. Siehe Memorandum Kolesničenkos zur politischen Praxis in Deutschland, 29.11.1948, in: Bonwetsch/Bordjugov/Naimark, Politik, S. 183–198, hier S. 189.

[197] Siehe Kotow, Agrarverhältnisse, S. 48.

[198] Siehe Schreiben der SMAD-Verwaltung für Land- und Forstwirtschaft an die Deutsche Verwaltung für Land- und Forstwirtschaft, 6.3.1948, gez. Terent'ev [deutsche Übersetzung], BArch, DK 1, 8801, Bl. 9.

[199] Siehe Bericht des SED-Landesvorstandes Sachsen, (Oktober-November 1949) SAPMO BArch, DY 30, IV 2/7-292, unpag.

Leitungen der landwirtschaftlichen Genossenschaften. Ausschaltung der Viehgroßhändler und Übernahme ihrer bisherigen Aufgaben durch die landwirtschaftlichen Genossenschaften."[200] Die ZKK beschäftigte sich mit Beschwerden gegen landwirtschaftliche Genossenschaften.

Ende Juli 1948 verständigten sich die Abteilung Landwirtschaft des SED-Parteivorstandes und die SMAD über die Einrichtung eines Organisationsbüros für die Bildung zonaler landwirtschaftlicher Genossenschaftsverbände.[201] Eine Zonentagung der landwirtschaftlichen Genossenschaften wurde vorbereitet. Am 17. August, mitten in den Wirren der Berlin-Krise, einigten sich Genossenschaftler, VdgB- und SED-Agrarfunktionäre in Berlin auf die Gründung eines zonalen Verbandes noch möglichst im November. Zuvor sollte in einer „Versammlungswelle" jede einzelne Genossenschaft zum Vorhaben Stellung beziehen.[202]

Das Ansinnen der politischen Konsolidierung der Genossenschaftsleitungen wurde nun mit der Idee der Universalgenossenschaften verbunden. Deren erklärtes Ziel war es ja, Großbauern, Großhändlern und alten zentralen Verwertungs- bzw. Warengenossenschaftsverbänden den Einfluß auf die Wirtschaftstätigkeit der Genossenschaften zu nehmen. Zu den noch unentschiedenen Fragen zählte, wieviel Dörfer die kleinste Einheit der Universalgenossenschaften, die „Dorfgenossenschaft", umfassen sollte, inwieweit sie in die Erfassung zwangsbewirtschafteter Produkte und den Aufkauf nicht zwangsbewirtschafteter Produkte sowie in Geldgeschäfte einbezogen oder dafür verantwortlich gemacht werden, und wie eine „enge Zusammenarbeit mit der VdgB" aussehen sollte. Offensichtlich bestanden in der DWK auch Pläne, die sogenannten „Ausschüsse ‚Freier Markt'" (auch „Handelskommissionen ‚Freier Markt'" genannt) zu einem geschlossenen Aufkauf-Apparat in der SBZ zu formieren.[203] Doch diese Idee war nicht ausgereift. Die Auflösung der alten Zentralgenossenschaften scheint dagegen eine ausgemachte Sache gewesen zu sein. Solche Genossenschaften waren meist Gemein-

200 Vorbereitendes Papier der SED zur Besprechung mit Stalin am 18. 12. 1948, in: Badstübner/Loth, Pieck-Aufzeichnungen, S. 247–253, hier S. 250.

201 Ihm sollten Ernst Busse, Kurt Vieweg, Willi Wolf, ein weiterer VdgB-Funktionär sowie Vertreter aus den Ländern angehören. Etwa zeitgleich entstanden eine „engere Kommission von Agrarpolitikern beim Zentralsekretariat" des SED-Parteivorstandes, SAPMO BArch, DY 30, IV 2/7-74, unpag.; siehe auch Scholz, Bauernopfer, S. 73.

202 Siehe *Bauern-Echo*, 22. 8. 1948; Die deutsche Landwirtschaft 1948, Heft 9.

203 Siehe etwa *Neues Deutschland*, 20. 8. und 31. 8.; *Bauern-Echo*, 15. 8. 1948. Mit ihrer Anordnung vom 5. 5. 1948 (ZVOBl. 1948, S. 153–155) hatte die DWK die Bildung eines Ausschusses „Freier Markt" bei der DWK beschlossen und die Länder aufgefordert, Länderausschüsse, Stadt- und Kreisausschüsse zu schaffen. Diese Ausschüsse waren eine Art gemischter Deputation, bestehend aus Vertretern der VdgB, der FDGB, der Konsum- und der landwirtschaftlichen Genossenschaften sowie der Hauptverwaltung bzw. der Ministerien für Land- und Forstwirtschaft. Später sollten auch DFD-Vertreter, Abgesandte der Volkssolidarität und Polizeibeamte mitwirken. Die Ausschüsse sollten den Aufkauf von Übersollmengen der Agrarbetriebe fördern und lenken und hierfür – je nach Vorhandensein – private, genossenschaftliche oder volkseigene Aufkaufbetriebe und Aufkäufer bestimmen und kontrollieren. Die Agrarerzeugnisse waren vor allem zur Belieferung von Betriebskantinen, Krankenhäusern und dergleichen nach Befehl Nr. 234/1947 der SMAD gedacht, später auch für die Belieferung der in den Städten vorgesehenen „freien Läden" und „freien Gaststätten" zum marken- und punktkartenfreien Erwerb von Produkten (Ende 1948 in der staatlichen Handelsorganisation HO zusammengefaßt). 1948 wurde den Landesregierungen durch DWK-Weisung ein Sonderkontingent „Freier Markt" zur Verfügung gestellt, aus dem „freie Spitzen" dem Erzeuger zu einem günstigen Preisverhältnis mit Industriewaren vergütet wurden. Die Ausschüsse fungierten zunächst nur als Bedarfsermittler und Kontrolleinrichtungen.

schaftsunternehmen großer privater Viehzucht- und Milchbetriebe, die die Möglichkeit des freien Handels mit nicht zwangsbewirtschafteten Produkten und mit sogenannten „Übersollmengen“ nutzten. Sie schlossen nur einen geringen Teil der Bauernschaft ein[204] und waren in der Tat das eigentliche „kapitalistische Element“ auf dem Lande.[205]

Die SED griff die Führungen zentraler Verwertungsgenossenschaften nun erfolgreich an. Es gelang ihr, 26 leitende Angestellte der Vieh-Zentralgenossenschaft in Sachsen vorsätzlicher Vergehen, Betrügereien und personalpolitischer Unregelmäßigkeiten zu überführen. Vorstand und Aufsichtsrat wurden abgesetzt und die Posten zum Teil mit SED-Funktionären neu besetzt.[206] Die Agrarfunktionäre im zentralen SED-Parteiapparat stellten die Aufgabe, „im Zuge der Genossenschaftswahlkampagne zur Bildung der Zonengenossenschaftsverbände eine weitere Säuberung der Genossenschaftsorganisationen durchzuführen“.[207] Richtlinien zur Steigerung der SED-Mitgliederzahlen wurden erarbeitet und der SMAD-Landwirtschaftsverwaltung zugeleitet.[208]

Verbindliche, zentrale sowjetische Vorgaben sind weder für den Umgang mit den alten Zentralgenossenschaften noch für das Reformkonzept insgesamt belegt. SED-Landesleitungen und SMA-Vertreter in den Ländern trafen sich vermutlich zu Konsultationen. Der Aktivist der Raiffeisengenossenschaften in der SBZ und Kritiker der SED-Genossenschaftspolitik Karl von der Neide bemerkte später: „Die historische Genauigkeit gebietet es, festzustellen, daß der Anstoß zu dieser Neuausrichtung nicht von den Sowjets kam, sondern den deutschen Kommunisten vorbehalten blieb [...]. Wenn es nach den sowjetischen Genossenschaftsexperten gegangen wäre, hätte dieser in revolutionärer Form vollzogene Einschnitt wohl noch einige Zeit Aufschub erfahren. In jenen Tagen lag Karlshorst – zum mindesten auf landwirtschaftlichem Gebiet – noch nichts an Zwangsmaßnahmen.“[209]

Dieser Rückblick ist durch Quellen nicht verifizierbar, aber glaubhaft. Zeitliches Taktieren könnte die sowjetische Politik bestimmt haben, doch inhaltliche Einwände gegen das Reformkonzept der SED sind ebenfalls nicht auszuschließen. Der vergleichende Blick auf die sowjetische Geschichte fördert nämlich ein aufschlußreiches Detail zutage. Während der Sowjetstaat im Interesse besserer Ein-

204 Nach einer Äußerung Paul Merkers vom Februar 1949 war nur jeder 35. Bauer der SBZ Mitglied einer Viehverwertungsgenossenschaft, nur jeder 90. Bauer Mitglied einer Viehzuchtgenossenschaft. *Neues Deutschland*, 23.2.1949, S.4.

205 So hatten die fünf Viehverwertungsgenossenschaften Sachsens, die in einer Viehzentralgenossenschaft zusammengefaßt waren, mit ihren 242 Mitgliedern 1947 einen Umsatz von über 300 Millionen Mark, während der Umsatz der Warengenossenschaften mit über 20000 Mitgliedern im gleichen Jahr ca. 500 Millionen Mark betrug (Vierteljahresbericht I/1949, SED-Landesleitung Sachsen, SAPMO BArch, DY 30, IV 2/7-63, unpag.).

206 Siehe Vierteljahresbericht der Abteilung Landwirtschaft des SED-Landesvorstandes Sachsen (Auszugsweise Abschrift), 20.8.1948, SAPMO BArch, DY 30, IV 2/7-292, unpag.

207 Schreiben an alle SED-Landesvorstände, Abteilungen Landwirtschaft, im Arbeitsplan der Abteilung IV c (Landwirtschaft) beim SED-Zentralsekretariat, (September 1948), SAPMO BArch, DY 30, IV 2/7-74, unpag.

208 Siehe Entwurf für Richtlinien, Juni/Juli 1948, als beschlossene Richtlinien am 17.7.1948 an Korbut, SAPMO BArch, DY 30, 2/2.022, 27, unpag.

209 Siehe von der Neide, Raiffeisens Ende, S.10. Worauf die Bewertung der sowjetischen Absichten fußt, ist nicht deutlich.

flußnahme auf das ländliche Genossenschaftswesen vorhandene Universalgenossenschaften durch ein Netz von Spezialgenossenschaften zu ersetzen gesucht hatte, wählte die SED den umgekehrten Weg. Ob die sowjetischen Berater dies so wahrnahmen, wissen wir nicht. Immerhin fallen aber merkliche Unebenheiten im relativ langwierigen Prozeß der Konzipierung einer neuen Genossenschaftsstruktur auf.[210] Die anti-großbäuerlichen Bestrebungen der SED fanden 1948 in der SMAD gleichwohl prinzipielle Unterstützung.

Ein Akt der Demokratie war die Vorbereitung von Universalgenossenschaften gewiß nicht, Versammlungen zur Gewährleistung gemeinschaftlicher Meinungsbildung fanden nicht statt. Doch war eine derartige Umstrukturierung des Genossenschaftswesens wie die beabsichtigte auch nur mit Druck „von oben" durchzusetzen. Jede genossenschaftsinterne Debatte hätte die bestehenden sozialen Mehrheitsverhältnisse in den Führungsgremien, die man ja ändern wollte, nur restauriert. Die SED versuchte einen Teil der traditionellen Strukturen im Genossenschaftssystem zu eliminieren und diesem damit ein ausgesprochen klein- bis mittelbäuerliches Gepräge zu geben.

Zugleich verlief die Verständigung mit der Besatzungsmacht gerade in der zweiten Hälfte des Jahres 1948 außerordentlich widersprüchlich. Ausdruck undurchsichtiger Pläne im Agrarbereich war am 10. November 1948 der Beschluß des DWK-Sekretariats, mit sofortiger Wirkung eine „Verwaltung der Maschinen-Ausleih-Stationen" unter Aufsicht des Zentralvorstandes der VdgB zu gründen.[211] Die vorbereitete Gründung einer der DWK unterstellten Zonenzentrale für Landtechnik wurde zurückgestellt. Auf der Basis von VdgB-Maschinenhöfen[212] und landeseigenen Betrieben (kleineren Reparatur- oder Transportunternehmen) entstanden nun agrartechnische Basisbetriebe, größer angelegt und besser ausgestattet, als es die Maschinenhöfe der VdgB bislang waren. Bemerkenswert ist, daß kurzerhand auch Reparaturwerkstätten der Genossenschaften in die alleinige Verfügung der „Verwaltung der MAS" gegeben wurden. Der Gesetzestext enthielt hier den seltsamen Zusatz: „unbeschadet der Regelung der Eigentumsverhältnisse". Dahin-

210 Bauer, Blockpartei, S. 300, behauptet: „Das Vorgehen gegen die ‚Großbauern' war nun begleitet von konkreten Experimenten zur Einführung von Modellen der kollektiven Bewirtschaftung." Es ging angeblich um eine Form von „Produktivgenossenschaften" ohne kollektive Eigentumsstruktur. Dies ist höchst seltsam und so noch nirgendwo erwähnt. Bauers Quellenbeleg löst das Rätsel nicht auf.

211 Siehe Anordnung über die Gründung der Verwaltung der Maschinen-Ausleih-Stationen vom 10. 11. 1948, in: ZVOBl. 1948, S. 525 f.; Protokoll der Sitzung des DWK-Sekretariats am 10. 11. 1948, BArch, DC 15, 360, Bl. 1-3, 8-9. Laut Sitzungsprotokoll erging an Steidle und Vieweg der Auftrag zur Durchführung einer Besprechung über die „Abgrenzung der Aufgabengebiete der ländlichen Genossenschaften sowie der MAS".

212 Einige größere Maschinenparks der VdgB trugen bereits 1947 den Namen „Maschinen-Ausleih-Stationen". Hier nahm man sprachliche Anleihe am sowjetischen Vorbild. Allerdings bestanden die *maschinno-prokatnye punkty* oder *maschinno-prokatnye stancii* in der UdSSR, die Vorläufer der in der Kollektivierungsphase aufgebauten Maschinen-Traktoren-Stationen, häufig bei Staatsgütern. Sie waren von Anfang an staatliche Betriebe. Ausleihstationen für Agrartechnik gab es Ende der vierziger Jahre allerdings auch in einigen Ländern, die nicht in Verdacht geraten waren, „sowjetisiert" worden zu sein, etwa in Dänemark und Schweden. Auch bei den frühen MAS handelt es sich nicht um sowjet-systemische Erscheinungen, sondern um Einrichtungen, für die unter sehr ähnlichen volkswirtschaftlichen Bedingungen systemunabhängig ein nationaler Bedarf bestehen konnte. Dem konnte man freilich in verschiedenen Eigentumsformen gerecht werden.

ter verbargen sich Unklarheiten sowohl über den Umgang mit genossenschaftlichem Eigentum als auch über die Stiftung neuen zonalen Volkseigentums. Was rechtlich gesehen eine Art „Zwangsbewirtschaftung" verschiedenen Eigentums darstellte, hatte allem Anschein nach noch keinen hinlänglich geklärten gesellschaftspolitischen Hintergrund.

Resümee

Die Politik von SED und SMAD gegenüber der VdgB und den Genossenschaften war bis 1948 der Versuch eines agrarwirtschaftlichen Arrangements zwischen öffentlichem und privatem Wirtschaftssektor, um eine krisenanfällige Landwirtschaft voranzubringen. Dieser Versuch trug einen antimonopolistischen, zunehmend antikapitalistischen Grundzug, und mit genau diesem Charakteristikum waren zugleich soziale Egalisierungs- und nationale Einheitsbestrebungen verbunden. Eine ökonomische Stärkung des ländlichen Mittelstandes war durchaus gewollt, allerdings nicht auf Kosten ländlicher Untergruppen und Kleinproduzenten. Die Siegermacht bezweckte, den deutschen Bauern unter den harten Nachkriegsbedingungen erträgliche Arbeits- und Lebensbedingungen sowie neue Organisationsmöglichkeiten zu schaffen (auch zur Sicherung der eigenen Reparationsforderungen aus der deutschen Wirtschaft), wobei sie sich natürlich vorbehielt, im Rahmen alliierter Vereinbarungen politische und wirtschaftliche Prämissen zu setzen.

Ab 1947 prägten zonale Zentralisierungsprozesse die strukturelle Entwicklung von ländlichen Interessenvertretungen. Sie entsprachen den Wirtschaftsinteressen der meisten Agrarproduzenten selbst, gingen aber vor allem von der SED-gelenkten Wirtschaftsverwaltung aus. Deren Entscheidungen ist volkswirtschaftliche Rationalität nicht abzusprechen. Sie zu „staatlichen Zwangsmaßnahmen" allein im Interesse von kommunistischer Machtkonzentration zu erklären, die „zu einer Verfälschung der alten, bewährten Raiffeisenidee führen mußte[n]"[213], würde sowohl die Sicht auf die SED-Agrarpolitik vereinfachen als auch die bäuerliche Selbsthilfe in einer stark differenzierten ländlichen Gemeinschaft unter ungünstigen volkswirtschaftlichen Rahmenbedingungen idealisieren. Während die großen gesellschaftspolitischen Linien für die SBZ noch nicht gezeichnet waren, leitete sich die SED Antworten auf drängende Wirtschaftsfragen aus eigenen aktuellen Einschätzungen und allgemeinen Vorstellungen von sozial gerechten Lösungen ab, kontrolliert und angeleitet von einer weitgehend pragmatisch urteilenden SMAD. Hierbei waren Modifizierungen im ideologischen Rüstzeug ganz und gar zeitgemäß. International und „lagerintern" war da auch 1948 noch einiges im Fluß. Im Kontext ihrer „Volksdemokratisierungs"-Bestrebungen gingen SED und SMAD ab Sommer 1948 dazu über, die Schaffung agrarökonomischer Zentren einer von der „Partei neuen Typs" dominierten Staatsgewalt vorzubereiten, die mit dörflichen Stützpunkten ihrer Herrschaft den Einfluß auf die Produzenten erheblich erhöhen sollte: wirtschaftlich wie politisch.

Nach stalinistischem Verständnis bestand beim Aufbau des Sozialismus eine erste wichtige Zäsur im Übergang zur „Liquidierung des Kulakentums als Klasse", eine

213 So sieht es K. von der Neide, Raiffeisens Ende, S. 13.

weitere in der Eliminierung jeglicher Individual- bzw. Familienbewirtschaftung. Aus der Sicht der SED-Führung war in der zweiten Hälfte des Jahres 1948 der Zeitpunkt für den ersten Höhepunkt der Klassenauseinandersetzung auf dem Lande gekommen. Die internationalen Spannungen und der Beginn des Kalten Krieges bestärkten sie in der Annahme, zur Verschärfung des Klassenkampfes auf dem Lande gebe es keine Alternative. Unmittelbares Ziel wurde die „ökonomische Aushebelung" des Großbauern, zugleich die Eroberung letzter „ökonomischer Kommandohöhen" im Agrarbereich. Ob noch bei Lenin und seinen Vorstellungen vom allmählichen, genossenschaftlichen Eindämmen kapitalistischer Tendenzen oder aber bei Stalin und seinem „Leninschen Genossenschaftsplan" anzuknüpfen wäre, das wollten 1948 weder die SED noch die SMAD genau festlegen. Und angesichts der anhaltenden theoretischen Debatten in den „neuen Demokratien" Ost- und Südosteuropas einerseits sowie der deutschlandpolitischen Orientierungsnot der UdSSR andererseits ist das doppelt erklärlich. Die SED entschied sich zu ersten Schritten der Machtkonzentration: Sie unterstellte die Technik-Leihbetriebe einer zentralen Planung und Lenkung. In den Genossenschaften drängte sie wirtschaftsstarke Bauern aus den Entscheidungsgremien. Eigentumsfragen blieben unbeantwortet.

Schließlich lief alles auf eine Entscheidung über die weitere Perspektive politischer und gesellschaftlicher Strukturen in der SBZ hinaus. Auf dem Lande mußte über die familienbetriebliche Grundstruktur sowie das Verhältnis von privatem und staatlichem Sektor in Produktion und Handel entschieden werden. In Abhängigkeit davon war nach privaten, kommunalen und staatlichen Investitionen, Interessenvertretung der Hauptproduzenten, gemeinschaftlichen Verwertungsmechanismen und ähnlichem zu fragen. Die Behandlung aller zu Marktproduktion tendierenden, Technisierung und Intensivierung anstrebenden Betriebsinhaber mußte unter dem Gesichtspunkt der Stärkung der Volkswirtschaft, aber auch unter klientelpolitischem Blickwinkel für eine einigermaßen überschaubare Frist überdacht werden. Zum Zwecke der Kursbestimmung für die SBZ setzte die SED-Führung eine erste zonenweite Parteikonferenz an. Die Signale, die von ihr ausgehen sollten, waren in Moskau auf höchster politischer Ebene abzustimmen.

II. Das Moskauer Spitzentreffen im Dezember 1948 und seine Folgen

Das Treffen der SED-Parteiführer mit Stalin fand – nach Terminverschiebungen[1] – am 18. Dezember 1948 im Moskauer Kreml statt. Auf ihm sollten die Aussichten und Ziele sowjetischer Deutschlandpolitik und die wichtigsten Schritte SED-gelenkter ostzonaler Entwicklung vor dem Hintergrund der drohenden staatlichen Teilung Deutschlands erörtert werden. Der Konflikt der Alliierten in der Berlinfrage war zu diesem Zeitpunkt bereits weitgehend beigelegt. Stalin hatte neue Hoffnungen geschöpft, die Westmächte doch noch an den Verhandlungstisch zu bekommen. Er meinte, einem Friedensvertrag wieder näher zu sein.

Die SED-Abordnung bestand aus den beiden Parteivorsitzenden Wilhelm Pieck und Otto Grotewohl, dem stellvertretenden Parteivorsitzenden Walter Ulbricht und Parteivorstandsmitglied Fred Oelßner, der als Dolmetscher fungierte. Sie wurde vom Generalsekretär des ZK der KPdSU(B) und Vorsitzenden des Ministerrates der UdSSR Josif V. Stalin und Außenminister Vjatčeslav M. Molotov (zugleich Politbüromitglied) empfangen. Zugegen waren auch der Politische Berater des Chefs der SMAD, Vladimir S. Semenov, und ein Mitarbeiter der internationalen Abteilung des ZK der KPdSU(B), der vermutlich ebenfalls als Dolmetscher eingesetzt wurde. Die Unterredung dauerte fast vier Stunden.[2]

Bereits unmittelbar vor dem Spitzengespräch muß der SED-Führung signalisiert worden sein, daß für die SBZ andere Verhältnisse in Rechnung zu stellen sind als für die Volksdemokratien. Die SED hatte im Herbst, von SMAD-Politoffizieren ermuntert, weitgehende staatliche Eingriffe in „privatkapitalistische [Industrie]Betriebe mit besonderer volkswirtschaftlicher Bedeutung“ (das waren meist Produktionsstätten mit mehr als 100 Beschäftigten) erwogen sowie die „Verstaatlichung der Betriebe mit über 50 Beschäftigten“.[3] Doch im Vortrag bei Stalin nahm Pieck diese Pläne in Teilen wieder zurück. Folgt man dem russischen Gesprächsprotokoll, so kamen die Gesprächspartner ausgerechnet über die Großbauernproblematik auf die strategische Grundsatzfrage nach der Perspektive der ostdeutschen Privatwirtschaft zu sprechen.

Stalin ging auf die jüngsten Modifizierungen in den SED-Aussagen kaum ein, er bezog sich wohl auf die vorher eingereichten Papiere. Den darin enthaltenen Enteignungsplänen erteilte Stalin eine Abfuhr, indem er auf die mündlich nur noch vage vorgetragene Absicht zur Einschränkung der „kapitalistischen Elemente“ in der SBZ heftig reagierte. Er machte der SED-Abordnung in aller Deutlichkeit klar,

[1] Die SED erhielt die erste Vorladung nach Moskau im Oktober 1948. Näheres siehe Scherstjanoi, Deutschlandpolitische Absichten, S. 50.

[2] Siehe Sowjetisches Wortprotokoll, gez. Semenov, in: Istoričeskij archiv, 2002, H. 5, S. 3–26; deutsche Übersetzung: Aufzeichnung des Gespräches der Genossen I. V. Stalin mit den führenden Vertretern der SED W. Pieck, O. Grotewohl und W. Ulbricht am 18. Dezember 1948, in: Scherstjanoi/Semmelmann, Gespäche Stalins, Teil 1, S. 147–166; Manuskripte und Notizen zur Reise nach Moskau vom 12.–24. 12. 1948, in: Badstübner/Loth, Pieck-Aufzeichnungen, S. 246–274.

[3] Siehe Antwort auf die Fragen zur Besprechung am 18. 12. 1948, in: Badstübner/Loth, Pieck-Aufzeichnungen, S. 250f.

daß die sowjetische Führung augenblicklich keine weiteren Enteignungen in der SBZ wünscht, sondern soziostrukturelle Stabilität und politische Entspannung. „Vorerst ist keinerlei Enteignung nötig, diese Angelegenheit ist noch nicht herangereift", erklärte Stalin. Es würden keine Verordnungen gebraucht, „die den kapitalistischen Elementen direkt aufs Haupt schlagen. [...] Die Kontrolle über die Privatbetriebe muß man auf andere Weise herstellen. In Deutschland besteht eine komplizierte Lage, man darf nicht direkt zum Sozialismus gehen [worunter Stalin verstand: „die Grundsätze der Volksdemokratie einführen"], sondern im Zickzack. Darin liegt die Besonderheit der Aufgabe."[4] Nachdem Ulbricht noch einmal für eine stärkere Einbindung der Privatindustrie in die staatliche Planung plädiert hatte, erläuterte Stalin „das Mißverständnis besteht darin, daß Sie die Privatunternehmen auf administrativem Wege einbinden wollen, man muß sie aber wirtschaftlich binden; Sie können auf sie als Auftraggeber, aber auch als Rohstoff-Zulieferer Einfluß nehmen."[5]

Stalin erläuterte, wie vermittels staatlicher Monopole die private Industrie zu zähmen sei. Er empfahl Verträge statt Planauflagen.[6] Ein Gesetz gegen Spekulanten hielt er für sinnvoll und meinte, es würde als Maßnahme einer gewissen Eindämmung kapitalistischer Bestrebungen bei der deutschen Bevölkerung durchaus Anklang finden. Vorschläge über die Unterstellung der Privatbetriebe unter die Planungsabteilungen der deutschen Wirtschaftskommission (DWK) und deren Hauptverwaltungen seien aber untauglich.

Die Order lief darauf hinaus, den sozialen und politischen Status quo in der SBZ weiter beizubehalten, die demokratische Ordnung zu festigen, wie es damals hieß.[7] Das bedeutete: keine weiteren Enteignungen und keine Auflösung des Blocks der antifaschistischen Parteien.[8] Pieck notierte, es dürfe keinesfalls das Mißverständnis aufkommen, „als ob wir alles enteignen". „Nicht gegen Gruppen von Kapitalisten vorgehen, nur gegen Einzelne, die sabotierten"! Und „nicht auf Plan pochen, sondern differenzieren".[9] – Der unmittelbare Übergang zur Volksdemokratie war damit vom Tisch. Walter Ulbricht erklärte wenig später auf der 1. Parteikonferenz der SED (25.–28. Januar 1949), daß die SED weder heiße noch kalte Enteignung beabsichtige.[10]

Die Moskauer Vorgabe stellte natürlich die Bedeutung des mittlerweile stalinisierten und streng am Leitbild des sowjetischen Staatssozialismus ausgerichteten Volksdemokratie-Konzeptes auch für Deutschland nicht generell in Frage. Vom „besonderen deutschen Weg zum Sozialismus" hatte sich die SED unter Aufsicht

[4] Gespräch mit Stalin am 18.12.1948, zitiert bei Scherstjanoi/Semmelmann, Gespräche Stalins, S. 154.

[5] Ebenda, S. 159.

[6] Am 18. Mai 1949 wird die DWK einen Beschluß annehmen, wonach die Beziehungen zwischen volkseigenen und privaten Betrieben auf der Basis von Verträgen zu regeln sind. Produktionsauflagen wurden nicht mehr erteilt.

[7] Siehe dazu auch Badstübner, Problem, S. 579–592; Staritz, SED, S. 3–16.

[8] Die Vorgabe lautete wie vor 1948: „Rechten Flügel in bürgerl. Parteien schlagen, fortschrittliche Kräfte stärken". Siehe Piecks Bericht über die Besprechung am 18.12.1948, in: Badstübner/Loth, Pieck-Aufzeichnungen, S. 265–275, hier S. 269.

[9] Bericht über die Besprechung am 18.12.1948 in Moskau, in: Badstübner/Loth, Pieck-Aufzeichnungen, S. 265, 267f.

[10] Siehe Protokoll der Ersten Parteikonferenz, S. 148.

der SMAD-Politoffiziere im Herbst 1948 bereits verabschiedet. Und jetzt führte Stalin nicht aus, ob Volksdemokratie über kurz oder lang auch für die SED ein Modell sein könnte. Er verhinderte lediglich eine aus seiner Sicht vorschnelle Übernahme des Kurses. Die SED-Delegation erfuhr, „daß man die Aufmerksamkeit des deutschen Volkes gegenwärtig nicht auf jene Fragen konzentrieren soll, die in den Ländern der Volksdemokratie bestehen, sondern auf die Fragen der Einheit Deutschlands, des Friedensvertrags, der Preissenkungen, der Lohnerhöhung, der besseren Ernährung. Das wird ganz Deutschland verbinden, und das ist das allerwichtigste. Genau um diese Fragen muß sich die gesamte Arbeit drehen."[11]

Die Vokabel von Zickzack-Kurs zum Sozialismus wird oft als Beleg für verschleierte Teilungs- und Sowjetisierungsabsichten zitiert. Entscheidend scheint die Wortverbindung „zum Sozialismus" zu sein. Doch die ist wahrlich keine Entdeckung, verstand sich die SED doch als eine Partei, die Deutschland zum Sozialismus führen will. Der Zickzack-Kurs ist auch kein Indiz für einen Kurs auf staatliche Teilung. Die im Wortprotokoll erkennbaren Zusammenhänge machen vielmehr deutlich, daß er einer mit gesamtdeutschem Ausblick war. Zickzack bedeutete Rücksichten, Kompromisse, flexible Taktik – solange eine politisch-staatliche Einheit nicht gegeben ist; in einem geeinten Deutschland könne dann über Wege zum Sozialismus nachgedacht werden. Stalin sprach von notwendigem „Opportunismus". Ob diese Rücksichten strategischer oder „bloß" taktischer Natur waren, läßt sich aus der Formel nicht ablesen (Die Begriffe werden in der Historiographie ohnehin nicht einheitlich benutzt.). Die sowjetische Führung vermied es, die Vorgabe zu charakterisieren. Zumindest ist nicht bekannt, daß sie auf das Verhältnis von Strategie und Taktik in der nationalen Politik der SED im Untersuchungszeitraum je explizit einging. Sie wußte aber in Rechnung zu stellen, daß es Sozialisierungsmodelle in Deutschland (und inzwischen auch in Westeuropa) mittlerweile sehr schwer hatten. Entsprechende Ankündigungen ließen antisowjetische Stimmungen wachsen, was die Moskauer Führung im Bemühen um einen Friedensvertrag mit Deutschland überhaupt nicht gebrauchen konnte.

Diese Position behielt Stalin übrigens bei, auch als sich die staatliche Teilung Deutschlands Mitte 1949 immer deutlicher abzuzeichnen begann. Mit der Gründung der beiden deutschen Staaten gab er seine Einheitsoption nicht auf, die Formel vom Zickzack-Kurs behielt ihre Gültigkeit.[12] Im Februar 1950 brachte Politberater Semenov sie gegenüber Pieck erneut ins Gespräch. Letzterer notierte: „Wir gehen zum Sozialismus – aber Zick-Zack, wir sprechen nicht davon."[13] Die Wiederholung scheint hier vor allem eine Beruhigungsfunktion gehabt zu haben und wirkte gegenüber der SED-Führung als Bestätigung dafür, daß Moskau das Sozialismus-Ziel für Deutschland nicht gänzlich aus dem Blick verloren hatte.

Der von Stalin im Dezember 1948 gewiesene Weg des ostdeutschen Teilstaates führte also vorerst in einen sozial einigermaßen befriedeten Wiederaufbau unter

[11] Gespräch mit Stalin am 18. 12. 1948, zitiert bei Scherstjanoi/Semmelmann, Gespräche Stalins, S. 154f.

[12] Siehe Badstübner, Vom Reich; Lemke, Einheit; Loth, Stalins ungeliebtes Kind; Scherstjanoi, Zwei deutsche Staaten; Scherstjanoi, Provisorium.

[13] Wilhelm Pieck in der Notiz während einer Begegnung mit SKK-Politberater Semenov am 14. 2. 1950, in: Badstübner/Loth, Pieck-Aufzeichnungen, S. 333f., hier S. 334.

den Bedingungen einer Mehrsektorenwirtschaft. In den Volksdemokratien standen dagegen struktureller Sozialumbruch und (man meinte: gesetzmäßig) sich verschärfender Klassenkampf auf der Tagesordnung. Wie zu Beginn der NÖP in der Sowjetunion, so waren auch im Falle der DDR keine Festlegungen getroffen, wie lange die revolutionäre „Verschnaufpause" anhalten soll. Für die Sowjetunion seinerzeit von Lenin aus deren ökonomischer Unterentwicklung abgeleitet[14], von Bucharin dann als längerfristig alternativlose Politik begründet, war die Deforcierung sozialer Umgestaltung von Stalin zwar wieder zurückgenommen worden, doch ließ der nach Kriegsende für Mittel- und Südosteuropa die Vorstellung von nationalen Sonderwegen zu. Deren Revision wiederum setzte 1949 gerade erst ein, die Konsequenzen waren allenthalben noch unklar und für Ostdeutschland in einer ganz spezifischen Weise von nationalstaatlichen Problemen tangiert. So entsprang die Deforcierung im Fall der DDR in erster Linie der Einsicht, daß die nationale Frage in Deutschland kompliziert zu lösen war. Daß bei deren Fortentwicklung die Sicherheitsinteressen der UdSSR für die SED Vorrang haben müßten, war unumstritten. Doch die SED konnte 1949 weder selbstverständlich davon ausgehen, daß die Atempause kurz werden würde, noch hatte sie eine Vorstellung davon, unter welchen Voraussetzungen und wann die Preisgabe des aktuellen Moskauer Kurses nötig werden würde. Wilhelm Pieck notierte während oder unmittelbar nach dem Treffen als aktuelle Aufgabe: „Keine Enteignung, noch zu früh, in SU 1925/27, Vorstufe zu Kollektivisierung, noch keine Volksdemokratie, nicht gegen Gruppen von Besitzern vorgehen, [... wir] stehen nicht vor der Macht. Einheit. Frieden."[15]

[14] Lenin hatte keinen verbindlichen Fahrplan mit Angaben zur Dauer der NÖP entworfen. Es besteht auch Anlaß zu der Annahme, daß er anfängliche Vorstellungen von einer kurzen Atempause später zugunsten längerfristiger Übergangsprozesse revidierte, ohne dies noch begründen zu können. Er verstarb 1924.

[15] Ergebnis der vierstündigen Besprechung am 18. 12. 1948, in: Badstübner/Loth, Pieck-Aufzeichnungen, S. 259–263, hier S. 260f.

1. Die agrarpolitischen Vorgaben

Was die Agrarverhältnisse konkret anbelangte, so hatte die SED Ende 1948 keine sofortige Veränderung der Bodenbesitzverhältnisse vorgesehen. Sie wollte die Großbauern weiter wirtschaften lassen, aber aus den oberen Etagen der Institute wirtschaftlicher Mitwirkung verdrängen. Pieck erklärte in Moskau (laut sowjetischem Protokoll), „daß es notwendig ist, ihren Einfluß auf die Wirtschaftsorganisationen der Bauern einzuschränken, die sie unter ihre Kontrolle gebracht haben. Veränderungen bei den Besitzverhältnissen an Grund und Boden sind nicht vorgesehen. Gerüchte über eine zweite Bodenreform entbehren der Grundlage. Es besteht allerdings die Gefahr, daß die Großbauern überall wichtige Posten in den Vereinigungen der gegenseitigen Bauernhilfe erlangen, viele sind in die SED eingetreten und haben sogar eigene SED-Gruppen gebildet. Es ist notwendig, den Einfluß der Mittel- und Kleinbauern auf dem Lande zu erhöhen. Dazu sind einige Maßnahmen zu ergreifen, insbesondere im Hinblick auf eine stärkere Differenzierung bei den Steuern."[16] Außerdem schlug die SED vor: „Der Großhandel soll schrittweise in die Hände des Staates übergehen. Das ist besonders für die Bauern wichtig, denn die Viehgroßhändler betrügen sowohl die Bauern als auch den Staat. Auf dem Lande erweitern die Großbauern ihren Einfluß in den Komitees der gegenseitigen Bauernhilfe und versuchen, diese in den alten Reichsnährstand umzuwandeln. Den Machenschaften der Großbauern ist deshalb erhöhte Aufmerksamkeit zu schenken."[17]

Stalin wollte den Fortbestand großbäuerlicher Betriebe sichergestellt haben. Er wies an: „Auf dem Lande sind jene Großbauern, die Naturalabgaben leisten, nicht anzutasten." Nur im äußersten Fall sei Eigentum zu konfiszieren. „Im übrigen ist es besser, auf Konfiskationen zu verzichten und denjenigen, die die Ablieferungspflicht nicht erfüllen, das Land und das Inventar zu staatlichen Preisen zwangsweise abzukaufen. [...] Es gibt genügend Mittel, um die Tätigkeit der Großbauern auf legaler Grundlage unter Kontrolle zu nehmen."[18] Stalin riet zu flexibler Abgabenpolitik. Gleichwohl unterstützte er die SED-Führung in ihrem Vorhaben, den Großbauerneinfluß in den Genossenschaften und in der VdgB zu minimieren. Pieck schrieb sich auf: „Einfluß der Großbauern brechen, landwirtschaftliche Genossenschaften von den reaktionären Elementen säubern,"[19] die MAS „zu polit[ischen] Zentren machen"[20]. Zugleich dürften Großbauern nicht restlos politisch verprellt werden. Stalin meinte, sogar in die SED solle man sie aufnehmen, wenn sie das wollten, aber dies wäre nur ein Ratschlag.

Die Ertragssteigerung in den kleinen und mittelgroßen Bauernwirtschaften kam zur Sprache. Ulbricht verwies darauf, daß es primär um Abgabenerleichterungen für Kleinbauern gehen muß. Deren Produktionsverhältnisse müßten verbessert, die Abhängigkeit von großbäuerlich bestimmten Liefer- und Verwertungsgenos-

[16] Gespräch mit Stalin am 18.12.1948, zitiert bei Scherstjanoi/Semmelmann, Gespräche Stalins, S.153f.
[17] Ebenda, S.153.
[18] Ebenda, S.154.
[19] Bericht über die Besprechung am 18.12.1948, in: Badstübner/Loth, Pieck-Aufzeichnungen, S.268.
[20] Ergebnis einer vierstündigen Besprechung am 18.12.1948, in: ebenda, S.261.

senschaften beseitigt werden. Man einigte sich darauf, das Ablieferungssystem – bei allen Vergünstigungen für Kleinbauern – insgesamt „elastisch" zu halten.[21] Ausgiebig wurde über den Technik-Verleih durch die MAS gesprochen. Denn, wie Stalin es formulierte: „Bauern brauchen Maschinen. Wenn Sie damit beginnen, werden die Bauern zufrieden sein."[22] Er riet, den nichtstaatlichen Technikverleih zu erhalten und vorerst keine staatlichen Stationen zu bilden, zumal, wie Ulbricht erklärt hatte, die rechtliche Basis auch für eine vorübergehende, bezahlte Nutzung von Großbauerntechnik durch diese Ausleihbetriebe bestand. Später könne man überlegen, ob die MAS-Technik durch den Staat aufgekauft werden sollte[23], um staatliche Investitionen besser lenken zu können. Großbauern sollten auch von den MAS nicht abgewiesen werden.

Vieles von dem, was zur SED-Agrarpolitik in Moskau behandelt wurde, war Gegenstand gemeinsamen Abwägens. Die Hauptlinie vorgebend war Stalin bereit, über deren konkrete Umsetzung gemeinsam mit der SED-Führung zu beraten. Er erwog ein Gesetz, das es dem Staat erlaubte, unbearbeitete Flächen zu konfiszieren, um Bauern zu zwingen, den Boden zu bestellen. Der Staat könne auch sämtliche verfügbaren Maschinen aufkaufen, um das großbäuerliche Monopol zu brechen. Er könne den Großbauern „beispielsweise weniger Benzin verkaufen, man kann ein Gesetz über die Lohnarbeit in der Landwirtschaft erlassen, in dem die Länge des Arbeitstages, das Lohnniveau, die Wohnverhältnisse der Landarbeiter u. a. festgelegt wird, und dann kann man jene zur Verantwortung ziehen, die das Gesetz verletzen".[24] In diesem Dialog nahm die SED-Abordnung natürlich nicht sogleich alles richtig auf. Sie mußte sich ja fragen, was im einzelnen in der SBZ nun als „verfrüht" und was als zeit- und kursgemäß galt. So notierte Pieck, die MAS seien nun zu verstaatlichen.[25] Dies aber hatte Stalin nicht als aktuelle Aufgabe formuliert, im Gegenteil, laut sowjetischem Protokoll riet er von sofortiger Verstaatlichung ab. Aus derlei Unsicherheit ergab sich später eine Reihe sehr praktischer Probleme, worauf einzugehen sein wird. Doch die Moskauer Haltung war durchaus bestimmt. Was sich aus den Wort- und Gedankensplittern in Piecks Notizen vielleicht noch als Aufforderung an die SED interpretieren ließe, dem Vorbild der *langsam endenden NÖP* zu folgen, stellt sich anhand des Wortprotokolls anders dar: Stalin sprach nicht etwa von der sowjetischen Entwicklung am Ende der

[21] Bericht über die Besprechung am 18. 12. 1948, in: ebenda, S. 268.
[22] Gespräch mit Stalin am 18. 12. 1948, zitiert bei Scherstjanoi/Semmelmann, Gespräche Stalins, S. 157.
[23] Die SED-Delegation machte allem Anschein nach nicht deutlich, daß den MAS auch genossenschaftliches Eigentum zur Verfügung gestellt worden war. Beim Spitzentreffen war nur vom Aufkauf von VdgB-Eigentum die Rede. Siehe Ergebnis einer vierstündigen Besprechung am 18. 12. 1948, Bericht über die Besprechung am 18.12. 48, in: Badstübner/Loth, Pieck-Aufzeichnungen, S. 260, 268.
[24] Gespräch mit Stalin am 18. 12. 1948, zitiert bei Scherstjanoi/Semmelmann, Gespräche Stalins, S. 154.
[25] Siehe Ergebnis einer vierstündigen Besprechung am 18. 12. 1948, in: Badstübner/Loth, Pieck-Aufzeichnungen, S. 261. Piecks Bericht vor dem SED-Zentralsekretariat am 27. 12. 1948 bzw. sein Papier dazu hinterläßt den Eindruck, als hätte Stalin vorgeschlagen, MTS zu gründen. Doch es heißt hier auch: „Verstaatlichen – nach und nach" (Bericht über die Besprechung am 18. 12. 1948, in: ebenda, S. 268). Wie das Wortprotokoll zeigt, waren Stalins historische Betrachtungen zur sowjetischen MTS-Geschichte in der Tat verwirrend. Insbesondere aus den Passagen zum MTS-Eigentum war verschiedenes abzulesen.

zwanziger Jahre. Verfrüht seien „Maßnahmen der Einschränkung kapitalistischer Elemente, die in Rußland 1925-1927 angewandt worden waren".[26] In seinen Notizen für einen Bericht vor dem Sekretariat wiederholte Pieck die Jahresangaben übrigens nicht.

Daß Stalin die SED gerade in der Agrarpolitik auf die Erfahrungen *bis* 1925 orientierte, gibt seiner Order mehr als nur taktische Bedeutung.[27] 1925 waren in der Sowjetunion im Rahmen der NÖP die agrarwirtschaftlichen Ziele bestätigt und die Chancen der Individualwirtschaft noch einmal erweitert worden. Die Volkswirtschaft war insgesamt vorangekommen, der Staatshaushalt erstmals ausgeglichen. Die Bauern erweiterten die Nutzflächen und steigerten die Erträge. In beiden Punkten erreichte die Landwirtschaft vielerorts bereits fast wieder das Niveau von vor 1917. Verarbeitungs- und Aufkaufgenossenschaften setzten die Masse der für den Markt bestimmten Agrarprodukte um. Die Warenproduktion war zwar insgesamt noch gering, doch günstigere Pachtregelungen sollten das ändern.

Das Jahr 1925 markiert also die hohe Zeit der NÖP. Stalin, in der Sowjetunion der „Totengräber" der NÖP, legte sich im Dezember 1948 nicht fest, von welchem Moment an in Deutschland die für kommunistische Agrarpolitik konstitutive Begünstigung „werktätiger Bauern", also eine prosozialistische Agrarpolitik, in eine dezidiert staatssozialistische mit Verdrängung der Großbauern umschlagen sollte. Eine Neuauflage der Debatte um „besondere Wege" war im Interesse einer Konsolidierung der wirklichen Satelliten in Ost- und Südosteuropa nicht gewünscht. Doch eines war klar: Die Förderung von Kollektivwirtschaften, so wie sie in der UdSSR 1927/28 allmählich einsetzte, war für die SBZ momentan ebenso wenig aktuell, wie eine deutliche Zunahme der Progression bei der Besteuerung der Bauernwirtschaften. Nicht aktuell waren auch Regelungen ähnlich der sowjetischen Bodenrechtsordnung von 1928, die jegliche Erweiterung bäuerlicher Betriebe durch Kauf und Pacht unmöglich gemacht und damit als einzigen Großbetrieb den Kollektivbetrieb zugelassen hatte. Vor allem aber galt es, anders als in der Sowjetunion ab 1926, politische Spannungen zu vermeiden, den bäuerlichen Mittelschichten und „Kapitalisten" bürgerliche Rechte nicht zu beschneiden, den Klassenkampf nicht zu schüren. Die Agrarpolitik der SBZ sollte für die Masse der Deutschen annehmbar, vielleicht sogar begrüßenswert sein.

[26] Gespräch mit Stalin am 18.12.1948, zitiert bei Scherstjanoi/Semmelmann, Gespräche Stalins, S. 154.

[27] Theresia Bauer, Blockpartei, S. 302, meint, Stalin empfahl der SED anstelle einer „plumpen Enteignungspolitik" eine raffiniertere, verdeckte. Ihre Interpretation beruht im wesentlichen darauf, daß sie keinen Unterschied macht zwischen „Bekämpfung kapitalistischer Einflüsse" und „Enteignung".

2. Entscheidungen nach dem Spitzentreffen: Die Suche nach brauchbaren Institutionen

2.1. Der Ausbau der Maschinen-Ausleih-Stationen (MAS)

Der Ausbau der MAS wurde, wie von der SED schon vor dem Spitzentreffen im Dezember 1948 erwogen, 1949 zu einem zentralen Vorhaben der DWK. Stalin hatte die große Bedeutung der Technik-Verleih-Unternehmen bestätigt.

Erste Entscheidungen zur Optimierung der Planung wurden getroffen. Ein Mitarbeiter der HV Materialversorgung in der DWK sollte sich künftig ausschließlich um die Ausstattung der MAS kümmern. DWK-Chef Heinrich Rau (SED) ordnete wöchentliche Berichterstattung durch die beiden verantwortlichen Hauptabteilungen an.[28] Sowjetische Traktoren und Lastkraftwagen verbesserten bald die technische Ausstattung.[29] Für den Kauf von Ersatzteilen gab der Leiter der Verwaltung Außenhandel der SMAD gegen Zahlung eines Gegenwerts in DM einstweilen 2 Millionen Westmark frei.[30] In Berlin bemühte man sich nun aber auch – in Konkretisierung der Moskauer Gespräche –, Klarheit über künftige Strukturen zu erlangen. Noch Ende Januar war in der SMAD ungewiß, welche von zwei – angeblich vom SED-Zentralvorstand vorgeschlagenen – Möglichkeiten des Ausbaus des MAS-Netzes favorisiert werden sollte. Die SMAD-Landwirtschaftsverwaltung gab beide Varianten an SMAD-Vize Koval' in einem Beschlußentwurf weiter und entwickelte keine eigene Position dazu.[31]

Die Alternative bestand in folgendem: Entweder wird bei der DWK eine gemischt staatlich-genossenschaftliche „Verwaltung der MAS" als Einrichtung des öffentlichen Rechts mit 51 Prozent Einlagekapital der DWK (99,9 Millionen DM) gebildet, die bis Ende 1950 in die Lage versetzt werden würde, das eingebrachte Vermögen von VdgB (86,5 Millionen DM) und Genossenschaften (9,9 Millionen DM) aufzukaufen, oder aber in der SBZ werden parallel zu den bereits existierenden VdgB-Verleihbetrieben 80-85 staatliche MAS geschaffen, davon 30 in Brandenburg und 25 in Mecklenburg. Variante 1 erforderte aus dem Jahresbudget 1949 rund 116 Millionen DM, von denen rund 21 Millionen für sowjetische Traktoren und LKW vielleicht gestundet werden konnten; die Ausgaben für den Unterhalt der Betriebe lägen bei rund 78 Millionen DM, mit rund 42 Millionen DM Einkommen rechnete man aus dem Verleih der Maschinen. Diese Variante würde vor-

[28] Siehe Protokoll der Sitzung des DWK-Sekretariats am 28.4.1949, BArch, DC 15, 394, Bl. 2.

[29] DWK-Vorsitzender Rau gab am 23.2.1949 bekannt, daß die Sowjetunion 1000 Traktoren, 540 LKW und 10000 t Walzstahl zur Produktion von Ersatzteilen für landwirtschaftliche Maschinen zusätzlich liefern und die Bezahlung vorläufig stunden will. Siehe *Neues Deutschland*, 24.2.1949, S. 1; 3.4.1949, S. 1.

[30] Siehe Schreiben Vasilevs an Rau, 8.2.1949, BArch, DC 15, 871, Bl. 216.

[31] Siehe Entwurf für einen Beschluß des Ministerrates der UdSSR, Verwaltung für Land- und Forstwirtschaft der SMAD an K. I. Koval', 21.1.1949, gez. Terent'ev, GARF, fond P 7317ss, opis' 4, delo 107, listy 99–152, Begleitschreiben listy 54, 98. Bemerkenswert ist, daß für derlei Entscheidungen für die SBZ ein sowjetischer Regierungsbeschluß angestrebt wurde. Die Forschung kennt keine weiteren derartigen Vorgänge, was aber schlicht daran liegt, daß die staatlichen Archive in Moskau den Zugang zu Regierungssitzungen und Beschlüssen noch nicht freigegeben haben. Für die Möglichkeit der Einsichtnahme in das genutzte Dokument danke ich Dr. Jan Foitzik.

erst mittelgroße Verleihbetriebe entstehen lassen mit etwa je 10 Traktoren und einem Ausrüstungswert von 136 Millionen DM. Variante 2 zielte (unter Übernahme einiger Landesbetriebe) auf größere, rein staatliche Betriebe mit 10–20 Traktoren und einer Gesamtausrüstung von rund 271–515 Millionen DM pro Betrieb. Bei einem Fünftel des Einlagekapitals der MAS aus Variante 1 war an etwa ein Siebtel der Unterhaltskosten gedacht. Insgesamt würde diese Variante nur ein Viertel der Kosten von Variante 1 für den Etat 1949 bedeuten, zugleich jedoch müßte die DWK weiterhin die VdgB-Höfe subventionieren, für die ein Verlustgeschäft von rund 20 Millionen DM abzusehen war. Die beiden Vorschläge trennte keine ordnungspolitische Zwecksetzung, in jedem Fall ging es um einen erweiterten Grundstock an staatlicher Investition und um stärkere Einflußnahme. Beide Vorschläge hatte die SMAD gegenüber der SED-Führung bereits gutgeheißen.

Die Entscheidung fiel schließlich zugunsten von Variante 1, also des vorerst kostspieligeren Weges, der allerdings den Vorteil versprach, daß keine Konkurrenz im Verleih entstand und eine einheitliche Preisgestaltung gesichert war. Großbäuerlicher Einfluß auf Technikeinsatz war über Variante 1 leichter zu brechen. Ende Februar 1949 hatte die SMAD-Landwirtschaftsverwaltung einen konkreten Maßnahmenplan erarbeitet, wonach noch im gleichen Monat ein entsprechender DWK-Beschluß zu verabschieden war.[32]

Nach längerer Prüfung der Grundmittelverhältnisse und der einzubeziehenden Betriebe erfolgte der Beschluß im März 1949. Das Leih-Unternehmen wurde als staatlich-genossenschaftliches mit 51 Prozent Grundkapital der DWK und weiteren Einlagen von der VdgB und von landwirtschaftlichen Genossenschaften definiert. Die DWK legte fest, welche Minimalausstattung jede MAS erhalten sollte und regelte Grundfragen der Qualifizierung und Entlohnung von MAS-Arbeitern.[33] Zonenweit wurde die Erweiterung der Produktion von Traktoren und anderer Agrartechnik beschlossen. In Absprache zwischen den SMA der Länder und den Landesregierungen wurde eine Liste mit über einhundert landeseigenen und kommunalen Objekten (Werkstätten, Schlossereien und dergleichen) zusammengestellt, die den MAS übergeben werden sollten.[34]

Der Entscheidungshintergrund erschließt sich über einen späteren SMAD-Bericht.[35] Die ursprünglichen Ausleihstationen (zum Großteil in VdgB-Besitz) hätten in ihrer Arbeit, so heißt es dort, „viele wesentliche Unzulänglichkeiten“ gezeigt.[36] Völlig unzureichend seien die Ausstattung mit Traktoren und die Reparaturkapazität gewesen. So hätten von den zum 1. Januar 1948 existierenden 4570

32 Siehe Maßnahmenplan zur Organisation von MAS, Februar 1949, AVP RF, fond 0457 b, opis' 8, papka 49, delo 11, listy 10–15.

33 Siehe Anordnung über die Verbesserung der Arbeit der MAS und Erweiterung der Hilfe für die Bauern mit Traktoren und landwirtschaftlichen Maschinen vom 9. 3. 1949, in: ZVOBl. 1949, S. 145–154. Ein sowjetisches Dokument zur Entscheidung über die zwei Varianten liegt nicht vor.

34 Siehe Schreiben des Chefs der Verwaltung für Land- und Forstwirtschaft der SMAD an Rau, 24. 3. 1949, BArch, DC 15, 871, Bl. 191–195.

35 Siehe „Die Land- und Forstwirtschaft der Deutschen Demokratischen Republik. Geschichte der Verwaltung Land- und Forstwirtschaft der SMAD für das Jahr 1949“, gez. A. Baranov als stellv. Leiter der SKK-Abteilung für Wirtschaftsplanung, undatiert (Eingangstempel „Stab der SMAD“ 23. 3. 1950). Der Bericht enthält keinerlei Hinweis darauf, ob und inwieweit der DWK-Beschluß auf sowjetische Vorgaben zurückging.

36 Siehe ebenda, list 31.

Stützpunkten nur rund die Hälfte je einen Traktor, etwa 18 Prozent aber noch nicht einmal den zur Verfügung gehabt. Ein Großteil der Reparaturen erfolgte über Verträge mit privaten Werkstätten zu für die Leihbetriebe ungünstigen Preisen. Darüber hinaus wäre die Anwerbung von Fachkräften sehr sporadisch verlaufen. Bewährt hätten sich dagegen die wenigen mittelgroßen Ausleihstationen, die so genannten Ausleihhöfe, mit ihren größeren Maschinenparks und qualifizierten Schlossern und Traktoristen. Diese größeren Betriebe hätten das Vorbild abgegeben für eine MAS-Neustrukturierung. Zugleich schuf sich die DWK nun mit einer „Zentrale für Landtechnik" bei der HV für LFW ein staatliches Instrument für Bedarfs-, Produktions- und Verteilungsplanung, für die technische Betreuung der MAS, Preisprüfung, Kontrolle über Auslastung von Landtechnik sowie Importplanung.[37]

Ein Ausbau ausschließlich oder überwiegend genossenschaftlich organisierter Technikhilfe, welche unter staatlicher Kontrolle gewiß auch in der Lage gewesen wäre, gezielt „werktätige Bauern" zu unterstützen, wurde als Alternative weder von der SED noch von der SMAD erwogen. Es ging ihnen um einen reibungslosen Zugriff des Staates auf das gesamte Technikpotential.[38] Der enorme Bedarf an Agrartechnik veranlaßte sogar zur Entscheidung, den MAS das Recht einzuräumen, private Technik vorübergehend zu requirieren bzw. Eigentumsübertragung zu geltenden Kaufpreisen zwingend zu veranlassen, was zu diesem Zeitpunkt in der Praxis allerdings höchst selten vorkam. Privates oder genossenschaftliches Eigentum beseitigte die Regelung nicht.[39]

2.2. Steuern und Abgaben

Eines der Mittel, mit dem die Wirtschaft gelenkt und bestimmte Eigentumsformen gefördert, andere eingeschränkt werden konnten, waren Steuern in Form von Geldzahlungen an den Fiskus. Anfang Dezember 1948 hatte die DWK schon eine Steuerreform für die SBZ verabschiedet. Das Moskauer Spitzengespräch thematisierte sie nicht, sorgte allerdings für kleine Ergänzungen, wodurch sich die Inkraftsetzung verzögerte.[40] Hauptinhalt der Steuerreform war eine – wenn auch

[37] Satzung der Zentrale für Landtechnik, 15.6.1949, in: ZVOBl. 1949, S. 467f. Die Zentrale wurde bereits im Sommer 1951 wieder aufgelöst. Ihre Aufgaben übernahmen entsprechende Ministerien und die VdgB.

[38] In einer polemischen Rede, in der er den öffentlich erhobenen Vorwurf der „Kollektivierungsabsichten" scharf zurückwies, erklärte Paul Merker (SED) im Januar 1950, die MAS seien auf genossenschaftlicher Basis von den Bauern nicht finanzierbar gewesen. Außerdem: „Die MAS in die Händen der Genossenschaften zu geben, hätte bedeutet, sie an die reichsten Bauern auszuliefern." Die „hätten den wirtschaftlichen Kurs der MAS bestimmt" (Referat Merkers auf der Bauernkonferenz in Chemnitz, 25.1.1950, SAPMO BArch, DY 30, IV 2/2.022, 46, unpag. Siehe auch *Der freie Bauer*, 15.1. und 5.2.1950.

[39] Bei Kurek, VdgB, S. 180–182, fallen diese Feinheiten zwar nicht gänzlich unter den Tisch, doch er sieht in ihnen kein Indiz für gesellschaftspolitische Kontinuität. Für ihn waren im März 1949 die Weichen bereits auf Kollektivierung gestellt.

[40] Siehe Verordnung zur Änderung und Ergänzung von Steuergesetzen (Steuerreformverordnung) vom 1.12.1948, in: ZVOBl. 1949, S. 235–242. Sie trat nicht am 1.1., sondern mit Veränderungen erst am 1.4.1949 in Kraft und ist auch nur in dieser geänderten Form veröffentlicht worden. Nach dem Moskauer Treffen wurden einige Steuererleichterungen gezielt ergänzt, etwa für Intellektuelle und Künstler, Kleingewerbetreibende und Handwerker. Siehe Kaiser, Steuerreform.

geringfügige – allgemeine Senkung der Steuerlast, von der Lohnabhängige stärker profitierten als Selbständige. Die Landwirtschaft war von ihr vorerst weniger berührt, gleichwohl soll wegen ordnungspolitischer Deutungen auf sie kurz eingegangen werden.

Es scheint, als hätte die von Stalin angemahnte Zurückhaltung gegenüber den „Kapitalisten" in Stadt und Land in dieser Reform keine Anwendung gefunden, denn der Grundgedanke der starken Progression bei Vermögens- und Einkommenssteuer wurde beibehalten. Kapitalistische Agrarbetriebe, das heißt solche mit größeren Kapitalreserven (insbesondere in Form von Landtechnik), mehreren ständigen Lohnarbeitskräften und folglich relativ hohem Bruttoeinkommen wurden mit der Neuregelung erheblich belastet. Mit Wirkung vom April 1949 galt bei Vermögen von über 500000 DM ein Vermögenssteuersatz von 2,5 Prozent (der Freibetrag belief sich auf 10000 DM für den Besteuerten und je 5000 DM für jedes Familienmitglied). Für eine relativ breite Schicht von Landwirten mit einem Vermögen von 25000 bis 500000 DM wurde ein Steuersatz von 1,5 Prozent erhoben, der zwar kleiner war als der in der bisher gültigen Kontrollratsregelung, insgesamt aber doch recht hoch.[41]

Diese Regelung machte Kapitalakkumulation äußerst schwierig. Die Befürworter der starken Progression bei der Vermögenssteuer brachten das Argument der Gerechtigkeit vor, sobald auf den in den Westzonen mittlerweile festgelegten und für alles Vermögen einheitlich geltenden, geringeren Steuersatz von 0,75 Prozent verwiesen wurde. Zweifellos stießen sie damit bei der Masse der Neu- und der kleinen Altbauern auf Zustimmung, doch für einen Teil der mittelstarken Landwirte mit um 20 ha Boden stellte sich nun die Frage nach dem Sinn von Produktionserweiterung. Die Einkommensbesteuerung (darunter die für Einkommen aus der Landwirtschaft, aus Verpachtung und gewerblichen Einkommen) war für gewinnbringende Agrarbetriebe ebenfalls drastisch. Rentablen Betrieben drohte die Doppelbesteuerung von Ertragszuwachs, das heißt eine Belastung durch die Vermögens- und die Einkommenssteuer. Eigeninvestitionen rechneten sich für mittelgroße Betriebe folglich kaum.

Zur Besteuerung von Genossenschaften ergingen vorerst nur allgemeine Regeln. Mit SMAD-Befehl Nr. 185 vom 29. November 1948 zur Aufhebung nazistischer Gesetze und Verordnungen über Genossenschaften, Siedlung und Reichsnährstand[42] war der DWK aufgetragen worden, einen Beschluß über Vergünstigungen und Sonderrechte von Genossenschaften hinsichtlich ihrer Besteuerung auszuarbeiten. Laut Steuerreform waren Genossenschaften bei der Körperschaftssteuer volkseigenen Betrieben gleichgestellt. Ihnen und ihren Verbänden kam damit ein günstiger Tarif zu. In Sachen Vermögens- und Umsatzsteuer für Genossenschaften wurde die Entscheidung 1949 vertagt.

[41] Die SED dachte auch darüber nach, die Grundsteuer, die an die Gemeinden zu zahlen war, neu berechnen und differenziert erheben zu lassen, und zwar nach der wirtschaftlichen Stärke der jeweiligen Bauernwirtschaft. Kleinbauerngemeinden hätten gegebenenfalls einen staatlichen Finanzausgleich erhalten (siehe Rede Ulbrichts auf der 1. Parteikonferenz der SED, in: Protokoll der Ersten Parteikonferenz, S. 221). Diese Überlegungen, die Ulbricht zufolge von der VdgB ausgingen, wurden aber nicht realisiert.

[42] Siehe Befehl Nr. 185 vom 29. 11. 1948, in: Um ein antifaschistisch-demokratisches Deutschland, S. 714f.

Der Zweck der Reform läßt sich aus dem übergreifenden Faktenzusammenhang vorerst nur hypothetisch ableiten.[43] Demzufolge war die insgesamt hohe Steuermenge vom größeren Finanzbedarf in fast allen vom Staatshaushalt abhängigen Bereichen bestimmt. Von einer Industrialisierung auf Kosten der Privatwirtschaft kann im Rahmen des Zweijahrplanes 1949-50 nicht die Rede sein, ging es doch vorrangig noch um volkswirtschaftliche Rekonstruktion. Vielmehr fielen zusätzliche Staatsausgaben für Reparationen und Kriegsfolgenbeseitigung an, mehr Geld forderten Bildung, Kultur und Gesundheitswesen.

Eine weitere steuerliche Neuerung trat 1949 in Kraft, und zwar bei den landwirtschaftlichen Pflichtabgaben, die ebenfalls eine Form von Steuer darstellten.

In vergleichender Perspektive betrachtet, zeigt die Geschichte aller europäischer Regimes des beginnenden Staatssozialismus eine Gemeinsamkeit in der Agrarpreispolitik. Die basierte nämlich auf dem gleichen Verfahren, wonach ein Großteil der Produktion von den Bauern zu niedrigen Preisen an den Staat abgegeben werden mußte, der Rest zu höheren Preisen entweder ebenfalls an den Staat oder aber auf dem Markt (mit vielleicht nur begrenzt freien Preisen) verkauft werden konnte. Aus dem Vorhandensein eines solchen Systems läßt sich über ordnungspolitische Ziele aber wenig ableiten.[44]

Hauptform der Realisierung landwirtschaftlicher Produkte des Einzelbetriebes war auch in der SBZ/DDR seit 1945 die staatliche Übernahme. Über die sogenannte *Erfassung* gelangte der Großteil der Agrarerzeugnisse in die Konsumtion. Das war nach Kriegsende zunächst volkswirtschaftlich geboten. Bei der Sollfestlegung der Betriebe ging man von einer benötigten Gesamt-Ablieferungsmenge aus, die auf die Länder bzw. Provinzen aufgeteilt und innerhalb dieser auf Betriebsgrößengruppen und Kreise aufgeschlüsselt wurde. Für die Veranlagung des Einzelbetriebes durch die örtlichen Behörden sollten Bodengüte und Klimabedingungen Berücksichtigung finden. Die für die Pflichtablieferung gezahlten Erfassungspreise pro Gewicht waren einheitlich. Sie entsprachen denen von 1944.

Die Auflagen aus der Ernte 1945 richteten sich für den Einzelbetrieb bei pflanzlichen Produkten nach der *Ernte-* bzw. *Anbaufläche* (Befehl Nr. 40 vom 18. Juni 1945) und bei tierischen Produkten nach dem *Viehbestand* (Befehl Nr. 18 vom 29. Juli 1945). Übersollmengen konnten auf freien Märkten angeboten werden, wo von der Besatzungsmacht Regelungen gegen Hortung und Schwarzmarktgeschäfte getroffen waren. 1946 wurde die Ablieferungspflicht pflanzlicher Erzeugnisse mit einer Auflage zur Produktion (Anbausoll) gekoppelt. Zunächst auf die *Gesamtbetriebsfläche*, von 1947 ab auf die *landwirtschaftliche Nutzfläche* (LNF) bezogen, wurden alle Pflanzen produzierenden Bauernwirtschaften in fünf Betriebsgrößengruppen unterteilt (bis 5 ha, 5–10 ha, 10–20 ha, 20–50 ha, über 50 ha) und unterschiedlich beauflagt. Die Viehwirtschaft wurde bis 1949 nach dem jeweiligen

[43] Die Akten der SMAD-Finanzverwaltung in Moskau waren mir nicht zugänglich.

[44] In einigen deutschen Fachbeiträgen wird das doppelte Preissystem als Zwangsbewirtschaftungssystem in die ordnungspolitische Nähe der Kollektivierung in der UdSSR gebracht und als Kriterium für Sowjetisierung benutzt. Dabei wird übersehen, daß der in der Sowjetunion Ende 1934 eingeführte staatliche Aufkauf im Grunde eine liberalisierende Antwort auf die verheerenden Folgen der Entkulakisierung und den Totaleinzug von Getreide war (siehe Zelenin, Krest'janstvo, S. 17). Insofern war die Übernahme dieser Erfahrung die Übernahme einer Politik des Kompromisses, die in Ostdeutschland außerdem einige Eigenheiten aufwies.

Tierbestand veranlagt, wobei bis 1950 drei, später fünf Betriebsgrößengruppen geführt wurden. Kleinere Wirtschaften hatten grundsätzlich weniger abzuliefern als größere, Neubauern wurde bis 1949 generell eine Sollermäßigung von 15–20 Prozent bei pflanzlichen und von 30-50 Prozent bei tierischen Produkten gewährt. Die „Sicherstellung der Beschaffung von landwirtschaftlichen Erzeugnissen" oblag anfangs der Verwaltung für Handel und Versorgung.[45] Mit DWK-Beschluß vom 29. März 1949 wurden selbständige zonale Strukturen geschaffen: je eine Vereinigung Volkseigener Erfassungs- und Aufkaufbetriebe (VVEAB) für pflanzliche und für tierische Erzeugnisse.[46]

Eine Normendifferenzierung nach Betriebsgröße und Produktionsbedingungen wurde von den Bauern als gerecht empfunden, wenngleich die konkreten Abstufungen und Grenzfälle später vor allem von wirtschaftsstarken Bauern heftig kritisiert wurden. Die Solldifferenzierung wird in der praktizierten Relation auch in der Fachliteratur als „im Prinzip berechtigt" eingeschätzt, da sie die reale Mehrbelastung der kleineren, meist schlecht ausgestatteten Höfe in Rechnung stellte.[47] Gleichwohl standen auch gesellschaftspolitische Ziele hinter der Differenzierung. Es ging zugegebenermaßen um die Verbesserung der Produktions- und Lebensbedingungen vor allem der kleineren und der Neubauern. Ging die Besatzungsmacht 1945/46 noch nach eigenem Ermessen gegen Abgabensäumige vor[48], so verschärfte ab Oktober 1947 eine DWK-Verordnung auf Anweisung der SMAD die Strafen bei Verletzung der Abgabepflicht. Sie sah sofortige Vollstreckung von hohen Gefängnisstrafen und Einzug der Ernte vor, sollte der Bauer seine Produkte der Pflichtabgabe entziehen.[49] Die Behörden waren zwar angehalten, unverschuldet säumige Bauern zu schonen, doch die Auflagen der Kreise und Länder mußten erfüllt werden, was zu vielen ungerechten Entscheidungen in Streitfällen führte.

Trotz Preisstop boten die Erlöse aus der Erfassung nicht hinreichend Mittel zur einfachen Reproduktion im Klein- und Mittelbauernbetrieb. Die deutschen Behörden der SBZ und die sowjetische Besatzungsmacht waren daher bestrebt, die Agrarproduktion attraktiver zu machen; sie befürworteten – bei allen Gefahren, die der Schwarzmarkt mit sich brachte – die freie Verfügung des Bauern über einen kleinen Überschuß (über die Abgabemenge hinaus). In der Praxis gewann der *staatliche Aufkauf* sogenannter „freier Spitzen" an Bedeutung, bei dem Preise gezahlt wurden, die zwei- bis dreimal so hoch waren wie bei der *Erfassung*.

Staatlicher Aufkauf wurde keinesfalls allein von der SED propagiert, sondern wurde, wie die Erfassung auch, von allen politischen Kräften als notwendige Form staatlichen Engagements unter Nachkriegsbedingungen verstanden. Auch die Bauern akzeptierten den Aufkauf. Anfangs erfolgte er über den privaten Groß-

[45] Siehe Befehl Nr. 17 der SMAD vom 27. 7. 1945, in: Um ein antifaschistisch-demokratisches Deutschland, S. 100–102.

[46] Siehe Anordnung über die Errichtung von zwei Vereinigungen volkseigener Erfassungs- und Aufkaufbetriebe für landwirtschaftliche Erzeugnisse vom 29. 3. 1949, ZVOBl. 1949, S. 244.

[47] Siehe Berthold, Agrarpreispolitik, S. 55.

[48] Unter kriegs- und völkerrechtlichen Aspekten betrachtet, war sie zu Strafen berechtigt. Schikane und unangemessene Strafmaße waren aber in der Praxis keine Ausnahme. Es wurden Erträge auch grundlos requiriert. Die deutschen Quellen enthalten eine Vielzahl von Hinweisen auf Beschwerden von Bauern, ostdeutschen Behörden und Politikern bei der Besatzungsmacht.

[49] Siehe Verordnung über das Verfahren in Wirtschaftsstrafsachen, 21. 10. 1947, in: ZVOBl. 1947, S. 268.

handel bzw. über die Genossenschaften, die mit den Landesregierungen bzw. ab 1949 den VVEAB Verträge abschlossen. Für die Haushalte der Länder stellte die Subventionierung des Aufkaufs eine nicht unwesentliche Belastung dar, sie half jedoch, die Preisentwicklung zu kontrollieren, und beugte Schwarzhandel vor.

Anfang 1949 trat eine bedeutsame neue Regelung in Kraft. Mit SMAD-Befehl Nr. 9 vom 31. Januar 1949, der eine entsprechende DWK-Anordnung vom 19. Januar bestätigte, wurde eine neue Art der Veranlagung der Pflichtabgaben tierischer Produkte eingeführt.[50] Die Höhe der Abgaben galt es fortan nach der vorhandenen landwirtschaftlichen Nutzfläche des Einzelbetriebes festzulegen (Hektarveranlagung). Mit Gültigkeit ab 1. Januar 1949 wurde pro Hektar Fläche mithin von allen Betrieben der Tierproduktion die gleiche Menge an Fleisch gefordert; von Land zu Land differierte die Norm, in Brandenburg lag sie bei 36, in Mecklenburg bei rund 40 und in Thüringen bei rund 56 kg Lebendgewicht.[51]

Die DWK hatte den Beschluß schon im Dezember 1948 vorbereitet. Er war von der SMAD gebilligt worden, wobei letztere die Normen bei Schweinefleisch etwas niedriger als die DWK ansetzte.[52] Die sowjetischen Experten rieten, auch zur Hektarveranlagung bei Milch und Eiern überzugehen, um den Rückgang der Muttertier-Bestände zu verhindern. Muttertierarme Betriebe sollten Vergünstigungen erhalten. Die sowjetischen Berater hielten es für möglich, Ausnahmeregelungen für Bauern mit wenig Vieh und schlechten Böden zu erlassen, und rieten zu einer 50prozentigen Ermäßigung für Neubauern (die aber kaum Viehbetriebe führten).[53] – Das Moskauer Spitzengespräch tangierte die Angelegenheit offenbar nicht. Mit den gewünschten Berichtigungen genehmigte die SMAD schließlich die DWK-Regelung.

Zweck und Folgen der Hektarveranlagung werden in der Forschung unterschiedlich eingeschätzt. Berthold spricht von einer „materiellen Diskriminierung der Großbauern“, da die vorher gültige Veranlagung in größeren Betrieben einen Rückgang der Bestände hatte ratsam erscheinen lassen. Jetzt aber wurden sie zur vermehrten Viehhaltung gezwungen.[54] Genau dies aber kann durchaus als eine ernährungs- und agrarpolitisch sinnvolle Korrektur angesehen werden, die den Anteil der Vieh- und Milchwirtschaft in der Agrarproduktion insgesamt zu vergrößern trachtete. Sie brachte stärkere Belastungen für die größeren Viehbetriebe mit sich, wurde von der Masse der Kleinbauern, die momentan nicht zur Tierhaltung in der Lage waren, aber begrüßt. Die Hektarveranlagung entsprach einem gesamtgesellschaftlichen Interesse an intensiver, für den Familienbetrieb rentabler Produktion. Auch das Ende 1948 beschlossene Schweinemastprogramm, das auf der Idee von Mastverträgen zwischen Bauern und staatlichen Einrichtungen (Kontra-

[50] Siehe Befehl Nr. 9 über Maßnahmen zur Steigerung der Viehhaltung und Pflichtablieferung von Fleisch, Milch und Eiern, 31. 1. 1949, in: ZVOBl. 1949, S. 87; gleichlautende DWK-Anordnung vom 19. 1. 1949, in: ebenda, S. 87–94.

[51] Siehe Kramer, Landwirtschaft, Produktionsmöglichkeiten, S. 37; Berthold, Agrarpreispolitik, S. 61.

[52] Siehe Schreiben Koval's an Rau, (vor dem 10. 12. 1948), BArch, DK 1, 8883, Bl. 20; Beschlußentwurf und sowjetische Stellungnahme, BArch, DC 15, 871, Bl. 241–243.

[53] In den deutschen Akten sind Genehmigungen für die erwähnten Ausnahmen in den Ländern Thüringen, Brandenburg und Sachsen-Anhalt nachzuweisen. Siehe Schreiben Kurmaševs an Steidle und Rau, März/April 1949, BArch, DC 15, 871, Bl. 178–180; 203.

[54] Siehe Berthold, Agrarpreispolitik, S. 60f.

hierung) aufbaute, zielte vor allem auf die Kapazitäten der Mittelbauern und lockte mit Preisvorteilen und Sonderzuteilungen von Futtermitteln und Dünger.[55]

Machen Steuerreform und Hektarveranlagung auch den Eindruck, SED und SMAD hätten im Agrarbereich zuvorderst eine massive Umverteilung zu Lasten größerer Betriebe bezweckt, so dürfen doch die anderen Aspekte nicht unbeachtet bleiben. Als Ausgleich waren staatliche Hilfen geplant, die zugleich produktionslenkende Funktion haben konnten. Neben dem Kleinbauern sollte auch der „Mittelbauer" – im SED- und SMAD-Verständnis in der Regel ein „werktätiger" Bauer, der auf seinem 8–20 ha Betrieb nur gelegentlich Lohnarbeiter beschäftige – nach wie vor staatliche Unterstützung erfahren, etwa in Form günstiger Kredite, erträglicher MAS-Tarife und nicht allzu drückender Ablieferungspflichten. Großbauern waren auch nicht per se ausgeschlossen von verschiedenen Formen der Leistungsprämierung. Dieser Balance-Akt aus hohen pekuniären Steuern, differenziertem Abgabensoll und sozial gestaffelten staatlichen Hilfeleistungen hatte den Vorteil, daß der Umgang mit verschiedenen Bauernschichten sehr beweglich gehalten werden konnte. Politisch war er brisant, weil störungsanfällig. Aber beim Moskauer Spitzengespräch kamen die Details nicht zur Sprache. Und es gibt auch keinen Hinweis darauf, daß irgendwo die Ansicht vertreten wurde, die geplante Steuerreform oder die neue Art der Veranlagung würden Stalins Order zuwiderlaufen.

Insgesamt war die Steuer- und Abgabenpolitik 1949 auf die Eindämmung und Verhinderung großbäuerlichen kapitalistischen Wirtschaftswachstums ausgerichtet. Daß SED-Vertreter im Zusammenhang mit der Hektarveranlagung bei tierischen Erzeugnissen gelegentlich vom „Klassenkampf gegen Großbauern" sprachen[56], kann kein hinreichendes Kriterium für eine ordnungspolitische Bewertung der Entscheidung sein, zumal die Masse der Großbauern damals Ackerbau betrieb. Betroffen waren vor allem mittelgroße Betriebe, denen mit höheren Aufkaufpreisen anfangs jedoch ein wirksamer Anreiz für die Intensivierung der Tierhaltung geboten wurde. Am Jahresende 1948 fielen die geplante Besteuerung der Einzelbetriebe und die Hektarveranlagung gerade deshalb der Moskauer Kurskorrektur nicht zum Opfer, weil sie Veränderungen der ländlichen Sozialstruktur nicht automatisch nach sich zogen. Nicht die Hektarveranlagung in der Tierhaltung an sich[57], sondern ihre spätere Kombination mit einer zu heftig (von Größenklasse zu Größenklasse) steigenden Norm belastete die Mittel- und Großbau-

[55] Siehe SMAD-Befehl Nr. 181 über die Durchführung der industriellen Mast und Kontrahierung von Schweinen, 24. 11. 1948, in: ZVOBl. 1949, S. 99–101; DB vom 7. 2. 1948, in: ebenda, S. 102–107.

[56] Siehe auch Kuntsche, Ostdeutsche Bauern, S. 193f.

[57] In der UdSSR war der Übergang zur Hektarveranlagung übrigens auch nicht etwa mit der Kollektivierung verbunden. Dort war man 1939/40 zur Hektarveranlagung von Fleisch- und Milch-Abgabenormen übergegangen, nachdem sich gezeigt hatte, daß eine Veranlagung nach Viehbeständen die erfolgreichen Betriebe (Kolchose und Sowchose) davon abhielt, die Herden zu vergrößern. Diese Politik erwies sich auch unter den Nachkriegsbelastungen als sinnvoll. Sie wurde 1947 bekräftigt und um eine weitergehende Differenzierung der Normen im kleineren regionalen Maßstab ergänzt. Ziel war es, das betriebliche Interesse an Leistungssteigerung zu wecken. (Siehe Plenum des ZK der KPdSU(B), Februar 1947, in: KPSS v rezoljuciach, Teil III, Moskva 1954, S. 503–550, hier S. 546f.) Der Neue Kurs ab 1953 beseitigte die Hektarveranlagung für tierische Erzeugnisse in der UdSSR auch nicht, sondern brachte eine Senkung der Abgabenormen und eine Anhebung der Aufkaufpreise (Siehe Plenum des ZK der KPdSU, September 1953, in: ebenda, S. 611–653, hier S. 616–618).

ern extrem.[58] Betriebe mit 20 ha und mehr hatten im Jahr 1949 an Steuern und Pflichtabgaben rund 82 bis 125 DM pro ha LNF zu leisten.[59] Als 1951 dann das Soll noch stieg, schien kein Rauskommen mehr aus der Verschuldung. Darüber wird im Kontext anderer agrarpolitischer Entscheidungen zu berichten sein. Für sich genommen waren aber weder die progressive Vermögens- und Einkommenssteuer noch die Hektarveranlagung ein Eingriff, der das Ziel der Vernichtung ländlicher privatwirtschaftlicher Großproduktion verfolgt hätte.

2.3. VdgB und Dorfgenossenschaft

Stalin hatte grundsätzlich ein Festhalten am „Block der antifaschistischen Parteien" gefordert, die SED zugleich aber zur weiteren Sicherung ihrer Hegemonie im politischen System angehalten. Daß diese Politik – in der SBZ mehr als seinerzeit in Sowjetrußland – ein politischer Drahtseilakt werden würde, zeigte sich bald. In Moskau hatte die SED vorgeschlagen, die „führende Rolle der VdgB im Verhältnis zu den landwirtschaftlichen Genossenschaften" durchzusetzen. Darüber mußte neu nachgedacht werden.

Beide, VdgB und Genossenschaften, kamen als Institution der smyčka weiterhin in Betracht. Die SED wollte – zwecks Effektivierung ihrer Wirtschaftsverwaltung – die Konkurrenz zwischen beiden minimieren und ihnen klarer getrennte Aufgabenfelder zuweisen. Da dies nun keinesfalls mit Eigentumsveränderungen verbunden sein durfte, geriet der materiell schwächere, die VdgB, in die Lage, von Wirtschaftsaufgaben immer stärker entbunden zu werden. Die Zentralisierung der MAS unter DWK-Obhut war Teil dieser Umfunktionalisierung. Das stieß auf den Protest der VdgB-Funktionäre. Auf der anderen Seite eignete sich die VdgB gut für politische Aufgaben im Sinne des vorgegebenen Kurses. Sie hatte Mitte 1949 rund 557000 Mitglieder, in ihrer Mehrzahl Klein- und Mittelbauern. Ihre Mitgliedschaft spiegelte die Verhältnisse auf den Dörfern realistisch wider, nur die Großbauern waren mancherorts gar nicht vertreten: 79,5 Prozent der Bauern mit Wirtschaften auf einer Bodenfläche von 5 bis 10 ha, 81,7 Prozent der Bauern mit 10 bis 20 ha und 91,6 Prozent der Bauern mit über 20 ha waren in dieser großen Bauernorganisation.[60]

Während sich die genossenschaftlichen Dachverbände zunehmend als Ort der Resistenz gegenüber allen Versuchen erwiesen, kleinbäuerliche Interessen vor großbäuerlichen stärker zu schützen, bekam die VdgB immer größere politische Bedeutung für die SED. Denn mit ihren agrarwissenschaftlichen Beratungsstellen, ihren Vertretern in Kommissionen zur Flurbegehung, Milchleistungsprüfung und Bodennutzung konnte die Vereinigung als agrarpolitisches Scharnier zur Masse der ländlichen Produzenten dienen. Ihre Mitwirkung bei der Organisierung von freiwilligem Viehausgleich, bei behördlichen Kontrollen der Kreditierung und des Baugeschehens im Neubauernbauprogramm war der SED wichtig. Durch Beteiligung an

[58] Siehe Kramer/Heyn/Merkel, Landwirtschaft 1945–1955, S. 125. Siehe auch Nehrig, Uckermärker Bauern, S. 50.

[59] Siehe Kotow, Agrarverhältnisse, S. 36.

[60] Siehe Kotow, Agrarverhältnisse, S. 48 (unter Bezug auf zeitgenössische Angaben der VdgB-Zentrale).

solchen Planungs- und Kontrollaufgaben, an der Erarbeitung sozialer Schlüssel für die Veranlagung und Besteuerung, für MAS-Tarife oder für die Gewährung staatlicher Hilfen sollten Klein- und Neubauerninteressen stärker artikuliert und berücksichtigt werden. Und genau dieses klein- und mittelbäuerliche Engagement wollte die SED auch gesamtdeutsch ausstrahlen lassen. Auf der Bauernkonferenz in Halle legte Walter Ulbricht den VdgB-Kreisorganisationen nahe, die Differenzierungen bei Anbauplanung und Pflichtabgabe öffentlich zu machen. „Wir führen in der Ostzone nur solche Maßnahmen durch, die in ganz Deutschland durchführbar sind und von der Mehrheit der Arbeiterschaft und des Volkes verstanden werden", erklärte er.[61] Zugleich waren SED und SMAD bemüht, antigroßbäuerliche Statements zu unterbinden.[62] Das wirtschaftliche Gewicht der VdgB sollte dagegen abnehmen.[63]

Wie weit in dieser neu ausgerichteten VdgB der Einfluß der SED zu sichern war, wurde aber unterschiedlich gesehen. Auch den SMAD-Funktionären fiel es schwer, die im Sommer 1948 mitgetragene politische Radikalisierung wieder zu bannen. Obwohl ein nationales Bündnis für Einheit und Frieden gefordert war, wurden weiterhin Bedenken dazu geäußert, daß die Masse der VdgB-Mitglieder parteilos war. Parteilose waren verdächtig, von „Kulaken" unterwandert zu sein. Die „Beförderung des parteilosen Elements" bedeutete SMAD-Chef Sokolovskij zufolge den „Rückgang des Einflusses der SED".[64]

Sofern jemals erwogen worden war, VdgB und Genossenschaften zusammenfließen zu lassen, so war dies nach dem Moskauer Spitzengespräch wieder obsolet.[65] Selbst eine starke politische Leitfunktion der VdgB gegenüber den Genossenschaften dürfte kaum noch ins Auge gefaßt worden sein. Was die Zukunft der „alten" Genossenschaften anbelangte, so unterbreitete die SED-Spitze in Moskau keine konkreten Vorschläge, obwohl sie seit Herbst Vorstellungen von künftigen Universal(Dorf)-Genossenschaften hegte. Sie deutete nur an: „Entfernung der Großbauern aus den Leitungen der landwirtschaftlichen Genossenschaften; Ausschaltung der Viehgroßhändler und Übernahme ihrer bisherigen Aufgaben durch die landwirtschaftlichen Genossenschaften".[66] Aber die Entwicklung auf dem

[61] *Neues Deutschland*, 23.2.1949, S. 4.

[62] Eine Referentendisposition „Die Aufgaben in der Landwirtschaft im Zweijahrplan", herausgegeben vom Berliner Landesvorstand der SED, Abt. Parteischulung, Kultur, Erziehung, stieß genau aus diesem Grund auf der Sitzung des Sekretariats am 4.3.1949 auf heftige Kritik. Sie entspräche nicht der Linie der 1. Parteikonferenz vom Januar 1949 (SAPMO BArch, DY 30, J IV 2/3-10, Bl. 12–19). Mit Sekretariat ist hier und in folgenden gleichlautenden Wortverbindungen das „Kleine Sekretariat", ab Juli 1950 Sekretariat des ZK der SED, gemeint.

[63] Äußeres Zeichen des Funktionswandels der VdgB war die Absage an die Zentralvereinigung der VdgB, die im Mai 1948 beantragt hatte, sie als „Rechtsnachfolger des ehemaligen Reichsnährstandes anzuerkennen und ihr dessen Vermögen in Eigentum zu übertragen". Im April 1949 entschied die SMAD mit Befehl Nr. 124, das enteignete Vermögen des Reichsnährstandes solle als Volkseigentum jenen zur Verwertung übertragen werden, die es zur Zeit nutzten bzw. verwalteten. Siehe Schreiben der SMAD-Finanzverwaltung, 25.4.1949 (Abschrift), BArch, DK 1, 7634, Bl. 4.

[64] Auszug aus dem Stenogramm zur Versammlung des Parteiaktivs der SMAD am 9.3.1949, in: Bonwetsch/Bordjugov/Naimark, Politik, S. 201–207, hier S. 205.

[65] L. A. Korbut beteuerte in einem Interview, ein solcher Zusammenschluß sei nie besprochen worden. Wenn überhaupt, dann war er bei den Deutschen im Gespräch. Korbut hätte aber einem solchen Ansinnen, wäre es vorgetragen worden, in jedem Fall widersprochen. Siehe Interview der Verfasserin mit Korbut am 18.9.1995 in Moskau, Archiv der Verfasserin.

[66] Antwort auf die Fragen zur Besprechung am 18.12.1948, in Badstübner/Loth, Pieck-Aufzeichnungen, S. 247–253, hier S. 250.

Stand der UdSSR von etwa 1925 zu halten, wie Stalin es forderte, hieß auch, über die „alten" Genossenschaften neu nachzudenken.

Aufbauen konnte die SED darauf, daß Stalin ihre Vorstellungen von einem staatlichen Großhandel, insbesondere die Schaffung staatlicher Großhandelszentralen, gutgeheißen hatte. Allerdings empfahl er, nicht gleich zehn Zentralen zu schaffen, sondern den privaten Großhandel „vorerst für einige der wichtigsten Gebiete" auszuschalten, um ihn dann, so verstand es zumindest Wilhelm Pieck, „nach und nach [bis] Ende 1949" gänzlich zu ersetzen.[67] Daß auch der Aufkauf „freier Spitzen" vollständig in staatliche Hände überging, war dann aber erst Folge weiterer Klärung: Die zonalen Vereinigungen volkseigener Erfassungs- und Aufkaufbetriebe (VVEAB) mit ihren Landeskontoren und Kreisgeschäftsstellen entstanden 1949 schrittweise als Teil eines staatlichen Großhandelsnetzes. Sie tangierten den ländlichen Einzelhandel sehr direkt. Doch der staatliche Zugriff auf die „freien Spitzen" war dabei keineswegs von vornherein im Blick.[68]

Da der ländliche Produzent/Verbraucher seinen Warenbedarf 1949 noch zu großen Teilen über Naturalverrechnungen (für Pflichtabgaben und „freie Spitzen") deckte, in seltenen Kaufaktionen in der Regel größere Mengen Lebensmittel, Saatgut und Dünger erwarb, bestenfalls zusätzlich noch ein relativ kleines Sortiment an Gerätschaften, Hausrat und Arbeitskleidung erwartete, beinhaltete der Einzelhandel auf dem Lande kaum Kleinstgeschäfte. Er funktionierte (wenn nicht über den dörflichen Kleinstmengen-Wochenmarkt) über mittelgroße Handelsbetriebe mit größerem Einzugsgebiet, zum Teil per Vorfinanzierung, Kreditierung und Überschreibung. Innerhalb einer Strategie der Einschränkung des „kapitalistischen Elements" auf dem Lande und des Schutzes kleinbäuerlicher Produzenten vor Preisschwankungen war es bedeutsam, über wen der Bauer seine Produkte ablieferte, Industriewaren bezog und Kredite aufnahm. Der Ausbau des staatlichen Großhandels in Ostdeutschland bedeutete stärkeren staatlichen Einfluß auch auf den ländlichen Einzelhandel, doch im Konkreten waren mehrere Modelle denkbar. Walter Ulbricht erklärte die „Ausschüsse ‚Freier Markt'" bereits im Februar 1949

[67] Bericht über die Besprechung am 18.12.1948, in: ebenda, S.265–274, hier S.268.

[68] Scholz, Bauernopfer, S.73, ordnet die „Neugründung der ‚Vereinigung Volkseigener Erfassungs- und Aufkaufbetriebe' in den Kontext der „Eröffnung einer Kampagne gegen Großbauern" im Sommer 1948 ein. Sattler, Wirtschaftsordnung, S.511, behauptet sogar, daß mit einer einheitlichen staatlichen Erfassungs- und Aufkauforganisation die Veräußerung „freier Spitzen" vollständig in staatliche Bahnen gelenkt und die Teilablieferungspflicht in absehbarer Zeit faktisch beseitigt werden sollte. Das sei Bestandteil des „Übergangs zum ‚verschärften Klassenkampf'" auf dem Lande gewesen. Die Quellen zeigen hingegen, daß die Sachlage komplizierter war. Anfangs war überhaupt nicht vorgesehen, auch den Aufkauf zentralstaatlich zu organisieren. Im März 1949 entwarf das SED-Sekretariat in „Richtlinien über die Organisation der Erfassung" den Plan, eine Hauptverwaltung Erfassung bei der DWK mit einem eigenen Erfassungsapparat bis in die Dörfer hinein zu bilden. Außerdem sollten „volkseigene Erfassungsbetriebe gebildet werden, die in der Vereinigung volkseigener Erfassungsbetriebe zusammengefaßt sind." (Protokoll der Sekretariatssitzung am 18.3.1949, SAPMO BArch, DY 30, J IV 2/3-13, Bl. 16f.). Eine Struktur volkseigener, zentralgeleiteter Betriebe für Erfassung und Aufkauf zugleich kann dagegen erst nach dem 18.3.1949 erwogen worden sein. Am 23.3. befaßte sich das DWK-Sekretariat mit einer Vorlage für die Bildung zweier VVEAB. Die entsprechende Anordnung wurde auf einer außerordentlichen Sitzung am 29.3. verabschiedet, jedoch erst Ende April 1949 veröffentlicht. Infolge des Beschlusses wurden die Ressorts Erfassung und Aufkauf aus der Hauptverwaltung Handel und Versorgung der DWK herausgelöst; es entstand eine eigenständige Hauptverwaltung für Erfassung und Aufkauf.

für wenig geeignet, vermittelnd und kontrollierend zu wirken.[69] Eine staatliche Handelszentrale für den gesamten Agrar-Handel kam aber offensichtlich auch nicht in Frage.

Das Problem konnte nur im Zusammenhang mit einer Reform des Genossenschaftswesens gelöst werden, welche neuen Genossenschaften bestimmte wirtschaftliche Aufgaben zuwies. Ihnen eine längere Perspektive einzuräumen bedeutete aber auch, darin waren sich SED-Führung und sowjetische Berater einig, den Einfluß der SED in einem zentralen Leitungsgremium zu sichern. Großbäuerlich dominierte Vereinigungen sollten im Zuge dieser Reform schrittweise verschwinden.

Alle Aspekte waren noch nicht hinreichend bedacht, als die SED auf einer großen Konferenz von Bauern und Landarbeitern am 19.–20. Februar 1949 in Halle ihr Universalgenossenschafts-Konzept vorstellte.[70] Walter Ulbricht sprach sich vehement gegen Enteignungsgerüchte aus, während Paul Merker das Ziel der Genossenschaftsreform skizzierte. Beide waren bemüht, die Großbauernproblematik zu umgehen.

Im Zuge eines zonenweiten Übergangs zu Universalgenossenschaften sollten alle Bauern eines oder einiger kleiner Dörfer Mitglieder einer Dorfgenossenschaft werden. Solche Dorfgenossenschaften seien in Kreisgenossenschaften zusammenzufassen, in denen auch alle bestehenden Hauptgenossenschaften sowie kleine Produktionsbetriebe aufgehen würden, ebenso die Vieh-, Eier-, Gemüse- und Obstverwertungsgenossenschaften; selbständige Molkereigenossenschaften könnten fortbestehen. Paul Merker warnte aber vor simplen Zusammenschlüssen: Die Kreisgenossenschaft „darf nicht mit den zweifelhaften Gebilden verwechselt werden, die unter Mißbrauch dieses Namens" mancherorts entstanden sind. Alle Genossenschaften seien im Landesmaßstab als Mitglieder einer Warengenossenschaft zusammenzuführen, welcher als Lenkungs- und Revisionsorgan ein Zentralverband landwirtschaftlicher Genossenschaften beizugeben wäre. Diese einheitliche, föderale Struktur sei nicht zuletzt deshalb anzustreben, damit recht bald schon ein „Zentralverband der landwirtschaftlichen Genossenschaften in Deutschland" entsteht. – Damit war das Konzept der Universalgenossenschaften öffentlich zum Bestandteil ostdeutscher Agrarpolitik geworden. Die SED-Führung propagierte es als ein Alternativprogramm: Die Bauern sollten „die alte Raiffeisen-Ideologie ad acta legen".[71]

Bedenkt man, daß die SED mit dem Gedanken der Dorfgenossenschaft bereits ein halbes Jahr zuvor in die Öffentlichkeit gegangen war, erste Neuformierungen unterstützt[72] und bereits Delegiertenwahlen zu einer Zonentagung organisiert hat-

[69] Siehe Schlußwort Ulbrichts auf der Bauernkonferenz am 19./20. Februar 1949 in Halle, *Neues Deutschland*, 23.2.1949, S. 4. Allgemein kam die SED-Führung 1949 von ihren vielfältigen Versuchen der Jahre 1947/48 immer mehr ab, behördliche Verwaltungsarbeit mit politischer Mobilisierung zu verknüpfen, Ausschüsse und Kommissionen als gemischte Deputationen für allerlei Versorgungsaufgaben zu nutzen und deren Arbeit zugleich politisch zu kanalisieren. Die volkswirtschaftlichen Effekte waren zu gering, die politisch-erzieherischen zu wenig mit den Herrschaftsvorstellungen der SED-Führung vereinbar.

[70] Siehe *Neues Deutschland*, 20.2.1949, S. 1f.; 23.2.1949, S. 3f.; *Der freie Bauer*, 27.2.1949, S. 1-3.

[71] So Paul Merker auf dem Kongreß der landwirtschaftlichen Genossenschaften im März 1949, siehe *Neues Deutschland*, 17.3.1949, S. 2.

[72] Allein in Sachsen wurde im Herbst 1948 in über 1000 Bauernversammlungen „der Gedanke der Dorfgenossenschaft und der Bildung der Zonenzentrale propagiert". (Aus dem Vierteljahresbericht I/1949 der SED-Landesleitung Sachsen, SAPMO BArch, DY 30, IV 2/7-63, unpag.)

te, bedenkt man weiterhin, daß sie der kommenden Ernteperiode mit funktionierenden neuen Strukturen entgegensehen wollte, so wird erklärlich, warum es im folgenden zu einer Kette von übereilten Entscheidungen kam. Sie erwuchsen aus einer zwar national motivierten, gesellschaftspolitisch aber unklaren, einer zwar praxisorientierten, aber praktisch noch nicht getesteten Idee. Die Ergebnisse spiegelten zugleich das Beharrungsvermögen bestimmter Raiffeisen-Kräfte wider. Von den unschlüssigen Entscheidungsträgern in SMAD und SED waren diese in bündnispolitischer Hinsicht nicht klar einzuschätzen.

Vom 16. bis 18. März 1949 tagte – nach entsprechender Vorbereitung durch die Hauptverwaltung für LFW der DWK sowie den SED-Apparat[73] – ein Kongreß der landwirtschaftlichen Genossenschaften. Er nahm einstimmig eine Entschließung unter dem Titel „Die nächsten Aufgaben der landwirtschaftlichen Genossenschaften" an. Die Delegierten beschlossen die Gründung eines *Zentralverbandes der landwirtschaftlichen Genossenschaften Deutschlands e.V.* (ZLGD) und besprachen wichtige verfahrenstechnische Aspekte des Zusammenschlusses, der Umwandlung, der Auflösung und der Neugründung von Genossenschaften im Interesse der Schaffung eines engmaschigen, geschlossenen Netzes dörflicher Universalgenossenschaften. Zum Präsidenten des ZLGD wurde der Kommunist Ernst Busse gewählt, Mitglied des erst jüngst entstandenen Agrarpolitischen Ausschusses beim Zentralsekretariat der SED, bis 1948 Vizepräsident der Deutschen Verwaltung für Land- und Forstwirtschaft. Der Posten des Vizepräsidenten sowie fünf der insgesamt sechs Abteilungsleiterstellen wurden mit SED-Funktionären besetzt. Dem Rat gehörten 12 SED-Mitglieder an, zwei kamen von der DBD, zwei von der CDU, zwei waren parteilos. Der ZLGD war damit auch in seiner Personalstruktur ein Kind der SED-Agrarpolitik, welche ihre Konturen freilich noch schärfen mußte.

Den Vorkämpfern für die Dorfgenossenschaften war zum Zeitpunkt der ZLGD-Gründung nämlich noch nicht ganz klar, wie Universalgenossenschaften als bäuerliche Selbsthilfe-Einrichtungen mit überwiegend kleinbäuerlichem Einschlag wirken könnten. Soweit es aus der späteren Umsetzung der Genossenschaftsreform zu schließen ist, ergaben sich aus zwei Richtungen Probleme. Zum einen sperrten sich zahlreiche Funktionäre auch der kleineren „alten" Genossenschaften gegen eine Strukturänderung, deren volkswirtschaftlicher Sinn ihnen verborgen blieb. Zum anderen war noch nicht geklärt, wie die einzelnen Bereiche des ländlichen Groß- und Einzelhandels im Strukturgeflecht aus volkseigenen Erfassungsbetrieben und Universalgenossenschaften wirken sollten. Beispielsweise war zu klären: Wer übernimmt die bisherigen Aufgaben der nichtvolkseigenen Großhandelsunternehmen, die liquidiert werden sollten, und wer wird von nun an als so genannter Kleinverteiler beliefert; auf welcher Ebene laufen die Kreditgeschäfte; wie funktionieren Waren- und Geldverkehr für die Bauern?

Propagiert wurde eine Art dörfliches Gemeinschaftsunternehmen aus weiterhin individuell produzierenden und als Individualproduzenten mit dem Staat verhan-

[73] Das SED-Politbüro hatte am 1.3.1949 einen Bericht Merkers bestätigt und – nach Vertagung – am 8.3.1949 einen *Rahmenstrukturplan* für die landwirtschaftlichen Genossenschaften Deutschlands als Entwurf für die Genossenschaftskonferenz ausgearbeitet (siehe Protokolle der Politbürositzung am 1.3. und 8.3.1949, SAPMO BArch, DY 30, IV 2/2-7, Bl. 1; 2/2-8, Bl. 1, 8f.). Er wurde auf der Konferenz angenommen.

delnden Landwirten. Über die Universalgenossenschaft sollte der Bauer seinen Waren- und Geldverkehr erledigen, aus Gewinnen und staatlichen Zuschüssen wären gemeinschaftliche Einrichtungen (Küchen, Badeanstalten, Wäschereien) und Kleinstunternehmen (etwa für lokalen Transport, Lagerung und Erstverarbeitung von Agrarerzeugnissen) zu finanzieren. Dabei mußte verhindert werden, daß sich „ein paar ausgebootete Händler untereinander verständig[en]" und sich von der Dorfbevölkerung ihre Geschäfte sanieren lassen.[74] Die kleinere Dorfgenossenschaft sollte den Gemeinschaftssinn stärken. „Mietet eine Großgenossenschaft Kartoffeln ein, so wird der Bauer mit einem relativ kleinen Anteil kein großes Interesse an dem Bestand der Miete haben. Mietet aber eine Dorfgenossenschaft ein, weiß er von vornherein, daß es auch sein Schaden ist, wenn die Miete zusammenfällt", prognostizierte der ZLGD.[75]

Diese Aufwertung kleinbäuerlichen Gemeinschaftsgeistes zeigt, daß beabsichtigt war, mit Hilfe der Universalgenossenschaften die sozialen Differenzierungsprozesse auf dem Lande zu stoppen. In diesem Sinne gab man dem klein- bis mittelbäuerlich geprägten dörflichen Wirtschaftsverbund eine Zukunft. Eine Dorfgenossenschaft mit universellen Aufgaben auf etwa 800–1000 ha LNF hätte „im Durchschnitt bei normalen Aufwendungen eine gesicherte Wirtschaftlichkeit", hieß es. Meist würden je zwei Dörfer eine Genossenschaft bilden. Da diese mehr als nur eine geschäftliche Einrichtung seien, nämlich integrativer Selbsthilfeverbund und Lebensraum von Kleinproduzenten, wurden größere Zusammenschlüsse als „nachteilig" für die Erfüllung dieser „fortschrittlichen Funktion" angesehen.[76]

Der Rahmenstrukturplan sah neben den Dorfgenossenschaften aus Einzelmitgliedern auch einige wenige Spezialgenossenschaften auf Gemeindeebene vor. Dies war eine Konzession an die vielerorts demokratisch organisierten, von Klein- und Mittelbauern akzeptierten, gut funktionierenden kleineren genossenschaftlichen Verarbeitungsunternehmen (Saatzuchtgemeinschaften, Deckgemeinschaften, Mühlen, Brennereien, Mostereien). Künftig sollte die Mitgliedschaft in diesen Spezialgenossenschaften aber nur „auf dem Wege über die Dorfgenossenschaft erworben werden", denn es sei „kurzsichtig", Spezialgenossenschaften längere Zeit erhalten zu wollen. Die Erkenntnis, daß Molkereigenossenschaften eine relative selbständige Struktur zugebilligt werden mußte (ebenso den nicht sehr zahlreichen Elektrizitätsgenossenschaften), festigte sich aber.

Zunächst war, wie erwähnt, unklar, wie konsequent die neuen Genossenschaften aus Erfassung und Aufkauf aussteigen würden. Nicht nur im Interesse von zentraler Planung und Kontrolle wollte die SED nun stärker staatliche Instanzen verpflichten. Ihr neues Dorfgemeinschaftskonzept konnte auch die sozialen Konflikte nicht gebrauchen, die jede Erfassung begleitet. Ganz praktische Überlegungen kamen hinzu. Die Viehgroßhändler (Viehverwertungsgenosssenschaften) als Hochburgen großbäuerlichen Einflusses waren der SED zwar besonders suspekt, gleichwohl hieß es noch im März 1949: „Ob die Viehverwertungsgenossenschaften

[74] Ernst Busse, Wie wird eine Dorfgenossenschaft gegründet, in: Der freie Bauer , 13. 2. 1949, S. 11.
[75] Richtlinien für den Aufbau der landwirtschaftlichen Genossenschaften in der sowjetisch besetzten Zone, 27. 4. 1949, hrsg. vom ZLGD, SAPMO BArch, DY 30, IV 2/7-290, Bl. 19f.
[76] Siehe ebenda.

selbständig bleiben oder ob sie in den neuen Dorfgenossenschaften aufgehen sollen", wird erst dann geklärt, „wenn der staatliche Erfassungsapparat steht und wenn die Genossenschaften gänzlich vom Erfassungsgeschäft befreit sind".[77] Ein Teil ihrer Aufgaben sollte an die Landeshauptgenossenschaften übergehen, welche für alle Sparten die Warenbewegung planen und realisieren sollten. Die alten Landeshauptgenossenschaften, so liest es sich in anderer zeitgenössischer Interpretation, sollten Funktionen an die neuen Kreisgenossenschaften abgeben. Zugleich würden viele ihrer Direktgeschäfte ohnehin wegfallen, wenn alle Bauern in Dorfgenossenschaften sind und damit der „genossenschaftliche Unterbau" gestärkt ist. Vage hieß es, die Dorfgenossenschaften sollten sich bei Saatgut- und Düngemittelbeschaffung „einschalten", stärker als bisher „direkte Vertragskontrahenten mit den Produktionsbetrieben werden", was die Warenwege verkürzen würde. Einige der weiterhin vom Staat geförderten, alten Genossenschaften dürften ebenfalls „in einem gewissen Ausmaß im Rahmen des Wirtschaftsplanes als Vertragskontrahenten von Privatbetrieben" direkt Waren beziehen und weitergeben. Es liege an ihnen, sich das Monopol des Vertriebes zu erarbeiten.[78] Damit war für die Genossenschaftspolitik – analog zum neu erarbeiteten Vertragssystem für die Industrie – der Gedanke des Wettbewerbs formuliert.

Wie erwähnt, fiel in der DWK kurz nach dem Genossenschaftskongreß recht unvermittelt die Entscheidung für einen zentralen staatlichen Erfassungs- *und* Aufkaufapparat, was Folgen für den gesamten ländlichen Warenverkehr haben mußte. Die DWK verpflichtete die neuen Genossenschaften nun kurz entschlossen, doch im Erfassungs- und Aufkaufgeschäft zu bleiben. Hieß es zuvor noch, daß die Genossenschaften weder ein behördlicher Erfassungsapparat seien noch „Handlanger der Verwaltung" werden dürften,[79] so wollte die DWK nun in ihnen „Beauftragte der VVEAB" sehen, denn der staatliche Apparat sei erst im Aufbau begriffen. Über das Funktionieren staatlicher Erfassung, genossenschaftlicher Ware-Geld-Bewegung und individueller Agrarproduktion bestanden die Unklarheiten in SED-Apparat und Wirtschaftsverwaltung aber fort. Die SED-Landesverbände forderten eine gesetzliche Regelung.[80] Paul Merker warnte vor „Reibungen", solange alles noch „im Fluß" ist.[81]

Was war theoretisch denkbar? Bauernfreundlich konnte eine Kooperation von Staat und Genossenschaft insofern sein, als sich letztere als eine Art „Treuhänder der Bauern" dem Staat gegenüber anbot (etwa um individuelle Ablieferungsschuld vorübergehend zu übernehmen). Die Vorteile wurden in SED-Führung, DWK

[77] Die Bauerngenossenschaft. Beilage des Freien Bauern 1949, Nr. 12 vom 20. 3. 1949 (anläßlich des Kongresses der landwirtschaftlichen Genossenschaften), S. 10.

[78] Siehe *Neues Deutschland*, 18. 3. 1949.

[79] So der Landesbauernsekretär der VdgB Sachsen, Fritz Braun, Dorfgenossenschaften sind unerläßliche Hilfseinrichtungen unserer werktätigen Bauern, in: *Der freie Bauer*, 19. 6. 1949, S. 3.

[80] Der Landesverband Sachsen der SED wollte eine eigene Verordnung entwerfen, beklagte aber gegenüber der Berliner Parteizentrale fortwährend Informationsmangel. Vor Ort, so meldete er, liefe vieles falsch. So habe der Minister für Land- und Forstwirtschaft Reinhard Uhle (LDP) entgegen einer DWK-Anweisung doch zugelassen, daß private Kleinhändler in den Düngemittelhandel eingebaut werden (siehe Mitteilung der Landesleitung Sachsen an die Abt. Land- und Forstwirtschaft des ZK, SAPMO BArch, DY 30, IV 2/7-292, unpag.).

[81] Siehe Protokoll der DWK-Vollsitzung, am 28. 7. 1949, BArch, DC 15, 412/1, Bl. 62.

und ZLGD bis in den Sommer hinein erörtert.[82] Indes, eine vertragliche Bindung dergestalt, daß die Genossenschaften zu Beauftragten des staatlichen Erfassungssystems wurden, verunsicherte tatsächlich viele Bauern. Mit einer Schwergewichtsverlagerung in den „genossenschaftlichen Unterbau“, mit wirtschaftlicher Stärkung kleiner genossenschaftlicher Vereinigungen schien das nur vereinbar, wenn a) ein Ende der unmittelbaren Inanspruchnahme durch den Staat abzusehen und b) garantiert war, daß Genossenschaften an der Kooperation (etwa über die Handelsspanne) auch verdienen würden. Die Gründung der VVEAB hatte eher für Verwirrung in der Bauernschaft gesorgt.[83]

Im Sommer 1949 mußte der ZLGD einschätzen, daß das Ziel, 4266 Dorfgenossenschaften in der SBZ zu gründen (davon 378 durch Verschmelzung), noch nicht einmal zur Hälfte erreicht war. Obgleich der ZLGD energisch gegen „partikularistische oder eigennützige Bestrebungen“ alter Raiffeisen-Funktionäre vorging und die kleineren Genossenschaften aufrief, die „Befürchtungen großer Genossenschaften und ihrer Geschäftsführer um ihre Existenz“ einfach zu ignorieren[84], bewegte sich an der Genossenschaftsbasis wenig. So wandelten sich beispielsweise im Juli 1949 nur insgesamt 299 bestehende Genossenschaften durch Genossenschafterbeschluß[85] zu Universalgenossenschaften um. Das Land Mecklenburg lag mit 75 Prozent im Plan, in Thüringen waren nur 10 von den für den Zeitraum geplanten 45 Dorfgenossenschaften entstanden, in Brandenburg nur 98

[82] Noch im Mai bekamen ZLGD-Funktionäre in der DWK zu hören, daß die Einschaltung der Genossenschaften in die Erfassung im Prinzip hinderlich für die Genossenschaftsentwicklung und nur vorübergehend notwendig sei. Doch das Provisorium bereitete Sorgen. Hauptstreitpunkt war der Geldfluß. Auf einer Arbeitsbesprechung der ZLGD mit den Landeszentralen am 1./2.6.1949 in Dresden wurde eine Entschließung verabschiedet, die die Grundlage einer Regelung der Zusammenarbeit mit den VVEAB hätte sein können. Der ZLGD wollte sämtlichen Geldfluß und die bargeldlose Verrechnung über die Genossenschaftsbanken laufen lassen. Die DWK indes wünschte keineswegs ein „Erfassungsmonopol“ bei den Genossenschaften. Hermann Streit, einer der DWK-Spezialisten für staatlichen Handel, präferierte daher die freie Wahl der Banken durch die Bauern bei Auszahlung der Gelder für „freie Spitzen“. Der ZLGD argumentierte, der Bauer würde dann nicht die Genossenschaftsbank sondern eine Bank wählen, bei der er keine Kreditschulden hat. Am 8.7.1949 wurde die Problematik im SED-Zentralsekretariat erörtert. Man einigte sich darauf, den Geld- und Warenumlauf weitgehend über die Genossenschaften zu regeln, den Bauern bei Schuldenfreiheit aber auch andere Geldinstitute offenzuhalten. In gemeinsamen Richtlinien verfügten ZLGD und VVEAB-Hauptgeschäftsführung im August 1949, daß alle Zahlungen für Pflichtablieferungen und staatlichen Aufkauf über die „Kreditgenossenschaften in den Kreisstädten“ (noch nicht überall gab es neue Kreisgenossenschaften) an die Dorfgenossenschaften (wo vorhanden) und von dort an den Erzeuger gehen. Dabei sollte der Wert der freien Spitzen nicht gegen Kreditverbindlichkeiten aufgerechnet werden. Diese Regelung zog Streit kurz darauf wieder in Zweifel. In der Praxis weigerten sich VEAB-Filialen schlicht, Zahlungen über Genossenschaftsbanken laufen zu lassen und die Genossenschaften als Vertragspartner anzuerkennen (siehe SAPMO BArch, DY 30, IV 2/7-290, Bl. 25f., 39, 50–72; *Der freie Bauer*, 21.8.1949, S. 3).

[83] So der Vizepräsident des ZLGD gegenüber der Abteilung Wirtschaftspolitik des SED-Zentralsekretariats in einem Schreiben vom 4.8.1949. Andere Berichte künden von positiver Resonanz, so der von einem ZLGD-Kongreß am 19./20.7.1949 in Bad Doberan, wo man gute Zusammenarbeit zwischen VVEAB und Genossenschaften erwartete (siehe SAPMO BArch, DY 30, IV 2/7-290, Bl. 121–131, 139–144).

[84] Siehe Richtlinien für den Aufbau der landwirtschaftlichen Genossenschaften, 27.4.1949, ebenda, Bl. 19f.

[85] Den Musterstatuten für neue Dorfgenossenschaften zufolge mußten bei einer Umwandlung alter Genossenschaften 50 Prozent der Generalversammlung anwesend sein und 75 Prozent der Anwesenden zustimmen, damit die Umwandlung rechtskräftig ist. (Schreiben des ZLGD an das Zentralsekretariat der SED, Abt. Landwirtschaft, z. Hd. Reutter, 15.7.1949, SAPMO BArch, DY 30, IV 2/7-293, unpag.)

von 331.[86] Vielerorts sperrten sich Genossenschaften gegen Umorganisierungen, nicht selten unter Hinweis darauf, daß die bestehende Struktur den formulierten Zwecken durchaus entspräche. In Thüringen hielten viele Raiffeisenkassen nach wie vor zur Großgenossenschaft KORNHAUS, obgleich sie von ihr bislang nicht selten wirtschaftlich bedrängt worden waren.[87] Ungeachtet dessen behielt der ZLGD seine Politik bei. Er regte die Landesverbände an, die Umwandlung in Dorfgenossenschaften zu „vereinfachen" und unter Hinweis auf den Grundsatzbeschluß des Genossenschaftskongresses im März auch Umwandlungen allein durch Vorstands- und Aufsichtsratsbeschluß durchzusetzen. Von Berlin aus wurden die Landes- und Kreisparteileitungen der SED aufgefordert, „Kader" vorzubereiten; die Landesleitungen instruierten die Kreisvorstände.[88]

Zugleich versuchte man, die materiellen Startbedingungen zu verbessern. Die VdgB beabsichtigte, einige ihrer kleineren Betriebe an Dorfgenossenschaften abzugeben, auch die MAS sollten einige Traktoren verkaufen. Das meiste glaubte man aber aus dem Enthusiasmus der Genossenschafter schöpfen zu können. ZLGD-Vorsitzender Ernst Busse startete im September die Wettbewerbsaktion „Rund um den Düngerschuppen", die auf die Behebung des Mangels an Lagerstätten für Düngemittel in den Dörfern zielte.[89] Hier deutet sich an, welche neuen Schwierigkeiten aus der geplanten Verlagerung wichtiger Verteilungsaufgaben auf die Dorfebene erwuchsen.

Ob es in erster Linie pragmatische Erwägungen waren, was die SED bis zum Sommer 1949 von allzu großem Druck auf die alten Genossenschaften abhielt, bleibt wohl unergründlich. Wie bereits in Moskau erörtert, waren ohnehin nicht alle Großhandelsgenossenschaften zu liquidieren; die Deutsche Düngerzentrale GmbH wurde 1949 als Hauptauftragnehmer für Bedarfsregistrierung und Verteilung von Mineraldünger zu einem „ausführenden Organ" der DWK-Hauptverwaltung für LFW erklärt.[90] Der für die Genossenschaftsreform betriebene Organisationsaufwand ver-

[86] Siehe *Der freie Bauer*, 21. 8. 1949, S. 3. Die internen Meldungen der SED-Parteileitungen der Länder decken sich im wesentlichen mit diesen Zahlen. So meldete die Landesleitung Brandenburg für Monat Juni 100 gebildete Genossenschaften, womit die Gesamtzahl auf 691 von insgesamt zu errichtenden 919 gestiegen sei (SAPMO BArch, DY 30, IV 2/7-293, unpag.). Buss, Struktur, S. 62–65, summierte Zahlenangaben aus der ostdeutschen Presse, die verläßlich erscheinen: Demnach betrug am 31. 7. 1949 die Zahl der Dorfgenossenschaften in der SBZ 1627, 450 davon waren Neugründungen (*Die Ähre* 1949, H. 9, S. 8.).

[87] Siehe Bericht der Landesleitung Thüringen der SED, SAPMO BArch, DY 30, IV 2/7-293, unpag.

[88] Siehe Richtlinien für den Aufbau der landwirtschaftlichen Genossenschaften, 27. 4. 1949, ebenda, Bl. 19f.

[89] Siehe Bericht von der 4. Arbeitstagung der landwirtschaftlichen Genossenschaften in Potsdam am 21./22. 9. 1949, in: *Der freie Bauer*, 2. 10. 1949, S. 3.

[90] Im Unterschied zum Viehhandel war der Düngerhandel freilich streng kontingentiert. Die Verteilung fußte auf einem komplizierten Verrechnungssystem der Vergütung von Pflichtabgabe und Aufkauf, der Prämierung und sozial gestaffelten Kreditierung. Düngerhandel war vielfacher Kontrolle unterzogen. Die Preise waren nicht frei. Dies alles machte es der SED 1949 möglich, an dem privatwirtschaftlich organisierten Großhandel für dieses Produkt vorerst festzuhalten und ihn weiterhin zu nutzen. Die DWK verfügte sogar, daß neben den landwirtschaftlichen Genossenschaften auch ein privater Kleinhändler als Dünger-Kleinverteiler in Betracht kommt, sofern er bislang exakt gearbeitet hatte und beim Aufkauf „freier Spitzen" erfolgreich war (siehe Anordnung über die Versorgung der Landwirtschaft mit Düngemitteln im Düngejahr 1949/1950, 6. 7. 1949, in: ZVOBl. 1949, S. 721–724). Die Deutsche Düngerzentrale GmbH wurde zum 31. 12. 1950 liquidiert und in eine staatliche Handelszentrale, die DHZ Chemie, überführt (Verordnung über die Auflösung der Deutschen Düngerzentrale GmbH, 14. 12. 1950, in: GBl. 1950, S. 1198).

anlaßt dennoch zu der Annahme, daß hinter den Universalgenossenschaften mehr als eine agrarpolitische Verschleierungsaktion steckte. An der Anschubfinanzierung und der Bilanzierung von Waren- und Kreditbedarf wird das sehr deutlich.

Der ZLGD hatte im Finanzplan 1949 noch keine Berücksichtigung gefunden, nun mußten sein Etat geplant und die Kosten der Reform kalkuliert werden.[91] Altverbindlichkeiten und ungedeckte Verluste waren erheblich.[92] Organisatorische Schwierigkeiten kamen hinzu, mußte doch die Schaffung neuer Kreditinstitute durch die Landesregierungen erst genehmigt werden.[93] All dies wurde ernsthaft erörtert. Dabei ging der ZLGD noch im Juli davon aus, daß bei aller zielgerichteten Reformierung kein neues Genossenschaftsgesetz angenommen werden darf, sondern lediglich eine Satzungsänderung, „um im Kampf um ein geeintes Deutschland die Rechtseinheit nicht zu gefährden".[94] Der Bedarf an normativer Regelung ließ solche Bedenken schließlich aber verhallen. Die SMAD forderte, daß alle strittigen Fragen zwischen ZLGD und DWK endlich geklärt und eine Anordnung erarbeitet würde. Ende August lagen Entwürfe für eine DWK-Anordnung zu landwirtschaftlichen Genossenschaften und für Durchführungsbestimmungen vor, die von ZLGD und DWK unter Beteiligung der SMAD gemeinsam besprochen wurden. Trotz „sehr verschiedener Auffassungen" in „einigen entscheidenden Fragen", die heute nicht mehr verifizierbar sind[95], einigten sich Besatzungsbehörde und Zentralverband auf sieben Punkte, die den DWK-Vertretern vorgelegt und in einer DWK-Anordnung entschieden werden sollten. Sie betrafen „die Rolle der landwirtschaftlichen Genossenschaften beim Aufbau des deutschen Dorfes und ihre Hauptaufgaben dabei", die Struktur der landwirtschaftlichen Genossenschaften, die Zusammenarbeit mit DWK, Landesregierungen und VdgB, finanzielle Hilfen für die neuen Genossenschaften und andere Fördermaßnahmen

[91] Bei einer Besprechung zwischen ZLGD-Vertretern mit Paul Merker wurde am 7. Juli 1949 erwähnt, daß jede Dorfgenossenschaft einen Anlagenkredit und einen Betriebsmittelkredit von je 15 000 DM benötigt, daneben langfristige Kredite von 75 000 DM (als zinslose Kredite) sowie zusätzlich Baumaterialien. Für insgesamt 125 Kreisgenossenschaften benötige man insgesamt 2,25 Millionen DM zusätzlich (siehe Besprechung am 7. 7. 1949, SAPMO BArch, DY 30, IV 2/7-293, unpag.). Eine Woche später beantragte der ZLGD bei der DWK, 5-Jahres-Anlagenkredite für alle Länder in Höhe von insgesamt 9,063 Millionen DM zusätzlich zu den von den Genossenschaften aufzubringenden Mitteln im Plan 1950 zu berücksichtigen (diverse Notizen, ebenda). Aus den Ländern kamen noch größere Forderungen. Allein für den Baubedarf meldet das Land Sachsen schätzungsweise 5 Millionen DM für Investkredite an (siehe Aus dem Vierteljahresbericht I/1949 der SED-Landesleitung Sachsen, SAPMO BArch, DY 30, IV 2/7-63, unpag.).

[92] Entgegen allen Erwartungen rechneten auch die zur Liquidation durch Verkauf an die VVEAB gedrängten Zentralviehverwertungsgenossenschaften mit Negativbilanzen ab. Der SED-Landesvorstand Thüringen meldete am 5. 10. 1949 einen Fehlbetrag von 250 000 DM in der zentralen Viehverwertung an. Die Geschäftsguthaben von einzelnen Mitgliedern, die bislang über Raiffeisenkassen daran beteiligt waren und potentielle Dorfgenossenschaftsmitglieder waren, betrugen 131 000 DM davon. Deren Verluste seien notfalls noch hinnehmbar, schrieb die Abteilung Landwirtschaft des SED-Landesvorstandes nach Berlin, doch die neuen Genossenschaften könnten unmöglich helfend und haftend in die Liquidation eingreifen (siehe Schreiben des SED-Landesvorstandes Thüringen, Abt. Landwirtschaft, an das Zentralsekretariat der SED, 5. 10. 1949, SAPMO BArch, DY 30, IV 2/7-292, unpag.).

[93] In Thüringen z. B hielt das Finanzministerium die Zahl der Niederlassungen für bereits zu groß, weshalb die SED-Landesleitung Übergangslösungen suchen wollte.

[94] Schreiben des ZLGD an Zentralsekretariat der SED, Abt. Landwirtschaft, z. Hd. Reutter, 15. 7. 1949, SAPMO BArch, DY 30, IV 2/7-293, unpag.

[95] Siehe Entwürfe und Aktennotizen des ZLGD von Ende August bis Anfang Oktober 1949, SAPMO BArch, DY 30, IV 2/7-290, Bl. 151–167, 171–176, 187–190, 192f., 196–201.

für genossenschaftliche Verarbeitungsbetriebe. Der ZLGD rechnete mit der Annullierung aller gesetzlichen Bestimmungen, die der Reform entgegenstünden. Auch die Zuweisung von „Bodenreformobjekten" wurde erwartet.[96]

Im September 1949 trat eine gewisse Wende in der Behandlung der Genossenschaftsproblematik ein. Der Zentralverband konstatierte besorgt eine Tendenz bei der DWK, von der Aufgabenstellung des Kongresses der landwirtschaftlichen Genossenschaften im März abzukommen.[97] Mittlerweile mußte sich die Reform vor dem Hintergrund einer baldigen Staatsgründung in Ostdeutschland auch etwas anders darstellen als noch im Juli. Eine DWK-Anordnung kam rein formell gesehen nicht mehr in Betracht. Möglicherweise unterstützte dieser Umstand kurzfristig bestimmte Widerstände gegen das Genossenschaftswesen insgesamt. In der SED gab es traditionell Voreingenommenheit. Die Schaffung eines staatlichen Erfassungs- und Aufkaufnetzes hatte SED-Mitglieder darin bestärkt, begriff man die VVEAB doch als Antwort auf den unredlichen und unfähigen genossenschaflichen Handel.[98] Zugleich bedienten sich die politischen Kontrahenten der SED der Problematik. Das Protokoll einer ZLGD-Arbeitsbesprechung vermerkt: „Auf allen bis jetzt [durchgeführten] Generalversammlungen zeigte es sich, daß die Opposition, gleichgültig ob sie klar geführt, ob sie gefühlsmäßig von den Bauern aufgegriffen [wurde] oder sporadisch in Erscheinung trat, sich entzündete a) an der Düngerfrage, b) am Verhältnis VVEAB und Genossenschaften, c) an der Rentabilitätsfrage für den Bauernhof."[99]

Von der Staatsgründung im Oktober 1949 ging schließlich ein mentaler Radikalisierungsschub unter SED-Mitgliedschaft und SED-Führung aus, ein Drang nach klaren Machtkonstellationen. Vor dem Hintergrund volkswirtschaftlicher und technisch-organisatorischer Schwierigkeiten bei der Realisierung der Genossenschaftsreform mehrten sich bald die Stimmen für eine Modifizierung der Reform. Mitte Dezember 1949 trafen sich „auf Wunsch des Genossen Vieweg und infolge einer Aussprache, welche dieser mit den Genossen Merker und Ulbricht hatte", führende Vertreter von SED-Zentralsekretariat, VdgB, ZLGD und DBD und sprachen sich für den *Zusammenschluß von VdgB und landwirtschaftlichen Genossenschaften* aus.[100] Diese, in den Quellen abrupt und ohne sichtbaren Vorlauf erscheinende Abkehr vom bisherigen Reformkurs der SED-Führung ging allem Anschein nach von einzelnen Genossen in der SED-Führung aus. Wie energisch er verfochten wurde, ist zu untersuchen. Nichts deutet auf eine sowjetische Order hin.

2.4. Landarbeiterschutz

Am 12. Dezember 1949 erging in der DDR ein „Gesetz zum Schutze der Arbeitskraft der in der Landwirtschaft Beschäftigten", Landarbeiterschutzgesetz (LSchG)

96 Siehe die rückblickende Bemerkung in einem Schreiben des ZLGD an das Zentralsekretariat der SED, 3. 10. 1949, gez. Busse, ebenda, Bl. 192f.

97 Siehe Schreiben des ZLGD an das SED-Zentralsekretariat, 3. 10. 1949, gez. Busse, ebenda, Bl. 192f.

98 Schreiben Thiemes an das SED-Zentralsekretariat, 11. 7. 1949, ebenda, Bl. 63; Schreiben Schönebecks an die Abteilung Wirtschaftspolitik des SED-Zentralsekretariats, 4. 8. 1949, ebenda, Bl. 139–144.

99 Protokoll einer ZLGD-Arbeitsbesprechung, 14. 11. 1949, ebenda, Bl. 241.

100 Siehe Protokoll einer Besprechung, 16. 12. 1949, ebenda, Bl. 280–282.

genannt.[101] Bis dahin galt im allgemeinen – nach Aufhebung vieler arbeitsrechtlicher Regelungen der NS-Zeit – die „Verordnung betreffend eine vorläufige Landarbeitsordnung vom 24. Januar 1919".[102]

Zum Schutz aller Lohnempfänger führte das Landarbeiterschutzgesetz geradezu revolutionäre Neuerungen in das Verhältnis zwischen Landwirt und ländlichem Lohnarbeiter ein. Traditionelle Forderungen nach tarifpolitischer Angleichung an die Regelungen für Industriearbeiter und nach Einbeziehung der Landarbeiter in die Sozialversicherung fanden in ihm ebenso ihren Niederschlag wie zeitspezifische agrarwirtschaftliche Überlegungen. So wurde der Arbeitgeber verpflichtet, dem Beschäftigten – unter Berücksichtigung der Größe dessen Familie – Lebensmittel gegen feste Preise anzubieten. Das LSchG verlangte vom Betriebsleiter bzw. Inhaber von Agrarbetrieben, mit jedem länger als zwei Wochen gegen Entgelt Beschäftigten einen schriftlichen Arbeitsvertrag abzuschließen und gab Inhaltliches für diesen Arbeitsvertrag vor. Eine reguläre Höchstarbeitszeit von täglich 8 und wöchentlich 48 Stunden für den Lohnarbeiter wurde festgelegt. Bei Jugendlichen lag sie gestaffelt niedriger und durfte auch nicht – was bei erwachsenen Arbeitern noch möglich war – nach Absprache variiert werden. Das LSchG gab eine maximale jährliche Überstundenzahl von 300 Stunden vor. Die Entlohnung sollte einheitlich nach Tarif und gemäß dem Grundsatz „gleicher Lohn für gleiche Arbeit" erfolgen, womit insbesondere Frauenarbeit aufgewertet wurde. Im Krankheitsfall war Lohnfortzahlung bis zu 6 Wochen vorgesehen. Das Gesetz forderte die Gewährleistung von Arbeitsschutz und angemessenem Wohnraum. „Wo irgend möglich", sollten kommunale Behörden gemeinsam mit den Gewerkschaften den Betriebsinhaber zur Bereitstellung von Wohnraum für ständig Beschäftigte verpflichten. Das LSchG fixierte Kündigungsschutzregeln sowie Urlaubs- und Freistellungsrechte des Lohnempfängers. Gesetzlich bestimmt war mit dem LSchG auch der Anspruch von Arbeiterinnen mit eigenem Haushalt auf einen bezahlten freien Tag im Monat (Haushaltstag).[103] Jungen Landarbeitern sollten es die Arbeitszeit- und Lohnvereinbarungen möglich machen, der gesetzlichen Berufsschulpflicht nachzukommen.

101 Siehe Gesetz zum Schutze der Arbeitskraft der in der Landwirtschaft Beschäftigten, 12. 12. 1949, in: GBl. 1949, S. 113–115; Protokoll der Sitzung der Provisorischen Volkskammer der DDR am 7. 12. 1949, BArch, DA 1, 959; Gesetz: DA 1, 4000, Bl. 31–38.

102 Die sozialdemokratisch geführte Reichsregierung hatte durch diese Verordnung im Januar 1919 einer „Vorläufigen Landarbeitsordnung" Rechtskraft verliehen, welche im Dezember 1918 von einem Reichs-Bauern- und -Landarbeiterrat verabschiedet worden war (vgl. Reichsgesetzblatt 1919, S. 111–114). Bereits zuvor war mit dem Aufruf des Rates der Volksbeauftragten an das deutsche Volk vom 12. 11. 1918 die Gesindeordnung außer Kraft gesetzt worden. Die „Vorläufige Landarbeitsordnung" sicherte den Landarbeitern in Deutschland einigermaßen geregelte Arbeits- und Lebensbedingungen zu. So legte sie saisonabhängig eine Höchstarbeitszeit von 8–11 Stunden sowie arbeitsfreie Feiertage fest, verpflichtete den Arbeitgeber bei längerer Einstellung einer Arbeitskraft zu schriftlichen Arbeitsverträgen nach BGB, forderte menschenwürdige Unterkünfte und sah Schlichtungsverfahren in arbeitsrechtlichen Streitfällen vor. Zu einer regulären Landarbeitsordnung kam es in den Folgejahren nicht, und auch die vorläufigen Bestimmungen wurden nicht konsequent eingehalten. Versuche, verbindliche Tarifverträge durchzusetzen, verebbten. Am 2. 5. 1933 wurde die Verordnung aufgehoben.

103 Dies ist in der Forschung zur Geschichte des bezahlten Hausarbeitstags unbeachtet geblieben. Allgemein gilt, daß der nur in einigen Ländern der Westzonen/Bundesrepublik eingeführt wurde. 1952 sei er dann auch DDR-weit allen Frauen im Arbeitsverhältnis zugesichert wor-

Nach zeitgenössischen Berechnungen gab es Anfang 1950 in der DDR rund eine Dreiviertel Million Lohnabhängiger im Agrarbereich. Ein Großteil davon war nicht ständig beschäftigt.[104] In der jüngsten Forschung wurde von rund 850000 Landarbeitern allein in der privaten Wirtschaft gesprochen, ein Drittel davon soll in Wirtschaften mit über 20 ha gearbeitet haben.[105] Der Anteil der Frauen unter ihnen war – wie die Zahl der weiblichen Arbeitskräfte in der Landwirtschaft insgesamt – groß.[106] 40 Prozent der Landarbeiter, in Mecklenburg sogar zwei Drittel, waren 1945/46 sogenannte Umsiedler, und damit weitgehend mittellos.[107] Lohnarbeit in der Landwirtschaft war für die meisten von ihnen der einzig mögliche Erwerb, oft ein dürftiger Nebenerwerb. Viele alleinstehende Umsiedlerfrauen arbeiteten lediglich für „freie Station und Sachbezüge“, was häufig nur ein karg eingerichtetes Kämmerchen und Essen auf dem Hof bedeutete.

Das LSchG war unmittelbare Folge sowjetischer Anweisungen während des Spitzentreffens in Moskau im Dezember 1948. Es wird in der Agrargeschichtsschreibung vor allem als Versuch der Klientelgewinnung durch die SED gesehen. Mit dieser Bevölkerungsgruppe verband die SED tatsächlich und nicht ohne Grund Hoffnungen auf wachsenden politischen Einfluß auf dem Lande. Doch ging es nicht in erster Linie um Herrschaftslegitimation durch Gewinnung politischer Anhängerschaft. Das LSchG war Ausdruck tiefergehender agrarwirtschaftlicher Lösungsversuche. Es sollte die Ausbeutung der Arbeitskraft unter *solchen* volkswirtschaftlichen Bedingungen einschränken, die insgesamt noch stark nach einer arbeitsintensiven Agrarproduktion verlangten, und zugleich einen entspannten agrarpolitischen Kurs mittragen. Die Probleme bei der Entscheidungsfindung und bei der späteren Realisierung des Gesetzes ergaben sich, wie im folgenden gezeigt werden kann, genau von dort her. Das Gesetz kann sogar als ein Indiz dafür

den. Carola Sachse, Heißes Eisen, S. 257, meint generalisierend, in der SBZ seien verschiedene Vorstöße von SED, FDGB und Landesregierungen, einen solchen Hausarbeitstag einzuführen, am Widerstand der SMAD gescheitert. Das stellt sich im Kontext der Entstehung des Landarbeiterschutzgesetzes anders dar.

104 Über die Zahl der Landarbeiter im Untersuchungszeitraum gibt es keine verläßlichen Angaben. In den Unterlagen der Landwirtschaftsabteilung des SED-Zentralsekretariats ist für März 1949 von rund 900000 Landarbeitern die Rede (siehe Stenogramm einer Konferenz, SAPMO BArch, DY 30, IV 2/7-263, Bl. 88–105). Von dieser Größenordnung gingen auch der FDGB-Bundesvorstand und das Ministerium für Arbeit und Gesundheitswesen aus. Die Gewerkschaft Land und Forst sprach dagegen Mitte 1950 von ca. 600000 Arbeitern in Land-, Garten- und Forstwirtschaft, einschließlich der in volkseigenen, kommunalen und kirchlichen Betrieben. Davon sollen ca. 340000 in der privaten Landwirtschaft angestellt gewesen sein, ca. 186000 als ständig Beschäftigte. 1951 gab es nach internen Gewerkschaftsangaben ca. 300000 Landarbeiter in der privaten Wirtschaft. Eine solche Zahl nannte das Ministerium für LFW auch für 1953 (siehe Unterlagen der IG Land und Forst, SAPMO BArch, DY 44, 10/184/6267; DY 34, 20514 unpag.). In der Presse wurde die Zahl gelegentlich überhöht. *Der freie Bauer*, 5. 1. 1950, S. 11, sprach von rund einer Million Landarbeiter.

105 Siehe Kuntsche, in: Deutsche Geschichte, Bd. 9, S. 411.

106 Als die männlichen Arbeitskräfte sukzessive in den Arbeitsprozeß zurückkehrten, sank zwar die Zahl der selbständigen Landwirtinnen (von 1946 bis 1947 von fast 94000 auf gut 83000), zugleich sorgten die Schwierigkeiten der Feld- und Viehwirtschaft dafür, daß die Zahl der mithelfenden Familienangehörigen weiblichen Geschlechts in derselben Zeit von etwa 436000 auf 479000 anstieg (siehe W. Donau, Frauenarbeit im Spiegel der Statistik, in: Arbeit und Sozialfürsorge, 1948, H. 4, S. 110f.). Die Zahl der Lohnempfängerinnen im Agrarbereich der SBZ soll Anfang 1947 über 600000 betragen haben (siehe dies., Umfang der Frauenarbeit nach Wirtschaftszweigen, in: Arbeit und Sozialfürsorge, 1947, H.6, S. 111–113, hier S. 112).

107 Siehe Bauerkämper, Aufwertung, S. 252.

gelten, daß die SED auch Ende 1949/Anfang 1950 von einem zumindest mittelfristig beizubehaltenden großen Anteil von Lohnarbeit im privaten Agrarsektor Ostdeutschlands ausging. Ein Kurs auf rasche Kollektivierung hätte ein solches Gesetz unnötig gemacht, denn Regelungen für Landarbeiter ausschließlich in verstaatlichten Betrieben oder Kolchosen hätten in einem Arbeitsschutzgesetz von der Art fixiert werden können, wie es die Volkskammer im April 1950 verabschiedete.[108]

Die Entstehung des LschG [109] führt beispielhaft vor, wie kompliziert die Umsetzung einer klaren Moskauer Order verlaufen konnte und läßt Rückschlüsse auf das Wesen der Kooperation von SED und Besatzungsmacht zu. Es lohnt sich, darauf näher einzugehen.

2.4.1. Die Verständigung über ein agrarwirtschaftliches Problem

Nachdem es auch 1945-1947 schon von Seiten der SMAD und der SED- Führung sowie seitens der Gewerkschaft Land und Forst (IG 10) auf zonaler und Landesebene Bemühungen gegeben hatte, den ostdeutschen Landarbeitern, darunter speziell Frauen und Jugendlichen, ein Minimum an Arbeitsschutz und Tarifsicherheit zu garantieren[110], nahmen die Probleme um weitere volkswirtschaftlich sinnvolle Regelungen 1948 zu. Die geltenden Einstellungsvorschriften wurden von den Bauern kaum eingehalten. Im Gegenteil, in manchen Gegenden waren die Landarbeiterlöhne unter die der Kriegsjahre gesunken. In der technikarmen, materiell ausgezehrten Landwirtschaft gab es im Osten Deutschlands zu arbeitsintensiver Produktion auch vorerst keine Alternative. Diese Sachverhalte berührten das „natürliche" Klientel-Verständnis der Arbeiterpartei SED. Sie bargen aber auch einen inneren Widerspruch, dem sich die herrschende SED unter volkswirtschaftlichen wie politischen Erwägungen stellen mußte: Protosozialistische Politik hatte zwar die sozialen Unterschichten zu schützen, nicht zuletzt weil ein starker Arbeitskräfteverschleiß mittelfristig den Aufschwung der Wirtschaft erschwerte und in niemandes Interesse lag. Doch wer sollte die Kosten einer *Schonung* der ländlichen Arbeitskräfte tragen? Wie viel des von der Landwirtschaft erbrachten Wertes sollte besser nicht in andere Bereiche umgelenkt, sondern der ländlichen Arbeitskraft-Reproduktion belassen werden, und wie viel davon sollte den abhängig Beschäftigten zugute kommen?

108 Siehe Gesetz der Arbeit zur Förderung und Pflege der Arbeitskräfte, zur Steigerung der Arbeitsproduktivität und zur weiteren Verbesserung der materiellen und kulturellen Lage der Arbeiter und Angestellten, 19.4.1950, in: GBl. 1950, S. 349-355.

109 Ausführlicher zur Vorgeschichte: Scherstjanoi, Landarbeiterschutz.

110 Der Befehl Nr. 180 vom 22.12.1945 schrieb alle vor dem 1.5.1945 geltenden Lohnsätze und die „zum Ansporn eingeführten Lohnsysteme" für Arbeiter und Angestellte in der SBZ fest. Mit Befehl Nr. 56 vom 17.2.1946 wurde verbindlich der 8-Stunden-Arbeitstag für Arbeiter und Angestellte eingeführt. SMAD-Befehl Nr. 253 vom 17.8.1946 ordnete an, grundsätzlich gleiche Entlohnung für gleiche Arbeit, unabhängig von Alter und Geschlecht, zu garantieren; die Befehle Nr. 147 vom 16.5.1946 und 112 vom 13.5.1947 ordneten die Gewährleistung von bezahltem Urlaub an. Befehl Nr. 39 vom 19.2.1947 verbot Frauentätigkeit in bestimmten, physisch anstrengenden und gesundheitsschädigenden Berufen und unter bestimmten örtlichen Bedingungen. Befehl Nr. 234 vom 9.10.1947 forderte, eine allgemeine Arbeitsordnung zu verfassen, was mit der „Verordnung über die Einführung einer Arbeitsordnung" am 13.10.1947 geschah. Der Befehl ordnete auch Jugendarbeitsschutz an. 1947 und 1948 verschärfte die Besatzungsmacht ihre Kontrollen und Maßgaben zum betrieblichen Arbeitsschutz, zu Unfallverhütung und sanitärer Ausstattung (Befehle Nr. 150/45 und 61/47). Arbeitsschutzkommissionen sollten gebildet, in Kleinbetrieben Arbeitsschutzobleute gewählt werden.

Diese Fragen standen seit 1945 auf der Tagesordnung und stellten sich in einer „deakkumulierenden“ Volkswirtschaft[111] seit 1947/48 mit besonderer Schärfe. Die Widersprüche manifestierten sich, beispielsweise, im Streit darüber, ob Landarbeiter in die zentrale Lebensmittelversorgung eingeschlossen, d.h. über Karten zu niedrigen Preisen mit Nahrungsmitteln aus dem staatlichen Fonds versorgt werden sollten. Da dieser ohne Reserven war, entspann sich der Expertenstreit um die Möglichkeiten einer solchen zentralen Versorgung – bei entsprechender Vergrößerung der Abgabenlast der Bauern – oder die Möglichkeit der fortgesetzten „Selbstversorgung“ unmittelbar aus den Agrarbetrieben heraus.[112]

Die zugänglichen Quellen von 1948/49 bezeugen keine Sensibilität der Besatzungsbehörde in dieser Frage. Offensichtlich war für sie klar, daß die ländlichen Lohnarbeiter auch 1949 nicht in die zentrale Lebensmittelversorgung aufgenommen werden konnten.[113] Mittlerweile war auch unter den Landarbeitern der Anteil derjenigen im nichtprivaten Sektor gewachsen. Landesgüter, kommunale und VdgB-eigene Kleinstbetriebe beschäftigten Arbeitskräfte. Mit dem beabsichtigten Ausbau der MAS und VEG würde ihre Zahl zunehmen, so daß die politische Verständigung über Tarifabschlüsse einen gänzlich neuen Aspekt bekam. Es kristallisierten sich zunehmend die Fragen heraus, ob Lohnabhängige in der staatlichen Landwirtschaft tarifrechtlich anders behandelt werden müssen als solche im privaten Sektor und wie insbesondere für letztere die Tarife und andere arbeitsrechtliche Bestimmungen verbindlich gemacht werden könnten.

In Westdeutschland erörterte man gerade im Zusammenhang mit der Währungsreform und der Aufhebung gesetzlicher Bindungen von Preisen, Löhnen und Gehältern auch Tariferhöhungen für Landarbeiter.[114] Das mag die Verantwortlichen im Osten zusätzlich motiviert haben zu prüfen, wie die Lebenslage der Landarbeiter in der SBZ etwas erträglicher gemacht werden könnte, ohne daß man Produktionseinbußen riskierte. Die SED-Führung und der FDGB-Bundesvorstand erwogen kleinere Schritte zur Verbesserung der Lebensumstände der Landarbeiter.[115] Die Suche war eingebettet in Überlegungen zu einem neuen Arbeitsrecht als „Kernstück eines neuen Gesellschaftsrechtes“.[116] Die aber blieben unvollendet, da vom Moskauer Spitzentreffen her unerwartete Order kam.

[111] Siehe Barthel, Ausgangsbedingungen.

[112] Siehe Scherstjanoi, Landarbeiterschutz.

[113] In einer Ende 1948 angeordneten großflächigen Überprüfung der Ausführung von Befehl Nr. 234 der SMAD interessierte die Lage der Landarbeiter nicht. Demgegenüber war der Wohnraumsituation der ehemaligen Umsiedler im städtischen Bereich zumindest ein Fragepunkt zugedacht (siehe Schreiben Perelivčenkos an Rau, 11. 9. 1948, BArch, DC 15, 871, Bl. 325–328). Keinerlei Hinweise auf die Behandlung der Landarbeiterproblematik auch in den Notizen über Treffen von Mitarbeitern der HV Arbeit und Sozialfürsorge der DWK mit SMAD-Vertretern 1949, BArch, DQ 1, 1365.

[114] Siehe Protokoll der 20. Direktoralsitzung in Frankfurt, 20. 7. 1948, in: Akten zur Vorgeschichte der Bundesrepublik Deutschland, 1945–1949, Bd. 4, München/Wien 1983, S. 691–696, hier S. 693.

[115] So war vorgesehen, mit der Schaffung von Arbeitsschutzkommissionen in allen Betrieben speziell auf dem Lande „Arbeitsschutzkommissionen des Dorfes“ zu schaffen. Ihre Mitglieder sollten gewählt werden, mit der Gewerkschaft kooperieren und die Verwaltung für Arbeit und Sozialfürsorge unterstützen (siehe Entwurf einer Anordnung, Protokoll der 59. Sitzung des DWK-Sekretariats, 2. 3. 1949, SAPMO BArch, DY 34, 22502, unpag.). Das Vorhaben wurde nicht umgesetzt.

[116] Siehe Grundsätze zur Gestaltung des Arbeitsrechts, erarbeitet im FDGB-Bundesvorstand (Februar 1949), ebenda, Bl. 390(R), 391.

Möglicherweise wußte man im Kreml von westdeutschen Gesetzesinitiativen und wollte nicht nachstehen. Die Quellen geben keine Auskunft darüber, wer sich zuerst der unvollendet gebliebenen Reform von 1918/19 erinnerte. Es hatte keine entsprechenden Forderungen von Seiten der Landarbeiter oder der Gewerkschaften gegeben. Die SED-Führung trug sich auch nicht mit solchen Plänen, als sie sich im Dezember 1948 auf den Weg nach Moskau machte, um mit Stalin über ihre Politik in Deutschland zu beraten.

Dort nun hatte Stalin erklärt, die Großbauernbetriebe müßten in der SBZ als Wirtschaftsfaktor erhalten bleiben. Unter strenger Kontrolle einer von der SED beherrschten Wirtschaftsverwaltung, versteht sich, denn jeglicher Sabotage und Abgabenhinterziehung müsse gewehrt werden. In diesem Zusammenhang erwähnte Stalin als Möglichkeit ein Landarbeiterschutzgesetz, dazu gedacht, die notgedrungen noch beizubehaltenden Verhältnisse auf dem Lande in ihrer Wirkung als *Ausbeutungs*verhältnisse zu kontrollieren, kapitalistischen Tendenzen entgegenzuwirken. Wie streng und wie weitreichend ein solches Gesetz ausfallen müßte, das zu klären überließen „die Freunde" der SED-Führung.

Vermutlich war der Moskauer Führung die Schwierigkeit der Aufgabe im ersten Augenblick gar nicht bewußt, denn zur Erkenntnis, daß Lohnarbeit auch in mittelgroßen und saisonbedingt in vielen kleinen Agrarbetrieben in Ostdeutschland üblich war, fand die SMAD erst gegen Ende 1949. Und auch für die SED-Führung ergaben sich die Schwierigkeiten erst in der Arbeit am Gesetz. Das Problem bestand darin zu klären, wie konsequent ein solches Gesetz Lohnarbeiterinteressen schützen mußte, wenn, wie es sich aus der Moskauer Forderung zugleich ergab, sowohl den kleineren Bauernfamilien, die ja in Hunderttausenden von Betrieben die Hauptarbeitskräfte stellten, die Bewirtschaftung ihres Betriebes keinesfalls verleidet als auch den Großbauern gesetzeskonforme Initiativen nicht vergällt werden sollten.

Die SED-Führung ging nach dem Moskauer Spitzentreffen mit ihren Agrarexperten und Gewerkschaftsfunktionären sofort an die Arbeit, denn die SMAD verlangte umgehend einen Entwurf. In der Entschließung der 1. Parteikonferenz der SED (25.–28. Januar 1949), die die Moskauer Maßgabe aufgriff und Gerüchte über eine „zweite Bodenreform gegen die Großbauern" energisch zurückwies, tat die SED-Führung erstmals öffentlich das neue Ziel kund: „Die Konferenz beauftragt den Parteivorstand, alle Maßnahmen zu treffen, um in nächster Zeit die Herausgabe eines Gesetzes zum Schutz der landwirtschaftlichen Arbeiter zu erwirken. Dieses Gesetz soll den Arbeitslohn, die Länge des Arbeitstages, die Wohnbedingungen und andere Lebensfragen der Landarbeiter regeln, wobei besonders der Schutz der jugendlichen Beschäftigten zu berücksichtigen ist."[117]

Bereits am 7. Januar 1949 schickte der Leiter der DWK-Hauptverwaltung für Land- und Forstwirtschaft Edwin Hoernle (SED) zwei in seiner Behörde entstandene Entwürfe für ein Gesetz an das SED-Zentralsekretariat. Eine Kommission sollte eingerichtet werden. Hoernle sprach – analog zur Landarbeitsordnung von 1919 – von Entwürfen für ein „Landarbeitsgesetz".[118] Sein Entwurf bezweckte die Hebung der Leistungsfähigkeit eines jeden familienfremden Arbeiters oder Ange-

[117] Entschließung der Ersten Parteikonferenz, in: Protokoll der 1. Parteikonferenz der Sozialistischen Einheitspartei Deutschlands, S. 514–531, hier S. 521.
[118] Siehe Schreiben Hoernles an Hotze, 7. 1. 1949, SAPMO BArch, DY 30, IV 2/7-263, Bl. 62.

stellten und forderte den Abschluß eines schriftlichen Vertrages, sobald die Beschäftigung „den Charakter einer gelegentlichen Hilfeleistung überschreitet".

Ein etwas anderes Anliegen verfolgte die Abteilung Landwirtschaft des SED-Zentralsekretariats unter Leitung Rudolf Reutters, die zum Monatsende ebenfalls einen Entwurf erarbeitete. Ihr „Landarbeits-Gesetz" sollte dem „Schutze des landwirtschaftlichen Eigentums des Volkes sowie der Arbeitskraft der in diesen [volkseigenen] Betrieben Beschäftigten" dienen. Es beinhaltete arbeitsrechtliche Regelungen folglich in *nichtprivaten* Agrarbetrieben. Dieser Entwurf zeichnete sich dadurch aus, daß viele Textpassagen nahezu wortwörtlich aus der Verordnung vom 24. Januar 1919 übernommen waren, etwa zu den verbindlichen Ruhepausen im Sommer, zu den Vergütungen von Fütterungsarbeiten außerhalb des Arbeitsvertrages, zu einigen Vergünstigungen für Frauen mit eigenem Hauswesen, zum Zustand der Landarbeiterunterkünfte, selbst zu Kündigungsgründen und -folgen. Der Entwurf ging an die Landwirtschaftsabteilungen aller SED-Landesvorstände und sollte dort mit den Genossen in der Gewerkschaft, in VdgB, VVG und Landesregierung erörtert werden.[119]

Anfang Februar 1949 wurde in Berlin eine Kommission zur Erarbeitung eines Gesetzes eingesetzt. Ihr gehörten SED-Mitglieder aus den Hauptverwaltungen für Land- und Forstwirtschaft sowie für Arbeit und Sozialfürsorge an, aus dem Bundesvorstand des FDGB und der IG 10 (Land und Forst) sowie Vertreter des SED-Zentralsekretariats.[120] Die SED-Landwirtschaftsexperten, DWK und Landesregierungen waren zu dieser Zeit intensiv mit der Genossenschaftsreform und der Reorganisation des Erfassungsapparates befaßt. Personalveränderungen in der Abteilung Landwirtschaft des Zentralsekretariats sowie in den Landwirtschaftministerien der Länder banden Kräfte[121] und verursachten Verzögerungen. Andererseits sah vor allem die IG Land und Forst die Notwendigkeit eines solchen Gesetzes überhaupt nicht ein: Eine neue Regelung erschien ihr weder speziell für volkseigene Agrarbetriebe noch für den privaten Sektor zwingend. Der Vorzug einer Rechtsnorm höchsten Ranges, eines *Gesetzes* bzw. einer *Verordnung*[122], erschloß sich den Gewerkschaftern erst, als deutlich wurde, daß ein minimaler Landarbeiterschutz in Privatbetrieben über Rahmen- und Tarifvertragsabschlüsse 1949 noch weniger als in den Vorjahren zu gewährleisten sein würde. Ein Rechtsakt mit höchstverbindlicher Kraft konnte dagegen in die Lage versetzen, Verstöße gegen Arbeitsschutz und Lohnregelungen konsequenter zu ahnden.

Am 9. Februar trat die Kommission zur Erarbeitung des Gesetzes ins Amt, am 11. Februar kam sie zusammen und verfaßte sogleich einen ersten Entwurf.[123] Wenig später, am 1. März 1949, lag ein neuer Entwurf für eine „Verordnung zum Schutze

[119] Siehe Begleitschreiben (28. 1. 1949) und Entwurf „Landarbeits-Gesetz für die volkseigenen Betriebe der Landwirtschaft", ebenda, Bl. 7–10.

[120] Protokoll, (12. oder 13. 2. 1949), gez. Hotze, ebenda, Bl. 11.

[121] Siehe Protokoll der Politbürositzung am 15. 2. 1949, SAPMO BArch, DY 30, IV 2/2-3, Bl. 2 f.

[122] Zunächst ist der Begriff „Gesetz" verwendet worden. Ab Ende März 1949, dem Zeitpunkt der Verabschiedung des Entwurfes im Politbüro, war von Verordnung die Rede.

[123] Siehe Entwurf, SAPMO BArch, DY 30, IV 2/7-263, Bl. 12–14. Er wurde dann nicht weiter erörtert, vermutlich weil vor seiner ursprünglich geplanten Behandlung im SED-Parteivorstand am 14. 2. eine „Stellungnahme in Karlshorst" nicht mehr eingeholt werden konnte (siehe Protokoll, o.D., ebenda, Bl. 11).

der Landarbeiter" vor, der, ähnlich wie Hoernles Entwurf, für alle Lohnbeschäftigungsverhältnisse in der Landwirtschaft gleichermaßen galt. Auch dieser Text wurde wiederholt leicht überarbeitet. Schließlich verabschiedete das Kleine Sekretariat des SED-Politbüros am 18. März 1949 eine Vorlage „Verordnung zum Schutze der Landarbeiter". Mit geringfügigen Präzisierungshinweisen wurde sie am 21. März 1949 vom Politbüro angenommen.[124] Nachträglich kam es noch zu Berichtigungen, die klarstellten, daß die Verordnung sowohl für private Betriebe als auch für VEG bindend war. In wichtigen Teilen verwies der Entwurf auf Tarifbestimmungen.[125]

Ob ein für alle Seiten akzeptabler Tarifvertrag mit privatbäuerlichen Vertretern zustande kommen würde, blieb jedoch fraglich.[126] Eine Erhebung der sächsischen Landesregierung über 94 landwirtschaftliche Privatbetriebe mit insgesamt 503 Beschäftigten besagte beispielsweise, daß oft unter Tarif bezahlt und ohne schriftlichen Arbeitsvertrag beschäftigt wurde. Tarifverträge würden von der Masse der Bauern abgelehnt, hieß es, und die „politische und gewerkschaftliche Interessenlosigkeit der Landarbeiter [...trug] wesentlich zur Unterstützung der Ablehnung [...] bei".[127] Folglich mußte eine Verordnung neues Arbeitsrecht *an Stelle* eines korporativ ausgehandelten Vertrages zwischen Arbeitgeber- und Arbeitnehmervertretern fixieren, und zwar auch *für jeden privaten Landwirt verbindlich*. Dem wurde der SED-Entwurf vom 21. März gerecht. Er sah Arbeitsverträge für Einstellungen ab einem Jahr vor.

Die Vorlage muß auf Kritik bei der SMAD gestoßen sein, denn die legte einen Gegenentwurf vor. Am 27. April 1949 traf SMAD-Politberater Vladimir Semenov mit Agrarexperten von SED, DWK und VdgB zusammen. Paul Merker, der im Politbüro für Agrarfragen Zuständige, referierte.[128] Alle Anwesende sprachen sich dafür aus, daß der ländlichen Lohnarbeitskraft durch strengere arbeitsrechtliche Regelungen zu ihrem Recht verholfen werden muß, zumal Landarbeiter und Funktionäre, wie Kurt Vieweg es formulierte, „nicht mit allem Ernst ihre Interessen im Dorf verteidigen".[129] Allein, es gab auch Zweifel an der Zweckmäßigkeit eines Gesetzes. Ernst Goldenbaum (DBD), der schon bald das DDR-Landwirtschaftsministerium führen sollte, hielt nichts von einer administrativen Lösung. Ein Landarbeiterschutzgesetz müsse von unten wachsen, meinte er.[130]

124 Siehe Protokolle der Sitzung des Kleinen Sekretariats am 18.3. und des Politbüros am 21.3.1949, SAPMO BArch, DY 30, J IV 2/3-13, Bl. 34–37; IV 2/2-11, Bl. 2, 13–16.

125 Bemerkenswerterweise rückte nun auch eine Passage im Gesetzestext nach vorn, die die Gleichbehandlung in Lohnfragen „ohne Rücksicht auf Alter und Geschlecht" vorsah. Siehe Notiz über mit Ulbricht abgesprochene Änderungen, telefonisch durchgegeben am 31.3.1949, SAPMO BArch, DY 30, IV 2/7-263, Bl. 67.

126 Noch am 2.5.1949 behandelte das Kleine Sekretariat des SED-Politbüros einen Tarifvertrag für die private Landwirtschaft. Die Zustimmung zu einer Vorlage wurde aktenkundig, doch die weitere Behandlung im Politbüro ist nicht erkennbar (siehe Protokoll der Sitzung, SAPMO BArch, DY 30, J IV 2/3-25). Schwierigkeiten bereitete auch der Entwurf für einen Tarifvertrag für volkseigene Landwirtschaftsbetriebe (Protokolle der Sekretariatssitzungen am 27.6. und 23.7.1949, DY 30, J IV 2/3-36 und 42).

127 Auszug aus dem Bericht der Landesregierung Sachsen über das Ergebnis der Repräsentativerhebung, 1.5.1949, Abschrift, SAPMO BArch, DY 34, 18/d/305, unpag.

128 Siehe Stenographischer Bericht über eine Konferenz der Abt. Landwirtschaft des ZK der SED mit Vertretern der SMAD, von Parteien, Organisationen und Verwaltungen am 27.4.1949, SAPMO BArch, DY 30, IV 2/7-263, Bl. 88–105.

129 Ebenda, Bl. 95.

130 Siehe ebenda, Bl. 96.

Merker trug den Versammelten einen als DWK-Entwurf gekennzeichneten neuen Entwurf für eine „Verordnung über den Arbeitsschutz der Landarbeiter" vor, der in Wirklichkeit aus sowjetischer Feder stammte.[131] Zugleich gab er zu bedenken, „ob wir wirklich stark genug sind, um in die Landarbeiter dieses Neue hineinzutragen",[132] denn dieser Entwurf zeichnete sich durch besondere Radikalität aus. Er fixierte vieles von dem, was eigentlich in einen Tarifvertrag gehörte, von Arbeitern in privaten Agrarbetrieben aber nicht eingeklagt werden konnte. Damit wurde die sowjetische Vorlage dem Zweck der Unternehmung zwar eher gerecht als der SED-Entwurf.[133] Doch entsprachen die sowjetischen Vorstellungen in keiner Weise der Wirklichkeit des ländlichen Arbeitsprozesses und den Konflikten auf dem Lande. Bei Lichte besehen spiegelte sich in der Vorlage vor allem die allgemeine tarif- und lohnpolitische Linie von SED und SMAD wider, die die Besatzungsbehörde bedenkenlos auf den Agrarbereich ausdehnte. Die inhaltliche Vorgabe für den einzelnen Arbeitsvertrag war eine formelle Adaption der für die Industrie gerade neu erarbeiteten Bestimmungen. Sogar eine Registrierung (gegen Gebühr) sämtlicher Einstellungen und Entlassungen von Landarbeitern durch das Arbeitsamt (letzteres „im Einverständnis mit den Gewerkschaften") war vorgesehen, die real geleisteten Arbeitsstunden sollten täglich vom Betriebsleiter/Inhaber aufgeschrieben werden. Gewerkschaftsarbeit zöge keine Lohneinbußen nach sich, hieß es.

Einige allgemeine Bestimmungen deckten sich mit denen im SED-Entwurf vom 21. März [134], anderes ging weit über sie hinaus[135]:

Die sowjetische Vorlage machte Arbeitsverträge selbst für kurzzeitige Einstellung verbindlich. Sie enthielt überaus strenge Regelungen zur *Arbeitszeit*. Hier ging sie weiter als die traditionelle (und 1949 noch nicht einmal allenthalben mitgetragene) Forderung nach einem regulären 8-Stunden-Tag bzw. einer 48-Stunden-Woche: Für Jugendliche waren maximal 7,5 Stunden bzw. 45 Stunden vorgesehen. Mindestens 1 Tag pro Woche sollte arbeitsfrei sein. Besonders drastisch war die Festlegung von maximal 2 Überstunden pro Tag, auch in Zeiten intensivster landwirtschaftlicher Arbeit. Die Bargeldentlohnung sollte nach Tarifsätzen erfolgen, eigenmächtige Abzüge waren verboten. Arbeiterinnen hatten – hier erstmals formuliert – Anspruch auf einen Hausarbeitstag. Die einseitige Kündigung von Längerbeschäftigten durch den Betriebsinhaber wurde zugunsten des Arbeiters

131 Siehe „Verordnung über den Arbeitsschutz der Landarbeiter", ebenda, S. 80–87. Das erste Blatt weist den handschriftlichen Vermerk „Original – Übersetzung" auf. Eine sprachlich korrigierte, inhaltlich ein wenig veränderte Variante dieses Entwurfes findet sich ebenda, Bl. 22–28.

132 Stenographischer Bericht über eine Konferenz am 27. 4. 1949, Bl. 96.

133 In Sachen Bezahlung der Arbeit war allerdings noch von einem Tarifvertrag die Rede, „der zwischen dem Vorstand der IG Land- und Forstwirtschaft beim FDGB und der von den Inhabern privater landwirtschaftlicher Betriebe gewählten zentralen Tarifkommission geschlossen wurde" (SAPMO BArch, DY 30, IV 2/7-263, Bl. 24, 82).

134 Zum Beispiel eine jährliche Urlaubszeit von 21 Tagen für Jugendliche ab 14 Jahren; von 18 Tagen für Jugendliche ab 16 Jahren; von 12 Arbeitstagen für Erwachsene; von 18–24 Arbeitstagen bei gesundheitsschädigender Arbeit und von zusätzlich 3 Arbeitstagen für Invaliden oder für Opfer des Faschismus.

135 In Sachen Urlaub dahingehend, daß Saisonarbeiter einen Anspruch auf Urlaub von 1 Tag pro 25 Arbeitstagen hätten. Die allgemeine Urlaubsregelung gelte ab 6 Monaten, bei Jugendlichen ab drei Monaten Tätigkeit im Betrieb.

stärker reglementiert als in vorangegangenen Entwürfen. Vor allem aber die Bezahlung der Überstunden mit einem Zuschlag von 25 bis 100 Prozent stellte eine Belastung für den Arbeitgeber dar. Entsprechend Tarifvertrag sollte der Arbeiter zu festen Preisen mit Lebensmitteln versorgt werden.

Der sowjetische Entwurf sah des weiteren vor, daß der Landarbeiter bei Ausfall durch einen Betriebsunfall zusätzlich zu dem durch die Versicherung gewährleisteten 50prozentigen *Lohnausgleich* (der war laut Verordnung über die Sozialpflichtversicherung vom Januar 1947 bis zu einem halben Jahr gedacht[136]) über einen Zeitraum von sechs Wochen einen Lohnausgleich auf 90 Prozent des Grundnettolohnes erhält. Ein solcher Lohnausgleich war auch bei schwerer Erkrankung vorgesehen. Der zusätzliche Lohnausgleich war vom Arbeitsgeber zu zahlen. Sollte ein Unfall durch den Betriebsinhaber verschuldet sein, so hätte er außerdem sämtliche Zusatzkosten zu tragen. Nicht vom Arbeiter verschuldete kurzzeitige Arbeitsausfälle sollten keinerlei Lohneinbuße bringen. Im Todesfall war eine einmalige Auszahlung in Monatslohnhöhe vorgesehen. Besondere Strenge zeichneten schließlich die vorgesehenen Strafmaßnahmen aus. Wer als Betriebsinhaber gegen die Regeln verstoße, hieß es im Entwurf, würde mit Haft bis zu 6 Monaten oder Geldstrafe bis zu 10 000 DM oder beidem bestraft.

Dieser SMAD-Entwurf widersprach im Grunde der strategischen Order Stalins, denn er lief auf eine Zuspitzung der Konflikte nicht nur mit Groß- sondern auch mit Mittel- und Kleinbauern hinaus. Die Besatzungsmacht schätzte das Verhältnis des Landarbeiters zu den privaten bäuerlichen Arbeitgebern, zumal unter den Bedingungen anhaltender Arbeitslosigkeit in Deutschland, falsch ein. Ihre Vorlage war Ausdruck anhaltender radikaler Tendenzen, die sich bereits 1948 vor allem in den politischen Abteilungen der SMAD artikuliert hatten; den strategischen Rückzug, den Stalin verordnet hatte, konnte man dort wohl schwer akzeptieren.

Die deutschen Agrarpolitiker mußten sich aber von dieser sowjetischen Vorgabe leiten lassen – und suchten nach Kompromissen. Anfang Mai gab die SMAD an die deutsche Seite billigend eine neue Textvariante zurück.[137] Die Regelung galt nun ausschließlich für private Betriebe, für Beschäftigte in MAS und VEG sollte der Tarifvertrag genügen. In der SMAD sah man also jetzt die Notwendigkeit ein, Arbeiter in privaten Agrarbetrieben ein wenig anders zu behandeln als solche in Landes- und anderen öffentlichen Betrieben. Von privatwirtschaftlichen Tarifpartnern war nicht mehr die Rede.[138] Die von SMAD-Wirtschaftschef Koval' freigegebene Fassung war obendrein von einigen Zwangsbestimmungen bereinigt wor-

136 Siehe Verordnung über die Sozialpflichtversicherung, laut SMAD-Befehl vom 28. 1. 1947, in: Arbeit und Sozialfürsorge, 1947, S. 92f. Sie sah vor, daß Ausgaben für Unfälle und Berufserkrankungen, die mit dem Betrieb verbunden sind, durch eine besondere Umlage beim Betrieb eingezogen werden.

137 Der neue Entwurf ging den regulären Weg vom Stellvertreter für Wirtschaftsfragen Koval' an DWK-Chef Rau. Siehe SAPMO BArch, DY 30, IV 2/7-263, Bl. 121–125.

138 In einer Notiz der Abteilung Landwirtschaft an die Abteilung Arbeit- und Sozialfürsorge des ZK der SED vom 30. 5. 1949 heiß es, „die Freunde in der SMA“ seien mit dieser Veränderung „einverstanden“ gewesen (ebenda, Bl. 263). Tatsächlich läßt sich nicht eindeutig rekonstruieren, ob SED oder SMAD zuerst zu der neuen Einsicht gelangt waren. Ebenso unklar bleibt, ob es Meinungsverschiedenheiten innerhalb der SMAD gegeben hat. Bei der Suche nach einer plausiblen Präambel, die die Sonderregelung für den privaten Sektor begründen konnte, formu-

den, die mit der Konzentration auf die Privatwirtschaft unrealistisch geworden waren.[139] Die volle Kostenübernahme bei betrieblich verursachten Unfällen war nun gestrichen, die Gebühr für amtliche Registrierung der Arbeitsverträge herabgesetzt. Insgesamt wurden an den drückenden Bestimmungen aber nur wenige Abstriche gemacht. Die maximale tägliche Überstundenzahl von 2 Stunden wurde sogar noch um die Maßgabe erweitert, daß nicht mehr als 300 Stunden jährlich zusätzlich gearbeitet werden dürfen. Alle Entwürfe sahen übrigens in Anlehnung an tarifliche Regelungen Versorgung „in natura“ vor.[140]

Diese Bestimmungen hätten bei gesetzestreuer Anwendung noch immer eine außerordentliche Erschwernis für die Bauernwirtschaften bedeutet. Denn gerade in kleinen und mittleren Betrieben mußten ein, zwei Lohnarbeiter das ganze Spektrum der Arbeiten auf einem Hof mit verrichten. Unregelmäßigkeiten lagen in der Natur der Sache. Die mittelgroßen Viehbetriebe hätten unter den Vorschriften besonders zu leiden gehabt, da Fütterungen an Sonn- und Feiertagen nicht vom Inhaber allein erledigt werden konnten. Bei einer Beratung zwischen leitenden Funktionären der Landwirtschaftsabteilung des SED-Parteivorstandes, der IG Land und Forst, der Bauernpartei BDB und der VdgB Anfang Juni 1949 kamen die Belastungen, die das Gesetz in der vorliegenden Form auch für „werktätige Bauern“ brächte, zur Sprache. Paul Scholz (DBD) schlug vor, „für die gesamte Verordnung nach Möglichkeit einen Weg zu suchen, daß es die werktätigen Bauern nicht so trifft, wie die Großbauern“. Denn der politische Schaden war absehbar: „Die Auswirkungen des Gesetzes können so sein, daß ein großer Teil der werktätigen Bauern wieder mit den Großbauern sich liiert und die bisher erreichten Erfolge hinfällig werden.“ Vor allem aber mußte man sich eingestehen: „Die Forderung der Landarbeiter nach einem solchen Gesetz fehlt.“[141] Zu Beginn der Feldarbeiten zeigte sich außerdem, daß die Bauern Arbeiter ohne Familien bevorzugten, um weniger Lebensmittel und Wohnraum bereitstellen zu müssen. Dies würde auch nach Annahme der Verordnung so bleiben. Der Arbeitsmarkt bot dem Bauern die Möglichkeit, sich zusätzliche Esser nicht aufzuhalsen. Es war für ihn günstiger, „freie Spitzen“ zu den Aufkaufstellen zu tragen.

lierte die deutsche Kommission Ende Mai: Der demokratische Staat sei verpflichtet, berechtigte Interessen der Landarbeiter dort wahrzunehmen, wo „der Abschluß von Tarifverträgen und die Tätigkeit des Landarbeiterverbandes (sic) allein nicht ausreicht“ (ebenda, Bl. 162). Ein anderer Vorschlag klang so: „Es hat sich gezeigt, daß der Abschluß von Tarifverträgen und die Tätigkeit des Landarbeiterverbandes hierzu allein nicht genügt, weil es der organisierten Landwirtschaft noch nicht gelang, gegenüber den landwirtschaftlichen Unternehmern die tatsächliche Einhaltung der abgeschlossenen Tarifverträge durchzusetzen.“ (Ebenda, Bl. 153). Gegen diese Formulierung protestierte die IG Land- und Forst, sie fürchtete um ihr politisches Ansehen.

139 So strich man die Verpflichtung heraus, über die Arbeitsämter einzustellen und nur mit Einverständnis der Gewerkschaften zu entlassen. Wissen und Einverständnis der Gewerkschaft waren jetzt nur noch bei vorfristiger Entlassung gefordert. Die bezahlte Freistellung für Tätigkeiten als gewählter Vertreter in der Selbstverwaltung oder im FDGB gab es auch nicht mehr.

140 Trotz sprachlicher Ungenauigkeit war in jedem Fall klar, daß es sich hierbei nicht um Deputatlohn handelte, sondern um Zahlungen „nicht neben und nicht anstelle des Lohnes“. Analog wurde die Bereitstellung von Wohnraum behandelt. Der Landarbeiter hätte für Lebensmittel, für Essen auf dem Hof und für Unterkunft ortsübliche bzw. tariflich festgelegte Preise zu zahlen. Der Vorteil lag für ihn in der sicheren Versorgung.

141 Notiz Krebaums an Merker, 2. 6. 1949, SAPMO BArch, DY 30, IV 2/7-263, Bl. 160f.

2.4.2. Kompromisse unter bündnispolitischen Gesichtspunkten

„Die Freunde" erkannten zunächst nicht, daß ein Gesetz zur sozialen Absicherung der Lohnarbeit im bäuerlichen Privatbetrieb – ob nun in einer Regelung für alle Lohnarbeiter oder in einer Regelung allein für die Arbeiter in Privatbetrieben – jedenfalls mehr Gegenleistungen des Bauern bedeuten würde, als es in der Praxis bis dato geschah. Diese Zusammenhänge wurden den Agrarexperten der SMAD erst während der weiteren Arbeit am Gesetzentwurf klar. Die ostdeutschen Agrarpolitiker hatten keinen geringen Anteil an ihren Einsichten.

Entscheidend war dann aber wohl die Erfahrung, daß im Sommer 1949, einer Zeit wichtiger staatspolitischer Entscheidungen in Deutschland, politische Instinktlosigkeit sofort in unnötige Spannungen umschlug: „Die bürgerlichen Parteien lehnen das Gesetz ab", stellte die SED-Führung fest und gab zu bedenken, ob das Gesetz nicht besser erst nach der Ernte, „am besten, wenn die Preis- und Sozialforderungen geklärt sind", verabschiedet werden sollte.[142]

Gleichwohl stellte sich auch für die SED noch manches einfach dar. Trotz aller Bedenken reichte sie im Juli 1949 einen Entwurf in die DWK-Vollversammlung ein.[143] Das SED-Zentralsekretariat ging von einer reibungslosen Verabschiedung aus.[144] Die Haltung muß der Überzeugung entsprungen sein, daß sich die volkswirtschaftlichen Verhältnisse zusehends bessern würden. Eines der größten Probleme im Konflikt „Landarbeiterschutz versus Wirtschaftsaufschwung", die Naturalversorgung aus Überschüssen der jeweiligen Bauernwirtschaften, würde, so meinte man, nur noch kurzzeitig Probleme machen. Das Jahr 1950 sollte preis- und lohnpolitische Veränderungen bringen, die konfliktentschärfend wirken würden. Die DWK rechnete mit der Abschaffung des Kartensystems im Jahr 1950. Ihrer Vollversammlung lag also am 28. Juli 1949 der Entwurf einer „Verordnung zum Schutze der Arbeitskraft der Landarbeiter" vor, [145] der sich stark an den strengen Bestimmungen des SMAD-Entwurfes orientierte. Er galt für Beschäftigte in privaten landwirtschaftlichen Betrieben. Die Versammlung gab die Vorlage zur abschließenden Bearbeitung an einen Ausschuß.[146] – Zugleich kam man überein, auf die Einhaltung der künftigen Bestimmungen zunächst nicht streng zu bestehen. Walter Ulbricht, von dem man gewiß nicht behaupten kann, sein Streben nach SED-Einfluß sei gering gewesen, intervenierte im August 1949 gegen die Absicht der ZK-Landwirtschaftsabteilung, die zur Kontrolle des Landarbeiterschutzgesetzes Instrukteure bestimmen wollte. Die Kontrolle sei Aufgabe der Gewerkschaft, erklärte er.[147]

Bündnispolitisches Agieren gewann an Gewicht, als die SED ab September 1949 mit sowjetischem Plazet und unter sowjetischer Kontrolle Kurs auf die Bildung eines Oststaates nahm. Indes, die von SED und FDGB initiierte Reform der Tarif-,

142 Ebenda.
143 Siehe Protokoll der Sitzung des DWK-Sekretariats am 20.7.1949, SAPMO BArch, DY 34, 22504, unpag.
144 Siehe Bericht über eine Sitzung im Zentralsekretariat mit Genossen aus der HV für LFW, VdgB, MAS, von landwirtschaftlichen Genossenschaften, IG Land und Forst, FDGB am 27.7.1949, gez. Krüger, SAPMO BArch, DY 34, 20373 unpag.
145 Siehe Protokoll der DWK-Vollsitzung am 28./29.7.1949, BArch, DC 15, 412/1, Bl. 22–25.
146 Siehe ebenda, Bl. 122f. Siehe auch: Das Landarbeiterschutzgesetz.
147 Siehe Notizen über die Arbeitsbesprechung der Abteilung Landwirtschaft am 3.8.1949, SAPMO BArch, DY 30, IV 2/7-74, unpag.

Lohn- und Sozialversicherungspolitik rückte die Probleme der Lohnbeschäftigung in der privaten Landwirtschaft erneut ins Licht.[148] Zum ersten Angelpunkt wurde die Lohnfortzahlung im Krankheitsfall. Ein vom FDGB erarbeiteter Muster-Arbeitsvertrag zwischen dem Landarbeiter und dem Privatbauern sah bei Betriebsunfällen und längerer Krankheit noch einen sechswöchigen Lohnausgleich auf 90 Prozent des Lohnes vor, wobei 40 Prozent des Lohnes vom Bauern zu zahlen gewesen wären.[149] Dieselbe Regelung enthielt der Entwurf, der am 28. Juli in den DWK-Ausschuß weitergeleitet worden war. Das Kleine Sekretariat war indes bereits im Mai zu der Erkenntnis gelangt, daß auf volkseigenen Gütern höchstens 75 Prozent des Nettolohnes ausgezahlt werden können.[150] Von privaten Landwirten konnte schwerlich mehr Lohnangleichung verlangt werden. Das DWK-Sekretariat registrierte den Widerspruch zunächst nicht.[151] Doch am Ende einer zweimonatigen Überarbeitung war auch im Entwurf für das LSchG ein 75prozentiger Lohnausgleich im Krankheits- (und nun auch im Todesfall) festgeschrieben.

Ein zweites Problem ergab sich vor dem Hintergrund der Debatten um die Rolle des FDGB. In der DWK war man ja, wie in der SMAD, von einer Mischung aus Tarifvertrags-Ersatzbestimmungen und Verweisen auf den Tarifvertrag ausgegangen. Kernpunkte der Arbeitszeitgestaltung sollten im Gesetz konkret fixiert werden, während es in Sachen Lohn weder rechtlich angemessen noch volkswirtschaftlich sinnvoll erschien, dort Festbeträge zu nennen. Hier war auf „den Tarifvertrag" zu verweisen. Es stellte sich jedoch ein weiteres Mal die Frage nach der Vertragspartei der Bauernschaft und der Rolle des FDGB bei der Abfassung eines Muster-Tarifvertrages.

Die Opposition der bürgerlichen Parteien war in dieser Frage keineswegs fundamental. So erklärte der CDU-Landesvorstand Sachsen, auf Seiten der privaten Landwirte könne die VdgB Vertragspartner der Gewerkschaft sein. Zugleich gab es in einigen VdgB-Landeszentralen eine ablehnende Haltung zu dem seitens des

[148] Dies ist in der Literatur bislang nicht so deutlich dargestellt worden. Nach Hoffmann, Neuordnung, S. 208–213, wurden zentrale Bestimmungen der Sozialversicherung ab Frühjahr 1950 einer grundsätzlichen Überarbeitung unterzogen. Tatsächlich aber kam es im Rahmen der Debatte um die Tarifgesetzgebung im FDGB-Bundesvorstand bereits ab Mitte 1949 zu wichtigen Vorüberlegungen über eine notwendige phasenweise Revidierung von Beitragserhebung und Beitragshöhe für Zuschüsse zum Krankengeld (siehe SAPMO BArch, DY 34, 24029 und 24030.) Dies beeinträchtigte die Verabschiedung des Landarbeiterschutzgesetzes.

[149] Siehe Protokoll der Sitzung des DWK-Sekretariats am 20.7.1949, SAPMO BArch, DY 34, 22504, unpag. Das entsprachen dem Stand der Vorbereitung neuer Muster-Tarifverträge für alle Branchen, wie sie im FDGB-Bundesvorstand im Frühjahr 1949 entwickelt, zum Sommer 1949 hin aber intern wiederholt in Frage gestellt worden waren. Siehe Entwürfe für einen Mustertarifvertrag, SAPMO BArch, DY 34, 18 d, 305 unpag. Ältere Entwürfe vom Februar/März 1949 sahen sogar einen hundertprozentigen Lohnausgleich im Krankheitsfall vor.

[150] Siehe Protokoll der Sekretariatssitzung am 23.7.1949, SAPMO BArch, DY 30, J IV 2/3, 42, Bl. 5; Protokoll der Sitzung des Politbüro am 26.7.1949, Anlage, SAPMO BArch, DY 30, IV 2/2- 35, Bl. 23.

[151] Man hielt lediglich die Frage nach der Registrierung der Arbeitsverträge (bei der Gewerkschaft oder beim Amt für Arbeit und Sozialfürsorge) und die nach der Höhe der Gebühr für strittig. Der Bundesvorstand des FDGB plädierte im Juli 1949 für 3 DM anstelle von 5 DM Gebühr pro Arbeitsvertrag. Mitte August forderte er ausdrücklich, diese Gebühr auch auf die Registrierung von Verträgen über kurzfristige Arbeitsverhältnisse zu erheben. Die Aufteilung der Gelder zwischen Sozialämtern und Gewerkschaft bedurfte weiterer Klärung (siehe Protokolle der Sekretariatssitzungen des Bundesvorstandes des FDGB am 18.7., 25./26.7. und 16.8.1949, SAPMO BArch, DY 34, 24026, Bl. 127–129, 156–160, 363–367).

FDGB (analog zum Tarif für den volkseigenen Sektor) vorgeschlagenen Tarifvertrag.[152] Die in den Tarifverträgen einiger Länder bereits vorgestellten Löhne hielten selbst loyale Bauern für „betriebsfremd"; sie lagen mancherorts sogar über dem durchschnittlichen Industriearbeiterlohn. Die Bauern bestanden außerdem auf dem Kündigungsrecht im Fall, daß der Arbeiter notwendige Mehrarbeit nicht übernahm.[153] Hier ließen die Formulierungen im vorgeschlagenen Tarifvertrag Kompromisse kaum zu.

Im FDGB selbst herrschte noch Unklarheit. Einzelgewerkschaften, auch die IG Land und Forst, wehrten sich gegen eine Vereinnahmung durch den Dachverband. Daß der Bundesvorstand seine Kompetenz ausdehnen wollte, werteten auch CDU und LDP zurecht als Bruch mit dem traditionellen Verständnis von gewerkschaftlicher Autonomie. Es zeichnete sich ab, daß die bekannten lohn- und versorgungspolitischen Auseinandersetzungen in der privaten Landwirtschaft im anstehenden Streit um die Tarifverträge 1950 fortgesetzt werden würden.

Genau dies aber machte das Landarbeiterschutzgesetz für alle politischen Parteien im großen und ganzen akzeptabel. Es blieb Raum für konkrete Lohnvereinbarungen. Am 10. Oktober 1949 war ein gemeinsamer Antrag aller Fraktionen fertig.[154] Das DWK-Sekretariat forderte die Parteien künftiger tarifvertraglicher Regelungen auf, diese mit dem Entwurf des Landarbeiterschutzgesetzes in Einklang zu bringen.[155]

Sowjetische Eingriffe gab es keine mehr.[156] Und die eigentliche Staatsgründung tangierte die Arbeit am Gesetz kaum, wenn man einmal davon absieht, daß anstelle einer Verordnung als höchste Rechtsnorm nun wieder ein Gesetz angestrebt wurde. Seine unmittelbare Vorbereitung oblag dem Ministerium für Arbeit und Gesundheitswesen, das in Zusammenarbeit mit dem Ministerium für Justiz, dem Ministerium für Land- und Forstwirtschaft und dem FDGB eine letzte Vorlage erstellte. Mit Minister Luitpold Steidle (CDU) wurde damit zugleich ein in der DWK für Agrarfragen Zuständiger verantwortlich, fachliche Kontinuität war also garantiert.[157]

Der am 10. Oktober vorliegende Gesetzentwurf bestimmte erneut (analog zu Formulierungen in Entwürfen von vor dem Mai 1949), daß „alle in landwirtschaftlichen und diesen verwandten Betrieben gegen Entgelt Beschäftigte" unter

[152] Aus dem Bericht über die Einschätzung der Landarbeiterwahlen in der deutschen demokratischen Republik (sic), 1. 12. 1949, SAPMO BAch, DY 34, 20514, unpag.

[153] Siehe Brief eines Bauern aus Breitenau vom 7. 9. 1949 an die VdgB, weitergeleitet im November 1949 an die Abteilung Landwirtschaft des ZK der SED, SAPMO BArch, DY 30, IV 2/7-263, Bl. 205-210.

[154] Siehe Rundschreiben vom 10. 10. 1949, SAPMO BArch, DY 34,24026, Bl. 148; Aktennotiz über eine Besprechung beim SED-Parteivorstand am 24. 10. 1949, SAPMO BArch, DY 34, 18/d/305, unpag.

[155] Siehe Schreiben des DWK-Sekretariats an den FDGB-Bundesvorstand, 6. 10. 1949, gez. Otto, SAPMO BArch, DY 34, 24026, Bl. 149.

[156] Der zuständige SKK-Mitarbeiter Kabanov erbat am 9. 12. 1949 ein Exemplar des Gesetzes. Siehe Aktennotiz, BArch, DQ 1, 1386, Bl. 112-112R.

[157] Steidle ging übrigens davon aus, daß ihm von sowjetischer Seite agrarpolitische Kompetenz zugestanden und Vertrauen entgegengebracht wird. Mit dieser Begründung kämpfte er Ende August 1949 um den Vorsitz im Agrarpolitischen Ausschuß des Deutschen Volksrates, den auch Goldenbaum (DBD) anstrebte. Siehe Schreiben Steidles an Dertinger, 23. 8. 1949, BArch, DQ 1, 1349, Bl. 81f.

dem Schutz des Gesetzes stehen. Der Hintergrund war, daß die tarifpolitische Offenheit eine Begrenzung auf den privatwirtschaftlichen Geltungsbereich erneut obsolet gemacht hatte. Arbeits- , Versicherungsschutz- sowie Entlohnungs*grundsätze* sollten ja für alle Sektoren gelten. Außerdem konnte die erhoffte nationalpolitische Wirkung, die mittlerweile stark im Vordergrund stand und auch von den bürgerlichen Parteien in Volksrat und Provisorischer Volkskammer als wichtiges Anliegen angesehen wurde, durch einen umfassenden Geltungsbereich eigentlich nur zunehmen.

Die letzte Arbeit am Gesetzestext hatte schließlich auch noch zu einigen bemerkenswerten Lockerungen geführt: Die Zahl der zulässigen Überstunden für Landarbeiter wurde nur noch als Jahresmaximum (300 Stunden) fixiert, die auf den Arbeitstag bezogene Überstunden-Grenze war gestrichen. Die Pflicht des Betriebsinhabers zur Zahlung des Unterschiedsbetrages zwischen dem Krankengeld aus der Sozialversicherung und 75 Prozent Nettolohn (im Krankheitsfall bzw. nach einem Betriebsunfall, zu zahlen maximal 6 Wochen lang) war zu einem *Anspruch* des Lohnarbeiters umformuliert. Mit den Korrekturen waren die ländlichen Arbeitgeber ein weiteres kleines Stück aus der ihnen anfänglich drohenden, umfassenden sozialen Verantwortung gegenüber den Landarbeitern genommen. Klarer war festgehalten, daß erst bei *wiederholten* Verstößen gegen die Gesetzes- und die Tarifbestimmungen Geld- und Freiheitsstrafen verhängt werden würden. Die Höhe der Geldstrafe belief sich nicht mehr auf „bis zu 10000 DM", sondern nur noch auf „bis zu 5000 DM". Angedroht wurde nach wie vor ein Freiheitsentzug bis zu 6 Monaten oder Geld- und Gefängnisstrafe zusammen.[158]

Bezeichnenderweise sorgten Informationsdefizite im FDGB-Bundesvorstand noch einmal für Gezeter.[159] Doch wollten sich die Parteien nicht aufhalten lassen bei der Verabschiedung eines Gesetzes, das ohnehin mehr politische Bekundung als Normsetzung sein konnte. Für die SED stand lediglich fest, daß die Regelungen für die Arbeiter der MAS und VEG „niemals schlechter sein" durften als für Lohnarbeiter im Privatbetrieb[160]. Die Details, so sahen es auch andere Beteiligte, waren 1950 politisch auszuhandeln. Folglich stand der Verabschiedung des LSchG nun nichts mehr im Wege. Der Text wurde noch ein wenig geglättet, die Präambel gekürzt. Am 28. November erläuterte der erst wenige Wochen im Amt wirkende Ministerpräsident der DDR Otto Grotewohl (SED) in der Provisorischen Regie-

[158] Diese noch immer hohen Strafen galten, „sofern nicht nach anderen Vorschriften eine höhere Strafe angedroht wird".

[159] Dem im Bundesvorstand für „Arbeit und Soziales" zuständigen Alexander Starck (SED) wurde erst Anfang November bewußt, daß das LSchG eine neue Regelung über Zuschüsse zum Krankengeld enthielt. Angeblich hatte man die Gewerkschaften nicht informiert. Das Argument, mit niedrigeren Angleichungen an den Lohn sei das Bummelantentum zu bekämpfen und dem Leistungsprinzip besser entsprochen, wies Starck als unsinnig zurück. Die Frage der Krankenzuschüsse wurde im FDGB-Bundesvorstand einer Kommission zugeleitet. Es entstanden mehrere Varianten der Gestaltung des betrieblichen Beitrags. Schließlich entschied man sich am 30.11.1949 für einen Kompromiß: Vorerst sollte es bei Zuzahlung auf eine Höhe von 90 Prozent des Lohnes für einmalig sechs Wochen bleiben; künftig sollte dann einfach das Krankengeld selbst auf 75 Prozent des Lohnes wachsen und der Anteil des Arbeiters an der Beitragszahlung sinken (siehe SAPMO BArch, DY 34, 24029, Bl. 300–303, 307; DY 34, 24030, Bl. 111–113, 151–153). Die Vorschläge wurden so nicht umgesetzt.

[160] So Paul Merker auf einer erweiterten Sitzung des Zentralsekretariats am 27.7.1949, Bericht, gez. Krüger, SAPMO BArch, DY 34, 20373, unpag.

rung das Gesetz. Es wurde am 7. Dezember 1949 in erster und zweiter Lesung von der Provisorischen Volkskammer der DDR angenommen, unter dem Datum vom 12. Dezember ausgefertigt und am 15. Dezember verkündet.

Keiner der an seiner Ausarbeitung Beteiligten nahm an, daß das Landarbeiterschutzgesetz in der Praxis sogleich umgesetzt werden konnte. Vermutlich sahen auch die sowjetischen Berater mittlerweile die bündnispolitischen Belastungen sehr deutlich. Zu massiv wurden aus allen Bauernschichten Aversionen vorgetragen. Bei Hofbegehungen in Wirtschaften mit mehr als 10 Lohnarbeitern trafen Gewerkschafter beispielsweise auf das Gerücht, daß die Bauern Entlassungen vornehmen würden, wenn die Arbeiter auf Tarifvertrag und Gesetz bestehen, und daß genau dies von den Gewerkschaftern so gewollt sei, denn dann könnten mehr Arbeitskräfte zur Wismut verpflichtet werden. Viele Landarbeiter wollten sich daher politisch nicht vorwagen.[161]

Gelegentlich gab es auf sowjetischer Seite noch Verständnisschwierigkeiten. So verwies der vorgebliche Agrarexperte Semenov, der Mitte 1949 den unrealistisch-strengen Gesetzentwurf vorgelegt hatte und nun in der Funktion des Politberaters der SKK agierte, Anfang 1950 auf vermeintlich gute Erfahrungen im Arbeitsrecht der sowjetischen Staatsgüter. Aus seiner Sicht war das LSchG vor allem geeignet, von den SED-Parteiorganisationen auf dem Lande zur Stärkung ihrer Position propagandistisch herangezogen zu werden.[162] Doch solche Stimmen verhallten, als klar wurde, daß die wirtschaftlich begründeten Spannungen auf dem Lande vorderhand nicht zu mindern waren. Nach 1950 war vom LSchG kaum noch die Rede.

Die Bedeutung des Gesetzes blieb im Untersuchungszeitraum gering. Es wurde den Tatsachen nicht gerecht, daß (1) die Landwirtschaft Ostdeutschlands weiterhin stark einzelbäuerlich-arbeitsintensiv betrieben werden mußte, und (2) die Kosten für den physischen Schutz und die Qualifizierung ihrer Lohnarbeitskräfte aber nicht zu stark auf die Schultern der Bauern abgewälzt werden durften. Für die SED stand nach der Moskau-Reise fest, daß die Belastungen unter der Bauernschaft so zu verteilen sind, daß „werktätige" Landwirte möglichst wenig „abbekommen", Großbauern dafür entsprechend mehr. Stalin hatte ja ein Landarbeiterschutzgesetz vornehmlich mit Blick auf die Bändigung kapitalistischer Ausbeutung zur Sprache gebracht. Doch das unter sowjetischem Druck erarbeitete Gesetz rüttelte stark an der Mehrsektorenwirtschaft und dem politischen Bündnis mit den ländlichen Mittelschichten, was beim „Befehlsempfänger" SED-Führung noch eher begriffen wurde als in den politischen Instanzen des Befehlsgebers. Nach nicht unwesentlichen Korrekturen am Entwurf sah man den entscheidenden Ausweg aus dem Dilemma darin, die Realisierung der Bestimmungen auszusetzen.

Faktisch bestanden weder staatlich-organisatorische noch politische und schon gar nicht volkswirtschaftliche Voraussetzungen dafür, allen Landarbeitern das Recht auf gleichgute Arbeitsbedingungen zu sichern. „Smyčka" hieß 1949-1953 in

161 Siehe Bericht über die Einschätzung der Landarbeiterwahlen, 1. 12. 1949, SAPMO BArch, DY 34, 20514, unpag. Ähnlich auch in Unterlagen der Abteilung Landwirtschaft des ZK der SED, SAPMO BArch, DY 30, IV 2/7-263, Bl. 201.

162 Siehe Bericht Semenovs (Memorandum), 24. 1. 1950, in: Badstübner/Loth, Pieck-Aufzeichnungen, S. 328–331, hier S. 330.

der DDR: Lohnarbeiterschutz muß in der Landwirtschaft stark begrenzt bleiben. Die SED-Führung ging daher bereits Ende 1949 dazu über, ihre Propaganda sorgfältig auszurichten. Sie argumentierte öffentlich, daß die Inhaber kleinerer und mittelstarker Bauernwirtschaften bewegt werden müßten einzusehen, daß bessere Lebensbedingungen für die Landarbeiter eine notwendige und sinnvolle Investition seien. „Die Mehraufwendungen, die unsere Bauern im Augenblick leisten müssen, werden sich bezahlt machen.“[163] Natürlich hoffte die SED, die Landarbeiter würden aktiver werden und ihre Rechte vor allem bei den Großbauern einklagen.[164] VdgB, FDGB und DBD griffen das in ihrer Propaganda auf[165], mußten jedoch erkennen, daß man nicht sehr weit kam.

Die Lage der Landarbeiter besserte sich in der DDR nur sehr langsam. Eine grundlegende Änderung setzte einen deutlichen Aufschwung in der Agrarproduktion voraus, zu dem es 1949-53 nicht kam. So wurde die Einhaltung des LSchG hin und wieder regional von Sozialbehörden und der Gewerkschaft untersucht und durch kleinere Maßnahmen ergänzt.[166]Als im Frühjahr 1952 auch in den MAS und VEG Betriebskollektivverträge (BKV) diskutiert und verabschiedet wurden, kam das Landarbeiterschutzgesetz noch einmal auf die Tagesordnung der SKK. Ihre Fachleute bemängelten, daß speziell in der Frage der Zusatzzahlung durch die Sozialversicherung im Krankheitsfall für Landarbeiter im volkseigenen Sektor günstigere Regeln in einigen BKV vereinbart worden waren, als sie das Landarbeiterschutzgesetz – auch für Privatbetriebe – vorsah. Das hätte den Unwillen der Arbeiter in den privaten Bauernwirtschaften hervorgerufen und mache daher eine Korrektur am LSchG notwendig. So jedenfalls trugen Wirtschafts- und Informationsabteilung das Anliegen der SKK-Führung vor.[167] Doch zu einer Novelle kam es nicht. SED und SKK waren und blieben bemüht, den Zielkonflikt, der sich aus dem Schutz ihrer Klientel einerseits und der Abschöpfung von Mitteln aus der privatbäuerlichen Produktion andererseits ergab, nicht eskalieren zu lassen, und dämpften auch Konflikte zwischen den Landarbeitergruppen mit anderen Mitteln.[168]

An eine deutschlandweite Ausstrahlung des LschG mag man noch einige Zeit geglaubt haben. Zumindest gestand sie Ulbricht im Beisein sowjetischer Berater zu. Auf einer Sitzung mit Genossen der KPD in Auswertung der ersten Bundestagswahl riet er, im eben erst gewählten westdeutschen Parlament die Forderung

[163] Walter Krebaum, Das Landarbeiterschutzgesetz und die VdgB, *Der freie Bauer*, 22.2.1950, S.2.

[164] Siehe Gerhard Klösel, Landarbeiter sind nicht rechtlos, *Neues Deutschland*, 4.12.1949, S.2.; Wilhelm Girnus, Helft dem Landarbeiter, *Neues Deutschland*, 7.12.1949, S.2.

[165] Zum Beispiel in einem offenen Brief der VdgB-Zentrale an alle Bauern „Verwirklicht das Landarbeiterschutzgesetz“, *Der freie Bauer*, 26.3.1950, S.4.

[166] So wurde 1952 versucht, dörfliche Arbeitsschutzkommissionen zu reaktivieren bzw. auszubauen.

[167] Entwurf von Empfehlungen an die deutschen Organe zu Fragen der Landwirtschaft, 14.4.1952 an Il'ičev (Kurzfassung, o. Titel, o. Unterschrift, Gemeinschaftsarbeit der Wirtschaftsabteilung und der Informationsabteilung), AVP RF, fond 457 a, opis' 13, papka 71, delo 36, listy 106–112, hier list 112.

[168] Anders sieht Bauer, Blockpartei, die Rolle des Landarbeiterschutzgesetzes. Ihrer Meinung nach markierte es „eine Radikalisierung in der ‚Bündnispolitik‘, die alle Bauern, die fremde Arbeitskräfte beschäftigten, ob Klein-, Mittel- oder Großbauern, als opportune Bündnispartner der SED in Frage stellte“ (S.319). Genau dies aber ist weder aus der Entstehungsgeschichte des Gesetzes noch aus der Rechtspraxis jener Jahre abzuleiten.

nach einem Landarbeiterschutzgesetz zu stellen, „damit wir auf dem Dorf eine Basis bekommen".[169] Wie man sich dies ohne unerwünschte politische Nebeneffekte dachte, muß offen bleiben. Denn die westdeutsche Bauernschaft sahen SED- und KPD-Funktionäre durchaus als im Zwiespalt befindlich: Die Bauern stünden zwar in Opposition zur aktuellen westdeutschen Agrarentwicklung, die eine Überschwemmung des Agrarmarktes mit ausländischen Produkten bringe, „aber in der nationalen Frage orientierten sie sich gegenwärtig zu den alten Repräsentanten, den Junkern und Großbauern", erklärte Karl Schirdewan.

Als im Juli 1951 einige Tausend Landarbeiter in Niedersachsen, Bayern, Hessen und in der Pfalz für höhere Löhne streikten, schien das Landarbeiterschutzgesetz der DDR ein gutes Aushängeschild. Die Gewerkschaft Land und Forst in der DDR erarbeitete ein Argumentationspapier für Kollegen im Westen, in welchem seine Vorzüge ausgebreitet wurden.[170] Resonanz fand das nicht. Selbst unter Landarbeitern im Osten war das Gesetz ja wenig akzeptiert.

169 Arbeitsprotokoll der Sitzung am 19. und 20.8.1949 (mit den „Freunden T[jul'panov] und M."), SAPMO BArch, DY 30, IV 2/2-39, Bl. 1, 22, 59f. Diese Beratung ist wahrscheinlich identisch mit der, über die die Informationsverwaltung der SMAD am 23.8. nach Moskau berichtete. Der veröffentlichte Auszug aus dem Bericht enthält leider keinen Hinweis auf die hier zitierten Äußerungen Ulbrichts und Schirdewans und reflektiert die Behandlung agrarpolitischer Fragen überhaupt nicht (siehe Bonwetsch/Bordjugov/Naimark, Politik, S. 210–213).

170 Siehe SAPMO BArch, DY 44, 3707, unpag.

3. Die ländlichen Strukturen im Moment der DDR-Gründung

Die Moskauer Aufgabenstellung vom Dezember 1948 hatte der bestehenden ländlichen Ordnung für die nächste Zukunft einen volkswirtschaftlichen und deutschlandpolitischen Sinn eingeräumt. Sie galt als tragfähig für eine Verbesserung landwirtschaftlicher Produktion und Versorgung und sie versprach, daß die Konfliktfelder sich zumindest nicht ausweiteten. Ein Jahr später, im zeitlichen Umfeld der deutschen Staatsgründungen, galt diese Aussicht noch immer.

Nach Angaben der landwirtschaftlichen Betriebszählung vom 15. Juni 1949 war die Zahl der Betriebe mit über 100 ha Land im Vergleich zur Vorkriegszeit um ca. 88 Prozent zurückgegangen. Es gab lediglich noch 683 solcher Wirtschaften (1939 waren es 6300) mit 3,6 Prozent Anteil an der Gesamtnutzfläche. Die überwiegende Zahl der größeren Betriebe war Landeseigentum. Landeseigene Güter wurden im Juni 1949 zu Volkseigentum erklärt und von nun ab in der Vereinigung volkseigener Güter (VVG) gemeinsam verwaltet. Auch 9579 der ursprünglich rund 57000 Betriebsinhaber mit 20–100 ha Nutzfläche waren durch die Bodenreform enteignet worden, der Besitz war größtenteils aufgeteilt worden. Im Vergleich zu 1939 war dadurch die Zahl der Kleinstbetriebe (bis 2 ha) 1949 um ca. 20 Prozent gestiegen. Allerdings hatte auch die durchschnittliche Betriebsgröße dieser Kleinstwirtschaften um 50 Prozent zugenommen (von 1 auf 1,5 ha). Die Zahl der Betriebe mit 2 bis 5 ha war um ca. 11 Prozent gestiegen. Beide Gruppen bewirtschafteten 1949 11 Prozent der LNF (1939: 9,1 Prozent). Die Zahl der Betriebe mit 5 bis 10 ha Land, die als stabilisierbare Familienbetriebe galten, hatte sich fast verdreifacht. Der prozentuale Anteil dieser Gruppe an der gesamten LNF war von 10,6 auf 32,3 Prozent gewachsen. Die Zahl der Betriebe mit 10–20 ha Bodenfläche war um 22 Prozent gestiegen, diese Betriebsgrößengruppe bewirtschafte 1949 etwa 27 Prozent der LNF. Einen etwa gleich großen Anteil, nämlich 26 Prozent der LNF, bewirtschafteten Betriebe mit 20–100 ha Bodenfläche (1938 waren es etwas mehr, nämlich 30,8 Prozent). Deren Zahl war – vor allem nach der Flucht eines Teils der Mittelbauernschaft aus der SBZ in die Westzonen, aber auch nach mehr oder minder freiwilligen Teilungen von Betrieben, Verkauf und Verpachtung – erheblich kleiner geworden (1939: 74500 Betriebe; 1949: 45700 Betriebe), die durchschnittliche Betriebsgröße in dieser Gruppe allerdings von 27,5 ha auf 38,7 ha angewachsen.[171]

Ostdeutschland produzierte also vergleichsweise erfolgreich in überwiegend klein- und mittelbäuerlichen Strukturen. Die durchschnittliche Größe der Agrarwirtschaften lag bei 11,2 ha Bodenbesitz (1939: 21,3 ha). Zwei Drittel des Bodens wurden in Betrieben mit jeweils nur bis zu 20 ha LNF genutzt. Ob die Agrarproduktion im Rahmen der bestehenden Agrarordnung über das Vorkriegsniveau hinaus möglichst bald schon gesteigert werden konnte, war 1949 weniger wichtig; das Ziel hieß vorerst: Erreichen des Umfangs der Vorkriegsproduktion.

[171] Alle Zahlenangaben nach Kotow, Agrarverhältnisse, Bd. 2, S. 11f.; Kuntsche, in: Die antifaschistisch-demokratische Umwälzung (Deutsche Geschichte, Bd. 9), S. 129.

Zugleich deuteten sich Tendenzen an, die das bislang verfolgte Konzept und die Effektivität der neuen Bodenbesitzverhältnisse in Frage stellen konnten.

Zum einen tendierten die größeren Betriebe nun eindeutig weg vom Familienbetrieb, das heißt hin zum überwiegend auf Lohnarbeit basierenden Betrieb mit wachsender Marktproduktion. Zum anderen arbeiteten viele der Kleinbauern trotz staatlicher Hilfen und harten körperlichen Einsatzes noch immer ineffektiv, diese Wirtschaften waren höchst instabil. Insgesamt hatten in der SBZ 1946/47 bereits über 14 500 Neubauern ihr Land zurückgegeben, allein im ersten Halbjahr 1948 kamen dann weitere 10 000 hinzu.[172] Mit Landrückgaben war zu rechnen gewesen. Die Entwicklung hielt aber an und erreichte eine Größenordnung, die weit über die im Rahmen der Normalisierung der Lebensverhältnisse einkalkulierte Landflucht hinausging. In Mecklenburg galten 1949 fast 900 von insgesamt 76 000 Neubauernstellen als nicht oder nur sehr schwer vermittelbar.[173] Neubauernhöfe und kleine Altbauernbetriebe wurden zwar ökonomisch wie wirtschaftsorganisatorisch aus den Länderhaushalten heraus unterstützt. Doch während sich einige Großbauernbetriebe mit ihrem vergleichsweise großen Technikpark trotz Zwangsabgaben wirtschaftlich rasch erholen und ihre Produktion zum Teil sogar ausbauen konnten, blieben die Betriebe mit 5–20 ha Land in der Regel auf Stützungen angewiesen und vergrößerten häufig ihre Negativbilanzen. So deuteten sich im Verlauf der Wiederherstellungsphase im Agrarbereich die Grenzen des technisch unzureichend ausgerüsteten kleinen Familienbetriebes an.

Theoretisch betrachtet bestanden nun im Rahmen der bestehenden Ordnung und der im Dezember 1948 in Moskau vorgegebenen gesellschaftspolitischen Orientierung folgende Möglichkeiten der agrarwirtschaftlichen Entwicklung im Sinne der Erreichung und Überbietung des Vorkriegsniveaus:

(a) durch den Ausbau einer effektiven, im Umfang noch größeren, dauerhaften staatlichen Stützung der Klein- und Mittelbetriebe (was nicht unbedingt Einschränkungen für Großbetriebe bedeuten mußte),

(b) durch den Ausbau staatlicher und kommunaler landwirtschaftlicher Großbetriebe, welche Produktionskooperation (vor allem bei Technikeinsatz und Arbeitskräftelenkung) im größeren Maßstab ermöglichen, allerdings auch erhebliche Starthilfen benötigen würden,

(c) durch einen vom privaten agrarischen Großbetrieb ausgehenden Technisierungs- und Effektivierungsschub (etwa über Verträge), wobei zu verhindern war, daß kapitalistische Abhängigkeitsverhältnisse im Dorf gestärkt würden,

(d) durch verschiedene Kombinationen aus den Varianten a–c.

Die sowjetische Haltung zur Entwicklung des ostdeutschen Dorfes hing von der Sicht der Besatzungsbehörde auf die Lage in der Landwirtschaft ab.

Vom Anfang 1950 liegt ein Bericht sowjetischer Landwirtschaftsexperten vor. Er fußt auf agrarwirtschaftlichen Erhebungen des Jahres 1949. Der 53 Seiten umfassende Bericht mit dem Titel „Die Land- und Forstwirtschaft der Deutschen

172 Siehe Bauerkämper, Bodenreform – Kollektivierung, S. 124.

173 Siehe Kuntsche, in: Die antifaschistisch-demokratische Umwälzung (Deutsche Geschichte, Bd. 9), S. 410.

Demokratischen Republik"[174] stellt einen regulär angeforderten Jahresbericht[175] der zuständigen SMAD-Verwaltung an die Leitung der Behörde dar, der im Zuge der Erarbeitung möglicherweise per Titulierung aufgewertet und in der Gedankenführung ausgeweitet worden war.

Unter der Rubrik „Demokratisierung des öffentlich-wirtschaftlichen Lebens im deutschen Dorf" äußerten sich die Landwirtschaftsexperten, nunmehr als Mitarbeiter der SKK, zur „Festigung der Ergebnisse der Bodenreform": Verwaltungstechnisch und juristisch sei nun die Fixierung der Bodenreform-Ergebnisse vollständig abgeschlossen, hieß es. Die Neubauernflucht beunruhigte die Berichterstatter schon, doch sie sahen in den Zahlen von 1949 noch keine bedrohliche Entwicklung. Einer DWK-Prüfung zufolge, die auf Vorschlag der SMAD durchgeführt worden war, hätten 1946–47 insgesamt 14 552 Bodenempfänger, 1948 10 531 Bodenempfänger und 1949 6207 Bodenempfänger in der SBZ das aus dem Bodenreformfonds stammende Land wieder zurückgegeben, hieß es im Bericht.[176] 23 927 dieser Fälle seien Folgen von Altersschwäche, Krankheit, Umzug oder aber von Überforderung vorwiegend weiblicher Bodenempfänger, deren Männer nicht aus der Kriegsgefangenschaft zurückgekehrt waren. Nur 2,2 Prozent der Rückgaben seien auf wirtschaftliche Schwächen und auch „nur ein geringfügiger Teil davon" speziell auf solche in Neubauernwirtschaften zurückzuführen.[177]

Erstaunlicherweise stieß der Stand der Erfüllung des Neubauernbauprogramms nicht auf die Kritik der Berichterstatter. Bei Wohngebäuden, Ställen und Scheunen rechneten sie für 1949 hinsichtlich des Baubeginns eine etwa 120- bis 145prozentige Planerfüllung ab, hinsichtlich der Bauvollendung beunruhigte eine 70- bis 102prozentige Planerfüllung nicht.[178] Offensichtlich veranlaßten Ende 1949/Anfang 1950 die Schwierigkeiten im schlecht ausgerüsteten kleinen Familien-Agrarbetrieb die sowjetische Kontrollbehörde noch nicht, dessen Grenzen zu bedenken.

Recht nüchtern und undramatisch schätzte man die politischen Entwicklungen auf dem Lande ein. In Auswertung der VdgB-Wahlen stellten die sowjetischen Spezialisten fest, daß der SED-Anteil unter den Mitgliedern der Gemeindeausschüsse von 1947 bis 1949 von 43 auf 37,4 Prozent, auf Kreisebene von 68,8 auf 62,8 und auf Länderebe von 73 auf 72,3 Prozent gesunken war. Den geringen Verlust würde aber zumindest in den Kreis- und Landesgremien die DBD wettmachen. Unaufgeregt hielt man fest, die bürgerlichen Parteien CDU und LDP hätten im großen und ganzen ihre Positionen gehalten.[179] Wenngleich in Mecklenburg und Brandenburg auf örtlicher Ebene die SED-Position in den Leitungen der

[174] „Die Land- und Forstwirtschaft der Deutschen Demokratischen Republik. Geschichte der Verwaltung Land- und Forstwirtschaft der SMAD für das Jahr 1949", gez. A. Baranov (als stellv. Leiter der SKK-Abteilung für Wirtschaftsplanung), undatiert (Eingangstempel „Stab der SMAD" 23.3.1950). Der Bericht besteht aus den Kapiteln: I Ackerbau, II Viehwirtschaft, III Die Demokratisierung des öffentlich-wirtschaftlichen Lebens des deutschen Dorfes, IV Die MAS, V Die VEG, VI Forstwirtschaft und VII Kaderentwicklung (AVP RF, fond 0457 „g", opis' 1, papka 6, delo 18).

[175] Mir lag ein Exemplar vor, das den Eingangstempel des SKK-Sekretariats vom 13.2.1951 trägt.

[176] Aus dem Kontext geht hervor, daß Mehrfachrückgaben hier mitgezählt wurden.

[177] Siehe ebenda, list 24.

[178] Siehe ebenda.

[179] Siehe ebenda, list 25.

VdgB zurückgegangen sei, seien die Wahlen zu den VdgB-Ausschüssen insgesamt doch positiv verlaufen. Keinerlei klassenkämpferische Stellungnahmen zierten den nüchternen Report zum VdgB-Zonenkongreß im Juni 1949.

Die Einschätzung des Kongresses der landwirtschaftlichen Genossenschaften im März 1949 ging ebenfalls über eine statistische Meldung kaum hinaus. Allerdings war sie ergänzt um eine ausführliche Auflistung des seither bei der Genossenschaftsreform Geleisteten; sie beanspruchte doppelt so viel Platz wie die Bemerkung zur VdgB, was die besondere Aufmerksamkeit belegt, mit der die SMAD die ländlichen Genossenschaften beobachtete. Festgestellt wurde, daß von den 4010 planmäßig zum Jahresende zu schaffenden Dorfgenossenschaften Ende 1949 insgesamt 3582 entstanden waren[180]. In Brandenburg hätte es erhebliche Verzögerungen gegeben (72 Prozent Planerfüllung). Im Zuge der Reformierung des Genossenschaftswesens sei der Einfluß der SED in den Leitungen und Organisationskomitees der Genossenschaften größer, der von CDU und LDP geringer geworden. Insgesamt in der DDR seien von den Mitgliedern der Räte und Komitees von Genossenschaften auf Kreisebene 56,2 Prozent SED-Mitglieder; 10,8 Prozent kämen aus der DBD, 6,4 aus der LDP, 7,1 aus der CDU. Über 55 Prozent der gewählten Vertreter in Dorfgenossenschaften seien Bauern mit 5–20 ha Land. Auf Kreiseben betrage ihr Anteil etwa 49 Prozent. In den Augen der Berichterstatter war der Einfluß von Bauern mit 10–20 ha Bodenbesitz in den Genossenschaftsleitungen (etwa 22 Prozent in denen der Dorfgenossenschaften, etwa 19 Prozent in denen der Kreisgenossenschaften) zwar „noch" zu groß. Doch deutet nichts darauf hin, daß die Idee der kleinen Universalgenossenschaften auch nur leicht modifiziert werden müßte.

Die MAS-Umstrukturierung hatte sich nach Ansicht der Berichterstatter bewährt. Zum Ende des Jahres 1949 hin war die Zahl der Ausleihbetriebe im Vergleich zum Jahresbeginn 1948 erheblich kleiner geworden, um 90 Prozent nämlich. Parallel zur Konzentration und in Folge von Kapazitätserweiterung (zum Beispiel durch sowjetische Traktoren) war die Ausstattung auf durchschnittlich 15 Traktoren pro MAS gewachsen. Über zwei Drittel der 524 MAS hatten nun jeweils mehr als 10 Traktoren zur Verfügung.[181] Eine grundsätzlich positive Bilanz zog der Bericht auch hinsichtlich der 516 volkseigenen Güter mit durchschnittlich 363 ha Land und insgesamt ca. 40000 festangestellten (plus 11000 saisonbedingt angestellten) Lohnarbeitern. Viele der Betriebe würden bei Hektarerträgen und Viehproduktivität bereits Vorkriegsleistungen erreichen. Bei Getreide, Ölfrüchten und Zuckerrüben sei das Ergebnis 1949 besser als im Durchschnitt aller Agrarbetriebe gewesen. „Allerdings", so heißt es, „verfügen die volkseigenen Güter über ausreichende Möglichkeiten, um noch höhere, das Vorkriegsniveau übersteigende Erträge zu erwirtschaften."[182]

180 Die Gesamtzahl aller landwirtschaftlichen Genossenschaften wird mit 6740 angegeben (Stand 31.12.1949): Davon waren 32 Zentralgenossenschaften, 344 Kreditgenossenschaften, 3582 Dorfgenossenschaften, 123 Kreisgenossenschaften, 79 reine Warengenossenschaften und 2580 „andere Genossenschaften". Die Angabe zum Gesamtjahresumsatz aller landwirtschaftlichen Genossenschaften bezog sich im Bericht auf das Jahr 1948: 747,2 Millionen DM (siehe ebenda, list 30).

181 Siehe ebenda, list 34.

182 Ebenda, list 45.

Alles in allem dokumentiert der Bericht Zufriedenheit mit dem Erreichten. Der eingeschlagene Kurs galt mit all seinen Unsicherheiten als weiterhin vertretbar. Für künftige Sozialisierung wurden keine Argumente zusammengetragen.

Die staatliche Konsolidierung im Westen und die DDR-Gründung gaben ab Sommer 1949 dann Anlaß, agrarpolitische Fragen vor dem Hintergrund staatspolitischer Entscheidungen zu sehen. Es ist nicht genau zu ermitteln, ob und wie das die anstehenden Personaldebatten beeinflußte. Vermutlich spielten deutschlandpolitische Überlegungen bei der Wahl des Kandidaten für den Posten des Ministers für Land- und Forstwirtschaft eine Rolle.

Die SED hatte im September 1949 während der Absprachen in Moskau den vormaligen Neubauern und späteren DBD-Funktionär (er war Vorsitzender des Thüringischen Landesvorstandes) Herbert Hoffmann für den Ministerposten vorgeschlagen.[183] Hoffmann war erst kurz zuvor Leiter der DWK-Hauptverwaltung für Land- und Forstwirtschaft geworden.[184] Doch die Wahl fiel, wohl unter sowjetischem Einfluß, auf Ernst Goldenbaum (DBD), der nicht nur 14 Jahre älter war, sondern auch die nützlichere politische Erfahrung besaß. Goldenbaum war seit 1920 KPD-Mitglied, 1946 in die SED eingetreten und dann, nachdem er bereits aktiv in der VdgB mitgewirkt hatte, von der SED zur DBD-Gründung regelrecht delegiert worden. Er war für die Besatzungsmacht eindeutig der berechenbarere der beiden Kandidaten. Außerdem stand er bis 1949 für den Bündnispartner DBD in der Öffentlichkeit.[185]

Resümee

Nach dem Gespräch einer SED-Spitzendelegation mit Stalin im Dezember 1948 stand fest, daß die Agrarpolitik der SED weiterhin die Förderung der landwirtschaftlichen Produktion in klein- und mittelbäuerlichen Strukturen zu ihrem Hauptanliegen machen mußte. Alle privaten Betriebe sollten staatliche Auflagen erhalten und – sozial differenziert – staatliche Unterstützung erfahren. Vor allem kleine und mittelgroße Betriebe mußten effektiver produzieren. Eine „Sowjetisierung“ im Sinne struktureller Angleichungen an das Kolchos/Sowchos-System oder auch nur erhebliche Einzelschritte auf einem (wie zwingend auch immer vorgegebenen) Weg fort von privatwirtschaftlich dominierter Mehrsektorenwirtschaft hin zu mehr Staatsbetrieben oder Produktionsgenossenschaften sollten unterbleiben. Letztere durfte es überhaupt nicht geben! Vielmehr sollte der private Einzelbauer auch in der nächsten Zukunft der Hauptproduzent in Ackerbau und Viehzucht sein. Großbäuerliche Produktionsverhältnisse sollten in ihrem geringen Umfang bestehen bleiben, die Ausbeutung von Lohnarbeitskraft in ihnen sowie die Konzentration von Kapital jedoch in Schranken gehalten werden.

183 Siehe Reise nach Moskau vom 16.–28.9.1949. Vorschläge des Politbüros, in: Badstübner/Loth, Pieck-Aufzeichnungen, S. 292–309, hier S. 304.

184 Hoffman, geb. 1912, wurde mit der Regierungsbildung Hauptabteilungsleiter im Ministerium für LFW und blieb es bis 1953.

185 Siehe Wernet-Tietz, Bauernverband, S. 103–116. Bauer, Blockpartei, geht auf die Frage nicht ein.

An diese deutschlandpolitisch motivierte Weisung hielt sich die SED. Da die wenigen volkseigenen Agrarbetriebe als Großbetriebe noch keine gangbare Alternative zum privatbäuerlichen Unternehmen darstellten,[186] legten es SED und SMAD im Agrarbereich, anders als in der Industrie, auch nicht ausdrücklich auf einen Wettbewerb zwischen volkseigenem und privatem Sektor an. Um dem Kurs zu entsprechen, entwickelte die SED-Führung mit ihren Vertretern in den staatlichen Verwaltungen 1949 eine Reihe von neuen Strukturelementen bzw. baute ältere aus und um. Dabei blendete sie, von sowjetischen Ratgebern darin bestätigt, volksdemokratische Perspektiven zumindest vorläufig aus, die sie mit der SMAD noch 1948 entwickelt hatte.

Staatliche Stützung für Klein- und Mittelbäuerliche Betriebe sollte vor allem über sozial gestaffelte Preise beim Technikverleih kommen. Die SED entwickelte ein Modell, das es erlaubte, ohne generelle Verstaatlichung Kapazitätserweiterung in den MAS vorzunehmen und die betriebstechnische Konzentrierung anderen Eigentums um das investierte staatliche zu organisieren. Die neuen MAS erlaubten es, an einer wichtigen Vermittlungsstelle agrarischer Produktion stärker lenkend in den Produktionsablauf einzugreifen. Faktisch entstand ein staatlich dominiertes, zentral geführtes Wirtschaftsunternehmen (vorerst von den Landeshaushalten mit bestimmt), das stark an das sowjetische Pendant gleichen Namens erinnerte, wenngleich es im Unterschied zu ihm keinen rein staatlichen Betrieb darstellte. Die SED-Historiographie nannte die MAS zwar ein „entscheidendes Instrument der Staatsmacht und der Arbeiterklasse auf dem Dorfe", das schrittweise zu einer „Keimzelle der späteren sozialistischen Entwicklung auf dem Lande" wurde[187]. Doch diese Wertung übergeht, daß 1949 noch Verschiedenes aus dieser „Keimzelle" werden konnte.

Als wichtigstes Elemente einer kursadäquaten agrarischen Wirtschaftsstruktur wurden 1949 Dorfgenossenschaften angesehen, die ausdrücklich klein- und mittelbäuerliche Interessen schützen und vertreten sollten. Die Spitze des hierarchischen Aufbaus wollte die SED beherrschen. Sie nahm, von sowjetischen Beratern darin unterstützt, die Reform des Genossenschaftssystems sofort in Angriff, konnte den Übergang zu dem in Deutschland weitgehend unbekannten Universalgenossenschaftskonzept (das kein sowjetisches war) angesichts größerer Umstrukturierungsaufgaben im Bereich von Erfassung, Aufkauf, Handel und Verwertung agrarischer Erzeugnisse aber nicht so rasch wie geplant bewältigen.

Es ist und bleibt höchst fraglich, ob sich mit der Schaffung einiger Dorfgenossenschaften in der SBZ *produktions*genossenschaftliche Tendenzen verstärkten.[188] Plausibler ist, daß es andere, ökonomische Ursachen für solche Tendenzen gab, die mit der in Angriff genommenen Reform nur nicht hinreichend neutralisiert werden konnten. Daß die SED dann 1952 auf Erfahrungen zurückgriff, welche man in

[186] Ulbrichts Feststellung von 1949, daß „die Erträge der volkseigenen Güter im allgemeinen höher liegen als die Erträge der Bauernwirtschaften", war Zweckpropaganda. Diese Rechnung stimmte nur bei Berücksichtigung der Masse der sehr viel kleineren, meist leistungsschwachen Neubauernhöfe. Siehe Rede Ulbrichts auf der 1. Parteikonferenz der SED, in: Protokoll der Ersten Parteikonferenz, S. 211.

[187] Die Errichtung, S. 151.

[188] So sieht es Buss, Struktur, S. 49f.

der KPdSU *nach* Lenins NÖP gesammelt hatte, und sich damit eine Entwicklung durchsetzte, die auch den Umgang mit genossenschaftlichen Strukturen immer mehr in die Nähe des „Staatssozialismus“ sowjetischen Typs brachte, war in den strukturellen Neuerungen des Jahres 1949 nicht zwingend angelegt.

Die Geschichte der Entstehung des Landarbeiterschutzgesetzes steht exemplarisch für eine komplizierte Suche nach Politikinstrumenten. Im Anliegen einer Meinung (die SED-Führung übernahm die Kursvorgabe uneingeschränkt und kommentarlos), waren Besatzungsmacht und ostdeutscher Hegemon doch unterschiedlicher Auffassung bei den konkreten Maßnahmen. Insbesondere die politisch Verantwortlichen in der SMAD (Politberater Semenov) sahen die Zusammenhänge nicht immer in ihrer wirtschaftspolitischen Spezifik. Doch die SED-Führung verstand es, begrenztes sowjetisches Erfahrungspotential um eigene Erfahrungen zu bereichern – im Interesse des vorgegebenen Kurses! Wir haben es also mit einem Fall von Kooperation zwischen SED und sowjetischer Besatzungsmacht zu tun, wie ihn die Geschichtsschreibung noch kaum zur Kenntnis genommen hat. Die SED wehrte eine unbedachte Übernahme sowjetischer Erfahrungen ab. Und das konnte gelingen, eben weil es der deutschlandpolitischen Vorgabe der sowjetischen Führung entsprach. In Teilen der sowjetischen Kontrollbehörde blieb das Verständnis für die der Zielvorstellung inhärenten Widersprüche dagegen begrenzt. Auch im konkreten Fall des Landarbeiterschutzgesetzes lief die Kooperation auf eine Kompromißlösung hinaus.

Nach der Gründung der DDR sah die Besatzungsmacht vor der Hand keinen Grund, die Agrarpolitik der SED neu auszurichten. Am Primärziel der Stabilisierung von Produktion, Verwertung und Verbrauch wurde festgehalten, die Besitz- und Produktionsverhältnisse, so wie sie bis 1949 entstanden waren, wurden nicht in Frage gestellt, das politische Bündnis zwischen der SED und der Masse der Bauernschaft weiterhin gesucht. Die Agrarspezialisten in der sowjetischen Besatzungsbehörde stellten sich die Aufgabe: „Weitere Entwicklung der Landwirtschaft der Republik durch Festigung der demokratischen Umgestaltungen, die auf der Basis der Bodenreform durchgeführt wurden, durch Erhöhung der Ernteerträge und des Gesamtaufkommens bei allen landwirtschaftlichen Kulturen, durch Erweiterung des Viehbestands und Erhöhung seiner Leistungsfähigkeit, durch Festigung der Staatsgüter und ihre Umwandlung in Musterwirtschaften, durch Erweiterung der Tätigkeit der Maschinen-Ausleih Stationen und deren bessere Ausstattung mit Landmaschinen, was im Ergebnis zu einem deutlichen Aufschwung im Lebensniveau der Bevölkerung der Republik führen soll.“ Neben MAS und VEG sollten auch die VdgB und das landwirtschaftliche Genossenschaftswesen ihre Arbeit mit dem Ziel der Produktionssteigerung verbessern. Hauptsächlich ging es um die Steigerung der Produktion im bäuerlichen Familienbetrieb.

Die SKK-Wirtschaftsabteilung wollte die in die Planung einbezogenen Teilbereiche der Landwirtschaft (insbesondere solche Parameter wie Bebauungsplanung, MAS-Einsatz, Düngemittelvergabe, Umfang von Erfassung und Aufkauf, Preissystem, Umfang und Entwicklung des genossenschaftlichen Einzelhandels, Haushalte der zuständigen Länderbehörden) natürlich weiterhin kontrollieren und Plantreue prüfen. Besonders kontrollbedürftig schien der Beitrag der Landwirtschaft zur Außenhandelsbilanz und zur Reparationsplanerfüllung. Darüber hinaus nahm sich die Abteilung vor, die Tätigkeit der Vereinigungen landwirtschaftlicher Genossenschaften und des Zentralsekretariats der VdgB zu „beobachten".[189] Selbst diese intern formulierte Aufgabenstellung zeugt nicht von neuen Sozialisierungsabsichten. „Stärkung und Entwicklung" wurden für den staatlichen wie für den „genossenschaftlichen Sektor" in gleichem Maße angestrebt. Auch wenn diese Formulierung an die „zwei Formen des sozialistischen Eigentums" erinnert, der „genossenschaftliche Sektor" war zu diesem Zeitpunkt in der DDR eben noch kein „kollektivierter".

Die Unterlagen zur internen sowjetischen Debatte um die Aufgaben der neuen Besatzungsbehörde SKK offenbaren, daß einzelne sowjetische Vertreter in der DDR durchaus ein weitergehendes Sozialisierungsinteresse für die DDR-Landwirtschaft verfolgt haben könnten.[190] Die Quellenlage läßt nicht zu, dem nachzugehen. Deshalb soll im folgenden vor allem das Kriterium der Praxis angelegt werden, wenn nach sowjetischen Einflüssen auf die SED-Agrarpolitik 1950 bis 1952 gesucht wird.

[189] Siehe Auszug aus dem „Statut der Abteilung Wirtschaftsplanung", einer Vorarbeit für ein SKK-Statut, geleistet von den Mitarbeitern der gleichnamigen SKK-Fachabteilung, gez. Chomjakov, Dezember 1949, AVP RF, fond 0458, opis' 902, papka 812, delo 6, listy 178–187, hier listy 183f. Diese Passage ist, wie andere konkrete Festlegungen der künftigen Aufgaben der SKK, in das SKK-Statut letztlich nicht eingegangen.

[190] Siehe Scherstjanoi, SKK-Statut.

III. Friedenswirtschaft und „Festigung der antifaschistisch-demokratischen Ordnung" 1949–1952

Die möglichst rasche Erweiterung der Agrarproduktion war ein allgemeines volkswirtschaftliches Nachkriegsgebot. Reparations- und Außenhandelszwänge verstärkten es in Ostdeutschland. Ausschlaggebend für die weiteren Entscheidungen war aber vor allem, daß die Ernährungsfrage immer mehr politisches Gewicht bekam bei der „Festigung der antifaschistisch-demokratischen Ordnung" während des „Wiederaufbaus aus eigener Kraft". Die Erfahrungen der Vorjahre reichten aus, politische Destabilisierung zu prognostizieren für den Fall, daß es nicht gelingen sollte, bei der Versorgung mit Grundnahrungsmitteln und einfachsten Gebrauchsgütern stetig voranzukommen. SED-Führung und Besatzungsmacht gingen daher den Abbau der Rationierung zielstrebig an. Im Juli 1949 trug die SED die Frage der Abschaffung von Lebensmittel- und Bekleidungskarten in die DWK, wo das volkswirtschaftliche Für und Wider verschiedener Varianten debattiert wurde.[1]

Das Vorhaben bekam mit der Gründung des Oststaates zusätzliche Bedeutung. Ein steigendes Lebensniveau in Ostdeutschland konnte als eines der besten Aushängeschilder sowjetisch gelenkter Entwicklung gelten, als Beweis für die Richtigkeit des eingeschlagenen Weges, als Zeugnis erfolgversprechender, vorbildlicher, dem Allgemeinwohl dienlicher Agrarpolitik. Neben Lieferungen aus der UdSSR, die kurzfristige Effekte hatten[2], mußte also unbedingt ein Produktionszuwachs in der ostdeutschen Agrarwirtschaft erreicht werden, um den Bedarf an Lebensmitteln in größerem Umfange zu decken und den Außenhandel zu beleben. Wilhelm Pieck notierte bei Gesprächen Ende September 1949 in Moskau die Stichworte: „Hebung Lebensniveau", „Verbesserung der Lebenshaltung – Abschaffung [des] Kartensystems".[3] Die DDR-Regierung erklärte im November, bis Ende 1950 ein einheitliches Preisniveau anzustreben[4] und versprach schließlich für Ende 1950 öffentlich die Abschaffung der Lebensmittelrationierung mit Ausnahme der von Fett und Fleisch.[5]

Tempo und Hauptrichtung des agrarwirtschaftlichen Aufschwungs waren umstritten, vor allem so lang, wie das Ergebnis des Zweijahrplanes 1949/50 noch nicht vorlag. Die volkswirtschaftlichen Planungsschwerpunkte wurden in der

[1] Siehe Protokoll der DWK-Vollsitzung am 28.7.1949, BArch, DC 15, 412/1.

[2] Während ihres Besuches in Moskau im September 1949 vereinbarte die SED-Spitze für 1950 eine Lieferung von 380000 t Brotgetreide und 20000 t Fett aus der UdSSR in die DDR. Die Hälfte davon sollte der Reservebildung dienen. Die deutschen Gegenleistungen wurden ausgehandelt. Siehe Vorschläge des Politbüros an den Parteivorstand, Dokument zur Reise nach Moskau vom 16.–28.9.1949, in: Badstübner/Loth, Pieck-Aufzeichnungen, S. 302–306, hier S. 305f.

[3] Undatierte Notizen, 16.–28.9.1949 in Moskau, in: ebenda, S. 314f., hier S. 314.

[4] Siehe Verordnung über die Verbesserung der Versorgung der Bevölkerung mit Lebensmitteln und Industriewaren, 3.11.1949, in: GBl. 1949, S. 31–34, hier S. 31.

[5] Siehe Gesetz über den Volkswirtschaftsplan 1950, das zweite Jahr des Zweijahrplanes der Deutschen Demokratischen Republik, 20.1.1950, in: GBl. 1950, S. 41–55, hier S. 43. Konkreter im Gesetz über die Verbesserung der Versorgung der Bevölkerung und über die Pflichtablieferung landwirtschaftlicher Erzeugnisse im Jahre 1950, 22.2.1950, rückwirkend zum 1.1.1950 in Kraft, in: ebenda, S. 163–168.

SED-Führung noch erörtert. Ein vertrauliches Fach-Expose für Planungsminister Heinrich Rau vom Januar 1950 sah vor, „nach 5 Jahren annähernd den Vorkriegsstand wieder zu erreichen, gerechnet nach dem Kalorienverbrauch und dem Nährwertgehalt je Kopf der Bevölkerung". Doch setzte die SED-Führung die Fristen enger. „Nein", notierte Rau am Rand der Vorlage, „sondern früher".[6]

In der weiteren Politik machte sich die SED dieses Ziel zu eigen: Mit der Erreichung der Vorkriegsleistung im Agrarbereich und bei der Versorgung konnte nicht bis 1955 gewartet werden. Dabei mußte sich die SED darüber im klaren sein, daß die Erreichung des Vorkriegsstandes bei der Versorgung mit Lebensmitteln ein über dem Vorkriegsniveau liegendes Produktionsergebnis verlangte, selbst wenn die Größe der Nutzfläche wieder erreicht werden würde. Auf dem Gebiet der DDR lebte etwa ein Zehntel mehr Bevölkerung als vor dem Krieg. Einfuhr von Agrarprodukten kam nur in sehr beschränktem Maße in Frage.

Zugleich waren die Voraussetzungen für eine weitere Ertragssteigerung nicht sonderlich günstig. Geringer war allgemein in der Bevölkerung der Anteil der Personen im arbeitsfähigen Alter.[7] Der Anteil der in der Landwirtschaft Beschäftigten an der Zahl der Erwerbspersonen war zwar – vor allem durch die Umsiedler – größer geworden. Für die Ernährung der 18,4 Millionen Deutschen (sowie für Reservebildung, Export und Reparationen) arbeiteten 1950 etwa 2 Millionen Erwerbstätige in Pflanzenproduktion und Viehwirtschaft.[8] Auch nach den ersten Rückwanderungen in die Industrie gab es 1950 im Agrarbereich noch eine recht hohe Zahl an Erwerbspersonen.[9] Doch die starke Überalterung und der überdurchschnittlich hohe Frauenanteil in der Bevölkerung relativierten die Bedeutung des höheren Agrarbeschäftigtenanteils. Faktisch mußten die zahlreichen, physisch allerdings weniger leistungsfähigen ländlichen Arbeitskräfte[10] mindestens ebenso viele Agrarprodukte pro Erwerbstätigen liefern wie vor dem Krieg.

Neben dem demographischen wirkten noch ein ernährungs- und ein inneragrarwirtschaftlicher Leistungsdruck speziell auf den Ackerbau. Da die Tierproduktion nicht so rasch zu erweitern war, hatte der Ackerbau zu versuchen, die fehlenden tierischen Fette, Fleisch, Milch und Eier zu kompensieren, was angesichts des viel geringeren Fett- und Eiweißgehalts bei pflanzlichen Produkten mehr Auf-

[6] Unterlagen für einen langfristigen Plan der landwirtschaftlichen Produktion und der Versorgung. Streng vertraulich. Nur für den Empfänger Herrn Rau, 21. 1. 1950, BArch, DE 1, 11476, Bl. 4, 16.

[7] Er sank laut Barthel, Ausgangsbedingungen, S. 51 ff., im Vergleich zur Vorkriegszeit von 62 auf 56 Prozent.

[8] Siehe Statistisches Jahrbuch der DDR 1955, S. 26, 30.

[9] Siehe Zank, Wirtschaft, S. 45.

[10] Die Arbeitskräftesituation auf dem Lande war bis etwa 1952 quantitativ nicht wesentlich schlechter als vor dem Krieg. Der größere Anteil von Frauenarbeit und der schlechte Gesundheitszustand der Arbeitskräfte wirkten sich zwar auf die Leistung des kleinen und mittleren Familienbetriebes sehr nachteilig aus, volkswirtschaftlich gesehen wurde das aber durch die Ausbeute ländlicher Lohnarbeiter ausgeglichen. Deren Zahl war im Untersuchungszeitraum noch ausreichend hoch. (Siehe Abschnitt Landarbeiterschutzgesetz.) Der qualitative Aspekt der Arbeitskräfte-Aufrechnung fällt weniger günstig aus. Die Zahl der erfahrenen Landwirte hatte abgenommen. Nachdem infolge von Umsiedlung und Bodenreform schon ein Teil professioneller, erfahrener Landwirte fortgezogen war, wirkte sich zunehmend auch die Flucht von Alt-, vor allem Groß- und Mittelbauern, aus der SBZ in die westlichen Besatzungszonen auf die berufliche Qualifikation der ländlichen Arbeitskräfte negativ aus. Diese Seite der Arbeitskräfteentwicklung muß hier vernachlässigt werden. Statistiken gibt es nicht.

wand verlangte. Außerdem mußte die Futtermittelproduktion für eine zu erweiternde Viehwirtschaft ausgebaut werden. An tierischen Produkten verbrauchte ein DDR-Bürger 1950 durchschnittlich nur knapp die Hälfte der Menge von 1936, an Zucker gut vier Fünftel, dafür an Mehl und Kartoffeln um etwa ein Viertel mehr.

Eine entscheidende Schwierigkeit bestand darin, daß viel weniger Zugkraft, Bearbeitungs- und Fahrtechnik zur Verfügung standen als vor dem Krieg. Mit Traktoren aus der UdSSR und mit – ab 1950 verstärkter – eigener Produktion von Landtechnik wurde der Technikmangel zwar verringert. Doch abgesehen von den Ersatzteil- und Treibstoffproblemen war die staatliche Ausleihe der Landtechnik noch schlecht organisiert. Die MAS erfüllten ihren Zweck noch nicht. Ein weiteres Problem bestand im Mangel an Natur- und chemischem Dünger. Ein Teil der eigenen Düngerproduktion wurde exportiert bzw. ging als Reparationsgut ins Ausland.[11] Ungünstig war die Zusammensetzung der Dünger, erst 1949/50 konnte sie ein wenig besser werden.[12] Zucht-und Versuchsbetriebe brachten nicht die optimale Leistung.

Im Januar 1950 wurden mit dem Gesetz über den Volkswirtschaftsplan 1950 die Aufgaben für den Agrarsektor konkretisiert: „In der Landwirtschaft ist für 1950 eine Erweiterung der Anbauflächen bis auf den Vorkriegsstand des Jahres 1938 geplant [...], für Getreide, Ölkulturen und Kartoffeln [ein] Ernteertrag im Ausmaß der durchschnittlichen Erträge der Jahre 1934 bis 1938."[13] Für die Viehhaltung war vorgesehen, auf das Niveau von 1938 zu kommen. Das Jahr 1951 sollte das erste Jahr der Friedenswirtschaft werden, nachdem 1950 „im wesentlichen de[r] Abschluß der Wiederherstellung der Friedensproduktion" erreicht war.[14]

Mit einer gewissen Notwendigkeit folgte aber aus den fortgesetzt schwierigen Produktionsbedingungen, daß die Zwangsabgaben der Bauern an den Staat zumindest geringfügig und befristet stiegen. Dies bereits im Auge habend, bemühte sich die SED-Führung darum, daß ihre Aufgabenstellung politisch nicht kontraproduktiv wirkte. Die um die Jahreswende 1949/50 einsetzende Propaganda-Kampagne[15] und schließlich auch der Text eines entsprechenden Gesetzes zur Erreichung der Friedenshektarerträge beschränkten sich daher auf Maßnahmen im Jahr 1950 und kleidete die Argumentation in Werbung um fortgesetzte Loyalität der Bauernschaft. „Der Bauer soll in der Überzeugung an die Arbeit der Frühjahrsbestellung, der Versorgung des Viehes, der Pflege der Kulturen, der Ernte und des Drusches herangehen können, daß sich seine mühevolle Arbeit lohnt [...]," hieß es.[16]

[11] So gab der Staatssekretär im Ministerium für Außenhandel und Materialversorgung zu bedenken, daß wegen Exporten 1951 anstatt mit vorgesehenen 190 000 t nur mit 175 000 t Stickstoff für die Landwirtschaft gerechnet werden kann (bei immerhin 18 000 t Stickstoffproduktion pro Monat in der DDR). Siehe Protokoll der Sitzung der Provisorischen Regierung der DDR am 13.7.1950, BArch, DC 20, I/3-23, Bl. 139.

[12] Siehe Barthel, Ausgangsbedingungen, S. 163.

[13] Gesetz über den Volkswirtschaftsplan 1950, S. 43.

[14] Siehe ebenda, S. 41.

[15] Siehe beispielsweise den Aufruf des Parteivorstandes der SED „Für Friedenserträge der Landwirtschaft. An alle werktätigen Bauern und Bäuerinnen", in: *Neues Deutschland*, 20.2.1950, S. 1.

[16] Gesetz über Maßnahmen zur Erreichung der Friedenshektarerträge, 8.2.1950, in: GBl. 1950, S. 103–108. Es wurde am 27.2.1950 verkündet und in Kraft gesetzt. Die Verzögerung deutet auf mögliche Schwierigkeiten in der Entscheidungsfindung hin, die im Einzelnen noch nicht geklärt sind.

Dieses Gesetz verfügte keine zum Zweijahrplan zusätzlichen Investitionen in den Agrarbereich. Es wies lediglich das Industrieministerium an, die für 1950 geplante Herstellung von Landtechnik und Ersatzteilen bereits zur Frühjahrsbestellung sicherzustellen. Analoge Forderungen zur Ausnutzung vorhandener Mittel richteten sich an das Ministerium für LFW und die örtlichen Behörden, an VdgB und Genossenschaften. Die vorhandenen Düngerreserven sollten optimal verteilt, die notwendige Einfuhr rechtzeitig abgewickelt werden. Zur Vermehrung der Viehbestände und der Fleisch- und Fettproduktion wurde bestimmt, wie mit dem Vorhandenen effektiver gearbeitet (Futterzusammensetzung, Zuchtplanung) und geplante Mittel rechtzeitig bereitgestellt werden konnten. Gesetzlich fixiert wurden Schritte zur besseren Ausstattung der MAS, zur besseren Versorgung mit Dünger und Qualitätssaatgut sowie zur Ausweitung der landwirtschaftlichen Beratung der Bauern.

Die SED ging noch im Mai 1950 davon aus, die Lebensmittelkarten 1950 wie geplant abschaffen zu können. Sie wollte die damit verbundenen Preissteigerungen für bislang rationierte Waren aber vor den Wahlen im Oktober nicht ankündigen und gab ein eher positives Signal. Ulbricht schlug der Regierung auf dem SED-Parteitag vor, ab 1. September 1950 die Lebensmittelrationen erneut zu erhöhen (sie waren bereits im Dezember 1949 ein wenig erhöht worden). Ab Januar 1951 konnte man dann in der DDR Getreideerzeugnisse und Hülsenfrüchte tatsächlich frei kaufen, und zwar (bis auf Weizenprodukte) zum niedrigeren Kartenpreis, obgleich Getreide Importware blieb. Doch von der raschen „Freigabe“ sämtlicher Lebensmittel aus pflanzlichen Produkten mußte man sich verabschieden. Zucker und Zuckerprodukte blieben rationiert, die Bestände reichten nicht aus.[17] Noch Ende 1951 für 1952 ins Auge gefaßt,[18] konnte auch die Freigabe von tierischen Erzeugnissen nicht realisiert werden.

Zugleich wurden die Lebensmittelkarten – vor dem Hintergrund stetiger Verbesserung der Lebensmittelangebote in Westdeutschland – zu einem immer brisanteren politischen Thema für die SED. Stalin deutete 1950 zwar an, daß man sich mit der Abschaffung der Karten in der DDR nicht unbedingt beeilen muß,[19] doch der deutsch-deutsche Wohlstands-Wettbewerb brachte die SED immer stärker in Zugzwang. Letzten Endes war die Sache nur im Zusammenhang mit dem realen Warenangebot zu entscheiden. Sie blieb eine komplizierte Angelegenheit, in die eine Vielzahl von Problemen der Agrarpreisgestaltung hineinspielte. Weil der Einzelhandel nur ungenügend Fleisch, Fleischerzeugnisse, Milch, Butter und Zucker bereitstellen konnte, standen den gestützten Kartenpreisen für limitierte Mengen an Waren des Grundbedarfs fortgesetzt hohe HO-Preise für bessere Produkte gegenüber, Preise, die von denen in Westdeutschland und Westberlin immer deutlicher unterboten wurden.

Anfang 1950 entschieden sich SED und Besatzungsmacht für eine mittelfristige Planung der Volkswirtschaft. Ein Fünfjahrplan 1950-1955 wurde vorbereitet. Der

[17] Siehe Verordnung über die weitere Verbesserung der Versorgung der Bevölkerung mit Lebensmitteln ab 1. Januar 1951, 22. 12. 1950, in: ebenda, S. 1225f.

[18] Siehe Protokoll der Besprechung in der SPK am 22. 10. 1951, BArch, DE 1, 12123, Bl. 197–200, hier Bl. 199.

[19] Siehe Bonwetsch, Stalin, S. 606.

III. SED-Parteitag im Sommer 1950 gab dafür überaus anspruchsvolle Ziele in Kontrollziffern vor. Die SED ging davon aus, daß „wir unter Beibehaltung der bisherigen Landwirtschaftspolitik zu einer bedeutenden Steigerung der Erträgnisse kommen können und kommen werden".[20] Durch die Senkung der restlichen Reparationszahlungen um 50 Prozent, die Stalin während eines Treffens mit der SED-Führung im Mai 1950 in Aussicht stellte[21], meinte man ursprünglich zwar, für das Ende des Fünfjahrplanes eine Angleichung nicht nur an den Lebensstandard von 1936 einplanen zu können, sondern hoffte auf bessere Werte, als sie „ein Vergleichskriterium" aus der „Hitlerzeit" bot. Doch schließlich vermied die SED in ihrer vom Parteitag verabschiedeten Leitlinie für die Fünfjahresplanung einen zeitlichen Vergleich beim Lebensstandard. Es hieß, das Volkseinkommen soll im Vergleich zu 1950 um 160 Prozent wachsen.[22]

Konkret sah das so aus: Bei Getreide und Hülsenfrüchten sollten die durchschnittlichen Ernteerträge (Bruttoerträge) bis 1955 um 11 Prozent auf 25 dz/ha wachsen, bei Zuckerrüben und Kartoffeln um rund 25 Prozent auf 315 dz/ha bzw. 200 dz/ha.[23] Nach Ulbrichts Meinung konnten diese Aufgaben „bei Ausnutzung aller Produktionsreserven ohne Zweifel übererfüllt werden". Darunter zählte er die Verbesserung der Bodenkultur; den Ausbau der Technik und der maschinellen Hilfe; die Ausnutzung der agrotechnischen Wissenschaft; die Entwicklung hochproduktiver Pflanzensorten; die gegenseitige Hilfe in der Dorfgenossenschaft und die systematische Anleitung und Hilfe für schwache Wirtschaften von Klein- und Mittelbauern.[24] Das Jahrfünft sollte eine Verdoppelung bis Verdreifachung des MAS-Maschinenparks bringen.

Die ehrgeizigen Pläne zur Ertragssteigerung waren wohl eher als Ansporn denn als reales Planziel gedacht. Denn während in Ulbrichts Rechenschaftslegung über die Jahre 1948 bis 1950 von 2,41 Milliarden DM Investitionen und Stützungen für die Landwirtschaft die Rede war, sah er für 1950 bis 1955 nur 1,4 Milliarden DM Investitionen in den Agrarbereich vor.[25] Zugleich sollte die Industrieproduktion verdoppelt werden. Das versorgungspolitische Ziel wurde daher nur vage formuliert: Bis 1955 sollte die weitestgehende Versorgung der Bevölkerung aus der eigenen Landwirtschaft ermöglicht und „die Erreichung hoher Ernteerträge und die Steigerung der Viehzucht" gewährleistet werden. „Dem Volke mehr Lebensmittel! Dem Bauern mehr Industriewaren!" verkündete der III. Parteitag der SED im Juli 1950.

Nach Überarbeitung wichtiger Plankennziffern wurde der Fünfjahrplan am 1. November 1951 zum Gesetz erhoben.[26] Die Aussagen zur Landwirtschaft

[20] Ulbricht, Fünfjahrplan und Perspektiven (1), S. 367.
[21] Siehe Bonwetsch, Stalin, S. 583–607.
[22] Siehe Ulbricht, Fünfjahrplan und Perspektiven (1), S. 355.
[23] Siehe ebenda, S. 366; Fünfjahrplan zur Entwicklung der Volkswirtschaft (2), S. 287f.
[24] Siehe Ulbricht, Fünfjahrplan und Perspektiven (1), S. 366.
[25] Im Vergleich dazu: 14,12 Mrd. DM (= 52,51 Prozent aller Investitionen) in die Industrie, 1,98 Mrd. in das Transportwesen, 5,15 Mrd. in die Wohnungs- und Kommunalwirtschaft. Der Haushaltsplan 1949 hatte für April bis März 1949 etwa 200 Millionen DM Mehrausgaben im Vergleich zu den Einnahmen im Bereich der Land- und Fortswirtschaft vorgesehen (siehe BArch, DC 15, 397).
[26] Siehe Gesetz über den Fünfjahrplan zur Entwicklung der Volkswirtschaft der DDR (1951–1955), 1. 11. 1951, in: GBl. 1951, S. 973–991.

waren in ihm nicht konkreter formuliert als in der Direktive zum Fünfjahrplan. Das Gesetz nannte die gleichen Ziele bei den Hektarerträgen (bei Kartoffeln war die Steigerungsrate etwas größer worden). Erheblich stärker als noch im Sommer 1950 von der SED vorgeschlagen, sollten allerdings die Viehbestände wachsen. Der Pro-Kopf-Verzehr von Fleisch- und Fleischwaren sollte bis 1955 um 91 Prozent zunehmen[27], der von Milch um 117, von Fett um 76, von Zucker um 66 Prozent.[28]

Dieser Vorgabe mußten Überlegungen zur Neuprofilierung der Agrarbetriebe vorausgegangen sein, auf die einzugehen sein wird. Bedeutsam war aber vor allem, daß im Zuge der Überarbeitung des Fünfjahrplanes die hohen Industrialisierungsziele noch aufgestockt wurden: Die Ausgaben für die investitionshungrige Grundstoffindustrie wurden erhöht. Das konnte nicht ohne Folgen bleiben für die Landwirtschaft. Die Pflichtabgaben der Bauern würden in ihrer Gesamtmenge steigen müssen, ohne daß die Mittel für staatliche Hilfen (Kredite, Preisstützungen) erheblich wachsen konnten. Anders gesagt, die wenigen staatlichen Subventionen müßten auf weniger, strenger ausgewählte Agrarproduzenten konzentriert und Kapitalbildung bei den größeren Privatbetrieben noch energischer eingedämmt werden. Die Vorgaben des Fünfjahrplans erschwerten also die Realisierung der 1949/50 gegebenen Zusagen zum wachsenden Lebensstandard. Es bleibt zu prüfen, welche Schlußfolgerungen die SED zog.

Wichtigste Instrumentarien der Wirtschaftslenkung waren im Untersuchungszeitraum die Jahrespläne. Auch in der Landwirtschaft galt der Bruttoertrag als zentraler Orientierungswert für die Planung. Über staatliche Auflagen sowie produktionsfördernde und -lenkende Preise wurde eine Bedarfsdeckung an Agrarprodukten angestrebt, staatliche Erfassungs- und Aufkaufinstitute sowie staatlicher Groß- und Kleinhandel hatten den Warenfluß zu sichern.

Entscheidenden Einfluß nahm der ostdeutsche Staat vermittels Preisfestlegungen. Neben Anschubkrediten, Schuldenerlassen und Steuerermäßigungen nutzte die SED-Agrarpolitik vor allem gezielte Preissubventionierung, um die Produktion zu lenken und dabei bestimmte Eigentumsformen und Produktionsprofile zu fördern. Derlei war weder ein DDR-typisches noch ein systemtypisches Phänomen. *Welche* Preisentscheidungen gefällt wurden, das hatte dagegen sehr wohl ordnungspolitische Folgen.

Die Agrarpreispolitik der SED als Teil einer volkswirtschaftlich und ordnungspolitisch bestimmten Agrarpolitik ist für die Jahre 1949 bis 1953 noch nicht gründlich untersucht worden. Die Ursachen liegen vor allem im undurchsichtigen Preissystem selbst, einem Zustand, dem die SED erst mit der Einführung einheitlicher Festpreise 1953 und anderen preistechnischen Vereinheitlichungen Mitte der fünf-

[27] In der SKK sah man die Notwendigkeit eines wachsenden Fleischverbrauchs zunächst nicht. Der von deutschen Stellen geplante Wert war nach sowjetischer Meinung kritikwürdig. Čujkov sah eine Zielvorgabe für 1955 in Höhe von 56,4 kg Pro-Kopf-Verbrauch als zu hoch an, zumal, wie man den Deutschen vorhielt, 1936 nur 46,8 kg pro Kopf verbraucht worden waren. Die Rechnung ging von 50,4 kg pro Kopf im Jahr 1950 aus. (Siehe Besprechung am 19.7.1951, in: Badstübner/Loth, Pieck-Aufzeichnungen, S. 369f., hier S. 370). Die sowjetischen Bedenken scheinen im Fünfjahrplangesetz aber keine Berücksichtigung gefunden zu haben.

[28] Siehe Gesetz über den Fünfjahrplan, S. 981, 988.

ziger Jahre ein Ende setzte.[29] Die Staatspartei verfügte auch noch über keine theoretischen Ausarbeitungen zu den Wechselwirkungen auf dem sogenannten organisierten Markt, ihre Wirtschaftsstatistik war auf tiefgründige Preis- und Wertberechnungen nicht ausgerichtet. So wurde beispielsweise erst nach 1953 eine Erhebung der Schuldnerbetriebe eingeführt.[30] Analysen zu Preisen und Kosten anzustellen, ist daher schwierig. Auch im folgenden können die reale Wertschöpfung, realistische und irrealistische Agrarpreisbildung nicht untersucht werden. Doch Entwicklungstendenzen bei der Ablieferungs- und Preispolitik lassen sich nachzeichnen. Diese Politik wird, ungeachtet des defizitären Forschungsstandes, häufig als ruinöses, gezielt eingesetztes Mittel zur Beseitigung der Privatwirtschaft bewertet.[31] Dem Befund soll nachgegangen werden, wobei besonderes Augenmerk abermals der deutsch-sowjetischen Herrschaftskooperation gilt. Daß die Ablieferungs- und Agrarpreispolitik von SED und SKK als Mittel zur Durchsetzung wirtschafts- und gesellschaftspolitischer Ziele zu verstehen ist und von den Entscheidungsträgern damals auch so verstanden wurde, steht außer Frage. Es ist aber zu erwarten, daß über eine Klärung einiger Details auch die gesellschaftspolitischen Vorstellungen der Herrschenden deutlicher werden.

[29] Siehe Steiner, Lenkungsverfahren. Im Untersuchungszeitraum galten teilweise noch die Stoppreise von 1944, zum Teil aber griff man in der Industrie bei der Planung bereits auf Betriebs-Abgabepreise von 1947/48 zurück. Einzelne Modifizierungen, insbesondere bei einigen Agrar-Erzeugerpreisen, erfolgten 1950. Die Meßwerte der verschiedenen Warengruppen standen „in völlig unrealistischen Relationen zueinander“, es ergaben sich „immer stärkere Abweichungen zwischen den Meßwerten und den nicht konstant zu haltenden effektiven Abgabepreisen“ (ebenda, S. 273). Beim staatlichen Aufkauf von Agrarerzeugnissen galten „Richtpreise“.

[30] Siehe Kromm, Rolle, S. 197.

[31] Siehe beispielsweise Bauerkämper, Ländliche Gesellschaft, S. 128–130.

1. Die Wiederherstellung der Vorkriegsanbaufläche

Die „Wiederherstellung der Friedensproduktion" implizierte in der Feldwirtschaft zweierlei: die Ausweitung der Nutzfläche und die Verbesserung der Ertragsleistung. Die Steigerung der Roherträge pro bearbeiteter Fläche dürfte dabei das kleinere der beiden Probleme gewesen sein. Mit der Annäherung an die Ertragsleistungen aus der Vorkriegszeit entsprach Ostdeutschland dem europäischen Trend und einer offenbar systemübergreifenden Nachkriegsentwicklung.[32] Allerdings war das eine Erkenntnis im nachhinein, keine Richtschnur für damalige Entscheidungen. Europaweit galt es nach dem Krieg als erstrebenswert, die Intensivierungsfaktoren Technisierung und Bodenverbesserung an das Vorkriegsniveau heranzuführen. Zugleich ging es um maximale Flächennutzung, was in vormals umkämpften Gebieten eine Rekultivierung beschädigter bzw. lange ungenutzter Flächen notwendig machte.

Gerade wegen der anhaltenden Schwierigkeiten bei der Intensivierung der Produktion mußte der extensiven Erweiterung des Ackerbaus in Ostdeutschland auch 1949/50 noch immer große Bedeutung beigemessen werden. Zahlreiche Quellen deuten darauf hin, daß die Forderung nach mehr Nutzfläche besonders von sowjetischen Beratern immer wieder erhoben wurde. Als sich führende SED-Agrarexperten am 10. Oktober 1949 in der zentralen SED-Landwirtschaftsabteilung zu einer Erörterung dringender Fragen „betr. Erreichung der Friedenshektarerträge 1950" trafen und Kommissionen einrichteten, die sich der organisatorischen Vorbereitung wie der Saatgut- oder Düngerbeschaffung und Schädlingsbekämpfung, aber auch der Massenagitation widmen sollten, war es SMAD-Vertreter Karpienko, der eine „Kommission für Neukultivierung und Melioration" vorschlug.[33]

Laut Bodennutzungserhebung von 1938 waren auf dem späteren Gebiet der DDR (ohne Berlin) 5 088 000 ha Land umgebrochen gewesen.[34] Die landwirtschaftliche Nutzfläche (LNF) insgesamt betrug ca. 6 660 000 ha. Durch direkte Kriegszerstörung war viel Boden nicht sofort nutzbar. Deichschäden verursachten wiederholt folgenschwere Überschwemmungen im Oderbruch. Vor allem die Ackerfläche ging in der SBZ bis 1947 bei wachsender landwirtschaftlicher Nutzfläche zurück. Über 260 000 ha weniger als 1938 waren 1947 umgebrochen. 1949 waren es noch etwa 200 000 ha weniger.[35] Noch 1950 waren nicht alle Äcker entmint.

[32] Das hohe Industriewachstum der Nachkriegszeit in mehreren europäischen Ländern wird vor allem damit erklärt, daß das Arbeitskräftepotential quantitativ und qualitativ erhalten blieb. Mit Abstrichen dürfte das auch für den arbeitsintensiven Ackerbau in der SBZ zutreffen, der ein zumindest quantitativ erhalten gebliebenes Arbeitskräftepotential nutzte. Zur westdeutschen Entwicklung siehe Bauerkämper, Landwirtschaft.

[33] Siehe Kurzbericht über die Besprechung am 10. 10. 1949 bei Merker betr. Erreichung der Friedenshektarerträge 1950, gez. Reutter, SAPMO BArch, DY 30, IV 2/7-74, unpag.

[34] Die in den DDR-Behörden geführten Statistiken von 1950 gingen von dieser Zahl aus. Unter dieses Ackerland zählten die Flächen der Winter- und Sommerkulturen einschließlich Brachland, Flächen für Gründüngung sowie Flächen unter Glas. In späteren Statistiken findet sich auch eine etwas größere Zahl. In der Literatur (Kramer/Heyn/Merkel, Landwirtschaft 1945–1955, S. 96; Kotow, Agrarverhältnisse, Teil II, S. 75) geht man häufig von 5 093 000 ha (offensichtlich inclusive des Berlin zugehörigen) Ackerland aus.

[35] Berechnet nach: Statistisches Jahrbuch der DDR 1955, S. 194, 200; siehe auch Berechnung der 1950 zu verplanenden Fläche, Abt. Planung und Statistik des Ministerium für LFW, 25. 10. 1949, BArch, DE 1, 20146, Bl. 5.

Gleichwohl war der Vergleich zu 1938 sehenswert. 1948 waren laut Statistik ca. 95,4 Prozent des 1938 bearbeiteten Ackerlandes in Nutzung,[36] eine im Vergleich zu den Industriekapazitäten bemerkenswerte Annäherung an die Vorkriegssituation, für die es Analogien in Westdeutschland gab. Faktisch konnte es ab 1949 nur noch darum gehen, einen Rest landwirtschaftlich nutzbarer Fläche in die Bearbeitung wieder einzubeziehen und ein sinnvolles Anbauverhältnis zu schaffen. Mit DWK-Beschluß vom 2. Februar 1949 wurde auf sowjetische Order hin[37] eine neue Bodennutzungserhebung für alle Betriebe ab 0,5 ha (im Erwerbsgartenbau auch darunter) durchgeführt, diesmal nach dem Wirtschaftsflächenprinzip.[38] Die DWK wies eine Zählung aller landwirtschaftlichen Betriebe mit über 0,5 ha Gesamtbetriebsfläche an.[39]

Die SED-Führung trug sich zu dieser Zeit mit dem Gedanken, die Nutzung vor allem durch Zwangsbewirtschaftungsmaßnahmen gegenüber „Flächenverheimlichern" zu verbessern. Im März erarbeitete das Kleine Sekretariat die Vorlage für ein Gesetz, das die Landesregierungen ermächtigen sollte, ungenutzte bzw. nicht ordnungsgemäß genutzte Flächen in den Landesbodenfonds zu überführen, mit Entschädigung oder aber – im Falle eines Straftatbestandes im Sinne der Wirtschaftsstrafverordnung vom September 1948[40] – sogar entschädigungslos.[41] Das Politbüro nahm die Vorlage am 26. April 1949 an. Anfang Mai jedoch wurde an die SED-Führung von außen herangetragen, ganz gezielt auch andere „Maßnahmen zur Erweiterung der landwirtschaftlichen Nutzfläche" zu ergreifen.[42]

[36] Siehe Kotow, Agrarverhältnisse, Teil II, S. 75.

[37] Siehe Schreiben Koval's an Rau, 25. 1. 1949, BArch, DC 15, 871, Bl. 218.

[38] Der Betriebsinhaber sollte in einer Befragung seine gesamte Wirtschaftsfläche (Nutzfläche, Holzungen und Forsten, Hoffläche, Wege, Ödland und dergleichen) angeben. Siehe Anordnung über die Durchführung einer Wirtschaftsflächenerhebung, 9. 2. 1949, in: ZVOBl. 1949, S. 119; DB vom 4. 3. 1949, in: ebenda, S. 179–182. – Schon seit Mai 1946 verlangte die SMAD regelmäßig Bodennutzungserhebungen, da vorhandene Vorkriegsunterlagen von den Meldungen der Bauern abwichen. Für eine realistische Planung waren einigermaßen verläßliche Daten über vorhandene Flächen aber unabdingbar. Sie wurden bis 1949 alljährlich nach dem Katasterprinzip ermittelt.

[39] Siehe Beschluß über die Durchführung einer landwirtschaftlichen Betriebszählung, 23. 2. 1949, in: ZVOBl. 1949, S. 137f. Diese Betriebszählung war von deutschen Stellen bereits Mitte 1948 vorgeschlagen worden. Ende 1948 drängte das Statistische Zentralamt erneut. Die für Handel und Versorgung sowie Land- und Forstwirtschaft zuständigen DWK-Hauptabteilungen unterstützten das Anliegen. Auch die VdgB stimmte ein. Der für Wirtschaft zuständige Stellvertretende Chef der SMAD forderte den DWK-Vorsitzenden Rau im Februar 1949 auf, einen Beschluß zur Durchführung einer landwirtschaftlichen Betriebserhebung zu fassen (siehe Schreiben Koval's an Rau, 11. 2. 1949, BArch, DC 15, 872, Bl. 208). Doch erst nach dem Beschluß vom 23. 2. 1949 gelang es, die SMAD-Finanzabteilung von der Notwendigkeit des 5 Millionen DM teuren Unternehmens zu überzeugen. Ausschlaggebend war wohl das Argument, daß für 1949 auch in Westdeutschland eine Betriebszählung vorgesehen war und Vergleiche möglich würden (siehe Protokoll der 58. Sitzung des DWK-Sekretariats am 23. 2. 1949, SAPMO BArch, DY 34, 22501, unpag.).

[40] Siehe Verordnung über die Bestrafung von Verstößen gegen die Wirtschaftsordnung (Wirtschaftsstrafverordnung), 23. 9. 1948, in: ZVOBl. 1948, S. 439–443.

[41] Siehe Protokoll der Sitzung des Kleinen Sekretariats am 18. 3. 1949, SAPMO BArch, DY 30, J IV 2/3-13, Bl. 25.

[42] Die Vorlage, die im SED-Politbüro am 26. 4. behandelt wurde, war nicht im Kleinen Sekretariat erarbeitet worden. Es muß sich um eine eilige SMAD-Initiative gehandelt haben. Dafür spricht, daß die weitere Behandlung der Angelegenheit nicht regelmäßig verlief. Was als „Beschluß über die Maßnahmen zur Erweiterung der landwirtschaftlichen Nutzfläche" im Politbüro erörtert wurde, wurde im Reinschriftenprotokoll der Sitzung als DWK-Verordnungsent-

Diese offenbar von sowjetischen Beratern ausgehende Variante der extensiven Erweiterung landwirtschaftlicher Produktion setzte vor allem auf das bäuerliche Eigeninteresse und stellte diverse Vergünstigungen in Aussicht. Je nach Beschaffenheit des neu erschlossenen Bodens wurde er für ein bis drei Jahre für abgabenfrei erklärt und bei anderweitig relevanten Zuordnungen zu Betriebsgrößengruppen nicht mitgerechnet. Klein- und Mittelbauern erhielten für neu angelegte Wiesen oder Äcker einmalige Zuwendungen in Höhe von 200 bis 500 DM pro Hektar. Für die Bearbeitung neu erschlossenen Landes wurden die MAS-Tarife heruntergesetzt.

Diese Verordnung schloß auch Zwangsmaßnahmen gegen Bauern, die ihr anbauwürdiges Land nicht bewirtschafteten, ein: Alle Grundeigentümer wurden dazu verpflichtet, spätestens 1950 die Bearbeitung des noch nicht genutzten Bodens zu beginnen. Die Bauern konnten in angemessenen Fristen zur Bearbeitung verpflichtet werden, notfalls sei (unter Berufung auf Kontrollratsgesetz Nr. 45 vom 20.2.1947) Zwangsverpachtung zu veranlassen. Bei vorsätzlicher Nichtbearbeitung des Bodens[43] konnte er – nach Wirtschaftsstrafgesetz – entschädigungslos in den Bodenfonds des Landes oder in Volkseigentum überführt werden. Nach Überarbeitung der Vorlage[44] nahm die DWK diese Verordnung am 22. Juni 1949 an.[45]

Die DWK ging im Herbst 1949 von rund 60000 ha verheimlichter Bodenfläche (ein Hundertstel der LNF von 1938) aus, was heute schwerlich zu verifizieren ist. Der Anbauplan 1949/50 sah zunächst eine Vergrößerung der Fläche um 48000 ha vor, davon 44000 ha zugunsten des Feldfutteranbaus und folglich der Erweiterung der Viehbestände.[46] Noch während in der Abteilung Landwirtschaft des SED-Apparates an einer Verordnung über die Erreichung der Friedenshektarerträge gearbeitet wurde,[47] ergingen im September und Oktober 1949 Regelungen für nachträgliche Pflichtveranlagungen verheimlichter Flächen für die Jahre 1949 und

wurf ausgewiesen. (SAPMO BArch, DY 30, IV 2/2-18, Bl. 7-12, 22-26). Eine im DWK-Sekretariat am 28.4. behandelte Vorlage wurde zur Überarbeitung an Steidle und Vieweg zurückgeschickt (siehe Protokoll der Sitzung des DWK-Sekretariats am 28.4.1949, SAPMO BArch, DY 34, 22502, unpag.). Das Kleine Sekretariat wollte die Angelegenheit am 2.5. zum 12./13.5. 1949 in die DWK tragen. Eine Woche später stellte sich heraus, daß der in der DWK vorliegende Text „erheblich von dem [urspünglichen] Entwurf des Politbüros abweicht" (siehe Protokoll der Politbürositzung am 10.5.1949, SAPMO BArch, DY 30, IV 2/2-23, Bl. 16). Im DWK-Sekretariat war bereits am 4.5. eine Vorlage zurückgegeben worden (nicht überliefert), damit Vorschläge der SMAD einfließen konnten (siehe Protokoll der Sekretariatssitzung vom 4.5.1949, BArch, DC 15, 395, Bl. 2) Die neue DWK-Vorlage trug das Datum vom 6.5.1949 (siehe BArch, DC 15, 397, Bl. 14–19).

43 Ein Vorsatz lag laut Verordnung vor, wenn im Verlauf eines Wirtschaftsjahres Ackerland nicht bebaut, Wiesen und Weiden nicht als solche oder zum Futtergrasanbau genutzt wurden.

44 Diese Überarbeitung bestand in einer gewissen Abschwächung der Strafbestimmungen. So wurde korrigiert, daß bei Zuwiderhandlung nicht der gesamte Betrieb, sondern die in Frage stehende Fläche zwangsverpachtet bzw. enteignet wird. Der Paragraph, der ausdrücklich vollständige Enteignung androhte, wurde gestrichen (siehe Protokoll der DWK-Sitzung am 22.6.1949, BArch, DC 15, 405/1, Bl. 20–25).

45 Siehe Verordnung über Maßnahmen zur Erweiterung der landwirtschaftlichen Nutzfläche, 22.6.1949, in: ZVOBl. 1949, S. 495–497.

46 So Fritz Selbmann in der DWK-Vollsitzung am 28.7.1949 zu „Maßnahmen zur Erhöhung des Lebens-standards der Bevölkerung" (siehe Stenographische Niederschrift, BArch, DC 15, 412/1, Bl. 50).

47 Siehe Protokoll der Sitzung der Abteilung Landwirtschaft des ZK vom 28.10.1949, SAPMO BArch, DY 30, IV 2/7-74, unpag.

1950.[48] Insgesamt aber dominierte die Absicht, erweiterte Bodenbearbeitung zu belohnen. In der Praxis zeigte sich, daß es schwierig war, die Bauern zur Boden(neu)erschließung anzuhalten, wenn ihnen dieses Land unter Umständen im nachhinein als bisher verheimlichtes zur Last gelegt werden konnte. Um Urbarmachung und Rekultivierung attraktiver zu machen, wurde deshalb im Februar 1950 entschieden, das nach der letzten Bodennutzungserhebung vom Juni 1949 erstmals wieder bebautes Land nicht als verheimlichtes (und doppelt abgabepflichtiges) zu zählen und verheimlichte Kleinstflächen (bis 0,25 ha) nicht der nachträglichen Veranlagung zu unterziehen.[49] Eine Verordnung über die Pflichtablieferung für die im Jahre 1949 nicht erfaßten veranlagungspflichtigen Flächen setzte am 20. April 1950 mit genau diesen Bestimmungen einen vorläufigen Schlußstrich unter das verzwickte Regelwerk.[50]

Das Ministerium für LFW der DDR hatte 1949 errechnet, daß es 1950 möglich sein würde, einschließlich der bereits entdeckten heimlichen Flächen insgesamt ca. 5 010 000 ha Ackerfläche zu verplanen (in dieser Rechnung waren 30 000 ha „abgesetzte" Flächen bereits berücksichtigt, die keiner Planung unterlagen, weil die Besitzer überaltert oder sonst von Abgaben befreit waren).[51] Es sollten „10 000 ha bisher nicht als Ackerland genutzter Böden neu unter den Pflug genommen" werden.[52] 78 000 ha seien im Laufe des Jahres hinzuzugewinnen[53], wodurch insgesamt die Fläche von 5 088 000 ha wieder erreicht werden würde.

Doch die anspruchsvolle Vorgabe war umstritten. Staatssekretär Paul Merker (SED) wurde in der Wirtschaftsabteilung der SKK noch am Tag der Annahme des Jahresplanes auf die große politische Bedeutung gerade der Zielsetzung von insgesamt 5 088 000 ha Ackerfläche hingewiesen. Bei der bevorstehenden Aufstellung des Anbauplanes sollte von dieser Größe ausgegangen werden. Merker machte auf

[48] Siehe Anordnung über die Festsetzung der Pflichtablieferung landwirtschaftlicher Erzeugnisse für verheimlichte veranlagungspflichtige landwirtschaftliche Nutzflächen, 10. 9. 1949, in: ZVOBl. 1949, S. 715 f.; geändert durch die Anordnung über Nachveranlagung, 6. 10. 1949, ZVOBl. 1949, S. 768, sowie Erste DB zur Anordnung über die Nachveranlagung zur Pflichtablieferung landwirtschaftlicher Erzeugnisse für verheimlichte veranlagungspflichtige landwirtschaftliche Nutzflächen, 6. 10. 1949, in: GBl. 1949, S. 56. Die Regelung vom 6. 10. 1949 sah eine Nachveranlagung von Bodenflächen vor, die nicht von der Bodennutzungserhebung vom 3. 6. 1949 erfaßt worden waren: Erhoben wurden dann a) die doppelte Abgabenmenge in tierischen Erzeugnissen auf die gesamte verheimlichte Fläche, b) zusätzlich die doppelte Abgabemenge in Kartoffeln auf das verheimlichte Ackerland. Die Verordnung über Nachveranlagung zur Pflichtablieferung landwirtschaftlicher Erzeugnisse für verheimlichte veranlagungspflichtige landwirtschaftliche Nutzflächen, 3. 11. 1949, in: GBl. 1949, S. 36, revidierte: die zusätzliche Strafe für das Verheimlichen von Ackerland könne anstelle von Kartoffeln auch in Getreide gezahlt werden.

[49] Siehe Zweite DB zur Anordnung über die Nachveranlagung zur Pflichtablieferung landwirtschaftlicher Erzeugnisse für verheimlichte veranlagungspflichtige landwirtschaftliche Nutzflächen, 13. 2. 1950, in: GBl. 1950, S. 109.

[50] Siehe Verordnung über die Festsetzung der Pflichtablieferung landwirtschaftlicher Erzeugnisse für die im Jahre 1949 nicht erfaßten veranlagungspflichtigen landwirtschaftlichen Nutzflächen, 20. 4. 1950, in: ebenda, S. 357–358.

[51] Siehe Berechnung der zur Ernte 1950 zu verplanenden Gesamtackerfläche nach dem neuesten Stand der Wirtschaftsflächenerhebung vom 25. 10. 1949, Ministerium für LFW, 23. 12. 1949, BArch, DE 1, 20146, Bl. 5.

[52] Siehe Gesetz über den Volkswirtschaftsplan 1950, das zweite Jahr des Zweijahrplanes der Deutschen Demokratischen Republik, 20. 1. 1950, in: GBl. 1950, S. 41–55, hier S. 45.

[53] Dabei handelte es sich sowohl um bereits vor Jahren erschlossenes Ackerland (darunter „verheimlichtes" und nicht „verheimlichtes", aber nicht optimal genutztes), als auch um nicht landwirtschaftlich genutzte Fläche.

die schlechte Qualität vieler Böden aufmerksam. Die Bauern würden zusätzliche Flächen nur bearbeiten, wenn sie von der Abgabepflicht befreit würden. SKK-Vertreter Chomjakow riet, die zusätzlichen 78 000 ha für 1950 als abgabefreie Flächen zu führen, wollte aber auf die plangerechte Erschließung nicht verzichten. Prüfungen zufolge sei das Land ja vorhanden.[54]

Zu dieser Besprechung überreichte Merker auch den Entwurf des genannten „Gesetzes über Maßnahmen zur Erreichung der Friedenshektarerträge". Vierzehn Tage später wurde es der Volkskammer vorgelegt. Der Gesetzestext enthält, trotz weiträumiger Behandlung von Maßnahmen zur besseren Ausnützung der Ackerfläche, keine konkrete Zahl für das zu erschließende „Neuland".[55]

Der Forderung nach umfassender Bodennutzung entgegen verschärfte sich indes unter den Neubauern die Tendenz zur Rückgabe des Bodenreformlandes. Die SMAD-Agrarexperten waren nie davon ausgegangen, daß alle Bodenempfänger in der Agrarproduktion bleiben werden. Wer mit der Übernahme einer Neubauernstelle seinerzeit ohnehin nur die Familie über Wasser halten und sich auf dem Land nicht etablieren wollte, bekam nun in Industrie, Bauwesen und Bergbau gute Verdienstmöglichkeiten offeriert. Überforderte weibliche Landnehmer gaben auf. Nicht wenige Betriebe waren verschuldet. Zudem hatte das Neubauernbauprogramm noch immer nicht ausreichend Wohnungen gebracht: Man zog wieder in die Stadt.

Die SED-Führung hielt die Landesregierungen fortwährend dazu an, Neubauernstellen anzubieten. In der Landwirtschaftabteilung des ZK hatte man Ende 1949 noch gehofft, alle im Bodenfonds befindlichen Flächen auf diese Weise restlos für den Anbau zu nutzen.[56] Doch die Zahl der unbesetzten Neubauernstellen stieg schneller, als es das agrarpolitische Konzept von SED und SKK, das keine weitere Sozialisierung vorsah, verkraftete: Allein im Verlauf des Jahres 1950 von 5074 (Februar) auf 7236 (Dezember).Verschuldung trieb in wachsender Zahl auch Altbauern zur Hofaufgabe. Das DDR-Landwirtschaftsministerium wies Anfang 1951 26 000 ha vorübergehend nicht bestellten Ackerlandes allein für Brandenburg aus.[57] Man versuchte, Landaufgaben administrativ zu verhindern, doch faktisch ohne Erfolg.

Es ist nur scheinbar paradox, daß in diesem Kontext „Neulandgewinnung" an Bedeutung gewann. Gerade weil Flächen, die an den Bodenfonds gebunden waren und bestimmten Vergaberegeln unterlagen, nicht so ohne weiteres ständig neu vergeben werden konnten, versuchte man die einigermaßen prosperierenden Betriebe zur Erweiterung der Nutzung von Nichtbodenreformland zu gewinnen. In Sachsen, so hatte es Ende 1949 geheißen, seien beispielsweise noch 100 000 ha infolge

[54] Siehe Notiz zu einem Gespräch Chomjakovs mit Merker am 20. 1. 1950, AVP RF, fond 0457a, opis' 9, papka 52, delo 18, listy 12–19.

[55] Die auf bessere Bodenbearbeitung zielende Verordnung enthielt als einzigen Fixpunkt für extensive Erweiterung, daß 1600 ha Moor und Wiese für den Ackerbau hergerichtet werden sollen. Die als Dauergrünland nicht voll genutzten Flächen sollten, soweit geeignet, umgebrochen werden. Derart bis Ende April erschlossene Ackerfläche sollte zwei Jahre lang nur als Grünfläche veranlagt, das heißt: nicht mit Abgaben belastet sein (siehe Gesetz über Maßnahmen zur Erreichung der Friedenshektarerträge, 8. 2. 1950, in: GBl. 1950, S. 103–108).

[56] Siehe Protokoll der Sitzung der Abteilung Landwirtschaft am 29. 11. 1949, SAPMO BArch, DY 30, IV 2/7-74, unpag.

[57] Siehe Analyse der Abteilung Planung und Statistik IV, 24. 1. 1951, BArch, DE 1, 28331, Bl. 1.

technischer und finanzieller Defizite nicht erschlossen.[58] Die Erweiterungsmöglichkeiten waren natürlich begrenzt, ging es der SED doch auch darum, „kapitalistisch produzierende", das hieß: mit Lohnarbeitskräften wirtschaftende, Betriebe nicht größer werden zu lassen. Zugleich warb man weiterhin um Bodenreformland-Interessenten. Alle Kräfte sollten auf bessere Bodennutzung bei gleichzeitiger Erweiterung der Fläche konzentriert werden. Die Vorkriegsackerfläche galt dabei als politisch wichtige Bezugsgröße.

Freilich mutet es seltsam an, daß im Rahmen dieser agrarpolitischen Zielsetzung kaum versucht wurde zu berücksichtigen, inwieweit schon in den Jahren vor 1945, etwa durch Autobahnbau, landwirtschaftliche Nutzfläche unwiederbringlich verlorengegangen war. Über den Umfang dieser Verluste lagen den DDR-Behörden keine konkreten Angaben vor, doch wußten die deutschen Stellen, daß in der offiziellen Statistik von 1938 bis 1943 eine Einbuße von mehr als 100000 ha Nutzland für das Gebiet der SBZ/DDR verzeichnet war.[59] Aus der SKK-Landwirtschaftabteilung sind entsprechende Überlegungen nicht bekannt. Dabei hatte es bereits in den unmittelbaren Nachkriegsmonaten Bedenken gegen überhöhte Forderungen zur Rückgewinnung insbesondere von Ackerflächen gegeben.[60] Ein Teil des Bodens ging auch nach Kriegsende erst endgültig für die Landwirtschaft verloren, so durch Bauten für Neubauern. Das Ministerium für LFW stellte bei Vergleichen 1950 bis 1951 immer wieder fest, die Planung übersehe, daß Boden auch infolge von Bergbau und Industrieerweiterung verlorenging. 1952 mahnte es an, unter den „Abgängen" seit 1947 etwa 53000 ha vom Bergbau beanspruchter Flächen einzuberechnen.[61] „Kultur auf dem Lande" forderte ebenfalls ihren Preis: Kulturhäuser und Sportplätze entstanden. Nicht zuletzt nahm die Besatzungsmacht riesige Flächen ein: für Übungsplätze, Garnisonen, Versorgungseinrichtungen.[62]

Hinzu kommt, daß Bauern in der Regel nicht von einem Umbruch von Wiesen und Weiden zu überzeugen waren. Gerade der Mangel an Bodenbearbeitungstechnik machte es 1949/50 attraktiver, Boden als Weidefläche registrieren zu lassen und die entsprechenden Pflichtabgaben für tierische Produkte zu leisten, welche bis 1950 auch einigermaßen gute „freie Spitzen" zuließen. Und die Bauern verheimlichten selbstverständlich Flächen, solange sie konnten. Schließlich haperte es immer wieder an der statistischen Erfassung der Kulturböden: Der ständige Wechsel von Vordrucken, Richtlinien und Zuständigkeit sowie die unterschiedlichen Erhebungsverfahren der beteiligten Ministerien und Staatssekretariate machten eine realistische Buchführung fast unmöglich.

58 Siehe ebenda.

59 Berechnung zur Ernte 1950; Siehe auch: Analyse der Entwicklung der Ackerflächen in der DDR, Ministerium für LFW, 20.10.1952, BArch, DE 1, 20146, Bl. 179.

60 So hatte der Präsident der Provinzialverwaltung Sachsen-Anhalt, Erhard Hübener, im August 1945 den SMA-Chef Kotikov auf die geringe Effizienz übertrieben hart eingeforderter Neulandgewinnung aufmerksam gemacht. Siehe Niederschrift über eine Beratung der Provinzialverwaltung Sachsens mit Generalmajor Alexander G. Kotikov am 18.8.1945, in: Berichte der Landes- und Provinzialverwaltungen, S. 79–86, hier S. 81.

61 Siehe Analyse der Entwicklung der Ackerflächen in der DDR.

62 Siehe Stellungnahme zum Bericht des Statistischen Zentralamtes über Differenzen zur operativen Planung des Ministeriums für LFW, der Wirtschaftsflächenerhebung vom 31.12.1950 und der Bodennutzungserhebung 1951, Ministerium für LFW, Abt. Planung/Statistik, BArch, DK 1, 2281, Bl. 49.

Als Anfang März 1950 die Vorbereitung auf die Frühjahrsbestellung lief, bestätigten sich die Bedenken der deutschen Agrarspezialisten. In einem SKK-Bericht hieß es zum Land Brandenburg: Der erstellte Plan über zusätzlich 29 000 ha sei unrealistisch.[63] Dennoch drängte die Wirtschaftsabteilung der SKK, bei der Aufschlüsselung der Anbaupläne auf die Länder, Kreise und Gemeinden solle von insgesamt 5 088 000 ha ausgegangen werden. Diese Forderung versuchte sie vor allem über das DDR-Planungsministerium durchzusetzen, das – ähnlich wie die Staatliche Plankommission später – eine Art „Überministerium" darstellte. Planungsminister Rau hatte schon Ende Januar in einem Schreiben an alle Ministerpräsidenten die Anbauplanung über 5 088 000 ha verlangt. Landwirtschaftsminister Goldenbaum erklärte dagegen Anfang März auf höchster Ebene beim SKK-Stellvertreter Koval', die zusätzlich zu erschließenden 78 000 ha könnten unmöglich schon im Frühjahr als Ackerfläche in den Anbauplan einbezogen werden. Der Boden müsse erst aufbereitet werden. Deshalb gehe der Anbauplan von 5 010 000 ha aus. Im übrigen liefen die Bestellungsarbeiten erfolgreich.[64]

Goldenbaums Zweifel wurden von den Ministerpräsidenten der Länder geteilt. Bis auf den thüringischen machten sie keinerlei Anstalten, den Plan zu ergänzen. Der mecklenburgische Regierungschef deutete die Vorgabe so, als müßten erst Ende 1950 die Zusatzflächen verplant sein.[65] Den SKK-Agrarexperten wurden die Einwände wiederholt nahegelegt. Die Argumente lauteten: (1) Die Einsprüche der Bauern zum Ergebnis des Feldvergleiches waren noch nicht hinreichend bearbeitet, (2) es sei zu bedenken, daß Wiesenumbruch die Futtergrundlage verschlechtert, und (3) rentiere sich die Urbarmachung geringwertigen Bodens nicht, im Gegenteil, in den ersten Jahren bringe sie nicht einmal das Saatgut wieder.[66] Indes, die Planökonomische Abteilung der SKK und das DDR-Planungsministerium ließen nicht locker. Im März berieten sie, wie „dem z.T. latenten Widerstand der Länder [...] entgegenzutreten und die Erreichung wenigstens des größten Teils der 78 000 ha zu sichern" ist.[67] SKK-Vertreter Baranov intervenierte wiederholt bei Staatssekretär Merker.[68] Der versprach, sich an die Ministerpräsidenten als SED-Mitglieder zu wenden, und trug die Sache vor den Ministerrat. Bis in den April hinein forderte vor allem Raus Ministerium unaufhörlich Disziplin.[69] Eine Pressekampagne und Landarbeiterkonferenzen wurden organisiert. Doch selbst die

[63] Siehe Berichte über die Vorbereitung der Frühjahrsbestellung aus den SKK-Ländervertretungen an die SKK-Leitung, Anfang März 1950, AVP RF, listy 64–86, hier list 73.

[64] Siehe Notiz zu einem Gespräch zwischen Landwirtschaftsminister Goldenbaum und dem Stellvertreter des SKK-Chefs Koval' am 3. 3. 1950, AVP RF, fond 0457 a, opis' 9, papka 52, delo 18, listy 99–101.

[65] Siehe Brief des Ministerpräsidenten Mecklenburgs an Minister Rau, 14. 2. 1950, BArch, DE 1, 11498, Bl. 1.

[66] Siehe Aktenvermerk für Heinrich Rau über ein Gespräch mit Baranov am 13. 3. 1950, gez. Ritter, Zentrales Planungsamt, 14. 3. 1950, BArch, DE 1, 11464, Bl. 3–5.

[67] Notiz zu einem Gespräch Baranovs mit dem Mitarbeiter des Planungsministeriums Ritter am 13. 3. 1950, AVP RF, fond o457a, opis' 9, papka 52, delo 18, listy 95f. Dieselbe Unterredung ist auf deutscher Seite im Vermerk vom 14. 3. 1950 für Rau festgehalten.

[68] Siehe Notiz zu Gesprächen Baranovs mit Merker am 15. und 18. 3. 1950, AVP RF, fond 0457a, opis' 9, papka 52, delo 18, listy 105–109, 151f.

[69] Siehe Dienstbesprechung bei Minister Rau, 20. 3. 1950, BArch, DE 1, Bl. 4; Brief Raus an die Ministerpräsidenten, 3. 4. 1950, BArch, DE 1, 11498, Bl. 2f.

Landarbeiter waren von der Aufgabe, die Vorkriegsanbaufläche zu erreichen, kaum zu überzeugen.[70]

Die SKK behandelte die Sache keineswegs formalistisch. Sie kontrollierte die Flächenbearbeitung auch selbst, erfragte und prüfte vor Ort den technischen Vorbereitungsstand der Frühjahrsbestellung, kümmerte sich um Saatgut und Treibstoff, drängte auf sinnvolle Verfahren bei der Düngemittelverteilung, beobachtete die Stimmung unter den Bauern. Aber die Größe „Vorkriegsanbaufläche" hatte in ihren Überlegungen einen außerordentlichen politischen Wert. Es ging ihr um die Demonstration wirtschaftlicher Leistungsstärke und die Vermittlung aktivierender Zuversicht. Aus heutiger Sicht erscheint es kurios, daß man sich dabei an einer Kennziffer „festbiß". Doch ist die Hartnäckigkeit erklärlich in einer Zeit, in der man noch weitgehend im Banne extensiver Wachstumsvorstellungen stand. Im Rahmen des Ost-West-Wirtschaftswettbewerbs schien die Wiedererreichung der Anbaufläche aus der Vorkriegszeit ein vor allem auch propagandistisch wirksames Argument. Es stützte die Kritik an der westdeutschen Agrarpolitik. Die sozial Schwachen unter den Bauern Westdeutschlands sollten von der ostdeutsche Flächenerweiterung beeindruckt sein. 1949 hatten die Westzonen „erst" 92 Prozent der Vorkriegsackerfläche (einschließlich Erwerbsgartenland) wieder bewirtschaftet, die SBZ etwa 95 Prozent der ihren; 1950 wurden es im Westen nicht wesentlich mehr.[71]

So gesehen, verwundert das Drängen der sowjetischen Berater auf hundertprozentige Wiedererreichung der Vorkriegsanbaufläche nicht. Als die SKK-Abteilung für Wirtschaftsplanung Anfang März einen zusammenfassenden Bericht über den Gang der Frühjahrsbestellung für Politberater Semenov erstellte, bekam die Einhaltung der umstrittenen Ziffer einen erstrangigen Platz unter ihren „Vorschlägen".[72] Daß die Vorkriegsanbaufläche „angeblich [...] nicht zu erreichen" sei, wurde am 7. März 1950 auch bei einer Besprechung zwischen Čujkov, Il'ičev, Grotewohl und Pieck thematisiert.[73]

Möglicherweise schlugen sich hier im Verhalten des einen oder anderen Vertreters der Besatzungsmacht geschichtliche Erfahrungen aus dem eigenen Land nieder: Schon 1925 hatte die Sowjetunion das gesamte Vorkriegsniveau bei der Anbaufläche wieder erreicht.[74] In den dreißiger Jahren lief eine beispiellose Aktion zur Neulanderschließung. Doch sind in den Akten der SKK weder Bezugnahmen auf diesen schnellen Wiederherstellungsprozeß in den Jahren der NÖP, noch auf die Aktionen von „Neuland unterm Pflug" verbürgt. In Ostdeutschland waren es 1949/50 vor allem deutschlandpolitische Überlegungen, die die Besatzungsmacht zur Vorgabe einer propagandistisch wirkungsvollen Zahl drängten. Mit der Vorbe-

[70] So nach der Schilderung Goldenbaums während einer Unterredung mit Baranov am 26. 4. 1950, AVP RF, fond 0457a, opis' 9, papka 52, delo 18, listy 159f.

[71] Siehe Die Hauptarten der Bodennutzung, vergleichende Statistik, erstellt vom Statistischen Zentralamt, 26. 4. 1951, BArch, DE 1, 20146, Bl. 48. Auch in den Folgejahren wurde die bearbeitete Nutzfläche in Westdeutschland kaum vergrößert.

[72] Siehe Bericht der Planökonomischen Abteilung der SKK über den Stand der Vorbereitung zur Frühjahrsbestellung 1950 in der Deutschen Demokratischen Republik, 4. 3. 1950, AVP RF, fond 0457a, opis' 9, papka 52, delo 18, listy 125–145.

[73] Siehe Besprechung am 7. 3. 1950, in: Badstübner/Loth, Pieck-Aufzeichnungen, S. 335–337, hier S. 336.

[74] Siehe Merl, Agrarmarkt, S. 34f.

reitung des III. Parteitages der SED, der im Juli 1950 die vorfristige Erfüllung des Zweijahrplanes in anderthalb Jahren bekanntgab, gewann die Sache noch einmal an Gewicht.

Doch abgesehen vom illusorischen Gehalt der Order traf der Versuch, die „gesunden" privaten Betriebe unter staatlicher Kontrolle zur Landgewinnung zu animieren, auf einen konzeptionellen Widerspruch. Das Problem der Ackerflächenerweiterung war von einer technisch unterversorgten Agrarwirtschaft, die die privatkapitalistischen Elemente zwar nutzen, *nicht aber stärken wollte*, kaum zu bewältigen. Eine Alternative bestand darin, freie Flächen ohne Besitzveränderungen in die nichtprivate Bewirtschaftung einzugliedern, worauf im folgenden eingegangen wird. Theoretisch denkbar wäre auch eine Art „staatliche Beteiligung" in der privaten Landwirtschaft gewesen, so wie sie Mitte der fünfziger Jahre in der Industrie geschaffen wurde. Nur hatte die gängige Sozialismus-Theorie hierfür kein Vorbild parat.

Nach Abschluß der Bestellarbeiten im Frühjahr 1950 resümierte Minister Goldenbaum vor der SKK, daß die Fläche von 5 088 000 ha wohl nicht erreicht wird. Der Plan von 5 010 000 ha werde aber in etwa eingehalten.[75] Auch das stimmte dann noch nicht mit der Realität überein. Faktisch waren, so die Bodennutzungserhebung 1950, etwa 5 004 000 ha Acker bearbeitet.[76]

Zur Herbstbestellung 1950 wurde die Frage nicht aktualisiert. Die Ziffer 5 088 000 ha erschien in keiner der Gesprächsrunden bei der SKK mehr. Erwähnung fand die Angelegenheit noch einmal in Walter Ulbrichts Referat auf dem III. SED-Parteitag im Juli 1950: „In der Landwirtschaft wurde die Anbaufläche entsprechend dem Plan erweitert, so daß wir bis Ende des Jahres [1950] auf 102,6 Prozent der Anbaufläche im Verhältnis zu 1938 kommen."[77] Damit kennzeichnete Ulbricht den Sachverhalt sprachlich korrekt als eine Planvorstellung. Doch das Ziel blieb illusorisch. In der Entschließung zum Fünfjahrplan wurde zwar noch einmal eine große Vision zu Papier gebracht. Bis 1955 sollte für eine Gesamtanbaufläche von 5 120 000 ha rund 83 000 ha Land urbar gemacht werden.[78] Im Fünfjahrplan-Gesetz, das Ende 1951 verabschiedet wurde, war von 5 126 000 ha Anbaufläche im Jahre 1955 die Rede.[79] – Doch danach erklang das Stichwort „Vorkriegsanbaufläche" nicht wieder.

SED-Führung und SKK drängten natürlich weiterhin auf größtmögliche Bodennutzung. Die jährlichen Planvorgaben blieben hoch. Der Plan der Anbaufläche zur Ernte 1951, im Juli 1950 von der Provisorischen Regierung der DDR verabschiedet, sah eine Gesamtanbaufläche von rund 5 100 000 ha (einschließlich Saatguterzeugungsfläche) vor,[80] nach Meldung der SPK fehlten davon in der Realität

[75] Siehe Unterredung zwischen Goldenbaum, Merker, dem Leiter der SKK-Wirtschaftsabteilung Chomjakov und seinem Mitarbeiter Baranov am 9.6.1950, AVP RF, fond 0457a, opis' 9, papka 52, delo 18, listy 200f.
[76] Siehe Analyse der Entwicklung der Ackerflächen in der DDR.
[77] Ulbricht, Fünfjahrplan und Perspektiven (1), S. 347.
[78] Siehe Fünfjahrplan zur Entwicklung der Volkswirtschaft (2), S. 288, 290; Unterlagen der SPK, Schreiben vom 26.7.1951, BArch, DE 1, 11498, Bl. 10.
[79] Siehe Gesetz über den Fünfjahrplan, S. 981.
[80] Siehe Anlage Nr. 4 zum Protokoll der 33. Sitzung der Provisorischen Regierung der DDR, 13.7.1950, BArch, DC 20, I/3-23, Bl. 15f., hier Bl. 15; Endgültiger Planentwurf, 10.6.1950, BArch, DE 1, 11498, Bl. 10.

rund 70000 ha[81]. Im Sommer 1951 plante man für 1952 5108000 ha Anbaufläche ein.[82] Bei der Frühjahrsbestellung fehlten dann über 62000 ha Fläche gegenüber der Planvorgabe.[83] Die reale Fläche lag allerdings über der, die per Bodennutzungserhebung vom 10. Juni 1951 als verfügbar galt.

Dieser Hartnäckigkeit war es zu verdanken, daß von 1947 bis 1952 beachtliche 176000 ha Ackerland durch Grünlandumbruch, Ödlandkultivierung und Waldrodung gewonnen wurden.[84] Dann stieß die extensive Erweiterung des Ackerbaus und der Weidewirtschaft an ihre natürlichen Grenzen. Der in den frühen fünfziger Jahren einsetzende Urbanisierungsschub gebot der Ausdehnung der landwirtschaftlichen Bodennutzung Einhalt. Außerdem verlagerte man aus ernährungswirtschaftlichen Gründen das Schwergewicht allmählich auf die Tierhaltung. Eine Ackerfläche so groß wie 1938 wurde auf dem Territorium der DDR nie erreicht. Im Gegenteil: die Ackerfläche ging – dem Trend der mitteleuropäischen Entwicklung entsprechend – zurück: 1955 war sie etwa 4970000 ha, 1960 etwa 4820000 ha groß.[85] Die sozialen Folgen der Flächenerweiterung waren zunächst unbedeutend. Erst im Zusammenhang mit einer konzeptionell anderen Agrarpolitik führte das Streben nach vollständiger Flächennutzung auch zu Enteignungen. Das setzte 1952 ein, als im Gefolge ökonomischen und außerökonomischen Drucks Mittel- und Großbauern massenhaft ihre Wirtschaften aufgaben.

[81] Siehe Analyse zum Plan der Anbaufläche 1951, SPK, Abt. Planung der Landwirtschaft, Pflanzliche Erzeugung, 15.2.1952, BArch, DE 1, 20146, Bl. 147–151.

[82] Siehe Unterlagen der SPK, Schreiben vom 5.9.1951, BArch, DE 1, 11498, Bl. 11; Anbauplan zur Ernte 1952, Ministerium für LFW, Abt. Planung und Statistik, 12.4.1951, BArch, DE 1, 20146, Bl. 44–46; siehe auch Gesetz über den Volkswirtschaftsplan 1952, das zweite Jahr des Fünfjahrplans zur Entwicklung der Volkswirtschaft in der DDR, 7.2.1952, in: GBl. 1952, S. 111–126, hier S. 117.

[83] Siehe Analyse zum Verlauf der Frühjahrsbestellung 1952, o. D., vermutlich SPK, BArch, DK 1, 2281, Bl. 12–16.

[84] Siehe Analyse der Entwicklung der Ackerflächen in der DDR, Ministerium für LFW, 20.10.1952,BArch, DE 1, 20146, Bl. 179.

[85] Siehe Statistisches Jahrbuch der DDR 1960/61, S. 447.

2. Devastierte Betriebe. Bodeneigentum und Bodennutzung

2.1. Verlassene Neubauernstellen 1949/50

Trotz hoher Arbeitslosigkeit und schlechter Lebensmittelversorgung in den Städten waren seit Kriegsende kontinuierlich Arbeitskräfte vom Lande „abgeflossen". Diese Landflucht überraschte die SKK-Agrarspezialisten nicht. Für sie stand vielmehr fest, daß berufsfremde, nur notdürftig in die Landwirtschaft eingestiegene „Selbstversorger" bei günstigeren Arbeitsbedingungen wieder in die urbanen Regionen ziehen würden. Noch 43 Prozent der Neubauern waren Anfang 1950 sogenannte Umsiedler. Sie hatten großenteils keine Erfahrungen als Landwirte. Aus diesem Kontingent würde sich, so die sowjetische Vorstellung, auch künftig die Migration in die Stadt zu allererst speisen. Bis 1949 sah man also in der Aufgabe von Höfen an sich noch kein großes Problem. Daß die Landflucht in Umfang, Tempo und regionalem Zuschnitt konfliktträchtige Formen annehmen könnte, wurde nicht erwartet.

Schon im ersten Jahr nach der Bodenreform hatten resignierende Bodenempfänger Land zurückgegeben. Die Neubauern-Landflucht ging dann etwas zurück, nahm 1950 aber unerwartet wieder zu. Der Anstieg übertraf den von 1946/47. Der Kreis Güstrow (Mecklenburg) meldete für den Monat Dezember 1949 allein 160 neue Fälle.[86] Im Kreis Prenzlau (Land Brandenburg) wurden 1950 340 Neubauernstellen aufgegeben; Mitte des Jahres waren dort insgesamt 449 Stellen unbesetzt.[87] Hauptursache waren die außerordentlich schwierigen Lebens- und Arbeitsbedingungen in unbekanntem Sozialmilieu und/oder neuem Ansiedlungsraum. Insbesondere die Wohnverhältnisse waren katastrophal.

Rückgabe von Neubauernstellen in der SBZ/DDR bis Juni 1950[88]

Zeitraum	Anzahl der zurückgegebenen Stellen
1946 – 15.7.1949	31 290
16.7.1949 – 15.1.1950	4896
16.1.1950 – 30.6.1950	8594

Bereits im Sommer 1949 forderte die SMAD-Verwaltung für Land- und Forstwirtschaft die deutschen Stellen auf, „alle Fälle von Verlassen des Landes durch die Bauern" sorgfältig zu prüfen und die Ursachen zu beseitigen. Die Länderregierungen sollten Meldungen über den jährlichen Umfang von Landflucht seit 1946 erstellen.[89] Im Zusammenhang mit der Vorbereitung des erwähnten Gesetzes zum

[86] Siehe Abschrift eines Schreibens von Staatssekretär für Erfassung und Aufkauf Streit an Staatssekretär für LFW Merker vom 25.1.1950, BArch, DK 1, 9058, Bl. 17.

[87] Siehe Nehrig, Uckermärker Bauern, S. 74 (Tabellenanhang).

[88] Siehe Arbeitsmaterial von Staatssekretär im Innenministerium Warnke, 13.4.1950 intern weitergegeben, BArch, DC 1, 1544, unpag.; Ministerium für LFW 1.9.1950 an die ZKSK, BArch, DC 1, 1277, unpag.

[89] Siehe Schreiben der Verwaltung für Land- und Forstwirtschaft der SMAD an den Leiter der HV für LFW der DWK Hoernle, 16.7.1949, BArch, DK 1, 8883, Bl. 89.

Anschluß an die agrarischen Vorkriegsleistungen stellte sich das Problem den Agrarexperten dann zu Jahresbeginn 1950 mit besonderer Dringlichkeit. Der Staatssekretär im Landwirtschaftsministerium der DDR Paul Merker veranlaßte eine Prüfung. Die Kontrolleure sollten Neubauern werben und zugleich dafür sorgen, daß unverschuldet in Not Geratene Land hinzubekämen und Hilfe erhielten. Die Bodenkommissionen, die „oft nicht ihrer Aufgabe entsprechend arbeiten", riet Merker den Landwirtschaftsministerien der Länder zu unterstellen.[90] Der SKK-Agrarspezialist Baranov empfahl, die statistische Erfassung und erneute Nutzung herrenlosen Landes zu verbessern. Wo möglich, sollten VEG zur Bewirtschaftung verpflichtet und in die Lage gesetzt werden. „Im übrigen muß die Privatinitiative helfen", einigte man sich in einer Besprechung mit der deutschen Planungsbehörde. Gesetze, die die Bestellung ungenutzten Bodens erschwerten (etwa hinderliche Regelungen zur Verfügung über die Ernte), sollten überarbeitet werden.[91]

Seit April 1950 arbeitete das Sekretariat des Politbüros der SED an Durchführungsbestimmungen zum Gesetz über die „Friedenshektarerträge".[92] Vorgesehen war, bis zum 15. Mai alle noch nicht oder schlecht genutzten Flächen gemäß Verordnung vom 22. Juni 1949 (siehe vorn S. 164) von den Bürgermeistern in Zusammenarbeit mit der VdgB, der MAS und der IG Land und Forst erfassen zu lassen. Die Räte der Kreise sollten umgehend herrenloses Land für 4 Jahre zur pachtzinsfreien Nutzung ausschreiben; bis 1951 abgabefrei, dann abgabepflichtig – jedoch ohne daß die übernehmende Wirtschaft dadurch in eine größere Normgruppe eingeordnet würde. Auch gemeinschaftliche Nutzung sei möglich. Günstige MAS-Tarife wurden erwogen. Die Zwangsbestimmungen der Verordnung vom 22. Juni 1949 sollten in Kraft bleiben.[93] – Doch diese Ideen reiften nicht bis zur Beschlußfassung. Einzig die Aktualisierung des Gesetzes über die Nachveranlagung von verheimlichten landwirtschaftlichen Flächen (siehe vorn S. 165) gelang und wirkte in begrenztem Maße in die gewollte Richtung. Die Verordnung vom 20. April 1950 bekräftigte zwar die drückende Strafregelung der Doppelveranlagung für verheimlichte Flächen und setzte obendrein für die zum Ablieferungsjahr 1949 auferlegten Strafabgaben sehr kurze Fristen. Doch nahm das Gesetz speziell Neubauern von der Strafe aus, wenn sie den Boden erst nach der Bodenbenutzungserhebung vom Juni 1949 urbar gemacht hatten. Der Gesetzgeber führte monatliche Berichte zur Nachveranlagung ein.[94]

Insgesamt gesehen brachten SED-Führung und SKK bis Mitte 1950 nicht die nötige Sensibilität für die Landflucht auf. Andere agrarpolitische Probleme absor-

[90] Siehe Mitteilung über eine Hauptabteilungsleitersitzung am 6. 2. 1950, BArch, DK 1, 2931, Bl. 2; Als Ergebnis kann gelten: Rückgabe von Neubauernstellen in der Zeit vom 16. 7. 1949 bis 15. 1. 1950, tabellarischer Überblick des Ministeriums für LFW, HA III, 6. 2. 1950, BArch, DK 1, 2929, Bl. 93.

[91] Siehe Aktenvermerk für Heinrich Rau über ein Gespräch mit Baranov am 13. 3. 1950, gez. Ritter, Zentrales Planungsamt, 14. 3. 1950, BArch, DE 1, 11464, Bl. 3–5.

[92] Solche Durchführungsbestimmungen sind nicht erlassen worden.

[93] Siehe Protokoll der Sekretariatssitzung am 28. 4. 1950, SAPMO BArch, DY 30, J IV 2/3-104, Bl. 4, 11.

[94] Siehe Verordnung über die Festsetzung der Pflichtablieferung landwirtschaftlicher Erzeugnisse für die im Jahre 1949 nicht erfaßten veranlagerungspflichtigen landwirtschaftlichen Nutzflächen, 20. 4. 1950, in: GBl. 1950, S. 357f.

bierten ihre Kraft. Im Zusammenhang mit der Frühjahrskampagne konnte die Zahl der unbesetzten Neubauernstellen von Ende Februar bis Ende Juni zwar von 6074 auf 4884 verringert werden. Doch bereits zum Jahreswechsel war mit 7296 unbesetzten Stellen ein neuer Höhepunkt erreicht.

In Sommer 1950 führte die DDR-Regierung eine halbjährliche Berichterstattung über freie Neubauernstellen und sämtliche nichtbewirtschaftete landwirtschaftliche Nutzflächen ein. Die ZKSK sorgte für zusätzlichen Druck. Nun spielten die ungenutzten Flächen und verlassenen Höfe auch in den Konsultationen mit der SKK eine größere Rolle. Die Mecklenburger Vertretung der SKK machte im August 1950 ihre Vorgesetzten in Berlin-Karlshorst auf die Verharmlosung des Problems durch die SED und die örtlichen Verwaltungen im Lande aufmerksam. Ein Bericht erwähnte die Kreise Güstrow und Ludwigslust (die Zahlenangaben zu Güstrow decken sich nicht ganz mit den oben erwähnten; es hieß, 1949 seien dort insgesamt 129 Betriebe und im ersten Halbjahr 1950 86 Betriebe der Größengruppe bis zu 20 ha Land aufgegeben worden). „Gewöhnlich erklären die leitenden Mitarbeiter von SED und örtlicher Verwaltung diese Prozesse mit Krankheit, fehlenden landwirtschaftlichen Kenntnissen, Abwesenheit der Männer in den Wirtschaften und ähnlichem“, schrieben die SKK-Berichterstatter. „Solche Gründe anführend, machen sich die leitenden Mitarbeiter keine Gedanken um die tiefen Ursachen des Ruins eines Teils der Landarmut.“[95]

Die SKK Mecklenburg stellte ihre Beobachtung in den Kontext einer antigroßbäuerlich ausgerichteten Bewertung der Lage und kritisierte, die deutschen Verantwortlichen sähen nicht, „daß sich die Kulaken die Sorglosigkeit und das zuweilen herzlose Verhalten der führenden Machtorgane gegenüber den schwachen Wirtschaften zunutze machen im Kampf um die führende Stellung im Dorf und daß sie die schwachen, noch ungefestigten Bauern[wirtschaften] weiterhin ausbeuten.“[96] Doch diese Argumentation dominierte die internen Betrachtungen nicht. Sowohl in der SKK-Leitung als auch in der SED-Führung wurde die Neubauern-Landflucht vor allem unter zwei Gesichtspunkten bewertet: als Ergebnis landwirtschaftlicher Ineffizienz und – damit einhergehend – als Ausdruck politischer Verunsicherung der Neubauern.

Die Sorge wurde übrigens von den mit der SED kooperierenden Führern von CDU und LDP mitgetragen. In der Beratung des Zentralen Blocks der Parteien zur bevorstehenden Regierungserklärung gab Georg Dertinger (CDU) am 13. November 1950 zu bedenken, daß, „wenn wir auch sonst in der Regierungserklärung keine Detailfragen aufnehmen sollten, einige Worte zur Frage der Lösung des Neubauernproblems, dieser in die Tausende gehenden Rückgaben und zur Zeit nicht ordnungsgemäß durch Neubauern bewirtschafteten Stellen bei der zentralen Bedeutung des Problems doch wohl gesagt werden müssen“.[97] Georg Dertinger und Otto Nuschke (ebenfalls CDU) unterstützten die Idee Ulbrichts, die Regie-

[95] Zur Frage über die Lage im deutschen Dorf, Bericht der SKK-Landesleitung Mecklenburg an die SKK-Führung, 26. 8. 1950, gez. Černjavskij, AVP RF, fond 0457 a, opis' 9, papka 52, delo 18, listy 215-232, hier list 220f.

[96] Ebenda, list 221.

[97] Protokoll der Sitzung des Zentralen Blocks am 13. 11. 1950, SAPMO BArch, DY 30, NY 4090, 502, Bl. 376-384, hier Bl. 377.

rungserklärung zu nutzen, um den Verdacht der Kollektivierung auszuräumen. „Wir haben das ganze Neubauernprogramm auf Privateigentum gestellt. Wir haben jetzt einer gewissen Kategorie von Bauern 50 Prozent ihrer Schulden erlassen. Wenn wir kollektivieren wollten, würden wir das nicht gemacht haben," skizzierte Nuschke die aus seiner Sicht sinnfälligen Argumente.[98] Ernst Goldenbaum (DBD) unterstrich, wie wichtig es sei, „daß wir weitere Neubauernstellen schaffen werden, so daß die Frage des Eigentums in der Landwirtschaft ganz klar ist".[99]

Das war nicht bloße Rhetorik, dahinter steckten Einsichten in Handlungszwänge der unmittelbaren Zukunft. Der Staatssekretär für Erfassung und Aufkauf Streit informierte die SKK-Wirtschaftsabteilung Ende November 1950 darüber, daß mehr als 100 000 ha Ackerland (einschließlich Kirchenland) unzureichend bewirtschaftet sind; wenn dieses Land 1951 nicht voll genutzt würde, könnten Erfassung und Aufkauf landwirtschaftlicher Erzeugnisse nicht plangemäß gesteigert werden.[100] Zugleich suchte man nach Möglichkeiten, „wie diese Flächen richtig bewirtschaftet werden können, um dem Staat Kosten zu sparen", wie sich Landwirtschaftsminister Ernst Goldenbaum vor den Kollegen Ministern der Länder ausdrückte. Es sei wohl ein Fehler gewesen, die VVG damit zu beauftragen.[101]

Um die möglichst rasche Weiterbewirtschaftung der aufgegebenen Neubauernstellen ging es auch bei der Suche nach einer verbindlichen Regelung für den Umgang mit Neubauerneigentum bei Aufgabe oder Tausch der Stelle. Seit Mitte 1949 war den Agrarexperten der dringende Bedarf an einer solchen Regelung bewußt, die ja günstigstenfalls bereits beim Ortswechsel einer Bauernfamilie gebraucht wurde.[102] Es stand zu klären, wie mit übernommenem und erworbenem Inventar eines solchen Hofes zu verfahren sei, wie mit den entrichteten Zahlungen für das Bodenreformland. Zunächst bestanden die Landwirtschaftsexperten der DWK darauf, daß sämtliches zugeteiltes Vieh und Inventar, ausgenommen die vor Zuteilung besessenen Produktionsmittel und die erwirtschafteten „freien Spitzen", auf dem Hof verbleiben. Auch die notwendigen Vorräte sollten zurückbleiben. Der Kaufpreis für Grund und Boden wäre zu erstatten, allerdings nur bei ordnungsgemäßer Übergabe der Stelle. Bei Tausch der Neubauernstelle sollte Inventar und Vieh mitgenommen werden dürfen.[103] Wenig später signalisierte das Ministerium für LFW, nur in Ausnahmefällen sollten die Ansprüche des Bauern abschlägig behandelt werden, in der Regel wäre zu entschädigen. Das Finanzministerium indes wollte, umgekehrt, nur ausnahmsweise Entschädigung zahlen. Strittig war, ob das Kaufgeld gemäß Währungsreform umzuwerten sei.[104]

Der Konflikt war aus SED-Sicht nicht so ohne weiteres zu beheben. Zu einer Einigung zwischen den DDR-Ministerien für LFW, des Innern, der Justiz und der

98 Ebenda, Bl. 378.

99 Ebenda, Bl. 382f.

100 Siehe Notiz zu einem Gespräch. Matveevs mit Streit, 28. 11. 1950, AVP RF, fond 457 a, opis'9, papka 51, delo 15, listy 286–291, hier list 290.

101 Siehe Auszug aus dem Protokoll über die Besprechung mit den Ministern für Landwirtschaft der Länder am 3. 10. 1950, BArch, DK 1, 8690, Bl. 18–24, hier Bl. 24.

102 Der stellvertretende DWK-Vorsitzende Liutpold Steidle (CDU) machte im Mai 1949 darauf aufmerksam. Siehe Interne DWK-Mitteilung , 12. 5. 1949, BArch, DK 1, 2926, Bl. 25.

103 Siehe Vorschlag der HV für LFW der DWK, 20. 7. 1949, ebenda, Bl. 27f.

104 Siehe Aktenvermerk über die Arbeitsbesprechung am 16. 5. 1950, ebenda, Bl. 125.

Finanzen kam es vorerst nicht. Die DWK überließ die Entscheidung den Ländern bzw. den Landesbodenkommissionen, die eigenverantwortlich im Interesse der Bodenreform handeln sollten. Ein Jahr später war eine einheitliche Regelung sehr dringend geworden. Die Zahl der Hofaufgaben nahm zu. Im August 1950 einigten sich die genannten Ministerien auf den Grundsatz: „Das Festhalten des lebenden und toten Inventars auf der Siedlung bedeutet einen Eingriff in das Privateigentum. Dieser Eingriff muß sich in den Grenzen halten, welche das Allgemeininteresse unbedingt erfordert. Er darf also nicht weiter gehen, als es die Fortführung der Wirtschaft im Interesse der Sicherstellung der Ernährung der Bevölkerung erfordert." Dem die Stelle aufgebenden Neubauern wurde ein unmittelbares Interesse an Vieh und Vorräten sogar dann zugebilligt, wenn er als Industriearbeiter auf kleiner Fläche oder aber als Pächter weiterhin Vieh halten wollte, so daß ihm finanzielle Entschädigung weniger hilfreich war.[105] Dieser neubauernfreundliche, Neubauerneigentum schützende Grundsatz entsprach dem Bemühen um Vertrauen bei den ländlichen Kleinproduzenten. Man dramatisierte die Landaufgabe unter Neubauern nicht. „Bei der Durchführung der Bodenreform haben sich in zahlreichen Fällen Umsiedler und andere Personen Neubauernhöfe zuteilen lassen in der Absicht, diese lediglich als Versorgungsbasis für den Eigenbedarf [...] zu nutzen", hießt es in der Präambel zu einem Gesetzentwurf vom Sommer 1950. Mit der besseren Versorgung sei dies nun für viele erledigt. Alter, Tod und Krankheit, schließlich die Attraktivität der Städte für die jungen Familienmitglieder bewegten ebenfalls zur Aufgabe einer Neubauernstelle.[106] Doch die Verabschiedung eines Gesetzes über „Auseinandersetzungen bei Besitzwechsel" verschob sich erneut, da primär zu entscheiden war, von wem dieses Land künftig weiter bewirtschaftet wird.

Das Problem der Neubauern-Landflucht tangierte das der Brachen bei Altbauern. Das Sekretariat des ZK der SED forderte von den SED-Landesvorständen Pläne an, „wie die nicht bewirtschafteten Flächen bewirtschaftet werden bzw. in wessen Verantwortung sie übergehen sollen".[107] Es stimmte wenig später einem Grundsatzpapier seiner Abteilung Landwirtschaft zu.[108] Der mit der SPK und den zuständigen Ministern abgestimmte Vorschlag lief darauf hinaus, Bauern herrenloses bzw. nicht genutztes Land schuldenfrei in Pacht oder Nutzung zu geben, ohne daß eine Einstufung in eine höhere Ablieferungsgruppe erfolgt. Bei Übernahme ganzer Wirtschaften und bei Übernahme von zwei Jahre nicht bewirtschaftetem Boden sollen die Abgaben dafür zwei Jahre lang auf 75 Prozent der jeweils normalen Höhe festgelegt werden. Die Landwirtschaftsabteilung der SPK schlug zugleich einen staatlich vermittelten Viehausgleich zugunsten viehschwacher Betriebe sowie andere Hilfe vor.[109] Zu Jahresbeginn ermittelte das Ministerium für LFW

[105] Siehe Aktenvermerk über die Arbeitsbesprechung am 1. 8. 1950 zum Gesetz über die Auseinandersetzung bei Rückgabe von Bauernwirtschaften aus der Bodenreform, 1. 8. 1950, ebenda, Bl. 176f., hier Bl. 176.

[106] Siehe Entwürfe für die Präambel, (Sommer 1950), ebenda, Bl. 105, sowie ein unpaginiertes Blatt zwischen Bl. 185 und 186.

[107] Protokoll der Sekretariatssitzung am 16. 10. 1950, SAPMO BArch, DY 30, J IV 2/3-146, Bl. 1f.

[108] Siehe Protokoll der Sekretariatssitzung am 1. 11. 1950, SAPMO BArch, DY 30, J IV 2/3-150, Bl. 6

[109] Siehe Protokoll einer Besprechung beim Vorsitzenden der SPK am 8. 1. 1951, gez. Rau, BArch, DE 1, 11125, Bl. 60f., hier Bl. 61; Vermerk vom 9. 1. 1951, gez. Eckloff, ebenda, DE 1, 28118, Bl. 16–18.

mehr als 170000 ha nicht bewirtschaftete LNF, rund 118000 ha davon waren Bodenreformland. Rund 45000 Neubauernstellen waren nicht besetzt. Die Fläche der ungenutzten Acker betrug insgesamt rund 140000 ha, allein in Mecklenburg und Brandenburg lagen über 100000 ha Acker brach.[110]

Der Problemdruck leistete Enteignungstendenzen Vorschub. Zu den intern diskutierten Vorschlägen gehörte der, größere zusammenhängende Flächen der VVG anzuschließen und gegebenenfalls neue VEG zu schaffen. Paul Merker plädierte SED-intern bereits Anfang 1950 für die Gründung neuer VEG in solchen Fällen, wo es größere ungenutzte Flächen gab; die kleineren Flächen sollten Klein- und Mittelbauern zur vorläufigen Nutzung (etwa für drei Jahre) angeboten werden.[111] Doch SKK-Experte Baranov dämpfte übertriebene Hoffnungen in das Leistungsvermögen der VEG. Selbst die Vergrößerung vorhandener Güter sei nur dann ein gangbarer Weg, wenn diese sich selbst zu einer Erweiterung ihrer Kapazität in der Lage sähen.[112] Immerhin stand das Ansehen von „sozialistischen Musterbetrieben" auf dem Spiel. Es wurde vorgeschlagen, nichtbewirtschaftetes Altbauernland gemäß Wirtschaftsstrafverordnung zu enteignen. In begrenztem Umfang sollte auch die VdgB(BHG) Flächen übernehmen.[113] Doch im DDR-Landwirtschaftsministerium war man der Meinung, daß die ca. 25000–30000 ha Land, die für VVG in Frage kämen, von diesen nur vorübergehend bewirtschaftet werden sollten.[114] An der Trennung von Bodenreform- und volkseigenem Land hielt man fest. Die SKK unterstützte die Suche nach Alternativen zur Übernahme privater Flächen in Volkseigentum.

2.2. *Ein neues Problembewußtsein für devastierte Flächen*

Für den 16. Januar 1951 wurde die Angelegenheit der unbewirtschafteten Flächen zusammen mit agrarpolitischen Grundsatzentscheidungen auf die Tagesordnung einer Politbürositzung gesetzt. Hauptsächlich ging es um zwei zentrale Vorhaben, die Verabschiedung des Volkswirtschaftsplans 1951 und die Vorbereitung eines von der SKK initiierten agrarpolitischen ZK-Plenums, das schließlich vom 17. bis

110 Siehe Arbeitsgrundlage für die Gemeindekommission zur Durchführung der Verordnung über nichtbewirtschaftete Nutzflächen, Ministerium für LFW (Anfang 1951), BArch, DK 1, 8626, Bl. 31; Maßnahmen für die Bewirtschaftung herrenloser Flächen, Ministerium für LFW, HA III, 9.12.1950 (Schätzungen), BArch, DK 1, 8690, Bl. 13f.

111 Siehe ZKSK-Unterlagen, BArch, DC 1, 1277, unpag.

112 Siehe Protokoll einer Unterredung zwischen Merker und Baranov am 15.3.1950, AVP RF, fond 0457 a, opis' 9, papka 52, delo 18, listy 105–109. Fraglich ist, ob innerhalb der SKK für einheitliche Orientierung gesorgt wurde, denn in einigen Ländern favorisierten „die Freunde" noch 1949 die Lösung des Problems vermittels VEG. So wurde im August 1949 empfohlen, in der Gemeinde Lebus eine VEG-Zweigstelle einzurichten, um 600 ha unbewirtschafteter Fläche zu nutzen (siehe Schreiben der SMAD-Verwaltung für Land- und Forstwirtschaft an die HV für LFW der DWK, 9.8.1949, BArch, DK 1, 8883, Bl. 66). Siehe auch Nehrig, Uckermärker Bauern, S. 59; Werner, Bodenreform, S. 113, behauptet – ohne Quellenbeleg -, nach rechtskräftigem Strafurteil eingezogenes Neubauernland wurde bis 1949 in den Bodenfonds zurückgeführt, nach 1949 in VEG überführt und ab 1951 erneut in ursprünglicher Weise in den Fonds eingebracht. Eine Generalisierung scheint hier überzogen.

113 Siehe Vertrauliche Vorlage „Maßnahmen zur Bewirtschaftung nichtbewirtschafteter landw[irtschaftlicher] Nutzflächen", 7.12.1950, BArch, DK 1, 2930, Bl. 3, 5–7.

114 Siehe Maßnahmen für die Bewirtschaftung herrenloser Flächen, Ministerium für LFW, HA III, 9.12.1950, BArch, DK 1, 8690, Bl. 13f., hier Bl. 13; Siehe auch Nehrig, Umgang, S. 37.

19. Januar 1951 in Berlin stattfand. Für beides verabschiedete das SED-Politbüro am 16. Januar Entschließungen des ZK. In der Entschließung „Über die nächsten Aufgaben in der Landwirtschaft" mußte die Parteiführung kritisch feststellen, daß trotz jüngster Hilfsmaßnahmen für die Neu- und Kleinbauern (Gesetze zur Entschuldung der Wirtschaften und für Umsiedlerhilfe) „den Massen der Bauern [...] keine klare Perspektive der Entwicklung in den nächsten Jahren aufgezeigt" worden war.[115] Das Politbüro stimmte den Vorschlägen einer ZK-Kommission für Sofortmaßnahmen zur Wiederbewirtschaftung von 183 000 ha ungenutzten Bodens zu. Darin war die Übernahme ungenutzter Flächen durch Einzelbauern attraktiver gemacht worden als noch einige Wochen zuvor in den Vorüberlegungen. Bei Übernahme von bislang (das hieß dann konkret: bis zum 1. 1. 1951) ungenutzten Flächen sollten Ablieferungsrückstände und Leihsaatgutschulden, die auf diesem Land eingetragen waren, gestrichen werden. Fünf Jahre lang sollten Bauern, die Land hinzunahmen, in keine größere Betriebsgrößengruppe (mit mehr Pflichtabgaben) eingruppiert werden. Großzügige Minderung der Ablieferungspflicht sollte weiteren Anreiz bieten: Bei Neubesetzung einer Neubauernstelle müßten im ersten Jahr nur 30, im zweiten Jahr nur 70 Prozent der Normen für pflanzliche Produkte erbracht werden; tierische Erzeugnisse würden im ersten Jahr gar nicht, im zweiten Jahr zu 50 und im dritten Jahr zu 80 Prozent der üblichen Pflichtabgaben gefordert. Anderen Bauern und auch Pächtern wurde für eine „Aufstockung" eine etwas geringere Normsenkung in Aussicht gestellt, doch immerhin verhieß sie im ersten Jahr nach Übernahme auch nur 50 Prozent der pflanzlichen Abgaben und keine tierischen Abgaben, im zweiten Jahr 75–80 Prozent der pflanzlichen und 50 Prozent der tierischen Abgaben. Viehausgleich wurde beschlossen. Außerdem wollte das Politbüro die Verordnung über die Nachveranlagung verheimlichter Flächen vom 22. April 1950 aufheben lassen.

Die SKK-Spezialisten billigten diese Vorschläge.[116] Zugleich holten sie weitere Informationen ein. So erkundigte sich der Chef der Mecklenburger SKK-Vertretung Usov am 18. Januar 1951 bei der Landesgenossenschaftsbank gesprächsweise über die Ursachen der Aufgabe von Agrarbetrieben. Mit spezifischem Blick auf die pekuniären Verhältnisse der Bauern stellten die Bankvertreter fest, daß die Bauern über keine Finanzreserven mehr verfügten.[117] Vor allem Bauern mit 5–20 ha Land hatten nach der schlechten Ernte von 1950 erhebliche Schulden. Auf den rund 22 500 Konten von Bauern dieser Betriebsgrößengruppen im Land Mecklenburg waren 6,6 Millionen DM Schulden aufgelaufen, die aus einer Ernte nicht abzudecken waren.

[115] Siehe Entwurf der Entschließung, Anlage zum Protokoll der Politbürositzung am 16. 1. 1950, SAPMO BArch, DY 30, IV 2/2-127, Bl. 155–160, hier Bl. 156.

[116] Die Vorschläge gelangten erst unmittelbar vor der Politbürositzung über Staatssekretär Streit in die SKK. Am 15. 1. 1951 reichte sie Matveev an Semičastnov weiter. Am 17. 1 1951 legte Matveev eine schriftliche Stellungnahme vor (siehe Antwort auf die Vorschläge des Politbüros, 17. 1. 951, gez. Matveev, AVP RF, fond 458, opis'72, delo 14, listy 65–68 [auch in fond 0458, opis' 315, papka 283, delo 3, listy 1–4]). Vermutlich hatte es zum 16. 1. bereits ein mündliches Plazet gegeben.

[117] Siehe Information der Direktion der Landesgenossenschaftsbank Mecklenburg an den Präsidenten der Deutschen Bauernbank Grünberg über eine Unterredung mit Usov am 18. 1. 1951, BArch, DN 2, 1, unpag.

Die Bankvertreter beriefen sich auf Mecklenburger Regierungsvertreter, als sie erklärten, die schlechten Wohn- und Verdienstmöglichkeiten seien Schuld. Aus den Einnahmen einer Neubauernstelle könne keine Familie ernährt werden, da die Erlöse zu gering seien. Speziell Neubauern hätten so gut wie keine Geldreserven. Altbauern würden 60 Prozent ihrer Ausgaben heute für fremde Arbeitskräfte hergeben müssen; früher wären es lediglich 30 Prozent gewesen. Die Einlagenentwicklung ging folglich stark zurück.[118]

Solche Erkenntnis mag – auch als Ergebnis weiterer Überlegungen auf deutscher Seite – dazu geführt haben, daß die am 8. Februar 1951 verabschiedete Regierungsverordnung über nichtbewirtschaftete landwirtschaftliche Nutzflächen nicht nur die oben genannten Anreize für die Übernahme von Wirtschaften gesetzlich fixierte, sondern ein zusätzliches Darlehen von maximal 1000 DM und eine 30prozentige Ermäßigung der MAS-Tarife versprach.[119] Die Verordnung legte zugleich die Verantwortlichkeit fest: In Anlehnung an die Bodenkommissionen aus der Zeit der Bodenreform wurden Gemeinde- , Kreis- und Länderkommissionen eingesetzt.

Mit dieser Verordnung bekannten sich SED-Führung und SKK in bezug auf das Boden- und Eigentumsrecht zu den Grundsätzen der Bodenreformbestimmungen von 1945/46. Sie nahmen aber eine beachtenswerte Modifizierung vor. Die maximale Zuteilung aus dem Bodenfonds (Bodenreformland) in privates Eigentum wurde auf 10 ha pro Empfänger erhöht. Private Nutzung war nach wie vor faktisch bis zur 100 ha Grenze der Bodenreformbestimmungen möglich. Bemerkenswert ist dieser Befund im Kontext der von einigen SKK-Mitarbeitern heftig kritisierten Tendenz der Agrarproduktion in Richtung kapitalistischer Marktwirtschaft. Dieser Tendenz würde durch unbegrenzte Pacht angeblich Vorschub geleistet. In der Verordnung wurde klargestellt, daß die zur Nutzung übergebenen zusätzlichen (d.h. zusätzlich zur Neubauernstelle oder zum Altbesitz) Flächen nicht in das Eigentum der Nutznießer übergehen. Ein schlecht wirtschaftender Betrieb dürfe keine zusätzlichen Flächen übernehmen.[120]

Der Gesetzgeber war sich des fortbestehenden Mißtrauens der Bauern natürlich bewußt. Er suchte nach Formen der nichtprivaten Nutzung ohne Enteneignung. Volkseigene Güter, kommunale Betriebe und sogenannte „Gutskomplexe Unbewirtschaftete Flächen“ (sie waren 1950 entstanden und wurden von der VVG treuhänderisch bewirtschaftet) waren angehalten, freie Flächen in Bewirtschaftung zu übernehmen. Doch das sollte laut Gesetz nur dann geschehen, wenn im Frühjahr 1951 keine neue Privatbewirtschaftung zu organisieren war. Es hieß, Bodenreformland dürfe „nur in ganz besonders gelagerten Fällen [...] ausnahmsweise“ und nur durch Landesregierungsbeschluß zu Volkseigentum erklärt werden.[121] Auch die Rechte eines bisherigen privaten Besitzers oder Pächters sollten im Fall der Zwangsbewirtschaftung durch volkseigene Betriebe lediglich ruhen, Übertragungen in Volkseigentum die Ausnahme bleiben (etwa bei nicht nachweisbaren Be-

[118] Siehe ebenda.

[119] Siehe Verordnung über nicht bewirtschaftete landwirtschaftliche Nutzflächen, 8.2.1951, in: GBl. 1951, S.75–77.

[120] Siehe Erste DB zur Verordnung über nicht bewirtschaftete landwirtschaftliche Flächen, 26.2.1951, in: GBl. 1951, S.163–165.

[121] Siehe ebenda, S.164.

sitzverhältnissen). Jede geplante Zusammenfassung zu neuen VEG sollte im Ministerium für LFW auf Zweckmäßigkeit geprüft werden.[122] Damit wurde dem Ausbau von VEG auf herrenlosen Flächen vorgebeugt.

Nach der Frühjahrsbestellung im Juni 1951 verabschiedete die Volkskammer ein Gesetz, das die Rückgabe von Bodenreformwirtschaften regelte und zugleich erschwerte. Es handelte sich um das seit 1950 behördenintern debattierte Gesetz über die Auseinandersetzungen bei Besitzwechsel. Mit der Begründung, eine Rückgabe aus persönlichen Gründen verstoße „gegen die Lebensinteressen unseres Volkes" und sei „unserem Volk gegenüber nicht zu verantworten", und die Regierung treffe „laufend Maßnahmen, unseren Bauern bei der Überwindung wirtschaftlicher Schwierigkeiten zu helfen", wurde die Aufgabe von Neubauernstellen – außer im Falle von Krankheit, Tod oder Alter –, nur unter strengen Voraussetzungen erlaubt. Es galt eine Kündigungsfrist von 3 Monaten. Unentgeltlich übernommenes Inventar und Technik waren entschädigungslos zurückzugeben, Schulden (außer solche aus Bodenreformbaukrediten) wurden angerechnet, eigene Investitionen nach dem Zeitwert verrechnet, wobei abnorme Verbesserungen von Bauten unberücksichtigt zu bleiben hatten. Kreisbodenkommission und VdgB (BHG) hatten über Entschädigung zu befinden; in der Regel waren die Schulden höher. Sämtliche Ansprüche verlor ein Bauer bei Entzug der Neubauernstelle (nach Beschluß allein der Landesbodenkommission) wegen unsachgemäßer Bewirtschaftung oder regelwidriger Aufgabe der Stelle; beides bildete einen Wirtschaftsstraftatbestand.[123] Damit wurde das von Anbeginn begrenzt verfügbare Eigentum aus dem Bodenfonds strenger zwangswirtschaftlicher Regelung unterstellt, zumindest vorübergehend. Zugleich unternahm der Gesetzgeber keinen weiteren Schritt in Richtung Deprivatisierung. Auch im Falle einer Veräußerung von Altbesitz sollte das eventuell mitbewirtschaftete Bodenreformland vorzugsweise an den Käufer des Altbesitzes weitervermittelt werden. Die Entscheidung lag bodenrechtlich ebenfalls noch immer in der Kontinuität der Bodenreform. Eine Stellungnahme der SKK ist nicht bekannt.

[122] Den organisatorisch-rechtlichen Rahmen für die Bewirtschaftung durch kommunale Betriebe schuf die Verordnung über die Organisation der volkseigenen örtlichen Industrie und der kommunalen Einrichtungen vom 22.2.1951 (in: GBl. 1951, S. 143f.; DB, 4.5.1951, in: GBl. 1951, S. 405–408). Anstelle früherer KWU sollte Kommunalwirtschaft, insbesondere die Bewirtschaftung von Agrarbetrieben, nun in der Regel von Kreisbetrieben getragen werden. In der Praxis hatten die zunächst eine geringe Bedeutung. Die Flächen kamen großenteils in die Verwaltung der Gemeinden und sollten weiterverpachtet werden.

[123] Siehe Verordnung über die Auseinandersetzung bei Besitzwechsel von Bauernwirtschaften aus der Bodenreform vom 21.6.1951, in: GBl. 1951, S. 629–632. Siehe auch Bell, Enteignungen, S. 17; Werner, Bodenreform, S. 92–113. Werner zufolge widersprach die Bestimmung der entschädigungslosen Enteignung infolge eines rechtkräftigen Strafurteils insofern der DDR-Verfassung, als von dorther lediglich das Streben nach Monopolstellung, sonst aber kein anderes Vergehen eine entschädigungslose Enteignung rechtfertigen konnte. Hier ist darauf hinzuweisen, daß die DDR-Rechtspraxis wie auch die DDR-Rechtslehre beim Wirtschaftsstrafrecht jener Zeit stets den Bezug zum Kontrollratsgesetz Nr. 45 hergestellt haben, der gemeinschaftsschädigendes Wirtschaften bzw. die Vernachlässigung der Nutzungspflicht unter Strafe stellte. Das wird noch heute unterschiedlich bewertet. Werner meint, die Neubauern wären 1949 von der Anordnung zum Kontrollratsgesetz in eine vergleichsweise privilegierte Stellung bezüglich der behördlichen Eingriffsmöglichkeiten gesetzt worden, die sie mit der Besitzwechselverordnung 1951 allerdings wieder einbüßten. Dies ist in den Gesetzen nicht klar zu erkennen. Bei der Verordnung vom 21.6.1951 handelte es sich meines Erachtens um keine „zusätzliche" Einschränkung von Verfügungsrechten.

Mit diesen Entscheidungen, die auf den Erhalt vor allem der privatwirtschaftlich genutzten Flächen in der Landwirtschaft abzielten und im „Rahmen der zulässigen Größenverhältnisse [...] zur Entwicklung und wirtschaftlichen Fundierung der Familienwirtschaften" beitragen sollten[124], gelang es, dem Trend entgegenzuwirken. Die Zahl der zurückgegebenen Neubauernstellen blieb aber über den Werten der späten vierziger Jahre.

Rückgabe von Neubauernstellen in der SBZ/DDR bis 1952.[125]

Jahr	1946/47	1948	1949	1950	1951	1952
Anzahl der zurückgegebenen Neubauernstellen	14552	10531	11103	16609	14250	13587

Die Bereitschaft der *Altbauern*, Land in Bewirtschaftung zu übernehmen, blieb gering. Im Gegenteil, die Neuregelung der Pflichtabgaben für das Jahr 1951 hielt insbesondere die mittelgroßen Bauernwirtschaften davon ab, auf das Angebot einzugehen. Daß aber gerade bei den gefestigten Höfen mit Familientradition Unterstützung bei der Sicherung und Erweiterung der Nutzflächen gesucht werden mußte, wurde immer deutlicher. Immerhin machte Altbesitz zu Jahresbeginn 1951 30 Prozent der nicht bewirtschafteten Flächen (absolut gesehen über 54000 ha) aus, in Sachsen-Anhalt waren es fast 40, in Thüringen über 80 Prozent. Das war zum Teil hochwertiges bzw. kurzfristig zu verbesserndes Kulturland.

Im Sommer 1951 ließ die Regierung der DDR erstmals speziell die devastierten Altbauernbetriebe, das heißt wirtschaftlich gefährdete Betriebe, die oftmals vollständig oder zum Teil aufgegeben waren, erfassen.[126] Der Begriff umfaßte Betriebe, „die über ihre Beleihungsgrenze hinaus finanziell belastet sind, mit ihren Viehbeständen unter die Grenze von 0,3 Großvieheinheiten pro Hektar [fielen], ihre Wirtschaftsgebäude in einem außerordentlich schlechten Zustand haben und in den vergangenen Jahren das Ablieferunsgssoll nur bis zu 50 Prozent erreichten".[127] Schon im Jahr zuvor waren – natürlich auch mit Blick auf die Wahlen im Oktober 1950 – einigen Altbauern finanzielle Erleichterungen geboten worden. Per Gesetz wurden – parallel zur Entschuldung von Neubauernhöfen – ländliche Siedler- und Anliegerstellen, die vor Mai 1945 erworben worden waren, zu 50 Prozent von ihren Schulden aus den alten Siedlungsverträgen befreit, die Restschuld sollte wie die der Neubauern verzinst und getilgt werden.[128] Das betraf immerhin

124 Schreiben des Staatssekretärs des Ministerium für LFW an den Minister für Landwirtschaft des Landes Mecklenburg Quandt, 13.7.1951, BArch, DK 1, 8691, Bl. 45f., hier Bl. 46.

125 Stellungnahme des Ministeriums für LFW, HA Agrarökonomie, 8.7.1953, BArch, DK 1, 885, Bl. 85.

126 Siehe Nehrig, Zur sozialen Entwicklung, S. 71; dieselbe, Uckermärker Bauern, S. 65. Hier behauptet Nehrig: „An eine Sanierung unter Beibehaltung des bisherigen Eigentümers oder Wirtschafters wurde am wenigsten gedacht." Statt dessen sei ein Aufkauf ausgewählter Betriebe geplant gewesen, der allerdings am Fehlen von Geld scheiterte. Quellen, die den Zweck des umfassenden staatlichen Aufkaufs belegen, sind mir nicht bekannt.

127 Interner Entwurf „Vorschläge zur Hebung der landwirtschaftlichen Produktion", Ministerium für LFW, 17.1.1952, BArch, DK 1, 9097, Bl. 9–14, hier Bl. 13.

128 Siehe Gesetz über die Entschuldung und Kredithilfe für Klein- und Mittelbauern, 8.9.1950, in: GBl. 1950, S. 969–971.

rund 42000 ländliche Siedler auf insgesamt 548000 ha Fläche, also im Durchschnitt 13 ha Siedlungsfläche pro Familie. Ihnen sollten zusammengenommen schätzungsweise 160 Millionen DM Schulden erlassen werden.[129] Mit der Währungsreform 1948 waren diese Altsiedler benachteiligt worden. Anders als für die Neubauern waren ihre Schulden nicht im Verhältnis 5:1 verrechnet worden. Die „Neubauern aus der Zeit von vor 1945" , wie sie gelegentlich genannt wurden, sollten jetzt einen Ausgleich erhalten und auch durchweg als Eigentümer in das Grundbuch eingetragen werden.[130] Die Aktion fand Zuspruch, doch rüstete sie die Wirtschaften noch nicht hinreichend aus. Dafür waren die zeitgleich erlassenen neuen Kredithilfen gedacht. Stimulierend sollten auch neue Erfassungs- und Aufkaufpreise wirken. Doch die gewünschten Effekte stellten sich nicht ein.

Im Sommer 1951 erörterten Vertreter des Ministeriums für LFW das Problem der freien Flächen in der SKK. „Mit den Freunden wurden Fragen über die Realisierung der Verordnung vom 8.2.1951 [...] behandelt."[131] Die SKK interessierte der Stand der Neuvergabe und ob die planerischen Folgen von den deutschen Behörden bewältigt worden sind. Immerhin mußten 18000 ha Fläche im Plan für die VVG neu berücksichtigt werden. Ob die internen Meinungsverschiedenheiten der SKK den Deutschen mitgeteilt wurden, muß offen bleiben.

Aktenkundig wurde der Vorschlag der SKK-Landesvertretung Brandenburg, den DDR-Behörden eine juristische Regelung für die Übernahme großer herrenloser Flächen durch VEG zu empfehlen.[132] Solche Empfehlungen wurden aber in Berlin nicht weitergereicht.

Im Juli gab das Ministerium für LFW einen im großen und ganzen positiven Bericht ab. Ihm zufolge waren lediglich etwa 3000 ha Fläche unbewirtschaftet, meist Streu- und minderwertige Kleinstflächen.[133] Dieses Ergebnis war jedoch vor allem infolge von Verpflichtungen der Gemeinden erreicht worden, die Felder in sogenannter „Gemeinschaftsbewirtschaftung" zu bestellen. Ohnehin boten sich nicht überall sogenannte Gutskomplexe und volkseigene Güter als vorübergehende „Träger" an. Statt die dörfliche Notbewirtschaftung zu minimieren, sorgten die Neuregelungen also für deren Ausweitung. Der Anteil der von Dorfgemeinden übernommenen Flächen stieg von 22,7 Prozent im Januar auf 24,2 Prozent Ende

129 Siehe Vermerk, Ministerium der Finanzen, 22.6.1950, BArch, DC 1, 1544, unpag.

130 Die ZKSK warf im Frühjahr 1951 dem bereits im September 1950 verhafteten, zuständigen Hauptabteilungsleiter im Ministerium für LFW Wilhelm Dölling (ehem. SPD) vor, die Entschuldung der Altsiedler bewußt verzögert und Mißstimmung unter den Bauern provoziert zu haben. Dölling stellte jedoch klar, daß eine angemessene Behandlung der Altsiedlerfrage überhaupt erst nach SMAD-Befehl Nr. 185 vom 29.11.1948, der die NS-Siedlungsgesetze außer Kraft setzte, möglich war. Seiner Schilderung nach war in der SED-Führung auch im Herbst 1950 noch nicht ganz klar, wie das Problem eigentumsrechtlich zu klären sei. Im „Amt zum Schutz des Volkseigentums" hätte man abgeraten, „jetzt etwas durchzuführen, was 1945 vergessen" worden war, nämlich zu klären, ob das Kapitalvermögen der Siedlungsgesellschaften durch die Bodenreform enteignet sei oder nicht. Diese Unklarheit hätte insbesondere im Finanzministerium noch bei der Verabschiedung des Gesetzes vom 8.9.1950 bestanden. Siehe ZKSK-Unterlagen zum Fall Dölling, ebenda.

131 Aktennotiz vom 4.7.1951, Ministerium für LFW, HA III (Allgemeine Agrarfragen und Bodenordnung), BArch, DK 1, 8690, Bl. 38.

132 Bericht über die VEG im Land Brandenburg, 8.2.1951, gez. Malkin, AVP RF, fond 0458, opis' 315s, papka 282, delo 1, listy 1–46, hier list 2.

133 Siehe Schreiben des Staatssekretärs im Ministerium für LFW an die SKK, Abt. für Wirtschaftsfragen, Herrn Zmienko, 14.7.1951, ebenda, Bl. 40.

September 1951. Die in Eigentum, Pacht oder Nutzung durch Bauern übernommene Fläche wuchs dagegen anteilmäßig nur von 54,6 Prozent auf 56,7 Prozent. Der Leiter der Hauptabteilung III des Landwirtschaftsministeriums Reutter resümierte, es seien bislang „keine wesentlichen Änderungen eingetreten", die Maßnahmen hätten „hinsichtlich der angestrebten Übertragung von Flächen aus der Gemeinschaftsbewirtschaftung in Eigenbewirtschaftung wenig Erfolg gehabt. Eine Änderung ist hier nur erfolgversprechend, wenn nicht die Auswirkungen, sondern die Ursachen der Aufgabe von landwirtschaftlichen Nutzflächen beseitigt werden. Aus den gewonnenen Erfahrungen kann geschlossen werden, daß die Ursachen zum Teil in der Unproduktivität solcher Betriebe liegen, welche sich von den Kriegsschulden bisher nicht erholen konnten. Außerdem spielt die hohe Verschuldung einzelner Betriebe hierbei eine wesentliche Rolle". Die Garantie gegen Höhergruppierung bei den Abgaben stimuliere nicht hinreichend, vor allem dann, wenn es um schlechtes Kulturland gehe.[134]

Bei den devastierten Wirtschaften handelte es sich zum großen Teil um sogenannte „Minderleistungsbetriebe" mit besonders geringem Technik-, Vieh-, und Zugkraftbesatz. Für solche Fälle war keine ausreichende Hilfe vorgesehen. Eine entsprechende Passage im Gesetz über die Erreichung der Friedenshektarerträge hatte kaum Anwendung gefunden.[135] Ein Jahr nach der Verabschiedung der Verordnung über nichtbewirtschaftete landwirtschaftliche Nutzflächen vom 8. Februar 1951 stellte das Landwirtschaftsministerium fest, daß die Bauern trotz angebotener Vergünstigungen kaum langfristige Pacht- und Nutzungsverträge abgeschlossen hatten. „Die Hoffnungen, die auf diese Verordnung [vom 8. 2. 1951 - E. S.] gesetzt worden waren, haben sich nicht erfüllt", schrieb Reutter am 15. Dezember 1951 an die ZKSK. Zwar seien „alle Flächen in mehr oder weniger gute Bewirtschaftung gekommen", doch die Privatwirtschaft hatte sich unzureichend engagiert. Statt dessen, so Reutter, würden 43 000 ha Land nun die Gemeindeetats belasten.[136]

Die Belastungen ergaben sich vor allem aus dem Umstand, daß die geltenden Regelungen der kommunalen Bewirtschaftung höchst unklar waren. „Die Erfahrungen, die durch die Gemeinschaftsbewirtschaftung gemacht worden sind, sind durchweg keine guten", formulierte der Abteilungsleiter im Landwirtschaftsministerium Ernst Frommhold.[137] Viele Gemeinden und Kreise sahen sich außerstande zu bestimmen, welcher Teil des gemeinschaftlich genutzten Bodens und welche bewirtschafteten Betriebe nach welchen Vorschriften aus welchem Topf finanziell zu stützen und wie die Erträge abzurechnen waren. „Oftmals geht man den falschen Weg", schrieb Frommhold bereits im September 1951. „Man versucht die volkseigenen Güter zu überzeugen, daß sie die nichtgenutzten Flächen sich anglie-

[134] Siehe Stellungnahme Reutters zu den nichtbewirtschafteten Flächen, 5. 11. 1951, ebenda, Bl. 39.

[135] Zur Wirkung der Verordnung vom 8. 2. 1951, BArch, DK 1, 8689, Bl. 5.

[136] Siehe Bericht an die ZKSK über die Maßnahmen zur Beseitigung devastierter Betriebe und nicht bewirtschafteter landwirtschaftlicher Nutzflächen, 15. 12. 1951, gez. Reutter, BArch, DC 1, 1319, unpag.

[137] Entwurf einer Stellungnahme zur Frage der nichtbewirtschafteten landwirtschaftlichen Nutzfläche, Ministerium für LFW, HA III, gez. Frommhold, 14. 9. 1951, BArch, DK 1, 8689, Bl. 15–22, hier Bl. 16.

dern müssen. Man beachtet dabei nicht, daß die zwei Eigentumsformen, staatlicher und privater Besitz, zu dem man die Bodenreformländereien zählen muß, eine geschlossene Bearbeitung des gesamten Komplexes, volkseigenes Gut und nichtbewirtschaftete Flächen, nicht zulassen. [...] Die nichtbewirtschafteten Flächen können in den Plan des VEG nicht einbezogen werden."[138] Das Sekretariat des ZK entschied dennoch, daß den volkseigenen Gütern bei Nichtbesetzung einer freigewordenen Neubauernstelle diese schuldenfrei überantwortet werden kann, ohne die Besitzverhältnisse zu berühren.[139] Für einigermaßen schuldenfreie Betriebe interessierte man sich auch in der VdgB(BHG), die mancherorts eine oder mehrere Gemeinden umfaßte. Etwa 3250 solcher Genossenschaften gab es zu diesem Zeitpunkt. Doch diese Form der gemeinschaftlichen Nutzung stellte aus finanzplanerischer Sicht keine Lösung dar. Für die Gemeinde- und Kreisverwaltung wiederum war jeder schwache Einzelbetrieb eine Belastung: Sein Abgabendefizit mußte durch andere Betriebe ausgeglichen werden, damit die Auflage insgesamt erfüllt würde.

„Um die Unzulänglichkeit der Verordnung abzustellen und eine größere Garantie für das Unterbringen der nichtbewirtschafteten Nutzfläche zu schaffen", bereitete die SED-Führung eine Neuregelung vor.[140] Einen Ausweg aus der Misere sah sie nach wie vor in der langfristigen Verpachtung von freien Flächen und in der Vergabe von Neubauernstellen, wofür noch mehr Anreize geboten werden sollten. Eine entsprechende Ergänzungsverordnung zur Verordnung vom 8. Februar 1951 wurde am 20. März 1952 verabschiedet.[141] Sie sah völlige Abgabefreiheit für neu übernommene Flächen im Jahr 1952 vor. Die mögliche Kreditsumme wurde aufgestockt. Bei Übernahme einer Neubauernstelle war ein einmaliges zinsfreies Darlehen in Höhe von 3000 DM möglich. Allerdings gab das Gesetz auch vor, daß Nutzungs- und Pachtverträge mindestens auf fünf Jahre abgeschlossen werden müßten.[142] Devastierte Privatbetriebe, die zwischenzeitlich von VEG oder VVG bewirtschaftet worden waren, sollten von diesen ebenfalls in private Pacht gegeben werden können, was natürlich ein völliges Durcheinander in der Handhabung des Boden- und Nutzungsrechtes nach sich zog. Da die Verordnung vom 8. Februar 1951 nur auf das vor 1951 aufgegebene Land abzielte, hatte sie zur Erfassung kürzlich verlassener Wirtschaften nicht angeregt. Die Ergänzung erfaßte nun sämtliche bis zum 15. März 1952 aufgegebenen und nichtbewirtschafteten Flächen. Seit Januar 1951 waren rund 57 600 ha dazugekommen, womit am 31. März 1952 rund 230 000 ha nichtbewirtschafteter Fläche registriert waren.[143]

Ebenfalls am 20. März 1952 verabschiedete die Regierung der DDR eine Verordnung über devastierte Betriebe.[144] Sie reaktivierte – unter Berufung auf das Kontrollratsgesetz Nr. 45 vom 20. Februar 1947 – die Zwangsbewirtschaftung von

138 Ebenda, Bl. 18.

139 Siehe Protokoll der Sekretariatssitzung am 3. 3. 1952, SAPMO BArch, DY 30, J IV 2/3-273, Bl. 5.

140 Bericht an die ZKSK über die Maßnahmen zur Beseitigung devastierter Betriebe.

141 Siehe Ergänzung der Verordnung über nichtbewirtschaftete landwirtschaftliche Nutzflächen, 20. 3. 1952, in: GBl. 1952, S. 227f.

142 Ursprünglich war sogar eine Vertragsbindung von mindestens 6 Jahren im Gespräch.

143 Siehe Berichterstattung zur Verordnung vom 8. 2. 1951 und zur Ergänzungsverordnung vom 20. 3. 1952, Ministerium für LFW, HA III, gez. Reutter, 21. 5. 1952, BArch, DK 1, 8690, Bl. 90.

144 Siehe Verordnung über devastierte landwirtschaftliche Betriebe, 20. 3. 1952, in: GBl. 1952, S. 226f.

verlassenen oder schlecht geführten Bauernwirtschaften in Treuhandschaft. Solchen Treuhandbetrieben wurden relativ hohe Kredite eingeräumt.[145] Die Ablieferungsmenge konnte für den Betrieb vorübergehend gesenkt werden.

In ihrer Regionalstudie belegte Christel Nehrig für den Kreis Prenzlau in der Uckermark, dessen landwirtschaftliche Nutzfläche 1945 zu zwei Dritteln der Bodenreform unterlag, ein im Verlauf des Frühjahrs 1952 stark wachsendes Bestreben der Kreisverwaltung und der zuständigen Kommission, möglichst viele schwache Altbauernbetriebe treuhänderisch an VEG und Gutskomplexe zu übergeben. „Obwohl die betroffenen Bauern noch als Eigentümer ihres Hofes galten und auch dort wohnen bleiben durften, wurde hiermit die Beschlagnahme ihres Eigentums und ihre Ausweisung vorbereitet," schreibt Nehrig.[146] Damit wäre die Verordnung vom 20. März 1952 über devastierte Betriebe Vorbote der Enteignungspolitik gewesen, die ab Herbst 1952 die ostdeutschen Dörfer erfaßte. Doch diese Sicht trügt.

In der SKK-Abteilung für Wirtschaftsfragen kam man im Februar 1952 zwar zu dem Schluß, daß den deutschen Stellen die Überführung der devastierten Flächen in einen staatlichen Fonds zu empfehlen sei; keinesfalls sollten weiterhin die Gemeinden mit der Bewirtschaftung betraut werden, sondern vorzugsweise VEG oder notfalls interessierte Einzelbauern.[147] Doch mit der Verordnung vom 20. März 1952 blieb die Gesetzeslage im Vorfeld von Eigentumsveränderungen. Die sowjetische Empfehlung schlug sich nicht nieder.

Bell resümiert für die Zeit bis Frühjahr 1952: „Bei allen Eingriffen in die Verfügungsgewalt bäuerlichen Eigentums, wurden keine formalen Enteignungen vorgenommen".[148] Hinzuzufügen wäre: Auch die Eingriffe in die Nutzung waren eigentlich nicht als dauerhafte angelegt. Die zeitliche Nähe zur SED-KPdSU-Spitzenbegegnung Anfang April 1952, die das Thema der Kollektivierung für die SED völlig überraschend zum Gegenstand von Prognosen machte (dazu siehe Abschnitt III. 7.2.), sollte hier zu keinen voreiligen Schlüssen führen, denn die praktische Politik verlief noch immer auf der Linie der Vorjahre. Noch am 11. Juni

[145] Während die Verordnung vom 8.2.1951 einen mittelfristigen Kredit von 200 DM/ha (maximal 1000 DM) für neue Flächen vorsah, wurden nun dem Treuhänder 500 DM/ha, davon 300 DM/ha mittelfristig versprochen.

[146] Nehrig, Uckermärker Bauern, S. 66f.

[147] Siehe Bericht „Die Situation in der Landwirtschaft der DDR", 18.2.1952, gez. Matveev, 21.2.1952 von Chomjakov an Il'ičev, AVP RF, fond 457a, opis' 13, papka 71, delo 36, listy 13–58, hier list 55.

[148] Bell, Enteignungen, S. 18. Friederike Sattler, die den Beginn des forcierten Klassenkampfs gegen Großbauern bereits im Jahr 1948 festmacht, schreibt der Entwicklung im Frühjahr 1952 eine neue Qualität zu. Auf Bell eingehend charakterisiert sie die Verordnung vom 20.3.1952: „Auch wenn auf Basis dieser Verordnung formell keine Enteignungen vorgenommen werden konnten, zeigt ihre häufige Anwendung gegen noch anwesende Eigentümer sehr deutlich, daß es sich bei ihr nicht mehr um eine Notmaßnahme zur Verwaltung verlassener Höfe handelt. Mit ihrer Hilfe wurde vielmehr der Wechsel von der indirekten Verdrängungs- in eine offene Liquidierungsstrategie gegen größere Bauern eingeleitet". Ein Zusatz in der Fußnote zeigt, welch fatalistische Grundvorstellung von ständig zunehmender Großbauernhatz hier herrscht. Sattler schreibt: „Weiter verschärft [... durch die Verordnungen vom 17.7.1952 und 19.2.1953] löste die Verordnung über devastierte Betriebe [vom 20.3.1952 – E.S.] eine wahre bäuerliche Massenflucht aus der DDR aus." (Sattler, Wirtschaftsordnung, S. 453f.) Es fragt sich, welche Einschätzung die Vorgänge 1960/61 dann verdienten. Für das Frühjahr 1952 kann weder von einer verdeckten noch von einer offenen Liquidierungsstrategie gesprochen werden.

1952 vermerkte Reutter in Auswertung der Maßnahmen um die freien Flächen, daß „grundsätzlich die individuelle Bewirtschaftung anzustreben ist". Allerdings mußte er auch feststellen, daß die Maßnahmen nicht gefruchtet hatten. Durchschnittlich ein Viertel, in Brandenburg sogar über 45 Prozent der neu in Bewirtschaftung gegebenen Flächen kamen in Gemeindebewirtschaftung.[149] Dies stellte keine Lösung des Problems im Sinne der Order Stalins von Dezember 1948 dar.

Die Tatsache, daß Partei und Staat, wie Bell es formulierte, „der Bodennutzung den Vorrang vor Bodeneigentum" gaben[150], hatte unter den Bedingungen agrarwirtschaftlicher Schwierigkeiten einen besonderen Effekt: Der anhaltende Notfall-Pragmatismus in Sachen Boden*nutzung* desensibilisierte die Entscheidungsträger gegenüber Triebkräften, die sie nur aus dem privaten Boden*eigentum* erwarten konnten.

2.3. Kreislandwirtschaftsbetriebe (KLB)

Bei der Suche nach optimaler Bewirtschaftung spielte das Experiment mit den Kreislandwirtschaftsbetrieben (KLB) eine eigentümliche Rolle.

Angesichts der Zunahme unbewirtschafteter Flächen drängte das Ministerium für LFW 1951 zur Bildung von Betrieben auf Kreisebene. Ursprünglich als Verwaltungsstruktur für die den VVG nicht überantworteten, minderbedeutsamen *volkseigenen* Agrar- und Gartenbaubetriebe (vormals bei den KWU) gedacht, boten sich Kreisbetriebe an, „künftig auch die Bearbeitung frei werdender privater landwirtschaftlicher Nutzflächen sowie die noch in Gemeinschaftsbewirtschaftung befindlichen Flächen zu übernehmen", wenn diese nicht allzu winzig und minderwertig waren.[151] Ab Sommer 1951 empfahl das DDR-Agrarministerium den Ländern, grundsätzlich auf KLB zu orientieren. Ende 1951 waren strukturelle Fragen geklärt: Die KLB sollten als Rechtsträger das *Mischeigentum* zusammen bewirtschaften, eine eigene Verwaltung haben sowie in den Plänen künftig gesondert ausgewiesen werden. Gegebenenfalls sollten sie Flächen verpachten, durften ihre Aufgabe jedoch nicht in Flächenverwaltung sehen, sondern in optimaler Bewirtschaftung. Für den KLB mußte ein größerer volkseigener Agrarbetrieb als Kernbetrieb gefunden bzw. formiert werden.

Die Vorbereitung lief außerdem zu spät an. Der Finanzplan 1952 hatte solche KLB nicht vorgesehen, die Länder meldeten Verzug. Im Herbst 1951 ging vom Innenministerium die Anregung aus, zur „Forcierung" der Einrichtung von KLB Instrukteure zu entsenden. Der DDR-Landwirtschaftsminister delegierte diese Aufgabe an die Landesministerien. Anfang 1952 waren Status und Struktur des KLB als eines „weiteren Organs der volkseigenen Landwirtschaft" neben der zentralverwalteten VVG dann weitgehend geklärt. Der KLB hatte auch freie Privatflächen zu bearbeiten und sollte die Gemeinden davon entlasten.[152] Doch noch im März 1952 waren die „Strukturbereinigungen, welche Veränderungen zwischen

149 Siehe Berichterstattung zur Verordnung vom 8.2.1951 und zur Ergänzungsverordnung vom 20.3.1952, Ministerium für LFW, HA III, 11.6.1952, BArch, DK 1, 8690, Bl. 88.

150 Bell, Enteignungen, S. 19.

151 Siehe Schreiben des Ministers für LFW der DDR an die Minister der Länder, 18.10.1951, BArch, DK 1, 8691, Bl. 108-110, hier Bl. 109.

152 Siehe Schreiben des Ministers für LFW der DDR an den Landwirtschaftsminister Thüringens Schröder, 8.2.1952, BArch, DK 1, 8691, Bl. 104-106.

Haushaltsplanung der Gebietskörperschaften und Finanzplanung der volkseigenen örtlichen Industrie verursachen, nicht in den Feinfinanzplan 1952 eingearbeitet".[153]

In dieser Zeit reagierte die SKK erstmals besorgt auf Flucht aus den Reihen der Bauernschaft. Der Bericht kam vielleicht nicht zufällig aus dem Land Brandenburg[154], wo die geringsten Erfolge bei der Übergabe von devastierten Betrieben in neue Privathand erzielt wurden. Immer dringender stellte sich die Frage der Übernahme größerer Betriebe, die aus betriebswirtschaftlicher Sicht möglichst nicht geteilt werden sollten. Die devastierten Betriebe gehörten meist zu den Wirtschaften mit 35 bis 100 ha Land.[155] Es lag in der Entscheidung der regionalen Wirtschaftsfunktionäre, welche Art der Zwangsbewirtschaftung für diese Betriebe gefunden wurde, und welcher Bauernwirtschaft man zutraute, das Erntejahr ohne Sonderkredite so zu beenden, daß Gemeinde und Kreis nicht unter der geforderten Abgabenmenge blieben.

Zur Zeit der Frühjahrsbestellung standen die Behörden der Länder und Kreise daher vor einer komplizierten Aufgabe. Sie versuchten einerseits, Einzelbauern im Sinne der Verordnung vom 8. Februar 1951 und der Ergänzungsverodnung vom 20. März 1952 zur Übernahme freier Flächen zu motivieren, was immer aussichtsloser wurde. Sie setzten sich andererseits für Stützungen für möglichst viele der wirtschaftlich angeschlagenen Höfe ein, was allerdings Eingriffe in die Nutzungsrechte bedeutete. Schließlich waren die Länder gehalten, überall funktionierende KLB zu schaffen, welche die Privatbetriebe zwar nicht enteigneten, sie aber in einer solchen Weise zwangsbewirtschafteten, daß Kollektivierungsängste unter Bauern nicht abgebaut wurden. Noch kaum existent, begannen die KLB Anfang 1952, die problemreiche Beziehung des privaten Agrarproduzenten zum Staat eher zu be- als zu entlasten.

In der für allgemeine Agrarentwicklung zuständigen Hauptabteilung des Ministeriums für LFW der DDR sah man die Widersprüche deutlich. Zu den weitsichtigen Mahnern gehörte Abteilungsleiter Ernst Frommhold, der im September 1951 ein auf vier Erkenntnissen aufbauendes Programm entwarf. Frommhold schrieb:

„(1) An den Eigentumsverhältnissen der nichtbewirtschafteten landwirtschaftlichen Nutzflächen darf nicht gerüttelt werden. Altbesitz und Neubauernland als der Ausdruck der privaten Besitzform in der Landwirtschaft muß erhalten bleiben. (2) Eine kollektive Bewirtschaftung durch einen größeren Kreis von Bauern entspricht nicht der antifaschistisch-demokratischen Ordnung und muß darum unterbleiben. (3) Nichtgenutzte private Flächen, unter Einbeziehung des Kirchenlandes, müssen einer öffentlichen Bewirtschaftung zugeführt werden. (4) Die zu bearbeitenden Flächen sind nicht in den allgemeinen Plan einzubeziehen und kön-

[153] Schreiben an die Minister für LFW der fünf Länder, Entwurf, 7.3.1952, gez. Frommhold, HA III, ebenda, Bl. 144f., hier Bl. 144.

[154] Siehe Mitteilung des Vorsitzenden der SKK Brandenburg Malkin an Semičastnov, Semenov und Bykov, 27.2.1952, AVP RF, fond 457 a, opis' 13, papka 71, delo 36, listy 65f.

[155] Siehe Interner Entwurf „Vorschläge zur Hebung der landwirtschaftlichen Produktion", Ministerium für LFW, 17.1.1952, BArch, DK 1, 9097, Bl. 9–14, hier Bl. 13.

nen lediglich durch Kredite wirtschaftsfähig gemacht werden."[156] Frommhold plädierte für eine öffentliche, von der breiten Öffentlichkeit politisch und moralisch mitgetragene, keinesfalls aber staatliche Bewirtschaftung freier (Privat)Flächen, unter Übertragung der Nutzungsrechte auf die örtliche Verwaltung. Nur so sei die vorübergehend notwendige öffentliche Nutzung mit der weiteren Werbung für Individualnutzung zu kombinieren. „Die vorgeschlagene Art der Bewirtschaftung läßt den Wert des Bodens als Mittel zur Besserstellung des werktätigen Bauern wieder stärker hervortreten, so daß das Verlangen nach individueller Bewirtschaftung bei den Bauern angeregt wird."[157] – Indes, mit der Orientierung auf KLB, die im staatlichen Planungssystem einen festen Posten zugewiesen bekamen, wurde der Gedanke der außerordentlichen Zwangsbewirtschaftung beschädigt, denn die schnelle Rückkehr zur individuellen Verfügung war erschwert. Diese Entwicklung war in den Verordnungen vom März 1952 nicht angelegt, sie ergab sich aus der Modifizierung der Rolle der KLB.

Die SKK erkannte das Problem der ungenutzten Flächen. Sie wollte die Optimierung der Bewirtschaftung aufgegebener Betriebe ebenfalls nicht in Enteignungen münden lassen. Entsprechende Vorüberlegungen nahmen aber keine politische Qualität an. Noch der endgültige Entwurf eines Berichtes der SKK mit Empfehlungen an die SED, verfaßt am 14. April 1952, kam ohne entsprechende Hinweise aus.[158] Lösungen für das Problem sollten vorerst im Rahmen der bestehenden Besitzverhältnisse, auf der Grundlage der neuen Verordnungen angestrebt werden. Die SKK drängte lediglich noch auf Klärung des Pachtrechtes. Zugleich nahmen die sowjetischen Berater die spezifischen Widersprüche im Bereich von Bodennutzung und Bodeneigentum nicht hinreichend zur Kenntnis. Der beginnende Zielkonflikt zwischen der Förderung privatbäuerlichen Engagements und einer staatlichen Zwangsbewirtschaftung verlassener privater Flächen lag außerhalb sowjetischer Erfahrungen.

156 Entwurf einer Stellungnahme zur Frage der nichtbewirtschafteten landwirtschaftlichen Nutzfläche, Ministerium für LFW, HA III, gez. Frommhold, 14.9.1951, BArch, DK 1, 8689, Bl. 15–22, hier Bl. 19.

157 Ebenda, Bl. 21.

158 Siehe Projekt, 14.4.1952, AVP RF, fond 457 a, opis' 13, papka 71, delo 36, listy 106–112.

Nichtbewirtschaftete LNF [davon Ackerland] und ihre Vergabe in neue Nutzung bzw. neuen Besitz 1951/52 in der DDR

	festgestellte unbewirtschaftete Fläche in ha	in Eigentum gegeben als Neubauernstellen, in ha und in Prozent	als „Aufstockung" in Eigentum übergeben, in ha und in Prozent	in Pacht oder Nutzung gegeben, in ha und in Prozent	in dörfliche Gemeinschaftsleistung übernommen, in ha und in Prozent	von KWU bzw. KLB übernommen, in ha und in Prozent	von VVG übernommen, in ha und in Prozent
A 1	118 196 [97 271]	16 977 = 14,4% [14 475]	12 412 = 10,5% [10 864]	36 911 = 31,2% [31 014]	31 111 = 26,3% [24 156]	568 = 0,5% [517]	13 405 = 11,3% [11755]
A 2	158 956 [131 215]	23 383 = 14,7%	8 %	42,8 %	21,5 %		
B 1	54 322 [44 220]	49 = 0,1% [47]	55 = 0,1% [32]	27 436 = 50,5% [23 033]	15 190 = 28% [11 711]	1472 = 2,7% [1344]	5195=9,6% [4584]
B 2	67 690 [54 075]	19 = 0,01%		55,3%	24,6%		
insgesamt A1+B1	172 518 [141 491]	17 026 = 9,8% [14 522]	12 467 = 7,2% [10 896]	64 347 = 37,3%	46 301 = 26,8% [35 867]	2040 = 1,2% [1861]	18 600 = 10,8% [16 339]
A2+B2	226 646 [185 290]	23 402 = 10,3%	5,7 %	46,5%	22,1%	1,1%	8,6%

A 1 = **Bodenreformland** einschließlich unbesetzte Neubauernstellen gemäß § 5,1 der VO vom 8.2.1951; zum 1.1.1951 festgestellt, **Stand vom 29.2.1952.**
A 2 = **Bodenreformland** einschließlich unbesetzte Neubauernstellen gemäß § 5,1 der VO vom 8.2.1951 und Ergänzungsverordnung vom 20.3.1952; zum 15.3.1952 festgestellt, **Stand vom 30.6.1952.**
B 1 = **alle übrigen Flächen** gemäß § 5,2 der VO vom 8.2.1951; zum 1.1.1951 festgestellt, Stand vom **29.2.1952.**
B 2 = **alle übrigen Flächen** gemäß § 5,2 der VO vom 8.2.1951 und Ergänzungsverordnung vom 20.3.1952; zum 15.3.1952 festgestellt, **Stand vom 30.6.1952.**
Quelle: BArch, DK 1, 883, Bl. 1 und 4. Die Daten wurden zusammengestellt von E. S.

3. Planung, Veranlagung, Erfassung und Aufkauf. Das doppelte Preissystem

3.1. Allgemeine Aspekte der Planung und Pflichtveranlagung ab 1949

Planung, Teilerfassung und doppeltes Preissystem waren wichtige Instrumente der SED-Agrarpolitik und blieben es bis zur Vollkollektivierung. Der Abschnitt von 1949 bis 1953 wird in der Historiographie als Phase des kontinuierlichen Drucks vor allem auf Mittel- und Großbauern gekennzeichnet, der für die Landwirtschaft schlimme Folgen hatte. Eine Rekonstruktion der Details soll zeigen, welche Überlegungen hinter dieser Politik standen.

Ein auf dem Prinzip der Teilablieferung aufbauender staatlicher Zugriff auf Agrarprodukte verlangt, trotz und wegen der großen Bedeutung natürlicher Produktionsfaktoren eine gewisse Planung von Anbau und Viehbestandsentwicklung. Dabei gilt: Je größer die volkswirtschaftlichen Disproportionen und die allgemeine Akkumulationsschwäche, desto flexibler muß diese Planung ausfallen. Ihre wichtigsten Bestandteile sind eine Ertragskalkulation (zumindest im gesamtvolkswirtschaftlichen Rahmen) und eine Planung der Ressourcenlenkung, das heißt der Arbeitskräftelenkung und Lenkung von Mitteln zur Intensivierung der Produktion wie Technik, Dünger und Saatgut.

Zu Beginn der fünfziger Jahre sammelten die ostdeutschen Verwaltungen erste Erfahrungen mit komplexer zentraler Planung. Ihr unterlagen für die Länder und die DDR insgesamt – getrennt erfaßt nach VEG und sonstigen (privaten) Betrieben – die Anbaufläche, die Saatguterzeugungsfläche, die Hektarerträge, die pflanzlichen Gesamterträge, die Viehbestände sowie die Durchschnitts- und die Gesamterträge in der Viehhaltung. Außerdem wurden die Leistungen und der Ausbau der MAS geplant. Auf alle Aspekte der Entwicklung des Planungs- und Lenkungsverfahrens soll hier im einzelnen nicht eingegangen werden. Allgemein betrachtet stellt sich der Planungsvorgang folgendermaßen dar:

Nach Festlegung des Jahres-Volkswirtschaftsplanes erhielten die VVG den auf die VEG aufzuteilenden Plananteil zugewiesen. Alle sonstigen Betriebe (Privatbetriebe und Betriebe der öffentlichen Hand, die nicht zur VVG gehörten) erhielten die Vorgaben über die Landesregierungen, welche wiederum die Kreise und kreisfreien Städte beauflagten. Den Landesregierungen wurden Durchschnittsnormen vorgegeben, die sie weiter aufschlüsseln mußten. Den Ländern wurde des weiteren vorgegeben, welche Mengen an welchen Erzeugnissen insgesamt zu erbringen waren. Es galten allgemeine Gütebestimmungen. Rechtzeitig zur Frühjahrsbestellung mußten die Bürgermeister die einzelnen Betriebe darüber in Kenntnis setzen, was eine „Differenzierungskommission“ aus Vertretern der Gemeindeverwaltung, Wirtschaftsberatern der VdgB und ehrenamtlichen Fachkräften unter Berücksichtigung der örtlichen Gegebenheiten als betriebliche Auflage für sie festgelegt hatte. Über die VdgB sollte gewährleistet werden, daß betrieblich-bäuerliche und staatlich-volkswirtschaftliche Interessen in Einklang kamen. In Härtefällen sollte der VdgB-Naturalfonds helfen, die Vereinigung konnte auch staatliche Entlastung und Hilfe erwirken. 1950 waren mit Beratungs-

und Vermittlungsfunktionen auch noch die sogenannten Dorfgenossenschaften im Gespräch, reale Bedeutung erlangten sie im Planungsprozeß nicht. Jeder einzelne Betrieb erhielt einen jährlichen Anbau- und/oder Viehhalteplan mit einem Soll für Abgaben zum staatlich garantierten Grundpreis. Die Fristen waren gesetzlich geregelt.

Die Sowjetische Kontrollkommission bestimmte das Verfahren der Planaufschlüsselung entscheidend mit. Sie kontrollierte, ob die Bauern rechtzeitig vor der Bestellung ihr Pflichtsoll und das geforderte Produktensortiment erfuhren, auf die Frühjahrsbestellung vorbereitet waren und inwieweit sie von ihrem Recht der Beanstandung der Veranlagung Gebrauch machten. Im Herbst interessierten Zügigkeit und Vollständigkeit der Erfassung durch die VEAB, Sinnhaftigkeit von Produktenaustausch und Verläßlichkeit der Industriewarenlieferung zum Landhandel. Dabei ging es immer auch um die Stimmung unter den Bauern.

Was die Schwierigkeiten der Ertragsermittlung in den frühen fünfziger Jahren betrifft, so kann auf die Darstellungen von Matthias Kramer verwiesen werden.[159] Die Prüfung des realen Brutto- und Nettoertrags krankte nicht so sehr an bürokratischen Defiziten als an den Unzulänglichkeiten in den miserabel ausgestatteten Erfassungsbetrieben: Mangel an Lager- und Transportraum, wenige, schlecht ausgebildete Aufkäufer, mangelhafte Buchführung. Die Probleme wurden als Einstiegsprobleme eines erst aufzubauenden Erfassungsnetzes verstanden, das als staatliches Unternehmen 1949 gegründet wurde und nach sowjetischem Vorbild die Hauptlast der Erfassung tragen sollte. Nachdem im Verlauf des Jahres 1950 die Perspektiven des Genossenschaftswesens geklärt worden waren, übernahmen die VEAB die gesamte Erfassung landwirtschaftlicher Erzeugnisse von sogenannten Erfassungsstellen aus. Der sowjetische Einfluß beschränkte sich bei der Ertragsermittlung darauf, Daten einzufordern und gegebenenfalls auf Unstimmigkeiten in der Berichterstattung hinzuweisen. Die SKK betrieb keine eigene „Feldforschung" zur Feststellung der Hektarerträge, deutsche Verwaltungsarbeit schien ihr hier ausreichend. Die Vorab-Kalkulation des Erfassungsumfanges und die Planung für die Länder und die SBZ/DDR baute im großen und ganzen jeweils auf dem Mittel der drei Vorjahre auf.

Die Analogien im System der Planung und der Beauflagung in der SBZ bzw. der frühen DDR und der Sowjetunion lassen sich ganz allgemein so zusammenfassen:

1. Die Planung der Produktion erfolgte ohne Rücksicht auf die konkreten natürlichen Besonderheiten des jeweiligen Jahres; die Höhe der Ablieferung wurde festgelegt, noch bevor das jeweilige Ernteergebnis festgestellt werden konnte. Damit war die Planung der Erfassung (des unbedingt zu erbringenden Solls) eine unsichere Kalkulation. Sie wurde auf die Betriebe dennoch *verbindlich* aufgeschlüsselt, der Ertrag war geschätzt. Zugleich wurden bei pflanzlichen Produkten nicht der Hektarertrag, sondern die Abgabemenge vorgeschrieben, was zur Erschließung von Reserven anregen sollte. Beim Vieh-, Milch- und Eiersoll bestanden Minimalqualitätsanforderungen (Annahmegewicht, Fettanteil, Größe) und gestaffelte Qualitäts-/Wertekriterien.

[159] Siehe Kramer/Heyn/Merkel, Landwirtschaft 1945–1955, S. 99–101.

2. Die Betriebsleiter bzw. -inhaber wurden aufgerufen, ihrerseits eine Art Gegenplan (in der DDR seit 1950 als „Wunschanbauplan") aufzustellen, der mit der staatlichen Auflage in Einklang gebracht werden mußte, damit verbindliche „Abgabebescheide" und ein verbindlicher „Dorfanbauplan" verfaßt werden konnten. Das sollte Willkür entgegenwirken und der staatlichen Planungsbehörde zusätzliche betriebswirtschaftliche Informationen für ihre Politik des Kompromisses bieten. Auf diese Weise erhielt auch die kommunale Ebene einen wichtigen Platz in der Interessenvermittlung. Der entscheidende Ort fürs Interessenclearing, die Kreis-Kommission für Veranlagung, war aber staatlicherseits und von den übergeordneten Instanzen der Bauernvertretungen kaum kontrollierbar. Der Einzelbauer fand Unterstützung bestenfalls in den lokalen Vertretungen (hier von VdgB und Genossenschaften). Gegenpläne wurden von den Betriebsleitern daher ungern verfaßt, Planung überhaupt beargwöhnt und unter den generellen Verdacht der Natur- und Bauernfeindlichkeit der Staatspartei gestellt.

3. Es war den Agrarexperten bekannt, daß hohe Planauflagen unter den Bedingungen knapper Ressourcen und geringer Produktivität – gerade in Kombination mit dem System der doppelten Preise – bei Betrieben aller Eigentumsformen eine negative Spezialisierung bewirken können. Hohe Auflagen bedeuteten für den Bauern kein Zusatzverdienst, weshalb man sich um die korrekte Erfüllung gar nicht erst bemühen wollte.[160] Sollverringerungen dagegen reizten zur Ausschöpfung aller Ressourcen im Interesse möglichst großer Aufkauferlöse. Wie hoch das Soll zweckmäßigerweise angesetzt würde, das hing nach Ansicht der Entscheidungsträger immer von einer Vielzahl wirtschaftlicher und politischer Faktoren und Ziele ab.

4. Mit bestimmten Regelungen konnte die zentrale staatliche Ebene auch im Rahmen eines bereits fixierten Erfassungsplanes kurzfristig noch Einfluß nehmen auf das Produktionsinteresse der Bauern und damit auf die reale Höhe der Abgabe: mit (a) der Gewährung von Darlehen, (b) der Festlegung von Ablieferungsfristen und Prämierung ihrer Einhaltung, (c) der Zulassung von Produktenaustausch bei der Ablieferung, (d) der Bereitstellung bestimmter Industriewaren und (e) der Variierung der Aufkaufpreise. Die sowjetische Erfahrung hierbei war nicht sonderlich groß, besagte aber, daß Flexibilität sinnvoll ist.

1949 orientierte die SMAD/SKK, wie bereits beschrieben, auf die möglichst rasche Rückkehr zu und Überbietung von Vorkriegserträgen. Der Boden sollte optimal genutzt werden. Für 1950 war eine anspruchsvolle Ertragssteigerung im Vergleich zu 1949 vorgegeben, so bei Getreide um 8,5, bei Zuckerrüben um 39,2 und bei Kartoffeln um 41,4 Prozent.[161] Die nach Konsultationen mit SKK-Spezialisten

160 Wädekin umschrieb den Effekt folgendermaßen: „Betriebe, die wegen ungünstiger Produktionsbedingungen für ein bestimmtes Produkt keine oder auch nur eine geringe Planauflage [...] erhalten hatten, waren daran interessiert, gerade dieses Produkt zu produzieren, weil sie dann [für „freie Spitzen" – E. S.] Über-Plan-Preise erhielten: Die Produktion am ungeeigneten Standort wurde belohnt. Umgekehrt waren Betriebe, die einen günstigen Standort für ein bestimmtes Produkt hatten, nicht an hohen Planauflagen für dieses interessiert, weil dann wenig Hoffnung auf nennenswerte Über-Plan-Verkäufe [an den Staat oder auf dem Markt – E. S.] bestand." (Wädekin, Sozialistische Agrarpolitik, S. 225)

161 Siehe Gesetz über die Verbesserung der Versorgung der Bevölkerung und über die Pflichtablieferung landwirtschaftlicher Erzeugnisse im Jahre 1950, 22. 2. 1950, in: GBl. 1950, S. 163–168, hier S. 164.

aufgestellten Bruttoerträge im Zieljahr des Fünfjahrplanes 1955 sahen vor: Bei Getreide und Hülsenfrüchten 7,3 Millionen Tonnen oder 25dz/ha, bei Zuckerrüben 6,8 Millionen Tonnen oder 315 dz/ha, bei Kartoffeln 17 Millionen Tonnen oder 200 dz/ha (das war 11-25 Prozent mehr als die mittleren Erträge 1934-38) sowie 1,4 Millionen Tonnen Schlachtgewicht Fleisch und Geflügel und 6,7 Millionen Tonnen Milch (das war 60 bzw. 31 Prozent mehr als 1938). Die Bestände bei Rindern sollten um 18 Prozent, bei Schweinen um 26 Prozent anwachsen, ebenso die Milchleistung pro Kuh und das Schlachtgewicht bei Rind und Schwein.[162] Von dieser Groborientierung ausgehend, waren in den Folgejahren konkrete Jahrespläne zu erarbeiten. Aus der Perspektive der Staatlichen Plankommission vom Sommer 1950 betrachtet, konnte das etwa so aussehen:

Plan der Hektarerträge bei den wichtigsten landwirtschaftlichen Kulturen in dz/ha im Vergleich zur Vorkriegsleistung (2. Entwurf)[163]

Kulturen	1934–1938	1949	1950	1951	1952
Getreide und Hülsenfrüchte	20,4	18,8	20,4	21,1	21,7
Ölfrüchte ohne Faserpflanzen	14,6	10,9 (mit Faserpfl.)	14,2	15,5	15,8
Zuckerrüben ohne Samenträger	291	190,4	265	280	290
Kartoffeln	173	122,3	173	180	183

Deutsche Agrarexperten informierten die von der SED geführte SPK darüber, daß nach einer Steigerung der Hektarerträge um ca. 10 Prozent innerhalb der nächsten fünf Jahre „unter Beibehaltung der jetzigen ökonomischen Struktur der Landwirtschaft in den bäuerlichen Wirtschaften ein höheres Ziel real nicht erwartet werden kann".[164] Doch der Blick nach vorn reichte ja ohnehin zunächst nicht weiter. Vorerst gingen die von SED-Funktionären geführten Planungsbehörden, die SPK und die Planungsabteilungen in den Landwirtschaftsministerien, grundsätzlich davon aus, daß „entsprechend der erhöhten Ergiebigkeit der Landwirtschaft [...] die Veranlagung zur Pflichtablieferung landwirtschaftlicher Erzeugnisse neu geregelt [wird]".[165]

Keineswegs nur aus Gründen der politischen Ruhigstellung, sondern auch aus volkswirtschaftlichen Erwägungen heraus verzichtete man auf „Totalverplanung", d.h. auf die Vorgabe von Erfassungsmenge *und* Aufkaufmenge, wie es in der Sowjetunion damals praktiziert wurde. Der Umfang des Aufkaufs wurde den einzelnen Betrieben in der DDR nicht vorgeschrieben. Einzig durch das Verfahren der Kontrahierung, die in der DDR auf die zusätzliche Lieferung von Schweinen an-

162 Siehe Fünfjahrplan zur Entwicklung der Volkswirtschaft (2), S. 288-290.

163 2. Entwurf, Staatliche Plankommission, Abteilung Landwirtschaft, 9.6.1950, BArch, DE 1, 20146, Bl. 8.

164 Siehe Exposé für Rau „Unterlagen für einen langfristigen Plan der landwirtschaftlichen Produktion und der Versorgung", o. Verfasser, (Januar 1950), BArch, DE 1, 11476.

165 Gesetz über die Verbesserung der Versorgung, S. 169.

gewendet wurde („Schweinemastverträge")[166], lag eine Art Verpflichtung zum Verkauf an den Staat vor. Freilich war das planungstechnische Risiko klein, denn angesichts der noch geringen Erträge wurden mehr als 95 Prozent der pflanzlichen Erzeugnisse unter die Erfassung (Zwangsablieferung) gestellt. Erst eine solche breite Erfassung gewährleistete allerdings auch die gewollte Planbarkeit der Preise.

Die volkswirtschaftliche Kalkulation durch den Staat war folglich eine Schätzung über erwartete bzw. gewünschte Produktionsumfänge und zusätzlich mögliche Realisierungsabsichten der Agrarproduzenten. Für 1950 beispielsweise sollte die Erfassung im Vergleich zu 1949 bei Getreide von 2,4 auf 3 Millionen Tonnen, bei Kartoffeln und Gemüse je von 4 auf 5 Millionen Tonnen und bei Vieh von 2300 auf 3000 t anwachsen.[167] Das waren enorme Steigerungen um rund 20–25 Prozent, in die die „freien Spitzen" noch nicht einberechnet waren. Die Schwierigkeit und zugleich der ordnungspolitische Aspekt dieser Planung bestand darin, die jährliche Höhe der gesamten Erfassung so auf die unterschiedlich belastbaren Agrarbetriebe zu verteilen, daß zumindest die geplante Erfassungsmenge insgesamt erreicht und zugleich eine Übersollverwertung möglich würde, die den soziopolitischen Zielen der Agrarpolitik entsprach. Dem Bedarf an agrarischen Erzeugnissen mußte eine möglichst realistische Beurteilung der Leistungskraft der Betriebe gegenübergestellt werden und diese Betriebe waren entsprechend dem erwarteten Leistungszuwachs zu unterstützen.

Wie schon erläutert, sahen sich SED und SKK bei der Flächennutzung bald vor die prinzipielle Entscheidung gestellt: Sollte eher Flächenverheimlichung bestraft oder eher zusätzliche Flächenübernahme belohnt werden? Eine Verordnung vom April 1950 bestimmte zwar, neu urbar gemachtes Land nicht der Nachveranlagung zu unterziehen. Heimlich genutzte Flächen sollten jedoch sehr wohl strenger beauflagt werden. Wirtschaften, denen mehr als 0,25 ha verheimlichte Fläche nachgewiesen wurde, hatten demzufolge rückwirkend auf das Soll zur Ernte 1949 für die gesamte verheimlichte Fläche das Doppelte an festgelegter Fleisch- und Milchnorm zu liefern und außerdem für das gesamte genutzte Ackerland das Doppelte an Getreide oder Kartoffeln. Bauern, die bislang abgabefrei waren, nach Feststellung von mehr als 0,25 ha verheimlichter Fläche aber abgabepflichtig wurden, mußten für die Mehrfläche das Doppelte der Gemeindenorm aus der Ernte 1949 erbringen. Nach Aushändigung von Bescheiden zur „Nachveranlagung 1949" mußte das innerhalb von zwei Wochen geliefert werden. Beschwerde war möglich, endgültig war im Einzelfall ein Bescheid des Ministerpräsidenten.[168]

166 Das System der sogenannten Kontrahierung gab es in der Sowjetunion auch. Es bestand bis in die sechziger Jahre fort und durchlebte mehrere Modifizierungen. Es handelte sich bei diesem Vertragsmodell nicht um ein Phänomen ausschließlich staatssozialistischer Herrschaft, sondern um ein Instrument staatlicher Lenkung von staatlich, genossenschaftlich oder individuell geführten Agrarbetrieben, das auch unter anderen Verhältnissen Anwendung findet. Es kann Bestandteil einer Totalerfassung, einer Teilerfassung oder auch marktwirtschaftlicher Verhältnisse sein. Zur Genesis der Regelung in der SBZ siehe Schriftwechsel mit der SMAD, BArch, DC 15, 871, Bl. 302–314; 872, Bl. 127f., 135–142. Befehl Nr. 181 über die Durchführung der industriellen Mast und Kontrahierung von Schweinen, 24. 11. 1948, in: ZVOBl. 1949, S. 99–101.

167 Soweit die Zahlen in einem Gespräch der SED-Spitze bei der SKK-Führung am 23. 3. 1950, siehe Badstübner/Loth, Pieck-Aufzeichnungen 23. 3. 1950, S. 337f., hier S. 337.

168 Siehe Verordnung über die Festsetzung der Pflichtablieferung landwirtschaftlicher Erzeugnisse für die im Jahre 1949 nicht erfaßten veranlagungspflichtigen landwirtschaftlichen Nutzflächen, 20. 4. 1950, in: GBl. 1950, S. 357f. Sie entsprach nahezu der Regelung, die bereits ab November 1949 galt, nahm aber Kleinstflächen aus.

Es war davon auszugehen, daß ein Bauer von sich aus kaum freiwillig angibt, welche (mindererertragreichen – denn darum handelte es sich meist) Flächen er noch brach liegen hat. Auch in den Wunschanbauplan-Kommissionen machten die Bauern oft falsche Angaben.[169] Von der SED – auf sowjetische Anregungen hin – als Schritt zur „allmähliche[n] Überwindung gewisser zwangswirtschaftlicher Elemente" gedacht[170], war die ackerbauliche Form der vertraglichen Selbstverpflichtung, der „Wunschanbauplan", – anders als die Schweinemastkontrahierung – höchst unbeliebt. Die Bauern befürchteten für das Folgejahr eine höhere Solleinstufung. Landwirtschaftsexperten erklärten obendrein, es übersteige die Fachkenntnisse vieler Landwirte, die Möglichkeiten des Anbaus auf Ödland einzuschätzen.[171] Schließlich war die Differenz zwischen dem gemeldeten und dem wirklich vorhandenen Nutzland bald nicht mehr so erheblich (bei Ackerland betrug sie Mitte 1951 weniger als 0,1 Prozent der erhobenen Fläche[172]). Daher ging man Anfang 1951 – nun auch durch vermehrte Hofaufgaben alarmiert – zur stärkeren Honorierung freiwilliger Flächenerweiterungen über. Auf das Angebot einzugehen, machte für die Bauern aber nur einen Sinn, wenn sich die längerfristige Belastung mit Abgaben „rechnete".

Notwendig war die Verbesserung der Bodenfruchtbarkeit. Natürlicher Dünger ergab sich kaum, künstlicher zählte zu den streng zwangsbewirtschafteten Gütern. Die Düngemittelverordnung vom Juni 1949 verfügte zusätzliche Düngemittellieferungen (zu erhöhten Preisen) nur bei Getreide-Normerfüllung und weiterer Abgabe (zu erhöhten Preisen) an den Staat.[173] Diese Koppelung der Produktionsmittelbereitstellung an die Abgabe „freier Spitzen" löste Proteste aus. Eine wichtige Forderung vom Sommer 1949 lautete daher, daß die Bauern, „um höhere Bodenerträge zu erreichen, den Dünger nicht [mehr] in Abhängigkeit [...] von den freien Spitzen und den Sollablieferungen" ausgereicht bekommen. „Die Lager sind voll Dünger, niemand nimmt ihn ab."[174] Diese Kritik teilten zwar nicht alle SED-Agrarfunktionäre, doch sie einigten sich mit den anderen SED-Planungsspezialisten auf eine Liberalisierung. Anfang Dezember wurden die Bestimmungen entschärft. Dünger über dem Limit konnte nun von liefertreuen oder von anerkannt erntegeschädigten Bauern „zu normalen Preisen" erworben werden.[175] Gleichzei-

169 Siehe Auswertung der Wunschanbauplan-Aktion, o. Verfasser, (1951), BArch, DE 1, 20146, Bl. 14–25.

170 Rau, Aufgaben der Landwirtschaft, S. 309.

171 Siehe Stellungnahme der Deutschen Landwirtschafts-Gesellschaft zum Gesetz über Maßnahmen zur Erreichung der Friedenshektarerträge, 23. 3. 1950, BArch, DK 1, 9054, Bl. 5–15, hier Bl. 6.

172 Siehe Erhebung des Statistischen Zentralamtes in der SPK, Vergleich der Bodennutzungserhebung vom 10. 6. 1951 mit den Ergebnissen einer repräsentativen Überprüfung, 8. 11. 1951, BArch, DE 1, 20149, Bl. 17.

173 Siehe Anordnung über die Versorgung der Landwirtschaft mit Düngemitteln im Düngejahr 1949/1950, 6. 7. 1949, in: ZVOBl. 1949, S. 721 f.; DB vom 6. 7. 1949, in: ebenda, S. 722–724. Paul Merker erklärte Anfang 1950, die DWK „hat diese Verordnung nicht gern herausgegeben" (Paul Merker, Über die Zukunft der Landwirtschaft in der DDR, Referat, SAPMO BArch, DY 30, IV 2/2.022, 46, unpag.).

174 So Schenk, Abteilung Landwirtschaft der SED-Landesleitung Sachsen, auf einer Besprechung in Berlin am 15. 11. 1949. Auch in der VdgB wurde diese Regelung nicht befürwortet, bemerkte Hansch auf derselben Besprechung (siehe Protokoll, SAPMO BArch, DY 30, IV 2/7-74, unpag.) Zum Sachverhalt siehe auch Kuntsche, Ostdeutsche Bauern, S. 202.

175 Siehe Verordnung über den Aufkauf freier Spitzen von Getreide, 1. 12. 1949, in: GBl. 1949, S. 79 f.

tig entschied die SED, die Düngemittellieferung ab dem „Düngejahr" (jeweils von Sommer zu Sommer festgelegt) 1950/51 vom Ankauf „freier Spitzen" abzukoppeln.[176] Nachdem Anfang 1950 mehr Eigenproduktion und Import von Düngekalk und Phosphordüngemitteln sowie die Verbesserung von Lagerung und Transport schon zu einer gewissen, von SKK und SED-Führung registrierten Verbesserung in der Düngemittelversorgung geführt hatten[177], wurde im März 1950 für das laufende Düngejahr auch eine partielle Freigabe der vorhandenen Überschüsse an Dünger verfügt.[178] In Vorbereitung der Verordnung konsultierten Staatssekretär Merker und die Planungsexperten des Landwirtschaftsministeriums die SKK-Wirtschaftsfachleute häufig. Sie erhielten auch Hinweise zur besseren Nutzung von Naturdünger.[179] Insgesamt blieb die Situation aber angespannt.

Die Besatzungsmacht setzte sich nachdrücklich für ertragreiche Sorten von Ackerkulturen ein. Sie ordnete eine Überprüfung der Sortenlisten an und forderte, einen Plan für die Verteilung der Sorten entsprechend den bodenklimatischen Bedingungen auszuarbeiten.[180] Die volkseigenen Saatzucht-Güter erhielten jede erdenkliche Hilfe von der SKK, lieferten sie doch im Rahmen der wissenschaftlichen Reparationsleistungen Züchtungsergebnisse auch in die Sowjetunion. Von der besonderen Unterstützung profitierte letztlich auch die ostdeutsche Landwirtschaft, doch naturgemäß erforderte der Massenanbau besserer Kulturen viel Zeit.

Bei der Planung der Mengen produzierter und staatlich erfaßter Agrarprodukte mußte ihre Zusammensetzung interessieren. DDR-Agrarexperten dachten, wie bereits erwähnt, 1949/50 daran, innerhalb von fünf Jahren den Vorkriegsstand im Kalorienverbrauch und im Nährwertgehalt der Lebensmittel pro Kopf der Bevölkerung zu erreichen, das hieß, eine Steigerung von 2565 auf 3212 Kalorien je Vollperson.[181] Eine ernährungsphysiologisch sinnvolle Ausrichtung der Agrarproduktion war nach den Verwerfungen der Kriegs- und Nachkriegszeit dringend angesagt, doch dies konnte nur langfristig geschehen und brachte vorerst die Frage nach Importen auf. Auf längere Sicht gesehen mußte der Konsum von tierischen Eiweißen und Milchfetten gesteigert werden, was eine größere Zunahme der Futtermittelproduktion (insbesondere Hackfruchtanbau, denn Futtergetreide bot sich über den Import günstiger an) und der Viehwirtschaft voraussetzte. Der III. Parteitag der SED orientierte bereits auf eine Steigerung des Pro-Kopf -Verbrauchs an Fleisch- und Fleischwaren auf 315, an Milch um 420, an Eiern um 403 und an Fett um 224 Prozent in den Jahren 1951 bis 1955.[182]

[176] Siehe Protokoll der Sekretariatssitzung am 28.11.1949, SAPMO BArch, DY 30, J IV 2/3-67, Bl. 41f. Analog dazu sollte ab 1.1.1950 beim Verkauf von Erntebindegarn verfahren werden.

[177] Siehe Gesprächsaufzeichnung Piecks von einer Besprechung mit Čujkov, Il'ičev und Grotewohl am 7.3.1950, in: Badstübner/Loth, Pieck-Aufzeichnungen, S. 335–337, hier S. 336. Laut sowjetischem Protokoll fand die Begegnung am 17.3.1950 statt. Dieses Protokoll setzte andere Akzente und sagte nichts zum Düngerproblem.

[178] Siehe Verordnung über den freien Verkauf von Stickstoff-, Kali- und Kalkdüngemitteln, 16.3.1950 , in: GBl. 1950, S. 183f.

[179] Siehe Aktennotizen, Februar/März 1950, AVP RF, 0457a, opis' 9, papka 52, delo 18.

[180] Siehe Schreiben der SMAD-Verwaltung für Land- und Forstwirtschaft an die HV für LFW der DWK, 1.10.1949, gez. Korbut, BArch, DK 1, 8883, Bl. 9.

[181] Siehe Exposé für Rau „Unterlagen für einen langfristigen Plan der landwirtschaftlichen Produktion und der Versorgung", o. Verfasser, (Januar 1950), BArch, DE 1, 11476.

[182] Siehe Fünfjahrplan zur Entwicklung der Volkswirtschaft (2), S. 299f.

Eine Planung hatte schließlich die Veräußerungsbedingungen für Agrarprodukte einzuschließen, vor allem die Entwicklung der Preisrelationen. Entsprechende Überlegungen mußten die Lebenshaltungskosten sowohl der Bauern als auch der Stadtbevölkerung berücksichtigen. Hier setzte kommunistische Politik Prämissen: Im Rahmen einer allgemeinen Verbesserung der Lebensverhältnisse hatten Leistungen für Lohnabhängige und die Beseitigung sozialer Mißstände bei den unteren Schichten Vorrang. Die Gestaltung der Erfassungs- und Aufkaufpreise hatte zugleich dem Grundgedanken zu folgen, daß die Relationen im großen und ganzen dem doppelten Preisniveau beim Handelspreis entsprechen mußten, solange dieses noch bestand. Anders ausgedrückt, die Aufkaufpreise konnten nur so in ihrem Verhältnis zu den Erfassungspreisen geändert werden, wie im Einzelhandel die freien Preise gegenüber den staatlich subventionierten Preisen für rationierte Lebensmittel. Umgekehrt mußte der Abbau von Rationierung bei Lebensmitteln von einer Angleichung der Erfassungs- und der Aufkaufpreise begleitet sein. Die für das angestrebte „einheitliche Preisniveau" im Handel notwendige Angleichung von Erfassungspreisen (in den Quellen oft auch „Erfasserpreise" oder „Erzeugerpreise aus der Pflichtablieferung" genannt) und Aufkaufpreisen (in den Quellen auch „Ankaufpreise" genannt) sollte im Idealfall über eine gleichzeitige Erhöhung ersterer und eine Senkung letzterer geschehen, sinnvollerweise in Schritten, bei ausgewählten Produkten. Eine Verringerung der Preisschere im Einzelhandel war also weitgehend an die Verringerung der Schere bei den Erzeugerpreisen für landwirtschaftliche Produkte gebunden. Zeitliche Verschiebungen in diesem Prozeß bedeuteten entweder eine soziale Besserstellung der Bauernschaft im Vergleich zu den Konsumenten oder umgekehrt. Hier lag eine sozialpolitische Brisanz der Agrarpreispolitik, der man zumindest teilweise ausweichen konnte, indem den verschiedenen Agrarproduzenten unterschiedliche Preise bzw. unterschiedliche Abgabenmengen aufgezwungen wurden. Insgesamt empfahl sich ein ausgesprochen pragmatischer Umgang mit den Preisen, und dies entsprach sowjetischen Erfahrungen.

3.2. Veranlagung, Erfassungs- und Aufkaufpreise 1950

Nicht jede Senkung der Aufkaufpreise schadete der Bauernschaft. Die Praxis des Aufkaufes tierischer Produkte hatte 1949 gezeigt, daß der durchschnittlich gezahlte Aufkaufpreis weit unter dem möglichen Höchstpreis lag, da die nötige Qualität kaum erreicht wurde. Der geltende Höchstpreis konnte daher ohne größere Einbußen für die Bauern etwas gesenkt werden. Dies wurde Ende 1949 kurzfristig veranlaßt, wobei sich insbesondere beim Höchstpreis für Schweinefleisch noch immer ein über dem bisherigen Durchschnitt liegender ergab.[183] Bei Pflanzenerzeugnissen wurde ohnehin wenig Übersoll produziert. Hier bot sich eine partielle Senkung des Aufkaufpreises zugunsten einer geringfügigen Steigerung des Erfassungspreises nicht nur als ein möglicher Schritt auf dem Weg zum einheitlichen Preisniveau an. Das war – vor dem Hintergrund einer Soll-Anhebung – auch das

[183] Siehe Protokoll der Sekretariatssitzung am 9.11.1949, SAPMO BArch, DY 30, J IV 2/3-62, Bl. 9, 17f.

Minimum an Entgegenkommen für die Bauern mit pflanzlichen Erzeugnissen. In der Praxis mußten natürlich Aufkaufpreissenkungen und Erfassungspreiserhöhungen für alle Agrarprodukte zusammengenommen möglichst stimmig sein. Die Alternative, eine Senkung der Gesamtabgabemenge an den Staat und eine entsprechende Zunahme des marktwirtschaftlichen Agrarhandels, hätte unter den gegebenen Bedingungen die Versorgung der Stadtbevölkerung ernsthaft gefährdet.

Für 1950 waren spürbare Einzelhandels-Preissenkungen angesagt, sie erfolgten schließlich in mehreren Schritten. Seit Herbst 1949 erörterte die SED-Führung, welche Folgen das für die Agrarpreise haben müßte.[184] Das SED-Zentralsekretariat gab Ende November 1949 einen Vorschlag Heinrich Raus und Paul Merkers über eine Erhöhung aller Erfassungspreise um durchschnittlich 10 Prozent und ein günstigeres Preisangebot bei der Vergabe von Industriewaren gegen „freie Spitzen" an eine Kommission weiter.[185] Dem war eine Verständigung über die Senkung der Höchstaufkaufpreise für einige Produkte (Getreide, Rindfleisch u. a.) vorausgegangen. Im Februar 1950 berief man eine Kommission ein, die konkrete Schritte zur Neuregelung von HO-Preisen und Erzeugerpreisen vorbereiten sollte.[186] Außerdem ging an das Politbüro des ZK der KPdSU(B) die Bitte, eine vereinbarte Getreidelieferung aufzustocken, das heißt, für die Versorgung nach bestehenden Lebensmittelrationen und für eine Reserve 500 000 t zu bewilligen statt nur 380 000 t.[187] Kurz darauf wurden die HO-Preise für Brot und Nährmittel herabgesetzt, das Angebot bei Karten-Zucker und Süßwaren im Handel sollte verbessert werden[188], weitere Preissenkungen wurden avisiert.

Im Ergebnis weiterer interner Debatten kam das SED-Politbüro Mitte Februar zu dem Ergebnis, die Erfassungspreise zur Ernte 1950 für die wichtigsten pflanzlichen Produkte (Getreide und Kartoffeln) doch besser nicht zu erhöhen.[189] Einer der Gründe lag in der schlechten Kartoffelernte 1949. Eine Fehlmenge von 286 000 t nötigte die Regierung, zusätzlich Korn bei den Bauern aufzukaufen.[190] Wie sich im Sommer 1950 herausstellen wird, hatte die Landwirtschaft im Haushaltsjahr

[184] Sattler, Wirtschaftsordnung, S. 522, reduziert die Agrarpreisdebatte auf einen Konflikt zwischen Kurt Vieweg und dem Rest der SED-Führung. Sie verweist – ungerechtfertigterweise – auf Scholz, Bauernopfer, S. 105 f., und behauptet, Viewegs Ansinnen, die Agrarpreise „auf mittlerem Niveau zu nivellieren", hätte „für Kenner der Materie unverkennbar [...] eine Abschwächung des Liquidierungskurses gegen die ‚Großbauern' [gebracht]". Genau deshalb habe es die SKK abgelehnt. Abgesehen davon, daß es weder für die SED noch für die SKK 1950 um die Liquidierung der Großbauern ging, umfaßte die Agrarpreisdebatte mehr Komponenten.

[185] Siehe Protokoll der Sekretariatssitzung am 28. 11. 1949, SAPMO BArch, DY 30, J IV 2/3-67, Bl. 7 f., 41 f.

[186] Siehe Protokoll der Sekretariatssitzung am 6. 2. 1950, SAPMO BArch, DY 30, J IV 2/3-83, Bl. 4.

[187] Siehe Protokoll der Politbürositzung am 24. 1. 1950, SAPMO BArch, DY 30, IV 2/2-68, Bl. 4.

[188] Siehe Verordnung über die Versorgung mit Brot, Nährmitteln, Zucker und Süßwaren, 1. 3. 1950, in: GBl. 1950, S. 168.

[189] Siehe Protokoll der Politbürositzung am 14. 2. 1950, SAPMO BArch, DY 30, IV 2/2-71, Bl. 4, Bl. 52–56.

[190] Über die Zusammenhänge informierte der Minister für Handel und Versorgung Hamann. Siehe Notiz zu einem Gespräch Matveevs (Abt. Materialbilanzen und Handel der SKK) mit Hamann, Albrecht, Baender, Trübenbach am 17. 3. 1950, AVP RF, fond 082, opis' 37, papka 207, delo 44, listy 82–85, hier list 82 f.; auch in: fond 457a, opis' 9, papka 51, delo 15, listy 46–49. Auch im Zusammenhang mit dem innerdeutschen Handel mußte die SKK zur Kenntnis nehmen, daß die schlechte Ernte von 1949 die Erfüllung des Frankfurter Abkommens vom

1949 rund 50 Millionen DM weniger an Einnahmen gebracht und fast 40 Millionen DM mehr an Ausgaben gefordert als geplant.[191] Die SED-Führung erkannte aber, daß die vorgesehene Angleichung der Erzeugerpreise, die Senkung der HO-Preise und die Steigerung der Erfassungsnormen insgesamt mehr Belastung für Klein- und Neubauern bringen würde.[192] Rückwirkend zum 1. Januar 1950 sollte daher zumindest für Hülsenfrüchte und Ölsaaten in der Erfassung 20 Prozent mehr gezahlt werden. Beim Aufkauf „freier Spitzen" sollten Preissenkungen um 5 (Hülsenfrüchte) bis 13 (Getreide) Prozent erfolgen. Tierische Produkte wollte man um 25 Prozent besser bezahlen in der Erfassung, dagegen um weitere 13–40 Prozent schlechter im Aufkauf.

Doch die Besatzungsmacht trug diese Pläne nicht mit. Die SKK hatte zur Senkung der Aufkaufpreise eine schriftliche Vorarbeit geleistet[193], das Problem der Erfassungspreise allem Anschein nach aber nicht abschließend behandelt und der SED-Führung ihre Position nicht signalisiert. Unmittelbar vor Annahme einer Verordnung zur Steigerung der Erfassungspreise für Ölkulturen und tierische Produkte[194] erhielt die DDR-Regierung den Hinweis, die Behandlung der Vorlage unbedingt zu stornieren.[195] Die SKK argumentierte, daß die von der SED geplante Steigerung der Gesamterfassungsmenge tierischer Produkte von 220 000 t 1949[196] (laut DWK-Verordnung vom 17. Januar 1949) auf nunmehr 300 000 t im Jahr 1950 unrealistisch sei. Die nötige Reserve für eine verbesserte Fleischversorgung könnte aber anders nicht erreicht werden, entgegnete Merker. Die sowjetischen Agrarspezialisten hielten dagegen, die Preise für Fleisch müsse im Interesse der Klein- und Mittelbauern festgelegt werden. Deren Einkünfte müßten sich auf dem Vorjahresniveau halten, für größere Betriebe aber solle die Norm angezogen werden.[197]

Ende Februar 1950 kamen von der SKK-Finanzabteilung andere Argumente gegen höhere Erfassungspreise auf den Tisch; man wies in einer Analyse zu den Einkommensverhältnissen „der Bauern" auf deren gewachsene Kaufkraft hin.[198] Die

8. 10. 1949 zur Lieferung von 100 000 t Speisekartoffeln, 40 000 t Zucker, 90 000 t Getreide und anderem nach Westdeutschland stark gefährdete (siehe Romanov an Il'ičev, Notiz über den Stand von Handel und Export im 1. Quartal 1950, 6. 5. 1950, AVP RF, fond 457a, opis' 9, papka 51, delo 15, listy 91–97; die Akte enthält weiteres zur Warenbereitstellung entsprechend Frankfurter Abkommen).

191 Siehe Haushaltsrechnung 1949 (1. 4. bis 31. 12. 1949), gez. Staatssekretär Georgino, 12. 7. 1950, Protokoll der Sitzung der Provisorischen Regierung am 13. 7. 1950, BArch, DC 20, I/3-23, Bl. 163.

192 Siehe Protokoll der Politbürositzung am 14. 2. 1950, SAPMO BArch, DY 30, IV 2/2-71, Bl. 4, 52–56.

193 Soweit ein Vermerk im Protokoll der Sekretariatssitzung am 6. 2. 1950, SAPMO BArch, DY 30, J IV 2/3 – 83, Bl. 4. Das Papier konnte nicht erschlossen werden.

194 Siehe Verordnung über die Erhöhung von Erzeugerpreisen für landwirtschaftliche Erzeugnisse aus der Pflichtablieferung, 16. 2. 1950, in: GBl. 1950, S. 288f.

195 SKK-Finanzchef Sitnin erklärte später: Es wäre wünschenswert, wenn solche wichtigen Entscheidungen zu Preisfragen vorab mit der SKK beraten würden. Doch die gegenüber seinen Vorgesetzten formulierte Kritik an den Deutschen könnte Selbstschutz gewesen sein.

196 Die SED erklärte, daß diese Menge übererfüllt worden sei und die Bauern jetzt mehr Vieh hätten.

197 Siehe Unterredung zwischen Paul Merker und A. N. Baranov, 6. 1. 1950, AVP RF, fond 0457a, opis' 9, papka 52, delo 18, listy 2–8, hier list 2.

198 Siehe Sitnin an Čujkov, Semičastnov und Semenov, Analyse der Finanzabteilung, 21. 2. 1950, AVP RF, fond 0457a, opis' 9, papka 52, delo 18, listy 26–29.

durchschnittlichen Einnahmen eines bäuerlichen Betriebes (vermutlich der Erlös aus der Veräußerung der Erzeugnisse) lägen ihren Prüfungen zufolge bei 11720 DM im Jahr; die von der SED vorgesehene Erhöhung der Erfassungspreise würde eine Steigerung auf 12130 DM bewirken. Dies bedeute eine im Vergleich zum Einkommen einer Arbeiterfamilie (durchschnittlich 2760 DM pro Jahr) unangemessene Entwicklung, zumal die bevorstehende Erhöhung der Einzelhandelspreise die Arbeiterhaushalte stärker belasten würde. Angesichts der attraktiven Aufkaufpreise bei tierischen Produkten dränge der Bauer ohnehin nicht auf höhere Erfassungspreise. Die sowjetischen Fachleute argumentierten: Selbst wenn sich die jährlichen Durchschnittseinnahmen eines Bauern halbieren würden, lägen sie noch immer erheblich über dem einer Arbeiterfamilie. Das war eine Milchmädchenrechnung, die die Produktionskosten vernachlässigte. Doch der für Wirtschaftspolitik zuständige Mitarbeiter in Semenovs Apparat, Romanov, griff das Argument auf, als er zum 10. März 1950 eine abschließende Stellungnahme verfaßte. Darin hieß es: „Die zunehmende Diskrepanz zwischen den Einkünften der Arbeiter und der Bauern zugunsten letzterer [...] ist weder aus wirtschaftlicher noch aus politischer Sicht wünschenswert. [...] Das alles zeugt ein übriges Mal vom Fehlen irgendeiner Notwendigkeit, die bestehenden Erfassungpreise zu erhöhen."[199]

Dies stellte nur einen Aspekt der ablehnenden Haltung der SKK zu höheren Erfassungspreisen dar. Otto Grotewohl bekam am 20. März 1950 ein Memorandum Čujkovs zu einigen Fragen der Preispolitik vorgelegt.[200] Während einer Begegnung am 17. März 1950 war davon schon kurz gesprochen worden.[201] Čujkov zeichnete das Schreckgespenst einer groß angelegten Finanzdiversion gegen die DDR von Westdeutschland aus. Es würde viel Geld nach Westberlin abwandern, eine drastische Senkung der Preise im kartenfreien Handel müsse unverzüglich vorbereitet werden. Zugleich war klar, daß die Abschaffung des Kartensystems nicht unter Beibehaltung der Niedrigpreise aus der Rationierung erfolgen konnte. Es mußte ein preispolitisch sinnvoller Durchschnittswert gefunden werden, negative Auswirkungen auf die Kaufkraft der Lohnarbeiter waren auszugleichen. Grotewohl schlug vor, aus dem Akzisezugewinn durch Preissteigerungen für Weißbrot (etwa 200 Millionen DM) eine Senkung der Einkommensteuern für Arbeiter zu finanzieren.

Ausgangspunkt der sowjetischen Kritik im erwähnten Memorandum war die schlechte Umsetzung der aufgekauften Produkte im staatlichen, nicht subventionierten Handel. Die Lebensmittel, die zu erhöhten Preisen für eine Realisierung in der HO aufgekauft worden waren, würden bei weitem nicht umgeschlagen, hieß es. Ein erheblicher Teil dieser Produkte würde in die rationierte Zuteilung kommen (und damit doppelt gestützt). Die HO verfüge über genügend Ressourcen, die Aufkaufmenge müsse nicht größer sein. Außerdem aber müßten die HO-Preise

199 Stellungnahme, Romanov an Il'ičev, 10.3.1950, AVP RF, fond 0457a, opis' 9, papka 52, delo 18, list 30.
200 Siehe Memorandum, 20.3.1950, AVP RF, fond 082, opis' 37, papka 207, delo 44, listy 77-81.
201 Siehe Gesprächsaufzeichnung Piecks von einer Besprechung mit Čujkov , Il'ičev und Grotewohl am 7.3.1950, in: Badstübner/Loth, Pieck-Aufzeichnungen, S. 335-337, hier S. 336. Laut sowjetischem Protokoll fand die Begegnung am 17. März 1950 statt (RGASPI, fond 17, opis' 137, delo 309, listy 43-49).

drastisch gesenkt werden, auch um die Preisschere im Einzelhandel zu schließen. Als Ursache für den sinkenden HO-Umsatz in und um Berlin wurden die vergleichsweise niedrigen Preise in Westberlin ausgemacht. Die Bauern, so das Memorandum, hätten genügend Geldreserven, und sie seien es auch, die dieses Geld in Westberlin umsetzten. Der Auftrag lautete: Erfassungspreise beibehalten, Aufkaufpreise senken!

Am 21. März 1950 bildete das SED-Politbüro eine Kommission, die dem Gremium am nächsten Tag eine Antwort auf die sowjetischen Empfehlungen vorlegte.[202] Doch das SED-Politbüro nahm die sowjetische Weisung nicht gänzlich an. Es beschloß eine Alternative. Die Erfassungspreise wollte es doch, wie bereits beschlossen, anheben (bei tierischen Erzeugnissen um 25 Prozent, bei Hülsenfrüchten und Ölsaaten um 20 Prozent), dies aber in Abkehr von früheren Plänen nicht rückwirkend, sondern erst ab 1. April 1950. Damit würde ein Viertel der geplanten Subventionen, also 50 Millionen DM, eingespart. Über ein größeres Netz von HO-Läden, durch schnelleren Umschlag und über Kommissionsverträge mit privaten Einzelhändlern wollte die SED-Führung den Umsatz beleben. Kompensieren wollte sie die höheren Erfassungspreise durch eine noch größere Senkung der Aufkaufpreise, als zunächst vorgesehen war.[203] Dadurch wären auch Lebensmittelpreise schneller zu senken, als ursprünglich gedacht.

Der Entscheidungsprozeß tendierte nun zu einem harten Verhandlungsmarathon, derweil die Frühjahrsbestellung vor der Tür stand und die Bauern die Abgabenhöhe erfahren sollten. Außerdem drängte die Zeit, da Preisveränderungen im Einzelhandel rechtzeitig vor den Wahlen angekündigt werden mußten. Die sowjetischen Argumente bekamen Pieck und Grotewohl daher noch einmal während einer Besprechung bei Čujkov und Il'ičev am 23. März 1950 zu hören, dem Tag, an dem das Kabinett zusammentreten wollte.[204] Nun herrschte ein strenger Ton. Der SKK-Chef behauptete, die SED-Parteivorsitzenden hätten sich doch eine Woche zuvor, am 17. März, einverstanden erklärt damit, daß eine so erhebliche Steigerung der Erfassungspreise vor allem den Großbauern nützte (Das sowjetische Protokoll vom 17. März enthält keinen Hinweis auf einen solchen Konsens.). Die geplante Steigerung der Erfassungspreise sei nicht vertretbar, denn die 200 Millionen DM Zusatz-Einnahmen würden vor allem den Großbauern zufallen. Den kleinen Bauern müßte anders als über die Erfassungspreise geholfen werden.

Schließlich gaben Pieck und Grotewohl auf. Sie sprachen nun von Fehlinformationen der Kommission an das Politbüro. Am 24. März traf dieses schließlich eine für die SKK akzeptable Entscheidung: Die SED-Mitglieder in der Regierung sollten den Beschluß zu den Erfassungspreisen vom 16. 2. 1950 dahingehend einschränken, daß „die Erhöhung der Einkaufspreise für die landwirtschaftlichen

202 Siehe Protokolle der Politbürositzungen am 21. 3. 1950 und am 22. 3. 1950, SAPMO BArch, DY 30, IV 2/2-77, Bl. 2; 2/2-78.

203 Für eine große Senkung der Aufkaufpreise bei Fleisch hatte sich auch der Wirtschaftsexperte Matveev ausgesprochen. Siehe Notiz zu einem Gespräch Matveevs mit Hamann, Albrecht, Baender, Trübenbach am 17. 3. 1950, AVP RF, fond 457a, opis' 9, papka 51, delo 15, listy 46–49, hier list 48f.

204 Siehe Besprechung mit Čujkov, Il'ičev und Grotewohl am 7. 3. 1950 (eigentlich 17. 3. 1950), in: Badstübner/Loth, Pieck-Aufzeichnungen, S. 335–337; RGASPI, fond 17, opis' 137, delo 309, listy 43–49.

Produkte nicht mehr als 10 Prozent betragen darf und damit die Subvention für Lebensmittel in entscheidender Weise vermindert wird."[205] Das am 30. März 1950 ausgefertigte Gesetz brachte eine Erhöhung der Erfassungspreise nur bei Ölsaaten und tierischen Produkten, je um 10 Prozent.[206] Am 26. April informierte Grotewohl die SKK über einen Politbürobeschluß, wonach im Rahmen der Vorbereitung der Wahlen der Plan für den Aufkauf „freier Spitzen" so zu modifizieren sei, daß die sozialen Diskrepanzen zwischen Arbeitern und Bauern gemildert würden.[207]

Diese Auseinandersetzung um die Erfassungs- und Aufkaufpreise war von beiden Seiten, seitens der SED-Führung und seitens der SKK, mit allgemeinen preispolitischen Argumenten ausgefochten worden, die vor dem Hintergrund einerseits von deutsch-deutschen Vergleichen in der Versorgung der Bevölkerung, andererseits von allgemeinen Haushaltsproblemen vorgebracht wurden. Zu diesen gehörte nicht zuletzt die Finanzierung der noch unrentablen Erfassungs- und Aufkaufbetriebe selbst, die 1950 mit einem Verlust von rund 26 Millionen DM eingeplant waren,[208] zum Jahresende aber „nur" 20 Millionen DM Verluste abbuchten (für 1951 wurden daraufhin 25 Millionen Verluste eingeplant).[209] Agrarwirtschaftliche Zusammenhänge spielten bei der Preisgestaltung eine geringe Rolle. Die SED-Vertreter hinterfragten die vereinfachte, wenig differenzierende Sicht der SKK-Finanzfachleute auf die ostdeutsche Bauernschaft nicht, bezogen sie doch selbst kaum Agrarfachleute in ihre Meinungsbildung ein.[210] SKK-Agrarplaner erfuhren von Kollegen aus dem DDR-Landwirtschaftsministerium, daß diese an dem Gesetz über die Erfassung landwirtschaftlicher Produkte gar nicht beteiligt waren. Sie warnten vor Schwierigkeiten, denn die Abgabepläne könnten nicht richtig sein![211]

In der Tat hieß es nun, über die Veranlagung neu nachzudenken. Einige neue Modalitäten waren bereits festgelegt. Die Agrarbetriebe sollten 1950 nach den gleichen Größengruppen beauflagt werden wie auch schon 1949, bei Neuerschließungen galt der entsprechende Boden vorübergehend als abgabefrei; für Neubauern sollte nur noch im Ausnahmefall und im Rahmen allgemeiner Rücksichtnahmen das Soll ermäßigt werden, etwa für „Neubauern im Aufbau".

Bedeutsam war die neue Regelung für tierische Erzeugnisse, hier nämlich war von der Preispolitik Neues vorgegeben. Die Hektarveranlagung war nun nicht mehr einheitlich für alle Betriebe; die Abgabenhöhe pro Hektar wurde nach den

205 Protokoll der Politbürositzung am 24. 3. 1950, SAPMO BArch, DY 30, IV 2/2-79, Bl. 1.

206 Siehe Verordnung über die Erhöhung von Erzeugerpreisen für landwirtschaftliche Erzeugnisse aus der Pflichtablieferung, 16. 2. 1950, in: GBl. 1950, S. 288f. Das Dokument enthält selbst in seiner Druckfassung einen Hinweis auf längere Debatten. Als Zeichnungsdatum ist ausgewiesen: 16. 2./30. 3. 1950.

207 Siehe Aufzeichnung einer Unterredung zwischen Čujkov, Semenov, Grotewohl und Ulbricht am 26. 4. 1950, RGASPI, fond 17, opis' 137, delo 309, listy 128–135, hier list 129.

208 Siehe Notiz zu einem Gespräch Tkačenkos (SKK-Finanzabteilung) mit Kittel (Ministerium für Handel und Versorgung) sowie Russin (Finanzministerium) und anderen, 20. 7. 1950, AVP RF, fond 457a, opis' 9, papka 51, delo 15, listy 183–186, hier list 184.

209 Siehe Notiz zu einem Gespräch Matveevs mit Streit am 28. 11. 1950, AVP FR fond 457a opis' 9 papka 51, delo 15, listy 286–291, hier list 287.

210 In den Kommissionen wirkten neben Rau und Ackermann Spezialisten aus dem Bereich des Handels mit.

211 Siehe Notiz zu einem Gespräch Jakovlenkos (Planökonomische Abt.) mit Moldenhauer und Wiesner (Ministerium für LFW) am 28. 3. 1950, AVP RF, fond 0457a, opis' 9, papka 52, delo 18, listy 153–155.

bestehenden fünf Betriebsgrößen gestaffelt, wobei für die kleineren Betriebe mit 5–10 ha galt, daß die gegenüber 1949 erhöhten Pflichten die im Jahr 1949 gewährten Vergünstigungen nicht übersteigen durften.[212]

Im Zusammenhang mit der Vorbereitung des Gesetzes zur Pflichtablieferung gab die SKK auch den Schlüssel zur neuen Hektarveranlagung vor. Sie wies zunächst Pläne aus dem Ministerium für Handel und Versorgung der DDR und der Hauptabteilung Erfassung/Aufkauf zurück, die die Hektarveranlagung überhaupt in Frage stellten. Daraufhin empfahl die SKK-Abteilung für Materialbilanzen und Handel, von geplanten mittleren Ertragsleistungen auszugehen und diese für jede Wirtschaft auf die Landwirtschaftliche Nutzfläche (LNF) umzurechnen. Bei der Erarbeitung der Durchführungsbestimmungen durch das Ministerium für Handel und Versorgung stellte diese SKK-Abteilung erneut Verstöße gegen die vereinbarte Abgabenpolitik fest: Die Aufschlüsselung des Solls sollte laut deutschen Entwürfen auf die geplante Ackerfläche (nach Anbauplan also) vorgenommen werden. Die sowjetischen Freunde intervenierten. Schließlich hielt der ostdeutsche Gesetzgeber fest: „Die Errechnung der Ablieferung erfolgt von jedem Hektar landwirtschaftlich genutzter Fläche."[213] Es wurde vereinbart, daß nur ausnahmsweise auf die Ackerfläche veranlagt wird, der gesamte Erfassungsplan müsse aber eingehalten werden. SKK-Prüfungen in Sachsen und Mecklenburg zufolge verheimlichten nämlich viele Großbauern die reale Größe ihrer Nutzfläche. Die SKK veranlaßte eigene Inspektionen in Thüringen und Sachsen-Anhalt.[214]

Im April/Mai 1950 mußte der SED-Parteivorstand eine starke Unzufriedenheit der Bauern mit ihren Abgabebescheiden feststellen. Paul Merker informierte die sowjetischen Genossen darüber, daß eine Komission zur Kontrolle der Normen eingesetzt worden war, da zahlreiche Beschwerden vorlagen, insbesondere aus Sachsen, wo viele Viehbetriebe existierten. Merker sprach von falschen Auslegungen der Agrarpolitik. Vor Ort würde man den Großbauern nicht nur viel, sondern die ganze Existenzgrundlage nehmen.[215] Falsche Differenzierung auch bei den mittleren Betrieben beklagte gegenüber der SKK Rudolf Albrecht, 1. Vorsitzender der DBD im Land Brandenburg und dort auch Staatssekretär für Handel und Versorgung. Die Verunsicherung der kleinen Bauern gäbe den Nährboden ab für schädliche Gerüchte.[216] Der Brandenburger SKK-Chef Malkin bestätigte das Bild. Acht Prozent der Wirtschaften hätten Beschwerde gegen die Abgabenbescheide eingereicht, konkreter: ein Drittel der Betriebsinhaber mit über 50 ha sowie etwa je ein Fünftel der Bauern mit 10–20 und mit 20–50 ha Land.[217] Nach Auffassung Malkins war im Größenbereich von 10–20 ha die Beauflagung der Betriebe wirk-

212 Siehe Verordnung über die Pflichtablieferung von Getreide, Speisehülsenfrüchten, Ölsaaten, Kartoffeln, Gemüse, Schlachtvieh, Milch und Eiern, 2.3.1950, in: GBl. 1950, S. 169–172.

213 Ebenda, S. 169.

214 Siehe Bericht zur Pflichtabgabenregelung, Matveev an Čujkov, 13.6.1950 (unter Bezugnahme auf ein Schreiben des Thüringer SKK-Vertreters Kolesničenko vom 27.4.1950 über Verstöße gegen die Verordnung vom 22.2.1950), AVP RF, fond 0457a, opis' 9, papka 52, delo 18, listy 197–198.

215 Siehe Notiz zu einem Gespräch Baranovs sowie Kozlovskijs mit Paul Merker und anderen am 24.5.1950, AVP RF , fond 0457a, opis' 9, papka 52, delo 18, listy 175–179, hier list 179.

216 Siehe Aufzeichnung eines Gespächs Ledenevs (SKK-Informationsabteilung) mit Albrecht am 3.7.1950, AVP RF , fond 0457a opis' 9, papka 52, delo 18, listy 203f.

217 Siehe Schreiben Malkins an Semičastnov und Semenov, 28.7.1950, AVP RF , fond 0457a opis' 9, papka 52, delo 18, listy 205–208.

lich schwierig. Wer nur knapp über 10 ha lag, war mit dem Soll der Betriebsgrößengruppe zu stark belastet. Malkin empfahl, der DDR Regierung zu raten, für 1951 die Betriebsgrößengruppen neu zu bestimmen. Da in der Regel ab 12 ha ein Lohnarbeiter eingestellt würde, läge hier eine neue Grenze. Die Gruppen müßten „5–12 ha" und „12–20 ha" heißen.[218]

Tatsächlich waren die Planwerte insgesamt im Vergleich zum Vorjahr enorm gewachsen, so daß die Kreise und Gemeinden rundum stärker beauflagen mußten. Mittelgroße Betriebe mit Schulden aus dem Vorjahr litten besonders stark. Im Kreis Prenzlau, beispielsweise, sollten die Betriebe mit über 20 ha das Anderthalbfache der bisherigen Norm an pflanzlichen Erzeugnissen (Getreide) bringen. Bereits im September war klar, daß das Soll auch bei vollständiger Ablieferung allen Getreides nicht erreicht wird.[219] Die Härten meinten SED-Führung und SKK in Extremfällen durch stärkere Differenzierung beim Soll mildern zu können. In diesem Sinne erteilte die SED-Führung, namentlich Ulbricht und Vieweg, bereits auf dem III. SED-Parteitag im Juli 1950 „sektiererischen" Auffassungen in der Bündnisfrage eine klare Absage. Eine SED-Kommission erarbeitete Vorstellungen zur Senkung der Plichtabgaben aus 10–15 ha-Betrieben, die schon für die Abgaben aus der Ernte 1950 gelten sollte. Die Abgaben dieser Wirtschaften wären um 0,75 bis 1 dz/ha zu verringern (jedoch nicht bis auf das Niveau der Norm in der Größengruppe 5–10 ha). Das Gesamtaufkommen würde dadurch bei Getreide um rund 80 000 t und bei Kartoffeln um rund 110 000 t verkleinert werden.[220] Während einer Beratung in der SKK zu dieser Initiative wurde jedoch verabredet, das Projekt als Gesetzentwurf nicht einzureichen, da die in Frage stehenden Betriebe ihr Soll bereits erbracht hatten. Die Länderregierungen sollten statt dessen an Betriebe mit bis 15 ha Fläche in Härtefällen Getreide aus den Landesreserven zurückgeben, freilich ohne den Erfassungsplan zu gefährden. Ab 1951 würde dann eine Differenzierung für Höfe mit 10–15 und 15–20 ha Land anstelle von nur einer Größengruppe eingeführt werden.[221]

Zur Ernte 1950 nahmen die sowjetischen Vertreter der Länder recht unterschiedliche Positionen ein. Neben Aufforderungen, unnachgiebig einzutreiben, erreichten die deutschen Stellen auch Warnungen vor allzu strengen Strafen gegen Abgabensäumige. Der amtierende Mecklenburger SKK-Chef Černjavskij ignorierte Anfang September 1950 die Warnungen von Minister Starosson, die Abgabe nicht unnötig zu forcieren; er wies an, Kartoffeln und Getreide vorfristig zu erfassen und alle geplanten Fleisch-„Spitzen" aufzukaufen. Das Tempo der Erfassung von Lebensmitteln sei „völlig unbefriedigend". Doch auch Černjavskij meinte, die Abgaben für Bauern mit 10–15 ha müßten unbedingt gesenkt werden.[222] Der amtierende Leiter der SKK-Abteilung für Wirtschaftsplanung L. M. Matveev gab eine

218 Siehe ebenda, list 20.
219 Siehe Nehrig, Uckermärker Bauern, S. 50f.
220 Siehe Protokoll der Sekretariatssitzung am 4. 8. 1950, SAPMO BArch, DY 30, J IV 2/3-129, Bl. 11; Protokoll der Politbürositzung am 8. 8. 1950, SAPMO BArch, DY 30, IV 2/2-103, Bl. 8.
221 Siehe Notiz zu einem Gespräch Matveevs mit Albrecht und Streit (beide Ministerium Handel und Versorgung) sowie Bergner (Ministerium für Planung), Wolf und Krebaum, 2. 8. 1950, AVP RF, fond 457a, opis' 9, papka 51, delo 15, listy 192f.
222 Siehe Notiz zu einem Gespräch Černjavskijs, Ozernyjs und Rakčeevs mit Premierminister Höcker, Minister Starosson, Minister Schulz sowie anderen Mitarbeitern von Erfassungsbehörden am 1. 9. 1950, AVP RF, fond 0457a, opis' 9, papka 52, delo 18, listy 253–269.

ähnlich dramatische Meldung an Politberater Semenov weiter: Die Betriebe ab 20 ha blieben bei der Getreide-Pflichtabgabe stärker zurück, mancherorts käme es zum „direkten Boykott"; die DDR-Regierung sollte angehalten werden, „den Widerstand der großen Wirtschaften zu brechen".[223]

Der Aufkauf nahm verständlicherweise ab, zumal ab 1. September die gesenkten Preise galten. Insbesondere bei Milchprodukten hatte das schnell sichtbare Folgen, so daß SED und SKK eine zeitweilige Korrektur am Aufkaufpreis für Butter erwogen, wovon sie sich 5000 t Butter über den Plan erhofften.[224] Das Politbüro des ZK der KPdSU(B) wurde gebeten, bei der Beschaffung großer Mengen Fleisch, Fett und Fisch auf Kredit aus der eigenen Reserve und von den Volksdemokratien behilflich zu sein.[225]

Während deutsche und sowjetische Finanzexperten weiterhin intensiv die Senkung der Einzelhandelspreise noch vor den Wahlen im Oktober 1950 erörterten, gingen SED-Führung und SKK zur Behandlung „einer Reihe prinzipieller Fragen" zum Problem der Abgabenormen 1951 über.[226] Die SKK-Agrarexperten bestätigten die SED-Initiatoren einer neuen Größengruppenfestlegung darin, insbesondere bei Bauern mit 10–20 ha Land die betriebswirtschaftlichen Unterschiede stärker zu berücksichtigen. Aus ihrer Sicht empfahl sich eine größere Abgaben-Differenzierung per Gesetz auch deswegen, weil die Kreis- und Gemeindekommissionen oftmals zu viel Eigensinn an den Tag gelegt hatten. Grundsätzlich sollte gelten, daß bei gleicher Fläche Neubauern- und Umsiedlerhöfe weniger Abgaben zu leisten hätten als „Kulakenwirtschaften" und daß alle relevanten Erzeugungsbedingungen wie Bodengüte, Klima, technische Ausstattung, Viehbesatz, Arbeitskräftesituation, Grünlandverhältnisse u. a. Einfluß auf die Erhebung der Abgaben haben sollten.

Die Einkommen der Bauern aus der Ernte 1950 deckten in den meisten Wirtschaften die Ausgaben nicht. In den Anfang 1951 entstandenen Aufzeichnungen eines vormaligen Gutsbesitzers in Mecklenburg heißt es: „Bis zum Herbst 1950 hatten alle tüchtigen Bauern ‚freie Spitzen', die sehr viel Geld brachten [...] Dann sanken die HO-Preise stetig und schnell, und 1950 war nicht nur die Ernte schlecht, sondern auch das ‚Soll' bei allen Höfen über 15 ha Größe so hoch, daß diese Bauern höchstens noch Milch ‚frei' hatten. [...] Nur noch die Neusiedler haben fortan die Möglichkeit, freie Spitzen in Getreide, Eiern, Milch zu verkaufen, und daher geht es ihnen noch recht gut – aber wie lange noch?"[227] Dieter Schulz gibt an, daß für Stützungen der Agrarpreise 1950 592,1 Millionen DM aus dem Staatshaushalt abgeführt wurden. Hinzu kamen rund 120 Millionen DM zur Stüt-

223 Siehe Bericht Matveevs an Semenov „Über die Erfüllung des Erfassungsplanes für landwirtschaftliche Erzeugnisse 1950 zum Stand vom 10. 9.", 10. 9. 1950, AVP RF, fond 0457a, opis' 9, papka 52, delo 18, listy 284–293.

224 Siehe Notiz zu einem Gespräch Matveevs mit Streit am 28. 11. 1950, AVP FR, fond 457a, opis' 9 papka 51, delo 15, listy 286–291, hier list 286.

225 Siehe Protokoll der Politbürositzung am 23. 5. 1950, SAPMO BArch, IV 2/2-90, Bl. 1. Die SKK hatte in einem Memorandum noch einmal gedrängt, diese Hilfe einzuholen (Memorandum „Einige dringende wirtschaftliche Fragen", (April 1950), RGASPI, fond 17, opis' 137, delo 309, list 124 [russisch]; SAPMO BArch, NY 4090-315, Bl. 143 [russisch], 141 f. [deutsch]).

226 Siehe Notiz zu einem Gespräch Matveevs mit Streit am 4. 9. 1950, AVP RF, fond 457a, opis' 9, papka 51, delo 15, listy 209–212.

227 Manuskript Hermann Pohl, Rittergut Wessin.

zung der MAS-Tarife und 48 Millionen DM für Düngemittelpreise.[228] Dennoch scheiterte das Subventionierungsprogramm von SED und SKK. Die Bauernbank meldete Mitte 1951, daß 25 Prozent der kurzfristigen Kredite der Bauern aus dem Jahr 1950 nicht zurückgezahlt wurden.[229]

Vor allem für mittelgroße Höfe hatte sich die betriebswirtschaftliche Situation gravierend verändert. Der jährliche Überschuß je Betrieb betrug in der Betriebsgrößengruppe 35–50 ha durchschnittlich nur noch ein Sechstel des Überschusses in der Größengruppe 20–35 ha.[230] Christel Nehrig resümierte: „Vordringlich darauf gerichtet, eine Produktionssteigerung zu erzwingen, um – wie versprochen – die Lebensmittelkarten abzuschaffen", gingen Beauflagung und Preisgestaltung „zu Lasten der in allen Größengruppen vorhandenen wirtschaftsschwachen Bauern und führten zur Betriebsaufgabe, d.h. zu unbewirtschafteten Flächen."[231] Der falsche Ansatz bestand in der zu starken absoluten Sollerhöhung, die – bei allen Bemühungen um Differenzierung auf Kreis- und Gemeindeebene – nicht den Produktionsbedingungen entsprach. Vor allem mangelte es noch stark an bestimmten Düngemitteln.

Die Rolle der SKK in dieser überzogenen Planung bestand darin, unnachgiebig auf Produktionssteigerung zu drängen. Da die Führung des sowjetischen Kontrollorgans die Zusammenhänge eher unter dem Blickwinkel der Versorgung und der Finanzwirtschaft sah und in wachsendem Maße auch klassenkämpferisch zugespitzt argumentierte, blieben die Warnungen einzelner Agrarexperten in SKK und DDR-Ministerien ungehört.

Preisindex der Lebenshaltungskosten in der DDR (einschließlich HO-Waren) und in der BRD unter Zugrundelegung des Mengenschemas der DDR im Jahre 1950, verglichen mit 1936 = 100[232]

Bedarfsgruppe	DDR	BRD
Ernährung	278,4	157,2
Genußmittel	509,0	211,3
Wohnung	100,0	102,5
Heizung und Beleuchtung	121,0	111,8
Bekleidung und Reparaturen	241,0	164,8
Reinigung und Körperpflege	147,2	107,0
Bildung und Unterhalt	126,5	125,7
Hausrat	154,0	134,6
Verkehr	142,8	116,6

228 Siehe Schulz, Probleme, S. 74, Anm. 65.
229 Siehe Analyse der Deutschen Bauernbank, 4. 6. 1951, BArch, DN 2, 1, unpag.
230 Ausführlicher dazu mit neuen Quellen: Kuntsche, Ostdeutsche Bauern, S. 204f.
231 Nehrig, Modifizierte Agrarpolitik, S. 241.
232 Quelle: Barthel, Probleme, Anhang, S. 88.

Pro-Kopf-Verbrauch der wichtigsten Nahrungsmittel in der DDR im Durchschnitt (Jahresverbrauch in kg, einschließlich des Verbrauchs der Selbstversorger der Landwirtschaft)[233]

	1934/38	1946	1947	1948	1949	1950
Getreideprodukte und Speisehülsenfrüchte[234]	150	97	111	–	107	120,4
Kartoffeln	176	172	190	200[235]	179	219,3
Verbrauchszucker[236]	22,8	12,6	14	16,1	18,3	20,2
Speisefett	26,7	5,3	5,0	–	7,6	13,2
Käse und Quark auf Käse umgerechnet	4,8	3,0	2,9	–	–	–
Fleisch ohne Fett, Innereien, Wild, Geflügel	48,2	7,3	9,9	–	11,2	21,8
Milch/Kuhmilch	85	22	17	–	48,3	68,8
Ziegenmilch	14	7	9	–	–	–
Fisch	12,5	0,6	0,9	1,8	3,0	3,9
Eier in Stück	120	18	28	–	43,7	62

3.3. Veranlagung, Erfassungs- und Aufkaufpreise 1951

Angesichts der Versorgungsziele war abzusehen, daß die Pflichtveranlagung für 1951 wieder zu einem schwierigen Problem werden würde. Denn obwohl über die Änderung der Betriebsgrößengruppen für das Jahr 1951 zu Beginn der Planung Einigkeit bestand, so waren doch Gesamterfassungs- und Aufkaufplan erneut zu diskutieren. Für die SKK stand außerdem fest, daß die Gesamtmenge der Abgaben 1951 nicht unter die (nicht erfüllte) von 1950 sinken darf.[237] Nach wie vor wurde der schrittweisen Abschaffung von Lebensmittelkarten, nun insbesondere im Berliner Ostsektor, und dem wachsenden Warenumsatz große Bedeutung beigemessen. (Aus der Sicht sowjetischer Handelsexperten zeigte sich in den DDR-Planungsbehörden ein gewisses Durcheinander bei der Abschaffung des Kartensystems.[238])

Mitte Dezember 1950 entschied das SED-Politbüro, zum 1. Januar 1951 das Kartensystem mit Ausnahme von Fleisch, Fisch, Eiern, Milch und Fett sowie Zucker aufzuheben. Bei Erzeugnissen aus Roggen, Gerste und Hafer kamen die Kartenpreise nun im freien Verkauf zur Anwendung, Weizenerzeugnisse lagen preislich zwischen dem alten HO- und dem Kartenpreis; die dadurch entstandene Teuerung wurde den Einkommensschwachen durch eine Senkung der Sozialversicherungsbeiträge akzeptabel gemacht.[239]

233 Quelle: Barthel, Probleme, Anhang, S. 103.
234 Für die Jahre 1949 und 1950 nur Mehl.
235 Annäherungswert.
236 Für die Jahre 1948 bis 1950 nur Weißzucker.
237 Siehe Notiz zu einem Gespräch Matveevs mit Streit am 4. 9. 1950, AVP RF, fond 457a, opis' 9, papka 51, delo 15, listy 209–212, hier list 211.
238 Siehe Matveevs Schlußfolgerungen aus einer Unterredung mit Baender, Trübenbach und Lengwinat am 11. 12. 1950, ebenda, list 334.
239 Siehe Protokoll der Politbürositzung am 12. 12. 1950, SAPMO BArch, DY 30, IV 2/2-122, Bl. 126f.; Verordnung über die weitere Verbesserung der Versorgung der Bevölkerung mit Lebensmitteln ab 1. Januar 1950, 22. 12. 1950; in: GBl. 1950, S. 1225f.

SKK-Experte Matveev bestand noch einmal darauf zu klären, daß die Normen für das laufende Jahr auf Grund der landwirtschaftlichen Nutzfläche bestimmt würden. Eine Veranlagung nach Anbauplan stelle keinen Stimulus dar.[240] Indes, der für Erfassung zuständige Staatssekretär Hermann Streit wollte zumindest für die Feldwirtschaft (wie bisher) eine Veranlagung nach Anbauplan. Sein Argument war, daß sich wegen der Übergabe vieler devastierter Betriebe in fremde Nutzung der Anbauplan eher als Grundlage für Sollfestlegungen im Interesse von Produktionsstimulierung eigne, als die Bezugnahme auf die LNF oder auch das eigene Ackerland, deren Gesamtumfang die Bauern möglichst verheimlichten.[241] In der SED-Führung wurde ein erster Entwurf der Abgabenverordnung für 1951 besprochen. Während eine Kommission „zur Lage der bäuerlichen Betriebe in den verschiedenen Betriebsgrößenklassen in Mecklenburg" die Belastbarkeit der Höfe prüfte[242], stellte das Politbüro des ZK der SED seine Gesetzesvorlage „Über die neuen Erfassungsgrundlagen" jedoch zurück, da zunächst die geplante Gesamtleistung der Landwirtschaft für das Planjahr 1951 zu bestimmen war.[243]

Anbauplan und Normen waren Gegenstand argumentenreicher Erörterungen. Aus der jüngsten Ernte leitete die SED-Führung ab, daß der Landwirtschaft keinesfalls mehr aufgebürdet werden darf als 1950. Der Planentwurf für 1951 sah im November 1950 keine Erhöhung der Erfassungsmenge vor; erst 1952 sollte laut SPK wieder mehr Soll verlangt werden. Noch im Januar ging die SED-Führung davon aus, die Zwangsabgaben für pflanzliche Produkte nicht zu erweitern, stattdessen finanzielle Anreize für den Aufkauf zu bieten. Das Soll für tierische Erzeugnisse müßte zwar angehoben werden (auf 400 000 t Fleischerfassung insgesamt), doch sollte die Futtermittelbasis dafür erheblich verbessert werden. Auf der Grundlage von staatlichem Viehaufkauf aus gutgehenden Betrieben (preislich zu deren Gunsten) sollten schwache Betriebe günstig Jung- und Muttertiere erhalten (hier war auch die Vorgabe aus dem Umsiedlergesetz mit berücksichtigt). Die Schweinemastkontrahierung würde 1951 durch 1 Million Verträge 135 000 t Lebendgewicht Schweinefleisch bringen; aus der Sicht der SPK garantierten Erfassung und Kontrahierung die Sicherung der Versorgung nach geltenden Bestimmungen. Die Option für die kommenden Jahre in der Tierproduktion lautete: Fleischeinfuhr kürzen, Futtermitteleinfuhr erhöhen, Viehbestände vergrößern.[244] Damit sollte die Basis für die schrittweise Aufhebung der Rationierung bei Fleisch und Fett geschaffen werden. Die Planungsbehörden arbeiteten an einem 3-Jahr-Plan zur Entwicklung der Viehzucht, der gerade die Einzelbauern zu mehr Leistung anhalten sollte.

240 Siehe Notiz zu einem Gespräch Matveevs mit Streit am 4. 9. 1950, list 211.

241 Siehe Notiz zu einem Gespräch Matveevs mit Streit am 28. 11. 1950, AVP FR fond 457a opis' 9 papka 51, delo 15, listy 286–291, hier list 290.

242 Siehe Protokoll der Sekretariatssitzung am 11. 12. 1950, SAPMO BArch, DY 30, J IV 2/3-159, Bl. 8.

243 Siehe Protokoll der Politbürositzung am 12. 12. 1950, SAPMO BArch, DY 30, IV 2/2-122, Bl. 2.

244 Siehe Protokoll der Arbeitsbesprechung in der Staatlichen Plankommission am 14. 11. 1950, BArch, DE 1, 12123, Bl. 38–42, hier Bl. 40; Protokoll einer Besprechung beim Vorsitzenden der SPK am 8. 1. 1951, gez. Rau, BArch, DE 1, 11125, Bl. 60f.; Vermerk zur Besprechung bei Rau am 8. 1. 1951, gez. Eckloff (Abt. Landwirtschaftsplanung), BArch, DE 1, 28118, Bl. 16–18; Antwort auf die Vorschläge des Politbüros , 17. 1. 1951, gez. Matveev, AVP RF, fond 458, opis' 72 delo 14, listy 65–68, hier list 65.

In der SED waren die Vorgaben für die Viehwirtschaft 1951 jedoch umstritten. Die Erfassungsmenge sollte laut ersten Vorstellungen der SPK fast verdoppelt werden, von 300 000 t auf 500 000 t steigen, wobei für die Kleinbauern besonders hohe Soll-Zunahmen vorgesehen waren. Kurt Vieweg erinnerte Heinricht Rau an den Hinweis Ulbrichts auf dem III. Parteitag, in der Bauernfrage klassenkämpferisch, aber nicht sektiererisch zu entscheiden, worauf hin Rau, im Ressortdenken verhaftet, verkündete, Ulbricht könne sich ja geirrt haben, ihn interessiere in erster Linie die Gesamtmenge an Fleisch und Milch. Diese Begebenheit trug Vieweg selbst in der SKK vor.[245] Wie der Sektorenleiter in der Abteilung Handel und Verkehr beim ZK der SED, Kurt Wolf, wenig später gegenüber SKK-Mitarbeiter Matveev ausführte, trat Vieweg gegen die von Rau vorgeschlagenen Durchschnittsnormen auf, weil sie Viehzuchtprogramm und Futtermittelangebot nicht hinlänglich in Einklang brächten.[246] Deutschen Quellen zufolge erklärte Vieweg, Futter sei noch immer sehr teuer. Er bemängelte ein ungünstiges Preisverhältnis zwischen „landwirtschaftlichen Erzeugerpreisen" und Industriewaren,[247] das intensive Haltung in der Mehrzahl der Viehbetriebe, vor allem aber für die kleineren nicht zuließe. Professor Ritter von der SPK stellte im Auftrag der SED-Führung in einem Gespräch bei der SKK klar, Vieweg fordere im Interesse intensiver Tierproduktion, daß Betriebe aller Größengruppen zusätzliche Futtermittelhilfen zugebilligt bekamen. Er versicherte, der notwendigerweise auf 400 000 t zu verdoppelnde Futtermittelimport würde den Export/Import-Plan nicht ernsthaft belasten.

Matveev attestierte den Vorschlägen Viewegs einen „gesunden Gedanken". Er ging sogar weiter und schlug vor, den nötigen Zuwachs an Fleischproduktion zur Hälfte über Mastverträge einzuholen. Das würde erlauben, die Abgabenorm zu senken, und nicht mehr Futter, als von Vieweg ermittelt, verlangen.[248] Matveevs Idee basierte auf der positiven Erfahrung mit der Schweinemastkontrahierung des Jahres 1949/50[249], ließ aber außer Acht, daß der nunmehr geltende Mastplan für die Bauernwirtschaften bereits recht hoch war (930 000 Schweine). Außerdem war der Ablieferungspreis nicht mehr so attraktiv wie 1949/50. Die SED-Führung hatte deshalb vorgesehen, die zeitweise heruntergesetzten Preise wieder etwas zu ver-

245 Siehe Notiz zu einem Gespräch Bachgorskijs (SKK-Informationsabteilung) mit Vieweg am 2. 12. 1950, AVP RF, fond 0457 a, opis' 9, papka 52, delo 18, listy 325f. Vieweg erzählte auch, wie der Streit vorerst beendet wurde. Er habe in der Parteiführung gefragt, ob das die endgültige Entscheidung wäre. Rau habe geantwortet: Gewiß, wenn er, Vieweg, nicht zu Semenov oder irgendeinem anderen mit dieser Frage geht (ebenda, Bl. 326). Vieweg konsultierte daraufhin nicht nur Bachgorskij, sondern erbat für den 2. 12. auch ein Gespräch bei Semenov. Diese Begegnung läßt sich allerdings nicht rekonstruieren.

246 Siehe Notiz zu einem Gespräch Matveevs mit Wolf am 6. 12. 1950, AVP RF, fond 457a opis' 9, papka 51, delo 15, listy 316–319, hier list 319.

247 Siehe Vermerk zur Besprechung bei Rau am 8. 1. 1951, gez. Eckloff (Abt. Landwirtschaftsplanung), BArch, DE 1, 28118, Bl. 16–18, hier Bl. 17.

248 Siehe Notiz zu einem Gespräch Matveevs mit Ritter am 8. 12. 1950, AVP RF, fond 457a opis' 9, papka 51, delo 15, listy 320–322. Der Leiter der Landwirtschaftsplanung in der SPK Ritter wird Mitte April plötzlich seines Amtes enthoben (siehe Protokoll der Sekretariatssitzung am 12. 4. 1951, SAPMO BArch, DY 30, J IV 2/3-186, Bl. 16). Ein Zusammenhang zu den hier dargestellten Ereignissen ist nicht zu erkennen.

249 Der Plan im Jahr 1949/50 war übererfüllt worden. Daraufhin wurde beschlossen, im neuen Mastjahr (1. 1. 1950–30. 6. 1951) 1 Million Verträge anzustreben. Diese Vorgabe bestand vor dem Ministerrat (siehe Verordnung über die Neuregelung der vertraglichen Schweinemast, 13. 7. 1950, in: GBl. 1950, S. 679f.).

bessern sowie den preisgünstigen Bezug von Heizmaterial durch kleinere Betriebe zu erhöhen. Sie konnte sich zu einem weiteren Ausbau der Kontrahierung nicht entschließen, revidierte aber ihre Vorstellungen von einer doppelt so großen Fleischerfassung: Nicht 500 000 t, sondern nur 400 000 t Lebendgewicht erwartete sie über die Pflichtabgabe 1951.[250]

Der SKK gingen im Dezember 1950 auch die ersten Vorschläge der SED zum Volkswirtschaftsplan zu. Sie erfuhr detailliert von den geplanten Maßnahmen im Bereich der Landwirtschaft, einschließlich solcher zur Nutzung unbewirtschafteter Flächen durch wirtschaftsstärkere Bauern.[251] Der Entwurf zum Volkswirtschaftsplan 1951 war am 13. Dezember 1950 Gegenstand von Beratungen zwischen Semičastnov, Grotewohl und Rau. Tags darauf sprachen die Wirtschaftsexperten Chomjakov und Leuschner miteinander. An den ersten Vorschlägen hatte die SKK unter anderem auszusetzen, daß die Futtermittelsituation nicht genügend bedacht war. Diesbezüglich gingen „die Freunde" also konform mit Vieweg. Zugleich bemängelten sie, daß die Pläne zur Abschaffung der Karten nicht ausgewogen seien. Nach entsprechenden Hinweisen legte die SPK am 12. Januar 1951 einen neuen Planentwurf vor, mit dem sich die zuständigen SKK-Abteilungen prinzipiell einverstanden erklärten.[252]

Es folgten weitere Expertentreffen zum Plan, die den SKK-Vertretern allerdings Anlaß zu fortgesetzter Kritik boten. Und es drängte die Zeit, denn zu dem für Januar 1951 anberaumten ZK-Plenum über Landwirtschaftsfragen mußte eine Grundsatzentscheidung gefällt werden. Mitte Januar 1951 erklärte der Leiter der Abteilung für Wirtschaftsfragen Matveev seinen Vorgesetzten, die SED-Pläne zur Agrarentwicklung vernachlässigten, daß im Fünfjahrplan eine ständige Produktionssteigerung vorgesehen war. Intern war eine Versechsfachung der Staatsreserven an Getreide (von 62 000 t auf 359 000 t) beschlossen worden, der Lebensmittelverbrauch sollte zunehmen. Angesichts der von der SED-Führung avisierten Stabilisierung der Pflichtabgaben sei das aber nicht sicher. Es mag ja politisch vorteilhaft sein, unter den Bauern mit der Losung von stabilen Getreide-Erfassungsmengen aufzutreten, meinte der SKK-Fachmann, doch müsse zumindest garantiert sein, daß die Lebensmittelfonds nicht kleiner werden. Dies aber erfordere eine Zunahme des Aufkaufs. Matveev erwähnte in seiner internen Stellungnahme, daß die deutschen Planer zunächst sogar eine Senkung der Fleischerfassung ins Auge gefaßt hatten, obgleich im Fünfjahrplan von einer Steigerung die Rede war. Er schrieb: Es darf nicht zugelassen werden, daß Ulbrichts Versprechen zur Verbesserung der Versorgung nicht erfüllt wird. Matveev riet, den Aufkauf zu steigern, ohne den Staatshaushalt zu sehr zu belasten (Erfassungs-und Aufkaufpreise müß-

250 Siehe Beschluß in Vorbereitung der ZK-Tagung zur Landwirtschaft, Protokoll der Politbürositzung am 16.1.1951, SAPMO BArch, DY 30, IV 2/2-127, Bl. 161–163.

251 Der SKK lagen, überbracht von Streit, Vorschläge zur Frage des landwirtschaftlichen Aufkommens, zur Entwicklung der Viehwirtschaft und zur Nutzung von 183 000 ha verlassener Fläche vor. Sie kamen von einer ZK-Kommission. Siehe AVP RF, fond 458, opis' 72, delo 14, listy 54–57. Die interne Stellungnahme Matveevs dazu vom 17.1.1951 siehe AVP RF, fond 458, opis' 72 delo 14, listy 65–68 oder fond 0458, opis' 315, papka 283, delo 3, listy 1–4.

252 Siehe Bemerkungen zum Entwurf des Volkswirtschaftsplanes 1951, Zusammenfassung der sowjetischen Hinweise in den Treffen am 13., 14.12.1950, (Januar 1951), gez. Chomjakov, AVP RF, fond 458, opis' 72, delo 14, listy 69f.

ten stärker angeglichen werden), und bestand darauf, die Erfassungs- und Aufkauf-Kennziffern gründlich zu prüfen.[253]

In Vorbereitung der Abgabenbestimmungen für 1951 wurden die Divergenzen zwischen deutschen und sowjetischen agrarpolitischenVorstellungen bezifferbar. Sie rankten sich um die Fragen (1) nach den Belastungen für wirtschaftsstärkere Bauern generell und (2) nach den Belastungen für die Viehwirtschaft, wenn – dies war unbestritten – kurzfristig die Versorgung verbessert und langfristig die Tierproduktion ausgebaut werden sollte. Am 23.Januar traf in der SKK der von den deutschen Stellen entworfene konkrete Plan, der Entwurf für die Verordnung zu den Pflichtabgaben (erstmals auch mit Durchschnittsnormen pro Hektar), ein. Am 29.Januar war eine Stellungnahme aus der SKK-Wirtschaftsabteilung fertig.[254] Die Gesamtmenge der Erfassung bei allen Produkten für die DDR und für die Länder sowie das Durchschnittssoll für jedes Produkt wurden darin gebilligt. Der Verfasser der Stellungnahme Chomjakov bekräftigte die Absicht, die Erfassung bei pflanzlichen Erzeugnissen in der nächsten Zukunft nicht zu erhöhen. Zugleich sollte öffentlich erklärt werden, daß auch die durchschnittlichen Abgabenormen pro Hektar in allen Kulturen stabil bleiben würden. Das würde das Vertrauen der Bauern stärken.

Nach Chomjakovs Ansicht sollte die Veranlagung im Ackerbau 1951 durchschnittlich so hoch sein wie 1950, da auch der Umfang des Aufkaufs im wesentlichen gleich bliebe. Nur müßten jetzt eben die neuen Faktoren (Futtermittelstützungen, weniger Abgaben bei Feldfrüchten, dafür mehr Abgaben bei tierischen Erzeugnissen) Berücksichtigung finden und jene Fehler behoben werden, die 1950 nicht beseitigt werden konnten: In jeder Betriebsgrößengruppe muß der reale Anteil freier Spitzen mitgerechnet werden. Was die Normenhöhe konkret anbelangte[255], so kritisierte Chomjakov im deutschen Entwurf eine Tendenz zum Normenzuwachs für kleinere Betriebe; faktisch unverändert bzw. gesunken seien die Normen für mittlere und größere Betriebe. Er argumentierte: Kleinbauern könnte nicht klargemacht werden, warum sie mehr Abgaben leisten müßten, wenn zugleich erklärt würde, der Erfassungsplan nimmt im Vergleich zu 1950 nicht zu. Die falsche Tendenz entdeckte Chomjakov auch bei den Normvorschlägen für tierische Produkte, wo die Erfassungsmenge ja insgesamt zunehmen sollte. Hier war für Kleinbetriebe mehr Sollzuwachs vorgesehen als für Großbetriebe. Chomjakov riet, die Normen bei allen Gruppen gleichmäßig wachsen zu lassen, wiederum unter Berücksichtigung freier Spitzen. Auch die beabsichtigte Zunahme der Viehbestände in jeder Größengruppe sollte einkalkuliert werden. Alles in allem drängte Chomjakov also auf mehr Abgabenprogression bei den Mittel- und Großbauern, nämlich analog zum Vorjahr (der SED-Entwurf hatte sie etwas glätten wollen). Er

253 Siehe Antwort auf die Vorschläge des Politbüros, 17. 1. 1951, gez. Matveev, ebenda, listy 65–68.

254 Siehe Chomjakovs Bemerkungen zum Gesetzentwurf „Über die Pflichtabgaben für landwirtschaftliche Erzeugnisse im Jahr 1951“ und Bemerkungen zu den Erfassungsauflagen für landwirtschaftliche Produkte 1951, 29. 1. 1951, ebenda, listy 132–140 (auch in fond 458, opis' 72, delo 15, listy 5–9).

255 Auf Kritik stieß auch das Verfahren der Planung. Bei der Ermittlung der vorgesehenen Entwicklung im Vergleich zum Vorjahr sei von den geplanten Normen 1950 ausgegangen worden, statt von der Normerfüllung.

verlangte, daß die Kleinbauern keinesfalls mehr Einbußen hinnehmen müßten als Mittel- und Großbauern. Außerdem monierte er unverhältnismäßige Unterschiede in den Normen für einige Kulturen in den verschiedenen Ländern.

Am 1. Februar reichte sein Kollege Matveev eine interne Stellungnahme nach, die die Position Chomjakovs bestätigte und die Kritik an der geplanten Viehproduktion ausweitete.[256] Unausgewogen fand Matveev das Verhältnis zwischen Pflichtabgabe und Viehbestandsentwicklung bei Wirtschaften unterschiedlicher Größe. Interessanterweise riet er nun auch, für Kleinbauern die Hektarveranlagung abzuschaffen. Da sie im Vergleich zu größeren Wirtschaften einen größeren Viehbesatz pro Fläche hätten, sei diese Form der Sollfestlegung für Kleinbauern nicht stimulierend. (Diese Modifizierung wurde nicht umgesetzt, hatte die SED-Planer wohl auch nicht erreicht.) Im Ackerbau, so riet er, könne man die Mittelbauern insgesamt etwas stärker beauflagen als 1950, für Bauern mit über 20 ha Land solle es keine Abgabeerleichterungen geben. Außerdem empfahl Matveev, die Getreide-Aufkaufpreise für Klein- und Mittelbauern anzuheben. Damit stellte er – ob gewollt oder nicht – ein Grundprinzip bisheriger Agrarförderung infrage, wonach im Aufkauf private Initiative gleichmäßig honoriert wird. Seine strenge Haltung zu den Großbauern basierte auf der Vorstellung, alle Großbauern hätten 1950 erhebliche „freie Spitzen" gehabt, was nachweislich nicht stimmte.

Die kritisierten Pläne der SED-Führung waren gewiß nicht Ausdruck restlos einmütiger Vorstellungen. Durchgesetzt hatte sich dort aber die Erkenntnis, die harten Produktionsbedingungen des Vorjahres gerade für die Mittel- und Großbauern ein wenig korrigieren zu müssen. Vieweg wollte verhindern, daß dies auf Kosten der kleineren Betriebe geschah, und plädierte für eine stärkere Berücksichtigung von Besonderheiten der einzelnen Wirtschaften. Zugleich mußte der langfristige Ausbau der Viehbestände in Angriff genommen werden, wofür intensivierungsbereite Betriebe zu fördern waren. Das Dilemma ergab sich aus der größeren Gesamtauflagenmenge für die Tierproduktion.

Für die SKK-Wirtschaftsexperten waren Rücksichtnahmen auf die größeren Betriebe nicht grundsätzlich unannehmbar, auch ihre Gegenvorschläge liefen auf eine gewisse Erleichterung des Getreide-Solls für Großbauern hinaus. Doch die von der SED ins Auge gefaßten Normen waren nach SKK-Vostellungen sozial, volks- und insbesondere versorgungswirtschaftlich falsch; sie hemmte die optimale Ausbeute der Betriebe. Besonders stark gewichteten „die Freunde", daß die vorgeschlagene Normendifferenzierung gegenüber den Kleinbauern politisch nicht vertretbar sei. Sie drängten auf mehr Soll für größere Wirtschaften. Damit war Viewegs Anliegen zum Teil verwirklicht, zum Teil jedoch hintertrieben worden.

In der Staatlichen Plankommission herrschte in dieser Zeit im Zusammenhang mit dem Beginn der konkreten Arbeit am Fünfjahrplan unberechtigter Optimismus. „Für die Landwirtschaft ist der Plan so aufzustellen, daß bis 1955 eine starke Steigerung in der Versorgung der Bevölkerung mit Lebensmitteln gesichert

256 Siehe Matveev an Čujkov, Zu den Bemerkungen zum Gesetzentwurf, 1.2.1951, AVP RF, fond 458, opis' 72, delo 14, listy 116f.; siehe auch Bemerkungen zum Gesetzentwurf „Über die Pflichtabgaben für landwirtschaftliche Erzeugnisse im Jahr 1951", o. D., ohne Verfasser, ebenda, listy 136–140.

ist", besagte ein internes Papier.[257] Ende Januar 1951 wurde das Gesetz über die Pflichtablieferung noch einmal kurz zurückgestellt, weil als neue Zielvorgabe – wahrscheinlich von sowjetischer Seite empfohlen – geprüft werden sollte, „was alles notwendig ist, um die Rationierung von Fleisch und Fett ab 1. Januar 1952 aufzuheben".[258]

Am 13. Februar verabschiedete das SED-Politbüro die Zahlen zur Pflichtablieferung auf der Grundlage der neuen Betriebsgrößengruppen.[259] Die sowjetischen Berater hatten ihre Forderungen weitgehend durchgesetzt. Insbesondere bei der Fleischproduktion war eine nahezu durchgängige Normensteigerung von einer Betriebsgrößengruppe zur anderen eingehalten. Die erwartete Fleischmenge war groß. Neben den 400 000 t Fleisch aus der Erfassung sollten 200 000 t aus dem Aufkauf und 133 000 t aus der Schweinemast kommen. Das Sekretariat des ZK der SED schlug vor, Kontrahierung und Aufkauf von Schweinefleisch mit progressiver Preisstaffelung vorzunehmen.[260] Das durchschnittliche Getreide-Soll pro Hektar Anbaufläche war im Ergebnis neuer Kalkulationen im Vergleich zu 1950 geringfügig gestiegen (sogar um mehr, als es die SKK berechnet hatte). Erfassung und Aufkauf erforderten laut Plan 894 Millionen DM für Preisstützungen, von denen 694 in den Haushalt 1951 aufzunehmen seien (etwa 100 Millionen DM mehr als im Vorjahr), die restlichen 200 Millionen DM wollte man den Bauern über bargeldfreien Warentausch zukommen lassen.[261]

Mitte Februar waren die Differenzen soweit ausgeräumt, daß die DDR-Regierung die neuen Betriebsgrößengruppen bekannt geben und verkünden konnte, aus der gesteigerten landwirtschaftlichen Produktion könnten und müßten 1951 mehr Abgaben für die Versorgung der Bevölkerung geleistet werden.[262] Winzigbetriebe mit bis zu 1 ha Land wurden aus der Pflicht zur Abgabe von Getreide, Kartoffeln, Ölfrüchten, Schlachtvieh, Milch und Eiern entlassen, die übrigen Wirtschaften in acht Gruppen untergliedert: 1–2 ha, 2–5 ha, 5–10 ha, 10–15 ha, 15–20 ha, 20–35 ha, 35–50 ha, über 50 ha.[263] Die Verordnung bestimmte – wie gehabt –, wer wegen Überlastung von der Abgabenpflicht befreit wird, in wessen Verantwortung die Festsetzung der Durchschnittsnormen der Länder, Kreise und Gemeinden erfolgen sollte, wie die Bescheide ergehen usw. Die gemeinsam von SED und SKK erarbeiteten durchschnittlichen Abgabenormen nannte sie nicht; wir entnehmen sie den Politbüro-Unterlagen:

[257] Protokoll einer Besprechung in der SPK am 12. 2. 1951, BArch, DE 1, 12123, Bl. 69–76, hier Bl. 71.

[258] Protokoll zur Besprechung beim Vorsitzenden der SPK am 26. 1. 1951, BArch, DE 1, 11125, Bl. 62.

[259] Siehe Protokoll der Politbürositzung am 13. 2. 1951, SAPMO BArch, DY 30, IV 2/2-133, Bl. 2f.

[260] Siehe Protokoll der Sekretariatssitzung am 26. 2. 1951, SAPMO BArch, DY 30, J IV 2/3-177, Bl. 5.

[261] Siehe ebenda, Bl. 5f.

[262] Siehe Verordnung über die Pflichtablieferung und den Aufkauf landwirtschaftlicher Erzeugnisse, 15. 2. 1951, in: GBl. 1951, S. 107–113.

[263] Die Mecklenburger SKK-Vertretung hatte sich zuvor intern sogar für mindestens zehn neue anstelle der fünf alten Betriebsgrößengruppen ausgesprochen. Siehe „Über die sozial-ökonomische Struktur der Bauernwirtschaften im Land Mecklenburg", 16. 2. 1951, gez. Zolotuchin (Vorsitzender der SKK-Landesvertretung), AVP RF, fond 0458, opis' 315s, papka 282, delo 1, listy 61–81, hier list 70.

Getreidesoll-Durchschnittsnormen für die verschiedenen Betriebsgrößengruppen 1951[264]

neue Betriebs-größengruppe	Durchschnittsnorm 1950 in dz/ha (nach Matveev)	Durchschnittsnorm 1951 laut SKK-Vorschlag, gerundet in dz/ha (Matveev)	Durchschnittsnorm 1951 laut Politbüro-beschluß 13.2.1951 in dz/ha
1-2 ha			3,5
2-5 ha	5,0	5,0	5,3
5-10 ha	8,2	8,2	8,4
10-15 ha			11,6
15-20 ha	12,5	12,5	13,5
20-35 ha			16,1
35-50 ha	16,6	16,4	17,0
über 50 ha	19,7	17,4	17,6

Soll bei Schlachtvieh und Milch für die verschiedenen Betriebsgrößengruppen 1951[265]

neue Betriebsgrößengruppe	Norm bei Schlachtvieh in kg	Norm bei Milch in kg
1-2 ha	49,7	278,9
2-5 ha	59,2	342,1
5-10 ha	65,5	351,8
10-15 ha	75,0	379,9
15-20 ha	82,0	395,6
20-35 ha	83,9	393,9
35-50 ha	83,0	365,1
über 50 ha	84,7	356,7
Durchschnitt	72,3	360,2

Konsequenter als im Vorjahr setzte sich die Regierung 1951 für differenzierte Normenbescheide ein. Es erschien eine ausführliche Anweisung zur Normenfestlegung mit beispielhaft vorgestellten Anleitungen für die Differenzierungskommissionen.[266] Eine zentrale SED-Prüfungskommission wird im August 1951 feststellen, daß die Differenzierung nun besser gelang als in den Vorjahren. Die neue Betriebsgrößengruppierung erlaubte, „gewisse Härten [...] in diesem Jahr weitgehend zu beseitigen".[267] Die Zahl der Einsprüche ging zurück, sie kamen nun über-

264 Protokoll der Politbürositzung am 13.2.1951, SAPMO BArch, DY 30, IV 2/2-133, Bl. 2; AVP RF, fond 458, opis' 72, delo 14, list 120.

265 Protokoll der Politbürositzung am 13.2.1951, SAPMO BArch, DY 30, IV 2/2-133, Bl. 2.

266 Siehe Anweisung [des Ministerium für LFW und des Staatssekretariats für Erfassung und Aufkauf] zur Durchführung der differenzierten Veranlagung auf Grund des – 7 der Verordnung über die Pflichtablieferung und den Aufkauf landwirtschaftlicher Erzeugnisse, 28.2.1951, in: GBl. 1951, S. 212-215.

267 Siehe Protokoll der Sekretariatssitzung am 16.8.1951, SAPMO BArch, DY 30, J IV 2/3-224, Bl. 4f., Anlage „Bericht über die Erfahrungen bei der Differenzierung 1951", Bl. 25-28.

wiegend von Bauern mit über 20 ha Land. Auch die SKK registrierte „schlechte Stimmungen bei Mittelbauern wegen Ablieferungsnormen".[268] Ärger verursachten noch immer die streckenweise starken Normabweichungen an den Kreisgrenzen. Mancherorts aber wurde bei einigen Früchten überhaupt nicht diffenziert. Die SED-Kommission kristisierte solche „Freundschaftspolitik" einzelner Gemeinden ebenso wie öffentliche Auftritte werktätiger Bauern gegen die Differenzierung schlechthin, die sie auf Viewegs vermeintlich unangebrachte Äußerung auf der 4. ZK-Tagung im Januar 1951 zurückführte, wonach eine Abgabenerhöhung bei Getreide und Kartoffeln in den nächsten Jahren nicht erfolgen soll und bei tierischen Produkten 33 Prozent (immerhin!) nicht übersteigen würde. Viele Parteimitglieder hätten noch nicht verstanden, daß die Differenzierung ein Mittel zur Festigung des Bündnisses mit den werktätigen Bauern ist. Wie sich herausstellte, wurden im Land Brandenburg die Normen insgesamt zu niedrig angesetzt.[269]

Doch bei allen Bemühungen um Berücksichtigung lokaler Spezifika – die Auflagen waren hoch. Schlecht ausgestatteten Viehbetrieben standen enorme Anstrengungen bevor, um das Soll zu bringen. Andererseits erwies sich die gesamte Planung als defizitär. Die von der SED einkalkulierten Futtermittelhilfen trafen bei den Bauern nicht rechtzeitig ein. Fleischerfassung und -aufkauf kamen nicht voran, so daß die Fleischknappheit bereits im Februar, kurz nach der Aufhebung der Rationierung für Getreideprodukte und Hülsenfrüchte, während einer Begegnung Piecks mit dem SKK-Chef zur Sprache kam. Zugleich konstatierte man eine angespannte Haushaltslage.[270] Daß „die Brot- und Fleischversorgung nicht sichergestellt ist", war großenteils noch Ergebnis der Vorjahresproduktion. Die SED-Führung hoffte auf günstige sowjetische Importe, die bei Vertragsverhandlungen in Moskau zu verabreden wären.[271] Im April mahnte die SKK, der Aufkaufplan für Fleisch im ersten Halbjahr 1951 sei gefährdet, und nachdem auch der Import zurückgegangen war, klafften Versorgungslücken bei Fleisch, Wurst und Fetten.[272] SPK-Vorsitzender Rau erörterte mit Čujkov die Gefahren einer zu starken Erhöhung der Aufkaufpreise.[273]

Ende Mai wurde das SED-Politbüro zu Maßnahmen im Interesse der Schweinefleischerzeugung regelrecht gedrängt. Es mußte einsehen: „Die zu Beginn dieses

268 Besprechung zwischen Čujkov, Semenov, Semičastnov, Koval', Bykov, Malachov, Pieck, Grotewohl und Ulbricht, 8.6.1950, in: Badstübner/Loth, Pieck-Aufzeichnungen, S. 348f., hier S. 349.

269 Siehe Protokoll der Sekretariatssitzung am 16.8.1951; Information aus der SKK-Landesvertretung Brandenburg an Semičastnov, 25.8.195, AVP RF, fond 0458, opis' 315s, papka 283, delo 2, list 243.

270 Siehe Besprechung mit Čujkov und Semenov, 21.2.1951, in: Badstübner/Loth, Pieck-Aufzeichnungen, S. 361f.

271 Siehe Protokoll der Politbürositzung am 13.3.1951, SAPMO BArch, DY 30, IV 2/2-138, Bl. 5.

272 Siehe Matveev an Bykov, Notiz zu Reserven an Fleisch und Getreide, 18.4.1951, AVP RF fond 458, opis' 72, delo 15, listy 63f. Im Hintergrund stand auch ein kleiner Eklat im Außenhandel. Auf Veranlassung Raus war ohne Absprache mit der SKK Getreide in den Export nach Holland und in die Tschechoslowakei gelangt, was dem SPK-Chef eine Rüge einbrachte. Es handelte sich um insgesamt 65 000 t Weizen und Roggen (siehe Aktennotiz Chomjakovs an Bykov mit Entwurf eines Memorandums, 2.4.1951, AVP RF, fond 458, opis' 72, delo 14, listy 263f.). Rau versuchte sich zu rechtfertigen (siehe Besprechung bei Čujkov, 4.4.1951, in: Badstübner/Loth, Pieck-Aufzeichnungen, S. 363f.).

273 Siehe Besprechung bei Čujkov, 4.4.1951, in: Badstübner/Loth, Pieck-Aufzeichnungen, S. 363f.

Jahres ergriffenen Maßnahmen zur Förderung der Ferkelproduktion genügen nicht."[274] Der Futtermittelimport für 1951 und 1952 sollte aufgestockt, die Prämierung für beste Deckergebnisse wiederholt werden. Die Prämien für die Sauenhaltung wollte man verdoppeln. Kredite zum Bau von sogenannten Schweinehütten sollten gewährt, Bau- und Heizmaterial gestellt werden. Für Pflichtablieferungen bei Schweinefleisch sollten die Bauern nun Kartoffeln gutgeschrieben bekommen. Im SED-Apparat wurde eine Kommission zur Neubestimmung der Aufkaufpreise für tierische Erzeugnisse eingesetzt.[275] Aber im Sommer 1951 waren die Hemmnisse noch immer nicht beseitigt: Wilhelm Pieck klärte die SKK-Führung darüber auf, daß nicht die Fleischproduktion, sondern Aufkauf und Handel versagten. Kernproblem sei der Aufkaufpreis.[276] Um Rat gebeten, wie hoch die Aufkaufpreise sein sollten, entgegnete Čujkov, die deutschen Stellen sollten sie selbst festlegen.[277]

Außerdem: Höhere Aufkaufpreise verlangten nach Waren! Um den Bauern für die Mehreinkünfte aus dem Aufkauf etwas zu bieten und den Geldumlauf zu sichern, galt es, das ländliche Konsumgüterangebot zu verbessern. „Die Genossen der Staatlichen Plankommission und des Ministeriums für Handel und Versorgung [... wurden vom Politbüro] verpflichtet, außer den in den Plänen vorgesehenen Warenfonds zusätzliche Waren zum Verkauf durch die HO, insbesondere an die Dorfbevölkerung in Höhe von mindestens 240 Millionen DM Akzisewert bereitzustellen."[278] Mit dem Ziel, Erfassung und Aufkauf der bevorstehenden Ernte zu optimieren, riet die SKK im Sommer zu Vorkehrungen für einen ausgedehnten Produktaustausch von Agrarerzeugnissen gegen Industriewaren.[279]

274 Siehe Protokoll der Politbürositzung am 29.5.1951, SAPMO BArch, DY 30, IV 2/2-150, Anlage „Maßnahmen in der Landwirtschaft zur Durchführung des Viehaufzuchtplanes und Maßnahmen zur Sicherung der Fleischversorgung der Bevölkerung", Bl. 23–25. Mit den Maßnahmen vom Jahresbeginn waren die Ende Januar gefaßten gemeint (siehe Protokoll der Politbürositzung am 31.1.1951, SAPMO BArch, DY 30, IV 2/2-131, Anlage 5 „Schweineaufzuchtplan", Bl. 102f.). Die neuerliche Behandlung im Politbüro hatte keinen Vorlauf im Sekretariat. Der SKK lagen zwei deutsche Entwürfe vor: einer zum Viehhalteplan 1952 (29.5. von Ulbricht vorgelegt) und einer zur Entwicklung der Schweinemast (5.6. von Rau vorgelegt). Sie wurden gebilligt mit der Maßgabe, die VEG-Ställe auszubauen und Lebensmittelbetriebe (Brauereien, Raffinerien) zur Schweinehaltung anzuhalten. Siehe AVP RF, fond 0458, opis' 315s, papka 283, delo 2, listy 182–188.

275 Siehe Protokoll der Sekretariatssitzung am 7.5.1951, SAPMO BArch, DY 30, J IV 2/3-194, Bl. 7.

276 Siehe Besprechung mit Semičastnov und Il'ičev, 20.6.1951, in: Badstübner/Loth, Pieck-Aufzeichnungen, S. 368f., hier S. 369.

277 Aufzeichnung des Gesprächss zwischen Čujkov und Il'ičev , Pieck, Grotewohl und Ulbricht am 21.8.1951, gez. Bogomolov (Dolmetscher), AVP RF, fond 082, opis' 38, papka 221, delo 7, listy 9–13, hier list 11. Pieck hielt den Meinungsaustausch nur bruchstückhaft fest (siehe Badstübner/Loth, Pieck-Aufzeichnungen, S. 373).

278 Protokoll der Politbürositzung am 28.3.1951, SAPMO BArch, DY 30, IV 2/2-140, Bl. 8.

279 Dies war Teil von Empfehlungen zur Planerfüllung im Warenumsatz (siehe Chomjakov an Čujkov, Entwurf für ein Memorandum [russisch], 13.8.1951, AVP RF, fond 458, opis' 72, delo 15, listy 284f., hier list 284). Im Ergebnis gemeinsamer Bemühungen entsteht ein Netz staatlicher Kreiskontore für landwirtschaftlichen Bedarf, die mit der BHG zusammenwirken sollen (siehe Protokoll der Sekretariatssitzung am 19.11.1951, SAPMO BArch, DY 30, J IV 2/3-249, Bl. 5f.; Protokoll der Politbürositzung der SED am 27.11.1951, SAPMO BArch, DY 30, IV 2/2-179, Bl. 54–56; Sowjetische Bemerkungen zum Gesetzentwurf im Schreiben Čujkovs an Grotewohl vom 28.11.1951 [Abschrift], SAPMO BArch, NY 4182, 1195, Bl. 58f.; Verordnung über die Errichtung von Staatlichen Kreiskontoren für landwirtschaftlichen Bedarf, 6.12.1951, in: GBl. 1951, S. 1157f.).

Zugleich begannen für das neue Mastjahr Prüfungen der Bedingungen für die Schweinemast-Kontrahierung.[280] Die Zahl der Verträge sollte um die Hälfte auf 1,5 Millionen zunehmen. Der Aufkaufpreis für ein Mastschwein mit 130 kg Mindestgewicht lag beim anderthalbfachen Erfassungspreis.[281]

Aufkommen an Schweinefleisch in der privaten Landwirtschaft der DDR, im Durchschnitt nach Betriebsgrößengruppen, und in den VEG, Januar bis Mai 1951 (ermittelt in Vorbereitung der Verordnung zur Schweinemast 1951/52)[282]

		Im Durchschnitt entfiel auf jeden Betrieb ein Aufkommen an Schweinefleisch – in kg				
Betriebsgrößengruppe in ha LNF	Anzahl der liefernden Wirtschaften	über Aufkauf	über Mastverträge	über Pflichtabgabe	insgesamt	in Prozent
0,5-5	367950	31,3	20,4	54,1	105,8	1,4
5-10	254802	92,6	42,5	142,0	277,1	3,8
10-20	120033	120,4	55,5	284,2	460,1	6,2
20-50	44238	120,9	57,4	494,5	672,8	9,1
über 50	4985	260,8	121,5	830,9	1213,2	16,3
VEG	544	514,7	1358,0	2816,1	4688,8	63,2

Die SED-Führung arbeitete ernsthaft daran, die vertragliche Schweinemast attraktiver zu machen. Sie erwog, zinslose Darlehen für Futter einzuführen (6,2 Millionen DM Zinsverlust). Futterpreisstützungen im Rahmen der Kontrahierung in Höhe von 31,85 Millionen DM wurden bewilligt.[283] Einem Politbürobeschluß von Anfang Oktober zufolge sollte der Preis für Ablieferungen laut Schweinemastvertrag sogar auf den zweifachen Erfassungspreis angehoben werden[284] (Das Projekt wurde fallengelassen, als man sich für eine grundsätzliche Neuregelung der Schweinemast entschied, siehe unten).

Über all das wurde in deutschen Finanz- und Planungsbehörden intensiv gestritten. Die Führungsgremien der SED befaßten sich so gründlich wie nie zuvor mit den Agrarpreisen. Neben der Höhe stellte das mittlerweile verwirrende Nebeneinander verschiedener Preise ein Problem dar. Währenddessen blieben Erfassung, Aufkauf und Mastvertragsabschlüsse bei Schlachtvieh so weit hinter den Plänen zurück, daß die zentrale staatliche Erfassungsbehörde die Ministerpräsidenten der Länder alarmieren mußte. Sie riet, Konferenzen mit den Leitern der VEAB und den Landräten einzuberufen. Im SED-Apparat erdachte man immer

280 Siehe Notiz über ein Gespräch Matveevs in der SPK mit Leuschner und Kerber am 20.4.1951, AVP RF, fond 458, opis' 72, delo 15, list 75.

281 Siehe Verordnung über die vertragliche Schweinemast in den Jahren 1951/1952, 21.6.1951, in: GBl. 1951, S. 633–635; Erste DB vom 29.6.1951, in: ebenda, S. 635–639.

282 Anlage an eine Meldung von Staatssekretär Georgino (DDR-Finanzministerium) an den Leiter der SKK-Finanzabteilung Zver'ev, 22.6.1951, in Vorbereitung der Verordnung zur Schweinemast 1951/52, AVP RF, fond 0458, opis' 315s, papka 283, delo 2, list 210.

283 Siehe Protokoll der Sekretariatssitzung am 18.6.1951, SAPMO BArch, DY 30, J IV 2/3-205, Bl. 3.

284 Siehe Protokoll der Sekretariatssitzung am 8.10.1951, SAPMO BArch, DY 30, J IV 2/3-239, Bl. 5, 18.

neue Vergünstigungen und Prämien. Im Politbüro wurden Ende August 1951 erhöhte Aufkaufpreise für Rinderschlachtfleisch (vom anderthalbfachen auf den zweieinhalbfachen Erfassungspreis) bewilligt, die noch im Juni im Sekretariat des ZK abgelehnt worden waren.[285] Zugleich wurden die Viehbetriebe immer strenger kontrolliert, insbesondere die Ferkelwürfe regelrecht überwacht.[286] Fleischimporte aus den Volksdemokratien mußten erbeten werden. Die Situation war so prekär, daß man weitere Fleischeinfuhr im Umfang von 10 000 t sogar aus kapitalistischen Ländern erwog; umgehend sollte geprüft werden, was im Westen gegen Zucker eingekauft werden könnte.[287]

Die SED-Führung maß nun der organisatorischen Seite recht große Bedeutung bei. Zurecht, denn der staatliche Erfassungsapparat brauchte qualifizierte Mitarbeiter und eine sinnvolle Logistik. Die Viehaufkäufer waren überfordert, ein Erfasser/Aufkäufer betreute 250 Wirtschaften. Die Absprachen mit dem Einzelhandel funktionierten schlecht. Der volkseigene Nutz- und Zuchtviehhandel wurde seinen Aufgaben nicht gerecht, die VEG waren in die Entwicklung der Viehhaltung ungenügend eingebunden worden. Zugleich aber nahmen Fleischerfassung und -aufkauf kampagnenhafte Züge an, wobei im SED-Apparat die irrige Vorstellung Raum griff, „mit Hilfe der Klein- und Mittelbauern, die ihr Soll erfüllt haben, ist ein Druck auf die Großbauern auszuüben, damit sie ihr Soll erfüllen. Außerdem ist bei Großbauern, die mit ihrer Ablieferung stark im Rückstand sind, mit gesetzlichen Mitteln vorzugehen und darüber in der Presse zu berichten.“[288] Diese interne Stimmungsmache war kontraproduktiv. Am 24. September 1951 mußte das Sekretariat des ZK Strafmaßnahmen gegen private Metzger, Fleischer und Einzelhändler verurteilen, weil die Bevölkerung verärgert war. In einem speziellen Beschluß zur Fleischversorgung in Leipzig kritisierte es solche Verletzungen der SED-Mittelstands- und Handelspolitik.[289]

Verglichen mit alledem waren die internen Preisdebatten für pflanzliche Produkte 1951 nicht so turbulent. Die Preise für Getreide und Kartoffeln spielten zwar auch bei der Kalkulation der Futtermittelsubventionierung eine Rolle, doch als Erfassungs- und Aufkaufpreise blieben sie für die Bauern weitgehend konstant. Seit Ende September wurde im Staatssekretariat für Handel und Versorgung der DDR eine neue (die dritte des Jahres) große Preissenkung im Einzelhandel für den Feiertag der DDR-Gründung vorbereitet. Sie betraf vorwiegend Textilien. Die SKK-Abteilungen für Wirtschaftsfragen und für Finanzen waren an der Erarbeitung beteiligt. Im SED-Politbüro wurden die Beschlüsse noch etwas ergänzt:

[285] Siehe Protokoll der Sekretariatssitzung am 27. 8. 1951, SAPMO BArch, DY 30, J IV 2/3-227, Bl. 2; Protokoll der Politbürositzung am 28. 8. 1951, SAPMO BArch, DY 30, IV 2/2-163, Bl. 4. Hermann Streit informierte die SKK (siehe Mitteilungen Streits an Matveev, 28. 8. und 29. 8. 1951, AVP RF, fond 458, opis' 72, delo 15, listy 315f.).

[286] Siehe Zweite DB zur Verordnung über die vertragliche Schweinemast 1951/1952, 19. 9. 1951, in: GBl. 1951, S. 874.

[287] Siehe Protokoll der Sekretariatssitzung am 27. 8. 1951, SAPMO BArch, DY 30, J IV 2/3-227, Bl. 3.

[288] Ebenda, Bl. 1; Protokoll der Politbürositzung am 28. 8. 1951, SAPMO BArch, DY 30, IV 2/2-163, Bl. 4.

[289] Siehe Protokoll der Sekretariatssitzung am 24. 9. 1951, SAPMO BArch, DY 30, J IV 2/3-235, Bl. 3f.; Eine Kopie des Beschlusses ging an die SKK (siehe Wolf an Matveev, 25. 9. 1951, AVP RF, fond 458, opis' 72, delo 15, listy 361–363).

Trotz Bedenken der Handelsspezialisten Baender und Georgino wurde auch der Preis für Zucker, Marmelade und Kunsthonig herabgesetzt. Alles zusammen fand schließlich die Billigung der SKK.[290] Die Aufkaufpreise für Raps, Rüben und Mohn wurden etwas erhöht.

Doch trotz aller sichtbaren Erfolge bei der Versorgung waren die Handelsbilanzen bei Lebensmitteln zum Jahresende 1951 höchst angespannt. Bei Getreide war man mehr denn je auf Importe angewiesen. Die Idee der intensiven Viehzucht hatte noch nicht gegriffen, die Abgabenhöhe belastete die Bauern stark. Die SKK-Wirtschaftsfachleute verfaßten Meldungen über erheblichen Verzug bei der Erfassung von Getreide und Kartoffeln. Trotz erhöhter Aufkaufpreise existierte großer Rückstand auch beim Aufkauf von Fleisch.[291] Mitte November waren 87 Prozent des Erfassungsplans bei Getreide erfüllt, 80 Prozent bei Kartoffeln, 91 Prozent bei Milch und Eiern, 76 Prozent bei Fleisch; der Aufkaufplan bei Fleisch war lediglich zu 30 Prozent erreicht. Klein- und Mittelbauern, so sah es die SKK, lieferten weitgehend pünktlich ab, Bauern mit über 20 ha Land gaben so gut wie kein Getreide und keine Kartoffeln über Soll ab; sie „sabotierten" in Chomjakovs Augen den Aufkauf.[292] Versuche der SKK-Wirtschaftsexperten, die deutsche Regierung zur Erörterung der Situation zu bewegen (in Sachsen und Thüringen registrierte die SKK „große Schlangen nach Kartoffeln"), bog Semenov ab. Es waren wohl deutschlandpolitische Motive, die ihn bewogen anzuordnen: „Da mischen wir uns vorerst nicht ein."[293] Zum 1. Dezember registrierte man in der SKK bei Kartoffeln eine Fehlmenge von fast 600 000 t.[294] Unter größten Anstrengungen (Instrukteure und Helfer im Erfassungsapparat) wurden schließlich 99 Prozent des zu erfassenden Korns und der Kartoffeln eingetrieben.[295] Selbst in der vergleichsweise lukrativen Schlachtvieh- und Milchlieferung wurde das Soll nicht überall erreicht. Während mittelgroße Betriebe bis 20 ha ihr Viehsoll gut erreichten, war es für Betriebe über 35 ha oft unerreichbar geworden.

Private Agrarbetriebe aller Größengruppen hatten nun Schulden: Abgabenschulden (nicht erbrachte Pflichtablieferung), Bankschulden, auch Schulden bei der MAS. So machten die staatlichen Ausleihbetriebe Ende 1951 gegenüber den Einzelbauern insgesamt über 51 Millionen DM Forderungen geltend, obgleich der Staat die MAS-Tarife für die private Landwirtschaft mit rund 170 Millionen DM[296] gestützt hatte. 57 Prozent der Forderungen fielen auf Wirtschaften mit 5–10 ha, 12 Prozent auf Wirtschaften mit 10–20 ha Land, welche in der Mehrzahl nur 15 bis

[290] Siehe Baender an Matveev, 26. 9. 1951, AVP RF, fond 458, opis' 72, delo 15, list 412; Matveev und Zver'ev an Semičastnov, Abschließende Bemerkung zum Entwurf der Verordnung, 3. 10. 1951, ebenda, listy 428–438; Verordnung über die weitere Verbesserung der Versorgung der Bevölkerung, 4. 10. 1951, in: GBl. 1951, S. 901f.

[291] Siehe Matveev an Semičastnov, 31. 10. und 14. 11. 1951, AVP RF, fond 458, opis' 72, delo 16, listy 1–6, 13–19.

[292] Chomjakov an Čujkov, Meldung zum Stand von Erfassung und Aufkauf per 10. 11. 1951, 23. 11. 1951, ebenda, listy 39–47; Chomjakov an Semenov, 26. 11. 1951, ebenda, list 48.

[293] Matveev an Semenov, (nach dem 20. 11. 1951), mit Randnotiz Semenovs vom 3. 12. 1951, ebenda, listy 149–155.

[294] Siehe Matveev an Bykov, Meldung zum Stand von Erfassung und Aufkauf per 1. 12. 1951, ebenda, listy 207f.

[295] Diese Zahl meldete Chomjakov am 26. 11. an Semičastnov, ebenda, listy 57f.

[296] Die Zahlen in den Quellen differieren ein wenig. Schulz, Probleme, S. 30, nennt für 1951 169,3 Millionen DM MAS-Stützungen.

30 Prozent der regulären Preise für die Leistungen entrichten mußten.[297] Die BHG hatte zum 31. Juli 1951 rund 300 Millionen DM kurzfristige Kredite an Alt- und Neubauern zum Erwerb von Saatgut, Dünger und Futtermitteln vergeben (250 Millionen DM davon an Altbauern), zum 31. Dezember 1951 waren 37 Millionen DM noch nicht zurückgezahlt. Bis Juli 1952 konnten die Altbauern ihre Schulden bis auf 24 Millionen DM tilgen (Neubauern waren hier nicht erfaßt), was eine fortbestehende durchschnittliche Belastung der Ernte 1951 von ca. 10 Prozent ergibt.[298]

3.4. Planung und Preise für 1952 und der Fünfjahrplan

Während der Preisdebatten in der SED-Führung war diese immer mehr dazu übergegangen, nötige Korrekturen im laufenden Jahr 1951 mit der Planung für 1952 zu verbinden. Insbesondere die heikle Frage der Preise für Schlachtvieh konnte damit, so die Überlegung, aus der hektischen Tagespolitik in die gründlichere, mittelfristige Regierungsarbeit verlagert werden. Kurt Vieweg brachte hier neue grundlegende Überlegungen ein, die er zunächst in den Parteigremien beraten ließ. Ihm war klar geworden, daß die Preisstruktur vereinfacht werden mußte: Aus drei Preisen mußten zunächst zwei werden, das heißt, die Preise für Mastverträge und Aufkauf waren anzugleichen. Mittelfristig schwebte ihm ein Vertragssystem des Staates mit den Bauern analog zu den Verträgen mit der privaten Industrie vor.[299]

Bereits im Februar 1951 war im Zusammenhang mit der Finanzierung der volkseigenen Erfassungs-und Aufkaufbetriebe von einer Koppelung der Schweinemast- an die Aufkaufpreise die Rede gewesen.[300] Doch diese Regelung kam nicht zustande. Ende 1951 drängte die Planung für 1952 dazu. Die SKK stoppte die unsinnige ständige Aufstockung von Prämien für die Schweinemast. Ende November faßte die DDR-Regierung Beschlüsse zur Koppelung von Mastverträgen und Aufkauf. Sie korrigierte die Verordnung über die Schweinemastverträge vom 21. Juni 1951, indem sie lediglich den Plananteil der volkseigenen Betriebe (Industriebetriebe und Mastbetriebe) bestehen ließ, den privaten Bauernwirtschaften jedoch keine Mastverträge mehr anbot.[301] Ab 1. Dezember wurden dann der Aufkauf von Übersollmengen an Schweinen und der Aufkauf aus Mastverträgen nach einem einheitlichen System durchgeführt. Es brachte den Bauern neben einer ein-

297 Siehe Analyse des Ministeriums für LFW, HA V, Abt. Finanzen, 15. 12. 1951, als Anlage zum Protokoll der Sekretariatssitzung am 17. 12. 1951, SAPMO BArch, DY 30, J IV 2/3-255, Bl. 51.

298 Siehe Bericht der Deutschen Bauernbank an die SKK, 3. 9. 1952, BArch, DN 2, 6, unpag.

299 Diese Vorstellungen lassen sich nicht als komplexe Idee rekonstruieren. Ausarbeitungen dazu sind der Verfasserin nicht bekannt. Doch tauchen in den SED-Quellen bruchstückhaft Elemente eines solchen Bildes auf, meist verbunden mit dem Namen Viewegs. Im August 1951 wurden Vieweg, Krebaum und Siegmund vom Sekretariat beauftragt, ein Dokument zum Vertragssystem in der Landwirtschaft auszuarbeiten (siehe Protokoll der Sekretariatssitzung am 13. 8. 1951, SAPMO BArch, DY 30, J IV 2/3-222, Bl. 1).

300 Siehe Protokoll der Sekretariatssitzung am 26. 2. 1951, SAPMO BArch, DY 30, J IV 2/3-177, Bl. 6; Protokoll der Politbürositzung des ZK der SED am 27. 2. 1951, SAPMO BArch, DY 30, IV 2/2-135, Bl. 2.

301 Siehe Verordnung über die vertragliche Schweinemast in den Jahren 1951/1952 – Neufassung, 23. 11. 1951, in: GBl. 1951, S. 1088f.

facheren Vertragsgestaltung den Wegfall einer Steuer vom Erlös. Zugleich fielen staatliche Preisstützungen für Futter und Heizmittel weg.[302] Inwieweit dies die Viehabgaben steigern und gleichzeitig die Bauernwirtschaften festigen würde, hing allerdings wieder von der Höhe der Pflichtabgaben ab, die man den Bauern 1952 abverlangen würde.

Die Planung für 1952 begann diesmal ausgesprochen früh. Sie war eingebunden in die Konkretisierung des Fünfjahrplanes, der ja faktisch bislang nur als ein allgemeiner Perspektivplan vorlag. Bei der Erarbeitung der landwirtschaftlichen Kontrollziffern für 1952 mußte „die Viehproduktion in den Vordergrund gerückt werden, weil davon die Versorgung der Bevölkerung abhängig ist".[303] Die Kombinierung von Fünfjahrplanung und Agrarplanung für 1952 wirkte sich aber verhängnisvoll aus, brachte sie doch SPK und Erfassungsbehörden in eine noch mehr herausgehobene Position. Agrarwirtschaftliche und bündnispolitische Argumente verloren im Disput an Bedeutung.

Ende Mai 1951 hatte das Politbüro des ZK der SED erste Zahlen zu den jährlichen Erfassungsmengen im *Fünfjahrplan* aufgestellt, die an die SKK weitergereicht wurden. An Getreide und Hülsenfrüchten sollten in den kommenden Jahren bis 1955 jährlich 3 Millionen Tonnen erfaßt und 50 000 t aufgekauft werden, an Kartoffeln sollten jährlich 5 Millionen Tonnen erfaßt werden. Hier sollte also, wie 1949 angekündigt, die Gesamtabgabemenge konstant bleiben. Bei Ölsaaten war vorgesehen, von 130 000 t Erfassung und 40 000 t Aufkauf im Jahr 1952 auf 180 000 t Erfassung und 40 000 t Aufkauf im Jahr 1955 zu kommen.[304] Bei tierischen Produkten sah die SED ebenfalls eine Steigerung der Menge staatlich vermittelter Konsumtion vor. In der SPK ging man jetzt davon aus, künftig sämtlichen Zuwachs an Fleisch- und Ölsaatenproduktion in die Erfassung zu bringen. Obgleich die Aufkaufmenge und damit die für das Vorankommen der Wirtschaften und die Lebenslage der bäuerlichen Familie[305] entscheidenden Beträge etwa gleich groß bleiben sollten, sollte beginnend mit 1952 das Verhältnis Erfassung/Aufkauf erheblich verändert werden. Die SPK plante, immer mehr „freie Spitzen" in die Erfassung zu führen. Sie sah höhere bis gleichbleibende Vieh-Aufkaufpreise und eine Senkung der MAS-Tarife vor, letzteres aber nur für die kleinen Höfe, größere galten als hinreichend gestützt durch die Altbauern-Entschuldung (Herbst 1950) und Neubauern-Baukredite. Die SPK strebte an, Ende 1952/Anfang 1953 die Rationierung aller Fleischerzeugnisse zu beenden.[306]

302 Siehe Verordnung über die Pflichtablieferung und den Aufkauf landwirtschaftlicher Erzeugnisse im Jahre 1952, 22. 11. 1951; Beschluß des Ministerrates über den Aufkauf landwirtschaftlicher Erzeugnisse, 22. 11. 1951; Bekanntmachungen der Neufassungen der Verordnung vom 15. 2. 1951 und der Verordnung vom 21. 6. 1952, 23. 11. 1951; Verordnung über die vertragliche Schweinemast in den Jahren 1951/1952 – Neufassung, 23. 11. 1951; Erste DB zur VO vom 22. 11. 1951, 28. 11. 1951 in: GBl.1951, S. 1079 -1090. Zweite DB zur VO vom 22. 11. 1952, 29. 1. 1952, in: GBl. 1952, S. 93–104.

303 Siehe Protokoll der Besprechung in der SPK am 26. 5. 1951, BArch, DE 1, 12123, Bl. 111–116, hier Bl. 112.

304 Siehe Protokoll der Besprechung in der SPK am 29. 5. 1951,ebenda, Bl. 118–122, hier Bl. 119; Protokoll der Politbürositzung am 29. 5. 1951, SAPMO BArch, DY 30, IV 2/2-150, Bl. 2.

305 Siehe Kuntsche, Ostdeutsche Bauern, S. 203.

306 Siehe Protokoll der Besprechung in der SPK am 22. 10. 1951, BArch, DE 1, 12123, Bl. 197–200, hier Bl. 199.

Planentwurf für Erfassung und Aufkauf von Schweinefleisch in Tausend t[307]

	1951	1952	1953	1954	1955
Erfassung	400	560	728	900	1050
Mastverträge und Aufkauf	333	320	370	380	380

Dieser Kurs setzte sich in der SED-Führung durch. Er widersprach nicht nur den Intentionen Viewegs, perspektivisch zum „Vertragssystems“ überzugehen. Er vertrug sich auch nicht mit Aussagen des SPK-Chefs, der eine „allmähliche Überwindung gewisser zwangswirtschaftlicher Elemente unserer bisherigen landwirtschaftlichen Planung“ öffentlich in Aussicht gestellt hatte.[308]

Das Gesetz zum Fünfjahrplan wurde am 1. November 1951 in der Volkskammer verabschiedet. Es stellte Preissenkungen im Einzelhandel um mindestens 28 Prozent bis 1955 (im Vergleich zu 1955) in Aussicht; den Werktätigen wurden Steuersenkungen versprochen.[309] Die konkreten Aussichten für die Bauern in der DDR waren noch unbestimmt. Welches Abgabesoll geplant war, blieb noch unter Verschluß und wurde bis Jahresende weiter intern beraten. Klar war aber, daß es 1952 zu starken Sollerhöhungen kommen würde. 40 Prozent Schlachtvieh, etwa 10 Prozent Milch und rund 35 Prozent Ölsaaten sollten 1952 im Vergleich zu 1951 allein im Soll mehr erbracht werden, was die SED mit größeren Viehbeständen und guten Ernteergebnissen 1951 zu begründen gedachte.[310] Das von Vieweg Anfang 1951 angekündigte Maximum von 33 Prozent Sollerhöhung für die folgenden Jahre war obsolet. Die Ablieferungsmengen für Getreide und Kartoffeln würden zwar, wie versprochen, insgesamt nicht wachsen. Und Höfe mit bis zu 1 ha sollten weiterhin abgabefrei bleiben, was die SED-Führung positiv herausstellen wollte.[311] Auf die Betriebsgrößengruppen umgerechnet ergab sich aber dennoch eine Steigerung der Durchschnittsnorm, denn die Getreideanbaufläche nahm ab. Spürbar mehr sollten Bauern mit 35 ha und mehr Land abliefern.

[307] Protokoll der Politbürositzung am 29. 5. 1951, Beratung des Fünfjahrplanes, SAPMO BArch, DY 30, IV 2/2-150, Bl. 2. Im Dokument sind die Beträge für Schweinemast und Aufkauf noch getrennt angegeben. Die Menge, die über Mastverträge eingenommen werden sollte, war kleiner als die Aufkaufmenge. In der Planentwicklung nahm sie zu, die Aufkaufmenge nahm ab.

[308] Rau, Aufgaben der Landwirtschaft, S. 309.

[309] Siehe Gesetz über den Fünfjahrplan zur Entwicklung der Volkswirtschaft der DDR (1951–1955), 1. 11. 1951, in: GBl. 1951, S. 973–991, hier S. 981, 988.

[310] Siehe Protokoll der Sekretariatssitzung am 16. 8. 1951, SAPMO BArch, DY 30, J IV 2/3-224, Bl. 5, 29–33.

[311] Siehe Protokoll der Sekretariatssitzung am 19. 11. 1951, SAPMO BArch, DY 30, J IV 2/3-249, Bl. 9, Anlage „Argumentation zur Verordnung über die Pflichtablieferungen 1952“, Bl. 14–19.

Diskussion um den Fünfjahrplan der Volkswirtschaft der DDR 1951–1955 mit Stand vom August 1951

Vergleich der 1950 in den (unveröffentlichten) Kontrollziffern für den Fünfjahrplan festgelegten Daten mit den für den Fünfjahrplan modifizierten Vorschlägen und mit Werten von 1938:

	1951 Plan	1952 a	1952 b(1)	1952 c	1953 a	1953 b	1953 c	1954 a	1954 b	1954 c	1955 a	1955 b	1955 c	1938
Erfassung (Soll)														
Fleisch – in Tsd. t	400	780	560	560	900	730	730	975	900	900	1050	1050	1050	
Milch – in Tsd. t	2000	1500	2200	2200	2750	2600	2600	3150	3100	3100	3500	3560	3560	
Eier – in Mio. Stück	450	630	610	610	715	750	750	780	800	800	800	850	850	
Getreide – in Tsd. t	3000	3300	3000	3000	3400	3000	3000	3500	3000	3000	3600	3000	3000	
Ölsaaten – in Tsd. t	100	175	130	130	185	145	145	195	165	165	205	180	180	
Kartoffeln - in Tsd. t	5000	5400	5000	5000	5600	5000	5000	5800	5000	5000	6000	5000	5000	
Aufkauf														
Fleisch – in Tsd. t	200	80	120	60	100	140	70	130	150	112,5	155	150	150	
Milch – in Tsd. t	235	250	300	300	275	400	400	300	460	460	300	500	500	
Eier – in Mio. Stück	85	100	120	120	125	150	150	125	180	180	125	200	200	
Getreide – in Tsd. t	200	300	50	150	300	50	150	300	50	150	300	50	150	
Ölsaaten – in Tsd. t	50	25	40	50	25	40	50	25	40	50	25	40	50	
Kartoffeln – in Tsd. t	200	250	–	–	300	–	–	300	–	–	300	–	–	
Schweinemast – in Tsd. t	136,6	130	200	160	130	230	194	130	230	207	130	230	230	
Durchschnittlicher Pro-Kopf-Verbrauch der Bevölkerung im jeweiligen Jahr														
Mehl – in kg	112,5	107	104	104	105	102	103,4	104	98	103,4	94	103,4	103,4	103,4
Fleisch und Fleischprodukte - in kg	29,8	38	39,4	38	47	46,4	46,4	48,5	51,9	48,5	50,4	56,4	50,4	46,8
Eier – in Stück	68	87	85	85	103	98	98	113	109	109	117	125	117	117
Milch – in l	70	100	85	85	127	100	100	127	127	130	130	130	130	127
Fette – in kg	18,8	22	22,9	22,9	26,4	25,5	25,5	26,6	26,1	26,1	26,9	26,9	26,9	26,4
Fisch – in kg	5	7,7	9,2	7,6	8,4	10,7	8,6	10,0	12,4	10,3	11,4	14,7	11,4	11,4
Zucker – in kg	23	23	25,1	25,1	23	27	27	23	27,8	27,8	23	28,5	28,5	22,9
Kartoffeln – in kg	190	180	170	170	180	165	165	178	160	160	171	155	155	170,8

a) Nach den 1950 aufgestellten Kontrollziffern für den Fünfjahrplan.
b) Nach dem von der deutschen Seite (SPK) eingereichten Entwurf für den Fünfjahrplan.
b (1) So auch in den Kontrollziffern, mit Ausnahme einiger Daten zum durchschnittlichen Pro-Kopf-Verbrauch von Lebensmitteln.
c) Vorschläge der SKK für den Fünfjahrplan.
Quelle: Analyse, o. D. (Datum der Abschrift: 17. 8. 1952), o. Unterschrift (Abteilung Wirtschaftsplanung der SKK), AVP RF, fond 458, opis' 72k, papka 258, delo 15, list 301.

Vorgesehene Pflichtablieferungen in Getreide[312]

Betriebs-größengruppe	Durchschnittsnorm 1951 laut Politbürobeschluß vom 13.2.1951 in dz/ha	Durchschnittsnorm 1952 laut Politbüro-beschluß vom 16.10.1951 in dz/ha
1–2 ha	3,5	3,5
2–5 ha	5,3	5,5
5–10 ha	8,4	8,5
10–15 ha	11,6	11,6
15–20 ha	13,5	13,5
20–35 ha	16,1	16,0
35–50 ha	17,0	17,7
über 50 ha	17,6	18,7

Diese und andere Zahlen wurden an die SKK weitergereicht. Während sie am Entwurf für die Getreideerfassung nichts beanstandeten, prüften die SKK-Wirtschaftsabteilungen die Zahlen für die tierischen Erzeugnisse gründlich. Sie äußerten wiederholt Zweifel, ob die Fleischerfassung so vehement gesteigert werden kann.[313] Das zog sich hin und untergrub das Vorhaben, Anfang 1952 sehr frühzeitig zur Differenzierung der Normen in den Kreisen überzugehen, um rechtzeitig Futter, Saatgut und Dünger liefern zu können.[314]

Die ersten deutschen Entwürfe für eine Ablieferungs-Verordnung 1952 waren Mitte Oktober 1951 fertig. Sie sahen unter anderem als Soll vor[315]:

Betriebsgrößengruppe	Schlachtvieh kg je ha	Milch kg je ha
1–2 ha	63	300
2–5 ha	81	372
5–10 ha	96	382
10–15 ha	106	419
15–20 ha	113	440
20–35 ha	116	447
35–50 ha	117	430
über 50 ha	120	437

312 Protokoll der Politbürositzung am 16.10.1951, SAPMO BArch, DY 30, IV 2/2-171, Bl. 3, 131f.

313 Siehe Stellungnahme Kuliks zum deutschen Entwurf für die Verordnung zu Pflichtabgabe und Aufkauf 1952, 29.9.1951, AVP RF, fond 0458, opis' 315s, papka 283, delo 3, listy 23–26; Entwurf für ein Memorandum, ebenda, listy 38–40; Mitteilung Streits an Matveev zur gemeinsamen Erörterung von Pflichtabgabe und Aufkauf 1952, 11.11.1951, ebenda, listy 56–68.

314 SED-Führung und Erfassungsbehörden wollten bereits zum 1.1.1952 den Bauern die Ablieferungsbescheide zukommen lassen. Siehe Protokoll der Sekretariatssitzung am 16.8.1951, SAPMO BArch, DY 30, J IV 2/3-224, Bl. 4.

315 Siehe Protokoll der Politbürositzung am 16.10.1951, SAPMO BArch, DY 30, IV 2/2-171, Bl. 23.

Die Planzahlen enthielten aber noch Ungereimtheiten. Die Verluste durch Preissenkungen waren nach Ansicht der SKK zu niedrig angesetzt, an neuen HO-Preisen wurde noch gearbeitet.[316]

Da die Fleischaufkaufpreise nach Zusammenführung von Mast und Aufkauf (und bei weitgehend stabilen Erfassungspreisen) so aus dem HO-Verkaufspreis abgeleitet werden sollten, daß keine Preisstützungen mehr nötig waren[317], mußten zunächst die Einzelhandelspreise feststehen, bevor über Aufkaufpreise bestimmt werden konnte. Als Konsequenz aus der Liquidierung der Kontrahierung ergab sich, daß den Bauern anfangs relativ hohe Aufkauf-Preisangebote gemacht werden mußten. Der Fleisch-Aufkaufpreis sollte sich im Verlauf des Jahres 1952 dann auf den üblichen „doppelten Preis" einpegeln. Staatssekretär Streit schlug im Oktober vor, im 1. und 2. Quartal 1952 – in Aufbesserung bereits diskutierter Preise – mit dem 4- bis 3fachen Erfassungspreis zu beginnen, um im 4. Quartal den 3- bis 2fachen Erfassungspreis für Lieferungen über dem Soll zu zahlen. Das würde 1952 zusätzliche 250 Millionen DM Preisstützungen verlangen. Streit mahnte zwar: „Die Unbestimmtheit der Verkaufsbereitschaft der Bauern über ihr Ablieferungssoll hinaus darf nicht unbeachtet bleiben." 300 000 t Aufkaufmenge an Lebendvieh schienen ihm erreichbar.[318] Im Entwurf zum Volkswirtschaftsplan 1952, der im Oktober 1951 an die SKK ging, stand aber schließlich: 400 000 t Aufkauf an Lebendvieh, was die sowjetischen Experten für falsch hielten, sie rieten zu 280 000 t.[319] Das akzeptierte die deutsche Seite schließlich, 560 000 t schrieb sie als Erfassungsmenge fest. [320]

Am 22. November 1951 erging die Verordnung über die Pflichtabgaben 1952.[321] Sie verkündete, daß die Ablieferungsmenge bei Schlachtvieh um 29 kg je Hektar LNF höher liegen wird als 1951. Erhebliche neue Belastungen gab es beim Soll für Eier, Milch und Ölsaaten. Es müßten die nötigen Voraussetzungen für eine bessere Versorgung der Bevölkerung geschaffen werden, hieß es. Zum Aufkauf war zu erfahren, daß er künftig zu vertraglich auszuhandelnden Preisen vor sich gehen würde. Die Verordnung wirkte sich mittelfristig auf den Produktionswillen der Bauern ungünstig aus. Auf Anregung der SED[322] traten ab Januar 1952 neue

316 Das Problem kam im Zusammenhang mit einer geplanten, von der SKK im Prinzip gebilligten, großen Preissenkung für Lebensmittel und Konsumgüter im Einzelhandel Anfang Dezember 1951 auf den Tisch der SKK. Chomjakov, Matveev und Zver'ev erarbeiteten eine Stellungnahme zu den von Leuschner und Rumpf eingereichten Entwürfen. Bei ihren Preiskalkulationen, die immer sowohl den Vergleich mit Preisen in Westberlin als auch mit den Preisen von 1938 einschlossen, gingen alle Beteiligten von im Vergleich zu 1951 erheblich größeren Warenfonds aus (so bei tierischen Fetten und Fleisch um 65–75 Prozent, Konditoreiwaren um 50 Prozent, Eierteigwaren um fast 200 Prozent größeren). Die sowjetischen Vorschläge liefen auf eine geringfügig schwächere Senkung der HO-Preise hinaus. Siehe Entwürfe und Stellungnahmen zur Preissenkung, AVP RF, fond 458, opis' 72, delo 16, listy 90–100.

317 Siehe Protokoll einer Besprechung in der SPK am 22. 10. 1951, BArch, DE 1, 12123, Bl. 197–200.

318 Siehe ebenda, Bl. 199.

319 Siehe Unterlagen zur Plandiskussion 1952, Dispositionen für Gespräche mit Rau (Ende Oktober 1951), AVP RF, fond 458, opis' 72, delo 16, listy 107-118, hier list 116.

320 Siehe Aktennotiz zum Verlauf der Absprachen über Pflichtabgaben und Aufkauf 1952, 12. 11. 1951, AVP RF, fond 0458, opis' 315s, papka 283, delo 3, listy 69–73.

321 Siehe Verordnung über die Pflichtablieferung und den Aufkauf landwirtschaftlicher Erzeugnisse im Jahre 1952, 22. 11. 1951, in: GBl. 1951, S. 1079–1081.

322 Siehe Protokoll der Politbürositzung am 13. 11. 1951, SAPMO BArch, DY 30, IV 2/2-176, Bl. 21.

MAS-Tarife in Kraft, die allerdings nur für Betriebe bis 15 ha niedrigere Preise (um 25-30 Prozent) für die Techniknutzung vorsahen, viele mittelstarke Wirtschaften hatten nun höhere Preise zu zahlen.[323] Zwar konnten einige Bauern mit den vorerst höheren Aufkaufpreisen zu mehr Abgabe „freier Spitzen" bewogen werden[324], doch es wurde immer ungewisser, ob sie diese im kommenden Jahr überhaupt noch erwirtschaften würden. Die Zahl der Betriebsaufgaben nahm zu.

Das Bild war grotesk: Der staatliche Erfassungs-und Aufkaufapparat wurde ausgebaut – doch immer mehr Höfe lagen still. Das Politbüro kreierte neue Institutionen mit ungewöhnlichen Namen wie „ständige Marktbeobachtungskommissionen" beim Staatssekretariat für Erfassung und Aufkauf und seinen nachgeordneten Stellen. Sie sollten helfen, die Aufkaufpreise „beweglich" zu halten. Doch die Politik der steigenden Ablieferungspflichten bot immer weniger Chancen, Übersoll zu erzeugen. Die SKK sah das agrarwirtschaftliche Dilemma zunächst ebenso wenig wie die SED-Führung. Hier wie dort konzentrierte man sich auf die Fragen des staatlichen Handels. Die SKK-Wirtschaftsexperten kritisierten mit ihrer Stellungnahme zur Verordnung über die Pflichtablieferungen, daß die Preisnachlässe im Einzelhandel für 1952 und im Fünfjahrplan, insbesondere der Preis für Fleisch, noch immer nicht kalkuliert waren.[325] Bei der Erörterung der SED-Vorlagen zum Volkswirtschaftsplan 1952 monierten SKK-Begutachter, daß der Plan von anderen als von den bestätigten Fünfjahr-Planzahlen ausging. Doch die Wirtschaftlichkeit der Bauernhöfe verschiedener Struktur und Größe wurde nicht analysiert.

Am 29. Januar 1952 stimmte das SED-Politbüro einem Bericht zum Volkswirtschaftsplan 1952, der als Regierungsvorlage gedacht war, „als Grundlage" zu. In Landwirtschaftsfragen gab er für 1952 eine Politik der maximalen Pflichtablieferung vor. Darüber hinaus ging es um den möglichst vollständigen Aufkauf aller Übersoll-Mengen. Neben Brotgetreide war Fleisch das wichtigste Produkt. Es hieß: „Die tierische Produktion und ihre schnelle Weiterentwicklung ist die entscheidende ökonomische Aufgabe in der Landwirtschaft."[326] Anders als im Vorjahr, als noch „beträchtliche Mengen" verlorengegangen waren, schien der verbesserte VEAB-Apparat seine Aufgaben nun erfüllen zu können. Die SED-Führung ermahnte die Kreis- und Gemeindebehörden, wo demnächst die Abgabebescheide für die Höfe erstellt werden sollten, daß „das noch nicht überwundene Nachgeben gegenüber dem differenzierten Abgabesoll durch Aufklärung und Kontrolle endgültig beseitigt wird".[327]

Diese Politik entsprach im großen und ganzen der sowjetischen Sicht. Matveev bemängelte, daß „grobe Verstöße bei der Veranlagung differenzierter Normen für

[323] Kramer/Heyn/Merkel, Landwirtschaft 1945-1955, S. 65, sprechen von einer „einschneidende[n] Wende in der Tarifgestaltung".

[324] Am 15.12.1951 berichtete Streit der SKK über Erfahrungen mit den neuen Aufkaufpreisen für Schweine. Zunächst wären die Bauern ungläubig gewesen, dann aber hätten sie ihr Angebot an die VEAB erweitert. Siehe Mitteilung Streits an Matveev 15.12.1951, AVP RF, fond 458, opis' 72, delo 16, list. 226.

[325] Siehe Vorlage für einen Vermerk zur Preispolitik, gez. Chomjakov, Zver'ev, Matveev, 26.11.1951, AVP RF, fond 458, opis' 72, delo 16, listy 104f.

[326] Siehe Protokoll der Politbürositzung am 29.1.1952, SAPMO BArch, DY 30, IV 2/2-189, Bl. 2, 65-95, hier Bl. 84.

[327] Ebenda, Bl. 87.

die einzelnen Wirtschaften" noch immer „nicht aufgedeckt und nicht korrigiert werden".[328] Außerdem sollte die verbreitete Praxis der unbegründeten Schuldentilgung, insbesondere bei Großbauern, aufgegeben werden. Um den Jahreswechsel 1951/52 muß sich der Blick „der Freunde" aber dennoch geschärft haben. Matveev riet, die Ursachen des ökonomischen Verfalls von Wirtschaften zu ergründen. Die Zahl der verlassenen Wirtschaften alarmierte ihn. Seiner Meinung nach sollte gründlich untersucht werden, warum Betriebe welcher Größengruppe in Schwierigkeiten kamen. Der SKK- Wirtschaftsexperte hielt auch nichts von Schauprozessen gegen abgabensäumige Großbauern, so wie sie die SED-Führung – in Auslegung früherer Hinweise aus der SKK – organisiert hatte. Solche Prozesse würden die SED diskreditieren.[329]

Diese Hinweise der SKK bremsten die SED-Führung ein wenig, verhinderten jedoch nicht, daß die versorgungspolitischen Pläne der SPK auf Kosten der Bauern weiter durchgedrückt wurden. Die Parteiführung erarbeitete auf Anraten der skeptischen SKK jetzt einen „Zweijahresplan zur Entwicklung einer produktiven Viehzucht in den bäuerlichen Wirtschaften"[330], der als „Maßnahmen zur Erreichung einer produktiven Viehwirtschaft in den Jahren 1952 und 1953" vom Politbüro angenommen wurde.[331] Darin zog die ostdeutsche Staatspartei das Tempo bei der Intensivierung der Tierproduktion stark an. Der Plan sah vor, die im Fünfjahrplan festgelegten Ziele bei der Milchleistung und beim Gesamtschweinebestand bereits 1953 zu erreichen. Auch der Rinderbestand sollte bis 1953 bereits in etwa auf den ursprünglich für 1955 geplanten Umfang erweitert werden. Dafür mußte auf mindestens 25 Prozent der Äcker zusätzlich Zwischenfruchtanbau betrieben werden.

Die SKK hatte eine solche Forcierung der Tierproduktion nicht empfohlen. Sie unternahm aber auch wenig gegen die fortgesetzt hektische Planung für die Viehwirtschaft. Auf deutscher Seite gewannen SPK und SED-Parteiapparat zusehends Entscheidungskompetenz. Die Abteilung Agrarpolitik bzw. Bodenordnung im Landwirtschaftsministerium – sie war mit ihrem Leiter Ernst Frommhold eine der letzten Bastionen agrarwirtschaftlicher Vernunft und bündnispolitischer Weitsichtigkeit – wurde nun umgebaut und aus der Planungsarbeit verbannt.[332]

Die SED-Führung war also mit ihrer Abgaben- und Agrarpreispolitik gerade auf einen konfliktverschärfenden Kurs geraten, als sich in der Deutschlandpolitik eine mögliche Wende andeutete. Die örtlichen Behörden stellten gerade die Ablie-

[328] Siehe Schlußfolgerungen aus einem Bericht „Die Situation in der Landwirtschaft der DDR", gez. Matveev, 18. 2. 1952, AVP RF, fond 0457a, opis' 13, papka 71, delo 71, listy 54–58, hier list 54.

[329] Das Politbüro ließ im Dezember 1951 die Hintergründe eines Prozesses in Salzwedel prüfen. Es ist sehr wahrscheinlich, daß die SKK aufmerksam gemacht hatte. Siehe Protokolle der Politbürositzungen am 28. 12. 1951und 8. 1. 1952, SAPMO BArch, DY 30, IV 2/2-185 Bl. 2; -186, Bl. 4; Schlußfolgerungen aus einem Bericht „Die Situation in der Landwirtschaft der DDR". Siehe auch Bericht Malkins über einen Prozeß im Kreis Zauch-Belzig, 17. 1. 1952, AVP RF, fond 0458, opis' 315s, papka 281, delo 11, listy 7–9.

[330] Siehe Protokoll der Politbürositzung am 4. 3. 1952, SAPMO BArch, DY 30, IV 2/2-198, Bl. 2. Eine Vorlage von Landwirtschaftsminister Scholz wurde zurückgewiesen.

[331] Siehe Protokoll der Politbürositzung am 18. 3. 1952, SAPMO BArch, DY 30, IV 2/2-202, Bl. 6, 66–80.

[332] Siehe Vertrauliche Niederschrift aus der Hauptabteilung III (Agrarpolitik) des Ministerium für LFW, 1. 3. 1952, BArch, DK 1, 8696, Bl. 1–4.

ferungsbescheide aus, die noch mehr Bauern als bisher verunsicherten und verärgerten, als die Bauernschaft – wie die gesamte ostdeutsche Bevölkerung – von den Geschehnissen um die Stalin-Note vom März 1952 in Bann gezogen wurde: Würde es nun bald wieder eine gesamtdeutsche Agrarwirtschaft geben und welche Perspektiven böte die? Die Haltung der Bauern zum ostdeutschen Staat war von der Abgabenentwicklung der letzten Jahre erheblich geprägt, und nur die ebenso unklare Perspektive der Landwirtschaft im Westen machte die Belastungen Mitte 1952 noch erträglich. – Für die SED-Führung war die Verunsicherung nicht minder groß, wie zu zeigen sein wird.

4. Die Landbevölkerung im Spannungsfeld von Wirtschafts- und Klientelpolitik

4.1. *Großbauern*

4.1.1. Forschungsstand und Problematisierung

1949 gab es auf dem Territorium der SBZ/DDR etwa 47000 agrarwirtschaftliche Betriebe, die als Großbauernwirtschaften und/oder „kapitalistische" Landwirtschaftsbetriebe angesehen wurden. Sie hatten 20 Hektar und mehr landwirtschaftliche Nutzfläche zur Verfügung, meist 20–50 ha.[333] Ihre große volkswirtschaftliche Bedeutung ergab sich aus dem Umstand, daß diese ländlichen Unternehmer (mit Familienangehörigen gerechnet ca. 200000 Personen) auf mehr als einem Viertel der gesamten LNF der DDR wirtschafteten (in Kreisen mit gutem Boden auf bis zu 40 Prozent) und ein Drittel aller in der privaten Landwirtschaft eingesetzten familienfremden Arbeitskräfte beschäftigten. Fast 1000 Betriebe (ohne Gartenbau) hatten mehr als 10 ständige Lohnarbeiter. Folglich war der Anteil der Familienarbeitskräfte an den Gesamtarbeitskräften im Betrieb der prozentual niedrigste in der Landwirtschaft überhaupt. Auf Großbauernhöfen befand sich etwa ein Viertel der Nutzviehbestände mit einem hohen Anteil wertvoller Herdbuchtiere. Die Ausstattung mit Maschinen und Geräten war vergleichsweise gut. Nahezu jeder Großbauer besaß eine eigene Dreschmaschine, fast jeder zweite einen Traktor. Über die Hälfte aller in Land- und Forstwirtschaft vorhandenen Traktoren und fast 80 Prozent der Dreschmaschinen waren 1949 in Großbauernbesitz.

Ein Drittel der pflanzlichen und ein Viertel der einheimischen tierischen Produkte, die in der DDR veräußert wurden, kamen aus Großbauernwirtschaften. Das jährliche Reineinkommen pro Familienarbeitskraft war in Wirtschaften der Größenklasse 20 bis 35 ha im Jahr 1950/51 mit 1793 Mark fast doppelt so groß wie das in mittelgroßen Höfen von 5–10 ha.[334] In der Land- und Fortswirtschaft erbrachten „kapitalistische Betriebe" laut offizieller Statistik 1950 brutto für fast 1,8 Milliarden DM gesellschaftliche Werte. 1951 belief sich der Wert auf 2,15 Milliarden DM, 1952 auf 2,19 Milliarden DM – jeweils etwa 21 Prozent der gesamten land- und forstwirtschaftlichen Bruttoproduktion.[335] – Diesem konstanten Anteil der Betriebsgrößengruppe an der Agrarproduktion der DDR steht jedoch gegenüber, daß 1950 bis 1952 insgesamt 3000 bis 5000 Betriebe mit 20 ha und mehr Land

[333] Das Statistische Jahrbuch 1955 weist für 1949 über 47000 Land- und Forstwirtschaftsbetriebe aller Eigentumsformen mit einer Fläche von je 20 ha und mehr aus (S. 195). Für 1950 nennt es 47557 private land- und forstwirtschaftliche Betriebe auf über 20 ha (S. 196). Diese Zahl findet sich vielfach in der Literatur, so bei Kramer/Heyn/Merkel, Landwirtschaft 1945–1955 (S.28), bei Griebenow/Meyer, Einbeziehung (S.374), und bei Bell, Enteignungen (S.11). Unter Berufung auf Akten aus dem SED-Archiv nennt Schultze, Klassenkampf, (S.57), für 1949 47330 Großbauernbetriebe. Piskol, Umwälzung (S.153), spricht für 1949 von 47000 Großbauern, ebenso Kurek, VdgB (S.132). Schulz, Probleme, nennt für 1949 nur 45747.

[334] Siehe Schulz, Probleme, S. 5, 24; Kotow, Agrarverhältnisse, Teil 2, S. 23; Griebenow/Meyer, Einbeziehung, S. 375; Piskol, Entwicklung, S. 420–423; Vieweg, Veränderungen, S. 599.

[335] Siehe Statistisches Jahrbuch 1955, S. 91.

(oder 7 bis 10 Prozent der 1949 existierenden Wirtschaften dieser Größenordnung) aufgegeben wurden.

Die Politik der SED gegenüber dieser Schicht von Betriebseigentümern und Produzenten ist in der DDR-Geschichtsschreibung in mehrfacher Hinsicht fragwürdig reflektiert und interpretiert worden. Das trifft auch auf die mit Daten angereicherten Studien der siebziger Jahre zu. Zum einen waren alle Darstellungen darum bemüht, eine kontinuierliche Entwicklung nachzuzeichnen. Alternativen, konzeptionelle Unklarheiten und taktische Erwägungen der Parteiführung wurden nicht untersucht, Eingrenzung und Zurückdrängung des Einflusses der Großbauernschaft wurden als Ergebnis stringenter politischer Entscheidungen und – im philosophischen Sinne – gesetzmäßiger Entwicklung dargestellt. Der SED-Geschichtschreibung zufolge handelte es sich bei diesem Zeitabschnitt um eine volkswirtschaftliche und politische Konsolidierungsphase, die dem eigentlichen „planmäßigen Aufbau des Sozialismus" notwendig vorausging. Der sowjetische Anteil an der SED-Politik kam kaum zur Sprache.

Zum anderen wurden die historischen Argumente für die Richtigkeit einer solchen Politik einfach wiederholt. Die Eindämmung kapitalistischer Produktionsverhältnisse auf dem Weg von Restriktionen bis hin zur Liquidierung einzelner kapitalistischer Wirtschaften war nach offizieller DDR-Lesart nicht nur theoretisch begründet, sondern von den wirklichen Gegebenheiten her auch politisch zwingend. Wurde seinerzeit schon aus der ökonomischen Konsolidierung der Großbauern und aus der zweifellos vorhandenen Tendenz, sie in politischen Einfluß münden zu lassen, eine real wachsende Gefahr für die sozialen Errungenschaften in der SBZ/DDR konstruiert, so wiederholte auch die SED-Agrargeschichtsschreibung diese These ungeprüft. Dabei sind insbesondere aus den Aktivitäten der Großbauern im Umfeld der Wahlen 1950 rigorose Schlüsse gezogen worden. Aus „alten Gewohnheiten", „Mißtrauen gegenüber der Arbeiter-und-Bauern-Macht" und „sozialökonomisch bedingtem Profitstreben" der kapitalistischen Unternehmer auf dem Lande schloß man auf eine a priori wachsende Feindschaft zum DDR-Staat. Man konstatierte Bestrebungen, „kapitalistische Verhältnisse zu Lasten des volkseigenen Sektors" zu restaurieren.[336] Die wirklichen Produktionsverhältnisse in großbäuerlichen Betrieben sind aber nie gründlich untersucht worden.[337]

Diese Überzeichnung oppositioneller und restaurativer Tendenzen und die unreflektierte Übernahme überlieferter Rechtfertigungsmuster wurde in den achtziger Jahren nur ansatzweise durchbrochen.[338] Zu einer gebührenden Problematisierung des in der SED-Agrarpolitik jener Jahre angelegten Widerspruches zwischen, einerseits, der propagierten prinzipiellen Beibehaltung der bisherigen Agrarpolitik, bei der Großbauern *optimal* in den Produktionsaufschwung einbezogen wer-

336 So bei Schultze, Klassenkampf.

337 Anders als für die städtische „Restbourgeoisie", für die Jochen Czerny in den späten achtziger Jahren eine nüchterne Bilanz der ökonomischen Potenzen und der Verfügungsgewalt über Produktionsmittel zog, wurde für die ländliche Bourgeoisie in der DDR der frühen fünfziger Jahre die Frage nach der wirklichen Produktionsweise, nach der von ihr ausgehenden Herrschaftsgefährdung bzw. nach den Möglichkeiten der staatskapitalistischen Nutzung nicht gestellt.

338 Etwa bei Schulz, Probleme.

den sollten (freilich ohne daß eine erweiterte Reproduktion ihrer Betriebe zugelassen wurde), und, andererseits, dem de-facto-Übergang von der „Beschränkung" zur „Verdrängung" großbäuerlicher Produktion, kam es nicht. Nach 1989/90 bezogen einige frühere DDR-Agrarhistoriker kritisch Stellung zu ihren alten, politisch induzierten Einseitigkeiten und Fehlinterpretationen. Hervorzuheben ist ein Aufsatz von Joachim Piskol.[339] Dieser stellte unter anderem fest: Zwischen Herbst 1948 und Sommer 1953 wandelten sich die Großbauern in den Augen der SED-Führung von „Bündnispartnern" zu „Klassenfeinden". Hintergrund sei die im Frühjahr 1948 einsetzende verstärkte Stalinisierung der SED gewesen, womit Stalins These von der gesetzmäßigen Verschärfung des Klassenkampfes politikbestimmend wurde. Widersprüchliche Tendenzen hätten sich dann aber aus der Notwendigkeit ergeben, die Großbauernwirtschaften für Versorgungsaufgaben weiter heranzuziehen.[340]

In der Bundesrepublik waren die Bemühungen um historiographische Details und Differenzierungen nicht größer als in der DDR, was mit Quellenmangel nicht allein zu begründen ist. Das vorherrschende Bild folgte dem allgemeinen Schema, wonach spätestens mit der Staatsgründung eine der NÖP-Periode vergleichbare Atempause in der DDR-Agrarwirtschaft beendet war.[341] Die neue Welle des von der SED ausgehenden Klassenkampfes habe sich insbesondere in der Abschaffung der alten Genossenschaften bzw. in deren Zwangsverschmelzung mit der VdgB geäußert, die Großbauernbetriebe seien gezielt in den Ruin getrieben worden.[342] Viele Zeithistoriker schreiben diese These noch heute fort.[343] In anderen Arbeiten wurden die Widersprüche unterbelichtet. So kennzeichnet die von Theodor Bergmann repräsentierte Schule der westdeutschen Agrargeschichtsforschung eine zeitlich nicht genau fixierte Etappe zwischen Bodenreform und sozialistischer Umgestaltung vereinfachend als Phase, in der sich die SED-Agrarpolitik auf die Umorganisierung des ländlichen Genossenschaftswesens konzentrierte, wobei der Einfluß der wohlhabenden Landwirte auf die alten Genossenschaften gebrochen wurde.[344] Wolfgang Bell ging in seiner 1992 erschienenen Arbeit „Enteignungen in der Landwirtschaft der DDR nach 1949 und deren politische Hintergründe" auf die Jahre 1950 bis Mitte 1952 nur sehr knapp ein,[345] und auch in der gründlichen Betrachtung der Bodenrechtsentwicklung in der SBZ/DDR, die Marcus Mollnau vornahm, fallen die agrarhistorisch relevanten Aussagen zu den hier interessierenden Jahren dürftig aus.[346]

[339] Piskol, Sozialökonomische Entwicklung, S. 419. Piskol übte Selbstkritik. Er distanzierte sich von seiner alten, seit den sechziger Jahren vertretenen These, wonach die SED immer allen Bauernschichten, darunter auch den Großbauern, eine Perspektive einräumte. Diese These war aber nicht ständig vorherrschend. Sie entstand als „Begleitmusik" zur Kampagne des Abschlusses der Kollektivierung, als es mehr um die „Einbeziehung" der Großbauern ging. Zuvor und auch danach hatte es in der DDR auch Darstellungen gegeben, die den vermeintlich richtigen Kampf gegen die Großbauern von Anfang der fünfziger Jahre thematisierten.

[340] Siehe ebenda, S. 423f.

[341] Siehe Kramer/Heyn/Merkel, Landwirtschaft 1945- 1955, S. 19.

[342] Siehe ebenda, S. 22. Siehe auch von der Neide, Ende.

[343] Siehe Osmond, Kontinuität, S. 148.

[344] Siehe Bergmann, Agrarpolitik, S. 142.

[345] Siehe Bell, Enteignungen.

[346] Siehe Mollnau, Bodenrechtsentwicklung.

Generell gilt für die Forschung: Wer der SED-Politik nicht dezidiert großbauernschädigende Absichten von Anfang an unterstellt, geht von einem Wechsel hin zu einer großbauern*feindlichen* Politik aus. Sowohl in west- als auch in ostdeutschen Arbeiten war von einem solchen Wandel zwischen Herbst 1948 und Sommer 1953 die Rede. Sie basieren auf dem Grundgedanken, daß die kommunistischen Herrschaftsträger in den Großbauern immer vorrangig Klassengegner sahen; nach einer ersten Phase der Machtaufbaus, in der es um breiten politischen Zuspruch gegangen war, brauchten sie keine Rücksicht mehr nehmen. Klassengegnerschaft und Bündnispartnerschaft im SED-Verständnis werden dabei oft recht schlicht dargestellt, so als hätte sich beides grundsätzlich ausgeschlossen und als hielte die Geschichte der SED nicht Beispiele dafür parat, wie mit „kapitalistischen Elementen" selbst unter der Losung des Sozialismusaufbaus politische Bündnisse angestrebt wurden.

Im einzelnen sind die verschiedenen Aspekte der SED-Großbauernpolitik in den frühen fünfziger Jahren unterschiedlich bekannt. Die Forschung reflektierte beispielsweise, wie sich die Besteuerung, die Erhebung von Abgaben an den Staat und die Kreditbedingungen für die Betriebsgrößengruppen änderten. Die politischen Losungen der fünfziger Jahre waren weitgehend bekannt. Wenig Beachtung fand dagegen die Tatsache, daß die Zuordnung zu den Agrarproduzentengruppen in der jungen DDR selbst umstritten war.[347] Auch terminologische Differenzen der zeitgenössischen Propaganda und Publizistik wurden übersehen. So sprach beispielsweise Kotow in seinem 1959 in deutscher Sprache edierten Zweibänder zusammenfassend von „großbäuerlich-kapitalistischen" Betrieben, wobei er – mit einer Vielzahl von Einschränkungen und Besonderheiten – die Masse der größeren Privatwirtschaften in „großbäuerliche" mit meist 10 bis 20 ha Wirtschaftsfläche und „kapitalistische" mit meist über 20 ha unterteilte (Mittelbauern waren nach dieser Einteilung Bauern mit meist 5 bis 10 ha). In späteren DDR-Darstellungen fiel diese Unterteilung dann in der Regel weg, wenn von den Großbauernbetrieben der fünfziger Jahre die Rede war. Zugleich hatten gerade einige sowjetische und DDR-Darstellungen herausgearbeitet, daß die zeitgenössischen Zuordnungen nicht allein von der verfügbaren LNF her geschahen. Die SED-Führung hatte ein durchaus komplexes Verständnis von „Kapitalismus in der Landwirtschaft". Wichtiges Kriterium war – und zwar seit Lenin – die Zahl der familienfremden Arbeitskräfte, insbesondere die der ständigen Lohnarbeiter.

Dies alles ist in der Agrargeschichtsforschung zur frühen DDR bis heute kaum problematisiert. Selbst theoretisch fundierte Untersuchungen nehmen die sozialismus-internen Definitionsprobleme beim Thema Bauernschichten zu leicht. Einige Studien gehen gänzlich über sie hinweg. In den meisten Fällen jedoch werden irgendwelche SED-Veröffentlichungen nach Belieben (und gelegentlich auch falsch) zitiert.[348] Zäsuren zu präzisieren und Hintergründe zu klären, gelang

[347] Besonders augenfällig ist Kramers Nivellierung, wenn er, mit unterschiedlichen Bezügen hantierend, für 1949 bis 1951 vom „Kampf gegen Mittel- und Großbauern" spricht. Seine Tabelle zu den Betriebsgrößenklassen 1950–1953 gliedert sich in 1-5 ha, 5-20 ha, 20-50 ha, über 50 ha (siehe Kramer/Heyn/Merkel, Landwirtschaft 1945–1955, S. 28).

[348] Siehe Osmond, Kontinuität, S. 148. Er faßt regelrecht falsch zusammen: „Der Begriff ‚Großbauer' erlebte einen Bedeutungswandel. Früher [gemeint ist wohl die Vorkriegszeit – E. S.] war Großbauer derjenige, der mehr als fünfzig Hektar in Besitz hatte. Nun sank die Grenze auf zwanzig Hektar."

noch nicht überzeugend. Sofern dies anhand einer Analyse der Kooperation zwischen SED und SKK möglich ist, will das folgende Kapitel dazu einen Beitrag leisten.

4.1.2. Grundverständnis und „politische Linie" der Großbauernpolitik

Schon in Sowjetrußland war es kommunistischer Politik schwergefallen festzulegen, wer der Träger privatkapitalistischer Produktionsverhältnisse auf dem Lande war. Die Ursachen lagen nicht – wie häufig angenommen – in den insgesamt unterentwickelten Agrarverhältnissen. In Rußland bestanden höchst komplizierte landwirtschaftliche Strukturen. Nicht überall war die Dorfarmut von den Mittelbauern zu unterscheiden; zugleich verboten es – Helmut Altrichter zufolge – „die möglichen Formen der ‚Ausbeutung', die Ausleihe von Produktionsmitteln und die Bodenpacht, einen prinzipiellen Trennungsstrich zwischen Groß- und Mittelbauern zu ziehen".[349] Die Praxis im Agrarbereich der „vorkollektivierten" Sowjetunion sah über Definitionsprobleme hinweg und versuchte, praktikable Zuordnungskriterien über Kategorien wie Viehbesitz, Beschäftigung von fremden Arbeitskräften, Besitz landwirtschaftlicher Technik und Betreibung eines Handelsunternehmens zu finden. Die Staatspartei war bemüht, über Merkmalkombinationen eine Schichtung (in über zwanzig Gruppen) der Landbevölkerung vorzunehmen, die wirtschaftspolitisch handhabbar war. Bis zur Kollektivierungskampagne, die 1929/30 einsetze, war die Festlegung, wer Großbauer war und wer nicht, in der Sowjetunion regional verschieden und zugleich politisch-praktisch wenig bedeutsam. Das Bemühen um Charakterisierung der Bauernschaft im wesentlichen von der Betriebsstärke her versandete, als unter Stalin das Anwachsen von Klassenkampf zu einer Gesetzmäßigkeit erklärt wurde. Denn nun rückte das Kriterium der aktiven politischen Gegenaktion an die erste Stelle, und – und das war gravierend – es wurde ergänzt um das einer amorphen potentiellen Gegnerschaft.

1949 galt es in der SED als selbstverständlich, daß Großbauern als kapitalistische Schicht im Sozialismus nicht fortexistieren werden. Die sogenannte Mittelbauernschaft dagegen war – langfristig gesehen – in den Sozialismus zu führen. Nur sah der Marxismus/Leninismus auch in der Hochzeit des Stalinismus eben keine bedingungslos gleichbleibende „Linie" im Umgang mit Groß- und Mittelbauern vor. Ganz im Sinne seiner „schöpferischen Weiterentwicklung" könnten, so war die Vorstellung, gewisse nationale Besonderheiten zu verschiedenen Tempi und Formen der Zurückdrängung des Großbauerneinflusses führen. Das galt auch nach der Korrektur an der ursprünglichen Volksdemokratie-Konzeption weiter. Quasi prinzipiell „sozialismusunfähig", blieben Großbauern in den Augen von Kommunisten Gegenstand sowohl strategischer als auch aktuell-taktischer Erwägungen für eine Politik sozusagen „auf dem Weg zum Sozialismus". Daß diese in Deutschland ganz besonders „opportunistisch" ausfallen müsse, hatte Stalin der SED-Spitze im Dezember 1948 in Moskau deutlich gemacht.

Als politikbestimmend galten volkswirtschaftliche Zwänge. Auch politische Großbauernbestrebungen, in denen konkrete Gefahren für den Sozialismusaufbau

[349] Altrichter, Agrarstruktur, S. 386.

zu erkennen waren, sollten bedacht werden. Lenin hatte 1920 darauf bestanden, daß die Expropriation der Großbauern nicht unmittelbare Aufgabe des proletarischen Staates sein kann, wenn die materiellen, insbesondere die technischen, Voraussetzungen nicht gegeben sind, um diese Wirtschaften funktionstüchtig zu erhalten. „In der Regel soll die proletarische Staatsmacht den Großbauern ihr Land lassen und es nur dann konfiszieren, wenn sie der Macht der Werktätigen und Ausgebeuteten Widerstand leisten", erklärte er.[350] Die Politik des zeitweisen Rückzugs ging sogar von einem in Kauf zu nehmenden Anwachsen des Kulakentums aus, gegen das man „nicht mit Verbotsmaßnahmen kämpfen" müsse, sondern mit staatlicher Förderung von Klein- und Mittelbauern.[351] Für die Verhältnisse staatlicher Konzessionen an den kapitalistisch wirtschaftenden Unternehmer hatte Lenin den Begriff „Staatskapitalismus" eingeführt und behauptet, daß „dieser Kapitalismus für uns nicht gefährlich ist".[352] „Die Politik des Proletariats gegenüber dem Kulakentum und der wohlhabenden Bauernschaft muß darauf gerichtet sein, deren Ausbeuterbestrebungen [...] einzuschränken", „ohne daß das Wachstum der Produktivkräfte aufgehalten wird".[353] Es ging also um eine „Beschränkung von Ausbeutung" generell (auch bei Mittelbauern) bei weitgehender Nutzung aller Wirtschaftspotenzen. Erst für den Fall aktiver politischer Gegnerschaft sah Lenin extreme Maßnahmen bis hin zur Konfiszierung als angebracht an. Großbauernpolitik galt demnach sowohl im gesellschaftstheoretischen Selbstverständnis der SED als auch infolge bestimmter konkret-praktischer tagespolitischer Zielsetzungen als modifizierbar.

Eine 1948 im SWA-Verlag erschienene sowjetische Monographie zu den Bodenbesitz- und Produktionsverhältnissen in der deutschen Landwirtschaft vor 1945[354] deutet an, wie beweglich die geistigen Grundlagen waren, auf der die SED-Großbauernpolitik aufbauen konnte.

Auf die Nachkriegslandwirtschaft in Ostdeutschland und die 1948 entstandenen neuen Besitzverhältnisse ging der Verfasser Petrušov zwar weniger ein. Doch seine Sicht auf die Differenzierungsprozesse in der Landwirtschaft war für die SED von unmittelbarem Nutzen. In guter Leninscher Tradition bestand der Autor bei der Einteilung von Bauernwirtschaften in verschiedene Gruppen auf eine Berücksichtigung nicht nur der Gesamtbodenfläche, sondern auch des Viebestandes, der (Lohn)Arbeitsverhältnisse, der technischen Ausstattung und der jährlichen Menge an Produkten, die veräußert wurden. Lenins Einschätzung der Agrarverhältnisse in einem „fortgeschrittenen kapitalistischen Land" wie Deutschland hatte um die Jahrhundertwende noch besagt, daß unter Mittelbauern im ökonomischen Sinne Landwirte zu verstehen seien, die in der Regel ein wenig über den Familienbedarf hinaus produzieren, in günstigen Jahren ein kleines Kapital anlegen und „ziemlich oft" fremde Arbeitskraft in Anspruch nehmen. Großbauern dagegen würden *in der Regel mehr als einen Lohnarbeiter beschäftigen und regelmäßig einen veräußer-*

350 Lenin, Ursprünglicher Entwurf, S. 146.
351 Siehe Lenin, Referat über die Ersetzung, S. 228.
352 Lenin, Referat über die Naturalsteuer, S. 306.
353 Lenin, An die Mitglieder, S. 225, 228.
354 Petruschow, Agrarverhältnisse.

baren Überschuß erwirtschaften. Die Grenze läge im entwickelten Kapitalismus im großen und ganzen bei etwa 10 ha Bodeneigentum und/oder Pachtland zusammengenommen.

Petrušov nun ermittelte in Rückbesinnung auf diesen ökonomischen Ansatz für die deutsche Agrarwirtschaft um 1933 Werte, die die Betriebe mit 10–20 ha Land im allgemeinen als Großbauernwirtschaften kennzeichneten. In der Region der schwach intensivierten Landwirtschaft der östlichen Regionen Deutschlands aber, so hieß es bei ihm, „kann ein bedeutender Teil" der 10 bis 20 ha großen Betriebe auch als mittelbäuerliche Landwirtschaften bezeichnet werden.[355] Diese verhaltene Korrektur an einer versimpelten, stark generalisierenden Zuordnung zur Großbauernschaft war zweifellos Ausdruck aktueller Zugeständnisse an die sogenannten nationalen Besonderheiten beim Sozialismusaufbau.

Im Herbst 1949 sahen sich SED und SMAD allerdings noch nicht veranlaßt, konkreter zu bestimmen, wer definitiv zu den Großbauern und damit zu den „direkten und entschiedenen Feinden des revolutionären Proletariats"[356] zu zählen ist. Die genaue Auslegung des Begriffes „Großbauer" war für die SED-Führung momentan relativ bedeutungslos. Auch die SKK-Abteilung für Wirtschaftsplanung zeichnete Anfang 1950 in einem bereits erwähnten Bericht zur Entwicklung der Land- und Forstwirtschaft in der SBZ von 1945 bis 1949[357] ein weitgehend problemloses Bild von den größeren privaten Agrarbetrieben. Deren Leistungsstärke wurde angemessen reflektiert. Außer der seit 1945 verfolgten, gesellschaftsweit als gerecht empfundenen, progressiven Steuerveranlagung der Privatbetriebe gab es keine systemisch-staatliche Behinderung allein aufgrund der Zugehörigkeit zu den oberen Betriebsgruppen. „Restriktion" beschränkte sich weitgehend auf das Vorenthalten von Sonderhilfen, die als Fördermittel für Neubauern- und Kleinbetriebe gedacht waren.

Im Frühjahr 1950 kam im Zusammenhang mit der Notwendigkeit für eine insgesamt größere Erfassungsmenge aus der Landwirtschaft die Frage nach stärkeren Belastungen auf, die den Großbauern abverlangt werden könnten. Die Ablieferungspflichten waren 1949 in fünf Betriebsgrößengruppen aufgeschlüsselt gewesen, wobei die Privatbetriebe ab 10 ha in die Gruppen 10 bis 20, 20 bis 50 und über 50 ha eingeteilt waren. Auf solche Betriebsgrößengruppen bezogen sich auch die Auflagen für das Jahr 1950. Doch in den Debatten um die Agrarpreise kam die Meinung auf, daß diese Einteilung nicht realistisch sei. Andererseits – und damit im engen Zusammenhang – erhob sich die Frage nach den weiteren Perspektiven für die verschiedenen Bauerngruppen. Es bestand Klärungsbedarf in Grundsatzfragen.

Einige sowjetische Genossen verwendeten den Großbauernbegriff hierbei allerdings sehr unklar. Bei einer Begegnung der SED-Führung mit der SKK-Spitze Ende März 1950 offenbarten sich terminologische Differenzen. Anlaß waren Meinungsverschiedenheiten in der Frage der Erhöhung von Erfassungspreisen.

355 Siehe ebenda, S. 147.
356 So bei Lenin, Ursprünglicher Entwurf, S. 145. So auch bei Fred Oelßner, Bauernfrage, S. 781.
357 Siehe Die Land- und Forstwirtschaft der Deutschen Demokratischen Republik. Geschichte der Verwaltung Land- und Forstwirtschaft der SMAD für das Jahr 1949, gez. A. Baranov, undatiert (Eingangstempel „Stab der SMAD" 23. 3. 1950), AVP RF, fond 0457 g, opis' 1, papka 6, delo 18.

Die „Freunde“ behandelten Landwirte ab 10 ha in diesem Zusammenhang wie *eine* Produzentenschicht und verwendeten den schwer übersetzbaren Sammelbegriff „wohlhabende und Kulakenwirtschaften“.[358] Der deutsche Begriff „Großbauer“ fiel so, daß die bislang gültige Festlegung der „Mittelbauernschaft“ in Frage gestellt schien.[359] SKK-Chef Čujkov unterschied mit Blick auf vermutete Folgen einer Preisreform zwischen 511 000 Klein- und Mittelbauernwirtschaften mit bis 10 ha Land (laut landwirtschaftlicher Betriebszählung von 1949 waren es aber über 642 000 Betriebe, davon rund 40 000 Betriebe nur auf Pachtland) und 160 000 „wohlhabenden und Kulakenwirtschaften“(laut Betriebszählung gab es 160 702 Betriebe mit Land über 10 ha, darunter gut 8000 nur auf Pachtland. Die Zahlenunterschiede könnten sich damit erklären, daß in der SKK die Gruppe der Bauern mit Land um 10 ha teils zur ersten und teils zur zweiten Gruppe gerechnet wurde). Fraglos hatte man sich von noch anderen Wirtschaftskriterien leiten lassen als nur dem Bodenbesitz.

Die Formulierungen stießen auf Protest. Aus den Reihen der SED-Agrarexperten kamen Stimmen, die gerade in Sachen Bündnispolitik die Notwendigkeit nationaler Besonderheiten betonten und diese – vorsichtig thematisiert – auch für einen späteren Sozialismus-Kurs im Auge zu behalten gedachten. So teilte der Staatssekretär im Innenministerium Hans Warnke (SED) dem Spezialisten für Vermessungswesen und Agrarpolitik Wilhelm Dölling im Zusammenhang mit der Begutachtung von dessen Manuskript zum bald veröffentlichten Buch[360] vertraulich mit, vor wenigen Tagen hätten „verantwortliche Genossen“ die Meinung geäußert, Betriebe bis 5 ha seien Kleinbetriebe und bis 10 ha Bodenbesitz müsse von mittelgroßen Betrieben gesprochen werden. Er, Warnke, sei damit nicht einverstanden, vielmehr bestehe er auf seiner bereits 1948 geäußerten Ansicht, mit 10 bis etwa 35 ha Land sei ein Bauer ein Mittelbauer, erst ab 35 ha ein Großbauer. Man könne aber keine scharfen Grenzen ziehen. Dölling war in seinem Textentwurf davon ausgegangen, daß ab 50 ha Land der Besitzer ein Großbauer sei.[361]

Im Sommer 1950 bezog sich Kurt Vieweg geschickt auf Petrušov, als er die Gruppe von Wirtschaften mit 10 bis 20 ha näher analysierte und feststellte, die De-

358 „Zažitočnye i kulackie chozjajstva“ wurde vom sowjetischen Dolmetscher offensichtlich als „Großbauern“ übersetzt, denn Pieck hielt das so in seinen Notizen fest. Dabei existierte für Großbauern das sprachliche Äquivalent „grosbauery“.

359 Scholz, Bauernopfer, S. 106, interpretiert die Notate Piecks von dieser Begegnung überzogen. Der Chef der SKK hätte seiner Meinung nach „kategorisch erklärt“, wer 5 bis 10 Hektar Land besitzt, sei ein Mittelbauer, wer mehr besitzt, ein Großbauer. Dies ist im Dokument keineswegs so eindeutig. Zumindest kommen in der Notiz auch gesonderte Angaben zu Wirtschaften mit über 20 ha unter dem Kürzel „mittl.“ vor. Unstrittig ist nur, daß für Betriebe der Größe ab 10 ha vom anwesenden sowjetischen Übersetzer einmal der deutsche Begriff „Großbauern“ gebraucht wurde (siehe Besprechung am 23. 3. 1950 zwischen Čujkov, Il'ičev, Pieck, Rau und Grotewohl, in: Badstübner /Loth, Pieck-Aufzeichnungen, S. 337–339, hier S. 338). Das russische Protokoll der Begegnung bringt die betreffende Passage erstaunlicherweise auf eine halbe Seite verkürzt; die bei Pieck genannten Zahlen kommen nicht alle vor. Diesem Protokoll zufolge wurde von Čujkov keine neue Klassifizierung der Bauernschaft vorgenommen, sondern summierend für die 160 000 größten Wirtschaften ab 10 ha festgestellt, daß sie es seien, die von der seitens der SED geplanten Preisreform am meisten profitieren würden (siehe Aufzeichnung des Gesprächs zwischen Čujkov, Il'ičev, Pieck, Grotewohl und Rau am 23. 3. 1950, RGASPI, fond 17, opis' 137, delo 309, listy 55–58, hier list 55f.)

360 Dölling, Wende (1950).

361 Brief Warnkes an Dölling, streng vertraulich, 13. 4. 1950, BArch, DC 1, 1544, unpag.

finition Lenins sei nicht so auszulegen, als wären nur Wirtschaften bis 10 ha Nutzfläche mittelbäuerliche Betriebe. Unter Beibehaltung der bündnispolitischen Zwecksetzung der „Gewinnung der Mittelbauern als Verbündete der Arbeiterklasse" bei der Festigung der neuen Ordnung auf dem Lande forderte der VdgB-Vorsitzende eine „ernste Korrektur" an den bislang zu wenig differenzierenden Veranlagungen von Wirtschaften mit 10-20 ha. (Sein Vorstoß hatte schließlich Erfolg). Zu den Großbauern stellte Vieweg – ohne sich jedoch auf eine eindeutige Zuordnung festzulegen – klar, daß die Akkumulationsfähigkeit der Betriebe ab 20 ha zugenommen hätte. Diese teils auf Kosten der kleinen und mittelgroßen Betriebe, großenteils aber unter Verschleiß der physischen Kräfte der Landarbeiter erreichte Konsolidierung der größeren Betriebe war ihm Anlaß, zur unbedingten Einhaltung der Gesetze (Landarbeiterschutzgesetz) und zur Förderung der Klein- und Mittelbauern (über die MAS) aufzurufen. Doch einer Liquidierung der Großbauern redete Vieweg nicht das Wort. Auch Staatssekretär Paul Merker (SED) agierte in diesem Sinne und fand dabei Unterstützung bei SKK-Agrarexperten. So wies er bei einer Unterredung mit dem Stellvertretenden Leiter der Abteilung Wirtschaftsplanung der SKK Baranov und dessen Referent Kozlovskij auf Beschwerden aus Sachsen hin, wo man die Erörterung der Frage der Abgabenormen fälschlicherweise so aufgefaßt hatte, daß den Großbauern künftig nicht nur mehr abzuverlangen, sondern ihre gesamte Existenzgrundlage zu nehmen sei.[362]

Auf dem III. Parteitag der SED (20. bis 24. Juli 1950) sprachen sich Ulbricht und Vieweg gegen „sektiererische" Auffassungen in der Bündnisfrage aus, die als „Hemmschuh bei der Entwicklung eines neuen Bewußtseins in der werktätigen Bauernschaft" wirkten, das heißt mittlere Bauernschichten abstießen.[363] Eine neue Veranlagung wurde angekündigt, die vor allem bei der Übergangsgruppe von Wirtschaften mit 10–15 ha Land die unverhältnismäßig hohen Ablieferungspflichten mindern sollte.[364] Zugleich war die SKK nicht festgelegt, sondern zog von verschiedenen deutschen Stellen Meinungen ein. So teilte die Deutsche Bauernbank Anfang Oktober auf Anfrage zum Begriff „Mittelbauer" mit: „Als Mittelbauer kann man in der DDR diejenigen Landwirte bezeichnen, die etwa 10–25 ha Land bewirtschaften (Eigen- und Pachtland). Maßgebend für die Begriffsermittlung ist aber hierbei die jeweilige Bodenklasse. [...] Der Begriff Mittelbauer wird also von Fall zu Fall im Rahmen der vorerwähnten Größenordnung festgestellt werden müssen, wobei auch die Rentabilitätsberechnung eine Rolle spielen dürfte."[365] Auf einer Beratung mit der SKK am 5. Oktober 1950 wurde mit Blick auf die neuen Ablieferungspflichten festgelegt, in den Gemeinden Kommission aus Vertretern von Dorfgenossenschaft, VdgB, FDGB und mit dem Bürgermeister einzurichten, die festlegen, wer Mittelbauer ist.[366]

362 Siehe Notiz zu einem Gespräch Baranovs sowie Kozlovskijs mit Paul Merker und anderen am 24. 5. 1950, AVP RF, fond 0457a, opis'9, papka 52, delo 18, listy 175–179, hier list 179.
363 Siehe Kurt Vieweg in der Diskussion, in: Protokoll des III. Parteitages, Bd. 2, S. 57.
364 Siehe Ulbricht, Fünfjahrplan und Perspektiven (1), S. 371 f.
365 Notiz der Deutschen Bauernbank „Antworten auf Fragen der SKK", 5. 10. 1950, BArch, DN 2, 125, unpag.
366 Siehe ebenda.

Vom August 1950 liegt ein Bericht der SKK-Vertretung im Land Mecklenburg über die Lage auf dem Lande vor, der im Rahmen eines an alle Landesvertretungen gerichteten Generalauftrages der SKK erarbeitet worden war.[367] Auch hier wurden – vornehmlich auf der Grundlage von Erhebungen aus dem Jahr 1949 – Aussagen zum Charakter der ländlichen Produktionsverhältnisse getroffen. Die etwa 23 000 Wirtschaften mit mehr als 15 ha (knapp 16 Prozent aller Wirtschaften mit insgesamt 41 Prozent des Bodens im privaten Sektor) bezeichneten die Berichterstatter als „Kulakenwirtschaften". Auf welcher Faktengrundlage die 15-ha-Grenze hier zur Markierung von „Kulakenwirtschaften" herangezogen worden war, bleibt unklar. Zugleich ist offensichtlich, daß der wirtschaftliche Einfluß dieser „Kulakenwirtschaften" im Bericht dramatisiert wurde: Fast die Hälfte der gesamten Landwirtschaftsfläche läge in den Händen der Kulaken, hieß es.[368] Die sowjetischen Agrarspezialisten in Mecklenburg schrieben zutreffend, daß die Bodenreform den größeren Altbauernwirtschaften durchaus zugute gekommen war. Ohne die Konkurrenz der Güter hätten sie nach 1945 vielerorts ihre Position im ländlichen Wirtschaftsgefüge festigen können und von der Bedürftigkeit der kleineren Betriebe profitiert. Eine Grundmittel- und Werteakkumulation in den größeren Betrieben wurde konstatiert. Dabei griffen die Berichterstatter auf Angaben zurück, bei denen die Betriebe mit 20–50 ha oder „ab 20 ha" (also nach der gängigen Betriebsgrößenzuordnung) zusammengefaßt waren. Als typisch wurde dann ein Fall aus dem Kreis Güstrow hingestellt, wo ein Bauer mit 46 ha Land im Jahr 1950 4 Pferde (anstatt ursprünglich 3), 25 Rinder (ursprünglich 18) 8 Milchkühe (ursprünglich 4) besaß und zwei ständige und zehn Saisonarbeiter (ursprünglich 2 und 3) beschäftigte. Dies hielten die Berichterstatter für einen beachtlichen Zuwachs – und er war es wohl auch, angesichts der hohen staatlichen Verpflichtungen, denen eine solche Wirtschaft nachkommen mußte. Doch die instabile Lage der um 15 ha Bodenbesitz liegenden Betriebe fand bei dieser Typisierung keine hinreichende Berücksichtigung.

Als Quellen für den gewachsenen Reichtum führte der Bericht aus Mecklenburg an: Der Charakter der dörflichen Verhältnisse selbst hätte eine solche Stärkung des Großbauern zugelassen, es stünden billige Arbeitskräfte ausreichend zur Verfügung und die technische Ausstattung erlaube vergleichsweise gutes Wirtschaften. Zugleich aber hieß es, die SED-Politik und die der Verwaltungsorgane seien zu wenig flexibel, so daß der Großbauer Wege findet, seine Pflichtablieferung ungestraft zu unterlaufen, etwa durch fiktive Teilung der Höfe. Der Bericht bemängelte die dürftige Beeinflussung des großbäuerlichen Finanzgebarens durch die Steuerämter und kritisierte fehlende Kontrolle der Arbeitsverträge durch Partei und Gewerkschaften. Zugleich hieß es grundsätzlich, die Besteuerung sei zu wenig progressiv. Im weit verbreiteten Leihbetrieb an die Klein- und Mittelbauern sahen die Berichterstatter einen für letztere ungünstigen Produktionszusammenhang. Mit anderen Worten, hier wurde mehr Druck auf Großbauern eingeklagt. In die gleiche Richtung wiesen auch Berichtspassagen, die den politischen Einfluß der Großbauern betrafen. Die Ausschüsse der VdgB und die landwirtschaftlichen Ge-

[367] Siehe Zur Frage über die Lage im deutschen Dorf, 26.8.1950, Černjavskij an Semičastnov, Semenov und Kijatkin, AVP RF, fond 0457a, opis' 9, papka 52, delo 18, listy 215–232.
[368] Siehe ebenda, list 217.

nossenschaften seien „von Kulaken verunreinigt“, mancherorts sogar von „direkt feindlichen Elementen“, hieß es. Großbauern würden vielerorts über die genossenschaftliche Verteilung der Düngemittel und Kredite bestimmen. Letztere gingen fast nur an Großbauern.[369] Dies alles würde von den SED-Organisationen nicht wahrgenommen. Sie bezögen nur unzureichend Klassenstandpunkt, würden das Dorf als ein einheitliches Ganzes und die Großbauern oft wohlwollend als gut wirtschaftende Bauern ansehen.

Mangelnde politische Aufmerksamkeit auf Seiten der SED war von SMAD/SKK-Vertretern auch zuvor immer einmal wieder beklagt worden. 1949 erntete die SED beispielsweise Kritik für die schlechte Vorbereitung der VdgB-Wahlen und dafür, daß der Anteil der Kleinbauern unter den VdgB-Funktionären nicht vergrößert werden konnte. Mancherorts hatten damals bereits auf Kreisebene „Kulaken-Elemente ihre reaktionäre Tätigkeit entfaltet“.[370] Die SMAD hatte seinerzeit auch falsche politische Bekundungen moniert, etwa die öffentliche Behauptung des 1. VdgB-Landesvorsitzenden Körting auf einer Konferenz in Salzwedel, es gebe dank der Bodenreform keine Kulaken mehr, sondern nur noch Reaktionäre sowohl unter Alt- als auch unter Neubauern.[371] Doch waren die Orders an die SED 1949 insgesamt recht verhalten geblieben. Im Vergleich dazu ergingen gegen Ende 1950 von einigen Stellen der SKK deutlichere Signale für eine Anti-Großbauern-Politik. Die Orientierung lag noch immer im Rahmen dessen, was Stalin im Dezember 1948 empfohlen hatte. Gleichwohl entstand langsam das Szenario einer sich angeblich politisch formierenden Großbauernschaft.

Über die Hintergründe konnte in den Archiven nichts Konkretes in Erfahrung gebracht werden. Allgemein hatte das Gefahrenszenario zweifellos mit den Spannungen zwischen SED und CDU bzw. LDPD zu tun. Außerdem ist in Rechnung zu stellen, daß der Entscheidungsdruck wuchs, als im Sommer 1950 in politischer und volkswirtschaftlicher Hinsicht anspruchsvolle Aufgaben auf die Staatspartei zukamen. Die SED mußte um die Einhaltung ihres Wahlversprechens zur Abschaffung der Lebensmittelrationierung bemüht sein. Ihre Wahlkampagne trieb einen Teil der Oppositionskräfte zu Aktionen und Demonstrationen, welche SED und SKK wiederum als aktive Sabotage ihrer Politik auslegten. Gerade im zeitlichen Umfeld der Wahlen zu Volkskammer, Land- und Kreistagen sowie Gemeindevertretungen im Oktober 1950 war wieder mehr von einer Verschärfung des Klassenkampfes zu hören. Das Dorf erschien immer mehr als der Ort, in dem sich ein politischer Gegner formierte.

So ergingen 1950/51 – wie bereits 1948 – gerade hinsichtlich der Großbauernpolitik von sowjetischer Seite – regional unterschiedlich – sehr widersprüchliche Hinweise. Manch sowjetischer Berater stützte SED-“Hardliner“. Als beispielsweise der SKK-Landesvertreter in Mecklenburg während einer Besprechung mit Premierminister Höcker (SED), verschiedenen Ministern und leitenden Mitarbeitern der VVEAB sowie dem Mitglied des SED-Landessekretariats Fellenberg Anfang September 1950 Unmut wegen der Gesamtmenge der erfaßten Agrarpro-

369 Siehe ebenda, list 228f.

370 Siehe Bericht der SMA Sachsen-Anhalt, Abteilung Information, über die VdgB-Wahl, gez. Vinogradov, Mai 1949, AVP RF, fond 04570, opis' 8, papka 49, delo 11, listy 80–95, hier list 90.

371 Siehe ebenda. Vergleiche auch Berichte aus anderen SMA-Landesverwaltungen in dieser Akte.

dukte äußerte und forderte, Erntekampagne und Wahlkampagne zusammen anzuschieben, gab der Minister für Handel und Versorgung zu bedenken, daß eine erfolgreiche Ernte selbstverständlich als Teil des Wahlkampfes für die Nationale Front anzusehen sei, genau dies aber auch ihre Gegner wüßten. Die Abgaben sollten daher besser nicht vorfristig herausgepreßt werden. Fellenberg indes stimmte dem SKK-Landesvertreter zu, der entschiedene Maßnahmen gegen „eindeutig feindselig eingestellte Kulaken", darunter eine unnachgiebige Verfolgung von Abgabeverstößen forderte.[372] – Bei SKK-Vizechef Semičastnov rief das Protokoll dieser Begegnung Kritik hervor. Er warf Černjavskij eine „schädliche Arbeitsmethode" vor, was sich nicht nur auf dessen rüden Umgangston bei Treffen mit Vertretern der Landesregierung bezog.[373] Auch SKK-Wirtschaftsexperte Matveev monierte gegenüber dem Leiter der Hauptabteilung Erfassung/Aufkauf Streit im DDR-Handelsministerium, daß Strafaktionen gegen abgabensäumige Bauern mittlerweile Massencharakter annehmen würden.[374]

Die Differenzen hielten an und strahlten in die SED-Führung aus. Während Kurt Vieweg gegenüber dem Leiter der Unterabteilung Gewerkschaften und demokratische Organisationen der SKK-Informationsabteilung Mitte September 1950 noch den Bauernkongreß in Leipzig (15.–17. 9. 1950) mitsamt den ihn begleitenden Meetings als ein Zeichen gestärkter Positionen der demokratischen Kräfte auf dem Lande wertete und die „reaktionären Kräfte" als geschwächt einschätzte[375] (wobei er erklärte, Pieck würde diese Ansicht teilen), forderten einige SKK-Erfassungsexperten energisch, den „Widerstand der Großbauern zu brechen", obgleich auch sie nur „Fälle" von bewußter Sabotage der Ablieferung registrierten. Die Abgaberückstände der wirtschaftsstärkeren Bauern wurden von den SKK-Wirtschaftsfunktionären als über den üblichen liegend registriert, was die politisch Verantwortlichen in der SKK ihrerseits überinterpretierten. Nach den Wahlen schätzte die SED ein, zu wenig „wachsam" gewesen zu sein.

So wurde die Zuordnung zur Kategorie „Großbauern" unter den Bedingungen wachsender politischer Auseinandersetzung im Umfeld der Wahlen im Herbst 1950 stärker politisiert, während im Grenzbereich Mittelbauern/Großbauern die verschiedenen Kriterien für Bewirtschaftung tatsächlich einen fließenden Übergang anzeigten. Je nach Verantwortungsbereich variierte in der Politik auch der Sprachgebrauch. Im Zusammenhang mit Erfassung und Aufkauf sowie generell bei den politisch Verantwortlichen war besonders häufig von „Sabotage" die Rede.[376]

372 Siehe Notiz zu einem Gespräch Černjavskijs, Ozernyjs und Rakčeevs mit Premierminister Höcker, Minister Starosson, Minister Schulz sowie anderen Mitarbeitern von Erfassungsbehörden am 1. 9. 1950, AVP RF, fond 0457a, opis' 9, papka 52, delo 18, listy 253–269.

373 Siehe ebenda. Auf Seite 1 des Berichtexemplares findet sich der handschriftliche Vermerk Semičastnovs: „An Gen. Il'ičev. Die von Gen. Černjavskij praktizierte, schädliche Arbeitsmethode ist ernsthaft zu kritisieren. Über die Kritik sind auch die anderen Länder[vertretungen] zu informieren. Diese Methode entspricht nicht einem Vertreter der Besatzungsmacht. 7. 9." Il'ičev notierte: „Anweisung bereits erteilt. 11. 9.".

374 Siehe Notiz zu einem Gespräch Matveevs mit Streit am 4. 9. 1950, AVP RF, fond 457a, opis' 9, papka 51, delo 15, listy 209–212, hier list 212.

375 Siehe Bachgorskij an Semenov, Bericht über sein Gespräch mit Vieweg am 19. 9. 1950, AVP RF, fond 0457a, opis' 9, papka 52, delo 18, listy 294–297, hier list 294f.

376 Siehe Bericht über Erfassung und Aufkauf landwirtschaftlicher Produkte zum Stand vom 10. 9. 1950 an Politberater Semenov, gez. amtierender Leiter der Abteilung Wirtschaftsplanung Matveev, ebenda, listy 284–293. Dieser Bericht ging weiter an das ZK der KPdSU(B),

Für das Abgabenjahr 1951 wurden, wie erwähnt, im Interesse einer mittelbauernfreundlichen Abgabenmodifizierung neue Betriebsgrößengruppen eingeführt. Eine Verordnung über die Pflichtablieferung legte die Gruppen 1 bis [einschließlich] 2 ha, mehr als 2 bis 5 ha, mehr als 5 bis 10 ha, mehr als 10 bis 15 ha, mehr als 15 bis 20 ha, mehr als 20 bis 35 ha, mehr als 35 bis 50 ha und über 50 ha fest (Kleinstflächen bis 1 ha wurden nicht mehr pflichtveranlagt).[377] Die Größe bezog sich auf die landwirtschaftliche Nutzfläche, was zur vollen Ausnutzung des vorhandenen Bodens anregen, übertriebene Härten bei der Nutzlandgewinnung jedoch ausschließen sollte. Beibehalten wurde das Verfahren der Hektarveranlagung sowohl für tierische als auch für pflanzliche Produkte, das 1948 bzw. 1950 eingeführt worden war. – Auch dieser Differenzierungsversuch war Ausdruck agrarpolitischer Unklarheiten. Er trug der erkannten und öffentlich hervorgehobenen Notwendigkeit, zumindest die kleineren der mittelgroßen Betriebe zu entlasten, nur begrenzt Rechnung, da diese Absicht von den insgesamt großen Forderungen an den Agrarsektor regelrecht konterkariert wurde. Dieser „Übergang von fünf zu acht Betriebsgrößengruppen für die Sollveranlagung [...] brachte [...] nur bedingt eine Entlastung", stellte Christel Nehrig fest.[378] Viele Betriebe der mittleren und größeren Betriebsgrößengruppen verschuldeten sich in der Folgezeit.[379] Bei einer Bewertung dieser Folgen ist natürlich zu berücksichtigen, daß Verschuldung im Agrarbereich keineswegs systemtypisch war und ist. Es gibt weder einen Quellenhinweis darauf, daß solch ein Großbauernbankrott von der SED gewollt gewesen war, noch Belege für eine Abwägung der Folgen. Angestrebt worden war eine Entlastung von Betrieben mit 10 bis 15 ha Land.

Ausschlaggebend für das großbäuerliche Durchhaltevermögen ist in solch einer Situation die Perspektive, die sich dem Bauern über agrarpolitische Losungen und über konkrete Hilfs- und Schutzangebote erschließt. Sowohl das eine als auch das andere bot Großbauern in der DDR 1950 noch Raum für Hoffnungen. Insgesamt sind die für 1950/51 registrierten Zahlen über Aufgaben von Großbauernwirtschaften in der DDR, die in der Regel mit einer Flucht der Eigentümer nach Westdeutschland zusammenhingen, auch noch nicht als dramatisch zu interpretieren.[380] Für die SED-Herrschaft stellten die – großzügig gerechnet – 5000 „ver-

Genossen Grigor'jan. In ihm heißt es: „Es gibt Fälle von vorsätzlichen Zurückhaltens der Getreideablieferung und von direkter Sabotage der Abgaben an den Staat. [...] Die feindlichen Elemente benutzen jedes Mittel, um die Erfüllung des Erfassungsplanes zu verhindern." Die DDR-Regierung sollte aufgefordert werden, den „Widerstand der großen Wirtschaften zu brechen." (listy 284f.)

377 Siehe Verordnung über die Pflichtablieferung und den Aufkauf landwirtschaftlicher Erzeugnisse, 15.2.1951, in: GBl. 1951, S. 107–113.

378 Nehrig, Zur sozialen Entwicklung, S. 70f.

379 Inwieweit zusätzliche Belastungen für die betrieblichen Reinerträge mancher Höfe aus der Umgruppierung resultierten bzw. aus der veränderten Steuerprogression, ist meines Wissens noch nicht untersucht worden.

380 Laut Nehrig, Zur sozialen Entwicklung, S. 70, gaben 1950 bis 1952 3300 Betriebsinhaber mit über 20 ha Land und 2500 Betriebsinhaber mit 10 bis 20 ha Land (mehrheitlich wohl Altbauern) auf. Nehrig beruft sich auf das Statistische Jahrbuch der DDR 1959. Einen Rückgang der Zahl der Betriebe mit 20 und mehr ha Land um ca. 3150 von 1950 bis 1952 registrierten Griebenow/Mey, Einbeziehung, S. 382, anhand des Statistischen Jahrbuches der DDR von 1955. Unter Berufung auf Akten des Ministeriums für LFW spricht Piskol, Zur Entwicklung, S. 426, von etwa 5000 Betrieben mit über 20 ha Land, die 1950 bis 1952 aufgegeben wurden. Ohne Quellenangabe nennt Bauerkämper, Von der Bodenreform, S. 134, dieselbe Zahl.

prellten“ Großbauern ein lösbares volkswirtschaftliches Problem dar. Die aufgegebenen Höfe wollten zwar bewirtschaftete sein, doch im Vergleich zur Zahl der nicht genutzten Neubauernstellen, die 1950/51 zwischen etwa 5000 und 8800 schwankte,[381] schien der SED der Umfang großbäuerlicher Verweigerung politisch vorerst wenig bedeutsam. Solange keine grundlegende Wende bei den Eigentumsverhältnissen angesagt war, hing aus ihrer Sicht alles davon ab, ob es gelang, die Höfe weiter zu bewirtschaften (zwischenzubewirtschaften), und dafür zu sorgen, daß die bäuerliche Privatinitiative nicht insgesamt drastisch zurückging.

4.1.3. Sowjetische Analysen 1951: kapitalistische Tendenzen in der Agrarproduktion

Schon Ende 1950 war in der SKK die Überzeugung gereift, daß die DDR-Regierung nun „auf der Grundlage einer tiefen und allseitigen Analyse der sozialen und ökonomischen Situation auf dem Lande, den Prinzipien der Nationalen Front folgend, die Grundrichtung der Entwicklung der Landwirtschaft und der Politik in Bezug auf die einzelnen sozialen Gruppen auf dem Lande“ festlegen muß.[382] Nach Meinung der Spezialisten für Landwirtschaft und Erfassung/Aufkauf in der SKK hatte es um eine konsequente „Begrenzung der kapitalistischen Elemente“ in der Landwirtschaft und ihrer „außerordentlichen Ausbeutertendenzen“ zu gehen, andererseits um „Unterstützung für klein- und *wirklich* mittelbäuerliche Betriebe“ (Hervorhebung E. S.). Das gesamte System der Abgaben und Steuern sollte, wie es hieß, stärker nach Klassenprinzip ausgerichtet werden, und zwar dergestalt, daß die größte Last den „Kulakenwirtschaften“ aufzubürden sei, wogegen kleinere und mittelgroße Betriebe Vergünstigungen erhalten sollten. Die SKK-Führung in Berlin forderte ihre Landesvertretungen auf, eine aktuelle Analyse der ländlichen Verhältnisse zu erarbeiten. Die Vorlagen hatten auf die genannte Reform der Abgabenveranlagung keinen nachweislichen Einfluß. Möglicherweise war die sowjetische Kontrollinstanz sogar erst durch die nachhaltigen Bestrebungen Ulbrichts und Viewegs um agrarpolitisch relevante Definitionen hellhörig geworden.

Aus Sachsen-Anhalt liegt ein Dokument vor, das als Bericht zum Stand vom 1. Januar 1951 ausgewiesen ist, zugleich aber zu erkennen gibt, daß bei einigen Kennziffern nur Zahlen aus dem Jahr 1949 zu Rate gezogen werden konnten. Die Analyse fußte auf sowjetischen und deutschen Daten.[383] Der Bericht stellte zutreffend fest, daß bei allen Agrarprodukten die privaten Wirtschaften mit über 5 ha den Hauptanteil erbrachten. Die Mehrzahl seien Kleinbetriebe, doch rund 22 Prozent der Wirtschaften seien mittel- und großbäuerliche Betriebe mit insgesamt über 60 Prozent der landwirtschaftlichen Nutzfläche. Hauptproduzenten waren damit Mittel- und Großbauern. Im Unterschied zu früheren Kennzeichnungen wurde den realen Nutzungsverhältnissen große Aufmerksamkeit geschenkt. Ein erheblicher Teil der landwirtschaftlich genutzten Fläche des Landes, nämlich

[381] Siehe Stellungnahme des Ministeriums für LFW, HA Agrarökonomie, 8.7.1953, BArch, DK 1, 884, Bl. 85.

[382] Analyse sozialökonomischer Prozesse in der Landwirtschaft der DDR, erarbeitet vom Büro für Handel/Erfassung/Aufkauf der Abteilung Wirtschaftsplanung der SKK (auf der Grundlage der Erhebung vom 15.6.1949), Dezember 1950, AVP RF, fond 458, opis' 25, delo 8, listy 383–421, hier list 35.

[383] Siehe Sozial-ökonomische Struktur der Bauernwirtschaften im Land Sachsen-Anhalt, gez. Ysov, 3.3.1951, AVP RF, fond 0457a, opis' 11, papka 61, delo 19, listy 1–18.

18,8 Prozent, würden auf der Grundlage von Pachtverträgen privatbäuerlich bewirtschaftet, hieß es. Mehr als die Hälfte der Bauern pachtete Land zum eigenen Besitz hinzu. Die SKK-Experten in Sachsen-Anhalt notierten, daß die Zahl der Betriebe mit 5 bis 10 ha Land leicht abnahm, und zwar im Jahr 1950 um etwa 1,6 Prozent. Dies ergebe sich teilweise infolge der Selbstaufgabe kleinerer Höfe, teilweise infolge Vergrößerung und Übergangs von Wirtschaften in die nächste Betriebsgrößengruppe. Dagegen sei in der Gruppe der Wirtschaften ab 50 ha Land im letzten Jahr der größte Zuwachs bei der Zahl der Betriebe zu verzeichnen. Er betrüge etwa 6 Prozent, während die Zahl der Wirtschaften mit 10–20 ha und mit 20–50 ha im Vergleich zu 1949 jeweils nur um rund drei Prozent größer geworden sei. Wirtschaften ab 50 seien durchschnittlich 66 ha groß.

Analoge Erkenntnisse enthielten Berichte von anderen SKK-Landesvertretungen. Sie wiesen auf den Zusammenhang hin, daß das Verhältnis von Pachtland zu Eigenland bei den größeren Wirtschaften ab etwa 50 ha im Durchschnitt sichtbar über der Marke von 0,5:1 (bezogen auf die untere Grenze der Betriebsgrößengruppe) lag. In Thüringen hätten die 10 existierenden Wirtschaften mit 100 ha Eigenland im Durchschnitt sogar über 150 ha hinzugepachtet.[384] Damit waren in Einzelfällen die von der Bodenreform gesetzten Grenzen weit überschritten.

Als weiterer zentraler Befund wurde festgehalten, daß die Landwirtschaft insgesamt eine hohe Marktleistung (vysokaja tovarnost') aufwies. Dies meinte einen großen Anteil von veräußerten Produkten an der Bruttoproduktion und schloß die über den Staat nach Normen und zu Festpreisen abgegebenen Produkte ein. Es wurde eine Tendenz zur Verringerung der Zahl reiner Selbstversorger- (Kleinst)Betriebe konstatiert. Damit war ein Entwicklungstrend benannt worden, der in der Tat von der Wirkung gewisser marktwirtschaftlicher Mechanismen im Kontext von Bodenkonzentration zeugte. Dem stellten die Berichterstatter aber nicht Angaben zur Entwicklung von Kapital und Reinertrag an die Seite. Sie beschränkten sich auf Aussagen zur Wirtschaftsfläche, zu Familien- und Lohnarbeitskräften, Viehbesatz, technischer Ausrüstung und Hektarerträgen. Über die Verschuldung von Betrieben, Verkaufserlöse und reales Einkommen pro Familienarbeitskraft im Hof wurde offensichtlich nicht nachgedacht. So minimal die beobachteten Veränderungen bei ausgewählten Kriterien auch waren, sie schienen einigen SKK-Funktionären klar zu belegen: „Die Klassenschichtung der deutschen Bauernschaft trägt *weiterhin einen stark ausgeprägten kapitalistischen* Charakter." (Hervorhebung E. S.)[385]

Der Thüringer Bericht, dem diese Passage entnommen ist, ging auch auf die politischen Stimmungen unter den Bauern ein[386], so daß zu vermuten ist, daß ge-

[384] Siehe Über die Klassendifferenzierung auf dem Lande und die politischen Stimmungen unter der Bauernschaft Thüringens, 15. 3. 1951, gez. Pan'šin (Vorsitzender der SKK-Landesvertretung), ebenda, listy 19–39, hier list 21.

[385] Ebenda, list 36.

[386] Dabei kamen keine so grundsätzlich anderen politischen Sachverhalte zum Vorschein, als sie für 1949/50 schon beobachtet worden waren. Wie es hieß, war die Stimmung auf dem Lande insgesamt nicht schlecht. Verschiedene politische Kampagnen der SED wie der Grotewohl-Brief an Adenauer in der Deutschlandfrage vom 30. 11. 1950 hätten Anklang gefunden. Die SED wurde als „die leitende und führende Kraft auf dem Lande" gepriesen. Zugleich aber hätten CDU und LDPD gerade unter den wohlhabenden Bauern viel Einfluß. In diesen Parteien fänden Großbauern die Fürsprecher ihres Boykotts staatlicher Maßnahmen (z. B. der Vertragsabschlüsse zwischen Einzelbauer und Staat) und politischer Mobilisierungsaktionen (wie

danklich ein Zusammenhang zwischen Sozialanalyse und politischer Analyse hergestellt wurde. Ausgeführt ist er nicht. Nach diesen Papieren aus den Landesvertretungen zu urteilen, war in sowjetischer Perspektive aber noch immer kein Generalangriff auf die Großbauernschaft an der Tagesordnung.[387]

Anfang 1951 erarbeiteten SKK-Agrarexperten in Berlin ein Analysepapier, das einem hohen theoretischen Anspruch genügen wollte. Sein Titel lautete „Bericht über sozial-ökonomische Umgestaltungen in der Landwirtschaft der DDR".[388] Auch in diesem Fall wurde kein Bezug genommen auf die Verordnung zu den Pflichtabgaben (15. Februar 1951). Die SKK-Analyse stellte den Versuch dar, unter direkter Bezugnahme auf die Leninsche Klassifizierung von Bauerngruppen grundlegende Aussagen zur Struktur der DDR-Bauernschaft zu machen.

Zunächst einmal wurde das traditionelle Kriterium Landbesitz angewandt, wobei der Gedanke bestimmend war, daß die Zunahme von Bodenfläche (Besitz und Pacht) pro Wirtschaft für sich genommen schon Ausdruck des Erstarkens „kapitalistischer Elemente" sei. Bereits der freie Verkauf von Boden trüge zum Wachsen kapitalistischer Elemente bei, hieß es, ganz so, als sei Landveräußerung inklusive Bodenspekulation in der DDR gang und gäbe. Vor allem aber das unbegrenzt geltende Pachtrecht erlaube eine grenzenlose Vergrößerung von Wirtschaften.

Dies war natürlich maßlos übertrieben. Das in der DDR geltende Recht jener Jahre war keineswegs so, daß es kapitalistischen Tendenzen Vorschub leistete. In Durchführung des Kontrollratsgesetzes Nr. 45 zur Aufhebung der nazistischen Erbhofgesetze vom Februar 1947[389], insbesondere Artikel IV, Abs. 4, hatte die

dem Ausbau der Gesellschaft für Deutsch-Sowjetische Freundschaft). Da viele Kleinbauern enttäuscht zur Kenntnis nehmen mußten, daß die Wahlversprechen der SED bezüglich der Verbesserung der klein- und mittelbäuerlichen Produktionsbedingungen noch nicht erfüllt waren, rechneten die Berichterstatter damit, daß die Großbauernschaft politisch an Einfluß gewinnen wird, wenn man nicht energisch gegensteuert.

387 Der Thüringer Bericht kritisierte falsche Losungen in der SED, die Ausdruck „sektiererischer Tendenzen seien, wie „Der Fünfjahrplan ist ein Plan der Kollektivierung".

388 Siehe Bericht über die sozial-ökonomischen Umgestaltungen in der Landwirtschaft der DDR, o. D. [1951], o. Unterschrift, AVP RF, fond 0457 g, opis' 3, papka 28, delo 1. Die mit Anlagen 121 Seiten umfassende Analyse liegt in einer Abschrift vor, die mit 16. 10. 1951 datiert ist und in 5 Exemplaren an die SKK-Spitze ging. Dem Inhalt zufolge entstand sie Anfang 1951. Sie fußt auf Zahlenmaterial überwiegend aus dem Jahr 1949, zum geringeren Teil aus dem Jahr 1950. Ab Blatt 66 handelt es sich ausschließlich um Tabellen (die nicht über Angaben aus dem Jahre 1949 hinausgehen). Der verbale Teil umfaßt die folgenden Kapitel: 1. Kurze Charakteristik der Vorkriegsagrarverhältnisse und der Veränderungen während des Krieges, 2. Charakteristik der Bodenreform in der DDR (sic). Lage der Neubauern, 3. Allgemeine Einschätzung des Zustandes der Landwirtschaft der DDR, 4. Zahl und Größe der Einzelbauernhöfe im Vergleich zu 1939; Pacht und Kauf von Boden, 6. Ausstattung der bäuerlichen Betriebe mit den wichtigsten landwirtschaftlichen Maschinen und mit Zugkraft 1949, 7. Ausleihe landwirtschaftlicher Maschinen an Bauernwirtschaften 1949, 8. Stand der Viehwirtschaft zum 15. 6. 1949, 9. Anstellung von Lohnarbeitern 1949, 10. Produktions- und Handelsunternehmen als bäuerliche Nebenbetriebe in der DDR 1949, 11. Besonderheiten in den einzelnen Ländern der DDR, 12. Sozio-ökonomische Eingruppierung der Bauernwirtschaften und ihre Charakteristik.
Ein Bericht mit dem Titel „Über die sozial-ökonomische Struktur der Bauernwirtschaften im Land Mecklenburg", 16. 2. 1951, gez. Zolotuchin, und ein analoger aus Sachsen-Anhalt vom 8. 3. 1951, gez. Usov (Vorsitzender der SKK-Landesvertretung), und aus Thüringen vom 15. 3. 1951, gez. Pan'šin, können als Vorarbeit gelten (siehe AVP RF, fond 0458, opis' 315s, papka 282, delo 1, listy 61–81, 186–203; papka 282, delo 2, listy 74–94). Ein später angelegtes Titelblatt in der Akte läßt fälschlich den Eindruck entstehen, der Bericht sei 1953 entstanden.

389 Gesetz Nr. 45, Aufhebung der Erbhofgesetze und Einführung neuer Bestimmungen über land- und forstwirtschaftliche Grundstücke, vom 20. 2. 1947, abgedruckt in: Döhring, Bodenreform, S. 126–130.

DWK zwei Jahre später (!), am 23. Februar 1949, – rückwirkend und unter völkerrechtlich korrekter Ausnutzung des gegebenen Handlungsfreiraums – festgelegt, daß behördliche Versagung der Genehmigung von Erwerb, Nießbrauch und Pacht von (Alteigentümer)Boden[390] erfolgen kann, unter anderem wenn der Vorgang „die Bildung eines land- und forstwirtschaftlichen Besitzes zur Folge hätte, der den Umfang einer Familienwirtschaft dauerhaft übersteigt".[391] Unter Familienwirtschaft im Sinne des Gesetzes wurde ein Betrieb verstanden, „der unter Zugrundelegung einer durchschnittlichen Kopfzahl von 4 bis 5 arbeitsfähigen Familienmitgliedern keine fremden, für die Dauer angestellten Arbeitskräfte zur ordnungsgemäßen Bewirtschaftung benötigt".[392] Damit waren – bei allen Auslegungsvarianten – nicht nur die in der Bodenreformpraxis angelegten Zielsetzungen der Begrenzung von Bodenbesitz und der Orientierung auf den Familienbetrieb noch einmal rechtlich fixiert. Es war auch einer grenzenlosen Konzentration von Pachtland in den Händen eines Bewirtschafters ein Riegel vorgeschoben. Die SED plante zwar vor 1949, das neue bäuerliche Erbrecht und das Pachtrecht in spezielle Gesetze zu gießen. Warum sie dies nicht tat, konnte noch nicht geklärt werden. Das Bemerkenswerte an den – von Mollnau anschaulich nachgezeichneten[393] – internen Bodenrechtsdebatten aber war, daß sie 1948 eine wichtige „bodenpolitische Akzentsetzung" bewirkt hatte, welche allerdings politisch nicht umgesetzt wurde. Die Entwicklung der Agrarverhältnisse im weitesten Sinne hatte bei einigen Spezialisten zu der Erkenntnis geführt, daß Bauernwirtschaften, „die eine Familie ernähren und darüber hinaus einen angemessenen Beitrag zur Ernährung der städtischen Bevölkerung leisten", mindestens 5 und höchstens 30 ha groß sein sollen.[394] Weder das noch ein anderer am Bodenbesitz ausgerichteter Grenzwert ist je in einer agrarpolitischen Richtlinie der SED im Untersuchungszeitraum festgehalten worden. Ob sich dies allein aus bündnistaktischen Gründen, die ja Ende 1948 bewußt neu überdacht worden waren, verbot, oder ob es wirtschaftspolitische Argumente gegeben hat, soll hier dahingestellt bleiben.

Die 1949–1952 bestehenden Erb-, Kauf- und Pachtgesetze reichten aus, um einem massiven Anwachsen kapitalistischer Produktionsverhältnisse entgegenzuwirken. Allein die behördlichen Vollmachten gewährleisteten dies.[395] Das tatsäch-

390 Für Land aus dem Bodenreformfonds galten andere Beschränkungen.

391 Anordnung zur Durchführung des Gesetzes Nr. 45 des Kontrollrats, betreffend Aufhebung der Erbhofgesetze und Einführung neuer Bestimmungen über land- und forstwirtschaftliche Grundstücke, 23. 2. 1949, in: ZVOBl. 1949, S. 191 f.

392 Ausführungsbestimmungen zu der Anordnung zur Durchführung des Gesetzes Nr. 45 des Kontrollrats, 10. 3. 1949, in: ZVOBl. 1949, S. 193–200, hier S. 193.

393 Mollnau, Bodenrechtsentwicklung, stellte in einem speziellen Abschnitt seiner Dissertationsschrift „steckengebliebene Gesetzesprojekte" der SED vor. Darin beschreibt er die Arbeit an einem Projekt „Bäuerliches Erbrecht", in deren Verlauf 1947 bis 1948 mehrere Entwürfe mit verschiedener Schwerpunktsetzung entstanden. Warum es aufgegeben wurde, war nicht erkennbar. Pachtverhältnisse thematisierte Mollnau nur im Zusammenhang mit unkorrekten Enteignungen von Inventar auf gepachtetem Boden im Zuge der Bodenreform. Ein für 1950 vage angekündigtes neues Gesetz (siehe Dölling, Wende, S. 77), das Kleinpächter vor überhöhten Pachtzinsen schützen sollte, erwähnt Mollnau nicht.

394 Siehe Mollnau, Bodenrechtsentwicklung, S. 173.

395 Auch die ZKSK kam zu keinem anderen Ergebnis, als sie im Februar/März 1952 in einer größeren Aktion in allen Ländern die Pachtverhältnisse prüfte. Deutlich wurde lediglich, daß die zuständigen Behörden (Pachtschutzämter, Kreisverwaltungen) und die VdgB(BHG) ihren Kontrollpflichten schlecht nachkamen und daß mangels verläßlicher Dokumentation eigent-

liche Problem lag in den realen Schwierigkeiten der Handhabung, die sich aus der Zielsetzung „Beschränkung“ und „effektive Nutzung“ der Privatwirtschaft ergaben.

Es fällt auf, daß die Aussagen in der sowjetischen Analyse und die Forderung nach mehr rechtlichem Druck auf Großbauern ebenfalls nur auf Erhebungen vom Juni 1949 und einige ergänzende Daten zur Betriebsgrößen-Entwicklung von 1950 fußten. Zu Großbauernwirtschaften wurden dabei – kommentarlos – Betriebe mit Land ab 15 ha gerechnet. Ihre Anzahl wurde mit 89000 angegeben. Das waren 15 Prozent aller privaten Agrarbetriebe (auf rund 42 Prozent der LNF), über 61 Prozent davon bearbeiteten Eigentums- und Pachtland zugleich.

Interessanterweise erweiterten die Analytiker ihren Blick auf das ebenfalls bei Lenin zu findende Kriterium „Lohnarbeit“. Beide Kriterien zu vereinen und – unter Berücksichtigung des weit verbreiteten handwerklichen Nebenerwerbs – auf die sehr verschiedenen ostdeutschen Bauernwirtschaften anzuwenden, erwies sich aber als kompliziert. So mußte man erkennen, daß beispielsweise in der Gruppe der Wirtschaften bis 2 ha in 18 Prozent, in der Gruppe der Wirtschaften bis 5 ha sogar in 27 Prozent der Betriebe ständige Lohnarbeiter im Agrarbetrieb oder im anhängenden Handwerks- oder Handelsbetrieb beschäftigt waren. Wirtschaften mit 10–15 ha Land hatten ebenfalls zu mehr als einem Viertel ständige Lohnarbeiter. Daraus wurde der Schluß gezogen, daß die Lohnarbeiter-Betriebe jeder einzelnen Größengruppe „eigentlich“ nicht mehr in diese Gruppe zu zählen seien[396], sondern daß sie „eigentlich“ der nächst größeren zugerechnet werden müßten. Nach diesem Verfahren wären ein Viertel der Wirtschaften mit bis zu 15 ha Land „eigentlich“ der Kategorie „Großbauer“ zuzuschlagen gewesen. Diese umfaßte dann nach grober Rechnung – die in der Analyse so allerdings nicht ausgeführt wurde – mindestens 170000 Betriebe. Zugleich lag, aus diesem Blickwinkel betrachtet, über allen Betriebsgrößengruppen der böse Verdacht, einem „kapitalistischen Trend“ zu unterliegen. Im Fazit des Berichtes wurde eine Klassifizierung geboten, die *oberhalb der Mittelbauernschicht* (mit 242000 Betrieben) eine Gruppe von 213000 Bauernwirtschaften (36,2 Prozent aller privaten Agrarbetriebe) zusammenfaßte, die „auf ständiger Lohnarbeit basieren“.[397]

Dieser Bericht stellte nicht nur einen Bruch mit den noch 1949 von Petrušov ins Gespräch gebrachten sozialwissenschaftlichen Kennzeichnungen für die Mittel- und Großbauernschaft in Ostdeutschland dar. Er steht für eine folgenschwere Fehldeutung von Konzentrations- und Umschichtungsprozessen in der ostdeut-

lich kein Überblick über die realen Pachtverhältnisse erstellt werden konnte. Mancherorts waren überhöhte Pachtzinsen und Reste uralter Vergaberegelung zum Vorschein gekommen. Im Ergebnis der Prüfung beantragte die ZKSK lediglich, privaten Maklern die Vermittlung von Bodenverkäufen und Pachtverträgen zu verbieten, um willkürliche Preisgestaltung zu unterbinden (siehe ZKSK- und LKSK-Berichte über Pachtverhältnisse auf dem Lande, BArch, DC 1, 1395, unpag.).

396 Hinter diesem Umgang mit dem Kriterium „Lohnarbeitsverhältnis“ stand seine einseitige Auslegung als „Ausbeutungsverhältnis“ in allen Fällen, wo private Produzenten Arbeit vergaben. Daß ein Lohnarbeitsverhältnis in der Privatwirtschaft unter bestimmten Umständen (z. B. bei erheblicher Besteuerung des Gewinns), anders zu charakterisieren ist, lag außerhalb der Betrachtung.

397 Siehe Bericht über sozial-ökonomische Umgestaltungen in der Landwirtschaft der DDR, list 61.

schen Agrarwirtschaft. Die betriebswirtschaftlichen Daten waren nicht daraufhin untersucht worden, ob die kapitalistische Tendenz durch existierende Schranken der ökonomischen und außerökonomischen staatlichen Gewalt bereits soweit „gezähmt" war, daß für Kleinbetriebe und den volkseigenen Sektor keine ernsthafte Konkurrenz entstand. Die fiskalische Kontrolle und Beschneidung hatte im Detail gar nicht interessiert. Zugleich dramatisierte der Bericht die politische Gegnerschaft der Großbauern. Die Verfasser des Berichtes erklärten 36,2 Prozent der ostdeutschen Bauernschaft zum „entschiedenen Feind der demokratischen Umgestaltung auf dem Lande". Die Mittelbauern (rund 40 Prozent der Bauernschaft) seien „stark schwankend".[398]

Über die Verwendung dieser SKK-Analyse ist nichts bekannt. Ebensowenig wissen wir über SKK-interne Auseinandersetzungen mit diesem Standpunkt. In den vergleichsweise gut erschließbaren deutschen Akten fand sich kein Hinweis darauf, daß diese Linie der SED-Führung gegenüber je vertreten wurde. Vermutlich ist sie vorerst als ein Vorschlag behandelt worden, der, so wie es die Abschriftsdaten angeben, erst dann in die politische Entscheidungsfindung der SKK-Spitze eingegangen sein mochte, als in der deutschlandpolitischen Grundposition der UdSSR gewisse Veränderungen eintraten. Dann waren es außerdem wiederum die schlechten Ergebnisse der staatlichen Erfassungs- und Aufkauf-Kampagne, die zu Jahresbeginn 1952 den Blick auf die Großbauern verdunkelten. Die zuständigen SKK-Funktionäre drängten auf die Erfüllung des Planes und stellten fest: Klein- und Mittelbauern lieferten in der Regel rechtzeitig ab, während Großbauern mit allen Mitteln versuchten, die Pflichtabgabe zu verzögern. Anders als die kleineren Wirtschaften zeigten die größeren Betriebe auch wenig Interesse am staatlichen Aufkauf (was aber in erster Linie darauf zurückzuführen war, daß sie als Ackerbaubetriebe nahezu alles abzuliefern hatten). Die sowjetischen Berater sahen darin Sabotage und forderten, Maßnahmen zu ergreifen, damit die Großbauern ihren Abgabenpflichten nachkämen.[399]

Eine neue Generalorder zum Umgang mit den Großbauern ist für die Zeit bis Sommer 1952 nicht bekannt. Selbst als die SED-Spitze bei einer Begegnung mit Stalin im April 1952 zu ihrem Erstaunen etwas von Kollektivwirtschaften vernahm, schien bezüglich der Großbauern noch vieles nebulös (darauf wird einzugehen sein). Der Umgang der SED mit den Großbauern lag offiziell noch bis Herbst 1952 im Rahmen der „Beschränkung von Ausbeutungstendenzen" in großbäuerlichen Wirtschaften. Doch SED und SKK ließen sich immer mehr von ideologischen Aversionen leiten und von politischen Schwierigkeiten in der Bündnisfrage abschrecken. Im Erfahrungsreservoir der sowjetischen Berater gab es keine hinlänglichen „Lehren", wie Ausbeutung *längerfristig* einzuschränken, zugleich aber privatwirtschaftliche Initiative und politische Loyalität zu fördern und zu nutzen seien.

398 Siehe ebenda, list 62.

399 Siehe Schreiben Chomjakovs an Čujkov zur Planerfüllung bei Erfassung und Aufkauf, 23.11.1951, AVP RF, fond 458, opis' 72, delo 16, listy 39–47. Bei den Pflichtabgaben war bei allen pflanzlichen und tierischen Produkten bis zum 10.11. eine Jahresplan-Erfüllung von 76 bis 98 Prozent erreicht. Erhebliche Verzüge gab es dagegen beim Aufkauf, wo z. B. bei Fleisch erst 39 Prozent erreicht waren.

4.2. „Werktätige Bauern“

4.2.1. Forschungsstand und Problematisierung

Unter den authentischen Bezeichnungen für die verschiedenen Bauernschichten im Untersuchungszeitraum zeichnet sich ein Terminus dadurch aus, daß er fast ausschließlich in marxistisch-leninistischen Darlegungen zur Agrarfrage Anwendung fand, der Begriff „werktätige Bauern“. Er wird nicht selten fehlinterpretiert. Dabei scheint die Abgrenzung zu den „nicht werktätigen“ Bauern recht einfach. Der Begriff faßt augenscheinlich alle Bauern zusammen, die – ganz gleich ob auf eigenem Boden, Pachtland oder in einem gemeinschaftlich organisierten Privatbetrieb – persönliche Arbeitskraft und/oder die ihrer Familienangehörigen voll in die Wirtschaft einbringen. Ursprünglich sprach Lenin von den Werktätigen auf dem Lande im Zusammenhang mit seinen Vorschlägen zur revolutionären Lösung der Bodenfrage 1917. Sein Dekret über den Boden sah entschädigungslose Enteignung von Großgrundbesitz sowie dessen Nationalisierung vor mit anschließender kostenloser Verteilung des Bodens unter interessierten, bedürftigen Bürgern, welche in Familienbetrieben, in Kommunen oder genossenschaftlich organisiert den Boden so lange in Nutzung haben sollten, wie sie physisch dazu in der Lage waren, wobei Lohnarbeiter einzustellen untersagt war. (Mit der NÖP wurde dieses Verbot hinfällig.) Der Bodenfonds wäre periodisch neu zu vergeben, bei Anwärterüberschuß sollte die Bevölkerung umgesiedelt werden.[400] „Werktätiger Bauer“[401] war damit anfänglich eine Kategorie neben „Mittel-“ und „Großbauer“, ein Synonym für „armer Bauer“.[402] Auch für die weiterentwickelten kapitalistischen Länder hielt Lenin diese begriffliche Einteilung für angebracht, wobei er die Grenze zwischen „werktätigen und ausgebeuteten“ Bauern einerseits und „Mittelbauern“ andererseits dort festlegte, wo die Wirtschaft ohne ständige Lohnarbeiter im Regelfall über den Familienbedarf hinaus produzierte.[403]

In der DDR und den Volksdemokratien ist der Begriff der „werktätigen Bauern“ nun nicht etwa auf die Bauerngruppe beschränkt geblieben, deren Sozialisierung den ursprünglichen sowjetrussischen Vorstellungen am nächsten kam, die Neubauern.[404] Bereits mit dem Übergang zur NÖP und der Erkenntnis, daß die Mittelbauernschaft „Verbündeter der proletarischen Macht oder zumindest ein neutrales Element sein [kann]“[405], hatte schon Lenin letztere als ebenfalls arbeitende, in Teilen zur Verarmung tendierende ländliche Produzenten charakterisiert. Er erklärte, die werktätigen Bauern seien „von den Ausbeuterelementen unter den Bauern zu unterscheiden“[406], deren Einfluß einzuschränken sei. Mithin galt: Wer ohne fremde Lohnarbeit produzierte, war ein „werktätiger Bauer“.

400 Siehe Lenin, Rede über die Bodenfrage, S. 251.

401 Im Russischen wird der Begriff „werktätige Bauernschaft“ vom Verb *trudit'sja* „arbeiten“, „schaffen“ bzw. vom Substantiv *trud* „Arbeit“ abgeleitet: *trudjaščeecja krest'janstvo* oder *trudovoe krest'janstvo*.

402 Siehe Lenin, Rede in der Sitzung des Petrograder Sowjets der Arbeiter- und Soldatendeputierten, S. 290.

403 Siehe Lenin, Ursprünglicher Entwurf, S. 144.

404 Osmond, Kontinuität, S. 148, behauptet beispielsweise, die SED hätte mit „werktätige Bauern“ die armen Neubauern gemeint.

405 Lenin, Entwurf des Programms der KPR(B), S. 101.

406 Lenin, Gruß den italienischen, französischen und deutschen Kommunisten, S. 44.

Unter den Bedingungen Sowjetrußlands war es auch schon kompliziert, mit „werktätige Bauernschaft" sämtliche ländlichen Kleinproduzenten anzusprechen. Nach 1921 wurden dort zwar wieder verstärkt Lohnarbeiter eingestellt, Erwerbsstruktur und Ausstattung mit Inventar waren aber so unterschiedlich, daß Betriebsgröße und Ackerfläche in keinem regelmäßigen Verhältnis zur Beschäftigung fremder Arbeitskräfte standen. Lohnarbeit und andere Arbeitsverhältnisse waren nicht überall deutlich zu unterscheiden. In Mittel- und Ostdeutschland produzierte ein noch größerer Teil der Bauernwirtschaften mit Lohnarbeitskräften, die mittleren und kleineren Betriebe vor allem mit zeitweise eingestellten. Doch nicht dieser wichtige Unterschied und eventuelle Unklarheiten über die Zuordnung waren der Grund, weshalb in der KPD/SED bis 1949 weitgehend auf die Verwendung des Begriffes verzichtet worden war. Die Ursache lag eher in der gesellschaftskonzeptionellen Konnotation von „werktätige Bauern" als potentielle Bündnispartner beim Aufbau des Sozialismus. Denn erst diese Aussicht (in welchen Fristen auch immer zu realisieren) gab dem Begriff seinen politisch-praktischen Sinn.

Der Theoriezusammenhang gelangte seit 1949 in die SED-Mitgliederschulung.[407] Damit wurde auch das Stalinsche Klassenkampfverständnis weitergereicht, wonach es beim Sozialismusaufbau auf die „Mobilisierung der Kräfte der Arbeiterklasse und der werktätigen Bauernschaft gegen ihre Klassenfeinde" ankäme.[408] Da es der SED nach dem Spitzentreffen mit Stalin im Dezember 1948 aber als eine „unzulässige Überspitzung" galt, „eine allgemein politische Frontstellung gegen die Gesamtheit der Großbauern zu beziehen"[409], führte sie den Begriff der „werktätigen Bauern" als Sammelbegriff für alle in den Sozialismus zu führenden Bauernschichten vorerst nur selten im Munde. Außerdem war weitgehend unklar, inwieweit etwa die Anstellung von Zeitarbeitskräften unter den gegebenen Bedingungen den Bauern bereits zum „Ausbeuter" machte. Die Anzahl der „werktätigen Bauern" taucht folglich auch in keiner zeitgenössischen Statistik auf.

Ende 1949 wirtschafteten von allen land- und forstwirtschaftlichen Privatbetrieben mit über 0,5 ha Land rund 94 Prozent auf bis zu 20 ha, 80 Prozent wirtschafteten auf bis zu 10 ha.[410] Nach Kotows Einteilung mit seiner eigentümlichen Unterscheidung von großbäuerlichen und kapitalistischen Landwirtschaftsbetrieben machten die außerhalb dieser beiden Gruppen stehenden Landwirtschaften etwa 82,34 Prozent aller Betriebe aus.[411] Von allen 803 494 landwirtschaftlichen Betrieben des Jahres 1949 (erfaßt waren nur Betriebe ab 0,5 ha) waren 585 000 Betriebe solche mit hauptberuflich genutzter landwirtschaftlicher Nutzfläche.[412] Rund 643 000 Privatbetriebe nutzten landwirtschaftliche Nutzflächen in den

[407] Siehe beispielsweise W. Katschanow, Über die sozialistische Umgestaltung der Landwirtschaft in der Sowjetunion, in: *Neue Welt*, 4(1949), Heft 3, S. 86–89; F. Barkow, Die sozialistische Umwandlung des Sowjetdorfes, in: *Neue Welt* 4(1949), Heft 8, S. 76–85; ders., Sowjetwirtschaft und Kollektivwirtschaft, in : *Neue Welt*, 4(1949), Heft 11, S. 93–99.

[408] G. J. Gläsermann, Liquidierung der Ausbeuterklassen in der UdSSR , Teil 2, in: *Neue Welt*, 4 (1949), Heft 15, S. 92–68, hier S. 174.

[409] Merker, Bündnispolitik und Landwirtschaft, S. 318.

[410] Nach Statistisches Jahrbuch der DDR 1955, S. 196. Die Daten stammen aus der Betriebszählung 1949.

[411] Siehe Kotow, Teil II, S. 17f.

[412] Siehe Schulz, Probleme, S. 2 (nach der Betriebszählung 1949 und Interna des Ministeriums für LFW).

Größengruppen bis 10 ha, über 45 000 davon ausschließlich auf Pachtland. Weitere 114 000 Betriebe hatten 10 bis 20 ha Land, davon knapp 5000 ausschließlich Pachtland. Unter Abzug der Kleinstbetriebe mit bis zu 1 ha ergibt das eine Betriebszahl zwischen ca. 450 500 (mit 1–10 ha) und 565 400 (mit 1–20 ha) Eigentums- und/oder Pachtland als Haupt- oder Nebenerwerbsunternehmen. Wenn also von „werktätigen Bauern" die Rede war, ging es in der DDR der frühen fünfziger Jahre schätzungsweise um 500 000 Landwirte oder *rund 60 Prozent* aller Inhaber privater Landwirtschaftsbetriebe, ihre Familienmitglieder nicht mitgerechnet. Diese Agrarproduzenten machten das Acht- bis Zehnfache der Zahl der Großbauern aus.

Von den Betrieben mit 1 bis 10 ha landwirtschaftlicher Nutzfläche waren rund 179 000 Bodenreformbetriebe. Weitaus mehr, konkret rund 272 000, galten als sogenannte Altbetriebe, das heißt, sie bestanden bereits vor 1945, gegebenenfalls danach mit Zugewinn an Boden durch die Bodenreform.[413] Auch zahlreiche Altbauern existierten und produzierten unter extrem harten Bedingungen. Viele Nutzflächen und Gebäude waren durch Kriegszerstörung voll oder teilweise unbrauchbar geworden. Wiederaufbau, Flächenberäumung und Melioration hatten den Vorkriegszustand noch nicht wieder hergestellt. In den von den Kampfhandlungen und von der Oderhochwasserkatastrophe betroffenen Regionen befanden sich zahlreiche Neu- und kleinere Altbauernwirtschaften in einem kritischen Zustand. Die technische Ausstattung war schlecht. Die meisten Kleinst- und Kleinbetriebe waren ohne regelmäßige Stützungen und Sondertarife nicht arbeitsfähig. Wirtschaften mit einer landwirtschaftlichen Nutzfläche bis zu 5 ha hatten in ihrer überwiegenden Mehrheit, Betriebe mit 5 bis 10 ha zu mehr als zwei Fünftel kein Zugvieh.[414] Der Mechanisierungsgrad lag unter dem Eigenbedarf. Auf 100 Wirtschaften entfielen 1949 in der Betriebsgrößengruppe 5-10 ha nur 24 Drillmaschinen, 34 Mähmaschinen und Grasmäher, 24 Dreschmaschinen und 32 übrige Maschinen. 30 Prozent dieser Höfe verfügten über eigene Elektromotoren. In den kleineren Betrieben war die Ausstattung mit Maschinen und Geräten noch wesentlich geringer. Nicht einmal alle Wirtschaften mit bis zu 10 ha Nutzfläche waren mit Pferdepflügen ausgestattet.[415] Der Viehbesatz hatte in den letzten Jahren zwar zugenommen, lag aber vor allem bei den Neubauern deutlich unter dem Bedarf. Im Durchschnitt verfügten 100 Neubauernstellen über 253 Rinder (1945/46 waren es 58) und 314 Schweine (1945/46 waren es 23). Die Unterschiede von Neubauer zu Neubauer waren dabei erheblich. Bei den Altbauern lag der durchschnittliche Viehbesatz pro Betrieb in der Betriebsgrößengruppe 5–10 ha um etwa die Hälfte (bei Rindern) bzw. ein Viertel (bei Schweinen) über dem der Neubauern.[416] – Der allgemeine agrarhistorische Befund lautet: Nur jene Höfe, die hinsichtlich des Inventars, vor allem der Zugkräfte, und der Wohn- und Wirtschaftsräume günstige Startbedingungen gehabt hatten – bei den Neubauern etwa ein Zehntel –, erreichten 1948/49 eine wirtschaftliche Stabilisierung. „Etwa ein Drittel der Neubauern befand sich in Existenznot."[417]

[413] Nach Schulz, Probleme, S. 2.
[414] Siehe Kotow, Agrarverhältnisse, Teil II, S. 140.
[415] Siehe Kotow, Agrarverhältnisse, Teil II, S. 142f.
[416] Siehe Kuntsche, Ostdeutsche Bauern, S. 201.
[417] Kuntsche, Bauern im Interessenkonflikt, S. 233.

Unter diesen Bedingungen mußten Ackerbau und Viehzucht stark arbeitsintensiv betrieben werden. Schon um ihrer Existenz willen konnten die Bauern keine Tariflöhne zahlen und behandelten die zusätzlichen Arbeitskräfte eher wie Familienarbeitskräfte, die ebenfalls unterbezahlt und „ausgebeutet“ waren. Bauernwirtschaften ab 5 ha beschäftigten Kotow zufolge durchschnittlich mindestens einen Lohnarbeiter. Betriebe ab 10 ha hatten rund 1,9 Lohnarbeiter, bei durchschnittlich 2 arbeitenden Familienmitgliedern je Betrieb. In den Betrieben mit 5 bis 10 ha erbrachten die fremden Arbeitskräfte in Altbauernwirtschaften 36 Prozent der gesamten Arbeitsleistung, in Neubauernwirtschaften 30 Prozent der Arbeitsleistung. Ab 15 ha funktionierte der Betrieb sowohl bei Alt- als auch bei Neubauern durchschnittlich mehr durch fremde als durch Familienarbeit.[418] Diese Angaben Kotows dürften überzogen sein, denn Kleinbauern beschäftigten fremde Arbeitskräfte eher saisonal. Gleichwohl war der Beschäftigungsgrad von Lohnarbeitern in diesen Bauernwirtschaften für sowjetische Erfahrungen ungewöhnlich. Vieweg gab 1949 an, nur 25 Prozent der Neubauern würden ohne Lohnarbeiter wirtschaften.[419] Von den Produktionsbedingungen und vom Produktionsprofil her sehr unterschiedlich, waren die Höfe der „werktätigen Bauern“ 1949/50 demzufolge mehrheitlich Familienbetriebe (2–3 Arbeitskräfte aus der Familie) mit einer zusätzlichen (meist nichtständigen) Arbeitskraft.

Die Politik der SED gegenüber dieser Bauerngruppe war keinesfalls konfliktfrei. Die Partei sah in ihr einen wichtigen Agrarproduzenten, der zunächst sich selbst und häufig noch fremde Arbeitskräfte notdürftig versorgte und zugleich, über ein System staatlicher Auflagen und Förderungen, Agrarprodukte für die Versorgung der übrigen Bevölkerung sowie für den Außenhandel lieferte. Die Bedeutung dieser Produzentengruppe stieg permanent mit den wachsenden Ernährungsbedürfnissen, denen nachzukommen ein zentrales soziales und politisches Anliegen war. Darin war sich die SED-Führung sowohl mit der Besatzungsmacht als auch mit anderen politischen Kräften in der DDR einig. Zugleich standen einer maximalen Förderung dieser Landwirte handfeste volkswirtschaftliche Fakten entgegen. Allgemeine Mangelwirtschaft und Negativakkumulation begrenzten die Erweiterung von Reproduktion und Konsumtion. Die Inangriffnahme großer Industrialisierungsvorhaben verhinderte die nötigen Investitionen im Agrarbereich und bestärkte, im Gegenteil, die Tendenz zur stärkeren Abschöpfung von Finanzen aus der Landwirtschaft. Sie stellte andererseits aber mittelfristig die Grundlage für die nötige Mechanisierung in der Landwirtschaft in Aussicht, die auch im ordnungspolitischen Rahmen einer längeren Orientierung auf Einzelbauernbetriebe unbedingt notwendig erschien. Im Rahmen des „Wiederaufbaus aus eigener Kraft“ war dieser Weg der einzig gangbare.

Nach den Vorstellungen von SED und SKK mußte den „werktätigen Bauern“ die meiste der im Agrarbereich überhaupt möglichen Hilfe durch staatliche Umverteilung zukommen, galten sie doch nicht nur als unersetzbare Agrarproduzenten, sondern auch als „Bündnispartner der Arbeiterklasse“, waren somit direkte Klientel staatssozialistischer Politik. Doch in der SED, insbesondere in ihrer

418 Siehe Kotow, Agrarverhältnisse, Teil II, S. 14f.
419 Siehe Vieweg, Veränderungen, S. 596.

KPD-Tradition, lebten Aversionen auch gegen „Klein-", wie gegen „Warenproduzenten" überhaupt fort. Sie waren genährt teils aus Vorbehalten gegenüber nichturbanen Lebensformen, teils aus Utopien über eine künftige sozialistische industrielle Großproduktion. Der ländliche Kleinproduzent mit seiner eigenwilligen Bindung an Natur, Boden und Produktionsmittelbesitz hatte im Marxismus-Leninismus keine große Zukunft. Der ausgeprägte Pragmatismus der SED-Politik schien die ideelle und politische Auseinandersetzung zu diesen Sachverhalten 1949/50 zwar in eine unbestimmte Ferne zu rücken, zumal der Weg der ostdeutschen Gesellschaft zum Sozialismus für die nächsten Jahre noch offen war. Doch in Haltung und Umgang vieler SED-Funktionäre bis hin zur Parteispitze traten Unsicherheit und Abneigung gegenüber den Bauern immer wieder zutage.

Zeitgenössische Kritiker der SED-Agrarpolitik bauten ihre Interpretationen daher meist auf dem Vorwurf der allgemeinen Bauernfeindlichkeit auf.[420] Auch spätere westdeutsche Untersuchungen gingen vom „Hauptziel der Beseitigung des selbständigen Bauerntums" aus, um die „gewaltige agrarpolitische Umwälzung, die sich seit 1945 in Mitteldeutschland vollzogen hat", verständlich zu machen. Maßnahmen, die sich nicht so ohne weiteres mit dieser Grundhaltung erklären ließen, wurden als „bewußte Irreführung der ländlichen Bevölkerung" ausgelegt.[421] Die Entstehung neuer Wirtschaften durch die Bodenreform war im Sinne dieses Paradigmas dann auch nur so zu erklären, daß „mit der Schaffung zu kleiner, nicht lebensfähiger Bauernwirtschaften der Grundstock für die Kollektivierung [...] gelegt werden sollte."[422]

Die DDR-Darstellungen[423] vermittelten den Eindruck, als sei die Politik der SED gegenüber den Kleinerzeugern weitgehend widerspruchsfrei gewesen, als hätten sich alle Belastungen für die Bauernschaft allein aus den objektiven Gegebenheiten der Nachkriegszeit mit ihren enormen Herausforderungen an die Nahrungsmittelproduktion ergeben. Tempo und Kosten der Industrialisierung wurden kaum einer kritischen Bilanz unterzogen, die Widersprüchlichkeit des subjektiven Gestaltungswillens der Herrschaftsträger im Umgang mit den „werktätigen Bauern" wurde nicht problematisiert. Zugleich blendete man die historisch-möglichen Alternativen aus, galt doch unter Ulbricht und Honecker der „polnische Weg", den Ende der fünfziger Jahre in der DDR auch Kurt Vieweg einzuschlagen riet (wofür man ihn der ideologischen Abweichung bezichtigte und drangsalierte), als politisch gefährlich und volkswirtschaftlich perspektivlos. Eine gesellschaftspolitisch-problemzentrierte Sicht auf die Agrarentwicklung der frühen fünfziger Jahre boten in der DDR erst einzelne späte Untersuchungen.[424] Einige Seiten der SED-Politik gegenüber den Klein- und Mittelbauern und deren Produktionsbedingungen sind in der DDR bereits früh vergleichsweise gut archivalisch aufgearbeitet worden (Neubauernhilfe, Entwicklung der Mechanisierung, Entwicklung der Lohnarbeit, gegenseitige Bauernhilfe in der VdgB, zentrale Planung und staatliche

[420] So Kramer/Heyn/Merkel, Landwirtschaft 1945–1955; von der Neide, Raiffeisens Ende.
[421] Tümmler/Merkel/Blohm, Agrarpolitik, S. 14, 17.
[422] Ebenda, S. 30.
[423] Siehe beispielsweise Klemm, Agrarreformen.
[424] Verdienstvoll die 1984 verteidigte Dissertation von Schulz, Probleme.

Erfassung, staatliche Kredite). Doch als ordnungspolitisches Problem wurde das Thema in der DDR weitgehend entschärft. In diesem Kontext ist einzuräumen, daß die westdeutsche Entwicklung keine annehmbare Alternative zu einer dauerhaft riskanten Einzelhofbewirtschaftung bot. Sie forderte zu kritischen Reflexionen einer auf Großproduktion zielenden Vision nicht heraus.

Inwieweit der Umgang mit den ländlichen Kleinproduzenten in der DDR Gegenstand einer – auch deutschlandpolitisch bestimmten – Kooperation zwischen der SED und ihren sowjetischen Beratern war, wurde weder im Osten noch im Westen gefragt.

4.2.2. Grundverständnis und „politische Linie" der Politik gegenüber den „werktätigen Bauern"

1949 war der SED-Führung keinesfalls klar, wie die ländlichen Kleinproduzenten in ihren Produktionskapazitäten und sozialen Trends einzuschätzen seien, hatte sie sich doch bis dahin noch keine allzu großen Gedanken um die ländlichen Differenzierungsprozesse nach Abschluß der Bodenreform machen müssen. Schulz stellte fest, daß die Produktenabgabe-Praxis bis 1949 lediglich zu groben Ansätzen differenzierter Beurteilung auf der Ebene der großen Politik genötigt hatte, eine exakte sozialökonomische Gruppierung der Bauern war bis dahin entbehrlich gewesen. Im Zentrum der Aufmerksamkeit stand die absolute Ertragssteigerung. Die Bemühungen der Staatspartei waren nicht von Versuchen geprägt, die Vielfalt der bestehenden, teils historisch gewachsenen, teils der Nachkriegsnot geschuldeten Produktionsprofile und -bedingungen allseits zu ergründen.[425] Das gleiche trifft für die Agrarspezialisten der SMAD zu.

Theoretische Differenzen fielen folglich auch noch nicht ins Gewicht.[426] Der im SED-Politbüro bis Sommer 1949 für Agrarfragen zuständige Paul Merker, Staatssekretär im Ministerium für LFW, zählte 1949 auch die Mittelbauern Ostdeutschlands zu den Bündnispartnern der Arbeiterschaft. Und er meinte, daß dereinst „für den Weg der sozialistischen Umgestaltung der Landwirtschaft" gelten muß: „Wenn die Bauernmassen (Halbbauern, Klein- und Mittelbauern) Kleinproduzenten sind, deren Existenz auf eigener Arbeit beruht, die unter kapitalistischen Verhältnissen *zu den ausgebeuteten Klassen* [Hervorhebung E. S.] gehören, dann kann der Marxismus dieser Klasse gegenüber auf keinen Fall die Methode der Enteignung ihres kleinen Besitzes anwenden."[427] Fred Oelßner gab indes zu bedenken, daß „auch bei uns die Kleinproduzenten, also auch die werktätige Bauernschaft, die ‚*letzte kapitalistische Klasse*' bleiben in dem Sinne, daß die einfache Warenproduktion unbedingt, elementar die kapitalistische Warenproduktion hervor-

425 Siehe Schulz, Probleme, S. 4.

426 Anfang 1949 waren in der *Neuen Welt*, die im SMAD-Verlag der „Täglichen Rundschau" erschien, die agrarpolitischen Spuren der kurzzeitigen Forcierung der Sozialismus-Losung von 1948 zu spüren. Man veröffentlichte ein bislang unbekanntes Lenindokument aus dem Jahr 1919. Dieser Aufruf war ursprünglich „Aufruf an das deutsche Volk" betitelt gewesen, dann aber von Lenin korrigiert worden in „Aufruf an die deutschen Arbeiter und an die deutschen Bauern, die keine fremde Arbeit ausbeuten". Diese politische Botschaft zur Bündnispolitik entsprach der Politik-Richtung der SMAD in der zweiten Hälfte von 1948, galt ab Dezember 1948 aber als überholt. Siehe *Neue Welt*, 1949, Heft 2, S. 4f.

427 Ackermann, Kollektivierung, S. 922. Der Artikel wurde als Hilfe beim Studium des kurzen Lehrgangs der „Geschichte der KPdSU(B)" empfohlen.

bringt".[428] Politische Folgen hatte diese Theoriediskrepanz aber vorerst nicht. Während des Zweijahrplans kam es der SED darauf an, die Kleinproduzenten insgesamt zu fördern und vor Verarmung zu bewahren. Zugleich wollte sie die „unablässig aus [... deren] Mitte ausscheidenden Kapitalisten" im Auge behalten.[429]

Die SED hatte 1950, wie bereits dargelegt, Schwierigkeiten, die Gruppe der Großbauern gegenüber den mittleren Schichten auf dem Lande abzugrenzen. Die untere Grenze der „werktätigen Bauern" zu bestimmen, war nicht minder kompliziert. Der kleinere Bodennutzer/Betriebsinhaber stand den Entscheidungsträgern in zahlreichen Kombinationen gegenüber: Als Bauer im Haupt- und Nebenerwerb, in Land- und/oder Gartenwirtschaft, mit oder ohne Handwerk im Familienbetrieb, nicht selten bei gleichzeitigem Lohnerwerb zumindest eines Familienmitgliedes in einem anderen Betrieb oder sogar außerhalb der Landwirtschaft. Allein die Festlegung, was als Bauernwirtschaft galt, war kompliziert. Schließlich blieb die Frage unbeantwortet; die Pflichtabgaben von Agrarprodukten, das zentrale Instrument agrarpolitischer Einflußnahme, kam ohne klare Definition aus und basierte auf gesetzlichen Regelungen in Abhängigkeit von der landwirtschaftlichen Nutzfläche pro Betrieb. Bis 1951 waren Betriebe ab 0,5 ha Fläche veranlagt, ab 1951 waren es nur noch Betriebe ab 1 ha Fläche.

Hauptproduzenten waren 1949–1951 die Bauern mit 5–15 ha Fläche je Betrieb. Die SED-Führung konzentrierte Mitte 1950 im Zusammenhang mit der Fünfjahresplanung und im Kontext der Wahlen ihren Blick auf die Belastungen dieses Teils der „werktätigen Bauern". Bereits im Januar hatte Kurt Vieweg als Sachverständiger für Klein- und Mittelbauernpolitik in der SED und zugleich als aufrichtiger Interessenvertreter gerade dieser Schicht einen Stimmungsbericht nach Karlshorst gesandt, in dem er auf die Unzufriedenheit auf dem Lande hinwies.[430] Ein spezieller Anlaß für die Berichterstattung ist nicht ersichtlich; Vieweg stellte seinen Bericht in den Kontext der Genossenschafts-Reform. Der VdgB-Vorsitzende mahnte Veränderungen an, denn er sah, daß „es den großbäuerlichen reaktionären Elementen immer wieder möglich [ist], die aus der Zeit heraus notwendigen unpopulären Maßnahmen allein zur Diskussion zu stellen und die Massen in diesem Sinne zu beeinflussen". Vieweg riet, in einem agrarpolitischen Interessenclearing vorausschauend zu agieren. Trotz angespannter Wirtschaftslage, welche „Konjunkturgewinne der ersten Zeit" nicht mehr zuließe, müsse in der aktuellen Agrarpolitik weithin deutlich werden, daß die Existenzgrundlage der werktätigen Bauern sichergestellt ist und bleibt.[431]

Durch andere Stimmungsberichte jener Zeit findet Bestätigung, daß nicht die Pflichtabgabe, nicht die fiskalischen Reglementierungen von Produktion und Absatz und nicht die Hektarveranlagung an sich die Ursache für Unzufriedenheit unter den kleinen und mittelstarken Agrarproduzenten waren, sondern die den realen Produktionsbedingungen nicht mehr adäquaten Differenzierungsmodi, die Teile der „werktätigen Bauernschaft" benachteiligten. Zu den die Klein- und

428 Oelßner, Bauernfrage, S. 787f.
429 Siehe ebenda.
430 Siehe Bericht über die Stimmung unter den Bauern, 17. 1. 1950, gez. Vieweg, dokumentiert bei Kuntsche, Ostdeutsche Bauern, S. 210–212.
431 Siehe ebenda.

Mittelbauern verunsichernden und empörenden Regelungen gehörten vor allem das aktuelle System der Landwirtschaftspreise, die Koppelung der Ablieferung mit der Bereitstellung von zwangsbewirtschafteten Betriebsmitteln, „ein sehr ungerechtes System der landwirtschaftlichen Besteuerung", das „keine Rücksicht auf die Höhe der Selbstversorgeranzahl der Kleinbetriebe" nahm, „die verhältnismäßig hohen und schlecht differenzierten Sozialabgaben" (zum Beispiel infolge des Landarbeiterschutzgesetzes), sowie die mangelnde Rücksichtnahme auf natürliche Schwankungen und andere Besonderheiten im Produktionsablauf. Wirtschaftsschwache und kurzfristig geschädigte Betriebe hatten es ausgesprochen schwer, die Produktion zu steigern. Das Vorankommen der einzelnen Bauernwirtschaft hing stark von der Produktion von Übersollmengen ("freie Spitzen") ab.[432]

1949/50 war die Lage der Klein- und Mittelbauern, insbesondere der Neubauern unter ihnen, bekanntlich nicht nur regional unterschiedlich. Auch innerhalb gleicher natürlicher Gegebenheiten differierten die Arbeitsergebnisse in Abhängigkeit beispielsweise von den Erfahrungen der einzelnen Bauern, der zwischenbetrieblichen Kommunikation, dem Engagement von Behörden usw. Für diese „werktätigen Bauern" waren die Perspektiven höchst verschieden. In Vorpommern, Ost- und Mittelmecklenburg summierten sich bei den ländlichen Kleinproduzenten die negativen Faktoren zu einem pessimistischen Ausblick.[433]

Vieweg beließ es nicht bei dem Stimmungsbericht, sondern setzte sich energisch für neue Regelungen ein. Ausgangspunkt seiner Überlegungen war, wie bereits erwähnt, Petrušovs Weiterentwicklung des Mittelbauernbegriffes, den Vieweg nun auf einen großen Teil der Neubauern mit bis 20 ha Land ausdehnte.[434] Die Hauptlast, die sich aus der Sollerhöhung ergäbe, dürfe nicht auf diese mittelbäuerlichen Schichten abgewälzt werden. Vieweg konstatierte ideologische Unklarheit in der Bündnisfrage, ein „Hemmschuh bei der Entwicklung eines neuen Bewußtseins in der werktätigen Bauernschaft".[435] SED-Mitglieder fragten beispielsweise: Ist es richtig, daß wir eine starke Mittelbauernschicht schaffen; schaffen wir dadurch nicht eine der Arbeiterklasse feindlich gesinnte mächtige Schicht auf dem Lande?"[436] Vieweg forderte daher, Klein- und Mittelbauern offen und gezielter zu unterstützen, denn mittlerweile könne sich das Bündnis mit den Bauernmassen „nicht mehr allein auf die vor fünf Jahren erfolgte Bodenverteilung begründen".[437] Die SED benötige eine neue Vertrauensbasis auf dem Lande, und dies nicht etwa nur in zweiter Linie aus volkswirtschaftlichen Erwägungen heraus. Viewegs These, daß der Mittelbauer „zur Hauptfigur im Dorf" geworden ist, wurde in die Thesen zum III. SED-Parteitag aufgenommen.

Für die SKK waren solche Überlegungen durchaus einleuchtend[438], wenngleich aus ihrer Sicht zu bedenken war, daß im volkswirtschaftlichen Gesamtzusammen-

432 Ausführlicher siehe Kuntsche, Ostdeutsche Bauern, S. 202
433 Siehe ebenda, S. 206f.
434 Siehe Vieweg, Veränderungen, S. 595, 600f.
435 Vieweg auf dem III. SED-Parteitag, in: Protokoll des III. Parteitages, 4. und 5. Verhandlungstag, S. 57.
436 Zitiert nach Stößel, Positionen, S. 425f.
437 Vieweg, Veränderungen, S. 602.
438 Siehe Analyse Bachgorskijs (SMAD-Informationsabteilung) zur VdgB(BHG), 19. 2. 1951, AVP RF, fond 0458, opis' 315s, papka 282, delo 1, listy 48–52.

hang der DDR-Landwirtschaft noch immer sehr viel abzuverlangen war. Die deutschlandpolitische Option der Sowjetunion legte breite politische Bündnisse nahe. Bei Preisen und Abgaben trat die SKK für solche Regelungen ein, die die klein- und mittelgroßen Bauernwirtschaften in allen Regionen und möglichst unter allen spezifischen Produktionsbedingungen spürbar weniger belasteten als die Großbauenwirtschaften. Sie unterstützte die von der SED ausgehende neue Eingruppierung der Betriebe zwecks differenzierter Erhebung der Pflichtabgaben. Während sie noch 1949/50 – analog zu den Erhebungen ostdeutscher Behörden – die ländliche Sozialstruktur entsprechend den Normengruppen für die Abgabe landwirtschaftlicher Erzeugnisse erfaßte (Betriebe bis zu 0,5 ha, 0,5 bis 5 ha, 5–10 ha und 10–20 ha und mehr als 20 ha), gruppierte sie Betriebe ab 1951 anders ein. Dabei änderten einige SKK-Experten ansatzweise auch ihren Blick auf die werktätigen Bauern. Soweit von spärlichen Analysepapieren her geurteilt werden kann, deren konzeptionelle Bedeutung nicht geklärt ist, folgten dem zunächst keine realen politischen Eingriffe. Gleichwohl seien sie hier genannt:

Aufbauend auf Lenins Klassifizierung der Bauernschaft[439], unter Zuhilfenahme solcher Kriterien wie Betriebsgröße, Entwicklung der Viehzucht, Dünger- und Technikverwendung sowie die Verwendung von Lohnarbeit, charakterisierten 1951 die Autoren der bereits erwähnten Strukturanalyse (auf der Grundlage von Erhebungen 1949 und 1950) die Besitz- und Produktionsverhältnisse in der ostdeutschen Landwirtschaft. Dabei machte das Kriterium Lohnarbeit die Einschätzung besonders schwierig. Zur Erinnerung: Nach Lenin bestand die Mehrheit der Landbevölkerung in den Industrieländern 1920 aus dem *Landproletariat* (Knechte, Mägde, feste und Saison-Lohnarbeiter), aus halbproletarischen Parzellenbauern und aus Kleinbauern. Diese Mehrheit würde von der Beseitigung halbfeudaler und kapitalistischer Verhältnisse auf dem Lande durchweg profitieren, schrieb er, vorausgesetzt, es setzt eine „unverzügliche Hilfeleistung für ihre Wirtschaft seitens der proletarischen Staatsmacht" ein. In ihr seien, „wenigstens teilweise, Schwankungen in der Richtung der unbeschränkten Freiheit des Handels und der freien Nutznießung der Privateigentumsrechte unvermeidlich." Sie stünde jedoch „im großen und ganzen auf der Seite der proletarischen Umwälzung".[440]

Rund 362 000 Personen (16 Prozent der arbeitsfähigen Bevölkerung aus der Landwirtschaft) lebten nach Ansicht der Verfasser der Studie in der DDR unter Verhältnissen, die sie in die Kategorie *„ländliches Proletariat"* einzuordnen geboten. *„Halbproletarier und Pächter-Bauern"*, d.h. Parzellenbesitzer mit Boden bis 2 ha Land stellten eine Gruppe von 271 600 Menschen; 88 300 davon wirtschafteten im Haupterwerb in der Agrarproduktion. Diese Betriebsgrößengruppe galt als höchst unterversorgt mit Zugkraft und Maschinen, war stark auf die MAS und auf staatliche Darlehen angewiesen; die Bauern suchten häufig ein Zuverdienst in Industrie und Handwerk. Die Berichterstatter stellten jedoch fest, daß selbst 4,8 Prozent dieser Kleinstbauern, die im Haupterwerb wirtschafteten, auf Lohnarbeit zurückgriffen. 11 700 Wirtschaften waren kombiniert mit Handwerksbetrieben, die Lohnarbeiter einstellten. Daraus zog man den Schluß: Über 18 Prozent der zu

[439] Siehe Lenin, Ursprünglicher Entwurf.
[440] Ebenda, S. 142f.

dieser Gruppe gerechneten Wirtschaften müßten faktisch zu der nächsthöheren Gruppe der Kleinbauern gerechnet werden oder sogar gänzlich aus der Gruppe der lohnarbeitsfreien Betriebe gestrichen werden. Bei der Zuordnung zu den *Kleinbauern*, zu denen unter den Bedingungen der DDR Bauern und Pächter mit 2–5 ha Land zu rechnen seien, stellte man das gleiche fest: In den 122700 Wirtschaften (davon 87700 im Haupterwerb) würden auch vergleichsweise häufig Lohnarbeiter angestellt; 11 Prozent der Wirtschaften griffen ständig, 16 Prozent der Wirtschaften über dazugehörige Handwerks-und Handelsbetriebe auf fremde Arbeitskräfte zurück. Damit schien etwa ein Drittel der Bauern, die Lenin 1920 auf der Seite der proletarischen Revolution gewähnt hatte, in der DDR ins Lager der prinzipiell schwankenden, mittelstarken Bauern zu tendieren.[441]

Als *„Mittelbauern"* hatte Lenin – er setzte den Begriff in Anführungszeichen – Eigentümer und Pächter zwar kleiner, aber einen gewissen Überschuß erwirtschaftender Parzellen bezeichnet. In solchen Wirtschaften würde *oft* fremde Arbeitskraft in Anspruch genommen werden, in guten Jahren produziere ein solcher Betrieb einen Überschuß. Für die ostdeutschen Verhältnisse des Jahres 1949 entschieden die sowjetischen Landwirtschaftsexperten 1950, daß zur Gruppe der „Mittelbauern" die Inhaber von Wirtschaften mit 5–10 ha sowie von Wirtschaften mit 10–15 ha Land zu rechnen seien. Über diese Größenordnung hinaus seien die privaten Wirtschaften zu den großbäuerlichen zu zählen.[442] Alles in allem machten nach dieser Analyse die sogenannten „proletarischen Wirtschaften" mit 0,5 bis 2 ha je Betrieb 32,97 Prozent aller Wirtschaften aus. Kleinbäuerliche Betriebe mit 2 bis 5 ha Land (25,24 Prozent der Wirtschaften, auch oft als Nebenerwerbsbetriebe) und mittelbäuerliche Betriebe mit 5 bis 10 bzw. – bei Neubauern- bis 15 ha Land (34,1 Prozent der Betriebe)[443] ergaben mit den Winzigbetrieben zusammengerechnet nach dieser Einteilung immer noch 92 Prozent aller Betriebe. Doch glaubte man auch zu erkennen, daß allen Betriebsgrößengruppen eine starke Tendenz zur kapitalistischen Produktion innewohnt, erkennbar an dem hohen Anteil an Lohnarbeit.

Die realen Erträge spielten in der Analyse keine Rolle. Dabei war durch die Kontrolle des Landarbeiterschutzgesetzes (gerade 1950 wurden noch einige behördliche Inspektionen dazu durchgeführt) hinlänglich bekannt, daß die Masse der kleineren Bauern die Landarbeiter schlecht bezahlen mußte, um über die Runden zu kommen. Die SKK-Fachleute erkannten auch, daß insbesondere unter den Bauern mit bis zu 5 ha Land (in etwa 48 Prozent aller privaten Höfe also), nicht einmal die Hälfte im Haupterwerb wirtschaftete, das heißt, zusätzliche Einkünfte in eigenen oder fremden Handwerks- oder Handelsbetrieben, in Industrie und Verwaltung suchte. – Diese Sozialanalyse von Ende 1950 griff ausdrücklich auf Lenins Artikel „Ursprünglicher Entwurf der Thesen zur Agrarfrage" zurück, wodurch nolens volens die Frage mitschwang, wie die sozialistische Revolution „ins Dorf hineingetragen" (Lenin) werden könnte. Doch mit Schlußfolgerungen hielt man sich zurück, politikrelevant wurde derlei vorerst nicht.

441 Siehe Bericht über die sozial-ökonomischen Umgestaltungen in der Landwirtschaft der DDR, o. D. [1951], o. Unterschrift, AVP RF, fond 0457 g, opis' 3, papka 28, delo 1, listy 52-56.

442 Siehe ebenda, list 56.

443 Kotow übernahm diese Klassifizierung in seinem 1959 erschienenen Buch. Siehe ders., Agrarverhältnisse, Teil II, S. 17f.

Denn bei den SKK-Agrarexperten herrschte durchaus ein Gespür dafür, daß Klassenkampfstimmung einem sozial übergreifenden Engagement der Bauernschaft für Produktionssteigerung abträglich war. Auch 1951 sahen SED-Führung und SKK noch die Notwendigkeit, allen werktätigen Bauern stabile wirtschaftliche Verhältnisse zu garantieren.[444] Als politische Interessenvertretung der werktätigen Bauern behielt die VdgB ihre Bedeutung. Sie sollte kleinbäuerliche Solidarität fördern und – je nach Bedarf mehr oder weniger intensiv – Abwehrhaltungen gegenüber großbäuerlicher Dominanz auf dem Dorf entwickeln.

Politik im Interesse der werktätigen Bauern bedeutete für SED und SKK aber vor allem: Stärkung der MAS. Diesbezüglich drängten die sowjetischen Berater 1951 deutlich auf Konsequenz. Die Wirtschaftlichkeit der staatlichen Ausleihunternehmen wurde an der Einsatzbereitschaft gerade für die Klein-und Mittelbauern gemessen. An eine Festigung der Wirtschaften von werktätigen Bauern durch den Ausbau privater Technikfonds war 1950/51 nicht gedacht. Dieser Befund könnte zwar die Hypothese von der allgemeinen Bauernfeindlichkeit der Kommunisten stützen, bei Lichte besehen reflektiert er aber lediglich die praktizierten Verteilungsmodi unter den konkreten Bedingungen der ostdeutschen Mangelwirtschaft im geteilten Deutschland. Wie es, in gesamtdeutscher Agrarperspektive gesehen, weitergehen würde, war 1951 für SED-Führung und SKK noch offen. Für jeden möglichen Fall der nationalen Entwicklung aber sahen beide in der werktätigen Bauernschaft eine wichtige Klientel. Die konkrete Politik wurde kurzfristig festgelegt.

4.3. Neubauernhilfe und Neubauernselbsthilfe

4.3.1. Das Neubauernbauprogramm 1947–1949

Ende 1949 bestanden in der DDR rund 209 000 Neubauernwirtschaften, meist (das heißt zu 65 Prozent) als Betriebe mit 5 bis 10 ha, selten (zu etwa 8 Prozent) auch mit bis 15 ha und ausnahmsweise mit bis 20 ha Nutzfläche.[445] Neubauern führten eine Wirtschaft mit intensiver Ausbeutung der eigenen und der Familienarbeitskraft. Sie beschäftigten nicht selten saisonale Hilfskräfte. Nur 25 Prozent der Wirtschaften kam gänzlich ohne fremde Arbeitskräfte aus. Das lag daran, daß Technik- und Viehbesatz extrem gering waren. Je 100 Neubauernwirtschaften standen drei bis sechs Mäh-, Ernte-, oder Sämaschinen oder Maschinen für die Futterzubereitung in Privatbesitz zur Verfügung.[446] Einige Neubauernbetriebe hatten bei der Landzuteilung im Zuge der Bodenreform Vieh bekommen: Von den vormals landlosen oder landarmen Einheimischen und den Umsiedlern erhielt 1945/46 jeder vierte ein Pferd, jeder zweite ein Rind. 1949 hatten Neubauern mit

444 Siehe Ulbricht, Wirtschaftliche Hauptaufgaben im Fünfjahrplan, S. 1531.

445 Siehe auch Nehrig, Zur sozialen Entwicklung, S. 68; Vieweg, Veränderungen, S. 598. Zinke, Transformation, Anlage 5. 1, gibt für 1949 210.726 Neubauern an; Kotow, Agrarverhältnisse, Teil II, S. 1, spricht von 232 700 Neubauernwirtschaften zum 15. Juni 1949 (Betriebszählung). Die interne Statistik des Ministeriums für LFW ging mit Stand vom 1. 1. 1950 von über 290 000 „Neubauern zuzüglich Landzulageempfänger" aus und berechnete den Anteil der zurückgegebenen Stellen in der Regel von dieser Ausgangsgröße aus (siehe BArch, DK 1, 2929, Bl. 93; DK 1, 8690, Bl. 1).

446 Siehe Kotow, Agrarverhältnisse, Teil I, S. 246.

bis zu 10 ha durchschnittlich zwei bis drei Rinder und ebensoviele Schweine.[447] In vielen Tausend Fällen aber wirtschafteten die Bauern ohne eigene Zugkraft. Ende 1948 besaßen 41 Prozent der Neubauern noch kein Pferd.[448]

Gravierend schlecht war die Ausstattung mit Baulichkeiten. Von der SMAD aufgefordert, einen Überblick zusammenzustellen, meldete die HV für Land- und Forstwirtschaft der DWK im April 1948: Von 207 000 Wirtschaften, die mit der Bodenreform auf drei ha und mehr Land neu entstanden waren, hatten 21 000 bereits eigene Wohnhäuser, 49 000 hatten sie im Zuge der Bodenreform zugewiesen bekommen[449], 5000 hatten bis 1947 Wohnhäuser gebaut. 1948 waren noch 132 000 Bodenempfänger ohne Wohnhäuser.[450] Wirtschaftsgebäude fehlten oder waren weitgehend beschädigt. Insbesondere im Oderbruch waren Häuser, Ställe und Scheunen 1945 durch die Kampfhandlungen stark zerstört worden. Eine andere Erhebung von 1948 stellte den aktuellen Bedarf von über 132 000 Ställen und rund 120 000 Scheunen fest.[451]

Die Ausstattung einer Neubauernfamilie mit Kleidung und Nahrungsmitteln war höchst dürftig. Neubauern erhielten, wie alle Bauern, keine Konsumgüter auf Karten. Sie hatten keine finanziellen Rücklagen. Von den Bareinnahmen, die ein Neubauernhof durchschnittlich im Jahr 1949 erwirtschaftete, konnten noch nicht einmal alle regulären Ausgaben bestritten werden.[452]

SED-Führung und SMAD hatten nach der Bodenreform ganz besonders die Festigung der Neubauernwirtschaften auf ihre Fahnen geschrieben. Die in der Regel allein nicht lebensfähigen Neubauernhöfe wurden auf verschiedene Weise gestützt: (1) durch eine Abgaben-, Kredit- und Steuerpolitik, die die ungüstigen Startbedingungen zumindest ansatzweise in Rechnung stellte, (2) durch behördlich kontrollierte, vergleichsweise günstige Tarife bei der Inanspruchnahme der Maschinenausleihe, und (3) durch ein spezielles Kreditprogramm für den Bau von Wohn- und Wirtschaftsgebäuden, das sogenannte Neubauernbauprogramm. Hinzu kamen irreguläre Hilfen wie Viehausgleich und Schuldenerlasse. Generell orientierte sich auch die Agrarpreispolitik am Fortkommen der Wirtschaften „werktätiger" und damit der Neubauern. Das kostenintensivste und nachhaltigste Hilfsprogramm aber war das Neubauernbauprogramm.[453]

Der reale Bedarf an Wohn- und Wirtschaftsgebäuden wird in den Quellen unterschiedlich angegeben. Die DDR-Forschung ging für Anfang 1948 von einem

447 Siehe Kotow, Agrarverhältnisse, Teil I, S. 241, 251.

448 Siehe Vieweg, Veränderungen, S. 598.

449 Siehe Schulz, Probleme, S. 12. Er nennt die Zahl 47 846.

450 Siehe Versorgung der Neubauern mit Wohnhäusern, Antworten auf Fragen der SMAD, HV für LFW der DWK, Abt. Bodenordnung, 28. 4. 1948, BArch, DK 1, 7690, Bl. 226.

451 Siehe Reinert, Befehl 209, S. 506.

452 In den Quellen findet sich die Angabe von 1200 DM Bareinnahmen im Jahr pro Neubauernhof (siehe Bericht über eine Funktionärskonferenz zur Vorbereitung der 2. Mitgliederversammlung im Zusammenhang mit der Parteivorstandswahl in Niemegk, Brandenburg, 8. 10. 1949, SAPMO BArch, DY 30, IV 2/2.022-26, unpag.) Siegfried Kuntsche ermittelte für 1950 einen Betrag von 1596 DM jährliches Reineinkommen pro Betrieb der Größe 2–5 ha und pro Familienmitglied (zitiert bei Piskol, Entwicklung der Großbauern, S. 423).

453 Die Geschichte des Neubauernbauprogramms gehört zu den bestuntersuchten Aspekten der frühen DDR-Agrargeschichte. Siehe unter anderen Dölling, Wende; Kuntsche, Gemeinschaft der Neubauern; Kuntsche, Probleme der Auflösung; Reinert, Kampf; Reinert, Befehl 209; Droste, Rolle; Schulz, Probleme.

geschätzten Bedarf an rund 146 000 Wohnhäusern, 132 000 Stallungen und 11 700 Scheunen aus.[454] Einer zeitgenössischen Schätzung Döllings zufolge mußten seit 1947 rund 153 000 Neubauerngehöfte neu errichtet oder baulich ergänzt werden, allein 63 000 davon im Land Mecklenburg.[455]

Zunächst konnten Kleinbauern zur Errichtung von Wohn- und Wirtschaftsgebäuden auf der Grundlage des Befehls Nr. 62 der SMAD vom 25. Februar 1946 nach Befürwortung durch das Ortskomitee der VdgB bei Banken ein Darlehen bis maximal 6000 RM aufnehmen – ohne grundbuchliche Belastung. 1947 erhielten die Kreditinstitute das Recht, nach eigenem Ermessen langfristige Baukredite mit 3 Prozent Zinslast zu vergeben. In einigen Ländern der SBZ boten die Regierungen noch günstigere Finanzierungsbedingungen. In Sachsen etwa waren ab März 1947 Kredite in einer Höhe von bis zu 11 000 RM möglich.[456] Bis Mitte 1948 nahmen 115 508 Neubauern Kredite für Bauten, Inventar und Vieh in einer Höhe von insgesamt über 555 Millionen DM auf.[457] Doch die Baukosten stiegen, unter anderem wegen wachsender Lohnkosten. Für den Bau eines ganzen Gehöftes mußten 1949 rund 24 000 DM veranschlagt werden.

Entscheidenden Auftrieb erhielt das Baugeschehen durch Befehl Nr. 209 der SMAD vom 9. September 1947 über die wirtschaftliche Einrichtung der Neubauernhöfe.[458] Ausgehend von 500 000 mit der Bodenreform *neu* entstandenen Wirtschaften[459], die zum großen Teil noch immer ohne ausreichende Wohn- und Wirtschaftsbauten waren, ordnete der Befehl an, bis Ende 1948 insgesamt mindestens 37 000 Häuser für Neubauern zu errichten, davon 10 000 in Brandenburg und 12 000 in Mecklenburg. Das stellte rund ein Viertel des Bedarfs allein an Wohngebäuden dar und war angesichts der Schwierigkeiten der Baustoffindustrie, des Bau- und des Transportwesens eine beachtliche Zielvorgabe. Die Landesregierungen hatten für zügige Erledigung der Bauanträge, für Baumaterial und Transportkapazität zu sorgen sowie Arbeitskräfte zuzuweisen.

Befehl 209 der SMAD erlangte bald oberste Priorität. In allen Ländern der SBZ übernahmen die Landtage das Anliegen, verabschiedeten Gesetze, stellten Mittel zur Verfügung und schufen spezielle Ämter und Kommissionen. Bei den Landesregierungen entstanden „Oberbauleitungen 209“, vermittelnd trat ein „Baulen-

454 Siehe Reinert, Kampf, S. 53.

455 Siehe Dölling, Wende, S. 150.

456 Siehe Eigmüller, Neubauernhöfe, S. 60.

457 Siehe Kotow, Agrarverhältnisse, Teil I, S. 245.

458 In der Literatur hat der Befehl unterschiedliche Titel: „Über die Maßnahmen zum wirtschaftlichen Aufbau der neuen Bauernwirtschaften“ (Geschichte des Staates und des Rechts, S. 187f., unter Berufung auf die Thüringische Rechtskartei 1947); „Über die Einrichtung von Wohn- und Wirtschaftsgebäuden für Neubauern“ (Um ein antifaschistisch-demokratisches Deutschland, S. 493–495, ebenfalls unter Berufung auf die Thüringische Rechtskartei 1947); siehe auch BArch, DK 1, 1552. Der Befehl wies übrigens nicht nur die Errichtung von Gebäuden, sondern auch einen Viehausgleich zugunsten der Länder Mecklenburg und Brandenburg an.

459 Hier ist im Befehl falsch formuliert. Tatsächlich hatten zum 1. 1. 1947 rund 366 000 Bauern- und Landarbeiter-Familien Land aus dem Bodenfonds bekommen. Kleinstparzellen waren an rund 130 000 Arbeiter-, Angestellten- und Handwerkerfamilien als Gartenstück gegangen (siehe Kotow, Bodenreform, Teil I, S. 231f.), außerdem entstanden neue Wirtschaften in Gemeindenutzung oder bei Organisationen. Ein Großteil des Bodens ging an bereits bestehende Höfe.

kungsstab" unter Leitung des Vizepräsidenten der Deutschen Verwaltung für Land- und Forstwirtschaft Busse in Aktion. Später entstand bei der DWK, die ab 1948 bindende Weisungen ausgeben konnte, eine „Zonenbauleitung 209" und – unter Länderbeteiligung – ein beratender Zonenbauausschuß. Die Hauptverwaltung für Land- und Forstwirtschaft der DWK bekam zentrale Planungsaufgaben zugeschrieben, die politische Aufsicht wurde den Landesbodenkommissionen bei den Innenministerien übertragen. Diesen Kommissionen unterstanden kommunale Bodenreform-Bauausschüsse, in denen die örtlichen Behörden, die Gremien der Parteien und Organisationen, Baubetriebe und Architekten den konkreten Bedarf ermitteln und die Umsetzung zentraler Vorgaben gewährleisten sollten.[460] Als Kreditnehmer fungierte die VdgB, die sich damit Einfluß sicherte, aber auch zusätzliche Verantwortung übernahm. Dies alles stellte eine für die SBZ typische Mischung aus zonaler Lenkung und basisdemokratischen Restfreiheiten dar, die eine gewisse Mobilisierung von Reserven erlaubte. 1948 verbot die DWK mit Wirkung zum Jahresende sämtliche anderen Privatbauten mit Ausnahme von ebenfalls befohlenen Verkehrs- und Industriebauten und wies die Arbeitsämter an, die Bauten für Befehl 209 nach Dringlichkeitsstufe 1 zu behandeln. Die VdgB sollte Gemeinschaftshilfe-Aktionen unter den Bauern organisieren.[461] Die ZKK machte die Umsetzung des Befehls zum Gegenstand einer zentralen Kontrollaktion.[462]

Für die Besatzungsmacht stellte die bauliche Sicherung der Agrarproduktion eine zentrale Aufgabe dar. Die SMAD kontrollierte die Durchführung des Befehls streng. Sie machte den Befehl, so Fritz Reinert, zu einem „Kernstück einer Reihe von materiellen Hilfsmaßnahmen [...] für Neubauern" und veranlaßte über die Kontrolle seiner Umsetzung zonenweit eine damals noch ungewöhnliche Abstimmung von Politik auf Landesebene.[463]

Insgesamt lief die sowjetische Hilfestellung vor allem auf punktuelle Mobilisierung hinaus.[464] Stabsartig wurde von Berlin aus ein wirtschaftliches Großunternehmen geführt, was damals vielen Experten abenteuerlich anmutete. Die Ziele waren sehr hoch gesteckt und die materiellen und logistischen Voraussetzungen für ein solches Unternehmen eigentlich nicht gegeben. Insbesondere fehlte es an Bauholz, Zement und Ziegeln, Dachpappe und Glas. Durch den genannten Baustop, durch eine obere Grenze für die Bautenfläche und andere Bauvorschriften sowie durch Empfehlungen, auf einfache Naturbauweise (Lehmstampfbauweise, gegebenenfalls Fachwerkbauten, sogenannte Weichbedachung aus Stroh- und Schilf) zurückzugreifen[465], konnten die Länder dem Mangel an Ziegeln und Zement ein wenig begegnen. Doch blieb die Situation äußerst angespannt. Kaum ein Kreis erfüllte 1948 seine Auflagen, viele Gebäude waren bei Wintereinbruch nur

460 Einen knappen Überblick über die Strukturen bietet Schöneburg, Errichtung, S. 144–150.

461 Siehe Anordnung über die Errichtung von Neubauerngehöften, 28.7.1948, in: ZVOBl. 1948, S. 489, DB: S. 490.

462 Siehe Scherstjanoi, Volkskontrolle, S. 183–191.

463 Siehe Reinert, Befehl 209, S. 508.

464 Siehe ebenda, S. 510–513.

465 Im Land Brandenburg gab die Regierung sogar einen „nichtrückzahlbaren Zuschuß" von 4000 DM aus, wenn in Naturbauweise und überwiegend in Eigenleistung gebaut wurde. Siehe BArch, DK 1, 10328, Bl. 24.

halbfertig und ungeschützt. Obgleich die offiziellen Rechenschaftslegungen für 1948 positiv ausfielen,[466] mußten intern erhebliche Rückstände eingestanden werden.

Wegen Mangel an Geld und Bautechnik riefen die deutschen und die sowjetischen Behörden zu öffentlichen Hilfsaktionen auf. Gemeinschaftsarbeit, so bei Abbrucharbeiten, Transportarbeiten und Ausschachtungen, wurde organisiert. Hier brachten die SMAD-Mitarbeiter sowjetische Erfahrungen ein, rieten beispielsweise zu Patenschaftsverträgen zwischen Industriebetrieben und einzelnen Neubauerndörfern, zu Wettbewerb oder Arbeitseinsätzen der Volkssolidarität und der FDJ. So etwas fand in der Notgemeinschaft der Nachkriegsjahre durchaus Unterstützung. Ein Fünftel des Bauwertes wurde 1948 in Aktionen der gegenseitigen Hilfe geschaffen.[467] Bei Stockungen im Baugeschehen waren solche Einsätze geeignet, eine gewisse Überbrückungsfunktion zu übernehmen. Insgesamt aber waren sie mit für den historischen Moment übertriebenen Hoffnungen in bzw. verzerrten Vorstellungen von „Aktivität von unten" verbunden. Teilweise waren Selbsthilfeaktionen sogar kontraproduktiv, dann nämlich, wenn sich VdgB-Mitglieder selbständig Baustoffe „organisierten" und die ohnehin schwierige Zwangsbewirtschaftung von Baumaterialien damit boykottierten.[468]

Ihr Hauptaugenmerk lenkte die SMAD auf die Bauorganisation, die zentrale Material-Lenkung und die Abstimmung bei Transport- und Arbeitskräftefragen. Sie setzte eigene Inspekteure ein. An größeren Bau-Konferenzen auf Zonen- und Landesebene nahmen SMAD-Vertreter aktiv teil. Sie drängten auf rasche Planung und Berichterstattung, gaben dafür formelle Kriterien aus, genehmigten oder untersagten Sonderzuteilungen an Baumaterial oder außerordentliche Transportleistungen, verständigten sich mit deutschen Architekten und Bauämtern über Typenbauten. Die SMAD ordnete Überprüfungen von Bau- und Transportfirmen an, generell und im Einzelfall, verlangte monatliche Meldungen der Länder über Baustand, Baustoffproduktion und Baustoffmengenzuteilung, außerdem sollte die Hauptverwaltung für LFW Halbjahresberichte erstellen. „Die Freunde" fragten nach der Propagierung des Bauprogramms und nach der Situation an Baufachschulen.[469] Bis 1950 blieb das Interesse an Kontrolle über das Neubauernbauprogramm bei der SMAD/SKK sehr stark.

466 Siehe Rechenschaftsbericht des Innenministers des Landes Brandenburg Bernhard Bechler über die Ergebnisse des Baujahres 1948 in Erfüllung des SMAD-Befehls Nr. 209, in: Um ein antifaschistisch-demokratisches Deutschland, S. 723f. Bechler konstatierte eine Übererfüllung des Plans: 10 047 Wohnhäuser, 5681 Ställe, 24.467 Scheunen und 26 sonstige Gebäude seien errichtet und fast 2000 Gebäude im Rahmen der Oderbruchkatastrophenhilfe gebaut und repariert worden.

467 Siehe Schulz, Probleme, S. 14.

468 Siehe Scherstjanoi, Volkskontrolle, S. 186f.

469 Zu alledem liegt umfangreiches Aktenmaterial vor: BArch, DK 1, beispielsweise: 7690, 7691, 7692, 8801, 9183. Exemplarisch: Aktenvermerk der HV für LFW, Abt. ländliche Bautechnik, „Betr. 209/Fragen der SMAiD", 25. 4. 1948, BArch, DK 1, 7690, Bl. 201. – Angeblich sorgte die SMAD dafür, daß die Abrechnung des Neubauernbauprogramms geheime Verschlußsache wurde. Das geht aus dem Entwurf eines Berichtes der Hauptverwaltung Arbeit und Sozialfürsorge der DWK an die SMAD über den Wohnraum im Jahr 1949 vom 12. 9. 1949 hervor (siehe Geschichte Sozialpolitik 2/2, S. 617f., hier S. 617), kann von den agrarpolitischen Akten her aber nicht bestätigt werden. Daß die SMAD innerhalb der deutschen Behörden Informationen in Sachen Befehl 209 verhinderte, ist auch unwahrscheinlich. Vermutlich hatte sich die Hauptverwaltung eine Ausrede für eigene Versäumnisse zurechtgelegt.

Den Neubauern war laut Befehl 209 erlaubt, im Rahmen des Neubauernbauprogramms Gutshäuser und andere Gutsgebäude, die nicht genutzt wurden, sowie freie Militärbauten abzureißen. Einige militärische Anlagen wurden von sowjetischen Kommandanten speziell im Zusammenhang mit Befehl 209 geräumt.[470] Was die Gutsbauten anbelangt, so verband die SED mit dieser Art der Baustoffbeschaffung öffentlich auch das politische Anliegen, durch Abriß „die Spuren der Junkerherrschaft auf dem Dorfe zu vernichten". Einige der kulturhistorisch wertvollen Herrenhäuser blieben zwar verschont. Doch selbst in solchen Fällen wurden Nebengebäude zerlegt und damit der gutsherrschaftliche Wohn- und der Wirtschaftskomplex als solcher (soweit er den Krieg überhaupt überstanden hatte) aufgelöst. In Brandenburg fielen beispielsweise rund ein Drittel der Gutsgebäude bis 1949 den Abrißarbeiten zum Opfer.[471]

Die SED war sich in dieser Politik mit der Besatzungsmacht einig. Beide gaben der Sicherung der Neubauernwirtschaften Vorrang vor Argumenten der Baukunst- und Denkmalpflege, vom Erhalt gutsherrschaftlicher Symbolik gar nicht zu sprechen. Insbesondere Neubauern, die mit ihren Familien in Gutshäusern enteigneter Bodenbesitzer provisorisch (meist in Gemeinschaftswohnungen) untergekommen waren und ihr Vieh in vormaligen Gutsställen gemeinschaftlich hielten, sollten über die Baustoffe, Fenster, Türen, Öfen und Fußböden wie über ihr Eigentum verfügen können. Die SMAD wollte die Bodenreform so verstanden wissen.[472] Ihre Landesbehörden gaben entsprechende Weisungen zum Abriß aus und beaufsichtigten deren Umsetzung.[473] Zugleich verbarg sich hinter den Empfehlungen, Gutsgebäude abzureißen, die Absicht, für größere private Bewirtschaftung, auch für Gemeinschaftsbewirtschaftung durch bäuerliche Produktionsgenossenschaften, keine Anreize bestehen zu lassen. SMAD-Spezialist Tarakanovskij kritisierte im Sommer 1948, die Bauern seien nicht darüber aufgeklärt worden, „daß die großen Wirtschaftsgebäude überflüssig sind, wenn jeder Neubauer seine eigenen Wohn- und Wirtschaftsgebäude besitzt."[474] Das Bauprogramm zielte auf den Erhalt des Familienbetriebs.

Um eine gewisse Ungerechtigkeit auszugleichen, sollten in den Ländern und Kommunen auch Wege gefunden werden, um die zufällig mit Baumaterial aus Abrißhäusern ausgestatteten Neubauern nicht grundsätzlich besser zu stellen als jene, die nicht in Gutsgebäuden untergekommen waren. Einige Neubauern, die zum Bauen große Kredite aufnehmen mußten, klagten nämlich einen Lastenausgleich ein. Derlei konnte vorerst zentral nicht geregelt werden; die Hauptverwaltung für LFW widmete sich wiederholt dem Problem – ohne abschließende Entscheidung, wie sich zeigte.[475]

[470] Siehe Schreiben der Verwaltung für Land- und Forstwirtschaft der SMAD an die Deutsche Verwaltung für Land- und Forstwirtschaft, 29. 12. 1947, gez. Kabanov, BArch, DK 1, 8801, Bl. 51.

[471] Siehe Schulz, Probleme, S. 13.

[472] Siehe Schreiben der Verwaltung für Land- und Forstwirtschaft der SMAD an die Deutsche Verwaltung für LFW, 25. 12. 1947, gez. Terent'ev , BArch, DK 1, 8801, Bl. 40f.

[473] Siehe Runderlaß des Innenministeriums der Landesregierung Brandenburg mit der Anordnung der SMA Brandenburg 1/605 vom 29. 1. 1948, in: BArch, DK 1, 7693, Bl. 12–15.

[474] Um unsere Neubauernhöfe, Bericht über eine Tagung zum Neubauernbauprogramm am 20. 5. 1948 in Berlin, *Der Freie Bauer*, 30. 5. 1948.

[475] Siehe Antwortschreiben des Ministeriums für LFW an den Vorsitzenden der VdgB-Ortsvereinigung Döbritschen/Thüringen, 21. 11. 1949, BArch, DK 1, 2929, Bl. 9f.

Die bauliche Absicherung der Bodenreform diente zunehmend auch einem weiteren politisch bedeutsamen Zweck. Sie wurde als wichtiger Schritt zur Integration der Umsiedler verstanden. Führende SED-Vertreter in agrarpolitischen Ämtern wandten sich an CDU und LDP mit der Bitte, die Verwirklichung des Befehls 209 politisch und agitatorisch zu unterstützen. Vorbehalte von Neubauern und insbesondere von Umsiedlern gegen eine dauerhafte Etablierung im Agrarbereich und gegen den Abriß von Gutsgebäuden sollten abgebaut werden. „Bei vielen Neubauern wird auch heute noch die Auffassung vertreten, daß sie wieder in ihre alte Heimat zurückkehren können, und daher haben sie kein Interesse an einer Erstellung von neuen Höfen", klagten SED-Funktionäre im Februar 1948.[476]

Die DWK entschied sich für die Fortsetzung des Bauprogramms[477] im Jahr 1949, einschließlich der Einschränkung anderer privater Bautätigkeit.[478] Mitte 1948 wagten SMAD-Vertreter noch einen positiven Ausblick auf das Jahr 1949: Nachdem insgesamt 62 000 Neubauten und 30 000 Umbauten realisiert sein würden, könnten angeblich alle Neubauern der SBZ über die benötigten Bauten verfügen, hieß es.[479] Ein deutscher Beschlußentwurf vom Jahresbeginn 1949 sah dann noch 104 200 Neu-, Um- und Erweiterungsbauten (35 Prozent in Naturbauweise), mithin 40 000 zu errichtende oder zu ergänzende Gehöfte, vor.[480] Das wäre das Dreifache des ursprünglich im Befehl 209 genannten und auf das Baujahr 1947/48 bezogenen Bausolls gewesen. Eine Anweisung gab schließlich ein Bausoll von insgesamt 72 900 Neu-, Um- und Erweiterungsbauten vor und verpflichtete zum Abschluß von 6214 „Bauüberhängen" (Rohbauten).[481] 40 Prozent der Neubauerngehöfte sollten in Naturbauweise entstehen, bis zu jeweils 15 000 DM Kredit (in Ausnahmefällen mehr) konnten mit Einverständnis der Landesgenossenschaftsbank und des Landes-Finanzministeriums für Bauten gewährt werden. 30 Prozent

[476] Siehe Entwurf eines Schreibens der HV für LFW der DWK an das Zentralsekretariat der SED, Abt. Landwirtschaft, an die Zonenleitung der LDP sowie die CDU Deutschlands, 9.2.1948, gez. i. V. Busse, BArch, DK 1, 7690, Bl. 50f. Zu den Zweifeln der Bodennehmer, insbesondere der Umsiedler, in den Jahren 1945/46 siehe Kuntsche, Gemeinschaftswirtschaft, S. 161–186, insbesondere S. 173, 178.

[477] Der Terminus Neubauern-Bauprogramm wurde nun immer weniger verwendet. Man sprach von „Bauprogramm 209". 1949 tauchte der Begriff „Bodenreform-Bauprogramm" auf, der auch in Gesetzen von 1950 seinen Niederschlag fand. Im innerdeutschen Systemwettbewerb folgte diese Begriffsbildung der Argumentation, das Bauprogramm diene der Festigung der Bodenreform.

[478] Siehe Anordnung über die Verlängerung der Laufzeit des Bauprogramms, Protokoll der Sitzung des DWK-Sekretariats am 19.1.1949, BArch, DC 15, 373, Bl. 4R, 104.

[479] Siehe Protokoll der Baubesprechung bei der SMAD am 7.4.1948, BArch, DK 1, 7690, Bl. 151–153R.

[480] Siehe Beschlußentwurf für „Richtlinien für die Durchführung des Bodenreform-Bauprogramms 1949, [Februar 1949], BArch, DK 1, 7691, Bl. 258–262R.

[481] Siehe Anweisung der HV Wirtschaftsplanung der DWK zur Durchführung des Programms für die Errichtung von Neubauerngehöften im Jahr 1949, 5.4.1949, BArch, DK 1, 7691, Bl. 408f.; Erste DB zur Anweisung , 4.5.1949, BArch, DK 1, 7692, Bl. 61–68. Siehe Dokumente bei Dölling, Wende, S. 293–303. Ursprünglich waren die Anweisung und die Erste DB in einem Dokument vereint. Notwendige Überarbeitung sorgte dafür, daß erst Anfang Mai die Vorschriften für Kreditgewährung, Baubestimmungen u. a. ausformuliert waren. Der sowjetische Anteil daran ist in den deutschen Akten erkennbar (siehe Bemerkungen der SMAD zum Entwurf, o. D., BArch, DK 1, 7691, Bl. 402f.). Erst im Sommer 1949 gelangte die DWK zu einem groben Überblick über die benötigten Kreditmittel.

der Gesamtherstellungskosten waren in Eigen- und Gemeinschaftsleistung zu erbringen. Als fertig gemeldete, in Wirklichkeit aber nicht fertige Bauten durften nach dieser Regelung nicht mehr gefördert werden.[482] Dafür wurde die Errichtung von Handwerker-Siedlerstellen in das „Bauprogramm 209" übernommen. In der DWK gelangte das Großunternehmen in die Zuständigkeit der Hauptverwaltung für LFW, die den gesamten Bauumfang 1949 einschließlich Selbsthilfe und Solidaritätsaktionen auf einen Wert von 750 bis 800 Millionen DM schätzte und auf rund 505 Millionen DM Darlehen hoffte.[483]

Doch die Schwierigkeiten nahmen 1949 eher noch zu. „Die Material- und Kreditbilanz geriet zeitweise beträchtlich durcheinander", schätzt Schulz ein.[484] Die sowjetische Besatzungsbehörde drängte verstärkt zum einfachen Bauen auf engem Raum in nächstliegender Ansiedlung. Neubauern wurden über die VdgB Kurse angeboten, wo sie lernen konnten, wie Lehmwände zu errichten waren, wie Holz- und Weidengeflecht stabilisiert und verschmiert wird. Aber die Lehmbauweise stieß bei der Bevölkerung auf Ablehnung. Auch die Herrschafts-Kooperation zwischen SED und SMAD gelangte hier an ihre Grenzen. Dabei standen sich nicht so sehr sowjetische und deutsche Bau-Erfahrungen und -traditionen gegenüber. Es ging keineswegs primär um Geschmacksfragen, sondern um die Berücksichtigung klimatischer Bedingungen, um Kenntnis der Bodenverhältnisse und der örtlichen Angebote an Baumaterialien. Die Vorstellungen der deutschen Stellen fanden in der SMAD und in den SMA durchaus respektvolle Aufnahme, aber während deutsche Behörden vielfach den alten siedlungsreformerischen Gedanken reflektierten und für mehrere Generationen gute Produktions- und Lebensbedingungen schaffen wollten, war die Besatzungsbehörde auf schnelle Effekte aus. Solides Bauen war aus sowjetischer Sicht wünschenswert, aber nicht machbar. So riet Tarakanovskij, den Bau von Neubauernhäusern ohne jeglichen äußeren Putz abzuschließen, um eine schnelle Übergabe zu ermöglichen.[485] Sowjetischen Hinweisen folgend plante man mancherorts auch seltsame Alternativen zu den eingesparten sanitären Anlagen in Neubauern-Wohnhäusern: Gemeinschaftsbäder und Saunen. Deutsche Behörden verhinderten solche Fehlinvestition, die der „Mentalität der Landbevölkerung" nicht Rechnung trug.[486]

Schon 1949 zeigten sich erste Folgeschäden an einigen Neubauern-Bauten, die Ergebnis von Funktionsstörungen im Baugeschehen oder unsachgemäßen, raschen Bauens (etwa mit nicht abgelagertem Holz) waren. Dort, wo Kleinsthöfe nach aktualisierten Typen bereits zu funktionieren begannen, erkannte man, daß die sparsam eingerichteten, kleinen Ställe den wachsenden Anforderungen der Viehhaltung und den steigenden Auflagen zur Fleisch- und Milchproduktion nicht entspra-

482 Siehe Richtlinien der Deutschen Investitionsbank für die Ausreichung von Neubauern-Baukrediten, 5.7.1949, gez. Hoernle (DWK, HV für LFW) Lehmann und Meyer (Deutsche Investitionsbank), BArch, DK 1, 3037, Bl. 30-31R; DK 1, 8885, Bl. 201-202R.

483 Siehe Protokoll einer Besprechung in der HV für LFW am 17.1.1949 und eine Rede Döllings, BArch, DC 1, 2172, unpag.

484 Siehe Schulz, Probleme, S. 13.

485 Siehe Niederschrift über eine Besprechung bei der DWK am 19.8.1949, SAPMO BArch, DY 30, IV 2/7-257, unpag.

486 Siehe Schreiben an den Kreisrat für Bau- und Wohnungswesen Hagenow/Mecklenburg, 12.4.1949, BArch, DK 1, 7691, Bl. 420.

chen.[487] Es war ein echtes Dilemma staatlicher Lenkung: entweder billig bauen oder die Viehproduktion entwickeln. Sogenannte „Schweineschuppen“ wurden als preiswerte Alternative angeboten. Bei zu engen Buchten für Rinder sollten halboffene Ställe Erleichterung für das Vieh schaffen, wofür sich weltweit erfolgreiche Experimente als Begründung fanden. Letzten Endes wurden die planerischen Diskrepanzen durch die Not entschieden: Wollte man die Grundidee nicht aufgeben, mußte man auf maximalen Schutz gegen Witterungseinflüsse verzichten. Die Sparzwänge in den Länderhaushalten wurden im Laufe des Jahres 1949 strenger, die staatlichen Kreditierungsmöglichkeiten nicht größer. Bis zu 80 Prozent der Gebäude, die 1949 errichtet wurden, entstanden daher schließlich in Naturbauweise.

Am 1. Juli 1949 legte ein SMAD-Finanzspezialist auf einer Tagung der Investitionsbank dar, worin die aktuellen Probleme bei der Finanzierung des Neubauernbauprogramms lagen.“Wir haben bis 1948 jedem Bauern, der bauen wollte, Kredit gegeben. Das ist nun aber nicht mehr möglich, weil wir nicht soviel Geld und nicht soviel Baumaterial haben. [...] Die Frage des Eigenkapitals und der Selbsthilfe ist sehr wichtig. Der Bauer baut sein Haus für sich, für sein ganzes Leben, für seine Kinder. Er muß also selbst Anstrengungen machen, möglichst viel eigenes Geld in den Bau hineinstecken. Dem armen Bauern, der kein Geld hat, muß natürlich geholfen werden. Aber in jedem Falle muß genau geprüft werden, wieviel der Einzelne selbst anlegen kann. Die Ernte dieses Jahr wird voraussichtlich gut. Durch den Verkauf der „freien Spitzen“ wird der Bauer Geld in die Hand bekommen“, erklärte Sitnin. Er machte aber auch deutlich, daß das Problem nicht so sehr im Mangel an staatlichen Mitteln lag, als vielmehr darin, daß verhindert werden muß, daß durch übermäßige Kreditgewährung zu viel Geld in den Umlauf kommt. „Wir müssen zu Investitionsformen gelangen, die den Geldumlauf nicht stören. Die durch die Währungsreform zustande gekommenen Resultate müssen geschützt werden [...]. Die im Umlauf befindlichen Geldmengen dürfen nicht erweitert werden, es sei denn, sie werden Schritt für Schritt mit der Erweiterung der Produktion, des Warenumlaufes erweitert. Mit der Ausgabe des Geldes müssen wir jetzt sehr vorsichtig sein.“[488] Die 300 Millionen DM Darlehen dürften „aus währungs- und finanzpolitischen Gründen nicht überschritten“ werden.[489] Trotz Festlegung des Kreditrahmens für 1949 durch die DWK wurde den für „209“ zuständigen deutschen Stellen bekanntgegeben, daß ein Teil der eingeplanten Mittel, schätzungsweise 130 Millionen DM, nicht zur Verfügung stehen werden. Ohne Absprache mit der DWK-Landwirtschaftsbehörde und der Zonenbauleitung hatten die SMAD-Stellen angewiesen (vermutlich die DWK-Finanzabteilung), die be-

[487] Siehe Zusammenstellung bisher gewonnener Erfahrungen des Ausschusses „ländliches Bauwesen“, 14.2.1949, gez. Müller, ebenda, Bl. 289–294. Später wurde deutlicher formuliert: „Die Typenbauten im Jahre 1948 entsprachen nicht den Erfordernissen einer 6–8 Hektarwirtschaft.“ (Schreiben des Ministeriums für LFW, HA III, an das Ministerium für Aufbau, HA Aufbau II/2, betr. Bodenreform-Bauprogramm, 24.10.1951, gez. Frommhold, BArch, DK 1, 3032, Bl. 55–57, hier Bl. 55)

[488] Notiz zu den Ausführungen von Sitnin auf der Tagung der Investitionsbank am 1.7.1949, 1.7.1949, gez. Heinks, HV für LFW der DWK, BArch, DK 1, 9052, Bl. 178f.

[489] Notiz der HV für LFW der DWK an das Zentralsekretariat der SED, Abt. Landwirtschaft, 13.7.1949,ebenda, Bl. 148. Siehe auch Schreiben der SMAD-Landwirtschaftsabteilung an Hoernle, 20.7.1949, ebenda, Bl. 120 [russisch], Bl. 121 [deutsche Übersetzung].

willigten, aber 1948 nicht in Anspruch genommenen Kreditmittel für Neubauernbauten nicht auszuzahlen. Die Landwirtschaftsabteilung der SMAD war nach Ansicht der deutschen Experten nicht eingeweiht gewesen.[490]

Entgegen ursprünglichen deutschen Absichten setzte die SMAD für 1949 durch, daß Kredite nicht in Abhängigkeit vom Bautentyp, sondern – wie bereits 1948 – in Abhängigkeit von der „Kapazität der Wirtschaft" vergeben wurden. Orientiert wurde auf eine möglichst große Eigenbeteiligung. Außerdem sollte gesichert sein, daß die staatliche Investition, der Kredit also, sich volkswirtschaftlich lohnt,[491] das hieß, einem überlebensfähigen Familienbetrieb hilft. Von seiten der sowjetischen Landwirtschaftsexperten erfolgte aber zugleich Druck in Richtung eines großen Gesamt-Bauvolumens. Deutsche Stellen beklagten schon 1948 die kurzfristigen Weisungen der SMAD zu umfassender Berichterstattung nach dem jeweils aktuellsten Stand. An diesem Umgang änderte sich auch 1949 nichts. Tarakanovskij trieb sogar zum Bauen über das Bauprogramm hinaus[492], womit schließlich immer mehr Probleme um die zwangsbewirtschafteten Baustoffe entstanden. Die reichten nun kaum noch für unaufschiebbare wasserwirtschaftliche Bauten.[493] Im Juli 1949 stellte der stellvertretende Leiter der SMAD-Verwaltung für Land- und Forstwirtschaft fest, daß über den Plan hinaus Baustellen für Wirtschaftsgebäude eröffnet worden waren, bei den Wohnhäusern jedoch großer Verzug herrschte. Daraus leitete er die Forderung nach einem generell höheren Bautempo ab. Zugleich sollten innerhalb von zwei Wochen über 34 000 Wohnhausbaustellen eröffnet werden.[494] – Infolge dieser Vorgabe überschritten einige Länder schon bald ihren Investitionsplan. Die Zonenbauleitung ordnete daher im August einen vorläufigen Stop für Wirtschaftsbauten und den bevorzugten Bau von Wohnhäusern an.[495] Doch unsinnige Baustelleneröffnungen gab es weiterhin, woran die Besatzungmacht mit ständigem Drängen und Berichteeintreiben erheblichen Anteil hatte.[496]

490 Siehe Notiz für Rau zu einer Sitzung der „Zonenbauleitung 209" am 27. 8. 1949, HV für LFW der DWK, gez. Döring, 30. 8. 1949, ebenda, Bl. 57–60; DK 1, 7692 Bl. 241–244. Damit hing ein Fünftel bis ein Viertel der Baufinanzierung in der Luft. Kreditaufstockungen am Jahresende halfen nur begrenzt.

491 Siehe Bemerkungen der SMAD zum Entwurf, o. D., BArch, DK 1, 7691, Bl. 402–403, hier Bl. 402R.

492 Siehe Aktenvermerk über eine Besprechung in der SMAD am 1. 6. 1948, 2. 6. 1948, gez. Dölling, BArch, DK 1, 7690, Bl. 360f.; Niederschrift über diese Besprechung, 2. 6. 1948, gez. Dölling, ebenda, Bl. 362f.

493 Siehe Schreiben der Verwaltung für Land- und Forstwirtschaft der SMAD an die HV für LFW der DWK, 6. 8. 1949, gez. Korbut, ebenda, Bl. 593, 597.

494 Siehe Schreiben der Verwaltung für Land- und Forstwirtschaft der SMAD an den Leiter der HV für LFW der DWK Hoernle, 13. 7. 1949, BArch, DK 1, 9052, Bl. 147 [russisch], Bl. 146 [deutsche Übersetzung]; siehe auch BArch, DK 1, 7692, Bl. 13 .

495 Siehe Richtlinien der Zonenbauleitung 209, 8. 8. 1949, gez. Dölling, BArch, DK 1, 9052, Bl. 87–89.

496 Gegenüber der CDU-Fraktion in der Provisorischen Volkskammer begründete das Ministerium für LFW der DDR die Überplanbauten mit neuen Anforderungen an die Viehvermehrung. Die ursprünglichen Planentwürfe der HV für LFW der DWK für 1949 seien im endgültigen Plan nicht hinlänglich berücksichtigt worden, was dann korrigiert werden mußte (siehe Schreiben an Goldenbaum, 19. 12. 1949, BArch, DK 1, 890, Bl. 99). Die Klärung des Sachverhaltes würde diese Studie überfordern. Es mag genügen festzuhalten, daß für die enormen Planüberschreitungen sowohl Planungsfehler als auch mißliche Zustände in der Wirtschaftsverwaltung verantwortlich waren. Im Prinzip waren die Pannen in der kampagnenhaften Vorgehensweise eines solchen Großunternehmens in Zeiten von Mangelwirtschaft begründet.

Die SED-Führung sah das Problem klarer. „So sehr auf weiten Gebieten unseres Zweijahrplanes eine Übererfüllung der gegebenen Planzahlen angestrebt wird, muß doch bezüglich der Durchführung des Befehls 209 beachtet werden, daß jede Planüberschreitung den Investitionsplan der volkseigenen Industrie stören kann, da die für diese bestimmten Baumaterialien nun anderweitig verwendet werden“, signalisierte das Zentralsekretariat. Was die Finanzen anging, so sollte unbedingt darauf geachtet werden, daß die Baukredite vom Neubauern auch ausschließlich für Bauten und nicht für Steuern oder Schuldentilgung ausgegeben werden.[497]

Die SMAD geriet mit ihrer Politik der ländlichen Bauentwicklung Mitte 1949 in einen zusätzlichen internen Zielkonflikt. Wie erwähnt, wies Tarakanovskij am 19. August 1949 deutsche Vertreter von oberen Bau-, Finanz- und Landwirtschaftsbehörden an, den staatlichen MAS-Bauten Vorrang vor den „persönlichen Bauten“ der Neubauern zu geben. Zuvor schon hatte er in einer Zonendienstbesprechung ganz im Sinne Sitnins argumentiert: Bauernhäuser sind Privatbauten, daher müßten Bauern auch privat investieren, Kreditmittel sollten nicht leichtfertig vergeben werden! Zugleich setzten die Länder aus sowjetischer Sicht zu wenig Baugelder für den MAS-Ausbau (hier ging es vor allem um Kulturhäuser), für Schulen und volkseigene Betriebe ein.[498] Das Manko konnte von der SED nicht behoben werden, aber wunschgemäß instruierte sie die MAS-Leiter und Bauleiter 209, in den Kreisen enger zusammenzuarbeiten. Die Landräte sollten Unterstützung gewähren, Presse und Rundfunk auf die MAS-Bauten hinweisen.[499] Groteskerweise waren infolge von MAS-Bauten über 100 Neubauern zum Umzug gezwungen. 85 Neubauern mußte darüber hinaus für bereits erfolgte Um- und Anbauten an künftigen MAS-Gebäuden entschädigt werden. Das erforderte insgesamt zusätzliche 1,75 Millionen DM.[500]

Bei anhaltendem Mangel an Baustoffen und Arbeitskräften gewannen Solidaritätsaktionen immer größere Bedeutung. Es mußten vor allem Lohnkosten gespart werden. Tarakanovskij fragte gereizt: „Wir möchten wissen, wo Hennecke-Leute im Programm 209 zu finden sind.“[501] Die SED-Führung, von Dölling über den Baustand informiert[502], erkannte hier völlig zutreffend, daß Eigeninvestitionen an Geld und Arbeitskraft auch wegen der mangelhaften „psychologischen Einstellung des Bauern zu ‚seinem‘ Haus“ minimal bleiben. Er betrachte es einfach nicht als sein Eigentum, Reparaturen sehe er als Angelegenheit einer staatlichen Stelle.

[497] Siehe Rundschreiben des SED- Zentralsekretariats, Abt. Wirtschaftspolitik, „Schärfste Kontrollmaßnahmen bezüglich der Bodenreformbaukredite“, 13.7.1950, BArch, DK 1, 3037, Bl. 22–22R.

[498] Siehe Niederschrift über eine Besprechung bei der DWK am 19.8.1949, SAPMO BArch, DY 30, IV 2/7-257, unpag.; Niederschrift über die Zonendienstbesprechung zum Bauprogramm 209 am 26.7.1949, verfaßt am 8.8.1949, gez. Dölling, BArch, DK 1, 7692, Bl. 49–53, hier Bl. 51; Auszug aus dem Protokoll über eine Besprechung bei der SMAD am 29.3.1949, verfaßt am 30.3.1949, gez. Hoernle, BArch, DK 1, 7691, Bl. 395.

[499] Siehe Bericht über die Durchführung der Bauaktion MAS, 8.9.1949, BArch, DK 1, 7692, Bl. 229–236.

[500] Siehe ebenda, Bl. 232.

[501] Niederschrift über die Zonendienstbesprechung zum Bauprogramm 209 am 26.7.1949, Bl. 52.

[502] Siehe Bericht zum Neubauernbauprogramm im 2. Halbjahr 1949 an das Zentralsekretariat der SED, 25.7.1949, gez. Dölling, SAPMO BArch, DY 30, IV 2/7-256, unpag.

Das müsse sich ändern, zumal auf „die Aufbringung eigener Mittel" durch den Bauern nicht verzichtet werden konnte.[503] In den Ländern setzten sich SED und VdgB daraufhin verstärkt für überregionale Gemeinschaftsaktionen ein. So entwarfen Landesregierung und SED-Landesleitung in Brandenburg einen Aktionsplan zum Neubauernbauprogramm. Die „allumfassende, groß angelegte Solidaritätsaktion" sollte am 18. August 1949 in Potsdam gestartet und bis Jahresende fortgesetzt werden.[504] In Sachsen bereitete man für Mitte Oktober 1949 die „Woche für unsere Neubauern" vor, die schließlich bis November verlängert wurde. „Das Ziel der Volksaktion ist: Fertigstellung der bereits in hohem Bauzustand befindlichen Neubauernbauten ohne [...] Inanspruchnahme von Baukrediten. Winterfestmachung der eingestellten Bauten [...] Weiterbau der begonnenen Bauten, soweit der Neubauer selbst eigene Mittel dazu hat."[505]

Die Ergebnisse waren bescheiden. In einer kleinen sächsischen Gemeinde mit ursprünglich 17 Neubauernstellen (aus dem Bestand eines Rittergutes), von denen zwei 1946, eine 1948 und acht 1949 zurückgegeben und neu besetzt wurden, und wo im Rahmen des „Bauprogramms 209" insgesamt fünf Höfe zu errichten waren, leisteten beispielsweise in einer Aktion 18 Personen insgesamt 72 freiwillige Arbeitsstunden. Größere Effekte hatten dagegen Aufrufe, mit denen landesweit Abriß- und Transportarbeiten organisiert und Kleinunternehmer mobilisiert wurden. Am 18. September 1949 kamen am Brandenburger „Tag der Neubauern" nicht nur 96092 freiwillige Helfer zusammen, sondern auch 628 LKW, 492 Traktoren und 17726 Pferdegespanne zum Einsatz. 1,25 Millionen Mauer- und Dachsteine wurden gewonnen, 3,6 Millionen Mauer- und Dachsteine transportiert, dazu Lehm, Kies, Sand, Stroh und Holz für Bauten in beachtlicher Menge gewonnen und bewegt.[506] Insgesamt aber ging der Umfang der unentgeltlichen Hilfsleistungen und Spenden 1949 zurück. Neubauern und Gemeinden, die sich zu Selbst- und Gemeinschaftshilfe verpflichtet hatten, wurden deshalb bevorzugt mit Geld und Baustoffen versorgt.[507] – Die DWK stockte die Kredite im August um 100 Millionen DM für Überhänge aus dem Jahr 1948 auf, und damit die Kreditsumme 1949 auf 400 Millionen DM [508], nachdem geklärt war, daß sich die Gesamtbaukosten des Jahres auf 512 Millionen DM belaufen werden (eingedenk

503 Siehe Rundschreiben des SED-Zentralsekretariats, Abt. Wirtschaftspolitik, „Schärfste Kontrollmaßnahmen bezüglich der Bodenreformbaukredite", 13.7.1949, BArch, DK 1, 3037, Bl. 22-22R, hier Bl. 22R. Auf den Mangel an Bauherrensinn hatte am 1.7.1949 bereits Finanzexperte Sitnin hingewiesen. Es gehe nun um mehr Eigeninvestitionen der Bauern. „Viele Bauern sind der Meinung, daß der Staat für sie baut. Sie fühlen sich nicht als verantwortliche Bauherren, sondern machen mit Selbstverständlichkeit Schulden aus öffentlichen Geldern. Diese Einstellung ist falsch. Der Bauer muß fühlen, daß es sich nicht um ein Geschenk, sondern um eine Hilfe, die zurückgezahlt werden muß, handelt. Wenn er dieses Gefühl hat, wird er selbst genau prüfen, wie, zu welchen Kosten usw. er bauen kann." (Notiz zu den Ausführungen von Sitnin auf der Tagung der Investitionsbank am 1.7.1949, gez. Heinks, HV für LFW der DWK, BArch, DK 1, 9052, Bl. 178f., hier Bl. 179).

504 Siehe Aktionsplan, 15.8.1949, BArch, DK 1, 3037, Bl. 21–21R, 23–24.

505 Zitiert nach Eigmüller, Neubauernhöfe, S. 75.

506 Hilfsaktion der Volkssolidarität „Wir bauen auf", Bericht vom 7.10.1949, BArch, DK 1, 7692, Bl. 207.

507 Siehe Richtlinie Nr. 1 der Zonenbauleitung 209 zur Ersten DB, 4.5.1949, 11.7.1949, ebenda, Bl. 152–155R.

508 Siehe Anordnung über Neubauern-Baukredite vom 25.8.1949, Protokoll der Sitzung des DWK-Sekretariats am 27.8.1949, BArch, DC 15, 417, Bl. 4.

einer Kostensenkung durch Selbst- und Gemeinschaftshilfe um geplante 114 Millionen DM).[509]

Zum Jahresende 1949 mußte dennoch aus allen Ländern Planverzug gemeldet werden. Eine LKK-Überprüfung in drei Brandenburger Kreisen mit hohen Bauauflagen ergab beispielsweise für den Kreis Ostprignitz, daß im Dezember 1949 von 2521 zu errichtenden Gebäuden erst 1883 bis zum Erdgeschoß und weiter gebaut waren, 25 Prozent der Bauten also im Stadium „Kellermauerwerk" steckten. Übergabefertig waren in den Kreisen Prenzlau und Beeskow-Storkow 60 bzw. 70 Prozent der begonnenen Bauten.[510] Insgesamt waren im Land Brandenburg von 23 843 Bauten im Neubauernbauprogramm 1949 zum 30. November 1949 erst 53 Prozent fertiggestellt. Die SED-Landesleitung schätzte ein: Das ist unter Würdigung der objektiven Schwierigkeiten eine große Leistung.[511] – Von den im Jahr 1949 SBZ-weit begonnenen Bauten (über 96 000, was erheblich mehr darstellte als die rund 79 000 im Plan vorgesehenen) konnten zum Jahresende nur zwei Drittel (knapp 55 000) fertiggestellt werden.[512]

Die Bilanz aller Neubauern-Bauleistungen der Jahre 1945 bis 1949 ist gleichwohl beeindruckend. Zum 31. Dezember 1949 registrierte das DDR-Landwirtschaftsministerium *insgesamt 150 263* beendete Baueinheiten (Neu- und Umbauten), die seit Oktober 1945 entstanden waren; ein Drittel davon waren Wohnhäuser, über 37 000 der Bauten entstanden in Naturbauweise.[513] Damit war zwar erst weniger als die Hälfte des im Oktober 1945 gemeldeten Bedarfs an Wohnung und Wirtschaftsgebäuden gebaut, doch insgesamt waren im Durchschnitt 0,7 Gebäude pro Neubauernwirtschaft errichtet oder rekonstruiert worden.

Rund 27 000 unfertige Bauten gingen zum Jahreswechsel 1949/50 als Überhangbauten in die Kalkulation für 1950 ein.[514] Das Ministerium für LFW der DDR beantragte im Einvernehmen mit der „Zonenbauleitung 209" für Bauüberhänge 120 Millionen DM Kredite und zur Fortführung des Programms in den Ländern Mecklenburg, Brandenburg und Sachsen-Anhalt weitere 90 Millionen DM, insgesamt also 210 Millionen DM für 1950.[515] Das war knapp die Hälfte der staatlichen

509 Siehe Schreiben Dörings an DWK-Vorsitzenden Rau, 30. 8. 1949, BArch, DK 1, 7692, Bl. 241–244, hier Bl. 241. Schließlich wurde das Bauprogramm 1949 zum Jahresende noch einmal mit 30 Millionen DM, insgesamt also 430 Millionen DM Kreditmitteln gestützt. Siehe auch Schulz, Probleme, S. 14.

510 Siehe Scherstjanoi, Volkskontrolle, S. 188f.

511 Siehe Protokoll der Landesdelegiertenkonferenz der SED, 2.–4. 12. 1949 in Cottbus, BPA Potsdam, L IV 1/6, Bl. 46f.

512 Dies sind Zahlen zum Stand vom 30. 11. 1949 (Baustandsmeldung Bodenreformbauprogramm 1949 des Ministerium für LFW, BArch, DK 1, 890, Bl. 30). Schulz, Probleme, S. 13, bringt ganz ähnliche Zahlen.

513 Siehe Zusammenstellung der insgesamt beendeten Bodenreformbauten, 18. 1. 1950, BArch, DK 1, 890, Bl. 28. Eine Übersicht vom Juni 1950 gibt mit Stand vom 31. 12. 1949 nur rund 114 000 fertige Bauten an, siehe Übersicht des Ministeriums für LFW, 30. 6. 1950, BArch, DK 1, 3029, Bl. 31.

514 Siehe Übersicht des Ministeriums für LFW, 30. 6. 1950, BArch, DK 1, 3029, Bl. 31. Die Statistik ist unzuverlässig. Schulz, Probleme, S. 13, ermittelte über 33 000 Überhangbauten. In den Unterlagen einer Ministerratssitzung vom 11. Mai 1950 war von 33 178 Überhängen die Rede, gemeint waren jedoch nur die kreditwürdigen (BArch, DC 20, I/3-17, Bl. 204).

515 Siehe Schreiben des Ministeriums für LFW der DDR (HA III) an Minister Goldenbaum, Argumente zur Beantwortung einer Anfrage der CDU-Fraktion, 19. 12. 1949, BArch, DK 1, 890, Bl. 99.

Finanzhilfe von 1949. Die Ministerien für LFW und für Aufbau sahen die Erledigung der Überhänge als vordringlich an[516] – und fanden darin die Unterstützung der VdgB. Das intensive Baugeschehen sollte nach der Vorstellung aller nun langsam abklingen. Die an der Planung Beteiligten nahmen sich für den Rest des Vorhabens dennoch vor, zu gewährleisten, daß – im Unterschied zum Vorjahr – die Finanzpläne rechtzeitig vorliegen. Aus der Erfahrung von 1949, als die Finanzierung der Überhänge zu lange umstritten geblieben und dann von den Finanzbehörden im Alleingang durchgedrückt worden war, hatte das Ministerium für LFW gelernt. Die Provisorische Regierung legte früh einen groben Finanzierungsplan fest.

4.3.2. Das Bodenreform-Bauprogramm 1950

Mit Gründung der DDR gelangte die Leitung des Unternehmens gänzlich in deutsche Hände, die SKK behielt sich aber die Kontrolle vor. Für die deutschen Stellen mußte es so aussehen, als hätte das Bauprogramm nun für „die Freunde" an Exklusivität verloren, was angesichts des Erreichten plausibel war. Die sowjetische Einflußnahme würde sich wohl künftig auf reguläre Kontrollen der Ministerien für Planung, für Finanzen, für Aufbau und für LFW beschränken.

Die „Zonenbauleitung 209" wurde bald nach der Regierungsbildung aufgelöst. Mit Regierungsbeschluß vom 2. Februar 1950 zeichnete für Bau- und Kreditgenehmigungen sowie insgesamt für die Verwendung der Kreditmittel der Minister für LFW der DDR verantwortlich, dem Aufbauminister unterstand die Baudurchführung. Auf Länderebene war entsprechend zu verfahren. Mit dem Gesetz über den Volkswirtschaftsplan 1950 gab der Gesetzgeber den neuen, reduzierten Rahmen für staatliche Bauhilfen vor. Für Neubauernwirtschaften war ein Gesamtbauvolumen im Wert von 400 Millionen DM vorgesehen, aus öffentlichen Mitteln wurden 100 Millionen DM für Kredite angekündigt.[517] Die Vergabe von Baugenehmigungen wurde strenger. Bereits im Oktober 1949 hatte Planungsminister Rau erklärt, im Bodenreform-Bauprogramm 1950 würden Baugenehmigungen nur noch an Bauern vergeben werden, die ausschließlich oder vorwiegend mit eigenen Mitteln bauen könnten; nur in Ausnahmefällen kämen bedürftige und unverschuldet in Not geratene Bauern nach strenger Prüfung in den Genuß eines Baukredites und einer Baugenehmigung.[518] Hintergrund war neben der bald erwarteten Deckung des allerdringendsten Bedarfs die künftig stärkere Konzentration von Staatsgeldern in der Industrie.

Doch die gesetzliche Vorgabe barg eine Reihe von planerischen Unklarheiten. Zunächst war ungewiß, ob im festgelegten Investitionsrahmen von 100 Millionen DM auch die Bauüberhänge von 1949 mit einzuplanen waren. Das Finanzministerium wollte ganz im Sinne der sowjetischen Leitvorgabe vom Sommer 1949 nicht zu viel Geld in Umlauf bringen und blieb mit seinen Vorstellungen unter den vom Landwirtschaftsministerium ermittelten 210 Millionen DM Kreditmitteln (120

516 Siehe Notiz über eine Besprechung zur Fertigstellung von Häusern gemäß Befehl 209 am 12. 12. 1949, FDGB-Bundesvorstand, HA II A (Wirtschaftspolitik), BArch, DY 34, 20514, unpag.

517 Siehe Gesetz über den Volkswirtschaftsplan 1950, das zweite Jahr des Zweijahrplanes der Deutschen Demokratischen Republik, 20. 1. 1950, in: GBl. 1950, S. 41–55, hier S. 46.

518 Siehe Vermerk im Ministerium für Planung, 24. 10. 1949, BArch, DK 1, 7692, Bl. 221.

Millionen für Überhänge und 90 Millionen für Neubauten.) Eine Regierungskommission klärte den Finanzierungsbedarf und beantragte für 13834 Baueinheiten, die als Überhänge weiterzufinanzieren seien (Baukostenwert ca. 105 Millionen DM), 70 Millionen DM Überhangkredite, da bei nur 25prozentiger Kreditierung eine Vollendung der Bauten nicht zu erwarten sei.[519] Damit blieb die Kommission unter dem Antrag des Agrarministeriums, plädierte aber für eine überdurchschnittliche Stützung begonnener Bauten. Eine Klärung konnte dennoch nicht sofort herbeigeführt werden. Das Finanzministerium verweigerte auf der Sitzung der Provisorischen Regierung am 2. Februar sein Einverständnis mit dem Vorschlag der Kommission. Erst nach der Sitzung kam man überein, die Bauüberhänge aus dem Vorjahr mit 45 Millionen DM zusätzlich zu fördern, also mit einem Drittel der vom Ministerium für LFW kalkulierten Mittel. Für Mecklenburg waren 13,5 Millionen, für Brandenburg 18 Millionen, für Sachsen-Anhalt 7 Millionen und für Sachsen 1,5 Millionen DM vorgesehen. Das DDR-Finanzministerium verweigerte obendrein die nachträgliche Auszahlung auf Rechnungen von 1949 (Baustand 31.12.) und überließ es den Ländern, hierfür Mittel zu finden.[520] Das Überhangbauvolumen wurde noch etwas höher, auf 118 Millionen DM, geschätzt.

Am 16. März sollte das konkrete Bodenreform-Bauprogramm 1950 von der Regierung verabschiedet werden, wofür das Ministerium für LFW einen erneuten Vorstoß in Richtung einer differenzierteren Kreditvergabe-Politik wagte. Letzten Endes ging es ihm um eine Erweiterung der Ausreichung von Darlehen. Kredite in Höhe von 22 bis 83 Prozent der Baukosten – freilich in Abhängigkeit von vorhandenen Sicherheiten – sollten möglich sein. Zugleich drängte das Ministerium auf eine Senkung des Gesamtbauvolumens auf 344 Millionen Mark und bereitete einen entsprechenden Regierungsbeschluß vor. Doch der weiterhin schwelende Interessenkonflikt mit dem Finanzministerium ließ eine abschließende Behandlung noch immer nicht zu. Rumpfs Behörde lehnte die Vorschläge nicht nur ab, sie legte den Regierungsbeschluß vom 2. Februar 1950 auch noch extrem aus und meinte, die bewilligten 145 Millionen DM Kreditgelder bezögen sich auf ein Gesamtbauvolumen von 518 Millionen DM.[521] Goldenbaums Vorlage wurde „nach kurzer Erörterung zurückgezogen".[522]

Aus Unterlagen des Landwirtschaftsministeriums geht hervor, daß der „Beschluß" vom 2. Februar – er wurde nicht veröffentlicht – in der Folgezeit dennoch als verbindliche Arbeitsgrundlage galt. Maximal ein Bau im Wert von 15000 DM für Wohnhaus und Stall (als sogenannte Doppeleinheit) bzw. von 10000 DM für ein Wohnhaus und 5000 DM für einen Stall war nun zulässig. Ein Viertel der Ko-

[519] Siehe Protokoll der Sitzung der Provisorischen Regierung der DDR am 2.2.1950, BArch, DC 20, I/3-11, Bl. 4, 38–40, 109–117. Ende 1949 rechnete das Ministerium für LFW noch mit rund 126 Millionen DM Baukosten für Überhangbauten, welche hauptsächlich (81 bis 111 Millionen DM) als neue staatliche Kredite einzuplanen seien. Siehe Vermerk im Ministerium für LFW, HA III, gez. Dölling, 14.11.1949, BArch, DK 1, 7692, Bl. 226.

[520] Siehe Anweisung des Ministers für LFW der DDR an die Minister für Landwirtschaft der Länder, 8.4.1950, BArch, DK 1, 890, Bl. 72–75, hier Bl. 74.

[521] So jedenfalls sah es das Landwirtschaftsministerium in einer Rückschau, „Begründung für eine erforderliche Planänderung ...", Ministerium für LFW, 28.7.1950, BArch, DK 1, 3039, Bl. 46–52, hier Bl. 47.

[522] Protokoll der 19. Sitzung der Provisorischen Regierung am 16.3.1950, BArch, DC 20, I/3-14, Bl. 4.

sten konnte in Form eines langfristigen Kredites genommen werden. Möglichst viele Bauern sollten aber mit weniger auskommen, hieß es. Scheunenbauten wurden nicht kreditiert.[523] Das Finanzministerium erließ am 13. Februar entsprechende Kreditrichtlinien für Neubauernbauten.[524] Für Überhänge konnte ihnen zufolge nach strenger Prüfung ebenfalls ein neues Darlehen ausgereicht werden, jedoch nur noch für Haus und Stall, nicht mehr für Scheunen und andere Bauten. Intern war klar, daß die bereitgestellten 45 Millionen DM für eine Kreditierung nur eines geringen Teils der Überhänge reichen würden. – Diese Bestimmungen waren die erste offizielle Konkretisierung der Vorgaben im Volkswirtschaftsplan für das Bauprogramm 1950. Bauten-Stückzahlen waren nicht vorgegeben.

Im Vergleich zu 1949, als noch rund die Hälfte der Baukosten über Länder- und Zonenkredite aufgebracht wurde und Kredite bis zu jeweils 15 000 DM beantragt werden konnten, hatten sich die Baubedingungen damit drastisch verschlechtert. Der Kreditanteil war auf maximal 25 Prozent der Baukosten gesunken und durfte erst nach völliger Ausschöpfung der Eigenmittel des Bauern gewährt werden (mit 3 Prozent Zinsen). Rein rechnerisch ergab sich aus dem Kreditvolumen eine Zahl neu zu beginnender, kreditierter Baueinheiten zwischen 6600 (bei 15 000 DM Darlehen für alle diese Bauten) und 20 000 (bei 5000 DM Darlehen).

Der sowjetische Anteil an dieser Entscheidung ist unbekannt. Deutsche Archivunterlagen lassen den Eindruck entstehen, daß die deutschen Stellen weitgehend autonom wirkten. Das Verhalten der Finanzexperten gründete auf den gleichen finanzpolitischen Bedenken, die Sitnin im Sommer 1949 vorgebracht hatte: Für einen größeren Geldumlauf gab es keine Warendecke. Die Minimierung der Kredite für Neubauten erschien plausibel, da sich viele Neubauern in den Jahren zuvor über einen Maximalkredit von 15 000 DM nicht hatten verschulden wollen; sie hatten kleine Kredite gewählt. Andererseits bestanden keinerlei Illusionen darüber, daß die ärmeren Neubauern, die sich bislang nicht zum Bauen entschlossen hatten, auch eine Eigenleistung von 75 Prozent der Kosten, so klein das Haus auch ausfiel, kaum aufbringen konnten. Das Bauprogramm für das Jahr 1950 setzte also nach den Baufortschritten der Vorjahre darauf, daß über jetzt strengere Kreditvergabe eine Art Auslese unter den noch nicht versorgten Neubauern stattfinden wird: Nur wirklich wirtschaftsfähige Kleinbauern sollten in der Landwirtschaft bleiben. Dies war Konsens zwischen Finanz- und Landwirtschaftsministerium, obgleich man einige Details unterschiedlich beurteilte: Das Ministerium für LFW sah eine insgesamt höhere und differenziertere Vergabe finanzieller Hilfen als notwendig an. Die dramatische Zunahme von unbewirtschafteten Flächen war zu diesem Zeitpunkt noch nicht im Blick der Behörden.

Die Rücknahme in Bautempo und Umfang der staatlichen Bauhilfe für Neubauern ist weder als grundsätzliche Abkehr von der Politik der Neubauernförderung noch als Verrat am Sozialgedanken zu sehen. SED-Führung und Landwirtschaftsministerium setzten sich über die Bedürftigkeit der Neubauern nicht hin-

523 Siehe Beschluß über die Weiterführung des Bodenreform-Bauprogramms, Protokoll der Sitzung der Provisorischen Regierung der DDR am 2. 2. 1950, BArch, DK 1, 3029, Bl. 43–45. Die SKK erhielt eine russische Fassung des Beschlusses (siehe ebenda, Bl. 46f.).

524 Siehe Bekanntmachung über die Kreditrichtlinien zur Weiterführung des Bodenreform-Bauprogramms im Jahr 1950, in: GBl. 1950, S. 300–302, hier S. 300.

weg, sondern überdachten die Form der Hilfe. Gerade im Februar wurde zwischen den Ministerien und unter Einschluß von Erfahrungen in den Ländern eine größere Hilfsaktion für etwa 20000 Neubauern, die sich in wirtschaftlicher Notlage befanden, erörtert (Viehausgleich, MAS-Hilfsaktion, Solidarität in den gerade propagierten Dorfgenossenschaften).[525] Walter Ulbricht berichtete dem SKK-Vorsitzenden, daß ein „Gesetz über die Hilfe für die Umsiedler" in Arbeit sei und versprach detaillierte Berichterstattung.[526] Im Ministerium für LFW erwartete man die Verordnung zu einer Hilfsaktion und schlug Einmalzahlungen in Höhe von 1000 DM pro bedürftigem Neubauer vor.[527] Die volkswirtschaftlichen Möglichkeiten wurden immer wieder überdacht.

Bis Mai 1950 basierten die staatlichen Kreditangebote auf dem Kompromiß vom Februar/März. Sie fanden jedoch so wenig Anklang, daß die Behörden selbst auf der geringen Kreditsumme sitzenblieben. Landwirtschaftsminister Goldenbaum wies die Ministerien der Länder im April an, bauwillige Neubauern stärker zu umwerben, da bislang nur 30 Prozent der vorgesehenen Investitionskredite in Anspruch genommen worden waren. Als Richtwert für Neubauten galten auf die Länder aufgeschlüsselte Zahlen, die in ihrer Summe 234000 Wohnhäuser und 262000 Ställe (einschließlich Um- oder Erweiterungsbauten) ausmachten.[528] Zugleich ließ der Minister die zuständige SKK-Abteilung, die Abteilung für Planökonomie, wissen, daß die vorgesehenen Darlehen äußerst gering waren.[529] Die SKK bat daraufhin umgehend um eine genaue Aufstellung zum Bautenstand und zum Stand der Kreditgewährung.[530]

Währenddessen liefen seit April 1950 zwischen Landwirtschaftsministerium und Aufbauministerium erneut Gespräche über Korrekturen an den Regelungen. Sie sollen auf Initiative des Stellvertretenden Ministerpräsidenten Ulbricht zustande gekommen sein,[531] der vermutlich auch sowjetischen Rat eingeholt hatte. Ganz plötzlich stimmte das SED-Politbüro am 18. April einem Vorschlag des Sekretariats zu, wonach die Kosten eines im Bauprogramm neu zu errichtenden Gebäudes 10000 DM nicht überschreiten dürften.[532] Dies durchzusetzen bedurfte es aber der Novellierung des unveröffentlichten Regierungsbeschlusses vom 2. Februar.

Am 11. Mai 1950 korrigierte die Regierung der DDR die geltenden Bestimmungen.[533] In der Begründung hieß es: „Durch diese Vorschläge wird erreicht, daß im

525 Verschiedene Hinweise darauf in BArch, DK 1, 2931, Bl. 13-17, 38f., 51.

526 Siehe Schwartz, Vertriebene, S. 155.

527 Siehe Schreiben des Ministeriums für LFW an das Finanzministerium der DDR, 14.4.1950, BArch, DK 1, 2931, Bl. 51

528 Siehe Anweisung an die Minister für Landwirtschaft der Länder, 8.4.1950, BArch, DK 1, 890, Bl. 72-75.

529 Siehe Tabelle „Plan für das Bodenreform-Bauprogramm 1950", Ministerium für LFW an die SKK, 15.4.1950, BArch, DK 1, 3029, Bl. 38. In dieser Übersicht erscheint die geplante Gesamtkreditsumme für die Neubauten 1950 sogar als Betrag von nur 91,3 Millionen, anstatt 100 Millionen DM.

530 Siehe Mitteilung des Ministeriums für Aufbau an das Ministerium für LFW, 17.4.1950, ebenda, Bl. 40.

531 So jedenfalls sah es das Ministerium für LFW in einer Rückschau, „Begründung für eine erforderliche Planänderung ...", Ministerium für LFW, 28.7.1950, ebenda, Bl. 46-52, hier Bl. 48.

532 Siehe Protokoll der Politbürositzung am 18.4.1950, SAPMO BArch, DY 30, IV 2/2-84, Bl. 2.

533 Siehe Protokoll der Sitzung der Provisorischen Regierung am 11.5.1950, BArch, DC 20, I/3-17. Das Sekretariat des ZK der SED hatte am 5. Mai der Änderung zugestimmt (siehe Protokoll der Sekretariatssitzung am 5.5.1950, SAPMO BArch, DY 30, J IV 2/3-105, Bl. 3).

Rahmen des Bauvolumens von 400 Millionen DM rund 9000 Neubauern mehr als vorgesehen mit Wohn- und Wirtschaftsgebäuden versorgt werden können."[534] Zwei Sachverhalte waren damit neu fixiert: Die Zahl der Bauvorhaben wurde stark nach oben korrigiert. Andererseits erreichte das Landwirtschaftsministerium, daß die Überhangbauten in das Bauvolumen von 400 Millionen DM definitiv einbezogen wurden und daß – je nach Bedürftigkeit – Kredite in Höhe von bis zu 37,5 Prozent der Baukosten möglich waren. Der neue Beschluß war folglich erneut ein Kompromiß: diesmal einer zwischen den Befürwortern einer größeren Zahl von billigen Kleinstbauten (um möglichst viele Neubauern seßhaft zu machen) und den Befürwortern einer nicht so großen Zahl von Bauten, für die eine differenziertere Kreditvergabe eingeführt wird (um Überhänge abzuschließen und bei Neubauten zielgerichtet wirtschaftswillige Neubauern zu fördern). Erstere müssen allerdings gewichtige Argumente vorgebracht haben, um die Novellierung durchzusetzen.

Die Beschlußvorlage war im Goldenbaum-Ministerium verfaßt worden, die Idee zur Novellierung ging allerdings von anderen Stellen aus. Von den Agrarspezialisten der SKK kam sie nicht, denn erst am Tag des Ministerratsbeschlusses, am 11. Mai 1950, verständigte sich Baranov mit dem Leiter der Hauptabteilung III des Landwirtschaftsministeriums Dölling und ließ sich einen Beschlußentwurf zeigen. Er erklärte – den deutschen Aufzeichnungen zufolge –, daß zu Jahresbeginn „anscheinend beim Ministerium für Planung bei der Aufstellung des Volkswirtschaftsplanes 1950 ein Fehler unterlaufen sei, den er (Baranov) darin sehe, daß das Bauvolumen bei nur 100 Millionen DM Kredit auf 400 Millionen DM bemessen wurde.[535] Dieses Verhältnis habe dazu geführt, daß in erster Linie wirtschaftlich starke Bauern bauen können und daß die wirklich bedürftigen, in wirtschaftlich und sozial ungünstigen Verhältnissen befindlichen, oft kinderreichen Neubauernfamilien nicht bedacht werden. Es bestehe also die Gefahr, daß die Zahl der ‚Landflüchtigen' und damit die Zahl der aufgegebenen Bauernstellen *in einem agrarpolitisch unerwünschten Ausmaße* wachsen dürfte"[536] (Hervorhebung E.S.). Laut deutschem Aktenvermerk regte Baranov die Erhöhung der Zahl von „Pionierbauten" (gemeint war so etwas wie „bezugsfertige Rohbauten") an, für den Fall, daß sich „nicht genügend Bewerber für die 1000-DM-Bauten finden".[537] Als Dölling Bedenken vorbrachte und meinte, daß der Bauwert von 400 Millionen DM so nicht zu erreichen wäre, antwortete Baranov, man müsse beweglich sein. Gegebenenfalls käme eine erneute Ministerratsvorlage, die sich zu einer Vorlage bei der Volkskammer auf Änderung des im Volkswirtschaftsplan vorgesehenen Bauwertes

534 Begründung für den Änderungsbeschluß vom 11.5.1950, Ministerium für LFW, Protokoll der Sitzung der Provisorischen Regierung der DDR 11.5.1950, BArch, DC 20, I/3-17, Bl. 202.

535 Es muß offen bleiben, inwieweit die SKK-Abteilung für Planökonomie, in der Baranov als Agrarexperte zugleich stellvertretender Leiter war, den „Fehler" des DDR-Planungsministeriums mitzuverantworten hatte. Nun jedenfalls wurden die Deutschen darin bestärkt, die Kreditpolitik zu ändern.

536 Aktenvermerk über die Besprechung zwischen Baranov und Dölling über das Bodenreform-Bauprogramm am 11.5.1950, 12.5.1950, gez. Dölling, BArch, DK 1, 890, Bl. 70; ebenso DK 1, 3029, Bl. 29.

537 Ebenda.

von 400 Millionen verdichten müsse, in Betracht.[538] Der Ministerratsbeschluß vom gleichen Tag sah vor, in Mecklenburg und Brandenbrug je 2000 „Pionierbauten" (oder „Kernbauten", wie sie bald hießen) für je 5000 DM Baukosten mit 4000 DM Investitionsdarlehen zu errichten. Dies bedeutete eine 80prozentige Bauförderung für allerkleinste, schlecht ausgestattete Gebäude ohne fertige Strom- und Wasseranschlüsse und ohne Putz, auf die sich voraussichtlich nur sehr arme Neubauern einlassen würden, aber eben auch einlassen könnten.

Diese Wende von der eingeschränkten Bauförderung zu einer Förderung von Bauabsichten bei möglichst vielen Interessenten war nicht das Ergebnis allein der Wahrnehmung der Landflucht. Sie beruhte auch nicht allein auf der Erfahrung, daß die bisherigen Kreditangebote nicht angenommen wurden. Der konkrete Anlaß für mehr „Beweglichkeit" im staatlich geförderten ländlichen Bauen war ein bevölkerungspolitischer (er wurde in die offizielle Begründung des Beschlusses nicht aufgenommen): Die Regierung der DDR rechnete noch in diesem Jahr mit der Umsiedlung von weiteren 100 000 Deutschen von jenseits der Oder.[539] Wann mit deren Eintreffen zu rechnen war, blieb unklar.

Ab Mai galten neue Richtzahlen für die Summe der Neubauten im Jahr 1950: In Brandenburg und Mecklenburg sollten je 2000 Kernbauten, außerdem DDR-weit 24 400 „größere" Bauten, sogenannte „Planbauten", insgesamt also 28 400 Neubauten (als Doppeleinheiten gerechnet: Wohnhaus mit angrenzendem Stall) begonnen und abgeschlossen werden.[540] Da das Angebot der „Kernbauten" nicht allein für Spätaussiedler galt, von denen die Öffentlichkeit im Sommer 1950 auch noch nichts wußte, stellte es ein Entgegenkommen an die Ärmsten der bereits ansässigen Neubauern dar, für die eben nur geringste Eigeninvestitionen in Frage kamen. Gesetzgeber und Bauämter entwarfen „Kernbauten" als Gebäude aus nur einem Wohnraum mit Küche sowie einem behelfsmäßigen kleinen Stall, – vorerst ohne Putz, Maler- und Elektroarbeiten. Eine solche, nur vorübergehend brauchbare Unterkunft war mit einem Drittel der ursprünglich für einen Neubauernbau gerechneten Kosten veranschlagt. Kernbauten sollten vor allem in den Oderbruchregionen entstehen. Dort wurde der maximale Kredit von 80 Prozent gewährt, für ausgesprochene Notstandsgebiete sah das Gesetz auch höhere Kredite vor.[541]

Damit wurde der Schwerpunkt auf billigste und kleinste Bauten mit vergleichsweise hohem Kreditanteil für die wirtschaftsschwachen unter den Neubauern verlegt. Doch sowohl im DDR-Landwirtschaftsministerium als auch unter den SKK-Agrarexperten war man sich nicht sicher, ob sich diese Umwidmung der begrenzten Gelder in zunehmender Bauwilligkeit niederschlagen würde. Als am 28. Juni 1950 der stellvertretende Chef der Planökonomischen Abteilung der SKK Baranov mit Vertretern des Aufbau- und des Landwirtschaftsministeriums zu einer Be-

538 Siehe ebenda.
539 Siehe Protokoll der Sitzung der Provisorischen Regierung, 11. 5. 1950, Begründung zu Punkt 5, Finanzierung der Umsiedlerfürsorge, BArch, DC 20, I/3-17, Bl. 140. Es wurde beschlossen, 7 Millionen DM aus der Staatsreserve für Geld- und Sachhilfen bereitzustellen.
540 Siehe Rundverfügung des Staatssekretärs im Ministerium für LFW zur Durchführung der Ministerratsbeschlüsse vom 2. 2. 1950 und 11. 5. 1950, 15. 5. 1950, BArch, DK 1, 3039, Bl. 69–79.
541 Siehe Änderung der Bekanntmachung über die Kreditrichtlinien zur Weiterführung des Bodenreform-Bauprogramms im Jahre 1950, 20. 5. 1950, in: GBl. 1950, S. 454f.

ratung zusammenkam, erklärte er: „Die Errichtung der Neubauernhäuser ist ein äußerst ernstes Problem, am wichtigsten aber ist die schnellste Fertigstellung der Überhänge."[542] Aus Mecklenburg meldeten die sowjetischen Kontrolleure anhaltendes Bau-Desinteresse. Sie machten die SED und die deutsche Verwaltung dafür verantwortlich. „Die eingeplante Kreditsumme für den Neubau von Häusern wird um 47 Millionen Mark nicht ausgeschöpft. [...] Der Bau von Häusern für die Neubauern geht langsam und ohne den nötigen Druck voran. Für den Bau eines Hauses werden nur 3000 DM Kredit ausgereicht, während man in Bauorganisationen [gemeint sind offenbar Baubehörden] zunächst einmal 5000 DM einzahlen muß, um überhaupt mit dem Bau eines Hauses vom einfachsten Typ beginnen zu können."[543]

Nach Meinung des Ministeriums für LFW lag der Novelle „eine völlig falsche Einschätzung der wirtschaftlichen Lage derjenigen Bauern zugrunde, die jetzt 5 Jahre nach der Bodenreform ihre Gebäude errichten sollten. In der Regel haben die wirtschaftlich stärkeren Neubauern mit fortschrittlicher Einstellung zuerst ihre Gebäude errichtet." Außerdem war „die Bereitschaft zur solidarischen Hilfe und das hierfür erforderliche Zusammengehörigkeitsgefühl und gesellschaftliche Bewußtsein bei der ländlichen Bevölkerung [...] weit überschätzt" worden. Sie reichten nicht einmal aus, um die geplanten 63 Prozent Bauleistungen für die bereits begonnenen Bauten zu bringen, stellte das Agrarministerium fest.[544] Die Bauwilligkeit war äußerst gering. Auf die „Planbauten" ließen sich die noch nicht versorgten Neubauern überhaupt nicht ein; doch die maximal zu 80 Prozent kreditierten 5000-DM-Kernbauten waren Ende Juli auch erst zu einem Viertel angenommen worden, obwohl es angeblich ein „größeres Interesse für Kernbauten" gab. Wirtschaftsstärkere Neubauern belastete offenbar die 10000-DM-Darlehensgrenze, „so daß ein großer Teil der Überhänge [...] nicht weitergeführt" wurde.[545]

Diese Kritik traf zwar den Kern der Problematik, doch sie überging den Anlaß – die erwartete Flut ärmster Neuansiedler auf dem Lande. Ungeachtet dessen war die Position des Ministeriums für LFW auch bezüglich der Förderung bereits existierender Neubauernwirtschaften nie unumstritten. Gerade in SKK-Kreisen war unklar, welche Neubauernwirtschaften mit staatlichen Mitteln gehalten werden müssen. Als Hilfe für gut gehende Wirtschaften war das Programm nicht angelegt, aber sollten wirklich „die in wirtschaftlicher Hinsicht allerschwächsten Bauernwirtschaften", wie es in einem Bericht der LKK Mecklenburg hieß [546], gestützt werden? Was hieß „Kreditvergabe nach wirtschaftlichen Gesichtspunkten"?

Im Sommer 1950 deutete sich an, daß die Volksrepublik Polen nun umgehend die Aussiedlung der in Polen verbliebenen Deutschen wünscht.[547] Vor diesem

542 Aktenvermerk des Ministeriums für LFW, HA IIIA, Referat Bauwesen, über eine Besprechung bei der SKK am 28.6.1950, 30.6.1950, BArch, DK 1, 3029, Bl. 26–28.

543 Bericht „Zur Lage im deutschen Dorf", Landeskontrollkommission Mecklenburg, gez. Černjavskij, 26.8.1950, AVPRF fond 0457a, opis' 9, papka 52, delo 18, listy 215–232, hier list 224.

544 Siehe „Begründung für eine erforderliche Planänderung ...", Ministerium für LFW, 28.7.1950, BArch, DK 1, 3039, Bl. 46–52, hier Bl. 46f.

545 Ebenda, Bl. 49–51.

546 Bericht „Zur Lage im deutschen Dorf", list 224.

547 Siehe Ihme-Tuchel, DDR, S. 16f.

Hintergrund schlug der Vertreter des Ministeriums für LFW auf einer Besprechung im Innenministerium am 14. Juli 1950 vor, Kernbauten „auf noch nicht besetzten Neubauernstellen für die Zwecke der aus der Volksrepublik Polen nach Deutschland zurückkehrenden Bauernfamilien“ zu errichten.[548] Es wurde mit 5000 neuen Hofstellen gerechnet.[549] Wenig später waren 800 Kernbauten zusätzlich im Gespräch; die in Brandenburg gebauten Kernbauten-Typen sollten Musterbeispiel sein, und dort sollten „zum Zwecke der Umsiedlung“ rund 600 davon zusätzlich entstehen.[550] Innenministerium und Landwirtschaftsministerium rechneten damit, daß die „ankommenden Umsiedler [...] völlig mittellos und ohne Inventar eintreffen werden“, weshalb man ihnen Erleichterungen bei Steuern und Sozialabgaben gewähren müßte. Viehzuteilungen wurden erwogen. Zum 10. August sollte ein Plan der Ansiedlung vorliegen, in dem auch zur Bautätigkeit Stellung zu nehmen war. Baranov regte einen Sonderfonds in Höhe von 25 Millionen DM an, „falls Interesse bei den Neubauern besteht, mehr Kernbauten als im Plan vorgesehen zu bauen“.[551]

Angesichts dieser Entwicklung schlug nun das Ministerium für LFW vor, (1) die Zahl der „Kernbauten“ zu erhöhen, zugleich (2) die Darlehen für „Planbauten“ so zu differenzieren, daß bessergestellte Bauherren max. 2000 DM Kredit erhielten; (3) die Baukostenobergrenze bei Bedürftigkeit zu erhöhen und (4) für Bauüberhänge weitere Mittel bereitzustellen.[552] Mit Ministerratsbeschluß vom 3. August 1950 wurde das Konzept rechtskräftig. Es sah vor, 1950 insgesamt 10000 (statt 4000) Kernbauten als Doppeleinheiten zu errichten (das Ministerium für LFW hatte 8000 vorgeschlagen). Zugleich fiel die Baukostenobergrenze von 10000 DM für „Typenbauten“ (Wohnung und Stall), während der Gesamtbauumfang der größeren Bauten – wegen verzögerter Bauanträge war das realistisch – auf rund 60 Prozent im Vergleich zu den Plänen vom Mai reduziert wurde. Das Ministerium für LFW erstritt 25 Millionen DM Zusatzkredite (zu den vereinbarten 45 Millionen) für Überhangbauten, die bis Ende September aber abgeschlossen sein mußten.[553] Per Verschlußsache, die keinesfalls in die Öffentlichkeit gelangen sollte, da mit großem Zuspruch gerechnet wurde, erfuhren die Länder von einer Absprache zwischen den Ministerien für Aufbau, für LFW sowie für Finanzen darüber, daß bei Überhängen der Kredit auf 12000 DM ausgedehnt werden kann, ausnahmsweise auf mehr.[554]

548 Vermerk des Ministeriums für LFW, HA IIIA, Referat Bauwesen, über eine Besprechung bei der SKK am 28.6.1950, 30.6.1950, BArch, DK 1, 3029, Bl. 26–28, hier Bl. 27.

549 Siehe Vermerk über eine Besprechung am 14.7.1950, Ministerium für LFW, HA III, 15.7.1950, BArch, DK 1, 2931, Bl. 106.

550 Siehe Vermerk über eine Besprechung am 20.7.1950, Ministerium für LFW, HA III, 20.7.1950, BArch, DK 1, 2931, Bl. 107f.

551 Siehe ebenda, Bl. 108.

552 Siehe „Begründung für eine erforderliche Planänderung ...“, Bl. 50–52.

553 Vergleiche „Begründung für eine erforderliche Planänderung ...“. Wenig später lautete der Vorschlag: 35 Millionen DM zusätzlich für Überhangbauten (siehe Entwurf für eine Anweisung an die Landwirtschaftsministerien der Länder, 5.8.1950, BArch, DK 1, 3039, Bl. 42–45, insbes. Bl. 42, 44. Eine russische Übersetzung des Entwurfs ging auch an die SKK, siehe ebenda, Bl. 39–41).

554 Aktenkundig wurde nur der Entwurf für diese geheime Verschlußsache. Es ist aber davon auszugehen, daß sie weitergereicht wurde. Siehe „An die Minister für Land- und Forstwirtschaft in den 5 Ländern“ (Entwurf), 6.8.1950, BArch, DK 1, 3039, Bl. 37f.

Dies war das dritte Finanzkonzept innerhalb des Bodenreform-Bauprogramms 1950 – erneut ein Kompromiß. Die Idee der gezielten Bauförderung für solche Neubauern, die als Agrarproduzenten eine Perspektive hatten und diese aktiv verfolgten, hatte eine gewisse Unterstützung erfahren. Die im DDR-Landwirtschaftsministerium eingenommene Position wurde von den SKK-Wirtschaftsexperten gebilligt. Zugleich wurde der Forderung nach sehr viel mehr Billigbauten entsprochen. Die Mittel waren extrem eng bemessen. Das Finanzministerium nahm die „zusätzlichen" Gelder für die Überhangbauten (25 Millionen DM) schließlich aus dem zu Jahresbeginn bewilligten Kredit-Topf (145 Millionen DM) und gab keine weiteren Gelder frei. Damit standen für die Neubauten des Jahres insgesamt nur 120 Millionen DM Kredite zur Verfügung. Die Gesamtbauauflage verringerte sich.

Diese späte Wende sorgte für einen gewissen Anklang. Infolge eines „sprunghaften Ansteigens der Bauwilligkeit" im zweiten Halbjahr 1950 wurde die Kreditsumme nun weitgehend ausgeschöpft: Zum 8. Dezember 1950 waren Darlehen für rund 7200 „Kernbauten" und 7800 „Planbauten" beantragt und bewilligt. Damit war die im Sommer 1950 vom Landwirtschaftsministerium entworfene Struktur der Bauförderung zu 72 Prozent (bei den Kernbauten) und zu 57 Prozent bei den „Planbauten" (Wohnhaus und Stall unter einem Dach) von Neubauern angenommen worden – trotz fortgeschrittener Jahreszeit. Das Defizit bei den Anträgen für „Planbauten" war zwar erheblich, doch immerhin wurden schließlich fast 32000 Überhangbauten neu kreditiert.[555]

Mit dieser Bauförderung war man auf dem richtigen Weg. 98,9 Millionen DM Baukredite wurden noch 1950 ausgereicht.[556] Allen Beteiligten war dabei klar, daß staatliche Bauförderung allein nicht ausreichte, ein „agrarpolitisch unerwünschtes Maß an Landflucht" zu verhindern. Bis Ende 1950 waren zwar im Rahmen des Bauprogramms (seit 1947) insgesamt 177177 Häuser, Ställe und Scheunen für Neubauern errichtet. 1950 verfügten nach Schätzungen von Schulz aber erst rund 107000 und damit wenig mehr als die Hälfte der Neubauern über einen voll ausgebauten Hof.[557] Ab Herbst 1950 sah die SED-Führung die Zunahme der Anzahl unbesetzter Neubauernstellen als problematisch an. Die geplante einmalige Sachhilfe für die unverschuldet in Not geratenen Neubauern war im Sommer 1950 zwar endgültig ad acta gelegt. Doch brachte den Neubauern ein fünfzigprozentiger Schuldenerlaß auf alle bis zum 30. Juni 1950 gewährten Baukredite, der im September 1950 zeitgleich mit dem Schuldenerlaß für Altsiedler beschlossen wurde, erhebliche Erleichterungen.[558]

Zu diesem Zeitpunkt regte die politische Führung der SKK an zu prüfen, ob nicht in einem speziellen Umsiedlergesetz auch die Wohnungsfrage thematisiert werden sollte.[559] Für die in diesem Jahr neu eingetroffenen Umsiedler – Anfang

555 Siehe Erfüllungsbericht über die Werbung und Bauzulassung von bauwilligen Neubauern für das Bodenreformbauprogramm im Rahmen des Volkswirtschaftsplanes 1950, Ministerium für LFW, HA III A, 17.1.1951, BArch, DK 1, 3031, Bl. 12–15.

556 Siehe tabellarische Übersicht „Bodenreformbaukredite", Ministerium für LFW, HA III A, 2.4.1951, BArch, DK 1, 3029, Bl. 19.

557 Siehe Schulz, Probleme, S. 14.

558 Siehe Gesetz über Entschuldung und Kredithilfe für Klein- und Mittelbauern, 8.9.1950, in: GBl. 1950, S. 969–971.

559 Siehe Besprechung zwischen Pieck und Semenov, 9.8.1950, in: Badstübner/Loth, Pieck-Aufzeichnungen, S. 352f., hier S. 352.

November waren es 21 371 Personen[560] – wurden zunächst kurzfristig einige Wohnungen bei VEB, MAS und VEG eingerichtet bzw. neu gebaut, was aber keinesfalls ausreiche.[561]

4.3.3. Das Bauprogramm für die Umsiedler-Neubauern 1951–1952

Ohne daß vorab Absprachen mit den für das Bauprogramm zuständigen Stellen erfolgt waren, setzte ein Gesetz über Hilfen für Umsiedler für das Jahr 1951 völlig neue Rahmenbedingungen für die Bauförderung.[562] Es bot einer besonderen Gruppe unter den Neubauern, den Umsiedler-Neubauern (der Begriff entstand jetzt erst), zusätzliche Möglichkeiten, die Wohnverhältnisse zu verbessern. Dieses Gesetz, dessen plötzliche Annahme nur vor dem Hintergrund der Wahlen vom Oktober 1950 und der erwähnten Aussiedlung aus Polen verständlich ist, untergrub das bisherige Vorgehen der DDR-Landwirtschaftsexperten völlig. Es stellte die Aufgabe, bis spätestens Ende 1952 den Bau von Wohn- und Wirtschaftsgebäuden speziell für die Umsiedler auf dem Lande abzuschließen und setzte damit den umsiedlerpolitischen Schwerpunkt in der Bauförderung so massiv, daß bald klar wurde: In nächster Zeit können ausschließlich Umsiedler-Neubauern-Bauten staatlich gefördert werden.

Bis zu diesem Zeitpunkt waren die Umsiedler unter den Neubauern-Bauherren nicht anders behandelt worden als die Alteingesessenen. Sie erhielten aber eine ihrer besonderen Notlage durchaus angemessene Bauförderung im Rahmen des Bodenreform-Bauprogramms, und dies nicht allein rechnerisch gesehen wegen überdurchschnittlich starker Repräsentanz in der Gruppe der Neubauern.[563] Bereits in den Jahren 1945 bis 1949 betrug der Anteil der Umsiedler unter den ländlichen Bauherren bei Wohnhäusern 75 Prozent, bei Ställen 68 Prozent, bei Scheunen 64 Prozent.[564] Daß das Bauen für Umsiedler besonderer staatlicher Förderung bedurfte, war kein Streitthema. Doch nach dem Abkommen zwischen der DDR und der VR Polen über die Oder-Neiße-Grenze erhielt die Integration der Umsiedler-Bauern, die in der Mehrzahl noch immer auf Rückkehr in ihre Wirtschaften jen-

560 Siehe Ihme-Tuchel, DDR, S. 17.

561 Siehe Protokoll einer Sitzung betreffs Vorschlag für den Bau von Umsiedlerwohnungen, Ministerium für Aufbau, HA II, 11. 12. 1950, BArch, DK 1, 3035, Bl. 39f; Schreiben des Ministers für LFW an den Minister für Aufbau, 7. 12. 1950, ebenda, Bl. 102; Regierungsbeschluß vom 14. 12. 1950, ebenda, Bl. 88.

562 Siehe Gesetz über die weitere Verbesserung der Lage der ehemaligen Umsiedler in der DDR, 8. 9. 1950, in: GBl. 1950, S. 971–973; Beschluß der Regierung der DDR über die Durchführung des Bodenreform-Bauprogramms im Jahr 1951, 1. 2. 1951, BArch, DK 1, 891, Bl. 100–103. Weitere 1000 DM sollten laut Verordnung vom 8. 9. 1950 als Darlehen für den Erwerb von Wohneinrichtung pro Umsiedler-Haushalt angeboten werden. Für den Aufbau einer Handwerkerexistenz wurde ein weiterer Kredit geboten, was auch vielen Neubauernfamilien mit gemischtem Erwerb zugute kam.

563 Während ihr Anteil an der Gesamtbevölkerung bei etwa 24 Prozent lag, waren unter den Neubauern rund 35 Prozent ehemalige Flüchtlinge und Umsiedler. Siehe Aktennotiz aus dem Ministerium für Gesundheitswesen (Herbst 1950), BArch, DQ 1, 1420, Bl. 186.

564 Siehe Tabellarische Übersicht zur Beteiligung von Umsiedlern am Neubauernbauprogramm, HV für LFW der DWK, HA II A, 3. 9. 1949, BArch, DK 1, 9052, Bl. 54. Es liegen auch andere Zahlen vor. Als das Ministerium für LFW der DDR einen Abschlußbericht über die Erfüllung des Bauprogramms 1950 an die SKK sandte, meldete es, daß 50 bis 55 Prozent der genehmigten Bauanträge an Umsiedler-Neubauern gegangen waren (siehe Begleitschreiben, 19. 3. 1950, BArch, DK 1, 3029, Bl. 23).

seits der Grenze hofften, große politische Bedeutung. Die SKK machte die SED darauf aufmerksam, daß es gelte, im Vorfeld der Wahlen auch in Sachen Wohn- und Lebensbedingungen für Umsiedler „die Untergrabung der Autorität der DDR" zu verhindern.[565] Das Umsiedlergesetz vom 8. September 1950 versprach daher neben einer Senkung des Ablieferungssolls und neben Krediten für den Erwerb von Hausrat und Vieh auch eine zusätzlichen Bauhilfe. Es sah vor, je nach Bedürftigkeit, Umsiedler-Neubauern bis zu 5000 DM zinslosen Baukredit *zusätzlich zu den 1950 allgemein gültigen Kreditangeboten* zu gewähren. Dafür sollten Finanz- und Landwirtschaftsministerium insgesamt 25 Millionen DM bereitstellen. Die Landesbehörden wurden verpflichtet, Umsiedlern bevorzugt beim Bau zu helfen. Alle Neubauern, die vorwiegend von einer Neubauernstelle lebten, bekamen mit einem ebenfalls am 8. September 1950 verabschiedeten Gesetz die Schulden auf ihrem Baukreditkonto halbiert.[566]

Die Ankündigung, daß bis Ende 1952 der Bedarf an Wohn- und Wirtschaftsbauten für alle Umsiedler gedeckt sein würde, war Wahlpropaganda. Anfang September 1950 war weder der momentane Bedarf an Bauten noch die Zahl von potentiellen Bauherren bekannt. Für das Jahr 1951 standen 75 Millionen DM an staatlichen Darlehen allgemein für Neubauten im Bodenreform-Bauprogramm im Plan, für 1951 bis 1955 waren insgesamt 250 Millionen DM Darlehen vorgesehen.[567] Eine angemessene Kalkulation zu den Versprechungen im Umsiedlergesetz gab es nicht, und vermutlich waren sämtliche Eckdaten in ihm überstürzt und ausschließlich unter aktuellen politischen Aspekten zusammengestellt worden.[568] Erst nach der Verabschiedung des Gesetzes, nach Wahl und Regierungsbildung, setzten Anfang November 1950 die Prüfung von Bedarf und Baukapazitäten und die Erstellung von Bauprogramm-Finanzplänen für 1951 ein.

Die verfügbaren Daten waren aber höchst ungenau. Im Agrarministerium, das nun von Paul Scholz (SED) geleitet wurde, rechnete man innerhalb weniger Wochen zunächst mit rund 90700, dann mit nur rund 40000 Umsiedler-Neubauern. Entsprechend variierten die Zahlen zum Bedarf an Gebäuden zwischen rund 40000 Wohnhäusern und rund 42000 Ställen einerseits und 23000 Wohnhäusern und 24000 Ställen andererseits.[569] Mitte September ging man im Ministerium für

565 Zitiert nach Schwartz, Vertriebene, S. 154.

566 Siehe Gesetz über die Entschuldung und Kredithilfe für Klein- und Mittelbauern. Ausgenommen waren die vor der Währungsreform 1948 gewährten Kredite, die schon im Verhältnis 5:1 umgewertet worden waren.

567 Die Zahlen des Planvorschlags zum Fünfjahrplan lauteten: 1951 – 75 Millionen, 1952 – 62 Millionen, 1953 – 50 Millionen, 1954 – 38 Millionen, 1955 – 25 Millionen DM. Siehe Aktenvermerk, Ministerium für LFW, HA III A, 15. 11. 1950, BArch, DK 1, 3035, Bl. 53f., hier Bl. 54.

568 Am 7. 9. 1950 befand der Ministerrat unangekündigt über einen Gesetzentwurf, der zumindest im Landwirtschaftsministerium nicht bekannt war. Die Tagesordnung sah am 5. 9. noch keine Behandlung des Umsiedlergesetzes vor. Am Tag vor der Sitzung erst war der Entwurf offiziell der SKK-Protokollabteilung zugegangen. Dies alles bezeugt, daß es keine regulären inner- und zwischenbehördlichen Absprachen gegeben hatte. Selbst die für Umsiedlerfragen zuständigen Behörden waren nicht vorbereitet (siehe Protokoll der Sitzung der Provisorischen Regierung der DDR am 7. 9. 1950, BArch, DC 20, I/3-30). Der Ministerrat beschloß, den Entwurf in der Volkskammer einzubringen. Bereits am nächsten Tag wurde das Gesetz dort verabschiedet.

569 Siehe Meldungen der Länder, Angaben zum Umsiedlergesetz, Ministerium für LFW, HA III, 10. 11. 1950 (Stand 1. 10.) und 15. 11. 1950, BArch, DK 1, 3035, Bl. 77, 66.

LFW von rund 145 000 zu errichtenden Wohnhäusern und 155 000 zu errichtenden Ställen für Umsiedler als Gesamtauflage für 1951 und 1952 aus.[570] Im Frühjahr 1951 schätzte man den Gesamtbaubedarf für Umsiedler-Neubauern auf 40 000 Gehöfte. Von Durchführungsbestimmungen zum baupolitischen Teil des Umsiedlergesetzes mußte man absehen, nachdem sich erste Schätzungen zum Bauumfang als unhaltbar erwiesen hatten. Einer Vorlage des Ministeriums für LFW folgend, ging der Ministerrat mit Beschluß vom 2. November 1950 schließlich davon aus, daß zur Zeit 22 000 Umsiedler-Neubauern ohne Wohnhaus und Ställe, 7000 ohne Wohnhaus und 8900 ohne Ställe waren. Daraus leitete das Gremium das Bauziel von 11 000 Gehöften, 3500 Einzelwohnungen und 4450 Einzelställen pro Jahr 1951 und 1952 ab, damit Ende 1952 die Versorgung sämtlicher Umsiedler-Neubauern mit Wohn- und Wirtschaftsraum gewährleistet sein würde. Dafür sollten nach mehrmals nach unten korrigierten Überschlägen pro Jahr 58 950 Millionen DM Kredit ausgereicht werden.[571] Eine Kommission zur Erstellung eines Standortplans für diese Umsiedler-Neubauern-Bauten wurde eingesetzt.

Nun begann eine längere interne Debatte um das Verhältnis der Kreditsummen für das Umsiedler-Neubauern-Bauprogramm und das allgemeine Neubauernbauprogramm. Von keiner Behörde wurde den Umsiedlern eine spezielle Hilfe streitig gemacht, doch es erwies sich als verwaltungstechnisch belastend, daß die unentbehrliche Umsiedler-Bauförderung in das reguläre Bodenreform-Bauprogramm integriert wurde. Gemäß Regierungsbeschluß vom 2. November 1950 sollten von den ursprünglich für 1951 veranschlagten 75 Millionen DM Darlehen des Gesamtbauprogramms 50 Millionen zweckgebunden ausschließlich für Umsiedler verwandt werden.[572] Mitte Dezember wurde konkretisiert, daß im kommenden Jahr über Kredite der Bau von 10 000 Gehöften für Umsiedler gefördert werden sollte.[573] Durchführungsbestimmungen zur Kreditvergabe erschienen nicht. Die Abteilung Bevölkerungspolitik des DDR-Innenministeriums erwartete eine „unverhältnismäßig hohe Anzahl von Kreditbewerbern“ für den *zinslosen* Umsiedler-Baukredit. Sie plädierte für strenge Auswahl nach Bedürftigkeit.[574] Das Landwirtschaftsministerium, das für die Kreditvergabe verantwortlich und in Sachen Bodenreform-Bauprogramm generell federführendes Ministerium war, ging davon aus, daß zusammen mit den *zinslosen* Sonderkrediten für besonders bedürftige Umsiedler-Neubauern (laut Umsiedlergesetz 25 Millionen DM) für Umsiedler insgesamt 75 Millionen DM bereitstünden. Es berief sich des weiteren auf eine Verabredung über 70 Millionen DM Darlehensgelder für den *restlosen* Abschluß von Überhangbauten, woraus sich eine Gesamtkreditsumme von 145 Millionen für das Jahr 1951 ergab. Dieser Betrag wurde vom Landwirtschaftsministerium als unbedingt notwendig angesehen und war Ausgangspunkt weiterer Überle-

570 Siehe Entwurf für Durchführungsbestimmungen, Ministerium für LFW, HA III, 25. 9. 1950, ebenda, Bl. 34.

571 Siehe Entwurf zum Plan, Ministerium für LFW, HA III, 10. 10. 1950, ebenda, Bl. 58.

572 Siehe Aktennotiz von Hauptabteilungsleiter Reutter für Minister Scholz, 8. 12. 1950, ebenda, Bl. 42; ebenso DK 1, 891, Bl. 123.

573 Siehe Regierungsbeschluß vom 14. 12. 1950, BArch, DK 1, 3035, Bl.88.

574 Schreiben der Abteilung Bevölkerungspolitik des Innenministeriums der DDR an das Ministerium für LFW, HA III, 2. 1. 1951 gez. Büttner, ebenda, Bl. 16.

gungen.[575] Es legte dem Ministerrat zum 1. Februar 1951 einen entsprechenden Beschlußentwurf vor.[576]

Mit diesem Beschluß wurden drei Säulen der staatlichen Finanzhilfe für das Bauprogramm 1951 errichtet: 70 Millionen Kredite für Überhänge, 50 Millionen Baukredite nach den Bedingungen von 1950 (allerdings ausschließlich für Umsiedler) und 25 Millionen DM zinsloser Umsiedler-Baukredit. Wie gehabt betrug die maximale Förderung 37,5 Prozent der Baukosten. Als Kostenobergrenze wurden 6000 DM für einen Kernbau (Wohnhaus und Stall mit Keller), 10000 DM für einen Planbau (Wohnhaus mit Stall), 7500 DM für ein Einzelwohnhaus und 2500 DM für einen Einzelstall festgelegt. Wiederum wurde „verstärkte Eigeninitiative" und gegenseitige Hilfe gefordert. Unter den Bauüberhängen sollten die aus dem Vorjahr bevorzugt fertiggestellt werden. Dementsprechend ergingen Kreditrichtlinien des Finanzministeriums. Sie sahen auch ein kleines Darlehen für die Ergänzung von Kernbauten vor.[577]

Doch dieses Förderungsmodell hielt dem auf Finanzsorgen beruhenden zwischenbehördlichen Streit nicht stand. Im März 1951 offerierte das Aufbauministerium den Vorschlag, die Mittel zugunsten der Überhänge umzuwidmen. Das Ministerium für LFW protestierte und stellte fest, daß Überlegungen nicht zu akzeptieren seien, in deren Konsequenz 1951 rund 2000 Umsiedler-Gehöfte weniger entstehen würden. Ohnehin sei man von einer falschen Planung ausgegangen, die für 1951 10000 Gehöfte und für 1952 30000 Gehöfte als Neubauten vorsah. Dagegen würden die 70 Millionen DM für die Überhangbauten eine quasi hundertprozentige Finanzierung bedeuten, denn das Überhänge-Bauvolumen betrug etwa so viel. Hier würden Finanzreserven vertan.[578] Das Ministerium für LFW, in dem sich im März 1951 eine spezielle „Brigade Bodenreform-Bauprogramm" für eine praxisnahe Meinungsbildung zusammengefunden hatte, beharrte also nicht starr auf einer Förderung von Bauüberhängen, sondern suchte nach der neuen Schwerpunktsetzung zugunsten von Umsiedler-Neubauten nach einer angemessenen Mittelverteilung. Seine Abteilung ländliches Bauen wies schließlich den Planungsminister darauf hin, daß die 25 Millionen DM zinsloser Baukredite für Umsiedler auch dann ausgesprochen wenig waren, wenn 50 Millionen DM Kreditgelder aus dem allgemeinen Bauprogramm ausschließlich für Umsiedler verwendet würden.[579]

Ähnlich kompliziert verlief die Verständigung über die Bautypen. Das Zentralkomitee der SED agierte hier recht eigensinnig. Es beauftragte Projektierungsbüros und genehmigte die vorgelegten Bautypen, ohne die Ministerien hinreichend konsultiert zu haben. Die vom Aufbauministerium Anfang Februar für verbindlich erklärten zwei Bautypen für Kernbau und Planbau 1951 waren nach Ansicht

575 Siehe Aktenvermerk, Ministerium für LFW, HA III, 8. 1. 1951, gez. Griepentrog, BArch, DK 1, 891, Bl. 116f.

576 Siehe Beschluß über die Durchführung des Bodenreform-Bauprogramms im Jahre 1951, Ministerium für LFW, 1. 2. 1951, ebenda, Bl. 100–102.

577 Siehe Bekanntmachung über die Kreditrichtlinien zur Durchführung des Bodenreform-Bauprogramms im Jahre 1951, 1. 3. 1951, in: GBl. 1951, S. 148–150.

578 Siehe Vorschlag zur Lösung des Finanzierungsproblems der Überhangbauten aus dem Jahre 1950, Ministerium für LFW, Brigade Bodenreform-Bauprogramm, gez. Pioch, BArch, DK 1, 891, Bl. 86–90.

579 Siehe Stellungnahme, Ministerium für LFW, HA III A, 10. 4. 1951, BArch, DK 1, 3032, Bl. 20f.

der Agrarexperten „unzureichend"; sowohl Raumbedarf als auch Baukosten waren „am grünen Tisch nach den niedrigsten Tarifen und Baustoffpreisen ermittelt"; die tatsächlichen Baukosten lagen um 40–60 Prozent über den festgesetzten.[580] Die Entwürfe mußten überarbeitet werden, was erneut Zeitverzug bedeutete. Der öffentliche Druck war aber mittlerweile so hoch, daß Ministerpräsident Grotewohl Ende April ankündigen mußte, ein neuer Kernbautyp mit größerem Stall sei in Arbeit. In einigen Ländern entwickelten die Landesbehörden Eigeninitiative und reichten Entwürfe ein. Nach Abgleichung aller Vorschläge und der Erfahrungen des Jahres 1950 sowie nach Prüfung sämtlicher Bedenken kamen Aufbau- und Landwirtschaftsministerium am 19. Mai 1951 überein, dem Ministerrat eine Revision seines Beschlusses vom 1. Februar zu den Höchstbaukosten vorzuschlagen.[581]

Die Beratungen auf Regierungsebene brachten schließlich eine grundsätzliche Neuerung. Nachdem im Ministerium für LFW zunächst an eine neue Kostenhöchstgrenze von 10 000 DM für einen Kernbau (doppelt so viel wie im Vorjahr und 40 Prozent mehr als im Beschluß vom 1. Februar vorgesehen) sowie 12 500 DM für einen Planbau und für Kern-Ausbauten gedacht war,[582] entstand wiederum ein neues Finanzierungssystem, das auf die Unterscheidung von Kern- und Planbauten völlig verzichtete. Alle neu zu beginnenden Eindach-Bauten (Wohnhaus mit Stall) wurden nun nach einem einheitlichen Ausbaustufenplan kreditiert. Eine erste Ausbaustufe mit 11 000 DM Höchstbaukosten wurde mit maximal 4800 DM verzinstem Darlehen und maximal 3200 DM zinslosem Umsiedlerdarlehen gefördert. Der gleiche maximale Betrag stand für eine zweite Ausbaustufe zum Ausbau des Dachgeschosses, für das die Kosten auf 13 600 DM angesetzt wurden, bereit. Dieser Bautyp hatte eine kleinere Grundfläche und erlaubte Materialeinsparung. Sofortiger Ausbau nach Stufe 2 war Familien mit mehr als drei Personen vorbehalten. Kinderreiche Familien erhielten weitere Vergünstigungen und bekamen auch mehr Wohnraum zugebilligt. Für Einzelwohnhaus und Einzelstall standen maximal 5400 DM bzw. 2600 DM Kredit zur Verfügung. Nach diesem Plan konnten die Alteingesessenen ihre Bauten der Vorjahre ebenfalls mit Krediten vollenden. Sie erhielten anstelle des zinslosen Umsiedlerkredites bei Bedarf einen herkömmlichen Baukredit.[583] Die für diese Kreditsumme nötigen zusätzlichen 41 Millionen DM meinte das Finanzministerium bereitstellen zu können.[584] Die Gesamtkreditsumme für das Bodenreform-Bauprogramm 1951 wurde auf rund 186 Millionen DM aufgestockt. Die Novelle wurde am 31. Mai 1951 von der Regierung bestätigt.[585] Die Länder erhielten Bauauflagen von zusammengerechnet 22 000 neuen Baueinheiten (10 000 Wohnhäuser und 12 000 Ställe, meist als Eindach-Bauten) für das Jahr 1951.

[580] Siehe Vorschlag zur Lösung des Finanzierungsproblems der Überhangbauten aus dem Jahre 1950, Bl. 87; Vermerk betr. Bautypen für das Bodenreform-Bauprogramm 1951, Ministerium für LFW, HA III, 23. 5. 1951, BArch, DK 1, 891, Bl. 77f.

[581] Siehe Vermerk betr. Bautypen für das Bodenreform-Bauprogramm 1951.

[582] Siehe ebenda, Bl. 78.

[583] Siehe Beschluß über die Durchführung des Bodenreform-Bauprogramms im Jahre 1951, 31. 5. 1951, BArch, DK 1, 891, Bl. 60–62.

[584] Die Akten des Ministeriums für LFW geben keine Auskunft über die Herkunft der Summe. Es muß sich um Gelder von außerhalb des Investmittel-Etats des Ministeriums gehandelt haben.

[585] Siehe Beschluß über die Durchführung des Bodenreform-Bauprogramms im Jahre 1951, Bl. 62.

Die umsiedlerspezifische Ausrichtung des Bodenreformbauprogramms hatte also Ende 1950/Anfang 1951 das ohnehin komplizierte Interessenclearing zwischen den Ressorts erheblich belastet. Wie schon 1950 gelang es nur schwer, einen Kompromiß zu finden, und wie im Vorjahr setzte sich erst nach sinnlos vertanen Wochen das Landwirtschaftsministerium mit einer den Bedingungen angemessenen, differenzierten Förderpolitik durch. Die Agrarexperten plädierten nun nachhaltiger als im Vorjahr für eine größere Zahl von Billigbauten, denn es zeigte sich mittlerweile deutlich, daß die Landflucht in einem unerwünschten Maße zunahm.

Im Sommer 1951 stellte sich heraus, daß die nachträglich stark verbesserten Kreditbedingungen von den meisten Kreistagen nicht beachtet und propagiert wurden.[586] Die Landes- und Kreisbehörden ihrerseits konnten nicht schnell genug auf die neuen Richtlinien umsteigen, mühten sich mit aktualisierten Kostendekkungsplänen und Kostenvoranschlägen. Eine Prüfung in Schwerpunktgemeinden ergab, daß die Erfassung bauwilliger Umsiedler stark zurückblieb. In Brandenburg war man damit besonders säumig. Gewiß, viele Neubauern lehnten während Ernte und Herbstbestellung einen Bauvertrag für das laufende Jahr ab. Doch ließ der im Grundriß kleinere Bautyp für die 11 000 DM-Eindachbauten das Interesse auch nicht wachsen, solange die Kreisbauämter nicht in die Lage versetzt waren, den Bauern die vorgesehenen und künftig möglichen Erweiterungen mit technischen Unterlagen glaubhaft aufzuzeigen.[587] Zum 31. Juli 1951 war erst ein Drittel der geplanten Neubauten zugelassen.[588]

Die SKK-Wirtschaftsabteilung mischte sich in die Bauangelegenheiten jetzt noch weniger ein als 1950. Im Sommer interessierte sie sich für den Stand der Realisierung des Bauprogramms „weniger in Zahlen als in Mitteilungen, wie praktisch die Maßnahmen realisiert werden und welche Verbesserungen noch vorgenommen werden oder geplant sind".[589] Am 11. Juli 1951 fand eine zweieinhalbstündige Besprechung in der SKK statt, auf der die Vertreter sowohl des Aufbaus als auch des Landwirtschaftsministeriums eine etwa 30–35prozentige Planerfüllung zum 1. Juni 1951 meldeten. Überhänge aus 1949 seien zu 85 Prozent, Überhänge aus 1950 zu 71 Prozent fertiggestellt. Im deutschen Aktenvermerk heißt es: „Die Vertreter der SKK weisen nochmals darauf hin, daß es mit den günstigen Kreditbedingungen und den neuen Bautypen-Plänen möglich sein muß, das Programm rechzeitig zu erfüllen, und bitten weiterhin um laufende Informationen, insbesondere wenn Änderungen oder wichtige Maßnahmen zur Durchführung eingeleitet werden."[590]

[586] Siehe Mitteilung des Sekretariats des Ministers für LFW an HA III, betr. Schreiben der Deutschen Investitionsbank, 20. 7. 1950, BArch, DK 1, 3030, Bl. 1.

[587] Siehe Schreiben des Ministeriums für LFW, HA III, an das Ministerium für Aufbau, HA Aufbau II/2, betr. Bodenreform-Bauprogramm, 24. 10. 1951, gez. Frommhold, BArch, DK 1, 3032, Bl. 55–57.

[588] Siehe Schreiben des Staatssekretärs im Ministerium für LFW Siegmund an den Chef der Regierungskanzlei betr. Bodenreform-Bauprogramm, 1. 8. 1951, BArch, DK 1, 3030, Bl. 2f.; Bericht des Ministeriums für LFW zum Bodenreformbauprogramm an die SKK, 8. 8. 1951, gez. Siegmund, BArch, DK 1, 3029, Bl. 3f.

[589] Schreiben des Ministeriums für LFW , HA III, an die „Brigade Bodenreform-Bauprogramm", 4. 7. 1951, BArch, DK 1, 3029, Bl. 8.

[590] Aktenvermerk über die Besprechung mit den Vertretern der SKK am 11. 7. 1951, Ministerium für LFW, HA III, 15. 7. 1951, ebenda, Bl. 5f., hier Bl. 6.

Der Rückzug der SKK aus der Lenkung des Bauprogramms korrespondierte mit einem Verlust an Problemsicht. Die sowjetische Kontrollbehörde nahm kaum wahr, daß die Umsiedler-Neubauern-Bauhilfe in einer Sackgasse steckte. Die permanenten Neuerungen bei den Kostenregelungen, das Auf und Ab in der Kreditvergabe, die immer neuen Schwerpunktsetzungen untergruben die Glaubwürdigkeit der staatlichen Bauhilfe. Die SKK registrierte auch nicht die neuen, die Situation verschärfenden Momente, die darin wurzelten, daß sich immer mehr Neubauernwirtschaften auf minderwertigen Böden infolge verschärfter Abgaberegelungen verschuldeten. Die potentiellen Bauherren waren immer weniger kreditwürdig.[591] Schließlich bestanden unter Bauern Vorbehalte gegen offene Ställe fort, die in den Typenbauten angelegt waren und Milchviehhaltung nicht zuließen. Anfang Oktober 1951 waren DDR-weit zwar 82 Prozent des Jahressolls an Bautenzulassungen erreicht, doch in einigen Regionen war der Rückstand erheblich. Im Land Brandenburg waren beispielsweise erst 51 Prozent (in einigen Kreisen erst 25 Prozent) aller geplanten Bauverträge abgeschlossen.[592] 40 Prozent der insgesamt begonnenen Bauten waren nicht über das Fundament hinaus fertig. Positiv war lediglich zu verbuchen, daß 92 Prozent der Bauüberhänge vom Vorjahr fertiggestellt waren.[593]

In dieser Zeit nahm die Zahl der aufgegebenen Neubauernstellen rapide zu. Die Behörden mußten Neubauern, die bereits Bauzulassungen und Darlehen zugesprochen bekommen hatten, davon überzeugen, die Anträge nicht zurückzuziehen.[594]

Unbesetzte Neubauernstellen in der DDR[595]

Erhebung mit Stand vom	Anzahl der unbesetzten Neubauernstellen
28.02.1950	6074
30.06.1950	4884
31.12.1950	7296
30.06.1951	8194
31.12.1951	8845

In Partei- und Staatsorganen nahmen nun fast zwangsläufig die Verdächtigungen und Schuldzuweisungen zu. Das Finanzministerium setzte eine Sonderkommission zur Überprüfung von „bodenreformfeindlichen Erscheinungen" ein. Die Landeskommissionen für Staatliche Kontrolle wurden aktiviert. In Mecklenburg

591 Siehe Situationsbericht für den Monat September 1951, BArch, DK 1, 3031, Bl. 4–7.

592 Siehe Schreiben des Ministers für LFW Scholz an den Chef der Regierungskanzlei betr. Bodenreform-Bauprogramm, 3.10.1951, BArch, DK 1, 3030, Bl. 15.

593 Siehe Kurzanalyse zum III. Quartal, 13.10.1951, Ministerium für LFW, HA III A, gez. Frommhold, BArch,DK1, 891, Bl. 23f.; Schreiben der Deutschen Investitionsbank an den Leiter der Plankommission Rau, 18.10.1951, BArch, DK 1, 3031, Bl. 3.

594 Siehe Rundschreiben der Landesregierung Brandenburg, Ministerium für LFW und Ministerium für Wirtschaft und Arbeit, an die Räte der Kreise und kreisfreien Städte, 9.11.1951, BArch, DK 1, 3032, Bl. 15f.

595 Siehe Stellungnahme zur Erhebung über Rückgabe von Neubauernstellen, 8.7.1953, Ministerium für LFW, HA Agrarökonomie, BArch, DK 1, 885, Bl. 85.

wurden Verstöße gegen Kreditmittelverwendungs- und Baukostenvorschriften aufgedeckt und als politische Aktionen eingestuft. Leitende Angestellte von Kreisbauämtern und Bauunternehmer wurden daraufhin vor Gericht gestellt.[596]

Anfang November 1951 resümierte das Ministerium für LFW, daß von den 186 Millionen DM eingeplanten Kreditgeldern des laufenden Jahres 160 Millionen durch Rechnungen für Bauleistungen und abgeschlossene neue Kreditverträge mit Neubauern gebunden waren. 22 Millionen DM standen für neue Verträge noch zur Verfügung.[597] Dies war, nach den Verzögerungen im ersten Halbjahr, ein beachtliches Ergebnis der Werbung. Der Bautenstand blieb indes katastrophal weit hinter dem Plan zurück. Zum 31. Oktober 1951 waren 89 Prozent der für das Jahr 1951 geplanten 22 000 Neubauten zugelassen, aber erst 19 Prozent fertig.[598] Gänzlich unerreichbar war das Ziel geworden, alle Umsiedler-Neubauern bis Ende 1952 mit den nötigen Bauten zu versorgen. Außerdem waren mit den Kernbauten des Jahres 1950 (respektive Ausbaustufe 1 der Bautypen von 1951) die Ansiedlungs- und Wirtschaftsprobleme der Neubauern bei weitem nicht gelöst. 1951 wirtschaftete noch etwa jede achte Neubauernfamilie ohne Stromanschluß, ebenso viele waren ohne Wasserversorgung.[599]

4.3.4. Die Aussichten für 1952 – Ende und Bilanz des Bauprogramms

Die komplizierte Bauförderungspolitik, die durch die Integration der Umsiedlerproblematik weiteren Zündstoff erhalten hatte, wuchs sich Mitte 1951 zu einem behördlichen Konflikt aus. Aus der Sicht des Ministeriums für LFW war die Sicherung der Wirtschaftlichkeit des Einzelbetriebes das entscheidende Ziel. Aus der Sicht des Aufbauministeriums galt es, Gesamtbauauflagen zu erfüllen und dabei Material und Arbeitskräfte zu sparen. Das Finanzministerium suchte die staatlichen Kosten des Bauprogramms zu reduzieren. Hinzu kam die politische Aufgabe, die Umsiedler sichtbar erfolgreich zu integrieren. Die SKK ließ sich vom Fortgang der Dinge hin und wieder informieren, entwickelte aber keine eigenen Pläne oder Lösungsvorschläge.[600]

Der Reibereien überdrüssig lehnte das Landwirtschaftsministerium im Sommer 1951 die Fortsetzung der bisherigen Kooperation mit den anderen Ministerien ab. Es legte der Regierung am 23. August 1951 einen Antrag vor, wonach „die Verantwortlichkeit bezüglich der Schaffung der Voraussetzungen bzw. der operativen Baudurchführung und Berichterstattung für das Bodenreform-Bauprogramm bei einer Dienststelle – in diesem Fall das Ministerium für Aufbau – vereinigt sein muß“.[601] Aufbauministerium und Plankommission ließen sich darauf jedoch nicht

596 Siehe Unterlagen von ZKSK und LKSK Mecklenburg, (Frühjahr/Sommer 1951), BArch, DC 1, 1343, unpag.

597 Siehe Bericht über die Situation im Bodenreform-Bauprogramm, Ministerium für LFW, HA IIIA, 5. 11. 1951, BArch, DK 1, 3029, Bl. 1f.

598 Siehe Bericht über die Maßnahmen zur Fertigstellung der Bodenreform-Bauvorhaben des Volkswirtschaftsplanes 1951, Ministerium für Aufbau, 10. 11. 1951, BArch, DK 1, 3032, Bl. 40–42, hier Bl. 40.

599 Siehe Schulz, Probleme, S. 29f.

600 Siehe Aktenvermerk über eine Besprechung mit Zmienko am 11. 7. 1951, 13. 7. 1951, BArch, DK 1, 2791, Bl. 13f.

601 Begründung zum Beschlußentwurf vom 20. 8. 1951, Ministerium für LFW, 20. 8. 1951, BArch, DK 1, 891, Bl. 39f., hier Bl. 40.

ein. In seiner Funktion als stellvertretender Ministerpräsident gab SPK-Chef Rau am 12. November die Anweisung: „Das Ministerium für Land- und Forstwirtschaft hat den Plan für die Bodenreformbauten aufzustellen mit Angaben, was, wo und wie viel gebaut werden soll. [...] Das Ministerium für Aufbau ist für die Erfüllung des Planes verantwortlich."[602] Da dem Aufbauministerium zugleich die Einflußnahme auf die Planung regelrecht abverlangt wurde, änderte sich im Prinzip nichts an der unbefriedigenden Konstellation. Die Ministerien für LFW und für Aufbau wurden verpflichtet, einen gemeinsamen Planvorschlag für das Jahr 1952 vorzulegen, der den hochgesteckten Zielen des Umsiedlergesetzes von 1950 genügen sollte.

Das Referat ländliches Bauen des Agrarministeriums entwarf ein kühnes Konzept, das, so scheint es, die Erfahrungen der vergangenen Jahre völlig ignorierte. Es war ein Plan, der von der inzwischen illusionären Verpflichtung ausging, innerhalb des kommenden Jahres die Versorgung der Umsiedler-Neubauern zu garantieren. Zugleich nahm man die Forderung nach Neubauten für Alteingesessene wieder auf, die umgesetzt werden sollte, sobald die Umsiedler versorgt waren.

Planentwurf des Ministeriums für LFW zum Bodenreform-Bauprogramm 1952/53[603]

	Baueinheiten
1. Planauflage Neubauten 1951 (Umsiedler-Neubauern)	
Wohnhäuser	10000
Ställe	12000
insgesamt Einheiten:	22000
2. geplante Neubauten 1952 (Umsiedler-Neubauern)	
Wohnhäuser	24101
Ställe	27082
insgesamt Einheiten:	51.183
3. geplante Neubauten 1953 („alteingesessene" Neubauern)	
Wohnhäuser	13355
Ställe	18288
insgesamt Einheiten:	31643
4. geplante Neubauten für 1952/53 insgesamt	82826

Dieser Plan war im Grunde eine Art maximalistische Bedarfsmeldung. Er hätte für 1952 eine Steigerung auf 233 Prozent gegenüber dem Plan für 1951 bedeutet, gegenüber der Planerfüllung von 1951 eine Steigerung um mehr als das Vierfache. Aus der Sicht der Erfahrungen von 1949 (mit rund 55000 fertiggestellten Neubauten) war das Ziel zwar nicht gänzlich unrealistisch. Doch diese Rechnung wäre nur unter gleichen betriebswirtschaftlichen Rahmenbedingungen wie 1949 aufgegangen, erforderte eine optimale Zuführung von Arbeitskräften, maximale Materialausbeute, unbürokratische Antragsprüfung und -bewilligung und – was tatsäch-

602 Mitteilung Raus an Scholz, gez. Hofmann (pers. Referent), 17. 11. 1951, BArch, DK 1, 3031, Bl. 1.

603 Siehe Aufstellung über den Bautenstand vom 30. 9. 1951 zur Verwirklichung des Umsiedlergesetzes vom 8. 9. 1950 und die geplanten Baueinheiten für das Jahr 1950/53, Ministerium für LFW, HA IIIA, 25. 10. 1951, BArch, DK 1, 3035, Bl. 3.

lich nun nicht mehr zu erwarten war – höchste Eigenbeteiligung der interessierten Neubauern. Die Regierung der DDR setzte die Planzahl für Neubauten 1952 zwar weniger hoch an, gab aber immer noch ein anspruchsvolles Ziel vor. Laut Beschluß vom 20. Dezember 1951[604] sollten im Jahr 1952 34 000 Neubauten im Rahmen des Bodenreform-Bauprogramms entstehen, etwa die Hälfte davon in Mecklenburg.

Die Ausarbeitung der Kreditrichtlinien zog sich erneut hin und wurde schließlich von einer deutschlandpolitischen Zäsur tangiert (dazu Abschnitt III. 7.2). Die volkswirtschaftliche Neuorientierung vom Frühjahr 1952, die nach der Spitzenbegegnung in Moskau im April 1952 auf alle staatlichen Investitionsprojekte ausstrahlte, untergrub das Bauprogramm regelrecht. Im Sommer deutete es sich bereits an, und Ende August 1952 bestand „vollkommene Klarheit darüber, [...] daß die derzeitige Situation im Bodenreform-Bauprogramm keine Gewähr mehr dafür bietet, daß der Plan erfüllt wird".[605] Von da ab ging es nur noch um eine „teilweise Planerfüllung". Realisierbar erschien Anfang August 1952 noch gut ein Drittel des Plans (12 350 Baueinheiten), vorausgesetzt, es würde zu keinem Abzug von Arbeitskräften kommen.[606]

Entscheidender jedoch war, daß mit der plötzlichen Orientierung auf landwirtschaftliche Produktionsgenossenschaften (LPG) gerade die Bauprogramm-Klientel angesprochen war. Die ärmsten unter den Neubauern waren es ja gerade – nicht zuletzt wegen mangelnder Wirtschaftsbauten – die sich zum Zusammenschluß zu LPG entschieden. Wenngleich die gemeinsame Tierhaltung nicht zu den aktuellen Plänen gehörte und individuelle Stallwirtschaft auch für LPG-Bauern bedeutsam blieb, erschien eine grundlegende Revision der staatlichen Bauförderung doch notwendig. Sie mußte mit der allgemeinen Förderung der LPG abgestimmt werden. Um die herkömmliche Bauförderung möglichst rasch abzuschließen, gab die Regierung kurzfristig 1,93 Millionen DM für zusätzliche zinslose Kredite frei.[607]

Am 21. August 1952 beschloß die Regierung der DDR – erstmals so klar und deutlich – die Kürzung des Bauprogramms von 34 000 auf 12 700 Neubauten im laufenden Jahr. Die Umsetzung dieses Beschlusses ging allerdings erneut auf Kosten bereits erbrachter Bauleistungen. Viele Bauten blieben halbfertig liegen, da Material und Arbeitskräfte für „VP-Bauten" und Bau-Schwerpunkte in der Industrie benötigt wurden. Das Baugeschehen geriet zum Jahresende hin in einen bedenklichen Zustand. Die Regierung bewilligte für Bauüberhänge aus dem Jahr 1951 (3769 Bauten) und 1952 (11 780 Einheiten) 14,55 Millionen DM Kredite und legte fest, daß die Bauten bis 1. Mai 1953 zu Ende zu führen waren.[608] Im Frühjahr 1953 resümierten Aufbau- und Agrarministerium mit Blick auf die Abwicklung des Unternehmens „Bodenreform-Bauprogramm", daß „erheblicher Kräfte- und Materialmangel" noch immer einen Bauüberhang von 1600 Baueinheiten aus den Jahren 1949-51 und 5480 Baueinheiten aus dem Jahr 1952, die meisten davon im

[604] Siehe Beschluß über die Durchführung des Bodenreform-Bauprogramms im Jahre 1952, Protokoll der Ministerratssitzung am 20. 12. 1951, BArch, DC 20, I/3-86, Bl. 4, 13–17.
[605] Zusammenfassung der Ergebnisse einer Besprechung zwischen den Ministerien für LFW und Aufbau am 2. 8. 1952, BArch, DK 1, 892, Bl. 23f., hier Bl. 23.
[606] Siehe ebenda, Bl. 24.
[607] Siehe Protokoll der Ministerratssitzung am 17. 7. 1952, BArch, DC 20, I/3-117, Bl. 141.
[608] Siehe Protokoll der Sitzung des Präsidiums des Ministerrates am 8. 12. 1953, BArch, DC 20, I/4-3, Bl. 46, 49–71.

Bezirk Neubrandenburg gelegen, zur Folge hatten.[609] Die liegengebliebenen Bauten des Jahres 1952 erforderten zu ihrer Vollendung weitere 6 Millionen DM. Der Ausfall von Eigen- und Gemeinschaftsleistungen sowie zusätzliche Transportkosten machten einen Zuschuß von 3 Millionen DM erforderlich, die Beseitigung von Bauschäden noch einmal 2,8 Millionen DM aus der Haushaltsreserve. Angesichts der leeren Haushaltskassen waren das beachtliche Beträge. Das Präsidium des Ministerrats bewilligte am 20. April 1953, zu einem Zeitpunkt allerhöchster Finanzsorgen und Warenengpässe, ein letztes Mal Baukredite für Bauüberhänge aus dem Bodenreformbauprogramm der vergangenen Jahre.[610] Zum Oktober 1953 wollte man die bewilligten bzw. begonnenen Bauten fertiggestellt haben, neue Umsiedler-Bauverträge wurden aber nicht mehr geschlossen. Die baupolitische Vorgabe des Umsiedlergesetzes wurde folglich nicht erfüllt, nach der Auffassung der SED-Führung hatte eine neue agrarpolitische Konzeption sie ersetzt.

War das Neubauernbauprogramm gescheitert? Ein solches Urteil wäre ahistorisch. Zum einen war es nie darum gegangen, sämtliche Neubauernbetriebe dauerhaft zu konsolidieren. Zum anderen ist das Ergebnis auch in seinen absoluten Beträgen durchaus positiv zu sehen. Tausenden Kleinbauern wurde der Start in die Nachkriegswirtschaft erleichtert. Über 237 000 Wohngebäude, Ställe und Scheunen waren bis 1953 mit Hilfe staatlicher Kredite (insgesamt 924,8 Millionen DM) gebaut worden; ein Drittel der Kredite wurde erlassen.[611] Das Neubauernbauprogramm war, wie Michaela Eigmüller es formulierte, „ein Kraftakt der Koordination und der Materialbeschaffung“[612], der – so wäre hinzuzufügen – an volkswirtschaftlichen Defiziten und planerischem Durcheinander litt. Es war, insbesondere bei Politikern ohne speziellen Einblick in das Landleben, permanent mit zu hohen Erwartungen verbunden, und es hatte mit dem Umsiedlergesetz 1950 eine zu starke propagandistische Instrumentalisierung erfahren. Die Baupolitik krankte an den Symptomen einer zentralgeleiteten Mangelwirtschaft, nur ein kleiner Teil der Bauleistungen konnte kreditfinanziert werden.

Der historiographische Vorwurf des Scheiterns leitet sich aus überhöhten Erwartungen ab, die die damalige SED-Propaganda ausstreute, die herrschaftsintern aber nicht dominierten. Unter den gegebenen Bedingungen wurde mit einer grundsätzlichen Verbesserung des privaten Wohnungsbaus in Ostdeutschland ohnehin nur mittelfristig gerechnet. SED und SKK gingen davon aus, daß sich die Bauwilligkeit als Zeichen von sozialer Etablierung und Wirtschaftsoptimismus nur schrittweise im Zuge einer allgemeinen Gesundung der Wirtschaft und einer Reurbanisierung verbessern würde. Das Ministerium für LFW registrierte Ende 1950 bei einem Erfahrungsaustausch mit Kollegen aus Polen, daß der polnische Aufschwung des ländlichen Bauens erst in dem Moment begonnen hatte, als neben staatlichen Krediten ausreichend privates Bargeld vorhanden war.

609 Siehe Ministerium für Aufbau, Begründung für eine Beschlußvorlage an die Regierung, 3.3.1953, BArch, DK 1, 892, Bl. 5–8; Beschlußvorlage der Ministerien für LFW und für Aufbau, 16.4.1953, ebenda, Bl. 1–4.

610 Siehe Protokoll der Sitzung des Präsidiums des Ministerrats am 20.4.1953, BArch, DC 20, I/4-12, Bl. 9, 65–67; Bericht über die Bodenreform, 2.6.1953, gez. Frommhold, BArch, DK 1, 8712, Bl. 8–11.

611 Siehe Schulz, Probleme, S. 30.

612 Eigmüller, Neubauernhöfe, S. 32.

In Ostdeutschland stieß die Anschubfinanzierung durch den Staat vorerst auf wenig Eigentümerbewußtsein. Die Neubauern haben „blind alles unterschrieben [...], ohne sich um ihren Neubau zu kümmern. Sie haben nicht wie mit *ihrem* Gelde gerechnet“[613], schätzte die SED 1951 kritisch ein. Freilich war die gesamte Politik der SED gerade in jener Zeit wenig geeignet, Eigentümerbewußtsein unter den Neubauern zu fördern. Gerade in Sachen Baukreditierung verursachten die häufigen Wechsel der staatlichen Angebote und Regelungen auch Mißtrauen unter potentiellen Kreditnehmern.[614] Die Finanzbehörden der DDR und die SKK lenkten die Kreditgewährung zugunsten der Neubauern, wollten aber – im Interesse ihrer allgemeinen Finanzpolitik – den Agrarbereich mit Investitionen vorerst „kurzhalten“. Die anderen Bereiche der Agrarpolitik arbeiteten einem stabilen oder gar wachsenden privaten Bauinteresse ebenfalls wenig zu. Vor allem die Preis- und Abgabenpolitik verbreitete Unsicherheit und Resignation.

Die SMAD/SKK thematisierte den Zusammenhang von Bauinteressse und Eigentümerbewußtsein unzureichend. Ihr ging es zwar um die Verbesserung der Lebenslage der Neubauern und gerade der am schlechtesten gestellten. Aber sie erwartete Eigentümerinitiative dort, wo sie nach mitteleuropäischer Erfahrung noch nicht so recht entstehen konnte. Die SKK gab selbst keine Fördermodelle vor und kontrollierte die Umsetzung der ostdeutschen Pläne ab 1950 eher nachlässig. Insgesamt jedoch bestimmten sowjetische Forderungen die Rahmenbedingungen und Prämissen der Bauförderung entscheidend mit. Der bedeutsamste sowjetische Eingriff in die Neubauern-Baupolitik geht auf Aktivitäten der politischen Entscheidungsträger in der SKK zurück, nicht auf Hinweise ihrer Agrarspezialisten: Erstere initiierten (oder unterstützten zumindest) die verwaltungstechnisch verheerende Verknüpfung des Neubauernbauprogramms mit der Umsiedlerintegration. In SKK und SED-Führung wurden dadurch jene bestärkt, die meinten, die Masse der ärmsten Neubauern vorrangig subventionieren zu müssen, – ein agrarwirtschaftlich falscher Ansatz, falsch auch im Hinblick auf die Order Stalins vom Dezember 1948.

613 Mitteilung der Deutschen Investitionsbank an die ZKSK betreffs Entschuldung der Neubauern in Mecklenburg, 4.9.1951, BArch, DC 1, 1343, unpag.

614 Neben den hier beschriebenen Schwierigkeiten bei der Gesamtplanung der staatlichen Finanzhilfen machte sich auch die Umstrukturierung der genossenschaftlichen Kreditinstitute 1950/1951 negativ bemerkbar. Die Vollmachten der Deutschen Bauernbank, der Landesgenossenschaftsbanken und der Deutsche Notenbank wurden erst sukzessive geklärt.

5. Akzentverschiebung in der Genossenschaftspolitik: VdgB(BHG)

5.1. Die Problemlage Ende 1949

Die Beseitigung der „alten“ Genossenschaftsstruktur war 1949 beschlossen, die Kerngedanken der Reform waren bereits veröffentlicht und ansatzweise realisiert worden: Dorfgenossenschaften sollten künftig das untere Strukturelement eines Netzes von Universalgenossenschaften sein. Die waren über Verträge in die zonal gelenkte Produktion und Konsumtion von Agrarprodukten einzubinden.[615] Einheitliche Buchhaltung und Rechnungsführung sollten die fiskalische Kontrolle erleichtern.[616] Hauptgenossenschaften und große Spezialgenossenschaften gingen dem Beschluß des Genossenschaftskongresses vom März 1949 entsprechend in Liquidation. Der unter SED-Einfluß entstandene und wirkende ZLGD sollte auf zentraler Ebene diese genossenschaftspolitische Leitlinie der SED umsetzen.

Der weiteren Entwicklung des Reformkonzeptes von 1949 bis 1950 ist in der Forschung bislang wenig Beachtung geschenkt worden. Die historischen Darstellungen vermittelten allesamt den Eindruck eines planvollen Vorgehens bis hin zur „Verschmelzung“ von VdgB und landwirtschaftlichen Genossenschaften Ende 1950. Während die Entscheidungen in SED-Lesart folgerichtige Schritte im Demokratisierungsprozeß auf dem Dorfe darstellten[617] und Ausdruck der Festigung des Bündnisses der Arbeiterklasse mit den werktätigen Bauern waren[618], sah die gegnerische Seite in ihnen den „letzten Akt der Tragödie ‚Raiffeisens Ende in der Sowjetzone‘“, den Abschluß einer seit 1946 betriebenen Politisierung der landwirtschaftlichen Genossenschaften „im Sinne der kommunistischen Ideologie“.[619] Auch einige neuere Studien wiederholen die letztgenannte Einschätzung. In Wirklichkeit aber vollzog die SED-Genossenschaftspolitik eine konzeptionelle Wende, auf die ausführlich einzugehen ist.

Zentrale Ereignisse waren zwei größere öffentliche Gerichtsprozesse gegen führende Genossenschaftsfunktionäre. Sie trieben die „Radikalisierung des genossenschaftlichen Apparates“[620] voran, das heißt, sie spitzten den Konflikt mit den die Reform ablehnenden Genossenschaftsfunktionären zu und verunsicherten die Masse der Genossenschafter. Mitte 1950 standen in Güstrow und Greifswald Leiter der Hauptgenossenschaft und des Raiffeisen-Verbandes Mecklenburg, Anfang 1951 in einem anderen Prozeß Leiter der Hauptgenossenschaft und der Landesgenossenschaftsbank Thüringens vor Gericht. Auch in Brandenburg waren Vorgänge in den landwirtschaftlichen Genossenschaften strafrechtlich untersucht worden. Die propagandistisch ausgeschlachteten Prozesse kamen auf Antrag der

615 Siehe Protokoll der Sitzung der Abteilung Landwirtschaft des ZK der SED, 29.11.1949, SAPMO BArch, DY 30, IV 2/7-74, unpag.
616 Siehe Anordnung über das Rechnungswesen in der volkseigenen Wirtschaft, in den Genossenschaften und Genossenschaftsverbänden, 13.7.1949, in: ZVOBl. 1949, S. 531.
617 So bei Klemm, Agrarreformen, S. 175.
618 Siehe Badstübner, Geschichte, S. 130.
619 Von der Neide, Raiffeisens Ende, S. 25, 28.
620 Ebenda, S. 20.

Zentralen Kommission für Staatliche Kontrolle (ZKSK) zustande. Aktive politische Gegnerschaft wurde unterstellt, das Strafrecht in den Urteilen unangemessen streng ausgelegt. In Güstrow beispielsweise ergingen Zuchthaus- und Gefängnisstrafen von bis zu 15 Jahren.

Kurz nach den Prozessen in Güstrow und Greifswald gab der III. SED-Parteitag die Parole von den „Arbeitsgemeinschaften" zwischen VdgB und landwirtschaftlichen Genossenschaften aus. Der Zusammenschluß beider zur VdgB(BHG) kam dann auf Grund einer Entscheidung des VdgB-Hauptausschusses und des Beirats des ZLGD am 20. November 1950 zustande. Mitgliederbefragungen waren ihm nicht vorausgegangen. Unter Genossenschaftsfunktionären hatten bereits Überprüfungen eingesetzt. Viele flüchteten nach Westdeutschland, was die Übernahme der Leitungen der neuen Vereinigung durch VdgB-Funktionäre erleichterte.

Wiewohl das ein statutenwidriger Akt war, fand aber keine „Verstaatlichung" von Eigentum und von ökonomischer Interessenvertretung der Bauern statt. Was es hier hervorzuheben gilt, betrifft andere herrschaftspolitische Zusammenhänge. Mit der Entscheidung zur „Verschmelzung" wurde der Gedanke der „Entökonomisierung der VdgB" verworfen. Noch im Frühherbst 1949 hatte es geheißen, es sollten neue Dorfgenossenschaften, dominiert von Klein- und Mittelbauern, entstehen; die Vereinigung der gegenseitigen Bauernhilfe (VdgB) sollte sich dagegen als politische Interessenvertreterin dieser Bauern weiter profilieren. Nun aber entstand mit der VdgB(BHG) eine Vereinigung ländlicher Produzenten, die sowohl einen ausgesprochen politischen Charakter als auch volkswirtschaftliches Gewicht hatte. Landwirtschaftliche (Dorf)Genossenschaften als eigenständige Rechtsträger waren damit eliminiert, die genossenschaftlichen Strukturen in der Mitgliedschaft und in den Gliederungen der Massenorganisation aufgehoben.

Soweit der aktuelle Erkenntnisstand. Doch so einfach die Erklärungen auch scheinen, die Hintergründe sind noch nicht eingehender untersucht worden. Ohne weiteres ist zu erkennen, daß Forderungen der „werktätigen Bauern" erst im Ergebnis der Raiffeisen-Prozesse zu vernehmen waren und somit als Teil eines geplanten Szenarios gesehen werden müssen. Andererseits waren die Prozesse als Mobilisierungsfaktor uneffektiv. Ebenso zweifelsfrei steht fest: „Raiffeisens Ende" hätte es auch ohne „Güstrow" gegeben. Was also bewog die SED-Führung dazu, einen Schauprozeß zu führen und was hatte dieser mit dem Genossenschaftskonzept von 1949 zu tun? Ging es um eine Radikalisierung im Sinne von mehr Tempo, um eine inhaltliche Ausweitung des Vorhabens von 1949 oder um etwas ganz anderes?[621] Welche Position vertrat die SKK?

Das auf „Entökonomisierung" der VdgB ausgerichtete Dorfgenossenschaftskonzept war umstritten gewesen. Schwierig gestaltete sich insbesondere das Zusammenspiel der Dorf- und Kreisgenossenschaften mit den staatlichen Erfassungs- und Aufkaufbetrieben. Die herkömmlichen Bindungen der privaten Agrarproduzenten an alte Verwertungsstrukturen wirkten stark. Dorf(Univer-

621 Schöne, Genossenschaftswesen, S. 171, meint, die SED habe zu drakonischen Mitteln gegriffen, „um den Widerstand gegen die Dorfgenossenschaften zu brechen".

sal)genossenschaften als Bindeglied zum staatlichen Erfassungs- und Aufkaufbetrieb wurden beargwöhnt.[622] Da für Erfassung und Lagerung die erforderlichen Investitionen (Lager- und Transporträume, Fahrzeuge, Benzin) fehlten, überzeugten die neuen Genossenschaften nicht. Außerdem mißtrauten viele Bauern dem Angebot der Gemeinschaftsablieferung. Propagiert als Hilfsaktion (wenn ein einzelner Bauer nicht genug oder nicht rechtzeitig abliefern konnte, sollte die Genossenschaft einspringen), ließ das Angebot auch Kleinproduzenten stutzig werden und neue Abhängigkeiten und Zwänge, etwa ungünstige Termine oder Tauschbedingungen, fürchten. Schließlich erinnerten Dorfgenossenschaften an „Kommunen". Im Grunde widersprach der beschworene Notgemeinschaftsgeist dem Leistungsprinzip, das auch in der Landwirtschaft gelten sollte.

Problematisch war die Anschubfinanzierung. Genossenschafts-Neugründungen waren über Kredite mit Startkapital auszustatten. Beim Zusammenschluß kleiner Genossenschaften zu bzw. bei der Umwandlung von Spezialgenossenschaften in Dorf- und Kreisgenossenschaften zeigte sich aber auch, daß es in vielen Fällen darum ging, Schulden zu übernehmen. Die alten Genossenschaften waren seinerzeit von SMAD und deutschen Verwaltungen zu einem Landhandel verpflichtet worden, der spezifische Kosten verursacht hatte. Zunächst einmal reguläre Transport- und Lagerungskosten, dann aber auch Preisstützungen für gezielte Aktionen der kurzfristigen Produktionssteigerung. Trotz „Preisschere" mehrten sich Verluste. Die kleineren Genossenschaften konnten im Erfassungsgeschäft die bewilligte Preisspanne mangels Geldreserven ohnehin nicht nutzen und delegierten die Angelegenheit an Dachverbände, die sich ihrerseits mit staatlichen Subventionen Abhilfe verschafften, was ihnen von Rechts wegen zustand. Doch die Zahlungen erfolgten schleppend. Ende 1949 hatten alle Landesregierungen bei den Hauptgenossenschaften Schulden. Besonders prekär geworden war die Lage durch preispolitisch extreme Aktionen wie die Schweinemastkontrahierung mit Zahlungen bis zum dreifachen Schlachtviehpreis. Aber auch reguläre Ablieferungsgelder für die Ernte 1949 ließen auf sich warten. Es war klar, daß die Schuldenberge im Vorfeld der Reform ein Politikum darstellten; sie konnten auf keinen Fall auf klein- und mittelbäuerliche Genossenschafter abgewälzt werden, weder auf Mitglieder der alten, noch auf die der neuen Strukturen. In diesem Sinne hatte die SMAD bereits frühzeitig auf Klärung des Subventionierungsbedarfs gedrängt.

Die VdgB nahm derweil weiterhin auch einige Wirtschaftsfunktionen wahr, insbesondere dort, wo den Genossenschaften noch keine auf Kleinbauernhilfe ausgerichtete Wirkung zugetraut wurde.[623] Es hieß noch im April 1950, die „gegenseitige Hilfe" solle VdgB-Aufgabe bleiben.[624] Unterschwellig blieben damit im VdgB-Apparat alte Vorstellungen präsent, die 1947/48 Überlegungen zur Zusammenlegung von Raiffeisenkassen und VdgB-Orts- und Kreis-Struktureinheiten hervorgebracht hatten. Hinzu kamen neue Konflikte, denn mit bestimmten

622 Siehe Protokoll einer Arbeitstagung des Landes-Ernährungsausschusses Thüringen in Weimar, 28./29.6.1949, in: SAPMO BArch, DY 34, 20373 unpag.
623 So beschloß man im September 1949 die Schaffung eines Naturalhilffonds der VdgB. Protokoll der 96. Sitzung des DWK-Sekretariats, 7.9.1949, SAPMO BArch, DY 34, 22505 unpag.
624 Siehe *Der Freie Bauer*, 23.4.1950, S. 3.

Neuerungen im Landhandel drohte der VdgB Gewinnverlust.[625] – Alle diese Unklarheiten mit den Genossenschaften zogen Kreise bis in die „Westarbeit" hinein. Karl Schirdewan bemängelte im August 1949, daß die SED in ihrem Wirken nach Westdeutschland „kein politisches Programm für die Arbeit in den Genossenschaften" hatte.[626]

Die SED-Führung hatte Ende 1949/Anfang 1950 noch keine klare Vorstellung davon, ob und wie Dorfgenossenschaften die Funktionen der ehemaligen alten Servicegenossenschaften übernehmen konnten und wie der Landhandel organisiert würde. Wie sich aus ihrem unklaren Konzept die „Verschmelzung" der bäuerlichen Massenorganisation VdgB mit Strukturen des Landhandels unter Aufgabe der Idee von den universalen Dorfgenossenschaften ergab, soll im folgenden untersucht werden. Das Aktenmaterial läßt erkennen, daß das im Kontext sehr verschiedener politischer und agrarwirtschaftlicher Probleme zu betrachten ist.

5.2. Der juristische Angriff auf die Raiffeisen-Genossenschaften

Interna der ZKSK zufolge begann im Frühherbst 1949 eine Voruntersuchung gegen Mecklenburger Genossenschaftsfunktionäre aufgrund der Anzeige eines bereits im März 1949 zu acht Jahren Gefängnis verurteilten Kreisgenossenschafts-Funktionärs, der sich als Opfer falscher Beschuldigungen aus dem Apparat des Raiffeisen-Verbandes sah. Ob die Landeskontrollkommission diesen Fall gezielt hervorgesucht hatte, bleibt ungewiß. Als sie sich im September 1949 an den Mecklenburger Landtagspräsidenten wandte, um „die Anschuldigungen [...] gegen leitende Raiffeisen-Genossenschaftsfunktionäre einer objektiven Kontrolle zu unterziehen",[627] war das Politikum Genossenschaftsfinanzen bereits als solches zu erkennen. Es war unter SED-Agrarexperten klar, daß vor allem die Mecklenburger Genossenschaften größere finanzielle Schwierigkeiten bereiten würden. Zum 16. September 1949 berief die SMAD-Finanzabteilung eine Sitzung unter Leitung ihres Chefs Sitnin ein, an der auch DWK-Finanzexperte Rumpf, ZLGD-Chef Busse und VdgB-Vorsitzender Vieweg teilnahmen. Wegen einer „äußerst angespannten" Lage wurde eine Sanierungskommission gebildet. Die SMAD fragte nach bisherigen und zu erwartenden Verlusten.

Die erste Sitzung der Sanierungskommission förderte am 29. September 1949 folgendes zutage: Auf die neuen Genossenschaften kamen neben Altverbindlichkeiten der alten Genossenschaften in Höhe von über 95 Millionen DM noch ungedeckte Verluste – vor allem aus der Währungsreform – in Höhe von über 34 Millionen DM zu. Daneben bestanden Forderungen gegenüber den Landesregie-

[625] Aktenkundig wurde ein Konflikt im Mastviehhandel. Nachdem die Genossenschaften in Abänderung von VVEAB-Gründungsvorstellungen erneut in das Erfassungs- und Aufkaufgeschäft eingestiegen waren, bemühten sie sich aus Gründen der Effektivität um den gesamten Nutz- und Zuchtviehumsatz als Aufgabenbereich. Die VdgB bestand aber auf ihrem gewinnträchtigen Geschäft mit den Deckstationen, das ihre Domäne war. Siehe Mitteilung der HV für LFW der DWK, 26. 8. 1949, BArch, DN 2, 16, unpag.

[626] Rede Karl Schirdewans auf einer erweiterten Politbürositzung am 20. 8. 1949, Protokoll, SAPMO BArch, DY 30, IV 2/2-39, Bl. 59.

[627] LKSK-Bericht über die Angelegenheit Raiffeisen-Verband Mecklenburg, 6. 4. 1950, BArch, DC 1, 1354, unpag.

rungen in Höhe von über 40 Millionen DM, wobei allein an die Mecklenburger fast 26 Millionen DM (u. a. Erfassungs- und Einlagerungskosten) herangetragen werden konnten.[628] „Um den Zusammenbruch einzelner Genossenschaften zu verhindern und um die Umorganisierung des landwirtschaftlichen Genossenschaftswesens durchführen zu können", wollte man Sofortmaßnahmen ergreifen.[629] Die DWK sollte eine Deckungszusage machen und 1950 in Raten 21,3 Millionen DM nach Mecklenburg und Brandenburg überweisen. Das läge im Bereich des Finanzhaushaltes von 1950. Die DWK sah sich aber lediglich in der Lage, Verluste in Höhe von rund 19 Millionen DM zu tilgen. Für die anderen Schuldenposten sollte gelten: „Stillhalten der Regierung."[630]

Die Genossenschaften forderten aber mehr: 35 Millionen DM. Dabei waren die Mecklenburger besonders unerbittlich: 32,7 Millionen DM wollten sie noch 1950 geltend machen. Die Sanierungskommission vertrat den Standpunkt: „Sollten die Mittel nicht zur Verfügung gestellt werden, würde der Umbau des Genossenschaftswesens dazu zwingen, die nicht gedeckten Verluste auf die Bauern umzulegen. Diese Folge muß aus sachlichen und politischen Gründen auf jeden Fall vermieden werden."[631] Wie der Vertreter der Bauernbank später gegenüber der ZKSK aussagte, sei Konsens gewesen: „Die Liquidation der Spezialgenossenschaften im Konkursverfahren ist politisch nicht tragbar."[632] Angesichts dieser Probleme wurde nicht nur die gesetzliche Regelung der Besteuerung der Genossenschaften 1949 erneut zurückgestellt.[633] Das gesamte Reformkonzept geriet ins Wanken.

In diesem Zusammenhang muß die Idee aufgekommen sein, Zahlungsverpflichtungen der Landesregierungen als solche abzuweisen, indem die Geschäftsführungen der zu liquidierenden Genossenschaften krimineller Handlungen überführt werden. Am 20. Oktober 1949 wurde die LKK Mecklenburg von Berlin aus aufgefordert, die Ermittlungsakten gegen die Raiffeisengenossenschaft an die ZKK weiterzureichen.[634] Die Angelegenheit wurde zu einer Chefsache. Die LKK setzte die Voruntersuchung fort und entdeckte „volksschädigende Machenschaften" bei den Genossenschaften auf Landesebene. Dabei handele es sich um Vereinnahmung des Betriebskapitals kleinerer Genossenschaften, gewinnorientierten Umgang mit Provisionsgeldern und andere Finanzgeschäfte durch und zum Nutzen der als Leitfirma fungierenden Hauptgenossenschaft. Von Betrügereien und Schwarzmarktgeschäften war die Rede. Bestimmte Personen gerieten sofort ins Schußfeld der deutschen Kontrollbehörden.[635]

Die Anklage-Konstrukteure gingen von Anfang an davon aus, einen Verstoß gegen die SMAD-Genossenschaftspolitik zu unterstellen. Angeblich sei es der Be-

[628] Siehe Zusammenfassung des Materials des Ministeriums der Finanzen der DDR über die Sanierung der landwirtschaftlichen Genossenschaften, 25. 4. 1950, gez. Winkelmann, ZKSK, ebenda.
[629] Anweisung, SAPMO BArch, DY 30, IV 2/7-290, Bl. 203–209.
[630] Vermerk, SAPMO BArch, DY 30, IV 2/7-290, Bl. 212.
[631] Zusammenfassung des Materials des Ministeriums der Finanzen.
[632] Aktenvermerk, gez. Fink, 14. 4. 1950, BArch, DC 1, 1354, unpag.
[633] Siehe Protokoll der Sitzung des DWK-Sekretariats, 21. 9. 1949, BArch, DC 15, 421, Bl. 3.
[634] Siehe Aktenvermerk zu einem Telefongespräch, gez. Fink, 20. 10. 1949, BArch, DC 1, 1367, unpag.
[635] So wurden der frühere DWK-Genossenschaftsreferent Günther Grünewaldt, der am 29. 9. 1949 als Gast auch die Sitzung der Sanierungskommission miterlebt hatte, und der Direktor des Verbandes der landwirtschaftlichen Genossenschaften Mecklenburgs Hans Schmidt verdächtigt.

satzungsmacht schon immer um eine Dezentralisierung des Genossenschaftswesens gegangen, wohingegen die Mecklenburger Hauptgenossenschaft sukzessive ihren Geschäftsbereich auf Kosten der mittleren Ebene (Kreisgenossenschaften) ausgebaut habe, lauteten die Behauptungen der Ankläger in spe.[636] Ende November/Anfang Dezember 1949 hatte sich die ZKSK zu einem baldigen großen Prozeß entschlossen.[637] Sein Charakter stand aber noch nicht fest, denn in der SED-Führung war die politische Nutzen/Schaden-Kalkulation noch nicht restlos abgeschlossen. Das SED-Zentralsekretariat erachtete es als „gegenwärtig nicht für zweckmäßig", der Regierung einen Gesetzentwurf über Vergünstigungen für Genossenschaften vorzulegen. Auch der Termin für eine geplante Arbeitstagung von Funktionären des ZLGD wurde auf Mitte Januar verschoben, – ein Indiz für ungeklärte, sich aber vermeintlich bald klärende Perspektiven.[638] Zugleich demonstrierte die SED Vertrauen gegenüber den Genossenschaften: In der Provisorischen Volkskammer, die aus dem 1949 mit Einheitsliste gewählten Volksrat hervorging, fungierten neben 5 VdgB-Vertretern auch 5 Abgeordnete der Genossenschaften.

Walter Ulbricht und Kurt Vieweg waren es, die Ende 1949 begannen, in Richtung Verschmelzung von Genossenschaften und VdgB zu argumentieren. Am 16. Dezember fand auf Initiative Viewegs im SED-Zentralsekretariat eine Beratung statt, zu der führende VdgB-Vertreter, mit Busse und Schönebeck auch ZLGD-Funktionäre und der DBD-Funktionär Scholz erschienen. Angeblich war eine Absprache zwischen Merker und Ulbricht vorausgegangen. Da sich bislang, wie Vieweg feststellte, „sowohl in politischer als auch in produktionsfördernder Hinsicht" nur eine unzureichende bzw. überhaupt keine Zusammenarbeit zwischen der VdgB und den Genossenschaften entwickelt hatte, zugleich aber fortdauernde Zersplitterung in der Struktur der landwirtschaftlichen Genossenschaften festzustellen sei, die fast überall die „negativen Kräfte der bürgerlichen Parteien" stärker werden ließ, forderte der VdgB-Chef erneut Wirtschaftskompetenzen für seine Vereinigung. Man kam zu dem Schluß, daß eine Verschmelzung beider Organisationen notwendig sei.

Doch dazu gab es unterschiedliche Meinungen. Einiges sprach für eine Verschmelzung im Zuge der Vorbereitung auf die Wahlen zu Volkskammer, Landtagen, Kreis- und Gemeindevertretungen im Oktober 1950. Mehr jedoch sprach dagegen, denn eine „Erschütterung" im Gefüge der 125 000 VdgB-Ortsausschüsse könnte sich negativ auf das Wahlergebnis auswirken, hieß es.[639] Vermutlich standen einige SED-Funktionäre überhaupt nicht hinter Viewegs Plänen. Das Dorfgenossenschaftskonzept war doch erst wenige Monate zuvor entwickelt worden, sollte sich also erst bewähren, bevor ein Urteil gefällt werden konnte. Man be-

636 Siehe Bericht der LKSK Mecklenburg an die ZKSK, gez. Hahn, 27. 11. 1949, BArch, DC 1, 1354, unpag.

637 In der ZKSK wurde die Idee verworfen, die Raiffeisengenossenschaften in allen Ländern zu prüfen. Siehe Vorschläge zum Vorgehen in Sachen Raiffeisen, gez. Teschauer, 14. 12. 1949, Randvermerk „nein", ebenda.

638 Siehe Protokoll der Sekretariatssitzung am 28. 11. 1949, SAPMO BArch, DY 30, J IV 2/3-67, Bl. 2, 8.

639 Siehe Protokoll der Besprechung am 16. 12. 1949, SAPMO BArch, DY 30, IV 2/7-290, Bl. 280–282.

schränkte sich daher vorerst auf das Machbare und beschloß die Schulung von Führungskräften in der Landwirtschaft.[640] Auch eine „Verbesserung der personellen Zusammensetzung der Leitungen der VdgB" schien geboten.[641] Daß Ulbricht und Vieweg einen *Schau*prozeß wollten, ist für die Zeit der „Geburt" der Verschmelzungsidee nicht erkennbar.[642]

Unberührt von den Vorgängen in der Parteispitze nahm der Konflikt um die Mecklenburger Raiffeisen-Funktionäre dramatische Züge an. Als sich am 23. Februar 1950 die Sanierungskommission erneut zusammenfand, fehlte in der Runde eines ihrer Gründungsmitglieder, der Geschäftsführer des Mecklenburger Raiffeisenverbandes und verantwortliche Revisionsprüfer Hans Lehmitz (SED). Die Landeskommission für staatliche Kontrolle (LKSK) hatte erfahren, daß die Genossenschaften in Mecklenburg erhebliche Verluste nachzuweisen versuchten. In den Augen der Kontrollbehörde war das nichts anderes als der Versuch, ein Exempel zu statuieren.[643] Sie reagierte mit allen ihr gebotenen Mitteln. Mehrere Raiffeisen-Verantwortliche wurden noch Ende November 1949 verhaftet. Die ZKSK drängte auch auf die Verhaftung des flüchtigen Grünewaldts (was zunächst nicht gelang); in allen Ländern sollten Überprüfungen der Genossenschaftsverbände einsetzen.[644] Zugleich blieb die Sanierungskommission bei ihrer ersten Auswertung und ihrem Subventionierungsvorschlag. Man einigte sich, 22 Millionen DM in drei Raten an die Länder zu überweisen, damit Schulden bezahlt werden könnten. Die am 22. Februar 1950 gegründete Deutsche Bauernbank sollte unter Führung eines Kollegiums die Bewirtschaftung der Gelder übernehmen.

Die Generalstaatsanwaltschaft Mecklenburg hatte von den Finanzsorgen vermutlich keine genaue Kenntnis. Am 24. Februar wurden ihr von Volkspolizei und LKSK acht Aktenmappen zum Fall Raiffeisen übersandt. Die Beschuldigung lief aufgrund einer Zeugenaussage auf Subventionsbetrug hinaus, zu ahnden entsprechend Befehl Nr. 160 der SMAD vom 3. Dezember 1945 über die Bestrafung von Sabotage und Diversionsakten. Als der Mecklenburger Generalstaatsanwalt Heinrich Hoffmann (SED) genau einen Monat später gegenüber dem 1. SED-Landessekretär Kurt Bürger, Ministerpräsident Höcker (SED) und dem Chef der LKSK Hans Warscycek (SED) schriftlich in der Raiffeisen-Sache vorstellig wurde, war er noch keine vier Wochen im Amt. Der frühere Sozialdemokrat mag kein erfahrener Jurist gewesen sein,[645] doch politisch war er noch soweit agil und selbständig, daß er unhaltbare Anschuldigungen gegen erfahrene, unbescholtene Genossenschafter, darunter SED-Mitglieder, nicht so einfach hinzunehmen gedachte. Er schrieb, die als Betrug ausgelegten Geldaktionen seien in den Bilanzen ausgewiesen und die

640 Protokoll der Sekretariatssitzung am 16.1.1950, SAPMO BArch, DY 30, J IV 2/3-79, Bl. 1-3.

641 Arbeitsplan des Politbüros Januar bis März 1950, Protokoll der Politbürositzung am 4.1.1950, SAPMO BArch, DY 30, IV 2/2-65, Bl. 5-25, hier Bl. 7 (Arbeitsprotokoll).

642 Kurek, VdgB, stellt die Sache verwirrend und mit irrigen Archivquellenangaben dar. Buss, Struktur, konnte lediglich veröffentlichtes Material nutzen. Schöne, Genossenschaftswesen, geht nicht ins Detail.

643 Siehe Materialzusammenfassung der ZKSK vom 25.4.1950, BArch, DC 1, 1354, unpag.

644 Siehe ZKSK-Aktenvermerke, ebenda.

645 Heinrich Hoffmann (1899-1979) war führender SPD- dann SED-Funktionär, anfangs in Thüringen, dort bis Dezember 1949 1. SED-Landesvorsitzender. Mitglied des Parteivorstandes. Ab Dezember 1949 Generalstaatsanwalt des Landes Mecklenburg, August/September 1950 aller Ämter enthoben. Zu Hoffmanns Thüringer Zeit siehe Hurwitz, Stalinisierung.

Landesregierung sei informiert gewesen. Der einzig relevante Tatbestand, Begünstigung bzw. Veruntreuung, liege weit zurück oder sei im Einzelfall auch schon geahndet. Bei diesem Sachurteil konnte sich Hoffmann auf seine Mitarbeiter stützen. Deren Hinweis lautete, die Beschuldigung sei nicht justitiabel.

Hoffmann schloß noch eine politische Einschätzung an. „Ist es parteimäßig zu verantworten, daß überhaupt Anklage erhoben wird?", fragte er. „Kann das Landessekretariat es zulassen, daß bei Erhebung einer Anklage eine gute Verteidigung der Anklage aufrollt: a) das Problem der Subventionspolitik, b) die meines Erachtens unhaltbare Argumentation der Landeskontrollkommission für Staatliche Kontrolle, c) die verfassungsmäßig garantierten Rechte der Minister, der staatlichen Organe und des einzelnen Staatsbürgers?" Und Hoffmann fügte hinzu, er habe als Generalstaatsanwalt „vor allem zu achten, daß das Ansehen der antifaschistisch-demokratischen Ordnung in der Bevölkerung keinen Schaden leidet".[646] Er bat darum, vor dem Landessekretariat der SED berichten zu können, und schlug vor, eine Kommission aus Innenminister, SED- und LKSK-Vertretern zur Klärung der Angelegenheit einzusetzen. Hoffmann, der die Unterstützung mehrerer hochrangiger SED-Mitglieder im Land hatte, erklärte, er werde die fälschlich Beschuldigten auf freien Fuß setzen. Am 2. April 1950 konsultierte er Ministerpräsident Höcker (der wie Hoffmann aus der SPD in die SED gekommen war) wegen der für den kommenden Tag vorgesehenen Haftentlassung.[647]

Die energische Haltung Hoffmanns führte zu einer Aussprache mit dem stellvertretenden Vorsitzenden der ZKSK Ernst Lange am 3. April 1950 in Schwerin, der die Entlassungen verhinderte.[648] Lange vernahm aber auch Befürchtungen, daß in einem Prozeß das Ansehen der Landesregierung allein schon deshalb Schaden nehmen könnte, weil mehrere Minister und andere höhere Staatsdiener von Amts wegen im Aufsichtsrat des Landesgenossenschaftsverbandes saßen. Es drohe eine Regierungskrise. Zwar fand sich ein Rostocker Richter, der bereit war, „eine solche Zusammensetzung des Gerichts zu veranlassen, die keinen Schaden der Regierung und der Partei zuläßt".[649] Doch Hoffmann war noch nicht überzeugt. Der Kompromiß (den Lange übrigens nicht in seiner Aktennotiz festhielt) soll Hoffmann zufolge darin bestanden haben, daß Generalstaatsanwaltschaft und LKSK eine neue Anklageschrift gemeinsam verfassen würden, die SED-Landesleitung unbeschadet dessen aber einen eigenen Standpunkt zur Sache entwickelt.[650] Hoffmann wandte sich schriftlich an den Justizminister der DDR Max Fechner, ebenfalls früherer Sozialdemokrat, und äußerte Bedenken gegen einen Prozeß. Bis

646 Brief Hoffmanns an Bürger, Höcker, Warscycek, 25. 3. 1950, BArch, DC 1, 1994, unpag.
647 Siehe ZKSK-Vermerk, 7. 7. 1950, BArch, DC 1, 1994, unpag.
648 Siehe Aktenvermerk von Ernst Lange, 5. 4. 1950, ebenda. Hoffmann erklärte Lange gegenüber, er könne es mit seinem Gewissen nicht vereinbaren, daß „sechs verdiente Funktionäre der Arbeiterbewegung" seit fünf bis sechs Monaten inhaftiert sind, ohne den Nachweis strafbarer Handlungen. Der Generalstaatsanwalt kündigte an, Minister Starosson (übrigens ebenfalls ein früheres SPD-Mitglied) würde in einem Prozeß zugunsten der Beschuldigten aussagen. Der ZKSK-Vize war höchst verärgert und warf Hoffmann vor, ohne Konsultation mit der Partei die Haftentlassung angekündigt zu haben. Dies sei Sabotage. Hoffmann solle künftig alle Anfragen in Landtag und Volkskammer unbedingt abwiegeln mit dem Hinweis auf ein laufendes Verfahren.
649 Ebenda.
650 Siehe Brief Hoffmanns an Fechner, 10. 5. 1950, BArch, DC 1, 1994, unpag.

Anfang April sah der Generalstaatsanwalt noch Aussichten, einen Prozeß zu verhindern. Vermutlich fand er Gehör bei Politbüromitglied Paul Merker.

Mitte April 1950 kam es aber zu wichtigen Vorentscheidungen. Staatssekretär Rumpf (Finanzministerium) veranlaßte einen Zahlungsstopp an die Landesgenossenschaftsverbände. Er wies das Mecklenburger Finanzministerium an, die Sanierungsbilanzen noch einmal zu prüfen.[651]

Der „Abschließende Gesamtbericht“, den die ZKSK am 3. April auf der Grundlage von LKSK-Berichten verfaßt hatte, setzte Akzente. Er stellte Verstöße gegen die SMAD-Befehle Nr. 124 vom 30. Oktober 1945 und 146 vom 20. November 1945 ins Zentrum der Beschuldigung.

Als Verstoß gegen Befehl Nr. 146 wurden nun nicht mehr Bestrebungen gegen den angeblichen Dezentralsierungszweck genannt, sondern, daß „aktive und nominelle PG's in die Genossenschaften eingebaut wurden“. Außerdem sei nicht zum Wohle der einzelnen Genossenschaften gewirtschaftet worden, sie hätten die mit Befehl Nr. 146 gestellten Aufgaben „nur zum Teil durchgeführt“.[652] Die Anklage beabsichtigte, der Mecklenburger Hauptgenossenschaft und dem Raiffeisenverband auch Vergehen gegen sowjetische Enteignungsbefehle zu unterstellen. Es hieß, Befehl Nr. 124 über die Beschlagnahme und die Übernahme einiger Eigentumskategorien habe angeordnet, neben staatlichem und NSDAP-Eigentum „das gesamte Vermögen der Vereinigungen, der Clubs *und der landwirtschaftlichen Genossenschaften*“ zu beschlagnahmen [Hervorhebung E. S.].[653] Außerdem ging der Bericht auf die Weiterbewirtschaftung ehemaliger Domänen-Betriebsgesellschaften ein, die gesetzeswidrig bis zu 80 Prozent aus vormaligem Großgrundbesitz bestanden hätten. Schließlich hielt man Hinweise auf Manipulationen, Subventionsbetrug und Unterschlagungen für beweiskräftig.[654]

Aus dem – formell unfertigen – Papier spricht das Bemühen, für die Anklage starke Argumente zu finden. Und wie zu sehen ist, wurden dafür sogar SMAD-Befehle verfälscht:

Anfang April 1950 waren diese „Beweise“ bei weiten noch nicht umfassend formuliert, doch die Richtung der Argumentation war beschlossen. Im Kern lautete

651 Siehe Notizen und Kopien von Dienstanweisungen in Unterlagen der ZKSK, BArch, DC 1, 1354, unpag.

652 Abschließender Gesamtbericht über die Angelegenheit Raiffeisen-Verband Mecklenburg, 3. 4. 1950, gez. Winkelmann, BArch, DC 1, 1277, unpag.; BArch, DC 1, 1354, unpag.

653 Im Bericht wird der Befehlstext falsch zitiert. Es heißt hier, laut Befehl „wurde das gesamte Vermögen der Vereinigungen, der Clubs und der landwirtschaftlichen Genossenschaften beschlagnahmt. Die Anteile und das Eigentum der Großgrundbesitzer und Nazi-Aktivisten waren zu enteignen“. Tatsächlich aber spricht der Befehl vom Eigentum von durch die SMAD verbotenen und aufgelösten Gesellschaften, Klubs und Vereinigungen, nicht aber von landwirtschaftlichen Genossenschaften. Alle Ämter, Organisationen, Firmen und Unternehmen wurden verpflichtet, NS-Staats-, -Partei-, -Armee- und -Verbands-Eigentum sowie das einflußreicher und führender Nazis zu melden. Als die Genossenschaften mit Befehl Nr. 146 einen knappen Monat später zur Wiederaufnahme ihrer Tätigkeit aufgefordert wurden, wurden Sacheigentum und laufende Konten belassen, mit Ausnahme von Beschlagnahmungen durch die Besatzungsbehörde. Einzahlungen von vor dem 9. Mai 1945 sollten allerdings nicht mehr ausgezahlt werden. Im übrigen waren die Genossenschaften zur Neuregistrierung der Mitglieder verpflichtet und sollten Nazi- und Kriegsverbrecher ausschließen. Siehe: Um ein antifaschistisches; zur Auslegung von Befehl Nr. 146 im Verständnis der damaligen Zeit siehe BArch, DN 2, 11.

654 Siehe Abschließender Gesamtbericht, 3. 4. 1950.

der entscheidende Vorwurf, die Mecklenburger Raiffeisengenossenschaften hätte auf verschiedenen Wegen dafür gesorgt, daß Großgrundbesitz nicht der Enteignung zugeführt und nach 1948 zum Schaden der Masse der Genossenschafter in westdeutsche und Westberliner Filialen lanciert wurde. Der juristische Sachstand war jedoch widersprüchlich. Befehl Nr. 124 hätte angeführt werden können, wenn nachweislich Vermögen des NS-Staates oder von NS-Organisationen verheimlicht worden wäre. Doch wie mit Einlagen von Großgrundbesitzern in landwirtschaftlichen Genossenschaften umzugehen ist, hatte der Befehl nicht angeordnet. Auch Befehl Nr. 146 äußerte sich nicht explizit zum Großgrundbesitzer-Vermögen. Aus der Bodenreform-Gesetzgebung und -Praxis ergaben sich dann zwar neue Auflagen. Doch nicht der Befehl Nr. 146 selbst, sondern eine von der Deutschen Verwaltung für LFW unter sowjetischer Kontrolle erstellte „Auslegung des Befehls 146 vom 20. 11. 1945" hielt damals fest, daß bei der Neuregistrierung jene Genossenschafter, „die als aktive Nazis oder Kriegsverbrecher im Zuge der Bodenreform [...] entschädigungslos enteignet werden", nicht mehr aufgenommen werden.[655]

Genossenschaftsfunktionäre konnten sich darauf herausreden, die „Auslegung" nicht gekannt zu haben. Andererseits war den Genossenschaften 1945 mit Befehl Nr. 146 ein allgemeines Verfügungsrecht über das momentan greifbare Vermögen zuerkannt worden, eine sinnvolle wirtschaftspragmatische Entscheidung, die allerdings auch den Zugriff auf *noch nicht* enteignetes bzw. *noch nicht* unter Sequester gestelltes Vermögen beinhaltete. Es gehörte zur Logik der Nachkriegswirtschaft, daß dabei auch Genossenschaftskassen, die bei Kriegsende aus später polnischen Gebieten evakuiert worden waren, reaktiviert wurden. Aus solchen Verwicklungen und einer unklaren Befehlslage konstruierte die LKSK den Vorwurf eines Verstoßes gegen die genannten SMAD-Befehle. Daß das kontraproduktiv werden konnte (etwa durch die Frage nach den Ursachen für den Zeitverzug bei der Aufklärung eines angeblich Jahre währenden Verstoßes), erkannte man selbst an übergeordneter Stelle nicht.

Tatsächlich kam hier eine Lücke im Bodenreformgesetzwerk zum Vorschein, die eine bislang mehr oder weniger geduldete Nutzung von zu enteignendem Besitz in Genossenschaften und anderen Strukturen zur Folge gehabt hatte. Derlei rechtliche Unklarheit gab es noch mehr, etwa bezüglich des aufgesiedelten Bodenbesitzes. Freilich konnte man sich auf den Grundgedanken berufen, daß Großgrundbesitz seit 1945 als vollständig zu enteignen galt. Die konkreten Regelungen jedoch erwuchsen erst schrittweise aus der Praxis. Folglich war der Vorwurf, Großgrundbesitzer-Vermögenswerte (Konten, Genossenschaftsanteile) erhalten, vermehrt und teilweise in andere Zonen verbracht zu haben, nicht haltlos, aber er war auf der Grundlage von SMAD-Befehlen juristisch kaum greifbar.[656] Dies war in Juristenkreisen eine verbreitete Erkenntnis. Es hätte durchaus genügt, ein Ver-

[655] Zur Auslegung des Befehls Nr. 146 vom 20. 11. 1946, Deutsche Verwaltung für LFW, 7. 12. 1945, Abschrift, BArch, DN 2, 11. Den Akten ist zu entnehmen, daß sich die SMAD selbst nicht bemühen wollte, den Befehlstext in einer Zusatzinformation zu erläutern. In allen strittigen Fragen sollten die Landes- und Provinzialverwaltungen bzw. die Deutsche Verwaltung für LFW konsultiert werden.

[656] Von der Neide, Raiffeisens Ende, S. 22, meint, es habe sich um mittlerweile „völlig wertlose Besitz- und Schuldtitel" gehandelt. Das ist fraglich und außerdem juristisch wenig bedeutsam.

gehen gegen die Wirtschaftsstrafverordnung festzustellen, wofür einige Tatbestände gegeben waren. Doch offensichtlich ging es einigen Kräften in der SED-Führung um Größeres.

5.3. Die Schauprozesse

Vom 26. bis 29. April fand in Dessau ein Prozeß gegen die Deutsche Continental-Gas-Gesellschaft (DCGG) in Sachsen/Anhalt statt. Dem Unternehmen wurde vorgeworfen, es hätte volkseigene Vermögenswerte in Millionenhöhe in den Westen verschoben. Die politische Atmosphäre, in der hier über Unternehmensleiter geurteilt wurde, bestimmte den Angriff auf die Leitungen alter Großgenossenschaften mit. Ein großer Raiffeisen-Prozeß konnte als ländliches Pendant funktionieren. Obgleich ganz ähnlich in seiner Vorgeschichte[657], scheint der Raiffeisen-Prozeß als Schauprozeß aber erst mit Abschluß des DCGG-Prozesses unwiderruflich beschlossen worden zu sein. Die Anklagepunkte erfuhren eine Präzisierung. Und schließlich wurde auch erst im Dessauer Prozeß der Umgang mit sozialdemokratisch „belasteten" Angeklagten geprobt und mit der Verurteilung Leo Brunderts ein Zeichen gesetzt.

Am 3. Mai 1950 fand ein entscheidendes Gespräch bei der Zentralen Parteikontrollkommission der SED in Berlin statt, zu dem Hoffmann geladen war. ZPKK-Chef Hermann Matern fand, es solle zum Prozeß kommen, damit „volksfeindliche Bestrebungen und Verbindungen zu ehemaligen Großgrundbesitzern und Junkern sowie zu imperialistischen Kräften in Westdeutschland" aufgedeckt würden. Die Frage der Subventionen sollte in den Hintergrund treten, SED-Minister müßten unerwähnt bleiben.[658] Zweiter Tagesordnungspunkt waren die Finanzprobleme der Genossenschaften. Erörtert wurde, „ob es notwendig ist, die landwirtschaftlichen Genossenschaften vom Staat finanziell zu unterstützen und zu sanieren".[659] Ergebnis der Beratung waren zwei wichtige Beschlüsse: 1. die Genossenschaften sollen mit staatlicher Unterstützung arbeits- und leistungsfähig gemacht werden; 2. der Prozeß gegen Hans Lehmitz, Hans Schmidt, Georg Leo und andere wird durchgeführt, ihnen wird aber nicht vorgeworfen, *daß* sie Subventionen beantragt hatten, sondern daß sie es in betrügerischen Absichten taten. Noch immer meinten einige, etwa der Vertreter der Deutschen Bauernbank Henning (SED), man könne derlei nicht unterstellen.[660]

Am 10. Mai unterschrieb der DDR-Generalstaatsanwalt einen „Standbericht zum Ermittlungsverfahren Raiffeisen-Verband und Hauptgenossenschaft Mecklenburg", in dem die Raiffeisengenossenschaften als monopolistische Vereinigun-

[657] Auch in Sachsen-Anhalt wies der Generalstaatsanwalt das seit Herbst 1949 vorbereitetete Material der ZKSK zunächst ab. Ende Februar 1950 entschied das SED-Politbüro, das Verfahren dem Obersten Gericht der DDR zu übertragen. Der Amtliche Bericht der ZKSK war bereits im November 1949 veröffentlicht worden. Siehe ausführlicher Klawitter, Rolle, S. 37–57.

[658] Siehe Notiz der ZKSK, BArch, DC 1, 1994, unpag.

[659] Kurzprotokoll einer Konferenz zu landwirtschaftlichen Genossenschaften am 3.5.1950, ebenda.

[660] Siehe Notiz der ZKSK, BArch, DC 1, 1994, unpag. Henning (SED) flüchtete am nächsten Tag. Nur er kommt in Frage als Informant des RIAS, der die Begegnung vom 3.5. in einer Radiosendung am 8.7.1945 Uhr richtig wiedergab, siehe Mitschrift der Sendung BArch, DC 1, 1367, unpag.

gen bezeichnet wurden, die, wie es hieß, unter Führung der Junker und Großgrundbesitzer zu den tragenden Säulen und zur treibenden Kraft des deutschen Imperialismus gehört hätten. Das Eigentum des Raiffeisenverbandes und der Hauptgenossenschaft hätte nach SMAD-Befehl Nr. 124 beschlagnahmt und nach SMAD-Befehl Nr. 126 vom 31. Oktober 1945 entschädigungslos enteignet werden müssen. Doch, „wie die Herwegen und Brundert getarnt", hätten die Raiffeisenfunktionäre diese Befehle sowie Befehl Nr. 146 (vor allem durch „Erschleichung unrechtmäßiger Subventionen") vorsätzlich sabotiert. Analog zu den Anklagen im DCGG-Prozeß hieß es, die Täter seien „überführt und zum Teil geständig", in Sabotageabsicht die Maßnahmen der Selbstverwaltung durchkreuzt und dem Wiederaufbau geschadet zu haben.[661]

Von alledem wußten Wirtschaftsfunktionäre der SKK aller Wahrscheinlichkeit nach nichts. Belege für Konsultationen fanden sich nicht. Im bereits erwähnten agrarpolitischen Bericht der SKK-Vertretung Mecklenburg, der mit Datum vom 28. August 1950 bei Politberater Semenov als Eingang registriert wurde,[662] findet der Raiffeisen-Prozeß keine Erwähnung. Auch andere zugängliche Arbeitsunterlagen enthalten keinen Hinweis. Vorsorglich hatte der ZLGD nach Absprache mit der Deutschen Bauernbank veranlaßt, daß im Zuge der Bilanzprüfungen gegenüber sowjetischen Einrichtungen keine Zahlungsforderungen aus getätigten Geschäften erhoben werden.[663] Vom Stopp der Sanierungszahlungen an die Länder und „vom Stand der Mecklenburger Sache" unterrichtete die Deutsche Bauernbank den SKK-Finanzexperten Sitnin erst am 4. Mai 1950.[664] Mit einiger Sicherheit kann daher behauptet werden, daß aus den SKK-Wirtschaftsabteilungen keine scharfmacherischen Forderungen kamen. Außer den erwähnten Finanzproblemen interessierte dort nichts. Die sowjetischen Kontrolleure drängten auf Sanierungskonzepte. Der Chef der Deutschen Bauernbank wurde aufgefordert, eine neue Übersicht über die Verschuldung im Genossenschaftswesen zu erstellen, inklusive der Vorgänge von vor 1945.[665] Am 27. Juni 1950 gab Grünberg die geforderte Meldung persönlich in Karlshorst ab. Sie bezifferte anhand von ZLGD-Daten den Sanierungsbedarf auf 87 Millionen DM, darunter Forderungen gegenüber den Landesregierungen und MAS, 31,8 Millionen DM allein gegenüber der Mecklenburger Regierung. Außerdem war von über 95 Millionen DM Wertausgleichsposten die Rede, entstanden unter anderem durch Verluste an Waren durch Kriegseinwirkung sowie aus Forderungen an Schuldner in den verlorengegangenen Ostgebieten. Diese letztgenannten Posten, so hieß es, müßten zu 90 Prozent abgeschrieben werden.[666]

661 Siehe Standbericht, gez. Hoffmann, 10. 5. 1950, BArch, DC 1, 1994, unpag.
662 Siehe Zur Frage über die Lage im deutschen Dorf, 26. 8. 1950, Černjavskij an Semičastnov, Semenov und Kijatkin, AVP RF, fond 0457 a, opis' 9, papka 52, delo 18, listy 215-232, hier list 228.
663 Siehe Einschreiben des ZLGD, 18. 3. 1950, gez. Busse, BArch, DN 2, 122, unpag. In Mecklenburg erhob der Raiffeisenverband Forderungen in Höhe von 300 000 DM gegenüber Einheiten der Roten Armee.
664 Siehe Aktenvermerk über eine Unterredung des Chefs der Deutschen Bauernbank mit Sitnin am 4. 5. 1959, 5. 5. 1950, BArch, DN 2, 122, unpag.
665 Siehe Vermerk Grünbergs, 23. 6. 1950, BArch, DN 2, 125, unpag.
666 Siehe Meldung an die SKK, 27. 6. 1950, BArch, DN 2, 122, unpag.; 125, unpag.

Welchen Anteil die sowjetischen Justizberater an der Rechtsbeugung im Prozeß hatten, bleibt ungeklärt.[667] Die Kriminalisierung der Genossenschaften wurde vermutlich von den sowjetischen Sicherheitsinstanzen mitgetragen. Einer Darstellung Hoffmanns zufolge ist er am 10. Mai während der Schweriner Sekretariatssitzung vom Chef der SKK-Landesvertretung im Beisein eines sowjetischen Referenten für Justizfragen gegen Oberstaatsanwalt Frenzel (SED) aufgewiegelt worden, dem bereits die Kündigung nahegelegt worden war. Er, Hoffmann, solle die richtigen Schlüsse ziehen. Eine Quelle ganz besonderer Art belegt zugleich Unklarheiten in der SKK. Im Juni 1950 wurde der Brief einer Freundin und Kollegin des beschuldigten Lehmitz an denselben abgefangen. Unter Berufung auf sowjetische Dienststellen wollte sie dem Gefangenen Mut machen. Sie schrieb, Freund Max (vermutlich Fechner) hätte sich in Berlin bei der SKK erkundigt. Diese „glaubt den Schwindel mit dem Westen genau so wenig wie jeder andere sachlich denkende Mensch". Die Russen hätten versprochen einzugreifen, wenn die verfassungsmäßig verbrieften Rechte des deutschen Volkes nicht gewahrt würden.[668]

Die LKSK hielt das Schreiben für eine gezielte Manipulation und glaubte nichts von seinem Inhalt. Andere waren aber nicht so sicher. Walter Beling vom ZK-Apparat sah sich veranlaßt, beim Justizminister nachzufragen, „was eigentlich hinter den Kulissen gespielt wird."[669] Genaueres geben die Akten nicht her. In der ZKSK hatte man allerdings Fechners Antwort festgehalten. Er soll intern geäußert haben, die Angelegenheit trage keinen kriminellen Charakter, sondern bewege sich auf politischem Gebiet.[670]

Daß die im Mai und Juni 1950 intensivierten Parteiuntersuchungen frühere SPD-Funktionäre und vormalige Westemigranten wie Merker und Beling vorsichtiger werden ließen,[671] ist unbestritten. Das Sekretariat entschied nach dem DCGG-Prozeß, der öffentliche Prozeß gegen inhaftierte Leiter der landwirtschaftlichen Genossenschaften in Mecklenburg werde durchgeführt. Die Genossen im VdgB-Zentralvorstand sollten für Leitungsposten aus ihren Reihen schon einmal neue Kandidaten vorschlagen.[672]

Der Schauprozeß, der die alten Genossenschaftsstrukturen kriminalisieren sollte, fand, begleitet von aufwendiger Propaganda, vom 10. bis 15. Juli 1950 in Güstrow statt. Es folgte ein Anschlußverfahren in Greifswald vom 16. bis 18. Juli 1950. Der von der LKSK Mecklenburg vorgelegte Amtliche Bericht[673] und die Anklageschrift[674] waren wenige Tage zuvor im Politbüro gebilligt worden.[675] Die

[667] Die Unterlagen der SKK-Justizabteilung sind nicht zugänglich.

[668] Siehe Brief und Kommentare der ZKSK und LKSK, BArch, DC 1, 1363, unpag.; 1994, unpag.

[669] Notiz der ZKSK, BArch, DC 1, 1994, unpag.

[670] Siehe ebenda.

[671] Paul Merker hatte mit Sekretariatsbeschluß vom 24. 8. 1950 seine Funktion als Staatssekretär im Ministerium für LFW niederzulegen (siehe Protokoll der Sekretariatssitzung am 24. 8. 1950, SAPMO BArch, DY 30, J IV 2/3-133, Bl. 1). Auch Walter Beling wurde im August aller Funktionen enthoben.

[672] Siehe Protokoll der Sekretariatssitzung am 10./11. 5. 1950, SAPMO BArch, DY 30, J IV 2/3-106.

[673] Siehe Amtlicher Bericht der LKSK Mecklenburg über bauernfeindliche, verbrecherische Umtriebe in den landwirtschaftlichen Genossenschaften Mecklenburgs, 28. 6. 1950, in: *Neues Deutschland*, 30. 6. 1950, S. 5.

[674] Siehe Anklageschrift, BArch, DC 1, 5256.

[675] Siehe Protokoll der Politbürositzung am 27. 6. 1950, SAPMO BArch, DY 30, IV 2/2-96.

Anklage folgte dem politischen Anliegen. Analog zu den „Maßnahmen gegen monopolistische Rückstände"[676] nach den großen Konzernprozessen sollte aus den Verurteilungen agrarpolitisches Kapital geschlagen werden. Bemerkenswerterweise unterblieb im Amtlichen Bericht jedoch eine Bezugnahme auf Befehl Nr. 124 der SMAD, was gewiß einer sowjetischen Intervention zuzuschreiben ist. Die Anklage konzentrierte sich erneut auf Befehl Nr. 146 der SMAD und legte dessen Hauptzweck mit Dezentralisierung falsch aus. Die Fälschung ging sogar weiter als bis dato: Der Befehl habe gefordert, „das gesamte Vermögen der früher von den Faschisten beherrschten Genossenschaften in die neu zu gründenden demokratischen Kreis- und Dorfgenossenschaften" zu überführen, hieß es.[677] Abgesehen davon, daß eine solche Forderung seinerzeit so nicht erhoben worden war, hatte der Befehl auch keine Unterschiede zwischen großen und kleinen, Spezial- und Universal-, „von Faschisten beherrschten" und „nicht beherrschten" Genossenschaften gemacht. Er hatte sie sämtlich wieder zugelassen, mit der Auflage freilich, daß Besitz, welcher SMAD-Anordnungen zufolge zur Enteignung kommen sollte, zu melden und nicht auszubezahlen war. Die unterstellte Schädigung mit Sabotageabsicht insbesondere durch Verschiebung von Vermögenswerten früherer Großgrundbesitzer in den Westen sollte nach Befehl Nr. 160 bestraft werden.

Wie der Anklagevertreter im Prozeß später im Zusammenhang mit Begnadigungsversuchen für den verurteilten Verbandsdirektor der landwirtschaftlichen Genossenschaften Mecklenburgs Hans Schmidt zugab, war im Prozeß klar, daß Schmidt – und wohl auch anderen – keinerlei verbrecherische Energie nachgewiesen werden konnte. Doch es „mußten Strafen verhängt werden, die eine ausgesprochen abschreckende Wirkung hatten".[678]

5.4. Neue Sondierungen

In Frühjahr und Sommer 1950 zeigten sich die Unzulänglichkeiten des Konzeptes der Dorfgenossenschaften ganz deutlich. Mitte Juli war in Mecklenburg eine Stichproben-Inspektion in 13 Genossenschaften, insbesondere Kreisgenossenschaften, organisiert worden. Gefragt war nach dem Mitgliederstand (Kriterien: Landbesitz und Parteizugehörigkeit), nach der Geschäftstätigkeit und der allgemeinen Stimmung.[679] Die Deutsche Bauernbank fand heraus, daß die finanzielle und buchhalterische Betreuung der Dorfgenossenschaften unzureichend bis fahrlässig war und stellte einen eigenen Revisionsstab auf. Von der SKK wurde sie insbesondere zur Prüfung der rund 4000 als Kreditinstitute fungierenden Genossenschaften gedrängt. Am 30. August erhielt Bankdirektor Grünberg während einer längeren Besprechung in der SKK ein ausführliches Memorandum mit 24 Frage-

[676] Diese Formulierung ist dem Protokoll einer SED-Landessekretariatssitzung Sachsen-Anhalt vom 4. 5. 1950 entnommen, die den Dessauer Prozeß auswertete. Siehe SAPMO BArch, DY 30, IV 2/202-60, unpag.

[677] Amtlicher Bericht der LKSK Mecklenburg.

[678] Schreiben Gachnangs an Fritz Lange, 30. 10. 1952, BArch, DC 1, 1367, unpag.

[679] Die Prüfung war offensichtlich von der Deutschen Bauernbank veranlaßt worden. Zum Einsatz kamen 80 speziell geschulte Funktionäre der Genossenschaften und der VdgB aus verschiedenen Ländern. Bericht eines Prüfers an den Präsidenten der Deutschen Bauernbank, 1. 8. 1950, BArch, DN 2, 1, unpag.

punkten ausgehändigt. Man erbat Auskunft zu Anzahl und Finanzsituation der Kreditinstitute, sozialer Herkunft, Ausbildung und Parteizugehörigkeit der Geschäftsleitungen, aber auch zu den per Genossenschaftsgesetz geregelten Abstimmungsverfahren.[680] Die Kleinstruktur der Dorfgenossenschaft drohte die ohnehin schwierigen Bankgeschäfte und die Kontrolle des Rechnungswesens zusätzlich zu erschweren.

Dies kam den Plänen einiger Agrarfunktionäre in der SED, insbesondere Kurt Viewegs, sehr entgegen. Von Mitte Juli 1950 an brachten sie einen Zusammenschluß mit der VdgB öffentlich zur Sprache. Interne Absprachen muß es bereits Wochen zuvor im kleinen Kreis gegeben haben, denn bei dem Spitzentreffen in Moskau Anfang Mai 1950 trug Ulbricht en passant vor: „Ende 1950 wird in der DDR der Zusammenschluß der Vereinigung für gegenseitige Bauernhilfe und der ländlichen Genossenschaften beginnen." Der nicht informierte Stalin erhielt noch die knappe Zusatzinformation: „Dabei handelt es sich um zwei parallele wirtschaftliche Organisationen, wobei in den Genossenschaften zu viele Reaktionäre sitzen."[681] Stalin ging auf die Neuigkeit nicht ein. Vermutlich hatten ihn die SKK-Vertreter auch nicht näher eingeweiht, denn zu diesem Zeitpunkt wußten sie selbst noch wenig von Viewegs Plänen. Nach Abschluß der Schauprozesse beauftragte das Sekretariat des ZK der SED Ende Juli 1950 Kurt Vieweg, eine Vorlage zur Arbeit unter den Bauern zu erarbeiten. Eine spezielle Kommission erhielt den Auftrag, eine Direktive zur Entwicklung der VdgB zu entwerfen.[682]

Schließlich wurde eine Zentrale Arbeitsgemeinschaft VdgB-Genossenschaften eingesetzt.[683] Indes, Papiere kamen im Politbüro nicht zur Erörterung. Der erste, übereilte Versuch, in der Regierung einen staatlichen „Beschluß zur Schädlingsarbeit im Genossenschaftswesen" zu fassen, mußte wegen Unklarheit über die Zusammenhänge abgebrochen werden.[684] Denn da waren noch handfeste Gegenargumente, etwa die heftige Ablehnung der Verurteilung der Raiffeisen-Funktionäre in der Öffentlichkeit[685] und die ungeklärte finanzielle Lage der alten und der reformierten Genossenschaften. Am 27. Juli 1950 nahm der Ministerrat daher vorsorglich – infolge kurzfristiger Intervention durch Staatssekretär Paul Merker

680 Siehe Merkblatt, BArch, DN 2, 125, unpag.

681 Aufzeichnung des Gesprächs des Genossen I. V. Stalin mit den Führern der SED Wilhelm Pieck, Otto Grotewohl und Walter Ulbricht, 4. 5. 1950, in: Bonwetsch, Stalin , S. 583–607, hier S. 587.

682 Siehe Protokoll der Sekretariatssitzung am 26. 7. 1950, SAPMO BArch, DY 30, J IV 2/3-127, Bl. 12.

683 Von ihr ist kaum etwas bekannt geworden, lediglich soviel, daß sie die ZKSK bei ihren Ermittlungen in Mecklenburg unterstützte. Siehe BArch, DC 1, 1357 unpag.

684 Dieser Punkt kam erst am 12. 7. 1950 (unklar, auf wessen Betreiben) kurzfristig auf die Tagesordnung der Ministerratssitzung vom 13. 7. 1950. Landwirtschaftsminister Ernst Goldenbaum (DBD) sollte referieren. Sein Beschlußentwurf forderte mehr Wachsamkeit in Verwaltung und demokratischen Massenorganisationen – offensichtlich kein ausreichendes Argument, um die autonomen Genossenschaften an die VdgB zu binden. Noch am Beratungstag wurde die Sache auf Antrag Goldenbaums zurückgestellt. Siehe Protokoll der Sitzung der Provisorischen Regierung der DDR am 13. 7. 1950, BArch, DC 20, I/3-23, Bl. 5f., 122.

685 Die Haltlosigkeit der Anklage und die Versäumnisse der Subventionspolitik waren nicht zuletzt durch westliche Radiosender publik geworden, die sich auf Aussagen geflüchteter Landwirtschaftsexperten stützen konnten. Siehe Mitschrift einer Sendung von Radio Hamburg vom 20. 7. 1950, BArch, DC 1, 1367, unpag.

(SED) – einen anderen, allein schon sprachlich moderateren Beschluß zur Genossenschaftsangelegenheit an. Die Regierung stellte sich auf den Standpunkt, „bauernfeindliche, großgrundbesitzerhörige Elemente“ hätten versucht, die Demokratisierung des Genossenschaftswesens zu hemmen. Die Landwirtschaftsminister der Länder wurden angewiesen, gemeinsam mit den Ministerpräsidenten bis zum 15. September eine Überprüfung des gesamten Genossenschaftswesens zu veranlassen.[686]

Paul Merker setzte sich dafür ein, Vernunft walten zu lassen. Die Idee der Dorfgenossenschaften verwarf er nicht gänzlich. Während die ZKSK verbissen nach hochgestellten Staatsfunktionären suchte, „die versucht haben, das Verfahren gegen die Saboteure in der Mecklenburger Genossenschaftsbewegung unmöglich zu machen“ und diese Versuche „zum Teil auch noch nach dem Prozeß fortgesetzt“ hatten,[687] und während Vieweg und einige andere Agrarfunktionäre über Hilfskonstruktionen wie die „Arbeitsgemeinschaften VdgB-Genossenschaften“ die Bauernschaft auf einen raschen Zusammenschluß einstimmten, bemühten sich die Finanz- und die Landwirtschaftsministerien, die Deutsche Bauernbank und der Zentralverband landwirtschaftlicher Genossenschaften Deutschlands (ZLGD) um solche Lösungen bei der Umsetzung der Genossenschaftsreform, die dem Universalgenossenschafts-Konzept gerecht wurden, volkswirtschaftlich vertretbar waren und politisch wenig Reibung verursachten. Die Arbeit der staatlichen landwirtschaftlichen Dienststellen litt dabei zweifellos unter den Säuberungen im Partei- und Staatsapparat.[688]

Von August bis Oktober 1950 wurde – beeinträchtigt von „Säuberungen“ und Umstrukturierungen im Parteiapparat, von der aufwendigen Wahlkampagne und der Regierungsumbildung – geprüft und beraten. Der ZLGD listete die akuten Nöte in der Finanz- und Rechtslage auf. Demzufolge kam zum Sanierungsproblem und dem der weiter auflaufenden Verzugszinsen im Landhandel (aktuell vor allem im Düngemittelgeschäft[689]) neuer Entscheidungsbedarf in Sachen

[686] Siehe Protokoll der Sitzung der Provisorischen Regierung der DDR am 27.7.1950, BArch, DC 20, I/3-24, Bl. 27.

[687] Bericht über die Affäre Raiffeisen (2. Linie), 22.9.1950, BArch, DC 1, 1994, unpag.

[688] Im Sommer 1950 mußte, wie erwähnt, Paul Merker seine Parteiämter niederlegen (siehe ZKSK-Unterlagen zum Fall Merker BArch, DC 1, 1277). In der Abteilung Landwirtschaft beim ZK der SED unter Walter Krebaum war der Sektor II, der für die Politik gegenüber privaten Bauernwirtschaften, VdgB und Genossenschaften zuständig war, personell besonders beschädigt. Der Leitungsposten war vakant, von vier weiteren Stellen waren drei unbesetzt (siehe Protokoll der Sekretariatssitzung am 14.8.1950, SAPMO BArch, DY 30, J IV 2/3-130, Bl. 33f.). Mit dem Hauptabteilungsleiter Wilhelm Dölling verlor das Ministerium für LFW der DDR seinen Spezialisten für Bodenrecht und Altbauernfragen (siehe ZKSK-Unterlagen, BArch, DC 1, 1544, 2172) Der Landwirtschaftsminister Sachsens Reinhard Uhle floh aus der DDR (siehe ZKSK-Unterlagen, BArch, DC 1, 1486). Im Juli 1950 wurde der VdgB-Vorsitzende Otto Körting durch erhebliches Zutun Viewegs aus dem Amt gedrängt und verhaftet. Siehe Scholz, Bauernopfer, S. 112f. Erschwerend wirkte sich die Verhaftung des ZLGD-Vorsitzenden Ernst Busse durch den sowjetischen Geheimdienst (spätestens Anfang Mai 1950) aus. Mit Agrarfragen hatte das nichts zu tun. Dem ehemaligen Buchenwald-Häftling wurde Zusammenarbeit mit der SS vorgeworfen. Busse kam in sowjetischer Haft ums Leben. Näheres bei Niethammer, Antifaschismus.

[689] Paul Merker ließ die Planökonomische Abteilung der SKK wissen, daß die Genossenschaften in finanziellen Schwierigkeiten gekommen sind, weil sie ungeachtet des Bedarfs verpflichtet sind, alle Düngemittel beim Produzenten aufzukaufen. Siehe Notiz zu einem Gespräch Baranovs mit Merker am 3.4.1950, AVP RF, fond 04457a, opis' 9, papka 52, delo 18, listy 146–150.

Steuern[690] und Genossenschaftseinlagen bei den MAS[691] hinzu. Unklar war noch immer, wie die Genossenschaften künftig als Vermittler zwischen Bauern und staatlicher Förderung speziell im Landhandel funktionieren und geschäftlich beteiligt werden sollen. Fragen gab es aber auch zu den in den „Raiffeisen-Prozessen" offenbar gewordenen Rechtslücken. Was sollte denn nun mit den genossenschaftlichen Anteilen geschehen, die seit 1945 der Enteignung unterlagen? Sollten sie Neubauern als künftigen Genossenschaftern oder aber der örtlichen VdgB übertragen werden? Oder sollte gar der Staat mit diesen Anteilen Genossenschaftsmitglied werden? Und was würde künftig bei Neuverschuldung und Investitionen geschehen, wenn die Genossenschaften bestimmte volkseigene Werte (beispielsweise Immobilien) nutzten?[692] Die Debatte um die neuen Genossenschaften floß in die umfassende Neubestimmung des Rechstitels „Volkseigentum" ein.

In der Praxis suchten natürlich sowohl Staatsbetriebe als auch die VdgB bequeme Lösungen. So machten sich nach den Raiffeisenprozessen einige MAS dafür stark, entschädigungslos Genossenschaftseigentum zu übernehmen, wogegen sich die Liquidatoren verwahrten.[693] Aus Viewegs Sicht mögen es die geringen Einlagen seiner Vereinigung in die MAS nicht gerechtfertigt haben, auf dem Titel „gemischtes Eigentum" zu bestehen, der VdgB würde ja bald mit der Verschmelzung ein beachtlicher neuer Wert in die Hände gelegt. Schließlich aber mußten auch größere volkwirtschaftliche und rechtliche Zusammenhänge bedacht werden. Nach Beratung mit Vertretern der Deutschen Bauernbank und ländlicher Kreditinstitute veranlaßte Staatssekretär Rumpf eine Revision in allen Genossenschaftsbanken.[694] Wie sich dabei herausstellte, waren Sinn und Zweck einer Arbeitsgemeinschaft VdgB-Genossenschaften den meisten Bauern nicht klar und ziemlich egal; sie interessierte vor allem der Verbleib ihres Genossenschaftsanteils. Wegen Zahlungsverzügen machten die neuen Genossenschaften keinen guten Eindruck auf die Bauern. Die Finanzlage in den Dorfgenossenschaften war angespannt, weil durch unqualifizierte Buchung und Handelstätigkeit oft Verluste eintraten. Im übrigen zeigte sich: „Gemessen am Umfang der genossenschaftlichen Arbeit und des genossenschaftlichen Geldwesens sind die Unterschlagungen als gering zu bezeichnen."[695]

690 Seit 1949 war der Gesetzentwurf zur Körperschaftssteuer aufgeschoben worden. Wie sich nun herausstellte, waren Universalgenossenschaften per se ausgesprochen schlecht gestellt, wenn den Körperschaftssteuern ein Vergleich aller betriebenen Geschäfte zugrunde gelegt würde.

691 Die Zentralverwaltung der MAS hatte in der Eröffnungsbilanz vom 1.3.1949 genossenschaftliche Einlagen in Höhe von 9,2 Millionen DM fixiert, dann aber eine geringfügige Wertbereinigung zu Lasten der Genossenschaften vorgenommen. Am 1.6.1950 wurde in einer Bilanzausschuß-Sitzung beantragt, die genossenschaftlichen Einlagen zu Volkseigentum zu erklären.

692 Siehe Unterlagen und Sitzungsprotokolle, Deutsche Bauernbank, September 1950, BArch, DN 2, 1, unpag.

693 Siehe Meldung der LKSK Thüringen, 4.10.1950, BArch, DC 1, 1367, unpag.

694 Siehe Meldung der Deutschen Bauernbank an die SKK über Beratungen bei Staatssekretär Rumpf am 14./15.9. und die Ergebnisse der Revision, 27.9.1950, (russisch), BArch, DN 2, 6, unpag.

695 Bericht der Deutschen Bauernbank an die SKK, 3.11.1950, BArch, DN 2, 125, unpag.

5.5. Der Zusammenschluß von Genossenschaften und VdgB

Nach den Volkskammerwahlen drängte die SED-Führung auf eine Entscheidung. Im Parteiapparat wurde eine Kommission unter Viewegs Leitung gebildet, die Vorschläge zum künftigen Verhältnis VdgB – landwirtschaftliche Genossenschaften – VVEAB zusammentragen sollte.[696] Der damals junge VdgB-Funktionär Erich Knorr erinnert sich, seinerzeit einen Vorschlag erarbeitet zu haben, der die Vereinigung von VdgB und Genossenschaften auf der Grundlage der Dorfgenossenschaften vorsah. Seine Idee wurde abgelehnt. Statt dessen fand ein Vorschlag Ulbrichts Unterstützung, die VdgB-Ortsausschüsse als Grundlage der kleinsten Struktureinheiten bestehen zu lassen und ihnen Handelsgenossenschaften „anzuhängen".[697]

Vermutlich wurde in ganz kleinem Kreis entschieden – und zwar ohne die SKK. Die Wirtschaftsabteilung der SKK erbat etwa zeitgleich bei Goldenbaum einen Bericht über Stand und Perspektiven der VdgB.[698] Wirtschaftsexperte Chomjakov riet, sich bei der Regierungssitzung beim Tagesordnungspunkt „Landwirtschaft" auf einige wenige Fragen zu beschränken; die „Verschmelzung" war aber nicht darunter. Die Vorlage der Kommission wurde vom SED-Politbüro nicht gänzlich akzeptiert, sondern lediglich als Arbeitsgrundlage angenommen. Es fiel allerdings auch die Entscheidung, „dem Wunsch der werktätigen Bauern" entsprechend die Verschmelzung von VdgB und Genossenschaften „zu billigen".[699]

Erst am 2. November 1950 sprach Vieweg in der SKK-Informationsabteilung über das Vorhaben. Er informierte einen drittrangigen Mitarbeiter darüber, daß im SED-Zentralsekretariat eine Kommission gebildet worden war, die einen Plan der Zusammenführung erarbeiten sollte. Projekte für die neue Struktur und ein Statut würden bis 15. November erstellt.[700] Am 6. November behandelte das Sekretariat die Angelegenheit erneut und verabschiedete ein Papier mit dem Titel „Vereinigung VdgB – Dorfgenossenschaften".[701] Diese neue Vorlage für das Politbüro enthielt den Hinweis auf eine SED-Initiative zum Zusammenschluß nun nicht mehr. Gestrichen war auch die sibyllinische Formulierung der ersten Vorlage: „Bei jedem Übergang von genossenschaftlichem Eigentum an staatliche und gesellschaftliche Einrichtungen ist das bäuerliche bzw. genossenschaftliche Eigentum streng zu wahren."[702] Formulierungen, die belegen, daß man möglichst wenig politisches

[696] Siehe Protokoll der Sekretariatssitzung am 16. 10. 1950, SAPMO BArch, DY 30, J IV 2/3-146.

[697] Siehe Interview mit Erich Knorr am 16. 11. 2002, Archiv der Verfasserin.

[698] Siehe Notiz zu einem Gespräch Chomjakovs, Matveevs und Kuliks mit Goldenbaum am 17. 10. 1950, AVP RF, fond 0457a, opis' 9, papka 52, delo 18, listy 305-308, hier list 309.

[699] Siehe Vorlage „Vereinigung VdgB – Genossenschaften", gez. Vieweg und Krebaum, Protokoll der Politbürositzung am 31. 10. 1950, SAPMO BArch, DY 30, IV 2/2-116, Bl. 36-38.

[700] Siehe Notiz zu einem Gespräch Košiks (SKK-Informatiosabteilung) mit Vieweg am 2. 11. 1950, AVP RF, fond 0457a, opis' 9, papka 52, delo 18, listy 314f. Die Bearbeitungsvermerke am Dokument sind ein Indiz dafür, daß es tatsächlich eine der ersten Erörterungen zum bevorstehenden Zusammenschluß festhält. Fälschlich heißt es, die Kommission sei am 26. 10. im SED-Zentralsekretariat eingesetzt worden. Richtig wäre: am 16. 10. 1950. Ob es sich um einen Übermittlungsfehler oder um gezielte Desinformation handelt, muß offen bleiben.

[701] Siehe Protokoll der Sekretariatssitzung am 6. 11. 1950, SAPMO BArch, DY 30, J IV 2/3-151, Bl. 1, 10f.

[702] Als der Politbürobeschluß zum Zusammenschluß der VdgB mit den Genossenschaften seine Endredaktion erfuhr, erarbeitete das Innenministerium gerade eine Gesetzesvorlage zur Übereignung von Genossenschaftseigentum, das 1949 als Einlagen in die MAS gegangen war.

Porzellan zerschlagen wollte, blieben erhalten: „Der Zusammenschluß auf Dorfebene erfolgt nicht schematisch und administrativ, sondern nach Durchführung einer Aufklärungsarbeit." Das Sekretariat beschloß, von Dezember 1950 bis März 1951 730 Instrukteure einzusetzen, die entsprechend den Anweisungen des VdgB-Sekretariats und nach einem Dreiwochen-Lehrgang in Gemeinden und Kreisen für die Vereinigung agitieren, die VdgB-Ortsverbände beraten und die „planmäßige" Verschmelzung kontrollieren würden. Vereinigungsversammlungen sollten von den Kreis-Arbeitsgemeinschaften VdgB-Genossenschaften unter Anleitung der Instrukteure einberufen werden. Die neue Organisation bekam den Namen *VdgB (Bäuerliche Handelsgenossenschaft)*.[703]

Es gehörte zum Konzept, die neue Organisation völlig aus dem Großhandels- und dem Kreditgeschäft aussteigen zu lassen. (Statt ihrer sollten „Staatliche Bauernbank" und „Staatshandelsorgane" diese Aufgaben bis in die Kreise hinein übernehmen.) Den kleinsten Struktureinheiten wurde keine eigene Handelstätigkeit, dafür mehr Beratung und Kulturarbeit übertragen. Damit war die Mitgliedschaft in der Dorf(Universal)genossenschaft an kein spezielles Veräußerungs-, Verwertungs- und Finanzierungsinteresse mehr gebunden, die lokale Genossenschaft bot sich als Verein für Landwirte am Orte an. Sie war korporatives Mitglied einer Kreisgenossenschaft, wo das genossenschaftliche Eigentum über Bäuerliche Handelsgenossenschaften (BHG) bewirtschaftet wurde. Im Zuge der Verschmelzung von Massenorganisation und Wirtschaftsvereinigung sollten die (Dorf)Genossenschafter nun für die VdgB geworben werden (bei um 50 Prozent gesenkten Beitragssätzen); VdgB-Mitglieder sollten, wo noch nicht erfolgt, nach Bodenbesitz gestaffelt Genossenschaftsanteile erwerben. Groß- und Spezialgenossenschaften waren „aufzugliedern", nur im Ausnahmefall aufzulösen.

Viewegs Streben fand in der SED-Spitze Zuspruch, weil man sich von der neuen Organisation versprach, „daß wir schneller zu einer Ordnung des genossenschaftlichen Geldwesens kommen werden".[704] Dabei brannte die Klärung gerade dieses Problems besonders auf den Nägeln: Wie sollte das leidige Erfassungs-, Handels- und Kreditgeschäft auf der mittleren Ebene denn nun funktionieren? Das Sekretariat schlug vor, die bisherigen Kreisgenossenschaften e.g.m.b.H. aufzulösen, die Anteile den Dorfgenossenschaften auszuzahlen und für den künftigen Landhandel Kreisfilialen der neuen DHZ einrichten zu lassen.[705] Im Politbüro erörterte man derweil einen Arbeitsplan und Richtlinien zur Verschmelzung. „Schnellstens" sollten die Termine für die gemeinsamen Sitzungen der Vorstände von ZVdgB und ZLGD festgelegt werden.[706] Den Sekretariatsbeschluß vom 6. November sandte Walter Ulbricht an SKK-Chef Čujkov zwecks Billigung. Am 16. November 1950 notierte Politberater Semenov auf dieser Vorlage die An-

[703] Alternativ waren in der Vorlage vom 31. 10. die Namen *VdgB* (Vorschlag der ZK-Kommission), *Verband der Dorfgenossenschaften* und *Genossenschaften der gegenseitigen Bauernhilfe* genannt.

[704] Schreiben der Deutschen Bauernbank an die SKK, 3. 11. 1950, BArch, DN 2, 125, unpag.

[705] Siehe Richtlinien für den Zusammenschluß der Genossenschaften mit den Vereinigungen der gegenseitigen Bauernhilfe in Kreis, Land und Republik, Richtlinien für die Bildung der VdgB(BHG) im Dorf, Protokoll der Sekretariatssitzung am 10. 11. 1950, SAPMO BArch, DY 30, J IV 2/3-152, Bl. 14f.

[706] Siehe Protokoll der Sekretariatssitzung am 10. 11. 1950, SAPMO BArch, DY 30, J IV 2/3, 152.

weisung an seinen Mitarbeiter Romanov, umgehend eine Stellungnahme zu formulieren, denn die Vereinigung sei nun beschlossene Sache.[707] Romanov legte ein Papier vor, das Semenov am 23. November mit abschließenden Vermerken versah:[708] Der SKK-Politberater meinte, die Interessen der ärmeren Schichten auf dem Lande und ihr Schutz vor den Großbauern seien in der VdgB(BHG) hinreichend gesichert. Anders als Romanov, der die Aufgaben der Genossenschaften in ihrem Namen stärker berücksichtigt haben wollte, hielt Semenov die Bezeichnung der neuen Organisation für eine Angelegenheit allein der Deutschen. Bemerkenswerterweise fand die Idee, daß die VdgB(BHG) völlig außerhalb von Großhandel und Kreditgeschäft stehen sollten, keine Unterstützung durch Semenov und Romanov. Ihr Argument: „Die neue Organisation des Rechts zu berauben, den Bauernwirtschaften Kredite auszugeben, bedeutet, sie der Einflußmöglichkeiten auf die Kreditvergabe zu berauben und ihre Möglichkeiten der Hilfe für schwache Wirtschaften einzuschränken." Die Kreditvergabe sollte nicht allein in den Händen der staatlichen Bauernbank liegen. Der Politberater delegierte das Problem an den Chef der SKK-Finanzabteilung Sitnin, der aber so bald keine Lösung anbieten konnte, denn noch Mitte 1950 hatte die SKK den Landesgenossenschaftsbanken die Kontrolle und Überwachung des gesamten ländlichen Kreditgeschäftes und die Revision der Genossenschafts-Kreditbanken zugedacht. Sie erkannte, daß nun eine Menge neuer Fragen aufgeworfen war.[709]

Ende November wurden die letzten Feinheiten der Verschmelzung erarbeitet. Zweifellos standen ihre Protagonisten mit der SKK nun in engem Kontakt. Über die Sitzung von VdgB-Hauptausschuß und ZLGD-Beirat am 20. November 1950 erhielt Semenov Bericht.[710] Am 2. Dezember sprach Vieweg selbst bei Semenov und

[707] Siehe Schreiben Ulbrichts an Čujkov (etwa 11. 11. 1950), AVP RF, fond 0457a, opis' 9, papka 52, delo 18, listy 316–318.

[708] Siehe Abschließende Notiz, 16. 11. 1950, gez. Romanov, Randvermerke 23. 11. von Semenov, AVP RF, fond 0457a, opis' 9, papka 52, delo 18, listy 319f.

[709] Von November 1950 an arbeiteten die deutschen Finanzexperten an einem neuen Gesetz über die Deutsche Bauernbank, durch das die fünf Landesgenossenschaftsbanken, die vormaligen Einlieger der Deutschen Bauernbank, von letzterer gänzlich geschluckt werden sollten. Damit erhob sich allerdings auch hier die Frage nach dem Umgang mit den Guthaben der einzelnen Genossenschaften, die man im Interesse der zentralen Finanzplanung besser nicht ausbezahlen wollte. Das Genossenschaftsgesetz verlangte das aber. Die Arbeitsteilung zwischen Deutscher Notenbank und Deutscher Bauernbank, die Spezifizierung von genossenschaftlicher Kreditierung in Landwirtschaft, Handel (KONSUM) und Handwerk (Handwerksgenossenschaften) sowie die Planung der Kreditvergabe insgesamt erschwerten eine Lösung. Erst im Februar 1952 wurde „im Interesse einer zentralen Planung sowie straffen Lenkung und Kontrolle des genossenschaftlichen Geld- und Kreditwesens" eine entsprechende Verordnung verabschiedet, angeblich wiederum auf Forderung der Bauern. Die Landesgenossenschaftsbanken gingen zum 31. 12. 1951 in Liquidation. Siehe Verordnung über die Übernahme der Aufgaben der Landesgenossenschaftsbanken durch die Deutsche Bauernbank, 14. 2. 1952, in: GBl. 1952, S. 148f.; zur Vorbereitung siehe BArch DN 2, 1 und 6. Was den Handel mit Industriewaren anbelangt, bestanden im Landhandel vorübergehend neben Kreisgenossenschaften i. L. einige DHZ-Niederlassungen, so wie es die SED vorgeschlagen hatte. Die Kreisgenossenschaften fungierten teilweise weiter. Erst Ende 1951 wurden überall staatliche Kreiskontore für den Landhandel geschaffen. Siehe Verordnung über die Errichtung von Staatlichen Kreiskontoren für landwirtschaftlichen Bedarf, 6. 12. 1951, in: GBl. 1951, S. 1157f.; Erste DB, 20. 12. 1951, ebenda, S. 1199f.

[710] Siehe Bericht Kijatkins an Semenov, 22. 11. 1950, AVP RF, fond 0457a, opis' 9, papka 52, delo 18, listy 323f.

dem zuständigen Referenten vor.[711] Abschließende Entscheidungen traf das Sekretariat des ZK am 4. Dezember 1950. Die neue Organisation erhielt eine streng hierarchische Struktur: Dorfgenossenschaften bzw. VdgB(BHG)-Ortsvereinigungen, VdgB(BHG)-Kreisverband, VdgB(BHG)-Landesverband und VdgB(BHG)- Zentralverband (letzterer zusammengeschlossen mit dem ZLGD). Die Führungsposten wurden besetzt. Im engeren Zirkel von 6 VdgB(BHG)-Sekretären dominierten Kurt Vieweg und Erich Knorr. Eine neue Funktionärszeitung sollte erscheinen.[712]

Im Tagesblatt der Besatzungsmacht zeigte sich derweil noch immer Unklarheit. Krebaum mußte eine Formulierung der *Täglichen Rundschau* vom 14. November 1950 zurückweisen, wonach die VdgB nun in den Genossenschaften aufgehe.[713] So etwas verunsicherte natürlich die Agitatoren und Instrukteure. Interne Berichterstatter sprachen von häufig allzu plumpem Vorgehen. Einigen Bauern stieß es bitter auf, wenn die VdgB sich sehr in den Vordergrund drängte. Mancherorts erschwerte die Thematisierung von künftigen Kollektivwirtschaften die Verschmelzung[714], kontraproduktiv wirkte die Vorgabe, daß Großbauern nicht in die Vorstände gewählt werden dürften[715]. Dagegen kamen sogenannte „Aussprache-Abende" recht gut an, auf denen sich Abgesandte des Landwirtschafts- und des Handelsministeriums, der VEAB oder diverser Justizbehörden den Fragen nach Eigentum und Beitragszahlung stellten. So war es weniger die „Politisierung" des Dorfgenossenschaftswesens, die die Bauern störte,[716] als die Infragestellung bisheriger Anteils- und Eigentumsrechte.

Zielsicherheit und Klarheit im Vorgehen können der SED-Führung in ihrer Genossenschaftspolitik nicht attestiert werden. Die Zusammenführung der ländlichen Organisationen zur VdgB(BHG) stellte den Abschluß der Reformierung traditioneller gemeinschaftlich-bäuerlicher Verwertungs- und Kreditierungsstrukturen auf dem Lande dar, der in seiner Form aber erst 1950 bestimmt worden war. Die 1949 begonnene Reform des Genossenschaftswesens erfuhr dabei eine Modifizierung, für die unterschiedliche Faktoren ausschlaggebend waren. Aufbauend auf dem Gedanken, das alte Genossenschaftsnetz durch Universalgenossenschaften zu ersetzen, wozu die stark großbäuerlich beherrschten Spezialgenossenschaften und die alten Dachverbände „aufgebrochen" werden sollten, beugten sich die

711 Siehe Notiz zu einem Gespräch Bachgorskijs (SKK-Informationsabteilung) mit Vieweg am 2. 12. 1950, ebenda, listy 325f.

712 Siehe Protokoll der Sekretariatssitzung am 4. 12. 1950, SAPMO BArch, DY 30, J IV 2/3-157, Bl. 12.

713 Siehe Bericht Kijatkins an Semenov, [etwa 12. 11. 1950], AVP RF, fond 0457a, opis' 9, papka 52, delo 18, listy 321f.

714 Bereits während der Konferenz von Landwirtschaftskadern in Jena vom 25.–28. 10. 1950 war der SKK negativ aufgefallen, daß im Referat vom Sozialismus in der DDR gesprochen und angekündigt wurde, daß es auch hier eine Kollektivierung geben würde. Daraufhin sei Unruhe im Saal entstanden. Siehe Bericht Kijatkins an Semenov, 3. 11. 1950, ebenda, listy 310–313, hier list 312.

715 Im Sekretariatsbeschluß vom 13. 11. 1950 „Probleme, welche gegenwärtig auf dem Lande gelöst werden müssen" heißt es: „Der Einfluß VdgB-feindlicher Elemente muß aus diesen Leitungen [denen der VdgB(BHG) – E. S.) ausgeschaltet werden." (Protokoll, SAPMO BArch, DY 30, J IV 2/3-153, Bl. 27) Eine undatierte andere Textvariante, vermutlich die Vorlage aus dem SED-Apparat, ordnete an: „Der Einfluß großbäuerlicher Elemente, Unternehmer, privater Händler und der ehemaligen Raiffeisenangestellten muß aus diesen Leitungen ausgeschaltet werden."(SAPMO BArch, DY 30, IV 2/7-243, Bl. 16f., hier Bl. 16)

716 So bei Buss, Struktur, S. 70.

Reformer 1950 den Zwängen der Mangelwirtschaft, alternativlos, wie sie meinten. Sie entzogen den Agrargenossenschaften nun das Großhandels- und das Kreditgeschäft.

Wichtige Eckpfeiler traditioneller bäuerlicher Selbstbestimmung brachen mit der Reform weg. Allerdings sollten diese für die Nachkriegszeit auch nicht idealisiert werden. Der Bauer war nie frei in der Wahl seiner Genossenschaft. Die alten Genossenschaften hatten auch, regional und je nach Profil unterschiedlich, an den Bauern verdient und nicht selten Cliquenwirtschaft befördert. Klein- und mittelbäuerliche Selbsthilfe hatte unter den obwaltenden Reproduktionsbedingungen der Nachkriegszeit ohne staatlich vermittelte Umverteilung und Subvention ohnehin keine Chance. Vielen Klein- und Mittelbauern boten deshalb genossenschaftliche Kreditverwaltung und andere Dienstleistungen in den neuen Strukturen im Grunde mehr Sicherheit. Für eine Politik im Interesse der wirtschaftsschwachen Bauernschaft, so wie man sie mit der VdgB(BHG) öffentlich nun in Aussicht stellte, waren die meisten Kleinproduzenten zu haben. Nur standen Landwirte nun einmal traditionell jeder Neuerung skeptisch gegenüber. Altbauern wollten sich in ihre wiedererworbenen Rechte als Genossenschafter nicht hineinreden lassen. Sehr oft bedurfte es mehrerer Agitationsrunden, bevor eine gültige Wahlversammlung in den Gemeinden beieinander war. In einigen Fällen kamen Verschmelzung und Neuwahl nur zustande, nachdem von den Instrukteuren ausdrücklich Entscheidungsfreiheit im Wahlverfahren zugesichert worden war. Die Teilnahmequote lag im Durchschnitt bei 60 bis 70, manchmal aber nur bei knapp über 50 Prozent der Einwohnerschaft.[717] Noch im April 1951 meldete die Deutsche Bauernbank der SKK Schwierigkeiten bei der Verschmelzung. Sie meinte sogar, die Stimmung unter der Bauernschaft könnte problematisch werden; die Agitation würde in vielen Fällen diktatorischen Charakter tragen.[718] Eine Ruhigstellung der Bauern gelang erst im Verlauf des Jahres 1951 in dem Maße, wie sich diese vergewissern konnten, daß „keinerlei Gefahr bezüglich ihrer Kredite und ihrer Genossenschaftsanteile" bestand.[719] Was im Zuge der Genossenschaftsreform der Klärung bedurft hätte, war die Frage nach der Mitbestimmung der Bauern. Hier aber drängten sich interne Richtungskämpfe und individueller politischer Ehrgeiz in die Entscheidung. Mit der Begründung, der SED-Parteitag habe zwar auf eine allseitige Förderung der Genossenschaften orientiert, „angesichts [... des] Zustandes der landwirtschaftlichen Genossenschaften ist jedoch die Wahrnehmung der Interessen der bäuerlichen Mitglieder nicht gewährleistet",[720] erklärte Kurt Vieweg die VdgB zum alleinigen Interessenvertreter der Masse der Klein- und Mittelbauern. Schließlich ging die Verschmelzung aber noch nicht einmal von der VdgB als bäuerlicher Massenorganisation aus, sondern wurde von deren oberstem Exekutivorgan mit SED- und staatlicher Unterstützung administrativ durchgesetzt.

717 Siehe „Auswertung des Berichtes der LKK Sachsen bei der Verschmelzung von VdgB mit den Dorfgenossenschaften zu VdgB(BHG)", 25.4.1951, BArch, DC 1, 1319, unpag.; „Bericht zur Überprüfung der Durchführung der Verschmelzung der VdgB mit den landwirtschaftlichen Genossenschaften zur VdgB(BHG)" in Mecklenburg, 30.3.1951, BArch, DC 1, 1343, unpag.

718 Siehe Schreiben der Deutschen Bauernbank an die SKK, 17.4.1951, BArch, DN 2, 6, unpag.

719 Grünberg in einer Rundfunksendung, BArch, DN 2, 1, unpag.

720 Vieweg, Die nächsten Aufgaben, S. 1063.

Der großen Gerichtsprozesse gegen die „alten" Genossenschaften hätte es eigentlich nicht bedurft. Einigen Reform-Protagonisten drängte sich eine Thematisierung von Wirtschaftsvergehen möglicherweise als Ablenkungsmanöver von der schwierigen Finanzlage im Genossenschaftswesen auf. Die Angeklagten im Güstrower Prozeß waren als aktive Gegner der Genossenschaftsreform zuvor nicht aufgefallen. In Einzelfällen mögen sie sogar Verfechter der neuen Idee von Dorfgenossenschaften gewesen sein. Indes, des Betrugs und der vorsätzlichen Schädigung gesellschaftlichen Eigentums angeblich überführt, wurden die „Raiffeisen-Verbrecher" von radikalen Teilen der SED-Spitze zum Prototyp des undemokratischen „alten" Agrarwirtschaftsbeamten hochstilisiert, der gegen die Interessen der werktätigen Bauern agierte.

Ob die Verschmelzung zur VdgB(BHG) im Sinne der Sicherung bestehender Herrschaftsverhältnisse alternativlos war, ist unklar. In der Geschichte der sowjetischen Landwirtschaft hatte es keine entsprechend vorbildhafte Vernetzung der Genossenschaften mit einer Bauern-Massenorganisation gegeben. Klein- und mittelbauernfreundliche Genossenschaften mit Großhandels- und Kreditierungsfunktion waren Bestandteil des NÖP-Konzeptes. „Die Bedeutung der Genossenschaften beim Versuch, den Wirtschaftsprozeß überschaubarer und lenkbarer zu machen, ist offensichtlich", resümierte Helmut Altrichter zur Vorkollektivierungsphase in der Sowjetunion. „Ein genauer Blick auf den Zustand und die Funktion zeigt aber, daß das Genossenschaftswesen [in Sowjetrußland E. S.] in seiner politischen Funktion nicht überschätzt werden darf."[721]

Seinerzeit könnte es sich der SED-Führung als sowjetische „Lehre" aufgedrängt haben, daß ein möglichst starker personeller Einfluß der kommunistischen Partei in den Leitungen der Genossenschaften anzustreben ist. Dabei war der in der DDR schon 1949 recht groß, teilweise größer als in der Sowjetunion am Ausgang der NÖP. In den VdgB-Ortsausschüssen gab es Ende 1949, also noch vor der Verschmelzung, bereits 37 Prozent SED-Mitglieder, auf Kreisebene waren es 62 Prozent, auf Landesebene 72 Prozent. Im ZLGD dominierte die SED. Sogar in den neuen Dorfgenossenschaften registrierte die SKK Ende 1949 in den Leitungen und Aufsichtsräten über 37 Prozent SED-Mitglieder.[722] Nach sowjetischen Erfahrungen war das ausreichend. Mithin bedurfte es aus Sicht der Besatzungsmacht, nachdem die Beseitigung des Großbauerneinflusses im Genossenschaftswesen durch Umstrukturierung erreicht worden war, auch keiner weiteren „Hebel". Es muß also nicht verwundern, wenn für die Verschmelzung sowjetische Initiativen nicht nachweisbar sind. Daß eine Steigerung der privatwirtschaftlichen Agrarproduktion nur über einen Zusammenschluß von VdgB und Genossenschaften gesichert werden könne, suggerierte der SKK erst die SED. Vermutlich ließen sich die sowjetischen Berater auch vom Schauprozeß beeindrucken, denn der hatte zumin-

721 Altrichter, Agrarstruktur, S. 392.

722 Siehe Land- und Forstwirtschaft der DDR (Anfang 1950), gez. A. Baranov , AVP RF, fond 0457 g, opis'1, papka 6, delo 18, listy 25, 28. Zum Vergleich: In den Leitungen der unteren Genossenschaftsstrukturen in der Sowjetunion betrug der Anteil von Parteimitgliedern 1926 9,8 Prozent, 1927 14,3 Prozent und 1928 22,5 Prozent. In den Leitungen der Großverbände fungierten dort Ende der zwanziger Jahre zu 70–80 Prozent Kommunisten (siehe Fajn, Nepovskij eksperiment, S. 41).

dest deutlich gemacht, daß die alten Genossenschaften in der DDR, stärker als es in der Sowjetunion möglich war, Stätten *politischer* Auseinandersetzungen ***hätten werden können***. Hier ging es faktisch um die Überwindung der „passiven Resistenz der Genossenschaftsbürokratie".[723] Und das konnte aus der Sicht der SKK nicht verkehrt sein.

Letzten Endes wurde auch mit den neuen Strukturen der SED-Einfluß auf dem Lande nicht größer. Die neuen Leitungen sollten garantieren, daß günstige Produktions- und Verwertungsbedingungen für werktätige Bauern geschaffen werden.[724] Doch es mangelte an Fachleuten. Viele Dorfgenossenschaften wurden mehr schlecht als recht von ehrenamtlichen Funktionären geführt. Regelmäßig mußte deshalb der Apparat auch fachlich (Buchhaltung, moderne Agrartechnologien) geschult werden. Mitte 1951 zählte man über 12000 VdgB-Ortsvereinigungen/Dorfgenossenschaften mit über 560000 Mitgliedern. In 5 VdgB(BHG)-Landesverbänden bestanden insgesamt 122 Kreisverbände, denen einzelne Dorfgenossenschaften und 3254 gemeindeübergreifende bäuerliche Handelsgenossenschaften mit Einzelhandelsfunktion unterstanden. Es hatte auch rund 23000 Austritte aus der VdgB gegeben. Mit Stand vom 1.5.1951 war ein Drittel aller Landwirte nicht in der VdgB(BHG). Spezialgenossenschaften (etwa 762 Elektrizitätsgenossenschaften und 652 Molkereien) hatten sich der Verschmelzung widersetzt, 3259 bäuerliche Wald- und 397 Gartenbaugenossenschaften existierten noch separat, meist von wirtschaftsstarken Betriebsinhabern dominiert.[725]

Von Wirtschaftsberatern der SKK liegen keine Einschätzungen der Entwicklung vor. Die politischen Abteilungen der SKK übernahmen 1950/51 bereitwillig die Argumente der SED-Führung und behaupteten nachträglich, die Verschmelzung zur VdgB(BHG) wäre erfolgt, um eine einheitliche demokratische Massenorganisation der werktätigen Bauern zu schaffen und die Aufgaben des Fünfjahrplans zu meistern. Außerdem sei es notwendig gewesen, die in Deutschland über 100 Jahre existierenden landwirtschaftlichen Genossenschaften, die eine „Stütze der Kulaken und anderer reaktionärer Elemente auf dem Lande" gewesen wären, zu beseitigen. Diese „Elemente" hätten staatliche Kredite und Subventionen empfangen und Klein- und Mittelbauern in entscheidendem Maße unter ihren Einfluß gebracht. Von dem ursprünglichen Dorfgenossenschaftsmodell war nicht mehr die Rede.[726]

1951 machten SKK-Politfunktionäre Vieweg den Vorwurf, an theoretische Abhandlungen Zeit zu verschwenden, anstatt sich auf reale Auseinandersetzungen unter den Bauern vorzubereiten.[727] Möglicherweise sah ja Vieweg das Problem der Bauernorganisation nach der Verschmelzung tatsächlich entspannter. Doch die sowjetischen Kontrolleure begleiteten die Genossenschaftsreform jetzt mit der ihnen

723 Kuntsche, Ostdeutsche Bauern, S. 191.

724 Siehe „Probleme, welche gegenwärtig auf dem Lande gelöst werden müssen", Protokoll der Sekretariatssitzung vom 13.11.1950, SAPMO BArch, DY 30, J IV 2/3-153, Bl. 27f.

725 Siehe Über die Ergebnisse der Verschmelzung der VdgB mit den landwirtschaftlichen Genossenschaften, 3.7.1951 , gez. Andreev (Informationsabteilung), AVP RF, fond 0457a, opis' 11, papka 61, delo 19, listy 48–52, hier list 51 (auch in fond 0458, opis' 315s, papka 283, delo 2, listy 214–218).

726 Siehe ebenda, list 48.

727 Siehe ebenda, list 51.

eigenen politischen Konsequenz und erwarteten zunehmende Führungsstärke der SED.

Der 3. Deutsche Bauerntag am 8./9. Dezember 1951 sollte die Reform in diesem Sinne erfolgreich abschließen. Doch als der Stellvertretende Generalsekretär der VdgB(BHG) Erich Knorr am 20. Oktober 1951 dem stellvertretenden Chef der SKK-Informationsabteilung Ljul'ka Rechenschaft über den Verlauf der ersten Wahlen nach der Verschmelzung ablegte, waren die Erfolge verhalten. Zum 15. Oktober waren in mehr als der Hälfte der örtlichen Strukturen Wahlen erfolgt, über 26.600 Funktionäre waren gewählt worden. Der Anteil von CDU- und LDPD-Vertretern sank von rund 10 Prozent (in den allerersten „verschmolzenen" Leitungen) auf weniger als 8 Prozent. Doch auch die SED hatte Positionen eingebüßt. Ihr Anteil sank von 34 auf 26 Prozent – zugunsten von Parteilosen, deren Anteil nun über 52 Prozent betrug. Bauern mit mehr als 20 ha Land waren mit etwa gleichem Anteil unter den gewählten Leitungsmitgliedern. Zugleich hatten sich nur sehr wenige VdgB(BHG)-Mitglieder an den Wahlen beteiligt, mancherorts nur 30–35 Prozent. Knorr erklärte das mit Großbauern-Sabotage. Doch die SKK sah politische Führungsschwächen bei der SED.[728] – Über die Landeskongresse und den 3. Bauerntag selbst fiel das sowjetische Urteil dann etwas besser aus. Hier hätten die werktätigen Bauern wachsende Aktivität in Politik und Wirtschaft demonstriert. Positiv wurde vermerkt, daß der Einfluß der Großbauern zurückgegangen und der der Mittelbauern gewachsen war, eine Formel, die über die realen Beziehungen auf dem Lande allerdings wenig besagte.[729]

Bliebe zu klären, ob die VdgB(BHG) die ostdeutsche Landwirtschaft strukturell näher an die LPG heranbrachte. Aus SED-Sicht war die Gründung der VdgB(BHG) „ein entscheidender Wendepunkt im Kampf um die Ausschaltung des Einflusses kapitalistischer Elemente im Dorf".[730] Die westliche Geschichtsschreibung hat die Zäsur als Schritt auf dem Weg zur Kollektivierung übernommen und dies mit Analogien zur sowjetischen Geschichte begründet. Völlig verfehlt ist dies gewiß nicht. Analogien ergeben sich aus dem Vergleich mit der sowjetischen Genossenschaftsentwicklung am Ende der NÖP, wo auf die Zerschlagung der spezialisierten Großverbände 1928/29 recht bald die umfassende Kollektivierung folgte. Doch im Kontext der ostdeutschen Agrarentwicklung erscheint der Versuch, SED-Herrschaftssicherung und Rudimente kleinbäuerlicher Selbsthilfe zu bündeln, eher als eine Alternative zu Produktionsgenossenschaften aus leistungsschwachen Betrieben. Hier wurde – im Einklang mit der Moskauer Order vom Dezember 1948 – eine Institution mit mutmaßlich gesamtdeutscher Zukunft eingerichtet, in der die SED ihre Positionen stärker verankern konnte, – stärker sogar, als es die sowjetischen Kontrolleure anfangs für notwendig erachteten.

728 Siehe Notiz zu einem Gespräch Ljul'kas mit Knorr am 20. 11. 1951, mit Bemerkungen Kijatkins am 27. 10. 1951 an Semenov geschickt, AVP RF, fond 0457a, opis' 11, papka 61, delo 19, listy 65–68.

729 Siehe Über die Ergebnisse der VdgB-Wahlen, 9. 12. 1951, gez. Kijatkin. Das vorliegende Exemplar ging an V. G. Grigorjan vom KPdSU-Apparat in Moskau. Siehe auch Berichte der Landesvertretungen Thüringen (6. 7.) und Sachsen-Anhalt (21. 12.), AVP RF, fond 0458, opis' 315s, papka 283, delo 2, listy 219–222, 335–354.

730 Schmidt, Grundzüge, Teil I, S. 171.

6. „Sozialistische Elemente": VEG, MAS

6.1. Forschungsstand und Problematisierung

„Sozialismus auf dem Lande" war für SED und KPdSU(B) stets nur als Großproduktion mit massivem Technikeinsatz vorstellbar. Das glaubten sie ausschließlich mit „vergesellschafteten" Produktionsmitteln (einschließlich Boden) realisieren zu können. Nach marxistisch-leninistischem Verständnis galt es, kleinbäuerliche Spontaneität in Produktion und Konsumtion auf dem Weg zum Sozialismus rasch einzudämmen. Ein entscheidendes Mittel sah man in der Kontrolle von Agrarproduktion und Agrarproduktenverteilung durch den „proletarischen Staat". Markt im traditionellen Verständnis war mit diesem Sozialismus nicht vereinbar, er galt lediglich als unter bestimmten Umständen vorübergehend nützlich.

Nun konnte es in den ersten Nachkriegsjahren ohnehin kaum freie Marktbeziehungen geben. Zwangsbewirtschaftung mußte infolge volkswirtschaftlicher Zerrüttung zunächst sogar zunehmen. Gemeinschaftliche, streng beauflagte Ausleihbetriebe stellten die einzige Möglichkeit dar, um Technik, die „herrenlos" gewesen oder aber enteignet worden war, gerecht und so effektiv wie möglich einzusetzen. Aus den gleichen politisch-sozialen und volkswirtschaftlichen Gründen verbot sich in der SBZ eine Reprivatisierung nicht aufgeteilter (bzw. nicht aufzuteilender) enteigneter Güter. Aus ihnen entstanden staatliche und kommunale Formen gemeinschaftlicher, staatlich beaufsichtigter Nutzung der raren (häufig wertgeminderten) Produktionsmittel. Volkseigene Güter und Maschinen-Ausleih-Stationen (MAS) waren staatliche Inseln im privatwirtschaftlich organisierten Agrarsektor. Die prosozialistische Umgestaltungspotenz, die sie in sich trugen, erfuhr ab 1947/48 durch die Zentralisierung und Verstaatlichung volkswirtschaftlicher Planungs- und Steuerungsprozesse Verstärkung.

In welchen Schritten und mit welchen kurzfristigen Zwecksetzungen sich die SED-Führung und ihre sowjetischen Berater in der SBZ/DDR ab 1949 die Fortentwicklung dieser Eigentumsverhältnisse, Marktbeziehungen und staatlichen Steuerungsprozesse im Agrarbereich vorstellten, gehört nach wie vor zu den heftig umstrittenen Fragen. Da SKK und SED den ersten landwirtschaftlichen Institutionen „höheren Vergesellschaftungsgrades" erklärtermaßen eine besondere Rolle zugestanden, stellt sich die Frage, wohin deren Entwicklung wie gelenkt wurde.

Sowohl die DDR- als auch die bundesdeutsche Geschichtsschreibung haben bisher vor allem die Kontinuität der Sozialisierungsprozesse der vierziger und der frühen fünfziger Jahre sowie die Gemeinsamkeit von SED und Besatzungsorganen beim Ausbau des staatlichen Einflusses hervorgehoben, und zwar hüben wie drüben mit den unterschiedlichsten Begriffen. In der offiziellen DDR-Geschichtsschreibung wurde entsprechend den wechselnden paradigmatischen Vorgaben für das Verständnis von Wandel und Kontinuität wiederholt nach passenden Formulierungen gesucht. So hieß es bei Stefan Doernberg 1959, die „eindeutig antiimperialistische" Landwirtschaftspolitik in der SBZ hätte 1948/49 „*Keime* des Sozialismus" entstehen lassen, wodurch „günstige *Voraussetzungen* für die spätere sozialistische Umgestaltung" [Hervorhebung E. S.] geschaffen waren, die dann 1952 einsetzte.[731] In der unter Leitung von Volker Klemm verfaßten Überblicksdarstellung von 1978 heißt es: „Mit den MAS, VEG und VEAB waren [...] volkseigene Betriebe entstanden, die es der Arbeiterklasse ermöglichten, wesentliche Prinzipien des Leninschen Genossenschaftsplanes [der bekanntlich ein Stalinsches Konstrukt war – E. S.] unter den Bedingungen der einfachen Warenproduktion zu verwirklichen."[732] Das Hochschullehrbuch formulierte 1980, 1948/49 sei die antifaschistisch-demokratische Umwälzung objektiv in die sozialistische Revolution umgeschlagen, die sozialistischen Elemente seien von da an gesellschaftlich bestimmend gewesen.[733] All diese Formulierungen implizierten den Gedanken des frühen gestalterischen Vorsatzes. Die späte DDR-Forschung vertrat dann wieder die Ansicht, die SED hätte sich 1949 bis 1952 der „Elemente des Sozialismus" zwar gezielt bedient, nicht aber zwecks rascher Erweiterung des staatlichen Sektors. Bedeutsamer sei ihr die Lösung der nationalen Frage erschienen, was für den Osten bedeutete: Beibehaltung und Förderung der kleinen und mittelstarken Bauernwirtschaften, bis eine gesamtdeutsche Agrarpolitik gesellschaftsstrategisch neu festzulegen sein würde.

Die bundesdeutsche Forschungsliteratur zu den agrarischen Staatsbetrieben in der SBZ/DDR betonte und betont – beginnend mit der ersten, zeitgenössischen Charakterisierung der Landes-, später volkseigenen Güter als „Kolchosen" oder „Sowchosen" und endend mit dem der SED-Selbstdarstellung entlehnten Bild von den „Keimen" des Sozialismus – die Zwangsläufigkeit der „Sowjetisierung". In einzelnen Arbeiten wird zwar, wie etwa bei Krebs, festgestellt, daß „die MAS-Gründung und – Reorganisation, [die] vor dem offiziellen Beginn der Kollektivierung erfolgte, ursprünglich genossenschaftlichen Charakter im traditionellen Sinne trug und zur Unterstützung der Klein- und Mittelbauern empfohlen wurde". Doch der argumentative Bezug zur LPG-Gründungskampagne 1952 ist auch hier ganz unmittelbar: Die fertige sozialistische Institution MAS bedurfte nach Krebs nur noch einer neuen Ausrichtung des Schwerpunktes ihrer Aufgaben – und war damit doch von Anfang an auf Sozialismus sowjetischen Typs ausgerichtet.[734] Tümmler, Merkel und Blohm unterstellten dem SED-Regime regelrecht Verlogenheit. VEG und MAS hätten nicht, wie behauptet, allein wirtschaftlichen Zwecken gedient, denn 1952 seien die wahren Absichten des Regimes zutage getreten.[735] Nicht Wirtschafts-, sondern „Klientel"-Politik sieht auch Arnd Bauerkämper. Er schreibt: „Die MAS unterstützten in den späten vierziger und frühen fünfziger Jahren die Politik der ‚Differenzierung' auf dem Lande, indem sie den Klein- und Mittelbauern bevorzugt ihre Maschinen liehen, während die ‚Großbauern' systematisch und gezielt benachteiligt wurden. Mit diesem ökonomischen ‚Hebel' sollte das politische Ziel erreicht werden, die Wirtschaftskraft und das Sozialprestige der alteingesessenen Landwirte in den Dörfern zu brechen und die Neubauern zu stärken, die als mutmaßliche Klientel der kommunistischen Machthaber in die

731 Siehe Doernberg, Geburt, S. 232f.
732 Klemm, Agrarreformen, S. 175.
733 Siehe Badstübner, Geschichte, S. 95, 97, 117.
734 Siehe Krebs, Weg, S. 325; Kurek, VdgB, S. 200f.
735 Siehe Tümmler/Merkel/Blohm, Agrarpolitik, S. 41.

ländliche Gesellschaft implantiert worden waren.“[736] Gelegentlich wurde und wird auch der Versuch unternommen, derlei mit Hinweisen auf Analogien zur sowjetischen Entwicklung zu unterfüttern. So heißt es, sowohl in der DDR als auch in der Sowjetunion „ist nach der Schaffung von Maschinen-Ausleih-Stationen auf weitgehend freiwilliger Grundlage die Verstaatlichung durchgeführt worden; in beiden Fällen wurden die MAS als politisches Führungsinstrument eingesetzt.“[737]

Hier muß zunächst entgegengehalten werden, daß die Schaffung „politischer Führungsinstrumente“ noch keine Schlüsse darüber zuläßt, *wie weit* und *wie dauerhaft* die Verstaatlichung vorangetrieben werden sollte. Aussagekräftige Größen sind Wirkungsweise und Gewicht der Institution im politischen oder ökonomischen System. Das Indiz „Verstaatlichung“ ist prinzipiell aussagekräftig, doch auch hier muß genau hingeschaut werden. Im Falle der SBZ muß sowohl der kriegswirtschaftliche als auch der Entwaffnungs-Hintergrund bei Kriegsende mitbedacht werden. Die Ausleihbetriebe wie auch die landeseigenen, kommunalen und anderen Güter entstanden in der SBZ nicht auf Grundlage von SED-Beschlüssen, sondern waren unter Besatzungsverhältnissen per Gesetz (Bodenreformgesetze) installierte Einrichtungen. Die SED hatte dann allerdings großen Einfluß auf die Entwicklung dieser Betriebe, noch bevor die Staatwerdung in Ostdeutschland eine nennenswerte Qualität erreicht hatte. Sie sicherte sich über politische Institutionen in oder bei ihnen zunehmend mehr Einfluß: über SED-Gruppen in den größeren von ihnen, über FDGB, DFD und FDJ, später auch über die Ausschüsse der Nationalen Front, GDSF und DBD in Orts- und Kreisverbänden.

Um „Sowjetisierung“ zu belegen, genügt es aber nicht festzustellen, daß die VEG in den staatlichen Landwirtschaftsbetrieben der UdSSR (den Sowchosen) und die MAS in den sowjetischen MTS ihre Vorbilder hatten. Dies allein ist noch kein Beweis für gesamtgesellschaftliche Transformation in Richtung Staatssozialismus. Spätere Rückblenden erwecken den Eindruck, mit diesen Gütern wollte die SED „den Bauern die Überlegenheit der *sozialistischen Großproduktion*“ demonstrieren.[738] Doch das ist für 1949 bis 1951 höchst zweifelhaft. Die Formulierung ist nicht authentisch. 1949 ging es offiziell eben nicht darum, die VEG zu „rentablen sozialistischen Musterbetrieben“ zu entwickeln, wie häufig behauptet wird, sondern darum, sie zu „rentablen Musterbetrieben“ zu machen. Dies ist auf seinen gesellschafts-konzeptionellen und agrarpolitisch-praktischen Hintergrund ernsthaft zu prüfen. Ob MAS und VEG nicht nur ihrem Wesen nach staatssozialistische Betriebe waren, sondern ihre Entwicklung ab 1949 als Ergebnis einer Politik angesehen werden muß, die „auch auf dem Lande die Transformation in Richtung Sozialismus einzuleiten“ trachtete,[739] gilt es genauer zu untersuchen.

[736] Bauerkämper, Ländliche Gesellschaft, S. 320.
[737] Tümmler/Merkel/Blohm, Agrarpolitik, S. 41.
[738] So formuliert bei Kotow, Agrarverhältnisse, Teil II, S. 124.
[739] So Nehrig, Leitungspersonal, S. 310.

6.2. Die Zentralisierung der VEG, die Verstaatlichung der MAS 1949/50

Nach Kotow gab es in der Landwirtschaft der DDR 1950 559 volkseigene Güter[740] und über 32 000 „sonstige volkseigene und öffentliche Betriebe" mit insgesamt etwa 0,37 Millionen ha Landwirtschaftlicher Nutzfläche (zum Vergleich: 6,16 Millionen ha der insgesamt rund 6,5 Millionen ha LNF waren privat bewirtschaftet).[741] In den großen Gütern (nur etwa ein Fünftel der nicht privaten Betriebe hatte weniger als 100 ha Fläche zur Verfügung) wurde der Boden überwiegend als Ackerland genutzt. Es gab auch größere Gestüte und Viehanlagen. Zahlreiche kleine Betriebe befaßten sich mit Obst- oder Gemüseanbau, Geflügelzucht und ähnlichem. In der Bodennutzung der „sonstigen volkseigenen und öffentlichen Betriebe" überwogen Forste.[742]

Die Güter wurden 1949 in volkseigene Güter nicht bloß umbenannt. Im Juni 1949 schuf die DWK zunächst *eine* Vereinigung volkseigener Güter (VVG) als Körperschaft des öffentlichen Rechts. Alle bisher im Eigentum der Länder, Kreise, Gemeinden, Körperschaften und Anstalten des öffentlichen Rechts – mit Ausnahme der Kirchen – befindlichen Betriebe der Land-, Forst- und Gartenwirtschaft einschließlich der zugehörigen Grundstücke, Gebäude, Anlagen und Ausrüstungen wurden zu unantastbarem Volkseigentum erklärt. Es hieß, alle Güter würden „den Ländern, Kreisen, Gemeinden, Organisationen und Institutionen bis auf weiteres zur treuhänderischen Nutzung überlassen".[743] 555 volkseigene Güter gingen zur unentgeltlichen Nutzung an die Vereinigung über.[744] Weniger bedeutsame blieben unter Länderaufsicht. Alle nicht spezialisierten Betriebe wurden in 16 Gebietsvereinigungen Volkseigener Güter (GVVG) zusammengefaßt, entsprechend den Ländergrenzen. Daneben entstanden für Saatzuchtgüter, Tierzuchtgüter und Gartenbaubetriebe je eine zonale Fachvereinigung.

Bei der Charakterisierung dieser Vorgänge muß Berücksichtigung finden, daß es sich bei den VEG 1949/50 um ein volkswirtschaftliches „Fliegengewicht" handelte. Der Finanzplan der VVG für 1950 umfaßte laut Gesetz insgesamt nur 73,6

740 In zeitgenössischen Gesetzestexten und der Literatur findet sich gelegentlich auch der Begriff „Volksgüter", in der Regel für die größeren unter den Landesgütern, meist Viehwirtschaftsbetriebe. Insbesondere in sowjetischen Arbeiten zur DDR-Agrargeschichte kommt der Begriff vor, hier offenbar als unsensibel ausgeführte Übersetzung aus dem Russischen, in Analogie zu den sowjetischen *narodnye imenija*.

741 Siehe Kotow, Agrarverhältnisse, Teil II, S. 112. Kotows Angaben entsprechen denen des Statistischen Jahrbuchs der DDR von 1955, S. 196 und 200, allerdings ist dort von „sonstigen volkseigenen und gesellschaftlichen Betrieben" die Rede. Im Statistischen Jahrbuch, S. 204, sind ergänzend für die VEG im Jahr 1950 0,15 Millionen ha Anbaufläche (von 4,99 Millionen ha Gesamtanbaufläche in der DDR) ausgewiesen. Die Zahl der VEG ist in der Literatur für 1949/50 nicht einheitlich angegeben. „Etwa 550" dürfte korrekt sein.

742 Siehe ebenda.

743 Anordnung über die Bildung der Vereinigung volkseigener Güter in der sowjetischen Besatzungszone, 15. 6. 1949, in: ZVOBl. 1949, S. 498–500; Satzung ebenda, S. 500–502; Zitat ebenda, S. 498.

744 Laut Meldung des DDR-Finanzministeriums an die SKK umfaßte die VVG mit Stand vom 1. 4. 1950 Betriebe mit einer Gesamtfläche von 202 000 ha, davon 172 000 ha LNF. Diese Betriebe unterhielten im Juni 1950 1778 Traktoren, 8492 Arbeitspferde und 2174 Arbeitsochsen. Siehe Mitteilung der Abteilung Finanzkontrolle VEG und MAS des Finanzministeriums an die SKK, 31. 8. 1950, gez. Richter, BArch, DN 1, 1850 (alt), unpag.

Millionen DM.[745] Ein Teil des volkseigenen Bodens war an Privatpersonen verpachtet. Umgekehrt bekamen einige VEG devastierte Flächen in Nutzung übertragen. Propagiert als Zentren zur Steigerung von Effektivität und volkswirtschaftlichem Nutzen einer Mehrsektoren-Agrarproduktion, insbesondere als Stützpunkte der landwirtschaftlichen Beratung und zentralen staatlichen Saatgut- und Zuchttierversorgung für privatbäuerliche Betriebe, war die VVG von Anfang an zweifellos auch dazu bestimmt, den nichtprivaten Wirtschaftsbereich zu stärken. Eine Flächenerweiterung wurde jedoch nicht nur nicht verkündet,[746] sie galt als nicht erstrebenswert. Daß die Güter ihre Nutzfläche in den folgenden zwei Jahren um etwa ein Drittel, alle Betriebe der öffentlichen Hand zusammengenommen um etwa 19 Prozent ausdehnten,[747] bedarf deshalb der Erklärung.

Bereits im Zusammenhang mit der Anordnung über die Bildung der Vereinigung der volkseigenen Güter im Juni 1949 erging die Anweisung, der VVG bei sämtlichen Veräußerungen landwirtschaftlicher Liegenschaften ein Vorkaufsrecht einzuräumen.[748] Doch eine massenhafte Überführung von Privatbesitz in Volkseigentum blieb aus. Die staatlichen Güter waren überfordert, sollten aber auch durch Zuschüsse nicht in die Lage versetzt werden, das zu leisten, was der Familienbetrieb zweifellos besser vermochte: aus arbeitsintensiver, technikarmer Feldwirtschaft das Optimale herauszuholen. Das Ministerium für LFW der DDR argumentierte auch bei eigentumsrechtlichen Betrachtungen zur Verteilung des restlichen Bodenreformlandes im November 1949: „Von einer Überführung in das Eigentum des Volkes sind außer den Flächen und Baulichkeiten, die zur Ergänzung von Kleinstbauernwirtschaften oder für die Ansetzung von Neubauern erforderlich sind, insbesondere die Flächen und Gebäude auszunehmen, die infolge ihrer Lage oder Beschaffenheit sich für die Übernahme in Volkseigentum nicht eignen. Hierzu gehören auch Streuflächen, die für eine Großflächenbewirtschaftung nicht geeignet sind, jedoch ihrer Lage nach zur Vergrößerung solcher Neubauernwirtschaften dienen können, die infolge schlechter Bodenbeschaffenheit zur Hebung ihrer Wirtschaftlichkeit einer Vergrößerung bedürfen.“[749] Auch spä-

[745] Davon gut 16 Millionen für Investitionen. Der VVG-Jahreshaushalt wurde zum Jahresende von der Regierung sogar noch gekürzt. Zum Vergleich: 73,6 Millionen waren etwa ein Drittel des Haushaltes der zentralverwalteten volkseigenen Lebensmittelindustrie und Fischwirtschaft oder knapp 3 Prozent der für die zentralverwaltete volkseigene Industrie verplanten Mittel oder 15,5 Prozent der Haushaltsausgaben des Landes Mecklenburg. Siehe Gesetz über den Haushaltsplan 1950, 9. 2. 1950, in: GBl. 1950, S. 111–129, hier S. 126.

[746] Die Durchführungsbestimmungen zur Anordnung vom 15. Juni 1949 legten fest, daß andere als die in der bestätigten Liste aufgeführten Betriebe in die Vereinigung nur auf Grund des Gutachtens einer speziellen Kommission eingehen; landwirtschaftliche Nebenbetriebe von bereits überführten Gütern konnten nur mit Zustimmung des Ministeriums überführt werden. Übernommenes Pächtereigentum war zu entschädigen. Siehe DB zur Anordnung über die Bildung der Vereinigung volkseigener Güter in der sowjetischen Besatzungszone, 14. 11. 1949, in: GBl. 1949, S. 92–94; Entwurf im Protokoll der Sekretariatssitzung am 30. 9. 1949, SAPMO BArch, DY 30, J IV 2/3-54, Bl. 38–42.

[747] Siehe Kotow, Agrarverhältnisse, Teil II, S. 114. 1952 bearbeiteten volkseigene Güter und „sonstige volkseigene und öffentliche Betriebe“ der ostdeutschen Landwirtschaft 440 000 ha LNF.

[748] Siehe Dölling, Wende, S. 203.

[749] Entwurf des Ministeriums für LFW für Durchführungsbestimmungen zu einer Verordnung über aus der Bodenreform stammende, noch nicht verteilte Flächen, 2. 11. 1949, BArch, DK 1, 2922, Bl. 92–94, hier Bl. 92.

ter, als viele Neubauern ihre Stellen zurückgaben, sorgten SED und SKK dafür, daß daraus möglichst keine volkseigenen Flächen geschaffen sondern Brachflächen treuhänderisch (vorzugsweise *nicht* von VEG) genutzt wurden. Der einzelbäuerlichen Wirtschaft wurde Priorität eingeräumt.

Schließlich jedoch fanden sich für aufgegebene Flächen nicht ausreichend private Pächter und Bewirtschafter. Auf indirektem Wege, über den immer stärkeren Abgabendruck auf den Familienbetrieb, kam der volkseigene Agrarsektor in die ungewollte Lage, für mehr Flächen und Herden, als es vorderhand rentabel sein konnte, verantwortlich zu sein. Das belastete den Staatshaushalt. Einzelne volkseigene Landwirtschaftsbetriebe, insbesondere Viehzuchtbetriebe, waren durchaus vorbildlich geführte Unternehmen und wirtschafteten „in schwarzen Zahlen". Insgesamt jedoch blieben die VEG, wie volkseigene Betriebe einiger Industriezweige auch, auf staatliche Stützungen angewiesen. Die Ernteerträge und Viehleistungen lagen 1949-1951 in den VEG rein statistisch gesehen knapp über dem Durchschnitt, doch dies vor allem wegen der besseren Voraussetzungen für Lagerung, Erfassung und Aufkauf. Durch Preisvorteile und günstige Kreditbedingungen künstlich zu überdurchschnittlicher Wirtschaftlichkeit gebracht, konnten die „Volksgüter" in dieser Zeit dennoch keineswegs überzeugen. Der Finanzplan zum Haushaltsgesetz 1950 sah für die VEG keinen Bruttogewinn und keine Abführungen an den Haushalt vor, dafür rund 16 Millionen DM Investitionshilfen aus dem Etat.[750]

Als die Maschinen-Ausleih-Stationen (MAS) im Frühjahr 1949 aus verschiedenen öffentlich-rechtlichen Leih-Unternehmen zu staatlich-genossenschaftlichen, zonal gelenkten Betrieben umgebildet wurden, war ihre Zukunft noch unklar, was sich unter anderem in einer nahezu undurchsichtigen eigentumsrechtlichen Situation niederschlug (siehe Kapitel II, 2. 1). Die SED hatte, wie bereits dargelegt, den MAS die Aufgabe zugedacht, den Einfluß der Großbauern zu brechen. Am Beginn der MAS und der VEG 1948/49 stand das Ziel der Betreuung von Kleinbauern. *Denen* sollten die MAS-Technik die fehlende Zug- und Transportkraft ersetzen, Serviceleistungen zu guten Konditionen angeboten werden. Die Anordnung vom 9. März 1949 brachte den kleinen Landwirten eine Ermäßigung der MAS-Nutzungstarife von 30 bzw. 15 Prozent. Sie blieb bis 1952 gültig.

Größere Bauernwirtschaften hatten vielfach eigene Technik.[751] Dennoch waren 1949 nicht nur Neubauern (zu über 85 Prozent), sondern auch Altbauern (zu etwa 56 Prozent) auf das Ausleihen von Agrartechnik angewiesen.[752] Die fortgesetzte Erweiterung des Technikbestandes, so erläuterte es Ulbricht im Gespräch mit Stalin im Sommer 1950, sollte gerade auch mehr Hilfe für Altbauern möglich machen. Stalin legte Wert darauf, daß die Bauern einen Nutzen in den MAS sahen.[753] De-

[750] Siehe Gesetz über den Haushaltsplan 1950, 9.2.1950, in: GBl. 1950, S. 111-129, hier S. 126.

[751] 1949 entfielen auf die Betriebsgrößengruppe 2-5 ha (Kleinbauern) statistisch auf je 100 Wirtschaften 14,3 Drillmaschinen, 13,1 Mähmaschinen/Grasmäher und 16 Dreschmaschinen mit mechanischem Antrieb. In der Betriebsgrößengruppe 10-20 ha waren das je 100 Wirtschaften 68,0 bzw. 139,0 und 57,0 entsprechende Maschinen. In der Betriebsgrößengruppe über 20 ha waren das 94,0 bzw. 223,0 und 80,0 Maschinen. Die überwiegende Mehrheit der Wirtschaften mit 2-5 ha sowie mehr als ein Fünftel der Betriebe der Größengruppe 5-10 ha hatte noch nicht einmal Zugvieh. Siehe Kotow, Agrarverhältnisse, Teil II, S. 141-143.

[752] Nach Kotow, ebenda, S. 146.

[753] Aufzeichnung des Gesprächs des Genossen I. V. Stalin mit den Führern der SED Wilhelm Pieck, Otto Grotewohl und Walter Ulbricht, 4. 5. 1950, in: Bonwetsch, Stalin, S. 583-607, hier S. 587.

ren Traktorenpark sollte laut Fünfjahrplan 1951 bis 1955 von 11 950 auf 37 500 Stück anwachsen.[754] Strukturell entscheidend war die in Anlehnung an sowjetische Erfahrungen angestellte Ausgangsüberlegung, daß nur ein zentral gelenktes Unternehmen in Frage kommt, in dem gesamtgesellschaftliches Eigentum zumindest dominierte, wenn der Betrieb schon nicht, wie in Sowjetrußland, rein staatlich sein konnte.

Die „Halbverstaatlichung“ der über 500 Ausleihstationen[755] ging schon 1949 mit einer Erweiterung der Gesamtkapazität einher, und zwar auf dem Weg von Investitionen durch die zonale DWK, die staatliche Funktionen wahrnahm. (Die Zentralisierung der MAS wurde damals gerade mit der Notwendigkeit der Kapazitätserweiterung erklärt.) Im Haushaltsplan 1950 waren für Investitionen beachtliche 80,25 Millionen DM vorgesehen, mit 60 Millionen DM sollten die Tarife gestützt werden.[756] Die neue Eigentumsform stellte nach damaligen Vorstellungen – und tatsächlich – einen „neuen Typ“ des öffentlich-rechtlichen Unternehmens dar.[757] Sozialistisch nannte man das nicht, doch der SED war klar, daß dieses staatlich dominierte Mischeigentum unter den gegebenen Verhältnissen maximale Steuerung und – bei Bedarf – weitere Sozialisierung ermöglichte.

Ein erster Schritt in dieser Richtung erfolgte Ende 1950: Die bestehenden 514 MAS gingen zum 1. Januar 1951 vollständig in Volkseigentum über. Die Regierungsverordnung erweckte den Anschein, als handele es sich vorrangig um eine administrative Angelegenheit: Die Verwaltung der MAS wurde aufgelöst, in den Ländern (außer Berlin) wurden als Anstalten öffentlichen Rechts fünf neue Vereinigungen volkseigener MAS (VVMAS) – analog zu den fünf Vereinigungen volkseigener Güter – geschaffen. Doch es hieß auch: „Das Vermögen der Verwaltung der MAS geht in das Eigentum des Volkes über. [...] Als Rechtsträger werden die VVMAS eingesetzt.“ Die Anordnungen vom 10. November 1948 und vom 9. März 1949 wurden aufgehoben, obgleich die vermögensrechtliche Regelung der von der VdgB und den Genossenschaften eingebrachten Einlagen noch nicht erfolgt war; das sollte bis Jahresende 1950 geschehen. Die von der VdgB eingebrachten Vermögenswerte galten als „aus dem Bodenfonds oder den Mitteln der VdgB-MAS stammend“, was es möglich machte, sie nunmehr zu Volkseigentum zu erklären. Aus Gemeinschaftseigentum mit staatlich geregelten Verfügungsbeschränkungen entstand quasi staatliches Eigentum. Das VdgB-Vermögen, das in den MAS steckte, gelangte in neue Rechtsträgerschaft.[758]

754 Siehe Fünfjahrplan zur Entwicklung der Volkswirtschaft (2), S. 289. Das war im Vergleich zu internen Überlegungen wenig. Eine planerische Studie von Anfang 1950 hatte für 1951 13 000 und für 1955 41.500 Traktoren insgesamt in der DDR-Landwirtschaft (ohne Technik-Altbestand) vorgesehen (siehe Exposé für Rau „Unterlagen für einen langfristigen Plan der landwirtschaftlichen Produktion und der Versorgung“, o. Verfasser, (Januar 1950), BArch, DE 1, 11476.

755 Kotow, Agrarverhältnisse, Teil II, S. 129, und Dölling, Wende, S. 178, nennen für Anfang 1949 524 MAS.

756 Siehe Gesetz über den Haushaltsplan 1950, S. 125. Die geplanten Investitionen übertrafen die für die zentralverwaltete volkseigene Kohleindustrie oder Chemieindustrie.

757 Ähnlich auch bei Kotow, Agrarverhältnisse, Teil II, S. 127.

758 Siehe Verordnung über die Bildung von Vereinigungen volkseigener Maschinen-Ausleih-Stationen, 14. 12. 1950, in: GBl. 1950, S. 1197f. ; Erste DB, 23. 12. 1950, in: ebenda, S. 1235–1237. Die Zweite DB stellte klar, daß die VVMAS kein Rechtsnachfolger der bisherigen Verwaltung der MAS ist. Siehe Zweite DB, 23. 12. 1950, in: GBl. 1950, S. 1237f.

Mit genossenschaftlichen Werten konnte so nicht ohne weiteres verfahren werden. Nur ein Teil ihres derzeitigen Vermögens war den Genossenschaften nach Kriegsende aus neuen gemeinschaftlichen Fonds zugesprochen worden (so kleine Nebenbetriebe, die die VdgB 1949 abstieß). Das meiste war „altes" genossenschaftliches Eigentum, das mit SMAD-Befehl Nr. 146 vom 20. November 1945 zurückgegeben worden war. Das rechtliche Problem löste sich scheinbar wie von selbst, als sich die genossenschaftlichen „Einleger" in die MAS im Zuge der Verschmelzung von VdgB und Dorfgenossenschaften – angeblich freiwillig – liquidierten. Für die Verschmelzung fand sich bislang, wie bereits dargelegt, keine sowjetische Order. Doch letztlich wurde die Entscheidung von der SKK gebilligt. Die im Dezember 1948 noch unbeantwortete Frage, wann und wie die MAS zu rein staatlichen Betrieben werden sollen, war damit erledigt. Diese Umwandlung der „gemischten" in rein staatliche MAS und ihre Umstrukturierung 1950 stellte einen wichtigen strukturellen Einschnitt in der Agrargeschichte Ostdeutschlands dar. Sie ist als markanter Meilenstein bei Verstaatlichungsprozessen auf dem Lande in der Geschichtsschreibung eher unterbewertet und „verblaßt" ungerechtfertigterweise vor dem Hintergrund der vermeintlich wichtigeren Zäsur der MAS-Gründung von 1949.

Hier ist jedoch ein weiteres, in Vergessenheit geratenes Detail zu beachten. Nach marxistisch-leninistischer Geschichtsdarstellung wurden die MAS Ende 1950 de facto „konsequent sozialistisches Eigentum".[759] Wollte man dagegen das zeitgenössische Verständnis der SED-Führung vom Charakter der entstandenen Institution suchen, so fällt nicht nur Zurückhaltung bei der Verwendung des Begriffes „Sozialismus" auf. Bei allen eigentumsrechtlichen Bestimmungen jener Zeit, so auch für VEG, VVEAB und dann auch für MAS, vermied es der Gesetzgeber, von staatlichem Eigentum zu sprechen. Im Unterschied zu ihren sowjetischen Beratern legte die SED-Führung Wert darauf, „Volkseigentum" zu sagen.[760] Das Bemühen um eine gesetzliche Fixierung von „Volkseigentum" als unantastbarem gesamtgemeinschaftlichen Eigentum, das in diverse „Rechtsträgerschaft" gegeben wurde, basierte auf dem (noch kaum untersuchten) frühen Gedanken, Volkseigentum bewußt als „nicht staatliches Eigentum" (nicht dem Staat als juristischer Person zugehöriges Eigentum) zu definieren.[761] Dieser Versuch war einer der alternativen Denkansätze für Wege, die sich für die SED ab 1949 aus der nationalpolitischen Besonderheit des Weges zum Sozialismus in der DDR zu erge-

[759] So auch bei Kotow, Agrarverhältnisse, Teil II, S. 127f.

[760] Die Verständigung zwischen SED-Rechtsspezialisten und SKK-Rechtsspezialisten in dieser Frage ist trotz umfangreicher jüngster Studien zum frühen DDR-Rechtssystem noch nicht einmal problematisiert worden. Die der Verfasserin vorliegenden Akten aus der agrarpolitischen Abteilung der SKK gaben dazu nichts her. – Die SED hatte es nicht allein auf den Wohlklang der Bezeichnung „Volkseigentum" abgesehen. Ihre Unterscheidung zwischen staatlichem und Volkseigentum machte Sinn, solange kalkuliert worden war, dieses Volkseigentum (zumindest als rechtliche Größe, nicht unbedingt in seiner materiellen Substanz) in ein geeintes Deutschland „hinüberzuretten", ohne es den üblichen Gefährdungen von Staatseigentum auszusetzen, die sich einstellen, wenn der betreffende Staat als Rechtssubjekt aufhört zu existieren. Sie stellte sich damit bewußt außerhalb des bürgerlichen Rechtsverständnisses und bahnte mit Blick auf ein geeintes Deutschland den Weg zu einer „neuen öffentlichen Rechtsgestaltung" (Siehe Selbmann, Wandlungen S. 73).

[761] Siehe Selbmann, Wandlungen, S. 72f.

ben schienen. De facto befanden sich VEG und MAS als volkseigene Betriebe natürlich im staatlichen Zugriff. Die Unterscheidung zwischen „Volkseigentum" und „staatlichem Eigentum" war unerheblich, solange Deutschland geteilt war. Sie versetzt den Historiker jedoch in die Lage, den Vorstellungen von damals historisierend näher zu kommen. Verstaatlichung in begrenztem Umfang sahen SED und SKK 1949/50 nicht als Schritt der nationalen Teilung an.

In den Jahren 1950 bis 1952 kam es zu keinem bemerkenswerten Einschnitt in der strukturellen Entwicklung der MAS. Eine unmittelbare Folge aus der beschriebenen Vollverstaatlichung ist nicht zu erkennen. Die Zahl der MAS (ohne Spezialwerkstätten und Motoreninstandsetzungswerke) wuchs von 514 (1950) auf 540 (1951) und 585 (1952), die ihrer Traktoren im gleichen Zeitraum von 10834 auf 14342 und auf 18419 Stück, oder – umgerechnet auf 30-PS-Leistung – von 11668 auf 16639 und auf 18419.[762] Ähnlich gleichmäßig nahm die Stückzahl der anderen Maschinen zu. Die Leistungen der MAS verdoppelten sich von 2,2 Millionen hm (1950) über 3,5 Millionen hm (1951) auf 4,9 Millionen hm (1952).[763] Überdurchschnittlich entwickelte sich in diesen Jahren die Stückzahl mittelgroßer Technik (Traktoren, LKW, Drillmaschinen, Dreschmaschinen, Mähbinder). Dies alles belegt einen allgemeinen, systemübergreifenden Technisierungstrend der Nachkriegsjahre.

Wie in anderen volkseigenen Betrieben begann man auch in staatlich geführten Agrarbetrieben vergleichsweise früh, sowjetische betriebliche Strukturelemente zu übernehmen: Leistungslohn (nach technisch begründeten Arbeitsnormen), Arbeitskolonnen und Brigaden mit klaren Verantwortungsbereichen[764], Produktionswettbewerb und regelmäßige Produktionsberatungen.[765] Das Sekretariat des ZK erarbeitete 1949 den Entwurf für eine „Verordnung zur Förderung des Wettbewerbs in den MAS und volkseigenen Gütern", die analog zur Industrie nach sowjetischem Vorbild die Aktivistenbewegung zu organisieren vorsah und selbst die Auszeichnungen (Abzeichen, Wanderfahnen) nachahmte.[766] In den MAS und

[762] Siehe Statistisches Jahrbuch 1955, S. 198f. Die Angaben beziehen sich jeweils auf den Stand vom 31.12. Mit diesen Zahlen arbeiteten auch Kramer/Heyn/Merkel, Landwirtschaft 1945–1955; Kotow, Agrarverhältnisse; Schulz, Probleme. Poosch, Bündnispolitik, S. 293, bringt sie auch – mit einer Ausnahme: Als Traktorenleistung 1952 nennt er 22185.

[763] Siehe ebenda. 1 hm ist der Arbeitsaufwand für das 20–25 cm tiefe Pflügen von einem Hektar Ackerland.

[764] Das sowjetische Brigadesystem in der Landwirtschaft unterlag im Untersuchungszeitraum experimentellen Veränderungen. Ende der vierziger Jahre ging man dazu über, die Arbeitskräfte in Kolchosen und Sowchosen soweit als möglich (in Abhängigkeit von Größe und Struktur der Betriebe) in spezialisierte Produktionsbrigaden einzuteilen. In der Tierproduktion war eine Brigade in der Regel für eine nicht sehr große Farm (russisch: ferma) verantwortlich. Die betrieb neben der Viehwirtschaft häufig auch Futtermittelanbau. Aus dieser Erfahrung heraus entwickelten sich sogenannte Komplexbrigaden; ab 1954 wurden sie formiert. Die Struktur der Agrarbetriebe in der UdSSR bedingte auch ein besonderes Verhältnis zwischen Kolchosbrigaden und MTS-Arbeitern. Ab Mitte der fünfziger Jahre ging man bereits dazu über, die MTS-Technik bedienenden Arbeiter in die Kolchos-Feldbrigaden einzugliedern – ein der Übereignung in Kolchoseigentum vorausgehender Schritt zu volks- und betriebswirtschaftlichem Interessenabgleich (siehe Verbickaja, Rossijskoe krest'janstvo, S. 39).

[765] Siehe Entschließung der Landarbeiterkonferenz in Potsdam am 23.3.1949, nach Überarbeitung als Anlage zum Protokoll der Sekretariatssitzung am 6.7.1949 bestätigt, SAPMO BArch, DY 30, J IV 2/3-38, Bl. 8–12.

[766] Siehe Protokolle der Sekretariatssitzungen am 8. und 12.8.1949, SAPMO BArch, DY 30, J IV 2/3-45, Bl. 7–9; -46, Bl. 4f.

VEG wurden Prämien- und Direktorfonds eingerichtet. Dies alles ergab sich aus der Eingliederung in die einheitliche betriebs- und finanzwirtschaftliche Lenkung des volkseigenen Sektors, die zweifellos „Sowjetisierung" belegt. Deren Reichweite hielt sich jedoch in VEG und MAS im betrieblichen Rahmen. Und neben Gemeinsamkeiten mit dem sowjetischen Vorbild blieben bemerkenswerte Besonderheiten bestehen.

6.3. Sowjetischer Einfluß bei der Arbeitsorganisation in VEG und MAS

Der zeitgenössischen Propaganda zufolge hatten MAS und VEG vor allem zwei Funktionen: „Volkseigene Güter und MAS sollen Vorbild sein", und „mit der MAS kommt der Bauer besser voran". Was der *Freie Bauer* Anfang 1950 verkündete,[767] war die Fortsetzung der Politik von Dezember 1948, die Kurt Vieweg so formulierte: „Die MAS sind die Hilfe des demokratischen Staates und der Arbeiterschaft für den kleinen und mittleren Bauern."[768] Auch interne Dokumente von SED, VdgB, DBD, DDR-Landwirtschaftsministerium und SKK bestätigen, daß es darum ging, „Musterwirtschaften" zu schaffen (was auch loyalitätsstiftend, politisch legitimierend wirken sollte), und den bäuerlichen Familienbetrieb zu unterstützen.

Zugleich war die Fortentwicklung von MAS und VEG von Anfang an heftigsten Vorwürfen ausgesetzt, der erste Schritt zur „Kollektivwirtschaft" zu sein. Die sowjetische Besatzungsmacht stellte sich diesen Vorwürfen öffentlich nicht. Sie überließ das der SED-Führung und agierte im Hintergrund. Arbeitspapiere der SMAD hielten fest, daß es vermieden werden muß, der „feindlichen Propaganda" einen Angriffspunkt zu bieten.[769] Dies war auch in der SED allenthalben Konsens. Wenngleich sich auch bereits Ende 1949 im Zusammenhang mit den Debatten um die Dorfgenossenschaften innerhalb der SED-Führung unterschiedliche Perspektiven für kooperative Zusammenschlüsse auftaten, so kam man doch überein: „Der Kollektivierungsgedanke darf auf keinen Fall von der MAS ausgehen."[770]

Die SMAD griff von Anfang an energisch in die Arbeitsorganisation der neuen Betriebe ein.[771] Sie beteiligte sich an der Planung, erarbeitete Vorschläge zur Dislokation[772], gab ihr Plazet zu den seitens der volkseigenen Industrie in die MAS einzubringenden Werte und erarbeitete Finanzierungs- und Investitionspläne. Die Struktur der Leitung einer Station gab sie vor: Ein Direktor, ein leitender Mechaniker, ein Agronom (einer der beiden letztgenannten als Stellvertreter des Direk-

767 Siehe *Der freie Bauer*, 8.1. und 12.3.1950.

768 Kurt Vieweg in einem Interview in: *Der freie Bauer*, 30.1.1949.

769 Siehe Maßnahmenplan zur Organisation von Maschinen-Ausleih-Stationen, SMAD-Verwaltung für Land- und Forstwirtschaft, 28.2.1949 (Ausgang), AVP RF, fond 0457 b, opis' 8, papka 49, delo 11, listy 10–15, hier list 14.

770 Protokoll der Sitzung der Abteilung Landwirtschaft des ZK der SED, 29.11.1949, SAPMO, BArch, DY 30, IV 2/7-74, unpag.

771 Siehe Maßnahmenplan zur Organisation von Maschinen-Ausleih-Stationen.

772 Die SMAD dachte anfänglich an höchstens 450 durch Neu- und Umbauten zu errichtende MAS und kritisierte den SED-Vorschlag vom März 1949, der 509 MAS vorsah. Daraufhin wurden Prüfungen vor Ort angeregt. Es sollte nicht „vom grünen Tisch aus" entschieden werden. Im April faßte die DWK in Durchführung der Verordnung über den Volkswirtschaftsplan 1949 insgesamt 524 MAS ins Auge (siehe Anweisung der DWK, 27.4.1949, gez. Hoernle, Steidle, SAPMO BArch, DY 30, IV 2/7- 257, unpag.).

tors) und ein stellvertretender Direktor für Kulturarbeit waren geplant. Unter SMAD-Kontrolle entstanden die wichtigsten Gesetzestexte, wurden die Tarife für MAS-Leistungen und die Arbeitsnormen und Versorgungskategorien für Traktoristen und andere Mitarbeiter der MAS erarbeitet. Die SMAD veranlaßte Schnellkurse für künftige MAS-Direktoren und hielt den FDJ-Zentralrat zu Werbeaktionen an. Aus dem Russischen sollten Lehrbücher für MAS-Direktoren übersetzt werden. Schließlich gab man für die Medien in der SBZ das argumentative Rüstzeug aus: Die MAS dienen durch breite, planvolle und zentral gelenkte Technikausleihe der schnellen Wiederherstellung der Agrar-Vorkriegsleistung.

1949 wiesen zuständige SMAD-Mitarbeiter insbesondere auf die schwierige Finanz- und Baumaterialiensituation beim Bau neuer Werkstätten, Garagen und MAS-Verwaltungsgebäude hin. Sie ordneten in Anbetracht der fehlenden Arbeitskräfte und Baustoffe an, solche vom Neubauernbauprogramm abzuziehen. Ihr Argument: Sowohl die Neubauernbauten als auch die MAS-Bauten seien wichtig, letztere gingen als „staatliche Bauten“ aber vor. SMAD-Mitarbeiter Tarakanovskij wähnte im August 1949 sogar „reaktionäre Kräfte am Werk“, als er hörte, daß die Oberbauleitungen der Länder den MAS-Bauten nicht die nötige Bedeutung beimaßen.[773] Mit strengen Berichtsauflagen suchten die sowjetischen Agrarspezialisten in der SMAD/SKK und in deren Ländervertretungen die Leistungsfähigkeit der VEG und MAS bis in einzelne Arbeitsabläufe zu kontrollieren und zu beeinflussen.[774] „Volksgüter“ und MAS verdienten laut interner SKK-Aufgabenstellung unmittelbare Hilfe „für ihre Umwandlung in Zentren des allgemeinen Aufschwungs der Landwirtschaft hinsichtlich der Ernteerträge, der Einführung fortgeschrittener agrotechnischer Maßnahmen und der Mechanisierung“.[775]

Ganz besonders aufmerksam verfolgten SKK-Inspektoren den Einsatz der MAS während der Frühjahrs- und der Herbstbestellungen und der Erntekampagnen. Die Vorbereitung der alljährlichen Verordnungen zur Frühjahrsbestellung unterlag strenger sowjetischer Kontrolle. Die Besatzungsbehörde gab Ratschläge, wie die Beschlüsse durch DDR-Regierungsbehörden bzw. Landesbehörden oder durch die Partei realisiert werden können und Kontrolle verbessert wird (Kommissionen, Konferenzen). Während der Bestellungs- und Erntearbeiten verfaßten die SKK-Ländervertretungen Berichte mit Empfehlungen, die in der SKK-Zentrale zu Memoranden an die DDR-Regierung komprimiert wurden.[776] In diesen Wochen, die

[773] Siehe Niederschrift über eine Besprechung bei der DWK am 19.8.1949, SAPMO BArch, DY 30, IV 2/7-257, unpag.

[774] Entwurf eines Statuts der SKK für das Land Mecklenburg und die Städte Rostock und Wismar, in: Scherstjanoi, SKK-Statut, S. 137–152, insbesondere, S. 140f., 148: Siehe auch Formblätter für Berichte des Ministeriums für LFW an die SKK, 1951, BArch, DK 1, 2281, Bl. 155–179.

[775] Statut der Vertretung der SKK für das Land Sachsen-Anhalt, Entwurf, in: Scherstjanoi, SKK-Statut, S. 162–174, hier S. 165.

[776] So lieferten die Chefs der SKK-Landesvertretungen im Februar/März 1950 umfangreiche Berichte nach einem Muster, das auf strukturierte Berichtsauflagen aus Karlshorst schließen läßt. Die Berichte fußten auf sowjetischen Inspektionen in ausgewählten Kreisen und Gemeinden, in MAS und VEG, auf Gesprächen der Inspekteure mit Ministern, MAS-Landesleitungen, VdgB-Landesleitungen, mit Landräten und Bürgermeistern, sowie auf deutschen Meldungen. Siehe AVP RF fond 0457 a, opis'9, papka 52, delo 18. (Beispielsweise aus Sachsen-Anhalt vom 25.2., listy 31–48 und vom 6.3., listy 74–79; aus Brandenburg vom 4.3., listy 64–73; aus Thüringen vom 4.3., listy 55–62; aus Sachsen vom 6.3., listy 110–117; aus Mecklenburg vom 5.3., listy 118–123 Zusammenfassung der Landesberichte durch die Planökonomische Abteilung

auch für deutsche Stellen eine extrem dichte reguläre Berichterstattung an die SKK mit sich brachten, wurden die zuständigen Mitarbeiter der Ministeriums für LFW der DDR auch spontan zum Rapport in die SKK-Zentrale nach Karlshorst zitiert.[777]

Bei der Gestaltung des Betriebsaufbaus der landwirtschaftlichen Staatsbetriebe konnte die SED bekanntlich auf keine eigenen Erfahrungen zurückgreifen. Bemerkenswerterweise kam es aber weder zur vollständigen Übernahme sowjetischer Leitbilder der dreißiger Jahre noch zur Übernahme aktueller sowjetischer agrarpolitischer Entscheidungen, die 1949 noch sehr rigide waren. Im Einzelnen sind die Bezugnahmen durch Quellen der Entscheidungsebene bislang leider nicht belegbar, doch die zeitlichen Parallelen lassen gewisse Zusammenhänge vermuten.

Im Februar 1947 hatte sich ein ZK-Plenum der KPdSU(B) mit Fragen der Agrarproduktion befaßt.[778] Es leitete keine agrarpolitische Wende ein, sondern propagierte die Fortsetzung stalinistischer Agrarpolitik in den neu hinzugewonnenen Territorien. Im Zusammenhang mit einer Geldreform wurden zum Jahresende die Lebensmittelkarten abgeschafft. Die Landwirtschaft der UdSSR bewegte sich derweil auf eine Krise zu. Auch 1950 bis 1952 stieg die Agrarproduktion im Land nicht.[779] Gerade die Staatsbetriebe (Sowchose) konnten die geplanten Produktionsergebnisse auf dem Niveau der Erträge von 1940 nicht erreichen. Die Zahl der Gewinn erwirtschaftenden Betriebe ging nach 1948 sogar wieder zurück.[780] Für die Kolchosen und die MTS brachte das Plenum 1947 eine Fortsetzung der miserablen Entlohnung nach dem System des *„trudoden"* („Tagewerk"). Im April 1948 wurden die Arbeitsnormen sogar erhöht. Die sowjetischen MTS-Arbeiter, denen bislang ein Minimum für das Tagewerk zugestanden worden war, erhielten es nun nur noch in voller Höhe, wenn auf dem bearbeiteten Kolchos-Bodenstück der Plan erfüllt worden war. Damit wurde an einen Entlohnungsgrundsatz aus den frühen dreißiger Jahren angeknüpft. Alle Agrarbetriebe erhielten nach dem Plenum strengere Auflagen bezüglich des Werterhalts der Technik (während die Produktion von Landtechnik stagnierte) und der Selbstkostensenkung. Das einzig Positive am Februar-Plenum von 1947 war der Versuch, unter den widrigen Nachkriegsverhältnissen „einen rationellen Kern in die staatliche Planung der Agrarproduktion" zu bringen und die persönlichen Interessen der Arbeitskräfte

der SKK vom 4.3.1950, listy 125–143) Siehe des weiteren: Baranov an Čujkov, Semenov und Koval', Notiz zu einem Gespräch Baranovs mit Merker und anderen über die Absicherung Frühjahrsbestellung am 28.2.1950, ebenda, listy 49–54; Bericht über eine Inspektionsreise in das Land Sachsen vom 24.-28.2.1950, ebenda, listy 80–86; Notiz zu einem Gespräch des amtierenden SKK-Chefs in Mecklenburg Černjavskij mit Premierminister Höcker und leitenden Mitarbeitern über den Druschbetrieb und die Erfassung landwirtschaftlicher Erzeugnisse am 1.9.1950, ebenda, listy 253–269; Chomjakov an Semičastnov, Meldungen über den Verlauf der Frühjahrsbestellung, Mai 1951, AVP RF fond 458, opis'72, delo 15, listy 115–117; Chomjakov und Matveev an Čujkov und Semičastnov, Meldungen über den Verlauf der Ernte, August bis Oktober 1951, ebenda, listy 268–272, 286, 299f., 365f., 395f., 427, 451f., 474f., 480f.; Chomjakov an Semičastnov, Meldung über den Stand der Ernte bzw. der Erfassung und die Winterfurche, November 1951, AVP RF, fond 458, opis' 72, delo 16, listy 39–47, 57f.

777 Neben den genannten Akten siehe AVP RF, fond 0457 a, opis' 9, papka 52, delo 18; fond 0457 a, opis' 11, papka 61, delo 19. Zu Besprechungen bei der SKK siehe auch BArch, DK 1, 2281, Bl. 148f. (April 1951).

778 Siehe O merach pod"ema sel'skogo chozjajstva v poslevoennyj period, plenum CK VKP(B), fevral' 1947g., [Über Maßnahmen zum Aufschwung in der Landwirtschaft der Nachkriegsperiode, ZK-Plenum der KPdSU(B), Februar 1947], in: KPSS v rezoljucijach, S. 502–550.

779 Siehe ausführlicher Jasny, Industrialization, S. 309–358; Verbickaja, Rossijskoe krest'janstvo.

780 Siehe Zelenin, Sovchozy.

ein wenig mehr zu berücksichtigen (neue Prämierungsmodi, die Re-Installierung des Direktorfonds in den Sowchosen u. a.).[781]

Vor diesem Hintergrund verstanden es die SMAD-Agrarexperten, die volkswirtschaftlichen Gegebenheiten in Ostdeutschland gebührend zu berücksichtigen und solche Mechanismen gar nicht erst zu übernehmen, die man in der eigenen Agrargeschichte ohnehin als Extremlösungen angesehen hatte. Anders als die sowjetischen MTS, die ihre jeweils vertraglich fixierten Entgelte von den Kolchosen – in Arbeitseinheiten berechnet – vornehmlich in Natura einholten und auch nach dem Krieg kaum Geld einnahmen, war für die Dienstleistungen der MAS in der DDR als Regelzahlung Geld vorgesehen. Der MAS wurde die Möglichkeit eingeräumt, sich vom Auftraggeber in Agrarprodukten bezahlen zu lassen. Der Bauer hatte diese jedoch nach geltenden Aufkaufpreisen an die staatlichen Erfassungsstellen zu geben; die MAS wurden über eine Bank ausgezahlt.[782] Für die Entlohnung der VEG- oder MAS-Arbeiter kamen in Ostdeutschland nur tariflich geregelte Lohn- und Naturaliensätze in Frage. Die Bevorzugung monetärer Beziehungen ging von SED und SMAD/SKK gleichermaßen aus, aber die deutschen Stellen, insbesondere die MAS-Zentrale, waren hier deutlich konsequenter. Die SKK-Wirtschaftsexperten griffen in Momenten drohenden oder geplanten Erfassungsrückgangs auch gelegentlich auf das Modell im eigenen Land zurück. So empfahlen sie im Januar 1951 in Antwort auf deutsche Absichten zur Beibehaltung der Pflichtabgaben 1952, den gewachsenen Bedarf an Soll-Produkten über eine Naturalbezahlung für MAS-Leistungen abzudecken. Solche Vorschläge wurden 1951 und 1952 wiederholt.[783] Umgesetzt wurde das nicht.

Die sowjetische Kritik galt auch dem Stundenlohn, der zu Leistungssteigerung nicht anregte. Doch bereitete die Einführung der Normen zunächst überall Schwierigkeiten.[784] – Insgesamt waren die Arbeiter der MAS im Vergleich zur volkseigenen Wirtschaft in diesen Jahren recht gut entlohnt, während VEG-Arbeiter mit Sätzen unter denen für Forst- oder Textilarbeiter die niedrigsten tariflichen Löhne der volkseigenen Wirtschaft hatten.[785] Im Interesse des Erhalts der Belegschaften forderte die SKK wiederholt, Tarifunterschiede für ein und dieselbe Arbeit in VEG und MAS zu beseitigen.

781 Verbickaja, Rossijskoe krest'janstvo, S. 23, 51.

782 Siehe Dritte DB zur Verordnung über die Bildung von Vereinigungen volkseigener Maschinen-Ausleih-Stationen. Vertragsbedingungen und Tarif für Arbeitsleistungen, 23. 12. 1950, in: GBl. 1950, S. 1238.

783 Siehe Matveev an Semičastnov, Antwort auf agrarpolitische Vorschläge des SED-Politbüros, 18. 1. 1951, AVP RF, fond 458, opis'72, delo 14, listy 65–68. Die Anregung dazu kam aus Mecklenburg und Brandenburg. Siehe Bericht über die MAS in Mecklenburg, 1. 3. 1951, gez. Zolotuchin, AVP RF, fond 0458, opis' 315s, papka 282, delo 1, listy 82–101; Bericht über die MAS in Brandenburg, 1. 3. 1951, gez. Malkin, ebenda, listy 112–123; Stellungnahme Kuliks zum deutschen Entwurf für die Verordnung zu Pflichtabgabe und Aufkauf 1952, 29. 9. 1951, AVP RF, fond 0458, opis' 315s, papka 283, delo 3, listy 23–26, hier list 26.

784 In verschiedenen SKK-Berichten von 1949/50 wurde kritisch angemerkt, daß man sich in den MAS weigerte, Stücklohn zu zahlen. Ein SKK-Bericht über die Vorbereitung der Frühjahrsbestellung in Sachsen vom 6. 3. 1950 (Eingangsvermerk) an die SKK in Karlshorst führt an, die MAS-Zentrale wolle Entlohnung entsprechend TAN einführen, doch die sei noch nicht festgelegt (siehe AVP RF, fond 0457a, opis'9, papka 52, delo 18, listy 110–117).

785 Der unterste Lohnsatz lag bei MAS-Arbeitern bis Herbst 1950 bei 81 Pfennigen, der oberste bei 144 Pfennigen. Nach Lohnverbesserungen ab 1. 9. 1950 gab es 87 bzw. 155 Pfennige pro Stunde. Der Tariflohn für VEG lag zunächst bei minimal 50 und maximal 85 Pfennigen, dann

Für die Herbstfurche 1949 kamen die neuen Institutionen der Technikhilfe, die MAS, vielerorts zu spät. Ihre Ausstattung war noch sehr schlecht. Daß die MAS auch in Neubauerndörfern „versagte", beunruhigte die SED-Führung auch ohne sowjetische Hinweise.[786] Aber für die SKK war dies ebenfalls der wundeste Punkt. „Auch arme Bauern treten gegen MAS auf", mußten sich Pieck und Ulbricht im Januar 1950 von der SKK-Führung vorhalten lassen.[787] Im Rahmen der Kampagnen „Heran an die Friedenshektarerträge" und „Erreichung der Vorkriegsanbaufläche" wurde daher über die Effektivierung der MAS verstärkt nachgedacht. Die Volkskammer entschied, daß im Rahmen des Volkswirtschaftsplanes 1950 unter anderem 5060 Traktoren, 8000 Traktorenpflüge, 1100 Schlepper-Kultivatoren, 3500 Traktoreneggen und weiteres Gerät sowie für 16,2 Millionen DM Traktoren- und Maschinenersatzteile an die Landwirtschaft geliefert werden sollten, ein Großteil davon (darunter 800 Traktoren) bereits zum 31. März 1950.[788] Die SKK schaltete sich in die Verteilung der neu produzierten Landtechnik ein und ließ sich über die Ersatzteilversorgung berichten. Am 13. März 1950 wußte das SED-Politbüro die sowjetischen Berater zweifellos auf seiner Seite, als es entschied, die Produktion von Traktoren, Landmaschinen und Ersatzteilen von der 7. auf die 1. Dringlichkeitsstufe in der Regierungsarbeit zu verschieben.[789] Mit guter Aussicht auf Erfolg konnte sich Staatssekretär Merker in der SKK mit einer Kritik an Industrieminister Fritz Selbmann vorwagen, als dieser entgegen den Beschlüssen bis 1. April lediglich 430 neue Traktoren bereitstellen wollte.[790] Ein Regierungsbeschluß zur Traktorenproduktion wurde eiligst auf den Weg gebracht[791], denn mit ausreichenden sowjetischen Importen war wegen rückläufiger Produktion in der UdSSR vorderhand nicht zu rechnen. Da für die 1949 importierten sowjetischen Traktoren in der DDR keine Ersatzteile produziert werden konnten[792], Benzin und spezielles Schmierfett fehlte (was die SKK durch Inspektionen nachprüfen

bei minimal 70 und maximal 119 Pfennigen pro Stunde. Diese Angaben stammen aus einem Politbürobeschluß, der der Regierung zur Festlegung neuer lohnpolitischer Prämissen zugestellt wurde. Vorgesehen waren durchweg Tariflohn*erhöhungen*. Siehe Protokoll der Politbürositzung am 16.7.1950, SAPMO BArch, DY 30, IV 2/2-98, Bl. 68–80. Eine Stellungnahme der SKK-Informationsverwaltung bemängelte im Frühjahr 1951, daß für gleiche Arbeit in MAS und VEG unterschiedlicher Lohn gezahlt würde. Zum Beispiel hätte ein Traktorist auf dem Gut einen Stundenlohn von 93 Pfennig, in der MAS dagegen von 1,06 DM.

786 Siehe Bericht über die Durchführung einer SED-Funktionärskonferenz in Niemegk, Kreis Belzig, Abteilung Landwirtschaft des SED-Zentralkomitees, SAPMO, DY 30, IV 2/2.022-26, unpag.

787 Besprechung bei Čujkov, Semenov, Puškin, Il'ičev und Semičastnov, 23.1.1950, in: Badstübner/Loth, Pieck-Aufzeichnungen, S. 326–328, hier S. 326.

788 Siehe Gesetz über Maßnahmen zur Erreichung der Friedenshektarerträge, 8.2.1950, in: GBl. 1950, S. 103–109, hier S. 104.

789 Siehe ebenda; Protokoll der Politbürositzung am 13.3.1950, SAPMO BArch, DY 30, IV 2/2-76, Bl. 11.

790 Siehe Notiz zu einem Gespräch Baranovs mit Merker am 15.3.1950, AVP RF, fond 0457 a, opis' 9, papka 52, delo 18, listy 105–109. In der Zusammenfassung der Landesberichte durch die Planökonomische Abteilung der SKK über die Vorbereitung der Frühjahrsbestellung, verfaßt am 4.3.1950, ebenda, listy 125–143, war von einer nur 44,6 prozentigen Planerfüllung bei der Produktion von Traktoren die Rede.

791 Siehe Beschluß zum Bericht über das Anlaufen des Volkswirtschaftsplanes 1950, Protokoll der Sitzung der Provisorischen Regierung der DDR am 30.3.1950, BArch, DC 20, I/3-15, Bl. 77, 81.

792 Die Quellen enthalten nicht verifizierbare Hinweise darauf, daß solche Ersatzteile bis 1950 in der SBZ/DDR auch nicht produziert werden durften. Später bemühte sich die DDR um Lizenzen für sowjetische Traktoren.

ließ), gab die sowjetische Kontrollbehörde Gesuche um Ersatzteillieferungen aus der UdSSR nach Moskau weiter und stellte kurzfristig Material aus den Beständen der Besatzungstruppen zur Verfügung.[793] Doch die MAS funktionierten weiterhin schlecht. Einem Bericht des Leiters der Planökonomischen Abteilung Chomjakov an Politberater Semenov vom Juni 1950 zufolge waren mehr als 1200 MAS-Traktoren nicht einsetzbar.[794] Investitionen liefen verspätet an, Preisveränderungen sorgten für zusätzlichen Finanzbedarf beim Technikkauf, es fehlte an Dieselkraftstoff, Bauvorhaben stagnierten.[795]

Die mangelhafte Auslastung der Technik wurde sehr kritisch gesehen. Aus Sicht einiger SKK-Vertreter, etwa in Brandenburg und Thüringen, waren die Landesregierungen und die SED-Landesleitungen zu wenig aktiv. Zahlreiche MAS hielten die ersten Verträge mit den Bauern nicht ein, was wiederum ihrem Ansehen schadete. Für 1951 wurden daher mehr Investitionen als 1950, nämlich insgesamt 95 Millionen DM, für die MAS eingeplant.[796] Im Sommer 1951 korrigierte die SED unter sowjetischer Anleitung ihre alten Pläne ein wenig und gab im Gesetz zum Fünfjahrplan eine Steigerung der Anzahl der MAS auf 750 im Jahr 1955 vor.[797] Doch der organisatorische Aufwand, der – auch auf sowjetischen Druck hin – betrieben wurde, darf über seine agrarwirtschaftliche Zwecksetzung nicht hinwegtäuschen. Bei aller Aufmerksamkeit, die den MAS von SED und SKK zuteil wurde, hielten sich die Zielvorgaben doch in Grenzen. Sowjetische Hinweise zu den MAS waren 1950-51 nicht annähernd so umfangreich, die Vorgaben nicht annähernd so streng wie beispielsweise die in der Agrarpreispolitik. Hauptzweck blieb die Effektivierung der neuen staatlichen Einrichtungen. Die SKK trat einem übermäßigen Verwaltungsapparat energisch entgegen.[798] Als sie im Mai 1950 auf „ernsthafte Unzulänglichkeiten" aufmerksam machte, galt die Kritik den hohen Personal-, Reparatur- und Transportkosten, dem verschwenderischen Benzinver-

[793] Die SKK dachte an zusätzlich 8–10 Tausend t Diesel, 2000 t Kerosin, 500 t Öl noch im März 1950. Die deutsche Seite schlug vor, vorhandenes Schmieröl gegen sowjetisches Öl anderer Konsistenz einzutauschen. Siehe Chomjakov an Semenov und Koval', Notiz zu einem Gespräch Chomjakovs mit Merker am 20. 1. 1950, AVP RF fond 0457 a, opis' 9, papka 52, delo 18, listy 12–19; Bericht über die Vorbereitung der Frühjahrsbestellung im Land Brandenburg, 4. 3. 1950, ebenda, listy 64–73; Notiz zu einem Gespräch Koval's mit Goldenbaum am 3. 3. 1950, ebenda, listy 99–101; Notiz zu einem Gespräch Baranovs mit Merker am 15. 3. 1950, ebenda, listy 105–109; Baranov an Romanov, Bericht über eine Prüfung der Ersatzteilsituation, 4. 4. 1950, ebenda, list 124; Zusammenfassung der Landesberichte über die Vorbereitung der Frühjahrsbestellung, 4. 3. 1950, ebenda, listy 125–143; Notiz zu einem Gespräch Baranovs mit Merker am 3. 4. 1950, ebenda, listy 146–150; Goldenbaum an Grotewohl, 13. 4. 1950, SAPMO BArch, NY 4090-315, Bl. 91; Čujkov an Grotewohl, 29. 4. 1950, ebenda, Bl. 103.

[794] Siehe Chomjakov an Semenov, vorläufiger Bericht über die Erfüllung des Anbauplanes, 12. 6. 1950, AVP RF, fond 0457a, opis' 9, papka 52, delo 18, listy 180–194.

[795] Siehe Stellungnahme zu den Investitionen, Ministerium für LFW, 10. 10. 1950, DK 1, 2281, Bl. 183-201.

[796] Siehe ebenda, Bl. 188. Aus der Sicht des Landwirtschaftsministeriums erlaubte die Summe nicht, die dann in der DDR produzierten Traktoren und Landmaschinen restlos abzunehmen.

[797] Siehe Gesetz über den Fünfjahrplan der Volkswirtschaft der DDR (1951-1955), 1. 11. 1951, in: GBl. 1951, S. 973-991, hier S. 981; siehe auch Schulz, Probleme, S. 31.

[798] Sie stellte fest, daß die MAS-Landesleitungen einen Personalbestand von 60 anstelle der festgelegten 30 Mitarbeiter hatte und daß dennoch eine Personalerweiterung geplant war. Merker sollte etwas gegen einen „sichtlich aufgeblasenen und unnötigen Personalbestand" unternehmen. Siehe Notiz zu einem Gespräch Baranovs mit Merker u.a. am 28. 2. 1950, AVP RF, fond 0457 a, opis' 9, papka 52, delo 18, listy 49–54, hier list 53.

brauch (der auf Betrügereien schließen ließe) und der mangelhaften Preisregelungen durch die MAS-Zentrale.[799]

Auch der privatbäuerliche Technikeinsatz wurde gefördert. SKK-Agrarinspektoren beauflagten die deutschen Stellen, den Privatbesitzern der rund 20000 Traktoren außerhalb der MAS den Erwerb von Benzin zu normalen Preisen zu ermöglichen und forderten, zusätzliche Brennstoffe bereitzustellen.[800]

Die volkseigenen Güter in der DDR erhielten 1949/1950 weit weniger sowjetische Aufmerksamkeit als die MAS. Hinweise und Kritik betrafen vielfach nur sekundäre Probleme der Lenkung der Unternehmen. Die brisante Frage der Finanzierung über den zonalen oder die Länderhaushalte bot verschiedentlich Anlaß für Beschwerden von Staatssekretär Merker in Karlshorst über den DDR-Finanzminister, der wiederholt Konten blockierte. Gemeinsam wurde geklärt, welche kleineren Produktionsbereiche vielleicht noch in das System der VEG aufzunehmen seien.[801] Eine grundsätzliche Erweiterung der Ackerfläche der Güter sah man in der SKK indes eher skeptisch. Als Merker im März 1950 von Plänen in den Ländern Mecklenburg und Brandenburg berichtete, Brachland zu erschließen und darauf neue Güter zu errichten, bremste ihn Baranov mit der Bemerkung, so etwas müsse gut vorbereitet sein und dürfe die Güter nicht überfordern.[802]

Größere Abstimmungsprobleme bereitete eine Grundsatzentscheidung in Lohn- und Versorgungsfragen für die VEG-Belegschaften. Schon die Arbeiter der Landesgüter hatten in Ergänzung ihrer tariflich entlohnten Beschäftigung auf dem Gut eine kleine Nebenwirtschaft betrieben: Gemüse- und Obstanbau, Kleinviehhaltung, Milchwirtschaft für den Familienbedarf. Nicht selten war die Hausfrau dort die Hauptarbeitskraft. Der DDR-Staat förderte die kleine individuelle Viehhaltung, trug sie doch ganz wesentlich zur Sicherung der Ernährung nicht nur des Besitzers bei. Über diverse Steuern, Kontrahierung und Aufkauf freier Spitzen aus dem Nebenerwerb wurden auch staatliche Kontingente aufgebessert. Zum Problem wurde das jedoch in dem Moment, wo sich die privaten Produktionszusammenhänge mit denen der staatlichen (ab 1949 noch mehr geförderten) Viehhaltung in den VEG direkt berührten. Während geduldet wurde, daß VEG-Arbeiter wegen Mangels an Stallungen ihr Vieh in den Gütern unterstellten und Gutsgeräte nutzten, schien es mit der Rentabilität der VEG nicht vereinbar, daß das nicht abgabenveranlagte, zur individuellen Versorgung gehaltene Vieh zu extrem subventioniertem, staatlichen „Billig-Futter“ kam. Auf Bitten des SKK-Experten Baranov trug Merker Anfang April 1950 einen Lösungsvorschlag vor. Zuvor hatte er sich bereits den VEG-Direktoren gegenüber für ein striktes Verbot der Unterbringung privat gehaltenen Viehs in den VEG-Anlagen ausgesprochen. In einer SED-

799 Siehe Notiz zu einem Gespräch Baranovs mit Merker und MAS-Vertretern am 24.5.1950, ebenda, listy 175–179.

800 Siehe Bericht über die Frühjahrsbestellung aus Brandenburg, 4.3.1950, ebenda, listy 72f. Landwirtschaftsminister Goldenbaum holte sich bei Koval' Unterstützung und kritisierte das Ministerium für Handel und Versorgung für zögerliche Benzinbereitstellung für Privatbauern (siehe Notiz zu einem Gespräch Koval's mit Goldenbaum am 3.3.1950, ebenda, list 99–101).

801 Die SKK-Vertreter erklärten sich mit deutschen Vorschlägen einverstanden, die Voll- und Warmblutpferdezucht in volkseigene Betriebe zu überführen, um den Gewinnen der Rennbahnbetriebe ein Ende zu setzen. Siehe Notiz zu einem Gespräch Chomjakovs mit Merker am 20.1.1950, ebenda, listy 12–19.

802 Siehe Notiz zu einem Gespräch Baranovs mit Merker am 15.3.1950, ebenda, listy 105–109.

Broschüre war das Verbot jeglichen Großviehbesitzes für VEG-Arbeiter bereits angekündigt worden. Merker wollte das Vieh von den Gütern aufkaufen lassen und begründete das gegenüber Baranov mit dem Hinweis, in einigen VEG seien bereits mehr private als volkseigene Kühe in den Ställen. Die SKK wollte dies prüfen.[803]

In der Sowjetunion war auch in den härtesten Zeiten von Zwangswirtschaft eine individuelle Nebenwirtschaft zulässig, wenngleich durch viele Einschränkungen kaum voll zu betreiben gewesen.[804] Der Ertrag unterlag Steuern. Für Kolchosbauern waren die Geldeinkünfte aus diesen Wirtschaften zwar minimal, doch auch 1945 bis Ende der fünfziger Jahre noch um einiges größer als die aus der Arbeit im Kolchos. Die veräußerbaren Erträge aus dieser zusätzlichen Arbeit machten vor und nach dem Krieg auch für sowjetische MTS-Arbeiter bis zu 50 Prozent ihrer Geldeinkünfte aus.[805] Sowjetische Wirtschaftsexperten konnten folglich eher Vorteile in einer Nebenwirtschaft sehen, zumal die VEG-Arbeiter in der DDR damals zu den schlechtest bezahlten Lohnarbeitern zählten. Die SKK-Experten entschieden sich daher trotz zu erwartender betriebswirtschaftlicher Komplikationen für eine Zulassung kleiner Nebenwirtschaften. Das von Merker angekündigte Verbot wurde nicht wirksam.

Im April 1951 griff die SKK-Informationsabteilung im Zusammenhang mit einer allgemeinen Kritik an der SED-Agrarpolitik das Problem der privaten Viehhaltung in VEG und MAS erneut auf.[806] Die politisch verantwortlichen Berater bauschten die Sache auf und sprachen von einem groben Verstoß gegen die Statuten von VEG und MAS. Die gemeinsame Versorgung von privatem und gemeinschaftlichem Viehbestand in überfüllten Ställen wirke sich „negativ auf die Betreuung der volkseigenen Tiere aus“; die Milchleistung einer VEG-Kuh sei in der Regel niedriger als die einer privaten Kuh. Kijatkin schlug vor, privates Vieh aus den Ställen herausnehmen zu lassen und statt dessen den Bau privater Ställe zu subventionieren. Seine Kritik stieß auf Unverständnis bei den Deutschen, waren doch ähnliche Bemühungen Anfang 1950 abgeschmettert worden. Umgesetzt wurde Kijatkins Vorschlag nicht.

6.4. „Stützpunkte der Arbeiterklasse“

SED und SMAD/SKK sahen in landwirtschaftlichen Staatsbetrieben von Anfang an wichtige „Stützpunkte der Arbeiterklasse auf dem Lande“, aus denen heraus gesellschaftlich und politisch gewirkt werden konnte.[807] Die Besatzungsmacht

803 Siehe Notiz zu einem Gespräch Baranovs mit Merker am 3.4.1950, ebenda, listy 146–150.

804 So verlor der Kolchos- oder der MTS-Arbeiter sein Recht auf den individuellen Nebenerwerb, wenn er sein Minimum an Arbeitseinheiten nicht erbrachte.

805 Siehe Verbickaja, Rossijskoe krest'janstvo, S. 144f.

806 Siehe Bericht Kijatkins „Über Maßnahmen zur wirtschaftlich-organisatorischen und politischen Stärkung der MAS und der Volksgüter in der DDR“, 11.5.1951, AVP RF fond 0457 a, opis' 11, papka 61, delo 19, listy 40–47 , auch in fond 0458, opis' 315s, papka 283, delo 2, listy 173–180.

807 Bauerkämper, Zwangsmodernisierung, S. 569, formuliert: „Als ‚Stützpunkte des Sozialismus auf dem Lande‘ sollten die VEG und MAS die Herrschaft der SED sichern.“ Dies ist nicht korrekt. Als „Stützpunkte des Sozialismus“ galten sie bis 1952 nicht. SED-Herrschaft sichern konnten MAS und VEG auch ohne zu „Stützpunkten des Sozialismus“ erklärt zu werden.

hielt die SED nicht nur dazu an, MAS und VEG zu rentablen Vorzeige-Unternehmen zu machen. Sie sah in ihnen auch eine Institution *politischer* Macht der SED – wie immer diese auch zu nützen sein würde.

In den volkseigenen Gütern und den MAS wurden im Zuge der Reorganisation der SED nach Produktionsprinzip sukzessive SED-Grundorganisationen geschaffen.[808] Darüber hinaus entstanden als Form des, wie es hieß, Bündnisses zwischen werktätigen Bauern, Landarbeitern in staatlichen Betrieben und Industriearbeitern sogenannte *Patenschaften*. Diese Form der direkten Einflußnahme politischer Organisationen der Arbeiterschaft auf Agrarproduzenten in staatlichen oder halbstaatlichen Betrieben wurzelte in der sowjetischen Tradition großer Produktionskampagnen.[809] Auch im Baltikum griff die Sowjetmacht Ende der vierziger Jahre auf dieses bewährte Mittel zurück. In der SBZ/DDR wurde ab Frühjahr 1949 mit der Institution der „Patenschaft" volkseigener Industriebetriebe über MAS (laut DWK-Anordnung vom 9.3.1949) in erster Linie versucht, den investitionsschwachen MAS durch örtliche Initiativen auf die Beine zu helfen.[810] Zugleich sollten SED- und Gewerkschafts„kader", Agitatoren der Nationalen Front und FDJ-Funktionäre auf ihre Arbeit in der Landwirtschaft vorbereitet werden.

Zu den dem sowjetischen Vorbild entlehnten Strukturen der politischen Einflußnahme in und über MAS und VEG zählte auch die eines *stellvertretenden Direktors* für politische und kulturelle Arbeit. Doch im weiteren übten sich die SKK-Berater in Zurückhaltung. Obgleich die „umfassende Kollektivierung" im Baltikum 1947 bis 1950 die Sinnhaftigkeit solcher Institute wie der *Politabteilungen* bei den neu geschaffenen Staatsgütern und Kolchosen voll zu bestätigen schien[811] und sie auch in den Volksdemokratien übernommen wurden, erhielten die MAS und VEG zunächst keine solchen Abteilungen, sondern nur einen entsprechenden Posten unter den stellvertretenden Direktoren. Lediglich auf oberster Ebene unterhielten die Verwaltungen der MAS und die VVG spezielle Abteilungen unter Leitung eines „Kulturdirektors".

Und auch ohne Sozialismus als Tagesziel anzustreben. Die SED sah in MAS und VEG Basen der von ihr dominierten Machtverhältnisse und nannte sie „Stützpunkte der Arbeiterklasse". Es waren staatliche Betriebe in einem von der SED beherrschten Staat, mithin Instrumente SED-bestimmter Politik. „Sozialismus auf dem Lande" folgte aus ihrer Existenz nicht zwangsläufig.

808 Siehe Paul Merker, „Die Partei in den volkseigenen Gutsbetrieben", Manuskript, September 1949, SAPMO BArch, DY 30, IV 2/2.022-48.

809 *Ševstvo* beinhaltete Hilfe von Industriebetrieben oder Verwaltungseinrichtungen für die Direktionen, Partei- und Gewerkschaftsorganisationen neuer oder „schwacher" Betriebe in arbeitsorganisatorischen und politischen Angelegenheiten. Es war aber auch mit regelrechten Schenkungen oder unentgeltlichen Arbeitsleistungen verbunden und wurde bei Subbotniks, bei der Vorbereitung der Frühjahrsbestellung und bei der Ernte oder bei der Einweihung sozialer Einrichtungen der Betriebe propagandistisch wirkungsvoll dokumentiert.

810 Etwa durch Bereitstellung von Maschinen, Überlassen von Arbeitsmitteln, durch Lehrgänge für MAS-Arbeiter in technischen Fächern und Buchhaltung, durch Hilfe bei der Errichtung von sozialen Einrichtungen und dergleichen. Die Industriebetriebe versprachen sich von solchen Verträgen Zugang zu Agrarprodukten, die sie ihren Beschäftigten als Deputate anbieten konnten. Diese Naturalwirtschaft versuchte man 1949 einzudämmen, was angesichts der Versorgungslage jedoch schwierig war. Die Patenschaften nahmen sogar überhand. Einige MAS hatten 1949 bis zu 30 Patenschaftsverträge abgeschlossen (Aktennotiz beim FDGB-Bundesvorstand, HA II, SAPMO BArch, DY 34, 20514 unpag.).

811 So dargestellt in Istorija sovestkogo krest'janstvo, S. 138–144.

Gewiß, das war nicht so grundsätzlich anders als beim sowjetischen Vorbild. Auch die ganz offenkundigen äußerlichen Ähnlichkeiten bei den Kulturbauten (Kulturhäuser, Klubräume),[812] die für MAS und VEG in Zusammenarbeit mit Gewerkschaft, Jugendverband, Kulturbund und VdgB errichtet und betrieben werden sollten, die Ähnlichkeiten bei den Kulturveranstaltungen (künstlerische Wettstreite, Erntefeste, Feiern zu Wahlen und anderen offiziellen politischen Feiertagen) und bei der Vorbereitung derselben (Werktätige aus den Industriezentren wurden aufs Land delegiert[813]) verbieten es geradezu, das Vorbild zu leugnen. Doch gemessen an der klassenkämpferisch ausgerichteten Politisierung, für die später die „politischen Abteilungen" der MTS geschaffen wurden, war die Kulturarbeit der MAS und VEG bis 1952 harmlos. Kulturarbeit in ländlichen Regionen war Teil eines euphorisch bewerkstelligten Planes, „Kultur aufs Land" zu bringen. Das Sekretariat des ZK ordnete 1949 an, in ländlichen Gebieten in jedem Kreis und in jedem Dorf einen Kulturausschuß aus Vertretern des Kulturbundes, des FDBG, von VdgB, FDJ, DFD sowie der MAS zu bilden. Die „operativen Zentren" sollten in den MAS und VEG liegen. Die SED ging also – wie andere Arbeiterparteien auch – davon aus, daß gerade über industrieähnliche Produktionsstätten in das Dorf proletarisches Klassenbewußtsein implantiert werden könnte, das seinerseits eine Hebung des allgemeinen Kulturniveaus auf dem Lande bewirken würde.[814] Für jedes Dorf waren ein Volkschor, Musik-, Tanz- und Laienspielgruppen sowie ein Lesezirkel vorgesehen. Büchereien sollten entstehen. Der VdgB wurden spezielle Kulturreferate empfohlen, dem FDGB „Kulturpatenschaften" nahegelegt.

812 Die Akten der SED reflektieren recht anschaulich eine Auseinandersetzung zwischen der SMAD-Landwirtschaftsverwaltung und deutschen Architekten über architektonische und bautechnische Aspekte beim Bau von Dorf-Kulturhäusern. Sowjetischen Vorstellungen folgend hätten die neuen „kulturellen Mittelpunkte" zum einen grundsätzlich zweigeschossig, zum anderen in der Fassade wie europäische Stadtbauten vom Ende des 19. Jahrhunderts gebaut werden sollen. Auch „einige maßgebliche deutsche Stellen" wünschten das. Man nahm an, den Zweigeschossern würden nach und nach städtische Bauten im Dorfkern folgen – das sollte Ausdruck eines Strukturwandels auf dem Lande sein. Die Architekten Hilscher, Henselmann und andere empfahlen dagegen (unterschiedlich nachhaltig) für das neue Kulturhaus eine typisch dörfliche Bauweise. Die SMAD bestand jedoch auf ihrem Kulturhausmodell (siehe Kritische Betrachtungen des Architekten Heinrich Hermann Hilscher, August 1949, SAPMO BArch, DY 30, IV 2/7-257, unpag.). In der Praxis wurde dann aber vielfach doch „bescheidener" gebaut, schon aus Kostengründen.

813 Kurt Vieweg schlug beispielsweise im Januar 1950 vor, 500 Werktätige als Instrukteure für Kulturarbeit in die Dörfer zu entsenden. Siehe Protokoll der Sekretariatssitzung am 16. 1. 1950, SAPMO BArch, DY 30, J IV 2/3-79, Bl. 1 f.

814 In „Richtlinien für die Kulturarbeit auf dem Dorfe" vom August 1949 hielt die SED-Führung fest: „Das in den Städten entwickelte Klassenbewußtsein der Traktoristen, Motorenschlosser usw., die in den MAS tätig sind, bildet ein neues aktives Kulturelement auf dem Land.[...] Es sind daher die MAS und volkseigene Güter, die als die wirtschaftlichen Entwicklungszentren des Landes diese kulturelle Funktion übernommen haben und damit zugleich Kulturzentren geworden sind. Die verantwortliche Leitung liegt in den Händen des MAS-Kulturleiters.[...] Die Versorgung der ländlichen Bevölkerung mit Veranstaltungen geselliger und künstlerischer Art muss aus dem Bereich des Profitstrebens, der geistigen Dürftigkeit privatwirtschaftlicher Initiative herauskommen und zu einer der ernstesten Aufgaben der fortschrittlichen demokratischen Öffentlichkeit gemacht werden." (Protokoll der Sekretariatssitzung am 1. 8. 1949, SAPMO BArch, DY 30, J IV 2/3-44, Bl. 9-11; siehe auch Richtlinien für die Arbeit der Kulturaktive, Protokoll der Sekretariatssitzung am 21. 10. 1949, SAPMO BArch, DY 30, J IV 2/3-58, Bl. 16-19.)

Sowjetische Berater, speziell die für politische Entwicklungen Verantwortlichen, hatten an diesen Plänen erheblichen Anteil. Die politische und die kulturpolitische Anleitung für MAS und VEG fielen in die Zuständigkeit der SMAD-bzw. SKK-Informationsabteilung, die zum Moskauer Parteiapparat direkte Verbindung unterhielt. Sie leitete die SED in Sachen Partei- und Gewerkschaftsarbeit auf dem Lande an und wollte bei der Herausgabe von Bildungsheftchen und der Organisation von Erfahrungsaustausch helfen.[815] MAS und VEG waren 1950 bis Mitte 1952 allerdings ein eher unterdurchschnittlich behandeltes Thema in der Berichterstattung nach Moskau. Politberater Semenov trug Anfang 1950 in einem Memorandum zwar kritisch vor: „In Sachsen-Anhalt sind die stellvertretenden Direktoren für politische und Massenarbeit bei der MAS sich selbst überlassen, ihre Erfahrung wird nicht ausgenutzt, keiner leitet sie, und deshalb ist in vielen Fällen die Rolle der stellvertretenden Direktoren beschränkt auf die Ausgabe von Kino und Theater."[816] Die SED-Führung ging auf diese Kritik auch ein.[817] Doch wurden Fragen der Kulturarbeit und politischen Mobilisierung über die MAS bzw. VEG in der Folgezeit in der Kommunikation zwischen SKK und SED kaum weiter aufgegriffen.

Politischer Einfluß sollte hauptsächlich von den SED-Kreisleitungen ausgehen. Dies geschah mit unterschiedlichen Ergebnissen, denn Parteien und Gewerkschaften faßten auf dem Lande nur langsam Fuß. Der Einfluß von MAS und VEG war so schwach, daß die 6. ZK-Tagung (13.–15. Juni 1951) auf dem Lande „Stützpunkte der SED" einzurichten beschloß, Orte der Absprachen zwischen SED-Grundorganisationen und Kreisfunktionären.[818]

Das politische Verhalten der Lohnarbeiter ländlicher Staatsbetriebe unterschied sich nicht grundsätzlich von dem der Industriearbeiter. In ausgesprochen ländlichen Regionen gehörte öffentlich bekundetes politisches Desinteresse regelrecht zum guten Ton. Mit ihren Abschlüssen von Betriebskollektivverträgen lagen die VEG- und MAS-Arbeiter im September 1951 im Vergleich der Zweige zwar im Mittelfeld, 1952 gehörten sie zu den Säumigen.[819] Doch SED-Mitgliedschaft blieb die Ausnahme. Die sowjetischen Berater meinten, wie einige SED-Funktionäre auch, diesen Beharrungstendenzen wäre mit eindringlicher Agitation beizukommen. Im Dorf wurden die Kulturagitatoren jedoch oft belächelt. Zugleich nutzte die Landbevölkerung gern die staatlich finanzierten Kultur-, Bildungs- und Festtagsangebote, soweit sie dörfliche Traditionen aufgriffen oder einfach den Alltag auflockerten.[820] Vordergründig Politisches kam dagegen kaum an. Einige Kultur-

[815] Siehe Maßnahmenplan zur Organisation von Maschinen-Ausleih-Stationen, SMAD-Verwaltung für Land- und Fortswirtschaft, 28.2.1949 (Ausgang), AVP RF, fond 0457 b, opis' 8, papka 49, delo 11, listy 10–15.

[816] Memorandum, SAPMO BArch, NY 4182, 1195, Bl. 28; als „Bericht Semenovs" veröffentlicht in: Badstübner/Loth, Pieck-Aufzeichnungen, S. 330.

[817] So wies sie den MAS eine wichtige Funktion bei der Vorbereitung der Wahlen im Oktober 1950 zu. Siehe Information Ulbrichts an Pieck in; Badstübner/Loth, Pieck-Aufzeichnungen, S. 356–360, hier S. 357.

[818] Siehe Poosch, Bündnispolitik, S. 48.

[819] Siehe Notiz Matveevs an Bykov, 27.9.1951, AVP RF, fond 458, opis' 72, delo 15, list 364; Aktennotiz, Protokoll der Ministerratssitzung am 11.9.1952, BArch, DC 20, I/3-133, Bl. 14.

[820] Nach Schulz, Probleme, S. 46, fanden 1949 in den MAS 24.889 kulturelle und Bildungsveranstaltungen mit über 1,9 Millionen Besuchern statt. So kamen zur Eröffnung des Kulturhauses der MAS Farnstedt, Kreis Querfurt, das einen Saal mit 620 Plätzen hatte, aus den umliegenden Dörfern 2500 Menschen zusammen.

funktionäre begriffen ihre Aufgabe auch zunächst nicht als Propagandaleistung. „Bei der Einweihung des Kulturhauses in Döbeln gab es keine Transparente, keine besondere Ausschmückung, kein Wort über unser Verhältnis zur Sowjetunion war zu finden", kritisierte die Abteilung Landwirtschaft des ZK der SED beispielsweise.[821] Doch für die SKK war das kein vorrangiges Thema. Der Aufgabenbereich der MAS-Kulturfunktionäre blieb eng begrenzt.

Nachdem Mitte 1951 mit einem internen sowjetischen Bericht Kijatkins eine leichte Verschärfung in der politischen Wertung eingeleitet worden war[822], bemühte sich die SED um mehr Einfluß in MAS und VEG.[823] Sie richtete ihre Anstrengungen auf die Einführung von Leistungslohn, Prämiensystem und Produktionswettbewerb. Im September 1951 hielt die Abteilung Landwirtschaft des ZK der SED mit den Ersten Sekretären der ländlichen Parteiorganisationen eine Konferenz über Parteiarbeit in den MAS ab.[824] Die Partei suchte durch Auswahl und politische Schulung des Leitungspersonals ihre Positionen zu festigen, aktivierte SED- und FDJ-Kreisleitungen. Nun entschied die SED auch[825], eine Hauptabteilung „Kultur und Schulung" im Landwirtschaftsministerium der DDR einzurichten. Analoges bestand bei den Ländervereinigungen von MAS und VEG fort.[826] Ungeachtet dieser Experimente (kultur)politischer Ausrichtung blieben die MAS und VEG als *Stützpunkte der SED* 1949–51 jedoch verhältnismäßig schwach.

6.5. Die Reorganisation der Verwaltung der Staatsbetriebe Ende 1950

Die entstandene Verwaltungsstruktur der MAS und der VEG erwies sich als unflexibel. Schwierigkeiten zeigten sich insbesondere bei den Planungs- und Finanzierungsprozessen.[827] Um einen kleinen staatlichen Sektor innerhalb einer investi-

821 Protokoll der Sitzung der Abteilung Landwirtschaft des ZK der SED, 15.11.1949, SAPMO BArch, DY 30, IV 2/7-74, unpag.

822 Siehe Bericht Kijatkins „Über Maßnahmen zur wirtschaftlich-organisatorischen und politischen Stärkung der MAS und der Volksgüter in der DDR", 11.5.1951, AVP RF fond 0457 a, opis' 11, papka 61, delo 19, listy 40–47 (auch in fond 0458, opis' 315s, papka 283, delo 2, listy 173–180).Vorarbeiten dazu kamen aus den Ländern: Siehe Bericht über die MAS in Mecklenburg, 1.3.1951, gez. Zolotuchin, AVP RF, fond 0458, opis' 315s, papka 282, delo 1, listy 82–101; Bericht über die MAS in Brandenburg, 1.3.1951, gez. Malkin, ebenda, listy 112–123; Bericht über die MAS in Thüringen, 7.3.1951, gez. Pan'šin, ebenda, listy 155–165; Bericht über die VEG in Mecklenburg, 8.3.1951, gez. Zolotuchin, ebenda, listy 166–185; Bericht über die MAS in Sachsen-Anhalt, 7.3.1951, gez. Nogin (Stellvertreter des Vorsitzenden der Landesvertretung), AVP RF, fond 0458, opis' 315s, papka 283, delo 2, listy 41–52; Bericht über die Lage der Bauern und die MAS in den Kreisen Güstrow, Parchim und Ludwigslust, 20.2.1951, gez. Kijatkin, ebenda, listy 64–73; Bericht über die VEG in Sachsen-Anhalt, 28.4.1951, gez. Nogin, ebenda, listy 117–139.

823 Siehe Protokoll der Sekretariatssitzung am 25.10.1951, SAPMO BArch, DY 30, J IV 2/3-243, Bl. 5.

824 Das deutschsprachige Protokoll ging routinemäßig nach Moskau. Siehe RGASPI, fond 17, opis' 137, delo 661.

825 Das Sekretariat des ZK hatte wohl schon früher von einigen sowjetischen Beratern ähnliche Ratschläge erhalten. Es wurde in seinem Bestreben aber gestoppt, im Zusammenhang mit der Überführung der MAS-Zentrale in das Ministerium für LFW die zentrale MAS-Kulturabteilung aufzulösen. Siehe Protokoll der Sekretariatssitzung am 27.12.1950, SAPMO BArch, DY 30, J IV 2/3-162, Bl. 1. Der Fortgang der Entscheidung ist nicht erkennbar.

826 Siehe Protokoll der Sekretariatssitzung am 8.11.1951, SAPMO BArch, DY 30, J IV 2/3-246.

827 Siehe Notiz zu einem Gespräch Tkačenkos (SKK-Finanzabteilung) mit für die MAS zuständigen Mitarbeitern im Ministerium für LFW der DDR über finanztechnische Ungereimtheiten im Plan 1950 am 7.7.1950, AVP RF, fond 0457 a, opis' 9, papka 52, delo 18, listy 209–211.

tionsarmen privatwirtschaftlichen Agrarproduktion zu lenken, bedurfte es flexibler Mechanismen mit wenig Verwaltung unter einer zentralen, aber nicht zu rigiden Aufsicht. Ein erster Schritt zu mehr Stringenz in der Lenkung war die als 15. Durchführungsbestimmung zur Verordnung über die Finanzwirtschaft der volkseigenen Betriebe (12. 5. 1948) fixierte Bestimmung, wonach sämtliche Finanzgeschäfte der einzelnen VEG bzw. MAS und ihrer Vereinigungen künftig allein über die zentrale Bank des Ministerrates, die Deutsche Notenbank, abgewickelt werden durften. In deren Landesfilialen hatte jeder Betrieb ein entsprechendes Konto zu führen. Die Bank erhielt eine Abschrift des bestätigten Finanzplanes für den Betrieb und konnte auf dieser Grundlage die Einkünfte der VEG und MAS regelmäßig kontrollieren sowie den Zahlungsverkehr lenken.[828]

Was die 1949 eingerichtete Struktur der zentralen Leitung der VEG durch Gebietsvereinigungen, Fachvereinigungen und eine VVG betrifft, so stieß sie auch auf Kritik der SKK. Der Chef der mecklenburgischen SKK-Landesvertretung regte bereits im März 1950 Veränderungen an. Er empfahl eine direkte Lenkung aus dem Landwirtschaftsministerium der DDR heraus, wobei die VEG den Landesregierungen unterstellt werden sollten, welche wiederum vom DDR-Ministerium beauflagt und kontrolliert werden sollten.[829] Nach den Herbstarbeiten war klar, daß die alte Struktur beseitigt werden mußte. Im Zusammenhang mit einer geplanten Reorganisation des Staatsapparates nach den Volkskammerwahlen von 1950 ging die SED-Führung dem Vorschlag nach.[830] Am 17. Oktober traf sich Minister Goldenbaum[831] mit dem SKK-Wirtschaftsexperten Chomjakov.[832] Er beschrieb die geplante Einrichtung von Hauptabteilungen im DDR-Landwirtschaftsministerium. Die darunter liegende Strukturebene (Gebiets- und Fachverei-

[828] Siehe Fünfzehnte DB zur Verordnung über die Finanzwirtschaft der volkseigenen Betriebe (Lenkung und Kontrolle des Geldverkehrs bei den Maschinen-Ausleih-Stationen und volkseigenen Gütern durch die Deutsche Notenbank), 21. 9. 1950, in: GBl. 1950, S. 1019–1023.

[829] Siehe Bericht über die Vorbereitung der Frühjahrsbestellung im Land Mecklenburg, gez. Usov, 5. 3. 1950, AVP RF, fond 0457 a, opis' 9, papka 52, delo 18, listy 118–123.

[830] Das Sekretariat des ZK ließ bereits im Juli 1950 prüfen, ob die Zentrale der VEG nicht besser in das Ministerium für LFW der DDR zu übernehmen wäre. Anlaß waren Korruptionsfälle und die Flucht einiger leitender Mitarbeiter. Wenig später entschied das Sekretariat, eine ministerielle Unterstellung auch für die MAS anzuregen. Pläne zur Reform wurden am 17. 10. im Politbüro befürwortet (siehe Protokolle der Sekretariatssitzungen am 31. 7., SAPMO BArch, DY 30, J IV 2/3-128; am 1. 9., ebenda, -135, Bl. 15f.; am 14. 9., ebenda, -138, Bl. 6–15; Protokoll der Politbürositzung am 17. 10. 1950, DY 30, IV 2/2-114). Diese Strukturnovelle war begleitet von Plänen zur Reorganisation des ländlichen Handels und der Agrarwissenschaften. Die Deutsche Düngerzentrale und die Deutsche Saatzuchtgesellschaft wurden zum Jahresende auf Betreiben der SED liquidiert. Ihre Aufgaben übernahm der staatliche Großhandel. Anstelle der Deutschen Landwirtschafts-Gesellschaft entstand eine Akademie für Landwirtschaftswissenschaften. Der Regierungsbeschluß erging am 11. 1. 1951, im Januar 1952 übernahm die Akademie – nach sowjetischem Vorbild – die fachliche und verwaltungsmäßige Aufsicht über sämtliche agrarwissenschaftlichen Einrichtungen. Zum 30. 6. 1951 wurde die Zentrale für Landtechnik aufgelöst. Ihre Aufgaben wurden an verschiedene Ministerien delegiert (siehe Verordnung über die Entwicklung der Agrartechnik, 12. 7. 1951, in: GBl. 1951, S. 691).

[831] Ernst Goldenbaum gab seinen Ministerposten mit der Regierungsbildung auf. Die SED-Führung fand, er sollte seine Kräfte auf den Vorsitz der DBD konzentrieren. Der Kommunist und DBD-Mitbegründer Paul Scholz schien als Landwirtschaftsminister geeigneter. Scholz leitete das Ministerium für LFW der DDR bis 1952 und 1953–1955. SKK- Stellungnahmen zur Umbesetzung im Amt sind von 1950 nicht bekannt.

[832] Siehe Notiz zu einem Gespräch Chomjakovs, Matveevs und Kuliks mit Goldenbaum am 17. 10. 1950, AVP RF, fond 0457 a, opis' 9, papka 52, delo 18, listy 305–308.

nigungen der VEG und MAS-Landesverwaltungen) sollte unverändert bleiben. Der SKK-Mitarbeiter äußerte prinzipielles Einverständnis, meinte jedoch, auch auf Landesebene müßten direkte Unterstellungen unter die Regierungen erfolgen. Er riet, die 87 existierenden MAS-Reparaturstützpunkte in vier bis sechs pro Land zu vereinen.

Chomjakovs Pläne waren, obgleich noch nicht ausgereift, Ausdruck von Pragmatismus. Sie zielten auf eine Rationalisierung der Lenkungsmechanismen im kleinen staatlichen Agrarsektor und setzten auf eine flexible mittlere Ebene. Indes, andere SKK-Vertreter, vermutlich aus der Informationsabteilung, meinten, die Vorschläge Chomjakovs sollten besser nicht angenommen werden, „da sie auf eine Schwächung der Zentralisierung in der Führung von MAS und volkseigenen Gütern orientieren". Schwächung befürchtete man, weil „sich die Stellen der Landwirtschaftsminister in einigen Ländern (zum Beispiel in Thüringen) in den Händen der bürgerlichen Parteien befinden". Man empfahl, alles beim alten zu belassen.[833]

Der endgültige Entscheid in dieser Frage war SKK-Chefsache. Er ist in den zugänglichen Quellen nicht nachzuweisen. Die gefundene Regelung kündet aber von einem Kompromiß:

Die SED-Führung bewirkte, wie bereits dargelegt, daß die MAS[834] mit Jahresbeginn 1951 in fünf neuen „Verwaltungen volkseigener MAS" (VVMAS) auf Länderebene (außer Berlin) zusammengefaßt wurden. Analog dazu entstanden in den Ländern fünf „Vereinigungen volkseigener Güter".[835] Die VVG mit ihren Gebiets- und Fachvereinigungen wurde aufgelöst und in den Ländern statt dessen fünf neue Vereinigungen volkseigener Güter als „selbständig bilanzierende Wirtschaftseinheiten" gebildet. Faktisch kam es zu einer partiellen Dezentralisierung,[836] was vor dem Hintergrund der Reorganisation in der volkseigenen Industrie höchst interessant ist. Hier wurde die Leitung der größeren VEB nämlich durch Hauptabteilungen von DDR-Ministerien übernommen. Die weniger bedeutenden Betriebe wurden in kommunalen Vereinigungen volkseigener Betriebe zusammengeführt, die von den Landesministerien für Wirtschaft und Verkehr gelenkt wurden. Die alten VVB der Länder wurden aufgelöst, ebenso die branchenübergreifenden Kommunalen Wirtschaftsunternehmen (KWU). Es kam zu einer Verlagerung der Wirtschaftsführung von der mittleren Landesebene weg nach „oben" und „unten".[837] Bei den volkseigenen Agrarbetrieben dagegen entschied man sich für eine quasi gegenläufige Reform. Es entstanden auf mittlerer (Lan-

833 Siehe Zur Frage über die Reorganisation der Verwaltungen der volkseigene Güter und MAS, o. D., ohne Adressaten und Absender, gesondertes Blatt im Anhang an obigen Bericht vom 17. 10., ebenda, list 309.

834 Ihre Anzahl wurde geringfügig erhöht. Siehe Stellungnahmen zum Volkswirtschaftsplan 1951, Protokoll der Politbürositzung am 28. 11. 1950, SAPMO BArch, DY 30, IV 2/2-120, Bl. 4.

835 Verordnung über die Bildung von Vereinigungen volkseigener Maschinen-Ausleih-Stationen, 14. 12. 1950, in: GBl. 1950, S. 1197 f.; Verordnung über die Gründung von Vereinigungen volkseigener Güter, 25. 1. 1951, in: GBl. 1951, S. 47–49.

836 Analoge Umstrukturierungen wurden für den staatlichen Erfassungs- und Aufkaufapparat beschlossen.

837 Siehe Verordnung über die Reorganisation der volkseigenen Industrie, 22. 12. 1950, in: GBl. 1950, S. 1233–1235; Verordnung über die Organisation der volkseigenen örtlichen Industrie und der kommunalen Einrichtungen, 22. 2. 1951, in: GBl. 1951, S. 143 f.

des)Ebene eigenständige, den Ministerien gleichgestellte Verwaltungen von VEG und MAS.

Damit setzten sich zwar die politisch verantwortlichen SKK-Mitarbeiter, die den nicht-SED-geführten Ministerien mißtrauten, durch. Doch auch die Kritiker überzogener Zentralisierung brachten sich ein. Den Ländern wurden mehr Mitspracherechte bei der Bewirtschaftung der volkseigenen Agrarbetriebe gewährt, freilich unter Anleitung und Kontrolle des DDR-Ministeriums für LFW. Insbesondere bezüglich der VEG wurden den Ländern neue Befugnisse eingeräumt.[838] Um eine Erweiterung des staatlichen Sektors der Landwirtschaft ging es im Zusammenhang mit der Reform nicht. Es blieb in den Augen der sowjetischen Berater auch weiterhin vor allem wichtig, die wenigen Staatsbetriebe effektiv zu führen.

Zu Beginn der Ausarbeitung des Fünfjahrplans im Februar 1951 fixierte die SED-Führung noch einmal die gültige Strategie.[839] Wenig später ließ die Konkretisierung der Planvorhaben (insbesondere hinsichtlich der Aufkauf- und Erfassungspreise) die Frage nach der Perspektive der Staatsbetriebe wieder aufkommen. Doch obgleich die Planung der Investitionen Probleme bereitete, „da die Entwicklung der MAS und VEG noch nicht klar" war,[840] blieb die Option offen. Die sowjetischen Berater empfahlen, im Fünfjahrplan die Erzeugung in den VEG im DDR-Maßstab gesondert auszuweisen, was für die Beibehaltung des Kurses spricht.[841]

6.6. *Agentenhysterie 1951*

Die Entwicklung der ländlichen Staatsbetriebe wurde ab Frühjahr 1951 von *außerökonomischen* Spannungen beeinträchtigt. Sie waren Teil einer scharfen politischen Auseinandersetzung in und um Deutschland, die sich auch auf die Art der Problembewältigung in der Landwirtschaft auswirkte. Politisch Verantwortliche in der SKK und einzelne SED-Agrarfunktionäre trieben sich dabei wechselseitig an. Auf der 4. ZK-Tagung (17. bis 19. Januar 1951) sprach Kurt Vieweg von „Sabotage und Agententätigkeit" in den Verwaltungen der VVG.[842]

War solche Anschuldigung im Januar 1951 möglicherweise als nachträgliche Erklärung für die Reform der Leitungsstruktur gedacht, so wiederholte Kijatkin in einem Bericht an Il'ičev vom April 1951[843] fast gleichlautend, aber weiter ausholend: „Die größte Unzulänglichkeit in der Arbeit von MAS und volkseigenen Gü-

838 Die Entscheidungsfindung für diesen Struktur-Kompromiß ist im Detail nicht nachvollziehbar.

839 „Die volkseigenen Güter müssen zu mustergültigen, hochproduktiven und mechanisierten Wirtschaften entwickelt werden. Die Anzahl der MAS muß erhöht werden." Protokoll einer Besprechung in der SPK am 12. 2. 1951, BArch, DE 1, 12123, Bl. 69–76, hier Bl. 71.

840 Protokoll einer Besprechung in der SPK am 15. 3. 1951, BArch, DE 1, 12123, Bl. 84.

841 Siehe Vermerk über ein Gespräch Kuliks, Zmienkos u. a. mit Ritter und Eckloff, am 22. 6. 1951, BArch, DE 1, 95, Bl. 180f.

842 Siehe 4. ZK.-Tagung, SAPMO BArch, DY 30, IV 2/1, 91, 92. Entschließung des ZK der SED (Entwurf), Protokoll der Politbürositzung am 16. 1. 1951, SAPMO BArch, DY 30, IV 2/2-127, Bl. 155–160. Zu Parteistrafen für leitende Angestellte der MAS-Zentrale und VVG siehe Protokolle der Sekretariatssitzungen am 26. 1. 1951, SAPMO BArch, DY 30, J IV 2/3-177, Bl. 12–15, und am 12. 11. 1951, -247, Bl. 2.

843 Siehe Kijatkin an Il'ičev, „Über Maßnahmen zur wirtschaftlich-organisatorischen und politischen Stärkung der MAS und der Volksgüter in der DDR", 11. 5. 1951, AVP RF, fond 0457 a, opis' 11, papka 61, delo 19, listy 40–47.

tern liegt in der Verunreinigung ihrer Apparate mit ungeprüften und unverläßlichen Elementen“. Damit waren ehemalige Gutsverwalter und Inspektoren gemeint, aber auch ehemalige Offiziere und Unteroffiziere der Wehrmacht, die nach seiner Meinung zu viele VEG leiteten. Außerdem sei die politische Qualifizierung der Leitungskader schlecht, nicht selten würden nicht Kleinbauern sondern wohlhabende Bauern bevorzugt bedient. Das war nun bereits die agrarspezifische Variante einer neuen Behandlung von „Grundsatzfragen der Kaderpolitik im Staatsapparat“, die im Juni 1951 mit einem SED-Sekretariatsbeschluß eine neue Welle von Parteiüberprüfungen auslöste.[844]

Diese in die Wirtschaftsanalysen hineingetragenen neuen Bewertungskriterien wurden agrarkonzeptionell noch nicht wirksam. Wie in anderen Bereichen auch setzten die politischen Scharfmacher innerhalb der SKK gemeinsam mit bestimmten Kräften in der SED zunächst punktuell Personalwechsel durch. In verschiedenen Kampagnen, etwa einem Parteiaufgebot „Industriearbeiter zur Demokratisierung des Dorfes“ (1951), wurden neue Kräfte geworben und in VEG und MAS in leitende Positionen gebracht. Sie füllten häufig vakante Stellen aus, denn die Betriebsleitungen waren bis dato höchst unvollständig.[845]

Die SKK-Informationsabteilung bot der SED-Führung weitere sowjetische Erfahrungen an: In den VEG und MAS sollten sogenannte „produktionstechnische Räte“ gebildet werden, die neben dem Leitungspersonal Vertreter der SED und der Massenorganisationen (insgesamt 15–20 Personen) vereinten. Der Rat sollte wirtschaftsleitende und politische Funktionen im Dorf wahrnehmen. Außerdem sollte der Stellvertretende Direktor der MAS für Kulturarbeit aufgewertet und mit einer zusätzlichen Personalstelle unterstützt werden. Die Anweisungen erreichten die SED-Führung allem Anschein nach nicht, die Räte wurden zumindest nicht gebildet. Der SED-Apparat befaßte sich jedoch verstärkt mit Fragen der ideologischen Arbeit auf dem Lande und wertete beispielsweise die politischen Stimmungen während der Zusammenführung von VdgB und Genossenschaften aus. Die SED propagierte vermehrt die Aktivisten- und Wettbewerbsbewegung in VEG und MAS. Dabei wurden nun unverhohlen auch sowjetische Erfahrungen direkt

[844] Siehe Protokoll der Sekretariatssitzung am 18.6.1951, SAPMO BArch, DY 30, J IV 2/3-205, Bl. 5–8. Auch über den Parteirahmen hinaus wurde der Staatsapparat nach politischen Gegnern abgesucht. Nachdem bereits 1950 im Zusammenhang mit der „Field-Affäre“ Paul Merker und andere kompetente Agrarpolitiker ins Abseits gestellt worden waren, folgte im Sommer 1951 eine erneute (1949 hatte es bereits eine ähnliche gegeben) generelle Überprüfung leitender Mitarbeiter des Ministeriums für LFW. Das Sekretariat sah sie „angesichts der Arbeit des Gegners in den leitenden Organen der Landwirtschaft“ als notwendig an (siehe Protokoll der Sitzung am 26.7.1951, ebenda, -218, Bl. 6).

[845] Die jüngste Literatur bietet hierzu unterschiedliche Wertungen. Nach Bauerkämper, Agrarwirtschaft, S. 30, zielte das Parteiaufgebot „vorwiegend auf einen Austausch der ländlich-agrarischen Funktionseliten“. Mir scheint das zu hoch gegriffen. Der „Elitenaustausch“ ist wohl besser als ein langfristiger Prozeß zu sehen. Auch war diese konkrete Kampagne vor allem für die Leitungsposten in VEG und MAS gedacht und erfaßte damit nur einen kleinen Teil der künftigen sozialistischen Funktionseliten. Nehrig, Leitungspersonal, wandte sich speziell den Führungskräften in den VEG von 1945 bis 1970 zu. Sie zeigte, daß bereits seit 1948/49 politisch verläßliche Kader für die Leitungen der Güter gesucht wurden. N. zufolge war ein „umfassender Wechsel der Betriebsleiter“ durch die SED-Führung damals bereits eingeleitet, dann aber aufgeschoben worden. Die personalpolitischen Veränderungen von 1951 waren für N. kein Grund, hier eine Zäsur anzusetzen.

eingeholt: Im Juli 1951 bewilligte die Parteiführung eine erste Delegationsreise junger Traktoristen und FDJ-Mitglieder aus ländlichen Gebieten in die Sowjetunion.[846] Die SED-Führung unternahm auch energische Schritte zur Einführung agrarwissenschaftlicher Neuheiten aus der UdSSR. Im Ergebnis einer Studiendelegation in die UdSSR änderten sich in der DDR die Lehrpläne an Universitäten und Fachschulen, Forschungspläne wurden modifiziert. Das Institut für Pflanzenzüchtung in Müncheberg wurde auf die „Methoden von Mitschurin, Lysenko und Williams" ausgerichtet.[847] Einigen VEG kam bei den Experimenten eine große Bedeutung zu.

Der Trend zu mehr Sowjetisierung in den ländlichen Staatsbetrieben wurde ab Mitte 1951 durch die ernährungswirtschaftliche Umorientierung unterstützt. Zum Zwecke einer grundsätzlichen Verbesserung der Fleischversorgung wurde auf die Intensivierung der Viehhaltung Kurs genommen.[848] Nach dem Verständnis von SED und SKK stieß der Familienbetrieb hier aber an seine Grenzen. Kleinbäuerliches Investitionsvolumen reichte nicht aus, und – das war unbestritten – großbäuerliches wollte man nicht wachsen lassen. Die SED-Führung legte folglich für einige VEG neue Aufgaben fest: eine Erweiterung des Grundkapitals und die Einführung neuer betriebswirtschaftlicher Lenkungsmechanismen. Der VEG-Tierbestand sollte innerhalb eines Jahres um durchschnittlich 70 Prozent wachsen. Für die aufzubauenden privaten Viehbetriebe sollten VEG eine zuchttechnische und agrowissenschaftliche Leitfunktion übernehmen.[849]

Die neuen Viehwirtschaftspläne, die unter Leitung der SED nun entworfen wurden, waren in ihrer Zielsetzung unrealistisch. Sie waren auch in den VEG nur gekoppelt an einen immensen Intensivierungsschub denkbar. Die SED sah dafür Ende 1951 wohl Möglichkeiten, unterschätzte aber die finanziellen Belastungen, die ein Übergang zur intensiven Viehwirtschaft vor allem in der Startphase mit sich bringt. Für VEG wurden neue Ablieferungspläne erstellt. Eine zentrale volkseigene Organisation für Nutz- und Zuchttierhandel sollte entstehen, die veterinärmedizinischen Einrichtungen sollten in die staatliche Verwaltung übernommen

846 Siehe Protokoll der Sekretariatssitzung am 30.7.1951, SAPMO BArch, DY 30, J IV 2/3-219, Bl. 5f.

847 Siehe Protokolle der Sekretariatssitzungen am 20.4.1951, SAPMO BArch, DY 30, J IV 2/3-188, Bl. 26f.; am 24.5.1951, -198, Bl. 48–52; am 18.6.1951, -205, Bl. 11; Grundsätze der Mitschurinarbeit auf dem Lande, Protokoll der Sekretariatssitzung am 6.9.1951, ebenda, -230, Bl. 19–26. Bei den genannten Methoden handelte es sich um eine Sammlung von durchaus erfolgreichen Züchtermethoden und unhaltbaren Behauptungen in der Botanik. Die mit dem Namen Lysenkos verbundenen genetischen Theorien fußten zum Teil auf Fälschungen. Sie dienten der Stalinschen Führung als Ausweis wissenschaftlichen Fortschritts auf der Grundlage einer dialektisch-materialistischen Vererbungslehre. Zu den Grenzen der Sowjetisierung in den DDR- Agrarwissenschaften siehe Scherstjanoi, Zur Sowjetisierung.

848 Ein Zweijahressonderplan zu Entwicklung einer produktiven Viehzucht in VEG und bäuerlichen Wirtschaften im Rahmen des Fünfjahrplans wurde erarbeitet. Für solche kurzzeitigen Sonderpläne gab es übrigens ebenfalls formelle sowjetische Vorbilder.

849 Die privaten Viehbestände sollten bis Ende 1953 stark wachsen: bei Rindern um 45, bei Kühen um 82, bei Schweinen und Sauen um 60, bei Geflügel um 164 Prozent (Näherungswert). Der Rinderbestand in der DDR sollte insgesamt von etwa 3,9 Millionen auf 4,3 Millionen Stück zunehmen, der durchschnittliche Milchertrag je Kuh/Jahr sollte Ende 1953 2650 kg betragen (siehe Protokoll der Politbürositzung am 18.3.1952, SAPMO BArch, DY 30, IV 2/2-202, Bl. 66–80, hier Bl. 76).

und Investitionen aufgestockt werden.[850] Für 1952 waren in allen VEG Leistungsprämien vorgesehen.

Bei den MAS kam es der SED nun verstärkt auf Selbstkostensenkung an. Man hoffte, dies würde auch das Vertrauen bei den Klein- und Mittelbauern stärken. Ende 1951 war die Zahl der Stationen einschließlich Werkstätten im Vergleich zu Ende 1950 etwas (um 15 auf 606) gewachsen. Die Anzahl der MAS-Traktoren betrug Mitte 1951 16280 Stück (1950: 10245)[851] und hatte sich damit seit 1949 verdoppelt. Die Traktorenproduktion wurde 1951 im Vergleich zum Parteitagsbeschluß zugunsten anderer Maschinenbauprodukte ein wenig gedrosselt, man rechnete mit Importen.[852] Investiert wurde vor allem in Preisstützungen. Die MAS-Belegschaften wehrten sich zwar gegen Schichtarbeit, doch die SED-Führung instruierte die Genossen in den Landesvereinigungen, mindestens 35 Prozent der Traktoren im Zweischichtsystem zu fahren. Sie unterstütze einen Wettbewerb im „Schnellpflügen". Der Leistungslohnsatz wurde aufgebessert, auf keinen Fall sollten Arbeitskräfte abgezogen werden.[853] So konnte mit Hilfe der staatlichen Ausleihunternehmen MAS bis Ende 1951 ein beachtlicher Technisierungsgrad in der Landwirtschaft erreicht werden. Für Betriebe bis 20 ha Bodenbesitz hatte sich nach Einschätzung der zentralen Planungsbehörde die Zahl der Traktoren (einschließlich Privatbesitz) im Vergleich zur Vorkriegszeit verzehnfacht.[854] Noch immer war in den MAS freilich der Ausfall wegen Ersatzteilmangels erheblich, er lag bei 18 Prozent.

Während in die Ausrüstungen der staatlichen Betriebe auf dem Lande, in ihre Sozial- und Kulturfonds investiert wurde, war an eine Ausweitung der staatlichen Bodenfläche weiterhin nicht gedacht. Die Reform der Kommunalwirtschaft trug den Vereinigungen der VEG 1951 einige kleinere Ländereien zu. Im Dezember 1951 beschloß das Politbüro, in das VVG-Netz die sogenannten „Versorgungsgüter", Landwirtschafts- und Gartenbaubetriebe mit spezieller kommunaler und ministerialer Versorgungsfunktion, die noch bis zum Frühjahr 1951 zu den KWU gehört hatten, in die Rechtsträgerschaft der VVG zu übernehmen; in Sachsen-Anhalt betraf das auch Stiftsgüter, die kein Kircheneigentum waren.[855] Die VdgB versuchte in diesem Zusammenhang, unrentable Betriebe abzustoßen. Die Masse der

850 Siehe Protokolle der Sekretariatssitzungen am 27.8.1951, SAPMO BArch, DY 30, J IV 2/3-227, Bl. 1, 5; am 22.10.1951, -242, Bl. 2f.; am 25.10.1951, -243, Bl. 6; Protokoll der Politbürositzung am 13.11.1951, SAPMO BArch, DY 30, IV 2/2-176, Bl. 3f.

851 Siehe Analyse des Ministeriums für LFW der DDR zur Regierungsvorlage betreffs zusätzlichen Kredites, Protokoll der Sekretariatssitzung am 17.12.1951, SAPMO BArch, DY 30, J IV 2/3-255, Bl. 51. Die Differenzen zur offiziellen Statistik haben mit nicht identischen Berechnungsgrundlagen zu tun. Die interne Statistik der SPK gibt für 1951 14.342 MAS-Traktoren an (siehe Vergleich von Zahlen und Analyse der Agrarentwicklung 1938 bis 1951, 30.5. 1952, BArch, DE 1, 20146, Bl. 167). Die Unterschiede können in unserem Fragenzusammenhang vernachlässigt werden.

852 Die Plankorrekturen standen im Zusammenhang mit permanenten Modifizierungen an der Produktionspalette und den Finanzierungsplänen im Maschinenbau.

853 Siehe Protokoll der Politbürositzung am 14.8.1951, SAPMO BArch, DY 30, IV 2/2-161, (Bericht Viewegs) Bl. 11f.; Protokolle der Sekretariatssitzungen am 27.8.1951, SAPMO BArch, DY 30, J IV 2/3-227, Bl. 15f.; am 10.9.1951, -232, Bl. 23–35.

854 Siehe Vergleich von Zahlen und Analyse der Agrarentwicklung 1938 bis 1951, Bl. 167.

855 Siehe Protokoll der Politbürositzung am 28.12.1951, SAPMO BArch, DY 30, IV 2/2-185, Bl. 6f. Die Übernahme erfolgte auf Anordnung des Innenministeriums im Einvernehmen mit dem Ministerium für LFW.

kommunal bewirtschafteten landwirtschaftlichen Produktionsbetriebe, vor allem die sogenannten „devastierten Betriebe“ mit Bodenreformland, sollten notfalls treuhänderisch bewirtschaftet, aber keinesfalls verstaatlicht werden. Die örtlichen Organe versuchten zwar, die VEG und MAS davon zu überzeugen, herrenlosen anbauwürdigen Boden zu übernehmen, um den Planauflagen für den Kreis gerecht zu werden, doch das Ministerium für LFW der DDR wirkte dem entgegen. Es sollte „in unserer antifaschistisch-demokratischen Ordnung“ kein Boden in Volkseigentum übergehen, denn das könne, im Unterschied zu Bodenreformland, dann nicht wieder in Privatbesitz überführt werden, hieß es in einer internen Stellungnahme aus dem Ministerium für LFW.[856] Im Bemühen, die Bewirtschaftung ausländischen Eigentums in der DDR ohne Eigentumsänderung zu verbessern, entschied der ostdeutsche Gesetzgeber im September 1951, die auf ausländischem Grundbesitz erwirtschafteten Überschüsse auf einem Sperrkonto zu führen, denn der Entschädigungsanspruch blieb erhalten.[857] All dies belegt fortgesetzte Zurückhaltung bei der Verstaatlichung von Flächen.

Anfang März 1952 reaktivierte die SED-Führung noch einmal alte Strukturpläne. Ein Schreiben Leuschners an Ulbricht belegt sowjetische Gegenmaßnahmen. Jener hatte davon erfahren, daß das Sekretariat des ZK der SED die Auflösung der VVG in den Ländern vorbereitete. Die Leitung der VEG sollte nun doch unmittelbar an die Ministerien der Länder übergehen (so wie es Wirtschaftsexperte Chomjakov schon Ende 1950 geraten hatte). Indes sprach jetzt anderes dagegen als 1950. „Die sowjetischen Genossen teilen mir mit“, schrieb der stellvertretende Vorsitzende der SPK am 17. März 1952 an den Ersten Sekretär des ZK, „daß sie die Reorganisation jetzt nicht für zweckmäßig halten. Sie sind der Meinung, daß man eine solche Reorganisation mit dem Beginn des Jahres durchführen soll, also am 1. 1. 1953. Sie sagen, die VVG existieren erst ein Jahr, sie sollen die wirtschaftliche Rechnungsführung einführen, es sind eine Reihe anderer Aufgaben gestellt. Hinzu kommt jetzt die Frühjahrsbestellung, dann die Ernte, so daß die Reorganisation gegenwärtig die Entwicklung hemmen würde.“[858] Das SED-Sekretariat kam von seinen Plänen ab.

[856] Siehe Stellungnahme des Ministeriums für LFW, HA III, zur Frage der nichtbewirtschafteten landwirtschaftlichen Nutzfläche (Entwurf), gez. Frommhold, 14. 9. 1951, DK 1, 8689, Bl. 15–22.

[857] Siehe Verordnung über die Verwaltung und den Schutz ausländischen Eigentums in der DDR, 6. 9. 1951, in: GBl. 1951, S. 839f.; siehe auch BArch, DK 1, 9065.

[858] Siehe Brief Leuschners an Ulbricht, 17. 3. 1952, BArch, DE 1, 11622, unpag; Notiz Chomjakovs für Čujkov, 12. 3. 1952, AVP RF, fond 0458, opis' 314s, papka 281, delo 10, list 96.

7. Der Start für LPG-Gründungen

7.1. Einschätzungen zu Jahresbeginn 1952

Zu Jahresbeginn 1952 sahen weder SKK noch SED-Führung eine Wende in der ostdeutschen Agrarpolitik als notwendig an. Die Abteilung für Wirtschaftsfragen der SKK zog eine insgesamt positive Bilanz der Entwicklung der ostdeutschen Agrarwirtschaft der vergangenen zwei Jahre und des Planjahrs 1951. In einem Bericht zum vorläufigen Stand der Planerfüllung schrieb sie im Januar 1952 von einem Aufschwung in der Landwirtschaft.[859] Die Erträge bei Getreide und Kartoffeln hätten bereits 1950 im großen und ganzen das Vorkriegsniveau erreicht, und von der Ernte 1951 erwartete die Abteilung eine weitere Ertragssteigerung um rund 30 Prozent. Auch in der Viehwirtschaft sei eine Steigerung der Produktivität zu verzeichnen, vor allem bei der Milchleistung und beim Schlachtgewicht der Rinder. Zugleich aber hieß es, daß trotz guter Ernte der Erfassungsplan mit Ausnahme der Ölkulturen nicht erfüllt wurde, da insbesondere die Bauern mit Wirtschaften über 20 ha nur 70–80 Prozent ihres Solls abgeliefert hätten. Der Umfang des Aufkaufes habe erfreulicherweise zugenommen, doch die Planvorgabe sei auch hier (mit Ausnahme von Milch und Eiern) erst zur Hälfte erfüllt. Verantwortlich dafür sei die ineffektive Arbeit der staatlichen Aufkaufbetriebe. Kritisch vermerkte der Bericht, die SED sei höchst desinteressiert an Fragen der Landwirtschaft.

Etwa einen Monat später weitete die Wirtschaftsabteilung ihre Kritik aus. Den Anlaß bot ein routinemäßiger Bericht zur DDR-Landwirtschaft vor der SKK-Führung Ende März 1952.[860] Die Wirtschaftsexperten legten am 18. Februar einen 55-Seiten-Bericht mit umfangreichem Zahlenmaterial vor.[861] Er setzte mit einer Beschreibung der Umgestaltung nach Kriegsende ein und stellte die Erfolge der Landwirtschaft bis 1950 dar, letzteres realistischer als im vorangegangenen Kurzbericht: 1950 habe der Umfang der Bruttoproduktion in der Landwirtschaft 87,2 Prozent des Vorkriegsniveaus betragen.[862] Doch letzten Endes zog auch diese Analyse eine gute Bilanz. Nach erheblicher Steigerung der Erträge 1950 und 1951 hätten die Ergebnisse 1951 bei Getreide und Hülsenfrüchten etwa um 12,4 Prozent über den durchschnittlichen Vorkriegswerten gelegen; in der Milchleistung und beim Rinder-Schlachtgewicht seien die Vorkriegswerte nicht ganz erreicht worden.[863]

859 Bericht Matveevs an Semenov über die vorläufige Erfüllung des Planes 1951 in der Landwirtschaft, 10. 1. 1952, AVP RF, fond 457a, opis' 13, papka 71, delo 36, listy 4–9.

860 Von dieser Beratung auf höchster SKK-Ebene, anberaumt zum 31. 3. 1952, liegen keine Unterlagen vor. Im folgenden wird auf Vorbereitungsmaterial aus der Abteilung für Wirtschaftsfragen und auf Stellungnahmen der Informationsabteilung zurückgegriffen.

861 Bericht „Die Situation in der Landwirtschaft der DDR", 18. 2. 1952, gez. Matveev, 21. 2. 1952 von Chomjakov an Il'ičev, AVP RF, fond 457 a, opis' 13, papka 71, delo 36, listy 13–58, Anlagen listy 59–64 (auch in fond 0458, opis' 314s, papka 281, delo 10, listy 14–69). In diesen Bericht gingen vermutlich Zuarbeiten des Ministeriums für LFW der DDR ein, die am 2. 1. zum 7. 1. 1952 angefordert wurden. Teile davon sind überliefert (siehe BArch, DK 1, 2792). Eigene Vorarbeiten: Notiz Matveevs über die sozial-ökonomische Umgestaltung in den Dörfern der DDR nach Angaben landwirtschaftlicher Erhebungen von 1949, 12. 1. 1952, AVP RF, fond 0458, opis' 314s, papka 281, delo 10, listy 1–6; Bericht Matveevs „Vorläufige Ergebnisse der Planerfüllung in den wichtigsten landwirtschaftlichen Kennziffern", 10. 1. 1952, ebenda, listy 7–12.

862 Siehe Bericht „Die Situation in der Landwirtschaft der DDR", 18. 2. 1952, listy 16f.

863 Siehe ebenda, listy 18f.

Die sowjetischen Experten konstatierten einen Rückgang der ländlichen Lohnarbeitskräfte von 1 067 300 (im Jahr 1948) auf 743 500 (im Januar 1951). Gegen das Landarbeiterschutzgesetz wird häufig verstoßen, hieß es. Die SKK-Experten mußten auch feststellen, daß die Tendenz der Landaufgabe fortwirkte und daß die Verordnung vom 8. Februar 1951 keine hinreichend positiven Ergebnisse gebracht hatte. Am 1. Januar 1952 gab es in der DDR 170 917 ha brachliegendes Land, darunter 116 708 ha aus dem Bodenreformfonds.[864]

Der Bericht enthält einen historischen Abriß der Entwicklung des Abgabensystems seit 1938, der ein weiteres Mal bezeugt, daß Totalablieferung für ein ungeeignetes Mittel des staatlichen Zugriffs gehalten wurde. Die Wirtschaftsexperten sahen in der bisherigen Entwicklung des Erfassungssystems in der DDR eine Bestätigung ihrer Politik: Das praktizierte System garantiere eine gerechte Lastenverteilung und sichere die wirtschaftliche Festigung der Bauernwirtschaften. Bei ständig steigenden Ernteergebnissen nimmt der Anteil der Pflichtabgaben am Bruttoprodukt der Wirtschaften ab, hieß es. So hätten die Bauern 1950 insgesamt 57 Prozent, 1951 aber nur noch 45,2 Prozent ihrer Getreideernte abgeben müssen. Und obgleich die Abgabenhöhe sozial differenziert war, habe diese Verbesserung alle Bauerngruppen betroffen: Bei Bauern bis 20 ha Land sei der Anteil von 48,0 auf 37,6 Prozent gesunken, bei Bauern über 20 ha Land von 80,8 auf 64,3 Prozent.[865] Die insgesamt starke Sollbelastung, die in der absoluten Höhe – entgegen den Erwartungen der Bauern – nicht zurückgegangen war, wurden nicht kritisch gesehen. Wie es hieß, kam es bei der Festlegung der Abgaben vor Ort immer wieder zu Verletzungen geltender Bestimmungen, wurde die Besonderheit der einzelnen Wirtschaften oft nicht berücksichtigt, konnten „reaktionäre Elemente" in den Gemeinden gelegentlich die Abgabenhöhe herunterdrücken. Es komme insbesondere unter Großbauern zu Sabotagefällen. Bauern pflügten beispielswiese die nicht restlos abgeernteten Felder, nur um nicht mehr abliefern zu müssen. In der Viehwirtschaft würden Großbauern die Abgaben nicht selten ganz offen boykottieren.

Die Feststellungen zu „Sabotagefällen" wurden in diesem Bericht nicht drastischer ausgemalt als in den Jahren zuvor. Es handelte sich nach Ansicht der SKK-Wirtschaftsabteilung um einige sabotierende Großbauern, die allerdings in ihrer Haltung bei „rückständigen Teilen der Klein- und Mittelbauern" Unterstützung erfuhren. Die Kritik der SKK richtete sich in erster Linie gegen die säumigen deutschen Stellen, insbesondere den VEAB-Apparat und dessen Zentrale. Letztere würde die Landesregierungen falsch orientieren, nämlich darauf, daß sich die Bauern zunächst selbst versorgen dürften, an zweiter Stelle erst stünde die Abgabepflicht. Die Behörde sei mit „reaktionären Elementen" durchsetzt. Lange Zeit habe die Regierung der DDR nichts gegen die drohende Nichterfüllung des Abgabeplanes unternommen; erst Ende 1951 seien verspätet zwei Verordnungen verabschiedet worden. Der Entwurf der Verordnung „Maßnahmen zur Steigerung der Erfüllung des Volkswirtschaftsplanes 1952", den Rau am 7. Februar vorgestellt hatte, werde der schwierigen Lage nicht gerecht. Es hieß, er sei mit „reaktionären Elementen" durchsetzt. Neue Entscheidungen würden überhastet und ungeschickt

864 Siehe ebenda, list 28.
865 Siehe ebenda, list 31.

umgesetzt; Abgabensenkungen, die witterungsbedingt möglich seien, erreichten die Bauern nicht rasch genug; Strafen gegen Abgabesäumige kämen bei Kleinbauern zu hart und bei Großbauern zu lasch zur Anwendung. Die SKK wollte keinesfalls die Behauptung einiger deutscher Mitarbeiter (genannt wurden Landwirtschaftsminister Scholz und Staatssekretär für Erfassung und Aufkauf Streit) gelten lassen, wonach der Aufkaufplan 1951 nicht erfüllt werde könne. „Im Zusammenhang mit der guten Ernte haben die Bauern sehr viel mehr Reserven", hieß es.[866]

Dieser Bericht der Wirtschaftsabteilung machte für die Versäumnisse bei Erfassung und Aufkauf und für das noch immer nicht gelöste Problem der devastierten Wirtschaften in erster Linie die SED verantwortlich. Man berief sich dabei auf Einschätzungen aus der Parteispitze selbst: Fred Oelßner hatte auf dem 6. ZK-Plenum im Juni 1951 von Unklarheiten in der Bauernfrage gesprochen. Die SKK stellte auch mangelhaften Einfluß der SED auf DBD und VdgB(BHG) fest. Man dürfe den Einfluß der „bürgerlichen" Parteien CDU und LDPD sowie der Kirchen nicht unterschätzen; die vertraten die Interessen der Großbauern.[867]

Unter dem Druck der komplizierten Lage rieten die SKK-Wirtschaftsexperten zum entschiedenen Zugriff des Staates auf devastierte Höfe. Es hieß: „Es ist ein Regierungsbeschluß zu fassen über die Nutzung von verlassenen Ländereien sowie von Land, das sich in den Nebenwirtschaften von Betrieben, Einrichtungen und Organisationen befindet. Das genannte Land sollte in der Hauptsache den Volksgütern übergeben werden, und nur jenes Land, das von diesen nicht genutzt werden kann, ist Bauern zu verpachten, wobei zusätzliche Vergünstigungen einzuräumen und lange Pachtzeiten festzulegen sind. Zur endgültigen Sicherung der verlassenen Ländereien und des ungenutzten Landes sollte das Privateigentum an diesem Land aufgehoben und es sollte zum staatlichen Fonds erklärt und zur Nutzung verteilt werden. Es erscheint im weiteren nicht zweckmäßig, das verlassene Land den Gemeinden zu übergeben, damit diese es bearbeiten. Zur Beseitigung der Bodenspekulation ist es notwendig, daß die Regierung einen Beschluß zur Regelung der Verpachtung sowie des Kaufs und Verkaufs von Land faßt."[868] Ungesetzliche Reduzierungen der Abgaben für einzelne Betriebe – angeblich nahmen sie schon Massencharakter an – seien entschieden zu verhindern. Das VVEAB-Personal sei zu prüfen, seine Arbeitsweise umzustellen. Zugleich aber hieß es, die Ursachen der Nichterfüllung der Abgaben seien gründlich zu analysieren und die Praxis von Schauprozessen gegen abgabensäumige Großbauern sei einzustellen.

Hier schlug sich, „verpackt" in positive Gesamteinschätzungen, ernste Besorgnis nieder. An Entscheidungshilfe bot diese Kritik allerdings wenig. Die SKK-Wirtschaftsabteilung, die immerhin in einer Unterabteilung die Kontrolle von Landwirtschaft, Handel sowie von Erfassung und Aufkauf zusammen betrieb, thematisierte auch die eigenen Versäumnisse nicht. Die Abgaben in der Landwirtschaft, die auf illusionären Vorstellungen von rascher Produktivitätssteigerung aufbauten, wollten die SKK-Wirtschaftsberater nicht verringern.

866 Ebenda, list 35.
867 Ebenda, list 43.
868 Ebenda, list 55.

Eine gewisse Inkonsequenz dieser Haltung muß auch den Kollegen aus der SKK-Informationsabteilung klar geworden sein, die zur Erarbeitung des Berichtes hinzugezogen worden waren. Der an der Analyse beteiligte Salechov, leitender Mitarbeiter der Informationsabteilung, drängte gegenüber SKK-Vize Il'ičev auf politische Wertungen. Er forderte Erklärungen sowohl für die Versäumnisse der SED als auch für die verschiedenen Verhaltensweisen der Bauern. Unzureichend fand er die Steuer- und Kreditpolitik der SED beschrieben. Zum Neubauernbauprogramm fehlten ihm Aussagen, ebenso zu Kaderfragen in MAS, VEG, VVEAB und im Ministerium für LFW. Offensichtlich stellte sich die Entwicklung der DDR-Landwirtschaft für die politisch Verantwortlichen in der SKK sehr viel problematischer dar als für die Wirtschaftsexperten.

Dokumente älteren Datums bezeugen, daß die politischen Mitarbeiter um Kijatkin, Semenov und Il'ičev grundsätzlich stärker dazu neigten, *politische* Gefahren zu sehen. Wirtschaftsfachleute wußten dagegen um immer wiederkehrende und sich alsbald wieder legende Spannungen. Sie waren an politischer Scharfmacherei nicht interessiert. Die sowjetischen Agrarexperten hatten bislang ganz im Sinne der Moskauer Order vom Dezember 1948 auf einen „langen Atem" gesetzt. Auch unter den schwieriger werdenden Verhältnissen des beginnenden Jahres 1952, als immer mehr Bauernwirtschaften von den anhaltend hohen Abgaben schwer belastet wurden und Pläne nicht zu erfüllen waren, wollten sie keinen Alarm schlagen, denn die Probleme ergaben sich zum großen Teil aus übergreifenden konzeptionellen Entscheidungen für die DDR-Volkswirtschaft, die die SKK-Wirtschaftskontrolleure nicht zu verantworten hatten.

Eine komplizierte Situation im Agrarbereich war freilich nicht zu leugnen. Aus dem Land Brandenburg traf Ende Februar 1952, wie bereits erwähnt, ein (zumindest nach Aktenlage) erster Bericht über die auffällige Zunahme der Flucht von Mittel- und Großbauern aus der DDR in die Bundesrepublik und nach Westberlin ein; unter den Flüchtenden waren auch SED-Mitglieder.[869]

Die Kritik der politisch Verantwortlichen in der SKK an der Einschätzung der Wirtschaftsfachleute fiel so überzeugend aus, daß beschlossen wurde, einen umfangreichen Katalog von Empfehlungen in der Agrarfrage für die deutschen Stellen zu erarbeiten. Einen ersten Entwurf legte der Leiter der Wirtschaftsabteilung Chomjakov am 8. April 1952 vor.[870] Die Darlegung begann mit der Einschätzung: „Die Politik der SED und der Regierung der DDR zur weiteren Demokratisierung des deutschen Dorfes und zur Verbesserung der politischen und der Arbeitsaktivitäten der Bauern führte zu einem allgemeinen Aufschwung in der Landwirtschaft der Republik. Doch das ZK der SED und die Regierung der DDR sowie ihre örtlichen Organe analysieren infolge der Unterschätzung der Agrarfrage die Prozesse nicht tief und allseitig [...] und beseitigen die vorhandenen Unzulänglichkeiten nicht, was zum Hemmnis bei der weiteren erfolgreichen Entwicklung der Landwirtschaft werden kann."[871]

869 Bericht des Chefs der SKK-Landesvertretung Brandenburg Malkin an Semičastnov, Semenov und Bykov, 27. 2. 1952, AVP RF fond 457 a, opis' 13, papka 71, delo 36, listy 65f.

870 Entwurf von Empfehlungen an die deutschen Organe zu Fragen der Landwirtschaft, Chomjakov an Il'ičev, 8. 4. 1952, AVP RF, fond 457 a, opis' 13, papka 71, delo 36, listy 79–85.

871 Ebenda, list 79.

Die Wirtschaftsabteilung wollte den deutschen Stellen dringend zu Maßnahmen in 17 Punkten raten[872]:

(1) Ein Gesetz zur Regelung von Pacht, Verkauf und Vererbung von Land sollte verabschiedet werden.

Das Gesetzesprojekt zum bäuerlichen Erbrecht, das Ende der vierziger Jahre von der SED schon einmal behandelt worden war, lag zwischenzeitlich auf Eis, denn, wie bereits ausgeführt, wollte und mußte sich die SED zu den Besitz- und Nutzungsgrenzen eines landwirtschaftlichen Familienbetriebes bislang nicht festlegen.[873] Die notwendige Einbeziehung devastierter Betriebe in die Anbaupläne und die folglich wachsende Bedeutung von Pachtverhältnissen machten es jetzt aber notwendig, den Bauern klare Gesetze anzubieten. Außerdem wollte man der Abwanderung in die Städte entgegenwirken.[874]

(2) Ein Gesetz über eine einheitliche Landwirtschaftssteuer werde benötigt. Es sollte zum 1. Januar 1953 gültig werden.

Mit der Forderung, das seit Januar 1950 angekündigte Gesetz endlich auszuarbeiten, verband die SKK die Hoffnung, die aus ihrer Sicht notwendige Differenzierung bei der Besteuerung von Bauernwirtschaften einfacher, weniger aufwendig und zugleich – zum Wohle der kleineren Bauernwirtschaften – gerechter zu gestalten.

(3) Der Ausbau der Produktion von landwirtschaftlichen Maschinen und die Verbesserung der Ausstattungen der MAS seien notwendig.

(4) Die sowjetischen Experten rieten zur Verabschiedung gesetzlicher Regelungen, welche Zucht und Viehwirtschaft für die Bauern attraktiver machten, insbesondere zu einer Reform der Pflichtabgeberegelungen.

(5) Die Erarbeitung eines wissenschaftlichen Programms zum Ausbau der Futterwirtschaft sollte beginnen.

(6) Eine Korrektur der Baukreditierung sollte erfolgen, und zwar mit dem Ziel, daß nicht nur nach Alt- und Neubauern, sondern auch nach der sozialen Lage der Bauernwirtschaft unterschieden wird. Für kleine Privatbetriebe sollten sich die Kreditbedingungen bessern.

Als notwendig wurden (7) die Verbesserung der Ausbildung von Fachkräften und landwirtschaftlichen Kadern und (8) die Stärkung von VEG als wirtschaftlichen und politischen Zentren dort, wo keine MAS bestehen, angesehen.

(9) Ein wissenschaftliches Komplexprogramm mit neuen wissenschaftlichen Methoden zur Bodennutzung und fortschrittlichen Erkenntnissen der Agrarbiologie sollte erarbeitet werden.

(10) Die Gewährung größerer Freiräume für Länder, Kreise und Gemeinden bei der Erstellung von Abgabebescheiden sei wichtig. Unter Beibehaltung der bestehenden durchschnittlichen Abgabenormen sollten Abweichungen bis 20 Prozent möglich sein.

872 Siehe ebenda; als Schlußdokument siehe Entwurf von Empfehlungen an die deutschen Organe zu Fragen der Landwirtschaft, 14.4.1952 an Il'ičev (Kurzfassung), AVP RF, fond 457a, opis' 13, papka 71, delo 36, listy 106–112.

873 Siehe auch Mollnau, Bodenrechtsentwicklung, S. 174–181.

874 Auf diesen Zusammenhang deutet eine Notiz Piecks bei einer Unterredung in Karlshorst, siehe Besprechung am 26.5.1952, Badstübner/Loth, Pieck-Aufzeichnungen, S. 404.

(11) Eine technische Verbesserung der Planung von Erfassung und Aufkauf wurde gefordert.

Um realistische Pläne zu entwerfen, sollten sämtliche anfallenden Vergünstigungen für die Bauern zuvor ermittelt werden; in die Pläne für Erfassung und Aufkauf sollten nur die real zu erwartenden Mengen aufgenommen werden. Zugleich müsse die Veranlagung strenger kontrolliert werden. (Wie eine spätere Untersuchung ergab, würde der Erfassungsplan 1952 nicht erfüllt werden, wenn das bestehende Planungsverfahren beibehalten bliebe. Außerdem sei es im Interesse der Planerfüllung notwendig, die Sollermäßigungen für Neulanderschließung und Übernahme devastierter Flächen wieder zu verringern.[875])

(12) Maßnahmen zur Verbesserung der Abgaben- und Steuerdisziplin der Bauern müßten ergriffen werden. Die Revision von Abgabebescheiden und die Verringerung des Solls aus einer Wirtschaft auf Antrag des Bauern, etwa aus Gesundheitsgründen oder wegen natürlicher Schäden, sollte ausschließlich in die Kompetenz der DDR-Regierung fallen, also zentral erfolgen. Die Landesregierungen sollten nur das Vorschlagsrecht haben.

(13) Ebenso dringend seien Maßnahmen zur unbedingten Erfüllung von Erfassung und Aufkauf bei tierischen Produkten. Das Vorgehen der deutschen SPK, angesichts mangelnder Abgaben den bereits bestätigten Planumfang wieder zu reduzieren, stieß auf starke Kritik. Die hohen Planvorgaben sollten unbedingt erfüllt werden.

(14) Preisregulierungen bei den Aufkaufpreisen und den Einzelhandelspreisen auf dem sogenannten „Bauernmarkt" seien unbedingt notwendig. Beide sollten in ein sinnvolles Verhältnis zu den Preisen für Industrie- und Konsumgüter des ländlichen Bedarfs gebracht werden.

(15) Eine systematische Untersuchung aller Ausgaben und Einkünfte der Bauern sollte erfolgen. Hierzu sollte ein Regierungsbeschluß gefaßt werden. Zugleich wurde gefordert, den realen Versorgungsstand und Bedarf an Maschinen, Inventar und Bauten für alle Bauernwirtschaften zu prüfen.

(16) Ab 1. Juli 1952 sollten auf dem gesamten Territorium der DDR in landwirtschaftlichen Gebieten „Gemeindebücher", eine Art behördliches Bewirtschaftungsbuch, angelegt werden. Darin sollten die Zahl und die Größe der Höfe, anderer Betriebe, Gewerbe und Erwerbsformen sowie die Zahl der Arbeitskräfte festgehalten werden.

(17) Eine landwirtschaftliche Zählung wurde gefordert. Am 29. Juni 1952 sollte die DDR-Regierung Ziel und Zweck einer solchen Zählung veröffentlichen.

Diese Vorschläge lassen eine grundsätzliche Wende in der Agrarpolitik nicht erkennen. In ihnen war, im Unterschied zu den Vorarbeiten der Wirtschaftexperten, noch nicht einmal die Verstaatlichung devastierter Betriebe thematisiert. Die empfohlenen Gesetze zu Steuern und Bodenrecht waren geeignet, solidere Grundlagen für die Agrarpolitik zu schaffen einschließlich einer besseren rechtlichen Handhabe für die Begrenzung kapitalistischer Ausbeutung.

Vorgaben zum Erbrecht, die im weiteren auch zur genaueren Klassifizierung von Mittel- und Großbauern geeignet gewesen wären, machten die sowjetischen

[875] Siehe Bericht Matveevs an Semenov, 20. 5. 1952, AVP RF, fond 457a, opis' 13, papka 71, delo 36, listy 125–130.

Agrarexperten nicht. Beim Gedanken der einheitlichen Agrarbesteuerung griff man zwar auf sowjetische Erfahrungen zurück, doch es gibt keinerlei Hinweis darauf, daß die sowjetischen Wirtschaftsberater diese Steuerreform im Frühjahr 1952 wegen beabsichtigter Umstrukturierungen im Agrarbereich anmahnten. Es ging schlicht um Übersichtlichkeit – natürlich auch zu agrarpolitischen Zwecken.[876] Die SKK gedachte nach wie vor, die – mittlerweile schwierige – Doppelstrategie von größtmöglicher Nutzung und nötiger Begrenzung privater/privatkapitalistischer Produzenteninitiative beizubehalten.

Die Informationsabteilung brachte andere Überlegungen ein. In einem alternativen Entwurf von „Empfehlungen für die deutschen Organe" gab sie nicht nur die ihrem Arbeitsgebiet gemäßen Hinweise zur Stärkung der politischen Strukturen auf dem Land. Sie erklärte die Versäumnisse der SED zu besorgniserregenden politischen Schwächen.[877] Ihr Papier begann mit der Einschätzung: „Das Wachstum und die Stärkung der demokratischen Kräfte auf dem Lande ruft den heftigen Widerstand feindlicher Klassenelemente hervor, welche mit allen Kräften und Mitteln versuchen, ihre alten Positionen zu halten. Der Kampf wird an der ökonomischen, der politischen und der ideologischen Front geführt."[878] Darauf hätten sich weder die SED noch die Staatsorgane hinreichend eingestellt.

Nach Meinung der Informationsabteilung der SKK sollten SED und FDJ ihre Propaganda in den Dörfern ausbauen, ihren Einfluß auf die DBD ausweiten und mit kooperationswilligen Vertretern der Blockparteien mehr zusammenarbeiten. Kritisiert wurde der angebliche Rückgang von SED-Positionen innerhalb der VdgB. Die Informationsabteilung der SKK entwickelte ein regelrechtes Programm der Festigung des SED-Einflusses auf dem Lande, unter anderem durch gründliche Kaderprüfung und -schulung, durch allgemeine Bildungs-, Jugend- und Kulturarbeit, durch die Schaffung spezieller Landwirtschaftsabteilungen bei den SED-Kreisleitungen. Sie hielt es für zweckmäßig zu prüfen, ob man die „Junge Gemeinde" nicht verbieten könnte, da ihr ja ausschließlich religiöse Aktivitäten erlaubt worden waren, sie aber politischen Einfluß ausübe. Die FDJ wäre in den Dörfern zu schwach, die Kirchen müßten „neutralisiert" werden. Die Informa-

876 Eine einheitliche Landwirtschaftssteuer als Geldsteuer war in Sowjetrußland 1923 eingeführt worden. Sie wurde über sämtliche Erträge und Einkünfte einer privaten Bauernwirtschaft erhoben. Mit der Kollektivierung reduzierte sich diese Steuer bei Kolchosbauern auf den auf Hoflandparzellen erwirtschafteten Teil des Einkommens. Ab 1939 wurde progressiv gestaffelt, zugleich wurden für Kolchosbauern, kinderreiche Familien und Haushalte betagter Bauern Steuerermäßigungen eingeführt. Die einheitliche Landwirtschaftssteuer war für Kolchosbauern alles in allem nicht sehr belastend, auch weil der Umfang der Hauswirtschaften gering war. In den Kriegsjahren drückten Arbeitspflicht und Kriegssteuer die Bauernfamilien viel mehr. Nach dem Krieg erfolgten mehrere Erhöhungen der Landwirtschaftssteuer. Für die zu besteuernden Einkünfte wurden regional verschiedene Durchschnittswerte eingeführt, die ebenfalls im Laufe der Jahre zunahmen, angeblich wegen der wachsenden Erträge aus den privaten kleinen Hauswirtschaften. Kriegsteilnehmer waren steuerfrei. Im Durchschnitt gingen nach dem Krieg etwa 10 Prozent der Einkünfte aus der kleinen Hauswirtschaft als Steuer an den Staat. Nach 1953 kam es zu Steuersenkungen. (Ausführlicher dazu Beznin/Dimoni, Povinnosti) Die Einführung einer einheitlichen Landwirtschaftssteuer kann mit Kollektivierungsabsichten nicht erklärt werden. Im Gegenteil, entsprechende Aufgabenstellungen zeugen eher von der Perspektive des Familienbetriebs.

877 Entwurf von Empfehlungen an die deutschen Organe zu Fragen der Landwirtschaft, Kijatkin an Il'ičev, 12. 4. 1952, AVP RF, fond 457 a, opis' 13, papka 71, delo 36, listy 87–93.

878 Ebenda, list 87.

tionsabteilung riet des weiteren, die letzten „Schlupflöcher für Kulaken und Spekulanten" zu schließen, Schlupflöcher, die sie vor allem in den wenigen noch außerhalb von VdgB(BHG) stehenden Genossenschaften sah. Bei den bevorstehenden BHG-Wahlen sollte die SED die Zahl ihrer Mitglieder in dieser Bauernorganisation unbedingt vergrößern. Abgehoben von den realen wirtschaftlichen Verhältnissen erklang die Forderung, das Landarbeiterschutzgesetz im privaten Sektor flächendeckend umzusetzen.

Auch dieses Programm lag im Rahmen bisheriger Gesellschaftsstrategie, doch es strich viel stärker den Klassenkampf heraus. Eine im Apparat des politischen Beraters des SKK-Vorsitzenden entstandene Einschätzung der Wirtschaft der DDR im Jahr 1951, die Ende März vorlag, lautete ebenfalls: „Die Nichterfüllung des Plans [der Pflichtablieferung – E. S.] geht in der Hauptsache auf das Konto eines bestimmten Teils großbäuerlicher Betriebe; sie ist Ausdruck der Verschärfung des Klassenkampfes auf dem Land, die in der Sabotage der Erfüllung der staatlichen Verpflichtungen durch diese Betriebe in Erscheinung tritt."[879]

Als am 14. April 1952 aus den Vorarbeiten ein gemeinsamer Entwurf für Empfehlungen an die Deutschen zusammengestellt war, enthielt dieser den einleitenden Passus aus dem Papier der Informationsabteilung.[880] Die SKK-Fachabteilungen entschieden sich dafür, der SED-Führung den Ernst der Lage durch das bekannte Klassenkampf-Muster zu verdeutlichen.

Vermutlich haben diese Empfehlungen die SED aber gar nicht erreicht. Zum Zeitpunkt ihrer Abfassung in der SKK waren führende SED-Vertreter zu Gesprächen in Moskau. Was Stalin dort zur Sprache brachte, muß sowohl für die SKK-Agrarexperten als auch für die Mitarbeiter der SKK-Informationsabteilung, die nach der Rückkehr Semenovs aus Moskau vom Ablauf der Gespräche erfuhren, überraschend gewesen sein.

Die Klassenkampfstimmung der SKK-Politverantwortlichen griff auf die SED-Führung trotzdem über, als es um Neuwahlen zu den Vorständen und Revisionskommissionen der BHG ging. Die SED instruierte ihre Grundorganisationen in den Dörfern, einen „offenen Kampf gegen bauernfeindliche Gruppen", „Großbauern und Spekulanten" zu führen und diese aus den Leitungen abwählen zu lassen. „Die VdgB(BHG) ist eine demokratische Massenorganisation der *werktätigen* Bauern", hieß es in einem Entwurfspapier. Es wurde Ende April aber zurückgestellt, ebenso wie wenig später ein offener Brief des Zentralverbandes der VdgB(BHG) an alle Mitglieder nochmals überarbeitet werden mußte.[881]

879 Die Wirtschaft der Deutschen Demokratischen Republik im Jahre 1951. Analyse aus dem Apparat des SKK-Politberaters, 26. 3. 1952, AVP RF, fond 082, opis' 40, papka 261, delo 51, listy 101-119, hier list 111.

880 Siehe Entwurf von Empfehlungen an die deutschen Organe zu Fragen der Landwirtschaft, 14. 4. 1952.

881 Siehe Protokoll der Sekretariatssitzung am 28. 4. 1952, Entwurf einer „Direktive des Sekretariats des ZK an alle SED-Kreisleitungen für die weitere Durchführung der BHG-Wahlen", SAPMO BArch, DY 30, J IV 2/3-286, Bl. 57-59; Protokoll der Sekretariatssitzung am 5. 5. 1952, ebenda, -287, Bl. 8.

7.2. Stalins Empfehlung für landwirtschaftliche Produktionsgenossenschaften

Am 29. März 1952 reisten die SED-Parteivorsitzenden Wilhelm Pieck und Otto Grotewohl, der Generalsekretär des ZK Walter Ulbricht und (in der Funktion eines Dolmetschers) das Politbüromitglied Fred Oelßner zu einer internen Beratung mit der sowjetischen Parteiführung nach Moskau. Wie aus Vorbereitungspapieren der SED-Führung hervorgeht, beabsichtigte sie, die Lage in Deutschland, „wie sie durch das Friedensvertragsangebot der Sowjetunion an die Westmächte geschaffen wurde", zu erörtern und zu fragen, „welche Aufgaben sich daraus für die SED und die Regierung der DDR ergeben."[882] Die Sowjetunion hatte den Westmächten in einer Note am 10. März 1952 das Angebot unterbreitet, umgehend in Friedensvertragsverhandlungen einzutreten, die ein geeintes, friedliches, demokratisches, militärbündnisfreies Deutschland zum Ziel hätten. Stalin wollte die Westintegration der Bundesrepublik, den General- und den Deutschlandvertrag, verhindern und schlug vor, einem neutralen Gesamtdeutschland beschränkte Bewaffnung und Rüstungsproduktion zuzubilligen. Der SED war an Klärung und Anleitung gelegen: „Wie soll der Kampf um einen Friedensvertrag weitergeführt werden? [...] Was soll getan werden, wenn der Generalvertrag in Bonn zur Beratung steht?" Entsprechend bereitete sie sich auch auf eine Begegnung mit Stalin vor.[883] Nach den Konsultationen, so plante die SED-Führung, wollte man die Probleme Anfang Juli zum Gegenstand einer SED-Parteikonferenz machen.

Der sowjetischen Führung lagen wohl seit Ende März die Papiere der SED zu zentralen Themen der von der 8. ZK-Tagung (Februar 1952) beschlossenen, baldigen Parteikonferenz vor, vermutlich Arbeitsergebnisse der von Ulbricht geleiteten Thesenkommission.[884] Das SED-Politbüro rechnete mit „neue[n] Aktivitäten" von Feinden der gesellschaftlichen Entwicklung in der DDR, insbesondere aus den Reihen der Kirchen und der Großbauern.[885] Denen wollte man mit gesteigerter Wachsamkeit, „Verbesserung der Arbeitsweise des Staatsapparates", einschließlich „strengerer Kontrolle der Durchführung" und „Festigung der demokratischen Gesetzlichkeit", begegnen. Zweifelsohne waren der SED der Ausbau ihrer Machtpositionen und die Effektivierung ihrer volkswirtschaftlichen und politischen „Führungsrolle" jetzt besonders wichtig. Doch sowohl gesamtgesellschaftlich gesehen als auch auf den Agrarbereich bezogen schienen die Herausforderungen keine neue Qualität sozialer Verhältnisse notwendig zu machen.

882 Plan der Besprechung in Moskau am 1. 4. 1952, in: Badstübner/Loth, Pieck-Aufzeichnungen, S. 383–385, hier S. 383.

883 Siehe Protokoll der außerordentlichen Politbürositzung am 20. 3. 1952, SAPMO BArch, DY 30, IV 2/2-203, Bl. 1, 5–7. Piecks Vorarbeiten und Notizen von der Reise siehe Badstübner/ Loth, Pieck-Aufzeichnungen, S. 382–399.

884 Siehe Otto, Sowjetische Deutschlandnote, S. 376f. Die Papiere der Kommission sind im SED-Archiv nicht überliefert. Im Moskauer Außenministerium sind einige archiviert. SKK-Politberater Semenov hatte am 22. 3. 1952 Materialien zur Parteikonferenz nach Moskau geschickt. Es heißt, sie hätten beim Leiter der III. Europäischen Abteilung des sowjetischen Außenministeriums Gribanov am 27. 3. die kritische Bemerkung hervorgerufen, die Thesen seien so aufgebaut, als ob die SED-Führung „davon ausgeht, daß die existierende Teilung Deutschlands ewig andauern wird." (Bjørnstad, Soviet Union, S. 133).

885 Siehe Plan der Besprechung in Moskau am 1. 4. 1952, S. 384; Notizen zur Vorbereitung der 2. Parteikonferenz der SED, in: Badstübner/Loth, Pieck-Aufzeichnungen, S. 389–395, hier S. 392.

Am 1. und am 7. April 1952 traf die Delegation mit Stalin und den Politbüromitgliedern Molotov, Malenkov, Mikojan und Bulganin zusammen. Die Begegnungen, an denen auch SKK-Politberater Semenov teilnahm, setzten die strategische Verständigung von März und Dezember 1948 fort.[886] Anders als damals brachten Pieck, Grotewohl und Ulbricht aber keine Vorstellungen von weiteren revolutionären Umgestaltungen vor. Sie hatten die Stalinsche Weisung vom Dezember 1948 verinnerlicht, wonach im geteilten Deutschland der Weg zum Sozialismus besonders schwierig war und daher flexibel gestaltet werden müßte (Zickzack-Kurs) und daß die SED-Politik wegen des deutschlandpolitischen Vorbehalts stärker „opportunistisch" sein müßte als die anderer Bruderparteien.

Hauptgesprächsthema waren die staats- und die militärpolitischen Konsequenzen aus der sowjetischen Noten-Offensive vom 10. März und der ersten ablehnenden Antwort der Westmächte vom 25. März 1952. Die Gespräche dienten der sowjetischen Positionierung nach dieser Ablehnung des Verhandlungsangebotes. Stalin verlangte, (1) „ohne viel Lärm", aber rasch und konsequent eine Armee zu schaffen, denn, wie sich zeige, könne man mit dem Westen nur aus der Position der Stärke heraus in der deutschen Frage verhandeln. Er kündigte (2) an, das Regime an der deutsch-deutschen Demarkationslinie zu verschärfen, da sich die Agenten des Westens viel zu frei durch die DDR bewegten. Die Besatzungsmacht wollte auch zu den alten Strukturen der militärischen Besetzung zurückkehren und die 1949 abgeschafften Kommandanturen wieder einrichten. Und er drängte (3), nachdem Grotewohl die aufgeblähten, oft ineffektiven Verwaltungsstrukturen in der DDR beklagt hatte, die SED möge ihre Positionen im Staatsapparat festigen.

Die Empfehlungen, die bereits eingeleiteten deutschlandpolitischen Maßnahmen und die Argumente Stalins zeugen davon, daß er den Westmächten gegenüber nun einen harten Kurs fahren wollte, denn „sie reagieren nur auf Stärke".[887] Ein Abrücken vom Ziel, rasche Friedensvertragsverhandlungen herbeizuführen, war das nicht. Noch immer hoffte Stalin, nationale Kräfte aus verschiedenen politischen Lagern in der Bundesrepublik zu wirksamen Anti-Adenauer-Aktionen bewegen und die Stimmung unter den Deutschen so ausrichten zu können, daß sich die Westmächte Friedensverhandlungen nicht länger würden verschließen können.[888] Am 9. April 1952 ging eine zweite Note an die Westmächte, die das in der ersten vernachlässigte Thema der gesamtdeutschen Wahlen aufgriff, alte Formulierungen entschärfte und weiterhin Verhandlungen anbot.

Am ersten der beiden Verhandlungstage in Moskau, am 1. April, kam Stalin auf die ostdeutschen Bauern zu sprechen, und zwar während der Erörterung der allgemeinen politischen Lage und gewisser ökonomischer Schwierigkeiten in der

[886] Siehe Aufzeichnungen der Gespräche des Genossen I. V. Stalin mit den führenden Vertretern des ZK der SED W. Pieck, W. Ulbricht und O. Grotewohl am 1. und am 7. April 1952, in: Scherstjanoi/Semmelmann, Gespräche Stalins, Teil 2, S. 246-260, 261-268. Vollständige Gesprächsprotokolle auch bei Ostermann, Uprising, S. 22-42. Auszüge aus den Protokollen bei Wolkow, Deutsche Frage. Deutsche Protokolle oder Aktennotizen wurden – wie auch bei vorangegangenen Treffen dieser Art – nicht verfaßt.

[887] Gespräche mit Stalin am 1. und 7. 4. 1952, zitiert bei Scherstjanoi/Semmelmann, Gespräche Stalins, S. 259.

[888] Steininger, Deutsche Geschichte, S. 440-444, belegt anhand amerikanischer Interna, daß die sowjetische Annahme nicht unbegründet war und daß man sowjetische Konzessionen im Westen durchaus für möglich hielt.

DDR. Pieck sprach zuvor davon, daß die wirtschaftlichen Aussichten für 1952 nicht besonders gut seien. Auf die Frage, „wie sich die Bauern zur Macht verhalten", antwortete Pieck, daß „die Mittel- und Kleinbauern positiv zur Macht stehen und ihre Verpflichtungen gegenüber dem Staat erfüllen. Anders ist es mit den Großbauern [kulaki], die in diesem Jahr die landwirtschaftlichen Ablieferungen sabotieren und die sogar damit beginnen, zu terroristischen Akten gegen Parteiaktivisten auf dem Lande überzugehen. Insofern leistet die Großbauernschaft [kulačestvo] Widerstand."[889]

Wilhelm Pieck zeichnete ein Bild wachsenden Widerstandes der Großbauern. Das war ein überzogenes Urteil, deckte sich aber mit den Ansichten einiger politischer Mitarbeiter der SKK. Freilich zeigten sich Unwillen und Proteste, vor allem wegen der Sollveranlagungen, doch das hielt sich in den bekannten Grenzen. Und Stalin nahm die Darlegung Piecks auch keinesfalls zum Anlaß, weniger „Opportunismus" zu fordern. Das Verhalten der Großbauern sei doch natürlich, antwortete er. Als Pieck die Situation mit unzureichender Parteiarbeit in den MAS erklären wollte, fragte Stalin: „Gibt es Kolchose?" Nachdem das aus den Reihen der deutschen Delegation verneint worden war, wollte er wissen, für wen denn dann die erwähnten MAS existierten.[890] Stalin erhielt die Antwort, daß die MAS in der DDR für die privaten Bauern, vorzugsweise Klein- und Mittelbauern, arbeiteten. „Bringen sie den Privatbauern Nutzen?", erkundigte sich Stalin, und Ulbricht bestätigte das. Schließlich interessierte sich Stalin für die Art der Bezahlung der Dienstleistungen, woraufhin Pieck betonte, daß es politisch wichtig sei, daß in Geld bezahlt wird. Nach der Anzahl der MAS befragt, erklärte Ulbricht, man wolle sie von derzeit 540 auf 600 erhöhen.[891]

An dieser Stelle brach man die Erörterung zur Landwirtschaft ab und nahm sie im Verlauf der insgesamt zweistündigen ersten Beratung nicht mehr auf. Als man sich am 7. April noch einmal für rund zweieinhalb Stunden traf,[892] wurden Fragen des ersten Treffens noch einmal aufgegriffen, zuerst die nationale Frage, das Grenzregime und die sowjetischen Kommandanturen. Doch Stalin hatte sich (vermutlich bei Semenov) nach der Lage in den ostdeutschen Dörfern erkundigt. Er hatte jetzt „verstanden, daß es in der DDR überhaupt keine Kollektivwirtschaften gibt und daß die MAS nur private Bauernwirtschaften betreuen." Ulbricht bestätigte das und erläuterte: „Wir haben es den Bauern sogar verboten, wenn sie vorhatten, Kolchose zu bilden, damit nicht die Bewegung für die Einheit Deutschlands behindert wird." [893]

889 Gespräche mit Stalin am 1. und 7.4.1952, zitiert bei Scherstjanoi/Semmelmann, Gespräche Stalins, S.252.

890 Das wirft ein bezeichnendes Licht auf Stalins Einblicke in die Spezifik der ostdeutschen Landwirtschaft und läßt vermuten, daß die Vorbereitung von Grundsatzentscheidungen unbedingt auf Informationen von – wenn nicht gar Konsultationen mit – sowjetischen Vertretern in den jeweiligen Ländern angewiesen war.

891 Gespräche mit Stalin am 1. und 7.4.1952, zitiert bei Scherstjanoi/Semmelmann, Gespräche Stalins, S.252f.

892 Der wechselvolle Verlauf des Gespräches am 1. April macht den Eindruck, als sei es nach vielen detaillierten Erörterungen abgebrochen worden, ohne daß in wichtigen Angelegenheiten ein befriedigender Schlußpunkt gesetzt war. Vermutlich trat bei Stalin eine Ermüdung ein. Denkbar ist auch, daß die sowjetische Seite eine Zwischenverständigung benötigte. Nichts im ersten Protokoll deutet auf eine weitere Begegnung hin.

893 Gespräche mit Stalin am 1. und 7.4.1952, zitiert bei Scherstjanoi/Semmelmann, Gespräche Stalins, S.263.

Diese Logik, die die SED-Führung aus der Begegnung mit Stalin im Dezember 1948 heraus entwickelt und unter Druck aus der SKK gegen lokale Versuche der betrieblichen Vereinigung bisher hart verteidigt hatte, wollte Stalin aber nicht gelten lassen. Ob er auch 1948 so reagiert hätte, wenn die Frage nach Kollektivwirtschaften so direkt ausgesprochen worden wäre, muß offen bleiben. Jetzt aber hielt er der SED vor, die Politik der Einschränkung kapitalistischer Produktionstendenzen falsch zu verstehen: „Sie beklagen sich über die Großbauern. Was ist denn das für eine Taktik – sich zu beklagen. Den Großbauern muß man einkreisen und um ihn herum Kolchose schaffen."

Nach Stalins Verständnis bedeutet das nicht, dem sowjetischen Vorbild der Entkulakisierung zu folgen. „Dieser Weg ist für Sie ungeeignet. Mag der Großbauer sitzen bleiben, wo er sitzt, rühren Sie ihn nicht an. Doch außer dem Großbauern gibt es bei Ihnen im Dorf auch noch die armen Bauern [bednota], die um den Großbauern herum leben. Die muß man in eine Produktionsgenossenschaft [proizvodstvennyj kooperativ] einbeziehen. Wie viele solcher Wirtschaften in eine Produktionsgenossenschaft gehen, ob es fünf, zehn oder fünfzehn sind, das spielt keine Rolle. Wichtig ist, daß sie geschaffen wird. Gegenwärtig haben die wirtschaftsschwachen Bauern keine Maschinen, es fehlt an Saatgut, sie haben nicht die nötigen Kenntnisse und Erfahrungen zur Führung der Wirtschaft. Deshalb steht es bei ihnen schlecht mit der Ernte. In dieser Situation werden sich die wirtschaftsschwachen Bauern ruinieren und in die Arbeitslosigkeit gehen. Wenn Sie kleine Genossenschaften [kolchozy] bilden und ihnen helfen, die Wirtschaft in Ordnung zu bringen, dann werden die Bauern darüber nachdenken, was besser ist – in die Genossenschaft zu gehen oder allein zu leben. Gute Erfahrungen gibt es in Ungarn, wo gute Genossenschaften organisiert worden sind. Die Großbauern werden nicht angerührt, die Genossenschaften erhielten Maschinen; sie sind bemüht, die Ernte der Genossenschaften zu steigern." Den Mangel an Entgegenkommen als „altes sozialdemokratisches Vorurteil gegenüber der Bauernschaft" brandmarkend rief Stalin die SED-Führung auf, mit dieser Politik Schluß zu machen, denn „wenn man die Bauern braucht, dann muß man eine Basis für das Bündnis mit der Bauernschaft haben".[894]

Die SED-Führer machten – dem sowjetischen Protokoll zufolge – sogleich auf die politischen Folgen aufmerksam, die der Übergang zur Kollektivierung mit sich bringen würde. Wilhelm Pieck erklärte: „Als wir in der DDR die Bodenreform durchführten, behaupteten die Gegner in ihrer Agitation, daß wir Kolchose schaffen wollen. Die Bauern hatten starke Vorurteile gegen Kolchose, deshalb scheuten wir uns, die Frage der Kolchose zu stellen." Er verwies auf die VdgB(BHG). Doch Stalin, der sich wohl nicht richtig verstanden fühlte, betonte nochmals, daß es notwendig ist, „auf dem Lande Produktionsgenossenschaften zu bilden und sie auch so zu nennen. Das wird nur Pluspunkte bringen. Sie werden dadurch unter den Bauern einen festen Rückhalt haben. In Ungarn läuft es sehr gut damit. Und Sie hätten das schon längst machen können. Aller möglichen Agitation gegenüber muß man nicht schweigen, sondern mit Gegenpropaganda auftreten. Sie können sagen, daß die wirtschaftsschwachen Bauern in Produktionsgenossenschaften ein-

[894] Ebenda, S. 263f.

treten wollen und die Regierung ihnen dabei hilft."[895] Das sollte letztlich auch die Einflußmöglichkeiten der SED auf dem Lande verbessern.

Doch in die Produktionsgenossenschaften sollte die SED die Bauern nicht zwingen. „Wenn sie eintreten wollen, ist es gut, wenn sie nicht wollen, muß es nicht sein. Die Bauern werden selbst in die Produktionsgenossenschaften gehen", war sich Stalin sicher.

Klar war, daß für solche Unternehmen Startkosten anfallen würden. Stalin fragte, ob es denn möglich sei, zwei Jahre lang die Bereitstellung von Technik und Saatgut zu subventionieren. Ulbricht bejahte das. „An Hilfe für die Genossenschaften darf man nicht sparen. Das wird sich später auszahlen. Dann wird sich bei Ihnen ein Bündnis zwischen Arbeitern und Bauern herstellen. Aber ohne Bauern wird es für die Arbeiter schwierig durchzuhalten. Sie brauchen die Hilfe von Seiten der Bauern," bekräftigte Stalin.[896]

Die Deutschen erkannten sofort, daß „das Konsequenzen hat. Bis jetzt sagten wir in der DDR, daß wir für ein demokratisches Deutschland eintreten, und führten eine Reihe von Maßnahmen nicht durch, die bei der Entwicklung in Richtung Sozialismus durchgeführt werden müssen. Wir sprachen auch niemals davon, daß wir zum Sozialismus gehen," hielt Ulbricht entgegen. „Wir haben die in der DDR entstandenen gesellschaftlichen Beziehungen ein wenig maskiert." Stalin wollte dies nicht kritisieren. „Diese Maske hat Ihnen geholfen, die Mittelschichten in Westdeutschland nicht zu verschrecken", sagte er. Aus seiner Sicht waren die vorgeschlagenen Produktionsgenossenschaften auch nur ein weiteres Element von Sozialismus in der DDR, so wie es auch die volkseigenen Betriebe und Güter schon waren. Sie machten sich – in seiner Darlegung – als Schritt zur Verbesserung des Verhältnisses der SED zu den Bauern notwendig, und nicht weil nun die Revolution in der DDR vorangetrieben werden sollte. Für Stalin bedeutete der vorsichtige, langsame Übergang zu Produktionsgenossenschaften, in der DDR „ein wenig mehr Sozialismus" zu schaffen. Er meinte, daß es „auch jetzt nicht nötig ist, lauthals vom Sozialismus zu reden". Seine Überlegungen bewegten sich also noch immer im Rahmen der Maßgabe von Dezember 1948. „Produktionsgenossenschaften auf dem Lande – das ist auch ein Stück Sozialismus. Das muß man nicht lauthals verkünden. Wenn die Dinge in den Produktionsgenossenschaften gut stehen werden, werden alle Bauern die Vorzüge und die Kraft der Genossenschaften sehen, danach werden sich die Bauern zu den Arbeitern hinwenden." [897]

Interessanterweise riet er aber nicht nur deshalb, vorsichtig und auf strikt freiwilliger Grundlage nach der Ernte mit Produktionsgenossenschaften zu beginnen und die Erfahrungen dann in der SED auszuwerten. Stalin hielt den sowjetischen Weg der Kollektivierung mittlerweile für den ungünstigeren, den der Volksdemokratien dagegen für den erfolgreicheren, der auch für Ostdeutschland Beispiele bot. Aus diesen beiden Gründen warnte er ausdrücklich sowohl vor einer Kollektivierungskampagne als auch vor der Übernahme sowjetischer Erfahrungen im

[895] Ebenda.
[896] Ebenda, S. 265.
[897] Ebenda.

Umgang mit den Kulaken, die in den Volksdemokratien seiner Meinung nach weitgehend verschont blieben. Die Großbauern der DDR dürften nicht angerührt werden, forderte Stalin.

Stalins Erläuterungen stellten die SED-Parteiführer nicht zufrieden. Ohne derartige Absichten angereist, sahen sie sich nach Stalins Ausführungen dazu herausgefordert, über strategische Fragen zu debattieren. Pieck nahm den Meinungsaustausch zur Landwirtschaft zum Anlaß zu erklären, daß auch unter den Arbeitern das Bedürfnis bestünde zu wissen, wie die gesellschaftlichen Verhältnisse in der DDR zu bewerten seien und wohin der Weg gehe. Stalin antwortete, daß „man den Arbeitern sagen muß: Wir haben mit dem Sozialismus begonnen [my vstupili v socializm]. Das ist noch kein vollständiger Sozialismus, weil es bei Ihnen noch viele Privatkapitalisten gibt. Doch das ist der Beginn des Sozialismus, ein Stück Sozialismus, der Weg zum Sozialismus. Man muß zeigen, daß Sie den Arbeitern näher stehen als die Adenauer-Regierung.“[898]

Die Frage der ländlichen Kollektivbetriebe und der Offenlegung der sozialistischen Perspektive war das mit Abstand schwierigste Problem bei diesem Spitzentreffen. Der Disput entwickelte sich so intensiv, weil die Vertreter SED wie selbstverständlich davon ausgingen, daß die Zulassung von Kollektivbetrieben in der Landwirtschaft die Sozialismus-Losung nicht nur automatisch ins Gespräch bringen würde, sondern daß beides auch konzeptionell unlösbar miteinander verbunden ist. Stalin sah das anders: „Obgleich in Deutschland zwei Staaten geschaffen werden, ist es vorerst nicht angebracht, lauthals vom Sozialismus zu reden. Auch sollte man diese Wirtschaften vorerst nicht Kolchose [kolchozy], sondern Produktionsgenossenschaften [proizvodstvennye kooperativy] nennen“, riet er. Und um noch einmal die zeitlichen Vorstellungen zu klären: „Schaffen Sie erst einmal einige Genossenschaften und diskutieren Sie danach in der Partei.“

Stalins Genossenschaftsidee für die ostdeutsche Landwirtschaft lag kein deutschlandpolitischer Optionswechsel zugrunde. Denn „obgleich in Deutschland zwei Staaten geschaffen werden“ und obgleich, wie er an anderer Stelle erklärte, nicht zu erwarten war, daß die Amerikaner Friedensvertragsverhandlungen begrüßen werden, wollte die UdSSR „auch weiterhin Vorschläge zu Fragen der Einheit Deutschlands machen, um die Amerikaner zu entlarven.“[899] An der Argumentation zu Fragen der Einheit Deutschlands und am offiziellen Standpunkt der Regierung der DDR zur Frage der Wiederherstellung der Einheit Deutschlands sollte die SED keine Veränderungen vornehmen.

Der anhaltende Streit darüber, ob die Propagierung der Einheit Deutschlands für Moskau mittlerweile (oder überhaupt schon immer) nur ein scheinheiliges Ablenkungsmanöver war, läßt sich anhand der protokollierten Aussagen Stalins nicht entscheiden. Seiner Argumentation zufolge lagen die gesellschaftspolitischen Vorgaben für die SED nur wenig abseits der bisherigen Orientierung. Noch immer sollten die Großbauern nicht angerührt werden. Eigentlich hätten landwirtschaftliche Produktionsgenossenschaften, so Stalin, in der geforderten, vorsichtigen Weise schon lange getestet werden können. Er riet zu einer maßvollen, die Einheit

[898] Ebenda, S. 266.
[899] Ebenda, S. 268.

Deutschlands nicht zusätzlich gefährdenden Entwicklung sozialistischer Elemente in der DDR – unter Beibehaltung wesentlicher Spezifika wie dem vergleichsweise großen privaten Wirtschaftssektor. Die SED war aufgefordert, die bekannten „sozialistischen Elemente“ MAS und VEG nicht nur zu festigen, wie es bisher hieß. Sie sollte sie vorsichtig um Kollektivwirtschaften vermehren.

Es scheint, daß die Schwierigkeit, im geteilten Deutschland mit Kollektivwirtschaften zu beginnen, ohne in den Verdacht zu geraten, die Spaltung zu wollen, Stalin nicht beunruhigte. Möglicherweise hielt er die in diesem Zusammenhang zu erwartenden Anschuldigungen für verkraftbar, den Gewinn beim Bündnis mit den armen Bauern für groß. Er hatte die SED beauftragt, ihrer Machtpositionen deutlich zu festigen und die Zonengrenze militärisch zu sichern, *das* mußte den Spaltungsvorwurf massiver machen. Verglichen damit waren Kollektivwirtschaften – vorausgesetzt, es blieb zunächst bei einer kleinen Zahl einfacher Vereinigungen – aus Stalins Sicht offenbar eine Bagatelle.

7.3. Initiativen und Regelungen im Frühjahr/Sommer 1952

7.3.1. Die Suche nach „Keimformen“ kollektiver Bewirtschaftung

Stalins Vorschläge zur Kollektivierung hatten mit der erstrangigen Aufgabe der militärischen Stärkung der DDR nichts zu tun. Die Forderung, vorsichtig zu beginnen, machte auch aus dem Grunde einen Sinn, weil zunächst Dringenderes zu bewerkstelligen war. So gab die aus Moskau zurückkehrende SED-Abordnung vorerst keine konkreten Anweisungen zur Schaffung von Produktionsgenossenschaften.[900] Das Politbüro faßte auf seiner ersten Beratung nach der Moskau-Reise zumindest keinen agrarpolitischen Beschluß, der von raschen neuen Entscheidungen kündet.[901] Im Gegenteil, zunächst hieß es allgemein, in den ländlichen Gebieten sei die Parteiarbeit zu verbessern. Dies entsprach den zu Jahresbeginn in der SKK erarbeiteten Empfehlungen. Außerdem setzte die SED-Führung (wie bereits vor Monaten erörtert und durch die Landesregierungen beschlossen) das Großprojekt der „Musterdörfer“ fort.[902]

900 Schöne, Wir sind dafür, S. 74, argumentiert, die Stalinschen Vorschläge zur LPG-Gründung hätten eine zentrale Bedeutung für die neue sowjetische Sicherheitspolitik gehabt. Erstens habe es in der DDR keinen Volkswirtschaftsbereich mehr geben dürfen, der sich dem staatlichen Zugriff entzog und, zweitens, habe die Landwirtschaft die finanziellen Mittel zur Durchsetzung der neuen Beschlüsse liefern sollen. Diese Darstellung (ohne Quellenbelege) stellt die Kostenfrage auf den Kopf. Allen Beteiligten war klar, daß zunächst für einige Jahre in LPG investiert werden müßte. Und was den staatlichen Zugriff anbelangt, so war der bereits stark (auch in SED-Sicht); über LPG konnte er in einer ersten Phase nicht ausgebaut, nur anders organisiert werden, was in herrschaftstechnischer Hinsicht eher vorübergehend ungünstig war. – Schöne zufolge begann auch „die Vorbereitungen für die Kollektivierung entgegen der ausdrücklichen Anregung Stalins fast unmittelbar nach dem Moskauaufenthalt der SED-Führung“ (S. 76). Dafür fehlen Quellenbelege. Frühester, freilich recht vager Hinweis ist der Sekretariatsbeschluß vom 10. 4., durch die Abteilungen für Landwirtschaft und für Propaganda einen zentralen agrarpolitischen Lehrgang im August vorbereiten zu lassen. Siehe Protokoll der Sekretariatssitzung am 10. 4. 1952, SAPMO BArch, DY 30, J IV 2/3-282, Bl. 1.

901 Siehe Protokoll der Politbürositzung am 11. 4. 1952, SAPMO BArch, DY 30, IV 2/2-206; siehe auch Unterlagen Piecks und Grotewohls, SAPMO BArch, NY 4036, 657, Bl. 128–136; NY 4090, 699, Bl. 11–19.

902 Notiz Grotewohls zum Politbürobeschluß am 11. 4. 1952, SAPMO BArch, NY 4090/699,

Pieck, Grotewohl und Ulbricht hielten sich an den dringenden Hinweis Stalins, beim Beginn der Kollektivierung nichts zu überstürzen. Sie bekamen aus der SKK auch zunächst keine konkreten Vorschläge oder Richtlinien vorgelegt.[903] Am 15. April entschieden sie – vermutlich nach Absprache mit der SKK-Spitze[904] –, das ZK der KPdSU(B) offiziell zu bitten, einen in der Frage der landwirtschaftlichen Produktionsgenossenschaften erfahrenen Genossen als Instrukteur zur Verfügung zu stellen, der Mitte Mai 1952 beim Politbüro des ZK seine Arbeit aufnehmen sollte. Außerdem wurde beschlossen, unter Leitung Walter Ulbrichts eine Delegation „zum Studium der Erfahrungen bei der Schaffung von Produktionsgenossenschaften" nach Ungarn zu entsenden. Rudolf Herrnstadt sollte eine andere Delegation nach Polen leiten.[905]

Im ZK und in den SED-Landesleitungen wurde vorerst nichts von Kollektivwirtschaften bekannt. Innerhalb des agrarpolitischen Apparates der SED und im von der SED beeinflußten Führungskern der VdgB(BHG) machte sich lediglich eine Vorahnung von wesentlichen Neuerungen breit.[906] Aber auch nur dort. Bis in den Juni hinein wurden vereinzelte Versuche von Bauern, ständige Arbeitsgemeinschaften zu schaffen, von den SED-Kreis- und Landesleitungen entsprechend der alten „Linie" unterbunden.

In Moskau sah man derweil keinen Grund, die Bitte um einen Landwirtschaftsexperten eilig zu behandeln. Am 22. Mai 1952 wurde im Sekretariat des ZK der KPdSU(B) ein Beschluß gefaßt,[907] der im Zusammenhang mit dem bereits Mitte April im Außenministerium der UdSSR behandelten Umbau der SKK stand und

Bl. 11–19, hier Bl. 18. Bauer, Blockpartei, S. 337, interpretiert den Beschluß zu den „Musterdörfern" falsch. Diese hatten nichts mit der Kollektivierung zu tun. Sie waren seit langem nicht nur im Gespräch, sondern in der Vorbereitung: Politische, siedlungstechnische, bauliche, architektonische, finanzielle Belange wurden seit 1951 erörtert.

903 Siehe dazu Scherstjanoi, Sozialismuslosung, S. 357f. Meiner Einschätzung von 1994, wonach die SKK bis Mai 1952 in der Kollektivierungsfrage ausgesprochen zurückhaltend blieb, habe ich nichts hinzuzufügen.

904 Siehe Besprechung am 14. 4. 1952, in: Badstübner/Loth, Pieck-Aufzeichnungen, S. 400f., hier S. 401.

905 Siehe Protokoll der Politbürositzung am 15. 4. 1952, SAPMO BArch, DY 30, IV 2/2-207, Bl. 2. Von der Reise nach Polen, die Quellenhinweisen zufolge stattgefunden haben muß, ist nichts bekannt.

906 Erich Knorr, damals stellvertretender VdgB(BHG)-Generalsekretär, erinnerte sich: „In der ersten Maihälfte 1952 hatte ich vom *Neuen Weg*, dem Organ der SED, den Auftrag erhalten, einen Artikel zu schreiben, in dem ich die imperialistischen Lügen widerlegen sollte, daß in der DDR demnächst eine Kollektivierung der Landwirtschaft zu erwarten sei. Ich lehnte es ab, diesen Artikel zu schreiben, weil es für mich schon Anzeichen gegeben hatte, daß ein Kurswechsel in der Agrarpolitik nicht ausgeschlossen ist. Dieser Artikel ist nicht erschienen. Und die Anzeichen, die mich vom Schreiben abhielten, bestanden darin: Ich hatte von der Redaktion der „Einheit" den Auftrag, einen Artikel zu schreiben über Wesen, Struktur und Funktion der Bauernorganisation der DDR, der VdgB. Es war sehr schwer, diesen Artikel zu schreiben, denn in der Redaktion mit ihren prominenten Mitgliedern hatte jeder seine eigene Auffassung von der VdgB. Und es war der dritte Entwurf, der endlich genehmigt wurde. Und als er endlich genehmigt war, wurde mir dieser Artikel überbracht von Otto Reinhold. Er teilte mir mit, daß der Artikel nicht mehr gebraucht wird. Denn es gäbe Änderungen in der Agrarpolitik. Das war für mich eines der Signale, daß sich möglicherweise eine Veränderung ergeben wird. [Das war] so Ende April 1952." (Interview mit Erich Knorr am 16. 11. 2002, Archiv E. S.)

907 Siehe Protokoll der Sekretariatssitzung des ZK der KPdSU(B) vom 22. 5. 1952, RGANI, Findhilfsmittel.

Bestandteil einer Reform des gesamten Systems sowjetischer Kontrollorgane in Deutschland entsprechend Ministerratsbeschluß vom 14. April 1952 war.[908] In der SKK (sie umfaßte zu diesem Zeitpunkt 1700 Mitarbeiterstellen in der Zentrale in Karlshorst und den Landeskommissionen) waren unter anderem zwei neue Abteilungen zu bilden, darunter eine Abteilung für Landwirtschaft aus 20 Mitarbeitern. Der für Deutschland zuständige Abteilungsleiter im sowjetischen Außenministerium formulierte in einem Schreiben an den Außenminister folgende Begründung für die Einrichtung einer speziellen Landwirtschaftsabteilung:

„Nach der Reise seiner Führung nach Moskau beschloß das ZK der SED [das war so falsch formuliert, E. S.] die Durchführung eines ganzen Systems von Maßnahmen in der Landwirtschaft: Den Umbau der Arbeit der MAS (in der DDR gibt es 540 MAS), die Verbesserung der Arbeit der Vereinigung für gegenseitige Bauernhilfe, welche über 600 Tausend Bauernwirtschaften vereint, die Erweiterung des Netzes von Kulturhäusern in den Dörfern, den Ausbau von Lehreinrichtungen zur Vorbereitung von Agronomen usw. Bislang hatte die SKK der Lage auf dem Lande nur wenig Aufmerksamkeit geschenkt. Jetzt haben die Genossen Čujkov und Semenov, im Zusammenhang mit der Anweisung der Instanz, den Fragen der Landwirtschaft in der DDR mehr Aufmerksamkeit zu schenken, die Frage der Einrichtung einer Landwirtschaftsabteilung in der SKK (20 Personen) aufgeworfen, was vollauf begründet ist."[909]

LPG-Gründungen waren vom Außenministerium, dem die SKK unterstand, als Grund für neue Kontrollaufgaben also nicht fixiert worden. Auch der Vorschlag Čujkovs und Semenovs, mit der Leitung der Landwirtschaftsabteilung erneut den deutschlanderfahrenen Korbut[910], der bis 1949 in der SMAD gewirkt hatte, zu betrauen, künden eher von Zurückhaltung gegenüber der Kollektivierungsidee. Korbut war Fachmann für Agrartechnik, nicht für Kollektivwirtschaften. Daß die Agrarverhältnisse in der DDR nun einer stärkeren Kontrolle und Betreuung bedurften, war aber unbestritten; das hatte sich bereits vor dem Moskauer Spitzengespräch herauskristallisiert.

In Moskau entschied man sich jedoch, jenen Mitarbeiter des UdSSR-Landwirtschaftsministeriums in die DDR zu schicken, der bereits in Bulgarien der Kommunistischen Partei bei der Kollektivierung beratend zur Seite gestanden hatte, A. D. Stupov. Er übernahm Ende Mai 1952 die Leitung der neuen SKK-Landwirtschaftsabteilung, die zugleich die Kontrolle über Erfassung und Aufkauf landwirtschaftlicher Erzeugnisse übertragen bekam.[911] Sie begann ihre Arbeit mit fünf

908 Siehe Mitteilung Gribanovs an Außenminister Vyšinskij, 18. 4. 1952, AVP RF fond 082, opis' 40, papka 256, delo 18, listy 7–9. Dieser indirekte Hinweis auf den Ministerratsbeschluß ist der bislang einzig bekannte Beleg. Siehe auch Scherstjanoi, SKK-Statut, S. 88–90.

909 Siehe Mitteilung Gribanovs an Außenminister Vyšinskij, 18. 4. 1952, listy 8f.

910 In einem Schreiben von Zverev und Vyšinskij an Molotov vom 19. 4. 1952 heißt es allerdings bereits, daß Korbut nicht in Frage käme. Er habe einen Verweis erhalten wegen seiner Tätigkeit in Deutschland. Landwirtschaftsminister Benediktov empfehle, einen anderen Mitarbeiter des Ministeriums zu entsenden (siehe AVP RF, fond 082, opis' 40, papka 256, delo 18, listy 10–12, hier listy 11f.).

911 Die Abteilung Landwirtschaft der SKK wurde auf Beschluß des sowjetischen Ministerrates vom 24. April 1952 eingerichtet und erhielt einen Mitarbeiterstab von 20 Personen. Zwei Mitarbeiter, Spezialisten für Erfassung und Aufkauf, wurden aus der Wirtschaftsabteilung über-

Mitarbeitern und drei technischen Kräften. Stupovs Stellvertreter wurde Petr Jakovlevič Zmienko, in der SKK-Unterabteilung für Handel, Erfassung und Landwirtschaft seit Dezember 1951 als Leiter des Sektors Landwirtschaft im Einsatz.

Zugleich war Mitte Mai weder für die SED-Führung noch für ihre Berater restlos geklärt, was im April in Moskau „angedacht" worden war. Ab Ende April 1952 entwickelte die SKK gesteigertes Interesse an spontan entstandenen Arbeitsgemeinschaften von Bauern. Daß diese 1949 bis 1951 hier und da immer wieder einmal entstanden waren, war ihr bekannt. Nun galt es, das aktuelle Potential zu erkunden. Bereits Ende April führte ihre Wirtschaftsabteilung Inspektionsreisen durch Dörfer Thüringens und Sachsens durch. In dem Reisebericht vom 6. Mai, den sowjetische Agrar- und Politik-Fachleute gemeinsam unterzeichnet hatten, heißt es: „Versuche der Bauern, gemeinsam Boden zu bearbeiten, wurden von Seiten staatlicher und Parteiorgane unterbunden. [...] Ungeachtet des bestehenden Verbots gemeinsamer Bodenbearbeitung führen aber in einer Reihe von Gemeinden die Neubauern eine gemeinsame Bodenbearbeitung ihrer Äcker durch Traktoren aus dem MAS-Park durch."[912]

Während der Inspektion war die SKK auch auf die thüringische Gemeinde Merxleben gestoßen. Sie hatte erfahren, daß dort 1951 spontan eine Liefergemeinschaft aus 23 Neubauern, darunter 20 SED-Mitglieder, entstanden war, denen die BHG bei der Sollablieferung und damit verbundenen Problemen jegliche Unterstützung versagt hatte. Die Neubauern wollten sich wechselseitig bei Bodenbestellung und Transporten helfen und Solldifferenzen solidarisch ausgleichen. Diese Gemeinschaft (eine Abschrift des Statutes lag dem Bericht bei) war im Mai 1951 von der SED-Ortsgruppe mit der Begründung aufgelöst worden, solche Gemeinschaften würden nur den Vorwurf des Klassengegners bestätigen, daß in der DDR „Kolchosen" entstünden.[913] Die SKK-Inspekteure berichteten, daß nach Aussa-

nommen. Die Abteilung erhielt im Laufe des Sommers vier Unterabteilungen oder Büros: a) für Ackerbau und landwirtschaftliche Produktionsgenossenschaften, b) für MAS und volkseigene Güter, c) für Viehwirtschaft und d) für Erfassung und Aufkauf landwirtschaftlicher Erzeugnisse. Daß die Lenkung von LPG zunächst ausschließlich an den Ackerbau gebunden war, ist ein übriger Beweis dafür, daß LPG höheren Typs eine untergeordnete Rolle spielen sollten (siehe Bericht über die Entwicklung Landwirtschaft der DDR von 1952 an, 17. 2. 1952, AVP RF, fond 457a, opis' 15, papka 80, delo 35, listy 42–99, hier list 98).

912 Bericht der Abteilung für Wirtschaftsfragen an Semičastnov über eine Reise durch Thüringen und Sachsen-Anhalt in der Zeit vom 22.-29. 4. 1952 zum Studium von Produktionsgenossenschaften von Bauern und der Nöte der Bauern, 6. 5. 1952, gez. Zmienko, Liforenko, Salechov, AVP RF, fond 457a, opis' 13, papka 71, delo 36, listy 115–119, hier list 115.

913 Zu Merxleben siehe ausführlich Schier, Alltagsleben, insbesondere S. 112–121. Schier nennt 22 Neubauern als Gründungsmitglieder einer im Dezember 1950 entstandenen „Gemeinschaft zur Erfüllung der Ablieferungsverpflichtungen" und belegt das hinreichend mit deutschen Quellen. Sie zitiert aber in Fußnote 353 meinen Aufsatz (Scherstjanoi, Sozialismuslosung) nicht korrekt. Ich hatte dort nicht von einer SKK-Inspektion 1951, sondern von der auch hier beschriebenen SKK-Inspektion im April 1952 geschrieben. Ein Bericht vom Frühjahr 1951 liegt mir nicht vor. In den mir bekannten Akten der SKK war 1951 von Merxleben lediglich in dem erwähnten Bericht des thüringischen SKK-Landeschefs Pan'šin vom 15. 3. 1951 die Rede. Darin wurde kritisch vermerkt, es gäbe Fälle, wo Neubauern von der VdgB(BHG) nicht genügend Hilfe bekämen. „Dieser Umstand führte in der Gemeinde Merxleben, Kreis Mühlhausen, zur Bildung einer Vereinigung unter Neubauern (ähnlich der BHG). Dort befindet sich die BHG in den Händen der Großbauern und wohlhabender Mittelbauern, und die kleineren Bauern bekommen von der BHG keinerlei Hilfe." Deshalb hätten sich 24 (!) Neubauern mit insgesamt 110 ha Ackerland zu einer Vereinigung zusammengeschlossen, die von einer vierköpfigen Leitung geführt würde. Das Statut ließe die Eigentumsverhältnisse un-

gen des Merxlebener Bürgermeisters die Auflösung der Liefergemeinschaft heftigen Unwillen unter den Neubauern ausgelöst hatte. 1952 hätten sie sich wieder zusammengetan.

Auch andere Beispiele wurden erwähnt. Sie zeugten nach Meinung der SKK davon, daß insbesondere Neubauern Bodenbearbeitung, Ernte und Drusch gern gemeinsam organisierten, wenn die Bodenstücke dementsprechend gelegen waren. Manche Vereinigungen führten eine gemeinsame Kasse bis zum Verkauf der Ernte und verteilten die Überschüsse gleichmäßig. Im Durchschnitt brachte das höhere Hektarerträge und Milchleistungen als in der Einzelbewirtschaftung der Kleinbetriebe. Andererseits stellten die SKK-Inspekteure fest, daß die Vereinigungen nicht überall auf Zustimmung trafen. Außenstehende blickten neidvoll auf die Erfolge der Vereinigungen und verunglimpften sie häufig. Mancherorts waren auch ärmere Neubauern als Antragsteller nicht gern gesehen, weil die Vereinigungsmitglieder fürchteten, jene wollten sich nur auf den gleichen Verteilungsanteilen ausruhen.

Die Schlußfolgerungen der Inspekteure lauteten:

„Diese Keimformen der kollektiven Bewirtschaftung entstanden auf Initiative der Bauern selbst, die sich in der Praxis von den Vorteilen des Kollektivgeistes überzeugen. Infolge der demokratischen Umgestaltung sind in der Landwirtschaft der DDR die Voraussetzungen für Kooperative gegeben. Die Bildung solcher Kooperative muß auf der Grundlage einer breiten politischen Aufklärungsarbeit erfolgen, auf streng freiwilliger Basis. Zum Zwecke der Förderung des Übergangs der Bauern zur Kooperation in der Bewirtschaftung der Höfe müssen unseres Erachtens die bislang verfolgte Politik der SED und der staatlichen Organe der DDR in der Frage der kollektiven Form der Bewirtschaftung geändert und spezielle Maßnahmen zur Schaffung von Produktionsgenossenschaften in der Landwirtschaft erarbeitet werden." Die SKK riet, zur Förderung der Entwicklung von landwirtschaftlichen Produktionsgenossenschaften diesen vordringlich Kredite, Saatgut, Dünger und Zuchtvieh zur Verfügung zu stellen, für sie günstigere MAS-Tarife einzuführen, staatliche und BHG-Hilfe für Wirtschafts- und Kulturbauten zu gewährleisten, landwirtschaftliche Technik bereitzustellen und die Pflichtabgaben zu senken. Es sollten Schritte eingeleitet werden zur „Unterstützung und Erweiterung der Keimformen kollektiver Bewirtschaftung (gemeinsame Bodenbearbeitung der Bodenflächen der Bauern durch Traktoren der MAS, gemeinsame Unterbringung des Viehs, Weidewirtschaft, gemeinsamer Drusch usw.)".[914] Aus der SKK kamen auch konkrete Hinweise zur Förderung von Initiativen in ganz bestimmten Einzelfällen. So erarbeitete Stupov Ende Mai Vorschläge für Ulbricht und Grotewohl, wie sich Partei- und staatliche Institutionen in der mecklenburgischen Gemeinde Meierstorf in die Genossenschaftsgründung einschalten sollten. Den Bauern sollten bevorzugte MAS-Betreuung und eine 30-prozentige MAS-Tarifsenkung sowie eine 50-prozentige Abgabensenkung in Aussicht gestellt werden.[915]

berührt. Siehe Bericht „Über die Klassendifferenzierung auf dem Lande und die politischen Stimmungen unter der Bauernschaft in Thüringen, 15.3.1951, gez. Pan'šin, AVP RF, fond 0457a, opis' 11, papka 61, delo 19, list 15.

914 Bericht der Abteilung für Wirtschaftsfragen, 6.5.1952, listy 118f.

915 Siehe Vorschläge für Ulbricht und Grotewohl zur Frage der Produktionsgenossenschaft in Meierstorf, 21.5.1952 von Stupov an Semičastnov, AVP RF, fond 0458, opis' 314 s, papka 281, delo 9, listy 11–13.

Alles in allem fühlten sich die SKK-Spezialisten aber nicht kompetent, die SED in dieser neuen Politik zu unterstützen und meinten, zum Studium der Organisation und der Bewirtschaftung kollektiver Landwirtschaftsbetriebe in den Volksdemokratien und für die anschließende Übernahme solcher Erfahrungen in der DDR wäre es sinnvoll, eine Gruppe von SKK-Mitarbeitern nach Ungarn zu schicken.[916] Zu einer solchen Studienreise kam es nicht, doch der neue Leiter der SKK-Landwirtschaftsabteilung Stupov brachte ja einschlägiges Wissen aus Sofia mit. Außerdem startete Ende Mai die von Stalin empfohlene Studienreise führender SED-Agrarspezialisten unter Leitung Walter Ulbrichts in die Volksrepublik Ungarn.

Während dessen behandelte das SED-Politbüro die von der SKK zu Jahresbeginn thematisierten agrarpolitischen Defizite. Warum die Ausarbeitung des „Zwei-Jahres-Sonderplanes zur Entwicklung der produktiven Tierzucht", die Ende August dem Ministerium für LFW in Auftrag gegeben worden war, „so lange benötigt hatte und so unzureichend war", versuchte sogar die ZPKK zu untersuchen. Wie sich herausstellte, hatten sowohl die Planungsbehörde als auch die Abteilung Landwirtschaft des ZK im Herbst 1951 immer wieder dessen Überarbeitung gefordert. Schließlich war das Projekt vom Politbüro in die Verantwortung einer Kommission ohne SPK-Chef Rau gegeben worden – alles in allem eine langwierige Debatte, die anhaltende Konzeptionslosigkeit in der Viehwirtschaft offenbart.[917]

Etwa zeitgleich gingen Sekretariat und Politbüro an die Erarbeitung eines konkreten Planes für neue MAS.[918] Aus den bestehenden 540 Stationen sollten zum Jahresende 585 werden, Ende 1953 sollten es 650 sein. Für sie würden in den nächsten zwei Jahren zusätzlich zum Plan 2000 Dreschmaschinen, 1350 Mähdrescher sowie jeweils ebensoviele Kartoffelkombines, Zuckerrübenkombines und Düngerstreuer (Anhänger), 6000 Mähbinder, 5265 Traktoren und andere Maschinen und Geräte benötigt, heißt es in einer SED-Vorlage.[919] Diese Pläne gingen von der Schaffung weiterer MAS vor allem in solchen Dörfern aus, wo man nach der Ernte langsam die vermuteten Kollektivierungsbestrebungen unterstützen wollte. Außerdem nötigte die Verwaltungsreform zu einer Aktualisierung der Standortverteilung. Mitte Juli machte Stupov darauf aufmerksam, daß sich die mittlerweile bestehenden 581 Stationen so verteilten, daß von den 194 Kreisen mit ländlichem Charakter zehn keine hätten.[920] Man entschied, einen „Teil der Maschinen, die [1952 – E. S.] für die BGH vorgesehen sind, auf die MAS zu übertragen".[921] Für 1953 wurde ein Zusatzplan zur Produktion von „500 Stück Kombiner" aufgestellt.[922]

[916] Bericht der Abteilung für Wirtschaftsfragen, 6. 5. 1952, list 119.
[917] Protokoll der Politbürositzung am 6. 5. 1952, SAPMO BArch, DY 30, IV 2/2-210, Bl. 3, 28–30.
[918] Siehe Protokoll der Sekretariatssitzung am 12. 5. 1952; SAPMO BArch, DY 30, J IV 2/3-288, Bl. 9; Protokoll der Politbürositzung am 13. 5. 1952, SAPMO BArch, DY 30, IV 2/2-211, Bl. 4.
[919] Siehe Protokoll der Politbürositzung am 13. 5. 1952, SAPMO BArch, DY 30, IV 2/2-211, Bl. 92–99.
[920] Mitteilung Stupovs an das SKK-Sekretariat, 17. 7. 1952, AVP RF, fond 458, opis' 73ns, papka 261, delo 8, list 50.
[921] Protokoll der Sekretariatssitzung am 12. 5. 1952, SAPMO BArch, DY 30, J IV 2/3-288, Bl. 10.
[922] Protokoll der Politbürositzung am 10. 6. 1952, SAPMO BArch, DY 30, IV 2/2-115, Bl. 3; Anlage 1: Kontrollziffern für den Volkswirtschaftsplan 1953, Bl. 15–19, hier Bl. 17. Die Kontrollziffern waren noch nicht endgültig festgelegt. Sie gingen vorerst nicht an die Regierung.

Die Planungsbehörde legte Vorschläge zur Ausweitung der Investitionen in MAS ab 1953 vor, die eine Verdoppelung der im Fünfjahrplan für 1953 vorgesehenen Investitionen bedeuteten: rund 320–390 Millionen DM. Auch in VEG sollte erheblich mehr investiert werden.[923] Bei Lichte besehen handelte es sich bei dieser Planmodifizierung um eine partielle Vorverlegung des für das Ende des Fünfjahrplanes vorgesehenen Ausbaus des MAS-Netzes auf 750 Stationen. Darüber hinaus schien eine Erweiterung der staatlichen Ausleihunternehmen nicht nötig. Die SED-Führung ging davon aus, daß die rund 52 000 privaten Landwirtschaftsbetriebe, die sie als kapitalistische qualifizierte, der MAS nicht bedürften, daß diese Betriebe aber auch nicht liquidiert werden. Diese MAS-Planung stimmte mit der Vorgabe überein, im Herbst „vorsichtig" mit Produktionsgenossenschaften zu beginnen.

Die SED entwickelte in jenen Wochen aber auch Aktivitäten, die von der SKK mit Skepsis beobachtet wurden. So befaßte sie sich – womöglich veranlaßt durch die sowjetische Kritik am System von Erfassung und Aufkauf sowie Binnenhandel – mit der Umstrukturierung des ländlichen Einzelhandels.[924] Die Idee von den Produktionsgenossenschaften ließ die Vorstellung von der stärkeren Einbeziehung der BHG in den Einzelhandel auf dem Lande aufkommen, woraufhin Anfang Juni eine Regierungskommission beauftragt wurde, die Liquidierung des KONSUM-Verbandes in landwirtschaftlichen Kreisen vorzubereiten. Verbandspräsidentin Margarete Wittkowski trat mit Billigung der SKK gegen einen Umbau des Einzelhandels auf.[925] Mit dem Argument, eine Reorganisation von Handel und Versorgung auf dem Lande bedürfe der gründlichen Klärung des künftigen Verhältnisses zwischen staatlichem und genossenschaftlichem Handel (BHG-Handel und KONSUM-Handel), bestanden die SKK-Experten auf der Vertagung der Debatte. Statt dessen sollte endlich etwas für die wirkliche Verbesserung der Versorgung getan werden, forderten sie.[926]

7.3.2. Volksdemokratische Erfahrungen

Ende Mai 1952 lagen die Ergebnisse der Reise nach Ungarn vor. Aufgabe dieses fast schon geheimen Unternehmens war es gewesen, die ungarischen Erfahrungen bei der Kollektivierung der Landwirtschaft zu studieren und für die DDR nutzbar zu machen.

Der Delegation unter Leitung Walter Ulbrichts gehörten dessen Frau Lotte Ulbricht sowie Paul Scholz, Wilhelm Schröder, Berthold Rose, Erich Knorr von der VdgB(BHG) und eine Genossin aus dem Parteiapparat an.[927] Die hochrangige

[923] Protokoll der Politbürositzung am 1.7.1952, SAPMO BArch, DY 30, IV 2/2-118, Anlage 5: Kontrollziffern für den Volkswirtschaftsplan 1953, Bl. 30–33, hier Bl. 31.

[924] Siehe Protokoll der Politbürositzung am 3.6.1952, SAPMO BArch, DY 30, IV 2/2-114, Bl. 27.

[925] Siehe Schreiben Sitnins und Matveevs an Semičastnov, 10.6.1952, AVP RF, fond 0458, opis' 314s, papka 281, delo 9, listy 14f.; Schreiben Matveevs an Semičastnov und Semenov, über ein Treffen mit Wittkowski, 17.6.1952, ebenda, list 17 (identischer Sachverhalt siehe AVP RF, fond 457, opis' 13, papka 71, delo 31, list 87).

[926] Ebenda.

[927] Berichtsunterlagen sind nicht bekannt. Die folgende Darstellung stützt sich auf die Erinnerungen Erich Knorrs (siehe Interview vom 16.11.2002, Archiv der Verfasserin) und auf das Werbe- und Informationsmaterial, das Knorr nach der Reise auftragsgemäß veröffentlichte. Siehe Knorr, Ungarns Produktionsgenossenschaften.

Abordnung wurde in Budapest ehrenvoll empfangen. Sie absolvierte mehrere Tage lang ein Vorlesungsprogramm, gestaltet von Dozenten der Parteihochschule und agrarwissenschaftlicher Einrichtungen. Sie kam zu Beratungen mit Partei- und Staatsführern wie Mátyás Rákosi, Ernö Gerö, Andras Hegedüs sowie mit Handels- und Agrarexperten, Spezialisten für Mechanisierung und Agronomen zusammen. Die Nachmittage waren mit Exkursionen in Produktionsgenossenschaften und Staatsbetriebe ausgefüllt. Das Hauptinteresse galt den verschiedenen Typen von Kollektivbetrieben, Größe und Profil, Arbeitsorganisation, Eigentumsverhältnissen und Verteilungsmodi. Erich Knorr erinnerte sich später: „Es ging konkret darum: Wie habt ihr das gemacht mit den LPG? Was habt ihr anders gemacht als die sowjetischen Genossen? Was sind das für drei Typen? Wer leitet die Gründung der landwirtschaftlichen Produktionsgenossenschaften an? Wer wird aufgenommen? Ja, und dann ging es um die Rolle der MTS, der Maschinen-Traktoren-Stationen. Selbst über Anbaumethoden haben wir uns ausgetauscht. Im weiteren ging es um Kunstdünger, um die Zusammenarbeit der Behörden, wie werden die Genossenschaften mit Saatgut versorgt?“[928]

Die Delegation kam mit einem guten Eindruck nach Berlin zurück. Von der bevorstehenden Mißernte, von erheblichem Planverzug und zunehmender Mißstimmung unter den Bauern hatten sie kaum etwas mitbekommen. Zugleich war klargeworden, daß ungarische Erfahrungen nicht gänzlich taugen für die DDR. Insbesondere die sozialen Strukturen und die Profile der Bauernwirtschaften waren doch recht verschieden. Die Ungarn praktizierten außerdem eine strenge Ausgrenzung von Großbauern aus der Genossenschaftsbewegung; als Großbauern galten bei ihnen Bauern ab 14,5 ha Land. Erich Knorr, stellvertretender VdgB-Generalsekretär, sah eine so niedrige Eintrittsgrenze für die DDR als unsinnig an. Die neuen Genossenschaften würden mehrheitlich uneffektiv arbeiten. Andererseits hatte dem VdgB-Funktionär gefallen, daß der einfache Typ der Produktionsgenossenschaften aus bestehenden Handelsgenossenschaften heraus und unter deren Anleitung entstanden war. Hier sah er die Möglichkeit, den BHG zu mehr Bedeutung zu verhelfen.

Am Ende der Ungarnreise stand den Teilnehmern eine Perspektive für die ostdeutsche Agrarentwicklung vor Augen, die ganz Stalins Drängen auf „vorsichtiges Beginnen“ entsprach. Das Ergebnis der Studien abwägend, formuliert Erich Knorr später: „Wir hatten in unserer Gruppe viele Einzelfragen gemeinsam diskutiert, aber eine abschließende Auswertung, die gab es nicht. Wir hatten uns aber in der Delegation in einigen Fragen geeinigt, beispielsweise waren wir uns einig, daß man mit den LPG ganz vorsichtig anfangen müßte. Das war fast schon eine kleine Festlegung gewesen, daß wir gesagt haben: Wir werden 1000 LPG gründen, und dann ist erst einmal Schluß. Dann festigen wir diese LPG. Und dann stehen die Bauern Schlange und wollen alle Mitglieder werden. Das war unsere Vorstellung, in diese Richtung haben wir diskutiert. Ich erinnere mich deshalb so gut daran, weil wir etwas später mit Scholz noch einmal darauf zu sprechen kamen und uns an den Kopf griffen und sagten: ‚Mein Gott, wir hatten doch ursprünglich nur 1000 LPG gewollt. Und die Bauern sollten Schlange stehen bei den LPG.‘“[929]

[928] Interview mit Erich Knorr am 16.11.2002, Archiv der Verfasserin.
[929] Ebenda.

Aus Ungarn brachte die Delegation konkrete Kenntnisse über Typen von Produktionsgenossenschaften mit. Die stellte sie wenig später als Beweis dafür vor, daß Produktionsgenossenschaften keine rein „russische Angelegenheit" waren.[930] Typ 1 bedeutete in Ungarn gemeinsame Aussaat, wobei Leih-Technik vorteilhaft genutzt und Feldraine überpflügt werden konnten. Nach der Aussaat gingen die Stellen wieder in individuelle Pflege der Besitzer über. Erleichterung boten die gemeinsame Verwaltung (z. B. die Vertragsgestaltung mit Ausleihbetrieben), gemeinsame Anbauplanung und das Wirtschaften mit Reservekonten. Ernte, Schnitt und Drusch erfolgten individuell. – Typ 2 erweiterte die gemeinsame Bodenhaltung bis zu gemeinsamer Ernte und gemeinsamem Drusch. Dieser Typ schloß auch die genossenschaftliche Viehhaltung ein. Die Organisation der zu verrichtenden Arbeiten unterlag der Kontrolle der Vollversammlung (Gruppenkonferenz). Die Größe des eingebrachten Eigentums bestimmte einen Teil der Kosten-Ertragsrechnung für jedes Mitglied. So wurden die Produktionskosten gemeinsam getragen – zum Teil aus betriebswirtschaftlichen Reserve- bzw. Investitionskonten heraus. Doch nur bei allgemeinen Ausgaben erfolgte die Belastung gemäß der eingebrachten Produktionsmittel, ansonsten in Abhängigkeit davon, ob das Mitglied an der jeweiligen Teilaufgabe beteiligt gewesen war und anteilig auch deren Erlös erhalten hatte. Jedes Mitglied mußte Feldarbeit/Stallarbeit in Umfang und Art nach einem Plan des Verwaltungsausschusses, aber zugleich nach Maßgabe der eingebrachten Bodenfläche/Viehstückzahl erbringen. Damit blieben der Arbeitsaufwand, aber auch der Ertrag für den Bauern weitgehend an die Größe des eingebrachten Landes gebunden (was praktikabel ist, wenn jede Familie etwa einen Familienbetrieb in die Genossenschaft einbringt). Vorteile brachten die gemeinsame Verwaltungsarbeit, die gemeinschaftliche Nutzung materieller und finanzieller Reserven sowie spezieller Berufserfahrungen. Großtechnikeinsatz und Arbeitsorganisation konnten flexibler sein. – Typ 3 sah vor, daß außer einer Hoflandparzelle (bis zu 0,3 ha) und ein bis zwei Stück größeren Viehs aller Besitz in die gemeinschaftliche Bewirtschaftung übergeht. Laut Statut erhielt der Bauer 85 Prozent des festgesetzten Wertes seiner Einlage von der Genossenschaft bezahlt. Die Arbeitsorganisation in Typ 3 ähnelte der in sowjetischen Kolchosen. Die Arbeit wurde nach Normen bewertet, ihr Inhalt war geplant, Brigaden wurden organisiert. Die Ergebnisse der Arbeit des Einzelnen wurden wie in der Sowjetunion nach Tagewerken verrechnet. Nach Schaffung entsprechender Fonds übernahm die Genossenschaft sämtliche Kosten und Sozialausgaben – soweit es für letztere noch reichte. Der Austritt aus solch einer Genossenschaft war in Ungarn an eine Dreijahresfrist gebunden.

Die ungarischen Produktionsgenossenschaften wurden von der SED-Führung nicht als kopierwürdig angesehen. Der sogenannte höchste Typ, der nach dem Leitbild sowjetischer Kolchos-Praxis in den meisten Volksdemokratien eine fast deckungsgleiche Entsprechung gefunden hatte[931], schien in der DDR aktuell nicht von Bedeutung. Die ungarischen Typen 1 und 2 waren nicht annehmbar. Der Unterschied zwischen beiden Typen war für ostdeutsche Neubauern, sofern sie an Gemeinschaftsarbeit Interesse hatten, ohne Belang, denn ihnen ging es um ge-

930 Siehe Knorr, Ungarns Produktionsgenossenschaften, S. 5.
931 Einen Vergleich bietet Wädekin, Sozialistische Agrarpolitik I, S. 114–123.

meinsame Bodenbearbeitung, einschließlich Ernte, Schnitt und Drusch, ja auch um gemeinsame Ablieferung. An Vereinigungen ausschließlich zur gemeinsamen Bestellung gab es keinen Bedarf. Die ungarischen Erfahrungen bestätigten lediglich, daß solche Produktionsgenossenschaften den Anfang machen sollten, die nicht allen Besitz in gemeinsame Nutzung führten und die eine Verteilung der Einkommen nach eingebrachtem Besitz ermöglichten.

Unklar war der Umgang mit den Großbauern. Sollte Bauern ab einer bestimmten Fläche Bodenbesitz die Mitgliedschaft in Produktionsgenossenschaften prinzipiell verwehrt werden? Erich Knorr, der sich in dieser Angelegenheit einer Meinung wußte mit Kurt Vieweg, bestand sofort auf der Klärung der Frage, nachdem die Delegation in Berlin eingetroffen war. Keinesfalls wollte er mit einer Grundsatzerklärung solche Groß- und Mittelbauern vor den Kopf stoßen, die man für solidarisches Miteinander in den VdgB(BHG) hatte gewinnen können und deren Abgabentreue anerkannt war. Die künftigen LPG brauchten seiner Meinung nach erfahrene Landwirte. Nicht wenige Großbauern waren sogar in der SED aktiv. Doch Vieweg ließ sich damals nicht zu einer Erörterung bewegen.[932] Und Ulbricht war – der Erinnerung Knorrs zufolge – nicht gewillt, über eine eventuelle Zulassung von Großbauern in Produktionsgenossenschaften jetzt zu entscheiden. Stalin hatte im April von „einkreisen“ gesprochen.

Der Ende Mai nach Berlin beorderte A. D. Stupov, Leiter der neuen SKK-Landwirtschaftsabteilung, bedrängte die SED-Führung anfangs nicht. Denn zunächst einmal boten seine Erfahrungen aus der bulgarischen Geschichte der ersten Kollektivierungsphase auch kein fertiges Konzept. In Bulgarien hatte es im Unterschied zu allen anderen Volksdemokratien nie verschiedene Typen von Produktionsgenossenschaften gegeben. Die dort seit 1949 intensiv geförderten (und auch nach Enteignungen angeblich krimineller Großbauern erweiterten) Kollektivwirtschaften stellten 1952 eine Mischform aus sowjetischem Kolchos und mittleren Typen in den anderen Volksdemokratien dar. Der Boden blieb Eigentum des Mitglieds, konnte sogar innerhalb der Genossenschaft veräußert werden. Gearbeitet wurde nach Gruppen- oder Individualakkord, 30 Prozent der Erträge wurden als Bodenanteilsrente ausgezahlt. 1950 gab es in Bulgarien rund 2500 LPG mit insgesamt 2156 ha Land, meist Ackerbaubetriebe (3,1 ha pro Haushalt).[933] 1952/53 stagnierte die Kollektivierung, es kam aber zu keinen Unruhen.

Ende Mai/Anfang Juni 1952 fanden in Berlin mindestens zwei interne Beratungen von hochrangigen SED-, VdgB(BHG)-, DBD- und staatlichen Funktionären im Beisein von Stupov statt, der sich aber kaum einmischte. Am 31. Mai 1952 berichteten die Delegationen, die in Ungarn (Vortrag von Minister Scholz) und in Polen (dieser Bericht fiel nach Stupovs Urteil nur knapp aus) gewesen waren.[934]

[932] Knorr zufolge war Vieweg in jenen Wochen innerlich zerrissen. Er war krank und fürchtete Parteistrafen und Schlimmeres wegen der ungeklärten Geschichten während des Exils in Schweden. Vieweg habe daher alte Standpunkte aufgegeben und sich besonders laut und deutlich in Sinne der Übernahme sowjetischer Kolchos-Erfahrungen geäußert.

[933] Siehe Stupov, Razvitie; Wädekin Sozialistische Agrarpolitik 1, S. 121–123, 187–194.

[934] Über eine „Sitzung im ZK“ vom 31. 5. berichtete Stupov am 4. 6. 1952 Politberater Semenov. Die deutschen Delegationen, die in Ungarn und in Polen waren, hätten über die dortigen Erfahrungen bei der Kollektivierung informiert. Siehe Bericht Stupovs an Semenov, 4. 6. 1952, AVP RF, fond 457 a, opis' 13, papka 71, delo 36, listy 145–147.

Die Sitzung fand „im Zentralkomitee“ unter Vorsitz Walter Ulbrichts statt. Die Versammlung entschied, eine Kommission sollte feststellen, in welchen Dörfern bereits gemeinschaftlich gewirtschaftet wurde und wo günstige Bedingungen dafür bestanden. Die Innenminister und die Landtage sollten künftig privaten Landverkauf mit dem Blick darauf kontrollieren, ob das Land nicht vorzugsweise an eine entstehende Produktionsgenossenschaft verkauft werden könnte. Ab sofort sollten keine Gutshäuser mehr abgerissen werden. Musterstatuten, Richtlinien zur Bewertung der Arbeitsleistungen, Hinweise zur Rechnungsführung und zur Form der Bezahlung in Genossenschaften waren zu erarbeiten. Außerdem machte sich eine neue Planung für den Landmaschinenbau notwendig. Eine weitere Aufgabe lautete: Maßnahmen zur Stützung der Genossenschaften (etwa durch günstige Kredite) erarbeiten. Populäre Literatur über die LPG in Polen, Ungarn und der UdSSR sollte übersetzt und ediert werden. Alle diese Punkte wurden von Ulbricht als gemeinsame Erkenntnis der Delegationsteilnehmer mit dem Hinweis vorgetragen, sie würden am 3. Juni im Politbüro erörtert. Auf Stupovs Frage nach der Leitung des Prozesses der Genossenschaftsentwicklung antwortete Ulbricht, daß die Leitung in den Händen des Landwirtschaftsministeriums liegen wird, wo aber noch ein spezieller Apparat zu schaffen sei. Stupov erinnerte daran, vor Ort die Erfahrungen bestehender Arbeitsgemeinschaften zu nutzen und umgehend mit der Kaderauswahl für die neuen LPG, MAS und für VEG zu beginnen.[935]

Nach Lage der Dinge mußten nun also verschiedene Erfahrungen zusammengetragen und ausgewertet werden. Potentielle Interessenten waren nach Ansicht der SED-Führung und der SKK unbedingt zu befragen, waren sie es doch, die die Idee der Kollektivwirtschaft erfolgreich in die ostdeutsche Bauernschaft weitertragen sollten. Auch die aktuelle sowjetische Agrarverfassung wurde zunehmend interessant. Die SED-Führung bat daher das ZK der KPdSU(B), zur Getreideernte eine erste und zur Hackfruchternte eine zweite Delegation von 100 bzw. 60 Kleinbauern, MAS-Arbeitern, Agronomen und Agrarfunktionären zum Studium des sowjetischen Kolchos-Alltags in die Sowjetunion einreisen zu lassen.[936]

7.3.3. Erste Kooperative. Musterstatuten für LPG Typ 1 und 2

Nach der Ungarnreise nahmen eingeweihte deutsche Landwirtschaftsfunktionäre gezielt Kontakt zur Landbevölkerung auf. Erich Knorr erinnert sich an eine Fahrt mit Kurt Vieweg nach Greifswald. Der Landrat dort erzählte ihnen, in der Gemeinde Gustebin hätten Bauern Gemeinschaftsarbeit beschlossen. „Wir sind hingefahren zu den Bauern und haben gesagt: ‚Also hört mal, wir kriegen jetzt bald Kombines und große Geräte. Und da wäre es gut, wir könnten die Felder zusammenlegen.‘ Aber die haben uns einen Korb gegeben, die Gustebiner Bauern. Wir haben geredet wie mit Engelszungen, aber sie blieben dabei: Nein, nein. Naja, die hatten ihre Wirtschaften gefestigt. 1945 hätten wir dort Kibbuze bilden können, aber 1952 wollten die nicht mehr. An einem anderen Ort hatten sie [die örtlichen Funktionäre – E. S.], zwei Tage bevor wir kamen, eine Gemeinschaft zer-

935 Siehe ebenda.

936 Siehe Protokoll der Sekretariatssitzung am 19. 6. 1952, SAPMO BArch, DY 30, J IV 2/3-300, Bl. 9f.; Protokoll der Politbürositzung am 24. 6. 1952, SAPMO BArch, DY 30, IV 2/2-217, Bl. 5.

schlagen. [...] Zuerst durften die Bauern nicht Genossenschaften bilden, aber dann doch, als der Befehl kam von oben. Und weil wir die LPG-Gründung vorher immer wieder verhindert hatten, hatte Ulbricht die Vorstellung, daß das recht leicht gehen wird mit den LPG. In Wirklichkeit ging das gar nicht so leicht."[937]

Vor Ort zeigten sich Hemmnisse zweierlei Art. Zum einen waren, wie beschrieben, Inhaber gefestigter Wirtschaften weniger an Gemeinschaftsbewirtschaftung interessiert, als sie es vielleicht noch ein, zwei Jahre zuvor waren. Dies galt sogar für ehemalige Neubauern.[938] Die Bereitwilligkeit war, anders als 1946 bis 1949, kaum noch an einer bestimmten Bauernschicht festzumachen. Allgemein war sie auf die Inhaber schlecht wirtschaftender Kleinbetriebe beschränkt. Zum anderen wirkte bei den SED-Funktionären die alte Vorgabe fort, solche Bestrebungen zu unterbinden. Mancherorts war das mit latenten Aversionen gegen Bauern schlechthin verbunden. Der Neubauer, Kommunist, einst Bürgermeister, später Mitglied der SED-Kreisleitung, Kreisvorsitzende der VdgB(BHG) und Brandenburger Landtagsabgeordnete Bernhard Grünert, bislang gebremst in der Umsetzung seiner Kollektivierungspläne, wurde vom MAS-Leiter als „Sektierer" beschimpft, als er Anfang Juni in seiner Gemeinde Worin bei Seelow auf vage Gerüchte hin die Bemühungen um eine Produktionsgenossenschaft wieder aufnahm und die SED-Mitglieder des Dorfes am 22. Juni 1952 zur Propagierung dieser Idee zu den Bauern schickte (er plante auch noch eine Befragungsaktion in den Dörfern der Umgebung). Man entzog ihm das Vertrauen und bereitete die Entfernung aus der SED-Kreisleitung vor.[939]

Wegen solcher Unbeweglichkeit des SED-Parteiapparates griffen die Verfechter der Kollektvierungsidee um Walter Ulbricht auch nicht auf diesen Apparat zurück.[940] Den Parteiapparat zu mobilisieren, hätte die Frage nach einem offiziellen Parteibeschluß aufgeworfen und langwierige Debatten hervorgerufen!

Der DDR-unerfahrene Stupov ging anfangs davon aus, daß die lokalen Stimmungen und Gemeinschaftsbestrebungen, von ZK-Abgesandten in den Dörfern der DDR ermittelt, dann im ZK erörtert und schließlich mit den SED-Kreissekre-

[937] Interview mit Erich Knorr am 16.11.2002, Archiv der Verfasserin. Die Angaben konnten nicht geprüft werden. In Gustebin stellten am 27.6.1952 sieben werktätige Bauern doch den Antrag, ihre Flächen gemeinschaftlich bewirtschaften zu können (siehe Abschrift des Antrags, BArch, DK 1, 1831, Bl. 12). Knorrs Agitation ist für Meierstorf am 12.6.1952 nachgewiesen, das – ähnlich wie Merxleben – eine der ersten LPG hatte (siehe Bericht einer Inspekteurin, 18.6.1952, ebenda, Bl. 41 f.).

[938] Siehe Nehrig, Anfänge.

[939] Siehe Schlehufer, Bernhard Grünert, S. 182–188.

[940] Es ist einer vereinfachenden Vorstellung von SED-Herrschaft geschuldet, wenn als Initiator und erster Propagandist von Umgestaltungsideen immer der SED-Parteiapparat angenommen wird. Daß die „territorialen Parteiorganisationen", und zwar „auf ausdrückliche Anweisung der SED-Führung", aktiv waren und erst danach „der Staatapparat tätig" wurde (Schöne, Wir sind dafür, S. 79), ist ein falsches Bild. Es wird durch Quellen nicht bestätigt. Die SED-Geschichtsschreibung hat es mitgezeichnet, war sie doch nicht nur am Nachweis spontaner Initiativen, sondern mehr noch an der Betonung vertrauensvoller Beziehungen zwischen SED und DDR-Volk interessiert. So schrieben Herferth u. a., Bodenreform, S. 93: „In den Monaten Mai (!) und Juni 1952 wurden beim ZK der SED und der Regierung der DDR fast täglich (!) mehrere Bauerndelegationen vorstellig." Dies ist stark übertrieben und zeitlich vorverlegt. Das ZK der SED als Gremium war nicht eingeweiht, bestenfalls einige ZK-Mitglieder. Der hier behandelte Fall gibt Anlaß zu der These, daß in Momenten radikaler Infragestellung gültiger Losungen der Staatsapparat stets verläßlicher funktionierte als der Parteiapparat.

tären beraten werden sollten. Den Akten zufolge dachte er möglicherweise zunächst auch an einen ZK-Beschluß zu einzelnen, ausgewählten Initiativen, die es zu unterstützen galt. Recht bald, so meinte er, könnten dann auch die nötigen staatlichen Beschlüsse folgen. Doch Ulbricht wollte die Angelegenheit vorerst nicht an die große Glocke hängen, sondern intern vorbereiten. Er wollte sie auch nicht zum Gegenstand der SED-weiten Vorbereitung der 2. Parteikonferenz machen. Walter Ulbricht setzte durch, daß die anstehenden Vorbereitungs- und Klärungsaufgaben allein in die Hände höchster staatlicher Instanzen gelegt wurden, die von einer kleinen Gruppe von Partei- und Staatsfunktionären Anleitung erhielten. Einbezogen waren vorerst nur die Spitze des Ministeriums für LFW, insbesondere Staatssekretär Siegmund (SED), und einige andere Agrarfunktionäre mit enger Beziehung zum Politbüro. Nicht nur der VdgB(BHG)-, sondern auch der SED-Apparat blieben außen vor. Am 31. Mai wies Ulbricht Stupovs Vorschlag, unverzüglich die Kaderfrage für die künftigen Genossenschaften zu überdenken, mit der Begründung zurück, bevor die organisatorischen Fragen nicht geklärt seien, könnte keine Entschließung zur Kaderauswahl verabschiedet werden. Stupov meldete an Semenov: Ulbricht „ist der Ansicht, das würde zum jetzigen Zeitpunkt nicht verstanden werden".[941]

Nachdem entschieden war, daß Landwirtschaftsminister Paul Scholz (DBD) den Posten des Leiters der Koordinierungs- und Kontrollstelle beim Ministerrat für Land-, Forst- und Wasserwirtschaft übernehmen wird [942], bestätigte das SED-Politbüro am 3. Juni Ulbrichts Vorschlag, den Thüringer Landwirtschaftsminister Wilhelm Schröder (DBD) zum DDR-Landwirtschaftsminister zu nominieren. Mit Volkskammerbeschluß vom 18. Juni traten Scholz und Schröder die neuen Ämter an.[943] Im Ministerium für LFW wurden neue Stellen eingerichtet, darunter die des Staatssekretärs für Produktionsgenossenschaften. Der Bedeutung der Aufgabe angemessen sollte dieser Staatssekretär zugleich erster Stellvertreter des Ministers sein. Den Posten bekam der bisherige Staatssekretär Kurt Siegmund (SED). Als einen weiteren Staatssekretär schlug Ulbricht Berthold Rose vor.[944] Damit brachte die SED-Führung in die Spitze der staatlichen Behörden verläßliche DBD-Politiker, die allerdings über noch wenig Erfahrungen in der Landwirtschaftspolitik verfügten.[945] Ein laufendes Parteiverfahren gegen den früheren stellvertretenden bzw.

941 Bericht Stupovs an Semenov, 4. 6. 1952, AVP RF, fond 457 a, opis' 13, papka 71, delo 36, listy 145–147, hier list 147.

942 Zunächst war hierfür Kurt Vieweg im Gespräch, gegen den aber gleichzeitig eine interne Untersuchung wegen Verdachts auf Verfehlungen im Untergrund während der NS-Zeit lief. Mit der Begründung, die Koordinierungsstelle sollte besser ein DBD-Vertreter übernehmen, da die Stelle eines stellvertretenden Ministerpräsidenten daran geknüpft werde, wurde schließlich am 13. 5. 1952 der bisherige Landwirtschaftsminister Paul Scholz vom SED-Politbüro nominiert (Protokoll, SAPMO BArch, DY 30, IV 2/2-211, Bl. 6).

943 Zuvor hatte der Ministerpräsident sie berufen (siehe Protokoll der Ministerratssitzung am 12. 6. 1952, BArch, DY 30, DC 1, I/3-112, Bl. 4). Wilhelm Schröder (1913–1968, SED, DBD) hatte das Amt des Ministers am 15. 5. 1953 niedergelegt, aus gesundheitlichen Gründen, wie es hieß. Danach wirkte er auf Bezirksebene als Landwirtschaftsfunktionär und Stellvertreter des Vorsitzenden des Rates des Bezirkes in Erfurt.

944 In Änderung des Beschlusses vom 3. 6. 1952 wurde Rose in seinem neuen Amt nur Hauptabteilungsleiter.

945 Bauer, Blockpartei, S. 338–341, stellt dar, daß sich die DBD-Spitzenfunktionäre im Mai/Juni 1952 aus der Lenkung der beginnenden Kollektivierung ausgegrenzt fühlten und eine Ent-

amtierenden Leiter der Landwirtschaftsabteilung des ZK der SED Walter Krebaum mag es für Ulbricht sogar unmöglich gemacht haben, auf die obere Ebene des Parteiapparates wie gewohnt zurückzugreifen.[946] Die SKK erhob keine Einwände. „Die Leitung der [...] Schaffung von landwirtschaftlichen Produktionsgenossenschaften liegt in Bezug auf die grundlegenden Fragen in den Händen einer Kommission des Politbüros unter dem Vorsitz des Genossen Walter Ulbricht", hießt es dann im Politbürobeschluß vom 3. Juni 1952, der die Kommissionsmitglieder aber nicht benannte. „Für die Durchführung der Maßnahmen ist verantwortlich die [zu bildende – E. S.] Hauptverwaltung für Produktionsgenossenschaften im Apparat des Ministeriums für Land- und Forstwirtschaft." Führungsambitionen in der VdgB(BHG) trat Ulbricht wirksam entgegen, indem er den Beschluß durchsetzte: „Die VdgB(BHG) hat alle ihre Kräfte auf die Förderung der Produktionsgenossenschaften zu konzentrieren."[947]

Die „Maßnahmen zur Förderung von Produktionsgenossenschaften in der Landwirtschaft", die das SED-Politbüro am 3. Juni 1952 verabschiedete (ohne daß sie zuvor das Sekretariat des Politbüros durchlaufen hätten), legten fest, daß die Zusammenschlüsse „nur auf der Grundlage absoluter Freiwilligkeit" entstehen.[948] Zunächst sollten nur Genossenschaften zur gemeinsamen Bodenbearbeitung gebildet werden. An kollektive Viehzucht in der Zukunft war bereits gedacht: Staatliche Organe sollten helfen, dafür die Grundlagen zu schaffen. Anträge zur Bildung einer Produktionsgenossenschaft waren umgehend an die Kreisräte und von

machtung bzw. Parteiauflösung fürchteten. Bauer zufolge waren die Anzeichen dafür „ziemlich eindeutig" (S. 339). Dies bestätigen meine Studien nicht. Wenn Rose, Goldenbaum und Scholz tatsächlich Vieweg als Hauptschuldigen an einer Gefährdung der DBD betrachteten, wie Bauer behauptet, dann dürften sie im Mai 1952 eher aufgeatmet haben (siehe FN 942). Im Übrigen drohte nicht die Verdrängung Scholz' durch Vieweg auf dem Ministerposten; beide konkurrierten um den Posten des Leiters der Kontroll- und Koordinierungsstelle – und Scholz bekam ihn. Meines Erachtens waren Spannungen, die durchaus eine persönliche Komponente gehabt haben könnten, nicht Ausdruck von Gefährdung der DBD als Partei, sondern Ergebnis von Querelen unter den Landwirtschaftsexperten und von permanenten Überprüfungen im Ministerium; Scholz fürchtete, daß man ihm als Minister „das Genick brechen" (Bauer, Blockpartei, S. 340) könnte. Im April 1952 hatte das Innenministerium den Mitarbeitern im Hause Scholz' das Ergebnis einer Überprüfung ihrer Arbeitsweise vorgelegt, die Kritik fiel harsch aus; in der Chefetage des Ministeriums für LFW mühte man sich daraufhin um eine Gegendarstellung (siehe Protokoll der Hauptabteilungsleitersitzung am 22. 4. 1952, BArch, DK 1, 247, Bl. 69f.). Bauers Vermutung über Bemühungen der SKK, die Existenz der DBD zu erhalten, ist durch Quellen nicht belegbar; die SKK hatte im Frühjahr 1952 m. E. auch keinen Anlaß für solch eine Rettungsaktion (siehe auch Bericht der Abt. Leitende Organe der Parteien und Massenorganisationen des ZK der SED „Über die Lage in den anderen Parteien nach der II. Parteikonferenz", 16. 8. 1952, SAPMO BArch, DY 30, IV 2/15-3, unpag.).

946 Walter Krebaum, Kandidat des ZK der SED, wurde am 8. Juli 1952 aus der SED ausgeschlossen. Siehe Protokoll der ZK-Tagung am 8. 7. 1952, SAPMO BArch, DY 30, J IV 2/1, 106, Bl. 2.

947 Protokoll der Politbürositzung am 3. 6. 1952, SAPMO BArch, DY 30, IV 2/2-114, Anlage 4: „Maßnahmen zur Förderung von Produktionsgenossenschaften in der Landwirtschaft", Bl. 27-32, hier Bl. 27.

948 Protokoll der Politbürositzung am 3. 6. 1952, Anlage 4: „Maßnahmen zur Förderung ...". Das gleiche Papier ordnete an: „Das Abreißen von Gebäuden der früheren großen Güter ist unverzüglich einzustellen. [...] Die volkseigenen Güter sind verpflichtet, die Produktionsgenossenschaften durch den Verkauf von Vieh, von hochwertigem Saatgut usw. zu unterstützen." Die Genossen in SPK, Finanzministerium und im Staatssekretariat für Erfassung und Aufkauf wurden beauftragt, Reserven zu prüfen und Pläne zur Finanzierung bzw. bevorzugten Belieferung zu erarbeiten (Bl. 29f.).

dort an das Ministerium zu geben. Zugleich hieß es: „Ein Wettbewerb für die Schaffung von Produktionsgenossenschaften darf nicht stattfinden."[949]

Ganz in diesem Sinne äußerte sich Walter Ulbricht auch auf der Konferenz mit den 1. SED-Kreissekretären am 4. Juni, die zur Vorbereitung der 2. SED-Parteikonferenz einberufen worden war. Das Thema Landwirtschaft stand nicht im Vordergrund. Ulbricht versuchte vielmehr, die Kreissekretäre vorsichtig auf einen Wechsel in der Einstellung zu landwirtschaftlichen Gemeinschaftsbetrieben einzustimmen.[950] In seinem Referat ging er auf die Tendenz zur gemeinsamen Bodenhaltung unter Kleinbauern ein, er erwähnte spontane Gründungen von Produktionsgenossenschaften. „Angesichts der veränderten Lage und der Entwicklung unserer Wirtschaftspolitik im Rahmen des Fünfjahrplanes" sei die Parteiführung zur Erkenntnis gelangt, daß solche Initiativen künftig zu unterstützen seien, „daß wir zur Produktionsgenossenschaft übergehen müssen, um zur landwirtschaftlichen Großproduktion überzugehen" – mit dem Ziel der Steigerung der Hektarerträge. Anträge auf Bildung von Produktionsgemeinschaften sollten nun wohlwollend geprüft werden. Bei entsprechendem Interesse sollten auch Landarbeiter herrenloses Land oder aber Pachtland erhalten, um es gemeinsam zu bearbeiten. Voraussetzung für die Konstituierung einer Produktionsgenossenschaft sei aber die Zustimmung des Ministeriums für LFW.[951] Zugleich versuchte Ulbricht, die Sache nicht aufzubauschen. Zunächst ginge es um einfache Ackerbau-Gemeinschaftsbetriebe. „Man muß mit ganz einfachen Aufgaben beginnen, und die Bauern sollen selbst entscheiden, in welchem Tempo sie ihre Produktionsgenossenschaften entwickeln. D. h. es darf in keinem Fall irgendwelcher Zwang ausgeübt werden, weder von der Partei, noch vom Staatsapparat." Und: „Die Bestimmungen über die Arbeit der Produktionsgenossenschaften müssen solche sein, [... die] auch für einen Mittelbauern annehmbar sind."[952]

Es besteht keine Veranlassung zu unterstellen, Ulbricht hätte dies anders gemeint als gesagt. Er wollte die unteren Parteistrukturen nicht aktivieren, sondern von eigenen Schritten abhalten. Auf den bevorstehenden SED-Kreiskonferenzen sollten diese Sachen *nicht* diskutiert werden, bei Fragen aus der Mitgliedschaft oder aus der übrigen Bevölkerung riet Ulbricht, auf die kommende Parteikonferenz zu verweisen.[953] Selbst unter den Anwesenden verhinderte er eine Debatte: „Es ist auch nicht zweckmäßig, daß wir die Probleme der Weiterentwicklung der Produktionsgenossenschaften jetzt besprechen oder jetzt diskutieren. Wir dürfen nicht unsere Genossen dazu verführen, daß man einen Sprung macht [...]."[954] – Ulbrichts Ausführungen am 4. Juni 1952 gaben keinen Auftakt zur umfassenden Kollektivierung. Er wies die leitenden SED-Kreisfunktionäre zur aufmerksamen, wohlwollenden Beobachtung an. Regelrecht unzweckmäßig sei es aber, die politische Losung vom „Kampf gegen die Großbauern" auszugeben.

949 Ebenda, Bl. 29.
950 Siehe Stenographische Niederschrift der Konferenz mit den 1. Kreissekretären am 4. 6. 1952 in Berlin, SAPMO BArch, DY 30, VI 2/1.01-195, Ulbrichts Referat Bl. 3–47.
951 Siehe Stenographische Niederschrift der Konferenz mit den 1. Kreissekretären am 4. 6. 1952 in Berlin, SAPMO BArch, DY 30, VI 2/1.01-195, Bl. 30–32.
952 Ebenda, Bl. 33.
953 Ebenda, Bl. 40.
954 Ebenda, Bl. 34.

Am 5. Juni 1952 besuchte eine Abordnung des Ministeriums für Land- und Forstwirtschaft das Dorf Merxleben (Kreis Mühlhausen) und lud die einstigen Aktivisten der Liefergenossenschaft nach Berlin, wo sie am 6. Juni von Minister Scholz empfangen wurden.[955] Da in Merxleben unter Neubauern reges Interesse an gemeinsamer Bodenhaltung bestand, verständigte man sich über mögliche Betriebsformen und über staatliche Unterstützung. Die Abordnung der Merxlebener Neubauern zeigte Aufgeschlossenheit für weitergehende Gemeinschaftlichkeit: für den Aufbau einer gemeinschaftlichen Viehwirtschaft, einen gemeinsamen Technikpark, gemeinschaftliche Sozialleistungen und Kulturbauten. Den Merxlebenern wurde Hilfe zugesagt. Am 8. Juni 1952 beschlossen 22 Bauern und drei landlose Dorfbewohner von Merxleben, eine Produktionsgenossenschaft zu bilden. Sie ging als erste in die DDR-Geschichte ein.[956] Wie Barbara Schier feststellte, fehlt in den offiziellen Gründungsunterlagen jeder Hinweis auf die Rolle der SED, was aber nicht verwundert.[957]

Aus anderen Dörfern reisten ebenfalls Abordnungen nach Berlin.[958] Am 10. Juni 1952 nahm das SED-Politbüro einen „Bericht über die Förderung werktätiger Bauern zur Schaffung von Produktionsgenossenschaften" zur Kenntnis,[959] am 11. Juni ordnete das Ministerium für LFW über die Hauptverwaltung der MAS an, in den betreffenden fünf Kreisen, in denen sich die ersten Initiativgruppen formiert hatten, die MAS durch Kuriere zur umfassenden Unterstützung der Genossenschaftsinitiatoren zu veranlassen, d. h. rasch Arbeitsverträge mit den Genossenschaften abzuschließen und sie bevorzugt zu bedienen.[960] Wie Staatssekretär Sieg-

955 Ausführlicher dazu siehe Schier, Alltagsleben, S. 116–121.

956 Die häufig gewählte Formulierung „Am 8. Juni 1952 wurde die Produktionsgenossenschaft in Merxleben gegründet" ist eigentlich nicht korrekt. Ein Statut zumindest lag zu diesem Zeitpunkt noch nicht vor. In einem SKK-Bericht heißt es zutreffend, am 8. Juni wurde in Merxleben eine Initiativgruppe unter Leitung des früheren Leiters der Liefergenossenschaft Großmann (SED) gebildet. Am 12. Juni 1952 führte der stellvertretende SKK-Landeschef A. Kovalev in Merxleben auf eigene Initiative ein anderthalbstündiges Gespräch mit Großmann, worüber er unverzüglich Semenov in Karlshorst informierte: „Ziel der Schaffung einer Genossenschaft ist es nach Großmanns Meinung, unabhängig von den Großbauern zu sein, weniger arbeiten zu müssen (nur 8 Stunden am Tag wie auf den Volksgütern), die Frauen von der körperlich schweren Arbeit zu befreien und den Wohlstand jedes Genossenschaftsmitglieds zu erhöhen." (Bericht Kovalevs an Semenov über ein Gespräch mit dem Vorsitzenden der Initiativgruppe Großmann in Merxleben, 12. 6. 1952, AVP RF, fond 457 a, opis' 13, papka 71, delo 36, listy 159f.)

957 Siehe Schier, Alltagsleben, S. 119.

958 Einem „Zusammenfassenden Bericht über die Gründung der landwirtschaftlichen Produktionsgenossenschaften" zufolge kamen bis Ende Juni neun Delegationen ins Ministerium für LFW nach Berlin. Außer den Merxlebener sprachen am 6. 6. bei Scholz Bauern vor: aus Meierstorf (Kreis Grevesmühlen), Bilzingsleben (Kreis Kölleda) und Jahna (Kreis Meißen). Letztere repräsentierte drei Initiativgruppen in drei Ortsteilen von Jahna. Am 7. 6. empfing der Minister Bauern aus Ilberstedt (Kreis Bernburg), am 13. 6. 1952 aus Henningsleben (Kreis Mühlhausen). Am 18. 6. sprach eine Delegation aus Kunrau (Kreis Gardelegen) mit Staatssekretär Siegmund. Am 26. 6. kamen Bauern aus dem Landkreis Oelsnitz. Ohne Datum wird eine Abordnung aus Gollensdorf (Kreis Osterburg) genannt. Siehe Bericht der Arbeitsgruppe Produktionsgenossenschaften beim Ministerium für LFW, 27. 6. 1952, gez. Schillack, BArch, DK 1, 1829, Bl. 3–6.

959 Protokoll der Politbürositzung am 10. 6. 1952, SAPMO BArch, DY 30, IV 2/2-215, Bl. 5. Der Bericht ist nicht überliefert.

960 Schreiben Siegmunds an Schlag (Leiter der HA V, MAS), 11. 6. 1952, BArch, DK 1, 1830, Bl. 18. Zunächst wurden fünf, am 26. 6. weitere drei Genossenschaften konkret genannt. Siehe auch ebenda, Bl. 4.

mund zwei Wochen später an die gleiche Adresse mitteilte, war es „im Augenblick leider nicht möglich, in aller Öffentlichkeit vor den gesamten MAS über dieses Problem ausführlich zu sprechen", weshalb die betreffenden MAS-Direktoren, von denen einige „noch nicht restlos begriffen haben", worum es ging, persönlich belehrt werden sollten.[961] Ende Juni klärte der Staatssekretär die Landwirtschaftsministerien der Länder auf. An die Kreise sollte weitergeleitet werden, daß „infolge der veränderten politischen Situation" dem Wunsch der Bauern nach gemeinschaftlicher Bewirtschaftung ihrer Höfe nunmehr stattgegeben werden soll. Bei den Räten der Kreise, Abteilung Landwirtschaft, sollte ein für dieses Aufgabengebiet verantwortlicher Mitarbeiter eingesetzt werden.[962]

Währenddessen arbeiteten die Referenten in der SKK-Landwirtschaftsabteilung an einer Stellungnahme zum SED-Politbürobeschluß vom 3. Juni 1952.[963] Sie gingen davon aus, daß die „Maßnahmen zur Förderung von Produktionsgenossenschaften in der Landwirtschaft" zu einem ZK-Beschluß ausgearbeitet werden würden. Ihr Textvorschlag zielte auf die Verkündung einer neuen Förderpolitik für freiwillige Zusammenschlüsse und offerierte langfristige Kredite, eine Abgabensenkung von 20–30 Prozent, eine Steuersenkung um 10–15 Prozent, Dienstleistungen der MAS vor allen anderen Leistungsempfängern und allseitige Hilfe der Parteileitungen und der staatlichen Behörden. Jeder Druck auf die Bauern sollte jedoch als Verstoß gegen die Parteilinie geahndet werden. Der Boden sollte Privateigentum bleiben.

In ihren Anmerkungen zum Beschluß vom 3. Juni wiesen Stupovs Kollegen aber auch falsche Entscheidungen zurück. Im Landwirtschaftsministerium eine Hauptverwaltung für die LPG zu bilden, sei verfrüht. Vielmehr sollten kleine Gruppen von Fachleuten sowohl in der Landwirtschaftsabteilung des ZK als auch im Ministerium für LFW die Fäden in der Hand halten. Die aktuellen Aufgaben seien: (1) die juristische Grundlage für Produktionsgenossenschaften zu schaffen, (2) einzelnen Initiativgruppen politische und materielle Hilfe zu leisten und (3) drei Musterstatuten zu erarbeiten.[964]

Das Politbüro hatte am 3. Juni tatsächlich festgelegt, daß Statuten für Produktionsgenossenschaften dreier Typen zu erarbeiten sind, welche sich darin unterscheiden sollten, welcher Anteil der Produktionsmittel und welcher Teil des Produktionsprozesses in Gemeinschaftsarbeit genommen wird und wie die privaten Einkünfte der Mitglieder berechnet und verteilt werden.[965] Die frühe statutarische Arbeit läßt sich heute kaum noch rekonstruieren. Sie lief in Berlin und in den In-

961 Schreiben Siegmunds an Schlag (Leiter der HA V, MAS), 28.6.1952, ebenda, Bl. 10f., hier Bl. 10.

962 Entwurf eines Schreibens von Siegmund an die Ministerien, 27.6.1952, BArch, DK 1, 1833, Bl. 51.

963 Anmerkungen der SKK-Landwirtschaftsabteilung zum Politbürobeschluß vom 3.6.1952, 20.6.1952, AVP RF, fond 0458, opis' 314s, papka 281, delo 9, listy 54–63.

964 Auch hier erschien noch einmal die Forderung: KONSUM und BHG sollten in ihrer Form und Funktion fortbestehen, die VdgB(BHG) hätte die Aufgabe, den Genossenschaftsprozeß zu unterstützen.

965 Der SKK zufolge enthielt der Politbürobeschluß vom 3.6. noch die irrige Vorstellung, der einfache Typ der Genossenschaft könnte gemeinsame Bodenhaltung, aber getrennte Erntearbeiten bedeuten (siehe Anmerkungen der SKK-Landwirtschaftsabteilung, 20.6.1952). Die Anmerkungen wiesen solche Gedanken zurück.

itiativgruppen parallel, teils ohne daß man voneinander Kenntnis hatte. Das Merxlebener Statut, das laut Beschluß der Gründungsversammlung im Anschluß an die Gründung erarbeitet wurde, soll bereits unter Mitarbeit eines Genossen des ZK entstanden sein.[966] In Worin machte sich Grünert eigenen Angaben zufolge allein an die Erarbeitung eines ersten Entwurfs; er griff auf ein Buch über sowjetische Kolchose zurück, das im Anhang verschiedene historische Kolchos-Statuten enthielt. Es sollte eine „Vereinigung zur gemeinsamen Bodennutzung" entstehen; am 27. Juni 1952 hatte eine Einwohnerversammlung einen solchen Beschluß gefaßt.[967] Etwa zur gleichen Zeit waren in weiteren Gemeinden analoge Vorgänge zu beobachten: In Meierstorf, Kreis Grevesmühlen, in Gellensdorf, Kreis Seehausen, in Kunrau, Kreis Gardelegen, in Ilberstedt, Kreis Bernburg, in Jahna, Kreis Meißen, und – schließlich doch (siehe aber auch unten das sowjetische Memorandum von Ende Juli 1952) – in Gustebin, Kreis Greifswald, wurden Beschlüsse zur gemeinschaftlichen Arbeit gefaßt. In vielen von ihnen nahmen SKK-Vertreter Kontakt mit den Initiativgruppen auf und prüften deren Anliegen.[968]

In deutschen Archiven finden sich – gänzlich oder auch bruchstückhaft erhalten – Gründungsdokumente und frühe Statuten mit sehr eigenartigen Festlegungen. So war das „Statut der Produktionsgenossenschaft Niederjahna" vom 15. Juni 1952 eher eine Verpflichtung, durch Ertragssteigerung zur Einheit des Vaterlandes und zur Erhaltung des Friedens beizutragen. Die Initiatoren waren aktive VdgB(BHG)-Mitglieder, die auch in den Jahren zuvor Wettbewerbsprogramme aufgestellt hatten. Im Juli 1952 verpflichteten sich die Neubauern auf dem vormaligen Rittergutsland, die seit 1951 schon Arbeitsgemeinschaften angestrebt hatten: „Die werktätigen Bäuerinnen und Bauern von Jahna übernehmen den persönlichen Schutz ihrer Höfe und werden diese mit der Waffe in der Hand verteidigen."[969]

In Berlin bestand eine spezielle Statutenkommission. Ihr Leiter Erich Knorr, Stellvertretender Generalsekretär der VdgB(BHG), gesteht später allerdings ein, selbst keinerlei statutarische Arbeit geleistet zu haben. Seiner Meinung nach war Stupov hier sehr aktiv,[970] doch die sowjetischen Quellen geben keine Auskunft dazu. Zwischen dem 20. Juni und dem 1. Juli 1952 muß entschieden worden sein, vorerst nur zwei Musterstatuten auszugeben.

Das Politbüro behandelte am 1. Juli 1952 LPG-Musterstatuten für zwei Typen von Genossenschaften mit Pflanzenproduktion, die vermutlich in der von Ulbricht geleiteten Kommission entstanden waren. Das Sekretariat des Politbüros hatte sich damit nicht befaßt. Den Vorlagen wurde „nach eingehender Diskussion" im Politbüro zugestimmt.[971] Diese beiden Musterstatuten waren über weite Teile identisch formuliert. In den Statuten sollten die Genossenschaftsmitglieder fest-

966 Siehe Schier, Alltagsleben, S. 119. Die Formulierung des Zeitzeugen „ein Genosse vom ZK" ist fragwürdig.
967 Siehe Schlehufer, Bernhard Grünert, S. 186, 189.
968 Die SKK-Akten enthalten Berichte über weitere Besuche, u. a. in Meierstorf, Gollensdorf und Rüst (heute Mestlin, Kr. Parchim), AVP RF, fond 0458, opis' 314 s, delo 14.
969 Siehe Festmappen, SAPMO BArch, DY 30, 2/7-353, hier Bl. 33.
970 Siehe Interview mit Erich Knorr am 16. 11. 2002, Archiv der Verfasserin.
971 Siehe Protokoll der Politbürossitzung am 1. 7. 1952, SAPMO BArch, DY 30, IV 2/2-218, Bl. 2, 15-33.

halten, daß sie als werktätige Bauern (Eintrittsalter 18 Jahre) nach freiwilligem Zusammenschluß ihre Feldstücke sowie vom Staat in Nutzung gegebene Flächen künftig gemeinsam bearbeiten wollen, um durch Einsatz moderner Maschinen und Geräte die schwere Arbeit zu erleichtern und die Erträge zu steigern. Typ 1 und 2 sahen vor, daß Ackerland in die Kollektivbewirtschaftung gegeben wird (nicht aber Wiesen, Weiden, Gärten oder Wälder). Typ 2 sah außerdem vor, daß Maschinen, Geräte, Technik und Zugtiere (Pferde und Ochsen) gemeinsam genutzt wurden. Während die private Technik und das Zugvieh bei Typ 1 – auf Beschluß der Vollversammlung und zu abgesprochenen Tarifen, aber nicht über dem untersten MAS-Tarif – notfalls auch gegen den Willen des Eigentümers für die Gemeinschaft zeitweise eingesetzt werden konnten, sah Typ 2 gar keine privaten Nutzungsrechte für Technik und Zugvieh mehr vor. Innerhalb von 10 Jahren sollte dem Bauern aus den Gemeinschaftseinkünften der Wert der Geräte, Maschinen und des Zugviehs erstattet werden. Bei Typ 2 konnten bis zu 1 Pferd, 1-2 Fohlen, 1 Ochse und das gesamte Zuchtvieh in Einzelnutzung durch die Bauernfamilie bleiben. Verständlicherweise war von großen Herden zunächst gar nicht die Rede.

Beide Typen sahen gemeinschaftliche Fonds vor, aus denen die Produktionskosten und Investitionen zu bestreiten waren. Die Arbeitsinhalte, Fragen des Fruchtwechsels und die Abgabenleistung sollten von den Mitgliedern abgesprochen werden. Die Statuten sprachen von Arbeitsbrigaden, führten Art und Weise ihres Einsatzes aber nicht näher aus.

Die Produktionsgenossenschaft wurde nach diesen Modellen von einem Vorstand geleitet, verwaltet und organisiert. Alle Mitglieder der Genossenschaft sollten am Jahresende ihren Anteil an den Erlösen teilweise als Bodenrente ausbezahlt bekommen: in Typ 1 mindestens 40 Prozent, in Typ 2 mindestens 30 Prozent der Ernte und der Erlöse. Beide Musterstatuten sahen vor: „In die Genossenschaft können nicht aufgenommen werden: Schieber, frühere Großhändler, Spekulanten, Großbauern und große Grundbesitzer sowie Kaufleute und Gastwirte, welche Lohnarbeitskräfte beschäftigen." Dies entsprach durchaus den Wünschen jener Klein- und Neubauern, die bislang vergeblich Anschluß an die teils recht konservative Dorfgemeinschaft gesucht hatten und als Bauern erfolglos geblieben waren.

Die beiden Musterstatuten zeigen weder im Aufbau noch in den Formulierungen und in der erkennbaren sozioökonomischen „Stoßrichtung" auffallende Ähnlichkeit mit dem sowjetischen Kolchos-Musterstatut (Artel'), nicht mit dem von 1930, nicht mit dem von 1935.[972] Im Prinzip empfahlen sie Zusammenschlüsse, die den Arbeits- und Erwerbsverband der Familienwirtschaft nur partiell aufbrachen. Das Genossenschaftsmitglied wurde noch immer als Einzelbauer veranlagt und besteuert.

Wie bereits erwähnt, waren die ersten einfachen Genossenschaftstypen in der Ungarischen Volksrepublik für die SED inhaltlich nicht in Betracht gekommen.[973]

[972] Siehe Istorija kolchoznogo prava, Bd. 1, S. 172-175, 427-433.

[973] Sie sind in deutscher Übersetzung in den Unterlagen des Ministeriums für LFW unter der Bezeichnung „Funktionsstatuten" überliefert. Der Aktenordnung zufolge wurden die Übersetzungen aber erst 1953 im Zusammenhang mit dem Neuen Kurs 1953 und dem Bemühen um Korrekturen an der forcierten Kollektivierung angefertigt. Es handelt sich um Statuten von 1948/49 (siehe BArch, DK 1, 2831, Bl. 75-78, 94-98).

Augenfällig ist aber die Ähnlichkeit der ostdeutschen Statuten Typ 1 und 2 mit dem ungarischen Musterstatut Typ 2 in der Fassung von 1950/51, das für „selbständige Produktionsgenossenschaften" galt.[974] Die beiden deutschen Statuten begannen, wie jenes (und auch wie die ersten ungarischen Statuten von 1948/49) mit einer historischen Präambel. Ausgehend von den Chancen, die die „Befreiung unserer Heimat von der Hitlertyrannei" (im Ungarischen: die Befreiung des Vaterlandes), die Bodenreform und die Hilfe der „Staatsmacht der DDR" (im Ungarischen: der Volksdemokratie) den werktätigen Bauern geboten hatten, hielt die Präambel fest, daß eine Steigerung der Produktion und eine Verbesserung der Lebenslage der werktätigen Bauern nun genossenschaftliches Wirtschaften erfordern. Im ungarischen Text wurde hervorgehoben, daß *nur* Großbetriebe den arbeitenden Bauern Wohlstand und Kultur sichern werden; in den ostdeutschen Statuten hieß es moderater: Produktionssteigerung *kann* erreicht werden, wenn genossenschaftlich gewirtschaftet wird.

Dann folgten in den deutschen Texten die Paragraphen „I. Ziele und Aufgaben", „II. Die Bodennutzung", „III. Die Verwendung der landwirtschaftlichen Maschinen, Geräte und Zugkräfte [und für Typ 2 zusätzlich: des Zucht- und Nutzviehs]", „IV. Die Mitgliedschaft", „V. Die Pflichten der Genossenschaft, ihres Vorstandes und ihrer Mitglieder", „VI. Arbeitsorganisation, Disziplin und Bewertung der Arbeit", „VII. Die Mittel der Genossenschaft und die Verteilung der Einkünfte" und „VIII. Die Verwaltung der Genossenschaft". Ganz ähnlich war das ungarische Musterstatut aufgebaut.

Inhaltlich stellten die „selbständigen Produktionsgenossenschaften" in Ungarn eine Zwischenform zwischen Typ 2 und Typ 3 der LPG in der DDR dar. Die ungarische Variante sah vor, maximal 25 Prozent des Reingewinns als Bodenrente auszuzahlen, den übrigen Teil nach Arbeitsleistung. In seinen Passagen zur Arbeitsorganisation (in Brigaden) trug das ungarische Vorbild Züge, die in der DDR erst bei dem später verfaßten Statut Typ 3 zu Tage traten. Zentrale Bedeutung bei sämtlichen Entscheidungen in der LPG sollte hier wie da eine General- bzw. Vollversammlung haben. Während sie in Ungarn eine Direktion für zwei Jahre wählte, sollte in der DDR ein Vorstand für ein Jahr gewählt werden. Die ostdeutsche Variante betonte deutlicher das Fortbestehen des privaten Eigentums an Boden.

Die beiden ersten Musterstatuten in der DDR waren ihrem Charakter nach Satzungen für jene „kollektiv-wirtschaftlichen Übergangsformen", als welche die vergleichende Agrargeschichte die einfachen Kollektivwirtschaften bezeichnet.[975] Eine Analogie zu den Genossenschaften höheren Typs in den Volksdemokratien und zu den sowjetischen Kolchosen wurde in der SED-Führung zunächst nicht vorbereitet, obgleich vereinzelt bereits Kooperativen mit nahezu vollständiger Übernahme des Besitzes in gemeinschaftliche Nutzung entstanden. Allerdings waren das im Juli 1952 seltene Ausnahmen, die auf außergewöhnliche Besitzkonstellationen zurückgingen. So war die am 16. Juni 1952 (mit Arbeitsbeginn 1. Juli 1952) gegründete „Produktionsgenossenschaft Kunrau" (Sachsen-Anhalt) eine mit

[974] Siehe Die Statuten der Produktionsgenossenschaft, – selbständig –, 1950/51 [in deutscher Übersetzung], ebenda, Bl. 35–47.
[975] Siehe Blohm/Merkel/Tümmler, Agrarpolitik, S. 56.

großer gemeinschaftlicher Viehwirtschaft. Sie entstand in unmittelbarer Nähe der Demarkationslinie nordwestlich von Magdeburg (siehe Abschnitt III. 7.3.7). Wie viele solcher Fälle es bereits im Juni/Juli 1952 gegeben hat, ist nicht hinreichend erforscht, bis Mitte Juli lag die Zahl der entstandenen LPG ohnehin erst bei 15. Unter normalen Umständen ließen sich die Bauern vorerst kaum auf die Vergenossenschaftlichung aller Produktionsmittel ein.

Dies zur Kenntnis nehmend, blieb die SED-Führung hinsichtlich eines dritten Musterstatuts zurückhaltend.[976] Tatsächlich war sie bemüht, die Reaktionen der Bauern auf das allgemeine Angebot zunächst zu beobachten, und gestand den Bauern zu, daß sie die Vorteile in der Praxis erst allmählich erkennen können. Von „Vorsicht" zeugt auch die verbale Sensibilität der sowjetischen Berater. Erich Knorr zufolge empfahl Politberater Semenov, nicht von „Kollektivierung" zu sprechen, da dieser Begriff zu einem Kampfbegriff geworden war, der gegen die Idee gemeinschaftlicher Bewirtschaftung benutzt werden konnte.[977] Auch der Begriff „Kulak" wurde weitgehend vermieden. Außerdem gehörte es im Juni 1952 zu den ersten Aktionen Stupovs, offene Angriffe gegen Großbauern zu verhindern. Er hatte zwar gefordert (und in seiner Stellungnahme zum Politbürobeschluß vom 3. Juni, die er am 20. Juni verfaßte, hielt er daran fest), die „kapitalistischen Elemente" aus VdgB(BHG)-Führungspositionen zu verdrängen. Doch als in der VdgB-Zeitschrift *Das demokratische Dorf* und im SED-Zentralorgan *Neues Deutschland* im Zusammenhang mit den BHG-Wahlen öffentlich dazu aufgerufen wurde, den Einfluß der Großbauern vollständig zu beseitigen, und als „die Kapitalisten auf dem Lande" zu „Gegner(n) der Demokratisierung des Dorfes" erklärt wurden, die „vielfach offen oder verdeckt die Kriegshetze der amerikanischen und deutschen Imperialisten" fortsetzten,[978] intervenierte Stupov. Solche scharfen Äußerungen tangierten die Genossenschaftsbewegung direkt, da bislang öffentlich nicht festgelegt war, wer überhaupt zu den Großbauern zu zählen ist.

Anfang Juni 1952 erörterte das Sekretariat des Vorstandes der DBD, wie den Bauern bei der Bildung von Produktionsgenossenschaften geholfen werden kann, und es entschied, den Bauern an der Parteibasis zu empfehlen, Großbauern weder in bestehende Kooperative aufzunehmen, noch die Bildung von Großbauern-Kooperativen zuzulassen. Zugleich legte es fest, daß Großbauern mit mehr als 20 ha Land aus der Partei ausgeschlossen bzw. nicht mehr aufgenommen werden sollten. Die DBD-Parteiorgane dürften sich nur aus Bauern mit bis zu 10 ha Land, ausnahmsweise mit bis zu 15 ha Land zusammensetzen.[979] Als Stupov davon

976 Auch in den unmittelbar benachbarten Sachbereichen wie dem ländlichen Siedlungsbau künden die Quellen von anhaltender konzeptioneller Zurückhaltung. Dix, Freies Land, S. 366–372, beschreibt, wie die Idee der LPG ab Juni 1952 schrittweise in das Konzept der Musterdörfer integriert wurde.

977 Siehe Interview mit Erich Knorr am 16. 11. 2002, Archiv der Verfasserin.

978 *Neues Deutschland*, 21. 6. 1952, S. 4.

979 Die hier zitierten Angaben zum DBD-Sekretariatsbeschluß vom 9. 6. 1952 stammen aus einer russischen Quelle: Mitteilung Stupovs an Semičastnov, 25. 6. 1952, AVP RF, fond 458, opis' 73, delo 7, listy 244f. Bauer, Blockpartei, S. 341f., geht anhand deutscher Quellen darauf ein. An anderer Stelle erklärt sie, das Sekretariat des BDB-Parteivorstandes in Berlin hätte im Zusammenhang mit der Verordnung über devastierte Betriebe vom 20. 3. 1952 im April – zumindest nach Mecklenburg – die Weisung ausgegeben, zu Großbauern alle Bauern mit Betrieben über 15 ha zu zählen (S. 358, insbesondere FN 129). Tatsächlich heißt es in der Quelle in

erfuhr, ging er davon aus, daß diese Entscheidung ohne Wissen der Landwirtschaftsabteilung beim SED-ZK gefällt worden war. „Aus unverständlichen Gründen eilt die Führung der DBD in Fragen des genossenschaftlichen Zusammenschlusses der Bauern der Zeit voraus", schrieb er an SKK-Vizechef Semičastnov. Den Ausschluß von Großbauern aus der DBD hielt Stupov für schädlich. Außerdem stellte er klar: „Kulaken-Wirtschaften nur nach der Größe des Bodenbesitzes zu bestimmen, ist unrichtig. Eine solche Definition kann eine große Gruppe von Mittel- und wohlhabenden Bauern von der Politik der Regierung der DDR abstoßen."[980]

SED-Führung und SKK befolgten also bis Anfang Juli 1952 die Order Stalins, nichts zu überstürzen, keine neue Losung auszugeben, mit den Produktionsgenossenschaften langsam zu beginnen und – nach ersten Erfolgen – über die Perspektive zu beraten.

Das Arbeitsprotokoll der Politbürositzung vom 1. Juli 1952 verrät ein weiteres wichtiges Detail. Die SED-Führung beschloß zwar: Die bestätigten zwei Statuten „sind nach Annahme durch zwei Produktionsgenossenschaften in Mecklenburg[981] am 5. 7. 52 in der ‚Mecklenburger Presse' und im ‚Freien Bauern' zu veröffentlichen."[982] Indes, wenige Tage später wurde dieser Beschluß annulliert. Auch ein angenommener Beschlußvorschlag der Abteilung Landwirtschaft des ZK zu Fragen der Produktionsgenossenschaften verschwand aus dem Protokoll. Der später gestrichene Passus im Arbeitsprotokoll belegt, daß die SED am 1. Juli einen öffentlichen Auftakt der Genossenschaftsentwicklung für einen Zeitpunkt vor der 2. Parteikonferenz ins Auge gefaßt hatte!

Das heißt, der öffentliche (gleichwohl vorsichtige) Beginn der Kollektivierung war überhaupt nicht an eine neue politische Losung gebunden: nicht nur in den Augen Stalins nicht – das hatte er ja im April erklärt, genauer: er hatte eine neue Losung regelrecht untersagt –, sondern auch für die SED-Führung nicht. Am gleichen 1. Juli 1952 verabschiedete das SED-Politbüro einen Brief an Stalin, in dem es darum bat, auf der 2. Parteikonferenz von volksdemokratischen Verhältnissen in der DDR sprechen zu dürfen. Doch die Produktionsgenossenschaften wollte die SED-Führung ursprünglich völlig unabhängig von Stalins Antwort noch vor der 2. Parteikonferenz öffentlich befürworten und unterstützen – ganz in dessen Sinne. Auf den Weg gebracht hatte sie die ersten LPG ja schon.

Der Brief an Stalin geht, so sehen es die meisten Historiker, auf eine plötzliche Initiative Walter Ulbrichts zurück. Für einen Zusammenhang mit der Entscheidung, den öffentlichen Auftakt für die Genossenschaftsentwicklung doch erst auf der Parteikonferenz (ab 9. Juli) und nicht bereits vorher zu inszenieren, liegen keine Quellen vor. Die Überlegung Ulbrichts könnte folgende gewesen sein: Sollte

Auswertung einer Sekretariatssitzung in Berlin und im Zusammenhang mit den Wahlen zu den Kreisvorständen (nicht mit der Verordnung über devastierte Betriebe) etwas moderater: „Man kann die Bauern von 15 ha aufwärts auch schon" zu den Großbauern rechnen (Arbeitsbesprechung im Landesvorstand der DBD Mecklenburg, 23. 4. 1953, ACDP VI, unverz. Bestand LV Mecklenburg).

980 Mitteilung Stupovs an Semičastnov, 25. 6. 1952, AVP RF , fond 458, opis' 73, delo 7, listy 244f., hier list 244.

981 An Merxleben war ganz offensichtlich dabei nicht gedacht.

982 Protokoll der Politbürositzung am 1. 7. 1952, SAPMO BArch, DY 30, IV 2/2-218, Bl. 2.

Stalin ablehnen, können auf der Parteikonferenz Kollektivierungsinitiativen dennoch erwähnt und anschließend die Statuten veröffentlicht werden. Sollte die SED auf der 2. Parteikonferenz aber vom „Staat der Volksdemokratie" in der DDR sprechen dürfen, dann wäre die Bekanntgabe neuer Initiativen der Bauern hier bestens plaziert. Es ging folglich nicht um strategische Fragen, es ging um politische Effekte. Für solche Überlegungen war es nicht unerheblich, daß der ursprünglich vorgesehene Schwerpunkt für die Arbeit der Parteikonferenz, die deutschlandpolitische Debatte, nach der zweiten ablehnenden Antwortnote der Westmächte an Bedeutung verloren hatte. Dem Großereignis, wie es eine SED-Parteikonferenz nun einmal darstellte, fehlte plötzlich der bedeutsame Zweck.

Der SED-Parteiapparat war von den Kollektivierungsabsichten noch immer nicht in Kenntnis gesetzt worden. Erst als das Zentralkomitee am Vorabend der 2. Parteikonferenz von der Entscheidung hörte, daß nun „in der Landwirtschaft die Grundlagen des Sozialismus zu schaffen" seien, wurden auch die Landes- und Kreisleitungen eingeweiht.[983] Erstaunt vernahmen die Funktionäre, daß keine Partei-Direktive zu erwarten sei. Die Parteileitungen der Kreise sollten sich zurückhalten. Keinesfalls sollte „eine ganze Karawane von Vertretern aller möglichen Organe der Partei- und Massenorganisationen" die werktätigen Bauern bedrängen. Einige wenige Aktivisten der ersten Produktionsgenossenschaften wurden zur Parteikonferenz eingeladen.[984] Unter den Delegierten befanden sich auch einige jener Bauern, MAS-Arbeiter und Funktionäre, die als erste Bauerndelegation der DDR Ende Juli die Sowjetunion besuchen sollten.[985]

7.3.4. Die 2. Parteikonferenz der SED und ihre unmittelbaren Folgen

Die 2. Parteikonferenz fand vom 9. bis 12. Juli 1952 in Berlin statt. Nachdem am ersten Konferenztag gegen Mittag die Antwort der sowjetischen Führung auf besagten Brief eingegangen war[986], überraschte Walter Ulbricht die Konferenzteilnehmer nach der Mittagspause mit der Losung vom „planmäßigen Aufbau des Sozialismus". Darin eingebettet präsentierte er unter anderem die neue Aufgabe, die Initiativen einiger werktätiger Bauern, Landarbeiter und früherer Umsiedler zu unterstützen, die „in einer Anzahl Dörfer [...] bereits zur gemeinsamen Bodenhaltung übergegangen" seien. Solche von den Bauern zu bildenden Produktionsgenossenschaften erklärte Walter Ulbricht – neben dem volkseigenen Sektor mit VEB, VEG und MAS – zu den „ökonomischen Grundlagen der neuen Ordnung" in der DDR.[987]

[983] Stenographische Niederschrift der 9. Tagung des ZK der SED, SAPMO BArch, DY 30, IV 2/1-105, hier Bl. 3; siehe auch Piskol, Beginn, S. 21f.

[984] Der Merxlebener Vorsitzende Großmann war sogar aufgefordert worden zu sprechen. Der Woriner LPG-Initiator Grünert dagegen hörte erst am 9. Juli 1952 aus dem Mund der Bauern in seinem Dorf davon, daß die Bildung landwirtschaftlicher Produktionsgenossenschaften jetzt unterstützt wurde.

[985] Die Beschlüsse zur Zusammensetzung der Delegation fielen unmittelbar vor der 2. Parteikonferenz, nachdem die Zustimmung aus Moskau zum Besuch eingetroffen war. Siehe Protokoll der Sekretariatssitzung am 7. 7. 1952, SAPMO BArch, DY 30, J IV 2/3-307, Bl. 2.; Protokoll der Politbürositzung am 8. 7. 1952, SAPMO BArch, DY 30, IV 2/2-219, Bl. 6.

[986] Telegramm an die SKK-Führung (Entwurf), 8. 7. 1952, in: Scherstjanoi/Semmelmann, Gespräche Stalins, Teil 2, S. 268f.

[987] Ulbricht, Gegenwärtige Lage, S. 58, 105–111.

Die bestehende Ordnung durfte er laut Moskauer Anweisung nicht „Volksdemokratie“ nennen, doch daß die volksdemokratischen Grundlagen der Staatsmacht gefestigt wurden und auch künftig gefestigt werden, hielt man im Kreml für eine zulässige Formulierung. Ulbrichts Referat und die Losung vom „Aufbau der Grundlagen des Sozialismus in der DDR“ sind dennoch nicht als Signal für eine strategische Wende zu qualifizieren. In den Bezügen zur Landwirtschaft wird das besonders deutlich: Innerhalb der beizubehaltenden Mehrsektorenwirtschaft wurde auch im Agrarbereich keinesfalls der Start zur sogenannten umfassenden oder durchgängigen (splošnaja) Kollektivierung[988] gegeben. Die Agrarentwicklung wurde nun zwar deutlich näher an die Entwicklung der Volksdemokratien herangerückt, doch niemand forderte, die grundlegenden Besonderheiten der bestehenden ostdeutschen „Ordnung“, die Mehrsektorenwirtschaft, aufzugeben.

Ulbrichts Referat verdeutlicht obendrein konzeptionelle Unsicherheit. So ist die Textpassage mit der Definition des Begriffes „Großbauer“ ohne ersichtlichen Zusammenhang in den Kontext seiner Rede eingefügt. Ulbricht erklärte, daß als Großbauernwirtschaften „solche Wirtschaften zu betrachten sind, die mehr als 20 Hektar Land mittlerer Bodenqualität besitzen und Lohnarbeiter beschäftigen mit dem Ziel, nicht selbst erarbeitete Einkünfte zu erhalten“, und selbstverständlich „großkapitalistische Wirtschaften [...], die 50 Hektar und mehr Land besitzen und ständig fremde Arbeitskräfte ausbeuten“.[989]

Diese *erste öffentliche Festlegung der SED-Führung zu Großbauernbetrieben* wurde weder mit dem prinzipiellen Ausschluß von Großbauern aus der Genossenschaftsentwicklung noch anderswie begründet. Ulbricht hatte zwar dafür gesorgt, daß in den (noch nicht veröffentlichten) Musterstatuten ein Beitrittsverbot für Großbauern stand, und er hatte die sowjetische Anweisung berücksichtigt, diese Bauerngruppe nicht allein über den Bodenbesitz zu definieren. Eine für die politische Führung des Genossenschaftsprozesses in der DDR taugliche, klare begriffliche Trennung von Mittel- und Großbauer war aber unmöglich vorzunehmen. Auch die sowjetischen Genossen hatten sie nicht liefern können oder wollen. Somit hielten die politischen Unsicherheiten an und zeigten sich bald auch in LPG-Gründungsversammlungen. DBD-Generalsekretär Berthold Rose berichtete in der SKK wenig später von Debatten unter LPG-Interessenten darüber, wie „fest“ die 20-ha-Grenze ist. Und Rose selbst erklärte: Wenn man nach den Maßstäben der sowjetischen Genossen mißt oder nach den Erfahrungen der Volksdemokratien, dann sind bei uns alle Bauern „Kulaken“. Die bislang geförderten und öffentlich herausgestellten „Meisterbauern“ hätten im Durchschnitt drei Pferde,

[988] Der Begriff „umfassende Kollektivierung“ hat im marxistisch-leninistischen Sprachgebrauch einen besonderen, im Verlauf der Geschichte nur leicht modifizierten Sinn. Er meint – unabhängig von Zeitvorstellungen und Formen des Klassenkampfes – die abschließende, restlose Kollektivierung der Landwirtschaft. Für den hier untersuchten Zeitraum ist er gleichzusetzen mit Begriffen wie „Generalangriff auf die Großbauern“, „Liquidierung der Großbauern als Klasse“. Daher sollte der Ausdruck in der Geschichtsschreibung nicht dort Verwendung finden, wo lediglich gesagt werden soll, daß Kollektivwirtschaften keine Einzelerscheinungen mehr waren.

[989] Ulbricht, Gegenwärtige Lage, S. 107f.

fünf Kühe und 20 Schweine. Es gäbe andererseits Bauern mit mehr als 20 ha Land, die keine Lohnarbeiter beschäftigten.[990]

Ulbrichts Großbauerndefinition wirkte also keineswegs klärend. Außerdem enthielt sein Referat auf der 2. SED-Parteikonferenz an keiner Stelle eine Absage an die alte Politik der Integration von Großbauernwirtschaften in die Volkswirtschaft. Die Strategie blieb vorerst die alte, und auch die Produktionsgenossenschaften wurden auf der 2. Parteikonferenz „lediglich" als Teilnehmer am Wettbewerb zwischen den Volkswirtschaftssektoren vorgestellt, ein Wettbewerb, der staatlicherseits jetzt freilich sehr viel deutlicher und energischer zugunsten der „sozialistischen Elemente" VEG, MAS und Produktionsgenossenschaften gelenkt werden sollte. Genau das nämlich bedeutete die Metapher „Großbauern umzingeln", die Stalin vor den drei führenden SED-Politikern im April in Moskau benutzt hatte. „Liquidierung" war nicht gemeint.[991] KPdSU-Führung und SED-Führung waren sich weiterhin einig darin, in der DDR ganz langsam Kollektivwirtschaften entstehen zu lassen.

Wie zu erwarten war, hatten die SED-Parteiorganisationen Schwierigkeiten, ihr altes „Sektierertum" zu überwinden. Bis September herrschte enorme Verunsicherung im Umgang mit Anträgen zur Genossenschaftsbildung. Unter Leitung von Funktionären der SED-Kreisleitungen und der Kreisräte, die die noch unveröffentlichten Musterstatuten weiterreichten, formierten sich weitere Initiativgruppen. Eine Statistik im Ministerium für LFW weist mit Stand vom 8. Juli 1952 35 Produktionsgenossenschaften und vier weitere Arbeitsgemeinschaften aus.[992] Aus Sachsen-Anhalt wurde Ende Juli gemeldet: „Es gibt Initiativgruppen in 22 Kreisen in insgesamt 57 Dörfern. Zum Teil haben die Bauern bereits Besprechungen durchgeführt, wissen aber noch nicht, wie sie das ganze anfangen sollen, zum Teil beschäftigen sie sich mit der Ausarbeitung von Statuten." Mecklenburg meldete Interesse in acht, Sachsen in drei Dörfern. Thüringen rechnete mit etwa 15 weiteren Produktionsgenossenschaften bis Ende August.[993] Bis 28. Juli 1952 waren 26 Genossenschaften bestätigt. Aus den Kreisen wurden alle drei Tage Meldungen erwartet.[994] Das Sekretariat des ZK der SED empfahl, auf „einige Unklarheiten und Unzulänglichkeiten bei der Schaffung von Produktionsgenossenschaften" in der Parteipresse einzugehen und im *Freien Bauern* gute Beispiele vorzustellen.[995]

[990] Schreiben Miščenkos an Čujkov über ein Gespräch mit Rose am 25. 8. 1952, 1. 9. 1952, AVP RF, fond 0458, opis' 314s, papka 281, delo 9, listy 35f. „Meisterbauern" – von den Behörden so ausgezeichnete Bauern mit herausragenden Erträgen, Viehleistungen oder Zuchtergebnissen und vorbildlicher Sollablieferung.

[991] In der Historiographie wird in diesem Zusammenhang häufig von der Verschleierung wahrer Absichten gesprochen. Als Beweis wird die Entwicklung ab November 1952 angeführt. Wie zu zeigen sein wird, liegt zwischen Juli und November 1952 jedoch ein strategischer Kurswechsel.

[992] Siehe Liste der Produktionsgenossenschaften (Stand vom 8. 7. 1952), BArch, DK 1, 1833, Bl. 37f.

[993] Siehe Meldung Siegmunds an die SKK, Abteilung Landwirtschaft, 22. 7. 1952, BArch, DK 1, 1205, Bl. 142.

[994] Siehe Protokoll der Sekretariatssitzung am 28. 7. 1952, SAPMO BArch, DY 30, J IV 2/3-311, Bl. 7f.

[995] Siehe Protokoll der Sekretariatssitzung am 31. 7. 1952, SAPMO BArch, DY 30, J IV 2/3-312, Bl. 1.

Auch die SKK stellte Unklarheiten fest.[996] Sie informierte Ministerpräsident Grotewohl, der zugleich SED-Kovorsitzender war. „Die Bauern zeigen großes Interesse an der Schaffung von landwirtschaftlichen Produktionsgenossenschaften", heißt es in einem Memorandum von Ende Juli 1952.[997] „Sie wollen wissen, wie eine Produktionsgenossenschaft zu bilden ist, wie die Wirtschaft zu führen ist, wie die Einkünfte verteilt werden, wer Mitglied der Genossenschaft werden kann, wie eine zusammenhängende Agrarfläche entstehen kann und anderes mehr. Auf der Suche nach praktischen Antworten auf diese Fragen wenden sich die Bauern an die SED-Kreis- und Landesleitungen. Doch die Funktionäre der Kreisleitungen weichen in der Regel praktischen Hinweisen aus, weil sie selbst nur vage Vorstellungen von landwirtschaftlichen Produktionsgenossenschaften haben. Mancherorts versuchten die Kreisleitungen, die Initiative den Bauern zu überlassen. So antwortete der Leiter der Abteilung Landwirtschaft der SED-Kreisleitung Erfurt Scholtisek am 17. Juli auf die telefonisch erfolgte Anfrage des Direktors der MAS Witzel, ob es angebracht sei, die Initiative der Bauern zur Schaffung einer neuen Produktionsgenossenschaft zu unterstützen, daß die Bildung neuer Produktionsgenossenschaften aufzuhalten ist. Daß die Kreis- und Landesleitungen der SED in den meisten Fällen abseits der Arbeiten zur Schaffung von Produktionsgenossenschaften stehen und keine Aufklärungsarbeit unter den Bauern führen, nutzen die großbäuerlichen Elemente [kulackie elementy] aus. Sie aktivieren ihre feindliche Tätigkeit, unternehmen Sabotageakte und handeln dabei meist über Strohmänner. Überall breiten sich Gerüchte aus, daß im Anschluß an die verkündete freiwillige Kooperation die Zwangskollektivierung und die Enteignung allen privaten Eigentums der Bauern erfolgen wird. Die feindliche Tätigkeit der großbäuerlichen Elemente zeigt, da sie seitens der SED nicht gehörig beantwortet wird, bereits negative Früchte [sic]." In einer Gemeinde an der Unstrut erklärten die Neubauern, angeblich „unter dem Einfluß der Großbauern-Propaganda, jetzt mache es keinen Sinn zu arbeiten, da doch ohnehin alles in das Eigentum des Staates übergeht. In der Gemeinde Söllichau, Kreis Bitterfeld, weigerten sich die Bauern MAS-Maschinen anzufordern und begründeten das damit, daß ohnehin bald alles eingezogen wird. In einer Reihe von Gemeinden haben Großbauern und Mittelbauern versucht, eigene Produktionsgenossenschaften zu bilden, um in den Genuß der entsprechenden Vergünstigungen und staatlichen Hilfe zu kommen. So geschah es beispielsweise in den Gemeinden Heteborn und Rieder im Kreis Quedlinburg und in den Gemeinden Buchholz und Zedlig im Kreis Niesky."

Die SKK-Vertreter wollten ausgeschlossen wissen, daß Genossenschaften dort entstehen, wo allein auf weniger Abgaben spekuliert wird. Als „falsche Vorstellung von den Zielen der Schaffung von landwirtschaftlichen Produktionsgenos-

[996] Am 8.7.1952 ging bei der SKK-Leitung ein Bericht der Landesvertretung Brandenburg ein, in dem die Initiativen von Bauern in Worin und in Alt Tucheband beschrieben wurden. Am 17.7. meldete Malkin weitere vier LPG-Gründungen. SKK-Landeschef Urazov meldete am 15.7. aus Thüringen die Genossenschaftsgründung in Jahna und reichte das Statut weiter. Am 22.7. traf ein Bericht über eine weitere Begegnung mit Großmann am 14.7. ein (siehe AVP RF, fond 457a, opis' 13, papka 71, delo 36, listy 167-176, 190-192).

[997] Siehe Memorandum „Einschätzung der Arbeit der Parteiorganisationen in Auswertung der 2. Parteikonferenz der SED (Ende Juli), Grotewohl spätestens am 1.8.1952 vorgelegt, SAPMO BArch, DY 30, NY 4090, 316, Bl. 51-65.

senschaften" geißelten sie das „Bestreben der Bauern, über die Genossenschaften lediglich bestimmte Vergünstigungen zu erreichen und besonders günstige Arbeitsbedingungen zu schaffen. So haben sich in der Gemeinde Gustebin im Kreis Greifswald sechs Bauern zusammengeschlossen, um ‚gemeinsam hohe Ernteerträge zu erreichen sowie einen 8-Stunden Arbeitstag und das Recht auf Urlaub.'" Die SKK-Führung mißbilligte zugleich radikale Tendenzen: „In Mecklenburg und Thüringen sind Versuche zu beobachten, besondere Produktionsgemeinschaften ausschließlich aus SED-Mitgliedern zu schaffen. So entschieden 6 Neubauern, alle Mitglieder der SED, aus der Gemeinde Bornhagen, Kreis Heiligenstadt, eine Produktionsgenossenschaft zu bilden. Der Vorschlag der SED-Kreisleitung, andere Bauern hinzuzuziehen, wurde entschieden abgewehrt mit der Erklärung, sie würden zu Ulbricht gehen und sich von ihm die Erlaubnis [zur LPG-Gründung – E. S.] holen."

Das Memorandum machte die oberen SED-Gremien und -Funktionäre dafür verantwortlich, daß die Richtschnur der 2. Parteikonferenz noch nicht bis in die unteren Strukturen hinein geklärt war. Doch auch die SKK schien nicht so recht zu wissen, was bezüglich der Genossenschaftsbildung nun aus der neuen Losung abgeleitet werden muß, wie rasch und wie konsequent Initiativen von unten aufgegriffen und in welche Bahnen sie gelenkt werden sollten. War die Aufgabenstellung, der DDR bei der Bildung von Genossenschaften zu helfen, schon vor der 2. Parteikonferenz auf sehr begrenzte Vorstellungen von spezifisch ostdeutschen Zwängen gestoßen, so muß sich die Verwirrung nach der plötzlichen Verkündung des Sozialismusaufbaus auch unter den sowjetischen Beratern noch vergrößert haben. Beispielsweise hatte die SKK noch im Juni 1952 auch den Merxlebenern ein schlechtes Zeugnis ausgestellt: Nach dem bereits erwähnten Gespräch mit Großmann am 16. Juni hatte der Stellvertreter der SKK- Landesleitung Thüringen nach Berlin gemeldet: „Die Organisation der Kooperative sieht weder die Vergesellschaftung von Produktionsmitteln, noch die von Vieh oder Boden vor. Die Ziele, die Großmann nannte, lassen den Schluß zu, daß die Absichten der Genossenschaftsmitglieder darauf hinauslaufen, ihr persönliches Wohlergehen (auf Kosten des Staates) zu verbessern, und daß sie den Aufgaben einer Umgestaltung des Dorfes sehr wenig entsprechen."[998] In einem Arbeitsplan seiner Abteilung hielt Stupov Mitte Juli fest, sie wollten der SED-Führung helfen, die Beschlüsse zu popularisieren und Erfahrungen der UdSSR und der Volksdemokratien zu verbreiten. Die Abteilung nahm sich vor, bei der Kaderauswahl für LPG und MAS zu helfen.

Aber Stupov sah auch bereits sehr konkret, daß seine Unterstützung bei der Erarbeitung von speziellen Verordnungen nötig war: Gebraucht würden Regelungen über Vergünstigungen und Kreditangebote, die man Produktionsgenossenschaften gewähren müßte, über die MAS-Leistungen für LPG, über den agro- und zootechnischen Service für LPG, über Sonderkonditionen bei der Dünger- und der Saatgutbereitstellung; gebraucht wurden Direktiven zur Flächenbereinigung und Hinweise zur Nutzung sowjetischer Kombines. Zugleich betrieb die sowjetische

[998] Bericht Kovalevs an Semenov über ein Gespräch mit dem Vorsitzenden der Initiativgruppe Großmann in Merxleben, 12. 6. 1952, AVP RF, fond 457 a, opis' 13, papka 71, delo 36, listy 159f., hier list 160.

Behörde mit großem Aufwand eigene Kontrollen vor Ort. Sie plante für den Herbst Inspektionen in Mecklenburg, Brandenburg und Sachsen-Anhalt. Künftig sollte – neben der monatlichen Meldung über den Verlauf von Ernte und Erfassung – immer zum Monatsende auch über den Stand der Kollektivierung in der DDR nach Moskau berichtet werden. Aber nicht nur den LPG galt die Aufmerksamkeit. Neben den üblichen Kontrollen des Verlaufs von Ernte, Erfassung und allgemeiner Planerfüllung, neben den regulären Prüfungen der Effektivität von MAS und VEG nahm sich die SKK-Landwirtschaftsabteilung auch vor, den Bedarf an Industriewaren, Maschinen und Baumaterial unter den Einzelbauern zu prüfen, staatliche Hilfeleistungen auch für werktätige Bauern außerhalb von LPG zu befördern und allgemein die Planerfüllung in Pflanzen- und Tierproduktion sichern zu helfen.[999]

Öffentlich bezogen sowjetische Vertreter lange Zeit keine Position zu den Kollektivierungsbeschlüssen der 2. Parteikonferenz. Der Artikel „Auf dem Weg zum Sozialismus", mit dem die *Tägliche Rundschau* am 18. Juli 1952 die neue Losung aufgriff, ging auf landwirtschaftliche Produktionsgenossenschaften nicht einmal ein.[1000] Bis zur Verkündung des Ministerratsbeschlusses vom 24. Juli 1952 über Vergünstigungen für LPG hielten sich „die Freunde" in der deutschen Öffentlichkeit zurück.[1001]

7.3.5. Erste rechtliche Grundlagen

Zu den ersten Aufgaben zählte die Festlegung eines rechtsgültigen Gründungsverfahrens für Produktionsgenossenschaften. Sowohl ein gesetzlich einwandfreier Gründungsakt als auch eine eigentumsrechtlich fundierte Form der Registrierung der neuen Produktionsform mußte gewährleistet sein.[1002] SKK-Chef Čujkov akzeptierte den deutschen Vorschlag, die LPG jeweils im Rat des Kreises auch ohne Bestätigung durch das Ministerium für LFW registrieren zu lassen. „Eine solche

[999] Siehe Maßnahmen der Abteilung Landwirtschaft bei der Kontrolle und Hilfe für die deutschen Organe bei der Erfüllung der Beschlüsse der 2. Parteikonferenz der SED (gemeinsam mit der Informationsabteilung erstellt), 16. 7. 1952, ebenda, listy 177–181 (identisch mit AVP RF, fond 0458, opis' 314s, papka 281, delo 9, listy 6–9); Arbeitsplan der Abteilung Landwirtschaft der SKK für das 3. Quartal 1952, Ende Juni entworfen, 11. 8. 1952 ausgefertigt, 13. 8. 1952 an Petrov, AVP RF, fond 457a, opis' 13, papka 71, delo 36, listy 215–218.

[1000] Siehe „Auf dem Weg zum Sozialismus", *Tägliche Rundschau*, 18. 7. 1952, S. 1.

[1001] Siehe *Tägliche Rundschau* , 25. 7. 1952, S. 1, 5 (nun auch erstmals über Merxleben).

[1002] Die Entscheidungsfindung in dieser Angelegenheit ist nicht vollständig nachzuzeichnen. Einige Aussagen in den russischen Quellen scheinen irrig. So behauptete Stupov am 31. 7. 1952 gegenüber seinen Vorgesetzten, das SED-ZK hätte beschlossen, daß die ersten 50 bis 100 LPG vom ZK bestätigt werden (siehe AVP RF, fond 0458, opis' 314c, papka 281, delo 9, list 45). Dafür fand sich bislang kein deutscher Beleg.
Am 15. Juli gingen Weisungen des Ministeriums für LFW an die Landwirtschaftsminister der Länder, wie bis zum Erscheinen einer Regierungsverordnung in Sachen Registrierung zu verfahren sei (siehe Rundschreiben, 15. 7. 1952, BArch, DK 1, 1818, Bl. 136f.). Ende Juli fanden Absprachen mit der SKK statt (vgl. Protokoll der Politbürositzung am 29. 7. 1952, SAPMO BArch, DY 30, IV 2/2-223, Bl. 5; Memorandum zu Entwürfen für Bestimmungen zu den LPG, Čujkov an Grotewohl, 30. 7. 1952 [als Antwort auf einen Brief Ulbrichts vom 26. 7. 1952, mit Bemerkungen der SKK-Landwirtschaftsabteilung zu Verordnungsentwürfen] SAPMO BArch, NY 4090, 316, Bl. 69–71); siehe auch Protokoll der Ministerratssitzung am 7. 8. 1952, BArch, DC 20, I/3-122, Bl. 6, 21; Verordnung über die Bestätigung und Registrierung von landwirtschaftlichen Produktionsgenossenschaften und dazugehörige DB jeweils vom 7. 8. 1952, in: GBl. 1952, S. 713, 716f.; Döhring, Bodenreform.

Ordnung vereinfacht und beschleunigt die juristische Formgebung der Produktionsgenossenschaften und gibt den Mitgliedern der Genossenschaften die Gewähr der schnellen Organisation der genossenschaftlichen Produktion", schrieb Čujkov an Grotewohl.[1003]

Die deutsche Seite entsprach einem anderen Hinweis der SKK-Experten und strich aus den Durchführungsbestimmungen die Vorgabe, wonach pro Dorf nur eine Genossenschaft gebildet werden darf. Eine solche Festlegung würde die Bewegung in der ersten Zeit hemmen, meinte die SKK-Landwirtschaftsabteilung.[1004] Sie riet erfolgreich auch von der diskriminierenden Formulierung ab, daß das Protokoll über den Verlauf der Gründungsversammlung einer Produktionsgenossenschaft vom Kreisrat als richtig zu bestätigen sei.[1005]

Ende Juli/Anfang August waren die Verfahrensfragen geklärt und der Genossenschaftsbildung ein vergleichsweise ebener juristischer Weg eröffnet: Über ein Gründungskomitee zu einer Gründungsversammlung mit Annahme eines Statuts (wobei in einer Anlage zum Protokoll auf ein Musterstatut „Bezug genommen werden kann und nur von der Gründungsversammlung beschlossene Abänderungen im Protokoll wortwörtlich vermerkt zu werden brauchen"[1006]), mit der Wahl von Vorsitzendem, Vorstand und Revisionskommission, und schließlich zur Vorlage der Dokumente und zur Registrierung der Genossenschaft in einem speziellen Register beim Rat des Kreises. Die Genossenschaften wurden verpflichtet, ein Mitgliederverzeichnis und ein Bodenbuch anzulegen und stets auf dem laufenden zu halten. Nach der Registrierung war die Gründung der LPG öffentlich bekanntzugeben.[1007]

Als wichtig wurden in der SED-Führung auch konkrete staatliche Förderangebote angesehen, denn erst die boten sowohl den interessierten Bauern und Landarbeitern als auch den örtlichen Behörden die nötige Sicherheit. Es gehörte zu den allgemeinen Erfahrungen aller Länder, daß entstehenden Kollektivwirtschaften Vorzugsbehandlung und Sondertarife bei der Technikausleihe garantiert werden mußten. Auch die SED-Führung war von Anfang an davon ausgegangen. Außerdem war von Anfang an eine bevorzugte Belieferung mit Düngemitteln, hochwertigem Saatgut, gegebenenfalls auch mit Zuchtvieh und Futtermitteln ins Auge ge-

1003 Memorandum, Čujkov an Grotewohl, 30.7.1952, Bl. 69. Ursprünglich war wohl auch dem Parteiapparat eine Rolle in diesem Bestätigungsverfahren zugedacht gewesen. Das Sekretariat nahm das neue Verfahren lt. VO vom 7.8.1952 nachträglich zur Kenntnis und erklärte einen alten Beschluß für hinfällig, wonach es selbst die Registrierung der LPG bestätigen wollte (siehe Protokoll der Sekretariatssitzung am 18.8.1952, SAPMO BArch, DY 30, J IV 2/3-317, Bl. 5).

1004 Memorandum, Čujkov an Grotewohl, 30.7.1952, Bl. 70.

1005 Andere Details erschienen im Regelwerk nicht, obwohl die SKK sie zunächst empfohlen hatte, beispielsweise die Regelung, daß an der Gründungsversammlung alle Gründungsmitglieder persönlich anwesend sein müssen. Die sowjetischen Vorschläge zur VO und zur DB, die mit Datum 30.7.1952 im Grotewohl-Bestand überliefert sind, weichen von den letztendlichen Bestimmungen nicht nur sprachlich ab. Vermutlich erfolgten noch mündliche Absprachen. Es ist aber auch nicht ausgeschlossen – und darauf deuten auch Textvergleiche bei anderen Gesetzeswerken hin -, daß auf deutscher Seite nicht immer alle sowjetischen Hinweise akzeptiert und umgesetzt wurden.

1006 DB für die Bestätigung und Registrierung von landwirtschaftlichen Produktionsgenossenschaften, 7.8.1952, in: GBl. 1952, S. 716f. Ein Beispiel für Zusätze bietet die Abschrift einer „Bestätigung" des Statuts der LPG Typ 2 in Polleben, Kreis Eisleben, siehe BArch, DK 1, 1831, Bl. 126.

1007 Alle Regelungen siehe zusammengefaßt bei Döhring, Bodenreform.

faßt worden. Die Genossenschaften sollten durch günstige langfristige Kredite in die Lage versetzt werden, die Produktion schon bald zu erweitern. Des weiteren war Finanzhilfe bei Kultur- und Sozialvorhaben (Bibliotheken, Förderung von Laienkunst) vorgesehen.

Am 24. Juli wurde ein DDR-Regierungsbeschluß gleichen Datums über Vergünstigungen für landwirtschaftliche Produktionsgenossenschaften und ihre Mitglieder bekanntgegeben,[1008] der noch einige Anordnungen nach sich zog. Er ging auf einen Politbürobeschluß vom 19. Juli 1952 zurück.[1009] Festgelegt wurde:

(1) MAS haben in erster Linie für Produktionsgenossenschaften zu arbeiten.

(2) Diese Leistungen sind nach dem niedrigsten Tarif zu bezahlen. Grundsätzlich müssen LPG die 1952 durchgeführten Arbeiten nicht früher als nach der Ernte 1953 bezahlen.

(3) Das Ministerium für LFW stellt Agronomen zur täglichen (!) Beratung zur Verfügung. Diese Hilfe ist kostenlos. Eine kostenlose veterinärmedizinische Hilfe wird vorbereitet.

(4) LPG werden bevorzugt mit Qualitätssaatgut beliefert.

(5) Für die Dauer von zwei Jahren wird die Genossenschaft von der Steuerzahlung befreit.

(6) Den landwirtschaftlichen Produktionsgenossenschaften werden langfristige Kredite (für Meliorationsarbeiten, Aufforstung, Bau von Wirtschaftsgebäuden), mittelfristige Kredite (für den Ankauf von Geräten, Maschinen und Vieh) und kurzfristige Kredite (für den Ankauf von Saatgut, Dünger, Kleininventar, Schädlingsbekämpfungsmitteln) gewährt; die deutsche Bauernbank darf diese Kredite im Rahmen des Kreditplanes 1952 vorzugsweise ausreichen.

Neben dieser arbeitsorganisatorischen und finanziellen Besserstellung der Kollektivbetriebe wurden den einzelnen Mitgliedern Erleichterungen versprochen:

(7) Wer Land aus dem Bodenreformfonds übernommen hatte, bekommt den restlichen Kaufpreis erlassen.

(8) Im laufenden Jahr 1952 wird jedem Bauern, der Genossenschaftsmitglied ist, eine Senkung sämtlicher Steuern um 25 Prozent eingeräumt.

(9) Kredite für die private Hauswirtschaft einschließlich Baukredite erhalten sie bevorzugt.

Ganz besonderen Anreiz bot jedoch die Senkung der Pflichtabgaben.

(10) Für das Jahr 1952 werden Genossenschaftsmitgliedern die Abgaben an pflanzlichen Produkten um 10 Prozent gesenkt. Für 1953 werden ebenfalls Vergünstigungen bei der Pflichtveranlagung (die Bescheide sollten nach wie vor auf die einzelnen Mitglieder ausgestellt werden) eingeplant.[1010]

Diese Senkung der Abgaben war nicht von Anfang an selbstverständlich gewesen. Bei seiner Kritik an der Differenzierung der Abgabepflichten für die Bauern,

[1008] Protokoll der Ministerratssitzung am 24.7.1952, BArch, DC 20, I/3-119, Bl.5; Bekanntmachung des Beschlusses über die Vergünstigungen für die landwirtschaftlichen Produktionsgenossenschaften und ihre Mitglieder, 24.7.1952, in: GBl. 1952, S.619f.

[1009] Siehe Protokoll der Sekretariatssitzung am 17.7.1952, SAPMO BArch, DY 30, J IV 2/3-308, Bl. 6; Protokoll der außerordentlichen Politbürositzung am 19.7.1952, SAPMO BArch, DY 30, IV 2/2-221, Bl. 1.

[1010] Alle Angebote siehe Döhring, Bodenreform.

die Stupov – unter Rückgriff auf Vorschläge der SKK-Experten vom Februar bis April – vorbereitete, stellte er Ende Mai fest, daß ein DDR-Regierungsbeschluß, der die bekannten Unzulänglichkeiten zu beheben hätte, auch Ermäßigungen für Produktionsgenossenschaften anbieten müßte.[1011] Die Bauern selbst entwickelten keine solchen Vorstellungen oder gar Forderungen. Viele wollten die zu Jahresbeginn per Verordnung geforderten Leistungen schon bringen, wenn sie nur staatlicherseits mit Krediten, Technik, Dünger und Zuchtvieh unterstützt würden. Wie es schließlich zu dem konkreten Betrag von 10 Prozent kam, ist nicht nachprüfbar.

Bekanntlich war in den Volksdemokratien nach sowjetischem Beispiel auch so verfahren worden. Sollermäßigung stellte aus Sicht der Staatsparteien ein zumindest anfänglich notwendiges Entgegenkommen dar, da gerade schlecht wirtschaftende Betriebe zur kollektiven Bewirtschaftung übergingen und Startschwierigkeiten hatten. Angesichts der Planrückstände bei Erfassung und Aufkauf war diese Entscheidung in der DDR nicht unumstritten. Ende Mai formulierte Stupov in einem Memorandum (von dem allerdings nicht klar ist, ob es an die Deutschen ging), seine Vorstellungen von einem Plan zur Pflichtabgabe für 1953–1955: Er riet zu Normierung nach Fläche und Bodenqualität bei bis zu 20 Prozent möglichen Abweichungen von den festgesetzten Kreisnormen in Einzelfällen; die Jahrespläne nach Vorgabe des Fünfjahrplanes sollten in jedem Fall eingehalten werden. Ermäßigungen für landwirtschaftliche Produktionsgenossenschaften dachte Stupov offensichtlich dadurch zu kompensieren, daß geltende Sollermäßigungen reduziert werden (etwa Ermäßigungen für neu hinzugepachtete, vormals nicht bearbeitete Flächen). Außerdem empfahl er, sämtliche Viehhalter (d. h. auch solche mit weniger als 1 ha Land) zu veranlagen.[1012] Daß die Ausfälle, die durch Vergünstigungen an die LPG entstehen würden, auf diese Weise nicht abgefangen werden konnten, muß bald klar geworden sein. Daher wollten sich die deutschen Erfassungsbehörden noch nicht zur Abgabenermäßigung 1953 äußern, zumal unklar war, wie stark das Angebot von den Bauern überhaupt angenommen würde.[1013]

Am 31. Juli 1952 legte A. D. Stupov erste umfangreiche Berichte über die Genossenschaftsentwicklung in der DDR seit der 2. Parteikonferenz vor. Zunächst ging ein unbetitelter Bericht (möglicherweise ein Entwurf) an die SKK-Leitung; er wies mit Stand von Ende Juni 1952 insgesamt 35 LPG mit 478 Wirtschaften aus.[1014] Mit Stand vom 25. Juli meldete Stupov – ebenfalls am 31. Juli – an Politberater Semenov 57 bestehende Produktionsgenossenschaften und mehr als 80 Initiativgruppen.[1015]

Stupov konstatierte „große Aktivität" unter den Bauern. Nur vereinzelt würden feindliche Reaktionen registriert. Die meisten LPG akzeptierten die angebotenen

[1011] Siehe Entwurf Stupovs für ein Memorandum zu den Veranlagungen der Bauernwirtschaften, 27. 5. 1952, AVP RF, fond 0457 a, opis' 3, papka 71, delo 36, listy 132–135, hier list 134.

[1012] Siehe ebenda, listy 133f.

[1013] Bell, Enteignungen, S. 20f., behauptet, mit Senkung der Pflichtabgaben für LPG-Mitglieder laut VO vom 24. 7. 1952 wären die Abgaben für Großbauern um 10 Prozent erhöht worden. Dies fand ich nirgends bestätigt.

[1014] Siehe Bericht über den Verlauf der Genossenschaftsbildung (Entwurf), 31. 7. 1952, von Stupov an die SKK-Führung, AVP RF, fond 0458, opis' 314 s, papka 281, delo 9, listy 38–52.

[1015] Siehe Bericht zur LPG-Entwicklung, 31. 7. 1952, gez. Stupov, AVP RF, fond 457a, opis' 13, papka 71, delo 36, listy 193–207.

Musterstatuten Typ 1 und 2 ohne wesentliche Zusätze. Es zeigten sich auch bemerkenswerte Eigeninitiativen, etwa in Fragen der Verteilung der Einkünfte. Vereinzelt gäbe es Versuche, produktives Vieh in die Genossenschaft einzubringen. Stupov forderte, die SED müßte diese Entwicklung sorgfältig beobachten und lenkend eingreifen. Denn: „In der Mehrzahl der Kreise der Republik bleibt die Organisierung von Produktionsgenossenschaften dem Selbstlauf überlassen. Auf den Gründungsversammlungen nehmen die Vertreter der SED- Kreis- und Landesleitungen und der örtlichen Organe nur selten teil. Sie lenken den Verlauf der Debatte zur Genossenschaftsbildung und die Verabschiedung der Statuten nicht. [...] Manchmal werden Statuten mit großen Abweichungen von den Musterstatuten [...] angenommen."[1016] Stupov kritisierte es als eine falsche Zurückhaltung, wenn SED-Vertreter aus Berlin oder aus dem Kreis bewußt auf ihre Teilnahme an einer Gründungsversammlung verzichteten, nur um keinen Druck auszuüben, wie etwa in Meierstorf geschehen. Stupov fand auch die strukturellen Voraussetzungen für eine konsequente Führung des Prozesses noch nicht gegeben. Er monierte Siegmunds autonomes Vorgehen im Ministerium, noch immer gebe es dort noch keine spezielle Struktureinheit zur Förderung von LPG, schrieb er. Allerdings, so Stupov, fehlten auch in der SKK und speziell in deren Landesvertretungen Fachleute und Dolmetscher, um den Prozeß systematisch kontrollieren und beeinflussen zu können.

SKK-Agrarexperte Stupov war der Meinung, die Erfahrungen der ersten LPG müßten von der SED gründlich ausgewertet werden, vor allem um Klarheit über Produktionsplanung, innerbetriebliche Rechnungsführung, Entlohnung und Normierung zu gewinnen. Er schlug vor, SED-ZK und Regierung sollten für Oktober 1952 eine Konferenz der LPG-Vorsitzenden planen. Diese Konferenz bekam in Stupovs Plänen allerdings zunächst eine andere Funktion zugeschrieben, als sie sie historisch dann erfüllte. Die Musterstatuten für LPG Typ 1 und 2 sollten ursprünglich noch *vor* dieser Konferenz durch einen gemeinsamen Beschluß von Regierung und ZK für gültig erklärt werden; die Konferenz der LPG-Vorsitzenden im Oktober hätte dann praktische Erfahrungen der Bauern auszuwerten, bevor Parteiführung und Regierung nochmals Stellung bezogen und die Statuten und anderen Regelungen in Gesetzesform brächten. Stupov hielt bis Mitte September, wenn nicht gar länger, an der Idee von der vorangestellten offiziellen parteistaatlichen Sanktionierung der Statutenentwürfe fest. Die SKK-Führung unterrichtete er: „Ein Beschluß von Regierung und ZK der SED zur Billigung der angenommenen Statuten für Produktionsgenossenschaften Typ 1 und 2 kann jetzt veröffentlicht werden."[1017]

Dazu kam es nicht, auch deshalb, weil die Praxis zeigte: Die politische Führung des Kollektivierungsprozesses erwies sich als noch komplizierter, als es Pieck, Grotewohl und Ulbricht im April gegenüber Stalin angedeutet hatten. Recht bald schon, noch vor der 2. Parteikonferenz der SED, hatten SED und SKK nach einer Institution gesucht, die die Scharnierfunktion übernehmen konnte: Sie sollte das

[1016] Bericht über den Verlauf der Genossenschaftsbildung (Entwurf), 31.7.1952, list 45.
[1017] Bericht über den Verlauf der Genossenschaftsbildung, 17.9.1952, gez. Stupov, AVP RF, fond 0458, opis' 13, papka 71, delo 36, listy 275-294, hier list 280.

politische Angebot nach unten durchstellen und eine rasche Vermittlung der Interessen ermöglichen. Die SED-Kreisleitungen waren, wie die Parteispitze richtig einschätzte, nicht in der Lage, neben dem komplizierten Umgang mit den verschiedenen Bauerngruppen nun auch noch die Genossenschaftsentwicklung zu lenken. Benötigt wurde eine Stelle, die ohne lange Informationswege Entscheidungen umzusetzen hilft.

Es lag nahe, die „Stützpunkte der Arbeiterklasse auf dem Lande", die MAS, zu nutzen. Ohnehin kamen die Genossenschaften nicht ohne diese Staatsbetriebe aus. Das Politbüro legte zunächst am 3. Juni fest: „Bei den Maschinen-Ausleih-Stationen ist ein Stellvertreter des Direktors der Politleiter. In großen MAS kann eine Politabteilung geschaffen werden. Dafür sind Richtlinien auszuarbeiten."[1018] Am 22. Juli stand fest, daß *alle* MAS eine spezielle Politabteilung haben müssen.[1019] Die Neuerung ging direkt auf das sowjetische Vorbild zurück, das sich gerade auch bei der Zwangskollektivierung in den neu angeschlossenen Regionen im Baltikum und in der Westukraine vermeintlich bewährt hatte.[1020] Politberater Semenov hatte am Rand eines Berichtes von Stupov an der Stelle über Hilfe beim Aufbau der MAS-Politabteilungen notiert: „Wichtig. ZK."[1021] – Angesichts des Eigensinns an der Basis schien eine verläßliche politische „Leitstelle" sogar immer wichtiger. Die MAS-Politabteilungen in der DDR sollten die staatlichen Ausleihbetriebe zu „politischen Zentren der organisatorischen, wirtschaftlichen und politischen Arbeit unter den werktätigen Bauern und der Umgestaltung des Dorfes auf sozialistischer Grundlage" machen und „den Kampf gegen die Versuche reaktionärer und kapitalistischer Elemente, sich in die Produktionsgenossenschaften einzuschleichen," organisieren.[1022] Sie wurden als Organe des ZK der SED installiert, und – nach anfänglichen Kompetenzstreitigkeiten – den SED-Kreisleitungen unterstellt. Die Einrichtung der MAS-Politabteilungen war zweifellos Ausdruck verstärkten Rückgriffes auf sowjetisch-stalinistische Herrschaftspraxis. Mit ihnen *konnte* das Tempo der Kollektivierung jederzeit angezogen werden.

Der Parteiapparat erhielt nun ebenfalls auf allen Ebenen bis hinunter zur Kreisleitung Abteilungen für Fragen der Genossenschaftsbildung. Der Verwaltungsapparat wurde um spezielle Abteilungen für Produktionsgenossenschaften, inklusive politische Unterabteilungen, erweitert. Im Ministerium für LFW entstanden eine Arbeitsgruppe Produktionsgenossenschaften (ab Ende Juli: Abteilung Produktionsgenossenschaften, Leitung Johann Schillack) sowie eine Politische Hauptverwaltung, die ihre wichtigste Aufgabe in der politischen Führung der aktuellen Umstrukturierung sah. Die Spitze dieser Führungshierarchie bildete nicht etwa die Landwirtschaftsabteilung des ZK, sondern eine spezielle Arbeitsgruppe. Ihr gehörten Staatssekretär Kurt Siegmund, der Leiter der Abteilung Landwirtschaft im

1018 Protokoll der Politbürositzung am 3.6.1952, Anlage 4: „Maßnahmen zur Förderung ...", Bl. 30.

1019 Siehe Protokoll der Politbürositzung am 22.7.1952, SAPMO BArch, DY 30, IV 2/2-222, Bl. 2f., 8–15.

1020 Siehe Istorija sovetskogo krest'janstvo, Bd. 4, S. 141–143. Mit dem Neuen Kurs werden die sowjetischen MTS-Politabteilungen 1953 übrigens wieder abgeschafft.

1021 Vermerk Semenovs: „glavnoe. CK", siehe Bericht zur LPG-Entwicklung, 31.7.1952, list 206.

1022 Richtlinien für die Arbeit der Politischen Abteilungen bei den Maschinen-Ausleih-Stationen, 23.9.1952, in: Dokumente der SED, Band IV, S. 142–148, hier S. 142, 147.

ZK Albert Schäfer, Politbüromitglied Kurt Vieweg, der im ZK-Apparat für Propaganda in der Landwirtschaft zuständige Bruno Langner – alle SED – und Vizepremier Paul Scholz (DBD) an.[1023]

Auf einer Beratung mit den SED-Kreissekretären wertete Politbüro-Mitglied Fred Oelßner am 20. August in Berlin die ersten Schritte aus.[1024] Sein Auftritt diente der Klärung der politischen Vorgabe. Die beiden Musterstatuten Typ 1 und Typ 2, jetzt als „Musterstatuten von Worin und Merxleben" bezeichnet[1025], waren nach der Parteikonferenz an die Kreisleitungen der SED und die Räte der Kreise weitergereicht worden. Oelßner zufolge studierten und popularisierten die Kreisleitungen der SED diese Musterstatuten bisher aber nur ungenügend. Dies müsse sich ändern.

Oelßner sprach sich gegen die Haltung mancher Funktionäre aus, Typ 2 vorzuziehen, „weil hier bereits mehr vergesellschaftet sei".[1026] Die Bauern sollten selbst entscheiden. Auch wenn Bauern das Vieh gemeinsam halten wollten, dürfe ihnen das nicht verwehrt werden. Gleichzeitig monierte das Politbüro-Mitglied, daß die Forderung nach absoluter Freiwilligkeit mancherorts nicht beachtet würde, und führte Beispiele für Bevormundung an. Doch diese „Bevormundung" war – das wird bei näherem Hinsehen klar – ebenfalls Ausdruck von Unsicherheit. Unklar war beispielsweise, wie stark die Zulassung von Produktionsgenossenschaften von einer unmittelbaren wirtschaftlichen Verbesserung abhängig gemacht werden sollte. So verhinderte eine SED-Bezirksleitung die Registrierung einer Genossenschaft mit weit auseinander liegenden Feldstücken, weil gemeinschaftliche Bewirtschaftung ineffektiv schien.[1027] Oelßner drängte zu einer prinzipiellen Unterstützung aller Initiativen, erklärte aber zugleich: „Wir werden auch weiterhin die Klein- und Mittelbauern, die heute noch nicht bereit sind, in die Produktionsgenossenschaften einzutreten, allseitig unterstützen." Wie gehabt, sollten die Abgaben differenziert werden, die MAS niedrige Tarife anbieten und die VdgB auch diesen Bauern „in jeder Beziehung zur Seite stehen".[1028]

Zu diesem Zeitpunkt war der Spontaneität noch immer viel Raum gegeben. Die Musterstatuten durften variiert werden, eigene Statutentexte waren akzeptiert. Gleichwohl sah sich die SED in der Pflicht, die Spontaneität zu lenken. Staatsse-

1023 Siehe Protokoll der Sekretariatssitzung am 17. 7. 1952, SAPMO BArch, DY 30, J IV 2/3-308, Bl. 6–11. Walter Ulbricht war zu diesem Zeitpunkt gesundheitlich bereits sehr angeschlagen, so daß ein voller Einsatz nicht zu erwarten war (siehe unten); siehe auch Protokoll der Politbürositzung am 29. 7. 1952, SAPMO BArch, DY 30, IV 2/2-223, Bl. 5, 41f.

1024 Siehe Stenographische Niederschrift der Konferenz mit den 1. SED-Kreissekretären am 20. 8. 1952, SAPMO BArch, DY 30, IV 2/1.01 – 200, Referat Oelßner Bl. 4–55, Referat Siegmund, Bl. 56–67. Siehe auch Oelßner, Aufgaben. Die folgenden Oelßner-Zitate sind der Publikation entnommen.

1025 Siehe Oelßner, Aufgaben, S. 33. Ursprünglich war eine solche Beratung für den 14. 8. nach Treptow anberaumt. Bezüglich der Entstehung der Statuten formulierte Oelßner nicht korrekt: „Die werktätigen Bauern von Worin und Merxleben haben sich an das Zentralkomitee der SED mit der Bitte gewandt, die Statuten dieser beiden Genossenschaften zu überprüfen. Daraufhin hat das Politbüro des Zentralkomitees diese Statuten beraten und sie als Musterstatuten bestätigt." Richtig ist, daß die ersten Musterstatuten im Politbüro nicht auf der Grundlage von Vorschlägen aus den Dörfern erörtert worden waren, sondern daß anfangs beides relativ unabhängig voneinander lief.

1026 Siehe ebenda, S. 38.

1027 Siehe ebenda, S. 36.

1028 Ebenda, S. 21.

kretär Kurt Siegmund drückte die ambivalente Haltung der SED-Führung in dem Hinweis aus: „Ich möchte noch einmal unterstreichen, daß man den Bauern stärker erklären muß, daß sie nicht verpflichtet sind, sich ein eigenes Originalstatut auszuarbeiten, sondern daß sie [die] Statuten von Worin und Merxleben unbedingt als Beispiel nehmen können, die vom Zentralkomitee bestätigt sind."[1029]

Siegmund kündigte an, daß Kreditrichtlinien herausgeben werden. Er hob die Bedeutung arbeitsorganisatorischer Fragen hervor und verwies auf die LPG in Worin, die sich bereits über die Bewertung der Arbeitsleistung des einzelnen Mitgliedes Gedanken gemacht hätte, sowie die LPG in Jahna und Brüsewitz, die für Teilbereiche der Produktion Brigaden eingerichtet hätten. Daß entsprechende Unterlagen sowjetischer Provenienz ganz unmittelbar und frühzeitig von der SKK über die kleine Führungsgruppe um Ulbricht und Siegmund in die Konzeptualisierung hineingetragen worden waren, erwähnten die SED-Funktionäre nicht. In ihrer Darstellung waren eine Musterbetriebsordnung, ein Muster für die Rechnungsführung in den Betrieben, Muster und Anleitung für die Planung in den einzelnen LPG, die allesamt demnächst ausgereicht werden würden, im DDR-Landwirtschaftsministerium entstanden. Für ein (nach sowjetischem Vorbild) einzuführendes kleines Büchlein zur täglichen Abrechnung der Arbeitsleitung eines jeden LPG-Mitgliedes gab es noch nicht einmal einen speziellen Namen.

7.3.6. Die Verordnung zur Sicherung der Vermögenswerte (17. Juli 1952)

Mit einer Neuregelung spezieller Vermögensfragen schuf die SED im Sommer 1952 neue rechtliche Voraussetzungen für die Übernahme freier Flächen durch landwirtschaftliche Produktionsgenossenschaften. Der Ministerrat verabschiedete am 17. Juli 1952 mit sofortiger Wirkung eine „Verordnung zur Sicherung von Vermögenswerten".[1030] Ihr wird in der Historiographie gelegentlich eine zentrale Bedeutung als Rechtsgrundlage für eine neue Enteignungswelle, eine „zweite Bodenreform"[1031], beigemessen. Die Entstehungsgeschichte dieser Verordnung gibt Hinweise auf einen widersprüchlichen Befund.

Die Verordnung zur Sicherung von Vermögenswerten entstand in engem Zusammenhang mit den Zwangsaussiedlungen aus der 5-km-Schutzzone an der Demarkationslinie nach der Verordnung vom 26. Mai 1952.[1032] Ausgesiedelt wurden Personen, die man für politisch unzuverlässig hielt, darunter die Familien/Eigentümer von rund 840 landwirtschaftlichen Betrieben mit je über 1 ha Land, das waren insgesamt fast 13 000 ha landwirtschaftlicher Nutzfläche.[1033] Dabei bestand die SKK sehr nachdrücklich darauf, daß ausgesiedelten Bauern Boden und Inventar

1029 Stenographische Niederschrift der Konferenz mit den 1. SED-Kreissekretären, Referat Siegmund, Bl. 57.

1030 Verordnung zur Sicherung von Vermögenswerten, 17. 7. 1952, in: GBl. 1952, S. 615f. Abgesehen von seiner stark vereinfachenden Wertung gibt Werkentin, Strafjustiz, S. 80, die Daten falsch wieder. Dieser Verordnung ging kein SED-Politbürobeschluß voraus, am 17. 7. 1952 kam das Politbüro auch nicht zusammen.

1031 Siehe Bell, Enteignungen, S. 22.

1032 Siehe Verordnung über Maßnahmen an der Demarkationslinie zwischen der Deutschen Demokratischen Republik und den westlichen Besatzungszonen Deutschlands, 26. 5. 1952, in: GBl. 1952, S. 405f.; siehe auch Bennewitz/Potratz, Zwangsaussiedlungen; Potratz, Ausbau.

1033 Erhebung zur „Verordnung zur Sicherung von Vermögenswerten" (Dezember 1952), Abt. Staat und Recht des ZK der SED, SAPMO BArch, DY 30, IV 2/13, 9, unpag.

am neuen Wohnort möglichst unbürokratisch bereitgestellt bzw. daß nachträglich die Überführung von beweglichem Eigentum organisiert wird.[1034] Die SKK-Landesvertretungen prüften nach entsprechendem Auftrag der SKK-Zentrale vom 6. August durch zusätzliche Inspektionen, wie die ausgesiedelten Bauernfamilien untergekommen und ob ihnen neue Produktions- und Verdienstmöglichkeiten geboten worden waren. So berichtete der Mecklenburger SKK-Vertreter Zolotuchin über die wirtschaftliche Situation von insgesamt 260 Bauernfamilien, die innerhalb des Landes umgesiedelt worden waren. Rund die Hälfte lehnte noch Ende August neue Höfe ab, teils aus Altersgründen, teils, weil sie ohnehin Neubauern gewesen waren. Aus den Kreisen Hagenow und Ludwigslust kamen beispielsweise 48 Familien mit 196 Personen in den Kreis Güstrow. Sie hatten insgesamt 573 ha Alteigentumsland zurückgelassen und 33 ha Bodenreformland.[1035]

Das zwangsweise verlassene Land durfte aus Sicht der SED nicht ungenutzt bleiben, zumal es sich vielfach um gutes Acker- und Weideland handelte. Stupov war der gleichen Meinung. In seiner am 20. Juni verfaßten Stellungnahme zum SED-Politbürobeschluß vom 3. Juni stimmte er zu, daß auf ehemaligen Großbauernflächen im Grenzgebiet LPG entstehen sollten. Sein Textvorschlag für die entsprechende Passage in einem ZK-Beschluß zur Genossenschaftsbewegung (der nicht zustande kam) lautete sinngemäß: Auf dem Land von Ausgesiedelten und von geflüchteten Bauern sollte nach Möglichkeit und nach freiwilligem Entschluß durch Bauern und Landarbeiter eine gemeinschaftliche Bodenbearbeitung oder (sic) eine landwirtschaftliche Produktionsgenossenschaft organisiert werden; LPG werden von Steuern und Abgaben für 1952 vollständig befreit.[1036]

Das „Büro für die Maßnahmen an der Demarkationslinie", das als Regierungsbehörde unter Leitung von Staatssicherheitsminister Zaisser sämtliche Aktionen koordinierte,[1037] richtete seine Aufmerksamkeit recht früh schon auf die Weiterbewirtschaftung der Agrarbetriebe. Anfänglich bestand die Vorstellung, für die Bewirtschaftung jener Immobilien, welche nach Entschädigung der Besitzer in den staatlichen Bodenfonds zu überführen waren, sogenannte Bewirtschafter einzusetzen, das heißt Anwohner, die nach Landarbeitertarif bezahlt würden und in einem Angestelltenverhältnis zu den Räten der Kreise stünden. Diese Form der Bewirtschaftung bedurfte keiner neuen Rechtssetzung, sie gehörte in den Bereich der Kommunalwirtschaft. Ein Treuhänderstatus im Sinne von Kontrollratsgesetz Nr. 45 wurde ausdrücklich nicht in Betracht gezogen, weil an der „Zonengrenze" vorerst keine Reprivatisierung stattfinden sollte.[1038]

[1034] Siehe Memorandum, 8.8.1952, SAPMO BArch, NY 4090, 449, Bl. 15 (Bl. 17f. russisch).

[1035] Siehe Berichte Zolotuchins an Semenov, Petrov und Semičastnov über die wirtschaftliche Lage der ausgesiedelten Bauern, 29.8. und 16.9.1952, AVP RF, fond 457a, opis' 13, papka 71, delo 36, listy 250f., 297f.

[1036] Siehe Anmerkungen der SKK-Landwirtschaftsabteilung zum Politbürobeschluß vom 3.6.1952, 20.6.1952, AVP RF, fond 0458, opis' 314s, papka 281, delo 9, listy 54-63.

[1037] Unterlagen der Kommission, SAPMO BArch, DY 30, IV 2/13-10.

[1038] Siehe Richtlinienentwurf des Ministeriums für LFW, 10.6.1952, BArch DK 1, 8729, Bl. 11f. Den Ausgesiedelten gegenüber erklärten die Behörden mancherorts, die Aussiedlung würde mit der Wiedervereinigung Deutschlands rückgängig gemacht werden. In einigen Behörden hielt sich diese vielfach ehrlich gehegte Vorstellung bis in das Jahr 1953 hinein und findet sich in den Akten. Auch gegenüber sowjetischen Inspekteuren äußerten einige ausgesiedelte Bauernfamilien, sie wollten kein anderes Land übernehmen, sondern auf die baldige Wieder-

Anfang Juli 1952 wurde das DDR-Landwirtschaftministerium angewiesen, bei weiteren Überlegungen in der Sache zwischen a) Aus- bzw. Umgesiedelten und b) aus dem Grenzgebiet Geflüchteten stärker zu unterscheiden. Während Umgesiedelte ein Recht auf Kompensation von unbeweglichem und auf Verfügung über bewegliches Eigentum hätten, sollten „Boden, Maschinen und Geräte usw." von Republikflüchtigen enteignet werden. Die außerhalb des Landwirtschaftsministeriums, offensichtlich im erwähnten Büro entwickelte Vorgabe hatte den folgenden rationellen Kern: Auch wenn nicht kompensiert würde, wonach sich der Staat im Falle der dauerhaften Abwesenheit der Eigentümer verständlicherweise auch nicht drängte, sollte dieser Grund und Boden nicht erneut in private Hände kommen. Das Land von „Grenz"-Bauern beider Kategorien sollte in einen staatlichen Fonds übergehen und auf Beschluß der jeweiligen Kreisräte an Produktionsgenossenschaften oder VEG gegeben werden. Bauten, Vieh und Inventar, so hieß es, seien von diesen aber käuflich (in Raten) vom Staat zu erwerben.[1039]

Indes, im Ministerium für LFW sah man Schwierigkeiten, die sich aus der Tatsache ergaben, daß einfach noch zu wenige LPG bestanden. Man schlug vor, potentiellen LPG-Mitgliedern das Land zu übereignen, *damit* sie sich zu Produktionsgenossenschaften zusammenschlossen. Dies entsprach ganz den Darlegungen Ulbrichts am 3. Juni 1952 im Politbüro, als er zu den „Maßnahmen zur Förderung von Produktionsgenossenschaften" auch die Aufteilung devastierter Flächen an künftige Genossenschafter gezählt hatte. Ein Verkauf von Inventar und Gebäuden an existierende VEG würde diesem Anliegen aber eher schaden, meinte man im Ministerium für LFW.[1040] Außerdem erkannten die Agrarexperten, daß es wichtig war, „ungeachtet der künftigen Regelung der Eigentumsverhältnisse" umgehend für eine Weiterbewirtschaftung zu sorgen. Sie hielten an den „Bewirtschaftern" fest und bemerkten, das können außer einzelnen Bauern (später) auch Produktionsgenossenschaften sein.[1041] Laut Musterstatuten konnte ja vom Staat in Nutzung gegebenes Land in die gemeinschaftlich bewirtschaftete Bodenfläche von Produktionsgenossenschaften eingehen.

Zu diesem Zeitpunkt reifte im Koordinierungszentrum für die Maßnahmen an der Demarkationslinie die Entscheidung, „einige Verordnungen" auszuarbeiten. Auch die eigentumsrechtlichen Zusammenhänge speziell für die Grenzregion waren definitiv zu klären.

Innerhalb weniger Tage entstand eine Regierungsvorlage. Die Sache wurde offensichtlich aus Zeitgründen forciert, noch nicht einmal in der SED-Führung fand eine Erörterung statt. In den zugänglichen Unterlagen der SKK-Landwirtschaftsabteilung existiert kein Hinweis auf Mitarbeit. Auf die Tagesordnung der Regierungssitzung vom 17. Juli 1952 kam der Punkt völlig unerwartet erst einen Tag vor

vereinigung warten und dann ihren Besitz wieder bewirtschaften. Ein Großteil der umgesiedelten Bauern verzichtete förmlich auf neue Höfe, nicht selten in der Hoffnung, damit einer Rückübertragung den Weg freihalten zu können. Sehr viele enthielten sich vorerst jeder Stellungnahme, was sowohl als ein Zeichen von Mißtrauen als auch als Protesthaltung gewertet werden kann. Statistiken siehe SAPMO BArch, DY 30, IV 2/13, 9, unpag.

1039 Siehe Ministerium für LFW, Mitteilung von Siegmund an Frommhold über Bemerkungen zum Richtlinienentwurf, 4. 7. 1952, BArch, DK 1, 8729, Bl. 188–190.

1040 Ebenda, Bl. 189.

1041 Siehe Richtlinienentwurf, 8. 7. 1952, BArch, DK 1, 8729, Bl. 12–14.

der Sitzung.[1042] Die Vorlage wurde „nach Vortrag von Staatssekretär Warnke" ohne Debatte beschlossen.[1043] Es handelte sich mithin um eine Entscheidung, die vom Innenministerium ausgegangen war, mit großer Wahrscheinlichkeit unter Beteiligung sowjetischer Sicherheitsexperten und Berater in staatspolitischen Fragen.

Die Verordnung vom 17. Juli 1952 hielt fest, daß das unbewegliche Vermögen aus landwirtschaftlichen Betrieben, deren Eigentümer auf Grund der Verordnung vom 26. Mai 1952 über Maßnahmen an der Demarkationsline aus der Sperrzone umgesiedelt worden waren, in den staatlichen Bodenfonds übergeht und nach den Vorschriften über die Durchführung der Bodenreform behandelt wird. Entschädigungslose Enteignungen waren das juristisch betrachtet nicht, auch wenn der kompensatorisch zugewiesene Besitz den Opfern der Zwangsaussiedlung selten einen vollen Ausgleich bot und das persönliche Leid heute nachträgliche Wiedergutmachung rechtfertigt. Der Vergleich zur Bodenreform „hinkt" also, zumindest, was das Land der Zwangsausgesiedelten betrifft. Zugleich fielen unter diese Verordnung auch Landaufgaben im Zusammenhang mit Flucht von Eigentümern oder Bewirtschaftern aus der DDR nach Westberlin und in die Bundesrepublik. Es hieß: „Das Vermögen von Personen, die das Gebiet der Deutschen Demokratischen Republik verlassen, ohne die polizeilichen Meldevorschriften zu beachten, oder hierzu Vorbereitungen treffen, ist zu beschlagnahmen." Es ging hierbei nicht nur um Flüchtlinge aus der Grenzregion, sondern um flüchtende Personen generell. Ihr Eigentum betreffend fand tatsächlich eine „zweite Bodenreform", das heißt entschädigungslose Enteignung, statt. Selbst einer Fluchtabsicht Verdächtige konnten unter Umständen so enteignet werden. Gehen wir der Vermutung nach, daß hier bewußt die Grundlage für eine durchgängige Kollektivierung gelegt wurde:

Wie groß die Anzahl der flüchtenden Bodenbesitzer im Sommer 1952 war, ist noch nicht hinlänglich untersucht worden. Am 24. Juli 1952 meldete der Chef der Deutschen Volkspolizei und stellvertretende Innenminister Karl Maron der SKK in einer speziellen Statistik, daß im Zeitraum vom 26. Mai bis zum 20. Juli 1952 aus der Sperrzone an der Demarkationslinie allein in Thüringen 288 Bauern (12 Groß-, 154 Mittel- und 122 Kleinbauern) nach Westdeutschland bzw. Westberlin „abgewandert" waren. (Auf das Land Thüringen fiel insgesamt die größte Zahl der Geflüchteten.) Aus Mecklenburg waren im gleichen Zeitraum 28 (7; 8; 13) und aus Sachsen-Anhalt 50 (16; 13; 21) Bauern aus der Grenzregion geflohen. „Abgewandert" waren auch insgesamt 107 Bauern, die nicht von der Aussiedlung betroffen waren, die Hälfte davon waren Kleinbauern, ein Drittel Großbauern.[1044]

In der Erinnerung von Zeitzeugen nahmen viele Großbauern die Losung der 2. Parteikonferenz der SED zum Anlaß, Haus und Hof in Richtung Westen zu verlassen. Der VdgB-Funktionär Erich Knorr erinnert sich, daß die Flucht der Großbauern recht bald nach dem Auftakt zur Kollektivierung im Sommer 1952 begann. So sehr die SED-Führung auch um „Vorsicht" bemüht war, im Osten Deutschlands genügte das Angebot an die Neu- und Kleinbauern, Genossenschaften zu

1042 Siehe Protokoll der Ministerratssitzung am 17. 7. 1952, BArch, DC 20, I/3-117, Bl. 173f., 176.
1043 Ebenda, Bl. 137, 149f.
1044 Meldung Marons an Chrenov (SKK-Abteilung für administrative Angelegenheiten), 24. 7. 1952, BArch, DO I-11.0, 961, Bl. 104f.

bilden, und Gerüchte von „Kolchosenwirtschaft" breiteten sich flutartig aus. Den Vergleich zu den Volksdemokratien hatte die SED aus der Illusion heraus, er würde die Werktätigen aktivieren, selbst heraufbeschworen. Die Verschärfung des Grenzregimes an der deutsch-deutschen Grenze alarmierte potentielle Flüchtlinge, Unzufriedene und Gegner der politischen und gesellschaftlichen Verhältnisse in der DDR noch mehr.

Alles in allem hielten sich die Fluchtzahlen im Juli 1952 noch im Rahmen, wenn man das saisonbedingte Anwachsen im Sommer mitbedenkt. Gleichwohl stellt sich die Frage: Rechneten die Gesetzesväter womöglich mit sprunghaft ansteigenden Flüchtlingszahlen, insbesondere aus der Bauernschaft? – Natürlich hätten zumindest Teile der SED-Führung und der SKK bereits im Juli von einem Anschwellen der Zahlen flüchtender Bauern ausgehen können, denn die Entwicklung zeigte in Richtung Verschärfung der Spannungen auf dem Lande. Wollten sie die bewußt anheizen? Wie weit gingen die Vorstellungen?

Die realen Absichten zu verifizieren, gelang der Forschung bisher nicht. Zugleich besteht kein Anlaß zu unterstellen, die Protagonisten der Genossenschaftsbewegung hätten es im Juli 1952 auf eine möglichst starke Abwanderung von Großbauern abgesehen, um möglichst viele LPG kostengünstig ausstatten zu können. Gegen eine derartige Annahme spricht, daß der Gesetzgeber bemüht war, einem solchen Eindruck entgegenzuwirken, etwa durch den Rückgriff auf die Bodenreformgesetze. SKK und SED-Führung wiesen die mit der Förderung von Genossenschaften betrauten Stellen wiederholt an, Anti-Großbauernstimmung nicht zuzulassen.

Eigentlich bot die Verordnung über devastierte Betriebe vom 20. März 1952 einen ausreichenden rechtlichen Rahmen, um verlassenes Bauernland in Nutzung zu geben. Die Verordnung sah die Treuhandschaft über verlassene bzw. die Zwangsbewirtschaftung vernachlässigter Bauernwirtschaften durch Einzelbauern, Kommunen, staatliche Betriebe und andere vor. Bei Lichte besehen konnte eine verlassene Wirtschaft bzw. nichtbewirtschaftetes Land über eine solche Zwangsbewirtschaftungsregelung durchaus auch in gemeinschaftliche Nutzung durch eine LPG gebracht werden. Dies hätte zweifellos insbesondere Kollektivwirtschaften sogenannten höheren Typs gefördert, bei denen die Verteilung der Einkünfte weniger vom eingebrachten privaten Bodenanteil abhing. Diese Nutzung fremden Bodens unter unveränderten Eigentumsverhältnissen (d. h. nicht enteigneten Bodens) hätte wohl spezielle Kreditregelungen notwendig gemacht, und die individuellen Nutzungsrechte der Besitzer hätten weiter eingeschränkt werden müssen, etwa durch die Festlegung, daß bei Aufhebung der Treuhandschaft eine Entschädigung statt Rückgabe erfolgt. Daß nun aber Verstaatlichung (durch Entschädigung und durch Enteignung) stattfinden sollte, war im Juli 1952 primär sicherheitspolitisch determiniert. Man kann sich beim Studium der Akten des Eindrucks nicht erwehren, daß zu diesem Zeitpunkt in erster Linie an das Grenzgebiet gedacht war und daß selbst dort nicht die Illusion bestand, man könne rasch große Kollektivwirtschaften bilden.

Bezüglich des Umgangs mit den neu in den Bodenfonds eingegliederten agrarischen Produktionsmitteln war vieles noch unklar. Die Initiatoren des Gesetzes hatten ihre ursprüngliche Idee modifiziert und waren dem Gedanken des Ministeriums gefolgt, daß Land und Gebäude – mit Maßgabe der Genossenschaftsbildung – auch in privaten Besitz gegeben werden können. Zugleich hielt die Verordnung vom 17. Juli 1952 daran fest, das nunmehr staatliche Vermögen könne in unentgeltliche Nutzung gegeben werden. Es hieß: Das Vermögen „kann [...] einer landwirtschaftlichen Produktionsgenossenschaft oder einem volkseigenen Gut zur unentgeltlichen Nutzung übertragen werden". Eine Anweisung des Ministers des Inneren vom 18. Juli 1952 legte die Reihenfolge fest. Danach sollte die Bewirtschaftung entweder durch Produktionsgenossenschaften oder volkseigene Güter und, wenn beides unmöglich war, durch „Bewirtschafter" der Gemeinden erfolgen.[1045] Das Ziel, überall massenhaft Bauern zu vertreiben, um Produktionsgenossenschaften zu schaffen, ist hier nicht erkennbar, dafür das Bestreben, Bewirtschaftung zu sichern. Mit dem Rückgriff auf die Bodenreformbestimmungen wurde an das bäuerliche Eigentümerbewußtsein appelliert. Offensichtlich gingen die Initiatoren der Verordnung von ausreichend vielen landlosen Anwärtern auf LPG-Mitgliedschaft aus, die in der Umgebung des verlassenen Betriebes wohnhaft waren. Daß großer oder mittelgroßer Besitz bei Weitergabe an neue private Besitzer „nach den Vorschriften der Bodenreform" unter Umständen aufgeteilt werden müßte, wenn sich nicht für die gesamte Fläche LPG-Bewerber fanden, schien im „Büro" niemanden zu beunruhigen.

Alles in allem waren die beiden Verfahren, das der Aufteilung zu Vergenossenschaftlichungszwecken und das der Übertragung von Nutzungsrechten an eine LPG, nicht klar voneinander getrennt. Hier wird deutlich: Die Verordnung war „mit der heißen Nadel gestrickt". Es scheint auch, daß die Verfasser der Verordnung die Erfahrungen im schwierigen Umgang mit devastierten Flächen in der DDR überhaupt nicht richtig zur Kenntnis genommen hatten. Vielleicht war ursprünglich beabsichtigt, die geltenden Regelungen mit einem Schlag zu revidieren, denn auch landwirtschaftlicher Grundbesitz, „der von den bisherigen Bewirtschaftern in der Absicht der Aufgabe verlassen worden ist", sollte wie das Land der Ausgesiedelten und der Flüchtlinge behandelt werden. Hier blieb unklar, ob auch solche Fälle in Betracht kamen, in denen der kommunal bestellte Bewirtschafter aufgegeben hatte, der Besitzer aber nicht geflohen und nicht ausgesiedelt war.

Damit wurde zu Vorgängen, wie sie bereits seit Jahren stattfanden, eine völlig andere, unklare Rechtslage geschaffen, wobei die alten Rechtszusammenhänge fortbestanden. Die Fälle der vergangenen Jahre wurden in die neue Rechtslage nicht eingeschlossen. Verständlich, denn auch dies hätte die Situation nur komplizierter gemacht und die Weiterbewirtschaftung behindert. Auf diese Weise war von nun ab die Aufgabe eines Agrarbetriebes – etwa wegen Ruins – rechtlich unterschiedlich zu behandeln. Die neue Verordnung teilte devastierte Wirtschaften quasi in mehrere Kategorien: (1) Wirtschaften, deren Besitzer ausgesiedelt, enteignet und entschädigt worden waren, (2) Wirtschaften, deren Besitzer, wie es hieß, die DDR illegal verlassen hatten, (3) Wirtschaften, deren Besitzer noch in der DDR lebten, den Betrieb aber aufgegeben hatten. Die ersten zwei Kategorien fie-

1045 Indirekter Hinweis auf die Anordnung in einem Schreiben Frommholds an Minister Schröder, 23. 8. 1952, BArch, DK 1, 8729, Bl. 245–246R.

len unter die Verordnung vom 17. Juli 1952 und die Wirtschaften wurden zu Staatseigentum erklärt. Die dritte Kategorie fiel – solange der Besitzer die DDR nicht verließ – unter die Verordnung vom 20. März 1952; in der Regel war das treuhänderisch bewirtschaftetes Privateigentum. Vom Bewirtschafter verlassene Betriebe konnten mehr oder weniger nach Behördenermessen behandelt werden. Wie sich bald zeigen wird, waren diese Unterschiede für die wichtige Frage der Kreditierung bedeutsam, zumal keineswegs alle verlassenen Höfe nun in LPG-Nutzung genommen wurden.

In den folgenden Wochen mußte das Ministerium für LFW einsehen, daß es trotz Werbung überall an geeigneten und willigen „Bewirtschaftern" fehlte, die im Auftrag von Kreisen und Gemeinden die Agrarbetriebe zumindest vorübergehend unterhalten konnten.[1046] So gesehen war die Orientierung auf das Bodenreformverfahren unter Maßgabe der Genossenschaftsbildung richtig. Doch auch die LPG-Gründungen kamen erst langsam voran, die MAS der Grenzregion waren nicht vorbereitet. Am 21. Juli 1952 verabschiedete das SED-Politbüro – nach Behandlung von Fragen im Zusammenhang mit dem neuen Grenzregime – eine Direktive zur Schaffung von LPG in den Grenzgebieten. Sie war an die SED-Landesleitungen gerichtet.[1047] Die Parteiinstanzen sollten dafür sorgen, daß Land ohne Besitzer werktätigen Bauern und Landarbeitern angeboten wird, wenn sie mit diesem Land eine Produktionsgenossenschaft gründen wollen. Dabei dürfe es aber zu keiner Isolierung von Klein- und Mittelbauern kommen; auch die sollten auf Wunsch in die LPG aufgenommen werden. Vieh aus „freigewordenen Betrieben" sei nicht aufzuteilen, hieß es, sondern gemeinschaftlich zu nutzen, was die beitrittswilligen Klein- und Mittelbauern aber nicht nötigen sollte, das eigene Nutzvieh in die LPG zu geben.[1048]

Die Entscheidung, die Herden der verlassenen Betriebe vorerst beisammenzulassen, drängte sich auch wegen akuten Futtermittelmangels, verschärft durch eine Dürre, auf. Die Hackfruchternte stand bevor, und die agrarpolitisch sinnvolle Entscheidung, die LPG-Gründungen nicht zu forcieren, drohte in der Grenzregion die Erfassung erheblich zu tangieren. Obgleich die Pflichtabgabemengen aller Agrarbetriebe in der Sperrzone, unabhängig von den Eigentumsverhältnissen, bereits zum 1. Juni 1952 per Anordnung des Ministers für Staatssicherheit um 10 (für Betriebe mit über 20 ha) bis 20 Prozent (für Betriebe mit bis zu 20 ha) gesenkt worden waren,[1049] wollten Bauern, die bleiben durften, kaum zusätzlich Land übernehmen. Die Regierung der DDR beschloß am 21. August 1952, daß das

[1046] Schreiben (Entwurf) der HA III des Ministeriums für LFW an die Räte der Bezirke, 22. 8. 1952, gez. Frommhold, ebenda, Bl. 28.

[1047] Siehe Protokoll der Politbürositzung am 21. 7. 1952, SAPMO BArch, DY 30, IV 2/2-309, Bl. 4.

[1048] Schreiben der Koordinierungsstelle für die Arbeit der Verwaltungsorgane an Minister Schröder zur Durchführung der VO vom 26. 5. 1952, 11. 8. 1952, gez. Eggerath, BArch, DK 1, 137, Bl. 83f.

[1049] Anordnung über die Vergünstigungen für die an der Demarkationslinie wohnende Bevölkerung, o. D. (gültig ab 1. 6. 1952), gez. Zaisser, BArch, DK 1, 8729, Bl. 139f.; SAPMO BArch, DY 30, IV 2/13, 10, Bl. 126f. Die Anordnung verfügte außerdem Gehaltszulagen und Zusatzlebensmittelkarten für Lohnempfänger und Rentner, Steuersenkungen für Handwerker und Freiberufler, Kreditabschreibungen für landwirtschaftliche Betriebsflächen außerhalb des DDR-Territoriums, Befreiung vom Schulgeld und eine Kleinhandelspreisgrenze.

Land, welches nach der Verordnung vom 17. Juli 1952 an LPG oder VEG geht, für 1952 bei pflanzlichen Produkten niedriger beauflagt werden kann, als in der Verordnung vom 24. Juli generell für alle LPG vorgesehen. Erforderlichenfalls sollten die Wirtschaften ganz vom Soll befreit werden.[1050] Dennoch nahmen die Bauern der Grenzregion das Angebot nur zögerlich an.

Ende August 1952 war vom Land der Umgesiedelten nur ein sehr kleiner Teil an eine LPG gegangen. Mecklenburg meldete sieben, Sachsen-Anhalt 15, Thüringen 36 Wirtschaften, die durch Produktionsgenossenschaften übernommen worden waren. An VEG gingen meist Wirtschaften enteigneter Flüchtlinge. Ende August waren das – nach unvollständigen Meldungen an das Ministerium für LFW – in Mecklenburg 43, in Sachsen-Anhalt 64 und in Thüringen 5 Wirtschaften. Die Mehrzahl aller unter die Verordnung vom 17. Juli 1952 fallenden Agrarbetriebe gelangte zunächst in die Zuständigkeit von Gemeinden, VdgB und anderen gemeinschaftlichen Einrichtungen, wo man das Fehlen von Bewirtschaftern und von Arbeitskräften heftig beklagte.[1051] Von 840 durch Aussiedlung frei gewordenen Wirtschaften im Grenzgebiet kamen 774 in Gemeindeverantwortung.[1052] Das Agrarministerium wies an: „Das Schwergewicht der Werbung liegt auf der Gewinnung von künftigen Genossenschaftsbauern."[1053]

Die Perspektive der großen Viehbetriebe in den Grenzauen war problematisch, sollte in LPG Typ 1 und 2 doch zunächst nur Ackerbau genossenschaftlich betrieben werden. Und da nicht nur in den Grenzregionen und unter außergewöhnlichen Bedingungen genossenschaftliche Viehhaltung betriebs- und volkswirtschaftlich sinnvoll schien, sondern auch in Regionen mit überwiegender Viehwirtschaft wie in Sachsen oder Ost-Brandenburg in einigen Dörfern die Neubauern gemeinschaftliche Tierhaltung wünschten, weil sie sich Kredite für große, gut ausgestattete Stallanlagen erhofften, stellte sich die Frage nach einem Musterstatut für Viehbetriebe. Vermutlich wären SED und SKK ohne die spezifische Grenzproblematik nicht so rasch gezwungen gewesen, sich eine Position zu einer viehwirtschaftlichen LPG zu erarbeiten. Daß die Verordnung vom 17. Juli 1952 für ein solches verstecktes Ansinnen vielleicht nur den äußeren Anlaß markierte, ist allerdings ausgeschlossen. Ulbricht hatte Anfang Juni noch kein Musterstatut für LPG höheren Typs erarbeiten lassen.

Die Intentionen, die hinter der Verordnung vom 17. Juli 1952 standen, sind also mit permanentem Streben nach Deprivatisierung nicht erklärt. Die Entstehungsgeschichte der Verordnung harrt natürlich der weiteren Aufhellung. Klar ist indes, daß sie agrarpolitisch problematisch, bodenrechtlich unausgewogen und in einigen Formulierungen auch unklar war. Sie taugt allerdings nicht als Beweis für eine im Sommer 1952 in Angriff genommene „Forcierung" von Kollektivierung. Es war vielmehr beabsichtigt, einen raschen, komplikationslosen Zugriff auf frei werden-

[1050] Siehe Protokoll der Ministerratssitzung am 21. 8. 1952, BArch, DC 20, I/3-126, Bl. 8, 56.

[1051] Siehe Schreiben Frommholds, Ministerium für LFW, an Minister Schröder, 23. 8. 1952, BArch, DK 1, 8729, Bl. 245-246R.

[1052] Siehe Erhebung zur „Verordnung zur Sicherung von Vermögenswerten" (Dezember 1952), Abt. Staat und Recht des ZK der SED, SAPMO BArch, DY 30, IV 2/13, 9, unpag.

[1053] Maßnahmen zur Sicherstellung der Bewirtschaftung verlassener Betriebe an der D-Linie (Entwurf), 26. 9. 1952, gez. Frommhold, Ministerium für LFW, HA III, BArch, DK 1, 8729, Bl. 17-21, hier Bl. 18.

des Land an der Demarkationslinie zu ermöglichen, das vorerst nicht wieder in Einzelbewirtschaftung kommen sollte.

Mit zunehmender Zahl von Flüchtlingen mußten ab November/Dezember 1952 immer mehr VEG und KLB devastierte Betriebe übernehmen. Nicht selten bewirtschafteten sie dann devastierte Flächen und Herden, die nach der Verordnung vom März 1952 zu behandeln waren, und gleichzeitig solche, die unter die Verordnung vom Juli 1952 fielen. Viehbestände mußten zusammengelegt werden, Inventar verschiedener Eigentumskategorien kam zum Einsatz. Die Betriebe und Behörden waren außerstande, die Buchführung zu beherrschen. Das Chaos trieb die SED-Führung im Februar 1953 zu einer Korrektur im Umgang mit devastierten Flächen, diese Korrektur stand dann allerdings tatsächlich im Zeichen rascher weiterer Kollektivierung.

7.3.7. Das Musterstatut LPG Typ 3

Am 31. Juli 1952 informierte der Leiter der SKK-Landwirtschaftsabteilung Stupov Politberater Semenov über das in einigen Regionen wachsende Interesse an genossenschaftlichen Viehbetrieben. Er schlug vor, der SED-Führung anzutragen, ein neues Musterstatut für einen dritten Typ von landwirtschaftlichen Produktionsgenossenschaften auszuarbeiten, das gemeinschaftliche Tierhaltung vorsah.[1054] Eine Vorverständigung mit der SED-Führung über solch ein Musterstatut muß es wenige Tage zuvor bereits gegeben haben.[1055]

Zu den ersten LPG, für die ein Statut für „Viehfarmen" benötigt wurde, gehörten, wie bereits erwähnt, vor allem Genossenschaften an der Demarkationslinie. Die Genossenschaft in Kunrau dürfte eine der allerersten gewesen sein. Von den acht Bauern, die mit Boden, Inventar und Vieh in die Genossenschaft eintraten, waren sechs ehemalige Landarbeiter. Sie hatten Wirtschaften von (um den 25. Mai 1952 herum) zwangsausgesiedelten Bauern übernommen und brachten je 7–10 ha Land in die Genossenschaft ein. Ein weiteres Mitglied verfügte über eine Kleinstfläche, vermutlich Altbesitz. Ihnen schloß sich ein Großbauer mit über 96 ha Land an, sein Betrieb war mit fast 6000 DM Schulden belastet. Es ist anzunehmen, daß ihm der Eintritt in eine sich bildende Produktionsgenossenschaft von den Behörden nachhaltig „empfohlen" worden war, quasi als Alternative zur Zwangsbewirtschaftung. Auch die meisten anderen Wirtschaften, die über Neubesitzer nun in diese LPG gingen, waren bei der BHG verschuldet.[1056] Die Kooperative verfügte über 175 ha Land und hatte 8 Zugpferde, 4 Fohlen, 28 Kühe, 5 Färsen und 14 Jungrinder, 7 Kälber, 17 Sauen und entsprechend Ferkel, 24 Mastschweine und Kleinvieh. 7 männliche und 7 weibliche Arbeitskräfte kamen aus den Reihen der Mitglieder, es mußten zeitweise Lohnarbeiter beschäftigt werden.

[1054] Siehe Bericht zur LPG-Entwicklung, 31.7.1952, gez. Stupov, AVP RF, fond 457a, opis' 13, papka 71, delo 36, listy 193–207, hier list 207.

[1055] Siehe Aktenvermerk im Ministerium für LFW, Abt. Produktionsgenossenschaften, 2.8.1952, BArch, DK 1, 1818, Bl. 125.

[1056] Überliefert ist das alles in einem Bericht der Deutschen Bauernbank, Landesfiliale Halle, vom 21.7.1952, der an die SKK ging (BArch, DN 2, 6, [russisch], unpag.). Zur Zwangsaussiedlung und zu den eigentumsrechtlichen Anweisungen siehe Bennewitz/Potratz, Zwangsaussiedlungen, S. 47–60.

Im Genossenschaftsstatut, das schon am 16. Juni 1952 verfaßt worden war, erklärten die Mitglieder alles Land sowie das lebende und tote Inventar zum Gemeinschaftseigentum. Leiter der Genossenschaft wurde ein einheimischer Landarbeiter. Dieses erste Statut der Genossenschaft umfaßte lediglich eine Seite Text. Ihm zufolge war der Eintritt freiwillig. Verstöße gegen das Statut sollten den Ausschluß ohne Rückgabe des eingebrachten Besitzes zur Folge haben. Es wurde allgemeine Arbeitspflicht festgelegt, ebenso die Pflicht, in der Mitgliederversammlung aktiv mitzuwirken. Am Jahresende sollten die Gewinne verteilt werden: zunächst in einen Reservefonds, dann in einen Fonds zur Produktionserweiterung, dann erst unter den Mitgliedern. Im nächsten Jahr erst wollte man mit Hilfe eines Kredites regelmäßig Lohn- und andere Kosten begleichen. Konkretere Angaben zur Verrechnung der Arbeitsleistung fehlten im Statut. Es ist davon auszugehen, und die Passage zu den gemeinsamen Fonds belegt das hinreichend, daß dieses erste Statut unter Anleitung entstanden war. Am 26. Juni 1952 nahmen an einer Mitgliederversammlung dieser Genossenschaft Vertreter des Ministeriums für LFW und deren Kollegen vom Ministerium in Halle teil. Vermutlich geschah dies bereits in der Absicht, Einblicke und Erfahrungen für die Arbeit an einem Musterstatut zu erwerben. Wenig später lag ein vorläufiger Finanzplan der Deutschen Bauernbank vor, der von einem Umsatz von rund 55 Millionen DM ausging.

Oft waren solche LPG-Gründungen ungeeignet, rentable Betriebe hervorzubringen. Im Kreis Saalfeld (später Kreis Lobenstein), beispielsweise, entstand an der Demarkationslinie in der Gemeinde Lehesten auf Betreiben des Bürgermeisters und eines Neubauern eine LPG mit Getreideanbau, Weidewirtschaft sowie mit Milchvieh- und Schweinebeständen. Als Mitglieder wurden Anwohner geworben, die offenbar weder Erfahrung mit noch Neigung zur Landwirtschaft hatten. Mitte Oktober 1952 berichtete eine Genossin und Meisterbäuerin, VdgB(BHG)-Zentralvorstandsmitglied und Mitglied der ersten Bauerndelegation im Juli 1952 in die Sowjetunion, über untragbare Zustände in dieser LPG: außerordentliche Verluste in der Feldwirtschaft, krankes Vieh, Mißwirtschaft bei Lagerhaltung und Zucht und dergleichen mehr. Die Aktivistin hatte sich schließlich selbst als Mitglied in die LPG eintragen lassen und leitete seit wenigen Tagen die LPG, konnte ohne Hilfe aber nichts bewerkstelligen und appellierte an das ZK, „dafür Sorge zu tragen, daß es nicht wieder nur bei Versprechungen bleibt“. Diese LPG sei ein „lebendes Reklameschild für den Westen gegen unsere ganze DDR geworden“.[1057]

Für LPG Typ 3 wurde außerhalb der Gebiete an der Demarkationslinie zunächst kaum geworben. Dennoch entstanden Initiativgruppen. DBD-Generalsekretär Berthold Rose erwähnte am 25. August in einem Gespräch in der SKK-Informationsabteilung, daß Bauern im Kreis Bernburg einen genossenschaftlichen Viehbetrieb gründen wollten, und zwar selbst dann, wenn ihnen keinerlei Bevorzugung und Abgabenermäßigung eingeräumt würden. Hier handelte es sich vermutlich um klein- bis mittelgroße Viehbetriebe, die die Prämien des Staates optimal nutzten und dies nun ausweiten wollten. Berichte von Mitgliedern der

[1057] Brief an den Genossen Scheinhardt, ZK der SED, 18. 10. 1952 (Abschrift), BArch, DK 1, 85, Bl. 1.

Bauerndelegation in die UdSSR hätten sie in ihrem Anliegen bestärkt, erklärte Rose.[1058]

Es war aber klar, daß LPG Typ 3 besonderer finanzieller Stützungen bedurften, auch bei günstigen betriebswirtschaftlichen und natürlichen Ausgangslagen. Die gesamte Viehwirtschaft in der DDR war ja stark auf Investitionen angewiesen. Ob sich ein genossenschaftlicher Viehbetrieb volkswirtschaftlich und damit auch politisch rechnen würde, hing von einer Vielzahl von Faktoren ab. Die sowjetischen Berater richteten das Augenmerk der SED im Sommer 1952 daher auf überzogene Erwartungen der Bauern mit einer Viehwirtschaft. „Eine gute Vorstellung vom Charakter solcher Genossenschaften", hieß es in dem bereits erwähnten SKK-Memorandum von Ende Juli 1952, „gibt das im folgenden auszugsweise angeführte Statut der landwirtschaftlichen Produktionsgenossenschaft des Dorfes Zachow, Gemeinde Tessenow, Kreis Parchim, das auf der Gründungsversammlung am 8. Juli 1952 angenommen wurde:

§ 5 ‚Der Rat des Kreises verpflichtet sich, uns für die Erfassung freier Anbauflächen und die vereinte Wirtschaft einen Kredit in Höhe von 30000 Mark zu geben.'

§ 6 ‚Der Rat des Kreises verpflichtet sich, unverzüglich 10 Tonnen Klee für Futterzwecke bereitzustellen ...'

§ 9 ‚Zur Deckung unseres täglichen Bedarfs erhalten wir folgende Lebensmittel: a) jährlich ein Schwein mit 2,5 Zentner Gewicht für Schlachtung; b) jährlich 15 Zentner Speisekartoffeln; c) jährlich 10 Zentner Speisegetreide; d) täglich 3 Liter Milch; jährlich 10 Zentner Futter für Geflügel.'

§ 20 ‚Der Leiter [der Genossenschaft – E. S.] erhält von uns die Erlaubnis, notfalls eine Arbeitskraft einzustellen, die nach Landarbeitertarif bezahlt wird und außerdem täglich 1 Liter Milch erhält.'"[1059]

Ein solches Statut entsprach den Intentionen von SED-Führung und SKK nicht, denn die LPG Typ 3 sollten keine verdeckten volkseigenen Güter werden. Daher griff SKK-Experte Stupov, noch während er die Arbeit an einem Musterstatut Typ 3 in den oberen Partei- und Staatsbehörden auf den Weg brachte, in den Prozeß der LPG-Gründungen mit Viehwirtschaft ein. In einem seiner Berichte vom 31. Juli hielt Stupov fest, daß von den bislang bestehenden 35 Produktionsgenossenschaften (auf insgesamt 4127 ha Land) fünf die Erlaubnis erhalten hätten, auch das Nutzvieh gemeinschaftlich zu halten. So auch die in Zachow. Stupov schrieb: „Solche Abweichungen von den Musterstatuten für landwirtschaftliche Produktionsgenossenschaften Typ 1 und 2, die auf Vollversammlungen von Genossenschaftsmitgliedern bei Verabschiedung des Statuts erörtert werden, gilt es gründlich zu studieren. Wenn diese Beschlüsse wirklich freiwillig gefaßt werden, ohne irgendwelchen Druck von außen, dann muß sofort über die Bereitstellung von Futter für den gemeinsamen Viehbestand entschieden werden, d. h. die Punkte 26 und 27 des Musterstatuts zu Typ 2 müssen ergänzt werden um eine

[1058] Schreiben Miščenkos an Čujkov über ein Gespräch mit Rose am 25. 8. 1952, 1. 9. 1952, AVP RF, fond 0458, opis' 314s, papka 281, delo 9, listy 35f.

[1059] Memorandum „Einschätzung der Arbeit der Parteiorganisationen in Auswertung der 2. Parteikonferenz der SED (Ende Juli), Grotewohl spätestens am 1. 8. 1952 vorgelegt, SAPMO BArch, NY 4090, 316, Bl. 51–65.

Passage zur Futterbereitstellung für das ganze Jahr. Aber keinesfalls darf die Vergesellschaftung des gesamten Viehs gefördert werden." Auch bei den LPG-Initiatoren im Kreis Bernburg reiche die Futterbasis nicht aus, meinte Stupov. Überdies war die hauswirtschaftliche Selbstversorgung der Bauern aus sowjetischer Sicht unbedingt zu sichern. Außer überzogenen Gemeinschaftsbestrebungen kritisierte Stupov, daß in einigen LPG, insbesondere solchen mit gemeinschaftlicher Viehwirtschaft, auf eine Bodenrente verzichtet wurde. In Meierstorf wollte man die Jahreseinkünfte gleichmäßig verteilen. „Bei Fortbestehen des privaten Eigentums an Boden ist eine solche Entscheidung verfrüht, falsch. Sie kann von den Feinden der DDR gegen die Genossenschaftsbewegung genutzt werden", warnte Stupov. Außerdem würden Mittelbauern von solchen Regelungen abgeschreckt werden.[1060]

Solche Warnungen veranlaßten die staatlichen Behörden der Länder und Kreise im Einzelfall recht schnell, und insgesamt immer häufiger dazu, einige Genossenschaften formell nicht anzuerkennen. Am 2. August 1952 teilte der Rat des Kreises Parchim dem DDR-Landwirtschaftsministerium mit, daß das erste Statut der Produktionsgenossenschaft Tessenow (Ortsteil Zachow), die sich auf „9 Siedlerstellen, 5 unbewirtschafteten Neubauernstellen und 1 devastierten Stelle von 32 ha" über 129 ha Ackerland, 22 ha Wiesen und Weiden sowie 15 ha Wald ausbreitete und 62 Stück Rindvieh, 167 Stück Schweine und 12 Stück Pferde hielt, nicht anerkannt werden konnte. Die Bauern wollten aber „unbedingt ihr Vieh gemeinsam halten und waren nicht davon abzubringen."[1061] Daraufhin habe man sich entschlossen, „unter Zugrundelegung" der Statuten von Merxleben und Worin ein eigenes Statut zu erarbeiten.

Dieses Zachower Statut war am 1. August 1952 unterzeichnet worden.[1062] Es ähnelte weitgehend dem Musterstatut Typ 2. Es griff die neue Sozialismuslosung nicht auf, sah auch nur einen vergleichsweise kleinen privat-hauswirtschaftlichen Viehbestand vor. „Das eingebrachte Vieh bleibt bis zu 2 Jahren individuelles Eigentum und kann nach 2 Jahren von der Produktionsgenossenschaft übernommen werden", hieß es. Gemeint war wohl hier das in der Hauswirtschaft verbleibende Vieh, denn für alles übrige galt (wie für Geräte, Maschinen und Nutzvieh in Typ 2), daß die Bauern innerhalb von 10 Jahren ausbezahlt werden müssen. Bei Austritt wurde dem Bauern gleichwertiges Bodeneigentum am Rand der genossenschaftlichen Ländereien versprochen – genau wie bei Typ 2. Die Passagen zu den Pflichten der Mitglieder und des Vorstandes sowie zur Arbeitsorganisation waren um analoge Bestimmungen zur gemeinschaftlichen Tierhaltung erweitert worden. Die jährliche Arbeitsmindestleistung wurde für Frauen auf 150, für Männer auf 200 Tage festgelegt. Wie in Typ 2 sollten 30 Prozent der Einkünfte als Bodenrente ausgezahlt werden.

Wie verbreitet solche alternativen Versuche der Abfassung von Statuten für LPG mit Tierproduktion in Anlehnung an die ersten beiden Musterstatuten wa-

1060 Bericht über den Verlauf der Genossenschaftsbildung (Entwurf), 31.7.1952 von Stupov an die SKK-Führung, AVP RF, fond 0458, opis' 314s, papka 281, delo 9, listy 38–52, hier listy 40, 45.

1061 Brief des Landrates an das Ministerium für LFW, 2.8.1952, Kreisarchiv des Landkreises Parchim. Ich danke den Kollegen im Kreisarchiv Parchim für den interessanten Hinweis und den Zugang zu den Dokumenten.

1062 Siehe ebenda, Anlage zum Brief: Statut der landwirtschaftlichen Produktionsgenossenschaft Zachow, Kreis Parchim, 1.8.1952. Als Gründungsdatum ist der 10.7. genannt, nicht – wie im sowjetischen Memorandum festgehalten – der 8.7.1952.

ren, ist nicht untersucht worden. In den Akten des Landwirtschaftsministeriums der DDR fehlen Hinweise darauf. (In diesem Fall hat es den Anschein, als behielten die Tessenower ihr zweites Statut über ein Jahr lang. Erst im September 1953 wurde rückwirkend und auf eine Registrierung am 1. August 1952 bezogen, ein Statut angenommen, das dem offiziell vorbereiteten und im Dezember 1952 gesetzeswürdig verabschiedeten Musterstatut für LPG Typ 3 entsprach.)

Während vor Ort also zumindest vorübergehend die Grundlage für einen genossenschaftlichen Viehbetrieb geschaffen wurde, arbeiteten ausgewählte SED- und SKK-Spezialisten an einem dritten Musterstatut. Offensichtlich gingen sie von Anfang an davon aus, daß das Statut für eine solche Genossenschaft dem sowjetischen Kolchos-Statut sehr viel ähnlicher sein mußte als die beiden zuvor erarbeiteten Musterstatuten. Es sollte nicht nur schlechthin ein auf Viehwirtschaft ausgeweitetes Musterstatut der Art wie für LPG Typ 1 und 2 werden, sondern in sehr viel stärkerem Maße auch Regelungen zur Arbeitszeitgestaltung und zur Verrechnung normierter Arbeitsleistungen enthalten. (In den Volksdemokratien waren die Musterstatuten für Genossenschaften höheren Typs alle so gehalten.) In gewissem Sinne waren derlei Festlegungen für einen gemeinschaftlichen Viehbetrieb mit gemeinsamer Produktionsmittelnutzung auch zwingender als für eine einfache Ackerbau-Genossenschaft.

Das DDR-Landwirtschaftsministerium, nunmehr dafür besser strukturiert, war in die Erarbeitung des Musterstatuts einbezogen. Die Hauptabteilungsleiter im Ministerium für LFW archivierten bei den Unterlagen zu ihrer Sitzung am 12. August 1952 – es war die erste Sitzung dieses Gremiums überhaupt, die zu den landwirtschaftlichen Produktionsgenossenschaften Stellung nahm – eine deutsche Abschrift des sowjetischen Kolchos-Musterstatuts von 1935.[1063] Mitte August lag ein erster Entwurf für ein Musterstatut der landwirtschaftlichen Produktionsgenossenschaft Typ 3 vor, der zahlreiche sprachliche und strukturelle Anleihen am sowjetischen Kolchos-Statut von 1935 aufweist.[1064] Ein Vergleich mit den Inhalten von Musterstatuten höheren Typs in den Volksdemokratien zeigt Ähnlichkeit weniger mit Ungarn als mit Polen.[1065] Inwieweit die volksdemokratischen Vorbilder wirklich herangezogen und auf Tauglichkeit geprüft worden waren, entzieht sich aber unserer Kenntnis.

Das amtlich entworfene Musterstatut für Produktionsgenossenschaften Typ 3 begann mit der gleichen historisch-einleitenden Passage wie die Musterstatuten zu den Typen 1 und 2, die am 1. Juli 1952 im SED-Politbüro verabschiedet worden waren, hielt dann aber im Unterschied zu diesen fest:

„Zur Sicherung der schnellen Steigerung der landwirtschaftlichen Produktion und der weiteren Verbesserung der Lebensbedingungen der werktätigen Bauern und Landarbeiter gibt es nur einen Weg, den Weg der genossenschaftlichen Wirtschaft. Die landwirtschaftlichen Produktionsgenossenschaften sind der neue Weg der Entwicklung der Landwirtschaft in der Deutschen Demokratischen Republik, der die

[1063] Protokoll der Hauptabteilungsleitersitzung im Ministerium für LFW am 12. 8. 1952, BArch, DK 1, 247, Bl. 123–146, Anlage: Bl. 134–144.

[1064] 1. Entwurf/1. Korrektur „Muster-Statut der landwirtschaftlichen Produktionsgenossenschaft (3. Typ)“, 15. 8. 1952, BArch, DK 1, 1827, Bl. 63–83.

[1065] Siehe auch Wädekin, Übertragung.

werktätigen Bauern und Landarbeiter zum Sozialismus führt."[1066] Mittlerweile hatte die 2. Parteikonferenz der SED die Losung vom Sozialismusaufbau verkündet.

Weitgehend wörtlich übernommen wurde aus dem Kolchos-Musterstatut von 1935 auch: „Die Mitglieder der landwirtschaftlichen Produktionsgenossenschaft verpflichten sich, ihre genossenschaftliche Wirtschaft zu stärken, ehrlich zu arbeiten, das Einkommen der Wirtschaft entsprechend der Menge und Qualität des eingebrachten Landes zu verteilen[1067], das genossenschaftliche Eigentum zu behüten [...], die Pflichten gegenüber dem demokratischen Staat[1068] zu erfüllen, und auf diese Weise ihre Genossenschaft zu einer mustergültigen landwirtschaftlichen Großwirtschaft zu entwickeln[1069] und alle Mitglieder der Genossenschaft wohlhabend zu machen."[1070]

Abgesehen davon, daß es in der DDR nicht um nationalisiertes Land ging, weshalb auch ein ostdeutsches Musterstatut für LPG höheren Typs darauf hinweisen mußte, daß sowohl Einliegerland (Eigentum und Pacht) als auch in Nutzung gegebenes, staatliches Land in die Gemeinschaftsbewirtschaftung kamen[1071], enthielt die DDR-Version in ihrer Fassung vom August 1952 einige markante Unterschiede zum sowjetischen Vorbild, die ebenfalls mit den Eigentumsverhältnissen zu tun hatten. Das Eigentum der ostdeutschen Bauern an ihrem eingebrachten Land wurde im Statut festgehalten. Die Mitglieder der Genossenschaft sollten das Recht auf Rückgabe bei Austritt haben; das Austrittsverfahren war festgelegt (das sowjetische Kolchos-Musterstatut sah überhaupt keinen Austritt, sondern nur Ausschluß vor[1072]). Außerdem konnte das eingebrachte Land von den LPG-Mitgliedern nach wie vor verkauft werden, wenngleich auch nur innerhalb der LPG. Spezifisch waren (1) die Möglichkeit, Land zum Zweck des LPG-Eintritts erst zu erwerben, (2) die Verrechnung eines Inventarbeitrages für lebendes und totes Inventar sowie (3) die Übernahme der Pachtrechte durch die LPG. Ähnlich wie bei LPG Typ 1 und 2 und anders als bei einem sowjetischen Kolchos sollte ein Teil der Einkünfte nach eingebrachtem Land aufgeschlüsselt werden. In Typ 3 waren dem Statutenentwurf vom August zufolge jedoch nur maximal 20 Prozent dafür vorgesehen, 80 Prozent aller Erträge waren nach Arbeitsleistung zu verteilen. Damit entsprachen die Verfasser sowohl der stark arbeitsintensiven Bewirtschaftung von Viehbetrieben als

[1066] Ebenda, Bl. 63f. Im sowjetischen Kolchos-Musterstatut vom 17.2.1935 hieß es: „Der Weg der Kolchose ist der Weg zum Sozialismus, der einzig richtige Weg für die werktätigen Bauern." (Istoria kolchoznogo prava, tom 1, S. 427).

[1067] Im Kolchos-Musterstatut hieß es statt dessen „entsprechend der Arbeitsleistung". Das war im vorliegenden deutschen Entwurf gestrichen und durch „entsprechend der Menge und Qualität des eingebrachten Landes" ersetzt. Natürlich war bereits im August 1952 klar, daß in Typ III *auch* nach Arbeitsleistung verteilt werden muß. Offenbar handelt es sich hier um ein Versehen, denn hinten im Text des Entwurfes ging es ausführlich um Verteilung nach Arbeitsleistung. Spätestens im Dezember 1952 war die Eingangspassage dann korrigiert und von Verteilung sowohl nach eingebrachtem Land als auch nach Arbeitsleistung die Rede.

[1068] Im Kolchos-Musterstatut: Arbeiter- und Bauern-Staat.

[1069] Im Kolchos-Musterstatut: den Kolchos zu einem bolschewistischen zu machen.

[1070] 1. Entwurf/Korrektur, Bl. 64.

[1071] Eine solche Passage war bereits in den Statuten Typ 1 und 2 enthalten. Sie findet sich auch im ungarischen Musterstatut für Typ 3 in einer korrigierten Fassung, die zu Beginn der 50er Jahre gültig war (siehe Statuten der Produktionsgenossenschaften in Ungarn, Typ III, deutsche Übersetzung, BArch, DK 1, 2831, Bl. 48-53).

[1072] Wädekin, Übertragung, S. 114, erwähnt indirekt ein Austrittsrecht ohne zwingende Landzuweisung. Und in der Tat muß es reguläre Austritte gegeben haben, denn legale Migration war Bestandteil der Industrialisierung des Landes.

auch der Annahmen, daß sich für genossenschaftliche Viehbetriebe auch und besonders landlose Dorfbewohner interessieren würden. Außerdem folgte man der Vorstellung, daß bei höherem Grad von Kollektivierung stärker nach Leistung und weniger nach Besitz bewertet werden sollte als bei niedrigeren Typen.

Zugleich war der in der DDR vorgesehene Anteil an Bodenrente nicht gering für eine LPG höheren Typs. (In der ČSR gewährte man 15 Prozent Bodenanteilsrente für LPG Typ 3, in Rumänien maximal 25 Prozent, in Ungarn – aber lediglich auf die Ernte auf den eingebrachten Feldern bezogen – maximal 20 Prozent, in Polen bis zu 30 Prozent.)

Die Bodenstücke sollten – wie beim sowjetischen Vorbild – zu einem zusammenhängenden Feldmassiv werden (notfalls durch Flächentausch), die Raine dazwischen verschwinden. Dies war bei Viehbetrieben nicht etwa zwingender als bei Ackerbaubetrieben. Hier fand vielmehr die Fortschrittsidee ihren Ausdruck, wonach ein größerer Grad von Vergesellschaftung auch einen größeren Techniкeinsatz ermöglicht. Die SKK lieferte dem DDR-Landwirtschaftministerium Vorarbeiten für eine Regierungsverordnung zur rationellen Ausnutzung der Anbauflächen in den LPG schlechthin, mußte bei der weiteren gemeinsamen Behandlung der Frage aber einsehen, daß die Aufgabe kompliziert war.[1073] Unrealistische Aufgabenstellungen, wie die, in keinem Fall eine Verkleinerung der LPG-Fläche zuzulassen, übernahm man nicht in das neue Musterstatut.

Die Verfasser des Statuts orientierten sich an sowjetischen und volksdemokratischen Vorstellungen von der Größe eines privaten, hauswirtschaftlichen Tierbestandes. Das sowjetische Kolchos-Musterstatut ließ regionale Unterschiede zu. Für die DDR erwog man einen privaten Viehbestand mit bis zu zwei Kühen mit Kälbern, einem Pferd bzw. Ochsen und zwei Sauen einschließlich Nachzucht sowie Kleinvieh. Das war mehr als in Ungarn und in der ČSR und fast so liberal wie in Polen, wo die Obergrenze allein für den privatwirtschaftlichen Milchviehbestand mit zwei Stück festgelegt war. Wie im Statut zu Typ 2, das individuelle Zugviehhaltung begrenzt zuließ, war für Typ 3 in der DDR jedoch nur ein halber Hektar privates Hofland vorgesehen (in Ungarn 0,3 ha, in Polen 0,3–1 ha, in Bulgarien 0,2–0,5 ha, in der ČSR 0,5–1 ha), was auch bei voller Ausnutzung privaten Futteranbaus Futter aus dem LPG-Bestand notwendig machte.

Während die Pflichten von Mitgliedern und Vorstand weitgehend analog zu den Passagen im Musterstatut Typ 2 formuliert waren (die ganz allgemein natürlich auch sowjetischen Einfluß erkennen lassen), kamen nun in das Musterstatut Typ 3 – in starker Anlehnung an das sowjetische Vorbild – ausführliche Bestimmungen zur Arbeitsorganisation in Brigaden und zur Arbeitsnormierung neu hinein. Die Arbeitsbrigaden sollten für mehrere Jahre fest zusammengestellt, alle Arbeiten „nach dem Prinzip der Gruppen- oder Einzelleistung" ausgeführt werden. Wie bereits für Typ 1 und 2 nach sowjetischem Vorbild (Kolchos-Statut von 1935) festgelegt, waren von jedem LPG-Mitglied mindestens 150 Arbeitstage pro Jahr zu leisten (in Ungarn 80, in Polen 100, in der ČSR 150). „Allwöchentlich berechnet

[1073] Siehe Meldung Stupovs an Semičastnov (über Schritte, in denen ab Anfang August 1952 an der Verordnung gearbeitet wurde), 27. 8. 1952, AVP RF, fond 0458, opis' 314 s, papka 281, delo 9, list 37. Entwürfe und andere Arbeitsunterlagen dazu fehlen in den Akten.

der Brigadier die Anzahl der geleisteten Arbeitstage und trägt sie ein in das Arbeitsbuch des Mitglieds und in die Leistungsliste der Brigade", hieß es. Fremde Lohnarbeit sollte bei Typ 3 ausdrücklich die Ausnahme bleiben, was in den vergleichbaren Statuten der anderen Länder nicht so fixiert war. Wie beim sowjetischen Vorbild konnte an die arbeitenden LPG-Mitglieder Vorschuß gezahlt werden, für maximal 50 Prozent der geleisteten Arbeit.

Hatten die Musterstatuten für Typ 1 und 2 noch fünf Prozent der produzierten Naturalien und Geldeinkünfte jährlich für den sogenannten unteilbaren Fonds (für Kapitalbildung und spätere Investitionen) vorgesehen, so sollten es bei Typ 3 jetzt „bis zu 7 Prozent" sein (beim sowjetischen Vorbild waren es 10 bis 20 Prozent). Akkumulation und erweiterte Reproduktion hatten in Viehbetrieben damals objektiv einen größeren Stellenwert.

Das sowjetische Kolchos-Musterstatut von 1935 enthielt auch Passagen zum Umgang mit Genossenschaftsmitgliedern, die der Verpflichtung zur Pflege und Mehrung genossenschaftlichen Eigentums nicht nachkamen, die bummelten oder Schaden anrichteten. Bestrafung war statutarisch festgehalten, etwa als verminderte Anrechnung von Arbeitseinheiten, öffentliche Verweise und Strafarbeit. So etwas enthielt der Entwurf zum Musterstatut Typ 3 in der DDR aus gutem Grund nicht, sollten die Bauern doch geworben und keinesfalls verschreckt werden. Eine nahezu wörtliche Übersetzung aus dem sowjetischen Vorbild fand zunächst doch noch Eingang in den Entwurf, wurde dann aber gestrichen.[1074]

Am 1. September 1952 notierte Wilhelm Pieck während einer Besprechung mit Semenov, daß der Entwurf des Statuts für „Viehfarmen" fertig war.[1075] SKK-Experte Stupov reichte am 8. September gemeinsam mit seinen Kollegen Petrov (Stellvertreter des SKK-Chefs, zuständig für Staatsaufbau) und Zmienko (Stellvertreter Stupovs) einen Entwurf bei der SKK-Spitze ein, der, so hieß es, von Scholz (Stellvertretender Ministerpräsident), Siegmund (Staatssekretär im Ministerium für LFW) und Schäfer (Leiter der Abteilung Landwirtschaft des ZK) „gemeinsam mit unseren Spezialisten" erarbeitet worden war. Bis auf wenige Veränderungen deckte sich der Text mit dem vom 15. August.[1076] Doch es wurde weiter „gefeilt".

Am 3. November 1952 reichte Stupov (im deutschen Original und in der russischen Übersetzung) einen sogenannten „5. Entwurf vom 15. 10. 52" weiter.[1077] Nicht alles Neue darin fand Stupovs und Petrovs Zuspruch.

[1074] Die später gestrichene Passage lautet: „Die Mitglieder der Genossenschaften betrachten Veruntreuung und schlechte Behandlung von Staatseigentum und Genossenschaftseigentum als Verrat an der Genossenschaft und Hilfe für die Feinde des Volkes. Mitglieder, die solche Verbrechen gegen die Genossenschaften zulassen und begehen, werden dem Gericht übergeben zur Bestrafung nach den Gesetzen der Deutschen Demokratischen Republik." 1. Entwurf/Korrektur vom 15. 8. 1952, Bl. 80.

[1075] Siehe Besprechung mit Micheev und Semenov, 1. 9. 1952, in: Badstübner/Loth, Pieck-Aufzeichnungen, S. 405f., hier S. 406.

[1076] Entwurf für ein Musterstatut LPG Typ 3, 8. 9. 1952 an Semičastnov, AVP RF, fond 458, opis' 73 ns, papka 261, delo 8, listy 227–239 [russisch]. Die deutsche Erstfassung ist nicht erhalten. Vom Entwurf vom 15. 8. unterscheidet sich dieser minimal: Hinzugefügt wurde ein Passus über Inventar-Nachzahlungen, wenn das Mitglied unter dem Durchschnittswert Inventar einbringt. Die Abführungen in den unteilbaren Fonds wurden auf 6 Prozent gesenkt. Gestrichen wurde die Passage über Bestrafung für Diebstahl und Veruntreuung.

[1077] 5. Entwurf für ein Musterstatut LPG Typ 3, 15. 10. 1952, von Stupov 3. 11. 1952 an Semičastnov, AVP RF, fond 458, opis' 73ns, papka 260, delo 5, listy 384–396 [russisch], 397–412 [deutsch].

Zunächst trugen beide ihrerseits einen neuen Formulierungsvorschlag für die eigentliche, konkrete Erklärung der Bauern zur Genossenschaftsbildung vor. Sie sollte heißen: „Wir werktätigen Bauern, die Mitglieder der Landwirtschaftlichen Produktionsgenossenschaft der Gemeinde ....., Kreis ....., Bezirk ....., der Deutschen Demokratischen Republik, nehmen freiwillig das vorliegende neue Statut an, um die Vorteile der genossenschaftlichen Großproduktion vollständiger zu nutzen."[1078] Des weiteren wollten die sowjetischen Begutachter ergänzt wissen, daß lebendes und totes Inventar *zu den geltenden staatlichen Preisen* in den unteilbaren Fonds eingehen. Sie trugen den aktuellen Erkenntnissen Rechnung und forderten einzufügen, daß, wenn die LPG ausschließlich auf Staatseigentum aufbaut oder aber wenn alle Bauern mit gleichgroßen Bodenflächen eintreten, die Verteilung der Einkünfte auch ausschließlich nach der Arbeitsleistung erfolgen kann.[1079]

Aus sowjetischen Akten geht hervor, daß Ende Oktober/Anfang November 1952 Punkt I des Musterstatutes noch umstritten war. Vermutlich ging es bei den Differenzen um die Selbstverpflichtung der Genossenschaftsmitglieder dazu, nicht nur genossenschaftliches, sondern auch staatliches Eigentum zu behüten. In der Fassung vom 15. Oktober fehlte diese Formulierung noch (und Stupov meinte wohl dies, als er für den Erhalt der Passage plädierte), Ende November war sie als Ergänzung in den Entwurf aufgenommen. Der Vorgang entsprach den in jenen Wochen verschärften Bestimmungen zum Schutz des Volkseigentums. Gleichwohl, das Musterstatut für LPG Typ 3 war Mitte Oktober 1952 im großen und ganzen ausformuliert. Es gelangte nun, meist über die Kreisräte, als Handreichung in die Initiativgruppen für Produktionsgenossenschaften mit gemeinsamer Viehwirtschaft. Bis in den November hinein legten diese Initiativgruppen jedoch einen starken Eigensinn an den Tag und korrigierten und ergänzten Passagen des Entwurfes, wenn sie Statuten für ihre LPG verabschiedeten.

Im September 1952 legte Stupov seinen Vorgesetzten auch Entwürfe für eine „Innere Betriebsordnung", eine Musterbetriebsordung, wie sie bald hieß, und für „Musternormen für Leistungsentgelte und für die Bewertung der Arbeit in Tagewerken", die späteren Muster-Tagesarbeitsnormen, für LPG vor. Beides war, wie Stupov festhielt, „gemeinsam mit den Freunden" erarbeitet worden, speziell die Arbeitsnormen mit Spezialisten aus dem Landwirtschaftlichen Institut in Gundorf unter Leitung von Prof. Rosenkranz. Als Grundlage hatten VEG-Arbeitsnormen und sowjetische Kolchos-Arbeitsnormen gedient, wobei im Vergleich zu letzteren niedrigere Werte festgelegt wurden. Auch die innerbetrieblichen Regelungen zur Arbeitsorganisation sollten mit künftigen LPG-Bauern beraten werden.[1080]

1078 Ganz ähnlich heißt es im Musterstatut, das im Dezember letztlich Gesetzeskraft bekommt. Bis dahin wird allerdings noch hinzugefügt: Wir werktätigen Bauern *„und Landarbeiter"*. Außerdem wird der ungünstige Eindruck sprachlich korrigiert, der hier entsteht, so als würden grundsätzlich bereits bestehende LPG eine neue Satzung annehmen.

1079 Bemerkungen zum Entwurf vom 15. 10. 1952, von Stupov und Petrov 3. 11. 1952 an Semičastnov, AVP RF, fond 458, opis' 73ns, papka 261, delo 8, listy 224f.

1080 Siehe Entwurf für eine Innere Betriebsordnung, 8. 9. 1952 von Stupov an Semenov, ebenda, listy 157–163; Entwurf für Musternormen zur Arbeitsbewertung, 23. 9. 1952 von Stupov an Semičastnov, ebenda, listy 204–212.

7.4. Die LPG-Entwicklung von August bis Oktober 1952

Von Ende Juli 1952 ab nahm die Zahl der landwirtschaftlichen Produktionsgenossenschaften in der DDR rasch zu. Zu den Mitgliedern der ersten LPG (das Kürzel war übrigens noch nicht geläufig) gehörten vor allem Neubauern. Landlose Dorfbewohner, meist Landarbeiter, übernahmen zu aktualisierten Bodenreform-Bedingungen freies Land zum Zweck des Eintritts in eine Produktionsgenossenschaft, da es ihnen als eingebrachter Bodenanteil angerechnet wurde. Die Mehrzahl der landwirtschaftlichen Produktionsgenossenschaften formierte sich als LPG Typ 1. Altbauern, darunter auch „werktätige Bauern", standen der Entwicklung dagegen sehr skeptisch bis ablehnend gegenüber. „Viele werktätigen Bauern hatten sich zu wirtschaftsstarken Betrieben entwickelt und, durch die Wirtschaftspolitik des Staates unterstützt, eine gesicherte Existenz geschaffen. Sie verfolgten ihre eigenen individuellen Pläne bei der Weiterentwicklung ihrer Betriebe", beschreibt Manfred Kipping die Situation in seinem sächsischen Dorf Oberwiera.[1081]

Nun traten die Kreisverwaltungen und SED-Kreisleitungen stärker in Aktion. Mitarbeiter und Funktionäre fuhren über Land, sahen sich um und agitierten. Auch VdgB(BHG)- und DBD-Grundorganisationen propagierten den Genossenschaftsgedanken. In jedem Kreis sollte eine LPG auf Gemeindeebene entstehen. Die Abgesandten wandten sich fast ausschließlich an Neu- und Kleinbauern. Nicht selten bedurfte es mehrerer Versammlungen im Dorf, um eine Genossenschaft auf die Beine zu stellen. LPG-Gründungen mit eigenwilliger Zielstellung und überzogenen Hoffnungen auf sofortige „Finanzspritzen" hielten an, ebenso wie sich falsche Vorstellungen von der Bildung von Staatsbetrieben analog zu den VEG hielten.

Während sich der zentrale SED-Apparat noch immer weitgehend zurückhielt, sah man sich im Ministerium für LFW in besonderer Verantwortung. Allerdings funktionierte die Arbeitsteilung nicht. Minister Schröder beschwerte sich in der SKK darüber, daß Staatssekretär Siegmund über die SED-internen Erörterungen und Pläne nicht informierte, woraufhin Stupov zu enger Zusammenarbeit aufforderte.[1082] Mitte August kam auf der Hauptabteilungsleitersitzung des Ministeriums für LFW erstmals die Genossenschaftsentwicklung zur Sprache. „Die volle Verantwortung für diese Genossenschaften, für ihre Gründung und Weiterentwicklung trägt die staatliche Verwaltung", hieß es im Hause.[1083] Das Ministerium gab eine Broschüre mit den Musterstatuten für die Typen 1 und 2 sowie mit den Regierungsbeschlüssen zu den Vergünstigungen und zum Verfahren bei der Registrierung der LPG heraus.[1084] Man war sich einig: „Wir sind daran interessiert, daß Produktionsgenossenschaften in einem schnellen Tempo entstehen unter der Voraussetzung, daß das, was gegründet wird, auch lebensfähig ist. Man muß verhindern, daß Dinge entstehen, die einen feindlichen Einfluß haben. [...] Propagieren

[1081] Kipping, Bauern, S. 64.

[1082] Siehe Aktennotiz Miščenkos, SKK-Landwirtschaftsabteilung, 1. 8. 1952 an Čujkov, AVP RF, fond 0458, opis' 314 s, papka 281, delo 9, list 32.

[1083] Protokoll der Hauptabteilungsleitersitzung im Ministerium für LFW am 12. 8. 1952, BArch, DK 1, 247, Bl. 123–129, hier Bl. 128.

[1084] Siehe Landwirtschaftliche Produktionsgenossenschaften.

tun wir in erster Linie den Typ 1, denn wir sind der Meinung, daß die Bauern Schritt für Schritt weiter gehen und erst Erfahrungen sammeln sollen." Es war klar: „Die Neigung, Großbauern mit in die Genossenschaft hineinzunehmen, muß schärfstens bekämpft werden." Doch zugleich mahnte das Gremium: „Draußen taucht die Tendenz auf, daß man die Liquidierung der Großbauern vornehmen wolle. Diese Tendenz muß zerschlagen werden. [...] Es gibt keinen Beschluß der Partei oder der Regierung, der besagt, daß eine solche in Aussicht gestellt ist."[1085]

Dieter Schulz und Joachim Piskol zufolge gab es am 14. August 1952 insgesamt 100 LPG mit 1518 Mitgliedern. Am 15. September waren es bereits 534 LPG mit 7931 Mitgliedern. Diese nutzten gemeinschaftlich eine Fläche von insgesamt 43 406 ha. Einen Monat später, Mitte Oktober 1952, waren 926 LPG mit 14 403 Mitgliedern auf 76 350 ha landwirtschaftlicher Nutzfläche registriert.[1086] Die SKK hätte es gern gesehen, wenn die LPG zahlreicher entstanden wären. Mitte September stellte sie kritisch fest, daß 147 Kreise noch keine LPG hatten.[1087]

Anzahl der LPG 1952 (aus einem sowjetischen Bericht nach Meldungen des DDR-Landwirtschaftsministeriums)[1088]

Stand vom	Anzahl der LPG
15. 7.	16
25. 7.	57
1. 8.	61
15. 8.	101
25. 8.	164
1. 9.	228
5. 9.	383
10. 9.	530

Eine Vorreiterrolle bei der Kollektivierung übernahmen Bauern der Gegend um Halle/Leipzig. Christel Nehrig vermutet, daß die regionalen Unterschiede in der Betriebsstruktur der Bauernwirtschaften begründet sind. „Für die südlichen Bezirke, vielfach Gebirgsgegenden mit kleinbetrieblicher Struktur und vorherrschender Viehwirtschaft, versprach die Arbeit in Genossenschaften weniger Vorteile. Bei Halle und Leipzig als Industriezentren dürfte der Einfluß von im Dorf wohnenden Industriearbeitern wichtig gewesen sein. In den stark landwirtschaftlich geprägten Nordbezirken fehlte dieses Moment. Der hier teilweise dominierende Einfluß von Altbauern war der LPG-Entwicklung eher hinderlich."[1089] Nicht unwesentlich war bereits in dieser ersten Kollektivierungsphase das Interesse speziell der Bäuerinnen an Arbeitserleichterung, insbesondere in Milchvieh-Betrieben.

1085 Protokoll der Hauptabteilungsleitersitzung im Ministerium für LFW am 12. 8. 1952, Bl. 128f.
1086 Siehe Schulz, Probleme, S. 56; Piskol, Beginn, S. 24.
1087 Bericht über den Verlauf der Genossenschaftsbildung, 17. 9. 1952, gez. Stupov, AVP RF, fond 457a, opis' 13, papka 71, delo 36, listy 275–294.
1088 Ebenda.
1089 Nehrig, Anfänge, S. 114f.

97 LPG wurden bis Jahresende auf Initiative von Frauen gebildet.[1090] Die SED-Führung registrierte solche Bestrebungen unter Bäuerinnen frühzeitig.[1091] Doch sahen keineswegs alle Inhaber schwacher Betriebe in einer Produktionsgenossenschaft den Ausweg aus ihrer Lage. Noch immer gaben Neubauern Höfe auf. Von den insgesamt rund 191 000 besetzten Neubauernstellen wurden im Zeitraum vom 1. Juli bis zum 31. Dezember 1952 noch 6043 zurückgegeben. Als Gründe nannten die Bauern Krankheit und Alter, fehlende landwirtschaftliche Kenntnisse oder eine ungünstige Familienstruktur.[1092] Über 70 000 ha Land (zu 18 Prozent gute Böden, zu 55 Prozent Böden mittlerer Qualität) waren als Neuerbauernstellen zum Jahresende nicht bewirtschaftet.[1093]

Aufmerksam und kritisch beobachtete die SKK die gesamte Entwicklung. Mit dem alljährlichen Erntestreß und den üblichen Kontrollen waren die neuen Inspektions- und Konzipierungsarbeiten in der SKK vereinbar, blieb die Anzahl der LPG doch noch überschaubar. Aus den Landesvertretungen der SKK in Sachsen-Anhalt, Mecklenburg und Brandenburg bzw. den entsprechenden Bezirksvertretungen[1094] trafen bei der SKK in Karlshorst Meldungen über LPG-Gründungen und über die Stimmung unter den Bauern ein. Landwirtschaftsreferenten und Mitarbeiter der Informationsabteilungen erstellten sie gemeinsam. Vor allem die MAS-Politabteilungen fielen in die gemeinsame Zuständigkeit beider Ressorts. Stupov und der neue Leiter der SKK-Informationsabteilung Orlov stellten am 20. August verärgert fest, daß noch keine einzige MAS-Politabteilung entstanden war.[1095] Die Kaderauswahl verlief ihrer Meinung nach viel zu umständlich. 2120 Funktionäre, darunter 530 Leiter künftiger Politabteilungen würden gebraucht, doch im ZK der SED hätte man erst 15 Kandidaturen beraten. Stupov und Orlov kritisierten das in der ZK-Abteilung für Landwirtschaft beschlossene Verfahren, wonach alle Kandidaten, die aus den Kreisen vorgeschlagen worden waren, erst nach einer Probezeit vom ZK bestätigt werden sollten. Ihrer Meinung nach war eine Kommission zur Kaderauswahl effektiver. In einem Memorandum an die deutschen Stellen korrigierten Stupov und Orlov auch den deutschen Entwurf der Struktur von MAS-Politabteilungen. Am 1. September 1952 hoben Vertreter der SKK in einem Gespräch mit Wilhelm Pieck die „hohe Bedeutung [der] Polit[ischen] Abt[eilungen] [der] MAS“ hervor, machten das von der SKK gewünschte Personal-Prüfungsverfahren deutlich und forderten: „schnellstens Kader geben“.[1096] Stupov arbeitete Vorschläge für

[1090] Siehe Panzig, Freiwillig, S. 161.

[1091] Fred Oelßner sagte auf der Tagung der SED-Kreissekretäre am 12. August 1952: „Besonders die Bäuerinnen stellen in letzter Zeit immer energischer die Forderung nach gemeinsamer Viehhaltung, weil sie erst darin eine wirksame Erleichterung ihrer Arbeit sehen.“ (Oelßner, Aufgaben, S. 38).

[1092] Siehe Erhebung des Ministeriums für LFW zur Rückgabe von Neubauernstellen, o. D., BArch, DK 1, 8626, Bl. 17.

[1093] Siehe Erhebung des Ministeriums für LFW zu den unbesetzten Neubauernstellen, Stand 31. 12. 1952, ermittelt am 6. 7. 1953, ebenda, Bl. 13.

[1094] Die SKK-Landesvertretungen wurden im Herbst 1952 in Bezirksvertretungen aufgeteilt. Nicht überall waren die sofort voll funktionstüchtig. Siehe Scherstjanoi, SKK-Statut, S. 90f.

[1095] Mitteilung über den Stand der Organisation von MAS-Politabteilungen und die Stellenbesetzung, 20. 8. 1952, Stupov und Orlov an Semenov, AVP RF, fond 457a, opis' 13, papka 71, delo 36, listy 228–231; Memorandum, ebenda, list 232.

[1096] Siehe Besprechung mit Micheev und Semenov, 1. 9. 1952, in: Badstübner/Loth, Pieck-Aufzeichnungen, S. 405f., hier S. 405.

einen Schnellkursus für künftige Leiter von MAS-Politabteilungen aus sowie ein Programm für einen kurzen politischen Kursus für MAS-Agronomen und für Mitarbeiter der neuen Abteilungen LPG bei den Kreisräten.[1097]

Die richtige politische Anleitung schien der SKK immer wichtiger, denn sie beobachtete weiterhin „Unzulänglichkeiten und Fehler". Bei Inspektionen in vier Produktionsgenossenschaften stieß man in Thüringen sogar auf „große Unzulänglichkeiten".[1098] So waren „Verstöße" gegen die Musterstatuten festgestellt worden: Es wurde kollektive Viehhaltung praktiziert. Außerdem gingen die Genossenschaftsbauern in nicht akzeptabler Weise mit Krediten um: Sie bestritten damit Löhne und stützten ihre privaten kleinen Hofwirtschaften. Mancherorts kam es zur Erlösverteilung entsprechend eingebrachtem Land, aber ohne Berücksichtigung der Arbeitsleistungen der Familienmitglieder.

Bei Lichte besehen waren das keine „Verstöße", denn die Musterstatuten schrieben die betriebliche Organisation nicht allseitig vor. Pan'šin monierte das Fehlen arbeitsorganisatorischer Festlegungen und den Mangel an Spezialisten für Buchführung und Planung. Den SED-Kreisleitungen bescheinigte er völlige Inaktivität. Es käme deshalb noch immer zu beiden unerwünschten Extremen bei Genossenschaftsgründungen: Zu Zwangsgründungen und -aufnahmen wie zur Nichteinmischung der örtlichen Organe und der SED.[1099]

Die Stimmungen unter den Bauern beschrieb ein Bericht aus der Landesvertretung Sachsen-Anhalt. Darin heißt es, daß eine kleine Gruppe fortschrittlicher Bauern die Beschlüsse der 2. Parteikonferenz unterstütze; die zahlenmäßig größte Gruppe sei aber die der Schwankenden. Unter ihnen seien auch Neubauern mit schwachen Betrieben. Sie hätten keine klaren Vorstellungen von den Vorteilen der Kollektivwirtschaft. Jene, die feindlich gegen LPG auftraten und Angst verbreiteten, das wären vor allem Großbauern und von ihnen Beeinflußte. Weitere solche Berichte aus den Landes- bzw. Bezirksvertretungen der SKK folgten. Sie belegen widersprüchliche Tendenzen, zeigen aber auch, daß der Kollektivierungsprozeß in den Monaten August/September insgesamt noch immer recht spontan verlief.

Ende September wurden die deutschen Kreisbehörden ihrer Aufgabe schon besser gerecht. Die Registrierung kam voran. Kredite wurden aufgenommen, Anträge auf bevorzugte Belieferung mit Produktionsmitteln gestellt. Indes waren betriebswirtschaftliche und arbeitsorganisatorische Belange noch immer nicht geregelt. Die bestehenden LPG erhielten nach Stupovs Einschätzung keine ausreichende organisatorische und agrowissenschaftliche Anleitung.[1100] Viele begannen nach Gutdünken zu wirtschaften. Am 17. September legte Stupov erste Vorschlä-

1097 Siehe Vorschläge für kurze Schulungen, 11. 9. 1952 von Stupov an Semičastnov, AVP RF, fond 458, opis' 73ns, papka 261, delo 8, listy 295–299. Ob die Vorschläge die SED erreichten, ist nicht bekannt.

1098 Siehe Bericht über Unzulänglichkeiten und Fehler bei der Kollektivierung der Landwirtschaft in Thüringen, 9. 9. 1952, Pan'šin an Semenov, AVP RF, fond 457a, opis' 13, papka 71, delo 36, listy 255–262.

1099 Siehe ebenda.

1100 Siehe Bericht Stupovs über den Stand der Bildung landwirtschaftlicher Produktionsgenossenschaften in der DDR (Stand 10. 9.), 17. 9. 1952, AVP RF, fond 0458, opis' 314 s, papka 281, delo 9, listy 76–95.

ge zur Behebung des Mangels an Fachleuten vor, Ende September hatte er ein konkretes Schulungssystem erarbeitet, das u.a. den Aufbau einer Zentralen Schule für landwirtschaftliche Führungskräfte vorsah. In mehrwöchige Kursen sollten LPG-Vorsitzende, künftige Buchhalter und Agronomen auf ihre Aufgaben vorbereitet werden.[1101] Stupov kalkulierte, 1952/53 müßten mindestens 400 Personen als LPG-Vorsitzende qualifiziert werden, mindestens 200 als Buchhalter.[1102]

Sowohl SED-Führung als auch DDR-Landwirtschaftsministerium und Regierung hatten sich also tatsächlich zunächst auf eine relativ ruhige Phase der Sammlung und Vermittlung von Erfahrungen eingestellt. Im Politbüro wurden keine bedeutenden agrarpolitischen Entscheidungen getroffen. Die SED-Führung gründete am 9. September eine Kommission für das Studium der Fragen der Genossenschaftsbildung unter Leitung von Otto Schön, Mitglied des Sekretariats und Leiter des Büros des Politbüros, die wöchentlich Beratungen und Anleitungen anbieten sollte. Ihr gehörten neben Hermann Matern die Landwirtschaftsexperten Scholz, Schäfer, Streit, Vieweg und Siegmund an.[1103] Das Politbüro stellte Überlegungen zur Stärkung des Einflusses der FDJ an,[1104] während in seinem Sekretariat – zunächst ergebnislos – über Patenschaften volkseigener Betriebe über LPG nachgedacht wurde.[1105] Die Parteiführung ließ prüfen, inwieweit die MAS technisch und personell auf ihre Aufgaben vorbereitet waren.

Mitte August verfügte der Landwirtschaftsminister, daß die gesamte Wirtschaftsberatung (Ackerbau- und Viehwirtschaftsberatung, bislang vorwiegend von der VdgB(BHG) getragen), aber auch die Leistungsprüfung in staatliche Hände gelegt und dafür mehr Fachpersonal sowie technische Mittel bereitgestellt werden. Agronomen und Zootechniker sollten den LPG nun also vorwiegend in den MAS zur Verfügung stehen – kostenlos.[1106] Richtlinien für die Arbeit der MAS regelten, wie diese als „Instrument(e) des Staates zur Hilfe und Entwicklung der landwirtschaftlichen Produktionsgenossenschaften" wirken sollten. Außer der erwähnten Beratung sollten sie Hilfe bei der Buchhaltung anbieten und fachliche sowie politische Schulung organisieren. Jeder LPG-Vorsitzende wurde Mitglied des Beirates der zuständigen MAS.[1107] Die Werbekampagne „Aktion

1101 Entwurf Stupovs für ein Memorandum über die Entwicklung der LPG und MAS, 17.9.1952, AVP RF, fond 457a, opis' 13, papka 71, delo 36, listy 295f.; Memorandum zur Kaderschulung (Ende September 1952), AVP RF, fond 0458, opis' 314 s, papka 281, delo 9, list 97.

1102 Siehe Bericht Stupovs über den Stand der Bildung landwirtschaftlicher Produktionsgenossenschaften, 17.9.1952.

1103 Siehe Protokoll der Politbürositzung am 9.9.1952, SAPMO BArch, DY 30, IV 2/2-230, Bl. 4f.; Vermerk darüber 22.9.1952 von Čujkov an Stupov, AVP RF, fond 0458, opis' 314 s, papka 281, delo 9, list 53.

1104 Hierzu entschied sie, es sei zweckmäßig, in jedem Dorf mit einer LPG eine FDJ-Grundorganisation zu schaffen, die innerhalb der LPG eine besondere Gruppe aufbaute (siehe Protokolle der Politbürositzungen am 16.9.1952, SAPMO BArch, DY 30, IV 2/2-232, Bl. 4, und am 8.10 1952, -237, Bl. 2).

1105 Siehe Protokoll der Sekretariatssitzung am 25.8.1952, SAPMO BArch, DY 30, J IV 2/3-319, Bl. 2.

1106 Siehe Rundverfügung II/22/52 des Ministeriums für LFW, 14.8.1952, BArch, DK 1, 1827, Bl. 83f.

1107 Ministerium für LFW, Richtlinien für die Arbeit der Maschinen-Ausleih-Stationen in den landwirtschaftlichen Produktionsgenossenschaften, 28.8.1952, BArch, DK 1, 1801, Bl. 29f.

Traktorist" hatte bis Mitte Juli 1952 bereits über 10000 neue Traktoristen für die MAS gebracht.[1108]

In die Kreis- und Bezirksleitungen der SED wurden Instrukteure der Abteilung Landwirtschaft und der Abteilung Leitende Organe des ZK geschickt.[1109] Mitglieder der ersten Bauerndelegationen, welche im September 1952 die Sowjetunion besucht hatten, unternahmen Vortragsreisen durch ländliche Regionen und warben für Gemeinschaftsbetriebe. Die SED-Führung befaßte sich weiterhin mit Hilfsmaßnahmen für die Vorzeige-LPG in Merxleben, Worin und anderswo[1110], was die SKK dann kritisch kommentierte, wenn abenteuerliche Investitionspläne mit hohen Krediten realisiert werden sollten. Aus sowjetischer Sicht stand das in Merxleben, einer LPG vom Typ 2 mit Bestrebungen zur gemeinschaftlichen Viehwirtschaft, zu befürchten. „Hier kommt ein schädliches Schmarotzertum beim Vorsitzenden der Genossenschaft Großmann zu Vorschein", schrieb Stupov Mitte September.[1111]

Es ist davon auszugehen, daß die deutschen Stellen und die SED-Führung über sowjetische Einschätzungen laufend unterrichtet wurden. Allein die zeitliche Parallelität der Behandlung von Einzelfragen läßt das annehmen.[1112] Walter Ulbricht war während all dieser Wochen übrigens nicht im Dienst. Ende Juli fuhr er zu einem längeren Genesungsurlaub in die UdSSR.[1113] Auch Otto Grotewohl weilte von September bis Oktober dort im Urlaub. Beide kamen erst nach dem XIX. KPdSU-Parteitag Mitte Oktober 1952 wieder nach Berlin.

Harmonisch verlief die Entwicklung auf dem Lande im Spätsommer und Herbst 1952 natürlich nicht, und das hatte auch keiner erwartet. SED-Führung und SKK registrierten eine Zunahme von Protesten in den Dörfern. Stimmungsmache gegen Neubauern war oftmals unpolitisch und lag in Mißgunst gegenüber unerwünschten Aufsteigern unter den Landwirten begründet. Die neue Betriebsform wurde beargwöhnt, mancherorts diffamiert. Auch unter den LPG-Interessenten kam hier und da Streit auf. Im September soll beispielsweise der VdgB(BHG)-Geschäftsführer aus einem Nachbarort von Worin, wo seit dem 3. August *alle* Bauern der LPG Typ 1 angehörten, öffentlich erklärt haben: „Die Produktionsgenossenschaft ‚Thomas Müntzer' in Worin befindet sich im Zerfall.

1108 Siehe Mitteilung der HA V des Ministeriums für LFW an Staatssekretär Siegmund, 17.7.1952, ebenda, Bl. 125. Zum 1. August 1952 registrierte man in den MAS 13306 Traktoren verschiedener Leistungsstärken, darunter 10644 vom Modell IFA mit 30 und 40 PS, außerdem Radschlepper und Raupen sowie andere Maschinen, Anhänger und Fahrzeuge (siehe Meldung der HA V an Siegmund, 2.9.1952, ebenda, Bl. 75f.).

1109 Siehe Protokoll der Sekretariatssitzung am 28.8.1952, SAPMO BArch, DY 30, IV 2/3-320, Bl. 1f.

1110 Siehe ebenda.

1111 Bericht über den Verlauf der Genossenschaftsbildung, 17.9.1952, gez. Stupov, AVP RF, fond 0458, opis' 13, papka 71, delo 36, listy 275–294, hier list 280.

1112 Die zugänglichen Quellen weisen Beratungen nicht aus. Wenn der Eindruck nicht trügt, wurde unter Stupovs Leitung die Praxis der Begegnungen mit deutschen leitenden Angestellten der Ressorts Landwirtschaft, Erfassung oder Handel eingeschränkt. Die Akten der SKK-Landwirtschaftsabteilung enthalten ab Herbst 1952 fast nur noch Analysen, Inspektionsberichte, deutsche Entwürfe und Vorschläge für Hinweise, kaum noch Notizen von längeren Gesprächen. Nichtsdestoweniger funktionierte die Kooperation. Vermutlich wurde mehr schriftlich kommuniziert. Kurze Verständigungen fanden in den Akten ohnehin kaum ihren Niederschlag.

1113 Diesen zu arrangieren hatte das KPdSU-Politbüro am 21. Juli 1952 beschlossen (siehe Politbjuro, S. 912). Ulbricht kehrte erst Mitte Oktober zurück.

Die Mitglieder prügeln sich wie Hund und Katze."[1114] Diese Bemerkung (bald schon wird sie zu einer feindlichen erklärt) weist darauf hin, daß die LPG-Mitglieder ihre Mitspracherechte durchaus wahrnahmen, und zwar im Interesse der persönlichen Besserstellung. Dem stand die notwendige Orientierung auf gemeinschaftlichen, längerfristigen Gewinn nicht selten entgegen. Und auch hier vermißte die SKK das nötige Engagement der deutschen Behörden.

Es ist schwer zu sagen, welche Chancen dem „vorsichtigen Beginn" wirklich eingeräumt wurden. Zahlreiche Quellen bezeugen, daß es anfangs sowohl bei der SKK als auch bei der SED-Führung und den staatlichen Behörden der DDR das Ziel gab, Erfahrungen zu sammeln. Die Zurückhaltung war unter den deutschen Agrarpolitikern stärker ausgeprägt als unter den sowjetischen, sie war politisch wirklich gewollt. Unter den SKK-Experten ist dann im Sommer 1952 ein gewisses Einschwenken auf das von deutschen Stellen vorgegebene langsamere Tempo zu beobachten. Allerdings wurden die zu erwartenden Schwierigkeiten politischer und verwaltungstechnischer Art, als sie dann auftraten, von der SKK sofort auch dramatisiert. Dies hatte nicht unwesentlich damit zu tun, daß sämtliche Abteilungsleiter der sowjetischen Behörde, die in verantwortlichen Positionen den Kollektivierungsprozeß begleiteten, keinerlei Deutschlanderfahrung hatten. Sie waren erst seit dem Frühsommer in Deutschland: Stupov als Leiter der Landwirtschaftsabteilung, Orlov als Leiter der Informationsabteilung (verantwortlich für politische Parteien und die Massenorganisationen in der DDR) und Petrov als Leiter der Abteilung für Staatsaufbau (verantwortlich für die staatlichen Strukturen in der DDR). Die Konflikte der Bodenreform hatten sie nicht miterlebt, die Eigenarten der ländlichen Nachkriegsgesellschaft in Deutschland kannten sie nicht aus längerer Beobachtung.

Der Anfang September 1952 erstmals zusammengerufenen „Politischen Beratung beim Politberater", einer neu geschaffenen Einrichtung, welche die Bedeutung Semenovs innerhalb der SKK-Spitze stärkte[1115], lag ein Bericht über die Entwicklung von landwirtschaftlichen Produktionsgenossenschaften vor. Dieser war von eigenen Inspektoren erstellt worden.[1116] Zur Sprache kamen Ereignisse im Kreis Seelow an der Oder. Hier fand sich am 7. August 1952 im Dorf Friedrichsaue eine Initiativgruppe zur Gründung einer Genossenschaft zusammen. Als sie den Entschluß zur Genossenschaftsgründung in der Gastwirtschaft des Dorfes bekannt geben wollte, stieß sie auf Feindseligkeit.[1117] Es kam zu einer Schlägerei. In

1114 Zitiert nach Seeger, Vom Werden.

1115 Siehe Scherstjanoi, SKK-Statut, S. 67.

1116 Siehe Protokoll der Politischen Beratung beim Politberater am 8. 9. 1952, AVP RF, fond 082, opis' 40, papka 256, delo 18, listy 19–21, hier list 19. Andere agrarpolitische Themen waren u. a. die Arbeit der MAS-Politabteilungen, Verzüge bei der Registrierung von LPG und die Nutzung von Abfällen der Lebensmittelindustrie durch LPG mit Schweinemastverträgen; Oelßner hatte um Hilfe bei der Vorbereitung eines Referates zur FDJ auf dem Lande gebeten; und die SKK-Mitarbeiter entwickelten die Idee, daß aus der Sowjetunion und den Volksdemokratien Bauerndelegationen in die DDR reisen sollten.

1117 Die erste Erwähnung des Vorfalls findet sich in einem „Bericht über Erörterungen mit den Abteilungen Landwirtschaft der Räte der Kreise Seelow und Fürstenwalde ... (Reisetag 11. 8. 1952)" vom 15. 8. 1953 (BArch, DK 1, 2967, Bl. 18–20). Er wurde im Ministerium für LFW verfaßt. Hier heißt es: „In Bildung begriffen ist eine Gen[ossenschaft] in Friedrichsaue. Hier kam es im Zusammenhang mit der Gründungsversammlung zu einer Schlägerei mit provokatorischen Elementen. Dieses Ereignis wird nach Auffassung der Kollegen der Abt. Landwirtschaft die Bildung der Gen[ossenschaften] zunächst hemmen."(Bl. 18)

einer öffentlichen Versammlung, die eine Woche später von der SED-Kreisleitung durchgeführt wurde, wurden erneut Beschimpfungen laut, ohne daß dies Folgen hatte. Die Volkspolizei ging einer entsprechenden Anzeige nicht nach und der Bürgermeister wollte dem Konflikt ebenfalls keine große Bedeutung beimessen.[1118] Einem späteren Artikel im SED-Zentralorgan *Neues Deutschland* zufolge erhielten die LPG-Gründer selbst von der SED-Kreisleitung keine Unterstützung und bekamen nur zu hören, die Kollektivierung sei Sache der Bauern selbst.

Möglicherweise geriet gerade dieser Fall, der anderswo gewiß Parallelen hatte, ins Zentrum der Aufmerksamkeit, weil der Kreis Seelow bereits zu Jahresbeginn Gegenstand umfangreicher Parteiüberprüfungen gewesen war. Damals war die Benachteiligung von Neubauern in einigen Gemeindeverwaltungen aufgefallen und vom zentralen SED-Parteiapparat zum Anlaß für Kritik an der politischen Haltung führender Angestellter gemacht worden. Mit LPG-Gründungen hatte das damals noch nichts zu tun, die Untersuchung legte aber offen, daß in den Dörfern des Kreises und in den örtlichen Verwaltungen eine starke mentale Bindung an die gutswirtschaftliche Vergangenheit fortbestand und daß ehemalige Umsiedler, die vielfach als Neubauern angefangen hatten, schikaniert wurden. Jetzt schien die Haltung der Seelower Behörden gegenüber den LPG-Gründern in Friedrichsaue wohl exemplarisch für politische Vorbehalte. Zugleich konnte an diesem Beispiel gezeigt werden, daß „Vorsicht" für SED-Funktionäre nicht Inaktivität oder gar mangelnde Wachsamkeit bedeuten durfte. Die SKK-Landwirtschaftsabteilung wurde am 8. September von dem Beratungsgremium bei Semenov beauftragt, Material zum „Kreis Seelow" zusammenzutragen. Sie sollte „die anstehenden Aufgaben der Arbeit auf dem Lande unter Berücksichtigung der Tatsache von verschärftem Klassenkampf beleuchten". Dazu sollte ein Artikel in der *Täglichen Rundschau* erscheinen.[1119] Noch am gleichen Tag legten zwei Mitarbeiter Stupovs einen Bericht vor, den dieser an Semičastnov mit der Empfehlung weiterreichte, die Deutschen sollten einen ZK-Mitarbeiter nach Friedrichsaue schicken. Der hätte zu klären, warum die Schuldigen nicht zur Verantwortung gezogen wurden.[1120] Siegmund und Streit sollten sich um die LPG-Initiativgruppe kümmern.

Während also in SED-Apparat und DDR-Verwaltung die neuen, für LPG zuständigen Mitarbeiter auf oberer und mittlerer Ebene erst allmählich in den spontanen Prozeß eingriffen und viele noch die Position von Beobachtern einnahmen, fanden die SKK- Mitarbeiter sehr viel schneller aus der Unsicherheit vom Juli 1952 heraus zu kritischen Lageanalysen und konkreten Entscheidungen, allerdings auch zu traditionellen Befürchtungen. Das von der SKK monierte Defizit bei deutschen Stellen erwuchs keinesfalls aus wirtschaftspolitischem Desinteresse und nicht allein aus Unerfahrenheit, sondern war in gewissem Sinne Bestandteil des „vorsichtig Beginnens". Nun aber begann sich das Verhältnis zwischen Zurückhaltung und

1118 Der erweiterte Sachverhalt ist einem Artikel im *Neuen Deutschland* entnommen. So wie er hier reduziert wiedergegeben ist, ist er glaubwürdig. Siehe „Das opportunistische Verhalten von leitenden Parteifunktionären gegenüber feindlichen Elementen im Dorf", in: *Neues Deutschland*, 2. 11. 1952.

1119 Siehe Protokoll der Politischen Beratung beim Politberater am 8. 9. 1952, list 19.

1120 Siehe Bericht, gez. Kulik und Liforenko, 8. 9. 1952, am 9. 9. mit Begleitschreiben Stupovs an Semičastnov, AVP RF, fond 0458, opis' 314 s, papka 282, delo 14, listy 22–29.

politischem Engagement, die Wechselwirkung von erwünschter Spontaneität des Prozesses und seiner politischen Führung von oben, problematisch zu gestalten. Als die sozialen Spannungen im Dorf zunahmen, forderte die SKK von der SED, ihre Rolle als politische Führungskraft auszubauen und Gefahren entschiedener abzuwehren. Sie konstatierte eine Verschärfung des Klassenkampfes auf dem Lande.

Doch konnten die sowjetischen Ratgeber zunächst auch keine Hinweise geben, wie vorzugehen sei. Und von direkter Lenkung sahen auch sie ab. Prophylaktisch drängten sie deshalb zu dem, was nach sowjetischer Erfahrung niemals verkehrt sein konnte: zum Ausbau straffer, außerordentlicher politischer Führungsstrukturen. Diese Funktion sollten die MAS-Politabteilungen übernehmen. Das SED-Politbüro befaßte sich auf das Drängen der SKK hin mit der personellen Besetzung dieser Politabteilungen[1121] und verabschiedete am 23. September Richtlinien für deren Arbeit.[1122] Die Richtlinien legten fest, daß die Politabteilungen in den einzelnen MAS die volle Verantwortung für die politische Arbeit im Bereich ihrer wirtschaftlichen Tätigkeit trugen und als Organe des ZK der SED den SED-Kreisleitungen und den MAS-Bezirksverwaltungen nicht unterstanden. Am 24. September leitete Kurt Siegmund auf einer Konferenz der Abteilung Landwirtschaft des ZK den mittleren Parteiapparat an und instruierte die ersten Politabteilungsleiter der MAS. Die Abteilungen sollten „Organe der Verstärkung der politischen Massenarbeit zur Durchführung der politischen Linie der SED" sein. Sie sollten die MAS zum „Zentrum der organisatorischen, wirtschaftlichen und politischen Arbeit unter den Bauern" machen.[1123]

Aber die „Politische Beratung beim Politberater" in der SKK stellte am 25. September 1952 fest, daß die deutschen Organe bei der Festigung der bestehenden LPG nach wie vor schlecht vorankamen.[1124] Die agrowissenschaftliche Hilfe sowie Kultur- und Bildungsangebote blieben auf dem Papier, die Traktor-Produktion im Lande verlief nicht plangemäß. Hier wollte die SKK mit Vorschlägen eingreifen. Vermutlich sollte es auch der Festigung der Genossenschaften dienen, wenn entschieden wurde, die deutschen Stellen sollten die Übergabe unrentabler VEG an bestehende LPG vorbereiten. Auch sollte den Führungskräften der LPG,

1121 Siehe Protokoll der Politbürositzung am 9.9.1952, SAPMO BArch, DY 30, IV 2/2-230, Bl. 5f.

1122 Den Richtlinien zufolge waren diese MAS-Politabteilungen den Kreisleitungen unterstellt, zugleich aber auf staatlicher Linie den MAS-Bezirksverwaltungen gegenüber verantwortlich. Diese erhielten ebenfalls Politabteilungen, und auch diese waren einerseits der jeweiligen SED-Bezirksleitung, andererseits dem Ministerium für LFW, HA Politische Massenarbeit (einer Hauptabteilung mit den Rechten einer ZK-Abteilung), unterstellt. Auf Bezirksebene waren die Leiter der Politabteilungen vom Sekretariat des ZK zu bestätigen (Siehe Protokoll der Politbürositzung am 23.9.1952, SAPMO BArch, DY 30, IV 2/2-234, Bl. 4, 15–23). Die Arbeit an den Richtlinien hatte sich hingezogen. Eine erste Fassung wurde im August vom Sekretariat abgelehnt. Die Autoren erhielten eine Mißbilligung ausgesprochen. Näheres konnte nicht geklärt werden, vermutlich bestanden uneinheitliche Auffassungen darüber, welche außerordentlichen Vollmachten die MAS-Politabteilungen im Unterschied zu den SED-Kreis- und Bezirksleitungen haben sollten. Siehe Protokoll der Sekretariatssitzung am 25.8.1952, SAPMO BArch, DY 30, J IV 2/3-319, Bl. 3.

1123 Kurt Siegmund auf der Konferenz der Abteilung Landwirtschaft des ZK mit den Leitern der Politabteilungen der MAS am 24.9.1952, Stenographische Niederschrift, SAPMO BArch, DY 30, IV 2/1.01 - 205, Bl. 3–33, hier Bl. 3f.

1124 Siehe Protokoll der Politischen Beratung beim Politberater am 25.9.1952, AVP RF, fond 082, opis' 40, papka 256, delo 18, listy 22–31, insbesondere list 29–31.

der „ländlichen Intelligenz", konkret den LPG-Vorsitzenden, staatlich eingesetzten Agronomen, Veterinären sowie den MAS-Politabteilungsleitern finanziell mehr geboten werden. Zugleich aber war auf dieser Beratung von zunehmender feindlicher Tätigkeit die Rede. Das Protokoll der Sitzung hielt fest: „Es ist als notwendig anzusehen, in der DDR zwei bis drei Prozesse gegen Kulaken durchzuführen, welche Anschläge auf Mitglieder landwirtschaftlicher Produktionsgenossenschaften verübt haben. Die Prozesse sind in der Presse zu behandeln. Zum 15. Oktober hat Gen. Chrenov in dieser Frage Vorschläge zu unterbreiten." Wahrscheinlich ging es hier um den Fall Seelow. Doch die politische Zielrichtung war auch für die SKK schwer zu bestimmen. Stupov und seine Mitarbeiter mußten am 25. September Kritik dafür hinnehmen, daß der Pressekommentar zu Seelow noch nicht fertig war.[1125] Wenig später gestand Stupov gegenüber Semenovs Stellvertreter ein, daß die Erarbeitung des geforderten Berichts „Über das Verhältnis der Klassenkräfte auf dem Lande im Zusammenhang mit der Genossenschaftsbildung" schwieriger war als gedacht. Er bat um Erweiterung der Verfassergruppe sowie um Einbeziehung der SKK-Bezirksvertretungen in die Analyse. Der Abgabetermin wurde auf den 15. Dezember verschoben, die Bezirksvertreter erhielten vom Politberater Richtlinien für die Abfassung ihrer Berichte.[1126] – Am 20. Oktober wurde Wilhelm Pieck bei einer Unterredung mit SKK-Vertretern gebeten, klären zu lassen, ob für die „Gegenagitation [der] Kulaken" in Friedrichsaue wirklich keine politischen Gründe ausschlaggebend waren.[1127] In der *Täglichen Rundschau* erschien schließlich keine sowjetische Stellungnahme. Erst Anfang November 1952 wurden die Weichen neu gestellt.

Die politisch-praktischen Schwierigkeiten aber auch die Notwendigkeit einer gründlichen Klärung der Perspektiven der Landwirtschaft berücksichtigend, rückte die SKK von der ursprünglichen Idee, die große, auswertende und orientierende LPG-Konferenz im Oktober 1952 stattfinden zu lassen, bald ab. Anfang September gab sie intern noch den Termin Ende Oktober vor.[1128] Am 29. September dann legten Petrov, Stupov und Orlov der Leitung der Kontrollbehörde den Plan vor, Ende Oktober/Anfang November von der DDR-Regierung und vom SED-Zentralkomitee in Berlin eine Konferenz einberufen zu lassen, an der 200 bis 300 Vorsitzende und Aktivisten von LPG über die anstehenden Aufgaben der Genossenschaftsbewegung und die Festigung der gegründeten Gemeinschaftsbetriebe beraten sollten. Hier sollten die Entwürfe für die Musterstatuten für LPG Typ 1, 2 und 3 diskutiert werden, zugleich eine Musterbetriebsordnung und ein Muster für Tagesarbeitsnormen und die Bewertung der Arbeit nach Tagwerken (in der deutschen Übersetzung wird das später „Bewertung der Arbeit in Arbeitseinheiten"

1125 Siehe ebenda, list 31. Pohl, Justiz in Brandenburg, S. 242, streift diesen Fall leider nur kurz. Er mutmaßt, daß das erwartete Prozeßurteil der SED zu mild erschien und sie die Sache daher erneut aufrollte. M. E. standen tatsächlich agrarpolitisch-konzeptionelle Neugewichtungen im Hintergrund.

1126 Siehe Schreiben Stupovs an Ivanov (Stellvertreter Semenovs), 9. 10. 1952; Richtlinien zur Erarbeitung von Berichten aus den Bezirken, gez. Semenov, o. D., AVP RF, fond 0458, opis' 314 s, papka 281, delo 9, listy 98, 99–102.

1127 Siehe Besprechung am 20. 10. 1952, in Badstübner/Loth, Pieck-Aufzeichnungen, S. 406f., hier S. 407.

1128 Siehe Protokoll der Politischen Beratung beim Politberater am 8. 9. 1952, list 20.

heißen).[1129] Das Regelwerk sollte anschließend von der Regierung bestätigt werden. – Zu diesem Zeitpunkt bestanden etwa 700 LPG. Es war abzusehen, daß bald die Anzahl von 1000 erreicht würde, der Grenzwert, den die Experten im Juni 1952 für den Abschluß einer ersten Gründungsphase ins Auge gefaßt hatten.

Der Termin Anfang November erwies sich als nicht haltbar. Als abzusehen war, daß der nächsten Tagung des ZK der SED eine gesellschaftspolitisch richtungsweisende Funktion zukommen würde, verschob man die große Beratung auf Anfang Dezember 1952.[1130]

Resümee

Die SED-Agrarpolitik bezweckte 1949–1952 die Förderung der Produktion in klein- und mittelbäuerlichen Strukturen innerhalb einer Mehr-Sektoren-Agrarwirtschaft unter zentralstaatlicher Lenkung. Der kleine staatliche Sektor darin sollte nur begrenzt wachsen und dabei helfen, den Familienbetrieb zu stützen. Großbäuerliche Produktionsverhältnisse sollten bestehen bleiben, die Ausbeutung von Lohnarbeitskraft in ihnen aber sowie die Konzentration von Kapital in Schranken gehalten werden. Die Formierung eines privatkapitalistischen Sektors wollte man verhindern. Der private Einzelbauer blieb jedoch, so sah es die SED für die nächste Zukunft, weiterhin Hauptproduzent in der Landwirtschaft.

Auch die Politik der Teilerfassung und der doppelten Preise stellt sich im großen und ganzen als Bestandteil der auf einzelbäuerliche Bewirtschaftung zielenden Maßnahmen dar. Die innere Logik dieser Politik fiel aber einem zwanghaften Erfolgskurs in Versorgungsfragen zum Opfer, dessen volkswirtschaftliche Rahmenbedingungen sich obendrein im Zuge einer Erweiterung der Industrialisierungsvorhaben ab 1951 verschlechterten. Produktionsplanung und Preisgestaltung waren, wie gezeigt werden konnte, keineswegs „inflexibel". Im Gegenteil, zeitweise handhabte die SED ihre Instrumente sogar zu flexibel, ja, geradezu planlos und unkoordiniert, woran die sowjetische Besatzungsmacht erheblichen Anteil hatte.

SED-Führung und SKK verfolgten gemeinsam das Ziel der Ertragssteigerung und der verbesserten, bald schon kartenfreien Versorgung mit Lebensmitteln, doch beim Festlegen konkreter Schritte divergierten die Meinungen. Im ersten Jahr nach der Staatsgründung wollte die SED-Führung die gemeinsam geplanten hohen Ertrags- und Abgabensteigerungen (im Interesse der Abschaffung der Lebensmittelkarten) mit erhöhten Erfassungspreisen honorieren, doch daran hinderte sie die SKK mit Hinweis auf den Etat. Dessen Grenzen wiederum hatte sie mit ihren Reparationsforderungen entscheidend mitbestimmt; die Reduzierung der sowjetischen Reparationsforderungen im Sommer 1950 bot keine unmittelbare Er-

[1129] Siehe Entwurf eines Memorandums „Über Maßnahmen zur Vorbereitung und Durchführung einer republikweiten Konferenz von Vorsitzenden und Aktivisten landwirtschaftlicher Produktionsgenossenschaften", 29.9.1952, gez. Petrov, Stupov, Orlov, AVP RF, fond 458, opis' 82, papka 280, delo 4, listy 360–362. Ob die DDR-Regierung oder die SED-Führung genau dieses Memorandum zugestellt bekamen, ist nicht gewiß, doch inhaltlich stimmt das Projekt mit den Konferenzvorbereitungen überein.

[1130] Spätestens am 20.10.1952 verständigten sich SKK-Vertreter und Wilhelm Pieck darauf. Siehe Besprechung am 20.10.1952, in: Badstübner/Loth, Pieck-Aufzeichnungen, S.406f., hier S.407.

leichterung. Gemeinsam linderten SED-Führung und SKK daraufhin die Lasten für die Gruppe der kleineren Mittelbauern, – auf Kosten vor allem der Großbauern.

Ab 1951 nahmen SED-Führung und SKK die rasche Intensivierung der Tierproduktion in Angriff, die zwangsläufig eine stärkere Ausbeutung der wirtschaftsstärkeren Höfe bringen mußte. Dieser Kurs führte zu unausgewogenen Preisentscheidungen. Die Vorstellungen vom Tempo und von den Begleiterscheinungen eines solchen landwirtschaftlichen Profilwechsels waren unrealistisch. Die sowjetischen Experten, die die Intensivierung der Viehproduktion nicht so rasch vorantreiben wollten wie maßgebliche Kräfte in der ostdeutschen Staatlichen Plankommission, konnten aus eigener Erfahrung wenig zur Preisregulierung beitragen und bewegten sich daher, wie die SED, auf einem Experimentierfeld. Letztlich setzten sich in der SED-Führung die Befürworter einer raschen Erweiterung der Tierproduktion durch. Das Tempo wurde immer mehr angezogen. Das Argument der Preisvergleiche mit dem Westen, das noch 1950 auch von der SKK ins Feld geführt worden war, nutzten die deutschen Planer zu diesem Zweck wirkungsvoll aus.

Sowohl unter den deutschen als auch unter den sowjetischen Agrarexperten gab es aber immer wieder auch Stimmen, die aus wirtschaftlichen und politischen Erwägungen heraus vor den Gefahren eines massenhaften Ruins der bäuerlichen Betriebe, speziell der mittelbäuerlichen, warnten. Das Verhältnis zu den Großbauern war sowohl in der SED-Führung als auch in der SKK ambivalent. Schließlich gaben sie gemeinsam einer Versorgungspolitik den Vorrang, die den sehr raschen Ausbau der Viehproduktion erforderte.

Wenn man den engen Spielraum des DDR-Haushaltes in Rechnung stellt, muß man den Grad der Forcierung der Tierproduktion, auf den sich die SED Ende 1951/Anfang 1952 verlegte, als stark überzogen einschätzen. Er stellte die bisherige Agrarpolitik als Politik im Interesse des Familienbetriebes in Frage, was die SED-Führung so aber nicht sah. Latente Sozialisierung war nicht gewollt, drängte sich aber in zunehmendem Maße als Problemlösung auf.

Auf ihren Abwegen wurde die SED-Führung von der SKK einerseits unterstützt – vor allem beim Drängen auf gleichmäßig hohe und wachsende Abgabemengen –, andererseits aber nicht ausreichend gebremst und korrigiert – etwa bei der Forcierung des Umstiegs auf Tierhaltung. Das führte zu häufigen Preiskorrekturen. Die Abgaben- und Preispolitik drohte zeitweise zu einer Art „Pannenhilfe" zu verkommen. Die Preisfragen waren für die SKK aber in erster Linie ein Problem des ausgeglichenen Haushaltes. Auf die reale Einkommenssituation der Bauern richteten die sowjetischen Berater ihr Augenmerk erst spät, und auch dies berührte ihre Einflußnahme auf die versorgungspolitisch determinierte Abgaben- und Agrarpreispolitik der SED-Führung kaum.

Für den kleinen staatlichen Sektor läßt sich neben einer Ausweitung der Nutzflächen, die stärker als gewünscht ausfiel und eigentumsrechtlich bewußt in Provisorien gebettet blieb, eine schrittweise Übernahme staatssozialistischer Leitungsmethoden konstatieren, analog zur volkseigenen Industrie. Die Landwirtschaft profitierte insgesamt von den Leistungen des volkseigenen Sektors, insbesondere von der gezielten agrowissenschaftlichen und Technikhilfe für Klein- und Mittelbauern. Die Wirkungen gingen von dem Umstand aus, daß MAS und

VEG zentral geleitete, staatliche „Investitionsinseln" waren. Allerdings konnten sie im Rahmen der gewählten agrarwirtschaftlichen Strategie und unter den Bedingungen unzureichender Mittel nicht so rasch wie gewollt zu Vorzeigebetrieben werden. Nicht zuletzt das bewog SED und SKK, die Übernahme sowjetischer Strukturen vorsichtig zu praktizieren und wohldosiert zu propagieren. Diese Strategie ließ sich nicht problemlos vermitteln. An der Basis preschten SED-Funktionäre gelegentlich vor, wenn es in den VEG und MAS darum ging, von der Sowjetunion zu lernen. Auch innerhalb der sowjetischen Kontrollbehörde sah man die Notwendigkeit zur Übernahme bestimmter sowjetischer Strukturen unterschiedlich. Als die Intensivierung der Viehwirtschaft einsetzte, deutete sich an, daß die VEG planungstechnisch besser zu handhaben waren als der private Sektor. Doch in ihren Maßnahmen hielten sich SED und SKK an die Vorgabe, keine wesentlichen Proporzverschiebungen bei den Eigentumsstrukturen vorzunehmen.

Der staatliche Technikverleih war in der Hauptsache als Hilfe für Neubauern gedacht, die Bodenreformland empfangen hatten und stark unterversorgt waren mit Landtechnik und Zugkraft. Die SED setzte auch das spezielle Bauprogramm für diese Neubauern fort. Unter großen finanziellen Anstrengungen, beeinträchtigt durch politisch-organisatorische und verwaltungstechnische Pannen, bot der Staat Kredite und bevorzugte Materialvergabe für auf privater Initiative gründendes ländliches Bauen.

Es gab innerhalb des agrarpolitischen Konzeptes und unter den bestehenden volkswirtschaftlichen Voraussetzungen wenig Alternativen zu staatlichen Leihbetrieben. Erwogen wurde beispielsweise eine Anschubfinanzierung für die Erweiterung des bäuerlichen Pferdebestandes. Die SED-Agrarexperten hielten dies 1949 vor allem wegen Futtermangels für nicht realistisch. Aufwand und Nutzen hätten insbesondere bei den Klein- und den Mittelbauern in keinem vernünftigen Verhältnis gestanden. Ein genossenschaftlich organisierter Technikausbau war für die SED und SMAD bzw. SKK ebenfalls nicht akzeptabel, solange die Reform des Genossenschaftswesens nicht umgesetzt war. Er hätte bedeutet, die MAS „an die reichsten Bauern auszuliefern. [Die] hätten den wirtschaftlichen Kurs der MAS bestimmt."[1131] Im Frühsommer 1950 war diese Gefährdung von einigen Mitgliedern der SED-Führung wirkungsvoll dramatisiert worden.

VEG und MAS waren zwar de facto „Elemente des Sozialismus", die einer Entwicklung in Richtung Staatssozialismus nach sowjetischem Modell den Weg ebneten (was die SED zu „maskieren" versuchte), doch weder für den privatbäuerlich dominierten Agrarbereich insgesamt noch für diese staatlichen „Inseln" war ein solcher Weg zwingend vorgezeichnet, auch im Verständnis der Herrschaftsträger nicht. Das belegt allein schon der geringe volkswirtschaftliche Stellenwert der Staatsbetriebe. Sie hätten in ihrer ursprünglichen Form als Landes- bzw. Kommunalgüter oder DSG-Betriebe und VdgB-Maschinenhöfe, aber auch noch in ihrer 1952 erreichten Qualität relativ problemlos in eine Entwicklung in Richtung sozialer Marktwirtschaft eingegliedert werden können. Man kann sogar davon ausgehen, daß die „Elemente des Sozialismus" zur deutschlandpolitischen Verhandlungsmasse der östlichen Siegermacht gehört hätten, wäre es zu Friedensver-

[1131] Referat Paul Merkers, Januar 1950, SAPMO BArch, DY 30, IV 2/2.022-46, unpag.

tragsverhandlungen gekommen. So gesehen erübrigt sich die Frage nach den „neuen Abhängigkeiten“ von VEG und MAS als dauerhaften Abhängigkeiten der Bauern vom SED-Staat, die sich 1950/51 angeblich ergeben haben soll. Der bäuerliche Einzelbetrieb, der nirgendwo in der modernen Zeit *unabhängig* produzieren konnte und kann, blieb bei aller Abhängigkeit von der öffentlichen Hand bis 1952 auch in Ostdeutschland eine eigenständige Größe. Die SED-Agrarpolitik bezweckte damals keinesfalls eine „Herausnahme der Technik“ aus diesen Betrieben, sondern war auf deren Erhalt und Effektivierung im Familienbetrieb angewiesen.[1132]

Den bedeutsamsten strukturellen Eingriff im Rahmen der Option Familienbetrieb nahm die SED mit ihrer Reform des Genossenschaftswesens 1950 vor, von der die meisten bäuerlichen Betriebe betroffen waren. Obgleich von der sowjetischen Besatzungsmacht prinzipiell befürwortet und unterstützt, erfolgte die Reform, so wie sie schließlich stattfand, nicht auf sowjetische Weisung. Sie war im Rahmen der gesellschaftspolitischen Vorgabe auch nicht alternativlos. Der Zusammenschluß von VdgB und Genossenschaften zur VdgB(BHG) war Ergebnis politischer Scharfmacherei unter einigen SED-Agrarfunktionären, aus der sich die SKK heraushielt. Mit der Entscheidung wurde 1950 das Konzept der Dorfgenossenschaften (Ende 1949 waren es offiziell rund 3500, was 55 Prozent aller Einzelgenossenschaften darstellte), das keinesfalls politisch chancenlos und herrschaftstechnisch unbrauchbar gewesen war, durch ein anderes Konzept ersetzt, das der Kombination von politischer Massenorganisation und wirtschaftlicher Vereinigung. Beide Reformvarianten bezweckten die Neutralisierung großbäuerlicher Wirtschafts- und Politikeinflüsse, keine von beiden verstärkte *produktions*genossenschaftliche Tendenzen. Die „Reform der Reform“ stieß auf keinen großen Widerstand in der Bauernschaft. Dorfgenossenschaften, für die es in Deutschland ja keine Tradition gab, wären in der zentralen Planung problematischer gewesen.

Im April 1952 lenkte Stalin für die SED-Führung völlig überraschend deren Aufmerksamkeit auf Kollektivwirtschaften. Er tat dies – auch überraschend, ohne die gesamtdeutsche Option explizit aufzugeben. Stalin hatte keinen raschen Strukturwandel in der ostdeutschen Landwirtschaft im Sinn, sondern erklärte gemeinschaftlich produzierende Agrarbetriebe wirtschaftsschwacher Bauern, solange sie in der Landwirtschaft kein großes Gewicht bekämen, der gesellschaftspolitischen Orientierung vom Dezember 1948 zugehörig.

Von der Spitzenbegegnung in Moskau im April 1952 gingen wichtige Impulse aus, die sich in den Beschlüssen der 2. Parteikonferenz der SED im Juli 1952 niederschlugen. Ursprünglich als Gremium zur Erörterung der brisanten nationalen Frage im Zusammenhang mit EVG- und Deutschlandvertrag gedacht, segnete die Parteikonferenz eine Reihe wichtiger Entscheidungen ab, die zuvor in Moskau gefallen und anschließend in Kooperation zwischen SED und sowjetischen „Beratern“ vorbereitet worden waren. Die Gründung von landwirtschaftlichen Produktionsgenossenschaften wurde als gangbarer Weg vorgestellt, materielle und organisatorische Hilfe des Staates angeboten.

[1132] Dieser These bei Immler, Agrarpolitik, S. 37ff., hielt Schulz, Probleme, S. 18f., bereits entgegen, daß einzelbäuerlicher Traktorenbesitz in dieser Zeit noch beträchtlich war und gefördert wurde.

In der DDR boten landwirtschaftliche Produktionsgenossenschaften bei fortbestehendem Übergewicht privatbäuerlicher Einzelbetriebe, die in ihrer kapitalistischen Tendenz stark eingeschränkt waren, einigen Klein- und Mittelbauern durchaus bessere Produktionsbedingungen. Angemessene, die agrarische Gesamtstruktur nicht aufbrechende staatliche Hilfe hätte für Ertragssteigerungen gesorgt. Als Ausweg aus einer „Krise" der Landwirtschaft wurden Produktionsgenossenschaften nicht angesehen, denn es war unbestritten, daß ihre Bildung zunächst Subventionen erforderte. Die Entscheidung, unter aktiver Beteiligung interessierter Bauern und Dorfgemeinden geeignete Formen freiwilliger gemeinschaftlicher Produktion zu finden, fand Zuspruch bei einem Teil der wirtschaftsschwachen Bauern. Sie verunsicherte zugleich viele andere Bauern wegen der sozialistischen, prosowjetischen Haltung der Propagandisten dieser Idee. Sie nährte antikommunistische Stimmungen und schien Vorurteile gegen die SED-Agrarpolitik zu bestätigen.

Die SED-Führung entwarf 1952 unter Mithilfe der SKK ein auf DDR-Verhältnisse zugeschnittenes Gesetzeswerk eigentumsrechtlicher und betriebswirtschaftlicher Bestimmungen für einen stufenweisen Übergang von einzelbäuerlicher zu genossenschaftlicher Produktionsweise in Ackerbau und Viehwirtschaft. Die zeitlichen Perspektiven erörterte sie nicht. Es entstanden „DDR-eigene" Genossenschaftsstatuten. Für Genossenschaften mit vollständig genossenschaftlicher Produktionsmittelnutzung einschließlich Viehnutzung griff man – wie in den Volksdemokratien – stark auf das sowjetische Kolchos-Statut zurück. Das geschah in der Annahme, solche Vereinigungen würden einstweilen die Ausnahme bleiben. Anders als das Kolchos-Statut sicherten alle LPG-Statuten ihren Mitgliedern das private Eigentumsrecht an Land zu – mit eingeschränktem Nutzungsrecht. Bei der Verteilung gemeinsam erwirtschafteter Erträge sollte der unterschiedlich groß eingebrachte Bodenbesitz berücksichtigt werden. Für LPG höheren Typs war die langsame Überführung von Inventar und Vieh in Gemeinschaftseigentum auf dem Weg des Wertausgleiches vorgesehen.

Bis zum Oktober 1952 folgte die SED-Führung auch intern der Idee, vorerst keinen Angriff auf die Privatwirtschaft zu starten und LPG-Gründungen nicht zu erzwingen. Wenn sie – vor allem auf Betreiben Walter Ulbrichts – die 2. Parteikonferenz beschließen ließ, daß „der Aufbau des Sozialismus zur grundlegenden Aufgabe" in der DDR geworden sei, so hatte das zunächst keine ordnungspolitischen Folgen. Die DDR-Landwirtschaft war seit Jahren von „sozialistischen Elementen" durchsetzt. „Ein bißchen mehr Sozialismus" (Stalin) hinzuzufügen, verstand man sowohl in der SED-Führung als auch in der SKK nicht als strategische Wende. Das war es auch nicht. Das Gewicht der bäuerlichen Privatbetriebe sollte nicht wesentlich verkleinert werden, eine „umfassende" oder „durchgängige" Kollektivierung in der Landwirtschaft stand nicht bevor. Darin waren sich SED und sowjetische Besatzungsmacht einig.

IV. Die Preisgabe der Mehrsektorenwirtschaft und die Korrektur im Neuen Kurs

Nicht die Landwirtschaft stand – bei aller Bedeutung, die landwirtschaftlichen Produktionsgenossenschaften zugesprochen wurde – im Sommer und Herbst 1952 im Zentrum der wirtschafts- und gesellschaftspolitischen Zusammenarbeit von SED-Führung und SKK. Sowjetische Kontrollkommission, SED-Politbüro und oberste staatliche DDR-Behörden befaßten sich vor allem mit Fragen des Staatsaufbaus, der Verteidigung und der Rüstung. Dies stimmte mit den von Stalin im April gesetzten Schwerpunkten überein. Da aber die Entscheidungen auf diesen Politikfeldern enorme finanzpolitische Folgen hatten, tangierten sie auch das Projekt der staatlichen Förderung von LPG und die Agrarpolitik insgesamt.

Der im Juni für 1952 verabschiedete Etat war nur unzureichend mit dem im Februar beschlossenen Volkswirtschaftsplan 1952 abgestimmt, wie das SED-Politbüro später kritisch vermerkte. Er sah für die volkseigene Wirtschaft Investitionen im Wert von 4,02 Milliarden DM und Abführungen aus der volkseigenen Wirtschaft an den Staatshaushalt in Höhe von 3,93 Milliarden DM vor.[1] Auf die Erfordernisse, die sich aus dem Moskauer Spitzengespräch von Anfang April 1952 ergaben, hatte der Etat noch nicht einmal eingehen können, denn die zu erwartenden Zusatzkosten der Grenzsicherung, der Bildung einer Armee und vor allem der rüstungsorientierten Neuprofilierung der Industrie[2] waren noch nicht annähernd berechnet. Die Haushaltslage würde also noch gespannter werden, davon mußte ausgegangen werden.[3] Starke zusätzliche Belastungen verhieß bereits das sowjetische Angebot, der DDR einen Großteil der SAG-Betriebe zum aktuellen Wert zu verkaufen. Die SED-Führung vertraute aber auf baldige Finanz- und Lieferungsabsprachen mit Moskau. Wegen „ungeklärter Fragen bei den Investbauten und den Finanzen" ordnete Walter Ulbricht im Sommer an, bei der Arbeit am Volkswirtschaftsplan 1953 auf verbindliche Kontrollziffern vorerst zu verzichten.[4]

Neben den Planungsdefiziten zeigten sich reale Geldsorgen. Die besorgniserregende Finanzlage resultierte im Sommer 1952 aus andauernden volkswirtschaftlichen Belastungen und Disproportionen. Die Diskrepanz zwischen rasch wachsenden Löhnen und Sozialausgaben einerseits und der nur mäßig wachsenden volkswirtschaftlichen Leistung andererseits stellte sich den sowjetischen Beratern als besonders kritikwürdig dar. Der Leiter der SKK-Finanzabteilung Sitnin bezeichnete die Erfüllung des Staatshaushaltsplanes zum 1. Juli 1952 gegenüber

[1] Das SED-Politbüro hatte Mitte Juni den Staatshaushaltsplan des laufenden Jahres behandelt und bestätigt (siehe Protokoll der Politbürositzung am 10.6.1952, SAPMO BArch, DY 30, IV 2/2-215, Bl. 25–34). Er wurde am 19.6.1952 von der Volkskammer verabschiedet (siehe GBl. 1952, S. 483–486).

[2] Siehe Dietrich/Wenzke, Getarnte Armee, S. 286–315.

[3] Ausführlicher bei Scherstjanoi, Vyzrevanie.

[4] So Bruno Leuschner in einem Gespräch mit Chomjakov am 2.7.1952, siehe AVP RF, fond 082, opis' 40, papka 261, delo 52, listy 129–134, hier list 133. – Ich danke Dr. Jan Foitzik für Einblicke in seine Unterlagen.

Staatssekretär Rumpf als völlig unzureichend.[5] Auch die übrigen SKK-Wirtschaftsreferenten machten immer häufiger auf fehlende Gelder aufmerksam und kritisierten wiederholt unabgestimmte Mittelzuweisungen. Der Haushalt ließe Umverteilungen über den Rahmen eines Ministeriums hinaus nur in Ausnahmefällen zu, hieß es. Devisen waren noch knapper als sonst. Zudem erinnerten „die Freunde" daran, daß die DDR mit Waren im Wert von 360 Millionen DM in den deutsch-sowjetischen Handelsbeziehungen in der Pflicht war.[6]

Eingedenk der Geldnot entschied sich die SED, ihre Steuerpolitik zu prüfen. Sie drängte die Regierung, die Finanzdisziplin in Verwaltung und Wirtschaftseinheiten aller Eigentumsformen strenger zu kontrollieren und Verstöße nachhaltiger zu ahnden.[7] Unter anderem sollten alle Betriebe, auch volkseigene, für nicht abgeführte Umlaufmittel Strafe zahlen. Betriebe aller Eigentumsformen sollten bei steigenden Reingewinnen stärker zur Kasse gebeten werden. Das Politbüro gab die Orientierung vor, bis Jahresende die privaten Steuerrückstände „weitgehend zu liquidieren" – und zwar mit allen Mitteln bis hin zur zwangsweisen Einziehung der Rückstände und zur Enteignung. Rückstände an Sozialversicherungsbeiträgen in Höhe von mehr als 50 Millionen DM seien einzutreiben. Ein Regierungsbeschluß verlangte die Reduzierung der Verwaltungsausgaben der Ministerien um 88 Millionen DM.[8] Die SKK forderte die rasche Umsetzung entsprechender Maßnahmen.

Die Besteuerung von Privatindustriellen, Handwerkern und Händlern, ein zentraler Aspekt der SED-Wirtschaftspolitik, lief seit langem auf eine „permanente Nationalisierung der Masse des Mehrwertes" aus dem privaten Sektor hinaus.[9] Wegen akuter Nöte erhob sich nun jedoch die Frage, ob aus dem Privatsektor nicht noch mehr herausgeholt werden könnte, und wenn ja, in welcher Größenordnung. Als die SKK Ende August forderte, auch eine Prüfung der Kredit- und Steuerpolitik gegenüber großen Bauernwirtschaften einzuleiten,[10] verband sie das mit dem Hinweis, von größeren, langfristigen Krediten überhaupt wegzukommen und bei kurzfristigen streng auf Zahlungsdisziplin zu achten.

Die von Landwirten jährlich zu zahlenden Steuern in Geld waren vergleichsweise gering, sie lagen bei etwa 260 Millionen DM. Von den Steuerrückständen entfielen damals auf große Bauernwirtschaften etwa 22 Millionen DM. Gewichtiger waren die Kredite, die Bauern jährlich zur Abdeckung laufender Produktionskosten aufnahmen. Diese von der BHG ausgereichten kurzfristigen Kredite beliefen

[5] Siehe Notiz zu einem Gespräch Sitnins mit Rumpf am 16.7.1952, AVP RF, fond 082, opis' 40, papka 261, delo 52, listy 150–154.

[6] Siehe Besprechung mit Micheev und Semenov, 1.9.1952, in: Badstübner/Loth, Pieck-Aufzeichnungen, S. 405f, hier S. 406.

[7] Siehe Protokoll der Politbürositzung am 10.6.1952, SAPMO BArch, DY 30, IV 2/2-215, Bl. 25–34; Maßnahmen zur Beseitigung der Sonderkonten, Überplanbestände und außerplanmäßigen Verluste in der volkseigenen Wirtschaft, Protokoll der Sekretariatssitzung am 28.7.1952, SAPMO BArch, DY 30, J IV 2/3-311, Bl. 40f.; Maßnahmen zum Bericht über die Erfüllung des Staatshaushaltsplanes im 1. Halbjahr 1952 einschl. Entwurf für einen Ministerratsbeschluß, Protokoll der Politbürositzung am 19.8.1952, SAPMO BArch, DY 30, IV 2/2-227, Bl. 10–22.

[8] Siehe Protokolle der Ministerratssitzungen am 31.7. und am 21.8.1952, BArch, DC 20, I/3-121, Bl. 15f., -126, Bl. 19–25.

[9] Siehe Czerny, Restbourgeoisie, S. 25–33.

[10] Siehe Memorandum (vermutlich 22.8.1952), SAPMO BArch, NY 4090/316, Bl. 107–109.

sich auf etwa 300 Millionen DM jährlich, rund 250 Millionen davon gingen an Altbauern. Die Deutsche Bauernbank registrierte im Sommer 1952 keinen im Vergleich zu den Vorjahren auffälligen Verzug bei der Rückzahlung dieser Kredite, aber immerhin: nach unvollständiger Prüfung standen Altbauern mit rund 23,7 Millionen DM in der Schuld allein aus kurzfristigen Krediten.[11] Der momentan finanziell stark geschwächte Staat bestand auf einem strengen Regime, „in dem in besonderen Fällen [vor] Zwangsmaßnahmen bis zum Verkauf des Eigentums der böswilligen Nichtzahler nicht haltzumachen ist" – wohlgemerkt: in besonderen Fällen!

Die SKK drang immer energischer auf Haushaltskonsolidierung. Ministerpräsident Grotewohl erhielt von SKK-Chef Čujkov im zeitigen Herbst 1952 vier bzw. fünf Memoranden zur aktuellen Finanz- und Sozialpolitik.[12] Sie können nicht als Ausdruck einer völlig neuen Finanzpolitik interpretiert werden, enthielten vielmehr manchen schon zuvor auch im SED-Parteiapparat sowie in deutschen Ministerien erwogenen Gedanken. Doch der ungewöhnliche Vorgang, daß sich der SKK-Chef in gleich mehreren Stellungnahmen gegenüber dem Ministerpräsidenten zu Detailfragen der Finanzpolitik äußerte, läßt erkennen, daß die Probleme der Wirtschaftsregulierung und -planung in sowjetischer Sicht dramatische Züge angenommen hatten und die SED-Führung nach Meinung der SKK hilflos oder arglos zu sein schien. Ministerpräsident Grotewohl wurde ermahnt, den Vorgaben endlich zu folgen.[13]

Die sowjetischen Anweisungen vom Frühherbst 1952 gingen von einem dramatischen Defizit im DDR-Staatshaushalt aus, aber das erwogene Finanzmanagement schloß noch keine Veränderung der Eigentumsverhältnisse ein, keine Liquidierung der Privatwirtschaft. Es beinhaltete deren kompromißlose Ausnutzung. Nach Ansicht der SKK bedurfte es zudem außerordentlicher Disziplin im Staatshaushalt. Zusätzliche Kürzungen bei den Sozialausgaben schienen unausweichlich. Mithin sollte sich die SED-Führung zu finanzpolitischen Grundsatzentscheidungen durchringen, die zusätzliche Geldquellen für den Staat erschlössen. Finanzexperte Sitnin legte SKK-intern Vorschläge auf den Tisch, die Mitte Oktober den Moskauer Parteiapparat erreichten. Die umfangreiche Ausarbeitung trug die Überschrift „Über Kürzungen von Subventionen aus dem Staatshaushalt und andere Maßnahmen zur Sicherung des Sparsamkeitsregimes in der DDR".[14] Auf einen knappen Nenner gebracht, sollte nun für einen im Laufe der Jahre mehr und mehr ausgezehrten und überforderten Haushalt kurzfristig Entlastung geschaffen werden und zwar durch:

(1) Korrekturen wirtschaftsorganisatorischer Regelungen, die ihren ursprünglichen Sinn längst verloren hatten und deren Beibehaltung inzwischen nicht einmal mehr im sowjetischen Wirtschaftsinteresse zu liegen schien (etwa die Industriepreise betreffend),

[11] Meldung der Deutschen Bauernbank an die SKK [russisch], 3.9.1952, BArch, DN 2, 6, unpag. Zum Vergleich: Die DDR-Regierung stellte Mitte 1952 fest, daß alle VVEAB per 31.12.1951 Bilanzverluste in Höhe von rund 35,5 Millionen DM vorzuweisen hatten (Protokoll der Ministerratssitzung am 3.7.1952, BArch, DC 1, I/3-117, Bl. 9f.).

[12] Undatierte Memoranden, SAPMO BArch, NY 4090/316.

[13] Siehe Memorandum, o. D., SAPMO BArch, NY 4090/316, Bl. 158–160 [russisch].

[14] Über Kürzungen von Subventionen aus dem Staatshaushalt und andere Maßnahmen zur Sicherung des Sparsamkeitsregimes in der DDR, RGASPI, fond 17, opis' 137, delo 891, listy 138–160.

(2) Effektivierung wichtiger Wirtschafts- und Verwaltungsbereiche, die den Erfordernissen von Aufbau und Modernisierung ohnehin entsprach, nun aber unter Zeitdruck zu realisieren war,

(3) partielle Preisgabe eines wichtigen, für das Selbstverständnis des Regimes wesentlichen Ziels: der ständigen Verbesserung von Arbeits- und Lebensverhältnissen der Werktätigen. Diese Preisgabe kann als eine zeitweilige gedacht gewesen sein. Nicht ausgeschlossen ist aber auch, daß man die Sozialleistungen in der DDR schon insgesamt für gut genug hielt.

Die Arbeiterschaft der DDR war von diesem Programm besonders betroffen. Ihr standen die meisten finanziellen Einbußen bzw. Mehrbelastungen bevor. Daneben kam eine Verschlechterung der Lebensbedingungen indirekt (über verminderte Entwicklungschancen der verarbeitenden Industrie) auf Privatunternehmer, auf einen Teil der Intelligenz und auf Angestellte zu. Von Steuererhöhungen oder Eintreiben der Steuern stand in diesem Programm nichts. Auch Zwangsmaßnahmen gegen säumige Bauern wurden nicht erwähnt. Überhaupt spielte die Finanz- und Kreditpolitik gegenüber Bauern im Programm Sitnins keine Rolle. Dies ist bemerkenswert, eine Erklärung für diese Zurückhaltung fehlt noch.

Die sehr viel größeren Belastungen, die sich bald aus der Aufrüstung und dem Aufbau einer Verteidigungsindustrie ergeben sollten, blieben auch in Sitnins Programm unberücksichtigt. Möglicherweise lag das am Mangel an Kompetenz der SKK. Für Rüstung und rüstungsrelevante Verträge war sie nicht zuständig, derlei lag in den Händen Moskauer Institutionen. Sitnin bot in der Tat „nur" ein Programm zur Durchsetzung des „Sparsamkeitsregimes". Es vermittelte den Eindruck, in der DDR gäbe es noch riesige „verdeckte Reserven". Wie es in Moskau aufgenommen wurde, wissen wir nicht. – Am 14. Oktober 1952 entschied das SED-Politbüro, der Regierung die Bildung einer Kommission für strenge Sparsamkeit anzutragen, und verabschiedete entsprechende Gesetzesentwürfe.[15]

Vor dem Hintergrund dieser schwierigen Finanzlage wurden, wie im vorangegangenen Kapitel dargelegt, Stimmungen in der Bauernschaft registriert und Pläne zur Förderung der LPG entwickelt. Im Einzelnen läßt sich die Entstehung des LPG-Förderprogramms in Zusammenarbeit von SKK, SED-Führung und obersten DDR-Regierungsbehörden im Herbst 1952 nicht nachzeichnen. Doch steht fest: Die in Finanzfragen so besorgte Besatzungsbehörde erhob keine Einwände, als mit Abgabenreduzierungen, neuen Kreditbestimmungen und Senkungen der MAS-Tarife für die LPG ein neues „Faß ohne Boden" aufgestellt wurde. Fritz Schenk sprach später von „Lockmaßnahmen", deren „negative politische und vor allem wirtschaftliche Konsequenzen auf Tag und Umfang vorauszusagen" waren.[16] Es ist aber fraglich, ob SED und SKK bereits im Herbst 1952 so weitsichtig waren. Bis Mitte Oktober 1952 dachten sie noch immer an eine begrenzte Anzahl von LPG. Die Finanzsituation für sich genommen drängte nicht zur Forcierung, eher zur Temporeduzierung bei der Kollektivierung. Und so etwas gehörte durchaus zum Erfahrungsschatz der Volksdemokratien. In einigen dieser Länder war die

[15] Siehe Protokoll der Politbürositzung am 14. 10. 1952, SAPMO BArch, DY 30, IV 2/2-238, Bl. 5, Bl. 33–41.
[16] Schenk, Magie, S. 63.

Vergenossenschaftlichung 1949/50 vorübergehend auf dem erreichten Niveau gehalten worden, als sich abzeichnete, daß der Staat nur wenig investieren konnte. Andererseits konnten sich die sowjetischen Berater der Anziehungskraft wohl nicht entziehen, die gerade in prekären Situationen von eigenen Erfahrungen ausgeht: Vielleicht müßte man landwirtschaftsintern die Mittel umverteilen, die Großbauern als Klasse beseitigen und mit diesen Ressourcen einen rasch wachsenden LPG-Sektor finanzieren? Der Sozialismusaufbau in der DDR war doch in Moskau abgesegnet worden!

SED und SKK erwarteten neue Anweisungen aus Moskau. Doch SED-Politbüro und DDR-Ministerrat, seit Ende Juli 1952 ohne Ulbricht und seit August 1952 ohne Grotewohl (beide weilten in der Sowjetunion zur Genesung), faßten bis Oktober keine wesentlichen Beschlüsse. Sie widersetzten sich auch dem Drängen der SKK, weitreichende Maßnahmen zur Haushaltskonsolidierung zu beschließen. Man nahm an, daß Grotewohl, Pieck und Ulbricht mit Hinweisen und Hilfezusagen aus Moskau zurückkehren würden, wo sie Gäste des ersten Nachkriegsparteitages der sowjetischen Kommunisten waren.

Der XIX. Parteitag der KPdSU(B) fand vom 5. bis zum 14. Oktober 1952 in Moskau statt. In seiner Grußansprache trug Wilhelm Pieck die dringenden Probleme der DDR-Volkswirtschaft natürlich nicht vor. Der Beschluß der 2. Parteikonferenz, zum planmäßigen Aufbau des Sozialismus in der DDR überzugehen, ging in Piecks Rede auch fast unter. Pieck blieb – ebenso wie seinerzeit die sowjetische Führung in ihrem Grußschreiben an die 2. Parteikonferenz der SED – bei der Forderung nach der deutschen Einheit und griff auf Formulierungen des Jahres 1949 zurück.[17] Das Bekenntnis zum Sozialismus-Aufbau in der DDR war offiziell kein Thema in Moskau.[18] Und was brachte die SED-Führung mit?

In der Literatur wird den sicherheitspolitischen Leitlinien des Parteitages besondere Beachtung geschenkt. Aus ihnen, so meinen viele Historiker, hätte die SED *jedenfalls* ableiten müssen, daß Aufrüstung vordringlich sei.[19] Doch der Eindruck trügt. Sowohl der Parteitag als auch die Stalinschen Äußerungen zur „Frage der Unvermeidbarkeit von Kriegen" waren und sind nämlich auch anders auslegbar. Genau betrachtet war da von „unvermeidlichen Kriegen zwischen kapitalistischen Ländern" die Rede. Der aufmerksame westdeutsche Beobachter Boris Meissner erklärte damals schon, Stalin meine, daß ein Krieg zwischen den kapitalistischen Ländern „auch in Zukunft wahrscheinlicher sei als ein antibolschewistischer Kreuzzug des geschlossenen kapitalistischen Lagers gegen die Sowjetunion".[20] Auch andere Bemerkungen Stalins spiegeln ansatzweise den „Neuen Kurs" wider. Vielleicht zeichnete sich die komplizierte internationale und innenpolitische Lage im Kopf des alten Diktators wirklich nicht mehr klar ab, vielleicht

[17] Siehe Neue Welt, November 1952, Heft 22, S. 2934f. Das war übrigens auch der Tenor der Rede Šverniks und des sowjetischen Grußtelegramms zum 3. Jahrestag der DDR-Gründung gewesen (siehe *Neues Deutschland*, 8. und 9. 10. 1952).

[18] Die SED-Akten enthalten keinen Hinweis auf ein Treffen mit Stalin oder andere richtungsweisende Begegnungen.

[19] Siehe Diedrich, 17. Juni 1953, S. 16; Otto, Sowjetische Deutschlandpolitik 1952/53, S. 948.

[20] Meissner, Rußland, S. 335. Sherman, Soviet policy, S. 142f., schreibt: „Stalin did not deny the inevitability of war between the capitalist and socialist camps; in fact he implicitly affirmed it. Nevertheless, his whole analysis shifts this conflict to the background."

aber ging er realistisch davon aus, daß die UdSSR schon bald vor außerordentlichen Herausforderungen stehen wird, die zu innerer Konsolidierung der Kräfte nötigen. Nicht wenige Zeitzeugen sahen in diesem Parteitag – nach den Jahren des Koreakrieges – ein Zeichen für Entspannung im Ost-West-Verhältnis. Daß noch zu Stalins Lebzeiten in der sowjetischen Führung eine Neugestaltung der internationalen Beziehungen, mithin eine Entlastung von Rüstungsausgaben angestrebt wurde, ist durchaus vorstellbar.[21]

Speziell zur deutschen Frage und zur Entwicklung in der DDR wurde auf dem XIX. KPdSU-Parteitag nichts gesagt. Den Platz ihres Staates im weltweiten Friedenskampf und die nächsten Aufgaben beim Aufbau des Sozialismus richtig zu bestimmen, wurde der SED-Führung also nicht leicht gemacht. Immerhin, Otto Grotewohl kam aus Moskau mit der Botschaft zurück, daß Krieg vermieden werden kann. Gemeinsam mit Wilhelm Pieck und Walter Ulbricht versicherte er beim Empfang der Delegation am Ostbahnhof die zusammengerufenen 15 000 Berliner zugleich seiner unerschütterlichen Gewißheit des Sieges bei der „Schaffung der Grundlagen des Sozialismus" in der DDR.[22]

Wenn also im folgenden gezeigt wird, wie die SED-Führung ab November 1952 einen Strategiewechsel vollzog und diesen mit Schritten zur Bewältigung volkswirtschaftlicher Schwierigkeiten zu verbinden suchte, so sei unterstrichen: Ein sowjetischer Auftrag oder auch nur ein Plazet für einen solchen Strategiewechsel fand sich bislang weder in deutschen noch in sowjetischen Akten. Die SED-Führung manövrierte sich allem Anschein nach selbst in eine Herrschaftskrise hinein. Tat sie dies etwa unter den Augen einer kritischen, aber durchsetzungsschwachen SKK? Machte die sowjetische Seite die Ulbrichtsche Führung tatsächlich wiederholt auf die Gefahren einer Destabilisierung aufmerksam, wie in der russischen Historiographie bis heute behauptet wird?[23] Bei der Beschreibung der agrarpolitischen Komponenten und Folgen der Krisenentwicklung wird es darum gehen zu zeigen, wie die SED-Führung in ihrer krisenförderlichen Herrschaftspraxis ermuntert, kritisiert, gelenkt oder gewarnt, bei Lösungsversuchen bestärkt oder behindert wurde. Bekanntlich war der Zusammenbruch des Regimes im Juni 1953 nur durch sowjetische Militärpräsenz zu verhindern. Die Agrar- und Versorgungspolitik soll Einblicke in Details des Krisenmanagements geben.

[21] Die Forschung hat diese alte These von Stalin als dem eigentlichen Begründer des Neuen Kurses im Zuge aktueller Betrachtungen zu seiner Person wieder ad acta gelegt. Das Bild vom grausamen Tyrannen scheint nur vereinbar mit der Behauptung, erst nach Stalins Tod wäre die sowjetische Außenpolitik erneut offener geworden.

[22] Siehe *Neues Deutschland*, 19. 10. 1952.

[23] Siehe beispielsweise Novik, Ottepel', S. 57.

1. Die Forcierung des Sozialismusaufbaus und die LPG

1.1. Das 10. Plenum des ZK der SED im November 1952 und der Strategiewechsel

Am 20. November 1952 trat das Zentralkomitee der SED in Berlin zu seiner 10. Tagung zusammen – der ersten seit der 2. Parteikonferenz im Juli.[24] Die Tagung war so lange aufgeschoben worden, damit sie den Moskauer Parteitag auswerten konnte. Da die offiziellen Parteitagsdokumente jedoch keine Hilfe für die Bewältigung der aktuellen Aufgaben der SED boten, griff Ulbricht hauptsächlich auf Stalins jüngste Schrift zurück. Vermutlich hatte Ulbricht seinen langen Aufenthalt in der UdSSR genutzt, um das Werk gründlich zu studieren. Es wird auch zu Gesprächen mit Vertretern der sowjetischen Parteiführung, zumindest mit verantwortlichen Mitarbeitern des ZK, gekommen sein.[25]

Stalin hatte von Ende 1951 bis September 1952 an Bemerkungen zu einem Lehrbuch gearbeitet. Die dabei entstandene Studie „Ökonomische Probleme des Sozialismus in der UdSSR" leitete, wie es sogleich hieß, eine neue Etappe der marxistischen Politischen Ökonomie ein. Sie stellte eine vorgeblich wissenschaftliche Analyse von Gesetzmäßigkeiten im Sozialismus dar, quasi eine allgemeingültige Richtschnur für dessen Aufbau und Gestaltung. Diese Richtschnur stieß in der SED-Führung, die unter außerordentlichem Handlungsdruck stand, auf großes Interesse. Man mußte einer Finanzkrise vorbeugen.

Einen theoretisch begründeten Weg aus dem Finanzproblem schien das sogenannte Wertgesetz zu zeigen. Es forderte permanente Selbstkostensenkung, wirtschaftliche Rechnungsführung sowie die Erschließung aller Reserven. Das „Gesetz vom vorrangigen Wachstum der Abteilung I gegenüber der Abteilung II der Volkswirtschaft" rechtfertigte Investitionsverlagerungen von der Konsumgüter- auf die Schwerindustrie. Dafür garantierte aber das „ökonomische Grundgesetz des Sozialismus" letztlich die „Sicherung der maximalen Befriedigung der ständig wachsenden Bedürfnisse der gesamten Gesellschaft durch ununterbrochenes Wachstum und stetige Vervollkommnung der sozialistischen Produktion auf der Basis der höchstentwickelten Technik".[26] Im November 1952 erschien ein Sonderheft der theoretischen Zeitschrift „Einheit" zu Stalins Schrift[27], das erkennen läßt, wie stark das Interesse der DDR-Wirtschaftswissenschaftler an theoretisch begründeten Antworten auf Fragen der Gestaltung neuer, sozialistischer Produktionsverhältnisse und wie ausgeprägt die Empfänglichkeit für einfache Erklärungen war. Nachdem Stalin die „Objektivität" dieser „Gesetze" erklärt hatte, schienen sie auf jede anstehende Entscheidung anwendbar. In der DDR, wo Ende 1952 ein akuter Bedarf an Krisenprävention entstand, wirkten die Fallstricke der Vulgarisierung, der Subordination unter eherne Gesetze und die Erziehungsattitüde des Marxismus/Leninismus[28] besonders verhängnisvoll.

[24] Siehe SAPMO BArch, DY 30, IV 2/1-107 bis -110.
[25] Schriftliche Quellen dazu sind bislang nicht bekannt.
[26] Stalin, Ökonomische Probleme, S. 41.
[27] Siehe Einheit. Zeitschrift für Theorie und Praxis des wissenschaftlichen Sozialismus, hrsg. vom ZK der SED, Jg. 7, Sonderheft, Berlin November 1952.
[28] So bei Reinhard Mocek, Himmel, S. 197–199; siehe auch Benser, Als der Aufbau, S. 25–28.

Zu den beeindruckenden Entdeckungen Stalins gehörte das sogenannte Gesetz der unbedingten Übereinstimmung der Produktivkräfte mit dem Charakter der Produktionsverhältnisse, wonach es „im Sozialismus gewöhnlich nicht zu einem Konflikt zwischen Produktionsverhältnissen und Produktivkräften kommt". Doch müsse die Gesellschaft von „überlebten Klassen" frei sein. Effektive Produktion, ständiger Fortschritt und wachsender Wohlstand waren nach diesem Verständnis in einer Volkswirtschaft mit großem privaten Sektor nicht möglich. Solche Überlegungen bestärkten insbesondere Ulbricht, eine strategische Wende im Umgang mit dem Klassengegner durchzusetzen. Er begann sie auf der 10. Tagung mit einer Kriminalisierung von Exekutivhandlungen, die bis dahin als gesetzeskonform galten. Ulbricht ließ seine Kritik an Mängeln in der Versorgung in persönliche Angriffe auf den zuständigen Minister münden. Damit bereitete er seine Darlegungen zur „Verschärfung des Klassenkampfes" vor. Eine amerikanische Agentur habe die Feinde der DDR angewiesen, „in einflußreiche Stellungen zu kommen", um sie „zur Organisierung von Sabotage der Ablieferung, Störung des Handels usw." zu nutzen, erklärte er.[29] Wie sich bald zeigte, verbarg sich hinter dem Vorwurf eine neue, breitere Auslegung von „Sabotage gegen die DDR". Ulbricht konstruierte die Rechtfertigung für einen politisch harten Kurs und deutete die Absage an die Mehrsektorenwirtschaft an. Hatte er im Juli eine „Enteignung der kleinen Privatunternehmer" noch ausdrücklich abgelehnt, so kündigte er auf der 10. Tagung des ZK eine „Beschränkung der kapitalistischen Elemente" an, die bis zum „Kauf" kapitalistischer Unternehmen durch den Staat gehen sollte.[30] Dafür und für eine gezielte Zuspitzung des Klassenkampfes in der DDR findet sich in den Leitsätzen des KPdSU-Parteitages keine Erklärung.

Die SED setzte mit der 10. ZK-Tagung einerseits auf Haushaltskonsolidierung, so wie sie ihr von der SKK noch vor dem XIX. KPdSU-Parteitag aufgetragen worden war. Staatssekretär Rumpf entwickelte ein sehr „konkretes Programm von Sparmaßnahmen".[31] Von der 10. Tagung ging aber andererseits auch eine starke *Tendenz* zur Aufgabe nationaler Besonderheiten beim Sozialismusaufbau aus. In Moskau war derlei überhaupt nicht thematisiert worden, aber die drohende Finanzkrise ließ bei einigen in der SED-Führung den Eindruck entstehen, beim Aufbau des Sozialismus müsse es automatisch zu erheblichen Spannungen zwischen den Wirtschaftssektoren kommen, und die Privatwirtschaft würde „gesetzmäßig" zu Boykott und Sabotage übergehen. Von da bis zur Liquidierung privatwirtschaftlicher Strukturen, die der volkseigenen Wirtschaft angeblich nur schaden, war es nicht mehr weit. Außerwirtschaftliche Spannungen verstärkten diese Tendenz.

Was die Probleme auf dem Lande anging, so äußerten sie sich zuerst in einer Kritik an der bislang praktizierten Zurückhaltung in der LPG-Frage.[32] Solches

29 Lehren des XIX. Parteitags, S. 51. Gemeint waren Staatssekretär Baender (SED) und Handelsminister Hamann (Vorsitzender der LDPD). Beide wurden noch im Dezember 1952 verhaftet. Siehe auch ZKSK-Bericht, Sitzung des Präsidiums des Ministerrates am 15. 12. 1952, BArch, DC 20, I/4-3, Bl. 85-94.

30 Siehe Lehren des XIX. Parteitags, S. 23, 50; siehe auch Czerny, Restbourgeoisie, S. 34-36.

31 Lehren des XIX. Parteitages, S. 170-174.

32 Einige SED-Funktionäre, etwa Karl Mewis, fanden den Zuspruch für und das Tempo bei LPG-Gründungen „direkt erstaunlich". Siehe SAPMO BArch, DY 30, IV 2/1-108, Bl. 175.

Verhalten wurde nun als opportunistisches bezeichnet, und „opportunistisch" war jetzt gleichbedeutend mit „fahrlässig gegenüber feindlichen Elementen" im Dorf. Am 2. November 1952 erschien im *Neuen Deutschland* der lange vorbereitete Artikel zum „Fall Friedrichsaue".[33] Darin hieß es, die zuständige SED-Kreisleitung Seelow nehme „gegenüber der Bildung von Produktionsgenossenschaften einen abwartenden, gewissermaßen neutralen Standpunkt ein, gerade so als ob die Partei mit den Bestrebungen der werktätigen Bauern, sich genossenschaftlich zusammenzuschließen, nichts zu tun hätte. [...] Der Vorfall in Seelow zeigt den Mangel an Wachsamkeit in einigen Gliedern des Partei- und Staatsapparates und das Vorhandensein kleinbürgerlicher, opportunistischer Auffassungen über den Aufbau des Sozialismus in den Köpfen einiger Funktionäre. Diese Leute sind offensichtlich der Ansicht, daß man den Sozialismus ohne Sorge (sic), ohne verschärften Kampf, sozusagen im gemütlichen Hineintreiben auf den Wellen des Lebens aufbauen könnte." Eine solche Einstellung käme „den Großbauern und ihren Mithelfern sehr zunutze". Der ungenannte Verfasser des Artikels[34] stellte fest, daß Großbauern ihren Kampf gegen den Aufbau des Sozialismus verstärkten und ihre Hand offen gegen Ordnung und Gesetzlichkeit erhöben. Er betonte, es käme lediglich darauf an, bereits überführte Kriminelle zu belangen, so wie die „Verbrecher von Friedrichsaue" verhaftet und ihrer Strafe zugeführt worden seien. Unter Verweis auf Oelßners Referat vor den Kreissekretären am 20. August hieß es, Großbauern seien als Klasse *nicht* zu liquidieren. Doch die SED-Führung verpflichte alle Kreis- und Bezirksleitungen, „dem Zentralkomitee von Aktionen reaktionärer Elemente gegen Produktionsgenossenschaften, deren Mitglieder und Vorstände sowie von anderen terroristischen Akten unverzüglich in jedem einzelnen Fall Mitteilung zu machen und von sich aus sofort die geeigneten Maßnahmen einzuleiten". „Die Tatsache, daß in einer Anzahl Orten die Bürgermeister gegen die Schaffung von Produktionsgenossenschaften auftreten", machte es nach Ansicht des Sekretariats des Politbüros „notwendig", in ländlichen Gegenden die Bürgermeister zu überprüfen und gegebenenfalls zu entlassen.[35]

Diese Politik wurde von der SKK mitgetragen. Die Agrarpolitik war Gegenstand einer die 10. Tagung vorbereitenden, internen Sitzung beim SKK-Vorsitzenden am 14. November 1952.[36] Stupov legte Material vor, darunter einen Bericht „Über die Bildung von Produktionsgenossenschaften im deutschen Dorf" und

[33] Das opportunistische Verhalten von leitenden Parteiführern gegenüber feindlichen Elementen im Dorf, in: *Neues Deutschland*, 2. 11. 1952, S. 1 f. Zuvor war ein Politbürobeschluß „zu den Vorgängen bei der Gründung der Produktionsgenossenschaft im Kreis Seelow" gefaßt worden. Siehe Protokoll der Politbürositzung am 31. 10. 1952, SAPMO BArch, DY 30, IV 2/2-242, Bl. 2, 4–8. Der Sekretariatsbeschluß dazu lautete „Provokation und Terroraktionen gegen die Mitglieder der Produktionsgenossenschaften in Friedrichsaue, Kr. Seelow". Siehe Protokoll der Sekretariatssitzung am 27. 10. 1952, SAPMO BArch, DY 30, J IV 2/3-335.

[34] Einige Formulierungen lassen vermuten, daß es eine russische Urfassung gab. Stupov und Orlov waren aufgefordert gewesen, einen solchen Artikel für die *Tägliche Rundschau* zu verfassen. Es liegt nahe, daß ihr Text dem ND-Artikel zumindest zugrunde lag. In der Täglichen Rundschau erschien am gleichen Tag ein gleichlautender Artikel „aus dem Pressedienst der SED". Siehe *Tägliche Rundschau*, 2. 11. 1952, S. 1 f.

[35] Siehe Protokoll der Sekretariatssitzung am 3. 11. 1952, SAPMO BArch, DY 30, J IV 2/3-337, Bl. 6.

[36] Darüber liegen nur indirekte Zeugnisse vor. Das Protokoll der Sitzung konnte nicht eingesehen werden.

den Entwurf für ein Referat „Über die Arbeit im Dorf".[37] Letzteres könnte ein deutscher Entwurf für Schäfers Referat auf der 10. Tagung gewesen sein, es weist aber bemerkenswerte Unterschiede zu ihm auf.

Stupov kritisierte noch einmal sehr heftig den Mangel an Bereitschaft der deutschen Stellen, sich in die Bildung von Produktionsgenossenschaften lenkend einzuschalten. „Die Genossenschaftsbewegung basiert auf Freiwilligkeit. [...] Aber negativ ist, daß in einer Reihe von Gemeinden das Prinzip der Freiwilligkeit noch immer nicht richtig verstanden wird. Unter den Bauern wird keine entsprechende Aufklärungsarbeit geleistet. Man dringt in das Wesen der Probleme der neuen Genossenschaften nicht ein, fürchtet die Agitation für Produktionsgenossenschaften, hat Angst, von den Erfahrungen der existierenden Genossenschaften in der DDR, in den Ländern der Volksdemokratien und von den Kolchosen in der Sowjetunion zu berichten. Immer noch wird in einer Reihe von Kreisen die Praxis der Nichteinmischung in die Genossenschaftsbewegung fortgesetzt", formulierte Stupov.[38] Er räumte allerdings ein, daß sich die Verwaltung mancherorts zu sehr einmischt, so in Worin, wo der LPG-Vorsitzende eigentlich keine solche „Patenschaft" nötig hätte. Stupov bezeichnete es als richtig, genossenschaftliche Viehwirtschaft (LPG Typ 3) nicht sonderlich zu propagieren. Zunächst müßten in den LPG die Voraussetzungen für eine intensive Viehwirtschaft geschaffen, in den VEG die Zucht und die Futtermittelproduktion ausgebaut werden. Zu Vorsicht riet er auch bei der Zusammenlegung von Flächen durch Flächenbereinigung. Die Deutschen wollten sie überall dort durchführen, wo 50 Prozent der Bauern und mehr in der LPG waren. Stupov plädierte dafür, solche Veränderungen nicht administrativ durchzusetzen, sondern auf die praktischen Einsichten in jeder LPG zu bauen. Viel nötiger sei es, das „riesige Durcheinander" um die Brigadeneinteilung und um die betriebliche Rechnungsführung zu beseitigen, die zootechnische Dienstleitung zu verbessern und die MAS zu erweitern und zu stabilisieren.

Völlig unerwartet erreichte die SKK-Führung in Vorbereitung der 10. ZK-Tagung der deutsche Vorschlag, die MAS im Zusammenhang mit ihrer neuen Funktion als wichtigste Zentren der staatlichen Produktionshilfe für die LPG in „MTS", Maschinen-Traktoren-Stationen, umzubenennen.[39] So hießen sie in der UdSSR und in den Volksdemokratien. Die SKK verhinderte den Vorstoß, so wie sie überhaupt in den agrarpolitischen Vortrag, der für die 10. Tagung bestimmt war, in einige Passagen mehr Zurückhaltung hineinredigierte. Dies traf sogar auf die Auseinandersetzung mit dem Klassengegner zu. Nach Stupovs Ansicht hatte das „Kulakentum" [kulačestvo] mittlerweile zwar „seinen Kampf gegen die DDR auf der Linie der Wirtschaftssabotage verstärkt, indem es seine Abgabenpflichten gegenüber dem Staat nicht erfüllt".[40] Die SED und die örtlichen Organe verharmlosten

[37] Siehe Über die Bildung von Produktionsgenossenschaften im deutschen Dorf, Arbeitsmaterial, 12. 11. 1952 von Stupov an SKK-Leitung, AVP RF , fond 0458, opis' 314 s, papka 281, delo 9, listy 114–129; Über die Arbeit im Dorf, o. D. [russisch, vermutlich Übersetzung aus dem Deutschen], 12. 11. 1952 von Stupov an SKK-Leitung, ebenda, listy 130–153.

[38] Über die Bildung von Produktionsgenossenschaften im deutschen Dorf, list 118.

[39] Über die Arbeit im Dorf, o. D., list 137. Diese Stelle ist im Dokument rot angestrichen. Es fand sich kein früheres Papier sowjetischer Provenienz, in dem dies schon einmal thematisiert worden wäre.

[40] Über die Bildung von Produktionsgenossenschaften im deutschen Dorf, list 128.

diesen Boykott angeblich. Doch die SKK rief nicht zu öffentlichen Angriffen auf die Großbauern auf.

Es kann Mißtrauen gegenüber den Deutschen gewesen sein, das die SKK abhielt. „Man muß, insbesondere vor Ort, die Freunde ständig mahnen, daß der Klassenkampf im Zuge des weiteren Anwachsens der sozialistischen Elemente im Dorf zunehmen wird, und daß sich die Formen dieses Kampfes ändern werden", hieß es. „Die kapitalistische Klasse auf dem Lande wird ihre Positionen nicht kampflos aufgeben." Hier gebe es bei den deutschen Freunden „eine riesige Menge von Unzulänglichkeiten, vielleicht sogar Widerstand".[41] Es kann aber auch die Erkenntnis gewesen sein, daß die Leistung des privaten Agrarsektors vorerst noch durch keinen anderen Sektor erbracht werden kann.

Die Haltung von SED und SKK in der Frage des Strategiewechsels auf dem Lande spiegelt sich dann auch in den Dokumenten der 10. Tagung und in den nachfolgenden Debatten wider.[42] Das Referat des Leiters der ZK-Abteilung für Landwirtschaft Schäfer auf dem 10. Plenum entsprach noch weitgehend der alten „Linie". Nicht seine eher harmlosen Ausführungen zum Klassenkampf auf dem Lande, sondern die bei Ulbricht prägnant und doch allgemein aufscheinende Verurteilung von Steuerbetrügern und „Schädlingen der Volkswirtschaft" markierten den Beginn einer neuen Agrarpolitik. Sie war noch nicht ausgereift. Noch am 26. November setzte sich die ZPKK dafür ein, daß das „Sektierertum" bekämpft würde; schädlich seien Losungen wie „Die Großbauern können verrecken!" oder „Die Frage des Eintritts in die Produktionsgenossenschaften ist eine Frage auf Leben und Tod!"[43] Doch wenig später schon argumentierte Fred Oelßner in einer Studie zu Stalins jüngster Schrift: „Niemand kann doch behaupten, daß man den Sozialismus aufbauen kann, wenn man dem Überbau die Aufgabe stellt, eine Basis zu festigen, die sowohl sozialistische als auch kapitalistische Elemente enthält."[44]

Die Forschung hat sich bislang noch nicht mit der Frage befaßt, wie zwingend der neue Ansatz der 10. Tagung des ZK der SED in eine Politik der *raschen* Liquidierung der Privatwirtschaft mündete. Bedenkenswert sind aber schon die äußeren Umstände:

Die Verbreitung stalinistisch-orthodoxer Klassenkampfvorstellungen erhielt gerade zu jenem Zeitpunkt einen zusätzlichen Antrieb. In Prag lief ein großer stalinistischer Schauprozeß, der sogenannte Slánský-Prozeß. Der Generalsekretär der KPČ Rudolf Slánský wurde im November 1951 verhaftet, ein Jahr später verurteilt und Anfang Dezember 1952 hingerichtet. Am 21. November (dem zweiten Verhandlungstag des 10. Plenums des ZK der SED), sprach ein Angeklagter im Prager Prozeß vom „deutschen Trotzkisten Merker". Die SED-Führung geriet unter Druck. Walter Ulbricht hatte all die Jahre immer damit gerechnet, daß der SED

[41] Ebenda.

[42] Siehe Schäfer, Arbeit. Schäfers Referat weist Formulierungen auf, die eine russische Redaktion, wenn nicht sogar russische Textvorlagen, erkennen lassen. Ein Beispiel: „Es wäre ein schädliches Verhalten, sich mit der Gründung von Produktionsgenossenschaften des Typs 3 zu beeilen." (ebenda, S. 49).

[43] Zitiert bei Klein, Einheit, S. 159.

[44] Oelßner, Etappe, S. 33. Die Broschüre geht auf Oelßners Referat auf einer theoretischen Konferenz der SED am 13./14. 12. 1953 zurück, auf der Stalins „ökonomische Probleme" in ihrer Bedeutung für die DDR erörtert wurden.

auch große Schauprozesse abverlangt werden würden.[45] Ob er solch eine schändliche Disziplinierungsaktion für richtig hielt oder lediglich für ein unumgängliches Treuebekenntnis zum Moskauer Zentrum, ist hier nebensächlich. Mit deutschlandpolitischer Rücksichtnahme konnte ohnehin keiner mehr rechnen, seit mit der sowjetischen Note an die Westmächte vom 23. August 1952 und der Antwort der Westmächte darauf am 23. September 1952 – um mit Falin zu sprechen – der „Abschluß eines Friedensvertrages in unsichtbare Ferne" gerückt war.[46] – So machte die SED-Führung am 30. November deutlich, daß sie „die Vernichtung der Slánský-Bande [für einen] Sieg der Friedenskräfte" hielt.[47] Sie opferte den aus der Partei bereits ausgeschlossenen Paul Merker, um im „Kampf gegen Trotzkisten, Zionisten und andere feindliche Agenturen" Konsequenz zu beweisen. Merker wurde am 1. Dezember verhaftet, am 20. Dezember erging der ZK-Beschluß „Lehren aus dem Prozeß gegen das Verschwörerzentrum Slánský".[48]

Interessanterweise spielte es überhaupt keine Rolle, daß Paul Merker dereinst ein führender SED-Agrarpolitiker gewesen war. Die Ereignisse schlugen sich mit anderer Logik sofort auch im Agrarbereich nieder. Staatssekretär Siegmund verpflichtete die Abteilung Produktionsgenossenschaften in seinem Ministerium, die Räte der Kreise und der Bezirke in einem Brief zu erhöhter Wachsamkeit gegenüber Feinden der LPG aufzurufen.[49] Die Behörden sammelten und die Presse publizierte Beispiele über die „Tätigkeit des Klassengegners", angefangen von harmlosen Protesten gegen LPG-Gründungen bis hin zu tätlichen Angriffen auf LPG-Aktivisten. Aktivitäten von „Parasiten und Spekulanten des Dorfes", „feindlichen und korrupten Elementen" wurden angeprangert.[50] Der Umgang mit den Großbauern erhielt damit Ende 1952 eine neue Schärfe. – Anhaltende Unsicherheit über die internationalen Rahmenbedingungen einer nationalen Politik, großer volkswirtschaftlicher Druck, pseudowissenschaftliche Lösungsansätze, eine sich allmählich aufheizende Klassenkampfstimmung und ein starker Drang zum Schulterschluß mit dem politischen Führungszentrum – das alles bewirkte ein Umdenken in der SED-Führung. Die auf dem 10. Plenum hervorgetretene Tendenz der Neuinterpretation vom Sozialismusaufbau in der DDR verdichtete sich im November/Dezember 1952 zu einem *Strategiewechsel.*

Die Forschung wird wohl nicht klären können, ob Stalin bemerkte, daß die SED diesen Kurswechsel vornahm und von dem im April 1952 vorgegebenen Umgang mit den Bauern, insbesondere mit den Großbauern, nunmehr abging. Von Stalin liegen keine Äußerungen zur Entwicklung in der DDR in dieser Zeit vor. Ja, es hat den Anschein, als wäre der Kurswechsel vor ihm regelrecht geheim-

[45] Siehe Weber, Schauprozeßvorbereitung.
[46] Falin, Erinnerungen, S. 312.
[47] Die Vernichtung der Slánský-Bande – ein Sieg der Friedenskräfte, in: *Neues Deutschland*, 30. 11. 1952.
[48] ZK-Beschluß „Lehren aus dem Prozeß gegen das Verschwörerzentrum Slánský", 20. 12. 1952, in: Dokumente der SED, Bd. IV, S. 199–219.
[49] Siehe Schreiben Siegmunds an die Abteilung Produktionsgenossenschaften des Ministeriums für LFW, 23. 12. 1952, BArch, DK 1, 1818, Bl. 1.
[50] Siehe Kurzer informativer Bericht über die Tätigkeit des Klassengegners in einigen Bezirken, Abteilung Produktionsgenossenschaften des Ministeriums für LFW, 24. 12. 1952, BArch, DK 1, 1204, Bl. 1 f.; Von der Kraft des neuen und dem Widerstand des Alten, in: *Neues Deutschland*, 23. 12. 1952, S. 3.

gehalten worden. Der Gästeliste des Kreml-Kabinetts zufolge empfing Stalin von Sommer 1952 bis zu seinem Tod im März 1953 keinen Deutschlandexperten mehr.[51] Als im Büro Grotewohl anläßlich des 35. Jahrestages der Oktoberrevolution ein Grußtelegramm an die SKK verfaßt werden sollte, lag ein Entwurf mit folgender Passage vor: Die Werktätigen der DDR „beginnen unter der Führung der Sozialistischen Einheitspartei Deutschlands die Grundlagen zur Errichtung des Sozialismus zu schaffen". Es sollte für Hilfe nicht nur im Kampf für Frieden, Einheit und Demokratie, sondern auch beim Aufbau des Sozialismus gedankt werden. Doch die Hinweise auf den Sozialismusaufbau wurden aus dem Text gestrichen.[52] Auch das Glückwunschtelegramm von Grotewohl an Stalin enthielt keinen Bezug auf eine neue Phase im gesellschaftlichen Umbruch in der DDR. Hatte der DDR-Ministerpräsident einen entsprechenden Hinweis von einem sowjetischen Berater erhalten? – Wie auch immer, festzustellen bleibt, daß die SED-Führung – nun weitgehend „ungezügelt" – Schritt für Schritt ihre Gesellschaftspolitik änderte.

1.2. Die erste Konferenz der LPG-Vorsitzenden im Dezember 1952

1.2.1. Die Vorbereitung der Konferenz

Angesichts der bereits großen Anzahl von Zusammenschlüssen mußten endlich Entscheidungen über die rechtlichen und arbeitsorganisatorischen Grundlagen der Genossenschaftsentwicklung gefällt werden, ganz gleich, auf welches Tempo der weiteren Kollektivierung man sich demnächst einigen würde. Die Fristen waren noch nicht festgelegt, doch anders als im Sommer 1952 stand nun fest, daß der LPG-Sektor zügig erweitert wird. „Produktionsgenossenschaften von heute – das sind in ein, zwei, drei Jahren die entscheidenden Kräfte im Dorf", wird Ulbricht am 19. Dezember im Ministerrat erklären.[53]

Am 20. November 1952 informierte Staatssekretär Siegmund den SKK-Agrarfachmann Stupov über die Arbeit einer Kommission, die die drei Musterstatuten unter Berücksichtigung neuer Erkenntnisse geprüft und überarbeitet hatte.[54] Am 4. Dezember sollten die Statuten auf der Konferenz der LPG-Aktivisten und LPG-Vorsitzenden vorgelegt und diskutiert werden. Die Kommission bestand aus Agrarpolitikern, Agrarwissenschaftlern und den Vorsitzenden der Vorbild-LPG.[55] Sie gab der SKK Veränderungswünsche und Ergänzungen zur Begutachtung, und

[51] Siehe Posetiteli, Teil 2.

[52] Grotewohl war zu diesem Zeitpunkt in der Sowjetunion. Ob das Telegramms von ihm selbst „auf der Reise" oder von seinen Mitarbeitern in Berlin mit oder ohne Rücksprache verfaßt und korrigiert wurde, ist unklar. Siehe Entwurf, 5.11.1952, und Endfassung, SAPMO BArch, NY 4090, Bl. 168f.; *Neues Deutschland*, 8.11.1952.

[53] Stenographische Niederschrift zu Punkt 1 der Tagesordnung, Protokoll der Ministerratssitzung am 19.12.1952, BArch, DC 20, I/3-161, Bl. 58.

[54] Schreiben Stupovs an Semičastnov, 20.11.1952, AVP RF, fond 458, opis' 73 ns, papka 260, delo 5, listy 434–436.

[55] Kommissionsmitglieder waren u.a. Scholz, Schröder, Siegmund, Schäfer und Knorr, Kreuzer (Chef der Politverwaltung des Ministeriums für LFW), Schlag (Leiter der MAS-Hauptverwaltung), Prof. Erwin Plachy (DAL), Fritz Oberdorf (Institut Bernburg), Prof. Asmus Petersen (Universität Rostock) und die LPG-Vorsitzenden Paul Wittkopp (Brüsewitz), Richard Ziebe (Jahna), Bernhard Grünert (Worin), Nausig (Frauendorf) und Ernst Großmann (Merxleben).

Stupov billigte sie mit wenigen Ausnahmen, bevor er sie samt Kommentar seinem Vorgesetzten vorlegte und um Anweisung bat, die fertigen Musterstatuten nun drucken lassen zu dürfen.[56] Wenige Tage später, am 24. November, legten Stupov und Petrov einen auf einem deutschen Vorschlag aufbauenden, veränderten Veranstaltungsplan für die Konferenz vor.[57] Sie forderten darin, die Teilnehmerzahl entsprechend der gewachsenen Anzahl von LPG zu erweitern: Ein Vertreter aus jeder der rund 1200 LPG, darunter mindestens 150 Frauen, sollten dabei sein. (Eine reguläre Meldung über den Stand der LPG-Gründungen gab mit Stand vom 30. November 1952 übrigens schon insgesamt 1335 LPG an. Sie vereinten 13747 Wirtschaften auf 113749 ha Land; 1191 LPG hatten Typ 1 gewählt, 65 Typ 2, 79 Typ 3.[58]) Die Gründungen waren in den letzten Wochen viel zahlreicher geworden als ursprünglich erwartet.[59] Die SKK forderte, auch alle bereits eingesetzten Leiter von MAS-Politabteilungen einzuladen. Außerdem gab sie recht genaue Anweisungen über die auf der Konferenz einzusetzenden sieben Beratungskommissionen (zuzüglich einer Kommission für Grußadressen) mit jeweils rund 200 Delegierten. Eine erste Information mit Listen jener LPG, deren Vorsitzende anzusprechen waren, erhielten die Räte der Bezirke nach dem 18. November aus dem Ministerium für LFW.[60] Einzuladen seien Vertreter von LPG, die bis zum 15. November entstanden waren, darunter unbedingt auch Frauen. Aus dem Bezirk Frankfurt sollten beispielsweise mindestens fünf Frauen anreisen.[61] (In diese Anweisungen waren vermutlich schon jene sowjetischen Überlegungen eingeflossen, die wenig später von Stupov und Petrov schriftlich fixiert wurden.)

Daß in der SKK zu diesem Zeitpunkt die Vorstellung vom Beginn einer umfassenden Kollektivierung in der DDR herrschte, ist den Akten nicht zu entnehmen. Allerdings könnte die unter Stupovs Leitung inhaltlich vorbereitete Großveran-

[56] Einer von Stupovs wenigen Kritikpunkten fand schließlich keine Umsetzung, und es blieb bei der von ihm monierten Formulierung. Im Musterstatut LPG Typ 1, Punkt 14 (analog für Typ 2, Punkt 16) wollte Stupov die Formulierung „eigene Wirtschaft" durch „individuelle Wirtschaft" ersetzt sehen. Erklärungen fehlen sowohl für seinen Korrekturwunsch als auch für dessen letztendliche Ablehnung. Vermutlich blieb es beim Vorschlag der Kommission, weil Stupovs Wortverbindung den Unterschied zur individuellen Hauswirtschaft in Typ 3 der LPG verwischt hätte. Zu den von ihm am 20. November 1952 gebilligten Korrekturen an den Musterstatuten siehe unten.

[57] Siehe Entwurf eines Memorandums mit Ergänzungen zum Veranstaltungsplan der Konferenz der LPG-Vorsitzenden, 24. 11. 1952 von Stupov und Petrov an Semičastnov, AVP RF, fond 458, opis' 73 ns, papka 260, delo 5, listy 438f.

[58] Siehe Meldung über den Verlauf der Genossenschaftsbildung, Stand zum 30. 11. 1952, ebenda, listy 449f.

[59] Noch im Oktober kalkulierten staatliche Stellen aus einem Stand von ca. 500 LPG Ende September heraus (andere Quellen sprechen von ca. 700 LPG), daß bis Jahresende mit ca. 1000 LPG auf etwa 100000 ha Fläche zu rechnen sei (siehe Sitzungsmaterial zur Ministerratssitzung am 13. 11. 1952, BArch, DC 20, I/3-152, Bl. 63). Doch das Tempo nahm zu. Allein im Zeitraum vom 15. bis 30. 11. 1952 entstanden 131 neue LPG. Auf der Konferenz selbst sprach Scholz von über 1200 registrierten LPG, Ulbricht nannte (laut Protokoll) 1308 LPG. Im Grußtelegramm an Stalin, das die Konferenzteilnehmer am letzten Tag verabschiedeten, war von 1335 LPG die Rede; 300 Gründungskomitees sollten gerade bestanden haben (siehe Erste Konferenz, S. 8, 87).

[60] Siehe Rundschreiben, 18. 11. 1952, gez. Siegmund, BArch, DK 1, 1818, Bl. 19. Die SKK erhielt eine russische Übersetzung davon (ebenda, Bl. 20).

[61] Siehe Schreiben Siegmunds an den Rat des Bezirkes Frankfurt, 25. 11. 1952, BArch, DK 1, 1818, Bl. 11f.

staltung für ihn persönlich schon so etwas wie ein Auftakt zum raschen Ausbau der genossenschaftlich geführten Landwirtschaft gewesen sein. In Bulgarien, wo er seinen ersten Einsatz als Berater in Kollektivierungsfragen absolviert hatte, begann mit der 2. Nationalen Konferenz der Produktionsgenossenschaften im April 1950 eine Phase zahlreicher Neugründungen von Produktionsgenossenschaften. Innerhalb von anderthalb Jahren wuchs der von Kollektivbetrieben bearbeitete Anteil der Ackerfläche dort von 12 auf über 50 Prozent an.[62]

Die Tagung der Vorsitzenden der landwirtschaftlichen Produktionsgenossenschaften in der DDR, die später als „1. Konferenz" in die Geschichte einging, fand vom 5. bis 6. Dezember 1952 im Berliner Friedrichstadtpalast statt.[63] Sie wurde gemeinsam vom ZK der SED und vom Landwirtschaftsministerium einberufen. Die Regierung ließ sich die Tagung eine halbe Million Mark kosten. An ihr nahmen rund 2600 Personen teil. Am 7. Dezember fanden sich noch einmal alle SED-Mitglieder unter den Konferenzteilnehmern zu einer dreistündigen Beratung zusammen, ohne inhaltlich weiterzugehen als die große Konferenz.[64]

SED-Führung und Landwirtschaftsministerium hatten die Entwürfe für die Statuten, eine innere Betriebsordnung, die Regelung von Normierung und Entlohnung und anderes bereits seit Wochen in LPG und Initiativgruppen beraten lassen. Seit Oktober drängte die Abteilung Produktionsgenossenschaften im Ministerium für LFW auf intensive Berichterstattung. Sie forderte, auch arbeitsorganisatorische Fragen ausführlich zu diskutieren. Erfahrungen mit Arbeitsbrigaden sollten, wo vorhanden, weitergemeldet werden. Außerdem wollte man „oben" wissen: „Welche Argumente werden vom Klassengegner gegen die Bildung von LPGen vorgebracht?"[65] Kreis- und Bezirksämter hatten im Zusammenhang mit der Behandlung der Entwurfspapiere an das Ministerium für LFW konkrete Fragen gerichtet. Darunter waren solche, die bereits praktisch auf den Nägeln brannten, etwa zu Vorschußzahlungen an die Mitglieder, Sollermäßigungen und Pflichtarbeitstagen. Unklar war noch immer, wer als Großbauer nicht eintreten dürfte, woraufhin das Ministerium auf Ulbrichts Formulierung auf der 2. SED-Parteikonferenz verwies, die die Unsicherheit aber nicht ausräumte.[66]

Seit November waren die mittleren staatlichen Behörden auch angehalten, bei LPG-Neugründungen streng darauf zu achten, daß „keinerlei Zusätze im Statut enthalten sind, die den Genossenschaften in ihrer Weiterentwicklung Schwierig-

62 Siehe Zarčev, BZNS; Grosser, Landwirtschaft.

63 Siehe Stenographische Niederschrift der 1. Konferenz der Vorsitzenden der landwirtschaftlichen Produktionsgenossenschaften in Berlin, 5./6. 12. 1952, SAPMO BArch, DY 30, IV 2/1.01-211. Zunächst war für Ende November eine „Beratung von LPG-Vorsitzenden" und für den 12.- 14. Dezember ein Kongreß werktätiger Bauern vorgesehen (siehe Protokolle der Sekretariatssitzungen am 29. 9. und 9. 10. 1952, SAPMO BArch, DY 30, J IV 2/3-328, Bl. 4; -330, Bl. 7-9). Spätestens am 20. 11. war als Eröffnungstermin der 4. Dezember 1952 festgelegt.

64 Siehe Stenographische Niederschrift der Beratung der Abteilung Leitende Organe mit den Vorsitzenden der landwirtschaftlichen Produktionsgenossenschaften in Berlin, 7. 12. 1952, SAPMO BArch, DY 30, IV 2/1.01-212.

65 Schreiben der Abteilung Produktionsgenossenschaften im Ministerium für LFW an die Räte der Bezirke, 28. 10. 1952, BArch, DK 1, 1818, Bl. 29f.

66 Siehe Ministerium für LFW an das ZK der SED „Fragen und Antworten", November 1952, BArch, DK 1, 1204, Bl. 23-25, 29-35.

keiten bringen könnten", insbesondere keine andere Formulierung betreffs eingebrachter Produktionsmittel.[67] Es sollten auch keine Abweichungen „in der Frage der Aufnahme und des Ausschlusses der Mitglieder" – gemeint war wohl der freiwillige Austritt – vorkommen. Bei der Verteilung der Einkünfte nach Menge und Qualität des eingebrachten Bodens sollten die Anteile keinesfalls höher sein als in den Musterstatuten. Der „unteilbare Fonds" mußte enthalten sein. Bei den Zusätzen zum „Muster" war darauf zu achten, daß sie keine zu hohen finanziellen Belastungen für die Genossenschaft brachten, etwa durch Verpflichtung zu besonderen Sozialleistungen. Hier sollte LPG-Gründern empfohlen werden, Einzelfallentscheidungen vorzusehen. Um weitgehende Einheitlichkeit zu sichern, wurden statt der Kreisräte nun die Bezirksräte für Registrierungen zuständig. „Unbedingt muß überprüft werden, ob es sich in jedem Falle um werktätige Bauern handelt. Bei Mitgliedern mit Betrieben über 20 ha Nutzfläche muß eine Stellungnahme des Kreises vorliegen", hieß es. Ein sogenannter Fragespiegel sollte Betriebsgröße und Parteizugehörigkeit der Mitglieder ausweisen.[68]

Zu den vor der Konferenz lebhaft diskutierten Fragen gehörte auch die zum Pachtland. Von Anfang an hatte die SED-Führung ins Auge gefaßt, daß auch Pachtland in die Nutzung der LPG aller Typen übergeht. Bei den ersten LPG-Gründungen muß es jedoch zu Protesten von Verpächtern gekommen sein; Pächter als potentielle LPG-Mitglieder zeigten sich verunsichert. Insbesondere die Kirchen wollten als Eigentümer nicht übergangen werden. Im Ministerium für LFW war man der Meinung, daß das Kontrollratsgesetz Nr. 45 eine hinreichende Grundlage dafür bietet, daß ein vom Pächter schlecht bewirtschaftetes Land an die LPG als neuen Pächter geht, notfalls gegen den Willen des Verpächters. Die Kreisbehörden konnten auf dieser Grundlage immer schon Pachtverhältnisse auflösen.

Schließlich mußten sich SED- und örtlicher Staatsapparat mit dem Phänomen auseinandersetzen, daß dort, wo die Bestrebungen zum gemeinschaftlichen Wirtschaften besonders stark waren, gern auf private Hauswirtschaft verzichtet wurde. LPG Typ 3 war ja besonders für Landarme und Landlose interessant, die mit Hilfe staatlicher Mittel in eine moderne Großviehhaltung einsteigen wollten. Eigenversorgung durch individuelle Bewirtschaftung eines kleinen Ackers mit kleiner privater Tierhaltung war aus ihrer Sicht eine unnötige Zusatzbelastung. Die SKK machte darauf aufmerksam, daß der Verzicht auf die individuelle Hauswirtschaft den Prinzipien einer richtigen Kombination persönlicher und gemeinschaftlicher Interessen von Genossenschaftsmitgliedern widerspricht.[69] Individuelle Hauswirtschaft war für die SKK schon aus versorgungspolitischen Gründen unverzichtbar.

Die Genossenschaftsbildung war also bereits weitgehend in festen Bahnen, als den Delegierten zur 1. Konferenz der LPG-Vorsitzenden die Entwürfe für Mu-

[67] Richtlinien für die Bestätigung der Statuten, Ministerium für LFW an die Räte der Bezirke, 24. 11. 1952, BArch, DK 1, 1818, Bl. 16f.
[68] Siehe ebenda; siehe auch diverse Notizen in BArch, DK 1, 2967.
[69] Siehe Bericht des Vertreters der SKK im Bezirk Magdeburg Panšin über den Fortgang der Kollektivierung an Semenov, 1. 12. 1952, AVP RF, fond 457a, opis' 13, papka 71, delo 35, listy 47–57, hier list 57.

sterstatuten und interne Arbeitsregelungen zur Billigung vorgelegt wurden. Es ging um die Statuten für LPG Typ 1, 2 und 3. Letzteres war ebenfalls noch vor dem 10. ZK-Plenum fertiggestellt und vom Politbüro gebilligt worden. Die LPG in Fienstedt war ausgewählt worden, dieses Statut in Berlin als das ihre vorzustellen, damit es zum Musterstatut erklärt werden könnte.[70] Die Fienstedter LPG gab sich den Namen „Mitschurin", ein deutlicher Hinweis darauf, daß man sich bewußt sowjetischer Erfahrung bediente. Die Entwürfe für eine Musterbetriebsordnung und für Muster-Arbeitsnormen hatten das Sekretariat des ZK passiert.[71] Spätestens am 20. November waren alle Vorlagen von der oben genannten Kommission abschließend bearbeitet und von Stupov gebilligt worden. Die Delegierten erörterten also Vorlagen, die eigentlich keine Veränderung mehr erfahren sollten. Alle waren bereits vom SED-Politbüro sanktioniert.[72]

Um die Regelungen ohne wesentliche Abstriche verabschieden zu lassen, hatte die SED dafür gesorgt, daß hinlänglich vorbereitete und disziplinierte Delegierte nach Berlin kamen. Neben den rund 1300 Delegierten aus den LPG (in der Regel kam nur der Vorsitzende einer Genossenschaft) berieten und entschieden auch rund 350 Delegierte aus MAS, vor allem aus den neuen Politabteilungen, mit. Außerdem beteiligten sich rund 170 ZK-Mitglieder und -Mitarbeiter, 200 Angestellte des Staatsapparates und 47 Wissenschaftler.[73] Mit dieser Absicherung ging die SED-Führung weiter, als es die SKK noch im September für nötig befunden hatte,[74] aber mittlerweile waren die politischen Spannungen ja auch größer. Die SKK hatte Ende November überdies empfohlen, jene LPG-Vorsitzenden, die referieren oder in der Diskussion reden wollten bzw. sollten, von ZK-Abteilungsleiter für Landwirtschaft Schäfer oder von Staatssekretär Siegmund zuvor einzuweisen. Schließlich nahmen die Veranstalter einige Veränderungen bei der Besetzung der Leiterposten der Beratungskommissionen vor. Während mit Erich Knorr der von Stupov und Petrov vorgeschlagene Fachmann die Kommission für die Musterstatuten LPG Typ 1 und 2 leitete, und Walter Ulbricht – wie wohl allseits gewünscht – die zu den MAS-Politabteilungen übernahm, unterstand die Kommission zum Statut LPG Typ 3 letztlich nicht Vizepremier Scholz, wie von der SKK vorgeschlagen, sondern Staatssekretär Siegmund, einem eher radikalen „Kollektivierer". Scholz bekam die politisch harmlose Kommission zur Mechanisierung der Landwirtschaft überantwortet. Anstelle

70 Siehe Protokoll der Sekretariatssitzung am 13. 10. 1952, SAPMO BArch, DY 30, J IV 2/3-331, Bl. 5; Protokoll der Politbürositzung am 21. 10. 1952, SAPMO BArch, DY 30, IV 2/2-240, Bl. 2f.

71 Siehe Protokolle der Sekretariatssitzungen am 29. 9. und 9. 10. 1952, SAPMO BArch, DY 30, J IV 2/3-328, Bl. 4; -329, Bl. 3. Die Papiere sollen im Ministerium für LFW entstanden sein, was sich nicht verifizieren ließ. Zumindest hatte man dort Anteil an der Erarbeitung der Inneren Betriebsordnung und verabschiedete bereits Ende September eine Vorlage. Im Oktober beschaffte man sich Unterlagen aus Bulgarien, Polen und Ungarn über Arbeitsverträge zwischen MTS und LPG. Siehe BArch, DK 1, 1818.

72 Siehe Protokoll der Politbürositzung am 2. 12. 1952, SAPMO BArch, DY 30, IV 2/2-250, Bl. 2–4.

73 Siehe Kostenrechnung, Protokoll der Ministerratssitzung am 19. 12. 1952, BArch, DC 20, I/3-162, Bl. 55.

74 Siehe Entwurf eines Memorandums zur Vorbereitung der Konferenz, 29. 9. 1952 an Semičastnov, gez. Petrov, Stupov und Orlov, AVP RF, fond 458, opis' 82, papka 280, delo 4, listy 360–362.

von Prof. Stubbe, sowjetischerseits vorgeschlagen, leitete schließlich Prof. Rübensam die Kommission zu den agrowissenschaftlichen Fragen.[75]

Der Regierung hatten die Entwürfe zuvor nicht vorgelegen. Die SED legte ja Wert darauf, zu zeigen, daß die Initiative von unten kam. „Initiative von unten" hatte tatsächlich für eine starke Zunahme der LPG-Gründungen gesorgt, war nun aber weniger gefragt. Bäuerliche Eigenerfahrung war jetzt, da es um arbeitsorganisatorische Fragen und um Probleme der Rechnungsführung in den Produktionsgenossenschaften ging, zweifellos auch überfordert. Bauern mit Interesse für eine LPG verließen sich weitgehend auf die Zusagen öffentlicher Förderung der Gemeinschaftsbetriebe und die Verpflichtung der Kreisbehörden, umfassend zu helfen. Sie registrierten mit Genugtuung, daß die Behörden die Nutzung von verlassenem Land anboten (beispielsweise mit Verordnung vom 17. Juli 1952). Uneingeschränkt war die Freude über diese Nutzungsrechte dennoch nicht. Einige LPG-Gründer begegneten den Angeboten mit Skepsis, da sowohl die rechtlichen Zusammenhänge als auch die betriebswirtschaftlichen Konsequenzen nur vage erschienen. Doch staatliche Versprechungen lockten.

Die SED-Führung wollte die Konferenz insbesondere für die Behandlung solcher Fragen nutzen, die die betrieblichen Arbeitsabläufe betrafen. Alle gingen davon aus, daß weiterhin auf praktische Erfahrung gesetzt werden muß. Aus den Anfängen schöpften viele LPG-Mitglieder die Zuversicht, es würde auch künftig zu gemeinsamen Entscheidungen mit den staatlichen Behörden kommen. In gewisser Weise kam die Atmosphäre der Konferenz solchen Hoffnungen entgegen, signalisierte die Partei- und Staatsführung doch, daß – etwa in Sachen Arbeitsnormierung und -organisation – Mitbestimmung gefragt war. Als Höhepunkt selbstbestimmten Wirkens künftiger LPG-Bauern inszeniert, leitete diese Großveranstaltung in Wirklichkeit aber das vorläufige Ende relativ spontaner Genossenschaftsbildung ein. Sie schuf die Voraussetzungen für eine Verstaatlichung der Gestaltung genossenschaftlicher Arbeits- und Lebensbedingungen. Walter Ulbricht machte daraus kein Hehl. „Das war am Anfang richtig, daß die werktätigen Bauern selbst entscheiden, selber die Vorbereitungen treffen, ihre Vorschläge an die Regierung geben. Aber jetzt besteht das Neue darin, daß die Organe der Partei und des Staates, auch der VdgB verpflichtet sind, unmittelbare Anleitung und Hilfe zu gewähren, und zwar mit aller Kraft", erklärte er.[76] SED-Führung und DDR-Landwirtschaftsministerium verhalfen damit der seit Sommer betriebenen agrarischen Umgestaltung zu einer neuen Qualität. Die Konferenz setzte die Zeichen nicht etwa nur für eine organisatorische Festigung bestehender LPG, sondern auch für rasche Neugründungen.

[75] Siehe Entwurf eines Memorandums mit Ergänzungen zum Veranstaltungsplan der Konferenz der LPG-Vorsitzenden, 24. 11. 1952 von Stupov und Petrov an Semičastnov, AVP RF, fond 458, opis' 73 ns, papka 260, delo 5, listy 438f.; Stenographische Niederschrift der 1. Konferenz, Bl. 16f. Die Niederschrift weist zur Arbeit der Kommissionen nur kurze Berichte von fünf der sieben gebildeten Kommissionen aus. Demzufolge schlossen sich die beiden Statutenkommissionen zusammen, ebenso die zur Inneren Betriebsordnung mit der zu den Arbeitsnormen. Dieser Befund festigt den Eindruck, daß an den Texten im Prinzip nicht mehr gearbeitet wurde.

[76] Stenographische Niederschrift zu Punkt 1 der Tagesordnung, Protokoll der Ministerratssitzung am 19. 12. 1952, BArch, DC 20, I/3-161, Bl. 58.

Die Hauptreferate hielten, wie die SKK es empfohlen hatte,[77] Walter Ulbricht und Paul Scholz. Ulbricht legte die größeren politischen und gesellschaftlichen Zusammenhänge dar[78], Scholz ging näher auf die Musterstatuten ein[79]. Beide argumentierten vor allem mit den Möglichkeiten der Produktivkraftentwicklung im landwirtschaftlichen Großbetrieb. Für das kommende Jahr stellte Ulbricht eine Steigerung der einheimischen Produktion von Agrartechnik um rund 65 Prozent in Aussicht und erklärte, das ZK der SED wolle auch die Sowjetunion um größere Lieferungen von Landtechnik bitten. Die Stationen sollten schnell ausgerüstet werden. Der Großbetrieb erst biete die Chance für einen modernen Techniкeinsatz und für effektive Arbeitskraftnutzung durch kluge Arbeitsorganisation. Lehrmeister darin seien die Kollektivbauern in der Sowjetunion, erklärte Walter Ulbricht.

1.2.2. Die LPG-Musterstatuten

Der Forcierung der Kollektivierung entsprach die Korrektur in den allgemeinen Teilen der Musterstatuten. Sie war, wie erwähnt, bereits vor Konferenzbeginn vorgenommen worden.

Die Präambeln waren nun alle nach dem Beispiel des im Sommer entworfenen Musterstatuts für Typ 3 abgefaßt. Während es ursprünglich für Typ 1 und 2 hieß, „eine schnelle Steigerung der landwirtschaftlichen Produktion [...] kann erreicht werden, wenn die werktätigen Bauern und Landarbeiter zur genossenschaftlichen Produktion übergehen“, verbreiteten nun einleitend alle drei Musterstatuten die Gewißheit: „Zur Sicherung einer schnellen Steigerung der landwirtschaftlichen Produktion [...] gibt es nur einen Weg, den Weg der genossenschaftlichen Wirtschaft“; dies sei der Weg, „der die werktätigen Bauern und Landarbeiter zum Sozialismus führt“.[80] Alle Statuten verpflichteten nun die Mitglieder, nicht nur genossenschaftliches, sondern auch staatliches Eigentum zu behüten. Die entsprechenden Passagen wurden Scholz zufolge aus dem Entwurf für das Musterstatut Typ 3 in die Statutenentwürfe Typ 1 und 2 übernommen, weil das „besser die großen Ziele und Aufgaben der Produktionsgenossenschaften zum Ausdruck bringt“.[81]

Zugleich trat Ulbricht, indem er sich auf Meldungen aus einzelnen Dörfern bezog[82], übertriebenen Vorstellungen von Zentralisierung und Technisierung entgegen. Er stellte klar, daß die SED keine Erweiterung des staatlichen Agrarsektors in Angriff nahm und daß sie die agrarische Betriebsplanung und Betriebsmittelverwaltung *mit* den LPG-Bauern in Angriff nehmen wollte. Saatgut-, Futtermit-

[77] Siehe Entwurf eines Memorandums zur Vorbereitung der Konferenz, 29. 9. 1952.

[78] Siehe Stenographische Niederschrift der 1. Konferenz, Bl. 9–57; siehe auch Walter Ulbricht, Die Aufgaben und Perspektiven der landwirtschaftlichen Produktionsgenossenschaften, in: Erste Konferenz, S. 29–79. Nachfolgende Zitate stammen aus dieser Druckschrift.

[79] Siehe Stenographische Niederschrift der 1. Konferenz, Bl. 57–95, siehe auch Paul Scholz, Die Statuten der landwirtschaftlichen Produktionsgenossenschaften, in: Erste Konferenz, S. 83–116. Nachfolgende Zitate stammen aus dieser Druckschrift.

[80] Erste Konferenz, S. 246.

[81] Erste Konferenz, S. 88.

[82] Das Ministerium für LFW hatte die Landwirtschaftsabteilung beim ZK der SED mit Listen von Fragen und Beispielen aus den Kreisen ausgerüstet. Siehe BArch, DK 1, 1204, Bl. 23–25, 29–35.

tel- und Düngerbevorratung, Gerätewartung, Arbeitskräfteplanung, spezifische Fondsverwaltung und dergleichen müßten die LPG eigenständig leisten. Das wurde nicht etwa primär als Merkmal genossenschaftlicher Demokratie „verkauft“, sondern als volks- und betriebswirtschaftlich sinnvolle Entscheidung dargestellt. Ihre Beziehungen zu den MAS sollten die LPG vertraglich regeln.

Wie die Aktenüberlieferung des Ministeriums für LFW erkennen läßt, wurde noch nach der Konferenz und bis in das Jahr 1953 hinein behördenintern weiter diskutiert, wie weit die Sozialisierung gehen sollte. Fragen des Grundeigentums wurden unter volkswirtschaftlichen Aspekten erörtert. Offen war beispielsweise, ob auch nach Konstituierung einer LPG der ihr aus Staatseigentum überantwortete Boden zur Aufstockung des privaten Grundeigentums der Mitglieder, quasi zur außerordentlichen Reprivatisierung, verwendet werden durfte. Des weiteren war unklar, ob jetzt, da es rasch zur Erweiterung von LPG kommen sollte, nicht besser sämtliche Bodenreformflächen in gewöhnliches Volkseigentum zu überführen seien, womit einerseits der Sonderstatus des Bodenreformfonds als grundsätzlich reprivatisierbares staatliches Eigentum liquidiert wäre und andererseits die Vergabe von solchem Land an individuell arbeitende Bauern einem Pachtverhältnis gleichkäme.[83] Noch Ende Januar 1953 bestand Ulbricht ausdrücklich darauf, daß auch zum Umgang mit devastierten Flächen im Einzelfall entschieden wird.[84] – Das heißt, die Gestaltungsabsichten waren primär auf die Nutzung der Flächen gerichtet, eigentumsrechtliche Belange noch nicht ausdiskutiert. Ulbricht und Scholz hoben auf der Konferenz hervor, wichtigste Aufgabe der LPG sei die Erfüllung der Ablieferungspflichten. Daran hätten Bauern und Staat gemeinsam Interesse.

Auf der Konferenz mußten die drei Typen von LPG – diese Abkürzung fand noch immer äußerst selten Verwendung – nicht mehr vorgestellt werden. Zu Typ 1 (kollektive Nutzung von Ackerland), Typ 2 (kollektive Nutzung von Ackerland und Grünland sowie allen toten Inventars und des Zugviehs) und Typ 3 (kollektive Nutzung aller landwirtschaftlicher Nutzfläche, allen lebenden und toten Inventars; Verrechnung eines Pflichtinventarbeitrages) wurden aber auch keine Alternativen erörtert. Ulbricht kritisierte andere Lösungen, zu denen die Bauern vor Ort gefunden hatten, etwa die Einbeziehung von nur einer Hälfte der privaten Ackerfläche in die kollektive Nutzung, als Verletzung des Statuts, obgleich ein allgemein gültiges Musterstatut bislang gar keine Gesetzeskraft hatte.

Ulbricht und Scholz formulierten, noch bevor die Arbeit in den Kommissionen einsetzte, die Eckpunkte der statutarischen Gestaltung:

(1) Zum Bodenrecht:

Wie von Anfang an vorgesehen, sollte der in die LPG eingebrachte Boden Eigentum des Bauern bleiben. Ein Austritt hatte die Rückgabe gleichwertigen Bodens zur Folge. Dieses Konzept tangierte die formellen Eigentumsrechte nicht.

[83] Siehe Vermerk zum Bodenreformland, Ministerium für LFW, HA III, 17.12.1952, BArch, DK 1, 2968, Bl. 3, 5.

[84] Siehe Stenographische Niederschrift der Konferenz des ZK der SED mit den Ersten Kreis- und Bezirkssekretären in Berlin, 28.1.1953, SAPMO BArch, DY 30, IV 2/1.01-214, Bl. 168.

Es zielte auf die möglichst geschlossene, ununterbrochene und optimale Nutzung des Bodens durch die LPG. Diese Priorität unterstrichen die Hauptreferenten sehr deutlich.

Walter Ulbricht ließ aber auch keinen Zweifel daran, daß der in den Statuten seit Sommer enthaltene Passus zur Mitnahme des Pachtlandes in die LPG keiner Einschränkung unterlag. Die Behörden würden einer Aufhebung des Pachtvertrages mit einem Genossenschaftsmitglied nicht zustimmen und notfalls, so erklärte er, mit Kontrollratsgesetz Nr. 45 eine Zwangsverpachtung durchsetzen. Für Typ 3 hieß es besonders deutlich: „Die Pachtrechte gehen auf die Genossenschaft über." – Vor dem Hintergrund des geltendes Eigentumsrechts war das nicht unproblematisch, doch das geltende Pacht- und Nutzungsrecht schien ausreichend.[85]

In Ergänzung der ursprünglichen Musterstatuten der Typen 1 und 2 war nun auch, analog zu Typ 3, für die einfachen Zusammenschlüsse vorgesehen, daß landlose Landarbeiter vom Staat Boden erhalten könnten, um ihn einzubringen. Vorgesehen waren maximal 6 ha pro Familie (Diesen Zusatz bewilligte Stupov am 20. November). Die Musterstatuten sprachen allerdings höchst problematisch von Boden „aus dem staatlichen Bodenfonds oder von freien Bodenflächen, die von ihren ehemaligen Besitzern nicht mehr bearbeitet werden". Hier wurde, verbal nicht ausgeführt, auf die Verordnung vom 17. Juli 1952 Bezug genommen, und zugleich waren auch devastierte Wirtschaften im Sinne der Verordnung vom März 1952 unklar in den Blick genommen. Die bodenrechtlich komplizierte Situation im Umgang mit verlassenen Höfen von vor und nach dem Juli 1952 war also noch nicht behoben. Dies verunsicherte die Interessenten. Scholz versuchte zu beschwichtigen und erklärte, daß „die LPG mit dem früheren Eigentümer in keiner Weise etwas mehr zu tun hat".[86]

Indes, SED-Führung und SKK gingen auch jetzt nicht soweit, daß sie in Sachen Bodeneigentum die LPG niederen Typs mit dem Typ 3 völlig gleichstellen wollten. Nur für Typ 3 war formuliert, daß die Ländereien der Mitglieder zu einer einheitlichen großen Bodenfläche zusammengelegt werden; daß ein Verkauf des privaten Bodens durch ein Genossenschaftsmitglied nur innerhalb der LPG möglich ist; daß bei Austritt jener Teil des eingebrachten Landes, der dem Bodenreformfonds entstammt, ohne Entschädigung bei der LPG bleibt. Scholz begründete die Festlegung für das begrenzte Verkaufsrecht damit, daß Feinde der Genossenschaftsbewegung an einem Landkauf aus den LPG heraus gehindert werden müßten. In seinem Referat äußerte er sich zwar so, als gelte die Bestimmung für alle Typen von LPG. Doch war sie in den Musterstatuten für Typ 1 und 2 nicht ausgeführt und wäre mit Sicherheit von den Bauern so auch nicht angenommen worden. Rechtlich und rechtsgeschichtlich betrachtet waren alle diese Bestimmungen Bestandteile einer noch nicht abgeschlossenen Überformung juristischer Eigentumsrechte durch volkswirtschaftlich induzierte Nutzungsrechte.

[85] Noch im Januar 1953 galten Kontrollratsgesetz Nr. 45 und Pachtschutzordnung (letztere galt, von nazistischen Strukturen bereinigt, noch vom Jahr 1940 her) als ausreichend für den staatlichen Zugriff zur Zwangsbewirtschaftung durch die LPG. Siehe Stellungnahme des Ministeriums für LFW, 9. 1. 1953, BArch, DK 1, 2967, Bl. 14f.; Notiz o. D., ebenda , Bl. 44.

[86] Erste Konferenz, S. 91.

(2) Zur Arbeitsorganisation in der LPG und zum Verhältnis zu den MAS:

Ihre Ansichten dazu bildete die SED-Führung am sowjetischen Vorbild aus. Unbestritten war von Anfang an, daß sich eine LPG an einen zentral-staatlichen Anbauplan zu halten hatte, so wie das die Einzelbauern bislang und weiterhin auch tun mußten. Bindend waren die Ablieferungsbescheide. Zu den seit Sommer debattierten Bestimmungen in den Statutenentwürfen gehörte die Festlegung, daß über Arbeitsinhalte und -abläufe gemeinschaftlich, das heißt in der Mitgliederversammlung der LPG, entschieden wird. Eine Mindestanzahl an Arbeitseinheiten sollte für jedes Mitglied festgelegt werden. Für alle Typen hieß es nun, 150 Arbeitseinheiten (Arbeitstage) seien Pflicht. Nur ausnahmsweise sollten fremde Arbeitskräfte angestellt werden. Die LPG hatten nur als Stätten der Ausbeutung eigener Arbeitskraft einen volkswirtschaftlichen Sinn.

Während in den ersten Entwürfen für Typ 1 und 2 noch festgehalten war, daß die Mindestarbeitsleistung auch in Abhängigkeit von der „Menge des eingebrachten Bodens" festgelegt wird, galt dies nun nicht mehr (diese Veränderung wurde von Stupov am 20. November gebilligt). Vermutlich ging die Veränderung nicht auf die Haltung der Bauern selbst zurück, sondern war eine Entscheidung von außen. Jedenfalls sahen die nun vorgestellten Musterstatuten weitgehend ab von einer arbeitsorganisatorischen Bindung an das nach wie vor bestehende private Bodeneigentum. Der Mindestarbeitsanteil sollte für alle LPG-Bauern gleich sein, auch um den Einsatz der Arbeitskräfte besser koordinieren zu können. Die Verrechnung der Arbeitsleistungen wurde damit ebenfalls einfacher. Außerdem wollte man Mittelbauern durch hohe Arbeitspflicht nicht verschrecken. Zugleich bestand über eine anteilmäßige Verteilung der Einkünfte entsprechend den Bodenflächen ein eigentumgestütztes Verwertungsinteresse fort, so jedenfalls war die Überlegung.

Bei allen Arbeiten sollte weitestgehend MAS in Anspruch genommen werden. In Typ 1 war eine genossenschaftliche Nutzung der privaten Technik der Mitglieder gegen Bezahlung erlaubt, jedoch zu niedrigstem Tarif. LPG und Leihstation sollten Jahresverträge abschließen. Neu war (von Stupov am 20. November gebilligt): Alternativ zu Geldzahlungen konnten die MAS auch Naturalien als Entgelt entgegennehmen. Diese Regelung kam aus der Sowjetunion. Die SKK hatte bereits in den Jahren zuvor – erfolglos – versucht, sie auf die DDR zu übertragen. Daß sich die deutschen Stellen nun auf ein solches Verfahren einließen, ist nur mit Versorgungsproblemen zu erklären.[87] In den LPG-Gesetzen wurde der Naturaltarif aber nicht festgeschrieben, sondern als Möglichkeit formuliert.

Zur Bindung an den Staat – über die Planung, die vertragliche Technikbereitstellung, staatlich gelenkte Saatgut- und Düngerbereitstellung sowie staatliche Erfas-

[87] Berechnungen für einen Naturaltarif legte das Landwirtschaftsministerium bereits Anfang August 1952 vor. Man ging von der sowjetischen Erfahrung aus, daß er maximal 20 Prozent des Ernteertrages ausmachen darf. Offen war damals noch, ob, wenn überhaupt, der Naturaltarif zusätzlich zum Ablieferungssoll erhoben werden soll, quasi anstelle der bislang üblichen Geldzahlungen an die MAS, oder ob der Naturaltarif vom Soll abgesetzt werden soll. MAS-Tarife und Ablieferungssoll waren beides Zahlungen an den Staat (siehe BArch, DK 1, 1801, Bl. 15-17). Im November forderte das Politbüro von der Landwirtschaftsabteilung des ZK eine neue Vorlage (siehe Sitzungsprotokoll des Politbüros des ZK der SED am 18. 11. 1952, SAPMO BArch, DY 30, IV 2/2-246, Bl. 2). Sie ist nicht überliefert.

sung und Aufkauf von Agrarprodukten – sahen die LPG-interessierten Bauern keine Alternativen. Dies ist verständlich, wenn man bedenkt, daß es ja gerade die bislang unwirtschaftlich Arbeitenden waren, die in den Genossenschaften ihre Zukunft sahen und an gesicherter Zuführung von Produktionsmitteln sowie an einem gesicherten Absatz interessiert waren. Zugleich waren die Produktionsgenossenschaften aus Sicht des Zentralstaates Einrichtungen zu seiner betriebswirtschaftlichen Entlastung, wenn nur die betriebliche Rechnungsführung gelang. Das „Scharnier" in diesem Verhältnis zwischen dem Staat als Eigentümer und Unternehmer und dem lokalen agrarischen Gemeinschaftsunternehmen stellten die MAS mit ihrem politisch agierenden Kern, den Politischen Abteilungen, dar. Diese Staatsbetriebe sollten nicht nur die wichtigsten Vertragspartner sein, sondern unmittelbar lenkend auf Produktionsabläufe einwirken (in erster Linie durch Beherrschung wichtigster zeitlicher Abläufe, aber auch durch die von ihnen nun übernommene agronomische Beratung) sowie politischen Einfluß ausüben.

Daß Walter Ulbricht am 5. Dezember 1952 in seinem Referat kommentarlos den Namen dieser Institution änderte, indem er den des sowjetischen Vorbildes aus der Kollektivierungsperiode „MTS" („Maschinen-Traktoren-Station") aufgriff, war nur konsequent.[88] In der Sache waren die MAS – nach den Reformen von 1949 und 1950 und nach der Einrichtung Politischer Abteilungen – tatsächlich nun weitgehend „sowjetisiert". Sie hatten in den Augen der SED-Führung eine größere Bedeutung als die SED-Parteiorganisationen gewonnen, die nach dem Beschluß des Sekretariats des ZK vom 16. Oktober möglichst in allen LPG gegründet werden sollten.[89] Die Quellen lassen den Eindruck entstehen, die Umbenennung in MTS war – ähnlich wie die Verkündung des Aufbaus des Sozialismus auf der 2. Parteikonferenz der SED – ein Vorstoß Ulbrichts, für den er bestenfalls das mündliche Plazet eines führenden SKK-Mitarbeiters eingeholt hatte.

Daneben kam eine weitere sowjetische Institution zur Sprache. Sie war von der SED-Führung bereits genutzt worden: die Patenschaft eines Industriebetriebes über eine LPG. Sie sollte unkonventionelle, rasche materielle und organisatorische Hilfe ermöglichen, wo Planungs- und Verwaltungsbehörden zu träge waren. In die Statuten flossen solche Beziehungen nicht ein. Ebenfalls noch nicht fixiert war der Produktionswettbewerb. Auf der Konferenz hatte man bereits eine spezielle Kommission eingerichtet, die einen Vorschlag zum sozialistischen Wettbewerb erörterte. Der war angeblich von der LPG „Fortschritt" in Kattersnaundorf, Kreis Delitzsch, gekommen. Für solchen Enthusiasmus war der Boden jedoch noch nicht bereitet. Die Konferenz regte die Schaffung von Wettbewerbskommissionen bei den Räten der Kreise und Bezirke an, die solche Wettbewerbe vorbereiten soll-

[88] Zum Namenswechsel gibt es weder sowjetische noch deutsche Quellen, die die Entscheidung aufhellen. Als Stupov am 20. 11. 1952 die letzten Fassungen der LPG-Musterstatuten billigte, war in ihnen noch „MAS" geschrieben. Bis zum 4. 12. 1952 war auch in der Presse noch von MAS die Rede, etwa in einem Leitartikel im *Neuen Deutschland* vom 3. 12. 1952, S. 1, unter dem Titel „Zu den Aufgaben der Politischen Abteilungen der MAS". Auf der Konferenz selbst wurde eine „Kommission zur Mechanisierung und zu den MAS" gebildet, als „Kommission zur Mechanisierung und zu den MTS" beschloß sie ihre Arbeit. In den Texten zur Tagung wurden erst bei Drucklegung alle „MAS" durch „MTS" ersetzt, ungeschickterweise auch in Passagen zur Zeit vor 1952.

[89] Siehe Protokoll der Sekretariatssitzung am 16. 10. 1952, SAPMO BArch, DY 30, 2/3-332, Bl. 7.

ten. Die Regierung unterstützte dies am 19. Dezember und beauflagte das Agrarministerium, Richtlinien zu erarbeiten.

(3) Zur Mitgliedschaft und zu den Einkünften der Mitglieder:

In Abänderung der ersten Entwürfe für LPG Typ 1, 2, und 3 war die Mitgliedschaft in der LPG nun von einem Alter von 16 Jahren an zulässig (zuvor galt die 18-Jahr-Grenze, die Änderung bewilligte Stupov am 20. November). In dieser Bestimmung glichen die Statuten dem sowjetischen und den volksdemokratischen Vorbildern. Der reale Vorteil bestand darin, daß auch minderjährige Mitglieder geworben werden konnten. Mancherorts boten sich junge Erben von Großbauern an; auf sie wurde das Verdikt über „Schieber und Spekulanten" ausdrücklich nicht bezogen, „wenn sie sich mit ihrem Vermögen und Boden von den Eltern getrennt haben". Diese Entscheidung war bereits im Sommer für den Entwurf zu Statut Typ 3 aus dem sowjetischen Kolchosstatut übernommen worden und gelangte nun als „Bemerkung" auch in die Statuten zu Typ 1 und 2. Das Erbrecht der DDR entsprach zwar den Bestimmungen des Bürgerlichen Gesetzbuches und ließ eine Vorwegnahme des Erbes gegen den Willen des Erblassers nicht zu, doch wenn ein Großbauernbetrieb die Voraussetzungen für die Einleitung von Zwangsmaßnahmen bot, konnte ein Teil des Bodens an einen Erben nach Kontrollratsgesetz Nr. 45 zwangsverpachtet werden, damit dieser mit dem Boden in die LPG eintrat. Im Landwirtschaftsministerium dachte man zu jener Zeit über ein Gesetz nach, das es erlauben würde, statt diesem ungünstigen Pachtrecht ein Eigentumsrecht für Erben zu fixieren. Auch dies belegt, wie wichtig es der SED – bei aller Priorität von Nutzungsrechten – war, das Bodeneigentum der LPG-Mitglieder zu erhalten.[90]

Um die Mitgliedschaft zu erleichtern, wurden nun (nach Billigung durch Stupov am 20. November) auch die Eintritts- und Inventarbeiträge so gestaltet, daß eine Familie, sprich ein Familienbetrieb, nur einmal belastet wurde. Wollten mehrere Personen aus einer Familie Mitglied der LPG werden, so sollten Beiträge nur von dem Mitglied erhoben werden, das den Boden einbringt. Für die einfachen Typen von LPG war die Neuerung unwesentlich, da der Eintrittsbeitrag nur 5 DM betrug. Indes, bei Typ 3 bedeutete die Einmalzahlung des Inventarbeitrages, einer – neben dem Eintrittsbeitrag angestellten – Verrechnung des Wertes allen eingebrachten toten und lebenden Inventars, eine Verbesserung gegenüber dem alten Statutenentwurf, insbesondere für wirtschaftsstarke Einlieger. Für die Höhe des Inventarbeitrages hatte man auch einen neuen Orientierungswert fixiert: nicht 100-700 DM/ha Bodenfläche, wie noch im Sommer formuliert, sondern „in der Regel mindestens 500 DM/ha." Damit wurde ein überdurchschnittlicher Wert für die eingebrachten Produktionsmittel festgelegt. Stupov sorgte noch in der letzten Arbeitsphase am Statut für LPG Typ 3 dafür, daß Landarbeiter vom Inventarbeitrag nicht freigestellt wurden. Indem er durchsetzte, daß sie beim LPG-Eintritt wie landbesitzende Bauern zu behandeln sind, konnte er sie rechtlich gleichstellen und dennoch verhindern, daß sie zu sehr belastet wurden. Der Grundsatz lautete: Inventarbeitragszahlung für alle, entsprechend eingebrachten Werten.[91]

[90] Siehe Vermerk zur Herausnahme von Grundstücken aus dem elterlichen Grundbesitz, Ministerium für LFW, 17.11.1952, BArch, DK 1, 2967, Bl. 11-13.

[91] Schreiben Stupovs an Semičastnov, 20.11.1952, AVP RF, fond 458, opis' 73 ns, papka 260, delo 5, listy 434–436, hier list 436.

Ein Teil der Einkünfte einer LPG sollte den Bauern in *Abhängigkeit vom eingebrachten Boden* ausgezahlt werden. Die SED argumentierte, der individuell eingebrachte Wert müsse als Leistungsstimulus wirken; damit hob sie sich vom aktuellen Trend der Entwicklung in den Volksdemokratien ab und griff auf Erfahrungen aus deren anfänglicher Genossenschaftsentwicklung zurück. In den Musterstatuten für die Typen 1, 2 und 3 war vorgegeben, daß jener Anteil am Reineinkommen der Genossenschaften (Agrarprodukte und/oder Geldeinnahmen), der entsprechend den eingebrachten Bodenanteilen an die Mitglieder verteilt wird , 40 (Typ 1), 30 (Typ 2) und 20 (Typ 3) Prozent betragen soll. Andere Verhältnisse waren unzulässig. Ausschließlich nach Arbeitsleistung konnte die Verteilung der Naturalien und Geldeinkünfte auf Beschluß der Mitgliederversammlung nur in LPG Typ 3 erfolgen, und auch nur dann, wenn sich in der LPG ausschließlich vom Staat zugewiesener Boden befand oder wenn alle Mitglieder gleichgroße Flächen einbrachten. Um die Verteilung nach eingebrachter Bodenfläche durchsetzen zu können, wurde festgelegt, daß auch landlose Bauern und Landarbeiter unbedingt ein Bodenstück von maximal 6 ha aus einem staatlichen Fonds zugesprochen bekommen, sobald sie einer LPG beitreten. Das war eine Neuerung gegenüber den ersten Entwürfen zu Typ 1 und 2 und resultierte aus der Arbeit am Musterstatut Typ 3. Diese Neuerung (bewilligt von Stupov am 20. November) belegt, daß nun verstärkt nach Interessenten gesucht wurde. Das Potential der interessierten Klein- und Mittelbauern genügte den neuen Plänen nicht mehr. Auch der erwähnte Zusatz zum Statut Typ 3, daß unter Umständen ausschließlich nach Arbeitsleistung entlohnt werden darf, bezeugt: Es entstanden immer mehr LPG aus Bauern, die zuvor kein Land besaßen. Entweder nutzte die LPG dann staatseigenes Land über einen Pachtvertrag oder aber es gelang, allen künftigen Mitgliedern zum Zweck des LPG-Eintritts gleichgroße neue Stellen aus dem Bodenreformfonds zu übereignen.

Für die *nach Arbeitsleistung* ausgezahlten Anteile an den Einkünften wurde ein Verrechnungssystem gesucht. SED-Führung und staatliche Verwaltung empfahlen das in der UdSSR und in den Volksdemokratien übliche Verfahren der Verrechnung über Tagewerke. Die deutsche Variante hieß „Arbeitseinheit", war aber auch eine auf eine fiktive Tagesarbeitsnorm ausgerichtete Maßeinheit. Vorauszahlung war möglich, weil unumgänglich. Im Dezember 1952 trennte man sich jedoch von einer Zahlenvorgabe (ursprünglich ließ Typ 3 maximal 50 Prozent der geplanten Arbeitsleitung als Vorschußzahlung zu). Feste Löhne und anderes, etwa wechselseitige Verrechnungen von Arbeitsstunden, waren unzulässig, wie Walter Ulbricht unter anderem am Beispiel der Genossenschaft in Kunrau erklärte. Er faßte zusammen: Ein LPG-Mitglied erhält keinen Lohn, sondern ein Arbeitsentgelt.[92]

Den LPG-Bauern leuchtete ein Verrechnungssystem durchaus ein, das natürliche Bodenverhältnisse, Technisierungsgrad und die Art der Bodenbearbeitung bzw. Tierpflege berücksichtigte. Ulbricht forderte, bei der Normierung solle man im Betriebsinteresse entscheiden. Unbestritten blieb, daß das Soll und die Zahlungen an die staatlichen Leihbetriebe abgegolten sein mußten, bevor Einkünfte an die LPG-Mitglieder verteilt würden. Außerdem waren die unteilbaren Fonds un-

[92] Siehe Erste Konferenz, S. 57f.

bedingt zu bedienen. Der unteilbare Fonds in Typ 1 und 2 sollte jährlich mit 5 Prozent der Ernte und der Geldeinkünfte gespeist werden. Für Typ 3 hatte man die Vorlage korrigiert von 7 auf 6 Prozent.

Die vorgelegte Musterbetriebsordnung für LPG bestimmte nicht nur die Mindestarbeitszeit. Sie sah die Prämierung guter Leistung vor und empfahl andererseits auch Strafen für Verletzungen der Arbeitsdisziplin. Der LPG-Mitgliederversammlung wurde hier entscheidende Kompetenz eingeräumt. Entsprechend sowjetischer und volksdemokratischer Erfahrung sollten zur Verbesserung der Arbeitsdisziplin kleine Gruppen für bestimmte Bereiche verantwortlich sein, etwa die Brigaden für je ein Feld, einen Stall oder ein Produkt während mehrerer Vegetations- oder Zuchtperioden. Die Produktionsmittel waren in persönliche Verantwortung zu geben, der Produktionsplan war auf diese Brigaden aufzuschlüsseln. Dieses Verfahren wurde von den künftigen LPG-Mitgliedern akzeptiert, kam es doch bäuerlichen Haltungen entgegen. Die wirklich problematischen Zusammenhänge, etwa hinsichtlich der Entscheidungsgewalt des Brigadiers über die Arbeitsabläufe oder der Normierung der Arbeitsleistung, waren noch kaum zutage getreten. Das Einverständnis der LPG-Bauern beruhte auf Erfahrungsdefiziten.

Die Musterbetriebsordnung gab auch den Rahmen für die interne Regelung des Verhältnisses zwischen Gemeinschaftsbetrieb und individueller Hauswirtschaft vor. Sie enthielt Passagen zum Arbeitsschutz und zur Sozialbetreuung, insbesondere zum Mutterschaftsschutz und zur Frauen-Weiterbildung. Die Betriebsordnung verpflichtete den Vorstand, „kulturelle Massenarbeit“ zu organisieren. Damit ähnelte sie teilweise einem Betriebskollektivvertrag, ersetzte ihn aber nicht. Ein Bezug zum Landarbeiterschutzgesetz wurde nicht hergestellt, was nicht verwundert, räumte die Betriebsordnung doch zum Beispiel Arbeitszeiten ein, die für Landarbeiter in privaten Wirtschaften unzulässig waren.

Die Betriebsleitung oblag laut Statut einem Vorstand, gewählt für ein Jahr. Die Geldgeschäfte prüfte eine Revisionskommission. Beide Einrichtungen waren der Vollversammlung rechenschaftspflichtig. Die Buchhaltung wurde nach sowjetischem Vorbild strukturiert,[93] was angesichts der übernommenen Arbeitsorganisation nur folgerichtig war. „Lernen wir von den Bauern der Kollektivwirtschaften der Sowjetunion, auf neue Weise zu wirtschaften!“, lautete eine der Losungen der Konferenz.

Die 1. Konferenz der LPG-Vorsitzenden verabschiedete die Dokumente entsprechend den Vorgaben. Am 19. Dezember 1952 trug eine Abordnung der Konferenz die Beschlüsse offiziell der DDR-Regierung vor und bat um Annahme als Verordnungen. Ohne Veränderungen wurden sie verabschiedet.[94] Damit waren in der DDR die rechtlichen Grundlagen für die Bildung von LPG nach einheitlichen Mustern gelegt. Die Zustimmung des Landwirtschaftsministers zur Registrierung eines jeden Genossenschaftsstatuts wurde nicht mehr benötigt.

[93] Siehe Protokoll der Sekretariatssitzung am 23.10.1952, SAPMO BArch, DY 30, J IV 2/3-334, Bl. 3.

[94] Protokoll der Ministerratssitzung am 19.12.1952, BArch, DC 20, I/3-161. Bekanntmachung von Beschlüssen zur Förderung der Arbeit der LPG, 29.12.1952, in: GBl. 1953, S. 1–14.

Bereits im November 1952 war entschieden worden, mit einer dreimonatigen Schulung für LPG-Vorsitzende zu beginnen. Kurse für Buchhalter wurden geplant, Agronomen sollten auf die neuen Aufgaben vorbereitet werden. Die zuständigen Kreisbehörden wurden dort, wo mehr als 15 LPG existierten, personell erweitert. Zum Zeitpunkt der Regierungsbeschlüsse war bereits ein regelrechtes Schulungsprogramm erarbeitet. Es sah Fachausbildung und politische Schulung vor. Ende Januar öffnete ein Institut für Politische Leiter der MTS seine Tore.[95] Die SKK-Agrarexperten, die bereits vor der Konferenz wiederholt darauf aufmerksam gemacht hatten, daß in erster Linie die politische Arbeit in MAS und LPG verbessert werden müsse, entwarfen das Schulungssystem und lieferten auch wichtige Argumente für die Propaganda in den Dörfern. Walter Ulbricht war bei der Vorbereitung seines Referats für die 1. Konferenz der LPG-Vorsitzenden auf Stalins Rede vom Januar 1933 „Über die Arbeit auf dem Lande" hingewiesen worden.[96] „Es kommt vor allem darauf an, wer an der Spitze der Kollektivwirtschaften steht und wer sie leitet"[97], zitierte er daraus. Der Bedeutung von MTS-Leitern, Politarbeitern, Agronomen und Technikern entsprechend wurden Gehaltsaufstokkungen um 75 Prozent erwogen.[98] In den LPG war zwar nur bedingt auf die Wahl des Vorsitzenden Einfluß zu nehmen, doch über die Kadervorauswahl für MTS-Politabteilungen verständigte man sich im SED-Parteiapparat recht bald.[99] Die Regierung der DDR beschloß, die Verwaltungen der Bezirke, Kreise und Kommunen im Interesse einer größeren Hilfe für die LPG umzubauen. Beiräte für Fragen der LPG wurden gebildet.[100] An der Spitze des Ministeriums für LFW war von nun ab ein weiterer Staatssekretär für LPG zuständig.[101] Ulbrichts Versprechen, daß durch Organe der Partei und des Staates „nicht von außen her in die Produktionsgenossenschaft hineinkommandiert werden kann"[102], war haltlos geworden.

95 Siehe *Freie Erde* (Zeitung der SED-Bezirksleitung Neubrandenburg), 29. 1. 1953.
96 Siehe Materialsendung an Ulbricht, 18. 11. 1952, AVP RF, fond 0457a, opis' 13, papka 66, delo 1, listy 132f.
97 Erste Konferenz, S. 68.
98 Siehe Protokoll einer Besprechung im Staatssekretariat Siegmund, 6. 11. 1952, BArch, DK 1, 1826, Bl. 1–4.
99 Siehe Protokoll der Sekretariatssitzung am 22. 12. 1952, SAPMO BArch, DY 30, J IV 2/3-351, Bl. 2.
100 Siehe Beschluß über die Aufgaben der Verwaltungsorgane, Protokoll der Ministerratssitzung am 19. 12. 1952, BArch, DC 20, I/3-161, Bl. 204–206.
101 Die SKK hatte vorgeschlagen, künftig zwei Staatssekretäre im Agrarministerium zu beschäftigen. Beide sollten zugleich je eine Hauptverwaltung leiten. Das SED-Politbüro schlug dagegen vor, einen Staatssekretär ohne zusätzliche spezielle Zuständigkeit und eine weitere Person im Range eines Staatssekretärs zugleich als Leiter der Hauptverwaltung LPG und MTS einzustellen (siehe Schreiben Ulbrichts an Čujkov, 28. 1. 1953, AVP RF, fond 458, opis' 366, delo 1, list 100). Der neue Strukturplan sah dann letztlich nur einen Staatssekretär vor (siehe Protokoll der Sitzung des Präsidiums des Ministerrates am 12. 2. 1953, BArch, DC 20, I/4-5).
102 Erste Konferenz, S. 67.

Die Entstehung von LPG in der DDR 1952 nach internen Meldungen der SKK[103]

Mit Stand vom	Anzahl der gegründeten LPG (Initiativgruppen)	Anzahl der zusammengeschlossenen Bauernwirtschaften	Anzahl der LPG-Mitglieder	Größe der zusammengeschlossenen Bodenfläche
05.08.1952	67 (330)	823		7057 ha
14.08.1952	100	1189	1524	9331 ha
01.09.1952	227	2516		19387 ha
15.09.1952	534 (167)	5742		43405 ha
25.09.1952	622 (129)	6363		48205 ha
30.09.1952	704 (129)	7336		56964 ha
15.10.1952	858 (210)	8703		68044 ha
28.10.1952	1019 (234)	10283		81656 ha
30.11.1952	1335	13747		113749 ha
10.12.1952	1409	14356	23220	119253 ha
15.12.1952	1480	15689	25201	129700 ha

[103] Gemeint sind die durch Vorlage von Gründungsprotokollen und Statuten bei den Kreisräten gemeldeten, nicht aber die vom Ministerium für Land- und Forstwirtschaft bestätigten Genossenschaften. Die Zahl letzterer war erheblich kleiner. Beispielsweise hatte das Ministerium zum 1.9.1952 von 227 Statuten erst 190 bestätigt, zum 25.9.1952 von 622 erst 414. Quellen: Meldungen zum Verlauf der Genossenschaftsbildung in der DDR, von Stupov an die Leitung der SKK, AVP RF, fond 458, opis' 73 ns, papka 260, delo 5; papka 261, delo 8. Die Angaben bauten auf Meldungen des DDR-Landwirtschaftsministeriums auf.

2. Agrarpolitik und Krisengenesis

2.1. Die Aufgaben der Landwirtschaft

2.1.1. Die Planerfüllung 1952

Als Otto Grotewohl und Walter Ulbricht Mitte Oktober 1952 nach Genesungsurlaub und Teilnahme am XIX. KPdSU-Parteitag wieder in ihre Ämter zurückgekehrt waren, begannen sich SED-Politbüro und Regierung auch intensiver mit Vorarbeiten für den Volkswirtschaftsplan 1953 zu befassen. Die im Juli besprochenen Kontrollkennziffern waren nicht mehr aktuell. Auch zur Landwirtschaft stellten sich einige Fragen ganz neu.

Die volkswirtschaftlichen Planungen der SED gingen in mehrere Richtungen. Erstens mußten unter sowjetischem Druck die geforderten Sparmaßnahmen erörtert und umgesetzt werden. Die SED-Führung entschloß sich zunächst zu einigen ersten Schritten in diese Richtung. Die unlängst eingerichtete „Kommission für strenge Sparsamkeit“[104] bereitete Kürzungen vor, die bald angekündigt wurden.[105] Mitte November waren Vorschläge für ein Sparprogramm Gegenstand von internen Beratungen, wobei man einiges aus Sitnins Programm aufgriff.[106] Am 2. Dezember beschloß das Politbüro definitiv: Weihnachtsgratifikationen für Arbeiter und Angestellte fallen weg[107], Kulturausgaben werden gekürzt.[108] Mißbrauch zum Schaden der Volkswirtschaft mache Kürzungen bei den Sozialversicherungen notwendig, hieß es.[109] Das SED-Politbüro griff auch die Vorschläge Sitnins auf, ab 1. Januar 1953 einige Rohstoffpreise zu erhöhen, und rechnete sich aus, Subventionen sparen zu können.[110] Kredite für die Landbevölkerung standen zur Disposition. Zugleich hielt die SED-Führung an einigen wenigen Stützungen fest. Überhaupt schreckte sie vor dem geforderten Sozialabbau noch zurück, insbesondere dort, wo sozialpolitische Leistungen für Arbeiter dem Rotstift zum Opfer fallen sollten.

Eine zweite Gruppe wirtschaftspolitischer Entscheidungen betraf entstehende Versorgungsengpässe bei Lebensmitteln. Diese hatten ihre Ursachen in verschiedenen volkswirtschaftlichen Zusammenhängen.

104 Siehe Beschluß zur Bildung einer Kommission für strenge Sparsamkeit beim Ministerrat, Protokoll der Politbürositzung am 14. 10. 1952, SAPMO BArch, DY 30, IV 2/2-238, Bl. 5, 33–41.

105 Siehe Lehren des XIX. Parteitages, S. 170–174.

106 Siehe Protokoll der Politbürositzung am 14. 11. 1952, SAPMO BArch, DY 30, IV 2/2-245, Bl. 2.

107 Siehe Stellungnahme des Politbüros zur Gewährung von Sonderprämien zum Jahresende, 2. 12. 1952, Dokumente der SED, Bd. IV, S. 193–195. Statt Jahresendprämien für alle Arbeiter (Gesamtkosten 135 Millionen M) sollten an ausgewählte plantreue Betriebe und dort gezielt an diszipliniert und gut arbeitende Arbeiter und Angestellte Leistungsprämien gezahlt werden (Gesamtkosten 80 Millionen M). In einer Stellungnahme warnte die SKK-Wirtschaftsabteilung vor Unzufriedenheit unter Arbeitern. Sie hatte Streiks und Protestaktionen registriert Einen Gegenvorschlag reichte sie aber nicht ein. Siehe Stellungnahme Chomjakovs zum Regierungsbeschluß vom 4. 12. 1952, 15. 12. 1952, AVP RF, fond 458, opis' 73 ns, papka 261, delo 8, listy 387–389.

108 Siehe Protokolle der Politbürositzungen am 11. 11. und 2. 12. 1952, SAPMO BArch, DY 30, IV 2/2-244, Bl. 3; -250, Bl. 7, 83.

109 Siehe *Neues Deutschland*, 2. 11. 1952.

110 Siehe Protokoll der Politbürositzung am 2. 12. 1952, Bl. 5; siehe auch Stellungnahme des Politbüros zur Preispolitik, 2. 12. 1952, in: Dokumente der SED, Bd. IV, S. 196–198.

Den gesamten Sommer und Frühherbst über war abzusehen gewesen, daß die Pläne für die staatliche Erfassung von Agrarprodukten 1952 nicht erfüllt werden würden.[111] Das lag nicht an der Entstehung von LPG. Die Fehlmengen resultierten zum Teil aus ungünstigen klimatischen Verhältnissen, einem frostigen Frühjahr und einem sehr trockenen Sommer.[112] Es kam zu erheblicher Ertragsminderung bei Getreide und Futterpflanzen, schließlich noch zu einer extremen Mißernte bei Gemüse und Hackfrüchten. Im staatlichen Fleischaufkommen mußte ebenfall ein erheblicher Verzug konstatiert werden. Er veranlaßte SPK-Chef Rau, der obendrein Importschwierigkeiten sah, in einer Art Alleingang und entgegen einem Regierungsbeschluß, die für das 1. Quartal des Jahres 1952 festgelegte Fleischmenge für den HO-Verkauf von 45 000 t auf 25 000 t zu reduzieren. Diese Plankorrektur hielt der Staatssekretär im Handelsministerium Bänder für den Weg des geringsten Widerstandes, der die Fleischversorgung der Bevölkerung nur gefährdete. SKK-Experte Matveev teilte die Sorge.[113] Kurzfristig entspannte sich die Lage. Der Aufkauf von Schlachtvieh (Rindern) und Eiern lief vergleichsweise gut, so daß die Aufkaufpläne wieder aufgestockt wurden und Zuschüsse zum Preisausgleich nötig wurden. Die Aufkaufpreise bei Schlachtvieh wollte man möglichst nicht erhöhen.[114] – Dies alles brachte viel Durcheinander in die Arbeit der Erfassungs- und Handelseinrichtungen.

Hinzu kam, daß infolge der Auflösung der Länderbehörden der gesamte volkseigene Erfassungs- und Aufkaufapparat umstrukturiert (und zuvor kostspielig liquide gemacht) werden mußte. Die VEAB in Umbildung waren restlos überfordert. Das stellte sich am 25. September in einer Regierungssitzung heraus, in der aus den Bezirken Neubrandenburg und Potsdam Berichte über den Stand der Planerfüllung in Erfassung und Aufkauf gegeben wurden. Die Vertreter dieser Bezirke berichteten über Abgabenrückstände und Abgabenbetrug vor allem bei Großbauern und kritisierten, daß es vielerorts „Erscheinungen des Zurückweichens vor ablieferungsfeindlichen Großbauern“ gab.[115] Doch die Kritik hielt sich immer noch im bekannten Rahmen. Daß die Ablieferungsmengen aufgrund von reduzierten Ablieferungsverpflichtungen für LPG-Mitglieder um 10 Prozent (in Einzelfällen auch um mehr) zurückgehen würden, war kein Thema, denn das geringe Ausmaß der Genossenschaftsbildung mußte solche Befürchtungen noch nicht aufkommen lassen.

Ende Oktober mahnte die SKK in einem Memorandum: „Der staatliche Plan der Erfassung und des Aufkaufs landwirtschaftlicher Erzeugnisse wird unbefriedi-

111 Dies wurde auch von der SKK registriert, siehe AVP RF, fond 458, opis' 314s, papka 281, dela 7, 9.

112 Siehe Schreiben Schröders an Leuschner (SPK-Vorsitzender), 18. 8. 1952, BArch, DK 1, 150, Bl. 388f.

113 Siehe Meldung Matveeves an Semenov über Probleme im Ministerium für Handel und Versorgung, 18. 2. 1952, AVP RF, fond 457, opis' 13, papka 71, delo 31, listy 28f.; Meldung Matveeves an Semenov über die Versorgung mit Fleisch und Öl im 1. Quartal 1952, ebenda , listy 39–42; Entwurf von Empfehlungen an die deutschen Organe zu Fragen der Landwirtschaft (Kurzfassung), 14. 4. 1952, AVP RF, fond 457 a, opis' 13, papka 71, delo 36, listy 106–112.

114 Siehe Protokoll der Sekretariatssitzung am 22. 9. 1952, SAPMO BArch, DY 30, J IV 2/3-326, Bl. 7.

115 Siehe Protokoll der Ministerratssitzung am 25. 9. 1952, BArch, DC 20, I/3-136, Bl. 5f., 47–80, hier Bl. 77.

gend erfüllt. Besonders schlecht erfüllt wird der Plan der Erfassung von Fleisch, Ölsaaten, Kartoffeln und Gemüse." Es fehlen fast 77 000 Tonnen Fleisch in der Erfassung und fast 113 000 Tonnen im Aufkauf, lautete die Bilanz zum 1. September. Rückstände bestünden noch aus dem Vorjahr. „Wir erachten es für zweckmäßig, sich mit dieser Frage ernsthaft zu befassen", mahnte die SKK. Was ihr besonders mißfiel: „Ein Teil der Bauern, besonders von denen mit 20 ha und mehr Boden, erfüllt systematisch die Verpflichtungen gegenüber dem Staat nicht und bleibt unbestraft, da die vom Gesetz vorgesehenen Maßnahmen nicht zur Anwendung kommen."[116] Die SKK riet, den Aufkaufpreis für Ölsaaten zu erhöhen, damit mehr angeboten würde. Im übrigen machte sie auf Verzüge beim Lebensmittelimport aufmerksam.[117]

Der natürlich bedingte Ertragsverlust spielte in der sowjetischen Argumentation keine Rolle. Auch nicht, daß wegen Devisenknappheit, neuer Rohstoff-Forderungen in der Industrie und „wichtiger Regierungsaufträge" die geplante Düngemittelmenge 1952 erheblich reduziert wurde[118], was den DDR-Landwirtschaftsminister zu einem Schreiben an Stupov veranlaßt hatte. Darin zeigte er Mängel der Herbstbestellung auf und machte deutlich, daß 1953 unbedingt ausreichend chemischer Dünger geliefert werden müsse.[119] Stupov griff den Hinweis auf – trotz erheblicher Kosten für Preisstützungen.[120] Er empfahl der SKK-Leitung, die DDR-Regierung darin zu bestärken, die Düngerproduktion und den Import entsprechend dem Fünfjahrplan im nächsten Jahr zu sichern.[121]

Die sowjetische Bewertung der Erfassung ließ unberücksichtigt, daß der Anbauplan 1952 nicht der realen Ackerfläche entsprochen hatte. Waren 1951 durch die Bodennutzungserhebung noch 5 027 503 ha Ackerfläche ermittelt worden, so sah der Anbauplan 1952 illusorisch 5 108 000 ha vor. Selbst durch Grünlandumbruch konnte das nicht erreicht werden. Im Vergleich zum Plan war dann die real bestellte Fläche 1952 noch geringer und mit 5 026 722 ha kleiner als im Jahr 1951.[122] Die SKK bestand auf Plantreue.

Im November 1952 wurden die großen Rückstände bei der Erfassung von tierischen Agrarprodukten noch deutlicher. Jetzt fielen auch die abgabensäumigen LPG auf, doch die Regierung stellte fest, daß hier nicht Abgabenboykott, sondern erneut ein Versagen des staatlichen Apparates die Ursache sei. Viele LPG hatten noch keinen verbindlichen Abgabenbescheid inklusive zugesicherter Reduzierung

116 Memorandum, o. D., Abschrift vom 21. 10. 1952, SAPMO BArch, NY 4090, 316, Bl. 162.

117 Siehe Protokoll einer Sitzung beim Stellvertreter des SKK-Vorsitzenden Maširin am 24. 11. 1952, AVP RF, fond 458, opis' 82, papka 280, delo 4, listy 578–580, hier listy 578f.

118 Wie Heinrich Rau Mitte November intern feststellte, führte die Bereitstellung „bester Exportware" wie Brikett und Stickstoffdünger noch nicht einmal zur erhöhten Einfuhr von sogenannten Engpaßmaterialien.

119 Siehe Schreiben Schröders an Stupov, 5. 11. 1952, BArch, DK 1, 2287, Bl. 67f.; Schreiben an die ZKSK, 7. 11. 1952, Ministerium für LFW, HA Planung und Statistik, ebenda, Bl. 69f.

120 Die staatlichen Stützungen der Düngemittelpreise betrugen 1952 rund 80 Millionen Mark. Siehe Aufzeichnung einer Unterredung Čujkovs u. a. mit Pieck, Grotewohl, Ulbricht, Rau, Matern und Oelßner am 9. 1. 1953, gez. Bogomolov, AVP RF, fond 082, opis' 41, papka 275, delo 52, listy 128–138, hier list 130.

121 Siehe Schreiben Stupovs an Semičastnov u. a., 11. 12. 1952, AVP RF fond 0458, opis' 314 s, papka 281, delo 9, listy 189–191.

122 Siehe Analyse der Entwicklung der Ackerflächen in der DDR, 20. 10. 1952, Ministerium für LFW, BArch, DE 1, 20146, Bl. 179f.

um 10 Prozent erhalten.[123] Trotz zufriedenstellender Getreide- und Kartoffel-Erfassung[124] mußte – um fehlende tierische Erzeugnisse zu kompensieren – der Aufkauf pflanzlicher Produkte erweitert werden. Statt zu sparen war die Regierung also gezwungen, über 314 Millionen DM zusätzlich auszugeben. Außerdem wurden die VEG vorsorglich mit über 22 Millionen DM aus der Staatsreserve zu Investitionen in die Schweinemast angehalten.[125] Wenig später erhielten sie wegen außerplanmäßiger Verluste weitere rund 34,5 Millionen DM zugesprochen.[126] Diese Produktions- und Erfassungsprobleme im Jahr 1952 waren nicht das Ergebnis des Kurswechsels, sondern zusätzliche Erschwernis für einen solchen. Aus der Kombination ergab sich jedoch, daß das schon traditionelle Haftbarmachen abgabensäumiger Großbauern für „Engpässe" nun eine neue Dimension erreichte. Der deutschlandunerfahrene Stupov gehörte zu den Vorkämpfern einer solchen Scharfmacherei. Sie vollzog sich schrittweise und erreichte nach dem Slánský-Prozeß Ende 1952 ihren ersten Höhepunkt.

Am 6. November 1952 beschloß die Regierung „Maßnahmen zur Sicherung der Planerfüllung der Erfassung und des Aufkaufes landwirtschaftlicher Erzeugnisse". Alle Kräfte sollten für die schnelle Beseitigung des unbefriedigenden Standes bei Erfassung und Aufkauf mobilisiert werden.[127] Das Ministerium für Finanzen instruierte sogenannte Landwirtschaftsbrigaden, zur Beseitigung der Abgabenrückstände „als erste Maßnahme einige Beispiele zu schaffen" und bei „Großbauern, die gegen die Interessen der Werktätigen verstoßen, indem sie weder ihrer Ablieferungspflicht nachkommen, noch ihre Steuern bezahlen, landwirtschaftliche Maschinen und Geräte, besonders aber Nutztiere zu pfänden. Diese Maßnahmen sind in Einwohnerversammlungen und Zeitungsartikeln der Bevölkerung zur Kenntnis zu bringen."[128] Landwirtschaftsminister Schröder forderte, Regelungen zu fixieren, damit gegen Bauern, die vorsätzlich den Anbauplan nicht einhalten bzw. Ertragsausfall verschulden, über die Nachveranlagung hinaus ein Strafverfahren eingeleitet werden könne.[129] Doch Plantreue bei der Erfassung blieb illusorisch, denn die gewünschten Erträge der wichtigsten Kulturen konnten 1952 nicht erreicht werden. In einem Rückblick resümierte die SPK im April 1953: „Die Erfüllung des Jahres 1952 lag sogar unter der des Jahres 1951, z. B. bei Getreide und Hülsenfrüchten um 5,4 Prozent. Nur bei Zuckerrüben wurde eine Steigerung der Bruttoproduktion um 4,8 Prozent gegenüber dem Vorjahr erzielt." Der Bestand bei Schweinen erhöhte sich um 16,9 Prozent. Dennoch „konnte die Bruttoproduktion

123 Siehe Protokoll der Ministerratssitzung am 13. 11. 1952, BArch, DC 20, I/3-152 Bl. 56.
124 Siehe Zur Lage in der Landwirtschaft der DDR im 3. Quartal 1952, 27. 11. 1952 von Stupov an Ivanov (stellv. Politberater), AVP RF , fond 04458, opis' 314 s, papka 281, delo 9, listy 170–183, hier list 183.
125 Siehe Protokoll der Ministerratssitzung am 13. 11. 1952, BArch, DC 20, I/3-152, Bl. 4f., 73; Protokoll der Sitzung des Präsidiums des Ministerrates am 17. 11. 1952, BArch, DC 20, I/4-2, Bl. 27–31.
126 Siehe Protokoll der Ministerratssitzung am 11. 12. 1952, BArch, DC 20, I/3-159, Bl. 6; Protokoll der Sitzung des Präsidiums des Ministerrates am 5. 1. 1953, BArch, DC 20, I/4-4, Bl. 3, 7f.
127 Siehe Protokoll der Ministerratssitzung am 6. 11. 1952, BArch, DC 20, I/3-151, Bl. 11–14.
128 Geheime Rundverfügung des Ministeriums für Finanzen, 22. 11. 1952, BArch, DK 1, 2967, unpag.
129 Schreiben des Ministers für LFW an die Koordinierungs- und Kontrollstelle für Land-, Forst-, Wasserwirtschaft, Erfassung und Aufkauf, 18. 11. 1952, BArch, DK 1, 137, Bl. 157.

an Schweinefleisch im Lebendgewicht gegenüber dem Volkswirtschaftsplan 1952 nur zu 67,4 Prozent aufgrund der geringen Produktivität erfüllt werden. Die Produktion des Jahres 1951 wurde [...] um 31,1 Prozent überschritten."[130]

Neben natürlichen Ertragshemmnissen sah die SED immer mehr echte und vermeintliche Gegner des Sozialismusaufbaus auf dem Lande. Ein schärferes Wirtschaftsstrafrecht schien ihr sinnvoll und legitim. Die Volkskammer hatte bereits am 2. Oktober 1952 die Grundlage für eine extreme Strafrechtspraxis geschaffen.[131] Unter den neuen politischen Bedingungen fanden diese Gesetze jetzt auf abgaben- und zahlungssäumige Bauern verstärkt Anwendung. Von der SKK wurde die SED-Führung in dieser Politik immer deutlicher bestärkt. So riet die SKK-Landwirtschaftsabteilung ihren Vorgesetzten zu einer dringenden Adresse an das ZK der SED. Es sollte aufgefordert werden, am Beispiel des Bezirkes Schwerin Erfassungs- und Aufkaufbehörden energisch zu verurteilen, die der Sabotage durch Großbauern nicht entgegentraten.[132] Ob es dann tatsächlich ein solches Memorandum gab, ist ungewiß.

Aus dem Bezirk Rostock wurde SKK-intern gemeldet, „Kulakenelemente" stünden mit anderen kapitalistischen Elementen in der Stadt und mit westlichen Geheimdiensten in Verbindung. Obgleich der Artikel im *Neuen Deutschland* Anfang November über opportunistische Einstellungen leitender Parteikader zu den feindlichen Elementen im Dorf (am Beispiel Friedrichsaue) die Bezirksparteileitung alarmiert hätte, reagiere sie noch ungenügend auf die verschiedenen Formen des vom Gegner geschürten Klassenkampfes. Nur in schweren Fällen würde man repressiv gegen den Klassenfeind vorgehen.[133] Ein Bericht aus dem Bezirk Cottbus, der einen Monat später vorlag, klang noch strenger und belegt die Absicht der sowjetischen Berater, deutschen staatlichen und Parteiorganen – nicht nur auf dem Lande – unter die Arme zu greifen, um „auch nicht den kleinsten Anschlag der Reaktion" unbeantwortet zu lassen. Denn „Kulakenelemente" würden nicht etwa vereinzelt, sondern organisiert Sabotage betreiben.[134]

In SED-Apparat und Landwirtschaftsministerium wurde man sich erneut des Problems der devastierten Betriebe bewußt.[135] Auch hier gingen im Spätherbst von der SKK neue, politisch induzierte Bewertungen aus. In der erwähnten Stellungnahme zur Erfassung im Bezirk Schwerin hieß es, der Bezirk weise derzeit

130 Ergänzung für die DDR zur vergleichenden Übersicht über die Planerfüllung der UdSSR und der europäischen Volksdemokratien im Jahre 1952, SPK, 18. 4. 1953, BArch, DE 1, 12221, Bl. 19-24, hier Bl. 21.

131 Siehe Gesetz zum Schutze des Volkseigentums und anderen gesellschaftlichen Eigentums, 2. 10. 1952, in: GBl. 1952, S. 982; Gesetz über die Verfassung der Gerichte der DDR (Gerichtsverfassungsgesetz), 2. 10. 1952, in: ebenda, S. 983–988; Gesetz über das Verfahren in Strafsachen in der DDR (Strafprozeßordnung) 2. 10. 1952, in: ebenda, S. 996–1029.

132 Siehe Meldung der SKK-Landwirtschaftsabteilung an Semenov, 20. 11. 1952, AVP RF, fond 04557a, opis' 13, papka 71, delo 36, listy 334–345, hier list 343.

133 Siehe Bericht des amtierenden Vertreters der SKK im Bezirk Rostock Dovin, „Über den Klassenkampf und die feindliche Tätigkeit im Dorf" an Semenov, 18. 11. 1952, AVP RF, fond 457a, opis' 13, papka 71, delo 35, listy 22–29.

134 Siehe Bericht des amtierenden Vertreters der SKK im Bezirk Cottbus Vachrov, „Über einige Fragen des Klassenkampfes im Bezirk Cottbus", an Semenov, 16. 12. 1952, AVP R, fond 457a, opis' 13, papka 71, delo 35, listy 97–104.

135 Siehe Protokoll der Sekretariatssitzung am 16. 10. 1952, SAPMO BArch, DY 30, J IV 2/3-332, Bl. 5.

1500 verlassene Großbauernwirtschaften mit über 75000 ha Land auf. Statt die Großbauern zur Erfüllung ihres Solls zu bewegen, seien die örtlichen Organe nur allzu schnell bereit, diese Betriebe zu „verlassenen“ zu erklären. Viele Erfassungsfunktionäre behaupteten, die Großbauern hätten nichts mehr abzugeben. Dies wollte man in der SKK-Vertretung aber nicht glauben. Sie schätzte ein, 40 Prozent der Großbauern könnten ohne betriebliche Verluste die Abgaben leisten, nur 10 Prozent müßten wirklich den Ruin fürchten.[136] Zu etwas anderen Ergebnissen war eine Kommission des ZK unter Leitung Kurt Viewegs in ihrem Bericht vom 25. Oktober 1952 gekommen. Dort hieß es, lediglich 20 Prozent der Betriebe mit über 20 ha LNF seien wirtschaftlich stark und investitionsfähig. 30–40 Prozent könnten ihre Abgaben leisten und Kredite zurückzahlen, aber kaum investieren, und bis zu 40 Prozent der Bauern dieser Betriebsgrößengruppe lebten von der Substanz, litten unter Geldmangel und hätten hohe Geld- und Ablieferungsschulden. Ihre Felder könnten sie meist nicht mehr ordnungsgemäß bewirtschaften.[137]

Sträflich liberale Haltungen im Erfassungsapparat und bei vielen SED-Funktionären gegenüber nur vorgeblich ruinierten Großbauernbetrieben meldete SKK-Vertreter Zolotuchin aus dem Bezirk Schwerin auch in der Folgezeit. SED-Kreisleitungen und Kreisräte gäben sich keine Mühe, die Manöver der Großbauern zu durchschauen, hieß es. Zolotuchin empfahl, die Verordnung vom 20. März 1953 über die treuhänderische Bewirtschaftung verlassener Betriebe außer Kraft zu setzen, da sie ihre Bedeutung verloren habe. Die wirklich oder zum Schein ruinierten Betriebe sollten zur unentgeltlichen Nutzung den LPG übergeben werden. Die Besitzer empfahl Zolotuchin zu „entfernen“.[138]

Der entstandenen Versorgungsprobleme, die zum Teil auf ausländischen Vertragsbruch zurückgingen (Butter-Import), suchte man in SED-Führung und staatlicher Wirtschaftsverwaltung zunächst mit Verkaufsbeschränkungen und Transportregelungen Herr zu werden.[139] Anfang Dezember wurde die Lage so prekär, daß die Räte der Bezirke zu eigenen Einzelhandelsbeschränkungen ermächtigt wurden.[140] Gegen Devisen wurden zusätzlich Lebensmittel für die Weihnachtsfeiertage importiert, der Export wurde gedrosselt. Nach erneuten Prüfungen ergingen Mitte Februar 1953 per Regierungsbeschluß weitere Zuteilungs- und Verkaufsbeschränkungen bei Butter, Fetten und Zucker. Zugleich waren bestimmte Teile des SED-Apparates und staatlicher Kontroll- und Sicherheitsbehörden sehr empfänglich für politische Scharfmacherei. Die Parteipresse richtete das Augen-

136 Siehe Meldung der SKK-Landwirtschaftsabteilung an Semenov, 20.11.1952, list 340.

137 Siehe bei Piskol, Entwicklung, S. 426.

138 Bericht Zolotuchins über Verstöße gegen die Verordnung vom 20.3.1952 an Semenov, 18.12.1952, AVP RF, fond 457a, opis' 13, papka 71, delo 35, listy 105–114.

139 Über Verkaufsbeschränkungen und gezielte Warenlenkung in Schwerpunktbetriebe und Bezirke sowie die Absicherung von Importen entschied die Regierung (siehe Protokolle der Ministerratssitzungen am 6.11. und 27.11.1952, BArch, DC 20, I/3-151, Bl. 8–10; -155, Bl. 5, 15f.). Die Parteiführung beschloß des weiteren, Lebensmittel sollten nur noch an DDR-Bürger verkauft werden, an Pendler aus Westberlin nur noch gegen Betriebsausweis (siehe Protokoll der Politbürositzung am 11.11.1952, SAPMO BArch, DY 30, IV 2/2-144, Bl. 3). Zu weiteren Verkaufsbeschränkungen siehe Protokoll der Politbürositzung am 4.12.1952, ebenda, -251, Bl. 1–4; Siehe auch Bartel, Versorgungskrise, S. 111f.

140 Siehe Richtlinien für die Beseitigung von aufgetretenen Versorgungsschwierigkeiten, Protokoll der Sitzung des Präsidiums des Ministerrates/Beratung beim Ministerpräsidenten am 5.12.1952, BArch, DC 20, I/4-3, Bl. 2f., 11f.

merk immer mehr auf sogenannte Steuerbetrüger, Abgabenboykotteure, Schieber und Saboteure.

2.1.2. Der Plan 1953

Vor diesem Hintergrund bemühte sich die SED-Führung um die rasche Verabschiedung des Volkswirtschaftsplanes 1953. Verzögert durch Planungsunsicherheiten und notwendige Korrekturen am Staatshaushalt 1952 (auch wegen Stützungen des Erfassungs- und Aufkaufapparats) und wiederholt in Frage gestellt durch Unklarheiten bei den Investitionsvorstellungen, wurden die Zuarbeiten der Ministerien hin und her gewendet. Moskau mahnte zur gleichen Zeit Lieferrückstände bei den Reparationsleistungen und im regulären Außenhandel an. Die DDR hatte per 31. Oktober 1952 insgesamt 275 Millionen Rubel Handelsschulden bei der UdSSR.[141] Nicht nur westliches Embargo, auch die von Sitnin aufgezeigten ungünstigen Weltmarktpreise erschwerten den Außenhandel. Belastungen ergaben sich insbesondere ab Mitte 1952 aus Waffenimporten der DDR aus der UdSSR.[142] Die Rüstungsaufträge und der im April 1952 geforderte Aufbau nationaler Streitkräfte drückten sowohl auf den Etat als auch auf die Materialbilanzen der Volkswirtschaft. Regierungsintern wurde von „ernsten Mängeln" und „bedeutenden Fehlern" im laufenden Jahr sowie von einer „ernsthaften Gefährdung des Staatsplanes" gesprochen.[143]

Eine hochrangige Kommission (Grotewohl, Ulbricht, Rau, Leuschner, Selbmann, Rumpf, Strampfer und Scholz) sollte „alle Fragen klären".[144] Für die Parteiführung in Berlin war klar, daß die Probleme nur mit sowjetischer Hilfe zu meistern waren. Moralisch fühlte sie sich durchaus berechtigt, ihre Sorge zu signalisieren, waren doch die meisten der jetzt akuten Probleme aus dem sowjetischen Auftrag zur Auf- und Umrüstung erwachsen.[145]

Mitte November verabschiedete das SED-Politbüro einen Brief an das ZK der KPdSU. Es bat darin um Rohstoffe, um eine bessere Anpassung und eine gewisse Minderung der reparationsbezogenen Produktionsaufträge (so im Schiffbau) sowie um Lieferung dringend benötigter Anlagen für Betriebe der Grundstoffindustrie und des Maschinenbaus. Moskau sollte von den Schwierigkeiten der DDR erfahren, die Staatsreserve auftragsgemäß aufzustocken, den Außenhandel vertragsgemäß abzuwickeln, die Energieerzeugung zu sichern, Produktionsrückstände aufzuholen und zugleich den Lebensstandard der Bevölkerung zumindest zu wah-

[141] Siehe Protokoll der Politbürositzung am 19.8.1952, SAPMO BArch, DY 30, IV 2/2-227, Bl. 10–22, hier Bl. 15; Protokoll der Sitzung des Präsidiums des Ministerrates, 19.9.1952, BArch, DC 20 I/4-1, Bl. 22; Schreiben Dertingers an Rau, 30.9.1952 [russisch], AVP RF, fond 458, opis' 365, delo 1, listy 181f. Schreiben Raus an Semičastnov, 3.10.1952, ebenda, list 180; Schreiben Dertingers, 11.9.1952, Protokoll der Ministerratssitzung am 18.9.1952, BArch, DC 20, I/3-134, Bl. 108-110; Undatierte Mitteilung Leuschners an Grotewohl über die Sitzung im RGW am 15.11.1952, BArch, DC 20-133, Bl. 233f.

[142] Siehe Diedrich, Aufrüstungsvorbereitung, S. 328; Diedrich/Wenzke, Getarnte Armee.

[143] Beschluß über den Volkswirtschaftsplan 1953 und den Entwurf des Gesetzes über den Volkswirtschaftsplan 1953, Protokoll der Ministerratssitzung am 11.12.1952, BArch, DC 20, I/3-159, Bl. 9–31, hier Bl. 10f.

[144] Siehe Protokoll der Politbürositzung am 31.10.1952, SAPMO BArch, DY 30, IV 2/2-242, Bl. 1.

[145] Ausführlicher dazu Diedrich/Wenzke, Getarnte Armee.

ren.[146] Aber diese Signale drangen nicht bis in höchste Moskauer Stellen vor. Am 17. Dezember 1952 wurde der Volkswirtschaftsplan der DDR für das Jahr 1953 deshalb ohne die dringend gewünschten Absprachen von der Volkskammer verabschiedet.[147] Ihm lagen – wie keinem Jahresplan zuvor – Rechnungen mit vielen Unbekannten zugrunde.

Der Volkswirtschaftsplan 1953 fixierte für die Industrie nur die allgemeinsten Hauptkennziffern der Produktion. Er gab für Elektroenergie und Metallurgie eine annähernd gleiche Steigerungsrate wie der Plan für 1952 vor, für ausgewählte Erzeugnisse des Maschinen- und Fahrzeugbaus jedoch einen extremen Zuwachs – auf Kosten der Leichtindustrie. Zwei Drittel der industriellen Warenproduktion konnten noch nicht detailliert geplant werden. Die Landwirtschaftsentwicklung war im Volkswirtschaftsplan dagegen vergleichsweise konkret ausgewiesen. Die Getreideproduktion sollte im Vergleich zu 1952 auf 102,5 Prozent steigen, die Produktion von Zuckerrüben auf 109, von Kartoffeln auf 116,9 Prozent. Für die Viehproduktion waren besonders hohe Wachstumszahlen vorgegeben. Bei einer Steigerung der Viehbestände (an Rindern beispielsweise auf 111,1 Prozent und Schweinen auf 107,5 Prozent) sollte die Milch-, Fleisch- und Eierproduktion zunehmen, die von Fleisch beispielsweise um mehr als 30 Prozent.[148] Damit blieb die zentrale Agrarwirtschaftsplanung auf dem Weg, der in den Jahren zuvor eingeschlagen worden war. Sie berücksichtigte die Belastungen der vorangegangenen Jahre, den anhaltenden Kapitalschwund und den Arbeitskräfteverschleiß in der Landwirtschaft nur unzureichend.

Noch im Sommer hatte es überaus illusorische Planvorstellungen gegeben. Insbesondere in der Viehzucht wollte man 1953 mit Hilfe eines vergrößerten Futtermittelimportes die Ziele des Fünfjahrplans erreichen.[149] Bald jedoch war zu erkennen gewesen, daß Abstriche gemacht werden müssen. Insbesondere die Viehwirtschaft kam im zweiten Halbjahr 1952 nicht im gewünschten Maße voran. Für Getreide erörterte die SPK nun eine geringfügige Senkung des Anbauplanes und mithin des Erfassungsplanes im Vergleich zum Fünfjahrplan.[150] Die von der SPK erarbeiteten Vorgaben für 1953 stellten faktisch eine Korrektur der nachträglich angehobenen Kennziffern im Fünfjahrplan dar. Dabei waren die Ziele aber noch immer anspruchsvoll. Die Sowjetische Kontrollkommission bemerkte den Unterschied zu den im Fünfjahrplan (intern) für das Jahr 1953 vorgeschriebenen Zahlen. Sie stellte bei vielen Industrie-Ziffern zum Teil erhebliche Abzüge an den Fünfjahrplan-Daten fest.[151]

[146] Siehe Protokoll der Politbürositzung am 14. 11. 1952, SAPMO BArch, DY 30, IV 2/2-245, Anlage 1: „Einige wichtige Fragen des Volkswirtschaftsplanes 1953", Bl. 4–18; Fragen für das Zentralkomitee der KPdSU (Mitte November), BArch, DE 1, 12226, Bl. 36–40.

[147] Siehe Beschluß über den Volkswirtschaftsplan 1953 und den Entwurf des Gesetzes über den Volkswirtschaftsplan; Gesetz über den Volkswirtschaftsplan 1953, das dritte Jahr des Fünfjahrplanes zur Entwicklung der Volkswirtschaft der DDR, 17. 12. 1952, in: GBl. 1952, S. 1319–1332.

[148] Siehe Gesetz über den Volkswirtschaftsplan 1953, S. 1323f.

[149] Siehe Protokoll einer Besprechung in der SPK am 26. 8. 1952, BArch, DE 1, 28118, Bl. 35–37.

[150] Siehe ebenda.

[151] Siehe „Bemerkungen zum Entwurf des Planes für die Entwicklung der Volkswirtschaft für 1953, der von der Staatlichen Plankommission der DDR ausgearbeitet wurde" [Übersetzung aus dem Russischen], (Ende November/Anfang Dezember 1952), BArch, DE 1, 12226, Bl. 47–58. Die folgende Tabelle geht auf sie zurück.

Bei einigen Industrieerzeugnissen bestand die SKK auf Rückkehr zur Vorgabe des Fünfjahrplanes. Die deutschen Pläne für die Landwirtschaft ließ sie jedoch mit den erfolgten geringfügigen Korrekturen durchgehen und gab lediglich technische Hinweise. So wies sie darauf hin, daß, wenn die Kartenversorgung bei Fleisch wegen des Produktionsrückstands aus 1952 nicht so gesichert sein würde, wie es die anspruchsvollen Versorgungspläne für 1953 erforderten, und folglich auf Fleischkarten Eier ausgegeben werden müßten, der Plan der Eierproduktion entsprechend zu korrigieren sei. Sie empfahl flexiblere Zahlungsmodi bei Saatgut-Lieferungen durch den Staat: Die Bauern sollten auch mit anderen Erzeugnissen, vorzugsweise mit solchen für die Lebensmittelproduktion, bezahlen können.[152] Grundsätzlich aber betonte die SKK: „Es ist notwendig, daß der Plan des Aufkommens von Fleisch, Fett und anderen Lebensmitteln dem Plan der Versorgung der Bevölkerung entspricht."[153]

Vergleich der Ende 1952 herrschenden Planvorstellungen in der Staatlichen Plankommission für 1952 mit den Erfahrungen der Vorjahre

Produkt/ Plankennziffer	realer Durchschnitt 1950–1952 (wenn nicht anders vermerkt)[154]	Plan 1953 lt. Fünfjahrplan (interne Feststellung)	Plan 1953 lt. SPK-Gesetzentwurf	Vergleich der Pläne, Angabe in Prozent
Schlachtvieh-Aufkommen (Lebendgewicht) in Tsd. t	im Jahr 1951: 544 im Jahr 1952: 787	726	580,7	79,9
tierische Fette in Tsd. t		188	142,6	75,8
Kartoffeln in dz/ha	176	194	190	97,9
Fleisch (Lebendgewicht) in Tsd. t		1592,2	1437,9	90,3
Erfassung von Getreide und Speisehülsenfrüchten in Tsd. t	2697	3000	2900	96,6
Aufkauf von lebendem Vieh in Tsd. t		730	671	91,9

Im verabschiedeten Volkswirtschaftsplan 1953 heißt es: „In der Landwirtschaft steht als Hauptaufgabe des Jahres 1953 der Übergang zur Großproduktion durch umfassende Förderung der landwirtschaftlichen Produktionsgenossenschaften

[152] Letztlich wurde bestimmt, daß Einzelbauern 1953 ihr Saatgut nur noch mit Getreide bezahlen konnten.
[153] „Bemerkungen zum Entwurf ...", Bl. 51.
[154] Angabe errechnet nach Statistisches Jahrbuch 1955, S. 212; Statistisches Jahrbuch 1956, S. 439.

[...]. Sie ist die Voraussetzung zur weiteren Steigerung der pflanzlichen und tierischen Produktion."[155] Diese Formulierung reflektiert die außerordentlich große Hoffnung, die in die Genossenschaftsentwicklung und die volkseigenen Großanlagen gesetzt wurde. Noch 1953 sollte diese Entwicklung eine Erhöhung des Lebensmittelverbrauches um bis zu 39 Prozent ermöglichen.

War dies bereits ein Ausdruck dafür, daß „die SED-Führung eine groß angelegte Kampagne gegen die Gruppe der Großbauern und einen Teil der Mittelbauern vorbereitete und durchführte", wie Wolfgang Bell meint?[156] Otto Grotewohl hatte vorsichtiger formuliert: „In der Landwirtschaft ist der Übergang zur Großproduktion auf der Basis modernster Technik durch Förderung der Produktionsgenossenschaften *zu beginnen* [Hervorhebung E. S.]."[157] – Der Volkswirtschaftsplan 1953 ging auf die begonnenen und jüngst forcierten Strukturveränderungen in seinen Zahlen nicht ein und wies – wie in den Vorjahren – lediglich den Produktionsanteil der VEG gesondert aus. Der Anteil der LPG-Fläche an der gesamten LNF der DDR betrug zu diesem Zeitpunkt etwa drei, der Anteil der LPG-Viehbestände am Gesamtbestand des Viehs etwa zwei Prozent. Was bedeutete unter diesen Umständen eine Steigerung der Ablieferungsauflagen für die private Landwirtschaft?

Ausgangspunkt der Überlegungen der deutschen Planer waren nicht die vergleichsweise geringen Abgabenverluste, die nun dadurch entstehen würden, daß als Starthilfe das Soll für LPG (vorübergehend) niedrig war. Die Planung ging davon aus, daß selbst bei gleichbleibender Produktion die Versorgung der Bevölkerung mit Lebensmitteln nicht gesichert war, denn zugunsten wichtiger Industrierohstoffe und Halbprodukte mußte der Import von Agrarerzeugnissen 1953 zurückgefahren werden. Die Kaufkraft war gewachsen, und der Bevölkerung war eine ständig verbesserte Versorgung in Aussicht gestellt worden. Die neuen Anforderungen, denen die DDR-Agrarwirtschaft infolge der Moskauer Order zum Umrüsten der DDR-Volkswirtschaft genügen mußte, liefen daher auf eine Intensivierung von Ackerbau und Viehwirtschaft in einem solchen Ausmaße hinaus, wie es noch vor einem Jahr, zum Zeitpunkt erheblicher Planaufstockungen im Fünfjahrplan, nicht abzusehen gewesen war. Zugleich erkannte die SED-Führung, daß eine erhöhte Abgabenmenge nicht ohne weiteres zu erreichen war. „Es ist notwendig und auch möglich, die Hektarerträge noch weiter zu steigern und die Viehbestände zu vergrößern. [Aber!] dazu ist erforderlich, 1.) daß die Mechanisierung und Elektrifizierung der landwirtschaftlichen Arbeiten sehr stark entwickelt wird, 2.) daß die Versorgung mit Phosphordünger entscheidend verbessert wird. Zu bemerken ist, daß seit Jahren die Landwirtschaft nur die Hälfte der Phosphordüngemittel erhalten hat, die sie laut Plan bekommen sollte. Das ist auf unzureichende Erzeugungskapazitäten für Superphosphat [...], Nichterfüllung der notwendigen Importe und Mangel an Schwefelsäure zurückzuführen. Die Versorgung der Maschinen-Traktoren-Stationen mit landwirtschaftlichen Maschinen war im Jahre 1952 unzureichend. Der Plan wurde [...] nicht erfüllt. Auch für das Jahr 1953 sind

155 Gesetz über den Volkswirtschaftsplan 1953, S. 1320.
156 Bell, Enteignungen, S. 27.
157 Otto Grotewohl in der Ministerratssitzung am 19. 12. 1952, Protokoll, BArch, DC 20, I/3-161, Bl. 46.

noch nicht alle Sicherungen für die rechtzeitige Erfüllung des Landmaschinenprogramms vorhanden.[158]

Die Notwendigkeit des Übergangs zur Großproduktion wurde vor allem auf die Fleisch-, Milch- und Butterproduktion bezogen. Die Importmöglichkeiten sollten zumindest bei Futterpflanzen-Saatgut unbedingt ausgeschöpft werden, damit alle Flächen bestellt würden.[159] Mit raschen Effekten rechnete hier niemand, so daß auch keine Senkung der Einzelhandelspreise für 1953 vorgesehen war. Perspektivisch gesehen sollte sich eine erhebliche Leistungssteigerung ergeben. Im Ackerbau hoffte die SED auch auf gewisse Vorteile bei der Großraumfelderbewirtschaftung. Schon bald sollten die zusammengelegten Felder der LPG- Mitglieder mehr Ackerfrüchte erbringen, als zuvor die Einzelbauern abgeliefert hatten. Eine extensive Erweiterung im Feldanbau war dagegen kaum noch möglich. Mühsam überzeugten die deutschen Planer die SKK mit der Erkenntnis, daß die Gewinnung von Ackerland an Grenzen stieß, zumal nun verstärkt Weiden benötigt wurden. Die SPK erörterte den Vorschlag, die Ackerfläche im Jahr 1953 um ca 10 000 ha auf 5 042 222 ha zu erweitern[160], der Entwurf für den Volkswirtschaftsplan enthielt schließlich den Wert 5 064 000 ha, die SKK intervenierte und verlangte, an der Vorgabe im Fünfjahrplan für 1953 (5 114 000 ha) festzuhalten[161], doch das SED-Politbüro weigerte sich.[162] Die Anbaufläche wurde daraufhin im Volkswirtschaftsplan 1953 nicht ausgewiesen.

Fraglos herrschte in der Staatlichen Plankommission der DDR und bei leitenden Wirtschaftsfunktionären die Vorstellung, daß 1953 der den LPG-Bauern erlassene Anteil der Pflichtabgabe von den Einzelbauern zusätzlich zu leisten sein wird. Außerdem lag auf deren Schultern der gesamte Zuwachs an Aufkommen. Doch zum Zeitpunkt der Verabschiedung des Volkswirtschaftsplanes 1953 waren die LPG nicht zahlreich, die SED-Führung hatte keine klare Vorstellung davon, wie viele noch entstehen würden. Ende Januar 1953 bestanden über 2000 LPG.[163] Bei anhaltendem Tempo der Vergenossenschaftlichung war zu erwarten, daß die LPG in der Frühjahrsbestellung maximal 6–8 Prozent aller Nutzflächen bewirt-

[158] Lageanalyse ohne Titel, unvollendetes Skript (Februar 1953) SAPMO BArch, DY 30, IV, 2/2.01-1, Bl. 1–96, hier Bl. 51.

[159] Siehe Schreiben Schröders an Leuschner (Vorsitzender der SPK), 24. 12. 1952, BArch, DK 1, 155, Bl. 254f.

[160] Von einem solchen Vorschlag ist in einer Analyse des Landwirtschaftsministeriums die Rede (siehe Analyse der Entwicklung der Ackerflächen in der DDR, 20. 10. 1952, Ministerium für LFW, BArch, DE 1, 20146, Bl. 179f., hier Bl. 180). Siehe auch Statistik zum Umbruch zur dauernden Ackernutzung 1953, 15. 12. 1952, BArch, DK 1, 2287, Bl. 45.

[161] Diese Forderung war die einzige Forderung zur Landwirtschaft, die die SKK in ihren Bemerkungen zum deutschen Planentwurf 1953 festhielt (siehe Bemerkungen zum Entwurf des Planes der Entwicklung der Volkswirtschaft 1953, erarbeitet von der SPK der DDR, 1. 12. 1952 von Chomjakov an Semičastnov und Semenov, AVP RF, fond 458, opis' 73 ns, papka 260, delo 5, listy 345–349).

[162] Siehe Protokoll der Politbürositzung am 9. 2. 1952, SAPMO BArch, DY 30, IV 2/2-252, Bl.3; siehe auch „Bemerkungen zum Entwurf ..." [Übersetzung aus dem Russischen], BArch, DE 1, 12226, Bl. 47–58. Randnotiz auf dem archivierten Exemplar: „Scholz+Stupow sollen Einigung erzielen!"

[163] Die Zahlen in den Quellen differieren. Schäfer nannte 2079 LPG und 240 Gründungskomitees (siehe Stenographische Niederschrift der Konferenz des ZK der SED mit den Ersten Sekretären der Kreis- und der Bezirksleitungen der SED in Berlin, 28. 1. 1953, SAPMO BArch, DY 30, IV 2/1.01–214, Bl. 36).

schaften werden. Es gab keine Zielvorgabe, die Ablieferungszahlen waren noch nicht aufgeschlüsselt. Zwar erörterte der Parteiapparat einen Produktionsplan 1953 für die LPG,[164] doch der wurde nie wirksam. Ihm standen noch immer rund 40 000 Privatbetriebe mit je über 20 ha LNF und mehr sowie rund 100 000 mittelgroße Betriebe mit 10–20 ha LNF gegenüber.

Inwieweit unter diesen Umständen allein schon die genannten Produktionsauflagen einen Großangriff auf die gesamte Gruppe der Großbauern bedeuten mußten, läßt sich nur im Kontext anderer Faktoren der Agrarproduktion beurteilen. Zu den wichtigen Faktoren zählten die Investitionen in die Intensivierung der Landwirtschaft. Die vorhandenen Mittel waren äußerst begrenzt. Von der Regierung bereits im Sommer 1952 für überhöhte Investitionsanforderungen und für zu niedrige Pläne der Selbstkostensenkung kritisiert[165], mußte Landwirtschaftsminister Schröder Ende Oktober eine enorme Kürzung seiner Investitionspläne zur Kenntnis nehmen. Zunächst hatte man die geforderten rund 561 Millionen DM auf 450 Millionen DM gesenkt,[166] Ende Oktober erfuhr er von der Absicht, die Summe auf 365 Millionen DM zu reduzieren. Schröder protestierte dagegen und sagte Verzug beim Aufbau der MAS voraus.[167] Dennoch wurde in der Planungsphase wiederholt gekürzt, schließlich sogar bei den geplanten volkseigenen Schweinemast-Anlagen, was den Anschluß an den vor Jahresfrist lebhaft debattierten „Zweijahrplan zur Schweinemast (1951-1952)“ erheblich gefährdete.[168]

In ihrem Brief an das ZK der KPdSU vom 14. November 1952 wies die SED-Führung auch darauf hin, daß die vorgesehenen Investitionen in die Landwirtschaft (Erweiterung der Produktion von Agrartechnik, Futtermittelimporte) nur dann realisiert werden können, wenn Abstriche am vorgesehenen Zuwachs der Staatsreserve gemacht würden. Einer für den Sicherheits- und Rüstungsbereich geforderten Investitionsreserve von 250 Millionen DM wollte die SED auch mit Blick auf die notwendige Mechanisierung der Landwirtschaft nicht zustimmen. Bis Jahresende 1952 sollte endgültig Klarheit über die Rüstungskosten herrschen.[169]

Hinsichtlich der notwendigen Mechanisierung durch Ausbau der MTS waren sich die deutschen Planer der sowjetischen Unterstützung aber weitgehend sicher, hatte die SKK 1952 doch ständig gemahnt, die Belieferung mit Traktoren müsse plangetreu erfolgen.[170] Die Landwirtschaft erhält insgesamt 10 000 Traktoren aller Art, hieß es daher zuversichtlich im Brief der SED nach Moskau. 9000 davon wä-

[164] Siehe Protokoll der Sekretariatssitzung am 22. 12. 1952, SAPMO BArch, DY 30, J IV 2/3-351, Bl. 12f.

[165] Schreiben Grotewohls an Schröder, 26. 6. 1952, BArch, DK 1, 150, Bl. 163.

[166] Siehe Stellungnahme Schröders zur geplanten Reduzierung der Investitionssumme 1953, Schreiben an Leuschner (Vorsitzender der SPK), 19. 7. 1952, BArch DK 1, 150, Bl. 394–401.

[167] Siehe Schreiben Schröders an Leuschner, 22. 10. 1952, BArch DK 1, 150, Bl. 344.

[168] Schreiben Scholz' an Grotewohl zum Investitionsplan 1953, 10. 12. 1952, BArch , DK 1, 150, Bl. 1f.

[169] Siehe Fragen für das Zentralkomitee der KPdSU (Mitte November), BArch, DE 1, 12226, Bl. 36–40.

[170] Siehe Memorandum, Abschrift der Übersetzung: 21. 10. 1952, SAPMO BArch, NY 4090, 316, Bl. 156f.

ren für die MTS bestimmt.[171] Der Volkswirtschaftsplan 1953 enthielt aber statt dieser nachprüfbaren Ziffer lediglich prozentuale Abgaben zur Erweiterung des Maschinenbestandes in den MTS und zum gewachsenen Investitionsumfang in den Stationen. Die Traktorenarbeit sollte im Vergleich zu 1952 um 52 Prozent zunehmen, der Traktorenbestand, umgerechnet auf 30 PS, um 45 Prozent.[172] Auch hinter diesen Zahlen verbarg sich eine kleine Korrektur. Nicht 635, wie noch bei der Verabschiedung des Fünfjahrplans (Ende 1951) angenommen, sondern nur 595 MTS sollten im Jahr 1953 bestehen. Die SED-Führung entschied, die Kapazität der Leihbetriebe zu konzentrieren, denn dies spare Verwaltungskosten.[173] Aus der UdSSR wollte man eine vorgezogene Lieferung von Erntekombines und Melkanlagen erbitten.

Auch für die VEG war mehr moderne Technik vorgesehen. Den Staatsgütern maß die SED nun eine größere Bedeutung bei der Viehwirtschaft zu, nachdem die Entwicklung der letzten Wochen gezeigt hatte, daß dringend Lösungen gefunden werden mußten, um das Vieh der devastierten Betriebe zu übernehmen und die Viehproduktion zu erweitern. Dazu waren die wenigen LPG Typ 3 nicht in der Lage. VEG-Ausrüstungen sollten daher um rund 20-30 Prozent verbessert werden, der Bestand an LKW und Melkanlagen sogar um das Zweieinhalbfache. Im Jahr 1953 wollte man mit dem Aufbau großer staatlicher Mastbetriebe beginnen. Zugleich wurden für MTS und VEG aus dem laufenden Haushalt 1952 noch rund 54,3 Millionen DM Verlustausgleiche und Stützungen bewilligt.[174] Investitionen kamen auch im Zusammenhang mit Wohn- und Stallbauten für Bauern erneut zur Sprache. Der finanziell angeschlagene Staat wollte seine Mittel nun auf MTS- und LPG-Bauten konzentrieren. Zum Stand des Bodenreformbauprogramms wurde festgestellt, daß ein Teil der Bauwilligen und Kreditberechtigten vom Frühjahr 1952 seinen Antrag zurückgezogen hatte. Nicht wenige von ihnen waren mittlerweile in einer LPG. Andererseits hatten sich die neuen volkswirtschaftlichen Herausforderungen auch auf die Bauwirtschaft ausgewirkt: Entgegen anders lautenden Richtlinien waren ab Sommer immer mehr Arbeitskräfte von Bodenreformbauten abgezogen und zu VP- und Industriebauten verlegt worden. Der Verzug beim ländlichen Baubeginn war groß. Anfang Dezember beschloß der Ministerrat daher, alle gewünschten Bauten im Bodenreformbauprogramm bis zum 1. Mai 1953 zu Ende zu führen (das waren immerhin noch rund 15 500 Bauten), und bewilligte dafür 14,1 Millionen DM Kreditgelder und 0,45 Millionen DM für Zuschüsse.[175] Schließlich stellte die qualitative Verbesserung und mengenmäßige Erweiterung

[171] Siehe Protokoll der Politbürositzung am 14. 11. 1952, SAPMO BArch, DY 30, IV 2/2-245, Anlage 1: „Einige wichtige Fragen des Volkswirtschaftsplanes 1953", Bl. 4-18, hier Bl. 6.

[172] Siehe Protokoll der Ministerratssitzung am 11. 12. 1952, BArch, DC 20, I/3-159, Bl. 6.; Gesetz über den Volkswirtschaftsplan 1953, S. 1324f.

[173] Zu den Sparmaßnahmen bei den MTS zählte übrigens auch, daß in der Personalstruktur der Stationen zwei Instrukteurstellen in den Politabteilungen wieder gestrichen wurden, die für Frauen- und für Jugendarbeit (siehe Protokoll der Politbürositzung am 4. 11. 1952, SAPMO BArch, DY 30, IV 2/2-243, Bl. 3).

[174] Siehe Protokoll der Ministerratssitzung am 11. 12. 1952, BArch, DC 20, I/3-159, Bl. 6; Gesetz über den Volkswirtschaftsplan 1953, S. 1324f.

[175] Siehe Protokoll der Sitzung des Präsidiums des Ministerrates am 8. 12. 1952, BArch, DC 20, I/4-3, Bl. 46f., 50-68.

der Düngemittel einen wichtigen Investitionsfaktor dar. 66 Prozent mehr Phosphordünger sollten bereitgestellt werden, auch für den zu erweiternden Zwischenfruchtanbau (Futtermittel).[176] Erst zu Jahresende würden die Bauern mit ihren Produkten für diese Investition des Staates zahlen können.

Die Gesamtinvestitionssumme für die Landwirtschaft blieb derweil eines der ungelösten Probleme der Volkswirtschaftsplanung 1953. Die SED-Führung hoffte nach wie vor auf sowjetische Lieferungen, welche die Eigeninvestitionen in den Agrarbereich im nötigen Umfang erst ermöglichen würden. Nur eine Entlastung im Industriebereich bot die Chance zur Planerfüllung in der Landwirtschaft.

2.2. Kredite, Steuern, Pflichtabgaben

Anfang Januar war die außerordentlich schwierige Finanzlage mit einem Haushaltsdefizit für 1953 von – nach aktuellen Berechnungen – 700 Millionen DM Thema eines Gesprächs führender SED-Politiker mit der SKK-Spitze. Nach Karlshorst waren Pieck, Grotewohl, Ulbricht, Rau, Matern und Oelßner geladen.[177] SKK-Finanzexperte Sitnin erklärte erneut, es gebe große Reserven, forderte aber ein strenges Regime der Sparsamkeit. In einigen Reparationsangelegenheiten (Schiffbau) komme man den deutschen Vorstellungen etwas entgegen, doch die im Herbst empfohlenen Einsparungen müßten unbedingt vollständig realisiert werden.

Die sowjetischen Berater behaupteten, zum einen sei die Steuerpolitik gegenüber den „kapitalistischen Elementen" nicht konsequent genug. In der Industrie bestehe zum anderen das Mißverhältnis zwischen Lohnkosten und Arbeitsproduktivität fort, erstere wüchsen schneller als letztere. Sitnin zufolge waren die hohen Lohnkosten nicht nur das Ergebnis von Lohnaufbesserungen im vergangenen Jahr, sondern auch von zu viel Personal (vor allem im außerproduktiven Bereich der Industriebetriebe und in den Verwaltungen) und von überholten, unproduktiven Normregelungen. Technisch begründete Arbeitsnormen (TAN) sollten endlich überall eingeführt werden.

Im Zusammenhang mit der Arbeit am Staatshaushaltsplan 1953 konkretisierte und verschärfte das Politbüro daraufhin am 20. Januar 1953 seine finanzpolitischen Grundsätze und Sparvorschläge.[178] Anfang Februar beschloß das ZK der SED einen „Feldzug für strenge Sparsamkeit".[179] In der Privatwirtschaft sollten dem Staat durch Fortfall von Steuervergünstigungen und durch das Eintreiben von Steuern kurzfristig 363 Millionen DM zukommen. Darüber hinaus sollten die Ver-

[176] Siehe Gesetz über den Volkswirtschaftsplan 1953, S. 1325.

[177] Siehe Besprechung am 9. 1. 1953, in: Badstübner/Loth, Pieck-Aufzeichnungen, S. 407–411; Sowjetische Aufzeichnung der Unterredung vom 9. 1. 1953, gez. Bogomolov, AVP RF, fond 082, opis' 41, papka 275, delo 52, listy 128–138. (Für die Möglichkeit der Einsichtnahme in eine Kopie danke ich Dr. Jan Foitzik.) In der russischen Wiedergabe heißt es u. a.: „Die Finanzlage in der DDR einschätzend, sagte Gen. Sitnin: Der schnelle Zuwachs an Investitionen, die die Planung des Fünfjahrplanes überschritten, und die Notwendigkeit sehr großer Ausgaben für die Schaffung von nationalen bewaffneten Streitkräften haben die Finanzsituation in der Republik erschwert und bedeutende Spannungen im Staatshaushalt der DDR und im Geldumlauf verursacht."

[178] Protokoll der Politbürositzung am 20. 1. 1953, SAPMO BArch, DY 30, J IV 2/2-258.

[179] Siehe ZK-Beschluß „Feldzug für strenge Sparsamkeit", 3. 2. 1953, in: Dokumente der SED, Bd. IV, S. 263–269.

waltungsausgaben um 10 bis 20 Prozent zurückgefahren werden. Bei der Post, bei der Volksbühne, in Hochschulen, bei Arznei- und Arztkosten, bei Fahrpreisermäßigungen, bei Außenhandelspreisstützungen – überall mußte „gespart" werden: insgesamt rund 1,5 Milliarden Mark.

Die Landwirtschaftspolitik der SED war von den nachhaltigen sowjetischen Sparforderungen zunächst weniger tangiert, mußte aber auch mit Folgen rechnen. Die ersten Vorentscheidungen waren bereits im Dezember 1952 gefallen. In Vorbereitung der 1. Konferenz der LPG-Vorsitzenden, die zeitlich mit den Abschlußarbeiten am Volkswirtschaftsplan 1953 zusammenfiel, waren die Finanzierungsfragen in der Landwirtschaft auf den Tisch der ZK-Abteilung für Landwirtschaft gekommen. Ausgangspunkt von Erörterungen mußten die anspruchsvollen Pläne für Erzeugung, Erfassung und Aufkauf sein, sowie die Gewißheit, daß – mit Ausnahme der MTS – in den Agrarsektor kaum investiert werden konnte. Dort allerdings war an beachtliche Größenordnungen gedacht. Ulbricht kündigte an, der volkseigene DDR-Landmaschinenbau würde den Wert seiner Produktion von 84,2 Millionen DM im Jahr 1952 auf 123 Millionen DM im Jahr 1953 erhöhen.[180]

2.2.1. Kredite

Die SED-Führung änderte Ende 1952 die Kreditpolitik gegenüber den Groß- und Mittelbauern. Es begann mit dem Ruf nach Tilgung der monetären Steuerschulden, von der SKK noch vor dem Kurswechsel im Rahmen ihres Etat-Konsolidierungsprogramms angemahnt. Im Spätherbst kam, wie erwähnt, der Vorwurf der Abgabenhinterziehung und Sabotage hinzu. Im Februar 1953 resümierte die SED-Führung, „Großbauern und große Grundbesitzer" hätten dem Staat aus den Jahren 1951 und 1952 noch rund 297 000 Tonnen Getreide und Hülsenfrüchte als Soll abzuliefern, an Kartoffeln rund 591 000 Tonnen, an Schweinefleisch rund 59 000, an Lebendvieh (ohne Schweine) rund 13 200 Tonnen. Ihre Kreditschulden beliefen sich bei kurzfristigen Krediten auf rund 41 Millionen, bei langfristigen Krediten auf rund 40 Millionen DM.[181]

Diese Bilanz veranlaßte die SED-Führung, von der SKK dazu immer wieder gedrängt, die Vergabe staatlicher Kredite an diese Gruppe der Bauern radikal einzuschränken. Sie wies an, Steuervergehen energisch zu ahnden. Im November 1952 entschied das Sekretariat des SED-Politbüros, die BHG zur Rücknahme von Kreditverträgen mit Großbauern zu veranlassen und arbeitete neue Richtlinien aus. Diese Schritte waren von Anbeginn an auch darauf gerichtet, die Kreditbedingungen für LPG-Bauern zu verbessern. Zunächst sollten Kredite, die in den Vorjahren an Klein- und Mittelbauern gegangen waren, bei deren Eintritt in eine LPG nicht mehr der Rückzahlung unterliegen. Dieses staatliche Geschenk an die LPG-Bauern hielt man wohl – aus volkswirtschaftlicher Sicht – für vergleichsweise unbedeutend. Berechnungen über einen Ausfall von Rückzahlungen sind nicht bekannt.[182] Das Finanzministerium entwarf des weiteren einen Plan für langfristige Kredite im Jahr 1953. Sie waren der Finanzierung von Bauten und Inventar vorbe-

[180] Siehe Erste Konferenz, S. 50.
[181] Siehe Lageanalyse (Februar 1953), SAPMO BArch, DY 30, IV 2/2.01-1, Bl. 66.
[182] Siehe Protokoll der Sekretariatssitzung am 17. 11. 1952, SAPMO BArch, DY 30, J IV 2/3-341, Bl. 3f.

halten. Abgesehen davon, daß in diesem Zusammenhang zunächst noch 40 Millionen DM Kredite für das Bodenreformbauprogramm 1953 vorgeschlagen waren (die Summe wird im Dezember erheblich reduziert), sah dieser Plan 10 Millionen DM Kredite an Altbauern, 40 Millionen DM Kredite an Neubauern und 25 Millionen DM Kredite an LPG vor.[183]

Für Darlehen, die an landwirtschaftliche Produktionsgenossenschaften vergeben werden konnten, hatte die Deutsche Bauernbank bereits im August Richtlinien erarbeitet. Solche Kredite durften nur für Projekte Verwendung finden, die Bestandteil eines Finanz- und eines Produktionsplanes der LPG waren; der Bauernbank oblag die Kontrolle darüber.[184] Mit Gültigkeit ab 1. Januar 1953 wurden die Richtlinien aktualisiert. Ihnen zufolge konnte eine registrierte LPG einen kurzfristigen Kredit (Zinssatz 2 Prozent) für den Kauf von Saatgut, Dünger und Pflanzenschutzmitteln, für Tierarztkosten und – bedingt – für kleine Reparaturen und ähnliche geringe Aufwendungen aufnehmen. Dafür wurde schnellstmögliche Rückzahlung vereinbart. Mittelfristige Kredite mit einer Tilgungszeit von bis zu einem Jahr und langfristige Kredite, die auf vier Jahre berechnet waren, konnten für den Erwerb von Produktionsmitteln, für Meliorations- und Umbrucharbeiten, Neubauten und bauliche Verbesserungen an Wirtschaftsgebäuden und andere größere Investitionen zu einem Zinssatz von ebenfalls 2 Prozent aufgenommen werden. Für mittel- und langfristige Kredite mußte die LPG allerdings 20-30 Prozent Eigenkapital aus ihrem unteilbaren Fonds aufbringen.[185] Zur Festigung ihrer kleinen Hauswirtschaft konnten LPG-Bauern ebenfalls Kredite aufnehmen. In einem Beschluß, der auf Anregung der 1. Konferenz der LPG-Vorsitzenden verabschiedet wurde, räumte der Ministerrat den vormaligen Landarbeitern unter den LPG-Mitgliedern für ein Jahr gleiche Kredite wie Einzelbauern ein, damit sie eine „persönliche Wirtschaft" aufbauen konnten.[186]

Diese Kreditbestimmungen waren überaus vorteilhaft für den Kreditnehmer LPG; die Zinsen lagen unter denen, die nach der Bodenreform in der Regel für Kredite an Neubauern galten. Für mit kurzfristigen Krediten belastete LPG-Mitglieder wurde verfügt, daß sie, soweit sie bis Ende 1952 zu zahlen hatten, neue Zahlungsabkommen eingehen konnten. Kreditschulden auf eingebrachtem Vieh, Bauobjekte und Inventar gingen auf die LPG über, Rückstände bei den Sozialversicherungsbeiträgen konnten gestundet werden.[187]

Am 2. Dezember 1952 verabschiedete das SED-Politbüro „Richtlinien für die Kreditgewährung" an einzeln wirtschaftende Bauern.[188] Die sahen langfristige

183 Schreiben des Ministeriums für Finanzen an das Ministerium für LFW, 8.11.1952, BArch, DK 1, 2274, Bl. 22.

184 Im Kreditgeschäft des Staates verlor die BHG nun an Bedeutung, die Kontrollfunktion der Staatsbank mit ihrer Filiale Deutsche Bauernbank wurde ausgebaut.

185 Richtlinien der Deutschen Bauernbank vom 14.8.1952 (aktualisiert), BArch, DN 2, 6, unpag.

186 Siehe Beschluß über Kredite für Mitglieder landwirtschaftlicher Produktionsgenossenschaften , Protokoll der Ministerratssitzung am 19.12.1952, BArch, DC 20, I/3-161, Bl. 203; siehe auch GBl. 1953, S. 11.

187 Beschluß über die Regelung der rückständigen Steuern und Kredite von LPG-Mitgliedern, Protokoll der Ministerratssitzung am 19.12.1952, BArch, DC 29, I/3-161, Bl. 200f.

188 Siehe Protokoll der Sekretariatssitzung am 24.11.1952, SAPMO BArch, DY 30, J IV 2/3-342, Bl. 7, 47-52; Protokoll der Politbürositzung am 2.12.1952, ebenda, IV 2/2-250, Bl. 6, 74-78; Protokoll der Arbeitsbesprechung des Ministers für LFW mit den stellvertretenden Vorsitzenden der Räte der Bezirke am 6.1.1953, BArch, DK 1, 138, Bl. 634-638, hier Bl. 637.

Darlehen an Bauern mit über 20 ha Land nicht mehr vor. Kurzfristige Kredite (maximal 75 DM pro ha LNF) konnten an Bauern mit weniger als 20 ha LNF vergeben werden, jedoch nur durch die Deutsche Bauernbank. Auf sowjetische Intervention hin kam man davon ab, kurzfristige Kredite entsprechend abgegebener Menge an landwirtschaftlichen Produkten zu staffeln, denn aus dieser Regelung hatten Großbetriebe Vorteile gezogen.[189]

Klein- und Mittelbauern wurde nun ein Inventarkredit mit 4,5 Prozent Tilgungsrate für bis zu 5 Jahre angeboten. Dabei erhielten die kleineren Betriebe günstigere Angebote: Bauern mit bis zu 5 ha konnten bis zu 70 Prozent der Kosten des zu kreditierenden Objektes beantragen, Bauern mit 5–20 ha LNF – 50 Prozent des Objektwertes. Kredite nach den Bodenreformbestimmungen (8 Jahre Laufzeit, 3 Prozent Zinsen) sollten nur noch an solche Neubauern gehen, die den Betrieb bisher maximal 1 Jahr bewirtschafteten. Langfristige (Bau)Kredite an Klein- und Mittelbauern im Rahmen überhängiger Bodenreform-Bauprojekte hatten einen Bauabschluß zum 1. Mai 1953 zur Bedingung; Kredite für Reparaturen gab es nur bei 40 Prozent Eigenleistung. Saatgut- und Düngemittelkredite für werktätige Bauern waren, wie gehabt, nach Anbaufläche gestaffelt. Bauern mit bis zu 5 ha erhielten im Wert von bis zu 90 Prozent des Abgabensolls für nötigen Dünger und Saatgut staatlichen Kredit. – Diese Regelungen waren für kleine und mittelgroße Agrarbetriebe nach wie vor nicht schlecht. Allerdings galt: Kredite wurden allen Bauern nur bei absoluter Steuer- und Abgabendisziplin gewährt. Auch die Sozialversicherungsbeiträge mußten gezahlt sein. Damit kamen die meisten Einzelbauern nicht mehr in den Genuß neuer staatlicher Kredite. SED und Staatsapparat konzentrierten die wenigen Kreditmittel für die Landwirtschaft weitestgehend auf die neuen Strukturen.

Zu dieser Zeit waren der „Schuldenberg" der potentiellen LPG-Mitglieder noch nicht genau berechnet, das Tempo der LPG-Gründungen unklar, der voraussichtliche Kreditbedarf in LPG, VEG und bäuerlicher Individualwirtschaft noch nicht ermittelt und die volkswirtschaftlichen Rahmenbedingungen nur grob vorhersehbar. Ende Januar war offensichtlich, daß die ursprünglich zur Förderung der LPG vorgesehenen 25 Millionen DM langfristiger Kredite keinesfalls ausreichen werden. Der Etat 1953 sah 60 Millionen DM dafür vor.[190] Indes, über die Verteilung der Mittel innerhalb der neuen Strukturen war noch nichts gesagt, und die unkla-

189 Siehe Bericht des Vertreters der SKK im Bezirk Neubrandenburg, Setjukov, über einige Unzulänglichkeiten im Kreditwesen, 27. 11. 1952 an Semenov, AVP RF, fond 457a, opis' 13, papka 71, delo 35, listy 43–46, hier list 43. Es hieß im Bericht, 31 Prozent der nicht getilgten Kreditsumme bei kurzfristigen Krediten fielen auf Wirtschaften mit über 20 ha LNF. Dies war aber durchaus normal. Zum Vergleich: Nach Angaben der Bauernbank hatten Bauern mit über 20 ha LNF im Jahr 1951 durchschnittlich 1900 DM kurzfristige Kredite aufgenommen, insgesamt über 35 Millionen DM. Zum Jahresende waren fast 13 Millionen davon überfällig, während die anderen Bauernschichten mit insgesamt über 40 Millionen DM für kurzfristige Kredite in Zahlungsrückstand waren (Entwurf eines Briefs der Deutschen Bauernbank an Staatssekretär Georgino, 21. 11. 1952, BArch, DK 1, Bl. 6).

190 Siehe Gesetz über den Staatshaushaltsplan 1953, 5. 2. 1953, in: GBl. 1953, S. 257–260. Im Protokoll der Politbürositzung am 20. 1. 1953, SAPMO BArch, DY 30, J IV 2/2-258, Bl. 3, heißt es, daß 100 Millionen DM Unterstützung für die LPG abgelehnt werden. Der Regierungsbeschluß zum Staatshaushalt (siehe Protokoll der Ministerratssitzung am 22. 1. 1953, BArch, DC 20, I/3-169, Bl. 41–52), ist nicht ganz deckungsgleich mit dem am 5. 2. 1953 von der Volkskammer verabschiedeten Gesetz, bezüglich der genannten Angabe besteht aber Übereinstimmung: 60 Millionen DM Kredite für LPG.

ren nutzungsrechtlichen Bestimmungen zum Umgang mit den devastierten Betrieben ließen erhebliche Verzüge bei der Kreditvergabe befürchten.

2.2.2. MTS-Tarife

Finanzexperte Sitnin monierte am 9. Januar 1953 auch, daß die Kosten für die volkseigenen MTS (im russischen Protokoll ist noch immer von MAS die Rede) zu hoch seien. Er erklärte: „Die Bauern der DDR, die die Möglichkeit haben, in zunehmendem Umfang ihre freien Spitzen den staatlichen Aufkaufbetrieben zu Preisen zu verkaufen, die im Dezember 1951 erheblich erhöht worden waren, können zugleich die staatlichen Stützungen bei den MAS-Tarifen und beim Kauf von Mineraldünger in Anspruch nehmen. Die MAS-Tarife decken die Kosten für die MAS-Arbeiten bekanntlich nur zu einem Drittel."[191] Unlängst mußte die Regierung der DDR den MAS rund 20 Millionen DM Verlustausgleiche für die Jahre 1949 bis 1952 zur Verfügung stellen, die Einrichtung der Politabteilungen verlangte nachträglich rund 11 Millionen DM aus der Haushaltsreserve 1952.[192]

Reserven zu nutzen, bedeutete also aus sowjetischer Sicht auch, die MTS-Preise zu erhöhen, denn die staatlichen Leihbetriebe für Agrartechnik kamen den Staatshaushalt nun zu teuer. Die deutschen Planungsbehörden erarbeiteten Anfang 1953 einen neuen Tarif für Arbeiten der MTS. Er wurde als Bekanntmachung vom 26. Januar am 7. Februar 1953 veröffentlicht.[193]

Die neuen Regelungen bestimmten, daß LPG für MTS-Arbeiten etwa die gleichen niedrigen Preise zu zahlen hatten, wie sie bislang (seit Januar 1952) für kleine landwirtschaftliche Privatbetriebe mit bis zu 10 ha und wirtschaftsschwache Betriebe mit bis 15 ha Land galten.[194] Für die Kleinbauern wurden, wenn sie individuell weiterwirtschafteten, die MTS-Preise um etwa ein Viertel angezogen, womit auch für Einzelbauern mit bis 10 ha Land die Inanspruchnahme staatlicher Technik noch immer staatlich gestützt war. Bauern mit 10 bis 20 ha Land wurden nun in einer Tarifgruppe zusammengefaßt und hatten so viel für MTS-Dienstleistungen zu zahlen, wie die größeren unter ihnen (mit 15–20 ha) zuvor schon zahlen mußten. Dieses Entdifferenzieren ging zu Lasten der Betriebe mit wenig mehr als 10 ha, vor allem leistungsschwacher Betriebe dieser Gruppe. Schließlich wurden allen Bauern mit über 20 ha neue, um rund 50–60 Prozent höhere Preise für MTS-Leistungen aufgebürdet. Sie hatten jetzt das Doppelte bis Zweieinhalbfache von dem zu zahlen, was Einzelbauern in der mittleren Gruppe (10–20 ha) zu entrichten hatten. Der Großbauerntarif war im Durchschnitt drei- bis viermal so hoch wie der für LPG.

Wolfgang Bell stellt zurecht fest, daß die neuen Tarife für Großbauern kaum zu zahlen waren. Dieser Befund reicht jedoch nicht aus für die Schlußfolgerung, die

[191] Sowjetische Aufzeichnung der Unterredung mit der SED-Führung vom 9. 1. 1953, gez. Bogomolov, AVP RF, fond 082, opis' 41, papka 275, delo 52, listy 128–138, hier list 130. Siehe auch Badstübner/Loth, Pieck-Aufzeichnungen, S. 407–411.

[192] Siehe Protokolle der Ministerratssitzungen am 27. 11. und 11. 12. 1952, BArch, DC 20, I/3-155, Bl. 8; -159, Bl. 6, 46f.

[193] Siehe Bekanntmachung des Tarifs für Arbeiten der MTS, 26. 1. 1953, in: GBl. 1953, S. 250–252. Hier wird behauptet, der neue Tarif sei bereits am 19. 12. 1952 von der Regierung bestätigt worden. Dies belegt das Protokoll der Ministerratssitzung nicht.

[194] Den Vergleich von ausgewählten Arten von Leistungen siehe bei Zinke, Transformation, Anlage 17. 1.

MTS-Tarifpolitik hätte nun eindeutig auf den Ruin aller Großbauern gezielt. Einerseits waren die MTS ohnehin angehalten, zuerst die LPG und dann die Klein- und Mittelbauern zu unterstützen. Andererseits konnte die SED berechtigterweise davon ausgehen, daß der großbäuerliche Technikpark noch immer bedeutend war. Nicht selten verfügten Großbauern auch über Finanzreserven, die überdurchschnittliche Lohnzahlungen an fremde Arbeitskräfte ermöglichten. Steuer- und Abgabenschulden waren keinesfalls immer Ergebnis realer Verluste in agrarischen Großbetrieben. Die eigentlichen Leidtragenden der veränderten Tarife im staatlichen Technikverleih waren wiederum die kleineren unter den Mittelbauernbetrieben. Sie wirtschafteten in der Regel ohne ständige fremde Arbeitskräfte als Familienbetriebe, waren kaum motorisiert, verfügten kaum über Transportmittel und Ackerbaugerät. Auf der anderen Seite waren dies gerade jene Betriebe, die seit ein, zwei Jahren zur Viehwirtschaft übergingen und MTS-Technik daher auch seltener benötigten.

Aus der neuen Tarifpolitik der SED läßt sich nicht ableiten, daß wirtschaftsstarke Bauern nun gezielt eliminiert, das heißt „heiß“ oder „kalt“ enteignet werden sollten. Die Tarife waren Ausdruck einer stärkeren Benachteiligung von größeren Betrieben zugunsten einer Förderung von LPG – allerdings unter den Bedingungen eines außerordentlich defizitären Staatshaushaltes. Die SED erwartete, daß die Einnahmen durch Erhöhung der Tarife in Gruppe 4 dem Staat insgesamt 50 Millionen DM einbringen würden. Nicht zufällig nannte sie diese Summe während der Erörterungen zum Sparsamkeitsregime.[195]

2.2.3. Pflichtabgaben

Ebenfalls im Januar 1953 wurden Regelungen für die Pflichtablieferung im Jahr 1953 getroffen.[196] Die einzeln wirtschaftenden Bauern wurden, wie im vergangenen Jahr, in acht Betriebsgrößengruppen eingeordnet. Für jede Gruppe sollten, wie gehabt, durchschnittliche Abgabenormen festgelegt und auf die Bezirke aufgeschlüsselt werden, woraufhin dann die Auflagen für die Kreise, Gemeinden und Betriebe mit einem Spielraum von 10 Prozent weiter auszudifferenzieren waren. Die Verordnung gab keine Bezirksnormen für die Veranlagung privater Bauernwirtschaften vor (auch dies wie gehabt), sondern bestimmte, die Bezirke hätten ausgehend von den Vorjahresnormen konkrete Festlegungen zu treffen. Das Durchschnitts-Soll für jede Größengruppe wurde nicht genannt (auch dies wie gehabt). Das Neue an der Verordnung war, daß sie für LPG spezielle Regelungen enthielt.

In Vorbereitung der Verordnung gab es über die Höhe der Abgaben zum ersten Mal einen erheblichen Dissens zwischen Wirtschaftsexperten in der SED bzw. in staatlichen Behörden der DDR und in der SKK. Er betraf verschiedene Teilprobleme, die im Komplex behandelt wurden (teilweise recht widersprüchlich), was die Rekonstruktion der Entscheidung und die historische Beurteilung der Positionen erschwert.

[195] Siehe Protokoll der Politbürositzung am 20. 1. 1953, SAPMO BArch, DY 30, J IV 2/2-258, Bl. 16–25. Zum Vergleich: 50 Millionen DM wollte die SED auch durch Rücknahme von Fahrpreisermäßigungen sparen.

[196] Siehe Verordnung über die Pflichtablieferung und den Aufkauf landwirtschaftlicher Erzeugnisse für das Jahr 1953 vom 22. 1. 1953, in: GBl. 1953, S. 175–183.

Ende November 1952 bezog Stupov intern Stellung zu einem am 5. November eingereichten ersten deutschen Entwurf.[197] Stupov hob hervor, die Deutschen wollten die durchschnittlichen Abgabenormen bei Pflanzenerzeugnissen wie im Jahr 1952 gestalten, was er billige. Die Abgaben für tierische Erzeugnisse jedoch beabsichtigten sie zu erhöhen, und dies wollte er nicht gutheißen. Mit Ausnahme des Solls bei Milch dürften die Abgaben für Viehbauern nicht wachsen. Die Bauern müßten Vertrauen haben, argumentierte Stupov. Zugleich erwähnte er, daß der Staatssekretär für Erfassung und Aufkauf Hermann Streit auf höhere Normen bei tierischen Produkten bestand, weil bereits ein Beschluß des Sekretariats vorlag. Stupov hielt das allein für keinen zwingenden Grund.

Der Verordnungsentwurf enthielt die Idee, private Industrie-, Gewerbe-, Handels- und Handwerksbetriebe mit Landbesitz zu Abgaben tierischer Erzeugnisse zu verpflichten, womit für den 1951 eingeführten Abgabenerlaß für Flächen bis zu 1 ha zusätzliche Ausnahmeregelungen geschaffen worden wären. Dies zielte vor allem auf die Hauswirtschaften kleiner Händler, Fuhrunternehmer, Handwerker und Gaststättenbesitzer in den Dörfern. Mit dieser Entscheidung war Stupov einverstanden. Doch die SED hatte keine erneute Veranlagung allen Landbesitzes von 0,5 bis 1 ha LNF vorgesehen. Bei der Kommentierung des deutschen Entwurfes vom 5. November bemängelte Stupov die komplizierte Festlegung verschiedener Untergruppen von Kleinstflächenbesitzern in der Vorlage. Er schlug vor, alle Kleinstbetriebe auf bis zu 1 ha LNF gleichmäßig (die SED sah vor: pro Stück Vieh) zu veranlagen.

Solche Differenzen waren nicht neu. Schon während der Planung der Abgaben für das Jahr 1952 hatte es unter SKK-Wirtschaftsexperten ähnliche Vorschläge gegeben. So riet der Mitarbeiter der Abteilung für Wirtschaftsfragen Kulik im September 1951, künftig nur die Kleinstbetriebe mit weniger als 0,5 ha abgabenfrei zu erklären. Von den insgesamt 150 000 ha LNF, die in Parzellen von 0,5 bis 1 ha LNF aufgeteilt waren, versprach er sich damals bereits wichtige Verbesserungen für die staatlichen Lebensmittelfonds. Auch die MAS mit 2 ha LNF und mehr wollte er zu Abgaben verpflichten.[198] Diese Bestrebungen stießen Ende 1951 nicht auf Unterstützung in der SKK-Führung. Unter den neuen Bedingungen einer angespannten Versorgungslage fanden sie in der SKK jedoch eine Mehrheit. In der SED-Führung hingegen wollte man sich darauf nicht ohne weiteres einlassen. Konsens war lediglich, daß die LPG-Mitglieder aus ihren privaten Hauswirtschaften auf 0,5 ha Land 10 Prozent weniger tierische Abgaben liefern sollten, als es die Durchschnittsnorm für bäuerliche Kleinstbetriebe vorschrieb. Stupov forderte des weiteren, daß nicht nur, wie in der Vergangenheit, Spezialwirtschaften (Abmelkwirtschaften, Geflügelzuchtbetriebe, Deckstationen, Wanderschäfereien u.s.w., auch MTS), sondern auch

197 Siehe Bemerkungen Stupovs zur Vorlage „Verordnung über die Pflichtablieferung und den Aufkauf landwirtschaftlicher Erzeugnisse für das Jahr 1952", 29. 11. 1952, AVP RF, fond 0458, opis' 314 s, papka 281, delo 9, listy 196–200; deutsche Vorlage vom 5. 11. 1952, listy 201–215.

198 Siehe Stellungnahme Kuliks zum Entwurf der Verordnung über die Pflichtabgabe 1952, 29. 9. 1951, AVP RF, fond 0458, opis' 315 s, papka 283, delo 3, listy 23–26, hier list 24. Den russischen Quellen zufolge ließen sich die deutschen Planer zunächst auch auf Pflichtabgaben ab 0,5 ha Betriebsgröße ein (siehe Mitteilung Streits an Matveev zur gemeinsamen Erörterung von Pflichtabgabe und Aufkauf 1952, 11. 11. 1951, ebenda, listy 56–68), doch vor allem Widerstand auf deutscher Seite verhinderte die volle Umsetzung, so daß 1952 nur gewerbliche Gartenbaubetriebe ab 0,5 ha Größe zu einer Gemüseabgabe verpflichtet wurden.

Hilfsbetriebe von volkseigenen Industrieunternehmen, Betriebe gesellschaftlicher Einrichtungen und Massenorganisationen, die in der Regel nur kleinste Flächen unterhielten, in die Abgabe von tierischen Erzeugnissen einbezogen werden.

Auf Stupovs Kritik stieß desweiteren eine Formulierung, wonach zulässig sei, bei den Normenaufschlüsselungen in den Bezirks- und Kreisstellen unbegrenzt zu differenzieren. Dies würde in der Praxis schlimme „Entstellungen der Linie" nach sich ziehen, meinte der SKK-Experte. Selbst die recht großzügige Vorstellung in SKK-Kreisen vom Frühjahr 1952, wonach vor Ort bis zu 20 Prozent differenziert werden könnte, griff Stupov unter den neuen Bedingungen nicht auf. Maximal 10 Prozent Abweichungen vom Durchschnitt der Größengruppe waren seiner Meinung nach zulässig, wobei garantiert sein müßte, daß die festgesetzte Durchschnittsnorm des Kreises oder Bezirkes erhalten blieb.

Was die LPG betrifft, so sahen die deutschen Planer vor, niedrige Durchschnittsnormen einzuführen, die bei pflanzlichen Produkten regional je nach Produktionsbedingungen zu staffeln waren. Bei Getreide beispielsweise reichten sie von 5 dz/ha (Cottbus und Suhl) bis 11 dz/ha (Halle und Leipzig), bei Kartoffeln von 45 bis 55 dz/ha, und lagen damit im Bereich von Leistungen, die privaten Ackerbaubetrieben der Größenordnung 2 bis 15 ha abverlangt wurden. In der Mehrzahl waren die LPG-Mitglieder ja Bauern dieser Kategorie. Für genossenschaftlich erwirtschaftete tierische Erzeugnisse (in LPG Typ 3) war ebenfalls eine Norm pro Hektar LNF vorgesehen, bei Milch ebenso ein regional gestaffeltes Soll. Davon ausgehend sollte – nach SED-Vorstellungen – auf Pflanzenprodukte, wie bereits für 1952 zugesichert, auch 1953 eine 10prozentige Abgabenermäßigung gewährt werden. Für LPG in den Grenzregionen waren keine zusätzlichen Ermäßigungen vorgesehen. Stupov forderte jedoch für LPG Typ 3 eine größere Senkung der Pflichtabgaben: um 15 Prozent. Das Soll bei tierischen Erzeugnissen war seiner Meinung nach für die LPG Typ 3 auch zu hoch angesetzt. Von einer Eierabgabe sollten diese Gemeinschaftsbetriebe im ersten Jahr, also 1953, seiner Ansicht nach völlig befreit werden. Die Abgaben aus der privaten Viehhaltung in der Hauswirtschaft von LPG-Mitgliedern Typ 3 wollte Stupov ebenfalls niedriger ansetzen. Schließlich wollte er gesetzlich festgehalten sehen, daß nur LPG, die vor dem 1. Juni 1953 gebildet werden und folglich als Genossenschaft an der Frühjahrsbestellung teilnehmen, auf diese Vergünstigungen ein Anrecht haben. Später gebildete LPG erhalten erst ab 1954 Abgabenermäßigungen zugebilligt, schlug er vor.

Die Vorstellungen Stupovs erreichten die Deutschen noch vor dem hier ausgewerteten schriftlichen Vermerk. Stupov tauschte sich mit Streit und Scholz aus. Das Sekretariat des ZK der SED legte am 4. Dezember 1952 einen neuen Verordnungsentwurf zur Pflichtablieferung 1953 vor, in dem einige Kritik von Stupov bereits umgesetzt war.[199] Wichtige Forderungen waren aber noch unberücksichtigt geblieben.

Der neue Entwurf sah für private Bauernwirtschaften noch immer eine Abgabensteigerung bei tierischen Produkten vor. Bei Schlachtvieh sollten die Normen im Republiksdurchschnitt um 10 kg/ha angehoben werden, was eine progressive

[199] Siehe Protokoll der Sekretariatssitzung am 4. 12. 1952, SAPMO BArch, DY 30, J IV 2/3-345, Bl. 11, 41–65.

Normenerhöhung für die einzelnen Betriebe um 5 bis 13,5 Prozent ergeben hätte. Ähnlich sollte bei dem Soll für Eier verfahren werden. Die SED plante eine Erhöhung der Normen um durchschnittlich 25 Stück/ha und progressiv gestaffelt für die Betriebsgrößengruppen eine Normensteigerung um 10 bis 35 Stück.[200] Der Rahmen für die Differenzierungen war in der Vorlage nun entsprechend sowjetischen Anweisungen auf 10 Prozent festgelegt. Der Entwurf enthielt noch nicht den 15prozentigen Abzug vom Soll für LPG Typ 3 bei Pflanzenerzeugnissen. Die Durchschnittsnormen für LPG Typ 3 zur Pflichtablieferung von Schlachtvieh und Milch hatte die SED noch nicht weiter gesenkt, ebensowenig die für diese LPG-Bauern geltenden Abgaben aus der privaten Haustierhaltung. Auch die Frist bis 1. Juni 1953 für Vergünstigungen war noch nicht gesetzt.

Die weitere Klärung war offenbar schwierig; der Entwurf der Verordnung mußte von der Tagesordnung der Regierungssitzung am 18. Dezember kurzfristig zurückgezogen werden. Mitte Dezember berieten die führenden SKK-Fachleute Maširin, Stupov und Petrov, Chomjakov, Matveev und Sitnin gemeinsam mit den Leitern der Wirtschaftsabteilungen der SKK-Bezirksvertretungen – ein Vorgang, der sich für keine andere interne Erörterung von Regelungen zu Pflichtabgaben in der DDR nachweisen ließ.[201] Die Versammlung sprach sich fast einhellig gegen Abgabensteigerungen im privaten Sektor aus, auch bei Fleisch und Eiern sollten die Normen von 1952 „möglichst" beibehalten werden.[202] Maširin plädierte für maximal 10 Prozent höhere Milchabgaben. Von Flächen unter 1 ha sollten auch nicht 800 l, sondern 700 l pro Milchkuh, und nicht 50 Stück Eier pro Henne, sondern 400 Eier pro Hof erfaßt werden. Gleichzeitig unterstützten die Abteilungsleiter Stupovs Korrekturwünsche: 15 Prozent Abgabenerleichterung für LPG Typ 3 bei Pflanzenprodukten, weniger Abgaben aus dem privaten hauswirtschaftlichen Viehbesitz für LPG-Mitglieder Typ 3.[203]

Bemerkenswerterweise kam auf der Versammlung der sowjetischen Sachverständigen aus einigen Bezirksvertretungen auch die Forderung, Arbeiter, Angestellte und Intellektuelle mit kleinstem Landbesitz in Höhe von 0,5 bis 1 ha zu Abgaben tierischer Erzeugnisse zu verpflichten. Aus SKK- Sicht war also eine Mehrbelastung vieler Arbeiter- und Angestelltenhaushalte politisch möglich, eine solche für Privatbauern aber nicht.

Dies scheint der Kernpunkt der Auseinandersetzung gewesen zu sein. Bei allen ideologischen Vorbehalten, die SKK plante Ende 1953 keinen Angriff auf die private Bauernschaft, auch nicht auf die Großbauern. Doch mußte sie sich fragen lassen, wie denn – angesichts zurückgehender Zuschüsse aus dem Staatshaushalt – die Sollermäßigungen, die sie den LPG zugestehen wollte, kompensiert und wie die recht hohen Versorgungsauflagen des Jahresplanes erfüllt werden konnten. Denn

200 Zur Erinnerung: Die Abgabenverordnung für 1952 sah vor, die Ablieferungsmengen bei Schlachtvieh durchschnittlich um 29 kg /ha LNF, bei Milch um 36 kg/ha LNF und bei Eiern um 20 Stück/ha LNF im Vergleich zum Jahr 1951 zu erhöhen.

201 Meldung von Maširin, Petrov und Stupov an Čujkov über eine interne Beratung, 15. 12. 1952, AVP RF, fond 0458, opis' 314 ns, papka 281, delo 9, listy 219–221.

202 So hieß es auch in einer im Abschluß an die Beratung verfaßten Stellungnahme, die auf die Vorlage vom 5. 11. 1952 Bezug nahm. Siehe Bemerkungen zur Vorlage vom 5. 11. 1952 AVP RF, fond 0458, opis' 314 ns, papka 281, delo 9, listy 220f., hier list 220.

203 Es wurden weitere kleinere Veränderungen an der Vorlage verlangt, auf die hier nicht eingegangen wird.

die Abgabensenkungen für die LPG unterstützte die SKK. Stupov und die anderen forderten sogar, die von der SED ermittelten Produktionsauflagen für die LPG Typ 3 weiter zurückzunehmen.

Nach weiteren internen Klärungen teilte die SKK am 27. Dezember 1952 ihre Position mit.[204] Prinzipiell war sie mit Sollerhöhungen in der privatwirtschaftlichen Tierproduktion jetzt einverstanden. Sie schlug aber vor, alle Betriebsgrößengruppen gleichmäßig zusätzlich zu belasten (in der Verordnung sollte dies konkret nicht ausgeführt werden): mit 9 kg Schlachtvieh/ha und 25 Stück Eiern/ha zur Norm von 1952 hinzu. Ihrer Ansicht nach bedeutete die von den Deutschen vorgesehene Progression eine unrealistisch hohe Forderung an die oberen Betriebsgrößengruppen.

Der sowjetische Vorschlag lief auf eine prozentual größere Belastung der Kleinbauernbetriebe im Vergleich zu den Großbauernbetrieben hinaus, was angesichts der Produktionsprofile aber gerechtfertigt erscheint. Mittel- und Großbauern wurden durch den sowjetischen Vorschlag weniger hart getroffen, als es die SED vorgesehen hatte. Mußten beispielsweise Bauern mit 2-5 ha LNF im Jahr 1952 durchschnittlich 81 kg/ha Schlachtvieh abliefern, so gab der deutsche Vorschlag nun 86 kg/ha und der sowjetische Vorschlag 90 kg/ha für das Jahr 1953 vor. Bauern mit 50 ha Land und mehr erwartete nach deutschem Vorschlag eine Sollerhöhung von 120 auf 133,5 kg/ha, nach sowjetischem Vorschlag eine Sollerhöhung von 120 auf 129 kg/ha. Die SED-Führung nahm die SKK-Vorschläge schließlich an. Sie brachten für alle privaten Viehbetriebe ein größeres Soll auf tierische Produkte. Mit einer weiteren Verordnung wurde Anfang Februar 1953 auch ein strengeres Regime der Kontrolle über die Viehhaltung und Entwicklung der Viehbestände eingeführt.[205]

Vergleich der durchschnittlichen Ablieferungsnormen für Privatwirtschaften 1952 mit den Vorschlägen laut Entwurf vom 4. Dezember 1952 für 1953, anhand ausgewählter Produkte[206]

Betriebsgrößengruppe	Getreide in dz/ha 1952	Getreide in dz/ha 1953	Schlachtvieh in kg/ha 1952	Schlachtvieh in kg/ha 1953[207]	Milch, 3,5% in kg/ha 1952	Milch, 3,5% in kg/ha 1953
1- 2 ha	3,5	3,5	63	68//72	300	337
2- 5 ha	5,5	5,5	81	86//90	372	426
5-10 ha	8,5	8,5	96	103//105	382	439
10-15 ha	11,6	11,5	106,6	116//115,5	419	480
15-20 ha	13,5	13,5	113	125,5//122	440	503
20-35 ha	16	15,9	116	130//125	447	508
35-50 ha	17,7	17,3	117,5	133,5//126,5	430	511
über 50 ha	18,7	18,5	120	133,5//129	437	511

204 Vorlage der Abteilung Landwirtschaft des ZK für das Sekretariat, Stellungnahme zu den sowjetischen Vorschlägen, 2. 1. 1953, SAPMO BArch, DY 30, IV 2/7-93, Bl. 13-20; Vorlage der Abteilung Landwirtschaft des ZK für das Sekretariat, 5. 1. 1953, („beschlossen 8. 1."), ebenda, Bl. 21 f.; Protokoll der Sekretariatssitzung am 8. 1. 1953, SAPMO BArch, DY 30, J IV 2/3-353, Bl. 4. Anlage zum Protokoll dieser Sekretariatssitzung auch in SAPMO BArch, DY 30, IV 2/7-93, Bl. 23–25.

205 Siehe Verordnung über den Plan der Viehbestände 1953, 2. 2. 1952, in: GBl. 1953, S. 249f.

206 Zusammengestellte Werte unter Verwendung von Daten aus Zinke, Transformation, Anlage 19. 1.

207 Nach Vorschlag des Sekretariats des ZK der SED vom 4. 12. 1952//nach Vorschlag der SKK (und gültig).

Sollerhöhung und strengere Kontrollen wurden auch für kleine Agrarproduzenten im Nebenerwerb beschlossen. Kurzzeitig favorisierte die SKK die Idee, eine neue Betriebsgrößengruppe von 0,5 bis 2 ha speziell für tierische Veranlagung einzurichten. Doch der Dissens um die Veranlagung der Kleinstbetriebe konnte nicht ausgeräumt werden. Die SED-Führung hielt daran fest, die privaten Industrie- und Handwerksbetriebe (auch mit weniger als 1 ha LNF) zu Abgaben tierischer Erzeugnisse zu verpflichten und nahm auch den sowjetischen Vorschlag an, dieses Soll ein klein wenig herabzusetzen. Doch sie wollte keine generelle Herabsetzung der unteren Grenze für ablieferungspflichtiges Land, denn es galt aus ihrer Sicht auszuschließen, daß Lohnarbeiter und Angestellte mit einem kleinen Hof- oder Gartenstück im Nebenerwerb zur Pflichtabgabe tierischer Produkte herangezogen wurden.[208] Betroffen wären rund 150000 Familien. „Aus politischen Gründen" hielten die SED-Experten das für untragbar, das Politbüro stimmte dem sowjetischen Vorschlag nicht zu.[209]

Einlenkend erklärten die Landwirtschaftsspezialisten im SED-Parteiapparat etwas später, daß es im Prinzip richtig sei, die Kleinstbodenbesitzer in Zukunft zu veranlagen. „Doch besteht keine einheitliche Auffassung, ob man diese Veranlagung bereits in diesem Jahr durchführen soll."[210] Indes, in der SKK blieb man hart. Auch wiederholte Einsprüche, für die die SED sogar SKK-Fachmann Stupov gewinnen konnte, halfen nichts. Am 13. Januar erreichte Walter Ulbricht die Mitteilung des Stellvertretenden Ministerpräsidenten Scholz: „Nach Meinung des Genossen Stupow kann diese Frage jetzt nur noch direkt mit Armeegeneral Tschuikow geklärt werden."[211] Noch zum Zeitpunkt der Verabschiedung der Verordnung am 22. Januar war keine Entscheidung getroffen.[212] Sämtliche „Besitzer von landwirtschaftlichen Nutzflächen bis zu 1 ha und Tierhalter (auch ohne Land)" wurden in der Verordnung schließlich gleichmäßig beauflagt. Sie hatten Schlachtvieh, Milch und Eier abzuliefern. Čujkov teilte Ulbricht erst Ende Januar mit: „Ich bin einverstanden mit Ihrem Vorschlag, daß im Jahr 1953 Arbeiter und Angestellte, die Land im Umfang von 0,5 bis 1 ha besitzen, zur Pflichtabgabe landwirtschaftlicher Produkte nicht herangezogen werden."[213] Die Umsetzung dieser einschränkenden Klausel zur Abgabenverordnung wurde vermutlich den örtlichen Differenzierungsbehörden überantwortet.

Das sowjetische Interesse an unbedingter Erfüllung des Aufkommens bei tierischen Erzeugnissen betraf, wie erwähnt, auch Betriebe im Eigentum gesellschaftlicher Organisationen und sogenannte landwirtschaftliche Hilfsbetriebe der Indu-

208 Siehe auch Protokoll der Politbürositzung am 20.1.1953, SAPMO BArch, DY 30, J IV 2/2-258, Bl. 7.

209 Siehe Vorlage der Abteilung Landwirtschaft des ZK an das Sekretariat, Stellungnahme zu den sowjetischen Vorschlägen, 2.1.1953, SAPMO BArch, DY 30, IV 2/7-93, Bl. 13–20, hier Bl. 14f.

210 Vorlage für das Sekretariat des ZK („beschlossen 8.1."), als Anlage Nr. 4 zum Protokoll vom 8.1.1953, SAPMO BArch, DY 30, IV 2/7-93, Bl. 21f., hier Bl. 21.

211 Schreiben Scholz' an Ulbricht, 14.1.1953, BArch, DK 1, 85, Bl. 253.

212 Im Protokoll heißt es: „Der Ministerpräsident wurde beauftragt, über die Frage der unteren Grenze für ablieferungspflichtige landwirtschaftliche Nutzflächen eine endgültige Abstimmung herbeizuführen und die Verordnung in der dieser Abstimmung entsprechenden Fassung zu verkünden." (Protokoll der Ministerratssitzung am 22.1.1953, BArch, DC 20, I/3-169, Bl. 7).

213 Schreiben Čujkovs an Ulbricht, 26.1.1953, AVP RF, fond 458, opis' 366, delo 1, list 72. In den deutschen Akten fand sich das Dokument bislang nicht.

strie. In Anlehnung an die sowjetische Erfahrung meinte die SKK, daß solche Betriebe auch etwas zur allgemeinen Versorgung beitragen müßten. Aus SED-Sicht sprach dagegen, daß Hilfsbetriebe eigentlich in der Schwerpunktversorgung großer Industriebetriebe wichtige Dienste leisteten. Die SED wollte auch die VgdB(BHG) nicht weiter belasten. Der schließlich eingegangene Kompromiß bedeutete, daß alle Hilfsbetriebe auf dem Lande, nicht aber solche der Industrie, ein Soll auferlegt bekamen. VdgB(BHG)-Deckstationen galten als abgabenfrei, wenn ihre Flächen ausschließlich zur Futtergewinnung für eigenes Vieh dienten.

Meinungsverschiedenheiten gab es auch über die Pflichtveranlagung von LPG. Die SKK bestand auf zusätzliche Erleichterungen für die LPG Typ 3.

Neben den bereits vorgeschlagenen 15 Prozent Abgabenerleichterung bei Pflanzenprodukten (bezogen auf die niedrigeren Durchschnittsnormen), schlug die SKK nunmehr für LPG Typ 3 ein anderes Verfahren zur Berechnung der Abgaben von tierischen Erzeugnissen vor und riet zur Rückkehr zur Stückveranlagung. Obgleich die SED-Führung daran erinnerte, daß die Hektarveranlagung, wie ja seit Jahren auch öffentlich argumentiert wurde, zur effektiveren Viehhaltung anregen sollte, blieben die sowjetischen Berater bei dieser außerordentlichen Vergünstigung für die LPG Typ 3. Die deutsche Vorlage vom 4. Dezember sah vor, daß LPG Typ 3 an Schlachtvieh 90 kg/ha LNF ablieferten, nach sowjetischen Vorstellungen sollten es 40 kg (Rind) bzw. 60 kg (Schwein) je Stück im Viehbestand sein. Verschiedene Vorstellungen herrschten auch über die Milchablieferung. Die deutsche Vorlage sah – nach Bezirken gestaffelt – 300 bis 550 kg je ha LNF vor, die sowjetische 800 kg je Milchkuh. LPG Typ 1 und 2, die Vieh zur gemeinsamen Haltung aufkauften und darauf ebenfalls ein Soll erhielten, wären auch nach Stück zu veranlagen. Von der Ablieferung von Eiern waren die LPG Typ 3 nach SKK-Meinung zu befreien. Die kleinen Hauswirtschaften von Mitgliedern dieser LPG sollten nur minimal zur Abgabe von Fleisch und Milch verpflichtet werden (analog zu den privaten Tierhaltern außerhalb von LPG in der Größengruppe bis 1 ha).

Die sowjetische Regelung für LPG Typ 3 lief nach Ansicht der SED-Führung darauf hinaus, den ohnehin bereits bestehenden, jedoch nicht gebilligten Trend zur Entstehung von LPG Typ 3 zu unterstützen. Die SED brachte ihre Bedenken vor, doch in der SKK schätzte man die Entwicklung anders ein und wollte jene Genossenschaften, die vorwiegend aus Landarbeitern und Kleinbauern bestanden, besonders entlasten. All die genannten sowjetischen Forderungen akzeptierte die SED-Führung schließlich. Die aus versorgungspolitischer Sicht unbefriedigende Regelung trug sie mit, weil sie glaubte, die LPG Typ 3 würden ohnehin nicht zahlreich werden. Das Sekretariat des ZK der SED stimmte am 8. Januar 1953 zu.[214] Die SKK schlug zudem eine spezielle Regelung für jene LPG vor, die sich ausschließlich aus Kleinstbetrieben mit weniger als 5 ha Land zusammensetzen. Hier dürfe man das Soll der Betriebsgrößengruppe 2–5 ha nicht überschreiten, riet sie. Die SED überzeugte sie aber davon, daß solche LPG die absolute Ausnahme waren und eine spezielle Förderung von sehr armen Genossenschaften aus Kleinstbe-

214 Siehe Vorlage für das Sekretariat („beschlossen 8. 1."), als Anlage Nr. 4 zum Protokoll vom 8. 1. 1953, SAPMO BArch, DY 30, IV 2/7-93, Bl. 23–25; Protokoll der Sekretariatssitzung am 8. 1. 1953, SAPMO BArch, DY 30, J IV 2/3-353, Bl. 4.

trieben in der DDR weder politisch sinnvoll noch volkswirtschaftlich nötig war. Mit Sekretariatsbeschluß vom 8. Januar fand der Passus, wonach alle gewährten Vergünstigungen nur für solche LPG galten, die bis Juni 1953 gebildet werden, abschließende Zustimmung im Parteiapparat. Die Regelung bedeutete, daß später entstehende LPG mit weniger guten Startbedingungen rechnen mußten. Zugleich konnte sich der Staat die Tür für kurzfristige Korrekturen offenhalten.

Die in Kooperation zwischen SKK und SED-Führung gefundene Kompromißlösung für die Pflichtveranlagung verschiedener Agrarbetriebe im Jahr 1953 wurde am 22. Januar 1953 von der DDR-Regierung unter Bezugnahme auf die im Volkswirtschaftsplan formulierten Aufgaben als Verordnung verabschiedet.[215] Die Regierung bestimmte zugleich, daß alle ablieferungspflichtigen Erzeuger bis 15. März im Besitz der Bescheide sein sollen. Diese Verordnung entstand im harten Ringen um volkswirtschaftliche und versorgungspolitische Ausgewogenheit zu einem Zeitpunkt, da gerade die wirtschaftlichen Makrozusammenhänge extrem erschüttert waren. Die laufenden, noch kaum abschätzbaren Strukturveränderungen in der Landwirtschaft nahmen weder die SED noch die SKK zum Ausgangspunkt der Überlegungen. Sie begriffen sie eher als eine zusätzliche momentane Erschwernis, gegen die sie allerdings auch nichts unternehmen wollten. Die Berechnungen folgten dem Ziel, im Vergleich zum Vorjahr nicht weniger pflanzliche und erheblich mehr tierische Erzeugnisse zu erfassen und über staatliche Strukturen in die Verwertung zu bringen. Ideologische Leitbilder wurden nicht ins Feld geführt. Im Gegenteil, angesichts der fortgeschrittenen Genossenschaftsbildung in der DDR verwundert eher die Nüchternheit, mit der sowohl SED- als auch SKK-Vertreter die private Bauernschaft noch immer einplanten.

Alles in allem waren mit den Bestimmungen zusätzliche Erschwernisse für die private Landwirtschaft geschaffen. Das betraf den Familienbetrieb generell, besonders aber die mittelgroßen Viehbetriebe. Die politischen Weichen waren auf eine allmähliche Kollektivierung gestellt, weshalb der – noch immer kleine – genossenschaftliche Sektor gefördert werden sollte. Doch die zusätzlichen Bürden für die private Mittel- und Großbauernschaft erklären sich nicht allein aus dem Vorhaben der Strukturveränderung. Mindestens im gleichen Maße verantwortlich war letzten Endes der von außen aufgezwungene, zusätzliche Entzug von Investitionsmitteln.

2.2.4. Steuern

Die Reform der Besteuerung von privaten Agrarbetrieben gehörte zu den unerledigten Aufgaben der SED-Agrarpolitik. Noch vor der 2. Parteikonferenz der SED hatten SKK-Wirtschaftsfachleute daran erinnert, daß laut Verordnung vom 19. Januar 1950 eine einheitliche landwirtschaftliche Steuer eingeführt werden sollte. Angestrebt wurde eine Vereinfachung, die auch eine Verringerung der vielen Zahlungstermine zur Folge hätte. Die neuen gesellschaftlichen Entwicklungen und der gesellschaftspolitische Kurswechsel der SED brachten das alte Problem in neuer Weise zur Sprache. Für LPG-Mitglieder als Betreiber privater Hauswirtschaften mußten Steuerbestimmungen formuliert werden, und die SED wollte ihren steuer-

[215] Protokoll der Ministerratssitzung am 22. 1. 1953, BArch, DC 20, I/3-169, Bl. 7f., 55–77.

politischen Kurs nun stärker zum Vorteil der werktätigen Einzelbauern fahren und eine aus ihrer Sicht gerechtere Besteuerung erreichen.[216]

Einzelbauern hatten bislang eine Einkommenssteuer, eine Grundsteuer, eine Vermögenssteuer und eine Umsatzsteuer auf der Berechnungsgrundlage des Wertes ihres Betriebes und des Reingewinns zu entrichten. Dieses Steuersystem benachteiligte Kleinbauern, da der anteilige Wert ihres Betriebes an der gesamten Berechnungsgrundlage hoch war. Steuerermäßigungen für Ehefrauen und Kinder kamen den Großbauern absolut gesehen stärker zugute als den Kleinbauern. Außerdem wirkten sich bei Mittel- und Großbauern die hypothekarischen Belastungen (die Kleinbauern kaum hatten) mit ihren als Betriebsausgaben einzutragenden Zinsbelastungen mindernd auf die Steuerpflicht aus.

Diese Benachteiligung kleiner Agrarproduzenten wollte die SED beseitigen. „Großbauern [sollten] eine prozentual höhere Steuer als die werktätigen Bauern zahlen."[217] Sie plante, nicht den Wert von Boden und Wirtschaft, sondern ausschließlich den Ertrag des Betriebes zur Grundlage der Erhebung einer einzigen Steuer zu machen. Hierbei kam es ihr darauf an, den Bruttowert (ermittelt nach statistischen Durchschnittserträgen pflanzlicher Erzeugnisse bzw. nach dem Viehbestand des Vorjahres, Klein- und Jungvieh ausgenommen) zu erfassen, um zur Senkung von Selbstkosten und insbesondere von Lohnkosten zu zwingen. Die Beschäftigung fremder Arbeitskräfte sollte zusätzlich besteuert werden, wenn die Lohnsumme 2000 DM im Jahr überstieg. Nicht nach Normen, sondern nach tatsächlichen Einnahmen war der Verkauf von Erzeugnissen zu berechnen, die nicht an die VEAB gingen, ebenso die Einnahmen neben dem landwirtschaftlichen Haupterwerb. Steuerbefreiung sah das SED-Projekt für privat wirtschaftende Betriebsinhaber im hohen Alter ohne arbeitsfähige Familienmitglieder und fremde Arbeitskräfte vor. Auch natürlich benachteiligte Wirtschaften sollten steuerfrei sein.

Analog zu den Bestimmungen vom Sommer 1952 wollte die SED-Führung den LPG-Mitgliedern eine 25prozentige Steuerermäßigung[218] auf die Einkünfte ihrer privaten Hauswirtschaft gewähren, obendrein 50 Prozent Steuerermäßigung, wenn der Eintritt in die LPG vor der Ernte erfolgt. Zu versteuern war ihrer Meinung nach auch der Gewinn eines LPG-Mitgliedes daraus, daß er Vieh und Inventar zur Verfügung stellt bzw. in die Genossenschaft einbringt. Alleinstehende Frauen ohne fremde Arbeitskräfte, anerkannte Verfolgte des Naziregimes und Familien mit Kindern hätten weitere Ermäßigung bekommen.

Nach diesen Vorstellungen betrug die neue Steuerbelastung von Privatbetrieben mit 1 bis 15 ha Land 90 Prozent und in der Betriebsgrößengruppe 15–20 ha 95 Prozent der alten Steuerlast. Betriebe mit 20 bis 40 ha Bodenbesitz kamen auf 5 Pro-

[216] Siehe Beschlußvorlagen der Abteilung Landwirtschaft des ZK vom 20.12.1952 und 22.1. 1953, SAPMO BArch, DY 30, IV 2/7-93, Bl. 69–72, 109–130; Prinzipielle Bemerkungen, 5.1. 1953, ebenda, Bl. 75–78.

[217] Erläuterungen zum Landwirtschaftssteuergesetz, 20.12.1952, Bl. 102.

[218] Für das Jahr 1952 war Mitgliedern von LPG bereits im Juli eine Senkung sämtlicher Steuern auf ihren landwirtschaftlichen Betrieb gewährt worden. Im Dezember 1952 wurde eine Stundung der Steuerrückstände bis drei Jahre nach LPG-Eintritt beschlossen, Rückstände an Sozialversicherungsbeiträgen wurden bis ein Jahr gestundet. Wer ohne eigenes Land und lediglich mit übertragenem Land in eine LPG eintrat, war von Steuern auf dieses befreit. Siehe Rundverfügung des Ministeriums der Finanzen, 22.11.1952, BArch, DK 1, 1967, unpag.

zent mehr Steuern, Betriebe mit über 40 ha Land auf 10 Prozent mehr Steuern im Vergleich zur geltenden Regelung. Die SED-Experten waren sich aber darüber im klaren, daß im alten Modus Bodenvorteile bislang nicht genug berücksichtigt waren, weshalb einige Betriebe jetzt sehr hart getroffen würden. In einigen Fällen würde der Wegfall von Freigrenzen u.a. deutlicher zu Buche schlagen, als es der Durchschnitts-Steuerzuwachs beschreibt. Nach der neuen Regelung fiel die Besteuerung von Pachtflächen nicht beim Pächter, sondern beim Eigentümer an. Dies alles und der Steuerzuschlag für die Anstellung mehrerer fremder Arbeitskräfte würde die Steuer vieler Großbauern um mehr als nur 10 Prozent hochtreiben.

Ende 1952 kam auch die Frage nach den Sozialversicherungsbeiträgen auf. Hier sprach die SKK generell von zu geringen Staatseinnahmen. Die DDR-Regierung hatte aber bereits ein Jahr zuvor beschlossen, die Beiträge der werktätigen Bauern herabzusetzen.[219] Das Ministerium für LFW schlug daher nach Absprache mit der Gewerkschaft Land- und Forst vor, den kleinsten unter den Familienbetrieben, solchen mit bis zu 30000 DM Einheitswert, 10-12 Prozent der tariflich festgelegten Grundbeträge, die für den Betriebsinhaber und für mitarbeitende Familienangehörige als Sozialversicherungsbeitrag zu zahlen waren, zu erlassen. Auch die Sozialversicherungsbeiträge für alleinstehende Bäuerinnen in dieser Betriebsgrößengruppe sollten um 10 Prozent gesenkt werden.[220]

Die von der SED vorbereitete Steuerreform für die private Landwirtschaft war am 3. Februar 1953 Thema im Politbüro. Der Gesetzentwurf und die Durchführungsbestimmung lagen vor. Das Gremium veranlaßte, nachdem es den Vorlagen prinzipiell zugestimmt hatte, Steuertarife und differenzierte Ertragsnormen schnellstens noch einmal zu prüfen und aufeinander abzustimmen. Es müsse gewährleistet sein, daß die werktätigen Bauern in der Regel nicht mehr Steuern zahlten als früher und daß bei gleichgroßem Bodenbesitz die Steuern entsprechend der Bodengüte unterschiedlich ausfielen. Der Verordnungsentwurf sollte dann Regierung und Volkskammer vorgelegt werden.[221] In der Landwirtschaftsabteilung des ZK, die für die Vorlagen verantwortlich zeichnete, war auch eine ergänzende Verordnung über die Bildung von landwirtschaftlichen Steuerkommissionen getroffen worden. Hierfür griff die Abteilung auf sowjetische Erfahrungen zurück.[222]

Am 19. März stellte Staatssekretär Rumpf den Gesetzentwurf dem Ministerrat vor und begründete ihn ausführlich.[223] Die Regierung stimmte der Vorlage zu und reichte sie an die Volkskammer weiter. Doch zu einer Verabschiedung des Gesetzes kam es nicht mehr.[224] Als die Wirtschaftskrise immer mehr Züge einer politischen Krise annahm, schien eine solch weitreichende Steuerreform nicht mehr geraten. Es blieb vorerst bei den alten Regelungen, auch für LPG-Bauern. Denen zu-

219 Protokoll der Ministerratssitzung am 22.11.1951, BArch, DC 20, I/3-80, Bl.8, 37f.

220 Siehe Schreiben Siegmunds an das Ministerium für Finanzen, 30.11.1951, BArch, DK 1, 2795, Bl.19.

221 Siehe Protokoll der Politbürositzung am 3.2.1953, SAPMO BArch, DY 30, J IV 2/2-260, Bl. 3f.

222 Entwurf siehe SAPMO BArch, DY 30, IV 2/7-93, Bl. 105-108, Erläuterungen Bl. 123f.

223 Siehe Protokoll der Ministerratssitzung am 19.3.1953, BArch, DC 20, I/3-179, Bl. 74-89.

224 Die Volkskammer tagte danach und vor dem 17.6. nur noch einmal. Am 20.3.1953 befaßte sie sich ausschließlich mit nationalpolitischen Fragen, konkret mit den Vorschlägen der deutschen Sammlung für eine aktive deutsche Friedenspolitik, Einheit und nationale Unabhängigkeit, in Anwesenheit einer westdeutschen Delegation unter Leitung von Josef Wirth. Der für Landwirtschaft zuständige Volkskammerausschuß trat vor dem 17.6. auch nicht mehr zusammen.

folge wurden bisherigen Einzelbauern im Steuerjahr 1952 bei Eintritt in die LPG 25 Prozent der Einkommens-, Umsatz-, Vermögens- und Gemeindesteuern erlassen und Steuerrückstände bis drei Jahre nach Eintritt gestundet, alle Rückstände an Sozialversicherungsbeiträgen wurden getilgt und solche Beiträge nicht mehr erhoben.[225] Die Höhe der Steuern im Jahr 1953 wurden vorerst nicht neu bestimmt. In den „Nachwehen" des 17. Juni entschied das Politbüro am 29. Juni 1953, im laufenden Jahr das Landwirtschaftssteuergesetz nicht mehr einzuführen.[226] Im Zusammenhang mit Verzögerungen bei der Steuerreform hatte Walter Ulbricht die ZK-Landwirtschaftsabteilung Ende Februar 1953 noch kurzfristig ein Gesetz über die Entschuldung von Bauern bei Eintritt in die LPG (und ausschließlich so lange die Mitgliedschaft bestand) vorbereiten lassen, dem das Politbüro zunächst auch zustimmte.[227] Doch auch dieses Gesetz wurde erst 1954 in der Volkskammer neu behandelt und beschlossen.

2.3. Nachhaltige sowjetische Belastungen. Probleme der Agrarproduktion

Mitte Januar 1953 (ein genaues Datum konnte noch nicht ermittelt werden, die Pieck-Notizen enthalten einen Hinweis auf den 16. Januar) wurde die SED-Führung mit neuen sowjetischen Auflagen konfrontiert. Moskau gab nicht nur ergänzende Weisungen zur begonnenen Aufrüstung, sondern vergrößerte die Forderung nach Lieferungen auf ein so genanntes Konto T (Außenhandelssondervereinbarungen zur Lieferung von Maschinen und Anlagen). Es änderte die Warenforderungen entsprechend Staatsvertrag vom Sommer 1952 (Kauf von 22 SAG durch die DDR), was auf annähernd doppelt so viele Güter wie ursprünglich vorgesehen hinauslief. Ulbricht, Grotewohl und Pieck erkannten rasch: Zur extremen Haushaltsbelastung drohte nun, nachdem bereits Versorgungsengpässe aufgetreten waren, eine erhebliche Störung der gesamten Warenzirkulation hinzuzukommen. Allen war klar, daß das Problem von Berlin aus nicht zu lösen sein wird.

Die SED-Führung erarbeitete daraufhin eine umfangreiche schriftliche Stellungnahme. Nach gründlicher Prüfung aller Sachverhalte stellte sie fest, daß a) der unlängst verabschiedete Volkswirtschaftsplan 1953 auf zu günstigen Annahmen beruhte, und b) die neuen Forderungen Moskaus eine weitere Belastung darstellten, die den Fünfjahrplan vollends untergruben. In dieser Lageanalyse, die in einer ersten Fassung den Titel „Die Sicherung der Durchführung des Fünfjahrplanes und der Aufbau der nationalen bewaffneten Streitkräfte in der DDR" trug,[228]

[225] Siehe Rundverfügung Nr. 301/1952 für Mitglieder der Landwirtschaftsbrigaden, 22. 11. 1952, BArch, DK 1, 2967, unpag.

[226] Siehe Protokoll der Politbürositzung am 29. 6. 1953, SAPMO BArch, DY 30, J IV 2/2-297, Bl. 2, 4–10.

[227] Siehe Protokoll der Politbürositzung am 17. 3. 1953, SAPMO BArch, DY 30, J IV 2/2-270, Bl. 10, 76.

[228] Lageanalyse ohne Titel, unvollendetes Skript, (Februar 1953), SAPMO BArch, DY 30, IV, 2/2.01-1, Bl. 1–96 (Eine ältere, kürzere Textvariante mit dem Titel „Die Sicherung der Durchführung des Fünfjahrplanes und der Aufbau der nationalen bewaffneten Streitkräfte in der DDR", in ebenda, NY 4090, 473, Bl. 35–68), darin Teil III: „Sicherung der Durchführung des Fünfjahrplanes, die Sicherung der Staatsverpflichtungen und des Aufbaus der nationalen Streitkräfte, Bl. 25–60; Teil IV: „Die Lage in der Landwirtschaft in der Deutschen Demokratischen Republik", Bl. 61–72; Teil V: „Verbesserung der Arbeit des Staatsapparates", Bl. 73–78. Vgl. SAPMO BArch, DY 30, NY 4062, 83. Alle Texte sind undatiert. Siehe auch Stöckigt, Direktiven.

sprach die SED-Führung jetzt im Zusammenhang mit der Wirtschaftsbilanz des Jahres 1952 von einer „ernsten Lage". Ihr stellte sich die Situation jetzt viel dramatischer dar als noch im November/Dezember 1952. Als Pieck, Grotewohl, Ulbricht und SPK-Chef Leuschner am 6. Februar 1953 in Karlshorst ihre ernsten Bedenken vortrugen, warnten sie vor einer „Blockierung" der Industrie. Piecks Aufzeichnungen von der Begegnung in der SKK enthalten die Notiz: „Plan-Überschreitungen wie realisieren? Durch uns nicht möglich – event. in M. entscheiden – durch Kredit + Materialbeschaffung".[229]

SKK-Vorsitzender Čujkov lenkte ein. Hatten seine Mitarbeiter noch vor einem Monat erklärt, es gebe große Reserven, nur müßten die im Herbst empfohlenen Sparmaßnahmen vollständig umgesetzt werden, so ließ sich Čujkov nun auf die Warnungen der SED-Führer ein. Er wollte „keine Blockierung der Volkswirtschaft zulassen", signalisierte aber auch, daß man „in M[oskau] vorsichtig" agieren müsse.[230] Eine Reise dorthin wurde ins Auge gefaßt. Die SED reicherte ihr Analysepapier rasch auf über 60 Seiten an, unter anderem mit einer ausführlichen Beschreibung der sozialen Verhältnisse auf dem Lande.[231]

Die neuerliche Verstärkung des Moskauer Drucks auf die DDR-Volkswirtschaft hatte auch für die Agrarpolitik Folgen. Die SED bemühte sich zunächst um Schadensbegrenzung. Ihre Beschlüsse vom Januar/Februar 1953 zu Kredit- und Steuerpolitik, zu den MTS-Tarifen und zur Höhe der Abgaben der Bauern entsprachen noch der politischen Vorgabe vom Dezember 1952, als zwar eine außerordentliche Belastung in Rechnung gestellt, eine Krise von Produktion und Zirkulation in der Volkswirtschaft aber nicht prognostiziert worden war. Das neuerliche Spargebot erzwang zusätzliche Streichungen bei staatlichen Preisstützungen für Dünger und Düngertransporte (Sparbetrag 31 Millionen DM) sowie bei Mitteln zum Aufkauf von Viehfutter (Sparbetrag 7 Millionen DM).[232] Die SED-Führung ging davon aus, daß eine Verständigung mit Moskau rasch möglich war und der Etat schließlich entlastet würde, so daß die Lenkung auch der Agrarproduktion nach den Vorgaben des Volkswirtschaftsplans 1953 noch einigermaßen realistisch wäre. In der Öffentlichkeit bemühte sich die SED glaubhaft zu machen: „Die Einführung eines strengen Sparsamkeitsregimes ist [...] nicht eine aus Notständen geborene zeitweilige Maßnahme, sondern das ständige, kluge Prinzip der sozialistischen Wirtschaftsführung im Interesse des Volkes."[233]

SED-Führung und SKK berieten intensiv über die sehr angespannte Versorgungslage. Nachdem sie im Dezember 1952 eine ungewöhnliche Zunahme illega-

229 Siehe Besprechung mit Čujkov, 6.2.1953, in: Badstübner/Loth, Pieck-Aufzeichnungen, S. 414–416, hier S. 414f.

230 Siehe ebenda, S. 415.

231 Offenbar sind die unklaren Bemerkungen in den Politbüroprotokollen vom 3.2. und 23.2.1953 über die Ausarbeitung eines Berichtes unter Beteiligung von Ulbricht, Rau, Ackermann, Leuschner und Matern Hinweise auf die letzten Arbeiten an dem für Moskau bestimmten Text.

232 Siehe Protokoll der Politbürositzung am 20.1.1953, SAPMO BArch, DY 30, J IV 2/2-258, Bl. 16–25.

233 Siehe Presseartikel „Feldzug für die Sparsamkeit", Protokoll der Politbürositzung am 3.2.1953, SAPMO BArch, DY 30, J IV 2/2-260, Bl. 14–18, hier Bl. 14; Gesetz über den Staatshaushaltsplan 1953, Protokoll der Ministerratssitzung am 5.2.1953, BArch, DC 20, I/3- 169, Bl. 41–52; siehe auch GBl. 1953, S. 257–260; Entwurf im Protokoll der Politbürositzung am 20.1.1953, SAPMO BArch, DY 30, 2/2-258.

ler Grenzübertritte auch unter Arbeitern, Angestellten und Technikern wahrgenommen hatte,[234] stellte die sowjetische Kontrollbehörde Überlegungen an, wie – bei aller Finanznot – die Lage der Lohnempfänger etwas verbessert werden könnte. Das ließ sich nur über gezielte Subventionen in den Betrieben, etwa über das Werkküchenessen, erreichen. Eine Entlastung des Etats sollte eventuell durch Senkung der Aufkaufpreise in der Landwirtschaft erfolgen, was im Interesse der Bauern aber wiederum durch höhere Einzelhandelspreise auszugleichen war. Daneben waren die staatlichen Lebensmittelvorräte bis zur nächsten Ernte zu sichern.

Zugleich rieten die sowjetischen Experten Anfang Februar zur Fortsetzung des alten Vorhabens, die doppelten Preise im Einzelhandel abzuschaffen. Sie empfahlen eine einschneidende Umstellung und Einschränkung der subventionierten Lebensmittelversorgung und rechneten aus: Wenn alle Maßnahmen rasch realisiert würden, könnten binnen neun Monaten 90 000 t Fleisch, 35 000 t Fette (einschließlich 14 000 t Butter) und 80 000 t Zucker eingespart und der Reserve zugeführt werden, wobei durch den Kartenentzug bei über 600 000 Mittelständlern 7500 t Fleisch, 5000 t Fette und 6600 t Zucker als Einsparung zu erwarten wäre.[235] Außerdem, so der sowjetische Vorschlag, müßten die Verzüge in der Erfassung 1952 umgehend aufgeholt werden. Die Vorschläge zur Einschränkung der Kartenversorgung nahm die SED-Führung mit geteilter Meinung zur Kenntnis. Sie veranlaßte eigene Kalkulationen. Bezüglich der Nachbeauflagung abgabesäumiger Bauern kamen jedoch sofort Bedenken auf, denn, so das Argument, viele von ihnen würden unter diesen Bedingungen ihre Höfe aufgeben.[236] Die Meinungen im

[234] Siehe Memorandum Über die Abwanderung der Arbeiter, Angestellten und ingenieur-technischen Arbeiter aus dem Bezirk Gera nach Westdeutschland [Übersetzung aus dem Russischen], o. D. (vermutlich 29. 12. 1952 bei Grotewohl eingegangen), SAPMO BArch, NY 4090, 316, Bl. 181-186; Über die Lage in der Intelligenz der DDR, 17. 12. 1952 vom Leiter der Informationsabteilung Orlov an Grigor'jan (Leiter der Außenpolitischen Kommission des ZK der KPdSU, Moskau), RGASPI, fond 17, opis' 137, delo 891, listy 188-210.

[235] Sie empfahlen die Abschaffung der letzten Punktkarten für Industriewaren, was Preisangleichungen bedeutete: Senkung der HO-Preise, aber Erhöhung der Preise für bislang subventionierte Waren. Zugleich legten sie Änderungen bei Sortiment und Preisen von Fleischerzeugnissen nahe. Sie rieten, die Zahl der Lebensmittelkarten-Empfänger einzuschränken. „Privatkapitalistische Elemente" und Freiberufler (insgesamt mehr als 600 000 Menschen) sollten ohne Karten, d. h. ohne subventionierte Lebensmittel, auskommen. Die Zahl der Zusatzkarten sollte von 6,1 auf 4–4,5 Millionen reduziert werden, vorzugsweise sollten Arbeiter und Angestellte sie bekommen. Alle Karten sollten ausschließlich am Arbeitsplatz, nicht mehr nach Wohnortprinzip verteilt werden, aber nur noch am Wohnort eingelöst werden können. Die Buttervergabe sollte eingeschränkt, auf Fleischkarten sollten mehr Fisch und Eier, auf Zuckerkarten teilweise Konditoreiwaren ausgegeben werden. Man riet, ein Limit bei der Mehlverteilung an private Bäckereien einzuführen, den Verkauf von Roggenmehl (weil von den Bauern als Futter genutzt) einzustellen, den von Weizenmehl einzuschränken. Bauern mit über 20 ha LNF sollten keine Zuckerkarten mehr bekommen. Dafür sollten die Versorgungsnormen im Werkküchenessen anders strukturiert und angehoben werden. Notiz zu einem Gespräch Matveevs mit Ernst Lange u.a. am 10. 2. 1953, AVP RF, fond 457a, opis' 15, papka 79, delo 30, listy 28-32; Analyse und Entwurf eines Memorandums, 9. 2. 1953 von Matveev und Maširin an Čujkov, ebenda, listy 37-43; Siehe auch Besprechung Piecks mit Ivanov, 2. 2. 1953, in: Badstübner/Loth, Pieck-Aufzeichnungen, S. 411–413.

[236] Siehe Notiz zu einem Gespräch Matveevs mit Elli Schmidt am 20. 1. 1953, AVP RF, fond 457a, opis' 15, papka 79, delo 30, listy 48-50; Notiz zu einem Gespräch Matveevs mit Ernst Lange am 21. 2. 1953, ebenda, listy 51-53; Notiz zu einem Gespräch Matveevs mit Strampfer (i. A. Ernst Langes), 2. 3. 1953, AVP RF, fond 0459, opis' 136, papka 800, delo 1, listy 59–62.

Politbüro waren geteilt, so daß es sich zunächst für strenge Abgabenerfassung und für Schuldeneintreiben bei Bauern mit über 50 ha Land entschied.[237]

Matveev äußerte im Februar die gleichen stereotypen Einwände, wie sie in der SKK bereits Ende 1952 erhoben worden waren. Er meinte, die deutschen Erfassungsorgane griffen nicht hart genug durch, und auch der Hinweis darauf, daß als Fleischsoll mancherorts bereits Milchvieh eingezogen wurde, überzeugte ihn nicht vom Gegenteil. Nach Angaben der ZK-Abteilung für Handel, Leicht- und Lebensmittelindustrie belief sich der Rückstand bei Erfassung und Aufkauf landwirtschaftlicher Produkte 1952 auf 225 000 t Getreide, 54 000 t Fleisch, 157 000 t Milch und 22 000 t Ölsaaten.[238] Dort plädierte man am 2. März 1953 für einen harten Erfassungskurs (am 3. März sollte er im Politbüro beraten werden).

Für einen volkswirtschaftlich und politisch klugen Umgang mit den privaten Landwirten bot die Versorgungssituation einen denkbar ungünstigen Rahmen. Die Anzeichen einer politischen Destabilisierung nahm die SED zur Jahreswende als solche noch nicht recht wahr. Die SKK registrierte besorgt die Unzufriedenheit in verschiedenen Teilen der Bevölkerung und eine bedenkliche Fluchtbewegung und richtete die Aufmerksamkeit der SED-Führung darauf. Diese konzentrierte ihre ersten „Maßnahmen gegen die Republikflucht", die sie insbesondere unter Intellektuellen ergreifen wollte, auf propagandistische Aktionen.[239] Doch während über all dies nachgedacht wurde, stand der von der SKK ausgehenden Sensibilisierung für Gefährdungen der SED-Herrschaft eine unnachgiebige, nicht kooperative sowjetische Haltung in Rüstungs- , Reparations- und Außenhandelsfragen entgegen, personifiziert im Berija-Gewährsmann und SAG-Chef Kobulov, der nicht der SKK unterstand. Somit hatte die Beseitigung der ernsten Wirtschaftsprobleme als Ursachen von Protest und Flucht wenig Chancen. Die widersprüchliche sowjetische Haltung war ausschlaggebend für die nunmehr definitiv einsetzende Wende in der SED-Agrarpolitik.

Vor den Landwirten und Landarbeitern stand in diesen Wochen, wie alle Jahre, die Vorbereitung auf die Frühjahrsaussaat. Indes, diese Frühjahrsbestellung bekam für die SED eine außerordentliche politische Bedeutung. Sie „brennt uns besonders auf den Nägeln", erklärte Walter Ulbricht am 28. Januar 1953 auf einer Konferenz mit den Ersten Sekretären der Kreis- und Bezirksleitungen der SED.[240] Diese Frühjahrsbestellung sollte zwar noch nicht die Vorzüge der genossenschaftlichen Produktion auf dem Lande demonstrieren, dafür sah man die Zeit noch nicht gekommen. Die erste Aussaat nach der 2. SED-Parteikonferenz müßte aber den Nachweis erbringen, daß sämtliche in LPG zusammengeschlossene Feldbaubetriebe eine optimale staatliche Unterstützung erfahren und ihre Äcker rechtzeitig und vollständig bestellen könnten. Der wirtschaftliche Erfolg versprach ein po-

[237] Siehe Protokoll der Politbürositzung am 3. 2. 1953, SAPMO BArch, DY 30, J IV 2/2-260, Bl. 12.

[238] Siehe Notiz zu einem Gespräch Matveevs mit Strampfer (i. A. Ernst Langes), 2. 3. 1953, listy 60f.

[239] Siehe Protokoll der Politbürositzung am 6. 1. 1953, SAPMO BArch, DY 30, J IV 2/2- 256, Bl. 2, 30–40.

[240] Schlußwort Ulbrichts, Stenographische Niederschrift der Konferenz des ZK der SED mit den Ersten Sekretären der Kreis- und Bezirksleitungen, Berlin, 28. 1. 1953, SAPMO BArch, DY 30, IV 2/1.01-214, Bl.150–173, hier Bl. 152.

litischer zu werden, ein Mißerfolg hätte für die SED eine öffentliche politische Niederlage bedeutet.

Hauptproblem war die noch immer nicht ausreichende Ausrüstung der MTS. Wie jedes Jahr schickte das Ministerium für LFW Instrukteurbrigaden in die Dörfer, um die Vorbereitung der Aussaat (Zustand der Technik, Vorrat an Saatgut und Dünger, Zugkraft- und Arbeitskraftreserven, Abgabenbescheide, Anbaupläne) zu prüfen.[241] Der sogenannte „Tag der Bereitschaft", ein Stichtag für den Abschluß der Überprüfung, wurde in diesem Jahr sehr zeitig angesetzt: Laut Verordnung vom 8. Januar 1953 war es der 21./22. Februar, intern wurde der 18. Februar genannt. Die SED-Führung, vor allem das von Ulbricht geführte Sekretariat des ZK, wollte es diesmal aber nicht dabei belassen, die staatlichen Stellen zu außerordentlichem Engagement bei der Ersatzteilbeschaffung für MTS zu aktivieren.[242] Um sämtliche Technik vorzugsweise für LPG einsetzen zu können, benötigte man auch die privaten Maschinen. 21 383 Traktoren befanden sich im Dezember 1952 in privater Hand, über 13 000 davon „in den Betrieben der Großbauern und großen Grundbesitzer". Die MTS verfügten nur über gut 18 400 Traktoren.[243]

Auf den Zweck einer optimalen Bodenbestellung (in der Vergangenheit Gegenstand ministerieller Anordnungen) berief sich dann eine Verordnung vom 8. Januar 1953, die außerordentliche Maßnahmen erlaubte. Die Kreisräte wurden ermächtigt, Eigentümer und Besitzer von Traktoren und anderen landwirtschaftlichen Maschinen zu zwingen, ihre Ausrüstungen gegen Vergütung zur Verfügung zu stellen, worüber ein Vertrag mit der MTS abzuschließen war. Eine solche Inanspruchnahme privater Technik sollte den Besitzer aber nicht an eigenen Bestellungsarbeiten hindern.[244] Ende Januar konkretisierte das Sekretariat des ZK diese Vorstellung: In einer Direktive des Landwirtschaftsministeriums sollte für die vertragliche staatliche Nutzung von Maschinen aus Privatbesitz eine Vergütung nach niedrigstem MTS-Tarif (abzüglich Traktoristenlohn) festgeschrieben werden.[245] Es gab Zweifel, ob das den Zugriff auf die Großbauerntechnik hinlänglich garantieren würde, zumal die Zahl der monatlichen LPG-Neugründungen keineswegs geringer wurde. (Die Verordnung über die Pflichtablieferung hatte dafür gesorgt, daß sich Unentschlossene wegen der terminlich begrenzten Vergünstigungen schnell noch auf den Zusammenschluß einigten.) Die Zahl der LPG lag Ende Januar 1953 bei 2340, ihre Mitglieder waren für rund 239 000 ha LNF verantwortlich.[246] Währenddessen registrierten die ländlichen Partei- und Kommunalbehörden, daß einige Großbauern ihre Technik nicht warteten, Felder nicht räumten,

241 Siehe Protokolle der Koordinierungsbesprechungen am 28. 1., 11. 2. 1953, BArch, DE 1, 28119, Bl. 1–6, 7–12.

242 Siehe Politbürositzung am 3. 2. 1953, SAPMO BArch, DY 30, J IV 2/2-260, Bl. 5; Sitzung des Sekretariats des Politbüros am 12. 2. 1953, SAPMO BArch, DY 30, J IV 2/3-362, Bl. 3f.

243 Siehe Lageanalyse, SAPMO BArch, DY 30, IV 2/2.01-1, Bl. 69.

244 Verordnung über die Vorbereitung und Durchführung der Frühjahrsbestellung 1953, 8. 1. 1953, in: GBl. 1953, S. 69–76, hier insbesondere S. 75, Abschnitt IV, § 19.

245 Siehe Protokoll der Sekretariatssitzung am 26. 1. 1953, SAPMO BArch, DY 30, J IV 2/3-357, Bl. 2; Vorlage dafür siehe DY 30, IV 2/7-93, Bl. 140–142, abgelehnte ältere Vorlage vom 21. 1., ebenda, Bl. 41–43.

246 Die Zahlen differieren in den Quellen. Die genannten sind der genannten SED-Lageanalyse entnommen, die sie mit Stand vom 31. 1. 1953 als letzte in ihrer Statistik nennt. Siehe SAPMO BArch, DY 30, IV 2/2.01-1, Bl. 82.

sich um Saatgut und Dünger nicht sorgten. Immer mehr SED-Funktionäre interpretierten das als offene Sabotage und wollten dagegen entschieden vorgehen.[247]

Die SED-Führung akzeptierte nun Betriebsaufgaben von verschuldeten, aber nicht offen „feindseligen" Großbauern, wenn sie die DDR nicht verlassen und als Kleinbauern weiterwirtschaften wollten. Am 3. Februar hieß es im Politbüro: Wenn Großbauern darum ersuchen, Boden über 5–8 ha zur Verfügung zu stellen, ist dieser durch den Kreisrat zu übernehmen, wenn der Großbauer erklärt, daß er ihn nie zurückfordern wird; eine Aufteilung des Bodenbesitzes an Verwandte ist zu untersagen.[248] Insbesondere in solchen Fällen des „freiwilligen" Verzichts, aber auch darüber hinaus in Fragen des Nutzungsrechts für devastierte Betriebe und freie Flächen wurden die bestehenden Regelungen zu einem ernsten Hemmnis für rasche Bestellarbeiten. In ihrer internen Lageanalyse hielt die SED-Führung fest: „Bis Ende 1952 gab es in der Landwirtschaft rund 230 000 ha landwirtschaftlicher Nutzfläche ohne Bewirtschafter. Diese landwirtschaftliche Nutzfläche wurde zwar genutzt – meist durch Gemeinschaftsleistungen und durch die VEG und MTS – es wurde jedoch keine Intensiv-Wirtschaft betrieben. In den letzten Monaten wurden von den Betrieben der Großbauern und großen Grundbesitzer noch rund 100 000 ha verlassen oder sie mußten zu devastierten Betrieben erklärt werden."[249] Es lag im Interesse maximaler Gesamterträge, verlassene und vernachlässigte Flächen vollständig zu bestellen, und es konnte im Interesse von LPG sein, möglichst viele solcher Flächen in Nutzung zu nehmen. Doch dafür bedurfte es neuer Regeln, unter anderem solcher, die einen ungehinderten Zugriff auf verlassene Großbauerntechnik erlaubten.

Die Rechtslage und die Bewirtschaftungsregelungen für verlassene Betriebe waren höchst verworren. Wie bereits dargelegt, hatte die überstürzt verabschiedete Verordnung vom 17. Juli 1952 die Sachlage noch komplizierter gemacht:

Die Verordnung vom 8. Februar 1951 mit der Ergänzungsverordnung vom 20. März 1952 regelte die Übernahme freier Einzelflächen durch Privatpersonen, volkseigene Güter, Gemeinden oder KLB[250] mit Nutzungs- und Pachtverträgen und bot Kredite. Die Verordnung über devastierte Betriebe vom 20. März 1952 ordnete Treuhandschaft über ganze devastierte (Altbauern-)Betriebe bzw. Treuhandschaft oder Zwangsverpachtung ruinöser Privatbetriebe an und bot etwas bessere Kredite an. Ein Großteil der Betriebe kam daraufhin in treuhänderische Verwaltung durch VVG, welche Verwaltungsstellen in Kreisen einrichteten, wo aus Personal- und Zeitmangel mehr oder weniger operativ entschieden wurde.[251]

[247] Siehe Bericht über Instrukteureinsatz und Schlußfolgerungen, Protokoll der Sekretariatssitzung am 16.2.1953, SAPMO BArch, DY 30, J IV 2/3-363, Bl. 5–8.

[248] Siehe Protokoll der Politbürositzung am 3.2.1953, Bl. 12; Besprechung zwischen Pieck und Ivanov (Stellvertretender Politberater) am 2.2.1953; in Badstübner/Loth, Pieck-Aufzeichnungen, S. 411–413, hier S. 413.

[249] Lageanalyse, SAPMO BArch, DY 30, IV 2/2.01- 1, Bl. 70.

[250] Im Sommer 1952 hatte das Ministerium für LFW „Richtlinien für Bereinigung der KLB" erlassen (siehe BArch, DK 1, 8692, Bl. 113, 116, 132f., 173). Ziel war es, den Kreisbetrieben nur Betriebe mit wirklicher Bedeutung für den Kreis zuzuordnen. Kleinere Betriebe sollten in die Nutzung der Gemeinden zurückgehen. Diese „Bereinigung" erschwerte die Bewirtschaftung der devastierten Agrarbetriebe vorübergehend zusätzlich.

[251] Bericht zur Durchführung der Verordnung vom 20.3.1952, 22.7.1952, Landesregierung Mecklenburg an das Ministerium für LFW, BArch, DK 1, 8689, Bl. 35–37; Schreiben des Ministeriums für LFW an die Räte der Bezirke, Abt. Landwirtschaft, 27.8.1952, gez. Frommhold, ebenda, Bl. 29f.

Die „Verordnung zur Sicherung von Vermögenswerten" vom 17. Juli 1952 schließlich bestimmte, daß das Land und die Betriebe von zwangsausgesiedelten Bauern nach deren Entschädigung in den staatlichen Bodenfonds übergehen und daß Land und Betriebe von Personen, die die DDR illegal verlassen, zu beschlagnahmen sind. Diese Flächen und Betriebe sollten in unentgeltliche Nutzung an LPG, VEG, KLB oder von Gemeinden bestellte „Bewirtschafter" gehen, oder entsprechend den Bodenreformbestimmungen aufgeteilt werden. Umfang und Verfahren der Kreditierung waren unterschiedlich.

Diese nahezu undurchschaubaren Regelungen drohten jetzt, als einerseits die Zahl der aufgegebenen Höfe rasch zunahm und andererseits die LPG klare Finanzierungszusagen auch für das in Nutzung genommene bzw. gepachtete Land erwarteten, zu einem Chaos zu werden. Die Deutsche Bauernbank erbat bereits im Herbst Anweisung, wie sie 1953 mit den Sonderkrediten für treuhänderisch übernommene Betriebe verfahren sollte, denn laut Verordnung vom 20. März 1952 waren bei Übernahme bis zu 500 DM/ha Kredit vorgesehen.[252] Außerdem sah diese Verordnung vor, daß die Kreishaushalte ausstehende Lohnzahlungen dieser Betriebe sowie deren Schulden bei MAS und VdgB(BHG) übernehmen, weshalb das Landwirtschaftsministerium für 1952 aus dem Staatshaushalt noch eine Restsumme von rund 17–21 Millionen DM beantragte.[253] Für Investitionen in diese Betriebe war 1952 kaum Geld vorgesehen gewesen.[254]

Anfang Januar stellte sich – selbst für das Landwirtschaftsministerium überraschend – heraus, daß der Finanzminister die Finanzpläne nur für Betriebe nach Verordnung vom 17. Juli 1952 und nur für einige Betriebe laut Verordnung vom 20. März 1952 bestätigt hatte.[255] Nur für verlassene, nicht aber für noch vom Besitzer bewohnte, devastierte Höfe hatten neue Nutzer also künftig Beihilfen zu erwarten. Die Angelegenheit drohte schlimme Folgen zu haben. In einigen treuhänderisch von VVG , KLB und Gemeinden bewirtschafteten Großbetrieben begehrten die Landarbeiter auf, weil Löhne durch den alten Besitzer nicht gezahlt worden waren und nun drohten, gänzlich wegzufallen. Schon für dieses akute Problem mußte eine Lösung gefunden werden, wofür sich das Ministerium für LFW engagiert einsetzte.[256] Aus der Sicht des Sekretariats des ZK der SED war es dagegen vordringlich, (a) den gewünschten Zugriff auf Großbauerntechnik und (b) die problemlose Nutzung devastierter Betriebe und freier Flächen rechtlich abzusichern.

Von sowjetischer Seite sind keine Initiativen bekannt. Doch verschiedene Hinweise belegen, daß in der SKK eine rasche und endgültige Lösung gewünscht wur-

252 Schreiben der Deutschen Bauernbank an das Ministerium für LFW, 25. 10. 1952, ebenda, Bl. 181.

253 Die Summen sind in verschiedenen Regierungsvorlagen unterschiedlich. Siehe Vorlage des Ministeriums für LFW für einen Regierungsbeschluß, 17. 11. 1952, ebenda, Bl. 189f., 196f.

254 Siehe Notiz, Ministerium für LFW, 20. 9. 1952, BArch, DK 1, 8690, Bl. 71.

255 Die ZKSK nahm sich der Sachen an und vermutete Schädlingsarbeit. Aus dem Finanzministerium war zu hören, es handele sich um eine „Erziehungsmaßnahme" gegenüber nachlässigen Kreditantragstellern. Siehe Vermerk über eine Besprechung zwischen Vertretern aus ZKSK, Finanz- und Landwirtschaftsministerium, 11. 2. 1953, BArch, DK 1, 8689, Bl. 79.

256 Siehe Vermerke vom 29. 1., 4. 2., 11. 2., 12. 2., 18. 2. 1953, Ministerium für LFW, ebenda, Bl. 76, 77, 79, 104–107; Schreiben Frommholds, HA III, an Minister Schröder, 18. 2. 1953, ebenda, Bl. 75.

de. Erste Erörterungen in der SED-Führung waren darauf gerichtet zu entscheiden, ob devastierte Betriebe, die nicht unter die Verordnung vom 17. Juli 1952 fielen, nun zuvorderst in die Nutzung von LPG oder VEG gehen sollen. Die Gemeinde-Etats wollte man schonen. Daß diese Betriebe ohne Schulden übernommen würden, war unbestritten.[257] Doch erst schrittweise wurde die Tragweite der anstehenden Entscheidung klar.[258] Einerseits ließ die bestehende Rechtslage weder eine einfache „Überführung" in staatliches Eigentum noch eine Umverteilung analog zur Bodenreform zum Zweck der Anrechnung als Bodenanteil für einen künftigen LPG-Bauern zu[259]; andererseits kam ein regelrechter Akt der Verstaatlichung aus politischen Gründen nicht in Frage. Ein in der Parteiführung gefaßter „Beschluß über devastierte Betriebe" wurde zunächst nicht in die Regierung getragen.

2.4. *Eine verheerende Problembewältigung*

An dieser Stelle muß sich die SKK eingeschaltet haben. Am 3. Februar 1953 stimmte das Politbüro einem Verordnungsentwurf des Sekretariats zu, der schon im Titel um größtmögliche Akzeptanz warb: Verordnung zur Sicherung der landwirtschaftlichen Produktion und der Versorgung der Bevölkerung.[260] Tags darauf reichte Walter Ulbricht diesen Entwurf an den SKK-Chef weiter und hob hervor, der Inhalt entspräche „Ihren Empfehlungen".[261]

Die Präambel zeichnete – ohne die LPG zu erwähnen – das Bild einer insgesamt erfolgreichen DDR-Landwirtschaft als Ergebnis „fleißige(r) und fortschrittliche(r) Arbeit der werktätigen Bauern". Allerdings hätte „eine Anzahl Besitzer von großen Bauernwirtschaften ihre Betriebe heruntergewirtschaftet, um der Volkswirtschaft [...] Schaden zuzufügen". Der Vorwurf des Betrugs und der persönlichen Bereicherung richtete sich also gegen eine ungenaue Anzahl vage bestimmter „großer Bauernwirtschaften". Doch „im Interesse der Sicherung der Volksernährung" wurden Maßnahmen gegen alle nicht ordnungsgemäß wirtschaftenden Landwirte angekündigt.

257 Siehe Protokoll der Sekretariatssitzung am 30. 10. 1952, SAPMO BArch, DY 30, J IV 2/3-336, Bl. 5–7; Protokoll der Politbürositzung am 4. 11. 1952, ebenda, IV 2/2-243, Bl. 1, 7f. (die Anlage stellt ein unvollständiges Papier dar. Die Hälfte der zweiten Seite ist abgeschnitten).

258 Sichtlich erbost reagierte Walter Ulbricht, als Genossen aus Schwerin vorschlugen, nun doch endlich die Verstaatlichung der devastierten Betriebe zu erklären. Er sagte: „Wissen die Genossen nicht, daß wir erklärt haben, daß in jedem einzelnen Fall genau festgelegt werden muß, in wessen Besitz die devastierten Betriebe übergehen sollen [...?]" Es würden „für jeden Betrieb die gesetzlichen Maßnahmen" durchgeführt, „entsprechend dem Vergehen des betreffenden Besitzers des Betriebes" (Schlußwort Ulbrichts, Stenographische Niederschrift der Konferenz des ZK der SED mit den Ersten Kreis- und Bezirkssekretären, Berlin, 28. 1. 1953, SAPMO BArch, DY 30, IV 2/1.01-214, Bl.150–173, hier Bl. 168).

259 Die aufgrund der Verordnung vom 20. 3. 1952 unter Treuhänderschaft gestellten Flächen eigneten sich eben nicht „bestens"- wie Bauer, Blockpartei, S. 358, behauptet – dafür, „den Bodenanteil von landlosen Landarbeitern aufzustocken". Bauer greift bei Bell, Enteignungen, S. 47 und 54, das Stichwort vom „Vollstreckungsschutz" auf, der noch in der Verordnung vom 20. 3. 1952 gewährt und Anfang 1953 aufgehoben worden sei. Die Erklärungen dazu sind schon bei Bell unklar.

260 Siehe Protokoll der Sekretariatssitzung am 29. 1. 1953, SAPMO BArch, DY 30, J IV 2/3-358, Bl. 3, Anlage fehlt; Protokoll der Politbürositzung am 3. 2. 1953, SAPMO BArch, DY 30, J IV 2/2-260, Bl. 4, 59–63.

261 Schreiben Ulbrichts an Čujkov, 4. 2. 1953, AVP RF, fond 458, opis' 366, delo 1, list 133.

Obgleich hier von Beschlagnahme und Enteignung nicht die Rede war, erfüllten die geplanten Bestimmungen einen Rechtsbestand sehr nahe an diesen. Vorgesehen war eine sogenannte In-Verwaltung-Nahme mit sehr weitreichenden Eingriffen in das Verfügungsrecht des Eigentümers. Eines Gerichtsbeschlusses sollte es nicht bedürfen (er war möglich), es genügte laut Verordnungsentwurf ein Beschluß des Rates des Kreises. Weitere Bewirtschaftung durch den Eigentümer wurde untersagt, der Besitz fiel in die Verwaltung durch den Rat des Kreises, und dies war ins Grundbuch einzutragen. Damit nicht genug. Die angeblich durch schlechte Bewirtschaftung notwendig gewordenen Kosten konnten aus dem gesamten Vermögen der Besitzer, seiner Familienmitglieder oder anderer privater Verursacher beglichen werden. Im Unterschied zur bisherigen Rechtslage konnte dem Eigentümer oder Bewirtschafter verboten werden, auf dem Hof zu bleiben. Die Betriebe standen „unter dem Schutz der für die Sicherung des Volkseigentums erlassenen gesetzlichen Bestimmungen." Faktisch wurde damit jene Regelung, die die Verordnung vom 17. Juli 1952 für republikflüchtige Bauern getroffen hatte, auf sämtliche vorgeblich sabotierende Bauern ausgedehnt. Zugleich wurde im Straftatbestand weiter unterschieden zwischen (1) Beschlagnahme nach Verordnung vom 17. Juli 1952 infolge Flucht und (2) In-Verwaltung-Nahme devastierter Betriebe nichtflüchtender Besitzer.

Der Entwurfstext hob die Verordnungen vom Februar 1951 und März 1952 über freie Flächen und devastierte Betriebe auf und zwar dergestalt, daß nun alle von diesen alten Regelungen betroffenen Betriebe und Einzelflächen unter staatliche Verwaltung mit entsprechender Grundbucheintragung kamen – ein nachträglicher Akt der Quasi-Enteignung auch für Betriebe, die unter ganz anderen Umständen und vor Erlaß der neuen Verordnung vom Besitzer „nicht ordnungsgemäß bewirtschaftet" worden waren. Treuhandschaft und Pacht sollten für sie aufgehoben werden. Statt dessen war nur *eine* Form der Verwaltung vorgesehen, nämlich durch den Staat, konkret durch die Räte der Kreise, sowie *zwei* Formen der Bewirtschaftung, nämlich (1) durch die LPG mit Hilfe von Bauernbank-Krediten und (2) „einstweilig", wie es hieß, durch VEG und Räte der Gemeinden unter Verwendung von Haushaltsmitteln.[262] Anstelle der unklaren Passage in der Verordnung vom 17. Juli 1952 bezüglich der Bewirtschafter wurde festgelegt, daß der Besitzer für einen Bewirtschafter, der aufgegeben hat, sofort Ersatz zu finden hat, andernfalls wird der Besitz in staatliche Verwaltung genommen.

Diese Bestimmungen stellten einen solchen Eingriff in das bislang geltende Bodenrecht dar, daß nun tatsächlich von der Rechtsgrundlage für eine strukturpolitisch neue Ausrichtung gesprochen werden kann. In ihnen spiegelte sich der Stand der von einer SED-Grundkommission geführten, streng geheimen Erörterung des Eigentums- und Grundeigentumsrechts wider.[263] In dieser Kommission für die Erarbeitung eines neuen Zivilgesetzes, die sich an sowjetischem und volksdemokratischem Eigentumsrecht orientierte, war ab Oktober 1952 unter anderem beraten

[262] Wie die Übergabe in Nutzung erfolgen sollte, wollte man in einer weiteren Verordnung festlegen. Ulbricht sprach in seinem Brief an Čujkov noch von „Verkauf" an die LPG (siehe ebenda).

[263] Dazu ausführlich Mollnau, Bodenrechtsentwicklung, S. 195–210. Auf die Verordnung vom 19. 2. 1953 geht Mollnau unverständlicherweise nicht ein.

worden, ob ein künftiges sozialistisches Zivilgesetzbuch festhalten solle, daß wegen „nicht ordnungsgemäßer Unterhaltung eines Vermögensgegenstandes" dieser durch Gerichtsentscheidung in Staatseigentum überführt werden kann.[264] Mit dem gültigen BGB kollidierte die geplante Verordnung. Das erlaubte wohl Zwangsbewirtschaftung, nicht aber Verstaatlichung privaten Vermögens ohne gerichtlich nachgewiesene Straftat. Und genau dies war das Problem. Nicht nur aus Zeitgründen, vielmehr auch deswegen, weil sich vorsätzliche Mißwirtschaft der Bauern unter den Produktionsbedingungen von 1952/1953 in den wenigsten Fällen eindeutig nachweisen ließ, drängten Teile der SED-Führung auf eine neue rechtliche Regelung. Sie wählten Formulierungen, die den Widerspruch zum BGB vertuschten.

Die SED-Akten enthalten kaum Hinweise auf größere Debatten, doch es gab Meinungsverschiedenheiten auf deutscher Seite. Das Sekretariat des ZK drängte auf eine radikale Lösung. Am 16. Februar beschloß es, die Bezirks- und Kreisleitungen der SED zur unbedingten ordnungsgemäßen Bewirtschaftung aller Flächen und Betriebe zu verpflichten. Die Ersten Kreissekretäre wurden persönlich verantwortlich gemacht. Sie sollten dafür sorgen, daß sämtliche vorhandene Technik im Mehrschichtensystem eingesetzt und alles Land restlos bestellt wird. „Die diesjährige Frühjahrsbestellung vollzieht sich unter den Bedingungen des verschärften Klassenkampfes", hieß es. „Es muß unter allen Umständen gesichert werden, daß auch die Flächen der sabotierenden kapitalistischen Elemente ordnungsgemäß bestellt werden."[265] Der Rundbrief kündigte eine neue Verordnung an, die dem Anliegen dienen und alle gültigen Verordnungen ersetzen würde.

Aus der Sicht der Spezialisten im Ministerium für LFW galt es, die Nutzung von Flächen und Vermögen, das bislang unter die März-Verordnung 1952 über devastierte Betriebe fiel, zu sichern. (Über Flächen und Betriebe nach der Verordnung vom 17. Juli 1952 verfügte der Staat ohnehin; hier ging es darum, dieses Land den LPG oder VEG in Rechtsträgerschaft zu geben, so wie es die Bestimmungen über Volkseigentum seit 1950 vorsahen.) Es handelte sich laut Statistik des Ministeriums (Stand 31. Januar 1953) um ca. 5200 verlassene oder vernachlässigte, treuhänderisch verwaltete Agrarbetriebe auf 193 000 ha LNF, von denen über 1500 von VEG, 780 von LPG und 920 von Gemeinden mitbewirtschaftet wurden. 882 Betriebe waren an Einzelpersonen verpachtet. Alle diese Betriebe verfügten ursprünglich zu rund 17 Prozent über mehr als jeweils 50 ha und zu rund 9 Prozent über jeweils 35–50 ha LNF, waren also nur zu gut einem Viertel Großbauernbetriebe. Mit Sonderkrediten waren bislang 659 weitere Betriebe auf über 16 000 ha LNF gestützt worden.[266]

264 Mollnau, Bodenrechtsentwicklung, S. 206. Außerdem war ein neues Pachtrecht in Arbeit. Eine Verordnung sollte für LPG ein so genanntes Vorpachtrecht fixieren, das es den Räten der Kreise erlaubte, private Pachtverträge aufzuheben und Privatland vorzugsweise an LPG zu verpachten (siehe Hinweis darauf in den Unterlagen der ZKSK, BArch, DC 1, 1395, unpag.; Hinweis im Protokoll einer Tagung mit Agrarspezialisten der Bezirksräte am 3. 2. 1953, Ministerium für LFW, 6. 3. 1953, BArch, DK 1, 2839, Bl. 297).

265 Siehe Protokoll der Sekretariatssitzung am 16. 2. 1953, SAPMO BArch, DY 30, J IV 2/3-363, Bl. 5–8, Zitat aus Rundbrief des Sekretariats des ZK an die Bezirks- und die Kreisleitungen der SED, o. D. [handschriftlicher Vermerk: „beschlossen 16. 2. 53. Schäfer"], SAPMO BArch, DY 30, 2/7-93, Bl. 233–238.

266 Statistische Angaben des Ministeriums für LFW, BArch, DK 1, 884, Bl. 2, 11; 8626, Bl. 28; Zusammenstellung der Bezirksmeldungen mit Stand vom 30. 11. 1952, Ministerium für LFW, Mitteilung an den Minister, 13. 1. 1953, BArch, DK 1, 884, Bl. 19f.; siehe auch Bell, Enteignungen, S. 48.

Dieses Land war noch in Privateigentum, obgleich durch Flucht des Besitzers in einigen Fällen auch die Voraussetzungen erfüllt waren, den Betrieb zu beschlagnahmen.

An eine Quasi-Enteignung, wie im Verordnungsentwurf avisiert, dachte im Ministerium für LFW niemand.[267] Noch Anfang Februar 1953 arbeitete man an der Idee, für devastierte Betriebe und freie Einzelflächen die Räte der Kreise zu Treuhändern zu erklären. Nutzungsverträge sollten vorzugsweise mit LPG und VEG abgeschlossen werden.[268] Die im Entwurf vorliegende neue Verordnung sah nun vor, daß all dieses Eigentum „in die Verwaltung der Kreise" gelangt und von dort in Nutzung an LPG und VEG weitergegeben wird. Landlose LPG-Mitgliedsanwärter könnten Teile des Bodens solcher Betriebe zugeteilt bekommen, hieß es in der Verordnung. Das lag nicht so weitab von den Vorstellungen im Ministerium, und die Gegner von Enteignungen konnten zurecht hoffen, daß die Kreisbehörden nicht allzu sehr darauf drängen würden, Bauern zu enteignen und sich unrentable Betriebe aufzuhalsen. Letztlich wurde unter Zeitdruck entschieden, wobei einige Staats- und Parteifunktionären auch in weitgehender Unkenntnis der Rechtslage agierten. So fand der Entwurf am 3. Februar 1953 eine Mehrheit im Politbüro. Mitarbeiter des Ministeriums übernahmen die Sichtweise der Parteiführung. Selbst der langjährige Verfechter der Idee von den Potenzen privater mittelbäuerlicher Produktion Ernst Frommhold argumentierte jetzt gegenüber Kollegen, die Verordnung vom 20. März 1952 über devastierte Betriebe hätte seinerzeit ungerechtfertigte Vorteile für die Großbauern gebracht.[269] In seinen Augen änderte die neue Verordnung auch die Eigentumsverhältnisse nicht. Jene devastierten Betriebe, deren Besitzer die DDR nicht verließen (und damit nicht unter die Verordnung vom 17. Juli 1952 fielen), stellten für ihn noch immer formell Privateigentum dar, konnten aber jetzt wie volkseigene und staatliche Betriebe bewirtschaftet werden.[270] Ein Kompromiß wurde für die Fälle gefunden, wo überschuldete Bauern auf Besitz und Bewirtschaftung verzichteten und dafür Resthöfe zugesprochen bekamen.

Über die Haltung der SKK zur Lösung der Frage um die devastierten Betriebe und die freien Flächen ist wenig bekannt. Ein unbekannter Kritiker des Verordnungsentwurfes notierte: Den Entwurf muß man „gemeinsam mit Gen. Stupov aufmerksam durcharbeiten und Empfehlungen weitergeben. Mir scheint, die Argumentation fällt schwach aus. Denn es geht doch nicht um Spekulanten, sondern um Schädlingsarbeit (Sabotage)."[271] Zunächst erfolgten jedoch keine Einwendun-

[267] Akten des Ministeriums für LFW zeigen, daß man dort noch am 12. 2. 1953 von der weiteren Gültigkeit der Verordnung vom 20. 3. 1952 ausging. Siehe Entwurf eines Schreibens an die Räte der Bezirke, 12. 2. 1953, BArch, DK 1, 8689, Bl. 58–60, Randvermerk auf Bl. 58: „Hinfällig durch VO vom 19. 2.". Siehe auch Vermerk der HA Finanzierung im Ministerium für LFW, 12. 2. 1953, ebenda, Bl. 61; Entwurf einer Arbeitsanweisung, ebenda, Bl. 62–65.

[268] Siehe Entwurf einer Arbeitsanweisung (Dezember 1952), ebenda, Bl. 87–95; Entwurf, ebenda, Bl. 62–65; Bericht über devastierte Betriebe, 6. 2. 1953, 7. 2. 1953 an Minister Schröder „zwecks Besprechung mit der S. K. K.", BArch, DK 1, 884, Bl. 13–17.

[269] Siehe Protokoll zur Tagung der Unterabteilungsleiter „Allgemeine Fragen" der Abteilungen Landwirtschaft bei den Räten der Bezirke am 3. 2. 1953, Ministerium für LFW, 6. 3. 1953, BArch, DK 1, 2839, Bl. 296–302, hier Bl. 297.

[270] Siehe Schreiben Frommholds an Landwirtschaftsminister Schröder, 26. 2. 1953, BArch, DK 1, 8689, Bl. 303f.

[271] Randnotiz vom 6. 2. 1953 an einer Abschrift des Briefes Ulbrichts an Čujkov vom 4. 2. 1953, Unterschrift schlecht lesbar, AVP RF, fond 458, opis' 366, delo 1, list 139.

gen. Bezeichnend ist, daß SKK-Chef Čujkov am 11. Februar 1953 auf den Entwurf für eine Verordnung mit dem Namen „Über die gesetzmäßige Übernahme devastierter landwirtschaftlicher Betriebe durch die staatlichen Organe" reagierte.[272] Ein Gesetzentwurf unter diesem Titel fand sich nicht. Es ist davon auszugehen, daß Čujkov die Vorlage meinte, die Ulbricht ihm am 5. Februar für eine „Verordnung zur Sicherung der landwirtschaftlichen Produktion und der Versorgung der Bevölkerung" geschickt hatte, die der Stellvertretende Ministerpräsident Scholz nach kurzfristiger Änderung der Tagesordnung für die Ministerratssitzung am 18. Februar in die Regierungskanzlei trug und die schließlich am 19. Februar verabschiedet wurde.[273] Ulbricht hatte den Verordnungsentwurf in seinem Begleitschreiben an den SKK-Chef mit diesen Worten umschrieben, und dieser hatte daraus ungeprüft einen Titel gemacht.

Als der Ministerrat der DDR am 19. Februar 1953 den Entwurf behandelte[274], war der Text jedoch in einem wesentlichen Passus gekürzt worden. Keine Rede war mehr von freiwilligen Verzichtserklärungen zugunsten des Staates – und folglich fand auch keine Restfläche mehr Erwähnung, die einem resignierenden Bauern noch zugebilligt wurde. Solche Korrekturen am Politbürobeschluß konnten nur von der SKK ausgehen. In diesem Fall liegt kein Beleg für die Order aber eine nachträgliche interne sowjetische Stellungnahme vor.[275] Sie erfolgte, nachdem das Politbüro am 3. März 1953, also zwei Wochen nach Verabschiedung der Verordnung vom 19. Februar, beschlossen hatte, seine Entscheidung vom 3. Februar über die Zulassung eines Resthofes zwar einzuschränken, aber nicht völlig zurückzunehmen. Ausnahmsweise, wenn der Bauer kein „republikfeindliches Element" ist, könne ein Resthof von maximal 6 ha durchschnittlicher Bodenqualität belassen werden, entschied das SED-Politbüro.[276]

2.5. *Flucht und Protest in der Bauernschaft*

2.5.1. Stimmungen in der Bauernschaft Ende 1952/Anfang 1953

Die neue Qualität der „Einschränkung kapitalistischer Produktionsverhältnisse" stellte eine direkte Bedrohung für Groß- und Mittelbauernbetriebe dar. Walter Ulbricht und andere in der SED-Führung erwarteten, daß die „Kapitalisten" rasch aus den Dörfern verschwinden würden und ihr Eigentum für LPG-Gründungen zur Verfügung stehen werde. Noch im Herbst 1952 war Flucht von Bauern aus der DDR vergleichsweise unbedeutend. Die SED erkannte aber schon zu

272 Siehe Schreiben Čujkovs an Grotewohl, 11.2.1953, ebenda, list 166. Das Gleiche im Protokoll der Ministerratssitzung am 19.2.1953, BArch, DC 20, I/3-175, Bl. 176, Randvermerk Grotewohl: „Sofort Dr. Georgino, Ministerrat zu [Punkt] 22/19.2.1953"; Original [russisch] Bl. 177.

273 Siehe Protokoll der Ministerratssitzung am 19.2.1953 (Tagesordnung vom 16.2.), BArch, DC 20, I/3-174, Bl. 83–85; Schriftverkehr dazu, -175, Bl. 170.

274 Siehe Protokoll der Ministerratssitzung am 19.2.1953, Bl. 11f., 41–45; Verordnung zur Sicherung der landwirtschaftlichen Produktion und der Versorgung der Bevölkerung, 19.2.1953, in: GBl. 1953, S. 329f.

275 Bemerkungen zu den Beschlüssen des Politbüros des ZK der SED vom 3.3.1953, Stupov an Semičastnov, 9.3.1953, AVP RF, fond 458, opis' 356, delo 9, listy 47–49. Dazu mehr im Abschnitt IV. 3.1.

276 Siehe Protokoll der Sitzung der Politbürositzung des ZK der SED am 3.3.1953, SAPMO BArch, DY 30, 2/2-265, Bl. 5.

dieser Zeit, daß es nicht nur Klassengegner waren, die der DDR den Rücken kehrten. In ihrem für Moskau bestimmten Situationsbericht, den die SED-Führung im Januar/Februar 1953 verfaßte, gab sie folgende Einschätzung: „Vom September 1952 bis Januar 1953 sind insgesamt 3281 Bauern republikflüchtig geworden, wobei der Bezirk Halle nicht mit eingerechnet ist, davon 41,7 Prozent Großbauern. Das zeigt, daß mehr werktätige Bauern nach dem Westen gegangen sind. Die meisten Abwanderungen sind zu verzeichnen in den Bezirken Suhl, Neubrandenburg, Schwerin, Potsdam und im Januar 1953 auch in Magdeburg. Die genauen Zahlen [...] stehen uns noch nicht zur Verfügung."[277] Ein sowjetischer Bericht aus dem Bezirk Cottbus weist aus, daß im Oktober und November 1952 761 Personen aus diesem Bezirk in den Westen flohen. Darunter waren 187 Arbeiter, 146 Angestellte, 205 Personen ohne bestimmte Beschäftigung und Hausfrauen sowie 201 Kinder. Der Personenkreis umfaßte nur 22 Bauern. Mit Familienangehörigen und unbestimmt Beschäftigten mögen etwa 100 Menschen der Bauernschaft angehört haben, ein Drittel bis ein Viertel der Arbeiter und Angestellten aus dieser Statistik.[278] Der Berichterstatter sah in der Flucht das Resultat harten Klassenkampfes. Die Flüchtenden seien gegen den Aufbau des Sozialismus eingestellt, gegen die DDR und gegen die LPG.

Insgesamt gingen einer sowjetischen Statistik vom Sommer 1953 zufolge im Jahr 1952 rund 136000 DDR-Bürger illegal in die Bundesrepublik oder nach Westberlin, darunter rund 4000 Bauern (2,9 Prozent). 1951 waren rund 100000 Flüchtlinge registriert worden, darunter 1250 Bauern (1,25 Prozent).[279] Auch unter Berücksichtigung möglicher Ungenauigkeiten in der Statistik ist festzustellen, daß die Fluchtzahlen 1952 um etwa ein Drittel höher lagen als im Jahr zuvor. Der Anteil der Bauern war stärker gewachsen und hatte sich mehr als verdoppelt. In der Gruppe der Bauern wiederum betrug der Anteil der Großbauern nach übereinstimmenden Aussagen Ende 1952 weniger als die Hälfte.

In der SED, auch in ihrer Führung, war die Haltung gegenüber verschuldeten Bauern im Herbst 1952 auch noch weniger aggressiv gewesen, als in manchen SKK-Bezirksvertretungen. Wie bereits erwähnt, wandelte sich die Stimmung. Noch Ende Oktober hieß es im Sekretariat des ZK der SED, den Parteiorganisationen in den Dörfern sei klarzumachen, daß Druck auf Großbauern, ihre Betriebe zu verlassen, unzulässig ist. Es sei außerdem zu gewährleisten, daß – bei allen Erfassungsproblemen – in jedem Kreis die Mehrzahl der Wirtschaften funktionstüchtig bleibt.[280] Im Dezember sah man das schon anders. Der Bericht Karl Marons über die Republikflucht, den das Sekretariat des ZK am 8. Dezember anhörte, behandelte auch Bauernflucht. An der Reaktion im Sekretariat ist zu erkennen, daß *Groß*bauernflucht nun kein Problem mehr darstellte. Dafür sollte den Klein-

277 Lageanalyse, Bl. 70. Die Fluchtzahlen sind leider alle nicht ganz zuverlässig. Für die hier zu beschreibende politische Entscheidungsfindung der SED-Führung und der SKK ist es gerechtfertigt, mit jenen Daten zu arbeiten, die diese selbst benutzten.

278 Siehe Bericht des amtierenden Vertreters der SKK im Bezirk Cottbus Vachrov, „Über einige Fragen des Klassenkampfes im Bezirk Cottbus", an Semenov, 16. 12. 1952, AVP R, fond 457a, opis' 13, papka 71, delo 35, listy 97–104, hier list 100.

279 Siehe Cold War Bulletin, 10, S. 74.

280 Siehe Protokoll der Sekretariatssitzung am 30. 10. 1952, SAPMO BArch, DY 30, J IV 2/3-336, Bl. 6f.

und Mittelbauern, die, wie es hieß, durch Vorspielen falscher Tatsachen in den Westen gelockt worden waren und jetzt wieder in die DDR zurück wollten, in einer Erklärung des Innenministeriums straffreie Wiederaufnahme versprochen werden.[281] Die SED setzte ganz bewußt auf Polarisierung in der Bauernschaft. Vermehrt erschienen Meldungen über Großbauern, die den Sollplan der Gemeinde sabotierten, Lohnarbeiter nicht auszahlten oder gar prügelten und Schulden nicht beglichen, während die kleineren Bauern sich abmühten.[282]

Für LPG-Bauern gab es, wie dargelegt, in der DDR allseitige Unterstützung. Die Durchführung der Beschlüsse der LPG-Konferenz und des Ministerrates vom 19. Dezember 1952 war zwar unbefriedigend und insbesondere die Verteilung des in staatliche Verwaltung genommenen Betriebsinventars auf die LPG war noch nicht geregelt[283], doch die Haltung der SED war hier eindeutig. Probleme bereitete immer noch die statutenwidrige Arbeitsorganisation in einigen LPG. Gerade in der Frühjahrskampagne drängten SED und staatliche Behörden auf den Einsatz von Brigaden und auf Schichtbetrieb. Der wurde vor allem in LPG mit Tierproduktion nötig, insbesondere dort, wo eine Genossenschaft ihre Viehbestände infolge der Übernahme devastierter Höfe stark aufstockte.

Zugleich war die Finanzierung der von LPG, aber auch VEG und Gemeinden in Nutzung genommenen, ehemalig devastierten Betriebe mit der Verordnung vom 19. Februar keineswegs gesichert.[284] Der Finanzierungsbedarf nahm wegen immer mehr „Übernahme in staatliche Verwaltung" rasch zu. Allein für die Betriebe der republikflüchtigen Bauern bezifferten die Agrar- und Finanzexperten der DDR Ende Februar den Finanzierungsbedarf – „knapp bemessen" – auf rund 20 Millionen DM. Die gleiche Summe Zuwendungen wurde für andere Betriebe veranschlagt, die ebenfalls unter die Verordnung vom 19. Februar 1953 fielen.[285] Das Ministerium für LFW wurde kurzfristig ermächtigt, aus seinem Haushalt 50 Millionen DM für die Bewirtschaftung solcher Betriebe an die Räte der Kreise zu geben, die von VEG und Gemeinden (nicht aber von LPG, die sollten Kreditanträge bei der DBB stellen) genutzt wurden, ohne daß im bestätigten Staatshaushalt Gelder vorgesehen waren.[286] Zu diesem Zeitpunkt (gerechnet vom 1. Januar bis 30. März 1953) waren dem Staatshaushalt rund 57 Millionen DM aus dem Verkauf beweglicher Werte zugeflossen, die nach der Verordnung vom 17. Juli 1952 wegen Republikflucht der Besitzer verstaatlicht worden waren.[287] Aber auch die Verteilung dieser Gelder war mit organisatorischen Widrigkeiten verbunden. Außerdem zeigten sich die Bezirksräte bei der Bewilligung von LPG-Startinvestitionen in

281 Siehe Protokoll der Sekretariatssitzung am 8. 12. 1953, SAPMO BArch, DY 30 J IV 2/3-346, Bl. 10. Der Bericht selbst fehlt im Protokoll.

282 Siehe beispielweise „Großbauer v. Prokrywnicki kommandiert mit dem Besen", in: *Freie Erde*, 6. 1. 1953; „Für Großbauer Harms ist es noch 1951", in: *Freie Erde*, 7. 1. 1953.

283 Siehe Protokoll der Koordinierungsbesprechung am 4. 3. 1953, BArch, DE 1, 28119, Bl. 19–22.

284 Siehe Protokoll der Koordinierungsbesprechung am 18. 3. 1953, ebenda, Bl. 23–25, hier Bl. 24.

285 Siehe Schreiben Frommholds an Landwirtschaftsminister Schröder, 26. 2. 1953, BArch, DK 1, 8689, Bl. 303f.

286 Beschluß über die Finanzierung der landwirtschaftlichen Betriebe, die unter die Verordnungen vom 17. 7. 1952 und 19. 2. 1953 fallen, Protokoll der Ministerratssitzung am 5. 3. 1953, BArch, DC 20, I/3-176, Bl. 9, 163f.

287 Bericht Plenikowskis (Abteilung Staatsaufbau des ZK der SED) über die Durchführung der Verordnung vom 17. 7. 1952, 22. 4. 1953 an Walter Ulbricht, SAPMO BArch, DY 30, IV2/13 – 9, unpag.

wachsendem Maße reserviert, was zu Unzufriedenheit unter LPG-Bauern führte, da sich die versprochene soziale Besserstellung nicht rasch genug bemerkbar machte. Einer Statistik von Anfang April zufolge schieden im Januar 1953 insgesamt 916, im Februar 1344 und im März 1093 LPG-Mitglieder wieder aus den Genossenschaften aus, gut die Hälfte davon waren vormalige Neubauern, die knappe andere Hälfte ehemalige Landarbeiter. Ein Drittel der Abgänge hatte mit Republikflucht zu tun, ein weiteres Viertel der Austritte erfolgte freiwillig (und ohne Republikflucht), ein knappes Drittel waren Ausschlüsse.[288] Mißstimmung breitete sich auch unter Landarbeitern der volkseigenen Güter und unter MTS-Arbeitern aus, die analog zu den Industriearbeitern neue Normen, Leistungslohn und Schichtbetrieb fürchteten. Anfang April nahm die SED-Führung Kurs auf Lohnkostensenkungen auch bei den MTS.[289] Es sollten keinerlei Überstunden mehr bezahlt werden, obgleich gerade bei der Bestellung viele Traktoristen Nacht- und Wochenend-Einsätze fuhren, die Reparaturstützpunkte rund um die Uhr besetzt sein mußten und die Anfahrtswege für die Einsätze groß waren.

Die SED hoffte bei ihrer Werbung für LPG auf die Mittelbauern, auf ihr Betriebsvermögen und ihre Erfahrungen in der Betriebsführung. Die Politabteilungen der MTS wurden angehalten, mehr zu agitieren, um Klein- und Mittelbauern in einer zumindest loyalen Haltung gegenüber Partei und Staat zu bestärken. Diese Bauern waren als Produzenten willkommen, ja unentbehrlich, und als künftige Genossenschaftsbauern mußten sie umworben werden. In der SED sah man durchaus, was Altbauern davon abhielt, in LPG einzutreten. Ein Teil von ihnen war skeptisch und wollte das erste Jahr abwarten und schauen, welche Privateinkünfte die Genossenschaft bringt. Viele standen einer Zukunft ähnlich der von „Fabrikarbeitern“ ablehnend gegenüber und wollten sich in einem gänzlich planwirtschaftlich ausgerichteten Großbetrieb nicht noch den Rest an bäuerlichem Stolz nehmen lassen. Anbauplan und Ablieferungspflicht sahen sie ja auch bestenfalls als vorübergehend notwendig an. Für dieses Berufsethos brachte die SED-Führung sogar ein gewisses Verständnis auf. „Sie fühlen sich also in ihrer persönlichen Freiheit eingeschränkt“, beschrieb sie in dem für Moskau bestimmten Bericht die Haltung der Altbauern.[290] Um sie für ihre Politik zu gewinnen, führte die SED immer wieder auch nationalpolitische Argumente ins Feld. Die Presse pries die agrarpolitischen Entscheidungen in der DDR und führte Beispiele dafür vor, daß Bauern in Westdeutschland infolge ungünstiger Pachtgesetze und gestiegener Lebenshaltungskosten der Ruin drohte.[291] Da die Stärkung von SED-Parteiorganisationen in den LPG nicht so recht vorankam[292], dachte man daran, in den Dörfern „Parteilosenaktivs werktätiger Bauern“ zu schaffen.

288 Ausscheiden von Mitgliedern aus den LPG, Tabelle, 8.4.1953, SAPMO BArch, NY 4090, 455, Bl. 248f.

289 Siehe Zusätzlicher Finanzplan MTS, Protokoll der Sekretariatssitzung am 9.4.1953, SAPMO BArch, DY 30, J IV 2/3-374, Bl. 3, 27–35.

290 Siehe Lageanalyse, Bl. 71f.

291 Siehe beispielsweise „Adenauers Politik führt zum Ruin der westdeutschen Bauern“, in: *Freie Erde*, 5.1.1953.

292 In der Literatur kursieren Angaben, die näherer Prüfung nicht standhalten. Sie gehen oft auf die überzogene Selbstdarstellung der SED zurück. So schreibt Schulz, Probleme, S. 57, Ende 1952 hätte jedes zweite LPG-Mitglied der SED angehört. Auf einer internen Beratung der SED-Führung im Januar 1953 hieß es dagegen, daß nur 40 Prozent aller LPG eine SED-

Ein Übermaß an politischer Agitation wirkte allerdings eher kontraproduktiv, zumal westdeutsche Zeitungen und Radiosendungen ihrerseits das „Bauernsterben im Osten" dramatisch beschrieben.[293] Um Spannungen abzubauen und um Einzelbauern staatlichen Wohlwollens zu versichern, plante die SED-Führung für Ende Februar in Leipzig einen „Kongreß der werktätigen Bauern".[294] Er sollte helfen, die LPG gegen Anfeindungen zu verteidigen und die noch individuell arbeitenden Bauern langfristig für die LPG zu gewinnen. Solange sie einzeln wirtschaften wollten, waren sie ebenso dringend zu hohen Erträgen anzuhalten.[295]

Die SED richtete ihren Umgang mit den Bauern also immer stärker nach ideologischen Gesichtspunkten aus. Dabei stand die Definition der Gruppe der Großbauern noch immer aus, war mithin unklar, wer als Mittelbauer und potentielles LPG-Mitglied eher zu umwerben war. In der lokalen Bürokratie griff Willkür um sich. Währenddessen meldeten die Filialen der Bauernbank, daß viele größere Betriebe mit den ihnen zugebilligten kurzfristigen Krediten nicht auskommen werden und „voraussichtlich in der nächsten Zeit zu devastierten Betrieben erklärt werden müssen".[296] Ende Januar 1953 versuchte daher der Leiter der Abteilung Landwirtschaft des ZK der SED Albert Schäfer die zuständigen Kreis- und Bezirksfunktionäre vor Fehlurteilen zu bewahren, indem er im Sinne bisheriger Politik erklärte, nicht jeder Bauer mit über 20 ha Land sei automatisch Großbauer und damit kein Kandidat für die LPG. Schäfer führte das Beispiel eines Bauern mit 35 ha LNF an und riet, „nicht vom grünen Tisch aus ein[zu]schätzen [...], ob ein Bauer Mittelbauer oder Großbauer ist. Dadurch wird die Gefahr heraufbeschworen, daß einer Reihe von Mittelbauern vor den Kopf gestoßen wird." Schäfer wollte „die linken und die rechten Abweichungen in diesen Dingen bekämpfen".[297]

Walter Ulbricht gab seinem Abteilungsleiter im Prinzip recht, ermahnte ihn jedoch: „Wir müssen aufpassen, daß nicht ein solcher Großbauer in dieser Produktionsgenossenschaft den entscheidenden Einfluß bekommt."[298] Auf dem von der VdgB(BHG) vorbereiteten Bauernkongreß am 27./28. Februar in Leipzig[299] bezog Ulbricht vor rund 2000 Bauern die gleiche Position und erklärte zugleich öffentlich, daß Bauern mit über 20 ha Land durchaus in eine LPG aufgenommen

Grundorganisation hätten und daß solche umgehend zu bilden seien, auch wenn jeweils nur 1–2 Genossenschaftsmitglieder in der SED seien. Siehe Stenographische Niederschrift der Konferenz des ZK der SED mit den Ersten Kreis- und Bezirkssekretären, Berlin, 28. 1. 1953, SAPMO BArch, DY 30, IV 2/1.01-214, Bl.150–173, hier Bl. 36, 38.

293 Der Freundeskreis des Untersuchungsausschusses Freiheitlicher Juristen prophezeite beispielsweise: „Demnach dürfte die endgültige Liquidierung des Bauernstandes bereits 1953 erfolgen." (Die Revolution in der Landwirtschaft der SBZ, in: Der Freundeskreis, Heft 2, 5. 3. 1953).

294 Siehe Protokoll der Sekretariatssitzung am 22. 12. 1952, SAPMO BArch, DY 30, J IV 2/3-351, Bl. 12.

295 Siehe Aufgabenstellung für den Kongreß der werktätigen Bauern, Ministerium für LFW, 19. 1. 1953, BArch, DK 1, 2794, Bl. 42–45.

296 Innerbetriebliches Rundschreiben Nr. 17/53 der Deutschen Bauernbank, 6. 2. 1953, BArch, DK 1, 8689, Bl. 73f.

297 Referat Schäfers, Stenographische Niederschrift der Konferenz des ZK der SED mit den Ersten Kreis- und Bezirkssekretären, 28. 1. 1953, Bl. 30–49, hier Bl. 42f.

298 Schlußwort Ulbrichts, 28. 1. 1953, ebenda, Bl. 150–173, hier Bl. 169f.

299 Siehe *Neues Deutschland*, 28. 2. 1953, S. 1, 3; 1. 3. 1953, S. 1, 3, 5; 3. 3. 1953, S. 3.

werden könnten, wenn die Bodenqualität unter dem Durchschnitt liege und Lohnarbeiter nicht dauerhaft beschäftigt wären; die letztendliche Entscheidung liege aber bei den Räten der Kreise. Bei der SKK stieß das nicht auf Widerspruch.[300] Indes, Ulbricht war kein Anhänger der Resthof-Lösung: „Wenn jemand nicht mehr als Großbauer seinen Hof weiter behalten will, nun gut, bedeutet das dann etwa, daß er überhaupt nicht mehr in der Deutschen Demokratischen Republik arbeiten kann? Er kann bei uns noch arbeiten. Es gibt noch sehr viel Arbeit, nicht nur im Straßenbau[301], sondern auch noch andere Arbeiten." Für Ulbricht war das alles ein Problem der Arbeitskräftelenkung: „Man muß sich also klar darüber werden, wie die betreffenden Menschen beschäftigt werden. Das Problem wird noch längere Zeit stehen und sollte von uns mit allem Ernst behandelt werden."[302]

Die Stimmung auf dem Lande verschlechterte sich nicht nur infolge der SED-Agrarpolitik. Sie war auch von der Kampagne gegen die „Junge Gemeinde" beeinflußt, die Ende Januar 1953 begann.[303] In allen SED-Kreis- und Bezirksleitungen wurden dafür Kommissionen gebildet, die zentrale unterstand Erich Honecker. Teile der Landbevölkerung litten unter dem Angriff auf Freiberufler und Mittelständler. Vom Schuldeneintreiben waren viele Handwerker und Gaststättenbesitzer betroffen. Nebenerwerbsbauern hatten 1953 eine größere Abgabenlast aufgebürdet bekommen. Das Sparprogramm und die Politik der „Einschränkung des Kapitalismus" führten also zu einer massiven Verschlechterung der sozialen und politischen Verhältnisse auf dem Lande, zu Verunsicherung und Enttäuschung in der Dorfgemeinschaft.

Auch die Exekutive bekam die „neue Gangart" zu spüren. Unter dem Druck der SKK forderten SED-Führung und Landwirtschaftsministerium immer dringender, die Abgabenschulden des Vorjahres einzutreiben. Der reorganisierte und aus Kostengründen reduzierte VEAB-Apparat wurde vorübergehend von Inspektoren unterstützt, die die Erfassungsfilialen zu strengen Hofkontrollen anhielten. Selbst VEG-Betriebsleiter wurden nun für Ablieferungsrückstände strenger zur Rechenschaft gezogen[304], die örtlichen Parteiorganisationen und die SED-Mitglieder in den Kreisbehörden sahen sich zum „Durchgreifen" aufgefordert. Anfang Januar 1953 ging ein Beschluß der Zentralen Parteikontrollkommission (ZPKK) an alle Kreis- und Bezirksleitungen, dem eine Prüfung der Durchführung des Be-

300 Siehe Bericht Semenovs an Grigor'jan, ZK der KPdSU, über den Bauernkongreß in Leipzig am 27./28.2.1953, 24.3.1953 (Datum des Ausgangs), RGANI, fond 5, opis' 28, delo 54, Bl. 58–64. Nur hier ist Ulbrichts Bemerkung so hervorgehoben, in der Presseberichterstattung fand sie sich nicht. Indirekter Hinweis in der Stenographischen Niederschrift der erweiterten Politbürotagung am 25.3.1953 (Auszug), archiviert im Protokoll der Politbürositzung am 17.3.1953), SAPMO BArch, DY 30, J IV 2/2-270, Bl. 77–156, hier Bl. 111.

301 Das kann im Wissen um die Praxis in Ungarn formuliert worden sein. Während ihrer Studienreise im Frühsommer 1952 hatte eine von Ulbricht geführte Gruppe von Agrarfunktionären gesehen, wie enteignete Großbauern im Straßenbau beschäftigt wurden.

302 Schlußwort Ulbrichts, 28.1.1953, Bl. 164.

303 Siehe Protokoll der Politbürositzung am 27.1.1953, SAPMO BArch, DY 30, J IV 2/2-259, Bl. 4, Anlage 2: Maßnahmen gegen die „Junge Gemeinde", Bl. 27-31, Anlage 3: Entwurf Verordnung zur Anmeldepflicht, Bl. 33–35. Beide Entwürfe gingen am 28.1.1953 von Ulbricht an Čujkov mit der Bitte um Zustimmung (AVP RF, fond 458, opis' 366, delo 1, listy 109, 119–122).

304 Siehe Protokoll der Koordinierungsbesprechung am 11.2.1953, BArch, DE 1, 28119, Bl. 11.

schlusses zu Friedrichaue zugrunde lag. Er sorgte für weitere Disziplinierung.[305] Regierungsstellen riefen die Bezirksverwaltungen zur Unduldsamkeit gegenüber Bürgermeistern und anderen Amtsträgern auf, die sich zur Bildung und Förderung von LPG „opportunistisch und feindlich" verhielten und falsche Rücksicht bei Erfassung und Aufkauf nahmen. Kreis- und Bezirksbehörden sollten sich intensiver und stärker als bisher mit der Planerfüllung in der Landwirtschaft befassen, sabotierende Großbauern öffentlich „entlarven".[306]

Im Justizapparat setzten sich ebenfalls die Hardliner durch. Unter dem Druck der Zentralen Kommission für Staatliche Kontrolle (ZKSK) legten die Gerichte zunehmend strengere Maßstäbe bei der Verfolgung sogenannter Wirtschaftsvergehen an. Diese immer schon von klassenkämpferischen Positionen aus urteilende Kommission, die über gefürchtete Vollmachten verfügte, bezichtigte Staatsanwälte und Richter in einem Bericht vom 12. Februar 1953 des „feigen Zurückweichens vor dem Klassengegner" bei der Durchführung von Prozessen „gegen großbäuerliche Elemente und deren Lakaien". Am Beispiel des Falles Friedrichsaue wurden angebliche Fehler im Umgang der Justizorgane mit sabotierenden Großbauern erörtert. Der „feindlichen Tätigkeit" der Großbauern auf dem Lande sollte künftig die ganze Aufmerksamkeit von Polizei und Justiz gelten.[307] Das Aufputschen der Justiz durch direktes Eingreifen von SED-Bezirksfunktionären und Kontrolleuren der ZKSK bzw. der LKSK in die Ermittlung und Prozeßführung[308] sowie die öffentliche Aburteilung von „Verbrechern", die in den Augen der Bevölkerung meist unschuldig waren, heizten die Stimmung stark an.[309]

2.5.2. Die Zunahme der Fluchtzahlen. Formen des Widerstandes

Das Politbüro des ZK der SED nahm am 3. März 1953, dem Tag, an dem es die von der SKK geforderte Neuregelung bei den Lebensmittelkarten, Punktkarten und Fleischpreisen im Prinzip übernahm, den Entwurf für einen Regierungsbeschluß „zur schnellen Aufholung der Ablieferungsschulden aus dem Jahr 1952" an. Darin wurden die „Mängel und Fehler" in der Erfassung und im Aufkauf auf „die Unterschätzung und zum Teil sträfliche Vernachlässigung der Aufgaben in Erfassung und Aufkauf durch einen Teil der leitenden Staatsfunktionäre bei den Räten der Bezirke und Kreise" zurückgeführt. Dem Vorsitzenden des Rates des Bezirkes Schwerin sollte sogar eine strenge Rüge erteilt, säumige und nachlässige Funktionäre sollten künftig gerichtlich zur Verantwortung gezogen werden.

[305] Siehe Protokoll der Politbürositzung am 2. 1. 1953, SAPMO BArch, DY 30, J IV 2/2-255, Bl. 4, 15–43.

[306] Siehe Berichtsmaterial „nur für den Dienstgebrauch", Material für die Sitzung des Präsidiums des Ministerrates am 12. 2. 1953, BArch, DC 20, I/4-6, Bl. 2–51.

[307] Siehe Bericht des Justizministers über Erfahrungen bei der Durchführung der neuen Justizgesetze, 2. 3. 1953, und Stellungnahme zum Bericht, 11.3.1953, SAPMO BArch, DY 30, IV 2/13- 409, unpag.

[308] Diese Entwicklung stand im Kontext abschließender Debatten um eine neues Strafgesetzbuch und erster praktischer Erfahrungen der Richter mit der neuen Strafprozeßordnung. Siehe dazu Luther, Strafverfahrensrecht, S. 11–16; ders., Liberales und autoritäres Strafverfahrensrecht, S. 35, 45, 48 f.; Schöneburg, Strafrecht, S. 120–123; Wentker, Justiz, S. 553–555. Siehe auch Interview mit Götz Berger bei Schöneburg, Rechtsgeschichte, S. 134–137.

[309] Beispiele für Verurteilungen wegen Nichterfüllung der Abgabepflicht bei Werkentin, Strafjustiz, S. 82–85.

Die Rechtsstellen wurden aufgefordert, verschleppte Verfahren gegen „Ablieferungssaboteure" rasch und mit strengen Strafen zu Ende zu bringen. An die Adresse des Generalstaatsanwaltes hieß es im Entwurf für den Ministerratsbeschluß, die Bezirksstaatsanwälte seien anzuweisen, alle Strafverfahren binnen einem Monat abzuschließen. Strenge Berichterstattung, Schulungen sowohl unter Erfassungsfunktionären als auch unter Juristen sowie eine Pressekampagne sollten den Kampf gegen Steuersäumige effektiver machen. Schließlich war vorgesehen, Regierungsmitglieder als Sonderbevollmächtigte in die Bezirke zu schikken.[310] Unabhängig von einem Regierungsbeschluß – der so auch nicht zustande kam – sollten in den Bezirks- und Kreisleitungen der SED Sonderbeauftragte für die „Unterbindung der Ablieferungssabotage" sorgen. Die Parteileitungen wurden für die Erfüllung der Ablieferungspläne unmittelbar verantwortlich gemacht. Generalstaatsanwalt Ernst Melsheimer (SED) wurde verpflichtet, die Staatsanwälte eine strenge Bestrafung der Saboteure fordern zu lassen.[311] Von nun an waren auch in den Parteiversammlungen und in den Dienstberatungen der ländlichen Kreis- und Bezirksverwaltungen „Abgabensaboteure" ein zentrales Thema.

Dies wirkte sich sofort auf die Stimmung in der Landbevölkerung aus, die ohnedies bereits von den Maßnahmen zur Kosteneinsparung in der Verwaltung und im Sozialbereich sowie von neuen Preis- und Verkaufsregelungen betroffen war. Mitte März sollten alle Bauern ihre Abgabebescheide für 1953 erhalten. In wachsender Zahl sahen sie sich zu Entscheidungen genötigt, die ihre bisherigen Lebensverhältnisse grundlegend ändern würden. Während sich ein Teil der Kleinbauern und Landarbeiter gedrängt fühlte, den Eintritt in die LPG nicht länger hinauszuzögern, denn im Herbst konnten die Vergünstigungen geringer sein, wollten aus der Gruppe jener, die für sich keine Zukunft in Gemeinschaftsbetrieben sahen, viele nun endgültig aus Verhältnissen ausbrechen, die seit Jahren für sie Unsicherheit bedeuteten. Noch nicht die Anfänge der Genossenschaftsbildung, ja nicht einmal die ab November 1952 wiederholt verkündete allseitige Unterstützung der LPG, trieb die Bauern massenweise über die Grenze. Es war jene Politik, die ab Februar 1953 eine rapide Verschlechterung der Produktions- und Lebensverhältnisse für viele ostdeutsche Bauern ankündigte: mit wiederum sehr hohem Soll, erhöhten MTS-Tarifen, Kürzung bzw. Streichung von Krediten sowie mit der Ankündigung, das Eigentum von Verschuldeten „in staatliche Verwaltung" zu nehmen, keine Stundung zuzulassen und nicht einmal mehr Wohnrecht zu gewähren.[312]

310 Siehe Protokoll der Politbürositzung am 3. 3. 1953, SAPMO BArch, DY 30, J IV 2/2-265, Bl. 4, Anlage 6: Beschluß des Ministerrates über Maßnahmen zur schnellen Aufholung der Ablieferungsschulden aus dem Jahr 1952 und zur Sicherung der Erfüllung der Erfassungs- und Aufkaufpläne 1953 (Entwurf), Bl. 35-39.

311 Siehe Protokoll der Politbürositzung am 3. 3. 1953, Anlage 5: Aufholung der Ablieferungsschulden aus dem Jahre 1952 und Maßnahmen zur Sicherung der Erfüllung der Erfassungs- und Aufkaufpläne im Jahr 1953, ebenda, Bl. 32-34; Direktive für die Arbeit der Sonderbeauftragten bei den Bezirks- und Kreisleitungen unserer Partei, Entwurf o. D., SAPMO BArch, DY 30, IV 2/7-93, Bl. 287-290, Endfassung (handschriftlich: 26. 3. 53, beschlossen), Bl. 300-305.

312 Armin Mitter zufolge verdroß es die Bauern 1953 auch, daß die Frühjahrsbestellung „generalstabsmäßig" organisiert wurde (Mitter, Am 17. 6. 1953 haben die Arbeiter gestreikt, S. 87). Ein

Ab Februar, besonders aber im März 1953 nahm die Zahl der illegalen Grenzübertritte sehr stark zu, was zweifellos auch darauf zurückzuführen ist, daß Flüchtenden mit einem neuen Notaufnahmeverfahren in der Bundesrepublik der Grenzübertritt leichter gemacht wurde. Ab Januar 1953 hatte der Bundestag Debatten darüber geführt. In kürzester Zeit wurde ein entsprechendes Gesetz erlassen.[313] Äußere Umstände wie diese machen es unmöglich, die monatlichen Veränderungen im Fluchtverhalten, etwa die Schwankungen im Anteil bestimmter Bevölkerungsgruppen, ausschließlich auf bestimmte politische Entscheidungen in der DDR zurückzuführen.

Der SED lagen Ende März Meldungen über 22.289 allein im Februar Geflohene vor. Laut Statistik waren darunter 1776 Bauern (8 Prozent der Flüchtlinge). Die Gruppe der Bauern setzte sich zusammen aus 928 Großbauern (52,2 Prozent), 271 Mittelbauern (15,3 Prozent), 255 Kleinbauern (14,4 Prozent), 279 Neubauern (15,7 Prozent) und 43 LPG-Mitgliedern (2,4 Prozent). Im März verließen 30.845 Personen die DDR, eine Steigerung um über 38 Prozent gegenüber dem Vormonat. Unter ihnen waren 2331 Bauern (7,6 Prozent). Es waren 31 Prozent mehr Bauern als im Vormonat. Die Untergruppen wiesen in etwa die gleichen Anteile auf: 1282 Großbauern (55 Prozent), 359 Mittelbauern (15,4 Prozent), 372 Kleinbauern (16 Prozent) und 318 Neubauern (13,4 Prozent). Für den April ermittelten die DDR-Behörden 23.750 Flüchtlinge. Von den 837 Großbauern, 240 Mittelbauern und 231 Kleinbauern unter ihnen war bekannt, daß 858 Abgabenschulden hatten, 313 jedoch ihr Soll erfüllen konnten.[314] Ein Großteil der flüchtenden Bauern wird Eigentümer devastierter Höfe gewesen sein, die mit der Verordnung vom 19. Februar 1953 ihren Besitz nun verloren.

In der Forschung werden voneinander abweichende, auch stark abweichende Fluchtzahlen genannt. Nach Angaben westdeutscher Behörden stellten im Januar 1953 bereits 22396 Personen, im Februar 31613 Personen und im März 58605 Personen Anträge im Notaufnahmeverfahren.[315] Diesen Angaben zufolge waren rund 12 Prozent der Flüchtlinge (im Jahresdurchschnitt 1953, ohne Hausfrauen, Kinder und Jugendliche) im Bereich Pflanzenbau und Tierwirtschaft tätig gewesen, was gleichermaßen private Bauern, LPG-Bauern und Landarbeiter einschloß sowie Agronomen, Veterinäre und vermutlich auch Angestellte der agrarischen Wirtschaftsverwaltungen.[316]

wesentlicher Unterschied zu den Frühjahrskampagnen der Jahre zuvor bestand jedoch nicht. Im Bestreben, die Dramatik des von der SED geschürten Klassenkampfes auf dem Lande zu beschreiben, erwähnt Mitter auch den SED-Beschluß, DBD-Betriebsgruppen nicht zuzulassen (ebenda, S. 88). In seiner Interpretation war die Behinderung der DBD, in den neuen LPG und MTS Betriebsgruppen einzurichten, ein Angriff auf bäuerliche Selbstbehauptung. Das ist unsinnig. Die Masse der Landbevölkerung bekam von dieser diktatorischen Maßnahme der SED auch gar nichts mit.

313 Siehe Heidemeyer, Flucht und Zuwanderung, S. 148–156.

314 Siehe Meldungen über Republikflüchtige, ZK-Abteilung für Staatliche Verwaltung, 29.3., 24.4. und 23.5.1953 sowie weitere Berichte und Statistiken, SAPMO BArch, DY 30, 2/13-394.

315 Siehe Heidemeyer, Flucht und Zuwanderung, S. 338.

316 Siehe ebenda, S. 49f.

Anzahl der im ersten Halbjahr 1953 aus der DDR in die BRD bzw. nach Westberlin geflüchteten Bauern (nach Angaben des DDR-Innenministeriums)[317]

Monate	a) Flüchtende insgesamt	b) unter a) Bauern [in %]	unter b) Neubauern [in %]	unter b) Kleinbauern [in %]	unter b) Mittelbauern [in %]	unter b) Großbauern [in %]
Januar	15488	1089 [7,0]	207 [19,0]	193 [17,7]	175 [16,1]	514 [47,2]
Februar	29323	1955 [6,6]	325 [16,6]	272 [13,9]	305 [15,6]	1053 [53,9]
März	39223	2641 [6,7]	385 [14,6]	372 [14,1]	421 [15,9]	1463 [55,4]
April	36075	1945 [5,4]	263 [13,5]	303 [15,6]	324 [16,7]	1055 [54,2]
Mai	27858	1408 [5,0]	173 [12,3]	251 [17,8]	257 [18,3]	727 [51,6]
Juni	37360	2038 [5,5]	251 [12,3]	333 [16,3]	393 [19,3]	1061 [52,1]
insgesamt	185327	11076	1604	1724	1875	5873

Eine Prüfung der Zahlen[318] ist für die hier vorgestellte Studie weder möglich noch notwendig. Eine sowjetische Fluchtstatistik jener Monate liegt nicht vor. Die erwähnte westdeutsche Statistik enthält für die gleiche Zeit um durchschnittlich ein Viertel höhere monatliche Gesamtzahlen. Zu beachten ist weiterhin, daß zu den flüchtenden Bauern außer ihren Familienangehörigen auch Menschen aller Erwerbszweige hinzukamen: Unternehmer, Händler, Gewerbetreibende, Verwaltungsangestellte, Lehrer, Polizisten... Die Daten beschäftigen die Forschung auch weiterhin und erlauben einstweilen nur vorsichtige Wertungen. In unserem Zusammenhang ist hervorzuheben:

(1) Die Flüchtlingszahlen erreichten im Frühjahr 1953 ein bislang ungekanntes Ausmaß und belegen in Hinblick auf die Verhältnisse in der DDR, insbesondere die politischen, einen massiven Vertrauensverlust der Bevölkerung.

(2) Der Anteil der Bauern unter den nach Westdeutschland und Westberlin Flüchtenden entsprach dem Anteil der Bauern an der DDR-Bevölkerung und blieb in der Zeit der Zuspitzung der Krise stabil.

(3) Gut die Hälfte der flüchtenden Bauern waren ab Januar 1953 sogenannte Großbauern, und das dürften – bei aller Datenunsicherheit – in diesen Statistiken tatsächlich Bauern mit 20 ha und mehr LNF gewesen sein. Die andere Hälfte bestand zu etwa gleich großen Teilen aus Neubauern, Klein(Alt)bauern und Mittelbauern.

[317] Die Daten sind einer Übersicht für das gesamte Jahr 1953 entnommen, BArch, DO I, 11.0, 962, unpag. Es muß sich aber um aktuell verfügbares Material gehandelt haben, denn die sowjetische Berichterstattung im Mai nach Moskau enthielt zumindest gleiche Gesamtzahlen. Da die Tabelle zum Teil in Russisch gehalten ist, ging sie vermutlich direkt auch an sowjetische Stellen.

[318] Die deutschen Akten enthalten auch andere Zahlen. Nicht immer sind sie glaubwürdig, auch wegen der unklaren Verwendung der Termini. So berichtete der Erste Sekretär der SED-Bezirksleitung Magdeburg im März 1953, pro Tag würden im Durchschnitt 40 Großbauern „verschwinden“ (siehe Beratung des Sekretariats des ZK mit den Ersten Sekretären der Bezirksleitungen am 14. 3. 1952, SAPMO BArch, DY 30, NY 4090, 297, unpag.). Das ergibt nach Hochrechnung im Monat 1200 Großbauern allein aus diesem Bezirk. Die Zahl ist irreführend. Sie taugt bestenfalls als Momentaufnahme.

Wenn man berücksichtigt, daß die Kategorie „Neubauer" im Jahr 1953 noch immer zum großen Teil Kleinbauern einschloß, überrascht an den vorgestellten Fluchtzahlen auf den ersten Blick vor allem die Zahl derjenigen Bauern, die zu den von der SED im Frühjahr 1953 besonders umworbenen gehörten, der werktätigen Bauern. Im Januar 1953 flohen laut DDR-Statistik 400, im Februar fast 600 potentielle LPG-Gründer (die Mittelbauern nicht mitgerechnet). Einige ihrer Betriebe zählten freilich seit langem zu den devastierten. Aus dem Bezirk Potsdam meldete der VP-Operativstab, daß von Mitte Oktober bis Ende März 394 Klein- und Mittelbauern „republikflüchtig" geworden waren, davon im März allein 122.[319]

Verglichen mit der Zahl der 1952 in der DDR lebenden Neu- und Kleinbauern war die Zahl der Flüchtlinge aus dieser Gruppe allerdings nicht sehr groß. An den rund 420 000 Inhabern privater Agrarbetriebe mit 1 bis 10 ha LNF, die für 1952 statistisch ausgewiesen sind,[320] machten die Flüchtlinge der Kategorien Neu- und Kleinbauern, die vom Januar bis Juni 1953 die DDR verließen, einen Anteil zwischen 8 und 12 Prozent aus. Dagegen stellten die flüchtenden Mittelbauern nur einen äußerst geringen Teil aller DDR-Bauern mit Betrieben auf 10–20 ha LNF, schätzungsweise 1,5–3 Prozent, dar. Ihr Anteil an den monatlich flüchtenden Bauern wuchs jedoch ständig. Diese Tendenz und die Tatsache, daß sie mehr als die Hälfte der flüchtenden Altbauern ausmachten, dürfte die SED-Führung in ökonomischer Hinsicht stärker beunruhigt haben als die Flucht einiger Tausend Kleinst- und Kleinflächenbesitzer. Als ein politisches Problem galt die Flucht von Klein- und von Mittelbauern gleichermaßen.

Die 5873 Großbauern, die die DDR im genannten Zeitraum verließen, stellten rund 13 Prozent der Gruppe jener Landwirte mit über 20 ha Land dar, die noch 1952 in der DDR als Eigentümer geführt wurden. Etwa ein Drittel dieser Flüchtlinge besaß 50 ha und mehr LNF. Zum 1. April 1953 ermittelte das Landwirtschaftsministerium, daß (beginnend mit Höfen, die schon im Sommer 1952 verlassen worden waren) 4831 Wirtschaften von flüchtenden Bauern mit 20 ha und mehr LNF entsprechend der Verordnung vom 17. Juli 1952 verstaatlicht wurden. Davon waren 1709 Betriebe 20–35 ha groß, 1733 Betriebe 35–50 ha groß und 1389 Betriebe über 50 ha groß. Diese Wirtschaften umfaßten 208 930 ha, fast 90 Prozent des in diesem Moment verstaatlichten Bodens flüchtender Bauern. Etwa ebensoviel LNF war laut Erhebung „in staatliche Verwaltung" genommene Fläche devastierter Betriebe (nicht flüchtender bzw. noch nicht geflüchteter Inhaber).[321] Im ersten Halbjahr 1953 sank Schulz zufolge die Zahl der Großbauernwirtschaften um 36,5 Prozent, die von Großbauern bewirtschaftete Fläche verringerte sich um 41,1 Prozent.[322]

Diese, bei aller gebotenen Vorsicht möglichen Schlußfolgerungen machen deutlich, daß es für die SED-Führung im Augenblick noch kein wirtschaftliches Problem darstellen mußte, wenn so viele Landwirte die DDR verließen. Es war für sie eher ein Problem der strukturellen, planungstechnischen Umstellung für die nächstfolgende Vegetationsperiode. Gleichwohl erkannten die SED-Agrarpoliti-

319 Siehe Schreiben der SED-Bezirksleitung Potsdam an das ZK der SED, 2.4.1953, in: Ciesla, Freiheit, S. 76f.

320 Siehe Statistisches Jahrbuch der DDR 1955, S. 196.

321 Siehe Meldungen aus den Bezirken vom 18.4.1953, BArch, DK 1, 885, Bl. 7.

322 Siehe Schulz, Probleme, S. 66.

ker die politische Dimension dieser Art Verweigerung, die ihnen im Medienkrieg auch immer wieder deutlich vorgeführt wurde. Aus den Statistiken geht hervor, daß sich die Zahl der flüchtenden Bauern im März und April im Vergleich zum Januar 1953 auf das Zweieinhalbfache bzw. Zweifache steigerte.

Erklärt sich die rasante Fluchtentwicklung für die Gruppe der Arbeiter und Angestellten vor allem aus der katastrophalen Versorgungssituation (am 14. Februar 1953 wurde der Regierungsbeschluß über die Grundsätze der Preispolitik vom 6. Februar bekanntgegeben) sowie aus der allgemeinen politischen Lage, so erklärt sich die Flucht aus den Dörfern zuvorderst aus der juristischen Verfolgung zahlungs- und ablieferungssäumiger Bauern. Sie war direkte Folge der DDR-Strafverfolgungspraxis.

Studien belegen, daß die Verfolgung verschuldeter Bauern ab März 1953 stark zunahm. Ein interner „Bericht über die Tätigkeit der Justizorgane im Kampf gegen die feindliche Tätigkeit" vom 8. April 1953 hielt fest, daß letztere große Ausmaße angenommen hätte. Bezüglich der Ahndung von Steuer- und Abgabedelikten bei Bauern kritisierten die Berichterstatter vor allem – anhand von Zahlen über im zweiten Halbjahr 1952 geführte Prozesse –, daß zu wenig *Groß*bauern belangt wurden.[323] Die zentralen Justizorgane verpflichteten die Gerichte jetzt, eine Statistik über vorbereitete und geführte Prozesse zu führen. Ihr Vorwurf der „unverantwortlichen Anklagepolitik" führte dazu, daß Kreis- und Bezirksgerichte nun gezielt „Schädlinge" unter den Bauern dingfest machten. Ermittlung und Prozeß erfüllten die Kriterien einer ausreichenden Aufklärung und Beweisführung oft nicht, Einwendungen wurden nicht beachtet. In den meisten Fällen wurden die Angeklagten gemäß Wirtschaftsstrafverordnung verurteilt. Wie Petra Weber feststellte, fällten die Gerichte im Bezirk Erfurt (im Zeitraum Oktober 1952 – Juni 1953 betrachtet) die meisten Großbauern-Urteile in den Monaten April bis Juni, wobei die Straftäter nicht selten zu Großbauern gezählt wurden, obgleich sie Klein- oder Mittelbauern waren. Die Urteile lauteten auf unverhältnismäßig hohe Haftstrafen mit Vermögenseinziehung.[324] Analoges hielt Dieter Pohl für die brandenburgische Region fest.[325]

Bemerkenswert an diesen Urteilen ist, daß sie als Bestandteil einer – wie in der Fachliteratur oft eingeschätzt wird – Enteignungskampagne eigentlich überflüssig waren. Verurteilungen zur Vermögenseinziehung bedurfte es nach dem 19. Februar 1953 nicht mehr, um abgabesäumige Bauern zu belangen. Wenn der Landwirt mit seinen Zahlungen und Lieferungen im Rückstand war, hafteten er und seine Familie mit dem gesamten Eigentum, und der Betrieb konnte, wie oben dargelegt, „in staatliche Verwaltung überführt" werden. Ein Gerichtsprozeß machte ausschließlich dann einen Sinn, wenn Haftstrafen angestrebt wurden und wenn die Verurteilung den Charakter eines Schauprozesses bekommen sollte. Folglich war die beschriebene Rechtspraxis, von den Intentionen her gesehen, hauptsächlich Teil einer von den obersten Justizbehörden und von der ZKSK ausgehenden Hetzaktion gegen echte und vermeintliche Klassengegner.

[323] Siehe Bericht über die Tätigkeit der Justizorgane im Kampfe gegen die feindliche Tätigkeit, 8. 4. 1953, SAPMO BArch, DY 30, IV 2/13- 409, unpag.
[324] Siehe Weber, Justiz, S. 368.
[325] Siehe Pohl, Justiz, S. 242f.

Diese strafrechtliche Verfolgung in bis dahin ungekanntem Ausmaß brachte nicht das von bestimmten Teilen der SED-Führung und der Justiz- und Ermittlungsbehörden erhoffte Ergebnis. Die werktätigen Bauern distanzierten sich nicht demonstrativ von den „Saboteuren", stellten sich in einer angeheizten Auseinandersetzung nicht klar hinter den Arbeiter-und-Bauern-Staat. In einigen Dörfern rückten die Einwohner eher noch solidarisch zusammen, und das, obgleich in der Vergangenheit oft Zank aufgekommen war, wenn die Agrarbetriebe der Gemeinden und Kreise insgesamt für die geplante Abgabe haften sollten. Hans Reichelt, führender DBD-Funktionär, schrieb später, daß „einzelne Mitglieder [der DBD – E. S.], die sich mit ihrer ganzen Familie ohne fremde Hilfe ehrlich mühten, hohe Erträge zu erzielen und das Ablieferungssoll zu erfüllen, wie Spekulanten und auch Wirtschaftsverbrecher behandelt wurden. Es kam zu Ungerechtigkeiten und persönlichem Leid. Die Maßnahmen stießen bei Mitgliedern auf Ablehnung. Ein Teil stellte sich auf die Seite loyaler und redlich wirtschaftender Bauern mit großen Höfen und vor allem solcher, die gar keine Großbauern waren, aber einen Betrieb mit mehr als 20 ha bewirtschafteten. Es kam zu Kritik und sogar zu Austritten."[326] Theresia Bauer, die nachweist, daß die DBD-Führung die Radikalisierung der Politik gegen Großbauern mittrug, bestätigt diese Protesthaltung, die zu einem erheblichen Mitgliederschwund in der Bauernpartei führte.[327]

Die Formen des bäuerlichen Widerstandes und des Protestes sind noch wenig untersucht. Dieses Defizit kann hier nicht kompensiert werden, zumal es nicht nur an Quellenmaterial mangelt. Eine Analyse bäuerlichen Widerstandes müßte in eine historische Verhaltensforschung eingebettet sein, die es erlaubt, die Formen des Nonkonformismus und Eigen-Sinns, der Opposition und des Widerstandes sowie das konkrete Ausmaß des ihnen folgenden Handelns zumindest für die beiden ersten Nachkriegsjahrzehnte vergleichend betrachten und bewerten zu können. Hier steht die Forschung aber leider erst am Anfang.[328]

Einige Urteile über das Verhalten der Bauern in der krisenerschütterten DDR des Frühjahrs 1953 halten eingehender Kritik nicht stand. Beispielsweise muß „die Vernachlässigung der Pflege des Viehs, so daß Schweinepest und andere Formen des Viehsterbens zunahmen", als eine äußerst extreme, kaum glaubhafte Form des „Protestes" angesehen werden, die ungeprüft aus keiner Gerichtsakte übernommen werden sollte, schon gar nicht, wenn der Vorwurf rechtsstaatswidriger Prozeßführung erhoben wird.[329] Ebenso kritisch sollte sich die Forschung den Fällen von tätlichen Angriffen auf Vertreter von Behörden zuwenden. Handgreiflichkei-

[326] Reichelt, Blockflöten, S. 142.

[327] Siehe Bauer, Blockpartei, S. 360 f., 366f.

[328] Siehe Langenhan, Halte dich fern; Osmond, Kontinuität.

[329] Werkentin, Wirtschaftsstrafrecht, S. 339, scheint von den Gerichtsunterlagen zu sehr beeindruckt gewesen zu sein. Doch kein Bauer hätte sein Vieh absichtlich der Seuchengefahr ausgesetzt. Er konnte „Vertragsvieh" unter Norm füttern bzw. Muttertiere zu stark in der Aufzucht ausbeuten. Er hätte vielleicht – bei starker Abwehrhaltung – das in seinem Privatstall untergestellte volkseigene Vieh schlecht betreut, zumal, wenn das bereitgestellte Futter, Elektroenergie, Arbeitskräfte u.a. nicht ausreichten. Dies waren 1953 häufig Gründe für bewußte Vernachlässigung der Tiere. Schlechte Tierhaltung war aber in vielen Fällen Ausdruck realen betrieblichen Ruins. Dagegen sind Seuchen in der Regel weniger auf schlechte Haltung zurückzuführen. Fälle von Schweinepest gab es in der DDR auch 1951 – ohne massenhafte Bauernproteste. Im Juni 1953 wurden einige Südbezirke der DDR zu Seuchengebieten erklärt (siehe GBl. 1953, S. 809, 817), ein Zusammenhang mit Widerstand ist nicht zu erkennen.

ten gegen Hofkontrolleure, Steuerprüfer, Mitarbeiter der VEAB, gegen den Bürgermeister und den Dorfpolizisten waren in den fünfziger Jahren keine Seltenheit. Im Frühjahr 1953 wurden sie von Ermittlern und Richtern oft aufgebauscht und politisch überinterpretiert. In wie vielen Fällen 1953 tatsächlich agitierende bzw. amtlich handelnde Vertreter des SED-Regimes ernsthaft bedroht und verletzt wurden, ist nicht bekannt. Die dramatischen Beschreibungen entstammen meist Berichten von Partei- oder Staatsfunktionären – unter anderem an die Adresse der SKK.[330] Eine andere Form des Protestes waren Angriffe auf volkseigene Sachwerte: Brandstiftung, Beschädigung von Arbeitsmitteln (auch der eigenen, wenn abzusehen war, daß sie beschlagnahmt würden), Zerstörung von Agitationsmaterial. Solche Handlungen nahmen zweifellos im Frühjahr 1953 zu, waren aber in ihrem Umfang recht bescheiden und, verglichen mit dem Protest gegen die Agitationskolonnen Anfang der 60er Jahre, geradezu harmlos.

In der Fachliteratur wird für 1953 auch die Verweigerung der Erfüllung von Ablieferungspflichten gegenüber dem Staat als Form des Widerstandes gedeutet. Theresia Bauer spricht von gezielter Nichterfüllung des Solls und Nichtbezahlen von Steuern und Beiträgen.[331] Diese Sachverhalte bedürfen der Kommentierung.

Steuerhinterziehung, Verheimlichung von steuer- und abgabenrelevanten Daten aus dem Betrieb (etwa die Zahl der Lohnarbeitskräfte), Verheimlichung der wirklich bestellten Fläche, das möglichst lange Hinausschieben der Sollablieferung, illegale Geschäfte u.a. gehörten zu Haltungen, die als nicht primär widerständischer Eigen-Sinn bäuerlicher Produzenten zu werten sind. „Bauern aller Schichten“ entwickelten auch vor 1953 schon „individuelle und kollektive Strategien, um ihr Eigeninteresse zu sichern“, wie Dagmar Langenhan anhand von Beschwerdebüchern für die Lausitz nachweist.[332] In gewisser Weise war „solidarisierende Bauernschläue“ von der SED sogar einkalkuliert, als sie Gemeinde- und Kreis-Veranlagungen praktizierte. Einige Herrschaftsmittel ließen dörfliches Miteinander nicht nur zu, sondern beförderten es. In vielen VdgB-Ortgruppen bestimmte es die Beziehungen, glättete die einen und vertiefte die anderen Konflikte. Es implizierte typisch bäuerliches Konkurrenzdenken, traditionelle Arrangements und Standesdünkel. Und jeder Bauer versuchte, Spielräume zum eigenen Vorteil zu nutzen. Steuer- und Abgabenschulden von Bauern sind daher nicht ohne weiteres als Ausdruck *besonderer* Protesthaltung aufzufassen. Ihr Ausmaß ging 1953 nicht über das der Vorjahre hinaus. Es fand kaum mehr „Boykott“ statt als sonst auch. Den bäuerlichen Nonkonformismus politisch aufzuwerten, würde in gewissem Sinne die SED-gelenkte Strafverfolgung – zumindest die Zahl von Prozessen – nachträglich rechtfertigen.

Die Bewertung bäuerlicher Einstellungen zur SED-Agrarpolitik1952/53 bedarf einer speziellen Untersuchung. Über die individuelle und kollektive Wahrneh-

330 Bauer, Blockpartei, S. 367, zitiert beispielsweise aus einem DBD-Bericht an die SKK.

331 Siehe ebenda.

332 Siehe Langenhan, Halte dich fern, S. 133f. Zur Kategorie Eigen-Sinn siehe Lindenberger, Herrschaft, S. 23–26 (Einleitung). Die russischen Akten enthalten einen Hinweis auf eine sehr seltene Protestaktion. Am 12.2.1952 sollen sich zwei Neubauernfamilien aus dem Kreis Kamenz zu einem Schweigemarsch zu Präsident Pieck nach Berlin aufgemacht haben. Sie protestierten damit gegen schlechte Wohnverhältnisse. Siehe Bericht vom 21.2.1952, AVP RF, fond 0458, opis' 314s, papka 281, delo 11, listy 49f.

mung und Bewertung der ersten Kollektivierungswelle durch die Landbevölkerung ist noch zu wenig bekannt. Bislang überzeugt die These nicht, wonach die SED – nach NS-Zeit, Krieg und Nachkriegswirren – mit ihrer Politik auf eine Landbevölkerung traf, die eine „traditionale, tief verankerte harmonistische Gesellschaftsvorstellung“ hegte.[333] Daß sie die dörfliche und die familiale Gemeinschaft mit inszeniertem Klassenkampf aufbrach, einzig um einem ideologischen Leitbild gerecht zu werden, ist ebenso strittig. Klar ist dagegen, daß mit der Flucht aus der DDR 1953 wachsender Protest und Opposition auch unter der Landbevölkerung ihren deutlichsten Ausdruck fanden. Die Flucht der Bauern stellte für das SED-Regime keine unerträgliche wirtschaftliche Belastung dar, war aber Anzeichen tiefer Erschütterung der Herrschaftsverhältnisse. Ab März 1953 befand sich die SED-Politik in einer tiefen Krise. SED-Führung und SKK deuteten die Krisenanzeichen jedoch nicht als solche und erkannten die Bedrohung vorerst nicht.

[333] So die Einschätzung Bauerkämpers, Ländliche Gesellschaft, S. 293. Anders bei Werkentin, Unser Land, S. 137. Werkentin bescheinigt dem von der SED-geführten Klassenkampf auf dem Lande seit 1952 allerdings die Qualität von Terror.

3. Problemsicht, Kommunikationsdefekte und Kooperationsdefizite

3.1. Wachsendes Problembewußtsein bei der SED

Trotz hoher Fluchtzahlen auf dem Lande hielt die SED-Führung an der Förderung genossenschaftlicher Betriebe einerseits und der Kriminalisierung privatbäuerlichen, insbesondere großbäuerlichen, Abgabenverzugs andererseits fest. Sie strebte eine soziale Umstrukturierung auf dem Lande an, analog jener, die in den Volksdemokratien konzipiert und praktiziert worden war. Nach diesem allgemeinen Leitbild sollte die DDR-Landwirtschaft in wenigen Jahren von LPG verschiedenen Typs dominiert und im immer kleiner werdenden privaten Sektor klein- und mittelbäuerlich geprägt sein.

Die volkswirtschaftlichen und die politischen Probleme, die die SED-Herrschaft nun objektiv erschütterten, wurden von der Parteiführung durchaus als außerordentliche Herausforderungen wahrgenommen. Zum Teil betrachtete sie die aufkommenden Schwierigkeiten als *notwendige* Folge des „planmäßigen Aufbaus des Sozialismus". Die SED-Führung zog einen harten Angriff auf den Mittelstand der abwägend-bündnisorientierten Politik der Vorjahre jetzt deutlich vor und ging zur Verdrängung der „Restbourgeoisie" über. Daß diese Politik reibungslos umzusetzen sei, nahm sie nicht an. Sie rechnete sogar mit Konflikten, sah aber keinen Anlaß, Machtverlust zu fürchten. Die Staatspartei versuchte, die aus ihrer Sicht unabwendbaren sozialen und politischen Auseinandersetzungen in ihrer herrschaftsderangierenden Wirkung zu minimieren. Fehler in der Exekutive wollte sie abbauen. Als außerordentlich belastend sah sie die äußeren Umstände an, darunter die sowjetischen Rüstungsaufträge, die ihr sicherheitspolitisch durchaus geboten schienen. Sie hoffte nach wie vor auf Unterstützung aus Moskau, die es erlauben würde, die Probleme gemeinsam mit der sowjetischen Führung zu bewältigen.

Die Agrarpolitik der SED gestaltete sich unter diesem Umständen sehr widersprüchlich. Einander entgegenwirkende Weisungen ergingen, konfliktmindernde Entscheidungen waren von konflikteschürenden begleitet. Die SED-Führung versuchte, *pragmatische* und *zugleich ideologiekonforme* Entscheidungen zu treffen, um eine Zuspitzung der Lage zu verhindern und gleichzeitig den Sozialismusaufbau fortzusetzen. Die Widersprüchlichkeit ihres Vorgehens war Ausdruck politischer Unerfahrenheit und echter Ratlosigkeit, zugleich Zeichen mangelnden Gespürs für Gefährdungen der Macht.

Am 3. März 1953, in der gleichen Sitzung, in der das SED-Politbüro zur Verfolgung von „Abgabensaboteuren" drängte, nahm es einen Bericht über den Kongreß der werktätigen Bauern entgegen, den Walter Ulbricht am 28. Februar in Leipzig eröffnet hatte. Er war unter aktiver Teilnahme der VdgB(BHG), die solche Bauerntage bereits veranstaltet hatte, als politisches Großereignis organisiert worden.[334] Als wichtigste der aktuellen Aufgaben formulierte Walter Ulbricht in

[334] Zur Vorbereitung siehe SAPMO BArch, DY 30, IV 2/7-93. Bericht im *Neuen Deutschland*, 1.–6. 3. 1953.

seiner Rede: Kein Quadratmeter Land darf ohne sorgfältige Bearbeitung und Bestellung bleiben. Dafür bedürfe es guter Beziehungen und des Erfahrungsaustausches zwischen LPG-Bauern und Klein- und Mittelbauern, die noch Einzelbauern waren.

Die SED-Führung befaßte sich erneut mit dem Problem des „freiwilligen" Verzichts von Bauern auf ihre Wirtschaften. Verschuldete Landwirte hofften nämlich, durch Verzicht auf ihren schuldenbelasteten Besitz einer Strafverfolgung zu entgehen, und die Mehrzahl der werktätigen Bauern billigte eine solche Regelung. Die Erfahrung hatte außerdem gezeigt, daß sich in den Dörfern sehr wohl eine Mehrheit für gleichmäßig strenge Erfassungskriterien fand. Die Bauern akzeptierten nicht so ohne weiteres die Kriminalisierung großbäuerlicher Abgabenschulden. Viel zu oft waren Großbauern (natürlich nicht uneigennützig) mit ihrer Technik eingesprungen, wo die MAS versagt hatten. Das Politbüro wiederholte daher seinen Beschluß vom 3. Februar, wonach verschuldete Bauern ihr Land dem Staat anbieten und einen Resthof behalten konnten – auch Großbauern.[335]

Gewiß, dies war ein geringfügiges Entgegenkommen, dessen Bedeutung man erst richtig ermessen kann, wenn man bedenkt, daß die SKK ein solches Vorgehen bereits abgelehnt hatte. „Die Freunde" wurden am 4. März von der deutschen Entscheidung unterrichtet. Am 6. März soll dann eine staatliche Direktive ergangen sein, wonach ein Großbauer bei Verzicht auf seinen Grundbesitz jedenfalls 6 ha LNF behalten konnte.[336] Vizepremier Scholz, von Stupov und dessen Stellvertreter Zmienko wegen dieser Eigenmächtigkeit zur Rede gestellt, erklärte am 13. März, er hätte erst tags zuvor von alledem gehört. In einer Art Beschwerde teilte Stupov seinen Vorgesetzten schließlich mit:

„Im Zusammenhang mit einzelnen Fällen, in denen sich Großbauern an die örtlichen Organe wenden und darum bitten, daß ihr Land an Genossenschaften oder Volksgüter übergeben wird, beschloß das Politbüro des ZK der SED am 2. Februar d. J. [richtig: am 3. Februar – E. S.]: ‚Wenn der Besitzer gegenüber dem Rat des Kreises den völligen oder teilweisen Verzicht auf die Eigentumsrechte erklärt, können die Räte der Kreise den Betrieb und das Bodeneigentum übernehmen. In solchen Fällen sind dem Eigentümer in der Regel 5–8 ha Land zur Führung einer eigenen Wirtschaft zu belassen.' Bei der Vorbereitung eines Entwurfs für einen Ministerratsbeschluß über die devastierten Betriebe hat das ZK der SED (gemeint ist das Politbüro – E. S.) beschlossen, diesen Punkt in die Regierungsverordnung aufzunehmen. Dieser Punkt wurde aber auf Anraten der SKK nicht in die Verordnung aufgenommen. Jetzt faßte das Politbüro erneut einen Beschluß in dieser Frage, ein wenig verändert im Vergleich zum Beschluß vom 2. Februar [richtig: 3. Februar] d. J.

Wir meinen, bezüglich der Kulakenelemente ist ein solcher Beschluß nicht zu fassen. Wenn die Kulaken ihr Land nicht bearbeiten und die Planerfüllung sabotieren, dann muß man sich in solchen Fällen von der Verordnung vom 19. Februar

[335] Siehe Protokoll der Politbürositzung am 3. 3. 1953, SAPMO BArch, DY 30, 2/2-265, Bl. 5.

[336] Diese Direktive fand sich in deutschen Akten bislang nicht. In der erwähnten Lageanalyse der SED vom Februar steht ein entsprechender Passus. Hier wird aus einer sowjetischen Darstellung der Ereignisse zitiert.

1953 leiten lassen, der zufolge solche Wirtschaften an LPG oder VEG gehen."[337] In einem Brief an Politberater Semenov erklärte er, der Beschluß des Politbüros vom 3. März und die Versendung der Grundsatzdirektive durch Scholz sei „völlig falsch. Ich erwarte ihre Anweisungen."[338]

Über Order an die SED ist nichts bekannt. Ein Regierungsbeschluß über Resthöfe wurde nicht gefaßt. Da in einigen wenigen Fällen die örtlichen Organe tatsächlich Resthöfe gewährten, muß jedoch davon ausgegangen werden, daß besagte Direktive tatsächlich in den Bezirken eintraf. Allerdings hielt sich ihre konfliktmindernde Wirkung in Grenzen – schon deshalb, weil die SED-Führung durch ihre Anweisungen an die Justizorgane eine Verfolgung von Wirtschaftsvergehen bewirkte, die auf restlose Enteignung und Vertreibung von Großbauern hinauslief. Dabei war nicht geklärt, wo die Bauernfamilien nach der Enteignung bleiben sollten. Bis Anfang April 1953 übernahmen die Verwaltungen nach den Verordnungen vom 17. Juli 1952 und vom 19. Februar 1953 insgesamt fast 14 000 Agrarbetriebe mit annähernd 450 000 ha LNF. Diese Fläche war vorzugsweise an LPG und VEG zu verteilen bzw. schon verteilt worden.

Die Gefahr einer Überforderung öffentlicher Einrichtungen erkannte man zuerst im DDR-Landwirtschaftsministerium. Da, wo man der Verordnung vom 19. Februar gerade noch einen positiven verwaltungstechnischen Effekt hatte abgewinnen können, orientierten die Fachleute die unteren Behörden schon bald darauf, Enteignungen zu minimieren. So erklärte Ernst Frommhold, im Ministerium der Spezialist für Bodenordnung, vor Vertretern der Bezirksverwaltungen am 10. März 1953 – und bezog sich dabei auf Ulbrichts Aufgabenstellung, die kapitalistischen Verhältnisse auf dem Lande einzuschränken: „An eine Liquidierung der Großbauern ist dabei nicht gedacht, sondern lediglich diejenigen Großbauern, die ihren Verpflichtungen dem Staat gegenüber zum Schaden der gesamten Bevölkerung nicht nachkommen, sollten zur Rechenschaft gezogen werden."[339] Außerdem sollten die Kollegen „bei der Sorge um die Entwicklung der LPG die anderen werktätigen Bauern nicht vergessen, sondern immer sehen, daß sie die künftigen Genossenschaftsbauern sind".[340]

[337] Bemerkungen zu den Beschlüssen des SED-Politbüros vom 3. 3. 1953, Stupov an Semičastnov, 9. 3. 1953, AVP RF, fond 458, opis' 356, delo 9, listy 47–49, hier list 48.

[338] Stupov an Semenov, 13. 3. 1953, AVP RF, fond 457a, opis' 15, papka 80, delo 35, listy 17–19, hier list 19.

[339] Frommhold auf einer Tagung der Unterabteilungsleiter „Allgemeine Agrarfragen" der Abteilungen Landwirtschaft bei den Räten der Bezirke am 10. 3. 1953, Protokoll vom 25. 3. 1953, Ministerium für LFW, BArch, DK 1, 2839, Bl. 271–278 hier Bl. 272.

[340] Rededisposition für die Tagung mit den Kollegen der Bezirke am 10. 3. 1953, o. D., o. U., Ministerium für LFW, ebenda, Bl. 291 f.

Landwirtschaftlicher Grundbesitz, der in staatliche Verwaltung übernommen wurde, nach Betriebsgrößengruppen.
Angaben zur DDR und zu ausgewählten Bezirken mit Stand vom 1. 4. 1953[341]

	DDR insgesamt		Bezirk Schwerin	Bezirk Neubrandenburg	Bezirk Frankfurt/O	Bezirk Magdeburg
Betriebsgrößengruppen	Devastierte Betriebe, behandelt nach der VO vom *19. 2. 1953*	LNF in ha	Betriebe	Betriebe	Betriebe	Betriebe
bis 10 ha	856	7140	–	734	–	32
10–20 ha	1183	17210	96	174	311	87
20–35 ha	1829	49930	185	229	213	167
35–50 ha	1535	63865	211	170	116	211
über 50 ha	1115	70175	108	178	92	201
zusammen	6518	208320	600	1485	732	698
Betriebsgrößengruppen	Besitz von Flüchtlingen, behandelt nach der VO vom *17. 7. 1952*	LNF in ha	Betriebe	Betriebe	Betriebe	Betriebe
bis 10 ha	832	4859	–	268	–	110
10–20 ha	1618	20684	293	179	270	177
20–35 ha	1709	46067	191	209	170	289
35–50 ha	1733	71709	260	164	100	346
über 50 ha	1389	91154	114	144	86	330
zusammen	7281	234473	858	964	626	1252
Alle Betriebe und beide Verordnungen zusammen	13799	LNF in ha 442.793				

Ende März setzte sich auch in der SED-Führung und in der SKK die Forderung nach mehr Rücksichtnahme durch. Daß im genossenschaftlichen Ackerbau anfangs Schwierigkeiten auftreten würden, war ja erwartet worden.[342] Indes, Ende Februar bestanden schon rund 3150 LPG, Mitte März waren es rund 3500.[343] Viele übernahmen jetzt zusätzliche Acker- und Weideflächen. Die Betriebsführung in den neuen Gemeinschaftsbetrieben der Feldwirtschaft stimmte die SED unzufrie-

341 Tabelle aus Berichten vom 18.4.1953, BArch, DK 1, 885, Bl. 7; DK 1, 9067, Bl. 54.

342 Die Probleme waren auch Gegenstand von Beratungen mit Genossenschaftsfunktionären aus den Volksdemokratien, die als Gäste auf dem Bauernkongreß weilten. Siehe Stenographische Niederschrift des Erfahrungsaustausches mit den Delegationen am 7. 3. 1953, BArch, DK 1, 2826, Bl. 112–145.

343 Beschlußvorlage des Ministeriums für LFW, vermutlich für die Regierung, über Hilfe für die LPG, 16. 3. 1953, BArch, DK 1, 1819, Bl. 252–256. Siehe auch Tabelle S. 519 mit Zahlen aus der sowjetischen Statistik.

den. In der Viehwirtschaft waren die Probleme ebenfalls weit größer als erwartet. Das Zusammentreffen verschiedener agrarpolitischer Ziele (Vergenossenschaftlichung, Umprofilierung zugunsten der Viehwirtschaft, Aufholen der Produktionsrückstände der Vorjahre) hatte zu erheblichem Problemstau geführt. Dies und die überzogenen Plänen für Mast und Zucht machten sich bereits im Februar bemerkbar, so daß die lokalen Behörden beispielsweise nicht mehr wußten, wohin mit den „in Verwaltung genommenen" Jungtieren. Die staatliche Schweinemast, die in diesem Jahr ausgebaut werden sollte, drohte wegen Überforderung zusammenzubrechen – was der zuständigen Hauptabteilung im Ministerium den Sabotageverdacht und dem Staatssekretär herbe Kritik seiner Partei einbrachte. Man erkannte, daß einerseits die Staatsgüter auf ihre Aufgaben nicht vorbereitet waren, und daß man andererseits fälschlicherweise darauf vertraut hatte, die Einzelbauern würden – wie in den Jahren zuvor – ihre Viehbestände aufbessern.[344] Mittelfristig würde eine Reform der gesamten Futterwirtschaft anstehen, jetzt aber wollten größere Herden erst einmal untergebracht sein.

Inzwischen waren Signale über zu hartes Vorgehen gegen Großbauern von der mittleren Parteiebene nach oben gelangt. So hatte der Erste Sekretär der SED-Bezirksleitung Frankfurt/Oder, Gerhard Grüneberg, auf der Sitzung der Ersten Kreis- und Bezirkssekretäre am 17. März erklärt,[345] in einigen Dörfern gingen SED-Funktionäre und örtliche Verwaltung dazu über, sämtliche Landwirte, die sie für Großbauern hielten, wegen Abgaben- und Steuervergehen von ihren Höfen zu verweisen. Aufsehen erregte der Beschluß der SED-Kreisleitung in Bad Freienwalde vom 19. März, 126 Bauern des Kreises mit je über 20 ha LNF zu enteignen. Nur 63 von ihnen wirtschafteten mit einer ständigen Lohnarbeitskraft![346]

Im Politbüro äußerte sich Walter Ulbricht dazu ausführlich. Die allgemeine Tendenz prüfend riet er von weiterer Vergenossenschaftlichung vorerst ab. Die materiellen und organisatorischen Kräfte seien auf die Stärkung der vorhandenen LPG zu lenkten. Um eine sofortige, umfassende Liquidierung großbäuerlichen Besitzes war es Ulbricht auch zuvor nicht gegangen.[347] Er strebte Veränderungen von Eigentums- und Nutzungsverhältnissen als volkswirtschaftlich sinnvolle Veränderungen an. Doch während er zum Jahreswechsel 1952/53 noch offen gelassen hatte, welches Tempo die Kollektivierung annehmen sollte, und den LPG zugleich

344 Siehe Bericht über die Schweineverluste auf den Volkseigenen Gütern, 12. 2. 1953, vorgelegt dem Sekretariat des ZK, SAPMO BArch, DY 30, IV 2/7-93, Bl. 222–228; Protokoll der Sekretariatssitzung am 16. 2. 1953, SAPMO BArch, DY 30, J IV 2/3-363, Bl. 1–3; Protokolle der Koordinierungsbesprechungen am 18. 2., 25. 3. 1953, BArch, DE 1, 28119, Bl. 15–18, 26–31; Bericht über die Durchführung des Schweinemastprogramms der VEG, 20. 3. 1952, Ministerium für LFW, BArch, DK 1, 138, Bl. 558–564.
Pannen in der staatlich gelenkten Schweinemast waren bereits im Herbst 1952 erkannt worden. Minister Scholz stellte fest, „daß wir praktisch auf 100 000 Ferkeln festsitzen", die aufgekauft worden waren, aber nicht in vertragliche Aufzucht an Bauern gegeben werden konnten (siehe Protokoll der Ministerratssitzung am 25. 9. 1952, BArch, DC 20, I/3-136, Bl. 57). 1953 weigerten sich noch mehr Bauern, Vieh zu übernehmen.

345 Das geht auf einen sowjetischen Bericht zurück: Prüfungsbericht zum falschen Umgang mit Großbauern, Stupov an Čujkov, Semičastnov, Semenov und Petrov, 7. 4. 1953, AVP RF, fond 457a, opis' 15, papka 80, delo 35, listy 36–41.

346 Ebenda.

347 In den neuesten Debatten um den 17. Juni 1953 kam die Vermutung wieder auf, Walter Ulbricht hätte noch für das Jahr 1953 die durchgängige Kollektivierung angestrebt. Dafür fand sich in den Akten kein Beleg.

alle Unterstützung zugesagt hatte, riet er jetzt zur Deforcierung.[348] Am 25. März 1953 erklärte Ulbricht im Politbüro:

„Was die Großbauern betrifft, dazu kann ich nichts Neues sagen. Es bleibt bei dem, was wir auf der Leipziger Konferenz gesagt haben. Die Großbauern haben ihre gesetzlichen Verpflichtungen zu erfüllen, und damit ist es gut. Politische Erklärungen verlangen wir von ihnen nicht.[...] Wir sind nicht daran interessiert, daß sie nach dem Westen gehen. Wenn sie es tun, stürzen sie sich selber ins Unglück. Das ist also ihre eigene Angelegenheit. Aber wir fördern das nicht, sondern wir konzentrieren die ganze Aufmerksamkeit auf die Entwicklung und Festigung der Produktionsgenossenschaften. Das ist die Hauptsache. Denn Boden haben wir gegenwärtig genug für die Produktionsgenossenschaften. Es kann niemand sagen, daß wir Schwierigkeiten deswegen hätten, weil wir für die Produktionsgenossenschaften zu wenig Boden besitzen. Der Boden reicht vollständig aus. Wir müssen jetzt die Produktionsgenossenschaften festigen und werktätige Alt-, Klein- und Mittelbauern für die Produktionsgenossenschaften werben.

Es gibt ungefähr vier Kreise, wo es dem Gegner gelungen ist, Klein- und Mittelbauern zur Flucht nach dem Westen zu bewegen.[349] [Sowohl] die Abteilungen unserer Partei als auch die Genossen im Staatsapparat müssen nun in diesen Kreisen streng kontrollieren, um festzustellen, welche Fehler in unserer Politik gemacht worden sind. Denn man kann nicht sagen, daß einfach die gegnerische Agitation Schuld daran wäre. Denn der Gegner führt seine Agitation schon immer. Aber ob diese Agitation wirksam ist oder nicht, das hängt manchmal von uns ab. Wenn wir Fehler in einem Kreis machen, dann wird dort die gegnerische Propaganda leichter Erfolg haben."[350]

Der Generalsekretär sprach sich jetzt wieder deutlicher als um die Jahreswende für Freiwilligkeit bei den LPG-Gründungen und gegen das Vorpreschen von Parteileitungen aus. Solche Aktionen bedeuteten „doch nichts anderes als daß der Kreissekretär, der Landrat und der Vorsitzende des Kreisrates in das betreffende Dorf gehen, um den betreffenden Bauern, die Genossen sind, sozusagen innerhalb von wenigen Stunden beizubringen, daß sie der Produktionsgenossenschaft beizutreten haben. Das ist unzulässig. Das verstößt gegen das Prinzip der absoluten Freiwilligkeit. Die Positionen der Produktionsgenossenschaften entwickeln sich so gut, daß wir sehen, daß sie alle Möglichkeiten haben, die Alt-, Klein- und Mittelbauern zu überzeugen. Die Frühjahrsbestellung geht so gut vor sich, daß das zweifellos auf die anderen Bauern im Dorf sich auswirken muß. Würden wir irgendwelchen Zwang ausüben, dann hätte das zur Folge, daß es dann, wenn irgendwo einmal eine Schwierigkeit entsteht, sofort schwere Rückschläge geben würde. Und das kann man nicht dulden, das darf man nicht riskieren. Deshalb sind wir auch bei den weiteren Schritten des Übergangs zur Stufe 2 so vorsichtig. [...] Wir müssen also Schritt für Schritt, ganz systematisch vorgehen, damit wir keine unnötigen Rückschläge bekommen. Bis jetzt ist alles ganz gut gegangen. Das Tempo der Entwicklung der

[348] Schulz schrieb 1993: „In der SED-Führung hatte im Februar 1953 *die Erkenntnis zu reifen begonnen*, daß die Beschleunigung des Entwicklungstempos die Kräfte der DDR überstieg und sich schädlich auswirkte." (Schulz, Weg, S. 28, Hervorhebung E. S.)

[349] Näheres über diese vier Kreise fand sich nicht.

[350] Rede Walter Ulbrichts vor dem erweiterten Politbüro am 25. 3. 1953, Stenographische Niederschrift (Die Akte befand sich bei den Unterlagen der Politbürositzung am 17. 3. 1953.), SAPMO BArch, DY 30, J IV 2/2-270, Bl. 77-156, hier Bl. 111f.

Produktionsgenossenschaften zeigt, daß wir den richtigen Weg beschritten haben. Es gibt gegenwärtig keinen Grund, andere Maßnahmen durchzuführen. In der jetzigen Etappe ist unsere Politik – wie ich auf dem 10. Plenum dargelegt habe – die Politik der Einschränkung der Großbauern, aber nicht die Politik der Liquidierung der Großbauern als Klasse. Das muß man also für unsere Maßnahmen in der jetzigen Situation als Ausgangspunkt nehmen." Und Ulbricht argumentierte: „Die Großbauern haben sowieso keine Möglichkeit mehr, jetzt noch die Kleinbauern in Abhängigkeit zu bringen. Wie wollen sie denn das machen? Sie können nicht mehr ihre Traktoren verleihen, um die Kleinbauern zur Zwangsarbeit zu bringen. Nach den Anordnungen der Regierung werden die Traktoren nur noch von den MTS in Anspruch genommen, und zwar nach den staatlich festgesetzten Preisen. Mit Hilfe von Düngemitteln oder sonstwas können sie die Kleinbauern auch nicht mehr in Abhängigkeit bringen. Das heißt, die Gefahr, daß die Großbauern die Kleinbauern unter Druck setzen, ist schon vermindert worden und wird umso geringer sein, je stärker sich die Produktionsgenossenschaften entwickeln."[351] Ulbrichts agrarpolitische Überlegungen verbanden sich mit solchen zum städtischen Mittelstand. „Wir beschränken also nicht die örtliche private Industrie, sondern wir sind daran interessiert, daß sie gegenwärtig möglichst viel produziert", erklärte er.[352]

Es stellt sich natürlich die Frage, ob der Aufbau der Grundlagen des Sozialismus in der DDR in Ulbrichts Verständnis unter günstigeren volkswirtschaftlichen Bedingungen nicht doch binnen kurzem zur restlosen Beseitigung des privaten Sektors zu führen gewesen wäre. Belege dafür gibt es nicht, aber man wird die Frage wohl bejahen können. Indes, bei der Bewertung der SED-Politik ist nicht vom ideologischen Leitbild schlechthin auszugehen. Wichtig ist bestenfalls seine Relevanz für das – so noch nicht verstandene – Krisenmanagement. Und hier ist festzuhalten: Ende März 1953 rang sich die SED-Führung zu der Erkenntnis durch, daß es notwendig ist, die existierenden LPG zu stabilisieren und den Grad der Vergenossenschaftlichung *nicht* zu erhöhen. Die Festigung der neuen Verhältnisse schien jetzt wichtiger als ihre Ausweitung. Diese Entscheidung zur Temporeduzierung hatte durchaus ihre Parallelen in der sowjetischen und der volksdemokratischen Agrargeschichte. Die SKK zog solche Parallelen aber nicht.

Ulbricht war nicht der Einzige in der SED, der die neue Position bezog. Nach dem 25. März galt sie als Richtschnur. Als „das ständige Ansteigen der Zahl der Republikflüchtigen" die Abteilung Staatliche Verwaltung des ZK der SED veranlaßte, auf die ungenügende Realisierung des Politbürobeschlusses vom 6. Januar aufmerksam zu machen, hieß es zunächst, der ideologische Kampf müßte viel offensiver geführt werden. Doch während im Kreis der Abteilungsmitarbeiter zunächst noch die Auffassung überwog, den Bürgermeistern und Polizisten der Gemeinden müßte mehr Wachsamkeit abverlangt werden und potentielle Flüchtlinge wären mit Pressemeldungen über das Elend in Westdeutschland vor dem Grenzübertritt abzuhalten,[353] erklärte Abteilungsleiter Plenikowski den Funktionären:

[351] Rede Walter Ulbrichts vor dem erweiterten Politbüro am 25. 3. 1953, Stenographische Niederschrift, Bl. 112f.

[352] Ebenda, Bl. 19.

[353] Bericht über eine Besprechung am 12. 3. 1953, verfaßt am 24. 3. 1953, SAPMO BArch, DY 30, IV 2/13- 394, Bl. 95f.

„Bei der Festlegung der einzelnen Maßnahmen gegen die Republikflucht dürfen die verantwortlichen Genossen keinesfalls zu einer falschen Auslegung der Rede des Genossen Walter Ulbricht vor den werktätigen Bauern am 28. 2. 1953 in Leipzig kommen. Wenn Gen. Ulbricht hier ausführte, daß republikflüchtige Großbauern allein den Schaden von ihrer Flucht haben, so heißt das nicht, daß wir auf ihr Hierbleiben keinen Wert legen. Wir kämpfen um jeden einzelnen Bewohner unserer Republik. [...] Wir haben die Möglichkeit, jeden Bewohner unserer Deutschen Demokratischen Republik zu gesellschaftlich nützlicher Arbeit zu veranlassen. Das gilt auch für jeden Großbauern, industriellen Kapitalisten oder Gewerbetreibenden. Soweit sie die demokratische Gesetzlichkeit einhalten, können sie ungestört arbeiten und leben."[354] „Regierung und Partei sind nicht daran interessiert, daß die Bauern nach dem Westen abwandern", erklärte wenig später auch Staatssekretär Siegmund vor Mitarbeitern der Bezirksverwaltungen. „Die Großbauern sind, sofern sie ihren Verpflichtungen gegenüber dem Staat nicht nachkommen, zu bestrafen, aber der Mittelbauer ist zu verwarnen, ihm ist Hilfe zu gewähren, damit er mit den Schwierigkeiten fertig wird. [...] Die Mittelbauern sind unsere Freunde und müssen mit unserer Politik fest verbunden werden."[355] – Dies war ab April 1953 Konsens in der SED-Führung.

Stupov hatte zu diesem Zeitpunkt – vermutlich unabhängig von der SED-Spitze – ebenfalls eingesehen, daß Großbauern mancherorts zu hart angefaßt wurden. Er konnte sich auf Ergebnisse einer Inspektion im Bezirk Frankfurt/Oder berufen, wo die SED-Bezirksleitung inzwischen – nach Eingreifen der SKK-Vertretung – veranlaßt hatte, daß der Bad-Freienwalder Beschluß zurückgenommen wurde.[356] Hier hatte sich übrigens gezeigt, daß einige der zu Unrecht angegriffenen Großbauern ihr Land nicht vollständig, sondern nur noch 7–8 ha Acker zurückhaben wollten. In einem Gespräch werteten SED-Bezirkssekretär Grüneberg, ZK-Abteilungsleiter Schäfer und SKK-Mitarbeiter Zmienko die entstandene Lage aus.[357]

Nun schlußfolgerte Stupov zwar nicht, daß die Ablehnung der Resthof-Lösung durch die SKK falsch war. Aus volkswirtschaftlicher Sicht sprach inzwischen vieles eher wieder dafür, verschuldete Bauern zur Landabgabe bzw. zum Übergang in eine kleinere Betriebsgrößengruppe mit geringerem Soll nicht auch noch einzuladen. Doch Stupov gab eine Lageeinschätzung, die Einsicht in politische Gefahren offenbart. Er kritisierte, daß, während kleine Schuldner mitunter hart bestraft würden, gegen die wirklichen Abgabensaboteure unter den Großbauern, das heißt gegen jene, die der DDR feindlich gegenüberstünden, nichts unternommen würde. Er schrieb an die SKK-Führung: „Die aufgeführten Fakten [im Fall Bad Freienwalde – E. S.] zeigen, daß die Frage des politischen Verhältnisses der SED und des Staates zu den verschiedenen Schichten der Bauernschaft in ihrer ganzen Schärfe steht, und daß sie praktische Bedeutung bei der Durchführung der Wirtschaftspo-

354 Zu den Maßnahmen der Abteilung Staatliche Verwaltung zur Durchführung des Beschlusses gegen Republikflucht, 24. 3. 1953, SAPMO BArch, DY 30, IV 2/13-394, Bl. 92–94 hier Bl. 93.

355 Staatssekretär Siegmund am 14. 4. 1953 in einer Arbeitsbesprechung mit Leitern der Unterabteilungen Allgemeine Agrarfragen der Abteilungen Landwirtschaft bei den Räten der Bezirke, Protokoll, 19.4.1 953, BArch, DK 1, 2839, Bl. 251–263, hier Bl. 256f.

356 Siehe Prüfungsbericht zum falschen Umgang mit Großbauern, 7. 4. 1953.

357 Notiz zu einem Gespräch Stupovs mit Schäfer am 9. 4. 1953, AVP RF, fond 457a, opis' 15, papka 80, delo 35, listy 100–102.

litik der Partei und des Staates auf dem Lande erlangt hat. Die Fakten der Liquidierung einer Reihe großer und sogar mittelgroßer Bauernwirtschaften sowie Gespräche mit Kreis- und Bezirksfunktionären des Bezirkes Frankfurt belegen, daß es vor Ort keine Klarheit und keine klaren Anweisungen über die politische Linie im Verhältnis zu den verschiedenen Bauernschichten gibt." Stupov empfahl, die Deutschen anzuweisen, sie sollten die 20-ha-Grenze im Falle einer Wirtschaft ohne Lohnarbeiter klar für falsch erklären.[358]

Dies hatte Ulbricht bereits wiederholt getan. Einer Revision bedurfte es nicht, denn als Richtschnur galt immer noch seine Aussage auf der 2. SED-Parteikonferenz im Juli 1952, wonach als Großbauernwirtschaften „solche Wirtschaften zu betrachten sind, die mehr als 20 Hektar Land mittlerer Bodenqualität besitzen und Lohnarbeiter beschäftigen mit dem Ziel, nicht selbst erarbeitete Einkünfte zu erhalten", und selbstverständlich „großkapitalistische Wirtschaften, die 50 Hektar und mehr Land besitzen und ständig fremde Arbeitskräfte ausbeuten".[359] In der Praxis freilich war vieles auslegbar, und hier lag die politische Gefahr. Die Verwaltungen und Gerichte entschieden eigenständig, wie etwa Waldbesitz bewertet wird und wie hinzugepachtetes Land, ob nur ständige Lohnarbeiter als Lohnarbeiter zählen oder auch Saisonarbeiter, u.s.w. Derlei entzog sich sowieso einer Definition von oben, denn die Produktionsbedingungen waren von örtlichen Gegebenheiten bestimmt. Außerdem boten auch die neuesten Anweisungen Raum für Eigenmächtigkeiten. Was sollten beispielsweise die „Ausnahmefälle" sein, in denen Großbauern ein Resthof zugesprochen werden konnte?

Die Positionen von SED-Führung und SKK lagen in der Frage des Umgangs mit den Großbauern also nicht sehr weit auseinander. Beide sahen die Notwendigkeit, loyale Privatproduzenten nicht mehr zu vertreiben. Zugleich jedoch setzte die SKK-Landwirtschaftsabteilung deutlich stärker als die SED-Führung (ganz zu schweigen vom Landwirtschaftsministerium) auf weitere LPG-Gründungen. Sie verstand die Festigung bestehender LPG nicht als Alternative zu Neugründungen. Stupov lehnte eine Gemeindebewirtschaftung grundsätzlich ab und akzeptierte sie nur als sehr kurzfristige Übergangslösung, das heißt im Sinne der Verordnung vom 19. Februar 1953 als Bewirtschaftung während der Klärung neuer Nutzungsverhältnisse. Alle in staatliche Verwaltung gelangten Produktionsmittel sollten seines Erachtens umgehend an LPG oder VEG gehen. Diese Meinung teilten einige deutsche Funktionäre. Staatssekretär Siegmund mahnte die Bezirksverwaltungen: „Wenn es uns nicht gelingt, von 100 [enteigneten – E. S.] Betrieben 98 in die LPG zu überführen, ist der von uns eingeschlagene Weg falsch."[360] Zugleich erkannten alle, daß die Gemeinden keinesfalls noch mehr mit enteigneten Flächen belastet werden durften. SKK-Agrarfachmann Stupov schlug seinen Vorgesetzten sogar vor, den Deutschen zu raten, die Kommunalbewirtschaftung ganz einzustellen und das Land nur an LPG und VEG zu geben.[361]

358 Siehe Prüfungsbericht zum falschen Umgang mit Großbauern, 7.4.1953, listy 39–41.
359 Ulbricht, Gegenwärtige Lage, S. 107f.
360 Staatssekretär Siegmund am 14.4.1953 in einer Arbeitsbesprechung mit Leitern der Unterabteilungen Allgemeine Agrarfragen der Abteilungen Landwirtschaft bei den Räten der Bezirke, Protokoll, 19.4.1953, BArch, DK 1, 2839, Bl. 251–263, hier Bl. 256.
361 Siehe Prüfungsbericht zum falschen Umgang mit Großbauern, 7.4.1953, list 41. Zu einer solchen Empfehlung kam es wohl nicht.

So läßt sich mit Blick auf die baldige Kurskorrektur sagen, daß Ulbrichts Deforcierungsansatz in der Agrarpolitik dem Neuen Kurs näher kam als Stupovs Konzept. Ulbricht ging es im April 1953 um den Rückgang der Menge neu anfallender freier Fläche, darum, daß weniger Wirtschaften aufgegeben werden. Stupov dachte in erster Linie an rasche, konsequente Vergenossenschaftlichung. Doch ungeachtet der unterschiedlichen Prioritäten fußte das Ansinnen der SED-Führung und der SKK, Konfliktstoff abzubauen, gleichermaßen auf einer Problemsicht noch immer außerhalb von Krisenbewußtsein. Eine *Herrschaftskrise*, verstanden als akut gefährdete Machtverhältnisse, eine Situation, in der „das bisherige Verhalten irgendwelcher wichtiger Akteure unter Zeitdruck geändert werden muß, wenn nicht ein ganz großer Wertverlust oder eine schwere Schädigung des Systems eintreten soll“,[362] war nicht im Blick der „Akteure“. Man sah „Überspitzungen“, keine grundsätzlich falsche Politik. Man leitete kleine Korrekturen ein, war dabei aber – gemessen am rasant um sich greifenden Vertrauensverlust – politisch unbeweglich und bei den vertrauensbildenden Maßnahmen inkonsequent. Das Ausmaß der Bedrohung war nicht klar.

Verhängnisvoll war, daß es die SED für notwendig hielt, die staatlichen Kontroll- und Repressionsmittel noch stärker einzusetzen. Ulbricht verlangte nicht nur, weiterhin alle Provokationen seitens der Großbauern unerbittlich zu verfolgen, was behördlicher Willkür viel Raum gab. Er riet auch generell zu mehr behördlicher Kontrolle. An die Vollmachten erinnernd, über die nach dem Krieg sowjetische Kommandanten verfügten, forderte er die örtlichen Staatsorgane auf, „eine strenge Ordnung ein[zu]führen“. Sie sollten in den Dörfern über die Details der Betriebsführung auf jedem Hof Bescheid wissen.[363]

Für Ulbricht und andere war dies kein Zugeständnis an aktuelle Mißstände, sondern der „richtige Weg“. Mehr Staat – mehr Kontrolle, auch ohne politische Not. Unabhängig von den wirklichen Gefährdungen der gesellschaftlichen und politischen Verhältnisse galt der fortwährende Ausbau der sozialistischen Staatsmacht im Stalinismus als eine der ehernen „Gesetzmäßigkeiten“. Die aktuelle Situation lieferte immer neue Argumente, die internationale Entwicklung und vor allem die in der Deutschlandfrage riefen mehr denn je zu Wachsamkeit. Als der Bundestag am 19. März 1953 den EVG- und den Deutschlandvertrag billigte, schien der SED offenkundig, daß „die Bonner Regierung zur Anwendung faschistischer Methoden übergeht“, daß man „die militärische Diktatur in Westdeutschland vorbereitet“, was angeblich auch die Gefahr erhöhte, daß Spione in DDR-Institutionen gelangten.[364]

Wie Albert Schäfer in einem Gespräch mit Stupov über die Ursachen von Liquidierungsaktionen wie in Bad Freienwalde (auch im Bezirk Halle gab es solche Aktionen) einräumte, hatten einige Funktionäre die Order Ulbrichts, Listen der heruntergewirtschafteten Großbauernbetriebe zu erstellen, falsch verstanden.[365] Gegen Mißverständnisse in der Exekutive halfen nach Ulbrichts Ansicht Kontrollkommissionen. Überall in den Kreisen sollten VdgB(BHG), Gewerkschafts- und

362 Deutsch, Verständnis, S. 93.
363 Siehe Rede Walter Ulbrichts vor dem erweiterten Politbüro am 25.3.1953, Stenographische Niederschrift, Bl. 37.
364 Ebenda, Bl. 85.
365 Notiz zu einem Gespräch Stupovs mit Schäfer am 9.4.1953, list 101.

Parteienvertreter gemeinsam mit Behörden die Höfe begehen.[366] Solche Vorschläge brachte Partei- und Staatsapparat gehörig durcheinander. Beispielsweise kam die Frage auf, ob Parteifunktionäre den Polizei- und Justizkommissionen angehören sollten, die die Frühjahrsbestellung zu überwachen hatten.[367]

Die SED-Führung regte an, in den Verwaltungen Kommissionen zu schaffen, die speziell die Probleme der LPG behandeln würden, etwa einen Rat der LPG beim Ministerrat und Landwirtschaftskommissionen bei den Kreis- und Bezirksräten.[368] Diese Gremien existierten fortan tatsächlich über mehrere Jahre hinweg. Aber in der angespannten Situation vom Frühjahr 1953 kamen sie vorerst nicht so recht zum Zuge. Angesichts des Bedarfs an rascher Vermittlung politischer Vorgaben „nach unten" griff die Parteiführung daher zu einem außerordentlichen Mittel. Sie entsandte ZK-Sonderbeauftragte (auch Sonderbevollmächtigte genannt) für LPG in die Bezirke. Ende April wurden sie vom Politbüro namentlich bestätigt.[369] Es waren meist LPG-Vorsitzende, VdgB(BHG)- oder SED-Funktionäre aus den entsprechenden Kreisen. Sie bekamen einen PKW zur Verfügung gestellt und sollten während des bis Herbst andauernden Einsatzes monatlich geschult werden. Ihre Rechte reichten weit. Walter Ulbricht wies sie beispielsweise an, Bürgermeister, die Großbauern halfen, sofort abzusetzen.[370] Ihre Wirksamkeit als Vermittler akuter politischer Entscheidungen an die verunsicherten Behörden und an die Parteiorganisationen sowie als „Warner" nach oben blieb begrenzt.[371]

Bezeichnend für das Problemverständnis der SED-Führung war die Entscheidung, mit einer großen Kampagne „Arbeiter aufs Land" zu beginnen.[372] Noch im 2. Quartal 1953 sollten 500, im ganzen Jahr 1953 dann insgesamt 4000 Arbeiter in neue Arbeitsverhältnisse in LPG und VEG gebracht werden, Produktions- und Verwaltungshilfe leisten. Die „Entsendung von erfahrenen und der Partei treu ergebenen Genossen und klassenbewußten Industriearbeitern auf das Land", in die „wichtigsten Funktionen" (d.h. als Bürgermeister, MTS-Politleiter oder Parteisekretäre) war 1953 kein Schritt zur Arbeitskräfteregulierung, sondern der Versuch – über die Institution der Betriebs-Patenschaften hinausgehend – politischen Ein-

366 Direktive über die Entfaltung der Massenkontrolle zur Erfüllung des Anbauplanes. Siehe Protokoll der Sekretariatssitzung am 20.4.1953, SAPMO BArch, DY 30, J IV 2/3-377, Bl. 2, 17–19.

367 Beratung des Sekretariats des ZK mit den Ersten Sekretären der Bezirksleitungen am 14.3.1952, SAPMO BArch, DY 30, NY 4090, 297, unpag.

368 Siehe Maßnahmen zur Unterstützung der LPG, Protokoll der Sekretariatssitzung am 2.3.1953, SAPMO BArch, DY 30, J IV 2/3-366, Bl. 3f.

369 Siehe Protokolle der Sekretariatssitzung am 16.4.1953, SAPMO BArch, DY 30, 2/3-376, Bl. 1f., und der Politbürositzung am 21.4.1953, SAPMO BArch, DY 30, J IV 2/2-276, Bl.5.

370 Siehe Aufzeichnung über eine Aussprache Ulbrichts mit den Sonderbevollmächtigten, o.D., SAPMO BArch, DY 30, IV 2/5-42, Bl. 47–49.

371 Wenn sie im September 1953 zurückgezogen werden (einige von ihnen sind dann bereits wieder anderweitig eingesetzt), wird die Abteilung Landwirtschaft des ZK einschätzen: Obgleich sie ihre Aufgaben im Hinblick auf das Aufspüren von Mängeln in den LPG, die Durchführung von Verordnungen und die Schilderung der Stimmung auf dem Lande erfüllten, waren die Sonderbeauftragten doch kein sinnvolles Instrument. Einige teilten die „falschen Meinungen" über die Herabsetzung des Solls, waren nicht kritisch genug. „Auch haben wir fast keine Hinweise von ihnen erhalten über Mängel in der Parteiarbeit [... und] über feindliche Machenschaften und Provokationen." (Einschätzung vom 12.9.1953, SAPMO BArch, DY 30, IV 2/7-94, Bl. 324–327, Zitat Bl. 326).

372 Siehe Protokoll der Sekretariatssitzung am 23.4.1953, SAPMO BArch, DY 30, J IV 2/3-378, Bl. 1, 19–22. Bauerkämper, Gesellschaft, S. 170, 385f., spricht von einem ZK-Beschluß. Er wertet ihn mit Blick auf das Jahr 1955 zu stark auf.

fluß auf die Landbevölkerung auszuüben und die LPG organisatorisch zu stärken.[373] Wegen der nötigen Umschulung kam aber vorerst kein solcher Industriearbeiter zum Einsatz. Die SED prüfte zur gleichen Zeit Erfahrungen hauptamtlicher Parteisekretäre speziell in Gemeinden an der Demarkationslinie. In den ländlich geprägten Regionen an der Zonengrenze gab es infolge der hohen Fluchtzahlen besondere Probleme auch in der Landwirtschaft, weshalb dort generell keine Ehrenamtlichen mehr eingesetzt werden sollten.[374]

Durch die Dörfer der DDR zogen nun also Sonderbevollmächtigte, Instrukteure und Inspekteure, während Bauern aus allen Schichten zu Hunderten ihre Wirtschaften und die DDR verließen. Wie die SKK-Justizberater in den Auseinandersetzungen Position bezogen und in die Strafpraxis möglicherweise direkt eingriffen, ist bislang nicht untersucht worden. In der Forschungsliteratur existiert die Ansicht, daß deren „politische Einflußnahme kaum überschätzt werden kann, wenn sie sich auch nur in einzelnen Quellen niederschlägt".[375] In den zugänglichen Akten der SKK-Landwirtschaftsabteilung spiegelt sich die Tätigkeit sowjetischer Justiz-Sachverständiger nicht, deshalb soll hier nicht spekuliert werden. Stupov jedenfalls nahm kommentarlos einen Bericht Schäfers entgegen, wonach Ulbricht die Ersten Bezirkssekretäre der SED am 8. April aufgefordert hatte, gegen Großbauern gerichtete Untersuchungen nochmals zu überprüfen und alle Verfahren gegen säumige werktätige Bauern einzustellen bzw. Strafen rückgängig zu machen. Pro Gemeinde sollten nicht mehr als drei Großbauern wegen Abgabenschulden belangt werden, und die Entscheidung über eine Aussiedlung sollte unbedingt von der Möglichkeit abhängig gemacht werden, die Wirtschaft an LPG oder VEG abzugeben. Auch das Eintreiben der Abgabenschulden von 1952 bei schlecht laufenden Großbauernwirtschaften erfordere Einzelfall-Lösungen.[376]

Problembewältigung schien also noch immer ohne Kurskorrektur möglich. Die Forschung wird kaum klären können, inwieweit das im März und April 1953 realitätsferne Sichtweisen waren. Zu einer weiteren Dramatisierung der politischen Spannungen im Agrarbereich kam es nicht. Doch hätte es deutlicherer Revision, etwa der Rücknahme der Verordnung vom 19. Februar 1952, bedurft, um die Konflikte abzumildern. Statt dessen fiel, entgegen allen Korrekturbemühungen und weil diese eben nicht konsequent genug waren, immer mehr freie Fläche an. Harte Strafverfolgung und Bauernflucht sorgten dafür, daß weitere LPG gegründet werden *mußten*.[377] Die Statistik weist für April und Mai 1953 besonders viele Gründungen durch Landarbeiter aus, womit allen Plänen zum Trotz der Anteil der LPG-Typ 3 von 11 Prozent im Februar auf 24 Prozent im Mai 1953 anstieg. Ende April existierten insgesamt bereits mehr als 4000 LPG, Ende Mai waren es über 4600. Die genossenschaftliche Fläche vergrößerte sich im Vergleich zum März um 60 Prozent. Das

373 Propagandatext „Im Kreis Aschersleben stellt die Partei das Bündnis der Arbeiterklasse mit den werktätigen Bauern her", 12.4.1953, ZK-Abteilung Leitende Organe der Partei und der Massenorganisationen, SAPMO BArch, DY 30, IV 2/5-42, Bl. 11-18.

374 Berichte darüber in SAPMO BArch, DY 30, IV 2/5-42. Diese Prüfungen gehörten zu einer Umstrukturierung des Systems der SED-Grundorganisationen mit dem Ziel, sie in kleineren Orten künftig von Instrukteuren der Kreisleitungen führen zu lassen.

375 Weber, Justiz, S. 369.

376 Siehe Notiz zu einem Gespräch Stupovs mit Schäfer am 9.4.1953.

377 Kotsch, Land Brandenburg, S. 278, erwähnt im Bezirk Cottbus „Fälle, wo Genossenschaften [...] nur deshalb gegründet wurden, weil devastierte Betriebe unterzubringen waren".

widersprach dem objektiven wie dem subjektiven Interesse der SED. Der Deforcierungsversuch bei der agrarischen Umstrukturierung war mißlungen.

Die Bildung von LPG im Frühjahr 1953, dargestellt nach sowjetischen Berichten[378]

Stand vom	Anzahl der LPG	davon Typ 1	davon Typ 2	davon Typ 3	Anzahl der Wirtschaften inkl. Landarbeiterfamilie	Anzahl aller Mitglieder und Angehörigen	LNF aller LPG zusammen in ha	durchschnittliche LNF pro LPG in ha	Anteil der ländlichen Gemeinden mit einer LPG
1.2.53	2373	1988 [83,8 %]	125 [5,3 %]	326 [10,9 %]	26136	45100	230340	97,1	25,5 %
15.2.53	2787	2300	138	349	30000	51800	261100	93,5	30,0 %
1.3.53	3149	2476	174	465	37729	68652	353700	112,3	33,9 %
15.3.53	3473	k.A.	k.A.	k.A.	40159	73702	377600	108,7	38,5 %
1.4.53	3789	2843	199	747	47244	89965	493100	130,1	40,7 %
15.4.53	4134	3057	211	866	49068	94709	504100	121,9	44,4 %
1.5.53	4381	3137	222	1022	55942	113767	616700	140,8	47,1 %
15.5.53	4651	3271 [70,3 %]	253 [5,4 %]	1127 [24,2 %]	57797	118355	638000	137,2	50,0 % darunter in den Bezirken – Rostock 29,5% – Magdeburg 51,8% – Dresden 32,5% – Leipzig 35,5%

378 Die Tabelle geht auf Berichte der SKK-Landwirtschaftsabteilung an die Leitung der SKK bzw. den Hochkommissar zurück, die zweimal monatlich erstellt wurden. Manchmal korrigierte ein späterer Bericht die Angaben des vorangegangenen. In solchen Fällen ist hier die berichtigte Zahl aufgenommen. AVP RF, fond 458, opis' 3, delo 12.

3.2. Die agrarpolitische Praxis

Über Erfolg und Mißerfolg der Agrarpolitik entschied weitgehend der dörfliche Alltag. Die SED mußte sich daran messen lassen, wie sie mit dem vor ihr gewollten sozialen Umbruch zurechtkam. Verurteilte und enteignete Bauern und ihre Familien beobachteten – oft voller Bitterkeit und Spott -, daß sich ihre Höfe mit der Übernahme in die staatliche Verwaltung nicht erholten.[379] Solche Wahrnehmungen prägten immer mehr die Stimmung in den Dörfern, und die Fluchtzahlen blieben hoch.

Es ist davon auszugehen, daß nicht primär Geldmangel die Ursache für weiteren Verfall war. Die Kreisverwaltungen hatten vielmehr Schwierigkeiten, die neue Bewirtschaftung zu organisieren. Devastierte bzw. enteignete Betriebe in neue Nutzung zu bringen, war ein verwaltungstechnisch schwieriger Akt, der schon in relativ ruhigen Jahren, 1950 und 1951, nicht problemlos zu absolvieren gewesen war. Erst Ende April 1953 ergingen Richtlinien zur Durchführung der Verordnung vom 19. Februar 1953 und Durchführungsbestimmungen zur neuen Pflichtveranlagung.[380] Als es politisch zusehends wichtiger wurde, allen Acker, auch den sukzessive in staatliche Verwaltung genommenen, zu bestellen, geriet die SED-Führung in einen Zielkonflikt. Die Verordnung vom 19. Februar 1953 hatte zwar Vereinfachungen in der rechtlichen Behandlung freier Flächen gebracht. Doch für die finanztechnischen Verfahren gab es zwei „Geldtöpfe", die im Staatshaushalt verschiedenen Orts angesiedelt waren und beide nicht ausreichten.

Nur in wenigen Fällen fand sich so rasch, wie es die Frühjahrsbestellung verlangte, ein genossenschaftlicher Interessent. Das Ministerium für LFW stellte Mitte April fest, daß von insgesamt 13.799 Agrarbetrieben auf über 440000 ha LNF, die zum 1. April 1953 als das Eigentum von DDR- Flüchtlingen oder als devastierte und in Verwaltung genommene Betriebe ihre Besitzer verloren hatten, nur 3408 Betriebe an LPG weitergegeben worden waren. Staatliche Güter hatten 1048 Betriebe übernommen. Die Hälfte der Betriebe jedoch, meist kleine, unrentable Höfe, ging in die Bewirtschaftung durch die Gemeinden, d. h. durch hilflose Kommunalverwaltungen. Im Mai 1953 mußten in den neun am stärksten betroffenen Bezirken der DDR für rund 80000 ha LNF neue Nutzer gefunden werden.

[379] Siehe dazu beispielsweise Kölm, Dazwischen.

[380] Siehe Anweisung des Ministerium für LFW zur Verordnung zur Sicherung der landwirtschaftlichen Produktion und Versorgung der Bevölkerung vom 19.2.1953, 22.4.1953, gez. Schröder, BArch, DK 1, 8689, Bl. 54–57; Dritte DB zur Verordnung über die Pflichtablieferung und den Aufkauf landwirtschaftlicher Erzeugnisse – Regelung des in Verwaltung des Staates übernommenen Grundbesitzes, 20.4.1953, in: GBl. 1953, S. 596f.

[381] Gegenüberstellung vom 12.6.1953, Auszug, BArch, DK 1, 9068 Bl. 10. Beachte: die Zahlen zur VO vom 17.7.1952 spiegeln die Enteignungen seit Juli 1952 wider.

[382] Das Dokument enthält hier ein handschriftliches Fragezeichen. Tatsächlich ist rätselhaft, wie die Fläche geringer werden konnte.

Landwirtschaftlicher Grundbesitz, der in staatliche Verwaltung übernommen wurde. Angaben zu den „Schwerpunktbezirken" mit Stand vom 30. 4. und 31. 5. 1953[381]

	Bezirk Schwerin		Bezirk Rostock		Bezirk Neubrandenburg		Bezirk Potsdam		Bezirk Frankfurt/O		Bezirk Halle		Bezirk Magdeburg		Bezirk Dresden		Bezirk Leipzig		alle 9 Bezirke zusammen	
	Betr.	LNF in ha	Betr.	LNF in ha	Betr.	LNF in ha	Betr.	LNF in ha	Betr.	LNF in ha	Betr.	LNF in ha	Betr.	LNF in ha	Betr.	LNF in ha	Betr.	LNF in ha	Betr.	LNF in ha
Devastierte Betriebe, behandelt nach VO v. 19. 2. 1953																				
Stand: 30. 4. 1953	968	28521	833	22374	1339	35852	735	25136	763	20206	707	27258	1074	41165	456	14177	611	23490	7536	238179
Stand: 31. 5. 1953	1062	28480	926	25056	2148	47879	1008	33720	808	21294	924	34029	1189	44953	506	15383	747	26285	9318	277079
Differenz:	94	–41[382]	93	2682	809	12027	273	8584	45	1088	217	6771	115	3788	50	1206	136	2795	1782	38900
Besitz von Flüchtlingen, behandelt nach VO v. 17. 7. 1952																				
Stand: 30. 4. 1953	1724	43565	1227	27439	1151	27506	1166	39221	909	23458	813	31677	1392	52238	343	11167	393	12687	9118	269012
Stand: 31. 5. 1953	1912	47671	1409	31404	1453	34089	1488	47088	1041	25965	959	35715	1609	59270	401	12922	458	14718	10730	308842
Differenz:	188	4106	182	3965	302	6583	322	7867	132	2507	146	4038	217	7032	58	1755	65	2031	1612	39830

Meist konnten LPG mit den vom Staat eingeplanten Kreditmitteln die Bewirtschaftung verlassener Flächen nicht finanzieren, da erhöhter Dünger- und Technikeinsatz vonnöten war. Für die LPG Worin beispielsweise, deren Mitglieder schon vor ihrem Eintritt verschuldet waren, beantragte das Landwirtschaftministerium für 140 ha zusätzlich hinzugekommene Fläche eine einmalige Unterstützung in Höhe von 25 000 DM. Man bewilligte schließlich 20 000 DM Kredit (der bis 1954 gestundet wurde), denn „die Produktionsgenossenschaft Worin hat einen Namen in der Deutschen Demokratischen Republik und es kann nicht ein Betrag im Plan erscheinen als Zahlung von der Regierung", hieß es im Antrag.[383] Die Masse der LPG konnte in dieser Größenordnung nicht subventioniert werden.

Hinzu kamen arbeitsorganisatorische Probleme. Sie ergaben sich weitgehend daraus, daß die LPG-Mitglieder keine individuelle Verantwortung für Arbeitsprozesse und -geräte übernehmen wollten. Sie warteten auf staatliche Subventionen und gedachten wegen besserer Kredite und geringeren Solls möglichst rasch zum LPG-Typ 3 überzugehen. Das Lockangebot der MTS-Tarife ließ sie von einer maximalen Auslastung des eigenen Zugviehs Abstand nehmen. Entlohnung und Abschlagzahlung funktionierten nicht so, daß eine Intensivierung der Arbeitsleistungen erreicht wurde. Für moderne Anbaumethoden und agrotechnische Neuerungen hatten die LPG-Mitglieder, meist vormalige Landarbeiter und Kleinbauern, kaum Interesse. Einen innerbetrieblichen Wettbewerb gab es nach Einschätzungen von Ende April 1953 in knapp der Hälfte aller LPG.[384]

Die SKK zeigte ungute Tendenzen auf.[385] So kritisierte Stupov, daß einige LPG verschuldete Klein- und Mittelbauern nicht aufnehmen wollten. „Wir sind der Meinung, daß eine Pauschal-Abweisung nicht richtig ist", schrieb er Mitte April an die SKK-Leitung, „obgleich sie deutlich macht, daß die Anforderungen an die Bauern seitens der Kooperative, daß ohne Schulden in die Genossenschaft einzutreten ist, wachsen."[386] Stupov drängte im Interesse der LPG auf genaue Prüfung der Schuldumstände. Wenn der in die LPG eintretende Bauer aus annehmbarem Grund (Viehkrankheit oder Mißernte) 1952 sein Soll nicht erfüllte, müßte man ihm dieses erlassen. Dieses Soll dürfte aber der LPG keinesfalls auferlegt werden. Im übrigen sei Verschuldung laut LPG-Statuten kein Hindernis für einen Eintritt.[387]

Im Bezirk Dresden wurde die SKK auf einen weiteren Fall von „Verfälschung der Parteilinie" aufmerksam. Im Kreis Freital sollte mit Zustimmung des SED-Bezirkssekretärs für Landwirtschaft eine Großgenossenschaft aus 13 Gemeinden ge-

383 Vorschlag des Ministeriums für LFW, 26.3.1953, BArch, DK 1, 1819, Bl. 229f.

384 Siehe Materialien über die wesentlichen Mängel bei der Festigung der LPG, Ministerium für LFW, HV Produktionsgenossenschaften, 24.4.1953, an das ZK der SED, Abteilung Landwirtschaft, BArch, DK 1, 1819, Bl. 174–186; Schreiben aus dem Ministerium für LFW, HV Produktionsgenossenschaften, an das ZK der SED, Abteilung Landwirtschaft, 24.4.1953, ebenda, Bl. 162–172; Material über LPG, Schreiben aus dem Ministerium für LFW an das ZK der SED, Büro Ulbricht, 23.4.1953, ebenda, Bl. 122–130.

385 Auch für das Jahr 1953 liegen in der Regel Berichte und Vorschläge Stupovs an seine Vorgesetzten vor, die Hinweise an die Deutschen enthalten. Im Einzelnen kann nicht belegt werden, daß die Hinweise weitergereicht wurden. Stupov wird jedoch in Gesprächen mit deutschen Partnern entsprechend argumentiert haben.

386 Schreiben Stupovs und Petrovs an Čujkov, Semičastnov und Semenov, 18.4.1953, AVP RF, fond 457a, opis' 15, papka 80, delo 35, listy 103f., hier list 103.

387 Siehe ebenda, list 104.

bildet werden. Die Nachricht erreichte die SKK-Informationsabteilung in Karlshorst rein zufällig, denn die SKK-Vertretung in Dresden war über den Beschluß des Freitaler SED-Kreisaktivs angeblich nicht in Kenntnis gesetzt worden.[388] Der Beschluß mußte zurückgenommen werden. Dieser Versuch, die Flächenprobleme zu lösen, widersprach den Parteivorgaben, wenngleich auf diese Weise viele kleine Streuflächen, die sonst an die Gemeinden zu geben wären, in genossenschaftliche Nutzung hätten übergehen können. Stupov orientierte zwar auf die rasche Übergabe von Flächen an die LPG, wollte aber keine Groß-Kooperative.

Für das in staatliche Verwaltung genommene Land, das nicht an die LPG und VEG ging – und das war der weitaus größere Teil – mußte das DDR-Agrarministerium die bewilligten Zuschüsse im Finanzministerium fortwährend einklagen. Einige Bezirke überwiesen in ihrer Finanznot nur noch an solche Kreise und Gemeinden die Mittel für übernommene Höfe, die ihre Steuer- und Abgabenrückstände beglichen hatten. Das fand man im Ministerium falsch. Mancherorts wurden die Landarbeiter übernommener und verstaatlichter Höfe vom neuen Nutzer wochenlang nicht bezahlt. Unsicherheiten bestanden insbesondere bezüglich der Schulden aus der Zeit vor dem Februar 1953. Die Frage, ob Forderungen Dritter gegenüber republikflüchtigen Bauern anerkannt werden, blieb unentschieden. Schwierigkeiten bereitete es auch, eine Rangfolge von Gläubigern festzulegen.[389] Bis in den Mai 1953 hinein bestanden bei den Kreis- und Bezirksverwaltungen Unklarheiten darüber, woher die für die Bewirtschaftung benötigten Gelder kommen sollten. Hinzu kamen materielle Engpässe: Baustoff-, Transportmittel- und Benzinmangel. Die MTS hatten wegen der größeren Flächen nun 22 Prozent mehr Pflugleistung zu erbringen, als man zu Jahresbeginn kalkuliert hatte – dies zwar zu zwei Dritteln mit requirierter Privattechnik, doch war die zu bezahlen, was rund 80 Millionen DM zusätzlich aus der Haushaltsreserve erforderte.[390] Den Gemeinde- und Kreisverwaltungen, MTS-Leitern und LPG-Vorsitzenden wurde also viel Improvisation abverlangt, und die war mit dem Risiko verbunden, der Sabotage verdächtig zu werden. Noch im März wollte der Leipziger SED-Bezirkssekretär allein im Kreis Delitzsch 25 Bürgermeister „wegen Unfähigkeit, Sabotage oder Abhängigkeit von den Großbauern" auswechseln.[391] – Sollte man nun die Großbauern „isolieren"[392], und hieß das vielleicht „umsiedeln", oder sollte man ledig-

388 Siehe Schreiben Orlovs (Informationsabteilung) an Čujkov, Semičastnov, Judin, Petrov und Stupov, 23.4.1953, AVP RF, fond 457a, opis' 15, papka 80, delo 35, listy 105f.

389 Mit einer Verordnung zur Änderung der Verordnung über den Rang volkseigener Forderungen im Konkurs des Schuldners, 19.3.1953, in: GBl. 1953, S.460, wurden LPG und BHG zwar ein Rang unter den Gläubigern eingeräumt, der dem volkseigener Betriebe gleichkam. Doch in dieser Gruppe der vorrangigen Gläubiger blieb die Reihenfolge unbestimmt. In der Praxis mußte von Fall zu Fall entschieden werden. Siehe Schreiben aus dem Finanzministerium, HA Kreditwesen, an Minister Schröder, 13.4.1953, BArch, DK 1, 155, Bl. 166f.; Schreiben Frommholds an Schröder, 28.4.1953, ebenda, Bl. 168; Notiz über unklare Fragen, 28.4.1953, BArch, DK 1, 8689, Bl. 280f.; Schreiben Frommholds an das Finanzministerium, 28.4., 13.5.1953, ebenda, Bl. 257f., 265; ders. an das Staatssekretariat für Innere Angelegenheiten, 5.5.1953, ebenda, Bl. 275.

390 Siehe Zusätzlicher Finanzplan MTS, Protokoll der Sekretariatssitzung am 9.4.1953, SAPMO BArch, DY 30, J IV 2/3-374, Bl. 3, 27-35.

391 Beratung des Sekretariats des ZK mit den Ersten Sekretären der Bezirksleitungen am 14.3.1953, SAPMO BArch, DY 30, NY 4090, 297, unpag.

392 Siehe Treffen Walter Ulbrichts mit Sonderbevöllmächtigten der Bezirke, 22.4.1953, SAPMO BArch, DY 30 IV 2/5-42, unpag.

lich „die Macht der Großbauern, ihre Ausbeutung der Menschen und ihre Profite einschränken“, und wie weit war dabei zu gehen? Die Anweisungen der SED-Führung waren und blieben vieldeutig.

Die Entscheidungen von „oben“ wurden auch impulsiver und kurzsichtiger. So wurden, um LPG zur Übernahme von devastierten Viehbetrieben zu befähigen, die örtliche Bauindustrie und die Verwaltungen beauftragt, rasch Bauvorhaben einzuleiten, Baustäbe zu bilden, Material und Arbeitskräfte zusammenzuziehen.[393] Anfang März entstand in aller Eile ein zweiter Beschluß zur Vorbereitung der Frühjahrsbestellung. Den legte der Stellvertretende Premier Scholz der Regierung kurzfristig vor. Alle zuständigen staatlichen Instanzen sollten für die restlose Bestellung der Anbauflächen mobilisiert, der Anbauplan entsprechend neuen Bedürfnissen geändert (wegen Mangels an tierischen Fetten waren nun mehr Sommerölfrüchte gefragt) und die VdgB angehalten werden, private Saatgutreserven zu erfassen. Man wollte einen „Tag der offenen Mieten“ mit protokollarischer Bestandsaufnahme des privaten Saatguts organisieren. Sämtliches Reservesaatgut wurde benötigt.[394] Der Beschluß wurde nicht veröffentlicht. Die SED-Führung, die den Regierungsbeschluß angeregt hatte, wollte vermeiden, daß die Aktion Aufsehen erregt.[395] In der Hochzeit der Frühjahrsbestellung empfahl sie des weiteren, daß die MTS Felder auch dann bestellten, wenn noch nicht klar war, in wessen Hände sie übergehen würden. Auch auf den Äckern von Bauern, die sich weigerten, selbst Hand anzulegen, die kein Saatgut oder keinen Dünger kaufen konnten oder durften (weil sie stark verschuldet waren) oder sich bereits mit Fluchtplänen trugen, sollten die MTS-Traktoristen auf behördliche Anordnung hin – aber auf Kosten des Bauern – Saatgut eindrillen.[396] Diese extreme Form der Zwangsbewirtschaftung faßten viele Landwirte als weiteren Schritt zur Vertreibung auf.

Der Futtermittelmangel nahm zusehends schlimme Ausmaße an. Während das Sekretariat des ZK eine Direktive für Viehzucht und Futterversorgung insbesondere für jene Betriebe erarbeitete, die in staatliche Verwaltung kamen,[397] verfaßte die Koordinierungs- und Kontrollstelle für Land-, Forst- und Wasserwirtschaft sowie Erfassung und Aufkauf ein programmatisches Papier, das die kurzfristige Problembewältigung mit der mittelfristigen Umprofilierung zu verbinden empfahl. Einleitend hieß es: „In vielen Gebieten ist das für die Steigerung der Produktivität erforderliche Leistungsfutter nicht mehr vorhanden. In einer Reihe von Fällen fehlt sogar das notwendige Erhaltungsfutter.“[398] Als Ersatz für ausgebliebene Importe mußten 100 000 t Futtergetreide aus der Staatsreserve verwendet werden.[399] Das Ministerium für LFW wurde beauftragt, ein Viehwirtschaftsprogramm zu erarbeiten.[400]

393 Siehe Direktive des Ministerpräsidenten vom 13.4.1953, BArch, DK 1, 138, Bl. 367–368R.

394 Siehe Beschluß Vorbereitung der Frühjahrsbestellung, Protokoll der Ministerratssitzung am 5.3.1953, BArch, DC 20 I/3-176, Bl. 14, 164–164R.

395 Siehe Protokoll der Sekretariatssitzung am 2.3.1953, SAPMO BArch, DY 30, J IV 2/3-366, Bl. 2.

396 Schreiben Schäfers an Siegmund, 27.3.1953, BArch, DK 1, 85, Bl. 250.

397 Siehe Protokoll der Sekretariatssitzung am 20.4.1953, SAPMO BArch, DY 30, J IV 2/3-377, Bl. 2; Protokoll der Politbürositzung am 21.4.1953, SAPMO BArch, DY 30, 2/2-276, Bl. 7, 39–41.

398 „Plan zur Sicherung der Futtergrundlage der im Fünfjahrplan vorgesehenen Zucht- und Nutzviehbestände“, 16.4.1953 an Minister Schröder, BArch, DK 1, 138, Bl. 352-364, hier Bl. 352.

399 Siehe Protokoll der Politbürositzung am 21.4.1953, SAPMO BArch, DY 30 2/2-276, Bl. 2f.

400 Siehe Protokoll der Koordinierungsbesprechung am 21.5.1953, BArch, DE 1, 28119, Bl. 42f.

Auch bezüglich der Ablieferungsschulden aus dem Jahr 1952 herrschte Durcheinander. Einige SED-Funktionäre rechneten offenkundig mit dem schnellen Eintreiben des alten Solls, denn Otto Grotewohl eröffnete am 5. März die Ministerratssitzung mit der Erklärung, daß die Rückstände bei Erfassung und Aufkauf unbedingt bis 31. März „abgedeckt" werden müssen.[401] Nach den Vorstellungen des SED-Politbüros sollten Sonderbevollmächtigte der Regierung gewährleisten, daß „bis zum 31. März 1953 sämtliche Ablieferungsschulden aus dem Jahre 1952 abgedeckt und die Erfassungs- und Aufkaufpläne für das I/53 voll erfüllt werden".[402] Doch ein solcher Regierungsbeschluß kam nicht zustande. Realistischerweise verpflichtete der Ministerrat die VEAB am 12. März 1953 statt dessen zum Aufholen der Rückstände bei einzelnen Kulturen um bis ein Fünftel der Fehlbeträge. Dies gelang auch bis Mitte Mai nahezu bei allen Erzeugnissen (außer bei Eiern und Ölsaaten). Die Kontroll- und Koordinierungsstelle unter Leitung Scholz' war mit den Berichten dennoch unzufrieden.[403]

Das Aufholen der Verzüge in der Ablieferung der privaten, genossenschaftlichen und staatlichen Agrarbetriebe aus dem Jahr 1952 (Verzugsmeldung mit Stand vom 31. 12. 1952)[404]

Erzeugnis	Höhe der Schulden [nach sowjetischen Angaben]	bis 31. 3. 1953 sollten aufgeholt werden	Ist beim Aufholen 31. 3. 1953	Ist beim Aufholen 31. 5. 1953
Schlachtvieh in t	73 523 [76 600]	15 000	14 922	19 603
Milch in t	176 798 [204 000]	35 000	34 092	50 274
Eier in Stück	34 573 [42 000]	7 000	3 590	7 834
Getreide in t	221 002 [286 000]	30 000	28 550	33 828
Ölsaaten in t	18 918 [28 000]	1 000	763	998
Kartoffeln in t	698 125 [802 000]	80 000	72 370	84 714

Die SKK beurteilte die Verzüge bei der Erfassung sehr kritisch. Sie stellte rückblickend fest, im ZK der SED hätte es eine Zeit lang Schwankungen in der Haltung gegenüber den Großbauern gegeben. Bis Herbst 1952 hätten es die staatlichen Behörden am nötigen Nachdruck fehlen lassen, jetzt käme es auf restlosen Einzug der Vorjahresschulden an, wobei die Entschuldung gegenüber dem Staat auch dann vorrangig sein müsse, wenn ein Betrieb an LPG oder VEG gehen würde.[405]

401 Siehe Protokoll der Ministerratssitzung am 5. 3. 1953, BArch, DC 20, I/3-176, Bl. 9f.

402 Siehe Entwurf für einen Ministerratsbeschluß über Maßnahmen zur schnellen Aufholung der Ablieferungsschulden, Protokoll der Politbürositzung am 3. 3. 1953, SAPMO BArch, DY 30, J IV 2/2-265, Bl. 35–39; Bericht über die Erfüllung der Erfassungs- und Aufkaufpläne, 8. 6. 1953, Protokoll der Ministerratssitzung am 15. 5. 1953, BArch, DC 20, I/3-188, Bl. 125–130.

403 Ein Bericht aus dem Ministerium für LFW vom 8. 6. 1953 und eine kritische Stellungnahme der Kontroll- und Koordinierungsstelle vom 12. 6. 1953 sind in den Unterlagen der Ministerratssitzung vom 15. 5. 1953 enthalten. Siehe BArch, DC 20, I/3-188, Bl. 125–130, 131.

404 Die Daten sind zusammengestellt aus einem Bericht des Ministeriums für LFW vom 8. 6. 1953, BArch, DC 20, I/3-188, Bl. 125–130. In Spalte 2 sind in Klammern die Werte angegeben, die einem SKK-Bericht vom Februar 1953 zufolge die Abgabenschulden von 1952 ausmachten. Siehe Bericht über die Erfassung landwirtschaftlicher Erzeugnisse im ersten Quartal 1953 und das Einholen der Abgabenschulden für 1952, 24. 2.1953, Stupov an die SKK-Führung, AVP RF, fond 457a, opis' 15, papka 80, delo 35, listy 4–12, hier list 6.

405 Siehe Bericht Über die Erfassung landwirtschaftlicher Erzeugnisse im ersten Quartal 1953, listy 5, 11.

SKK-Wirtschaftsexperte Matveev wies das Ministerium für Handel und Versorgung an, die Fehlmengen von 1952 den Plänen von 1953 zuzuschlagen und in kürzester Zeit alles zu erfassen.[406] Er kritisierte, daß viele Kommunen die Nichterfüllung des aktuellen Solls in Kauf nahmen, und wies das Argument zurück, wegen des verschärften Klassenkampfes könne der Erfassungs- und Aufkaufplan 1953 nicht eingehalten werden.[407] Aus sowjetischer Sicht hatte die vollständige Erfassung absolute Priorität.

Die DDR-Regierung hielt sich bis Ende Mai an die sowjetischen Forderungen. Im Zusammenhang mit einem kritischen Rückblick auf die Umsetzung des Volkswirtschaftsplanes 1953 im ersten Quartal monierte sie, daß trotz einer gewissen Steigerung des Aufkommens die Erfassungspläne vor allem in der Viehwirtschaft nicht erfüllt wurden.[408] Sie verpflichtete die Behörden zur unbedingten Plantreue und leitete Schritte ein, um die Milchlieferungen an den Staat zu sichern.[409] Daß die Quartalsabrechnung schließlich nicht minder schlecht ausfiel als in den Jahren zuvor, war Ergebnis harter Erfassungsmethoden, erkennbar auch am starken Rückgang des Aufkaufs.

Erfüllung der Erfassungs- und Aufkaufpläne in der Viehwirtschaft zum 31. 3. 1953 und zum 31. 5. 1953[410]

Erzeugnis	Plan zum 31.3.1953	Plan zum 31.5.1953	Planerfüllung zum 31.3.1953	Planerfüllung zum 31.5.1953	Planerfüllung in Prozent zum 31.3.1953	Planerfüllung in Prozent zum 31.5.1953
Schlachtvieh in t						
Erfassung	157900	279136	190615	265018	120,7[411]	94,9
Aufkauf	53500	100320	46238	74177	86,4	73,9
Milch in t						
Erfassung	776000	1300000	731760	1153964	94,3	88,8
Aufkauf	62000	177060	26747	52112	43,1	29,4
Eier in Stück						
Erfassung	150000	450000	179231	441997	119,5	98,2
Aufkauf	44000	117040	54304	116309	123,4	99,4

406 Siehe Notiz zu einem Gespräch Matveevs mit Ernst Lange am 10. 2. 1953, AVP RF, fond 457a, opis' 15, papka 79, delo 30, listy 28–32, hier list 29; Notiz zu einem Gespräch Matveevs mit Ernst Lange am 25. 3. 1953, AVP RF, fond 547a, opis' 15, papka 79, delo 30, listy 79–81, hier list 79.

407 Siehe Notiz zu einem Gespräch Matveevs mit Schmidt und Strampfer am 16. 3. 1953, AVP RF, fond 547a, opis' 15, papka 79, delo 30, listy 98f; Notiz zu einem Gespräch Matveevs und Sitnins mit Ernst Lange und Rumpf am 23. 3. 1953, AVP RF, fond 547a, opis' 15, papka 79, delo 30, listy 82–85.

408 Bericht über die Erfüllung der Erfassungs- und Aufkaufpläne, 8. 6. 1953, Staatssekretariat für Erfassung und Aufkauf, Protokoll der Ministerratssitzung am 15. 5. 1953, BArch, DC 20, I/3-188, Bl. 5f., Bl. 125–130.

409 Siehe Protokoll der Ministerratssitzung am 30. 4. 1953, BArch, DC 20, I/3186, Bl. 9f., 100f.

410 Quelle: Bericht über die Erfüllung der Erfassungs- und Aufkaufpläne, 8. 6. 1953, Bl. 122f., 126f.

411 Die Planübererfüllung bei der Schlachtvieh-Erfassung war so nicht gewollt. Sie lag im Futtermangel und in der Ende 1952 überzogen kalkulierten Jungtierhaltung begründet.

3.3. Sowjetische Reformpläne für das Versorgungssystem

Das Drängen der SKK auf energische Erfassung hatte natürlich mit ihrer kompromißlosen Haltung in Sachen Preis- und Versorgungsreform zu tun. Die sowjetischen „Berater" verlangten ungeduldig Schritte zur Abschaffung der Lebensmittelkarten. Ihr Konzept der Sicherstellung von Vorräten für mindestens eine Wachstumsperiode und der Abschaffung der gesamten Lebensmittelrationierung (mithin der Subventionierung von zugeteilten Erzeugnissen) nach der Ernte 1953 sah zusätzliche Importe nicht vor (nur die Beseitigung von Importrückständen, die höchst unsicher war).

Die Forderung, dieses – mittelfristig richtige – Versorgungskonzept jetzt „durchzuziehen", läßt aus heutiger Sicht das Gespür für die reale politische Bedrohung vermissen. Doch ganz so einfach lagen die Dinge nicht. Mittlerweile ging es nämlich nicht nur darum, durch allgemeine Preisregulierungen 300 Millionen DM einzusparen[412]. Die im ersten Quartal 1953 stark ausgedünnte Warendecke[413] verursachte überzählige Kaufkraft in Höhe von 6-7 Millionen DM,[414] die allein durch Aufhebung der Rationierung von Textilien und Schuhen nicht beseitigt werden konnte. So gesehen war weitere Kaufkraftabschöpfung auch bei den Lebensmitteln durchaus vonnöten. Politisch verheerend wirkte sich jedoch aus, daß sie, zum einen, nicht durch kurzfristige Warenbereitstellung aus der Reserve erreicht werden sollte, sondern durch die Herausnahme eines Teils der Bevölkerung aus der Lebensmittelrationierung, und daß, zum anderen, diese Maßnahme im Sinne der Strategie des forcierten Sozialismusaufbaus gezielt gegen die Restbourgeoisie und den Mittelstand gerichtet war.

Es ist davon auszugehen, daß die Lebensmittelreserven der DDR im Frühjahr 1953 Einschränkungen bei der Rationierung nicht zwingend erforderlich machten. Die DDR-Behörden hatten aber keine hinreichende Vorstellung davon, wie künftig mit Warenreserven umgegangen werden sollte und auf welche Reserven im Augenblick zurückgegriffen werden konnte. Horst Barthel zufolge war die Anhebung der Werkküchenrationierung – als Ausgleich für die harten Folgen der neuen Lebensmittelkarten-Regelung gedacht – nicht voll bilanziert.[415] Das Ministerium für Handel- und Versorgung gestand der SKK ein, die Lebensmittelreserven gar nicht richtig einschätzen zu können.[416] Später, Mitte Juni, wenn die Erschütterung des 17. Juni die rasche Wiederherstellung der alten Karten- und Preisregelungen vorangetrieben haben wird, wird Walter Ulbricht auf einer Partei-Aktivtagung andeuten, wobei den Deutschen die Hände gebunden waren: „Manche Leute haben uns die Frage gestellt: Ja, habt ihr denn, wenn ihr jetzt die Mittel besitzt, die Ver-

412 Siehe Protokoll der Politbürositzung am 31.3.1953, SAPMO BArch, DY 30, J IV 2/2-273, Bl. 3.

413 Im September 1953 stellten Sachverständige im Apparat des Hohen Kommissars fest, daß der DDR-Einzelhandel im 1. Quartal 1953 Waren im Wert von 2264 Millionen DM weniger als geplant für den Verkauf an die Bevölkerung erhielt. Siehe Stellungnahme zu geplanten Preiskürzungen, 9.9.1953, AVP RF, fond 458, opis' 3, delo 7, listy 312–316, hier list 314.

414 Siehe Protokoll der Politbürositzung am 24.3.1953, SAPMO BArch, DY 30, J IV 2/2-271, Bl. 2.

415 Siehe Barthel, Versorgungskrise, S. 113.

416 Siehe Notiz zu einem Gespräch Matveevs mit Ernst Lange am 29.4.1953, AVP RF, fond 547a, opis' 15, papka 79, delo 30, listy 113–116.

sorgung der Bevölkerung entsprechend dem Plan zu sichern, diese Mittel nicht vorher schon gehabt? Ich sage ganz offen: Nein, die Mittel haben wir vorher nicht gehabt. Wenn wir sie gehabt hätten, hätten wir uns nicht darauf gesetzt."[417]

Es war kein Geheimnis: Härten in Erfassung und Versorgung würden die politischen Spannungen verstärken. Die politisch abenteuerlich anmutenden Überlegungen zur Preisgestaltung, die nun auch die Freigabe von Zucker beinhalteten, wurden – zumindest auf deutscher Seite – sehr wohl in einen politischen Kontext gestellt. Einige führende SED-Politiker billigten die sowjetischen Vorschläge nicht. Oelßner, Matern und Ackermann beispielsweise sahen in höheren Zuckerpreisen eine falsche Entscheidung, die die Werktätigen hart treffen würde. Das Politbüro entschied daher zunächst, Zucker weiterhin zu rationieren. Wach und Oelßner traten gegen die Abschaffung der Kartenversorgung für Unternehmer, Freiberufler, Handwerker und Ärzte auf. Ulbricht argumentierte – durchaus auch politisch: Hochwertige Konsumgüter könne man nicht bieten, und wenn man Westberlin nicht vor Augen hätte, könnte man mit der Kaufkraftabschöpfung warten, bis das Warenangebot aus eigener Kraft besser würde.[418] – Bis Mitte April nahm die SED-Führung noch immer an, in Moskau eine volkswirtschaftliche Entlastung zugebilligt zu bekommen. Man hoffte, auch die Engpässe rasch wieder beseitigen zu können. Die extrem belastete und beschädigte DDR-Volkswirtschaft war zur Konsolidierung aus eigener Kraft gar nicht in der Lage, schon gar nicht umgehend. Letzten Endes war sie darauf angewiesen, die aktuellen Wirtschaftsprobleme in der von „den Freunden" vorgeschlagenen Weise zu regulieren.

Es bleibt weiterer wirtschaftshistorischer Forschung vorbehalten, zu klären, ob im Rahmen des alten Kurses solche realen Alternativen zu der von der SKK empfohlenen Preisreform bestanden, die weniger politische Erschütterung gebracht hätten, als die neuen Regelungen sie brachten. Für die historische Situation ist zu konstatieren, daß die SED die Umsetzung der gesamten sowjetischen Order um einen ganzen Monat vom 1. April auf den 1. Mai verschob, wegen notwendiger Kalkulationen, wie sie gegenüber der SKK erklärte.[419] Am 9. April 1953 beschloß die DDR-Regierung dann aber doch – ohne schriftliche Begründung und Debatte – die von sowjetischer Seite initiierten und fortwährend angemahnten, vom SED-Politbüro entworfenen „Maßnahmen zur Sicherung der Versorgung der Bevölkerung mit den wichtigsten Nahrungsmitteln" (sie waren auf sowjetischen Hinweis hin nur marginal noch ein wenig korrigiert worden[420]). Die schlossen Unterneh-

[417] Stenographische Niederschrift der Parteiaktivtagung am 22. 6. 1953 in Berlin (unkorrigiert), SAPMO BArch, NY 4182, 425, Bl. 32–45, hier Bl. 36.

[418] Die Meinungsverschiedenheiten erschließen sich über die Sitzungsprotokolle von Politbüro und Sekretariat nicht. Hier wird auf Reflexionen während der Begegnungen in der SKK zurückgegriffen. Siehe Notiz zu einem Gespräch Matveevs mit Ernst Lange am 25. 3. 1953 (über die Politbürositzung am 24. 3. 1953), AVP RF, fond 547a, opis' 15, papka 79, delo 30, listy 79–81; Notiz zu einem Gespräch Matveevs mit Wach am 25. 3. 1953 (über die Politbürositzung am 26. 3. 1953), AVP RF, fond 547a, opis' 15, papka 79, delo 30, listy 95–100.

[419] Siehe Notiz zu einem Gespräch Matveevs mit Ernst Lange am 11. 3. 1953, AVP RF, fond 547a, opis' 15, papka 79, delo 30, listy 68–71.

[420] In einem Memorandum empfahl die SKK unter anderem, nicht nur für Arbeiter der Gruppen 1 und 2, sondern auch der Gruppe 3 die Betriebsküchenverpflegung zu verbessern. Die zusätzliche Menge an Fleisch (16 000 t), Fett (6000 t) und Zucker (5000 t) bis Jahresende könnte aus der vorhandenen Reserve kommen. Siehe Memorandum, (März 1953), SAPMO BArch, NY4090, 316, Bl. 236.

mer, Freiberufler, Hausbesitzer sowie Groß- und Einzelhändler aus der Kartenversorgung aus. Auch die Besitzer devastierter Betriebe sollten künftig ohne subventionierte Versorgung auskommen.[421] Die Hilfsmaßnahmen, die SKK-Chef Čujkov am 13. April im Auftrage der sowjetischen Regierung offiziell ankündigte (siehe das folgende Kapitel), hatten keinerlei versorgungspolitischen Effekt. Wenige Tage später hob die Regierung die Preise für einige Fleischwaren um 10-15 Prozent sowie für alle zuckerhaltigen Erzeugnisse um 12 bis 50 Prozent an.[422] Das steigerte den Unmut in der Bevölkerung enorm.

Die SED-Führung griff in dieser Situation auf einen alten sowjetischen Vorschlag zurück, der bereits 1947 für mehr Warenzirkulation gesorgt und zugleich politisch entspannend gewirkt hatte. Sie wollte sogenannte Bauernmärkte einrichten, kommunal betriebene Märkte für den Einzelhandel mit „freien Spitzen". Bauernmärkte waren eine originär sowjetische Einrichtung, die sich bewährt hatte, wo große Entfernungen zwischen Produzenten und Konsumenten einen staatlichen Einzelhandel erschwerten. Die DDR-Regierung bezweckte, „örtliche Reserven zu erschließen".[423] Das Problem war allerdings, daß die Bauern im Frühjahr 1953 über so gut wie keine „freien Spitzen" verfügten. Die waren im Ackerbau günstigstenfalls im Herbst zu erwarten. Die Bauernmärkte, als Einrichtung der Problembewältigung gedacht, funktionierten im Frühjahr 1953 nicht.[424]

Das Landwirtschaftsministerium war übrigens in dieser Zeit an agrarpolitischen Entscheidungen so gut wie nicht mehr beteiligt. Vorlagen für Regierungssitzungen kamen jetzt meist vom Leiter der zuständigen Koordinierungs- und Kontrollstelle Scholz oder vom Staatssekretär für Erfassung und Aufkauf Streit. Das Ministerium für LFW stand wieder einmal im Zentrum schlimmer Verdächtigungen und wurde für Fehler verantwortlich gemacht, die weitgehend im Kurswechsel angelegt waren. Umstrukturierungen in der Behörde waren seit langem in Vorbereitung und im Zusammenhang mit den neuen Aufgaben bei der Kollektivierung auch vernünftig. Das Sekretariat des ZK forderte jedoch im März, unfähige Mitarbeiter binnen zehn Tagen aus dem Ministerium zu entfernen.[425] Wegen

421 Siehe Protokoll der Politbürositzung am 3. 3. 1953, SAPMO BArch, DY 30, J IV 2/2-265, Bl. 4, Anlage: „Maßnahmen zur Versorgung der Bevölkerung mit den wichtigsten Nahrungsmitteln" Bl. 20-26; Protokoll der Politbürositzung am 24. 3. 1953, ebenda, -271, Bl. 2, 6; Protokoll der Politbürositzung vom 26. 3.1953, ebenda, -272, Bl.1, Anlage: „Maßnahmen zur Sicherung der Versorgung der Bevölkerung mit den wichtigsten Nahrungsmitteln", Bl. 2-6; Protokoll der Politbürositzung am 31. 3. 1953, ebenda, -273, Bl. 3; Protokoll der Politbürositzung am 8. 4. 1953, ebenda, -274, Bl. 4, 47; Verordnung über die Verbesserung des Werkküchenessens, 9. 4. 1953, in: GBl. 1953, S. 537; Verordnung über die Abschaffung der IN-Karten, 9. 4. 1953, in: ebenda, S. 540; Verordnung über die Neuregelung der Lebensmittelkartenversorgung in der DDR und im demokratischen Sektor von Groß-Berlin, 9. 4. 1953, und Verordnung über die Ausgabe von Lebensmittelkarten in der DDR und im demokratischen Sektor von Groß-Berlin, 9. 4. 1953, in: GBl. 1953, S. 543; Erste DB, 30. 4. 1953, in: ebenda, S. 659f.; Am 9. 4. 1953 wurde auch die Rationierung von Textilien und Schuhen aufgehoben. Siehe ebenda, S. 538f.

422 Siehe Protokoll der Ministerratssitzung am 16. 4. 1953, BArch, DC 20, I/3-184, Bl. 10f., 82-87; Preisverordnung Nr. 301 – Verordnung über Preise für Kunsthonig, 16. 4. 1953, in: GBl. 1953, S. 569.

423 Siehe Protokoll der Ministerratssitzung am 16. 4. 1953, BArch, DC 20, I/3-184, Bl. 8, 12-15; Verordnung über die Errichtung von Bauernmärkten, 16. 4. 1953, sowie Erste DB vom 16. 4. 1953, in: GBl. 1953, S. 579-582.

424 Zu den Bauern im Brandenburgischen siehe Kotsch, Land Brandenburg, S. 276.

425 Siehe Maßnahmen zur Unterstützung der LPG, Protokoll der Sekretariatssitzung am 2. 3. 1953, SAPMO BArch, DY 30, J IV 2/3-366, Bl. 4.

schlechter Vorbereitung der MTS auf die Frühjahrsbestellung sollte der Ministerpräsident dem Minister eine strenge Rüge erteilen und einen Beschluß über Änderung der Arbeitsmethoden herbeiführen.[426] Eine erste Liste für Entlassungen bescheinigte 48 Mitarbeitern u.a. „kleinbürgerliches" oder „unkämpferisches" Verhalten und „westliche Tendenzen". Fachliche Eignung spielte eine untergeordnete Rolle.[427] Dabei waren von den 719 Stellen im Ministerium ohnehin nur 529 besetzt. 200 Mitarbeiter waren erst in den letzten zwei Jahren gekommen.[428] Ende April rügte die Regierung – auf Betreiben Scholz'- das Ministerium einerseits dafür, daß die Anbaupläne nicht eingehalten wurden, andererseits dafür, daß Zusatzauflagen unbeachtet blieben. Der Generalstaatsanwalt wurde zur rücksichtslosen Strafverfolgung von undisziplinierten Mitarbeitern des Staatsapparates aufgefordert.[429]

Diese neuerliche Einmischung der SED in die Arbeit zentraler staatlicher Behörden – sie betraf ähnlich auch das Finanzministerium – sorgte für Unruhe und Mißtrauen, wo es dringender denn je der sachlichen Zusammenarbeit bedurft hätte. Die SED-Führung engte den Spielraum der ausführenden staatlichen Stellen und den der nachgeordneten Parteistrukturen immer stärker ein. Es kam nicht einmal zu einer parteiinternen Behandlung der „Fehler" in der Agrarpolitik, so wie sie etwa Anfang 1951 stattgefunden hatte. Die Unzufriedenheit der Parteiführung mit den Funktionären für Landwirtschaft erstreckte sich auch auf den eigenen Apparat. Das Politbüro setzte am 21. April 1953 auch den Leiter der ZK-Abteilung Schäfer ab. Sein Nachfolger wurde Fritz Hecht.[430] – So wirkte sich die Slánský-Hysterie auch auf die Agrarpolitik aus. Minister Schröder (DBD) war von Form und Inhalt der aktuellen Politik dermaßen betroffen, daß er seinen Rücktritt einreichte. Grotewohl entließ ihn am 15. Mai 1953 aus „Gesundheitsrücksichten"[431]

Eine „Direktive über die Entfaltung der Massenkontrolle zur Erfüllung des Anbauplanes", am 20. April 1953 vom Sekretariat des ZK bestätigt, gaukelte derweil „hervorragende Leistungen" in LPG und VEG vor. Angesichts der zahllosen Schwierigkeiten in vielen Dörfern war die Schönfärberei grotesk. Vom „leuchtenden Beispiel der Überlegenheit der genossenschaftlichen Großproduktion gegenüber der kleinen zersplitterten Bauernschaft" war die Rede und davon, daß die bisherigen Anstrengungen zu verdoppeln seien.[432]

426 Siehe Protokoll der Sekretariatssitzung am 12.3.1953, SAPMO BArch, DY 30, J IV 2/3-368, Bl. 4f.

427 Siehe Protokoll der Sekretariatssitzung am 9.4.1953, SAPMO BArch, DY 30, J IV 2/3-374, Bl. 1, 20-26

428 Notizen der ZK-Abteilung für Landwirtschaft, SAPMO BArch, DY 30, 2/7-93.

429 Siehe Beschluß Sicherung der Einhaltung des Anbauplanes, Protokoll der Ministerratssitzung am 30.4.1953, BArch, DC 20, I/3-186, Bl. 10, 102f.

430 Siehe Protokoll der Politbürositzung am 21.4.1953, SAPMO BArch, DY 30, J IV 2/2-276, Bl. 4.

431 Siehe Protokoll der Ministerratssitzung am 15.5.1953, BArch, DC 20, I/3-188, Bl. 5. Die Ab- und die Neuberufung erfolgten außerhalb der Tagesordnung. Siehe dazu auch unten die sowjetische Stellungnahme.

432 Siehe Protokoll der Sekretariatssitzung am 20.4.1953, SAPMO BArch, DY 30, J IV 2/3-377, Bl. 2, 17-19.

3.4. Die Haltung Moskaus im Frühjahr 1953 und erste Überlegungen für Korrekturen

3.4.1. Verdrängung und Verharmlosung

Im Urteil über die Haltung Moskaus zur Krise in der DDR im Frühjahr 1953 gehen die Meinungen der Historiker recht weit auseinander. Die Voraussetzungen für Wertungen sind nicht sonderlich gut, russische Archive verweigern den Einblick in wichtige Dokumente. Die Forschung ergab zunächst, daß im sowjetischen Außenministerium, der für die SKK zuständigen Behörde, bis Mitte Mai 1953 eine politische Gefährdung des SED-Regimes nicht gesehen wurde. In russischen Darstellungen findet sich dagegen die Behauptung, Moskau hätte die SED von Anfang an und fortwährend vor einem forcierten Sozialismusaufbau gewarnt.[433] Schließlich ließen bestimmte Dokumente annehmen, insbesondere Innenminister Berija hätte sich 1952/53 gegen den Kurs der SED-Führung ausgesprochen und vor politischen Fehlern gewarnt.

Die folgende Betrachtung zur Politik der SED, so wie sie unter Anleitung und Kontrolle der SKK im Frühjahr 1953 fortgesetzt wurde, erlaubt Rückschlüsse auf die Vorgänge in der sowjetischen Hauptstadt. Der Befund lautet auf längerwährende Sorglosigkeit der Besatzungsmacht und aller ihrer Repräsentanten.[434]

Die rasant wachsenden Flüchtlingszahlen waren nicht nur der SKK, sondern auch Moskauer Behörden bekannt. Ende März legten SKK-Sicherheitsexperten einen Plan vor, der die Schließung des „Schlupfloches Westberlin" vorsah. Von den rund 110000 Menschen, die täglich aus dem Berliner Umland zur Arbeit nach Berlin kamen oder als Touristen die Großstadt besuchten, sowie den rund 50000 Berlinern, die als Berufspendler die Sektorengrenzen überschritten, ging nach Meinung sowjetischer Berater eine Gefährdung für die Sicherheit der DDR aus. Außerdem sahen sie in jenen Privatbetrieben Ostberlins, deren Besitzer in Westdeutschland oder Westberlin lebten, Ausgangspunkte von Geldabfluß. Zur schlagartigen Beseitigung aller dieser Probleme wurde ein neues Grenz- und Paßregime vorgeschlagen, das die fast völlige Abriegelung der Sektorengrenzen bedeutete.[435] Ein solcher Plan muß in Moskau bekannt gewesen sein.

433 So neuerdings Novik, Ottepel', S. 51–63. Hier heißt es ohne hinreichende Belege: „Die sowjetische Führung hatte bereits Ende 1952 und im ersten Halbjahr 1953 den Kurs der Führung in der DDR auf den beschleunigten Aufbau des Sozialismus nicht gebilligt und versucht, auf W. Ulbricht und O. Grotewohl einzuwirken. Doch die Regierung der DDR und das ZK der SED waren, obgleich sie die Kritik akzeptierten, aus vielen Gründen – objektiven und subjektiven – nicht in der Lage, die Situation im Lande zu verbessern" (S. 57). Novik führt einen Bericht Puškins vom 22. 9. 1953 an, in dem die Fehler der SED seit der 2. Parteikonferenz aufgezählt und bewertet wurden, und übernimmt auch an anderer Stelle die spätere Binnenreflexion im UdSSR-Außenministerium kritiklos.

434 Damit werden frühere Annahmen bestätigt. Siehe Scherstjanoi, Wollen wir; Scherstjanoi, SKK-Statut; Scherstjanoi, Deutschlandpolitik; Scherstjanoi, In 14. Tagen. Siehe auch Scherstjanoi, Vyzrevanie.

435 Siehe Maßnahmen zur verstärkten Sicherung der Interessen der Deutschen Demokratischen Republik, 30. 3. 1953, gez. A. Petrov, G. Chrenov, an den Apparat des Politberaters, AVP RF, fond 0457a, opis' 15, papka 80, delo 38, listy 86–91; Maßnahmen zur verstärkten Sicherung der Interessen der Deutschen Demokratischen Republik (Kurzfassung), ebenda, listy 94f.

Indes, keine der SKK-Abteilungen richtete ihre Arbeit auf gesellschaftspolitische Korrekturen aus oder signalisierte die Notwendigkeit derselben.[436] Im Gegenteil. Insbesondere aus der Politberater Semenov unterstellten Informationsabteilung gelangten Berichte nach Moskau, die den Kurs der 10. Tagung guthießen. In dem elfseitigen Bericht des stellvertretenden Abteilungsleiters Orlov vom 20. April 1953 „Über die Lage in der Sozialistischen Einheitspartei Deutschlands im 1. Quartal 1953"[437] wurde der SED bescheinigt, ihre Einwirkung auf die Wirtschaft und bei der Durchsetzung des Sparsamkeitsregimes intensiviert zu haben. Der Arbeitsstil der zentralen und örtlichen Parteiorgane sei besser, die Führung operativer geworden. Der Entwicklung von LPG und MTS habe die SED besondere Aufmerksamkeit geschenkt. Als eine der „Unzulänglichkeiten" fand in dem Bericht Erwähnung, daß es die SED, wie gerade in der Frühjahrskampagne deutlich wurde, noch nicht verstand, kontrollierend und „helfend" auf die staatlichen und kommunalen Leitungen einzuwirken. Außerdem erfuhr man in Moskau: „Die Parteiorganisationen verstärkten die Führung der Genossenschaftsbewegung im Dorf, doch der Arbeit unter den Einzelbauern, die noch immer die Hauptrolle in der landwirtschaftlichen Warenproduktion spielen, schenkten sie nicht die nötige Aufmerksamkeit."[438]

Eine solche Einschätzung war nicht falsch, ging aber an den brennenden Problemen in der DDR und insbesondere auf dem Dorf vorbei. Auch die SKK-Landwirtschaftsabteilung war zu realistischen Einschätzungen nicht im Stande. Gemeinsam mit der SED-Führung hatte sie sich zwar zu mehr Rücksicht auf die noch nicht für LPG votierende werktätige Bauernschaft und zu einer Temporeduzierung bei der Vergenossenschaftlichung entschlossen, doch grundlegende Einwände gegen die Agrarpolitik der 10. ZK-Tagung brachte sie nicht vor.

Die Blindheit für die gesellschaftliche Reichweite der „Unzulänglichkeiten" und deren politische Brisanz ist nicht primär auf ideologische Verblendung zurückzuführen. Die Kontrollkommission hatte in den vergangenen Jahren eine stark pragmatische Politik im ostdeutschen Dorf unterstützt. Ab Herbst 1952 wirkte sich dogmatische Sichtverengung der SED-Führung auf deren Agrarpolitik aus, auch weil sie sich in ihrem Kurswechsel durch die SKK bestätigt und angetrieben sah. An der sowjetischen Haltung hatte sich aber im Grunde wenig geändert: Moskau war an einer seinen Sicherheits- und Wiedergutmachungsinteressen in Deutschland förderlichen gesellschaftlichen Umgestaltung Nachkriegsdeutschlands und an einem Friedensvertrag interessiert. Politische Destabilisierung im „eigenen" Einflußgebiet vertrug sich damit keinesfalls. Daß sie nun doch stattfand, ohne daß eingegriffen wurde[439], lag vor allem an erheblichen funktionalen Störungen in der

436 Siehe Arbeitsplan der SKK-Abteilung für Staatsaufbau für das 2. Quartal 1953, 4.4.1953, AVP RF, fond 0457a, opis' 15, papka 80, delo 38, listy 37–40.

437 Siehe Bericht Orlovs über die Lage in der SED im 1. Quartal 1953, 27.4.1953 (Eingangsstempel) an ZK KPdSU, RGANI, fond 5, opis' 28, delo 54, listy 68–78. Anfang Mai schrieb Orlov übrigens einen ebenso arglosen Bericht über die Lage in der FDJ einschließlich deren Kampf gegen die „Junge Gemeinde" (ebenda, listy 99–104).

438 Siehe Bericht Orlovs über die Lage in der SED, list 73.

439 Auch in neueren Darstellungen finden sich immer wieder Kolportagen der Legende von frühen Warnungen durch Politberater Semenov, etwa bei Löhn, Spitzbart, S. 19. Siehe dagegen Scherstjanoi, In 14 Tagen.

wichtigsten sowjetischen Kontrollbehörde in der DDR. Die politische Gefahr wurde vor allem deshalb nicht rechtzeitig erkannt, weil eine ganze Reihe von relevanten Fakten nicht zur Auswertung vorlag und verfügbare Informationen zunächst fehlgedeutet wurden.

Die Störungen im Informationsfluß hatten ihre Ursachen im Umbau der SKK entsprechend der neuen DDR-Bezirksstruktur und in internen Reibereien auf der Chefetage infolge des seit Sommer 1952 gewachsenen Einflusses der Militärs im gesamten System sowjetischer Präsenz in Deutschland. Letzteres hatte seine Entsprechung in Moskauer Regierungskreisen, wo bereits in den letzten Lebenswochen Stalins der Kampf um die Nachfolge in der Führung des Landes einsetzte. Außerdem behinderte die seit Sommer bestehende neue Leitungsstruktur der SKK die Koordinierung der Arbeit, weil einige Abteilungen, darunter die für Landwirtschaft, nicht dem Stellvertreter für Wirtschaftsfragen, sondern dem für Staatsaufbau unterstanden.[440]

Die Mängel fielen erfahrenen SKK-Mitarbeitern auf.[441] Der langjährige Wirtschaftsexperte der SKK Chomjakov stellte auch eine weitere bemerkenswerte, neue Tendenz fest: Da „die von den sowjetischen Experten geleistete Hilfe gegenwärtig nicht mehr ausreicht", die deutschen Fachkräfte aber „entsprechendes Wissen bereits erworben haben", seien die Deutschen bestrebt, „den eigenen Staatsapparat allmählich von der Kontrolle durch die sowjetischen Spezialisten und Experten freizumachen". Chomjakov formulierte in einem Bericht an die SKK-Leitung: „Fälle mangelnder Abstimmung bei der Entscheidung von Wirtschaftsfragen durch einzelne Organe der SKK schufen bei den deutschen Führungskräften Unsicherheit hinsichtlich der auf Empfehlung der SKK angenommenen Beschlüsse, so daß solche Fragen wiederholt auf der Leitungsebene der SKK erörtert werden mußten." Insbesondere Struktur- und Stellenplanänderungen in Wirtschaftsministerien, aber auch die Normenüberprüfung zögen sich wegen langwieriger Abstimmung zwischen deutschen und sowjetischen Stellen unnötig hin.

In der SKK-Landwirtschaftsabteilung unter Stupov kam es obendrein zu spezifischen funktionalen Störungen, so daß diese Abteilung ein wenig akzeptabler Partner für die SED-Führung war. Die 20 Mitarbeiterstellen umfassende, erst im Mai 1952 gebildete Struktureinheit wurde von einem Neuling in Deutschlandfragen geleitet, der, wie erwähnt, obendrein weitgehend unpassende Kollektivierungserfahrungen einbrachte. Die Abteilung begann ihre Arbeit mit fünf Referenten. Acht weitere Spezialisten trafen erst im November/Dezember 1952 aus Moskau in Berlin ein. In den Bezirksvertretungen der SKK blieben – mit Ausnahme Rostocks – die Stellen für Landwirtschaftsexperten unbesetzt. Bis Februar 1953 war von den angeforderten 12 Agrarspezialisten für die Bezirke aus dem sowjetischen Landwirtschaftsministerium nur einer angereist. Der Mangel an Fachpersonal in den Bezirken beeinträchtigte nach Stupovs Meinung die Arbeit der Abteilung in Berlin-Karlshorst erheblich. Außerdem blieb in der Zentrale die überaus

440 Siehe Scherstjanoi, SKK-Statut, S. 84–93.

441 Siehe Analyse Chomjakovs „Über Formen und Methoden der Tätigkeit der für die Wirtschaft zuständigen Organe der sowjetischen Kontrollkommission in Deutschland", 28.4.1953, mit dem Vermerk „dringend" weiter an Sitnin, Matveev u.a. als Vorlage für eine Besprechung am 5.5.1953, AVP RF, fond 458, opis' 356, delo 4.

wichtige Stelle des Referenten für Erfassung und Aufkauf frei.[442] Ende Februar brachte Čujkov den dringenden Personalmangel in Moskau zur Sprache. Er forderte 37 erfahrene Fachleute an, darunter 9 Agronomen und zwei Spezialisten für Erfassung und Aufkauf. Erst Ende April 1953 waren die neuen Berater für Landwirtschaft in Moskau ausgewählt.[443]

Dem lange Zeit unvollständigen Mitarbeiterkreis um Stupov in Karlshorst waren also die Auseinandersetzungen, wie sie in den ostdeutschen Dörfern stattfanden, nicht hinlänglich bekannt. So dürfte Stupov die Zeichen kaum richtig zu deuten gewußt haben. Außerdem unterlag er, ob nun politisch sensibel oder nicht, den gleichen atmosphärischen Einflüssen, wie sie ein Mitarbeiter des Politberaters beschrieb: Von internen Reibereien und undurchsichtigen Vorgängen in Moskau genervt, habe Semenov Anfang 1953 erklärt, kein Wort mehr über Unzufriedenheit unter Arbeitern in der DDR in Berichten lesen zu wollen.[444] Es darf angenommen werden, daß die Bestrebungen der SED-Führung, in Moskau ein Gespräch auf oberster Ebene zu erwirken, Semenovs Ärger noch vergrößerten.

Der Tod Stalins am 5. März 1953 änderte zunächst deshalb nichts am Verhältnis SED-SKK, weil er nichts an den deutschlandpolitischen Plänen Moskaus änderte. Vermutlich nutzte Ministerpräsident Grotewohl die Trauerfeierlichkeiten in Moskau, um dort endlich deutlich zu machen, daß die SED die Lage in der DDR für „ernst" hielt und auf materielle Unterstützung bzw. Reduzierung der rüstungsrelevanten Leistungen der DDR-Volkswirtschaft angewiesen war. Er dürfte damit keinen Erfolg gehabt haben, denn er erinnerte am 27. März 1953 die zuständigen Mitglieder seines Kabinetts an die unabdingbare Plantreue bei Reparationslieferungen, und dies in Gegenwart einer größeren sowjetischen Abordnung aus der Verwaltung für Reparationen der SKK und der Verwaltung für sowjetisches Eigentum in Deutschland (USIG) unter Leitung ihres neuen Chefs Bebenin. Anlaß waren die unzureichende Erfüllung der Reparationsaufträge und eine wachsende Neigung in den Betrieben der DDR, solche wegen unsicherer Zulieferungen und ständig wechselnder Auftragslage gar nicht erst anzunehmen.[445] Im Jahr 1953 sollten Reparationen in einem Wert von 641,3 Millionen DM geleistet werden. Statt 19 Prozent waren zum 1. April nur 10 Prozent davon erbracht, was die sowjetische Seite veranlaßte, die Sicherstellung der Lieferung zu fordern.

Recht unvermittelt[446] signalisierte Moskau dann aber doch ein Einlenken. Am 13. April 1953 erreichte das ZK der SED die Mitteilung der Sowjetregierung, daß

[442] Siehe über den Stand der Entwicklung der Landwirtschaft der DDR im Jahr 1952, AVP RF, fand 457a, opis' 15, papka 80, delo 35, listy 42-99, hier list 98.

[443] Protokoll und Material der Sitzung des Sekretariats des ZK der KPdSU vom 25.-30. 3. 1953, RGANI, fond 4, opis' 9, delo 720 listy 47-54.

[444] Siehe Mazaev, Berlin.

[445] Unterlagen zur Konferenz beim Ministerpräsidenten am 27. 3. 1953 (Dispositionen, Beschlußentwurf, Statistiken, Einladungen, Protokoll, Beschluß über Maßnahmen zur Sicherung der Reparationslieferungen im Jahre 1953), SAPMO BArch, NY 4090, 340, Bl. 12-38, 85-91, 100 f., 111-121.

[446] Vermutlich bereitete sich die SED-Führung gerade auf eine Moskau-Reise vor. Das Sekretariat des ZK bestätigte die Zusammensetzung einer Delegation aus Grotewohl, Ulbricht, Rau, Ackermann und Leuschner. Sie erhielt am 8. 4. 1953 den Auftrag, innerhalb einer Woche die zusätzlichen Probleme, die in einem nicht näher bestimmten Bericht noch nicht enthalten waren, auszuarbeiten. Von dieser Delegation war später nie mehr die Rede. Siehe Protokoll der Sekretariatssitzung am 8. 4. 1953, SAPMO BArch, DY 30, J IV 2/3-274, Bl. 2.

diese „nach Durchsicht der im Schreiben des ZK der SED gestellten Fragen" beschlossen hatte, Erleichterungen bei den Reparationen und günstigere Konditionen für die vereinbarten Warenlieferungen zu gewähren, „um dem deutschen Volk bei der weiteren Entwicklung der Volkswirtschaft" der DDR, die „den Weg des Aufbaus des Sozialismus beschritten hat, zu helfen."[447] Das Angebot beinhaltete eine 20prozentige Reduzierung bestimmter Reparationslieferungen bei Ausgleich durch andere Lieferungen, eine über 50prozentige Reduzierung von Warenlieferungen aus SAG-Betrieben und eine 50prozentige Senkung der Restzahlungen aus dem Verkauf einiger SAG im Sommer 1952. Außerdem folgte die sowjetische Regierung dem Wunsch, ihre Forderungen an die DDR-Werften und die Hersteller von Ausrüstungen der Grundstoffindustrie herabzusetzen. Damit entsprach Moskau im großen und ganzen den im Herbst 1952 von der SED-Führung formulierten und in der Lageanalyse vom Februar 1953 aktualisierten Hilferufen.[448] Doch inzwischen hatte die Krise eine neue Qualität erreicht, und das sah im April 1953 in Moskau noch niemand. Der DDR-Ministerpräsident würdigte die „umfangreichen freundschaftlichen Maßnahmen zur Förderung der friedlichen Aufbauarbeit" in der DDR daher nur ganz allgemein, [449] und das Politbüro setzte eine Kommission ein, die die Industrieproduktion auf das neue Angebot abstimmen sollte.[450] Und während man in Grotewohls Büro an dem offiziellen Dankschreiben für die „hochherzige Hilfe für den Aufbau des Sozialismus" in der DDR arbeitete[451], billigte SKK-Chef Čujkov die SED-Entwürfe für das DDR-Regierungsprogramm zur strengsten Sparsamkeit.[452]

Die Moskauer Entscheidung entsprach in keiner Weise der Krisenentwicklung. Der Situation angemessen wäre eine solche materielle Hilfe gewesen, die rasch und nachhaltig die Versorgung verbessert hätte und vielleicht auch noch propagandistisch zu verwerten gewesen wäre. Für derartige Hilfeleistungen sahen die Nachfolger Stalins im April 1953 jedoch keine Notwendigkeit. Schließlich versuchte das SED-Politbüro, bei den laufenden Außenhandelsvertragsverhandlungen in Mos-

[447] Schreiben Čujkovs an das Zentralkomitee der SED, 13.4.1953 (deutsche Übersetzung), SAPMO BArch, DY 30, NY 4090, 473, Bl. 74–76, hier Bl. 74; Protokoll der Politbürositzung am 14.4.1953, SAPMO BArch, DY 30, J IV 2/2-275, Bl. 2.

[448] Noch im Februar verfaßte der SKK-Vorsitzende ein Schreiben an Ministerpräsident Grotewohl. Darin kündigte er 300 000 Tonnen Getreide noch für das 1. Quartal 1953 an, eine gemäß Regierungsbeschluß vorgezogene Lieferung entsprechend langfristigen Handelsvereinbarungen. Siehe Schreiben Čujkovs an Grotewohl, 27.2.1953, AVP RF, fond 458, opis' 366, delo 1, list 199. In deutschen Archiven fand sich dazu nichts. Über den Zeitpunkt der Lieferung ist mir nichts bekannt.

[449] Protokoll der Ministerratssitzung am 16.4.1953, BArch, DC 20, I/3-184, Bl. 7.

[450] Siehe Protokoll der Politbürositzung am 14.4.1953, SAPMO BArch, DY 30, 2/2-275, Bl. 2.

[451] Siehe Entwürfe „Hochherzige Hilfe für den Aufbau des Sozialismus" und „Kommuniqué der Regierung der DDR", SAPMO BArch, NY 4090, 473, Bl. 81–88.

[452] Siehe Bericht über die Sitzung beim Ministerpräsidenten am 17.4.1953 zu den Maßnahmen des Sparsamkeitsregimes, 20.5.1953 von Geyer an Čujkovs, AVP RF, fond 458, opis' 366, delo 1, listy 308–317; Protokoll der Politbürositzung am 14.4.1953, SAPMO BArch, DY 30, J IV 2/2-275, Bl. 8; Anlage: Entwurf für eine Anweisung des Ministerpräsidenten zur Durchführung des Politbürobeschlusses über einen Feldzug für Sparsamkeit, Bl. 43–48; Schreiben Čujkovs an Ulbricht zum Entwurf einer Direktive des Ministerrates über strengste Sparsamkeit, 30.4.1953, AVP RF, fond 458, opis' 366, delo 1, list 277. Von Čujkovs kamen keine nennenswerten Änderungswünsche zum Entwurf. Er empfahl lediglich Zusätze, die die Einführung der wirtschaftlichen Rechnungsführung und die erhöhte Verantwortlichkeit der Ministerien festschrieben.

kau die Probleme in der DDR-Landwirtschaft, insbesondere die Futtermittelnotlage, anzusprechen, die man auf die rasche LPG-Entwicklung sowie auf die schlechte Ernte 1952 zurückführte. Noch im 2. Quartal werde dringend zusätzliches Futtergetreide benötigt.[453] Auch dieser Versuch bleib erfolglos.

Mitte April wurde Politberater Vladimir Semenov in eine neue Funktion im Moskauer Außenministerium gerufen. Seine Nachfolge trat der Ideologe Pavel Judin an. Semenov brachte keine Hinweise auf eine bedrohliche Lage in der DDR mit. Warum auch? Was er in seiner Funktion als politischer Berater beim SKK-Vorsitzenden hatte wahrnehmen wollen, war stets nach Moskau gemeldet worden. Er wurde jetzt in die Vorbereitung einer neuen sowjetischen Noteninitiative einbezogen, wobei die außerordentlichen politischen Belastungen des SED-Regimes zunächst keine Beachtung fanden.[454] Etwa zur gleichen Zeit wie Semenov verließ übrigens auch SKK-Agrarexperte Stupov – vermutlich zum Urlaub – Berlin. Etwa einen Monat lang wurde er nun von seinem Kollegen A. P. Lisenkov vertreten. Die Frühjahrsbestellung in der DDR war abgeschlossen, und die letzten Berichte Stupovs zum Stand der Feldarbeiten und der Kollektivierung waren ebenso frei von außerordentlichen Vorkommnissen und besorgniserregenden Wertungen, wie die Berichte seines Stellvertreters im Amt.[455] – Die SED-Führung bereitete „zur Verstärkung der Aktivität der Bauern Westdeutschlands in ihrem Widerstand gegen die Adenauer-Regierung und deren Agrarpolitik" für die Zeit von Juni bis September 1953 DDR-Besuche von „Delegationen westdeutscher Bauern zur Besichtigung vorbildlicher landwirtschaftlicher Produktionsgenossenschaften und Maschinen-Traktoren-Stationen" vor. Werktätige Bauern aus Ost- und Westdeutschland sollten in die UdSSR reisen.[456]

In allgemeinen politischen Fragen bestand zwischen SKK und SED-Führung kein Dissens. Die Kontrollbehörde würdigte die von ihr zuvor geforderte größere Aufmerksamkeit der Staatspartei für „Kaderfragen"[457] und nahm kommentarlos auch den Plan der Feierlichkeiten zum 60. Geburtstag Walter Ulbrichts am 30. Juni zur Kenntnis, den das Politbüro am 14. April bestätigt hatte.[458] Sie hielt auch an den Plänen zur Entwicklung der DDR-Landwirtschaft fest. Die wichtigste Aufgabe sah sie in der Festigung der LPG, weswegen ihnen nach wie vor niedrigste MTS-Tarife, Steuer- und Abgabenermäßigungen, vorrangige Dünger- und Saatgutzuweisung sowie staatliche Unterstützung bei der fachlichen Weiterbildung des Leitungspersonals gewährt werden sollten. Beim Umgang mit den Großbauern müsse unterschieden werden zwischen Abgabesaboteuren, die streng zu bestrafen seien, und Pro-

453 Siehe Protokoll der Politbürositzung am 21. 4. 1953, SAPMO BArch, DY 30, J IV 2/2-276, Bl. 2.

454 Siehe ausführlicher Scherstjanoi, Sowjetische Deutschlandpolitik; dies., In 14 Tagen.

455 Siehe diverse Berichte für April 1953 in AVP RF, fond 458, opis' 356, delo 9.

456 Vorlagen an das Sekretariat des ZK, SAPMO BArch, DY 30, IV 2/7-93, Bl. 239, 324f., 327. Der Kostenvoranschlag für die Mecklenburg-Reise von 100 westdeutschen Bauern belief sich auf 42 654,00 DM.

457 Siehe Bemerkungen der Informationsabteilung zu den Ausführungen Schirdewans und Axens auf der Tagung zur „Verbesserung der organisatorischen Arbeit der Partei" am 24./25. 4. 1953, AVP RF, fond 458, opis' 356, delo 5, listy 88–90. Axen habe die „Kaderfrage" nicht gründlich genug behandelt, hieß es, und aus Malenkovs Rede auf dem XIX. KPdSU-Parteitag nicht die richtigen Schlüsse gezogen. Siehe Dokumente der SED, Bd. IV, S. 364 ff.

458 Siehe Protokoll der Politbürositzung am 14. 4. 1953, SAPMO BArch, DY 30, 2/2-275, Bl. 49–54; Beschlußtext auch in AVP RF, fond 458, opis' 356, delo 5.

duktions- und Abgabewilligen, auf die der Staat *keinen zusätzlichen* Druck ausüben solle. Die örtlichen Organe seien von allen Versuchen abzuhalten, solche Großbauern zu „liquidieren", gleichwohl bleibe es bei der Politik der Beschränkung und folglich der Verdrängung kapitalistischer Elemente aus dem Dorf, hieß es in einer Stellungnahme der Landwirtschaftsabteilung von Anfang Mai 1953.[459]

Die Entwicklung des Ackerbaus in der DDR 1951 bis 1952 und die Planungen bis 1955 aus der Sicht der SKK, April 1953[460]

	1951 Plan	1951 Ist	1952 Plan	1952 Ist	1953 Plan	1955 Plan
Anbaufläche in 1000 ha	5100,9	5017	5108	5006	5114	5126
Hektarerträge Getreide/Hülsenfrüchte in Ztr/ha	21,5	25,9	24,6	24,3	25,2	25
Hektarerträge Kartoffeln in Ztr/ha	184,3	178,9	192	168	190	205
Hektarerträge Zuckerrüben in Ztr/ha	285,7	279,4	296	293	304	315
Erträge insgesamt Getreide/Hülsenfrüchte in 1000 t	6299,4	7411,8	7199,8	7009,8	7178	7317
Erträge insgesamt Kartoffeln in 1000 t	15 481,7	14 871,6	16 267	13 934,7	16 203,7	17 507
Erträge insgesamt Zuckerrüben in 1000 t	6279,5	6047,5	6480	6336,4	6835,2	6876

Die Übereinstimmung zwischen SED-Führung und SKK fand ihren Ausdruck besonders deutlich im Verhalten Čujkovs bei der Besetzung des vakant gewordenen Postens des Landwirtschaftsministers. Gegen die Ablösung von Schröder brachten „die Freunde" keine Einwände vor. Lediglich die geringe fachliche Erfahrung des Kandidaten Hans Reichelt (zu diesem Zeitpunkt Mitglied des Parteivorstandes der DBD) beschäftigte die politischen Entscheidungsträger. Als Walter Ulbricht am 28. April Čujkov vom Vorschlag der SED-Führung[461] in Kenntnis setzte, räumte er ein, daß Reichelt kein ausgewiesener Agrarfachmann war. „Wir wissen, daß das ein Experiment ist, da dieser Genosse (sic) relativ jung ist." Ihm sollten Spezialisten an die Seite gestellt werden. Außerdem erhoffte man sich von den ZK-Sonderbeauftragten in den Bezirken wirksame Hilfe für ihn.[462] Für die SKK war

[459] Siehe Material zur Frage der Hilfe von Partei und Staat für die Landwirtschaft, Datum der Abschrift: 9. 5. 1953, AVP RF, fond 0457 b, opis' 14a, papka 168, delo 37, listy 195–205.

[460] Siehe Die Entwicklung der Landwirtschaft der DDR in den ersten beiden Jahren des Fünfjahrplanes 1951 und 1952, 8. 4. 1953, AVP RF, fond 458, opis' 356, delo 9, listy 21f.

[461] Das Politbüro einigte sich am 21. 4. auf Reichelt als neuen Landwirtschaftsminister. Siehe Protokoll der Politbürositzung am 21. 4. 1953, SAPMO BArch, DY 30, J IV 2/2-276, Bl. 4.

[462] Siehe Schreiben Ulbrichts an Čujkovs über neue Kader im Landwirtschaftsministerium, 28.4.1953, AVP RF, fond 458, opis' 366, delo 1, list 270.

das Alter Reichelts (er stand kurz vor seinem 28. Geburtstag) kein Problem, wohl aber seine berufliche Unerfahrenheit. „Die Sowjetische Kontrollkommission in Deutschland verfügt nicht über ausreichende Informationen, um sich für oder gegen die Kandidatur Hans Reichelts auf den Posten des Landwirtschaftsministers der DDR auszusprechen. Er ist uns in seiner Tätigkeit, insbesondere in Sachen Landwirtschaft, nicht bekannt", hieß es in einem Briefentwurf Semičastnovs. „Die Biographie Hans Reichelts belegt, daß er sich mit Landwirtschaft aktiv nie beschäftigt hat und wohl kaum kompetent ist, die großen Aufgaben der Landwirtschaft zu lösen."[463] Die Argumente fast wörtlich aufgreifend, riet Čujkov der SED-Führung: „Angesichts der Wichtigkeit der Aufgaben, die vor der Landwirtschaft stehen, scheint es zweckmäßig, nochmals über die Kandidatur für den Posten des Ministers für Landwirtschaft nachzudenken und dafür einen Menschen zu berufen, von dem man vollständig überzeugt sein kann, daß er die höchst schwierigen Aufgaben in der Landwirtschaft erfolgreich meistert, damit das Experiment [mit einem unerfahrenen Kandidaten – E. S.] den erfolgreichen Aufbau des Sozialismus nicht zu teuer zu stehen kommt."[464]

Die SED hielt sich nicht an diesen Ratschlag, der allerdings keinesfalls als Befehl für einen Kurswechsel zu deuten ist. Čujkov billigte mit demselben Schreiben die Entsendung von ZK-Sonderbevollmächtigten in die Bezirke. Er gab lediglich zu bedenken, daß die Verantwortung der unteren SED-Strukturen nicht eingeschränkt werden dürfe. Da bereits mehr als 4000 LPG bestanden, sollten sich Vertreter des ZK der SED und des Landwirtschaftsministeriums regelmäßig mit den Sonderbevollmächtigten sowie den Kreis- und Bezirks-Landwirtschaftsfunktionären zu Beratungen zusammenfinden.

Stalins Nachfolger bereiteten derweil eine verbesserte Neuauflage der Note vom 10. März 1952 vor.[465] Erst Anfang Mai kam die neue sowjetische Führung um Malenkov, Molotov und Berija auf die außergewöhnlichen Zustände in der DDR zu sprechen, – nicht, weil man nun über ganz neue Daten verfügte oder weil die DDR in der Deutschlandpolitik eine andere Funktion bekommen hatte, sondern weil man erkannte, daß eine Destabilisierung im östlichen Teilstaat jedweder deutschlandpolitischen Initiative schaden mußte. Daß es Innenminister Berija war, der diese Zusammenhänge herstellte und als erster ein Papier mit Fluchtzahlen vorlegte, ist weder Beweis für bessere Kenntnisse, noch Beweis für irgendwelche spezifischen Deutschlandpläne.[466] Die von Berija vorgelegten Fakten waren keinesfalls auf aktuellem Stand, seine Fluchtzahlen reichten nur bis März.[467] Der Kommentar

[463] Entwurf Semičastnovs für ein Antwortschreiben, 7. 5. 1953, AVP RF, fond 458, opis' 366, delo 1, listy 274 f., hier list 274. Randnotiz: „Der amtierende Leiter der Abteilung Landwirtschaft Gen. Lisenkov ist mit den dargelegten Bemerkungen einverstanden. 6. 5. 1953, gez. Lisenkov."

[464] Schreiben Čujkovs an Ulbricht, 15. 5. 1953, AVP RF, fond 458, opis' 366, delo 1, listy 303 f., hier list 303. Hervorzuheben ist, daß Reichelt selbst als Absolvent der Antifaschule in sowjetischer Kriegsgefangenschaft nach Ansicht der SKK für das neue Amt zu unerfahren war.

[465] Ausführlich dazu Scherstjanoi, Sowjetische Deutschlandpolitik.

[466] Geheimdienst-Historiker vermuten, daß Berija die Argumente vorbrachte, um später begründen zu können, warum er im Frühjahr 1953 den sowjetischen Aufklärungsapparat in Deutschland von Leuten seines Amtsvorgängers bereinigen ließ. Siehe Bailey/Kondraschow/Murphy, Front, S. 201–210.

[467] Es hieß, im ersten Quartal seien insgesamt 84.034 Ostdeutsche geflohen. Das entspricht den Angaben des DDR-Innenministeriums und lag etwas über den im SED-Apparat registrierten Monatsmeldungen.

zur Massenflucht enthielt Binsenweisheiten: Nicht nur gegnerische Propaganda, sondern eine ablehnende Haltung gegenüber dem gesellschaftspolitischen Kurs sowie die allgemein schlimme Versorgungslage würden Gewerbetreibende, Großbauern und Unternehmer, aber auch Arbeiter, Angestellte und Inhaber kleiner Agrarbetriebe aus der DDR vertreiben.[468] Auch Berijas Papier verlangte lediglich kosmetische Korrekturen. Es forderte die Stärkung des Staatsapparates. Die Auflagen zur Sicherung der Verteidigungsbereitschaft der DDR und ihren Beitrag zur Aufrüstung in der UdSSR erwähnte der dafür verantwortliche Berija nicht.

3.4.2. Besorgnis in Moskau

Interne Debatten im sowjetischen Außenministerium hatten mittlerweile zu der Einsicht geführt, daß es für die Glaubwürdigkeit der UdSSR gut wäre, der DDR die verbleibende Reparationslast zu halbieren. Aus gleichem Grund schien es angebracht, die SKK aufzulösen und eine westlichen Strukturen adäquate Kontrollbehörde zu schaffen.[469] Mit dem Papier des Innenministers konfrontiert, nahm man sich im Außenministerium nun auch des Problems der Massenflucht aus der DDR an. SKK-Chef Čujkov wurde eine Stellungnahme abverlangt, Vorschläge zur Eindämmung der Fluchtbewegung wurden erarbeitet.[470]

Trotz aller Wahrnehmungsbeschränkungen hatte die Information aus dem Berija-Apparat auch das Außenministerium alarmiert. Es forderte einen Bericht an. Am 18. Mai 1953 sandten Čujkov, Politberater Judin sowie der vormalige Stellvertreter Semenovs, der Geheimdienst-Experte Il'ičev, derzeit Leiter der diplomatischen Mission der UdSSR bei der DDR-Regierung, einen ausführlichen Lagebericht mit neuesten Fluchtzahlen an den neuen sowjetischen Regierungschef Malenkov in dessen Funktion als Mitglied des Präsidiums des ZK der KPdSU.[471] Sie legten dar, was der Führung der SED zu raten wäre.

Die drei in Berlin maßgeblichen Vertreter sowjetischer Interessen berichteten, daß in den ersten vier Monaten des Jahres 120.109 Personen die DDR illegal verlassen hatten. Bei der sozialen Aufschlüsselung nannten sie 7555 Bauern (ohne Fa-

[468] Auszüge und ein Faksimile des Berichtes von Berija an das Präsidium des ZK der KPdSU bei Bailey/Kondraschow/Murphy, Front, S. 203f. Der Bericht wird mit 6. 5. 1953 datiert, lag aber höchstwahrscheinlich bereits am 5. 5. 1953 zur Sitzung des Präsidiums des Ministerrates vor. Die Protokolle von Sitzungen des sowjetischen Ministerrats sind unzugänglich.

[469] Ausführlicher dazu auch Scherstjanoi, In 14 Tagen, S. 914.

[470] Siehe On the Question of Preventing the Defection of Inhabitants from the GDR to West Germany, 5. 5. 1953 (handschriftlich korrigiert in „Juni" 1953, aber am Ende datiert mit 15. 5. 1953), o. U., Abschrift 15. 5. 1953 an Semenov, in: Ostermann, Uprising, S. 97–99 (Übersetzung aus dem Russischen), Quelle: AVP RF, f. 0742, op. 41, p. 271, d. 92, l. 99–102. Der Herausgeber charakterisiert das Dokument als Memorandum des sowjetischen Außenministers an Semenov, doch finden sich Indizien dafür, daß dieser es selbst verfaßte, nachdem er am 5. 5. von Berijas Vorstoß gehört hatte. Semenov bringt nur Fakten für die Zeit vor seinem Weggang aus Berlin. In meinem Aufsatz „Die sowjetische Deutschlandpolitik nach Stalins Tod 1953" bezeichnete ich ein Papier Semenovs vom 31. 5. als das früheste bekannte Zeugnis einer Thematisierung der Lage in der DDR durch das sowjetische Außenministerium. Das muß ich nun korrigieren. Eine Prüfung im Archiv war mir aber nicht möglich.

[471] Siehe Schreiben Čujkovs, Judins und Il'ičevs an Malenkov, 18. 5. 1953, in: Ostermann, Uprising, S. 100–109 [Übersetzung aus dem Russischen], Quelle: Archiv des Präsidenten der Russischen Föderation, Moskau, fond 3, opis' 64, delo 802, listy 124–144. Siehe auch Ostermann, Politburo (Dokumentation), S. 74–78. Das Präsidentenarchiv ist nicht allgemein zugänglich, Einsichtnahme war mir nicht möglich.

milienmitglieder).[472] Auf die Ursachen eingehend, wiesen sie auf SED-Beschlüsse *infolge* der 2. SED-Parteikonferenz hin, die der Verdrängung „kapitalistischer Elemente“ in Industrie und Handel sowie der „Klasse der Kulaken“ dienten. Speziell in der Landwirtschaft waren:

(1) das Fleisch-Soll im Vergleich zum Vorjahr angehoben und die Abgabenschulden rücksichtslos eingetrieben worden, wobei Verzüge als Straftat betrachtet und mit Enteignung geahndet wurden;

(2) Großbauern bei der MTS-Nutzung benachteiligt und die Tarife angehoben worden, wobei die Kosten für einen Großbauern [im Dokument immer: Kulak] doppelt so hoch wurden, wie für Bauern mit weniger als 20 ha LNF;

(3) Großbauern in der Düngemittelversorgung hintangestellt worden;

(4) Großbauern von langfristiger Kreditierung ausgeschlossen und bei kurzfristigen Krediten stark benachteiligt worden;

(5) Bauern mit mehr als 20 ha LNF und mit mehr als einem ständigen Lohnarbeiter der Eintritt in die LPG verwehrt worden.

Des weiteren hieß es, wegen der Zwangsrequirierung der Bauerntechnik durch die MTS wären die Kulaken 1953 nicht dazu in der Lage gewesen, ihre Traktoren und anderen Maschinen gewinnbringend zu verleihen. Außerdem wurden Großbauern aus den Leitungen der Bauernorganisationen verdrängt. Schließlich nannten die SKK-Vertreter noch den Beschluß des SED-Politbüros über die Gewährung von Resthöfen. Durch diesen wäre der Druck auf die Kulaken-Klasse noch gewachsen! Dies alles hätte Bauern zur Hofaufgabe getrieben. Am 1. April 1953 wären 442 800 ha LNF oder 7,3 Prozent aller Fläche verlassen und unbewirtschaftet gewesen, darunter 26 Prozent des Großbauernlandes (absolut gesehen 393 000 ha). Die abschließende Wertung lautete, daß die Verdrängung „kapitalistischer Elemente“ in der Stadt und auf dem Lande in vieler Hinsicht ohne die nötige politische und wirtschaftliche Vorbereitung erfolgte und von der Bevölkerung kaum unterstützt wurde.[473]

In einem weiteren Kritikpunkt war vom Umgang der SED mit den Kirchen die Rede. Die Entscheidung, gegen die „antidemokratischen Aktivitäten der ‚Jungen Gemeinde‘“ auf gerichtlichem Wege vorzugehen, führte, so wurde es eingeschätzt, trotz mangelhafter Beweislage zu vielen Verhaftungen und Prozessen. Schließlich hätte eine Medienkampagne alle Anhänger der „Jungen Gemeinde“ zu Mitgliedern einer westdeutschen Terrororganisation abgestempelt, was die Beziehungen zwischen Staat und Kirche außerordentlich belastete.[474] Čujkov und seine Mitarbeiter berichteten auch über eine generell harte Strafverfolgung. Die Zahl der Verhaftungen belief sich im ersten Halbjahr 1952 auf 11 346, im zweiten Halbjahr auf 17 471. Ende März 1953 zählte man bereits 14 348. Es gebe viele Fälle rechtswidriger Verhaftungen, insbesondere auf Grund der Wirtschaftsstrafgesetze[475], die Verhaftun-

[472] Während die Gesamtzahl wieder mit den Angaben des DDR-Innenministeriums übereinstimmt (siehe Tabelle S. 501), wurden hier weniger Bauern gemeldet, als es die Zahlen in der genannten Tabelle ausweisen. Zugleich liegen die Werte über den im SED-Apparat registrierten Monatsmeldungen.

[473] Siehe Schreiben Čujkovs, Judins und Il'ičevs an Malenkov, 18. 5. 1953, S. 101f.

[474] Siehe ebenda, S. 105f.

[475] Das Gesetz zum Schutze des Volkseigentums vom 2. 10. 1952 wird nicht ausdrücklich genannt, dafür die Wirtschaftsstrafverordnung der DWK vom 23. 9. 1948.

gen schon bei Verdacht erlaubten. Prinzipiell sei die Rechtslage richtig, hieß es, doch in der Praxis käme es zu Überspitzungen. Im ersten Quartal 1953 gab es 5094 Urteile in Wirtschaftsstrafverfahren. Von den insgesamt 54 876 Personen, die sich am 1. April in Gewahrsam befanden, waren über 13 000 in Untersuchungshaft.

Der Bericht ging auf Versorgungsfragen ebenfalls ein, rechtfertigte aber Kartenabschaffung und Preisveränderungen als notwendige Maßnahmen. Von den außerordentlichen volkswirtschaftlichen Belastungen durch Rüstungs- und Reparationsaufträge war nicht die Rede. Überhaupt schien die entstandene Lage ausschließlich auf das Konto der SED zu gehen. 2718 Mitglieder und Kandidaten der SED seien unter den Flüchtlingen der ersten vier Monate des Jahres 1953 gewesen, aber die Parteiführung hätte ein solches Verhalten noch nicht einmal als parteifeindlich qualifiziert.[476]

Dieser der SKK abgeforderte Bericht über die Ursachen der Flucht kann als erste umfassend kritische Reflexion der Lage in der DDR gelten. Er enthielt einzelne, halbherzige Korrekturversuche. Das ließ keine Bereitschaft erkennen, die eigene Verantwortung oder die anderer sowjetischer Dienststellen für die prekäre Lage einzugestehen. Was die Strafverfolgung und den Konflikt mit den Kirchen anbelangte, verfügte die SKK über den nötigen Realitätssinn, doch hinsichtlich anderer Ursachen der Destabilisierung zeigte sie die alten Erkenntnisschranken. Čujkovs Ratschlag ging weiterhin von der unbedingten Erfüllung des DDR-Produktionsplanes 1953 und des Fünfjahrplanes in der Industrie und zugleich von der Abschaffung der Rationierung im Herbst aus. Eine Verbesserung der Versorgung sollte durch erhöhten Import von Rohstoffen, von Lebensmitteln und Konsumgütern erreicht werden, wobei allerdings an moderate Fristen gedacht war: Innerhalb eines Monats sollte erst einmal ein Plan zur Steigerung der Konsumgüterproduktion erarbeitet werden. Vor allem die örtliche Industrie und Handwerksgenossenschaften wären zu fördern.

Was die agrarische Umstrukturierung mit ihren aktuellen Problemen betraf, so ging der SKK-Vorschlag nur wenig über die bisherige Modifizierung des Kurses der 10. ZK-Tagung hinaus. Und er offenbart auch Lücken in der Kenntnis der Beschluß- und Gesetzeslage in der DDR. Einiges von der SED schon selbst in Angriff Genommene, etwa die mittelfristige Beseitigung der Misere in der Viehwirtschaft, erschien im Maßnahmenplan als den Deutschen aufzuerlegende Aufgabe. Die Vorgaben zur LPG-Entwicklung entsprachen den SED-Beschlüssen von Ende März 1953.[477]

Als agrar- und versorgungspolitisch relevante Maßnahmen enthielt Čujkovs Plan:

(1) die Senkung der differenzierten Normen für Pflichtabgaben tierischer und pflanzlicher Erzeugnisse um 10-15 Prozent (dies konnte eine Veranlagung wie im Jahr 1952 bedeuten);

(2) den Ausbau des MTS-Netzes und die Erarbeitung eines Dreijahresplans der Mechanisierung der Landwirtschaft;

[476] Siehe Schreiben Čujkovs, Judins und Il'ičevs an Malenkov, 18. 5. 1953, S. 103f.

[477] Dem Sekretariat der SKK lagen Halbmonatsberichte zur LPG-Entwicklung vor. Čujkov ließ sich unmittelbar vor dem 18. 5. noch einmal die drei gültigen Musterstatuten vorlegen sowie eine Notiz aus der Informationsabteilung über landwirtschaftliche Genossenschaften in Westdeutschland. Siehe AVP RF, fond 458, opis' 356, delo 9.

(3) die Einstellung der Praxis der zwangsweisen Nutzung privater Landtechnik durch die MTS;

(4) die Erarbeitung eines Dreijahresplanes zur Entwicklung der Viehzucht und der Futterwirtschaft, der die bessere Nutzung eigener Reserven ermöglicht;

(5) die Erarbeitung eines Planes der Düngerproduktion, der voll die Bedürfnisse der Landwirtschaft, auch der Großbauernbetriebe, befriedigt;

(6) die Konzentration der Partei- und Staatsorgane auf die wirtschaftlich-organisatorische Festigung der bestehenden LPG, um im Laufe des Jahres 1953 zu erreichen, daß deren Leistung die der besten Bauernwirtschaften übertrifft und das Einkommen der LPG-Mitglieder das der einzeln wirtschaftenden Bauern übersteigt;

(7) bei aller Beschränkung privat-kapitalistischer Elemente: deutliche Differenzierung zwischen großen und kleinen Unternehmern bei Besteuerung, Kreditgewährung, Zuweisung von Lebensmittelkarten u.a., Nutzung des privaten Einzelhandels.[478]

Die SKK schlug auch eine Amnestie für weniger belastete NS-Täter vor. 15 000 bis 17 000 Personen sollten freikommen. Die Untersuchungs- und Justizorgane sollten sofort zur strikten Einhaltung der Polizei-Gesetze und der Strafprozeßordnung verpflichtet werden. Es hieß, ein Regierungsbeschluß vom 5. März 1953 über das gerichtliche Vorgehen gegen Abgaben- und Steuersäumige müsse zurückgenommen werden.[479] Auf die Verordnung vom 19. Februar 1953 indes ging die SKK nicht ein.

Alles in allem (auf weitere Details kann hier nicht eingegangen werden) war der von der SKK-Spitze vorgelegte Plan schon für ein Krisenmanagement, wie es in einer weniger angespannten Lage nötig gewesen wäre, nicht konsequent genug. Er beseitigte lediglich die schlimmsten Auswüchse des Umbruches. Čujkovs Papier war obendrein unehrlich, weil es die volkswirtschaftliche Zwangslage der DDR ignorierte. Die Vorschläge der SKK trieben die kosmetischen Korrekturen, die die SED-Führung schon vorgenommen hatte, nur ein wenig weiter. Der Plan enthielt vertrauensbildende ökonomische Maßnahmen, die durchaus angebracht waren (Senkung der Abgabenormen, Abbruch der Zwangsrequirierung von Bauerntechnik, Verbesserung der Versorgung), rechnete aber mit einem Zeitbudget, das schon nicht mehr vorhanden war, und maß der Propaganda zu große Bedeutung bei. Er war nicht geeignet, der SED das Bewußtsein eines notwendigen, wirklichen Kurswechsels zu vermitteln.

Zu diesem Zeitpunkt hatte man zumindest in Berijas Apparat bereits eingesehen, daß die SKK in der Vergangenheit nicht immer die richtige Orientierung gegeben hatte. So wies der MVD-Resident Kaverznev am 31. Mai 1953 darauf hin: „Ein nicht ganz richtiger Schritt der SKK bestand darin, daß sie der Regierung der DDR empfahl, die Privatunternehmer aus der Lebensmittelkarten-Versorgung auszuschließen."[480] Doch Kaverznev kannte bzw. beschrieb die volkswirtschaftlichen Zusammenhänge nicht richtig. Aus seiner Sicht ergaben sich Fehlentwick-

478 Siehe Schreiben Čujkovs, Judins und Il'ičevs an Malenkov, 18. 5. 1953, S. 107.

479 Ein solcher Beschluß ist nicht bekannt. Vgl. FN 401, 402.

480 Notiz Kaverznevs an Berija, 31. 5. 1953, in: Novaja i novejšaja istorija 2004, H. 1, S. 75–83, hier S. 78.

lungen, weil die DDR-Regierung eine Reihe von Vorschlägen zur Preisgestaltung der SKK nicht oder nur teilweise umsetzte. Die Schuld an der nicht korrekten Realisierung der sowjetischen Forderung, die Karten für Zucker und Zuckerwaren abzuschaffen, schob der MVD-Resident auf SKK-Chef Čujkov, der den Deutschen angeblich zu viel Freiraum beließ. So seien dem DDR-Etat 220 Millionen DM Einnahmen verloren gegangen! Auch bei der Sozialversicherung fehlte es angeblich an staatlicher Konsequenz. An der Forderung nach Normenerhöhung hielt Kaverznev fest. Mit anderen Worten: Noch mehr Sozialabbau wäre besser gewesen! Diese Betrachtungsweise zeigt, wie wenig die Dynamik der Krise auf sowjetischer Seite durchschaut wurde. Zugleich ist das Bestreben erkennbar, Verantwortung abzuwälzen.[481] Auch Kaverznev reflektierte die äußere Belastung der DDR-Wirtschaft nicht. Gleichwohl, Berichte wie der von ihm alarmierten Stalins Nachfolger. Sie mußten das geplante neue Verhandlungsangebot an die Westmächte vor dem Hintergrund besorgniserregender politischer Unruhe im „Faustpfand DDR" überdenken.

Derweil änderte die SKK im Sinne ihrer Vorschläge vorsichtig ihre Haltung. Noch bevor man in Moskau zu einer weitergehenden Entscheidung kam, gab der Vorsitzende der SKK an die SED-Führung einige seiner Ratschläge weiter. Das Präsidium des ZK der KPdSU hatte am 14. Mai beschlossen, Čujkov und Judin sollten Ulbricht und Grotewohl (Wilhelm Pieck weilte zur medizinischen Behandlung in der UdSSR) taktvoll nahelegen, daß die Gründung neuer LPG und die Aufnahme neuer Mitglieder in bestehende LPG wegen „ernsthaftem Zurückbleiben der Arbeit zur organisatorisch-wirtschaftlichen Festigung der landwirtschaftlichen Produktionsgenossenschaften hinter ihrem zahlenmäßigen Wachstum" einzustellen sei. Weitere Anweisungen an die SKK-Leitung würden folgen.[482] Was genau mündlich übermittelt wurde, entzieht sich unserer Kenntnis, doch die SED-Führung nahm die Hinweise zur künftigen Agrarpolitik unaufgeregt zur Kenntnis, entsprachen sie doch ihren eigenen Bemühungen um Schadensbegrenzung.

Am 18. Mai 1953 ließ SKK-Vorsitzender Čujkov Walter Ulbricht eine Stellungnahme zum Entwurf für einen Ministerratsbeschluß zukommen. Die DDR-Regierung hatte am 15. Mai 1953 einer von der SED entworfenen Anordnung zur Erntevorbereitung bereits im Grundsatz zugestimmt[483], für den 6. und 7. Juni plante

[481] So wird behauptet, Grotewohl hätte im März 1953 die Anweisung zum Druck zusätzlicher Papiergelder in Höhe von 200 Millionen Mark gegeben und nur das rechtzeitige Einschreiten der SKK hätte diesen falschen Schritt verhindert. Die genannte Anweisung ist in der Forschung nicht bekannt. Sie widerspricht auch allen bekannten Haltungen und Entscheidungen der SED in Finanz- und Versorgungsfragen. In einem späteren sowjetischen Bericht wird im Rückblick auf die gestörten Konsum-Verhältnisse Anfang 1952 behauptet, im Januar-Februar „wurde die Emission von 500 Millionen Mark gestattet" (siehe Bericht des Hohen Kommissars der UdSSR in Deutschland über die wirtschaftliche und politische Lage in der DDR im Jahr 1953, gez. Mirošničenko, o. D. (Eingangsstempel Sekretariat 17. 7. 1954), RGANI, fond 5, opis' 28, delo 53 , listy 1-151, hier list 41). Die Sachlage ist unklar.

[482] Beschluß des Präsidiums des ZK der KPdSU P 8/14, 14. 5. 1953, RGANI, fond 3, opis' 8, delo 26, listy 69f.

[483] Siehe Protokoll der Ministerratssitzung am 15. 5. 1953, BArch, DC 20, I/30-188, Bl. 6; Entwurf für eine Anordnung zur Vorbereitung und Durchführung der Ernte, Ablieferung, Herbstbestellung und Winterfurche 1953, Material zum Protokoll, BArch, DC 20, I/3-189, Bl. 23-42. Der Entwurf ging ohne Begründung zur abschließenden Bearbeitung an das Präsidium des Ministerrates. Vermutlich war ins Kabinett eine mündliche sowjetische Intervention gelangt.

das Ministerium für LFW in Berlin eine zentrale Beratung mit anschließender Schulung der staatlichen Funktionäre.[484] Die Anordnung enthielt analog zum Beschluß über die Vorbereitung der Frühjahrsbestellung eine Passage, die den allgemeinen Zugriff der Behörden auf alle in den Gemeinden vorhandene Technik erlaubte. Aus Čujkovs Schreiben erfuhr die SED-Führung nun, daß die SKK die „Mobilisierung von Traktoren und landwirtschaftlichen Maschinen bei Privatbesitzern zum Zweck der Ernte in anderen Wirtschaften" für „nicht zweckmäßig" hielt. Die Maßnahme hätte sich bei der Bestellung nicht bewährt, besser sei eine volle Auslastung der MTS.[485]

Das Präsidium des Ministerrates korrigierte den Entwurfstext umgehend und veröffentlichte – nach Billigung durch das Sekretariat des ZK[486] – eine ebenfalls mit 18. Mai datierte „Direktive über die Einbringung der Ernte und die Erfassung landwirtschaftlicher Erzeugnisse", welche Zwangsmaßnahmen nicht mehr vorsah und statt dessen die Behörden, staatliche Erfassungsbetriebe und alle der Anbaupflicht unterliegenden Agrarproduzenten zur rechtzeitigen und verlustlosen Ernte unter maximaler Ausnutzung aller Maschinen und Geräte aufrief. Den Bürgermeistern sollte lediglich die Koordinierung obliegen, nicht aber ein zwangsweiser Technik-Einzug erlaubt sein.[487] Die SED nahm sich auch umgehend der MTS an. Sie entschied, zusätzlich in den Landmaschinenbau zu investieren[488] und riet, für den Kauf von Ersatzteilen 25 000 Westmark aus dem Staatshaushalt zu beantragen.[489]

In der SKK entwickelte man weitere Initiativen. Als das SED-Politbüro am 19. Mai das Sekretariat – wie üblich – anwies, alle Kreis- und Bezirksleitungen sowie die Politischen Abteilungen der MTS mit Richtlinien zur Erntevorbereitung auszurüsten, die diesmal auch Hinweise zur Festigung der LPG enthalten sollten,[490] mischte sich die SKK umgehend in die Arbeit an einem Dokument ein. Am 15. Mai 1953 hatte die DDR-Regierung bereits einen Beschluß zur Entwicklung der LPG verabschiedet, der organisatorische Hinweise an die Räte der Bezirke und Kreise enthielt.[491] Der blieb gültig. Aber die SKK wollte eine spezielle Direk-

484 Siehe Kampfplan zur Durchführung der Ernte und der Erfüllung der Ablieferungspflicht an den Staat, o. D. (Mai 1953), SAPMO BArch, DY 30, IV 2/5-42, Bl. 68–74.

485 Schreiben Čujkovs an Ulbricht, betr. Entwurf eines Regierungsbeschlusses „Zur Vorbereitung und Durchführung der Ernte und der Erfassung landwirtschaftlicher Erzeugnisse im Jahr 1953", 18. 5. 1953, AVP RF, fond 458, opis' 366, delo 1, listy 30f.

486 Siehe Protokoll der Sekretariatssitzung am 18. 5. 1953, SAPMO BArch, DY 30, J IV 2/3-382, Bl. 2, 23–30.

487 Unterlagen des Präsidiums des Ministerrates sind für diese Zeit nicht vorhanden. Siehe Bekanntmachung der Direktive über die Einbringung der Ernte und die Erfassung landwirtschaftlicher Erzeugnisse, 18. 5. 1953, in: GBl. 1953, S. 737–743. Direktive [in der ersten Fassung, 16. 5. 1953, mit dem Vermerk „18. 5. abgelehnt"], siehe SAPMO BArch, DY 30, IV 2/7-94, Bl. 107–115, mit Vermerk vom 26. 5. 1953 über einen von Zmienko am 15. 5. weitergereichten Hinweis, den Passus zur Requirierung zu streichen, und anderen Einwänden, Bl. 116.

488 Siehe Protokoll der Ministerratssitzung am 15. 5. 1953, BArch, DC 20, I/3-188, Bl.5f.

489 Siehe Protokoll der Sekretariatssitzung am 1. 6. 1953, SAPMO BArch, DY 30, J J IV 2/3-384, Bl. 4.

490 Siehe Protokoll der Politbürositzung am 19. 5. 1953, SAPMO BArch, DY 30, J IV 2/2-281, Bl. 2. Die Akte erhielt 1991 einen Zusatz, der einen Zusammenhang zum erwähnten Brief Čujkovs vom 15. 5. 1953 herstellt (Bl. 26f.). Dieser Zusammenhang ist nicht zwingend. Die dortigen Ausführungen Čujkovs zur Festigung der LPG zielten noch nicht auf die „Linie", die nun, wenige Tage später, in der Arbeit an dem Brief an die Kreis- und Bezirkssekretäre, festgehalten wurde.

491 Siehe Beschluß über die Entwicklung der Landwirtschaftlichen Produktionsgenossenschaften, Protokoll der Ministerratssitzung am 15. 5. 1953, BArch DC 20, I/3-188, Bl. 5, 27f.

tive bzw. einen Brief an die Parteileitungen versandt wissen, der ein deutliches Stoppzeichen für weitere LPG-Gründungen setzte. (Zu diesem Zeitpunkt existierten rund 4600 LPG auf rund 638 000 ha LNF). Die SKK reichte daher kurzfristig einen Entwurf für den Brief an das Sekretariat des ZK weiter. Dort wurde – parallel zur weiteren Arbeit an einem solchen Brief in der sowjetischen Behörde – daraus eine erweiterte deutsche Fassung erstellt. Darin hieß es nun, daß „für die Zeit der Vorbereitung und Durchführung der Erntekampagne die Bildung neuer Landwirtschaftlicher Produktionsgenossenschaften nicht zweckmäßig ist und zu dieser Zeit weitere Mitglieder in die bestehenden Genossenschaften nicht aufgenommen werden sollten".[492]

Die SKK-Unterlagen enthalten einen weiteren Entwurf, einen nach Hinweisen von Politberater Judin überarbeiteten Text, der – datiert mit 21.5.1953 – in einem schärferen Ton gehalten war als der erste.[493] Hier war als Begründung – aus der Moskauer Anweisung zitiert – ein „ernsthaftes Zurückbleiben der Arbeit zur organisatorisch-wirtschaftlichen Festigung der landwirtschaftlichen Produktionsgenossenschaften hinter ihrem zahlenmäßigen Wachstum" genannt. Gestrichen war der Passus, der verlangte, bei Wahlen der LPG-Leitungen müsse darauf geachtet werden, daß nur solche LPG-Mitglieder nominiert würden, die „bis ins Innerste der Sache des Aufbaus des Sozialismus ergeben sind". Indes, der vom SED-Sekretariat schließlich vorgelegte deutschsprachige Brief an die Parteileitungen beruhte nicht auf der korrigierten, sondern auf der ersten sowjetischen Vorlage. Der deutsche Text, der den Bezirks- und Kreisleitungen am 21. Mai zuging, war damit weniger kritisch als die Judinsche Korrektur es verlangt hätte. Er machte allerdings deutlich, daß die Aufgabe nicht darin besteht, die Zahl der LPG zu erhöhen.[494]

Besonders bemerkenswert an dem von Ulbricht unterzeichneten Schreiben an die Kreis- und Bezirksleitungen vom 21. Juni 1953 ist, daß es unter dem Stichwort „Mängel" auf eine „völlig ungenügende Durchführung der Verordnung vom 19.2.53" im Hinblick auf die Hofübertragung an die LPG verweist. Der schwierige Umgang mit den in staatliche Verwaltung genommenen Flächen war für die SKK bis dahin kein Thema gewesen – nicht im Bericht nach Moskau und nicht im Briefentwurf für die SED. Es war der agrarpolitische Alltag, der das Problem immer wieder deutlich machte, ohne allerdings eine Rücknahme dieser Verordnung auszulösen. Von der SKK kamen auch keine Lösungsvorschläge.

Gleichwohl bestand die SKK nach dem 21. Juni auf deutlicheren Formulierungen zu den LPG-Gründungen. Am 26. Mai erhielten alle Bezirksleitungen eine Berichtigung aus dem Sekretariat des ZK. Nun hieß es nicht mehr nur, daß die Gründung von LPG vor und während der Ernte „nicht zweckmäßig" sei, sondern daß

492 Siehe Protokoll der Sekretariatssitzung am 21.5.1953, SAPMO BArch, DY 30, J IV 2/3-383, Bl. 1, Anhang: Brief „An die Bezirks- und Kreisleitungen der SED und die Politischen Abteilungen bei den MTS, 21.5.1953", Bl. 52–54, hier Bl. 52.

493 Siehe Entwurf des Briefes, o. D., von Petrov und Lisenkov weiter an Semičastnov, AVP RF, fond 458, opis' 356, delo 9, listy 100–102; Überarbeiteter Entwurf, 21.5.1953, von Lisenkov an Čujkov, handschriftlicher Vermerk: „Ulbricht ausgehändigt 22.5.1953", ebenda, listy 97–99. Die russischen Varianten sind als ein Brief des ZK der SED deklariert.

494 Siehe Protokoll der Sekretariatssitzung am 21.5.1953, Anhang: Brief „An die Bezirks- und Kreisleitungen der SED...", Bl. 54; Protokoll der Politbürositzung am 26.5.1953, SAPMO BArch, DY 30, J IV 2/2-282, Bl. 3, 52–54; Brief siehe auch SAPMO BArch, DK 1, 86, Bl. 5–7.

sie „bis zum Abschluß der Erntearbeiten eingestellt werden muß".[495] Auf einer Beratung der ZK-Abteilung für Landwirtschaft am 29. Mai wurden die Bezirksfunktionäre darüber informiert, daß es erst nach der Ernte weitere LPG-Gründungen geben wird, aber bis zum 15. Juni alle vorhandenen Flächen an die LPG gehen müßten. Die dürften sie aber „nicht aufoktroyiert" bekommen und notfalls wären eben doch neue LPG zuzulassen, freilich nur aus Landarbeitern. Mit einer Kreditvergabefrist wollte man die Übergabe der Flächen beschleunigen.[496] – Die Tagung zur Erntekampagne am 6. und 7. Juni profilierte man zu einer LPG-Konferenz zur Auswertung der Frühjahrsbestellung um.[497] Dem Programm für das anschließende Seminar, das man im Landwirtschaftsministerium entwarf, wurden einleitende Betrachtungen vorangestellt, die zum Ausdruck brachten: Vorläufig keine Neubildung von LPG, keine Neuaufnahmen in bestehende LPG, kein weiterer Übergang zu Typ 3![498] Eine Delegation aus LPG-Mitgliedern und werktätigen Einzelbauern zur Landwirtschaftlichen Allunionsausstellung in Moskau wurde geplant.[499]

Hinsichtlich der Versorgungsprobleme kam nun ebenfalls Bewegung in die sowjetische Position. Erstmals in einem Gespräch mit dem Minister für Handel und Versorgung Wach am 12. Mai 1953 ließ Matveev erkennen, daß beim Entzug von Lebensmittelkarten nicht unterschiedslos gegen alle private Händler vorgegangen werden dürfe. Vielmehr sei nach der Größe des Betriebes und nach dem volkswirtschaftlichen Nutzen des Privatunternehmens zu differenzieren. Wach dagegen hatte die sowjetischen Vorgaben so verinnerlicht, daß er entgegenhielt, Ziel sei die rasche Beseitigung der Kartenversorgung. Dafür seien so „mutige" Schritte nötig wie in Ungarn oder Polen, was auch bei steigenden Preisen letztendlich volkswirtschaftliche Vorteile brächte. Matveev wußte zunächst nicht mehr zu entgegnen, als daß diese Erfahrungen zu studieren seien.[500]

Wenig später intensivierte die SKK, auf Widerstreben stoßend, ihre Einflußnahme. Sie entschied, in die Arbeit des Ministeriums für Handel und Versorgung direkt einzugreifen, wo weitere Durchführungsbestimmungen zu den Karten-Verordnungen vom 9. April entstanden. Mit spezieller Erlaubnis Semičastnovs brachte Matveev Minister Wach am 19. Mai 1953 noch vor einer schriftlichen Stellungnahme mündlich zur Kenntnis, daß die SKK in der Frage der Lebensmittelkarten für „privatkapitalistische Elemente" nunmehr eine andere Haltung einnehme. Sie halte es „gegenwärtig für nicht zweckmäßig", alle diese Karten abzuschaffen. Vielmehr sei es „zweckmäßig", bestimmten Mittelständlern Karten auszureichen.[501]

495 Brief an die Bezirksleitungen der SED, Berichtigung des Absatzes 4 des Briefes vom 21. 5. 1953, gez. Schön, 26. 5. 1953, BArch, DK 1, 86, Bl. 6.

496 Siehe Stenographische Niederschrift der Beratung der Abteilung Landwirtschaft des ZK mit den Sekretären und Abteilungsleitern aus den Bezirken am 29. 5. 1953, SAPMO BArch, DY 30, IV 2/1.01-222, Bl. 4–14 (Referat Hechts).

497 Siehe Protokoll der Sekretariatssitzung am 21. 5. 1953, SAPMO BArch, DY 30, J IV 2/3-383, Bl. 24.

498 Siehe Seminar-Fragespiegel, o. D. (etwa 6. 6. 1953), BArch, DK 1, 1829, Bl. 7–33.

499 Siehe Protokoll der Sekretariatssitzung am 21. 5. 1953, Bl. 25.

500 Siehe Notiz zu einem Gespräch Matveevs mit Wach am 12. 5. 1953, AVP RF, fond 457 a, opis'15, papka 79, delo 30, listy 127–131.

501 Zusatzkarten sollten erhalten: (1) Besitzer von privaten Industrie- sowie größeren Transport- und Handwerksbetrieben und deren Angehörige, wenn Verträge mit volkseigenen und genos-

Matveev hielt in seinen Aufzeichnungen fest, er spürte, daß Wach die Notwendigkeit der Berichtigung nicht einsah.

Zugleich bekräftigte Matveev die bisherige Haltung der SKK, wonach die DDR ohne volkswirtschaftliche Umgewichtung aus den Schwierigkeiten herausfinden müsse. Als Wach erklärte, er wollte die Freigabe von zusätzlich 40000 Tonnen Mehl erwirken, um Engpässe (hier konkret beim Werkküchenessen) zu beseitigen, riet Matveev ab und verlangte statt dessen strengere Kontrollen im Handel.[502] In der weiteren Verständigung, bei der sich auch Ulbricht gegen den sowjetischen Vorschlag aussprach, wurde deutlich, daß es der SKK keineswegs um eine umfassende Revision der Beschlüsse vom 9. April ging. Sie wollte bestimmte Bevölkerungsgruppen, „die nicht zur Kategorie der privatkapitalistischen Elemente zu zählen sind", wieder in die Kartenversorgung einschließen.[503] Dies entsprach den Empfehlungen Čujkovs an Malenkov vom 18. Mai, in denen zu mehr Differenzierung im Umgang mit dem Mittelstand geraten wurde. Bauern, die als Besitzer devastierter Flächen ebenfalls aus der Kartenversorgung gefallen waren (Bauern erhielten nur Zuckerkarten), gehörten in dieser Planung noch nicht zu den erneut mit Karten Auszustattenden. Auch dies zeigt, daß die verhängnisvolle Verordnung vom 19. Februar 1953 nicht im Blickfeld war.

Vermutlich um verstehen zu können, warum Ulbricht, Wach und andere von den Vorschlägen nichts hielten, ließ sich Politberater Judin am 27. Mai 1953 eine alte Analyse Matveevs kommen. Die hatte die Probleme in Handel und Versorgung sowie die sowjetischen Vorschläge bis Ende März zusammengefaßt.[504] Das Papier wies die SKK klar als Initiator der Einschränkungen in der Versorgung aus. Über den Beitrag der Landwirtschaft hatte Matveev seinerzeit sogar erklärt, bei richtiger Nutzung aller Flächen könnte die DDR ohne Getreide-, Fleisch- und Fettimporte auskommen.[505] Was Judin daraus schloß und weitermeldete, ist nicht bekannt. In Berlin fand man einen Kompromiß, der belegt, daß weder die SKK noch die SED-Führung eine Wende anstrebten, sondern daß beide lediglich die extremen Seiten des Sparsamkeitsregimes überdachten. Am 26. Mai ließ sich das Politbüro auf einen Teil der sowjetischen Vorschläge ein, damit ab 1. Juli einige Lebensmittelkarten wieder eingeführt würden. Alle Unternehmer und Handwerker, die mit volkseigenen Betrieben, Organisationen oder einer Verwaltung Verträge eingegangen waren, sollten wieder rationierte Lebensmittel erhalten, ganz gleich, wie viel Personen sie beschäftigten. Von weiteren Kartenbeschränkungen, die ur-

senschaftlichen Betrieben abgeschlossen wurden (was so gut wie alle betraf); (2) alle Handwerker und Transportunternehmer mit weniger als 5 Lohnarbeitern sowie alle Fuhrunternehmer; (3) private Händler mit bis zu 3 Lohnarbeitern; (4) Besitzer von Bäckereien, Fleischereien, Molkereien, Konditoreien usw., wenn sie Lebensmittel aus dem staatlichen Fonds verarbeiten und Produkte an staatliche Handelsorganisationen verkaufen; (5) Handelsvertreter privater Betriebe, sofern diese mit staatlichen Organisationen kooperieren; sowie (6) alle Einwohner Ostberlins, die in Westberlin arbeiteten oder studierten. Siehe Notiz zu einem Gespräch Matveevs mit Wach am 19. 5. 1953, ebenda, listy 132–136, hier listy 132f.

502 Siehe ebenda, listy 134f.

503 Notiz zu einem Gespräch Matveevs mit Ernst Lange am 20. 5. 1953, ebenda, listy 137f.

504 Siehe Bericht Matveevs „Über den Stand der Kontrolle und die Hilfe für die deutschen Organe bei der Verbesserung von Handel und Versorgung", 23. 3. 1953 an die SKK-Leitung, ebenda, listy 139–157.

505 Siehe ebenda, list 147.

sprünglich für den 1. Juni vorgesehen waren, sah man ab.[506] Die Regierung faßte am 28. Mai einen entsprechenden Beschluß.[507] SKK-Wirtschaftsexperte Matveev schrieb einen beschönigenden Bericht über die Reaktion der DDR-Bevölkerung auf die Kartenregelungen vom April, deren Mängel jetzt beseitigt seien.[508]

3.4.3. Die unverhoffte Kurskorrektur

Bekanntgegeben wurde der neue Beschluß nicht mehr, die Regierungserklärung und das Pressekommuniqué am 28. und 29. Mai fielen aus. Denn nun kam es in Moskau zu einer jähen Wende.[509] Den Hintergrund bildete eine starke Dynamisierung der deutschlandpolitischen Debatten in der sowjetischen Führung während der letzten Mai-Tage.[510] Die SED-Führung war – anders als 1951/52 – nicht einmal oberflächlich eingeweiht. Sie nahm erstaunt zur Kenntnis, daß die sowjetische Regierung am 28. Mai die Auflösung der SKK bekanntgab und in Deutschland ein Amt des Hohen Kommissars einrichtete.[511] Am 2. Juni 1953 wurde überraschend eine hochrangige SED-Abordnung nach Moskau gerufen.

Diese Moskau-Reise einer SED-Spitzendelegation, bestehend aus Otto Grotewohl, Walter Ulbricht und Fred Oleßner, ist in der Forschung schon behandelt worden.[512] Die der SED-Abordnung noch am 2. Juni ausgehändigte Verfügung

[506] Nicht einverstanden war das Politbüro mit der Wiedereinführung von Karten für Ostberliner, die in Westberlin arbeiteten oder studierten, sowie für sämtliche private Bäcker, Fleischer, Konditoreibesitzer, Besitzer und Pächter von Transport- und Taxiunternehmen. Es lehnte aber auch den SKK-Vorschlag ab, die Kartenversorgung in HO-Läden zuzulassen (die SKK wollte dort den Umsatz steigern), denn das würde den Handelsumfang gerade der Privathändler verkleinern und sie noch unzufriedener machen. Siehe Notiz zu einem Gespräch Matveevs mit Wach am 28. 5. 1953, ebenda, listy 159–162, hier listy 159f.; Protokoll der Politbürositzung am 26. 5. 1953, SAPMO BArch, DY 30, J IV 2/2-282, Bl. 3f.

[507] Siehe Protokoll der Ministerratssitzung am 28. 5. 1953, BArch, DC 20, I/3-190, Bl. 7.

[508] Siehe Aktennotiz Matveevs über die politische Stimmung in der Bevölkerung im Zusammenhang mit den DDR-Regierungsbeschlüssen zu Handel und Versorgung, 30. 5. 1953 an Judin, AVP RF, fond 457 a, opis' 15, papka 79, delo 30, listy 163–165. In der Notiz heißt es, die Bevölkerung hätte die Beschlüsse im allgemeinen positiv aufgenommen. Die Abschaffung der Normierung würde begrüßt, insbesondere Intellektuelle forderten nun die Eröffnung spezieller Geschäfte mit hochwertigen Waren. Arbeiter jedoch würden solche Luxus-Geschäfte für Privilegierte ablehnen. Negative Reaktionen auf die neuen Kartenregelungen in einigen Bevölkerungsgruppen wären von Fehlern in der Umsetzung und Verfälschungen der Linie vor Ort hervorgerufen worden. Feindliche Elemente hätten offen feindselig reagiert. Weil die SED vorab keine Informationen nach unten gesandt hatte, hätten einige Parteimitglieder die Maßnahmen nicht richtig verstanden. Die SKK hätte auf die Fehler hingewiesen, woraufhin die DDR-Regierung am 28. Mai Maßnahmen zur Beseitigung der Fehler ergriffen hätte.

[509] Der Terminus „Wende" ist tatsächlich erst für die Zeit ab 28. Mai 1953 angebracht. Neben den hier erwähnten Signalen für Änderungen in der Agrar- und Versorgungspolitik gab es vor dem 2. Juni 1953 zwar noch andere bedeutsame Anweisungen zur Liberalisierung, etwa die Aufforderung, die kirchenpolitische Konfrontation einzustellen. Doch die Annahme, in Moskau hätte man schon im Mai die akuten Probleme in der DDR im vollen Umfang gesehen und Ulbricht heftig kritisiert (so u. a. bei Otto, Die SED 1952/53, S. 69), gehen auf eine Überbewertung einzelner russischer Akten zurück. Dem angekündigten Theater um den Ulbricht-Geburtstag am 30. 6. begegnete die KPdSU-Führung ablehnend aber ruhig. Am 20. Mai hieß es, Suslov möge mit Pieck (der sich in der UdSSR erholte) freundschaftlich darüber reden. Siehe Beschlußprotokoll des Präsidiums des ZK der KPdSU vom 20. 5. 1953, RGANI, fond 3, opis' 10, delo 27, list 1.

[510] Ausführlicher dazu Scherstjanoi, Sowjetische Deutschlandpolitik; dies., In 14 Tagen.

[511] Siehe Erklärung Grotewohls auf der außerordentlichen Ministerratssitzung am 30. 5. 1953, BArch, DC 20, I/3-191, Bl. 9–11.

[512] Siehe Stöckigt, Ein Dokument; Ostermann, Uprising; Otto, Die SED im Juni 1953; dies., Die SED 1952/53; Scherstjanoi, Sowjetische Deutschlandpolitik; dies., In 14 Tagen.

des sowjetischen Ministerrates „Über die Maßnahmen zur Gesundung der politischen Lage in der DDR"[513] und die Gespräche am 2., 3. und 4. Juni gelten gemeinhin als Auftakt für eine der SED abverlangte Wende.

Der „Gesundungsbeschluß" baute auf einer knappen Analyse Semenovs unter dem Titel „Über die Lage in der DDR" auf, die er nach dem 27. Mai verfaßt hatte.[514] Dieses Papier ging – konzentriert auf die Wirtschaftsprobleme (und unter Aussparung etwa der Kirchenproblematik) – in der Betrachtung tiefer als Čujkovs Schreiben vom 18. Mai. Semenov führte die „ungünstige Lage in der DDR" auf den „falschen Kurs auf den forcierten Sozialismus-Aufbau" und „das Verdrängen und die Liquidierung der kapitalistischen Elemente durch [...] Druck auf die nichtwerktätigen Schichten" zurück. Er sprach von einem „extrem hohen Tempo beim Wachstum der nationalen Industrie" und „unangemessen großen Investitionen". Es hieß: „Auf dem Lande drückten sich die Fehler im Versuch aus, die Schaffung von Produktionsgenossenschaften (Kolchosen) zu forcieren" und durch Erhöhung ohnehin harter Ablieferungspflichten sowie Schuldeneintreiben insbesondere bei wohlhabenden Bauern „faktisch eine Entkulakisierung durchzuführen".

Nach Semenovs Ansicht sollte der sowjetische Ministerrat den „deutschen Freunden" unter anderem empfehlen, „Abstand zu nehmen vom Kurs auf die Schaffung von Produktionsgenossenschaften (Kolchosen)". Es hieß: „Die Hauptaufgabe der Arbeit auf dem Lande in der DDR ist in nächster Zeit die Herstellung eines richtigen Verhältnisses zu den Einzelbauern, insbesondere zu den Mittelbauern, indem auch weiterhin Maßnahmen zur Unterstützung der Einzelbauern mit Krediten, Düngemitteln, Futtermitteln, agrotechnischen Ratschlägen u.a. ergriffen werden. Zugleich sind MTS und volkseigene Güter zu schaffen (sic!) und zu festigen. Zu erhalten sind lediglich überlebensfähige und tatsächlich gefestigte Produktionsgenossenschaften der Bauern." Die Beschlüsse der DDR-Regierung zur Verdrängung kapitalistischer Elemente in Industrie, Handel und Landwirtschaft, darunter zur „Abgabe von Kulakenland an den Staat", seien zurückzunehmen. Abgabenormen „insbesondere für die wohlhabenden Schichten der Dorfbevölkerung" müßten durchschnittlich um 10–15 Prozent gesenkt, Abgaberückstände gestrichen und Kredite auch an „Kulakenwirtschaften" ausgereicht werden.[515] Analoge Empfehlungen betrafen die städtischen Mittelschichten. Zur umgehenden Verbesserung der Versorgung wären der DDR auf Kredit Agrarprodukte (Fette, Zucker, Futtergetreide) und Rohstoffe für Konsumgüter zu liefern. Die Reparationen und die Besatzungskosten seien zu senken.

Dieser Beschlußentwurf skizzierte einen gesellschaftspolitischen Schwenk und forderte die Rückkehr zu den Verhältnissen in der DDR, wie sie vor dem 10. Plenum des ZK der SED (November 1952) bestanden. Semenovs Plan ging damit über alle Korrekturansätze der SED-Führung und der SKK hinaus und formulier-

513 Erstveröffentlichung durch Stöckigt, Ein Dokument. Hier wird es zitiert nach Otto, Die SED im Juni 1953, S. 38–43. Es stellt eine historische Rohübersetzung aus dem Russischen dar, nur für den internen Gebrauch angefertigt.

514 Entwurf für einen sowjetischen Ministerratsbeschluß „Über die Lage in der DDR", (zwischen dem 28. und 31. 5. 1953), AVP RF, fond 06, opis' 12, papka 16 delo 263, listy 9–15, veröff. bei Scherstjanoi, Sowjetische Deutschlandpolitik, S. 543–546.

515 Entwurf für einen sowjetischen Ministerratsbeschluß „Über die Lage in der DDR", zitiert nach Scherstjanoi, Sowjetische Deutschlandpolitik, S. 543f.

te recht konkrete Aufgaben. Unklar ist, für wie dringend Semenov die Maßnahmen hielt.[516]

Den „deutschen Freunden" wurden sowjetische Regierungsbeschlüsse nie im Wortlaut ausgehändigt. Folglich war ihnen auch jetzt eine spezielle Handreichung zu übergeben, die nicht alle Details enthalten mußte, wohl aber den klaren politischen Auftrag. Dies geschah unter enormem Zeitdruck, vor allem deshalb, weil der Moment für die geplante Noteninitiative jetzt – wenige Wochen vor der Bundestagswahl – günstig schien und alle politischen Krisenherde in der DDR rasch beseitigt werden mußten. Doch die deutschlandpolitische Debatte im Kreml, bei der Innenminister Berija als einziger den Sozialismusaufbau in der DDR überhaupt in Frage gestellt haben soll, ließ mit dem „Gesundungsbeschluß" nur ein widersprüchliches Papier entstehen.[517] Seine Bedeutung besteht darin, daß die Moskauer Führung mit ihm zu dem Eingeständnis einer „ernsten Gefahr für die politische Beständigkeit der Deutschen Demokratischen Republik" fand.[518]

Die Herrschaftskrise als ein Zustand ernster Bedrohung für das SED-Regime, der rasches Handeln erforderlich machte[519], war nun also klar erkannt. Der Krisenzustand war bereits früher eingetreten: Die Finanzprobleme von Ende 1952 waren im Frühjahr 1953 in eine umfassende Finanz- und Warenzirkulationskrise umgeschlagen, die die gesamte Volkswirtschaft zu erfassen drohte. Die SED-Herrschaft wurde ab Februar/März zusehends erschüttert. Als die Krise in Moskau und Ostberlin Anfang Juni 1953 erkannt wurde, war sie schon in ein akutes Stadium eingetreten. Grotewohl, Ulbricht und Oelßner bekamen in Moskau sehr eindringlich zu hören: „Wenn wir jetzt nicht korrigieren, kommt eine Katastrophe. [...] Man muß schnell handeln."[520] Wieder fiel das Stichwort NÖP. Nur schuf die Handreichung, auf deren Grundlage die SED-Delegation sofort einen ZK-Beschluß entwarf[521], beträchtliche Verständnisschwierigkeiten. Stalins Nachfolger konfrontierten die Deutschen nämlich nicht nur mit der Einheit Deutschlands als Hauptziel *aktueller* Politik[522], was diese mittlerweile für obsolet gehalten hatten. Sie brachten – scheinbar ohne tiefen Einblick in die Krisengenesis – auch unsinnige Argumente vor[523] und machten unklare, widersprüchliche Vorschläge, etwa zur

516 Der aus Semenovs Entwurf hervorgehende sowjetische Regierungsbeschluß muß erst am 24. Juni 1953 verabschiedet worden sein. Zumindest weist das spätere Protokoll einer Sitzung der KPdSU-Führung auf einen Beschluß diesen Datums mit der Nummer 1591-624 hin, der die genannten Warenlieferungen an die DDR vorsah.

517 Siehe Scherstjanoi, Wollen wir, S. 662; dies., Sowjetische Deutschlandpolitik, S. 525.

518 Über die Maßnahmen, zitiert nach Otto, Die SED im Juni 1953, S. 39.

519 Zum Krisenbegriff siehe Scherstjanoi/Sowart, Betrachtungen.

520 So Malenkov laut Gesprächsaufzeichnungen Grotewohls am 3. 6. 1953, SAPMO BArch, NY 4090, 699, veröff. bei Otto, Die SED im Juni 1953, S. 51–53, hier S. 52. Zu den Gesprächen insgesamt siehe Mitschriften Grotewohls und Ulbrichts, veröff. bei Otto, Die SED im Juni 1953, S. 51–56.

521 Siehe Entwurf für einen Beschluß des ZK, 3. 6. 1953, in: Otto, Die SED im Juni 1953, S. 48–51.

522 Siehe Redemanuskript Malenkovs für die Besprechung mit der SED-Delegation am 2. 6. 1953, in: Greschat/Kaiser, Die Kirchen, S. 49–52.

523 Im Agrarbereich wurde schon die Ausgangslage verkannt. Es hieß, mittlerweile wären über 500 000 ha Land von den Eigentümern verlassen und lägen brach. Diese Aussage findet sich schon in Čujkovs Bericht vom 18. 5., ist aber falsch. Ein Großteil des verstaatlichten und des „in staatliche Verwaltung genommenen" Landes war sehr wohl bewirtschaftet, aber eben äußerst notdürftig. Laut Grotewohls und Ulbrichts Notizen griff Ulbricht die Zahl während der Gespräche in Moskau auf und kehrte die Argumentation um: Nach Auflösung der LPG könnten diese 500 000 ha unbestellt bleiben!

Zukunft der LPG. Außerdem verblüffte die SED-Delegation natürlich die Unverfrorenheit, mit der die monatelange Bemühung des Politbüros um volkswirtschaftliche Absprachen mit der KPdSU-Führung jetzt übergangen wurde. Beruhigen konnte sie nur, daß anerkannt wurde, daß die wirtschaftlichen Außenbelastungen erheblich reduziert werden müssen.

Die Empfehlung, die Gründung von LPG einzustellen, war nicht neu und in der DDR bereits an die Behörden weitergegeben worden. Doch was hieß, alle bestehenden LPG seien auf Rentabilität zu prüfen und solche, „die auf einer unfreiwilligen Basis geschaffen sind oder die sich als lebensunfähige gezeigt haben", seien aufzulösen? Inwiefern eine LPG überlebensfähig und attraktiv war, hing doch in jedem Fall von staatlicher Förderung ab. „Es ist im Auge zu halten, daß unter den heutigen Bedingungen in der DDR nur eine einfachere Form der Produktionskooperierung der Bauern, wie die Genossenschaften zur gemeinsamen Bearbeitung des Bodens, ohne daß die Produktionsmittel vergesellschaftet werden, mehr oder weniger lebensfähig sein kann", hieß es. „Solche Genossenschaften können, wenn ihnen eine zustehende Hilfe gewährt wird, zu einem anziehenden Beispiel für das Bauerntum werden."[524]

Genossenschaften zur gemeinsamen Bodenbearbeitung ohne „vergesellschaftete Produktionsmittel" hatte es in Ostdeutschland aber kaum gegeben. Sie waren in anderen Ländern – etwa in Ungarn – Vorläufer von Produktionsgenossenschaften gewesen. Eine Orientierung auf sie setzte außerdem die Revision nicht nur des Kollektivierungsbeschlusses der 2. SED-Parteikonferenz, sondern auch der Empfehlungen Stalins vom April 1952 voraus, was so freilich keiner aussprach. „Einfacheren" Genossenschaften, so hieß es, seien zu unterstützen. Dafür empfahl der „Gesundungsbeschluß" die Stärkung von MAS (sic!) und die Schaffung neuer MTS (sic!).[525] Wie weit staatliche Subventionen gehen sollten, blieb offen.

Da in Semenovs Vorlage ausschließlich von MTS die Rede war, nicht aber von „einfacheren" Genossenschaften und MAS, darf angenommen werden, daß die Modifizierung nicht von ihm kam. Sie brachte Unklarheit in das „Gesundungskonzept". Die SED-Delegation machte in ihrem Entwurf für einen ZK-Beschluß kurzentschlossen daraus: „Es ist zu beachten, daß unter den gegenwärtigen Bedingungen in der Regel nur Produktionsgenossenschaften in der einfachen Form des Typs 1 lebensfähig sind."[526] Ulbricht wollte bei den LPG „keine Panik" zulassen.[527] In einem Telegramm nach Berlin wies er fürs erste an: „Die Beratung der landwirtschaftlichen Produktionsgenossenschaften [am 6./7. Juni – E. S.] ist auf die Fragen der Erntevorbereitung, der organisatorisch-wirtschaftlichen Festigung der Produktionsgenossenschaften zu beschränken. Eine Propaganda für den Übergang zur dritten Stufe der landwirtschaftlichen Produktionsgenossenschaften hat nicht zu erfolgen." Die Verwendung des aktuellen Materials zur 2. Parteikonferenz der SED sei einzustellen.[528]

524 „Gesundungsbeschluß", zitiert nach Otto, Die SED im Juni 1923, S. 40.

525 In der von Stöckigt edierten Fassung sind beide Begriffe enthalten (Stöckigt, Ein Dokument, S. 652), bei Otto, Die SED im Juni 1953, S. 40, ist nur von MAS die Rede.

526 Siehe Entwurf für einen Beschluß des ZK, 3. 6. 1953, S. 49.

527 Siehe Mitschrift Grotewohls vom Gespräch am 3. 6. in Moskau, zitiert bei Otto, Die SED im Juni 1953, S. 51-53, hier S. 52.

528 Protokoll der Politbürositzung am 3. 6. 1953, SAPMO BArch, DY 30, J IV 2/2-285, Bl. 1 f.

4. Manifeste Krise und Neuer Kurs

4.1. SED-Agrarpolitik und die „Gesundung der politischen Lage"

4.1.1. Erste Entscheidungen

Seit Anfang Juni war sowjetische Politik in der DDR ein Krisenmanagement. Grotewohl, Ulbricht und Oelßner brachten die Order zur Kurskorrektur am 4. Juni aus Moskau mit – nicht frei von Zweifeln, vor allem was die deutschlandpolitischen Zusammenhänge anbelangte. Die meisten SED-Politbüromitglieder bekannten sich ohne Umschweife zum Kurswechsel, einige ausdrücklich zu dessen nationaler Bedeutung.[529] Sie nahmen es mit Erleichterung auf, daß sich die KPdSU-Führung zu eigenen Fehlern bekannt hatte. Jetzt schien Grotewohl auch die Feststellung zulässig, man wäre oft zu Entscheidungen gedrängt worden, „mit denen wir nicht restlos einverstanden waren".[530] Mit der Kürzung von Militärausgaben hatte Moskau wichtige Bedingungen für den Kurswechsel thematisiert.

Die agrarpolitische Wende, die der SED-Abordnung mündlich weit ausführlicher als per „Gesundungsbeschluß" nahegelegt worden war, nahm jetzt erst Konturen an. Generelle Entscheidungen waren getroffen, sie bedurften jedoch der Konkretisierung. Als feste Bestandteile der Kurskorrektur waren bereits vorgesehen:

(1) eine Schwerpunktverlagerung auf die erneute Förderung einzelbäuerlicher Produktion, so wie überall die „private Initiative angeregt" werden sollte, wobei nun zu klären war, (a) inwieweit zu diesem Zweck Abstriche von der Förderung genossenschaftlicher Produktion zu machen waren und (b), welchen Umfang Kredite und Subventionen für Einzelbauern annehmen sollten – was natürlich auch von den staatlichen Ressourcen abhing;

(2) eine Senkung der Abgabenormen für landwirtschaftliche Erzeugnisse generell und des Solls für Großbauern im besonderen um durchschnittlich 10 bis 15 Prozent, wobei eventuell eine neue Progression bei den Abgaben festzulegen war;

(3) die Rücknahme aller straf- und wirtschaftsrechtlichen Bestimmungen, die Bauern zur Flucht aus der DDR bzw. zur „freiwilligen" Landabgabe an den Staat getrieben hatten. Hier waren die Bestimmungen konkret zu benennen und die Folgen (etwa im Zuge von Landrückgabe) abzuschätzen;

(4) der Ausbau des Netzes der staatlichen Technik-Leihbetriebe, die in mindestens gleicher Weise auch individuelle Bauernwirtschaften und nicht mehr vorrangig die LPG bedienen sollten, was neue Kalkulationen über Kapazitäten, Landmaschinenbau und -Import sowie die Festlegung neuer MTS-Tarife nötig machte. Analog dazu waren Futtermittel- und Düngemittelverteilung neu zu bilanzieren.

[529] Ausführlicher dazu Scherstjanoi, Wollen wir. Dokumente auch bei Otto, Die SED im Juni 1953. Siehe auch Herrnstadt, Herrnstadt-Dokument.

[530] So Grotewohl den Notizen Raus zufolge. Siehe Notizen Raus über die Politbürositzung am 6. 6. 1953, SAPMO BArch, NY 4062, 145, Bl. 6; Otto, Die SED im Juni 1953, S. 85f., hier S. 85. Ähnlich in den Notizen Ulbrichts, Anlage zum Protokoll der Politbürositzung am 6. 6. 1953, SAPMO BArch, DY 30, J IV 2/2-287, zitiert bei Otto, Die SED im Juni 1953, S. 87–92, hier S. 87.

Die Perspektive der LPG war dagegen noch unklar. Bezüglich der wirtschaftlichen Festigung einigermaßen gut situierter, in freiwilligem Zusammenschluß entstandener LPG bestand kein Dissens im SED-Politbüro. Es war Rudolf Herrnstadt, langjähriger Kritiker von Ulbrichts autokratischem Führungsstil und Verfechter der Einheit Deutschlands, der – vermutlich von Oelßner angeregt – die widersprüchliche Passage zur Perspektive von LPG in den „Maßnahmen zur Gesundung der Politischen Lage in der DDR" zur Sprache brachte. Er hielt eine Klärung im Rahmen einer Strategie-Debatte für notwendig und diese für eine wichtige Voraussetzung der erfolgreichen Kurskorrektur.

Während die meisten im SED-Politbüro[531] primär die Frage beschäftigte „Wodurch sind wir in diese Lage gekommen?",[532] forderten Oelßner und Herrnstadt schon, „Änderung auf allen Gebieten herbei[zu]führen" und sich dabei nicht auf das im Moskauer Beschluß Vorgegebene zu beschränken.[533] Dies verlange eine gründliche Prüfung der Einstellung der SED zum Klassenkampf und zum Sozialismusaufbau in der DDR. Auf notwendige Erleichterungen für Einzelbauern, die Beseitigung von Repression und wirtschaftlichem Druck auf Mittel- und Großbauern, Abgabensäumige und Steuerschuldner konnte man sich rasch einigen. Die sowjetischen Hinweise wurden mit Erleichterung angenommen. Doch Herrnstadt und Oelßner mahnten, die SED solle sich nicht vorschnell von den LPG verabschieden.[534]

Nach Herrnstadts Meinung waren die ersten „4000 innerhalb von 6 oder 9 Monaten gegründeten Genossenschaften [...] in der überwältigenden Mehrzahl freiwillig zustande gekommen". Er führte diesen Zuspruch auf das vergleichsweise hohe Industrieniveau und die „dadurch möglich gewordene sofort spürbare Produktionshilfe" sowie historisch gewachsene Strukturen im Agrarbereich zurück, die die „gewissermaßen verstädterte[n] Bauern für die technische Hilfe sehr empfänglich" machten. (Bei der Lektüre des „Gesundungsbeschlusses kam ihm wohl der Verdacht, die „Freunde" in Moskau hätten von ihrer eigenen Geschichte auf die in Ostdeutschland geschlossen.) Für eine große Zahl von Landarbeitern und Klein- bzw. Neubauern in der DDR seien LPG durchaus attraktiv.[535] Die LPG-Mitglieder jetzt zu „demoralisieren", wäre falsch.[536]

Rudolf Herrnstadt entwickelte Gedanken für eine programmatische Erklärung zu den LPG. Er schlug vor:

„a) Auflösung der erzwungenen oder lebensunfähigen Landwirtschaftlichen Produktionsgenossenschaften,

b) Verhinderung der Neubildung und der Beitritte bis zur Ernte,

c) breite Bekanntgabe – im Zuge unserer Neuorientierung – der folgenden Linie: Die einstige Bevorzugung der Landwirtschaftlichen Produktionsgenossen-

531 Siehe Protokoll der Politbürositzung am 6. 6. 1953, SAPMO BArch, DY 30, J IV 2/2-287.

532 So formuliert von Ulbricht. Siehe auch Mitschriften Grotewohls von der Politbürositzung am 6. 6. 1953, Anlage zum Protokoll, bei Otto, Die SED im Juni 1953, S. 61–65, hier S. 61.

533 Diskussionsbeitrag (Stichpunkte) Oelßners auf der Politbürositzung am 6. 6. 1953, zitiert bei Otto, Die SED im Juni 1953, S. 65–69, hier S. 66.

534 Ebenda, S. 68.

535 Diskussionsbeitrag Herrnstadts auf der Politbürositzung am 6. 6. 1953, Anlage zum Protokoll, zitiert bei Otto, Die SED im Juni 1953, S. 80–84, hier S. 81 f.

536 Siehe Herrnstadt, Herrnstadt-Dokument, S. 65–70.

schaften hört auf. In Zukunft werden die Einzelbauern ebenso aktiv unterstützt, so daß sich ein freies Spiel der Kräfte entwickelt, d. h. praktisch, die lebensfähigen Produktionsgenossenschaften werden alle Hilfe bekommen, auch beim Typ 3, wenn sie nachweisen können, daß sie dafür reif sind; die Einzelbauern ihrerseits werden gleichfalls alle Hilfe bekommen, so daß in Zukunft der Einzelbauer nur deswegen in die Genossenschaft geht, weil sie ihm nachweist, daß er dort noch besser steht und nicht deswegen, weil er sonst zugrunde geht."[537]

Dieses Programm *konnte* noch nicht abschließend durchdacht sein. Was, beispielsweise, sollte LPG als „reife" legitimieren, was konnte ein „freies Spiel der Kräfte" sein? Aber es war eine klare strategische Position, nämlich die vom Sommer 1952. Sie vertrug sich nicht mit der Moskauer Forderung, nur die „einfacheren" Formen von LPG zuzulassen, was auch alle im Politbüro erkannten. Nach Herrnstadts Eindruck verfolgte Semenov seinen Auftritt am 6. Juni „als eine Art Insubordination mit bösen Blicken".[538] Heinrich Rau zufolge stimmten aber schließlich alle Politbüromitglieder dem Vorschlag zu, die LPG nicht generell aufzulösen.

Herrnstadt wird sich später erinnern, daß die strategische Positionierung, für die er eine mehrwöchige Klärung in der Parteiführung mit Debatte in der Mitgliedschaft geplant hatte, von Vladimir Semenov, dem neuen Spitzenvertreter sowjetischer Interessen in Deutschland, vereitelt wurde. Seine Rückkehr in die DDR als Hoher Kommissar der UdSSR in Deutschland verwirrte ohnehin manch einen SED-Funktionär: Man hielt Semenov für einen der Hauptverantwortlichen sowohl für den „alten" Kurs als auch für die Verhinderung dringend gewünschter Verständigung mit Moskau im Verlauf des ersten Halbjahres 1953. Am 6. Juni setzte er sich nicht für Herrnstadts LPG-Programm ein, obgleich er doch mit Hilfe der Deutschen die „Berija'sche Diversion", wie Herrnstadt sie später nannte, durchaus hätte durchkreuzen können.[539] Semenov drängte auf ein rasches öffentliches Bekenntnis der SED zur Korrektur, einen „Rückzug ohne Panik". Er sprach sich anfangs – so lesen sich Grotewohls Mitschriften – auch für „Sonderdokumente" zur Landwirtschaft und zur Normenfrage aus.[540] Doch zu einer intensiven Aussprache kam es weder im Politbüro noch anderswo. Am Abend des 10. Juni lehnte Semenov den Vorschlag Herrnstadts energisch ab, mit der Veröffentlichung eines Politbürobeschlusses noch etwas zu warten.[541]

Das Kommuniqué des SED-Politbüros, das datiert mit 9. Juni 1953 in die Geschichte einging, wurde am 10. Juni von Herrnstadt entworfen und nach geringfügiger Überarbeitung am 11. Juni veröffentlicht.[542] Es kündigte – ohne Hinweis auf

537 Diskussionsbeitrag Herrnstadts auf der Politbürositzung am 6. 6. 1953, S. 82.

538 Herrnstadt, Herrnstadt-Dokument, S. 68. Herrnstadt datiert in der Erinnerung falsch. Besagte Politbürositzung war die vom 6. 6., nicht die vom 9. 6. 1953.

539 Siehe ebenda, S. 70.

540 Siehe Mitschriften Grotewohls von der Politbürositzung am 6. 6. 1953, Anlage zum Protokoll, bei Otto, Die SED im Juni 1953, S. 61–65, hier S. 64. Es ist nicht eindeutig, ob sowjetische oder aber von der SED-Führung zu erbringende „Sonderdokumente" gemeint waren. In deutschen Archiven sind sie bislang nicht nachgewiesen.

541 Siehe Herrnstadt, Herrnstadt-Dokument, S. 74.

542 Siehe Kommuniqué des Politbüros des ZK der SED vom 9. 6. 1953, in: Dokumente der SED, Bd. IV, S. 428–431; hier zitiert nach Otto, Die SED im Juni 1953, S. 96–99.

sowjetische Empfehlungen – „die Durchführung einer Reihe von Maßnahmen" an, die „der entschiedenen Verbesserung der Lebenshaltung aller Teile der Bevölkerung und der Stärkung der Rechtssicherheit in der Deutschen Demokratischen Republik dienen". „Das große Ziel der Herstellung der Einheit Deutschlands im Auge", halte es das Politbüro „für nötig, daß in nächster Zeit im Zusammenhang mit Korrekturen des Planes der Schwerindustrie eine Reihe von Maßnahmen durchgeführt werden, die die begangenen Fehler korrigieren und die Lebenshaltung der Arbeiter, Bauern, der Intelligenz, der Handwerker und der übrigen Schichten des Mittelstandes verbessern".[543] Dafür sollten u. a. in der gesamten privaten Wirtschaft das Eintreiben von Steuerrückständen, die bis 1951 entstanden sind, ausgesetzt sowie privater Einzelhandel und Handwerk gefördert werden. Alle republikflüchtigen Personen, die auf Grund der Verordnung vom 17. Juli 1952 enteignet worden waren, sollten bei Rückkehr ihr Eigentum zurückerhalten und hätten keine Benachteiligungen zu fürchten. Urteile nach der Wirtschaftsstrafverordnung seien zu prüfen, Kleinststraftäter aus der Untersuchungshaft zu entlassen, die Mitglieder der Jungen Gemeinde nicht mehr zu verfolgen. Schließlich empfahl das Politbüro der Regierung die Rücknahme der Karten- und Preisregelungen vom April.

Zur Agrarpolitik hieß es im Kommuniqué, daß „die Verordnungen über die Übernahme devastierter landwirtschaftlicher Betriebe aufgehoben werden".[544] Mehr noch: Treuhänderschaft wegen Nichterfüllung der Ablieferungspflichten oder Steuerrückständen – die durfte es seit Februar 1953 gar nicht mehr geben – sollte auch untersagt werden. Dies bedeutete eine sehr weitreichende Liberalisierung der seit 1945 praktizierten Zwangsbewirtschaftung. Es darf bezweifelt werden, daß den Verfassern des Kommuniqués das bewußt war. Vieles spricht dafür, daß sie die Repressalien der letzten Monate im Blick hatten, nicht aber die Konflikte vergangener Jahre. Eine ausgiebige Erörterung der Situation unter Einbeziehung der Fachleute aus dem Agrarministerium hätte die Zusammenhänge gewiß erhellt und geholfen, neue Komplikationen zu vermeiden.

„Die Bauern, die im Zusammenhang mit Schwierigkeiten in der Weiterführung ihrer Wirtschaft ihre Höfe verlassen haben und nach Westberlin oder nach Westdeutschland geflüchtet sind (Kleinbauern, Mittelbauern, Großbauern), sollen die Möglichkeit erhalten, auf ihre Bauernhöfe zurückzukehren", verkündete das Politbüro. „Ist das in Ausnahmefällen nicht möglich, so sollen sie vollwertigen Ersatz erhalten. Es soll ihnen mit Krediten und landwirtschaftlichem Inventar geholfen werden, ihre Bauernwirtschaften zu entwickeln. Strafen, die wegen Nichterfüllung von Ablieferungsverpflichtungen oder Steuerverpflichtungen ausgesprochen wurden, sollen überprüft werden."[545] Auch hier wäre eine Fachdebatte politisch notwendig gewesen. Wenig später sollten die Behörden erkennen, daß die vermeintlichen „Ausnahmefälle" solche gar nicht waren, und es nur wegen der relativ geringen Zahl der Rückkehrer nicht zu massiver Rückübertragung und abermals politischer Unruhe kam.

543 Ebenda, S. 97.
544 Ebenda, S. 98.
545 Ebenda.

Herrnstadt versuchte, die LPG-Bauern vor „Demoralisierung" zu bewahren. Das Schicksal der LPG blieb im Kommuniqué weitgehend ausgespart. Im Zusammenhang mit den Angeboten an die Einzelbauern hieß es lediglich, das Ministerium für LFW solle Maßnahmen ergreifen, „damit die Interessen der landwirtschaftlichen Produktionsgenossenschaften gewahrt bleiben".[546] Man ging davon aus, daß die Zukunft der LPG auf dem nächsten ZK-Plenum spätestens in zwei Wochen behandelt würde. Noch bevor Herrnstadt das Kommuniqué verfaßte, wurden die maßgeblichen Landwirtschaftsfunktionäre vom Kurswechsel in Kenntnis gesetzt und zur Mitarbeit aufgefordert. Nach einem Gespräch mit Ulbricht informierte der Leiter der ZK-Abteilung für Landwirtschaft Hecht am 8. Juni den Leiter der Kontroll- und Koordinierungsstelle Scholz, Minister Reichelt, die Staatssekretäre Siegmund und Streit sowie Mitarbeiter seiner Abteilung. Hecht hielt laut Protokoll die wichtigsten Aufgaben folgendermaßen fest:

„1. Verhinderung der weiteren Republikflucht. 2. Alle Maßnahmen gegen kapitalistische Elemente sollen aufgehoben werden. Auch die Frage der Erfassung, der Steuerrückstände. Es darf nicht rigoros wegen Erfassung der Rückstände vorgegangen werden, auch nicht gerichtlich. 3. Maßnahmen gegen die Junge Gemeinde sind nur gegen feindliche Elemente zu richten."[547] Es hieß, LPG-Gründungen seien nur noch in Einzelfällen zuzulassen. „Nicht lebensfähige Produktionsgenossenschaften sind aufzulösen, also solche, deren Ausgaben größer sind als die Einnahmen und die Weiterentwicklung dieser Genossenschaften nicht garantieren." Für LPG „wird keine Werbekampagne mehr durchgeführt. In individuellen Fällen soll die Mitgliederversammlung darüber beschließen." Im übrigen gelte: „Alle Formulierungen ‚sozialistisch' werden nicht mehr angewendet. Dieses hängt zusammen mit der Frage der Einheit Deutschlands, der nationalen und der internationalen Frage. [...] Es bedeutet keine Aufhebung der Beschlüsse der 2. Parteikonferenz, sondern nur die Formulierungen werden verändert."[548] Es wurde klargestellt: „Eine der wichtigsten Fragen ist das Bündnis der Arbeiterklasse mit den Klein- und Mittelbauern"[549], dem überwiegenden Teil der Bauern in der DDR. Die MTS müsse vor allem sie unterstützen. Mit VdgB(BHG) und Nationaler Front sei stärker zusammenzuarbeiten. Die Vertreter des Ministeriums für LFW Reichelt und Siegmund wurden aufgefordert, umgehend Bestimmungen zur Aufhebung der Verordnung vom 19. Februar zu entwerfen.[550] Außerdem forderte Hecht eine Direktive zur Übernahme der Höfe durch zurückkehrende Bauern, neue Richtlinien für die MTS sowie neue Ablieferungsnormen. Bauernbank und Landwirtschaftsministerium sollten die Kreditbestimmungen korrigieren (auch den Kreditvergabestopp für LPG und KLB), Staatssekretär Siegmund eine Vorlage zur Überprüfung von Fällen der Verfolgung „kapitalisti-

546 Ebenda.
547 Siehe Protokoll der Besprechung am 8. 6. 1953, SAPMO BArch, DY 30, IV 2/7-78 Bl. 1-5, hier Bl. 1.
548 Siehe ebenda, Bl. 1 f.
549 Siehe ebenda, Bl. 1.
550 Daß sie bereits zur Ministerratssitzung am 11. 6. benötigt würde, war vermutlich erst am 10. 6. klar. Siehe Protokoll der Beratung der Landwirtschaftskommission beim Genossen Ulbricht, 10. 6. 1953, SAPMO BArch, NY 4182, 425, Bl. 1-3.

scher Elemente" liefern. Futtermittel-, Getreidebinder- und Arbeitskräfteverteilung waren neu zu kalkulieren.

Am 10. Juni wurde in einer Beratung mit Ulbricht entschieden, „die Tarife der Maschinen-Traktoren-Stationen für Einzelbauern sind zu korrigieren", wofür eine Kommission gebildet wurde. Eine Anordnung über Kredite an Bauernwirtschaften sollte festlegen, daß a) kurzfristige Kredite von allen Bauern in Anspruch genommen werden können, b) Bauern, die ihre Wirtschaften verlassen hatten und sie nun weiterführen wollten, lang-, mittel- und kurzfristige Kredite aufnehmen können; c) langfristige Kredite auch an Großbauern gehen können; d) die Kündigung langfristiger Kredite an Großbauern aufgehoben wird und weitere Kündigungen untersagt sind; e) Großbauern die gleichen Kredite für Viehaufzucht erhalten wie werktätige Bauern; und f) Kredite auch bei Ablieferungsschulden ausgereicht werden. Eine Direktive sollte die VEAB instruieren, daß „Erfassung nur so durchgeführt werden [darf], daß die Weiterführung des Betriebes nicht gefährdet wird."[551]

Als das Kommuniqué am 11. Juni veröffentlicht wurde, erfuhr der Zeitungsleser auch von der – wie sie nun hieß – Konferenz der Regierung und des ZK der SED mit Vertretern der Landwirtschaft am 6./7. Juni 1953. Der Bericht erweckt den Eindruck, als hätte der Woriner LPG-Vorsitzende Bernhard Grünert in seinem einleitenden Referat, welches Stimmungen „der Bauern" reflektierte, den Anstoß zum agrarpolitischen Kurswechsel gegeben. Grünert erklärte nicht nur, alle wären interessiert, „daß kein einziger Bauer nach Westdeutschland geht". Er forderte – laut Zeitungsbericht – auch, Fluchtursachen zu beseitigen, Behörden das strenge Vorgehen gegen Abgabensäumige sowie die Requirierung privater Technik zu untersagen und geflüchteten Bauern die Rückkehr zu erleichtern. Das alles faßte das *Neue Deutschland* unter die Überschrift „Strenge Einhaltung der demokratischen Gesetze und Erleichterungen für Einzelbauern".[552] In Wirklichkeit war die neue Politik am 6./7. Juni noch nicht so klar gezeichnet gewesen. Für ein Signal an die Funktionäre reichte es allemal.[553]

Der Ministerrat der DDR trat ebenfalls am 11. Juni zusammen. Die Tagesordnung war erst am Morgen revidiert worden, kurzfristig brachten die Minister, insbesondere die für Finanzen und für LFW, Beschlußvorlagen ein. Die Regierung hob „nach eingehender Diskussion" die Beschränkungen bei der Ausgabe von Lebensmittelkarten und die Preisänderungen für zuckerhaltige Waren vom April auf, setzte den zwangsweisen Einzug von Steuern aus 1951 und früheren Jahren aus, korrigierte Fahrpreisermäßigungen und Sozialversicherungs- bzw. Sozialfürsorgebestimmungen und verabschiedete neue Kredit-Regelungen für Handwerker, Händler und Unternehmer.[554]

Jetzt beschloß die Regierung auch die Aufhebung der Verordnung vom 19. Februar 1953. Die Vorlage kam vom Ministerium für LFW und von der Koordinie-

551 Siehe ebenda.

552 Siehe Bericht der Konferenz der Regierung der DDR und des ZK der SED mit Vertretern der Landwirtschaft, in: *Neues Deutschland*, 11. 6. 1953, S. 3.

553 Siehe Protokoll der Konferenz zur Auswertung der Frühjahrsbestellung und zur Vorbereitung der Ernte, 6./7. 6. 1953 in Berlin, SAPMO BArch, DY 30, IV 2/2.01-224, insbesondere Referat Grünert, Bl. 6–30. Bei Schlehufer, Grünert, findet die Tagung keine Erwähnung.

554 Siehe Protokoll der Ministerratssitzung am 11. 6. 1953, BArch, DC 20, I/3-191, Bl. 22, 26, 57, 63, 66, 69–72.

rungs- und Kontrollstelle für Land-, Forst- und Wasserwirtschaft sowie Erfassung und Aufkauf. Sie wurde – bei Kürzung der Präambel – fast unverändert verabschiedet.[555]

Unter sofortiger Aufhebung der Quasi-Enteignungsverordnung wurde allen betroffenen Personen die Rückgabe des Eigentums und der Pacht sowie die Freigabe ihrer Konten zugesichert. Kredite zur Wiederaufnahme der Bewirtschaftung wurden in Aussicht gestellt. Es hieß, Gerichtsurteile seien zu prüfen. Auch Landwirte, die die DDR verlassen hatten und deren Besitz nach der Verordnung vom 17. Juni 1952 verstaatlicht worden war, hätten bei Rückkehr ein Recht auf Rückgabe des Besitzes. Im Ministerium für LFW hatte man eine Vorahnung von den einsetzenden Schwierigkeiten: Der Beschluß legte fest, daß die nach der Flucht geleisteten Bestellungs- und Pflegearbeiten zu verrechnen seien.

Parallel zu diesem Beschluß und ohne Konsultation mit dem Ministerium für LFW hatte die ZK-Abteilung für Staatliche Verwaltung am 8. Juni eine andere Vorlage für das Politbüro verfaßt. Es ging auch hier um die Verordnung vom 17. Juli 1952, ihre Aufhebung sowie um die Reintegration von Rückkehrern.[556] Die Regierung verabschiedete am 11. Juni 1953 auch eine solche Verordnung über rückkehrende Flüchtlinge.[557] Unter Zeitdruck gelang es nicht mehr, beide Beschlüsse aufeinander abzustimmen oder einen zusammenhängenden Text zu erstellen. Daher ist in beiden Texten von Landrückgabe an geflohene und enteignete Bauern die Rede. In beiden Beschlüssen wird auf die Verordnungen vom 17. Juli 1952 und vom 19. Februar 1953 Bezug genommen und Rückgabe des Eigentums oder vollwertiger Ersatz garantiert. Die Verordnung zu den zurückkehrenden Personen stellte bei erneuter Übernahme des Agrarbetriebes neben Kredit auch Inventarhilfen in Aussicht und versprach, es würde keine Benachteiligung aus der Tatsache des illegalen Grenzübertritts geben. Das Verbot, Treuhänder einzusetzen, findet sich nur in der Verordnung zu den zurückkehrenden Personen, nicht aber im von den Agrarexperten vorbereiteten Beschluß zur Aufhebung der Verordnung vom 19. Februar. In einer Randnotiz vermerkte Grotewohl, daß die Aussiedlungen aus der 5-km-Sperrzone von dieser Aufhebung unberührt bleibt.

Die Regierung verabschiedete also für agrarpolitische Korrekturen zwei fast deckungsgleiche Beschlüsse.[558] In der Frage des Rückzuges bei den agrarischen

[555] Siehe ebenda, Bl. 22, 27–29, Vorlage: Bl. 129–129R. Die Vorbereitung des Textes geschah überstürzt. Das Protokoll der Politbürositzung vom 9. 6. 1953 besagt, daß dort der Text eines „Pressekommuniqués der Regierung über die Landwirtschaft" bestätigt wurde. In der Anlage dazu befindet sich eine Druckfassung des Regierungsbeschlusses vom 11. 6. über die Aufhebung der Verordnung vom 19. 2. 1953. Vermutlich existierten aber noch Zwischenfassungen, die nicht überliefert sind. (Siehe Protokoll der Politbürositzung am 9. 6. 1953, zitiert nach Otto, Die SED im Juni 1953, S. 95.) Die völlige Aufhebung war noch am Vortag nicht erwogen worden. Ulbricht, Scholz, Reichelt, Siegmund, Streit, Rumpf und Hecht sprachen noch von einer „Direktive des Ministerratsbeschlusses über die Durchführung der Verordnung vom 19. 2. 1953", die die Rückgabe an vormalige Besitzer anbot. (Siehe Protokoll der Beratung der Landwirtschaftskommission, 10. 6. 1953, Bl. 3.)

[556] Die Vorlage befindet sich – mit Randbemerkungen Grotewohls versehen – beim Protokoll der Ministerratssitzung am 11. 6. 1953, BArch, DC 20, I/3-191, Bl. 133–136.

[557] Siehe Protokoll der Ministerratssitzung am 11. 6. 1953, Bl. 22, 30f.

[558] Intern gelang es bald, beide Beschlüsse formell auseinanderzuhalten: Richtlinien zur Verordnung über die Rückkehrer nahmen zur Rückgabe von Agrarbetrieben keine Stellung und verwiesen diesbezüglich auf DB zur Aufhebung der Verordnung vom 19. 2. 1953 (siehe Richtlinien, 15. 6. 1953, SAPMO BArch, DY 30, IV 2/13-394).

Strukturveränderungen signalisierten Parteiführung und Regierung damit ihre konzeptionelle Unsicherheit besonders deutlich. Diese hatte ihre Ursachen darin, daß Enteignungen im Agrarbereich weiter vorangetrieben worden waren und folglich stärker revidiert werden mußten. In Industrie und Handel existierten häufig gemischte Besitzverhältnisse. Seit Mai kam es hier schon zu einer gewissen Wiederbelebung der privaten Initiative. Die Rückübertragung landwirtschaftlichen Eigentums hingegen mußte konsequenter und umfangreicher sein, war aber in SED-Führung und sowjetischer Kontrollbehörde noch nicht ganz durchdacht. Semenov ignorierte die Notwendigkeit interner Debatten und drängte auf Regierungsbeschlüsse. Funktionäre, MTS-Direktoren und LPG-Vorsitzende, die erst eine Woche zuvor aufgefordert worden waren, im Interesse des Abschlusses der LPG-Formierung rasch alles Land aus der kommunalen Bewirtschaftung an die Genossenschaften abzugeben, waren wie vor den Kopf gestoßen. Von LPG war jetzt überhaupt nicht mehr die Rede.

In vielen Darstellungen zum 17. Juni 1953 findet sich die Behauptung, die Beschlüsse vom 9. und 11. Juni hätten wie ein Eingeständnis politischen Versagens gewirkt, wie eine „Bankrotterklärung", der notwendigerweise der Aufstand folgte.

Die historische Krisenforschung unterscheidet zwischen öffentlich gemachten politischen Zugeständnissen und einer Hilflosigkeit der Herrschenden, ihrer *Handlungsunfähigkeit*. Ein solcher Zustand war am 11. Juni in der DDR aber nicht erreicht. Zu unterscheiden ist auch zwischen der Selbsteinschätzung der Machthaber und ihrer Wirkung auf die Beherrschten. Hier ist wegen der dichten Ereignisabfolge im Juni 1953 ein Urteil über die unmittelbare Wirkung der Korrektur schwierig. Erkennbar ist, daß alle von ihr betroffenen Teile der Bevölkerung im ersten Moment ungläubig und mißtrauisch reagierten, sich von der Stellungnahme selbst aber nicht zu aktivem Widerstand gegen das Regime herausgefordert sahen. Die nicht bedachte Arbeiterschaft war höchst unzufrieden. In ihren Reihen formierte sich nach wenigen Tagen offener Protest. Hätten zum Zeitpunkt der Verkündung des neuen Kurses organisierte gegnerische Gruppen existiert, wären die Konflikte schneller eskaliert. So aber wuchs vor allem der Unmut der Arbeiter, und, als er offen aufbrach, verschlechterte sich erneut das sich langsam entspannende Verhältnis der anderen Bevölkerungsschichten zum Regime. Nicht die Kurskorrektur, sondern die Ignoranz gegenüber einer zentralen Forderung der Arbeiterschaft (Normenfrage) gab dem Krisenverlauf seine dramatische Wendung.

Auf dem Lande wurden die Beschlüsse vom 9. und 11. Juni unterschiedlich aufgenommen. Parteimitglieder und Genossenschaftsbauern zeigten in der Regel Mißfallen und Unverständnis. In vielen LPG ließ sofort die Arbeitsfreudigkeit nach, heißt es in Berichten. Einige Landarbeiter, die in LPG untergekommen waren, fürchteten, jetzt wieder beim Großbauern arbeiten zu müssen. Andere Landarbeiter, vor allem jene, die unsicheren Verdienst in KLB bekommen hatten, sahen der Rückkehr des alten Arbeitgebers eher freudig entgegen. An einige LPG wurden sofort Forderungen zur Landrückgabe herangetragen. „Dabei kommt es auch verschiedentlich zu staatsfeindlichen Äußerungen", hieß es. Und: „Einige Großbauern sind der Meinung, daß sie nun keinerlei Verpflichtung mehr gegenüber dem Staat hätten." Die Kreisbehörden und LPG riefen nach Anleitung zum weiteren Vorgehen.[559] Bewegung kam in die Dörfer, als etwa ab 13. Juni erste Haftentlassungen – ebenfalls am 9. Juni beschlossen[560] – erfolgten. In einigen Gemeinden wagten sich Gegner der SED mit Solidaritätsbekundungen für Entlassene auf die Straße, organisierten Märsche vor die Haftanstalten und forderten weitere Freilassungen. Die Sicherheitsbehörden schritten zunächst kaum ein.[561]

Zu diesem Zeitpunkt setzte in der SED-Führung eine Auseinandersetzung über Reichweite und Ziel des neuen Kurses ein. Abermals gehörte Rudolf Herrnstadt zu den treibenden Kräften im Politbüro, als für ein baldiges ZK-Plenum ein Beschluß zu entwerfen war.[562] Seiner Meinung nach mußte der richtige Kurs als „langfristige strategische Linie" darin bestehen, eine „linke Abweichung [zu] korrigieren". Im Agrarbereich manifestierte sie sich im „beschleunigten Aufbau der landwirtschaftlichen Produktionsgenossenschaften bei Vernachlässigung der Interessen der Einzelbauern, die den Löwenanteil der Ernteerträge liefern". *Beschleunigten* Sozialismusaufbau könne es erst wieder nach tiefen Veränderungen in der DDR und in Westdeutschland geben. Sozialismus bleibe das Ziel, aber der Kurs der „krassen Einschränkung der privaten Initiative bei Fehlen der hierfür notwendigen wirtschaftlichen und ideologischen Voraussetzungen führt, wie die Praxis erwiesen hat, nicht zum Sozialismus, sondern zur Diskreditierung des Sozialismus".[563]

Der Beschluß (eine Entschließung) sollte so etwas wie eine zweite, bessere Antwort der SED auf den „Gesundungsbeschluß" werden. In einer Vorarbeit für den politischen Teil des Dokuments formulierte Herrnstadt noch vor dem 17. Juni deutlich den Anspruch des neuen Kurses im Kontext der deutschen Frage und ging damit weiter als der hastig entworfene Moskauer SED-Beschluß vom 2. Juni. Herrstadt vermochte es, das Verhängnis, wie es sich aus forcierter Industrialisierung und Kollektivierung einerseits, wachsenden volkswirtschaftlichen Belastungen und Widersprüchen, dem Angriff auf den Mittelstand und der allgemeinen Rechtsunsicherheit andererseits ergeben hatte, klarer zu benennen. Er beschrieb die entstandene Lage als Resultat, erstens einer prinzipiell falschen strategischen Entscheidung, zweitens aber des anschließenden untauglichen „Versuch[s], die aus dem falschen Kurs entstandenen Widersprüche zu lösen".[564] Diese – bei aller Vor-

559 Zusammenfassende Auswertung der Berichte der Sonderbeauftragten für Landwirtschaft über die Auswirkungen der Beschlüsse vom 9. 6. und 11. 6. 1953 im Dorf, o. D. (Berichte von vor dem 16. 6. 1953), SAPMO BArch, NY 4182-1071, Bl. 142–146. Siehe auch Kowalcuk, 17. 6. 1953, S. 98–100.

560 Siehe Protokoll der Politbürositzung am 9. 6. 1953, SAPMO BArch, DY 30, J IV 2/2-288, Bl. 2; Otto, Die SED im Juni 1953, S. 93–96, hier S. 95.

561 Petra Weber, Justiz, S. 371 f., beschreibt das Vorgehen der Behörden und die Reaktion der Bevölkerung in Thüringen. Im Bezirk Suhl wurden beispielsweise vor dem 17. 6. 1953 elf Großbauern entlassen, die wegen Verletzung der Ablieferungspflicht verurteilt worden waren. Vielerorts wurden die Entlassenen in den Gemeinden freudig empfangen.

562 Siehe Protokoll der außerordentlichen Politbürositzung am 13. 6. 1953, SAPMO BArch, DY 30, J IV 2/2-289, Bl. 3; Otto, Die SED im Juni 1953, S. 99–101.

563 Siehe Vorlage Herrnstadts für einen Beschlußentwurf, Sitzung des Politbüros am 13. 6. 1953, zitiert bei Otto, Die SED im Juni 1953, S. 102–108, hier S. 103, 105.

564 Siehe Entwurf einer Entschließung für die Politbürositzung am 3. Juli 1953, als Entwurf für das 15. ZK-Plenum verfaßt, zitiert bei Otto, Die SED im Juni 1953, S. 219–231, hier S. 220f. Erläuterungen bei Otto, Dokumente, S. 655. Herrnstadts erster Abschnitt entstand laut Otto vor dem 17. Juni 1953, als noch an eine Entschließung für die 14. ZK-Tagung gedacht war.

läufigkeit des Urteils – analytische Tiefe erreichten sowjetische Dokumente zur Krise in der DDR erst zum Jahresende hin.

Gleichwohl, Grotewohls Aufzeichnungen zufolge unterstützte Semenov jetzt Herrnstadts Position: „‚Sozialismus' ist nicht das Falsche, sondern ‚beschleunigte', ‚übereilte', das ‚propagandistische'". Er beruhigte die SED-Führung, mit dem neuen Kurs stehe nicht zu befürchten, „daß kleine oder mittlere Bourgeoisie wächst".[565] Auch künftig seien „Kulaken und Mittelständler" nicht die ökonomischen Stützen, sondern nur wichtige Glieder der Gesellschaft. Stützen seien weiterhin die Arbeiterklasse und die werktätige Bauernschaft.[566] Indes, für die Lohnarbeiter hatte das Kommuniqué vom 9. Juni so gut wie gar nichts gebracht. Die SED-Führung wußte, daß ihre nächste öffentliche Stellungnahme zum Kurswechsel mehr von der eigenen Klientel handeln und auch dabei im Kontext national- und gesellschaftspolitischer Zusammenhänge über den „Gesundungsbeschluß" hinausgehen mußte.[567] In den Strategie-Debatten jener Tage verlor sie allerdings das Gespür für die in der Arbeiterschaft rasch anwachsende Mißstimmung. Als um den 15. Juni herum Löhne ausgezahlt wurden, bekamen viele Arbeiter den nicht zurückgenommenen Normenbeschluß vom 28. Juni 1953 unmittelbar zu spüren. Ab 16. Juni 1953 kam es zu Demonstrationen und Streiks, bei denen immer deutlicher auch politische Losungen erklangen. Teile der Landbevölkerung wurden von dieser Entwicklung mitgerissen.

4.1.2. Unruhen auf dem Lande

Die Forderung, der „Bauernrebellion" im Juni 1953 historisch gerecht zu werden und dem ländlichen Protest den Charakter einer Erhebung nicht abzusprechen, ist so alt wie das erste Buch zum 17. Juni 1953, das schon auf die meisten der heute noch angeführten Bauernkundgebungen hinweist.[568] Dennoch ist das, was sich in den ostdeutschen Dörfern wirklich ereignete, zusammenhängend noch nicht rekonstruiert worden. Regionalstudien und Dokumentationen haben das Bild jüngst angereichert, aber bei weitem noch nicht komplettiert. Auch diese Untersuchung kann das Defizit nicht beseitigen, konzentriert sie sich doch auf die agrarpolitische Kooperation von SED-Führung und SKK. Die Ereignisse auf dem Lande zum Zeitpunkt des Ausbruchs von Massenprotesten werden daher nur knapp vorgestellt.

Sowjetische Sofortberichte über Bauernproteste tauchten in den Akten bisher nicht auf. In der Hinterlassenschaft der SKK fand sich lediglich eine Information des DDR-Landwirtschaftsministeriums über eine Delegation aus Eckolstädt sowie die Resolution der VdgB(BHG) von Eckolstädt, ins Russische übersetzt. Das Papier trägt einen Vermerk Judins: Sicherheitsexperte Fadejkin solle jene Personen, die die Bauern zu regierungsfeindlichen Aktionen organisierten, streng kontrollieren, Politik-Experte Orlov die politische Stimmung unter den Bauern beobachten

[565] Siehe Notizen Ulbrichts über die Politbürositzung am 13. 6. 1953, bei Otto, Die SED im Juni 1953, S. 110–112, hier S. 112.
[566] Siehe Protokoll der Politbürositzung am 13. 6. 1953, SAPMO BArch, DY 30, J IV 2/2-289; zitiert nach Otto, Die SED im Juni 1953, S. 108f., hier S. 109.
[567] So Heinrich Rau laut Notizen Ulbrichts über die Politbürositzung am 13. 6. 1953, S. 111.
[568] Siehe Brant, Aufstand, S. 246f.

lassen und schauen, ob Analoges in anderen Kreisen vorkomme. Schließlich sei das ZK der SED über diese „feindliche Tätigkeit unter Bauern" zu informieren.[569]

Die sowjetischen Lageberichte, die während des Ausnahmezustandes mehrmals täglich von Berlin nach Moskau gingen[570], enthalten keine Hinweise auf Bauernunruhen. Die Moskauer Führung erfuhr zwar, daß es bei Eckolstädt Unruhen gab [571], doch Näheres nicht, und es blieb auch unklar, daß es sich hier um Bauernprotest handelte. Die frühen Meldungen konzentrierten sich auf militärisch und sicherheitspolitisch Relevantes. Doch auch in den ausführlicheren Beschreibungen, wie sie ab dem Abend des 19. Juni nach Moskau gingen, blieb das Bild vom Geschehen auf den Dörfern blaß: „Die Situation auf dem Lande ist nach wie vor ruhig", faßten Semenov und Sokolovskij zusammen. In den letzten Tagen wären einige Verzüge bei den Pflichtabgaben zu verzeichnen gewesen. Aber die Bauern insgesamt würden die Berliner Ereignisse eher mißbilligen und fürchten, daß sie sich zu einem Krieg ausweiten.[572]

Diese Wertung überführt die sowjetischen Vertreter keiner spezifischen Blindheit für die ländlichen Probleme, denn die wahren Hintergründe des Arbeiterprotestes erkannten sie ja auch erst am Abend dieses 19. Juni. Der Stellvertreter des sowjetischen MVD-Residenten in Deutschland Fadejkin meldete Sokolovskij, der als Generalstabschef und stellvertretender Kriegsminister der UdSSR am 17. Juni zum Krisenmagement nach Berlin entsandt worden war, die Streiks wären, wie sich *nun* herausstelle, ein Protest gegen die 10prozentige Normerhöhung durch den Regierungsbeschluß am 29./30. Mai gewesen.[573] – Da war die Deutung des 17. Juni als „großangelegte Provokation" durch „faschistische Agenten" bereits in die Welt gesetzt...

Die SED-Führung schätzte, gestützt auf Meldungen der Polizei, den offenen Protest in den Dörfern gleichfalls als unbedeutend ein. Die Berichte über Vorkommnisse enthalten zahlreiche Beispiele verbaler Zornesausbrüche, mündlicher „Provokationen", Unmutsäußerungen.[574] Sie vermitteln ein Bild von Stimmungen in jenem Teil der Bauernschaft, der gegen die LPG eingestellt war und dies bei passender Gelegenheit äußerte. In SED, VdgB(BHG) und DBD wurde derlei politisch ernstgenommen, aber nicht aufgebauscht.

Die Forschung hat jüngst 302 (von insgesamt rund 8535) Gemeinden mit bis zu 2000 Einwohnern und weitere 114 Gemeinden (von insgesamt rund 765) mit 2000 bis 5000 Einwohnern gezählt, in denen zwischen dem 16. und 21. Juni 1953 „Demonstrationen, öffentliche Kundgebungen, Streiks oder Gewalttätigkeiten gegen

[569] Siehe Undatierte Information des Ministeriums für LFW, Resolution vom 13. 6. 1953, mit handschriftlichem Vermerk Judins (Datum schlecht lesbar: 24. oder 29. 6. 1953), AVP RF, fond 458, opis' 366, delo 1, listy 50–53; siehe auch Scherstjanoi, Stimme. Der geistige Kopf der Aktion Mitzenheim erscheint im Dokument übrigens weder als Delegationsmitglied noch anders.

[570] Ostermann, Politbüro, S. 86–103, veröffentlichte einige Berichte von Semenov, Sokolovskij, Grečko (Chef der GSSD) und anderen aus dem Zeitraum vom 17. 6. bis 9. 7. 1953.

[571] Siehe Bericht von Grečko und Tarasov an Bulganin, 18. 6. 1953, 14.30 Uhr, bei Ostermann, Politbüro, S. 91. In der englischen Übersetzung eines vielleicht im russischen Original schon falsch genannten Ortes heißt Eckolstädt „Ettelstadt".

[572] Siehe Auszug aus einem Bericht Semenovs und Sokolovskijs an Molotov und Bulganin, 19. 6. 1953, 17.35 h, bei Ostermann, Politbüro, S. 94.

[573] Siehe Bericht Fadejkins an Sokolovskij, 19. 6. 1953, bei Ostermann, Politbüro, S. 95–97, hier S. 95 f.

[574] Siehe Diedrich/Hertle, Alarmstufe; Ciesla, Freiheit.

Personen oder Einrichtungen" festgestellt worden waren. Die Statistik weist weitere 102 Gemeinden (von insgesamt 244) mit 5000 bis 10 000 Einwohnern aus, mithin insgesamt 518 in der Größenordnung bis zu 10 000 Einwohnern, die diese Kriterien erfüllten.[575] In Gemeinden mit bis zu 5000 Einwohnern lebten damals etwa 40 Prozent der DDR-Bevölkerung, mehrheitlich in der Landwirtschaft Beschäftigte. Und auch in etwas größeren Gemeinden wohnten viele Bauern- und Landarbeiterfamilien. Eine Statistik über Charakter und Reichweite des Protestes in jenen Orten ist jedoch noch nicht erstellt, und von den „auffälligen" Kleingemeinden – etwa 5 Prozent aller Gemeinden mit bis zu 5000 Einwohnern – kann auf „Bauernrebellion" nicht geschlossen werden.

Es ist geradezu auffällig, daß es in den nördlichen Agrarregionen vergleichsweise ruhig blieb. In den Bezirken Rostock, Schwerin, Neubrandenburg und Magdeburg sowie im Berliner Umland schlossen sich Bauern den Protesten von Arbeitern in größeren Gemeinden, Kreisstädten oder auf Baugelände außerhalb der Ortschaften an, demonstrierten vor Gefängnissen mit, stellten hier und da einen Traktor für Protestzüge zur Verfügung. Bauernprotest mit bauerntypischen Forderungen gab es hier nicht.[576] Ebenso bemerkenswert ist, daß es an der Grenze zur Bundesrepublik zu keinen größeren Unruhen kam. Die Aussiedlung des Jahres 1952 verursachte dort keinen Protest mehr, weil die Betroffenen mittlerweile anderswo lebten. Der 5-km-Schutzstreifen war von politisch unzuverlässigen Personen „gesäubert" worden, hier hatte die SED-Führung auch weitere Maßnahmen zur Herrschaftsstabilisierung getroffen. Regelrechte Bauerndemonstrationen waren insgesamt die Ausnahme. Bislang sind nur Einzelfälle bekannt, in denen Bauern den Kern einer Protestaktion bildeten, sich zu Zügen formierten und sogar andere Bevölkerungsteile mitrissen. In solchen Fällen ging der Protestmarsch meist von organisierter oder spontaner Menschenansammlung vor Gemeindehäusern, Kreisämtern oder Haftanstalten aus. Bekannt wurden größere Kundgebungen am 17. Juni vor der Untersuchungshaftanstalt in Teterow (Bezirk Neubrandenburg), auf dem Markplatz und in den Hauptstraßen von Jessen (Bezirk Cottbus) und im thüringischen Mühlhausen (Bezirk Erfurt).

Mancherorts beschädigten oder zerstörten Dorfbewohner Einrichtungen von LPG, MTS und Kulturhäusern oder Schautafeln, Plakate und Transparente von VdgB(BHG) und KONSUM, sie rissen Bilder von den Wänden der Büros, kappten Telefonleitungen u.ä. In einigen Kleingemeinden registrierte die Polizei besondere Vorkommnisse in der Nähe staatlicher oder Parteieinrichtungen, auch tätliche Angriffe auf LPG-Vorsitzende, Bürgermeister, Partei- und FDJ-Funktionäre, Lehrer oder Polizisten. Drohungen gegen die „roten Hunde" ertönten auf öffentlichen Plätzen, manch einer wollte mit ihnen „abrechnen". In Einzelfällen kam es zu regelrechten Lynchaktionen. Insgesamt gesehen hielten sich tätliche Angriffe und der Vandalismus auf dem Lande jedoch in Grenzen, auch weil es nur Einzelne waren, die randalierten und in der Regel sofort in Gewahrsam genommen wurden. Ein Teil der Demonstranten zog sich zurück, als Gewalt aufkam.

575 Siehe Kowalczuk, 17.6.1953, S. 284, 289–292. Zu Gesamtzahlen siehe Statistisches Jahrbuch der DDR 1955, S. 15, mit Einwohnerstand vom 1. 1. 1956.

576 Siehe Volkspolizei-Lageberichte aus den Bezirken Magdeburg, Neubrandenburg, Potsdam Rostock, Schwerin bei Diedrich/Hertle, Alarmstufe, S. 312–395.

Bauern, die mit der Agrarpolitik der SED unzufrieden waren, nutzten in den Tagen um den 17. Juni die bestehenden Strukturen kommunaler Politik, um ihren Unmut sowie Forderungen nach Information und Reformen zu äußern. In der Regel handelte es sich um von den Bürgermeistern einberufene Versammlungen, auf denen die neuen Regierungsbeschlüsse erläutert werden sollten. So traten am 17. Juni Bauern auf einer Einwohnerversammlung der Nationalen Front in der Gemeinde Hellingten (Thüringen) vor rund 200 Anwesenden mit Kritik hervor und sorgten dafür, daß eine Resolution verabschiedet wurde. Im erwähnten Eckolstädt nutzten die Bauern eine VdgB-Versammlung, um entlassene Großbauern zu begrüßen und eine Entschließung an die Regierung zu verfassen (siehe unten). Derlei setzte nach der Niederschlagung des Aufstandes und der Aufhebung des Ausnahmezustandes erneut ein und nahm an Breite sogar noch zu. Es war Bestandteil einer anhaltenden Herrschaftskrise und konnte vom militärisch gesicherten SED-Regime im Rahmen des weiteren Krisenmanagements schließlich politisch durchgestanden werden.

Bauern schlossen sich am 17. und 18. Juni in einigen wenigen Fällen auch streikenden MTS-Arbeitern an – meist auf deren Aufforderung hin, um vor die Gemeinde- oder Kreisverwaltungen zu ziehen. Selten ging die Initiative von Bauern aus. In Jessen, wo sich Bauern in die Züge der Belegschaften der MTS-Werkstatt, der Ziegelei und des Sägewerkes einreihten, kamen auf diese Weise über tausend Menschen zusammen.[577] In anderen Fällen weigerten sich Bauern mit den Landarbeitern oder MTS-Arbeitern mitzumarschieren. Insgesamt kam es eher selten zu einer Solidarisierung: Die MTS standen in den Augen der Einzelbauern doch eher für den alten Kurs, und MTS-Arbeiter hatten häufig Aversionen gegen den konservativen Teil der Bauernschaft. Es war eher so, daß sich die einen wie die anderen unabhängig voneinander in den Zug von Demonstranten in nahegelegenen Städten einreihten.

Von protestierenden LPG-Bauern ist nichts bekannt. Die ins Hintertreffen geratenen Protagonisten des alten Kurses verhielten sich ruhig, auch weil sie verunsichert waren und behördlicherseits kaum öffentliche Unterstützung erfuhren. In einigen Gemeinden begannen sich nach dem 11. Juni 1953 die LPG aufzulösen. Viele verloren Mitglieder. Doch das ist kaum als Protestverhalten zu bewerten, denn solche Bauern ließen sich einfach auf die neuen Angebote ein, nachdem sie für sich vorübergehend keine Chance als Einzelbauern mehr gesehen hatten. Diese Entwicklung setzte sich nach dem 17. Juni fort.

Der Protest von Bauern begann, wie der von Arbeitern auch – mit Forderungen nach wirtschaftlichen Erleichterungen. Auf dem Lande bekam er eine regimefeindliche Tendenz, wenn die Forderung nach Freilassungen sogenannter Wirtschaftsstraftäter zu Unmutäußerungen gegen die politischen Strukturen führte. Es waren aber zunächst durchweg Forderungen, die der neue Kurs legitimiert hatte: allgemeine Erleichterung beim Soll, Abbau der Progression bei der Veranlagung, Schluß mit der Bevorzugung von LPG bei staatlichen Hilfen, gleichwertige Hilfe auch für Einzelbauern, Schluß auch mit der Kriminalisierung von Steuer- und Abgabenschulden, Rückgabe verstaatlichten Eigentums. In den MTS und VEG gab es

[577] Näheres siehe Seybold, Ländlicher Protest; Ciesla, Freiheit, S. 101–104, 108.

arbeiterspezifische Losungen: gegen Normtreiberei, für Lohnzuschüsse bei Nacht- und Sonntagsarbeit, gegen Abzüge bei unverschuldetem Stillstand. In allen bekannten Fällen (bis auf einen) kamen politische Forderungen, wie die nach Neuwahlen, gesamtdeutschen Wahlen und/oder Absetzen der Regierung erst im Verlauf des 17. Juni auf.

Eine bemerkenswerte Episode des bäuerlichen Widerstandes stellen die Ereignisse in Eckolstädt (Kreis Appolda) dar. Die Initiative ging in der 500-Seelen-Gemeinde nicht von Bauern, sondern von einem bekannten Gegner der DDR aus, von Pfarrer Edgar Mitzenheim. Er verfaßte bereits am 13. Juni, nachdem vier Bauern aus der Haft entlassen worden waren, eine Resolution und trug sie in einer VdgB-Versammlung vor, die sich zur Einwohnerversammlung auswuchs. Seine Forderungen stießen auf breiten Zuspruch.[578] Der recht bunte Forderungskatalog kündigte die Absicht an, alle SED-Funktionäre aus der Gemeindevertretung zu entfernen und eine provisorische neue Vertretung mit neuem Bürgermeister einzusetzen. Gemeinderatswahlen wurden gefordert. Die VdgB sollte zu einer bäuerlichen Berufsvertretung der „freien Bauern" umgebildet werden. Schließlich forderte man den Rücktritt der Regierung und eine Neuwahl, „bei der es wirklich etwas zu wählen gibt". Eine Abordnung unter Leitung Mitzenheims legte diese Resolution am 15. Juni 1953 im Landwirtschaftsministerium in Berlin vor. Der 17. Juni verlief in Eckolstädt zunächst ruhig. Am 18. Juni löste die Nachricht von der Verhaftung Mitzenheims Tumult aus, wobei zwei Funktionäre nur knapp einer Hinrichtung entkommen sein sollen. Eine Einheit sowjetischer Soldaten beendete den Aufruhr.

Diese Inseln des organisierten Bauernprotestes[579] waren nicht etwa durch besonders bauernfeindliche Politik aufgefallen. Eine starke Ausprägung der Konflikte vor dem Kurswechsel ist hier nicht erkennbar. Für sich genommen mögen die Aktionen in jenen Orten den Begriff der Bauernunruhen rechtfertigen, doch solange nicht sehr viel mehr bekannt wird, ist Ulrich Kluge in seiner Wertung beizupflichten: „Eine Rebellion der Bauern blieb im Juni 1953 aus"; die ostdeutschen Bauern stellten „die Machtfrage nicht."[580] Auch die Protestaktionen in Eckolstädt lassen sich nicht als „Aufstand" bezeichnen. Doch sie zeigen, wie schnell die Landbevölkerung unter bestimmten Umständen zu aktivieren war. Insgesamt gesehen bargen die ländlichen Verhältnisse im Sommer 1953 durchaus den Konfliktstoff für lokale Bauernaufstände. Doch die bewaffnete Staatsgewalt, vor allem aber die Besatzungsmacht, verhinderte die Organisierung und Ausbreitung von Widerstandsaktionen – für das Regime noch rechtzeitig.

Auch auf dem Lande wurde die Lage durch Verhängen des Ausnahmezustandes und – vor allem in Kreis- und Bezirksstädten – mit sowjetischen Panzern stabilisiert. In den Dörfern gab es keine Auflehnung gegen sowjetische Militärpräsenz. Die Ereignisse endeten unblutig. Bald setzten auch hier Verhaftungen ein,

[578] Näheres einschließlich Resolution bei Kowalczuk, 17.6.1953, S. 214–219.

[579] Bauer, Blockpartei, S. 391, spricht vom punktuell-eruptiven Charakter der Opposition auf dem Lande.

[580] Kluge, Verhinderte Rebellion, S. 350f. Kluges Entrüstung darüber, daß die Bauern die Machtfrage „nicht einmal [stellten], als sich das Blatt [...] gewendet zu haben schien", entzieht sich einer wissenschaftlichen Erörterung.

wurden sogenannte Rädelsführer in Gewahrsam genommen und zu harten Strafen verurteilt. Der Anteil sowjetischer Sicherheitsdienste, Polizei- und Justiz-Berater ist hier noch weniger auszumachen, als bei Verhaftungen in urbanen Gebieten.

4.2. Der Neue Kurs nach dem Aufstand: Rückkehr zur Mehrsektorenwirtschaft

4.2.1. Die 14. Tagung des ZK der SED. Sowjetische Einschätzungen

Das Politbüro berief auf Herrnstadts Drängen hin kurzfristig für den 21. Juni ein ZK-Plenum ein, um die aktuelle Lage zu erörtern. Unter maßgeblicher Mitarbeit Herrnstadts entstand der Entwurf für eine Entschließung, die die Partei „wieder in die Offensive führen“ sollte. In Landwirtschaftsfragen hatte man sich aber noch nicht weitergehend verständigen können. Der Bedarf an strategischer und politisch-taktischer Klärung innerhalb der Parteiführung und unter den agrarpolitischen Sachverständigen war noch nicht gedeckt, die Stimmungen auf dem Lande noch nicht umfassend ausgewertet. Insbesondere die Haltung der LPG-Bauern und der zur Rückkehr in ihre Wirtschaften eingeladenen Klein- und Mittelbauern mußte analysiert werden. Das Sekretariat des ZK hatte noch Ende Mai verschiedene Papiere zur Anleitung der LPG verfaßt, die als Entwürfe und Diskussionsgrundlagen an die Bezirks- und Kreisleitungen sowie MTS gehen sollten. Diese bereiteten – im Sinne des alten Kurses – die Liquidierung landwirtschaftlicher Kreisbetriebe (KLB) vor; das in staatliche Verwaltung gekommene Land sollte rasch an einige funktionstüchtige LPG gehen, aber auch an VEG, weshalb man die Orientierung auf „Großgüter“ wieder aktualisierte.[581] Diese Anweisungen waren nun hinfällig, über Bodeneigentum und -nutzung mußte neu nachgedacht und entschieden werden.

Offensichtlich bereitet das aber Schwierigkeiten. Dem Politbüro lagen am 20. Juni 1953 Entwürfe für „Merkblätter“ zu verschiedenen betriebswirtschaftlichen Sachverhalten in LPG (Arbeitsorganisation Verteilung der Mittel, Bildung und Verwendung des unteilbaren Fonds u.a.) vor. Es bestätigte sie, nahm diese Entscheidung aber wenig später wieder zurück. Eine Direktive über Anleitung und Hilfe zur wirtschaftlich-organisatorischen Festigung des LPG sollte erneut überarbeitet werden[582]. Stunden später entschied das Politbüro, daß Durchführungsbestimmungen zur Aufhebung der Verordnung vom 19. Februar 1953 sowie die Direktive zur Festigung der LPG nicht verabschiedet werden.[583] Auch ein Papier zur Erfassung landwirtschaftlicher Erzeugnisse unter den Bedingungen des neuen Kurses wurde zunächst gebilligt und dann nachträglich aus dem Protokoll gestrichen.[584] Auf neue Kreditbestimmungen konnte sich das Politbüro dagegen

581 Siehe Protokoll der Sekretariatssitzung am 18. 5. 1953, SAPMO BArch, DY 30, J IV 2/3-382, Bl. 2f.; Vorschläge zur Bildung von „Großgütern“, Vorlage für das Sekretariat des ZK, 19. 5. 1953, ebenda, DY 30, IV 2/7-94, Bl. 118, 134–140.

582 Siehe Protokoll der 1. Politbürositzung am 20. 6. 1952, SAPMO BArch, DY 30, J IV 2/2-291, Bl. 2–4.

583 Siehe Protokoll der 2. Politbürositzung am 20. 6. 1953, SAPMO BArch, DY 30, J IV 2/2-292, Bl. 2.

584 Siehe Protokoll der Politbürositzung am 21. 6. 1953, SAPMO BArch, DY 30, J IV 2/2-293, Bl. 2.

rasch einigen. Es bestätigte Anweisungen und Richtlinien entsprechend unlängst erarbeiteter Finanzierungshilfen.[585] Am 21. Juni konkretisierte es die „Sofortmaßnahmen zur unmittelbaren Verbesserung der Versorgung der Bevölkerung mit Nahrungsmitteln".[586]

Das 14. Plenum fand am Abend des 21. Juni statt.[587] Otto Grotewohl ging in seiner Rede noch einmal allgemein auf die Ursachen der jüngsten Ereignisse ein: „Die gegenwärtige Situation ist das Ergebnis der fehlerhaften Politik unsere Partei und der sich daraus ergebenden falschen politischen und wirtschaftlichen Maßnahmen der Regierung. [...] Dieser Zustand entstand aus der Diskrepanz zwischen der übereilt forcierten Entwicklung der Schwerindustrie und der rückläufigen Fabrikation von Verbrauchs- und Massengütern. Zur Bewältigung der sich steigernden Schwierigkeiten griffen wir zu politischen und juristischen Zwangsmaßnahmen, die die sich bildende Kluft zwischen Partei, Regierung und Volk nur noch vergrößerte." Auch Grotewohl erklärte, daß die angespannte Situation und insbesondere der Unmut der Arbeiter von faschistischen Agenten ausgenutzt worden wären, die lange schon den „Tag X" geplant hätten. Auch er sprach von einer „von Westberlin aus geleiteten Kriegsprovokation", die durch das „Eingreifen unserer sowjetischen Freunde" zusammenbrach. Aber es sei „eine irrige Auffassung zu glauben, daß die Situation allein und ausschließlich mit der Gewalt der Waffe in Ordnung gebracht werden könnte". Die Partei müsse aus ihrer Passivität heraustreten – ohne „Rachepolitik" und „Rachejustiz".[588] In Landwirtschaftsfragen hatte die SED-Führung den gefaßten Beschlüssen so kurzfristig nichts hinzuzufügen.[589] Verständlicherweise enthielt die Entschließung der 14. Tagung vor allem Angebote an die Arbeiterschaft.

Die KPdSU-Führung schätzte ein, daß „bei der Führung des ZK der SED immer noch Verwirrung im Zusammenhang mit den letzten Ereignissen besteht. Die praktische Arbeit [...] kommt nur äußerst langsam in Gang." Sie riet, „unverzüglich mit jeglicher Verwirrung in der Führung Schluß [zu] machen und entschlossen die Maßnahmen zur Festigung des Einflusses der Partei auf die Massen und zur Gewinnung des Vertrauens der Massen zur Staatsmacht [zu] verwirklichen".[590] Was die Beherzigung dieses Ratschlags in der Agrarpolitik anbelangte, so bedurfte sie natürlich einer volkswirtschaftlichen Einbettung. Die Überarbeitung des Volkswirtschaftsplanes 1953 benötigte Zeit und setzte verbindliche Zusagen über materielle Unterstützung von außen voraus. Erst am 29. Juni wurden der erste Bericht einer Kommission für die Änderung des Volkswirtschaftsplanes 1953 und die Umstellung des Fünfjahrplanes für die Industrie unter der Leitung von

585 Siehe Protokoll der 1. Politbürositzung am 20. 6. 1953, Bl. 5–14.

586 Siehe Protokoll der Politbürositzung am 21. 6. 1953, Bl. 8–13.

587 Stenographisches Protokoll der 14. Tagung des ZK der SED am 21. Juni 1953, SAPMO BArch, DY 30, IV 2/1-117; siehe auch Otto, Die SED im Juni 1953, S. 146–197.

588 Rede Grotewohls auf der 14. Tagung des ZK der SED, 21. 6. 1953, zitiert nach Otto, Die SED im Juni 1953, S. 147–168, hier S. 147, 159, 162f.

589 Wenig später fällt im Politbüro die Entscheidung, das Landwirtschaftssteuergesetz 1953 nicht einzuführen. Siehe Protokoll der Politbürositzung am 29. 6. 1953, SAPMO BArch, DY 30, 2/2-297, Bl. 2.

590 Stellungnahme des ZK der KPdSU zur Erklärung der 14. Tagung des ZK der SED, 23. 6. 1953, SAPMO BArch, DY 30, J IV 2/2-294; zitiert nach Otto, Die SED im Juni 1953, S. 197.

Heinrich Rau angehört, die Klärung von Investitions- und Außenhandelsfragen, letzteres mit der UdSSR und den Volksdemokratien, wurde angeordnet.[591] Verträge waren zwar noch nicht ausgehandelt, aber das weitere Krisenmanagement baute auf sowjetischen Zusagen auf. SED-Führung und Regierung verfügten jetzt über jene materiellen und finanziellen Mittel, die zuvor streng zweckgebunden für rüstungs- und reparationsrelevante Industrie-Investitionen bzw. Reserven eingeplant waren.

Eine herausragende Bedeutung für das weitere Vorgehen Moskaus und der SED-Führung erlangte ein Bericht Sokolovskijs, Semenovs und Judins, der am 24. Juni zunächst als vorläufiger Bericht unterzeichnet wurde und tags darauf – vermutlich mit Kürzungen – nach Moskau ging.[592] Auch hier heißt es, auf den Dörfern wäre es überall ruhig geblieben, die Bauern hätten, wie übrigens auch die Intellektuellen und der Mittelstand, an Streiks und Unruhen aktiv und organisiert nicht teilgenommen. Es wären einzelne Fälle bekannt geworden, wo unter den Bauern regierungsfeindliche Flugblätter kursierten, wo Kulaken und andere feindliche Elemente die Bauern aufgeforderten hätten, ihr Soll nicht abzuliefern. In einer Reihe von Kreisen des Bezirkes Magdeburg wäre die Ablieferung daraufhin erheblich zurückgegangen. Doch die Mehrzahl der Bauern würde die Unruhen in Berlin verurteilen. „Die Kulaken, insbesondere jene Personen, die bereits aus Westdeutschland zurückgekehrt sind, betreiben aktiv Agitation unter den Bauern und LPG-Mitgliedern und behaupten, daß angeblich die Auflösung aller Produktionsgenossenschaften bevorsteht. Es gibt Einzelfälle von LPG-Selbstauflösung und Austritte aus LPG. So haben sich im Bezirk Gera 4 Landwirtschaftliche Produktionsgenossenschaften aufgelöst, 200 Bauernwirtschaften traten aus LPG aus. Im Bezirk Rostock erklärten 4 Genossenschaften ihre Auflösung. Ein Massenaustritt von Bauern aus LPG ist aber bislang nicht festzustellen."

Der Bericht vom 24. bzw. 25. Juni 1953 ging ausführlich auf die Versorgungslage als wichtigen Grund für die Revolte ein, und bot Vergleiche zu Westdeutschland. Die Verfasser versuchten, den gesamten Komplex volkswirtschaftlicher Probleme zu erfassen und – das ist ihr größtes Verdienst – unterstrichen die Notwendigkeit einer radikalen Wende in den wirtschaftlichen Beziehungen zwischen DDR und UdSSR. Mit dieser Forderung überzeugten die Berichterstatter. Einen Monat später erließ Moskau der DDR die restlichen Reparationen, reduzierte die Besatzungskosten, überließ alle restlichen SAG (bis auf die WISMUT) gänzlich der DDR und gestaltete den Außenhandel für den DDR-Binnenmarkt günstiger.

Indes, zwei Defizite dieses Berichtes bestimmten anhaltend die weitere Krisenanalyse in Moskau und im Apparat des Hohen Kommissars. Der Bericht sprach ebenfalls vom 17. Juni als dem „Tag X", der von faschistischen Elementen nach

591 Siehe Protokoll der Politbürositzung am 29. 6. 1953, SAPMO BArch, DY 30, J IV 2/2-297, Bl. 2f.

592 Vorläufiger Bericht „Über die Ereignisse vom 17. bis 19. Juni 1953 in Berlin und in der DDR sowie einige Schlußfolgerungen aus diesen Ereignissen", 24. 6. 1953, gez. Semenov, Sokolovskij, Judin, an Molotov und Bulganin, AVP RF, fond 06, oips' 12a, papka 5, delo 301, listy 1-51; Auszüge bei Ostermann, New documents, S. 10-21. Ich danke Christian Ostermann dafür, daß er mir Einblick in eine Kopie des russischen Originals gewährte. Siehe auch Scherstjanoi, in 14 Tagen, S. 931-933.

dem Beschluß vom 9. (11.) Juni kurzfristig angesetzt worden war, und er verfestigte in der Debatte um die Ursachen den irreführenden Bezug auf die 2. Parteikonferenz der SED. Es hieß, die SED hätte im Juli 1952 den Kurs auf den „beschleunigten Sozialismusaufbau" eingeschlagen und damit ernste Probleme in Wirtschaft und Versorgung verschuldet. Als vermeintlicher Beleg wird – scheinbar aus den Konferenzdokumenten – der Beschluß vom „Aufbau des Sozialismus, ungeachtet aller Schwierigkeiten" zitiert. Der Bericht war so gehalten, daß er keine Frage nach sowjetischer Mitverantwortung an der Krise aufkommen ließ. Und er führt dem Historiker noch heute anschaulich vor, wie gerade die Behauptung vom forcierten Sozialismusaufbau seit Juli 1952 jede sowjetische Selbstkritik überflüssig machte, weil sie den Blick von Entscheidungen am Jahreswechsel 1952/53 weglenkte und damit von auftragsgemäßer Rüstung und Schwerindustrie.

Die internationale Abteilung des ZK der KPdSU übernahm diese Beurteilung der Entwicklung der Lage in der DDR sofort. Eine ausführliche Aktennotiz des zuständigen Sektorenleiters Kabin vom 30. Juni 1953 geht weiter und bezeichnet sogar Teilungsbestrebungen als „Fehler und Unzulänglichkeiten in der Führung der SED": „Nach der Gründung der Deutschen demokratischen (sic!) Republik begannen sich die Führung der SED und die Regierung der DDR immer stärker von den gesamtdeutschen nationalen Aufgaben abzuwenden und in den Grenzen der DDR einzurichten", hieß es nunmehr ganz im Sinne der neu herausgestellten gesamtdeutschen Option Moskaus. „Die gesellschaftlichen und wirtschaftlichen Verbindungen nach Westdeutschland wurden unterbrochen. [...] Die Abschottung der SED und der Regierung der DDR von den gesamtdeutschen nationalen Aufgaben führte zur falschen Beurteilung der Lage in der DDR und der Perspektiven ihrer Entwicklung. Anstatt die demokratische Ordnung in der DDR allmählich zu festigen und sie in eine starke Basis für den Kampf um die Einheit Deutschlands zu verwandeln, gab die SED im Grunde die Blockpolitik auf und begann, den Blockparteien und der Regierung, die auf einer Koalitionsgrundlage gebildet worden war, ihre Politik aufzuzwingen."[593]

Kabin warf der SED nicht nur vor, auf ihrer 2. Parteikonferenz „ohne ausreichende Analyse der Ergebnisse der politischen, wirtschaftlichen und kulturellen Entwicklung der DDR" den Aufbau des Sozialismus beschlossen zu haben. Er kritisierte auch – so als sei dies erst nach der Parteikonferenz geschehen –, daß die SED ohne hinreichende Ressourcen einen Fünfjahrplan erarbeitet hatte, der die Kräfte der DDR überstieg.[594] „Doch die Führung der SED und die Regierung der DDR bestanden auf der Forcierung des Tempos beim Sozialismusaufbau, obgleich schon am Ende des Jahres 1952 der Widerspruch zwischen dem auferlegten

[593] Die Deutsche Demokratische Republik, Aktennotiz Kabins, 30. 6. 1953, RGANI, fond 5, opis' 28, Teil 1 in: delo 3, listy 76–87, Teil 2 in: delo 8, listy 76–93; hier Teil 2, listy 88f. – In der Außenpolitischen Abteilung des ZK der KPdSU wurde mit Datum vom 30. 6. 1953 dieser umfassende Bericht über die Lage in der DDR ausgefertigt. Nach einem demographischen und einem politikgeschichtlichen Einstieg wurden darin der Staatsaufbau ab Sommer 1952 beschrieben, die Parteien kurz charakterisiert und ein allgemeiner Überblick über die wirtschaftliche Entwicklung gegeben. Im weiteren wurden Ursachen der Krise aufgelistet – alles in sehr dogmatischer Weise, ohne wirkliche Kenntnis der Zusammenhänge.

[594] Die Deutsche Demokratische Republik, Aktennotiz Kabins, 30. 6. 1953, Teil 2, list 89.

Tempo der Entwicklung und den realen Möglichkeiten sowie die negativen Auswirkungen auf die volkswirtschaftliche Tätigkeit klar zutage traten", schätzte Kabin in absurder Verkennung oder Leugnung der wahren Ursachen ein. Es war die Standard-Bewertung von „Fehlern" bei der Industrialisierung im Staatssozialismus, die möglicherweise auf einige Volksdemokratien zutraf, jedoch im konkreten Fall der Krise der DDR 1952/53 nur bedingt gelten konnte und die sowjetische Verantwortung verschwieg: „Anstatt den Plan zu korrigieren und den objektiven Gegebenheiten anzupassen, propagierten die SED und die Regierung der DDR verstärkt den notwendigen Sozialismusaufbau. [...] Sie gingen zu früh zur Politik der Verdrängung kleiner Privatunternehmer und Händler über, ungeachtet dessen, daß diese eine große Rolle bei der Steigerung der Warenproduktion in der DDR spielen."[595]

Regelrecht unsinnig waren Kabins Erläuterungen zur verfehlten Agrarpolitik und insbesondere zur Bildung von LPG „auf Initiative der SED"[596]. Es hieß: „Die Führung der SED und die Regierung der DDR begannen nach der 2. Parteikonferenz ohne hinreichende Vorbereitung die Kollektivierung der Landwirtschaft. Mit hohen Steuern und erhöhten Getreideabgaben (sic!) wurden arme und mittelstarke Bauern [bednjaki i srednjaki] zum Eintritt in landwirtschaftliche Produktionsgenossenschaften gezwungen. So traten in die 4800 Kooperative, die bis zum 1. Mai 1953 entstanden, mehr als zwei Drittel der aufgenommenen Bauern unter Zwang ein. Unter der armen und mittelstarken bäuerlichen Bevölkerung wurde keine [politische] Arbeit geleistet."[597] An anderer Stelle heißt es kritisch zu den LPG, ihrer Festigung hätte im Wege gestanden, daß wegen des fortbestehenden Privateigentums an Grund und Boden eine Flächenzusammenlegung nicht möglich war und genossenschaftliche Viehwirtschaft ebenfalls ohne zusammenhängende Weideflächen auskommen mußte.[598]

Woher Kabin seine Informationen bezog, war nicht zu ergründen. In Berlin bemühte man sich derweil um mehr Realitätssinn. In den folgenden Monaten arbeiteten SED-Führung und DDR-Landwirtschaftsministerium gemeinsam mit Semenovs Agrarspezialisten konkrete Bestimmungen zur neuen Agrarpolitik aus. Die Zusammenarbeit verhalf auch der sowjetischen Seite zu einem wirklichkeitsnahen Bild von den Verhältnissen auf den Lande. Das schlug sich in Berichten nieder. Doch die Bereitschaft zur Selbstkritik der Besatzungsmacht blieb äußerst begrenzt, auch als sich die Erkenntnis durchsetzte, daß die Aussichten auf eine baldige Lösung der Deutschlandfrage nach dem 17. Juni 1953 sehr viel trüber geworden waren.

4.2.2. Die weitere Klärung von Strukturfragen in der Landwirtschaft

An der Umsetzung des neuen Kurses, der in die Geschichtsschreibung mit dem Eigennamen „Neuer Kurs" einging, war im weiteren schon nicht mehr die Sowjetische Kontrollkommission in Deutschland (SKK) beteiligt. Am 29. Mai 1953 offi-

595 Ebenda, listy 90f.
596 Die Deutsche Demokratische Republik, Aktennotiz Kabins, 30. 6. 1953, Teil 1, list 87.
597 Die Deutsche Demokratische Republik, Aktennotiz Kabins, 30. 6. 1953, Teil 2, list 91.
598 Siehe ebenda, list 88.

ziell angekündigt, erfolgte die reguläre Auflösung der SKK durch einen Beschluß des Ministerrates der UdSSR am 16. Juni 1953. Die Ereignisse des 17. Juni in der DDR hatten mit dieser diplomatischen Entscheidung nichts zu tun, machten sie in gewissem Sinne sogar überflüssig. Gleichwohl, die Kommission stellte ihre Tätigkeit am 1. August 1953 offiziell ein, nachdem ihre Abteilungen in den Apparat des Hohen Kommissars der UdSSR in Deutschland überführt worden waren.[599] Am 10. Juni 1953, dem Tag der Verabschiedung des SKK-Vorsitzenden Vasilij I. Čujkov, fand der offizielle Antrittsbesuch des Hohen Kommissars der UdSSR in Deutschland Vladimir S. Semenov statt. Semenov stellte Pavel F. Judin als seinen Stellvertreter und die führenden SKK-Mitarbeiter Petrov, Lun'kov, Orlov und Chomjakov als weiterhin verantwortliche Experten seines Apparates vor.[600] Der für Wirtschaftsfragen bislang zuständige stellvertretende SKK-Vorsitzende Ivan F. Semičastnov wurde Bevollmächtigter des Ministeriums für Innen- und Außenhandel der UdSSR in der DDR, zuständig auch für die SAG und für Reparationsfragen.[601] Agrarexperte Stupov wirkte als Experte für Fragen der Landwirtschaft weiter, Sitnin überwachte weiterhin die SED-Finanzpolitik.

SED-Führung und Hoher Kommissar behielten ihr „Bauernprogramm" bei. Der 17. Juni hatte die Richtigkeit der Gewichtsverlagerung auf die Unterstützung einzelbäuerlicher Produktion nur bestätigt. Viele Bauern zogen es wieder vor, im Familienbetrieb zu produzieren. Sie fanden es akzeptabel, unter liberalisierten Verhältnissen erneut ein auf Ertragssteigerung abzielendes Arrangement mit dem – Anbauplanung und Abgabenpflicht beibehaltenden – Staat zu treffen. Zugleich entsprach eine Auflösung *sämtlicher* LPG den Interessen eines Teils der Landbevölkerung, und zwar des der SED im Grunde näherstehenden kleinbäuerlichen Teils und vieler Landarbeiter, nicht. In einer staatlich subventionierten Genossenschaft sahen nicht wenige Kleinproduzenten noch immer eine Möglichkeit, klimatischen Unwägbarkeiten, finanziellen Risiken und physischer Belastung wirksam zu begegnen.

Auch nach dem 17. Juni verließen Bauern die DDR. Bezeichnenderweise kam es aber zu keiner Zunahme der Flucht, so wie sie im Juni/Juli 1953 in der Arbeiterschaft um sich griff und vor allem aus der Kriminalisierung des Arbeiterprotestes erwuchs. Das Angebot des 9. und 11. Juni wirkte also auf dem Lande letzten Endes politisch befriedend.

599 Siehe Scherstjanoi, SKK-Statut, S. 97–99.

600 Siehe Notiz der Protokollabteilung der DDR-Regierung, 10. 6. 1953, SAPMO BArch, NY 4090, 316, Bl. 245; *Neues Deutschland*, 6., 7. und 11. 6. 1953.

601 Siehe Mitteilung Semenovs an Grotewohl, 13. 6. 1953, SAPMO BArch, NY 4090, 316, Bl. 246.

Anzahl der Republikflüchtigen und der Rückkehrer von Mai bis Oktober 1953 im Bezirk Potsdam[602]

	Republikflüchtige 1953							Rückkehrer 1953						
	Mai	Juni	Juli	Aug.	Sept.	Okt.	**insg. ab Juni**	Mai	Juni	Juli	Aug.	Sept.	Okt.	**insg. ab Juni**
insgesamt	3169	524	912	883	832	456	**3607**	26	189	354	346	359	398	**1646**
darunter														
Arbeiter	432	82	187	179	184	98	**730**	3	82	81	82	126	104	**473**
Angestellte	317	40	96	111	103	56	**406**	6	8	35	37	35	39	**154**
Bauern	**250**	**46**	**41**	**32**	**28**	**9**	**156**	–	**7**	**38**	**19**	**12**	**21**	**97**

602 Sekretariatsvorlage betr. Analyse der Republikflucht im Bezirk Potsdam, o. D. (Anfang November 1953), SAPMO Barch, DY 30, IV 2/13-394, Bl. 303–305.

Diese Entwicklung ist zum einen auf die geringere soziale und räumliche Mobilität von Bauern zurückzuführen. Sie war in wachsendem Maße aber auch Ergebnis politischer Verständigung. SED und sowjetische Berater versuchten, die politischen Strukturen im Dorf im Sinne des Neuen Kurses zu liberalisieren. Die wichtigste neue Erkenntnis war die, daß der VdgB(BHG) wieder mehr Spielraum zu gewähren, daß sie wieder stärker als Vermittlerin einzelbäuerlicher Interessen zu nutzen sei. Die konkreten Formen dieser Vermittlerfunktion blieben noch eine Weile umstritten, wie es die interne Debatte um die Großbauernkonten zeigte. VdgB-Funktionäre plädierten dafür, die privaten Konten der Großbauern ebenso von der BGH führen zu lassen, wie die der übrigen Bauern. Angesehene Mittelbauern sollten mehr Einfluß in der Organisation bekommen. Darüber wurde im Juni/Juli offen debattiert. Die SED-Führung und das Agrarministerium entsandten Funktionäre, die in Gemeinde- und VdgB(BHG)-Versammlungen, in LPG, MTS und Parteigruppen die neuen Beschlüsse erläutern sollten.

Das SED-Politbüro und das DDR-Landwirtschaftsministerium sahen, bestärkt von sowjetischen Hinweisen, Ende Juni 1953 die unmittelbaren Aufgaben in (1) der raschen Rückübertragung enteigneter und zwangsverwalteter Betriebe an übernahmewillige Einzelbauern, (2) der gleichzeitigen Sicherung rentabler, auf freiwilliger Grundlage fortbestehender LPG, (3) der Ausarbeitung neuer Abgaben- und Kreditierungsregelungen und (4) der Sicherung einer optimalen – bei aller Neugewichtung von staatlicher Hilfe – Ernte und Erfassung im zweiten Halbjahr 1953. Anfang Juli hatten schon rund 2500 Bauern die Absicht geäußert, ihre Betriebe wieder zu übernehmen. Das war, rein rechnerisch gesehen, etwa ein Drittel der von Januar bis Mai geflüchteten Bauern.[603] Die übergroße Mehrzahl der Antragsteller waren freilich enteignete Bauern, die in der DDR geblieben waren.

Die SED-Führung und die Moskauer Agrarexperten meinten zunächst, die Zahl der Anträge würde rasch zunehmen. Sie sahen zugleich, daß es schwierig würde, über bestellte Flächen und zusammengestellte Herden zu verfügen und neu entstandene Produktionszusammenhänge zu sprengen. In den Zielkonflikt gestellt, politisch einer Reprivatisierung oder aber wirtschaftlich der Sicherung der genossenschaftlich begonnenen Produktion im Dorf den Vorrang zu geben, mußten sie auf Erfahrung und damit auf Zeit setzen. Im Interesse einer vollen Auslastung der Flächen bei der Herbstfurche nahmen sie Ziel darauf, die Eigentumsfragen bis Herbst zu klären. Während dessen war dem Neuen Kurs zu mehr Glaubwürdigkeit zu verhelfen.

Doch schon Anfang Juli registrierte der Parteiapparat Verzögerungen bei der Rückgabe von Land, Vieh und Inventar an vormalige Besitzer. Kreisräte, ländliche Parteiorganisationen und viele Funktionäre meinten, sie müßten unbedingt alle LPG erhalten, heißt es in einer Analyse. Auffällig sei, „daß in den Kreisen, in denen bereits bei der Anwendung der Verordnung vom 19. 2. 1953 große Überspitzungen zu verzeichnen waren, bei der Rückgabe der Betriebe die gleiche Erscheinung auftritt", d. h. Rückgabe abgelehnt wurde.[604] Der retardierende Druck

603 Siehe Meldungen aus den Bezirken, BArch, DK 1, 885, Bl. 67.

604 Die Lage in den landwirtschaftlichen Produktionsgenossenschaften und die Vorbereitung der Durchführung der Ernte, Analyse der Abteilung Landwirtschaft beim ZK der SED, gez. Hecht, 7. 7. 1953, SAPMO BArch, DY 30, IV 2/7- 354, Bl. 7–25, hier Bl. 9.

ging also von den Behörden und Parteieinrichtungen aus. Der Stimmungstrend unter den Bauern sorgte aber dafür, daß es in solchen Fällen zu spontanen LPG-Auflösungen ohne Einverständnis der Behörden kam. Die SED mußte fürchten, daß ihr die Entwicklung aus den Händen glitt, zumal sie im Sinne des Neuen Kurses tatsächlich an Landrückgabe, nicht aber an großbäuerlichem Erstarken interessiert war. Umgekehrt wurden dort, wo die Behörden den Anträgen auf Landrückgabe nachkommen wollten, die LPG oft nicht mehr subventioniert. Die Unklarheiten hielten an.

Die ZK-Fachabteilung registrierte zum 30. Juni 1953 insgesamt 5074 bestehende LPG mit 146.922 Mitgliedern, davon Typ I: 3031, Typ II: 209, Typ III: 1834 LPG. Zu diesem Zeitpunkt hatten sich bereits 58 LPG aufgelöst und 113 LPG ihre Auflösung angekündigt. Aus 200 LPG waren insgesamt 2197 Mitglieder ausgetreten. Als Grund für Auflösungen wurde Unzufriedenheit der Mitglieder genannt: Die LPG würden schlecht geführt und wären unrentabel. Einige der bereits aufgelösten LPG waren erst nach der individuellen Bestellung 1953 gebildet worden. Hier hatten man kaum genossenschaftlich Arbeitsleistungen erbracht, was die Auflösung erleichterte. Vereinigungen die unter administrativem Druck erfolgt waren, lösten sich besonders rasch auf. Austritte erfolgten vor allem dort, wo infolge zwangsweiser Landzuteilungen die Arbeitsanforderung an die Mitglieder extrem hoch geworden und keinerlei Erleichterung zu spüren gewesen war. Manche Zusammenschlüsse lösten sich mit der Begründung auf, die staatlichen Stützungen wären zu gering gewesen. Alle diese Argumente ließ die SED im Neuen Kurs gelten. „Es hat keinen Zweck und ist politisch falsch, versuchen zu wollen, nicht lebensfähige Landwirtschaftliche Produktionsgenossenschaften um jeden Preis zu halten", erkannte man im ZK-Apparat. Die politische Gefahr sah man insbesondere darin, sich den Kurswechsel „vom Gegner aus der Hand nehmen [zu] lassen".[605]

In enger Zusammenarbeit bemühten sich sowjetische und deutsche Behörden zugleich um ein neues, politisch und wirtschaftlich tragfähiges System der Pflichtveranlagung und Ablieferung.[606] Die Arbeit an einer Verordnung lief schon vor dem 17. Juni an. Seit Anfang Juni war klar, daß die Pläne für Erfassung und Aufkauf nicht eingehalten werden können.[607] Die Einsicht in die politische Notwendigkeit der Entlastung aller Agrarproduzenten kam mit dem neuen Kurs hinzu. Stupov konnte Semenov am 16. Juni SED-Vorschläge weiterreichen. Am 21. Juni stimmte das Politbüro einer Vorlage zu,[608] die auf prinzipieller Einhelligkeit mit den sowjetischen Beratern aufbaute. Auf sowjetischen Rat hin wurden noch kurzfristig Veränderungen am Projekt vorgenommen: Stupov hatte empfohlen, die gesamte Abgabensumme bei Getreide nicht so stark herabzusetzen. Bei Ölsaaten,

605 Ebenda, Bl. 13.

606 Es wurde auch eine Verordnung über den Anbau landwirtschaftlicher Kulturen vorbereitet, dann aber wieder aufgegeben. Zum Inhalt ist nichts bekannt. Siehe Protokoll der Politbürositzung am 27. 6. 1953, SAPMO BArch, DY 30, IV J 2/2-296, Bl. 3.

607 Siehe Notiz zu einem Gespräch Lisenkovs mit Scholz, Reichelt und Streit am 3. 6. 1953, AVP RF fond 457 a, opis' 15, papka 80, delo35, listy 109–111.

608 Siehe Protokoll der Politbürositzung am 21. 6. 1953, SAPMO BArch, DY 30, J IV 2/2-293, Bl. 2. Die Anlage mit dem Entwurf wurde laut Protokoll wieder gestrichen, vermutlich nach Korrekturen, die die SKK veranlaßt hatte. Der Entwurf war am 22. 6. dort vorgelegt worden.

Fleisch, Milch und Eiern sollte der Erfassungsplan ebenfalls nicht so stark wie von der SED gewünscht reduziert werden. Über Importe war noch nicht abschließend entschieden. Die letztlich vorgenommene Korrektur am Jahresplan für Erfassung besagte, daß vor allem bei Getreide und Kartoffeln die zu erbringende Jahresgesamtmenge erstmals deutlich unter der im Fünfjahrplan festgelegten von 3 Millionen bzw. 5 Millionen Tonnen lag. Zugleich schlug Stupov vor, nicht nur einzelnen Bauerngruppen, insbesondere Großbauern, entgegenzukommen, sondern allen Landwirten die Normen herabzusetzen. Davon versprach er sich mehr positive Resonanz des Neuen Kurses vor allem unter Klein- und Mittelbauern. Das SED-Projekt sah dagegen keine Abgabensenkungen bei pflanzlichen Erzeugnissen für Bauern mit bis zu 15 ha LNF vor; bei tierischen Produkten sollten die Abgaben für Bauern mit 5 bzw.10 ha Land unverändert bleiben, die Kleinstbetriebe mit bis zu 1 ha entlastet werden. Unannehmbar war aus sowjetischer Sicht ein genereller Abgaben*schulden*-Erlaß. Stupov bestand auf Einzelfallprüfung und maximal 50prozentigem Erlaß von Schulden von vor 1952.[609]

Ende Juni verabschiedete der Ministerrat der DDR die Verordnung zur Senkung der Pflichtabgaben. Damit sollte „allen Bauern Erleichterung in der Ablieferung verschafft werden".[610] Die Verordnung korrigierte die Bestimmungen vom 22. Januar 1953, die Forderungen auf den Ablieferungsbescheiden für tierische und pflanzliche Erzeugnisse sollten, gestaffelt nach Betriebsgrößen, um 4 bis 25 Prozent herabgesetzt werden. Erhebliche Ermäßigungen gab es beim Soll für Lebendvieh und Ölsaaten, spürbare Abgabenerleichterungen von 15-25 Prozent traten insbesondere für Betriebe mit über 20 ha Nutzfläche in Kraft. Erheblich gemindert wurde auch das Abgabensoll bei tierischen Erzeugnissen für Kleinstbetriebe mit bis zu 1 ha Land. Die Verordnung bot ebenso den LPG und deren Mitgliedern weitere Abgabenerleichterungen. Die SED-Führung brachte zwar in Erfahrung, daß unter den Bauern auch größere Differenzierungen in der Abgabenhöhe und eine Verlängerung der Abgabentermine gefordert wurden, doch darauf vermochte sie erst im Herbst einzugehen, als sie mit einer neuen Ablieferungsverordnung die Sollsenkungen für mehrere Jahre festschrieb.[611]

Die Deutsche Bauernbank hatte schon vor dem Aufstand, am 13. Juni, neue Richtlinien für die Gewährung kurz- und langfristiger Kredite an Einzelbauern verabschiedet. Bauern mit mehr als 20 ha LNF wurden langfristige Kredite zum Kauf von lebendem und totem Inventar eingeräumt. Die konnten bis zur Hälfte des Kaufpreises reichen und waren mit 5,4 Prozent verzinst.[612] Zu den nächsten Entscheidungen zählte die, das Landwirtschaftssteuergesetz 1953 nicht einzuführen und allgemein die Einkommenssteuern zu senken. Letzteres zielte ausdrück-

609 Siehe Stellungnahme Stupovs zu den Vorschlägen des Staatssekretariats für Erfassung und Aufkauf hinsichtlich Abgabensenkungen 1953, 16. 6. 1953 an Semenov, AVP RF, fond 458, opis' 3, delo 7, listy 157-159; Stellungnahme Stupovs zum Verordnungsentwurf des Politbüros, 24. 6. 1953 an Semenov, AVP RF, fond 458, opis' 3, delo 12, listy 17-20.

610 Verordnung über Erleichterungen in der Pflichtablieferung und zur weiteren Entwicklung der bäuerlichen Wirtschaften, 25. 6. 1953, in: GBl. 1953, S. 821 f.; Erste DB, 26. 6. 1953, in: ebenda, S. 833-835.

611 Siehe Verordnung über die Pflichtablieferung und den Aufkauf landwirtschaftlicher Erzeugnisse, 29. 10. 1953, in: GBl. 1953, S. 1081-1087.

612 Siehe Piskol, Zur Entwicklung, S. 430.

lich auf Effektivitätssteigerungen auch in bäuerlichen Betrieben und war mit einem partiellen Straf- und Rückzahlungserlaß gekoppelt. Die Erarbeitung der neuen Regelung nahm über einen Monat Zeit in Anspruch. Die Reform senkte die Steuertarife mit Wirkung vom 1. Juli 1953 für kleine und mittlere Einzelbetriebe um 6 bis 15, für Betriebe ab 50 ha Land um 10 bis 15 Prozent.[613]

In all diese Maßnahmen brachten sowjetische Berater ihre Erfahrungen als Volkswirtschaftsplaner ein. Für neue Kalkulationen zu Lebensmittelverbrauch und -preisen[614], Investitionen und Produktionsumfängen sowie zu Importen[615] und Staatsreserven reichten sie ihre Vorstellungen weiter. Keine Erfahrungen lagen dagegen über rechtliche und volkswirtschaftliche Aspekte der Auflösung von Produktionsgenossenschaften vor. Der SED-Parteiapparat agierte hilflos. Noch immer debattierte man, wie weit man sich vom alten Kurs lösen müßte. Die Forderung nach „Gleichstellung der Einzelbauern gegenüber den Genossenschaftsbauern", beispielsweise, wurde von der Landwirtschaftsabteilung des ZK im Juli 1953 als subversiv abqualifiziert. Statt dessen müsse es um ein „gesundes, kameradschaftliches Verhältnis" zwischen Einzelbauern und LPG gehen.[616] Lebensfähige LPG müßten bei Planung und Betriebsführung größtmögliche Hilfe erhalten: mit Krediten, durch agrotechnischen Rat, durch staatliche Fortbildungsprogramme, Patenschaften von Industriebetrieben und zusätzliche Arbeitskräfte während der Ernte. Indes, „lebensfähig" konnten viele LPG sein, denn jedenfalls hingen die Überlebenschancen von Art und Umfang staatlicher Hilfe ab. Die sowjetischen Berater hatten hier keine für alle Lagen gültige Antwort parat. Doch während man sich im Moskauer Parteiapparat darum Gedanken machte, wer denn für das Vorpreschen bei der ostdeutschen Kollektivierung um die Jahreswende 1952/53 verantwortlich gemacht werden kann, bemühte sich der Apparat des Hohen Kommissars zumindest um realistische Einsichten und politische Kooperation.

Ein Anfang Juli an Semenov weitergereichter Lagebericht über die Situation in den LPG trug die politischen und wirtschaftsorganisatorischen Defizite zusammen. Aus sowjetischer Sicht faßten die Partei- und Staatsorgane der DDR, insbesondere in den Kreisen, die neuen Beschlüsse einseitig auf. Sie versäumten es, auch

613 Siehe Protokoll der Politbürositzung am 29.6.1953, SAPMO BArch, DY 30, J IV 2/2-297, Bl. 3; Anlage: Entwurf der Steueränderungsverordnung mit DB, Bl. 4–24. Siehe auch Verordnung zur Änderung der Besteuerung und zur Senkung des Einkommenssteuertarifes, 23.7.1953, in: GBl. 1953, S. 889–891; Erste und Zweite DB, 23.7.1953, in: ebenda, S. 892–894, Verordnung über die Änderung der Besteuerung landwirtschaftlicher Betriebe, 23.7.1953, in: ebenda, S. 894.

614 Sofortmaßnahmen zur Verbesserung der Versorgung der Bevölkerung wurden im Politbüro ab dem 21.6. beschlossen. Siehe Protokolle der Politbürositzungen am 21., 23. und 29.6.1953, SAPMO BArch, DY 30, J IV 2/2-293, Bl. 4, 8–13; -295, Bl. 1f.; -297, Bl. 2f.

615 Die sowjetische Regierung beschloß am 24. Juni 1953, auf Bitten der DDR-Regierung Waren im Wert von 145 Millionen Rubel zusätzlich auf Kredit zu liefern. Kurz darauf wurden weitere Lieferungen von Butter und Fetten im Wert von 80 Millionen Rubel bewilligt (siehe Protokoll der Sitzung des Präsidiums des ZK der KPdSU am 16.7.1953, RGANI, fond 3, opis' 10, delo 30, listy 1, 28f.) Ende Juli trug eine ostdeutsche Delegation in Moskau Kredit- und Lieferungswünsche in Höhe von insgesamt 922 Millionen Rubel vor, darunter für Rohstoffe und Erzeugnisse der Grundstoffindustrie. Die Zusagen gingen dann zum Teil sogar über die Wünsche hinaus, bestimmte Waren konnte Moskau aber nicht liefern. Verträge mit RGW-Partnern wurden empfohlen. Gleichzeitig versprach man die Senkung der Reparationsauflagen (siehe Vermerk, 19.8.1953, SAPMO BArch, NY 4090, 473, Bl. 99–101).

616 Die Lage in den landwirtschaftlichen Produktionsgenossenschaften, 7.7.1953, Bl. 14.

den LPG Hilfe in Aussicht zu stellen, drängten zu stark zur Rückkehr in Einzelbewirtschaftung. Das böte Großbauern die Gelegenheit, den Kurswechsel als ihr Verdienst zu feiern und LPG-Bauern zu diskreditieren. Aber die sowjetischen Bemerkungen gingen über die Forderung nach deutlichen Richtlinien und Gesetzen nicht hinaus. Klar war allenfalls, daß jede gegen die LPG gerichtete Tätigkeit als staatsfeindliche betrachtet und bestraft werden müsse.[617] Was die LPG-Selbstauflösungen anbelangte, so forderten die sowjetischen Vertreter mit einem konkreten Fragenkatalog zur Klärung der Umstände auf und ließen das DDR-Agrarministerium prüfen, welche Aussichten bestünden, die Auflösungen zu stoppen.[618]

Das Ministerium für LFW hielt die Kreisbehörden in diesen Wochen der näheren Kursbestimmung zu regulärer Berichterstattung über die Stimmung in den LPG an,[619] denn es kursierten schlimme Gerüchte. Im Bezirk Cottbus hieß es beispielsweise, in 14 Tagen würden alle LPG aufgelöst und ihre Gründer zur Rechenschaft gezogen.[620] Die Fachabteilung der SKK (bzw. im Apparat des Hohen Kommissars) intensivierte die Inspektionstätigkeit in den ländlichen Regionen und suchte speziell LPG auf.[621]

4.2.3. Zurückgeforderte und herrenlose Betriebe

Es bestätigte sich, daß die Rückgabe landwirtschaftlicher Betriebe an alte Eigentümer aus den LPG heraus besonders schwierig werden würde und zahlreiche Sonderfälle zu beachten waren. Während Landarbeiter, die mit zugeteiltem fremden Boden eingetreten waren, nun aus den LPG drängten, wußten die Kreisbehörden bei (Selbst)Auflösung einer LPG nicht, wie sie mit dem wieder „herrenlos“ werdenden Land umgehen sollten, wenn sich kein Eigentümer meldete. Einige Antragsteller, die ihren alten Landbesitz zurückforderten, gedachten ihn bestmöglich zu veräußern oder erst einmal nicht zu bewirtschaften. Manche LPG bestand darauf, zumindest noch die Ernte einfahren zu dürfen. Die Rückgabemodi mußten also mit volkswirtschaftlichen Interessen in Einklang gebracht, mit den geltenden Bewirtschaftungsvorschriften abgestimmt bzw. im Sinne des Neuen Kurses festgelegt werden.

Ungeachtet sowjetischer Kritik nahm man im DDR-Landwirtschaftsministerium – vor allem aus Zeitgründen – wieder Abstand davon, Durchführungsbestimmungen zur Verordnung vom 11. Juni zu erarbeiten.[622] Die Behörden sollten sich

617 Siehe Lageeinschätzung der Abteilung Landwirtschaft der SKK, 3. 7. 1953, AVP RF, fond 458, opis' 3, delo 12, listy 59–63. Hier werden mit Stichtag 1. 7. 1953 geringfügig abweichende Zahlen genannt: Aus 202 LPG seien 2197 Mitglieder ausgetreten; 58 LPG hätten sich schon aufgelöst, 121 die Auflösung zum Ernteabschluß angekündigt. Zum 15. 7. registrierte die SKK 217 aufgelöste LPG und 6974 ausgetretene Mitglieder, 277 LPG wollten nach der Ernte die Auflösung betreiben (ebenda, list 72).

618 Siehe Schreiben Siegmunds, 5. 8. 1953, BArch, DK 1, 1919, Bl. 82f.

619 Siehe ebenda.

620 Siehe Negative Stimmungen und Argumente unter den Genossenschaftsbauern, Notizen, Ministerium für LFW, 22. 7. 1953, BArch, DK 1, 1819, Bl. 88–90.

621 Die russischen Akten enthalten Berichte aus der Zeit von August bis Oktober 1953 über Besuche in LPG der Kreise Aschersleben, Havelberg, Burg, Delitzsch und Bitterfeld. Für Ende November/Anfang Dezember 1953 wurden 3–4tägige Inspektionen in Dörfer aller Bezirke geplant. Siehe AVP RF, fond 458, opis' 3, delo 12.

622 Ein erster Entwurf vom 19. 6. 1953, in dem es um die Festigung von LPG ging, ist überliefert. Siehe SAPMO BArch, DY 30, IV 2/7-82, Bl. 4–10.

vorerst an öffentlichen Stellungnahmen von Minister Reichelt und Vize-Premier Scholz orientieren.[623] Die erfaßten die Vielfalt der Probleme jedoch kaum, und die Verunsicherung der LPG-Vorstände und der für Kommunalbewirtschaftung zuständigen Kreis- und Gemeindeämter nahm zu. Ein Zeitungsartikel im *Neuen Deutschland* vom 25. Juni sorgte für Unruhe. Darin war für den Fall, daß die LPG einem Antragsteller das Land erst nach der Ernte zurückgeben wollten, letzterem eine Entschädigung in Form einer Pachtzahlung bis zur Rückgabe versprochen worden. Es blieb unausgesprochen, wer das Geld zahlen würde. Die LPG gingen indes oft davon aus, daß sie das fremde Land seinerzeit zur unentgeltlichen Nutzung vom Staat zugewiesen bekommen hatten, und waren zu Zahlungen nicht bereit. In ehemals devastierte Flächen hatten Genossenschaften vor der Aussaat meist auch überdurchschnittlich in die Bodenverbesserung investiert. Wer sollte das ausgleichen?

Am 13. Juli legte die Hauptabteilung Agrarökonomie des Ministeriums für LFW zwei Papiere mit Richtlinien vor: eines für geschlossene Bewirtschaftung von Betrieben der örtlichen Landwirtschaft, darunter jener Flächen, die von alten Eigentümern nicht bzw. noch nicht zurückgenommen wurden, und ein zweites über die Rückgaben von Betrieben und Flächen an vormalige Eigentümer.[624]

Nachdem mit der Verordnung vom 11. Juni 1953 die „In-Verwaltung-Nahme" verlassener Flächen (Verordnung vom 19. Februar 1953) rückgängig gemacht worden war, galt es, deren rechtlichen Status und die Bewirtschaftung für den Fall zu regeln, daß eine Rückgabe nicht stattfand. Das Landwirtschaftsministerium beabsichtigte zugleich, einen Strich unter das jahrelange Hin und Her der Bewirtschaftung von Kleinstflächen gemeinschaftlichen bzw. staatlichen Eigentums zu ziehen. Es entschied, aus all diesen Betrieben eine neue kommunale Wirtschaftseinheit, respektive Planungseinheit zu bilden. Sie sollten die von den Gemeinden bewirtschafteten Teile der Kreislandwirtschaftsbetriebe (KLB), volkseigene Kreis- und Gemeindebetriebe und noch nicht verteilte Ländereien und Betriebe aus dem Bodenreformfonds, enteignete Betriebe von Republikflüchtigen, die noch nicht zurückgekehrt waren, sowie Betriebe und Flächen, die in staatliche Verwaltung genommen worden und deren frühere Eigentümer in der DDR geblieben waren, nun aber keinen Rückgabeantrag stellen wollten, zusammenschließen. Die LPG sollten ebenfalls überschüssige Flächen dahin überführen können, wenn sich herausstellte, daß ihre Arbeitskräfte für eine statutengemäße Bewirtschaftung nicht ausreichten. Die Fläche der einzelnen neuen Kommunalbetriebe sollte 400 ha nicht überschreiten.

Eine solche Entscheidung war vergleichsweise leicht zu treffen, stellte sie doch – nach dem Beschluß vom 11. Juni 1953 – im Grunde nicht mehr als eine planungstechnische Festlegung dar, die keine neue Eigentumsform schuf. Die Regelung der

623 Siehe Protokoll einer Arbeitsbesprechung mit Vertretern der Abteilungen für Landwirtschaft der Bezirksräte im Ministerium für LFW am 14. 7. 1953, BArch, DK 1, 2839, Bl. 218–225.

624 Siehe Richtlinie für die Bewirtschaftung von Betrieben der örtlichen Landwirtschaft, Entwurf, 13. 7. 1953, Ministerium für LFW, HA Agrarökonomie, BArch, DK 1, 2839, Bl. 234–237; Richtlinien zur Übergabe von Betrieben aus der staatlichen Verwaltung an ihre Eigentümer, Entwurf, 13. 7. 1953, Ministerium für LFW, HA Agrarökonomie, ebenda, Bl. 238–243R.

Rückgabemodalitäten war dagegen komplizierter, denn hier standen politische, eigentumsrechtliche und betriebswirtschaftliche Erwägungen teilweise gegeneinander. Beide Entscheidungen hatten eng miteinander zu tun. Die Vorbereitung der Entscheidung konzentrierte sich im Landwirtschaftsministerium.

Das schlug zunächst vor festzulegen, daß Landwirtschaftsbetriebe, die sich in Gemeindebewirtschaftung befanden oder an VEG oder andere staatliche Einrichtungen gegangen waren, ohne Ausnahme vollständig an den Besitzer zurückgehen, wenn dieser einen entsprechenden (auch formlosen) Antrag stellt. Demgegenüber sollte vermieden werden, daß das Herauslösen eines Betriebes aus einer LPG letztere „gefährden würde". Ein solcher Fall begründete eine Ersatzleistung. Als Wert sollte der angesehen werden, der zum Zeitpunkt der „In-Verwaltung-Nahme" bestand. Zwei Wochen später hielt das Agrarministerium den weiteren Stand der Überlegungen in einer Instruktion fest, die an die Räte der Bezirke und Kreise gehen, nicht aber veröffentlicht werden sollte. Darin heißt es, daß nur solche Betriebe nicht aus den LPG heraus an vormalige Eigentümer gehen und folglich anderweitig rückerstattet werden sollen, deren Herauslösen die LPG „ernstlich gefährden würde". Eine letztendliche Prüfung obliege den Räten der Bezirke. Als eines der Probleme wurde in dem Papier die zwischenzeitliche Werterhöhung des Betriebes (durch Melioration, Düngergabe, Herdenaufstockung und dergleichen) speziell angesprochen. Es hieß, der Eigentümer habe diese zu bezahlen, „wenn sie den Interessen des Betriebes entspricht" bzw. „dem normalen Wirtschaftsablauf dienlich ist". Andererseits seien Wertminderungen vom Staat auszugleichen. Schulden und offene Verbindlichkeiten von vor der Zwangsbewirtschaftung durch staatliche Stellen entstünden jedoch in alter Höhe. Die anstehende Ernte gehe an den alten Eigentümer, abzüglich der Wirtschaftskosten.[625]

Zu diesem Zeitpunkt, Anfang August 1953, war erst ein Viertel der gestellten Rückgabeanträge bearbeitet, drei Viertel der in Frage stehenden Betriebe „hängen in der Luft und bilden einen Gärstoff, der sich politisch und wirtschaftlich auf das ungünstigste auswirkt", wie sich der Experte Erich Frommhold vor Kollegen aus den Räten der Bezirke ausdrückte. Insbesondere die Rückgaben aus den LPG heraus verzögerten sich. Die Rückgabestatistik jener Tage belegt, daß die Masse der anfangs zurückgegebenen Betriebe aus der Gemeindebewirtschaftung kam, etwa im Bezirk Neubrandenburg, wo das für 158 von 302 Anträgen galt, oder im Bezirk Erfurt, wo 100 von 170 Antragstellern ihre Betriebe von den Gemeinden zurückerhielten. Im Bezirk Leipzig war eine andere Entwicklung zu beobachten: von 270 zurückgegebenen Betrieben gingen 80 aus Gemeinden, 170 aus LPG und 20 aus VEG an vormalige Besitzer zurück.[626] Frommhold ordnete an, auf Bezirksebene unverzüglich zu klären, welche Betriebe in den LPG bleiben sollen und welche nicht.[627]

Im Politbüro der SED war man mit den erarbeiten Instruktionen jedoch nicht zufrieden. Am 4. August wurde eine Kommission zur Überarbeitung der Entwür-

625 Siehe Instruktion über die Anwendung der Verordnung vom 11.6.1953, 31.7.1953, Ministerium für LFW, HA Agrarökonomie, BArch, DK 1, 85, Bl. 205–209, hier Bl. 205–207.

626 Siehe Protokoll über die Arbeitsbesprechung am 4.8.1953, Ministerium für LFW, HA Agrarökonomie und Bodenordnung, BArch, DK 1, 2839, Bl. 210–214R, hier Bl. 211f.

627 Siehe ebenda, Bl. 210.

fe beider Instruktionen eingesetzt.[628] Sie befaßte sich vor allem mit der Ausdifferenzierung und Präzisierung jener Passagen, in denen es um Wertminderung und Werterhöhung in der Zeit der staatlichen bzw. genossenschaftlichen Bewirtschaftung sowie offene Forderungen ging. Sie thematisierte Teilrückgaben und stellte Zusammenhänge zu den neuen Kommunalbetrieben her. Außerdem legte sie Details der Wiederherstellung der alten Grundbucheintragung fest.

Die Behörden waren derweil gehalten, den Termin „15. 9." als Ende der Antragstellung auf Rückgabe anzusehen. Betriebe und Flächen, auf die danach noch Rückgabeanspruch erhoben wurde und die prinzipiell rückgabewürdig waren, sollten erst ein Jahr später zurückgegeben und einstweilen in Pacht von den LPG weiter genutzt werden. Denn Vorrang hatte die Bewirtschaftung aller Flächen und Herden. Am 20. August unterschrieb Staatssekretär Siegmund, nach Erörterung und Ergänzung des Textes im SED-Politbüro, die Instruktionen. Spezielle großzügige Pachtsätze wurden ausgearbeitet, um rückgabewürdiges Land einstweilen oder längerfristig von den LPG bewirtschaften zu lassen und den Eigentümer gut zu entschädigen.[629]

Die örtlichen Behörden mußte Frommhold aber nach wie vor ermutigen. Eben weil der Neue Kurs „nicht die Aufgabe des Zieles des Aufbaus des Sozialismus" bedeute, so erklärte er den Agrarexperten der Bezirksräte, sei mutig nach volkswirtschaftlichen Gesichtspunkten zu entscheiden. Aus den LPG würden nur jene Betriebe zurückgegeben, „die die LPG belasten".

In den Bezirksleitungen der SED, Bezirksräten und vielen LPG meldeten sich noch immer Betroffene, die forderten, mit den Herausgaben von Flächen aus den LPG gänzlich Schluß zu machen. Viele Eigentümer würden sich aus politischen Gründen ohnehin nicht auf die Entschädigungsangebote der LPG einlassen, Pachtverträge würden oft nicht akzeptiert.[630] Die sowjetischen Kontrolleure stellten zwar genau das Gegenteil fest, nämlich daß sich Kreis- und Bezirksräte sowie die SED-Funktionäre ungenügend gegen den Zerfall der LPG einsetzten und „in einer Reihe von Fällen" LPG-Auflösungen direkt anwiesen, weshalb sie künftig persönlich von ZK und Regierung für jeden einzelnen Auflösungsbeschluß zur Verantwortung gezogen werden müßten.[631] Doch dies war eine stark verzerrte Wahrnehmung, die andere sowjetische Darstellungen so kraß nicht wiederholten. Insgesamt agierten die deutschen Behörden eher zögerlich. Gleichwohl signalisierte das sowjetische Memorandum der SED, daß keinesfalls die Auflösung aller LPG angestrebt wird.

Eine Einstellung der Reprivatisierung hatte die SED-Führung ebenfalls nicht im Sinn. Sie hielt an der politischen Botschaft des Neuen Kurses fest. Kompromisse

[628] Siehe Protokoll der Politbürositzung am 4. 8. 1953, SAPMO BArch, DY 30, J IV 2/2, Bl. 1, 4f.
[629] Siehe Protokoll der Politbürositzung am 18. 8. 1953, SAPMO BArch, DY 30, J IV 2/2- 316, Bl. 4; Anlage 6: (Instruktionen) wird zunächst angenommen, dann nachträglich gestrichen, Anlage 7: Pachtsätze, Bl. 48–50; Instruktionen zur Durchführung der Verordnung vom 11. 6. 1953 über die Aufhebung der Verordnung zur Sicherung der landwirtschaftlichen Produktion und der Versorgung der Bevölkerung, 20. 8. 1953, gez. Siegmund, DK 1, 8693, Bl. 115–121; Vorlagen an das Politbüro (vor dem 18. 8.), SAPMO BArch, DY 30, IV 2/7-82, Bl. 20f.
[630] Siehe Protokoll der Arbeitsbesprechung am 1. 9. 1953, Ministerium für LFW, HA Agrarökonomie und Bodenordnung, BArch, DK 1, 2839 Bl. 192ff. (fehlerhaft pag.).
[631] Siehe undatiertes Memorandum (Ende August 1953), SAPMO BArch, NY 4090, 316, Bl. 352 (deutsch), Bl. 353 (russisch).

mußten gefunden werden. Aus SED-Sicht waren Lösungen gefragt, die den jeweils örtlichen Bedingungen angemessen waren. Die Staatspartei lernte in jenen Wochen wieder, die Erfahrung mittlerer Behörden zu schätzen. Letztendlich entspannte sich die Lage dann schon dadurch, daß die Zahl der Rückgabeanträge insgesamt überschaubar blieb.

Für die Bildung der neuen Kommunalwirtschaftseinheit als Form der Nutzung devastierter Betriebe unter möglichst dauerhaften Bedingungen war eine Rechtssetzung nötig. Im Apparat des Hohen Kommissars drängelte man mit Blick auf die Termine der Herbstbestellung. Anfangs war an zwei Verordnungen gedacht: eine „um die Betriebe und Flächen, die nach den Verordnungen vom 17.7.52 und vom 19.2.53 in die Verwaltung des Staates überführt wurden, möglichst bald in die Bewirtschaftung ihrer Eigentümer zurückzuführen oder sie anderweitig ordnungsgemäß zu bewirtschaften" und eine zweite, „um die Betriebe und Flächen, die z.Z. von den Räten der Gemeinden und den Räten der Kreise bewirtschaftet werden, oder die aus Produktionsgenossenschaften und volkseigenen Gütern herausgelöst werden, in einer Organisationsform zusammenzufassen".[632] Mitte August gingen im Apparat des Hohen Kommissars zwei Entwürfe des Ministeriums für LFW der DDR ein. Am 18. August erhielt die deutsche Seite sowjetische Empfehlungen dazu.[633] Vermutlich fiel in jenen Tagen die Entscheidung, alle Probleme in einer einzigen Verordnung zu regeln.[634]

Am 3. September 1953 wurde die „Verordnung über die Bewirtschaftung freier Betriebe und Flächen und die Schaffung von Betrieben der örtlichen Landwirtschaft" angenommen.[635] Für letztere fand sich bald die Abkürzung ÖLB. Die Verordnung regelte zugleich wichtige Fragen der Rückgabe. Die gemeinsame Behandlung beider Probleme war im Zeitdruck begründet, mit dem die Agrarbetriebe nun in die Herbstbestellung gehen mußten. Der 30. September 1953 wurde als letzter Tag der Antragstellung auf Rückgabe festgelegt[636] – für Eigentümer, die in der DDR und in Ostberlin lebten. Dem Eigentümer wurde gestattet, sein Eigentum an die LPG zu verkaufen, oder – dies hatten die sowjetischen Berater empfohlen – zu verpachten. Betriebe, deren frühere Eigentümer nicht mehr in der DDR lebten, die aber vor dem 11. Juni einer LPG in Nutzung gegeben worden waren, sollten in unentgeltlicher Nutzung dort auch verbleiben, bis der zurückkehrende Eigentümer die Herausgabe beantragt und dann über seinen Besitz neu befunden würde. Aus „einem festen Verband" von VEG heraus sollte grundsätzlich nicht zurückgege-

[632] Vorlage an das Politbüro (vor dem 18.8.1953).

[633] Entwurf von Empfehlungen, 7.8.1953 von Stupov an Mirošničenko, Semenov und Judin, AVP RF, fond 458, opis' 3, delo 12, listy 122–125; Stellungnahme Stupovs zu einem Verordnungswurf zur Regelung des Umgangs mit nicht zurückgeforderten Betrieben, 14.8.1953 an Mirošničenko, Semenov und Judin, ebenda, Bl. 110f.; Stellungnahme Stupovs zu einem Verordnungsentwurf über den Umgang mit devastierten Betrieben und die Bildung örtlicher Landwirtschaftsbetriebe, 14.8.1953 an Mirošničenko, Semenov und Judin, ebenda, Bl. 131–133.

[634] In den Unterlagen des Ministeriums sind Hinweise auf eine Beratung im Amt des Hohen Kommissars am 24.8.1953 zu finden, siehe Schreiben Frommholds, 25.8.1953, SAPMO BARCH, DY 30, IV 2/7-82, Bl. 23.

[635] Verordnung über die Bewirtschaftung freier Betriebe und Flächen und die Schaffung von Betrieben der örtlichen Landwirtschaft, 3.9.1953, in: GBl. 1953, S. 983–985.

[636] In einer speziellen Bekanntmachung wurde nach Volkskammerbeschluß vom 2.10.1953 der Termin auf den 15.10.1953 verschoben. Siehe Bekanntmachung zur Sicherung der Bewirtschaftung landwirtschaftlicher Nutzflächen, 3.10.1953, in: GBl. 1953, S. 1009.

ben, sondern für den Besitz entschädigt werden (wie oben gezeigt wurde, betraf das ohnehin nur wenige Betriebe). Es wurde festgelegt, daß nicht zurückgenommene und/oder bisher kommunal bewirtschaftete Betriebe und Flächen in „Betriebe der örtlichen Landwirtschaft"(auch „örtliche Landwirtschaftsbetriebe", ÖLB) zusammengefaßt werden, maximal auf 400 ha LNF. Aus einer solchen Wirtschaftseinheit heraus durfte Land auch an Einzelbauern und an LPG verpachtet werden, wobei die Gesamtfläche bei einem Einzelbauern 20 ha nicht überschreiten durfte. Daß die Bewirtschaftung von ÖLB-Flächen durch Einzelbauern oder LPG auch noch gestützt wurde (niedrige Abgabesätze), zeigt, daß diese neue Form der Nutzung devastierter Flächen keine verdeckte Verstaatlichung darstellte. Anfang September ermittelte das Ministerium für LFW, daß etwa 330000 ha Land in die ÖLB gehen würden, die meisten Flächen in den Bezirken Neubrandenburg und Potsdam. Für sie würden nach Meinung des Ministeriums sofort rund 155 Millionen DM Investitionen nötig sein.[637] Ende September ging man von insgesamt über 432000 ha LNF in Bewirtschaftung der ÖLB aus.[638]

Die Verordnung vom 3. September 1953 schuf den Rahmen für die Rekonstruktion des privatbäuerlichen Sektors auf dem Niveau vom Sommer 1952. Sie gab zugleich den LPG die nötige Sicherheit für ihre Fortexistenz. Nachfolgende Regelungen machten auch die Übernahme von Neubauernstellen wieder attraktiv, indem sie eine völlige Streichung alter Ablieferungsrückstände in Aussicht stellten.[639] Für Land mit unerledigten Eigentumsfragen, freie Neubauernstellen und kleinere Altbauernbetriebe, deren Eigentümer (ob nun aus der DDR geflüchtet oder nicht) aus der Agrarproduktion ausschieden, wurde mit den ÖLB eine neue Nutzungsform gefunden. Sie unterschied sich von ähnlichen Strukturen der Vergangenheit (etwa die KLB) durch eine kompaktere Rechtsform für Mischeigentum und schloß neben kommunalem Eigentum sämtliche „herrenlose" Produktionsmittel ein, die weder einzelbäuerliches, noch genossenschaftliches oder Volkseigentum waren. ÖLB wurden wie VEB in die Planung einbezogen.

Den LPG wurde das Recht bestätigt, die Produktionsgemeinschaft in freier Entscheidung und statutengemäß wieder aufzulösen. Davon wollten die noch bestehenden Genossenschaften ganz unterschiedlich Gebrauch machen, wobei ein Zusammenhang zum Tempo der vorangegangenen Kollektivierung oder zum Produktionsprofil nicht erkennbar ist. Im DDR-Durchschnitt kündigte ein Zehntel der LPG nach dem September 1953 noch Auflösung an. Viele LPG weigerten sich im Herbst 1953, einen Produktionswettbewerb zu organisieren. Insgesamt 693 LPG weniger als bei der Frühjahrsbestellung ließen in der von der SED gewünschten Weise ihre Mitglieder Verpflichtungen aufstellen.[640]

637 Siehe Protokoll der Arbeitsbesprechung am 1.9.1953, Ministerium für LFW, HA Agrarökonomie und Bodenordnung, BArch, DK 1, 2839, Bl. 192ff. (fehlerhaft pag.). Planpapier „Perspektive der Betriebe der örtlichen Landwirtschaft", 28.8.1953, Ministerium für LFW, HA Agrarökonomie, BArch, DK 1, 8693, Bl. 1-5.

638 Siehe Entwicklung der ÖLB zum 30.9.1953, Ministerium für LFW, BArch, DK 1, 6031, Bl. 55-58.

639 Siehe Anordnung über die Pflichtablieferung landwirtschaftlicher Erzeugnisse bei Besitzwechsel von Bauernwirtschaften aus der Bodenreform, 26.9.1953, in: GBl. 1953, S. 1005.

640 Bericht über die Lage in den LPG, Ministerium für LFW, 24.9.1953, BArch, DK 1, 1834, Bl. 192f.

Entwicklung der Zahl der LPG zum 10. September 1953 in der DDR und in ausgewählten Bezirken[641]

Bezirk	Anzahl der LPG (zum Vergleich: Stand 1. 10. 1953)	Auflösungen	beabsichtigte Auflösungen
Rostock	421 (420)	7	57
Schwerin	392 (388)	22	64
Neubrandenburg	372 (370)	37	37
Potsdam	444 (446)	36	9
Magdeburg	613 (611)	27	44
Suhl	102 (101)	8	keine
Gera	210 (215)	62	11
DDR insgesamt	4804	378	430

Was die Einzelbauern anbelangte, so war ihre Haltung zum Angebot des Neuen Kurses natürlich von den Bewirtschaftungsbedingungen abhängig, die ihnen jetzt geboten wurden. Ende November stellte Erich Frommhold erneut fest, daß nach einem Rückgang nun „auf Grund der oftmals überspitzten Erfassung landwirtschaftlicher Produkte erneut Anzeichen von Republikflucht bemerkbar" waren. Er faßte seine inzwischen langjährige Erfahrung so zusammen: „Es muß beachtet werden, daß die Mentalität der Bauern auf uneingeschränkte Wirtschaftsführung nach kapitalistischen Grundsätzen und höchstmöglichem Gewinn ausgerichtet ist. Sie sehen in der Anbau- und Erfassungsplanung eine Behinderung ihrer Wirtschaftsführung und allein im Bestehen der LPG eine Bedrohung ihrer Existenz. Diese tiefeingewurzelte Einstellung läßt sich kaum durch Überzeugung beseitigen, muß aber durch verstärkte Aufklärung und Rechtssicherheit beeinflußt werden."[642] Frommhold gab zu bedenken, daß im Interesse der Wirtschaftlichkeit sowohl privatbäuerlicher als auch genossenschaftlicher Landwirtschaft über Preisverhältnisse neu nachzudenken sei, damit sich private und staatliche Investitionen auch wirklich lohnten. Weiterhin sei das Arbeitskräfteproblem zu lösen.

Joachim Piskol zufolge waren es vor allem Großbauern, die ihren Besitz wieder übernahmen: bis Jahresende 4742 Bauern auf 144647 ha Land, d.h. im Durchschnitt Betriebe mit 30,5 ha.[643] Mit einer neuen Verordnung zu Pflichtablieferung und Aufkauf, die am 1. Januar 1954 in Kraft trat, senkte der Staat den Druck auf alle Agrarproduzenten.[644] Im Herbst 1953 fand dieser Neue Kurs eine erste Bestätigung: Trotz Soll-Reduzierung wurden, einem sowjetischen Bericht zufolge, in neun Monaten gegenüber dem Vergleichszeitraum des Jahres 1952 bei wichtigen landwirtschaftlichen Erzeugnissen größere Mengen erfaßt und aufgekauft. In der

641 Siehe Situationsberichte des Ministeriums für LFW, 26. 9. und 14. 10. 1953, ebenda, Bl. 185–191, 156–164. Die Zunahme der Anzahl in einigen Bezirken könnte Ergebnis von Teilungen von LPG sein.

642 Aktennotiz Frommholds „Abwanderung von Bauern", 28. 11. 1953, BArch, DK1, 2794, Bl. 4–6, hier Bl. 6.

643 Siehe Piskol, Zur sozialökonomischen Entwicklung, S. 430.

644 Siehe Verordnung über die Pflichtablieferung und den Aufkauf landwirtschaftlicher Erzeugnisse, 29. 10. 1953, in: GBl. 1953, S. 1081–1087.

Summe übernahm der Staat z. B. 70 500 t mehr Fleisch ein. Die Getreideabgabe lief zunächst gut.[645]

4.3. Sowjetische Einschätzungen am Jahresende 1953

Ende 1953 waren 88 Prozent der landwirtschaftlichen Betriebe der DDR Privatbetriebe, sie wirtschafteten auf rund 70 Prozent der LNF. Ihre nahe Zukunft war wieder so sicher und so unsicher wie zu Jahresbeginn 1952. Die SED wollte die agrarische Privatwirtschaft zu Leistungssteigerung anspornen und gute allgemeine Produktionsbedingungen schaffen, ohne Kapitalkonzentration zuzulassen. Zugleich existierten 4691 LPG. Das bedeutete eine Differenz von 374 zum 1. Juli 1953. Ein Zehntel der Bauern bewirtschaftete in Genossenschaften gut 12 Prozent der LNF. Der Staat stellte den LPG im Jahr 1953 etwa 79 Millionen DM allein für Wirtschaftsbauten zur Verfügung.[646]

Mit der – nicht unwesentlichen – Neuerung, daß etwa 13 Prozent der LNF genossenschaftlich bewirtschaftetet wurden, war die Agrarwirtschaft wieder zu einer Mehrsektorenwirtschaft mit gefördertem privatbäuerlichen, familienbetrieblich organisierten Sektor geworden, so wie sie etwa im Sommer 1952 von der SED avisiert worden war.

Strukturelle Gliederung der Landwirtschaft nach Besitzformen und Größenklassen in der DDR, Dezember 1953 (Angaben in % zur gesamten LNF)[647]

Besitzformen und Größenklassen nach der LNF	LNF
VEG (einschl. mitbewirtschafteter Flächen)	4,4
Sonstige volkseigenen Betriebe einschl. ÖLB	7,8
LPG	12,7
Von LPG-Mitgliedern individuell genutzte Fläche	1,1
Privatbetriebe	74,0
darunter Betriebe mit unter 0,5 ha Betriebsfläche	4,6
bis 0,5 ha	0,4
über 0,5 bis 10 ha	33,5
über 10 bis 20 ha	20,9
über 20 bis 35 ha	8,6
über 35 bis 50 ha	3,3
über 50 ha	1,2
Verlassene Flächen in privater Nutzung	1,0

Auch die zuständigen Vertreter der UdSSR in Deutschland richteten ihre agrarpolitische Einflußnahme an der Aufgabe aus, den privaten, den genossenschaftlichen und den staatlichen Sektor in gleichem Maße zu fördern. Dabei waren ihre Einschät-

645 Siehe Bericht des Hohen Kommissars über die politische und wirtschaftliche Lage der DDR im 3. Quartal 1953, in: Foitzik, Berichte, S. 1367–1418, hier S. 1391.

646 Bericht des Hohen Kommissars der UdSSR in Deutschland über die wirtschaftliche und politische Lage in der DDR im Jahr 1953, gez. Mirošničenko, o. D. (Eingangsstempel Sekretariat 17. 7. 1954), RGANI, fond 5, opis' 28, delo 53 , listy 1–151, hier listy 26–28.

647 Angaben nach der Bodennutzungserhebung 1953, zitiert nach einem vertraulichen Bericht der HA Agrarökonomie des Ministeriums für LFW, 1. 12. 1953, BArch, DK 1, 8712, Bl. 27.

zungen allerdings noch immer widersprüchlich. Sie unterstützten die SED dabei, den Einzelbauern Produktionsanreize zu bieten, sie begrüßte jedoch zugleich jede Entwicklung innerhalb des genossenschaftlichen Sektors hin zur höchsten Form der Gemeinschaftsbetriebe. Der Bericht des Hohen Kommissars, der am 19. November 1953 ausgefertigt wurde und Anfang Januar 1954 Moskau erreichte, läßt jeden Hinweis darauf vermissen, daß einfache Produktionsgemeinschaften gewünscht waren. Positiv wird herausgestellt: „Allerorts ist ein Wachstum der Genossenschaften vom Typ III auf Kosten derjenigen vom Typ I und II zu verzeichnen. So nahm die Zahl der Genossenschaften vom Typ III in der Zeit vom 15. Juni bis 1. Oktober um 391 zu." Der Bericht lobte Partei- und Staatsorgane dafür, daß sie den LPG mehr Beachtung schenkten mit dem Ziel, „die Überlegenheit der genossenschaftlichen Form der Wirtschaftsführung gegenüber der individuellen zu demonstrieren".[648]

Es hat den Anschein, als wären diese Passagen gezielt für die Moskauer Wahrnehmungen geschrieben worden. Denn solch geringe Erweiterung politischer Einsicht war für die Experten in der sowjetischen Kontrollbehörde – bei allem Mangel an Deutschlanderfahrung – nicht typisch. Die eigene sowjetische Praxis war etwa in Fragen der Versorgung doch so vielseitig, daß bei Änderung der großen politischen „Linie" auch in der DDR wieder hinreichend flexibel agiert werden konnte.[649] Ein späterer Bericht des Hohen Kommissars enthält zur Landwirtschaft ebenfalls realistischere Wertungen.[650] Er entsprang einem nüchternen Blick auf den Neuen Kurs im Agrarbereich, der in seiner Entwicklung nach wie vor hinter der Industrie zurückblieb.[651]

Schlechte klimatische und Bodenbedingungen ließen trotz Plankorrektur keine hundertprozentige Planerfüllung bei den pflanzlichen Erträgen zu, hieß es. Die Erfassung hinkte hinter dem Plan her. Wegen Futtermangel blieben auch die Milchleistungen und die Fleischproduktion gering und lagen zwischen den Werten von 1950 und 1952. Negative Folgen hatte hier die Flucht von Bauern, weil seinerzeit viele Tierbestände nicht sofort hatten versorgt werden können. Der Bericht konstatierte große Schwierigkeiten in LPG mit Viehwirtschaft, wo es an Arbeitskräften fehlte. Trotz Förderung erbrachten diese Genossenschaften die Leistung nicht. Positiv schlug sich im Bericht allein die Entwicklung der MTS nieder. Ihr Anteil an den technischen landwirtschaftlichen Arbeiten insgesamt war von 12,6 Prozent (1952) auf etwa 19 Prozent (1953) angewachsen, wobei jeweils rund 34 Prozent aller MTS-Feldarbeiten den LPG und der Gruppe der Einzelbauern mit bis zu 10 ha Land zugute kamen.[652]

648 Siehe Bericht der Hohen Kommissars zum 3. Quartal 1953, S. 1396.

649 So gingen die sowjetischen Experten bei der erneuten Beratung von Preis- und Versorgungsfragen, insbesondere von Einzelhandelspreisen für Lebensmittel und Konsumgüter, im September 1953 zwar immer noch von der Abschaffung des Kartensystems im Jahr 1954 aus, hatten aus den Ereignissen jedoch gelernt und prüften das reale Warenangebot und die zu erwartenden Folgen für die Bevölkerung gründlich. Siehe Stellungnahme zu geplanten Preiskürzungen, 9.9.1953 an Semenov und Mirošničenko, AVP RF, fond 458, opis' 3, delo 7, listy 312-316; Unterlagen zur Sitzung beim Hohen Kommissar am 24. 9. 1953, AVP RF, fond 458, opis' 3 m, delo 8, listy 24-35.

650 Bericht des Hohen Kommissars der UdSSR in Deutschland über die wirtschaftliche und politische Lage in der DDR im Jahr 1953.

651 Siehe ebenda, list 8.

652 Siehe ebenda, listy 22-25.

Als wichtigstes Kriterium für eine erfolgreiche Landwirtschaftspolitik erschien im Bericht neben den Ertragsleistungen (die witterungsbedingt schwanken konnten) die dem Staat zugeführte Menge an Agrarprodukten. Auch hier sahen die Ergebnisse nicht sonderlich gut aus. Wie in den Jahren zuvor waren die Pflichtabgaben bei den pflanzlichen Erzeugnissen nicht erfüllt worden, und das trotz Sollreduzierung. Die Plantreue war geringfügig größer geworden (was bei gesunkenen Planvorgaben zu erwarten war), doch absolut kam deutlich weniger zusammen als 1952. Der Aufkauf ging erheblich zurück. Insgesamt wurden 1953 471 000 Tonnen Getreide und 423 000 Tonnen Kartoffeln weniger erfaßt und aufgekauft als im Jahr zuvor. Das herabgesetzte Soll wurde auch bei tierischen Erzeugnissen nicht erbracht, doch kamen die Mengen stärker an das herabgesetzte Soll heran als bei pflanzlichen Erzeugnissen. Insgesamt überstiegen bei Fleisch und Milch Erfassung und Aufkauf die Vorjahresleistungen, und die absoluten Mengen lagen weit über dem im Soll geforderten Gesamtmenge des Jahres 1953.

Damit konnten SED und sowjetische Berater alles in allem zufrieden sein. Die die Bauern weniger unter Druck setzende Politik des Neuen Kurses begann sich auszuzahlen. Der Bilanz kam natürlich zugute, daß die Agrarproduktion im Frühjahr 1953 wegen der doch recht kurzen Phase des forcierten Sozialismusaufbaus keinen dauerhaften Schaden genommen hatte. Von einer Krise der Landwirtschaft kann für 1953 tatsächlich nicht gesprochen werden.

Vergleich der Mengen von Erfassung und Aufkauf agrarischer Erzeugnisse 1952 und 1953 (Angaben in Tausend t, das Plansoll 1953 nach Werten entsprechend dem am 25. Juli 1953 herabsetzten Soll)[653]

Erzeugnis	Soll nach Plan laut Abgabe-Bescheiden	Soll nach realer Erfassung	Aufkauf real	Erfassung und Aufkauf insgesamt
Getreide				
1952	3050	2708	96	2804
1953	2547	2271	62	2333
Kartoffeln				
1952	5212	4383	134	4517
1953	4592	4047	47	4094
Ölsaaten				
1952	148	118	27	145
1953	124	111	26	137
Zuckerrüben				
1952	5780	4497	526	5023
1953	5450	4674	551	5225
Fleisch, Lebendgewicht				
1952	587	500	267	767
1953	565	521	311	832
Milch (3,5% Fett)				
1952	2257	2032	546	2578
1953	2160	2042	597	2639
Eier in Mio. Stück.				
1952	633	569	197	766
1953	583	568	343	911

653 Siehe ebenda, listy 27f.

Zu den politischen Verhältnissen in der DDR hieß es im Bericht: „Die politische Lage in der DDR insgesamt betrachtend kann man einschätzen, daß sie sich zum Jahresende 1953 hin normalisiert hat und allgemein gesund ist.“[654] Nach den Juniereignissen kehrte die SED zur Blockarbeit zurück. CDU und LDPD erstarrten wieder – nach kurzzeitig aktivem Engagement – in Passivität, wofür die sowjetischen Berichterstatter keine Erklärung zu finden schienen.[655] Den Aufbruch in der VdgB(BHG), den die politischen Erschütterungen angeschoben und möglich gemacht hatten, erkannten die sowjetischen Berichterstatter auch nicht. Es hieß zwar, die VdgB(BHG) hätte 1953 eine erhebliche Verbesserung ihres Handelsnetzes erreicht. Doch daß im Ergebnis der Wahlen zu den örtlichen Leitungen der Anteil von Kleinbauern (mit 0,5 bis 10 ha Land) um 1,2 Prozent gesunken und der der Bauern mit 10 bis 20 ha Land um 1 Prozent gestiegen war (wobei der Anteil der Bauern mit über 20 ha Land auf dem Niveau von 0,6 Prozent an den Leitungsposten konstant blieb), qualifizierte der Bericht als nicht erfüllte Aufgabe.[656]

Resümee

Zunächst darauf eingestellt, über einen längeren Zeitraum hinweg schrittweise Kollektivbetriebe in die Mehrsektorenwirtschaft einzubauen, ohne die Großbauern mit administrativen oder ökonomischen Mitteln zu bedrängen, entschied die SED-Führung auf ihrer 10. ZK-Tagung im November 1952, die Mehrsektorenwirtschaft aufzugeben und „kapitalistische Elemente“ aus der Wirtschaft zu vertreiben. Aus Moskau hatte sie – soweit bekannt – dazu keine Aufforderung erhalten. Der Entscheidungsprozeß ist noch nicht restlos aufgehellt, doch er läßt sich eindeutig auf die Wochen nach dem XIX. KPdSU-Parteitag datieren.

In dieser Zeit stand die DDR-Volkswirtschaft vor erheblichen Problemen, deren Tragweite nicht abzuschätzen war. Die Ursachen lagen einerseits in länger währenden wirtschaftlichen Fehlentwicklungen, andererseits in verschiedenen kurzfristigen, von der UdSSR aufgenötigten Außenbelastungen. Besondere Probleme ergaben sich aus der Umstellung der Industrie auf rüstungsrelevante Güter und aus der Schaffung nationaler Streitkräfte. Die SED erwartete, daß ihr bei der Lösung der Aufgaben sowjetische Hilfe zuteil würde, ihre Anfragen und Vorschläge blieben aber bis April 1953 ungehört. Statt dessen erwartete die SKK von der DDR, daß sie alle – angeblich großen – Reserven nutzen würde.

Der Strategiewechsel im Herbst 1952 war zunächst weder alleinige Ursache noch Folge der Wirtschaftsprobleme. Die SED nahm aber an, mit dem Angriff auf die Privatwirtschaft Mittel zur Lösung *beider* Aufgaben freisetzen zu können: Für den forcierten gesellschaftlichen Umbau und für die Linderung der momentanen Etatbelastung. Im Landwirtschaftsbereich benötigte sie Mittel zur Stützung der anfangs schwachen LPG. Ein Teil dieser Mittel sollte fließen, wenn Bauern zur Rückzahlung von Steuerschulden gezwungen würden. Die SED ging davon aus, daß LPG bald den Großteil der agrarischen Produktion übernehmen würden.

654 Ebenda, list 53.
655 Siehe ebenda, list 67.
656 Siehe ebenda, list 75.

Bei der Umsetzung des Kurses des „forcierten Sozialismusaufbaus" sorgten Rückkopplungseffekte für immer mehr volkswirtschaftliche Störungen. Insofern kann von wachsenden Wirtschaftsproblemen als Folge des Strategiewechsels gesprochen werden. Sie erfaßten zuerst die Bereiche der Konsumtion. In der Agrarproduktion breitete sich wirtschaftliche Dysfunktionalität nicht so rasch aus, von Agrarkrise kann nicht gesprochen werden. Mit großem administrativem Aufwand gelang es trotz Überführung in neue Nutzungs- bzw. Besitzformen, bei der Frühjahrsbestellung einen Großteil der Ackerflächen zu erfassen. Längerfristig wäre ein enormer Leistungsabfall aber gewiß eingetreten, zumal die Mittel für staatliche Stützungen in die neuen Strukturen fehlten. Im März/April 1953 war ganz offensichtlich, daß die LPG vorderhand nur mit massiver staatlicher Hilfe ihren Produktionsaufgaben gerecht werden konnten.

Die schwerwiegendste Folge des Kurswechsels war die enorme Zunahme der politischen Spannungen, die sich auf dem Lande, wie überall, vor allem in der Massenflucht aus der DDR manifestierte. Die SED beobachtete das auf dem Lande zunächst ohne größere Sorge. Sie sah in der Flucht ein Phänomen der Klassenauseinandersetzung, das härtere Mittel der „Liquidierung der Großbauern als Klasse" unnötig mache. Verlassenes Land sollten landlose Arbeitskräfte beim Eintritt in LPG zugesprochen bekommen. Die SED stellte, eher aus ideologischer Verblendung als aus kämpferischer Genugtuung, alle Großbauern unter den Generalverdacht, Klassenkampf zu schüren. Sie inszenierte juristische Schauprozesse, die sie mit überzogenen Urteilen enden ließ. Als Abgaben- und Steuersäumige wurden aber zunehmend Bauern aller Betriebsgrößen der Sabotage bezichtigt. Durch Quasi-Enteignung brachte der Staat die Betriebe von Schuldnern in die öffentliche Hand mit der Absicht, sie den LPG zuzuschlagen.

Die SKK unterstützte die SED in der massiven Bedrängung privater Landwirtschaft. Von ihrer Moskauer Führung nicht korrigiert, trieben die sowjetischen Berater die SED auf dem Weg der Destruktion des Familienbetriebes voran, selbst als die SED-Führung bereits einsah, daß die Finanzprobleme eine genossenschaftliche Produktion als Alternative im Augenblick nicht flächendeckend zuließen. Die SED-Führung erkannte im April 1953 ansatzweise die Bedrohung, die sich aus einem zu schnellen Strukturwandel ergeben würde. Doch weder hierbei noch in der Preis- und Versorgungspolitik trafen ihre Bemühungen um Mäßigung staatlichen Drucks auf sowjetisches Verständnis.

Die Gefahr einer Herrschaftskrise sah die SED jedoch nicht. Die Moskauer Führung bewertete die Massenflucht aus der DDR schließlich im Zusammenhang mit ihrer Deutschlandpolitik als untragbar und leitete einen neuen Kurs ein. Im Verlauf einer längeren Verständigung, die kurzzeitig von der akuten Gefährdung des SED-Regimes und der -notwendigerweise – militärisch abgesicherten Restauration der Herrschaftsverhältnisse unterbrochen war, fanden die SED-Führung und die Vertreter Moskaus in Berlin zu einer Reformpolitik, die den Strategiewechsel vom November 1952 korrigierte.

Der Neue Kurs leitete im Ostblock eine volkswirtschaftliche und eine innen- und außenpolitische Liberalisierung ein. In der DDR bedeutete er die Rückkehr zu einer Politik der Mehrsektorenwirtschaft. Für die Agrargesellschaft verhieß er das vorläufige Ende des Versuchs schrittweiser Kollektivierung und eine erneute

Förderung des Familienbetriebes. Doch es hatte sich eine neue Struktur herausgebildet, Produktionsgenossenschaften „volksdemokratischen Typs". Sie wurden von einem Teil der Kleinbauern als Chance gesehen, ihre bäuerliche Existenz zu stabilisieren und für die Familie Arbeitserleichterungen zu erreichen. Klientelpolitik und Gesellschaftspolitik zusammenzubringen, bedeutete für die SED, solche Produktionsgemeinschaften in Grenzen zu fördern. Sie begriff sie als Schritt auf einem langen Weg zum Sozialismus in Deutschland. Der 17. Juni 1953 machte eine Veränderung in diesem neuen agrarischen Programm nicht notwendig, bestätigte vielmehr dessen Dringlichkeit.

Mit dem Verdikt vom faschistischen Putsch behielten jedoch auch Großbauern-Aversionen ihren Platz in den agrarpolitischen Betrachtungen der Staatspartei. Das insgesamt nicht starke, örtlich aber bedrohliche Aufbegehren der ländlichen Bevölkerung im Juni/Juli 1953 bestätigte die SED-Führung in der Überzeugung, daß die Großbauern und viele Mittelbauern dem Sozialismus feindlich gegenüberstanden. „Neutralisierung" mußte vor dem Hintergrund der neuen Strategie erneut die politische Formel sein. Diese umzusetzen war aber nach dem Aufstand schwieriger geworden. Das Erlebnis der Revolte hatte tradiertes ländliches Zusammengehörigkeitsgefühl auf der Grundlage politischer Resistenz mancherorts gestärkt, anderswo lebte die Spannung zwischen Neu- und Altbauern auf. Da das Krisenmanagement nach dem Aufstand die Verfolgung solcher „Provokateure" einschloß, die sich aus Sicht der Landbevölkerung nichts hatten zuschulden kommen lassen, sondern nur offen ihre Meinung sagten, machte sich Politikverdrossenheit breit. Allgemein-bäuerliche soziomentale Rückzugsstrategien flossen in sie ein. Das Verhältnis der SED zur gesamten Bauernschaft blieb also problematisch, das soziale Klima im Dorf konfliktgeladen.

Die „sozialistischen Elemente" erbrachten von nun an zwar einen größeren Teil des Produktionsumfanges in der DDR-Landwirtschaft, bestimmten ländliche Arbeits- und Verteilungsbedingungen stärker als noch 1952. Doch die Masse der Erzeugnisse kam weiterhin aus privaten Einzelbetrieben. Die entstandenen Proportionen wollte die SED stabil halten. Förderung von Familienbetrieb *und* genossenschaftlichem Produktionsbetrieb versprachen längerfristig Leistungssteigerungen in beiden.

Mit dem Neuen Kurs war, ohne daß dies irgendwie thematisiert wurde, zugleich eine Form des allmählichen, zeitlich nicht vorbestimmten, konfliktreduzierten Aufbrechens jener agrarischer Strukturen gefunden, die auf dem Familienbetrieb basierten. In der Perspektive erschien nach wie vor der hochtechnisierte Großbetrieb als erstrebenswert. Den Weg dorthin wollte die SED aber wieder stärker aus praktischen Erfahrungen heraus bestimmen, wobei sie an einen auf mehrere Ertragsperioden ausgedehnten „Wettbewerb zwischen den Sektoren" dachte. Der Ausgang jenes „Wettbewerbs" war für sie keineswegs offen, am Ende konnte aus SED-Sicht nur der moderne, größere, nichtkapitalistische Agrarbetrieb stehen. Doch ihre Agrarpolitiker setzten nun auf Erfahrungsaustausch und wechselseitigen Ansporn der Agrarproduzenten, so daß sich die Vorteile größerer Gemeinschaftsbetriebe – meinte man – allmählich vor aller Augen zeigen würden.

V. Zusammenfassung: SED-Agrarpolitik und sowjetischer Einfluß 1949–1953

Die empirische Untersuchung hat bestätigt, daß die UdSSR als Sieger- und Besatzungsmacht zu Beginn der fünfziger Jahre, der Zeit intensiver Bemühungen um einen Friedensvertrag mit Deutschland, bestrebt war, die sozialen Strukturen im ostdeutschen Dorf zu erhalten. Die Vorgabe an die Adresse der SED hieß: Ertragssteigerung in der Agrarproduktion durch Förderung des Familienbetriebes und staatliche Zuwendungen vor allem für Kleinst- und Kleinbetriebe. Auch der Mittelbauer sollte zu besseren Erträgen ermuntert und wirtschaftlich angeregt werden. Zugleich riet Moskau zu einer Verbesserung der Lebenslage ländlicher Lohnarbeitskräfte. Politisch ging es vor allem um die Ruhigstellung der „Kapitalisten auf dem Lande" und der ihnen sozial und kulturell nahestehenden dörflichen Oberschichten. Die sowjetische Besatzungsmacht stellte der SED gegenüber den Vergleich zur NÖP in Sowjetrußland an, ohne das zeitliche Ende der Analogie zu bestimmen. Nach übereinstimmender Ansicht würde sich mit Beginn der staatlichen Einheit auf diese Frage eine neue Antwort finden.

Dieser ganz und gar nicht neue Befund deckt sich mit den historischen Stellungnahmen der Vertreter Moskaus in der SBZ/DDR. Er deckt sich aber auch, und das ließ sich am empirischen Material nachweisen, mit zahlreichen internen Bekundungen und Vorgaben sowjetischer Berater. Schließlich kommt er in den gemeinsamen agrarpolitischen Entscheidungen von SED und SKK deutlich zum Ausdruck. Vereinzelte Hinweise darauf, daß 1949–1952 von den „Sowjets" doch weitere Enteignungen befohlen und Anti-Großbauernpolitik betrieben wurde, zeugen von individuell anderen, zeit- und erfahrungsbedingt unterschiedlichen Ansichten und Fehlanweisungen sowjetischer Funktionsträger, die in der Regel von der Führung der sowjetischen Kontrollbehörde dafür kritisiert und gegebenenfalls korrigiert wurden.

Stalin verpflichtete die SED im Dezember 1948 zu einer Strategie der revolutionären Zurückhaltung. Die SED-Führung akzeptierte das und ließ sich darauf ein, daß in der Deutschlandfrage noch einiges offen war. Sie war ohnehin nicht in der Lage, eigene Pläne durchzusetzen. Der sowjetischen Vorgabe entsprechend zielten ihre agrarpolitischen Entscheidungen 1949 bis Mitte 1952 in erster Linie auf die Wiederherstellung der Vorkriegsleistung bei den Agrarerträgen und auf die Effektivierung der privatbäuerlichen Produktion im Familienbetrieb. Sie bemühte sich um wachsende Markleistung, suchte andererseits aber Kapital- und Flächenkonzentration in privaten Händen zu begrenzen und traditionelle Marktmechanismen, die sich als großbäuerlich dominierte wieder herzustellen drohten, aufzubrechen.

Diese Politik mußte drei Umstände berücksichtigen, (1) einen durch Reparationslasten nur sehr begrenzt möglichen volkswirtschaftlichen Aufschwung, (2) die Industrialisierungsvorhaben, welche die Investitionen außerhalb des Agrarbereiches zu konzentrieren geboten, und (3) die außerordentliche politische Bedeutung einer rasch zu verbessernden Lebensmittelversorgung, denn gerade in jenen

Jahren vollzog sich im deutsch-deutschen Wettbewerb ein Trendwechsel, und aus Westdeutschland war immer deutlicher und nachhaltiger von Angebotserweiterungen und Preissenkungen bei Lebensmitteln und einfachen Konsumgütern zu hören.

1949 war der landwirtschaftliche Familienbetrieb (auf 8–15 ha Land) im Osten noch keineswegs an seine Grenzen gelangt, aber er war infolge des Krieges noch immer „chronisch unterversorgt" mit Zugkraft, Arbeitsgeräten, Technik, Dünger und gutem Saatgut. Staatliche Stützungen waren nur begrenzt möglich. Dies allein machte aber nur einen Teil der Faktoren aus, die eine optimale Förderung des Familienbetriebes behinderten. Andere Hindernisse bei der Umsetzung der agrarpolitischen Strategie ergaben sich aus der in sich widersprüchlichen Aufgabenstellung selbst.

Die Lösung der anstehenden Probleme erfolgte so, daß sie sich auf die Agrarstruktur auswirken mußte. Dies geschah nicht mit strategischer Absicht, sondern im Zuge kontraproduktiver Entscheidungen, bei denen der für kommunistische Agrarpolitik traditionelle Argwohn dem privatbäuerlichen Eigentum und bäuerlichem Unternehmergeist gegenüber eine große Rolle spielte. Es wurde zwar versucht, mit staatlichen Zuteilungen, Investitionshilfen und Technik-Leihunternehmen, mit gezielter Düngemittel- und Saatgutbeschaffung die Bauern zu motivieren und einige gut gehende Betriebe zur Intensivierung zu führen, was weit über das in Sowjetrußland unter NÖP-Verhältnissen praktizierte Maß an Bauernförderung hinausging und, da waren sich SED-Führung und SKK einig, unter deutschen Nachkriegsbedingungen auch hinausgehen mußte. Doch dies alles reichte nicht aus, die Folgen zweier grundlegender Fehleinschätzungen abzufangen und auszugleichen.

Die erste Fehlentscheidung resultierte aus dem unkritischen Blick auf die wirtschaftlichen Herausforderungen. Der „Ernährungswettbewerb" mit dem Westen wurde trotz Reparationslasten und trotz Industrialisierungsvorhaben angenommen und vorangetrieben. Zum Systemwettstreit gab es keine Alternative, doch SED-Führung und SKK gaben sich illusionären Vorstellungen von einer raschen Steigerung der Leistungen im Agrarbereich hin, vernachlässigten die Besonderheiten landwirtschaftlicher Intensivierung und erkannten die Gefahren nicht, die sich aus einer derartigen Belastung des Verhältnisses zu den Bauern unter deutschen Nachkriegsbedingungen ergeben konnten. Einem von DDR-Agrarexperten auf mindestens 5 Jahre angesetzten, allmählichen Leistungsanstieg unter fortbestehenden Verhältnissen setzten Walter Ulbricht und Heinrich Rau Ende 1950 die Vorstellung entgegen, innerhalb von zwei bis drei Jahren auf erheblich größere Erträge als in der Vorkriegszeit zu kommen. Nachdem insbesondere bei der Tierproduktion 1950 kurzfristig ein bedeutsamer Leistungsanstieg erreicht worden war (was allerdings noch auf das kriegsbedingt niedrige Ausgangsniveau zurückzuführen ist), wurden die Produktionspläne 1951 und 1952 geradezu abenteuerlich. Die überzogenen Erwartungen in der SED waren Ausdruck einer gewissen Ignoranz gegenüber den Warnungen einiger Fachleute, und es war nicht bedeutungslos, daß deren Zahl 1950/51 infolge der Ausschaltung alter SPD-Funktionäre und Westemigranten erheblich abnahm. Sie waren zugleich Ausdruck zeitgemäßer Technik- und Agrarwissenschaftseuphorie, sowie ideologisch verbrämter Fortschrittsgläubigkeit. Zudem gab man sich unberechtigten Hoffnungen auf unentwegte sowjetische Hilfe hin, wenn es die DDR-Volkswirtschaft aus eigener Kraft nicht mehr schaffen würde, die Tische zu decken. Da die führenden SKK-Vertreter die meisten dieser Illusionen teilten und die Lösung der Versorgungsfrage für politisch wichtiger hielten als die ökonomische Stabilisierung der Einzelbauernwirtschaften, trieben sie die SED in die falsche Richtung weiter an. Die NÖP in der Sowjetunion war zeitlich gesehen zu kurz, um für die Berater aus der SKK eine hinreichende Erfahrungsgrundlage bilden zu können, und sie war in der KPdSU(B) als relativ eigenständige Entwicklungsphase kaum reflektiert worden. Hinzu kam, daß sie in der Sowjetunion der späten vierziger Jahre gerade wieder zu einer belanglosen Episode erklärt wurde, was die Berater aus der SKK zweifellos zur Zurückhaltung trieb.

Wegen der Versorgungsziele wurde die Zwangswirtschaft im Agrarsektor nicht, wie es noch Ende 1949 in Aussicht gestellt und ersthaft beabsichtigt gewesen war, zurückgefahren. Im Verlauf der Jahre 1950 und 1951 wurde immer deutlicher, daß eine agrarische Leistungssteigerung unter den gegebene volkswirtschaftlichen Rahmenbedingungen äußerst schwierig werden würde. SED und SKK hielten daher an der aus sowjetischer Erfahrung gespeisten Erfassungs- und Aufkaufpolitik fest. Sie griffen auf sowjetische Methoden der Planung und Agrarpreisgestaltung zurück, welche vielfältige Erfahrung nicht nur aus der NÖP, sondern auch aus der Zeit der Kollektivwirtschaften komprimierten und sich bei der Rekonstruktion der Nachkriegswirtschaft in der UdSSR bewährt hatten.

Zugleich wurden in der DDR für spezifische Probleme auch eigene Lösungen gesucht (Neubauernbauprogramm, Landarbeiterschutz), die eher in Polen und der ČSR Analogien hatten. Das Phänomen der „devastierten Betriebe“ war DDR-spezifisch. Es wurde in längerer Herrschaftskooperation, die Mißverständnisse und unterschiedliche Beurteilung von Alternativen einschloß, von SED-Führung und SKK gemeinsam behandelt, konnte als Problem aber nicht gelöst werden und nahm im Frühjahr 1952 gravierende Ausmaße an; SED-Führung und SKK wollten im Sinne optimaler Bodennutzung bald zu einer Lösung kommen.

Als Kommunisten sahen sowohl SED- als auch SKK-Vertreter eine wichtige Aufgabe in der Verbesserung der Lebensverhältnisse der unteren Schichten auf dem Lande (Neubauern, Kleinbauern, Landarbeiter). Zu *Bauern als privaten Warenproduzenten* war die Meinungsbildung schwierig. SED-Führung und SKK urteilten in ideologisch geprägten Denkmustern und verwendeten marxistisch-leninistisches Vokabular, wenn sie ihre Haltung zu den Bauerngruppen bestimmten und prüften. Allgemeine stalinistische Schemata vom großbäuerlichen Klassengegner und vom schwankenden Mittelbauern spielten darin eine immer größere Rolle. Zugleich sahen beide Akteure die Notwendigkeit, nationale Besonderheiten – etwa bei den Zuordnungskriterien – zu beachten. Worin die bestanden, war stark von der jeweiligen deutschlandpolitischen Perspektive abhängig und damit auch Gegenstand der ostdeutsch-sowjetischen Herrschaftskommunikation. Viele Entscheidungen wurden unter wirtschaftspragmatischem Gesichtspunkt gefällt. Während den Neu- und Kleinbauern mit Abgabenerleichterungen und MAS-Sondertarifen ähnlich wie in der Sowjetunion geholfen wurde, gab es für Landarbeiterpolitik kaum sowjetische Erfahrungen, so daß die SKK stärker auf deutsche Erfahrung und Meinungsbildung setzte. Die Haltung zu den einzelnen Bauerngruppen änderte sich bis Herbst 1952 nicht grundsätzlich.

In der SED-Führung waren zunächst noch diejenigen stark, die – ganz im Sinne der Stalinschen Orientierung von 1948 – klein- und mittelbäuerliches Eigentum und Wirtschaftsengagement schützen und fördern, großbäuerliches optimal ausnutzen wollte. Bis Ende 1951 unterstützte die SKK auch letzteres stark. Latente Verdrängungsstimmung in den eigenen Reihen gegenüber wirtschaftsstarken Bauern wies die SKK-Zentrale in Berlin zurück. Sie akzeptierte und billigte Versuche, den Bündnispartner „Mittelbauer" vergleichsweise breit sozial zu definieren, breiter als es etwa in der Tschechoslowakei und in Ungarn geschehen war. In nicht wenigen Einzelfragen drängten SKK-Agrarfachleute die SED-Funktionäre zu einem moderateren Umgang mit mittel- und großbäuerlichen Produzenten.

Sowjetische Kritik am SED-Umgang mit Groß- und Mittelbauern und ihren Wortführern in CDU und LDPD erfolgte eher im bündnispolitischen Zusammenhang (mit Blick auf Friedensvertrag und deutsche Einheit) als im wirtschaftspolitischen. Dabei nahm das Drängen der SKK auf angemessene Förderung der wirtschaftsstärkeren Landwirte bis Mitte 1952 insgesamt ab, und zwar in dem Maße, wie a) die Versorgung schwieriger wurde und b) wie ein strukturerhaltender, die Versorgungsleistung garantierender Ausweg aus der Landflucht kaum noch erkennbar war. Die sowjetischen Hinweise waren jedoch uneinheitlich, widersprüchlich und teilweise stark irritierend. Aus der Tatsache, daß keine aktuell wirksamen Abstriche an den Wiedergutmachungsforderungen gegenüber den Deutschen gemacht und finanzpolitische Schranken beibehalten wurden, zugleich aber der deutsch-deutsche „Ernährungswettbewerb" als maßgebend angesehen wurde, kann der Schluß gezogen werden, daß die Siegermacht die Belastbarkeit der ostdeutschen Landwirtschaft überschätzte. Aus Moskauer Sicht ging es den Bauern in Ostdeutschland gut, und zwar einerseits im Vergleich zu den Kolchosbauern in der UdSSR und andererseits im Vergleich zur ostdeutschen Arbeiterschaft, die der SKK als soziale Klientel natürlich weitaus näher stand als die ostdeutsche Bauernschaft im allgemeinen und als die Mittel- und Großbauern im besonderen.

Die zweite Fehlentscheidung in der agrarpolitischen Ausrichtung des „Aufbaus aus eigener Kraft" war Ergebnis klassenkämpferischer Positionierung während des Kalten Krieges. Die zunehmend strenge Abgabenpolitik insbesondere gegenüber Landwirten mit ständigen Lohnarbeitern hatte ihren ideologischen Kern in der „Kulaken"-Feindlichkeit des sowjetischen Modells, doch bis 1951 hielt sich in der SKK die Auffassung vom notwendigen Erhalt der Eigentümlichkeit ostdeutscher agrarischer Strukturverhältnisse, die lediglich der *Einschränkung* von Ausbeutung bedürfe. Dieses Konzept versuchte Klientelpolitik im Interesse von Landarbeitern und armen Bauern mit Wirtschaftspolitik im Interesse von maximaler Gesamtleistung, wofür vor allem die größeren Betriebe gebraucht wurden, in Einklang zu bringen.

Der bedeutsamste strukturelle Eingriff, die Reform des Genossenschaftswesens, ging in ihrer letztendlichen Form nicht auf Anweisungen der SKK zurück. Die SED war es, die zunächst ein Konzept der Dorfgenossenschaften entwarf, dies dann aber auf Drängen bestimmter radikaler Kräfte in der Parteiführung zurücknahm und bestehende Basis-Genossenschaften mit der ländlichen Massenorganisation VdgB zusammenführte. Der stark klassenkämpferische Impetus der Aktion beschädigte die Glaubwürdigkeit des Anliegens, die bäuerlichen Betriebe mit der Reform gegen Ausbeutung zu schützen.

Die Analyse der Entscheidungshintergründe verschiedener agrarpolitischer Maßnahmen der SED führt zu dem Schluß, daß es falsch wäre, von einer – in der Gesamtsicht der Jahre 1949 bis 1952 Jahre zu konstatierenden – Zunahme der Großbauernfeindlichkeit auf eine gleichmäßig wachsende, jede neue Entscheidung stärker prägende Verdrängungs*strategie* zu schließen. Freilich, die *Einschränkung* der Produktionsmöglichkeiten von Großbauern galt im Dogma als Vorstufe zur *„Liquidierung der Großbauern als Klasse"* auf dem Weg zum Sozialismus. Doch dieser war ja aus der Sicht von SED-Führung und SKK von nationalen, deutschlandpolitischen Zusammenhängen her zu bestimmen. Da diesbezüglich die Fristen nicht klar waren, fanden die Forderungen von deutschen Agrarwirtschaftlern, aus den Großbauernbetrieben nicht allzu viel „abzuschöpfen" und auch großbäuerlichen Leistungswillen zu honorieren, zunächst durchaus Gehör. Die agrarpolitische Praxis bestimmte ein Konglomerat verschiedener, teils gegenläufiger Beschlüsse. Einzelne der Strategie entgegenstehenden Entscheidungen wurden durchaus korrigiert, sobald ihre Wirkung klar wurde und alternative Vorschläge sowie die Mittel zur Korrektur vorhanden waren. Andere wurden von vornherein nicht konsequent umgesetzt.

Dabei begann sich Mitte 1951 langsam ein neuer Trend in den Einschätzungen abzuzeichnen: Der Klassenkampf gewann in den internen wie externen Stellungnahmen als Argument an Gewicht. Die bisherige Einschätzung, daß der Mittelbauer das Gesicht des ostdeutschen Dorfes bestimmte, erhielt nun die Ergänzung, daß auch mittel- und sogar kleinbäuerliche Betriebe eine starke Tendenz zum kapitalistischen Betrieb entwickelten. Dieses Urteil ging von den politischen Funktionären der SKK aus und offenbarte eine beschränkte, verzerrte Sicht auf die rudimentären Marktelemente in der ostdeutschen Landwirtschaft. Das Phänomen Lohnarbeit im privaten Agrarsektor unter den Bedingungen der „Diktatur der Proletariats", das man in der UdSSR nicht kannte und das auch in den Volksdemokratien kaum zu beobachten war, wurde ohne Prüfung zu einer kapitalistischen Erscheinung erklärt, wobei der reale betriebswirtschaftliche Zustand der Bauernhöfe nicht interessierte. Unter den Bedingungen des Kalten Krieges war diese verkürzte Sicht dazu angetan, die Gefahr einer kapitalistischen Restauration von „Großagrariern" in Deutschland zu beschwören, – eine Entwicklung, die die östliche Siegermacht auch in einem geeinten Deutschland (zumindest für eine erste Zeit) gewiß nicht dulden wollte.

Etwa zu dem Zeitpunkt, als innerhalb der SKK diese verzerrte Sicht auf die Bauernwirtschaften der DDR manifester wurde, setzte – recht unabhängig davon – in der SED ein Mechanismus der Schuldzuweisung ein, der zweifellos aus der Stalinschen Schule kam: Der „Klassenkampf" des Großbauern wurde für die Defizite der Versorgung öffentlich verantwortlich gemacht. Soweit der Stopp für einen Generalangriff auf die Großbauern dies zuließ, wurde verstärkt mit Rechtsmitteln gegen abgabensäumige Großbauern vorgegangen. Die zunehmenden Produktionsschwierigkeiten bereiteten in der SED den Boden für eine Reaktivierung alter Vorurteile gegen wirtschaftsstarke Bauern schlechthin. Zur offenen Großbauernfeindlichkeit wurde diese Stimmung regelmäßig bei der Erfassung im Herbst und im Winter, wenn säumige Inhaber größerer Betriebe für Engpässe in der Versorgung zur Verantwortung gezogen wurden.

Auch in der ostdeutsch-sowjetischen Kommunikation griff man ab 1951 verstärkt auf dieses Erklärungsmuster zurück. War sie in der SKK zunächst noch weitgehend folgenlos geblieben, so setzte sich die oben skizzierte Betrachtungsweise der Entwicklung agrarischer Produktionsverhältnisse Ende 1951 langsam durch. Aber noch immer wurden keine Entscheidungen gefällt, die in der DDR-Landwirtschaft vom Familienbetrieb fortführten und die Liquidierung der Großbauern als Klasse zum Ziel hatten.

Diese Agrarpolitik von SED und SKK war in ihrem Wesen eine antikapitalistische Agrarpolitik. Der Familienbetrieb sollte im Prinzip als Betrieb ohne ständige Lohnarbeitskräfte Förderung erfahren. Arbeitsintensität und Einsatz betriebsfremder Arbeitskräfte sollte nach sowjetischen Vorstellungen im Zuge der Technisierung abnehmen. Wo noch notwendig, sollte Lohnarbeit den Landarbeiter in immer bessere Arbeits- und Lebensverhältnisse bringen. Diese Vorstellung ließ sich aber mit der Forderung nach enormer Produktionssteigerung bei nach wie vor unzureichendem Zugkraft- und Technikeinsatz nicht vereinbaren. Der Widerspruch war nicht zu lösen, bestenfalls einer Untergruppe von Agrarproduzenten stärker zur Last zu legen als den anderen. Ab 1951 wurde den größeren Wirtschaften daher mehr abverlangt, ihnen wurde zugemutet, die Kosten der überzogenen Intensivierung zu tragen.

Im Endeffekt war bis 1952 eine reale Produktionssteigerung im privaten Agrarsektor zu verzeichnen. Sie hatte verschiedene Quellen: Sie kam vor allem, erstens, aus der starken Ausbeutung physischer Arbeitskraft, zweitens aus der Abschöpfung des Kapitals, das einige größere Betriebe über das Kriegsende hinweg gerettet und/oder in den ersten Nachkriegsjahren – vor allem durch extreme Ausbeutung ungelernter weiblicher und jugendlicher Arbeitskräfte – angesammelt hatten, und sie kam drittens aus gezielten kurzfristigen staatlichen Investitionen. Deren Gesamthöhe festzustellen wird nicht gelingen. Indes, wieviel staatliche Hilfe es letztlich auch gewesen sein mag, die Situation der bäuerlichen Betriebe war Anfang 1952 sehr viel differenzierter und in der Summe schlechter als noch Ende 1949. Von einem strukturellen Aufschwung in der Landwirtschaft konnte keine Rede sein. In allen Betriebsgrößengruppen gab es viele Betriebe mit starker Verschuldung. Das war zurückzuführen auf insgesamt doch unzureichende Kredite, verhinderte Kapitalbildungsprozesse und progressiv gestaffelte, staatliche Abschöpfung privatbäuerlicher Arbeitsergebnisse.

Für viele ostdeutsche Bauern war die Perspektive Anfang 1952 also nicht mehr so aussichtsreich wie 1949. Es gab massenhaft verlassene Höfe und nicht bearbeitete Ackerfläche. Der Familienbetrieb war im Ergebnis einer überzogenen Abgabenpolitik unter extremen Reproduktionsbedingungen an seine Existenzgrenzen regelrecht gedrängt worden, und zwar früher, als es sich noch Ende 1949 abzeichnete und politikbestimmend war. Von Krise zu sprechen, wäre allerdings überzogen. Der einzige Weg, um im Rahmen der bestehenden Strukturen und bei nur langsam verbesserter Produktionsmittelausstattung die Agrarbetriebe zu konsolidieren, und dennoch – im Tempo gewiß eingeschränkt – die Binnenversorgung stetig zu verbessern, war eine flexible Erfassungs- und Aufkaufpolitik, die jedoch dem Trend der wachsenden Durchschnittsnormen und zunehmender Progression bei den Abgaben nicht mehr folgen durfte.

Die Abstimmung von Herrschaftsinteressen im Agrarbereich, die Bewertung der politischen Aussichten und die konkreten Entscheidungen, die immer wieder auch mit widrigem Ressortstreit verbunden waren, erfolgten sowohl innerhalb der SKK als auch innerhalb der SED-Führung von 1949 bis Mitte 1952 in zunehmend harten Auseinandersetzungen. Hier wie dort nahmen die Fachleute für Landwirtschaft die liberaleren Positionen ein, sie waren im allgemeinen weniger angesteckt von der Sabotage-Hysterie als die Experten für politische Fragen in SED-Führung und SKK.

Innerhalb der deutschen Machtstrukturen waren die Haltungen und Stimmungen auf den unteren Ebenen mancherorts stärker von kommunistischen Vorurteilen gegen Mittel- und Großbauern geprägt, wurde der NÖP-Geist in der Agrarpolitik skeptischer bewertet als im SED-Politbüro. Das Argument der „nationalen Front für Einheit und Friedensvertrag“ stieß hier auf handfeste wirtschaftliche Probleme der Kreise und Kommunen. SKK und SED-Agrarspezialisten suchten nach Mitteln, Leistungsdruck und strukturelle Stabilität miteinander zu vereinbaren. Die Empfehlungen und Vorgaben der SKK waren diesbezüglich widersprüchlich, blieben aber bis Frühjahr 1952 insgesamt dem Grundvorhaben verpflichtet, keine einschneidenden Veränderungen in den Eigentumsverhältnissen der DDR-Landwirtschaft zuzulassen. Die ständig neu organisierte Zwischenbewirtschaftung devastierter Betriebe und freier Neubauernstellen bezweckte keine latente Enteignung. Daß der wachsende Umfang „herrenloser Flächen“ nach dem Strategiewechsel das Experiment der umfassenden Kollektivierung begünstigte, ist kein beleg dafür, daß die Politik auf deren baldigen Beginn eingestellt war. Im Gegenteil, sowohl kollektive Nutzungsmodelle als auch Enteignungen wurden auch intern – bei SED und SKK – als nicht akzeptable Eingriffe in die Besitzverhältnisse auf dem Lande angesehen. Der staatliche Sektor wurde kaum erweitert. Die SKK-Vertreter waren in ihrer Sicht auf die „Elemente des Sozialismus“ zwar gelegentlich im Zwiespalt und sahen, ähnlich wie einige SED-Politiker, im Ausbau einzelner MAS und VEG eine Möglichkeit, lokale Produktionshemmnisse zu überwinden. Doch letztlich verhinderte die SKK eine bedeutsame Erweiterung dieser Eigentumsform. Das Fernziel „Sozialismus auf dem Lande“ gab nicht den entscheidenden Handlungsimpuls.

Diese Agrarpolitik von SED und SKK bewirkte eine Annäherung an das „sowjetische Modell“, doch in höchst komplexer und ambivalenter Weise. Insofern, als die Maßnahmen von SED und SKK die kapitalistischen Wirkungszusammenhänge neutralisierten, bewirkten sie alle eine proto-sozialistische Entwicklung. Insofern, als unter diesen Maßnahmen auch solche waren, die staatssozialistische Strukturmerkmale sowjetischen Typs implantierten (MAS, VEG, Planungssystem, Abgabesystem), kam es zu partieller Sowjetisierung. Es wurden aber auch einige politische Entscheidungen getroffen, die nicht auf Modellübernahme beruhten, weil es keinerlei oder nur wenig Herrschaftserfahrung gab; ein Teil davon war ohne jeglichen historischen Bezug zum Modell, zugleich aber ursozialistisch

(Landarbeiterschutz), ein anderer Teil wäre vielleicht „potentiell modellgemäß" zu nennen (Genossenschaften, VdgB).

Die modelladäquaten und die modellähnlichen Entwicklungsmerkmale im Agrarbereich reichen in ihrer Summe jedoch nicht aus, um für die DDR-Landwirtschaft und die ostdeutsche ländliche Gesellschaft der Jahre 1949 bis 1952 den Begriff „Sowjetisierung" im Sinne von *Übernahme des sowjetischen Modells des Staatssozialismus* zu rechtfertigen. Die DDR-Landwirtschaft blieb im Untersuchungszeitraum eine Landwirtschaft in mitteleuropäischer Tradition und in kleinbäuerlichen Strukturen und war trotz aller Kriegs- und Kriegsfolgelasten im europäischen Vergleich einigermaßen effektiv bzw. rasch wieder effektiv zu gestalten. Betriebswirtschaftliche und alltagsorganisatorische Gegebenheiten verharrten in einer großen Mehrzahl von Betrieben in ihren traditionellen, meist regionalen Besonderheiten. Nach Ansicht der politischen Akteure in SED-Führung und SKK sollte in jenen Jahren auch keine Sowjetisierung stattfinden, a) weil der Schritt zur sozialistischen Großproduktion unter dem deutschlandpolitischen Vorbehalt stand, und b) weil der Marxismus-Leninismus zu diesem Zeitpunkt zwar grundsätzlich das Leitbild der Kolchose und Staatbetriebe in der UdSSR propagierte, unter bestimmten Voraussetzungen aber noch immer andere Wege vorstellbar waren und angeraten schienen als die „durchgängige Kollektivierung" und die physische Vernichtung der mittleren und der Großbauern wie in der Sowjetunion. Agrarmodelle konnte man im Ostblock 1951/52 sogar unbefangener debattieren als noch 1948/49. Für die Landwirtschaft war noch immer offen, wie weit sich die „Volksdemokratie" vom sowjetischen Kollektivierungs-Modell entfernen durfte und welche Unterschiede innerhalb der „Nachfolge-Staatssozialismen" praktiziert werden konnten. Der SED-Führung empfahl Stalin selbst noch im April 1952, sich nicht an der sowjetischen „Liquidierung der Großbauern" zu orientieren.

Das, was in der SBZ/DDR schließlich real vor sich ging, was unter der Bezeichnung „Festigung der antifaschistisch-demokratischen Ordnung" 1949 bis 1952 im Agrarbereich vorangebracht und verändert wurde, war ein Prozeß, der seine Parallelen im Anfangsstadium der Volksdemokratien hatte, vergleichbar mit der ČSR nach dem Machtwechsel im Februar 1948, allerdings ohne die Notwendigkeit, in allen weiteren Schritten und im Tempo dem Weg der Volksdemokratien (soweit man überhaupt von *einem* Weg sprechen kann) zu folgen. *In der Tendenz* war die Modellangleichung angelegt.

Daß die gesellschaftliche Entwicklung von 1949 an unter der maßgebenden neuen Voraussetzung der staatlichen Hegemonie der SED im Teilstaat und nicht mehr in einer Besatzungszone vonstatten ging, erwies sich im hier thematisierten Zusammenhang als unerheblich. Sowohl aus SED- als auch aus SKK-Sicht, aber auch realiter, hätte die ostdeutsche Landwirtschaft, so wie sie bis Herbst 1952 strukturiert war, ohne nennenswerte Brüche auf eine gesamtdeutsche Entwicklungsschiene gesetzt werden können, deren Ziel Kommunisten selbstredend nicht in gutswirtschaftlichen/großgrundwirtschaftlichen oder kapitalistischen Verhältnissen sehen wollten, aber auch nicht in einer „Entkulakisierung" nach sowjetischen Vorbild sehen mußten.

Trieben die Verhältnisse die Agrarentwicklung zwangsläufig weiter in Richtung einer Übernahme des sowjetischen Modells?

Zweifellos ist zu konstatieren, daß die *modellgetreuen* Elemente der ostdeutschen Agrarstruktur als Teile des staatlichen Sektors in einer Mehrsektorenwirtschaft (MAS, VEG, Planungssystem, Abgabesystem) und die *potentiell modellgemäßen* Elemente (Genossenschaften, VdgB) 1949–1952 in der DDR funktional gefestigt wurden, während die *modellfremden* Elemente als Teile des privaten Wirtschaftssektors (der Familienbetrieb, insbesondere der Familienbetrieb mit Lohnarbeitern) starke Erschütterungen erfuhren. Aber bekanntlich muß anhaltend antikapitalistische Agrarpolitik unter sowjetischer Kontrolle nicht zur Voll-Kollektivierung führen, wie es das Beispiel Polen zeigte. Der Zwang zur Nachahmung des Modells hatte offenbar auch unter den Bedingungen kommunistischer, prosowjetischer Herrschaft seine Grenzen. Welche inneren Zusammenhänge wirkten nun in Ostdeutschland?

Für den Weg der ostdeutschen Landwirtschaft war ein von der Modellfrage unabhängiger Gestaltungsdruck aus den eingangs genannten volkswirtschaftlichen und den politischen Wettbewerbsbedingungen heraus maßgebend. Sie machten Finanz- und planungspolitische Zentralisierung, staatliche und fiskalische Lenkung in einem Maße notwendig, wie es für andere, etwa die polnische, aber auch die westdeutsche Agrarproduktion nicht galt. Und da war es für die Herrschaftsträger zunächst auch nicht wichtig, daß die über die SKK und andere sowjetische Behörden verfügbare Erfahrung *ihrem Wesen nach* eine „sowjetische Erfahrung“ war, es war schlicht die einzige schnell abrufbare, praktikable, hinreichend erprobte Erfahrung mit Mangelwirtschaft, *die unter den aktuellen politischen Verhältnissen zur Verfügung stehen konnte*. Kriegswirtschaftliche Lenkungsmechanismen wurden in einigen Fällen für unbrauchbar gehalten (z. B. die Totalablieferung), sie boten aber auch nicht auf alle Fragen Antworten. Die SED wurde also nicht wegen der bislang nur einseitigen Erfahrungen beim Sozialismusaufbau „zwangsläufig Lizenznehmer der Sowjets“, wie es Jürgen Danyel formulierte.[1] Sie wurde es wegen der ähnlichen volkswirtschaftlichen Problemlage bei politisch begrenztem „Lizenzen-Angebot“, als Sozialismusaufbau in Ostdeutschland noch gar nicht aktuell war. Die UdSSR exportierte, wie es Konrad Jarausch und Hannes Siegrist in gleichem Maße für die USA feststellten , „Problemlösungsmuster“.[2]

Unter intensiver sowjetischer Mitarbeit und Entscheidungshoheit wurden der Fünfjahrplan der DDR-Volkswirtschaft und die Jahrespläne erarbeitet. Planungsmethodik und Berechnungsverfahren waren sowjetischen Ursprungs und prägten die volkswirtschaftliche Lenkung anhaltend. Hier wurde nahezu Modellkonformität erreicht, und „Sowjetisierung der Volkswirtschaftsplanung“ ist eine angemessene Wertung. Auf die Planung im Agrarbereich kann diese Aussage aber schon nicht mehr uneingeschränkt bezogen werden. Hier konnte und sollte nach Auffassung von SED-Führung und SKK mehr Spezifisches in den Mechanismen zur Geltung kommen, denn daß Kontrolle und Einflußnahme des Staates entsprechend der Eigentumsstruktur in Form und Konsequenz variieren müssen, galt als selbstverständlich. Der Vorgang der Abgabendifferenzierung, beispielsweise, erwuchs aus Erfahrungen der ostdeutschen Nachkriegswirtschaft, er hatte kaum Pa-

[1] Danyel, Rituale, S. 68.
[2] Jarausch/Siegrist, Amerikanisierung, S. 25.

rallelen in der Sowjetunion. Mit anderen Worten, auch tatsächlich fand im Agrarbereich weniger Modelltransfer bei den Lenkungsmechanismen statt.

Mit Maschinen-Ausleih-Stationen und volkseigenen Gütern wurden Inseln staatlicher Wirtschaft in den ländlichen Raum implantiert, die nach sowjetischem Vorbild aufgebaut waren (in der UdSSR wirkten sie unter den Bedingungen weitgehender bzw. vollständiger Kollektivierung). Dies wurde weder strukturbestimmend noch legte es für die Landwirtschaft zwingend einen staatssozialistischen Weg fest. Doch die Nachfrage nach sowjetischen Erfahrungen verstärkte sich mit dem Problemdruck, und zwar innerhalb und außerhalb der Staatsbetriebe.

Bereits vor der dramatischen Zuspitzung der Probleme in Erfassung und Aufkauf (1951) erwies sich zentralstaatliche Lenkung für die Lösung der anstehenden Aufgaben als hilfreich und mittelfristig alternativlos. In der DDR der beginnenden fünfziger Jahre waren die zentralstaatlichen Merkmale sogar weitaus stärker ausgeprägt als in Sowjetrußland am Ende der zwanziger Jahre. Und zentrale Planwirtschaft als Mangelwirtschaft neigt stets zum Ausbau staatlichen Eigentums und reproduziert bei fehlender Gegensteuerung gerade die Bedingungen, die die staatliche Lenkung tatsächlich unverzichtbar machen. Für die Jahre 1949 bis Mitte 1952 ist im DDR-Agrarbereich Gegensteuerung auch nachweisbar. Immer weniger sahen die Herrschaftsträger jedoch Alternativen zum Ausbau zentraler Planung und Lenkung auch des privaten Agrarsektors. Und hier, quasi in zweiter Instanz, wirkte sich das Fernziel „Sozialismus" in seiner ideologisierten Variante zweifellos negativ aus: Es verhinderte, daß anhaltend um Gegensteuerung gerungen wurde. Der Marxismus-Leninismus als Ideologierahmen und die konkrete agrarpolitische Erfahrung der Sowjetunion und der Volksdemokratien boten weder konkrete Handreichung noch methodologischen Freiraum dafür. Obendrein schien sich im Kalten Krieg die These vom sich gesetzmäßig verschärfenden Klassenkampf zu bestätigen. Für eine plötzliche Aufgabe der Politik, die den strukturellen Erhalt der Agrarverhältnisse bezweckte, war insofern Anfang 1952 der mentale Boden in der SED durchaus bereitet.

Daß mit der Gründung der DDR im Oktober 1949 und den Wahlen im Oktober 1950 den Volksdemokratien wesensgleiche Machtverhältnisse etabliert worden waren, wurde öffentlich geleugnet. Es gebe allerdings auch „kein[en] bürgerlich-kapitalistische[n] Staatsapparat mehr, obwohl er noch Elemente des bürgerlichen Staates enthält", hieß es.[3] Kurzzeitig richtete die SED-Führung ihren Blick nach China, wo im September 1949 ebenfalls ein „Staat der volksdemokratischen Diktatur" geschaffen worden war, der aber zunächst „die Aufgaben der antifeudalen, antiimperialistischen bürgerlich-demokratischen Revolution zu lösen" hatte.[4] Auch der Blick nach Ost- und Südosteuropa verhieß Entwicklungsvielfalt. 1949/50 konnte ein europäischer volksdemokratischer Staat nach aktuellem marxistisch-leninistischem Verständnis die Mehrsektorenwirtschaft allmählich in den Staatssozialismus hinüberführen.

Als sich die SED-Führung auf Betreiben Stalins ab Sommer 1952 für die volksdemokratischen Erfahrungen der Kollektivierung zu interessieren begann, zwang

[3] Oelßner, Diktatur, S. 736.
[4] Awarin, Aufbau, S. 841, 843.

sie also weder ein ideologisches Dogma noch die erreichte Qualität der politischen Verhältnisse zur Änderung ihrer Strategie der „revolutionären Verschnaufpause".

Zu diesem Zeitpunkt gab es in den Volksdemokratien – im Kontext der forcierten Industrialisierung – zwar bereits eine Orientierung auf das Ende der NÖP, was Stalin bei der letzten Spitzenbegegnung im April 1952 in keiner Weise reflektierte. Es wurde die Vorstellung bestimmend, die Mehrsektorenwirtschaft hätte eine zeitlich eng begrenzte Daseinsberechtigung und die Vergenossenschaftlichung (Kollektivierung) müßte mit staatlichem Druck recht rasch durchgesetzt werden. Der von Stalin für die DDR empfohlene vorsichtige Übergang zu landwirtschaftlichen Produktionsgenossenschaften brachte nun also eine Erfahrungen ins Blickfeld der SED, die dem sowjetischen Modell näher kamen. Es gab weniger gestalterischen Freiraum, als es noch zwei Jahre zuvor für die Volksdemokratien gegolten hatte. Gleichwohl waren die Anfänge kollektiver Landwirtschaft in der DDR mehr an älteren volksdemokratischen Erfahrungen orientiert als an sowjetischen. Sowjetischen Ursprungs waren wiederum bestimmte Mechanismen staatlicher Lenkung sowie die betriebswirtschaftlichen und arbeitsorganisatorischen Regularien genossenschaftlicher Produktion, die übernommen wurden, auch weil sie sich in den Volksdemokratien vermeintlich bewährt hatten.

Die Hintergründe des Strategiewechsels harren weiterer wissenschaftlicher Aufarbeitung. Spezifisch agrarwirtschaftliche Gründe, das zumindest kann nun gesagt werden, waren es nicht, die die SED ab November 1952 zum Angriff auf die privaten Agrarproduzenten trieben. Er war agrarwirtschaftlich nicht zwingend, auch nicht folgerichtig im Sinne marxistisch-leninistischer Vorstellungen vom Sozialismusaufbau auf dem Lande. Er stellte einen eigensinnigen Vorstoß der SED-Führung dar, der – unter dem Aspekt der politischen Freiräume betrachtet – eine bemerkenswerte Leistung darstellte. Anders als 1948 intervenierte die Moskauer Führung nicht.

Der Strategiewechsel ergab eine neue Sicht auf die LPG als nunmehr zielstrebig auszubauende Struktur für eine moderne Großproduktion in der Landwirtschaft. Er bedeutete einen Wandel im Verhältnis zu den Großbauern. Sie galten fortan als Klasse, die zu „liquidieren" war. Offen blieb, in welchem Tempo.

Dieser Strategiewechsel war mehr als nur eine gesellschaftspolitische Wende. Er war eine weitgehende Abkehr vom den Ideen der nationalen Besonderheiten beim Sozialismusaufbau. Die neuen agrarpolitisch-konzeptionellen Grundelemente (Übergang zur sozialistischen Großproduktion mit Hilfe von Produktionsgenossenschaften und Liquidierung der Großbauern als Klasse) entsprachen einem groben stalinistischen Leitbild. Der Kurswechsel schloß die Suche nach Alternativen zur durchgängigen, d. h. die gesamte Landwirtschaft umfassenden Kollektivierung aus. Er ließ einen weitgehenden Strukturwandel innerhalb weniger Jahre erwarten. Und er begünstigte den Rückgriff auf sowjetische und volksdemokratische Methoden sowohl der staatlichen Förderung von LPG als auch der „Liquidierung kapitalistischer Elemente auf dem Lande". Dabei blieb unbestritten, daß die sowjetische Praxis der individuellen „Liquidierung" nicht kopiert werden durfte. Die zunehmende Flucht von Großbauern in die Bundesrepublik kam der SED entgegen.

Die SKK trug diese Politik nicht nur mit, sie förderte sie auch. Schon das Verhalten der SKK-Agrarexperten in der Phase vorsichtiger kollektivwirtschaftlicher

Anfänge stärkte die Tendenz in Richtung „Vollkollektivierung". Die Vertreter der Besatzungsmacht folgten der spezifisch sowjetischen Erfahrung, die sie in einer extrem angespannten Lage noch stärker in dogmatische Klassenkampfvorstellungen flüchten und zu harten Methoden staatlicher Repression greifen ließ. Die SKK bestärkte die SED-Führung in dem Entschluß, devastierte Flächen rasch in LPG einzubringen. Welche Moskauer Anweisung dies veranlaßt oder gebilligt hatte, ist noch nicht ergründet.

Der DDR-Staatshaushalt befand sich – auch und besonders wegen Forderungen der sowjetischen Siegermacht – zu dieser Zeit in einer extremen Notlage. Zu ihrer Bewältigung erstellte die SKK ein Sparprogramm, das hauptsächlich die Reduzierung staatlicher Sozialleistungen vorsah. Die SED-Führung meinte, mit sowjetischer Hilfe beidem beikommen zu können: dem akuten Finanzproblem und der neuen gesellschaftspolitischen Aufgabe. Dabei war sie auch der Überzeugung, durch die Enteignung „kapitalistischer Elemente" Mittel freisetzen zu können, die beiden Vorhaben zugute kämen. Bei diesen Überlegungen fand sie ebenfalls Unterstützung in der SKK, was angesichts der sowjetischen Erfahrungen der Industrialisierung nicht weiter verwundert.

Die Finanzkrise drohte zu Jahresbeginn 1953 in eine allgemeine Produktions- und Versorgungskrise umzuschlagen. Die Agrarproduktion erreichte zugleich einen Tiefpunkt ihrer Effektivität – ein Ergebnis anhaltend harter Erfassungspolitik ohne ausreichende Investitionen für intensivere Boden- und Viehhaltung. Auch ohne Strategiewechsel hätte die vorwiegend einzelbäuerliche, familienbetrieblich organisierte Landwirtschaft 1953 größere staatliche Zuwendungen benötigt, um an die Leistungen der Vorjahre anknüpfen zu können. Außerdem befand sie sich am Beginn einer generellen Umprofilierung auf intensive Tierhaltung. Doch der der DDR aufgezwungene Ausbau der Schwerindustrie und die Reparationen minderten die Möglichkeiten von Dünger- und Futtermittelimporten und eigener Produktion erheblich und begrenzten den Landmaschinenbau.

Weder die Moskauer Führung unter Stalin noch seine Nachfolger versuchten, korrigierend oder zumindest mäßigend auf die SED-Führung einzuwirken. Im Gegenteil. Sie zwangen ihr mit nachhaltigen Forderungen eine rigorose Politik des harten Zugriffs auf bäuerliches Eigentum regelrecht auf. Moskau hielt die SED-Führung auch von einigen Versuchen ab, moderate Lösungen zu finden. Insbesondere mit Forderungen a) nach rücksichtsloser Erfassung landwirtschaftlicher Erzeugnisse bis hin zur massenhaften juristischen Verfolgung von Säumigen und b) nach der baldigen Beendigung der rationierten Lebensmittelversorgung führte die SKK eine wirtschaftlich bedrohliche Lage herbei und ließ die politischen Konflikte auf dem Lande rasch anwachsen. Sie bestärkte jene Kräfte in der SED-Führung in ihrer Einstellung, die einen Ausweg aus der drohenden Agrarproduktionskrise nur in der Vergrößerung von genossenschaftlich bewirtschafteten Flächen und Viehbeständen sahen, obgleich klar war, daß Investitionen nur sehr begrenzt möglich waren und die wenigen möglichen auch nicht sofort zu steigenden Erträgen führen würden. Andererseits hielt die SKK die unter Handlungsdruck geratenen örtlichen Organe in einigen Fällen von Schritten ab, die ihrer Meinung zu weit gingen. Sie verhinderte beispielsweise die Bildung kreisüberschreitender Großgenossenschaften.

Auch in dieser Phase sowjetischer Kontrolle über die SED-Agrarpolitik waren viele sowjetische Entscheidungen von einer Überschätzung der Leistungskraft privater ostdeutscher Agrarbetriebe getragen. Die sowjetischen Berater waren über die Produktionsprobleme auf dem Lande schlecht informiert und muteten den jungen LPG wirtschaftlich zu viel zu. Die politische Instabilität auf dem Lande wurde übersehen. Die politischen Konflikte generell betreffend fanden weder die SED-Führung noch die sowjetische Kontrollkommission zu einem Krisenverständnis. Daß der SED-Führung jedes Gespür für die volkswirtschaftliche Gefahrenlage gefehlt hätte, trifft jedoch nicht zu. Sie signalisierte der SKK, daß sie eine „volkswirtschaftliche Blockierung" fürchtete. Die Problemlast und das Ausbleiben sowjetischer Hilfe bei der Problembewältigung ließen die SED-Führung den Versuch unternehmen, extreme Auswüchse der Verdrängung „kapitalistischer Elemente" zu beseitigen. Die SED entschied – ohne sowjetische Anweisung –, die Kollektivierung wieder zu verlangsamen.

Letzten Endes aber konnte der DDR-Staatshaushalt den Strategiewechsel nicht verkraften. Auch bei geringerer außenwirtschaftlicher Belastung hätte er das nicht ohne weiteres gekonnt. Insbesondere war die Annahme irrig, das ländliche Privatkapital würde die agrarische Umstrukturierung wirtschaftlich tragen und die Stellung der SED würde sie politisch aushalten können. Solchen falschen Vorstellungen waren nicht nur die SED-Parteiführer und ihre sowjetischen Mentoren gefolgt. In allen Ländern des Ostblocks ließen sich die Staatsparteien durch den strukturell bedingten, wirtschaftlichen Niedergang der Landwirtschaft zu weiteren Enteignungen verleiten.

Erst der Neue Kurs brachte sie im Frühsommer 1953 davon ab. Er mußte der SED kurzfristig aufgedrängt werden, nachdem frühere Versuche der SED, die Kommunikation und die Herrschaftskooperation zu effektivieren, an einer Moskauer Obstruktion gescheitert waren. Die Moskauer Order vom Juni 1953 ging zugleich weiter, als es die halbherzigen Korrekturversuche der SED-Führung je vermocht hatten. Sie erklärte die gesellschaftspolitischen Ziele aus der Zeit vor dem Strategiewechsel erneut zur Richtschnur. Ein ungeschicktes Krisenmanagement brachte die SED-Herrschaft zwar kurzfristig an den Rand ihres Fortbestehens, und das Regime mußte mit militärischen Mitteln von der Besatzungsmacht gesichert werden mußte. Doch dann konnte der Kurswechsel politisch vollzogen werden.

Der Neue Kurs beinhaltete den Verzicht auf weitere Kollektivierung und auf wirtschaftlichen Druck zum Betriebszusammenschluß. Enteignungen und die Zwangsverwaltung von Agrarbetrieben wurden im Falle einer Rückkehr des früheren Eigentümers rückgängig gemacht. Eine gewisse Reprivatisierung landwirtschaftlicher Produktionsmittel setzte ein. Wichtiges Ziel der Agrarpolitik war wieder die Leistungssteigerung im Einzelbetrieb. Die SED-Führung kehrte also zu ihren Vorstellungen vom Sommer 1952 zurück.[5] Analoge Korrekturen, die mit

[5] Häufig wird bei der Darstellung des agrarpolitischen Kurswechsels vom Juni 1953 dessen Bewertung als ein solcher in Abrede gestellt – allein deshalb, weil die LPG fortbestehen durften. Das ist die logische Folge einer ganz bestimmten Bewertung der Agrarpolitik vom Sommer 1952. Wer davon ausgeht, daß der Kollektivierungsbeschluß auf der 2. SED-Parteikonferenz eine strategische Wende war, kann keinen Kurswechsel ausmachen, solange dieser Beschluß gültig bleibt. Wer aber, wie die Verfasserin, die strategische Wende auf den Herbst 1952 datiert, begreift die Rückkehr zu den Beschlüssen der 2. Parteikonferenz als Kurswechsel.

einer Drosselung der Industrialisierung einhergingen, gab es übrigens auch in der ČSR, der Ungarischen Volksrepublik, der VR Polen und anderen Volksdemokratien.

SED-Führung, DDR-Regierung und der aus der SKK hervorgehende Apparat des Hohen Kommissars der UdSSR in Deutschland benötigten ein halbes Jahr, um nach der Verkündung des Neuen Kurses aus der agrarpolitischen Unsicherheit herauszufinden und politisch wie volkswirtschaftlich tragfähige Maßnahmen zur Überwindung von Stagnation und gesellschaftlichen Spannungen auf dem Lande aufzustellen. Kernproblem war die Bewertung realer bäuerlicher Kollektivierungsbestrebungen im Gesamtzusammenhang einer im großen und ganzen wieder auf die privatbäuerlichen Familienbetriebe ausgerichteten (kapitalistischen Tendenzen freilich entgegenwirkenden) staatlichen Agrarförderung. Solche Bestrebungen zu ignorieren wäre, auch das war im Höhepunkt der Herrschaftskrise deutlich geworden, die agrarpolitisch falsche Schlußfolgerung gewesen. Rund ein Zehntel der Bauernschaft blieb schließlich in den LPG bzw. schloß sich in solchen neu oder erneut zusammen. Die ostdeutschen Bauern akzeptierten im großen und ganzen die gleichberechtigte Behandlung von Einzel- und Kollektivwirtschaften. Sie wurde möglich a) durch Investitionen und b) durch den wiedergewonnenen politischen Willen zur Mehrsektorenwirtschaft. Die 605 MTS setzten 1953 ihren um 28 Prozent (im Vergleich zu 1952) gewachsenen Maschinenpark zu je einem Drittel bei der Feldarbeit für LPG und für Kleinbauernbetriebe mit bis zu 10 ha LNF ein, den verbleibenden Teil auf rund 35 Prozent Fläche in privater Nutzung durch größere Betriebe. – Schließlich wurden die Pläne für 1953, die nach Korrekturen denen von 1952 ähnlich waren, bei den landwirtschaftlichen Arbeiten sowie in Erfassung und Aufkauf besser erfüllt als im Vorjahr – ausgenommen die Pläne der Viehwirtschaft, wo sich die Herdenverluste des Frühjahres und der Futtermangel nicht so rasch ausgleichen ließen.

Es kehrten nach dem Kurswechsel allerdings die alten Probleme zurück. Obgleich viele Neu, Klein- und auch einige Mittelbauern das Angebot annahmen und LPG beitraten, gab es weiterhin Hofaufgaben. Für bis dahin und neuerdings devastierte Betriebe mußte eine neue Form der Zwischenbewirtschaftung gefunden werden, die die LPG nicht belastete und hinreichende Signale auch für ein eventuelles privatwirtschaftliches Engagement aussandte.

Was hatte sich seit Sommer 1952 geändert? In die Mehrsektorenwirtschaft war mit den LPG ein neues ländliches „sozialistisches Element" eingegangen, so daß jetzt 12 Prozent aller Agrarbetriebe als LPG oder staatliches Gut insgesamt ein Viertel der landwirtschaftlichen Nutzfläche bewirtschafteten. Es gehörte blockweit zum Neuen Kurs, daß den eigentumsrechtlichen Eigenheiten der volksdemokratischen Frühformen von Kollektivwirtschaften wieder eine größere Bedeutung beigemessen wurde. In der Leitungs- und Planungsstruktur weitgehend „sowjetisiert", entzogen sich die LPG der DDR mit dem Neuen Kurs einer starken weiteren „Sowjetisierung."

Die DDR-Landwirtschaft war dem volksdemokratischen Modell also näher gekommen und *insofern tendenziell auch* einer Transformation hin zum sowjetischen Vorbild des Staatssozialismus. Das machte weitere Annäherung nicht zwingend. Außerdem war die „nationale Frage" noch immer nicht klar beantwortet.

Und im Sommer 1953 verband sich für die Führung der SED wie die der KPdSU die Idee vom Aufbau des Sozialismus in Deutschland noch immer mit nationalen Eigenheiten – keineswegs so ausgeprägt wie 1946–48, doch wieder deutlicher als noch Ende 1952.

In der DDR-Landwirtschaft herrschten Ende 1953 nach wie vor Mangel an Arbeitskräften und Investitionsmitteln. Die Agrarproduktion unterlag Zwangsregelungen. Auf solche Bewirtschaftungsauflagen wie Anbau- und Abgabepflichten war vorerst nicht zu verzichten. In einer geschwächten Landwirtschaft, die kapitalistischen Tendenzen auch künftig Einhalt gebieten doch privatbäuerliches Engagement im Familienbetrieb fördern wollte, schien es zur zentralen staatlichen Lenkung von Reproduktionsprozessen – erst recht nach den Erfahrungen der Krise – weiterhin keine Alternative zu geben. Die SED ging davon aus, daß die technische Modernisierung im Agrarbereich unter den genannten Voraussetzungen ein staatliches Monopol für Maschinen und andere Intensivierungsmittel voraussetzte. Die Formen des Eigentums und der Nutzung landwirtschaftlicher Flächen, die Größe und die Profile der Betriebe, die Formen und Methoden der gegenseitigen Bauernhilfe sollten aber vielfältig sein und primär durch das Ziel einer optimalen Leistungsentwicklung – unter Berücksichtigung lokaler Gegebenheiten der Produzenteninteressen – bestimmt werden. Weiterer Strukturwandel trat zunächst wieder in den Hintergrund. Die Hauptaufgabe bestand in der kontinuierlichen Ertragssteigerung und der erfolgreichen Umstellung eines Teils der Betriebe auf intensive Viehwirtschaft – und dies bei möglichst stabilen politischen Verhältnissen. Die Landwirtschaft blieb für weitere Jahre keine „sowjetisierte“ und wies Ähnlichkeiten lediglich mit dem Anfangsstadium volksdemokratischer Landwirtschaft auf.

Dank einer detaillierten Rekonstruktion zentraler agrarpolitischer Entscheidungsprozesse führte die Untersuchung zu einem recht detaillierten Bild von der ostdeutsch-sowjetischen Herrschaftskooperation. Wollte man die Zusammenarbeit von SED-Führung und sowjetischer Kontrollbehörde abschließend unter dem Aspekt von *Formen und Methoden politischer Handlungen (politics)* analysieren, so müßte zwischen dem politikhistorischen Regelfall und dem Sonderfall der Krise unbedingt unterschieden werden. Der eingangs erwähnten, von sowjetischen Interessen abgeleiteten Gesellschaftsstrategie für den ostdeutschen Teilstaat waren diese Handlungen jedenfalls untergeordnet.

Ganz im Sinne der Gewährung von „Souveränität unter Vorbehalt“ beanspruchte die UdSSR für sich vor allem das Recht der allgemeinen gesellschaftpolitischen Kontrolle und des Eingriffs im Falle nichtgenehmer Entwicklungen. Daher galten im hier untersuchten Zeitraum, der im großen und ganzen vom Wirken der Sowjetischen Kontrollkommission in Deutschland (SKK) geprägt war, Konsultation und Abstimmung bei politischen Entscheidungen als normal. Im Verlauf der Meinungsbildung und Entscheidung, den man gemeinhin gliedert in (1) Probleme umreißen, Schwierigkeiten der Lösung benennen, (2) Informationen zusammentragen, (3) Lösungsangebote entwickeln, Positionen und Interessen abwägen, Lösungsbedingungen aufzeigen, Alternativen erkennen, (4) eine Entscheidung treffen, und (5) deren Umsetzung garantieren und Rückwirkungen registrieren, konzentrierte die sowjetische Kontrollbehörde ihr Engagement auf die abschließende politische Entscheidung.

Hatten die Spitzentreffen 1948 und 1952 auch entscheidenden Einfluß auf die Gesellschaftsstrategie der SED, so ging die Initiative für konkrete agrarpolitische Entscheidungen doch meist von deutscher Seite aus. Lediglich zwei große Entscheidungen, die Verabschiedung eines Landarbeiterschutzgesetzes und die Zulassung von LPG, trug die Siegermacht der SED auf einem Spitzentreffen unerwartet an. Die Probleme drängten sich ansonsten meist in der Planungs- und Verwaltungspraxis auf, die in deutschen Händen lag. Der erwähnte Zusammenschluß von VdgB und Genossenschaften steht als Beispiel für eine von der SED-Führung bewerkstelligte Reform, die von der SKK nur „gebilligt" wurde, eigentlich allein da.

Die SED-Führung suchte, angeregt von ihren Experten in den Ministerien und den ZK-Fachabteilungen, möglichst früh den Kontakt zur SKK zu finden, wenn es aus ihrer Sicht eine schwierige Entscheidung werden würde. Doch in der Regel begann die Vorbereitung der Entscheidung mit Recherchen und Entwürfen durch das Ministerium für LFW bzw. die Landwirtschaftsexperten im zentralen SED-Apparat. Die vom Politbüro verabschiedete Regierungsvorlage wurde der SKK zugestellt. Wenn gesprächsweise Schwierigkeiten auftauchten, ein Zwischenergebnis auf sich warten ließ bzw. in eine nicht gewünschte Richtung deutete, mischte sich die sowjetische Seite vorher schon ein. Die SKK griff auf Faktenmaterial zurück, das sie selbst (etwa durch Inspekteure) gesammelt oder aus der umfangreichen Berichterstattung deutscher Behörden zusammengestellte hatte. In keinem einzigen Fall kamen Vergleichszahlen aus der sowjetischen Geschichte in die Meinungsbildung hinein, es handelte sich stets um konkret auf die deutschen Verhältnisse zugeschnittene Fragen, Einschätzungen und Entwürfe.

Im Regelfall stießen deutsche und sowjetische Vorstellungen bei der Abklärung verschiedener Lösungen nicht unvereinbar aufeinander, orientierten sie sich doch alle an einer gemeinsam akzeptierten strategischen Vorgabe. Die Klärung erfolgte auf der Ebene der Fachabteilungen von SKK- und SED-Apparat bzw. Ministerium, zu Beginn der Verständigung eventuell noch mündlich, dann aber unbedingt in Form einer schriftlichen Begutachtung deutscher Vorlagen durch die SKK, was sich wiederholen und schließlich bis in die Entscheidungsphase hinein fortsetzen konnte. Zu jedem Zeitpunkt bestand die Möglichkeit, daß eine der beiden Kooperationspartner die Debatte in das Gremium der zweithöchsten Konsultationsebene, die Treffen der Parteispitze mit der SKK-Führung, trug. Die Begegnungen dort dienten der Information über politische Grundsatzentscheidungen Moskaus zur SBZ/DDR-Entwicklung ebenso wie der Verständigung in Einzelfragen.

Die agrarpolitische Entscheidung fiel im SED-Politbüro und in der DDR-Regierung. Optimal war es daher, wenn die Absprache mit der Vorlage an das Politbüro abgeschlossen war. Nicht selten aber ging die Meinungsbildung in der sowjetischen Behörde über den Zeitpunkt der SED-Politbürositzung hinaus. Das konnte zeitlich-organisatorische Gründe aber auch stärkere Divergenzen zur Ursache haben. Dann nahm die SKK nachträglich Einfluß, um zum Regierungsbeschluß oder zur Volkskammerabstimmung bestimmte Details noch verändern zu können. Bei anhaltenden Unklarheiten griff der deutsche Gesetzgeber zu dehnbaren Formulierungen und klärte das Nötige bei der Arbeit an den Durchführungsbestimmungen.

Insgesamt betrachtet kann bei alledem von deutschem „Befehlsempfang" nicht die Rede sein. Was hier stattfand, verdient durchaus die Bezeichnung „Zusammenwirken". Zu den Verhaltensweisen der Vertreter der Besatzungsmacht gehörte es, zunächst die zur Entscheidung drängenden Probleme aus deutscher Sicht zu studieren, verschiedene deutsche Institutionen, gegebenfalls auch politische Parteien zu befragen, Spezialisten vorzuladen und – in Einzelfällen – Einrichtungen, Betriebe, Kreisbehörden u.ä. selbst zu besuchen. SKK-Mitarbeiter nutzten auch persönliche Freundschaften zu Deutschen, um Stimmungen auszuloten und innerdeutsche Divergenzen zu erfassen. Intern erarbeitete die SKK eine Stellungnahme, die unter Umständen auch mündlich, in der Regel aber schriftlich weitergereicht wurde. Solche Stellungnahmen und entsprechende „Empfehlungen" galten der SED-Führung keineswegs als unumstößlich. Wenn sie es für nötig hielt, setzte sie eigene Ansichten dagegen, reichte Argumente nach. Es gab nicht wenige Fälle, wo die SKK-Fachabteilung oder die SKK-Führung einlenkten. Nicht selten finden sich in der SKK-Hinterlassenschaft auch Argumentationen derart, daß ein entscheidungswürdiges Problem entstanden war, weil – aus sowjetischer Sicht – die deutsche Seite zuvor eigenmächtig entschieden bzw. eine sowjetische Empfehlung nicht ausreichend berücksichtigt hatte. Die Umgangsformen waren im allgemeinen sachlich, meist unpersönlich. In den jeweiligen Ressorts kannte und schätzte man sich als Fachmann. Kurz, die Beziehungen hatten den Charakter institutionalisierten Interessenausgleichs – unter den Bedingungen ungleichmäßig verteilter Macht, wobei die Beteiligten bemüht waren, die Reibungen gering zu halten. SED-Führung und SKK sahen die Agrarpolitik als eine gemeinsame Aufgabe an. Das schloß ein, daß auf beiden Seiten versucht wurde, zum Zweck der eigenen Information und der Einflußnahme Kanäle zu nutzen, die außerhalb der Sachressorts lagen.

Für die Krisenzeit 1952/53 muß ein anderes Fazit gezogen werden. In agrarpolitischer Hinsicht scheinen die Größe der Probleme und der wachsende Entscheidungsdruck aber nicht die primäre Ursache dafür gewesen zu sein. Vielmehr lag es an den Funktionsstörungen in der SKK (Kompetenzdiffusion der neuen SKK-Führungsmannschaft, neue Aufgabenverteilung und unklare politische Schwerpunktsetzungen), die ab Herbst 1952 eine Zusammenarbeit mit der SED-Führung erschwerten. Kommunikationsprobleme der Besatzungsbehörde mit ihrer politischen Führung in Moskau behinderten die Verständigung zusätzlich. Die Meinungsbildung in agrarpolitischen Fragen wurde verschleppt, wichtige Probleme konnten nicht einvernehmlich gelöst werden. Versuche der SED-Spitze, die komplizierte Entscheidungsfindung durch direkte Rücksprache mit der sowjetischen Parteiführung zu erleichtern, scheiterten. Auf mehr Bedenken, Zweifel und Widerspruch stoßend, intensivierte die SKK – ohne hinlängliche Konsultation mit Moskau – ihre Einflußnahme. Sie vergrößerte den Druck und setzte Entscheidungen durch, die von der SED-Führung für – im gemeinsamen Interesse gedeutet – falsch befunden wurden. Damit war die Krise auch eine *Krise der politics in der ostdeutsch-sowjetischen Herrschaftskooperation*. Aus ihr heraus führte am Ende nur noch ein eigentlich untypisches Spitzentreffen, das nicht mehr Konsultation, sondern nur noch Order beinhaltete. So deutlich, wie das Treffen von Anfang Juni 1953 die Befehlsgewalt Moskaus über die ostdeutschen Verhältnisse und die Abhängigkeit der SED von der sowjetischen Deutschlandpolitik dokumentierte, so klar zeigte sich andererseits auch danach, wie stark die Siegermacht bei der gemeinsamen Krisenbewältigung auf das Interessenclearing mit der und über die SED angewiesen war und fürderhin sein würde.

Nach dem 17. Juni 1953 gab die Moskauer Führung ihre Hoffnung auf eine einvernehmliche, den sowjetischen Sicherheitsinteressen genügende Lösung der deutschen Frage nicht auf. Doch ein Friedensvertrag schien in naher Zukunft nicht mehr erreichbar. Damit war die gesellschaftskonzeptionelle Sicht auf Ostdeutschland noch immer nicht alternativlos auf eine dauerhafte Teilung Deutschlands fixiert, doch für volkswirtschaftliche Problemlösungen und bündnispolitische Überlegungen der sowjetischen Kontrollbehörde und der von ihr beeinflußten SED-Führung galten nun einige neue Rahmenbedingungen.

Anhang

Literatur und gedruckte Quellen

40 Jahre demokratische Bodenreform – 40 Jahre erfolgreiche Agrar- und Bündnispolitik der SED – Grundlage für die Entwicklung einer leistungsstarken sozialistischen Landwirtschaft der DDR. Zentrale wissenschaftliche Konferenz zum 40. Jahrestag der demokratischen Bodenreform, veranstaltet von der Akademie für Gesellschaftswissenschaften beim ZK der SED, Tagesprotokoll, 26. 8. 1985, Berlin 1985.

Agrarumwälzung in Osteuropa, Hamburg 1959.

Anton Ackermann, Die Kollektivierung der Landwirtschaft in der Sowjetunion, in: Einheit. Zeitschrift für Theorie und Praxis des wissenschaftlichen Sozialismus, 1949, H. 10, S. 919-931.

Anton Ackermann, Gibt es einen besonderen deutschen Weg zum Sozialismus?, in: Einheit, Theoretische Monatszeitschrift zur Vorbereitung der Sozialistischen Einheitspartei, 1946, H. 1, S. 22-32.

Die sowjetische Agrarwirtschaft und unsere Landwirtschaft. Protokoll der Tagung des Zentralkomitees der Sozialistischen Einheitspartei Deutschlands mit führenden Agrarwissenschaftlern der Deutschen Demokratischen Republik am 25. und 26. Mai 1951 in Berlin, Berlin 1952.

Helmut Altrichter, Agrarstrukturen und Agrarpolitik in Sowjetrussland am Vorabend der Kollektivierung, in: Geschichte und Gesellschaft 5(1979), S. 378-397.

Helmut Altrichter, Die Bauern von Tver. Vom Leben auf dem russischen Dorfe zwischen Revolution und Kollektivierung, München 1984.

Amtsblatt des Kontrollrats in Deutschland, Berlin 1944 bis 1948 (zitiert: AKD).

Rainer Arlt, Agrarrechtsverhältnisse in West- und Ostdeutschland, Berlin 1957.

Rainer Arlt, Fragen des Rechts der landwirtschaftlichen Produktionsgenossenschaften in der Deutschen Demokratischen Republik, Berlin 1955.

Rainer Arlt, Die Lehre Lenins über die Nationalisierung des Bodens und sein Genossenschaftsplan in ihrer Bedeutung für die Entwicklung des Bodenrechts der DDR, in: Staat und Recht 16 (1967), H. 10, S. 1577-1589.

Rainer Arlt, Das Wesen des genossenschaftlichen Eigentums und der Genossenschaften im Kapitalismus und seine Widerspiegelung im Genossenschaftsrecht, Berlin 1953.

Rudolf Arzinger/Manfred Henn (Redaktion), Agrargesetzgebung und Agrarreformen, Berlin 1954.

Vladimir Awarin, Der staatliche und wirtschaftliche Aufbau der Volksrepublik China (aus Voprosy Ėkonomiki 2/1950), in: Einheit. Zeitschrift für Theorie und Praxis des wissenschaftlichen Sozialismus, 1950, H. 9, S. 841-855.

Alexander Backhaus, Agrarreform. Ein Mittel zur Linderung deutscher Not, Berlin 1919.

Rolf Badstübner, Zum Problem historischer Alternativen im ersten Nachkriegsjahrzehnt. Neue Quellen zur Deutschlandpolitik der KPdSU und SED, in: BzG 33(1991), S. 579-592.

Rolf Badstübner, Vom „Reich" zum doppelten Deutschland. Gesellschaft und Politik im Umbruch, Berlin 1999.

Rolf Badstübner/Wilfried Loth, Wilhelm Pieck – Aufzeichnungen zur Deutschlandpolitik 1945-1953, Berlin 1994.

George Bailey/Sergej A. Kondraschow/David E. Murphy, Die unsichtbare Front. Der Krieg der Geheimdienste im geteilten Berlin, Berlin 1997.

Simone Barck/Klaus Jarmatz (Hrsg.), Exil in der UdSSR 1933-1945, Bd. I/II, Berlin 1989.

Horst Barthel, Die wirtschaftlichen Ausgangsbedingungen der DDR. Zur Wirtschaftsentwicklung auf dem Gebiet der DDR 1945-1949/50, Berlin 1979.

Horts Barthel, Probleme der wirtschaftlichen Entwicklung der Deutschen Demokratischen Republik in der Nachkriegsperiode (1945-1949/50), Diss. habil. Berlin 1968.

Robert Barthelmann, Die revolutionär-demokratische Umwandlung der landwirtschaftlichen Genossenschaften des Kapitalismus und ihre Mitwirkung bei der Entwicklung des sozialistischen Genossenschaftsgedankens in der Landwirtschaft der DDR, in: Wissenschaftliche Zeitschrift der Universität Jena 12(1963), S. 117-128.

T. L. Basjuk, Die Organisation der Produktion in den sozialistischen staatlichen Landwirtschaftsbetrieben der UdSSR, Berlin 1954.

Theresia Bauer, Blockpartei und Agrarrevolution von oben. Die Demokratische Bauernpartei Deutschlands 1948-1963, München 2003.

Arnd Bauerkämper, Agrarwirtschaft und ländliche Gesellschaft in der Bundesrepublik Deutschland und der DDR. Eine Bilanz der Jahre 1945-1965, in: APuZ 38(1997), S. 25-37.

Arnd Bauerkämper, Amerikanisierung und Sowjetisierung in der Landwirtschaft. Zum Einfluß der Hegemonialmächte auf die deutsche Agrarpolitik von 1945 bis zu den frühen sechziger Jahren, in: Jarausch/Siegrist, Amerikanisierung, S. 195-215.

Arnd Bauerkämper, Der verlorene Antifaschismus. Die Enteignung der Gutsbesitzer und der Umgang mit dem 20. Juli 1944 bei der Bodenreform in der Sowjetischen Besatzungszone, in: ZfG, 42(1994), S. 623-634.

Arnd Bauerkämper, Aufwertung und Nivellierung. Landarbeiter und Agrarpolitik in der SBZ/DDR 1945-1960, in: Peter Hübner/Klaus Tenfelde (Hrsg.), Arbeiter in der SBZ-DDR, Essen 1999, S. 245-267.

Arnd Bauerkämper, Von der Bodenreform zur Kollektivierung. Zum Wandel der ländlichen Gesellschaft in der Sowjetischen Besatzungszone Deutschlands und DDR 1945-1952, in: Hartmut Kaelble (Hrsg.), Sozialgeschichte der DDR, Stuttgart 1994, S. 119-143.

Arnd Bauerkämper, Die Bodenreform in der Sowjetischen Besatzungszone in vergleichender und beziehungsgeschichtlicher Perspektive. Einleitung zu: Bauerkämper (Hrsg.), Junkerland, S. 7-19.

Arnd Bauerkämper (Hrsg.), „Junkerland in Bauernhand"? Durchführung, Auswirkungen und Stellenwert der Bodenreform in der Sowjetischen Besatzungszone, Stuttgart 1996.

Arnd Bauerkämper, Ländliche Gesellschaft in der kommunistischen Diktatur. Zwangsmodernisierung und Tradition in Brandenbrug 1945-1963, Köln/Weimar/Wien, 2002.

Arnd Bauerkämper, Legitimer Eingriff oder Machtpolitisches Diktat? Die Bodenreform in der Sowjetischen Besatzungszone im Rückblick nach fünfzig Jahren, in: Potsdamer Bulletin für Zeithistorische Studien, Nr. 5, Dezember 1995, S. 64-69.

Arnd Bauerkämper, Neue und traditionale Führungsgruppen auf dem Lande. Politische Herrschaft und Gesellschaft in der Sowjetischen Besatzungszone, in: Berliner Debatte. Initial, 1995, H. 4/5, S. 79-92.

Arnd Bauerkämper, Die vorgetäuschte Integration. Die Auswirkungen der Bodenreform und Flüchtlingssiedlung auf die berufliche Eingliederung von Vertriebenen in die Landwirtschaft in Deutschland 1945-1960, in: Dierk Hoffmann/Michael Schwartz (Hrsg.), Geglückte Integration? Spezifika und Vergleichbarkeiten der Vertriebenen-Eingliederung in der SBZ/DDR, München 1999, S. 193-214.

Arnd Bauerkämper, Interpretation der Bodenreform und Kollektivierung im Kontext der deutschen Teilung und Vereinigung, in: BzG 38(1996), S. 36-69.

Arnd Bauerkämper, Landwirtschaft und ländliche Gesellschaft in der Bundesrepublik in den 50er Jahren, in: Axel Schildt/Arnold Sywottek (Hrsg.), Modernisierung im Wiederaufbau. Die westdeutsche Gesellschaft der 50er Jahre, Bonn 1993, S. 188-200.

Arnd Bauerkämper, Legitimation durch Abgrenzung. Interpretationen der Bodenreform und Kollektivierung im Kontext der deutschen Teilung und Vereinigung, in: BzG 38(1996), S. 36-69.

Arnd Bauerkämper, Das Neubauernbauprogramm im Land Brandenburg. Voraussetzungen, Entwicklung und Auswirkungen 1947-1952, in: Jahrbuch für Brandenburgische Landesgeschichte 45(1994), S. 182-202.

Arnd Bauerkämper, Die Neubauern in der SBZ/DDR 1945-1952. Bodenreform und politisch induzierter Wandel der ländlichen Gesellschaft, in: Richard Bessel/Ralf Jessen (Hrsg.), Die Grenzen der Diktatur. Staat und Gesellschaft in der DDR, Göttingen 1996, S. 108-136.

Arnd Bauerkämper, Problemdruck und Ressourcenverbrauch. Wirtschaftliche Auswirkungen der Bodenreform in der SBZ/DDR 1945-1952, in: Christoph Buchheim (Hrsg.), Wirtschaftliche Folgelasten des Krieges in der SBZ/DDR, Baden-Baden 1995, S. 295-322.

Arnd Bauerkämper, Strukturumbruch ohne Mentalitätenwandel. Auswirkungen der Bodenreform auf die ländliche Gesellschaft in der Provinz Mark Brandenburg 1945–1949, in: Bauerkämper, Junkerland, S. 69–85.

Arnd Bauerkämper, Auf dem Wege zum „Sozialismus auf dem Lande". Die Politik der SED 1948/49 und die Reaktionen in dörflich-agrarischen Milieus, in: Dierk Hoffmann/Hermann Wentker (Hrsg.), Das letzte Jahr der SBZ. Politische Weichenstellungen und Kontinuitäten im Prozeß der Gründung der DDR, München 2000, S. 245–268.

Von der gegenseitigen Bauernhilfe zur sozialistischen Landwirtschaft in der DDR, Berlin 1965.

Stefan von der Beck, Die Konfiskationen in der Sowjetischen Besatzungszone von 1945 bis 1949. Ein Beitrag zur Geschichte und Rechtsproblemen der Enteignung auf besatzungsrechtlicher und besatzungshoheitlicher Grundlage, Frankfurt am Main 1996.

Wolfgang Bell, Enteignungen in der Landwirtschaft der DDR nach 1949 und deren politische Hintergründe. Analyse und Dokumentation, Münster-Hiltrup 1992.

Inge Bennewitz/Rainer Potratz, Zwangsaussiedlungen an der innerdeutschen Grenze. Analysen und Dokumente, Berlin 1994.

Günter Benser, Als der Aufbau des Sozialismus verkündet wurde. Eine Rückschau auf die II. Parteikonferenz der SED mit Dokumentenanhang, Hefte zur DDR-Geschichte 75, Berlin 2002.

Günter Benser, Die KPD im Jahr der Befreiung. Vorbereitung und Aufbau der legalen Kommunistischen Massenpartei (Jahreswende 1944/1945 bis Herbst 1945), Berlin 1985.

Günter Benser, Das in Moskau erarbeitete Nachkriegskonzept der KPD-Führung, in: Reinhard Kühnl/Eckart Spoo (Hrsg.), Was aus Deutschland werden sollte. Konzepte des Widerstands, des Exils und der Alliierten, Heilbronn 1995, S. 103–126.

Günter Benser, Mit welchen Sozialismusvorstellungen war die SED angetreten? Die Visionen und das Hauptinstrument, Hefte zur DDR-Geschichte, 60, Berlin 1999.

Günter Benser/Hans-Joachim Krusch (Hrsg.), Dokumente zur Geschichte der kommunistischen Bewegung in Deutschland, Reihe 1945/1946, Band 1: Protokolle des Sekretariats des Zentralkomitees der KPD, Juli 1945 bis April 1946, München u. a. 1993; Band 2: Protokolle der erweiterten Sitzungen des Sekretariats des Zentralkomitees der KPD, Juli 1945 bis Februar 1946, München u. a. 1994.

Theodor Bergmann, Agrarpolitik und Agrarwirtschaft sozialistischer Länder, 2. rev. Auflage, Saarbrücken 1979, (1. Auflage, Offenbach/Stuttgart 1973).

Theodor Bergmann/Peter Gey/Wolfgang Quaisser (Hrsg.), Sozialistische Agrarpolitik. Vergleichs- und Einzelstudien zur agrarpolitischen Entwicklung in der Sowjetunion, Polen, Ungarn, China und Kuba, Köln 1984.

Berichte der Landes- und Provinzialverwaltungen zur antifaschistisch-demokratischen Umwälzung 1945/46. Quellenedition, Berlin 1989.

Theodor Berthold, Die Agrarpreispolitik der DDR. Ziele, Mittel, Wirkungen, (Giessener Abhandlungen zur Agrar- und Wirtschaftsordnung des europäischen Ostens, Bd. 53), Berlin 1972.

Volker Beuthien/Thomas Brockmeier/Holger Klose (Hrsg.), Materialien zum Genossenschaftsgesetz, Bd. 5: Genossenschaftsrecht der SBZ und DDR (1945–1990). SMAD-Befehle, Gesetze, Verordnungen und Musterstatuten, Göttingen 1997.

Horst Beyersted, Marxistische Kritik an der Sowjetunion in der Stalinära (1924–1953), Frankfurt a. M./Bern/New York 1987.

Michail Alekseevič Beznin/Tat'jana Michajlovna Dimoni, Agrarnyj stroj Rossii v 1930–1980-ch godach (novyj podchod) [Die Agrarverfassung Rußlands in den 1930–1980er Jahren (neue Herangehensweisen)], in: Voprosy istorii 2005, H. 7, S. 23–44.

Michail Alekseevič Beznin/Tat'jana Michajlovna Dimoni, Povinnosti rossijskich kolchoznikov v 1930–1960e gody [Die Abgaben der russischen Kolchosbauern in den dreißiger bis sechziger Jahren], in: Otečestvennaja istorija 2002, H. 2, S. 96–111.

Hans Bichler, Landwirtschaft in der DDR. Agrarpolitik, Betriebe, Produktionsgrundlagen und Leistungen, Berlin 1981.

I. Bieder, Die Entwicklung des sozialistischen Sektors in der Landwirtschaft bis 1956, in: Vierteljahreshefte zur Statistik, 1(1957), H. 3, S. 102–108.

A. Bilimovič, Kooperacija v Rossii do, vo vremja i posle bolševikov [Genossenschaften vor, unter und nach den Bolševiki], Moskva 2005.

Stein Bjørnstad, The Soviet Union and German unification during Stalin's last years, (Defence Studies 1/1998), Oslo 1998.

Von der demokratischen Bodenreform zum sozialistischen Dorf, hrsg. vom Institut für Gesellschaftswissenschaften beim ZK der SED, Lehrstuhl für Geschichte der Arbeiterbewegung, Berlin 1965.

Bodenreform. Junkerland in Bauernhand, Berlin 1945.

Bodenreform in der Mark Brandenburg, hrsg. vom Informationsamt der Provinzialverwaltung Mark Brandenburg, o. O. [Potsdam] 1946.

Die Bodenreform. Vortragsdisposition, hrsg. vom ZK der KPD, Berlin (1946).

Demokratische Bodenreform. Wilhelm Pieck und Edwin Hoernle auf der Großkundgebung im Berliner Admiralspalast am 19. September 1945, Berlin 1945.

A. de Boer, Die Vermögenssteuer 1949, in: Deutsche Finanzwirtschaft 3(1949), H. 12, S. 376–378.

Klaus Böhme, Landarmut in der SBZ/DDR zwischen Bodenreform und Kollektivierung (1945–1952/53), in: Ulrich Kluge/Winfried Halder/Katja Schlenker (Hrsg.), Zwischen Bodenreform und Kollektivierung. Vor- und Frühgeschichte der „sozialistischen Landwirtschaft" in der SBZ/DDR vom Kriegsende bis in die fünfziger Jahre, Stuttgart 2001, S. 141–155.

Marc Boldorf, Landarmut in der SBZ/DDR zwischen Bodenreform und Kollektivierung (1945–1952/53), in: Kluge/Halder/Schlenker (Hrsg.), Zwischen Bodenreform und Kollektivierung, S. 141–156.

Bernd Bonwetsch, Die Sowjetisierung Osteuropas: Moskaus Politik im Interpretationswandel, in: Eva Schmidt-Hartmann (Hrsg.), Kommunismus und Osteuropa. Konzepte, Perspektiven und Interpretationen im Wandel, München 1994, S. 189–202.

Bernd Bonwetsch, Stalin und die Vorbereitung des 3. Parteitags der SED. Ein Treffen mit der SED-Führung am 4. Mai 1950, in: Vierteljahrshefte für Zeitgeschichte 51 (2003), H. 4, S. 575–607.

Bernd Bonwetsch/Gennadij Bordjugov/Norman M. Naimark (Hrsg.), Sowjetische Politik in der SBZ 1945–1949. Dokumente zur Tätigkeit der Propagandaverwaltung (Informationsverwaltung) der SMAD unter Tjul'panov, Bonn 1998.

M. L. Bordenko/I. E. Zelenin, Sovchozy SSSR. Kratkij istoričeskij očerk (1917–1975) [Die Sovchozen der UdSSR. Kurzer historischer Abriß (1917–1975)], Moskva 1975.

Stefan Brant, Der Aufstand. Vorgeschichte, Geschichte und Deutung des 17. Juni 1953, Stuttgart 1954.

Konrad Breitenborn/Manfred Wille, „Fort mit der Junkerherrschaft!" Die Bodenreform in Sachsen-Anhalt, in: Rüdiger Fikentscher/Boje Schmuhl/Konrad Breitenborn (Hrsg.), Die Bodenreform in Sachsen-Anhalt. Durchführung-Zeitzeugen-Folgen, Halle 1999, S. 19–74.

Bündnis der Arbeiter und Bauern. Dokumente und Materialien zum 30. Jahrestag der Bodenreform, Berlin 1975.

Friedrich Burgdörfer, Zurück zum Agrarstaat? Stadt und Land in volksbiologischer Betrachtung. Dynamische Grundlinien künftiger deutscher Agrar-, Siedlungs-, Wohnungs- und Wirtschaftspolitik, Berlin-Grunewald 1935.

Franz Buss, Die Struktur und Funktion der landwirtschaftlichen Genossenschaften im Gesellschafts- und Wirtschaftssystem der sowjetischen Besatzungszone Deutschlands, Marburg 1965.

Burghard Ciesla (Hrsg.), Freiheit wollen wir! Der 17. Juni 1953 in Brandenburg. Eine Dokumentation, Berlin 2003.

Jochen Czerny, Restbourgeoisie und Staatskapitalismus in der DDR, Berlin 1996.

V. P. Danilov, Social'no-ekonomičeskie uklady v sovetskoj dokolchoznoj derevne [Sozialökonomische Schichtungen im sowjetischen Dorf vor der Kollektivierung], in: Novaja ėkonomičeskaja politika. Voprosy teorii i istorii, Moskva 1974, S. 58ff.

Jürgen Danyel, Politische Rituale als Sowjetimporte, in: Konrad Jarausch/Hannes Siegrist (Hrsg.), Amerikanisierung und Sowjetisierung, Frankfurt am Main/New York 1997, S. 67–86.

Karl W. Deutsch, Zum Verständnis von Krisen und politischer Revolution, in: Martin Jänicke (Hrsg.), Herrschaft und Krise, Opladen 1973, S. 90–100.
Um ein antifaschistisch-demokratisches Deutschland. Dokumente aus den Jahren 1945–1949, hrsg. von den Ministerien für Auswärtige Angelegenheiten der DDR und der UdSSR, Berlin 1968.
Torsten Diedrich/Hans-Hermann Hertle (Hrsg.), Alarmstufe „Hornisse". Die geheimen Chef-Berichte der Volkspolizei über den 17. Juni 1953, Berlin 2003.
Torsten Diedrich/Rüdiger Wenzke, Die getarnte Armee. Geschichte der Kasernierten Volkspolizei der DDR 1952–1956, Berlin 2001.
Torsten Diedrich, 17. Juni 1953 in der DDR. Bewaffnete Gewalt gegen das Volk, Berlin 1991.
Wolfgang Diepenthal, Drei Volksdemokratien. Ein Konzept kommunistischer Machtstabilisierung und seine Verwirklichung in Polen, der Tschechoslowakei und der sowjetischen Besatzungszone Deutschlands 1944–1948, Köln 1974.
Georgij Dimitroff, Über das Wesen der Volksdemokratie. Charakter, Rolle und Perspektive der Volksdemokratie und des demokratischen Volksstaates (Referat auf dem 5. Parteitag der Bulgarischen Arbeiterpartei, 19. 12. 1948) in: Einheit. Zeitschrift für Theorie und Praxis des wissenschaftlichen Sozialismus, 1949, H. 8, S. 676–679.
Andreas Dix, Freies Land. Siedlungsplanung im ländlichen Raum der SBZ und der frühen DDR 1945 bis 1955, Köln/Weimar/Wien 2002.
Hermann Wilhelm Dölling, Wende der deutschen Agrarpolitik. Ein Beitrag zum Strukturwandel der Landwirtschaft von der Marktgenossenschaft bis zur Bodenreform, Berlin 1950.
Heinz Döring, Von der Bodenreform zu den Landwirtschaftlichen Produktions-Genossenschaften. Erläuterung und Kommentierung des neuen Agrarrechtes, Berlin 1953.
Stefan Doernberg, Die Geburt eines neuen Deutschland 1945–1949. Die antifaschistisch-demokratische Umwälzung und die Entstehung der DDR, Berlin 1959.
Dokumente zur Bauernbefreiung. Quellen zur Geschichte der demokratischen Bodenreform und sozialistischen Umgestaltung der Landwirtschaft im Bezirk Schwerin, ausgew. und bearb. von Siegfried Kuntsche, Schwerin 1975.
Dokumente und Materialien zur Geschichte der deutschen Arbeiterbewegung, Reihe III, Bd. 1, Berlin 1959.
Dokumente der SED. Beschlüsse und Erklärungen des Zentralkomitees sowie seines Politbüros und seines Sekretariats, Bde I bis IV, Berlin 1952–1954.
Helmut Droste, Zur Rolle der VdgB bei der Verwirklichung des Bündnisses zwischen der Arbeiterklasse und der werktätigen Bauernschaft, Diss. Leipzig 1961.
Michaela Eigmüller, Neubauernhöfe in Sachsen 1945–52. Am Beispiel des Rittergutes Blankenhain/Sa. (Blankenhainer Berichte, hrsg. vom Agrar- und Freilichtmuseum Schloß Blankenhain, Bd. 3), o. O. [Blankenhain] 1997.
Einheit. Zeitschrift für Theorie und Praxis des wissenschaftlichen Sozialismus, hrsg. vom ZK der SED, Jg. 7, Sonderheft, Berlin November 1952.
Gerhart Eisler, Über die imperialistischen Gegensätze und die Unvermeidbarkeit von Kriegen zwischen kapitalistischen Ländern, in: Neues Deutschland, 18. 11. 1952, S. 5.
Ulrich Enders, Die Bodenreform in den westlichen Besatzungszonen Deutschlands 1945–1949, in: Bauerkämper, Junkerland, S. 169–180.
Gernot Erler/Walter Süß (Hrsg.), Stalinismus. Probleme der Sowjetgesellschaft zwischen Kollektivierung und Weltkrieg, Frankfurt am Main 1982.
Peter Erler/Horst Laude/Manfred Wilke (Hrsg.), „Nach Hitler kommen wir". Dokumente zur Programmatik der Moskauer KPD-Führung 1944/1945 für Nachkriegsdeutschland, Berlin 1994.
Die Errichtung des Arbeiter- und Bauern-Staates der DDR 1945–1949, Autorenkollektiv unter Leitung von Karl-Heinz Schöneburg, Berlin 1983.
Peter Exner, Agrarwirtschaft und ländliche Gesellschaft in Westdeutschland im Schatten der Bodenreformdiskussion. Kontinuität und Neubeginn in Westfalen, 1945–1949, in: Bauerkämper, Junkerland, S. 181–219.
Peter E. Fäßler, Freiheit der Wissenschaft versus Primat der Ideologie – die Irrlehren Trofim D. Lyssenkos und ihre Rezeption in der Sowjetischen Besatzungszone (SBZ) bzw. DDR, in: Kluge/Halder/Schlenker, Bodenreform, S. 177–194.

L. E. Fajn, Nepovskij eksperiment nad rossijskoj kooperacii [Das NÖP-Experiment mit der Genossenschaft in Rußland], in: Voprosy istorii, Moskva 2001, Nr. 7, S. 35–55.
Valentin Falin, Politische Erinnerungen, München 1993.
Ladislav Feierabend, Agricultural Cooperatives in Czechoslovakia, New York 1952.
Donath Ferenc, Reform and Revolution. Transformation of Hungary's Agriculture 1945–1970, o. O. [Budapest] 1980.
Rüdiger Fikentscher/Boje Schmuhl/Konrad Breitenborn (Hrsg.), Die Bodenreform in Sachsen-Anhalt. Durchführung-Zeitzeugen-Folgen, Halle 1999.
Finansovoe ozdorovlenie: opyt NEPa [Finanzielle Gesundung, Die Erfahrung der NÖP], historische Aufsatzsammlung aus den 20er Jahren, Moskau 1990.
Jens Flemming, Landarbeiter zwischen Gewerkschaften und „Werkgemeinschaft". Zum Verhältnis von Agrarunternehmen und Landarbeiterbewegung im Übergang, in: AfS 14(1974), S. 351–418.
Ronald A. Francisco/Betty A. Laird/Roy D. Laird (Hrsg.), The Political Economy of Collectivized Agriculture. A Comparative study of Communist and Non-Communist systems, New York u. a. 1979.
Jan Foitzik, Berichte des Hohen Kommissars der UdSSR in Deutschland aus den Jahren 1953/54. Dokumente aus dem Archiv für Außenpolitik der Russischen Föderation, in: Materialien der Enquête-Kommission „Aufarbeitung von Geschichte und Folgen der SED-Diktatur in Deutschland", hrsg. vom Deutschen Bundestag, Bd. II/2, S. 1350–1541.
Jan Foitzik, „Hart und konsequent ist der neue politische Kurs zu realisieren." Ein Dokument zur Politik der Sowjetunion gegenüber der DDR nach Berijas Verhaftung 1953, in: Deutschland Archiv 33(2000), S. 32–49.
Jan Foitzik, Sowjetische Militäradministration in Deutschland (SMAD) 1945–1949, Struktur und Funktion, Berlin 1999.
Hans Franzky (Hrsg.), Die Enteignungsmaßnahmen auf dem Gebiet der Landwirtschaft von der Bodenreform bis zur Kollektivierung in der ehemaligen SBZ/DDR, Hannover 1991.
Hans Friedrich, Die Verbindung von persönlichen und gesellschaftlichen Interessen in den landwirtschaftlichen Produktionsgenossenschaften der DDR, Diss. Berlin 1956.
Thomas Friedrich u. a., Entscheidungen der SED 1948. Aus den stenographischen Niederschriften der 10. bis 15. Tagung des Parteivorstandes der SED, Berlin 1995.
Freundschaft DDR-UdSSR. Dokumente und Materialien, Berlin 1965.
Der Fünfjahrplan zur Entwicklung der Volkswirtschaft der Deutschen Demokratischen Republik (1951–1955), in: Protokoll des III. Parteitages der SED, 20.–24. Juli 1950 in der Werner-Seelenbinder-Halle zu Berlin, 2 Bde, Bd. 2, Berlin 1951, S. 276–306 [zitiert: Fünfjahrplan zur Entwicklung der Volkswirtschaft (2)].
Diethelm Gabler, Entwicklungsabschnitte der Landwirtschaft in der ehemaligen DDR, Berlin 1995.
Heinz Gambke/Heinz Hümmler/Rolf Stöckigt, Die Bündnispolitik in der Strategie und Taktik der SED, in: ZfG 11(1969), S. 1265–1282.
Heinz Gambke u. a., Im Bündnis auf bewährtem Wege, Berlin 1972.
Paul Gärtner, Die Genossenschaftsbewegung, Berlin 1947.
Dieter Gerlach, Zur Formierung der Klasse von Genossenschaftsbauern in der DDR, Diss. Halle/Wittenberg 1964.
Geschichte der Deutschen Demokratischen Republik (Hochschullehrbuch), hrsg. von einem Autorenkollektiv unter der Leitung von Rolf Badstübner, Berlin 1980.
Geschichte der ungarischen revolutionären Arbeiterbewegung. Von den Anfängen bis 1962, hrsg. vom Institut für Parteigeschichte beim ZK der Ungarischen Sozialistischen Arbeiterpartei, Autorenkollektiv unter Leitung von Nemes Dezsö, Berlin 1983 (Original: Budapest 1976).
Geschichte des Staates und des Rechts der DDR, Dokumente 1945–1949, Berlin 1984.
Gesetzblatt der DDR, Jahrgänge 1949 bis 1953, Berlin 1949–1954.
Peter Gey/Theodor Bergmann, Konzeptionen und Ergebnisse sozialistischer Agrarpolitik im Vergleich, in: Bergmann/Gey/Quaisser, Agrarpolitik, S. 19–72.

Peter Gey, Sozialismus und Industrialisierung. Zur Kritik des sowjetischen Modells nachholender sozialistischer Industrialisierung, in: Leviathan. Zeitschrift für Sozialwissenschaft 10(1982), H. 3, S. 359–375.

E. G. Gimpel'son, NEP i sovetskaja političeskaja sistema. 20-e gody [Die NÖP und das sowjetische politische System. Die 20er Jahre], Moskva 2000.

Gert-Joachim Glaeßner, Arbeiterbewegung und Genossenschaft. Entstehung und Entwicklung der Konsumgenossenschaften in Deutschland am Beispiel Berlins, Göttingen 1989.

Gesetzblatt der DDR, Jahrgänge 1949 bis 1953, Belin 1949–1954.

Joachim Göhring, Ist die „Abwicklung der Bodenreform" im Sinne von Art. 233 §§ 11–16 EGBGB rechtlich zwingend?, in: Neue Justiz 53(1999), H. 4, S. 173–176.

Franz Göttlicher/Monika Schwank, KPD und demokratische Bodenreform, in: BzG 17 (1975), S. 848–861.

Ernst Goldenbaum, Die deutschen Bauern in Vergangenheit und Gegenwart, Berlin 1954.

L. A. Gordon/E. V. Klopov, Čto eto bylo? Razmyšlenija o predposylkach i itogach togo, čto slučilos' s nami v 30–40-e gody [Was war das? Nachdenken über die Voraussetzungen und Ergebnisse dessen, was mit uns in den 30er und 40er Jahren geschah], Moskva 1989.

Karl-Heinz Gräfe, Die Krise des sowjetischen Imperiums und der neue Kurs in Osteuropa, in: Klaus Kinner (Hrsg.), Menetekel 17. Juni 1953, Leipzig 2003, S. 91–126.

Martin Greschat/Jochen-Christoph Kaiser (Hrsg.), Die Kirchen im Umfeld des 17. Juni, Stuttgart 2003.

Kurt Groschoff, Die Anwendung des Marxismus-Leninismus durch die SED in der Agrarfrage, Berlin 1965.

Kurt Groschoff, Zur Einschränkung der kapitalistischen Ausbeutungsverhältnisse auf dem Lande bei der Herausbildung und Entwicklung der antifaschistisch-demokratischen Ordnung auf dem Gebiet der DDR, Diss. Berlin 1961.

Kurt Groschoff, Die Entwicklung der Lohnarbeit in den privaten Landwirtschaftsbetrieben der DDR, in: Wirtschaftswissenschaft 6(1958), H. 4, S. 495–510.

Kurt Groschoff/Richard Heinrich, Die Landwirtschaft der DDR, Berlin 1980.

Ilse Grosser, Private Landwirtschaft in Bulgarien, Berlin 1988.

Gerhard Grüneberg, Die marxistisch-leninistische Agrarpolitik von der gegenseitigen Bauernhilfe und demokratischen Bodenreform zur Ausarbeitung und Anwendung des neuen ökonomischen Systems der Planung und Leitung in der Landwirtschaft der DDR. Von der gegenseitigen Bauernhilfe zur sozialistischen Landwirtschaft in der DDR, Berlin 1965.

Gerhard Grüneberg (Hrsg.), Lenin und die KPdSU über die sozialistische Umgestaltung der Landwirtschaft, Berlin 1974.

H. Grunewald, Die sozialistische Landwirtschaft der DDR in der Erfassung und im Aufkauf landwirtschaftlicher Erzeugnisse, Diss. habil. Halle 1958.

Helmut Griebenow/Kurt Meyer, Die Einbeziehung der Großbauern in die sozialistische Umgestaltung der Landwirtschaft in der DDR, in: Jahrbuch für Geschichte 6(1972), Berlin, S. 371–396.

Christoph Güdel, Die Landwirtschaft in der sozialistischen Theorie und Praxis der Sowjetunion, Winterthur 1964.

Walter Haber/Gustav Feiler, Zu einigen Fragen des LPG-, Zivil- und Arbeitsrechts, in: Neue Justiz 1956, S. 139–142.

Richard Hähnert, Wesen, Bedeutung und rechtliche Regelung der persönlichen Hauswirtschaft, Diss. Leipzig 1957.

Thomas T. Hartmann, Die Kooperation in der sozialistischen Landwirtschaft der DDR. Theoretische Grundlagen, Formen und praktische Beispiele, Berlin 1971.

Roland Hauk, Das bäuerliche Privateigentum am Boden und die sozialistische Umgestaltung der Landwirtschaft in der DDR, Berlin 1956.

Fritz Hecht, Die Landwirtschaft im neuen Kurs und die Aufgaben der Parteiorganisationen in MTS, LPG, VEG und in den Dörfern, in: Einheit. Zeitschrift für Theorie und Praxis des wissenschaftlichen Sozialismus, 1954, H. 2, S. 133–140.

Helge Heidemeyer, Flucht und Zuwanderung aus der SBZ/DDR 1945/1949–1961. Die Flüchtlingspolitik der Bundesrepublik Deutschland bis zum Bau der Berliner Mauer, Düsseldorf 1994.

Kurt Henning, Kritische Betrachtungen zum Bodenreform-Bauprogramm 1948, in: Wirtschaft im Aufbau 3(1949), H. 1, S. 55–58.

Andreas Herbst/Gerd-Rüdiger Stephan/Jürgen Winkler (Hrsg.), Die SED. Geschichte, Organisation, Politik. Ein Handbuch, Berlin 1997.

Wilhelm Herferth u. a., Von der demokratischen Bodenreform zum sozialistischen Dorf, Berlin 1965.

Peter Hermes, Die Christlich-Demokratische Union und die Bodenreform in der Sowjetischen Besatzungszone Deutschlands im Jahre 1945, Saarbrücken 1963.

Rudolf Herrnstadt: Das Herrnstadt-Dokument. Das Politbüro der SED und die Geschichte des 17. Juni 1953, hrsg., eingeleitet und bearbeitet von Nadja Stulz-Herrnstadt, Reinbek bei Hamburg 1990.

Peter Hess, Das Bonner Landwirtschaftsgesetz und die kapitalistische Agrarstruktur in Westdeutschland, in: Wirtschaftswissenschaft (Sonderheft) 3. Jg., 1955, S. 87–111.

Klaus Heuer, Die Bedeutung der Musterstatuten für die weitere Festigung der landwirtschaftlichen Produktionsgenossenschaften, in: Neue Justiz 1955, S. 332–337.

Klaus Heuer, Grundzüge des Bodenrechts der DDR 1949–1990, München 1991.

Günther Heydemann/Heidi Roth, Systembedingte Konfliktpotentiale in der DDR der fünfziger Jahre, in: Dierk Hoffmann, Michael Schwartz, Hermann Wentker, Vor dem Mauerbau. Politik und Gesellschaft in der DDR der fünfziger Jahre, München 2003, S. 205–234.

Manfred Hildermeier, Geschichte der Sowjetunion 1917–1991. Entstehung und Niedergang des ersten sozialistischen Staates, München 1998.

Günter Hoell/Rolf Steding, Der Leninsche Genossenschaftsplan und seine Verwirklichung in der Sowjetunion und in der DDR, Berlin 1970.

Edwin Hoernle, Die Agrarpolitik des Blocks der kämpferischen Demokratie, Vortrag 4. 2. 1945, in: Erler/Laude/Wilke, Nach Hitler, S. 311–326.

Edwin Hoernle, Bauer und Bodenrecht im Dritten Reich, unvollendetes Manuskript, nach Dezember 1946, in: Hoernle, Bündnis, S. 211–332.

Edwin Hoernle, Die demokratische Bodenreform in der Bewährungsprobe, Berlin 1947.

Edwin Hoernle, Bodenreform und Volksernährung, Berlin 1947.

Edwin Hoernle, Die Bodenreform – ein Weg zu Demokratie und Frieden, Berlin 1946.

Edwin Hoernle, Zum Bündnis zwischen Arbeitern und Bauern. Eine Auswahl seiner agrarpolitischen Reden und Schriften 1928–1951, hrsg. vom Institut für Agrargeschichte der Akademie der Landwirtschaftswissenschaften der DDR, Berlin 1972.

Herbert Hofer, Die Durchführung der demokratischen Bodenreform und die Entwicklung der Neubauernwirtschaften in den Gemeinden Ilberstedt und Aderstedt, Kreis Bernburg (1945–1951), Diss. Hochschule für Landwirtschaft Bernburg 1966.

Dierk Hoffmann, Sozialpolitische Neuordnung in der SBZ/DDR. Der Umbau der Sozialversicherung 1945–1956, München 1996.

Manfred Hoffmann, Das Schicksal der Bodenreformwirtschaften in der DDR. Ein Beitrag zur Analyse der Agrar- und Eigentumspolitik der SED, Köln 1978.

Hans-Jörg Hofmann, Die Landwirtschaft im geteilten Deutschland. Die Entwicklung von Struktur und Recht, Diss. Frankfurt am Main 1969.

Jürgen Hofmann, Anton Ackermann. Wegweisung und Ernüchterung, in: „... undemokratisch wird sich rächen!" Studien zur Demokratie in der DDR. Zweiter Teil. Fallstudien und Problemanalysen zur realsozialistischen Demokratie in der DDR, Berlin 1995, S. 5–31.

G. Holzapfel, Die Entwicklung der VEG und Schlußfolgerungen für die Entwicklung der Arbeitskräfte, untersucht im ehemaligen Land Brandenburg, Diss. Berlin 1966.

Gerhard Horz, Die Kollektivierung der Landwirtschaft in der Sowjetischen Besatzungszone Deutschlands unter besonderer Berücksichtigung des sowjetischen Vorbildes. Ziele – Methoden – Wirkungen, Diss. Berlin 1961.

Regina Hornischer, Die Ereignisse des 17. Juni 1953 in den Kreisen Mühlhausen und Bad Langensalza, Erfurt 2003.

Hermann Howitz, Untersuchungen über Probleme der landwirtschaftlichen Preisgestaltung in der DDR, Diss. habil. Rostock 1958.

Antonia Maria Humm, Auf dem Weg zum sozialistischen Dorf? Zum Wandel der dörflichen Lebenswelt in der DDR und der Bundesrepublik Deutschland 1952-1969, Göttingen 1999.

Harold Hurwitz, Die Stalinisierung der SED. Zum Verlust von Freiräumen und sozialdemokratischer Identität in den Vorständen 1946-1949, Opladen 1997.

Beate Ihme-Tuchel, Die DDR und die Deutschen in Polen. Handlungsspielräume und Grenzen ostdeutscher Außenpolitik 1948-1961, Berlin 1997.

F. P. Ilku, Pobeda socializma v Vengerskoj derevne [Der Sieg des Sozialismus im ungarischen Dorf], Moskva 1979.

Hans Immler, Agrarpolitik in der DDR, Köln 1971.

Hans Immler/Konrad Merkel (Hrsg.), DDR-Landwirtschaft in der Diskussion, Köln 1972.

Istorija kolchoznogo prava. Sbornik zakonodatel'nych materialov SSSR i RSFSR (1917-1958) [Die Geschichte des Kolchos-Rechts, Sammlung gesetzgebender Materialien der UdSSR und der RSFSR 1917-1958], 2 Bde, Moskva 1958.

Istorija sovetskogo krest'janstva, tom 4: Krest'janstvo v gody upročenija i razvitija socialističeskogo obščestva 1945 – konec 50-ch godov [Geschichte der sowjetischen Bauernschaft, Bd. 4, Die Bauern in den Jahren der Festigung und Entwicklung der sozialistischen Gesellschaft 1945 bis Ende der 50er Jahre], Moskva 1988.

Ruth Iwand, Wie wurde das Landarbeiterschutzgesetz bisher verwirklicht?, in: Arbeit und Sozialfürsorge 8(1953), H. 8, S. 232-233.

Ein Jahr Bewährung der Mark Brandenburg. Rückblick und Rechenschaft, hrsg. vom Präsidium der Provinzialverwaltung Mark Brandenburg, Potsdam 1946.

Drei Jahre Bodenreform in der sowjetischen Besatzungszone, hrsg. von der Deutschen Wirtschaftskommission, Hauptverwaltung Land- und Forstwirtschaft, Berlin 1948.

Konrad Jarausch/Hannes Siegrist (Hrsg.), Amerikanisierung und Sowjetisierung in Deutschland 1945-1970, Frankfurt am Main/New York 1997

Konrad Jarausch/Hannes Siegrist, Amerikanisierung und Sowjetisierung. Eine vergleichende Fragestellung zur deutsch-deutschen Nachkriegsgeschichte, in: Jarausch/Siegrist, Amerikanisierung, S. 11-46.

Naum Jasny, Soviet Industrialization 1928-1952, Chicago 1961.

V. V. Kabanov, Krest'janskoe chozjajstvo v uslovijach voennogo kommunizma [Bauernwirtschaft unter den Bedingungen des Kriegskommunismus], Moskau 1988.

Ernst Kaemmel, Die neue Einkommenssteuer, in: Deutsche Finanzwirtschaft, 1949, H. 4/5, S. 151-174.

Jochen-Christoph Kaiser, Klientelbildung und Formierung einer neuen politischen Kultur. Überlegungen zur Geschichte der Bodenreform in Thüringen, in: Bauerkämper, Junkerland, S. 119-131.

Karl Kaiser, Die demokratische Steuerreform in der sowjetischen Besatzungszone, in: Deutsche Finanzwirtschaft, 1949, H. 4/5, S. 145-151.

Monika Kaiser, Sowjetischer Einfluß auf die ostdeutsche Politik und Verwaltung 1945-1970, in: Jarausch/Siegrist, Amerikanisierung, S. 111-133.

Rainer Karlsch, Allein bezahlt? Die Reparationsleistungen der SBZ/DDR 1945-1953, Berlin 1993.

Karl Kautsky, Die Agrarfrage. Eine Übersicht über die Tendenzen der modernen Landwirtschaft und die Agrarpolitik der Sozialdemokratie, Stuttgart 1999.

Gerhard Keiderling (Hrsg.), „Gruppe Ulbricht" in Berlin. April bis Juni 1945. Von den Vorbereitungen im Sommer 1944 bis zur Wiedergründung der KPD im Juni 1945. Eine Dokumentation, Berlin 1993.

Peter Kirste, Zur Ausarbeitung der wirtschaftspolitischen Konzeption der KPD 1944-1945. Die ersten Schritte der Arbeiterklasse zur Verwirklichung der Wirtschaftspolitik der KPD bei der Einleitung der antifaschistischen, antiimperialistisch-demokratischen Umwälzung vom Mai bis Dezember 1945, Diss. Berlin 1975.

Peter Kirste, Wirtschaftspolitik und antiimperialistische Umwälzung. Zur Erarbeitung wesentlicher Grundsätze der wirtschaftspolitischen Konzeption der KPD für die antifaschistisch-demokratische Umwälzung (Februar 1944-April 1945), in: Jahrbuch für Geschichte 14(1976), S. 235-286.

Thomas Klein, „Für die Einheit und Reinheit der Partei". Die innerparteilichen Kontrollorgane der SED in der Ära Ulbricht, Köln/Wien/Weimar 2002.

Volker Klemm u. a., Agrargeschichte. Von den bürgerlichen Agrarreformen zur sozialistischen Landwirtschaft in der DDR, Berlin 1985.

Volker Klemm, Die Entwicklung der Landwirtschaft der DDR seit der II. Parteikonferenz der SED (Juli 1952), in: Zeitschrift für Agrarökonomik 10(1967), S. 227–237.

Volker Klemm, Zwanzig Jahre sozialistische Umgestaltung der Landwirtschaft in der DDR, in: Jahrbuch für Wirtschaftsgeschichte II(1972), S. 107–135.

Christoph Kleßmann, Die doppelte Staatsgründung. Deutsche Geschichte 1945–1955, 5. Aufl., Göttingen 1991.

Johannes Klotz (Hrsg.), Zwangsvereinigung. Zur Debatte über den Zusammenschluß von SPD und KPD 1946 in Ostdeutschland, Heilbronn 1996.

Ulrich Kluge, „Die Bodenreform ist in erster Linie eine politische Angelegenheit". Agrarstruktureller Wandel in Sachsen 1945/46, in: Bauerkämper, Junkerland, S. 103–117.

Ulrich Kluge/Winfried Halder/Katja Schlenker (Hrsg.), Zwischen Bodenreform und Kollektivierung. Vor- und Frühgeschichte der „sozialistischen Landwirtschaft" in der SBZ/DDR vom Kriegsende bis in die fünfziger Jahre, Stuttgart 2001.

Ulrich Kluge, Die verhinderte Rebellion. Bauern, Genossenschaften und SED im Umfeld der Juni-Krise 1953 in der DDR, in: Wolther von Kieseritzky/Klaus-Peter Sieck (Hrsg.), Demokratie in Deutschland. Chancen und Gefährdungen im 19. und 20. Jahrhundert, München 1999, S. 317–335.

Ulrich Kluge, Agrarstruktureller Wandel und Kollektivierung in Ostdeutschland. Zum Problem der wirtschaftlichen „Sowjetisierung" 1949–1954, in: Wolfram Fischer/Uwe Müller/Frank Zschaler (Hrsg.), Wirtschaft im Umbruch, Strukturveränderungen und Wirtschaftspolitik im 19. und 20. Jahrhundert, Festschrift für Lothar Baar zum 65. Geburtstag, St. Katharinen 1997, S. 250–268.

Erich Knorr, Ungarns Produktionsgenossenschaften zeigen den werktätigen Bauern den Weg zum besseren Leben [mit einem Vorwort des Zentralverbandes der VdgB(BHG) vom 1. Juli 1952], Berlin o. J. (1952).

Hans Köhler, Die Situation der Bauern in der Sowjetzone, in: SBZ-Archiv 4(1953), S. 53f.

Konferenz anläßlich des 50. Jahrestages der Demokratischen Bodenreform am 2. September 1995 in Kyritz (Protokoll), Berlin 1995.

Die erste Konferenz der Vorsitzenden und Aktivisten der Landwirtschaftlichen Produktionsgenossenschaften vom 5.–6. Dezember 1952 in Berlin, hrsg. vom Ministerium für Land- und Forstwirtschaft der DDR, Berlin 1953.

Grigorij Grigor'evič Kotow, Agrarverhältnisse und Bodenreform in Deutschland [im russ. Original: Agrarnye otnošenija i zemel'naja reforma v Germanii], Berlin 1959.

Detlef Kotsch, Das Land Brandenburg zwischen Auflösung und Wiederbegründung. Politik, Wirtschaft und soziale Verhältnisse in den Bezirken Potsdam, Frankfurt/Oder und Cottbus in der DDR (1952 bis 1990), Berlin 2001.

Ilko-Sascha Kowalczuk, 17. 6. 1953: Volksaufstand in der DDR. Ursachen, Abläufe, Folgen. Bremen 2003.

Karl-Heinz Kowarsch, Der revolutionäre Prozeß des Übergangs von der einzelbäuerlichen zur genossenschaftlichen sozialistischen Landwirtschaft in der DDR. Dargestellt am Beispiel des Bezirkes Schwerin (1950 bis 1955), Diss. Rostock 1964.

Karl-Heinz Kowarsch, Der Schritt vom Ich zum Wir in der Landwirtschaft des Bezirkes Rostock 1952–1960, Rostock 1986.

Matthias Kramer, Die Bolschewisierung der Landwirtschaft in Sowjetrußland, in den Satellitenstaaten, in der Sowjetzone, Köln 1951.

Matthias Kramer, Die Landwirtschaft in der Sowjetischen Besatzungszone. Produktionsmöglichkeiten und Produktionsergebnisse, Bonn 1951.

Matthias Kramer/Gerhard Heyn/Konrad Merkel, Die Landwirtschaft in der Sowjetischen Besatzungszone. Die Entwicklung in den Jahren 1945–1955. Textteil, hrsg. vom Bundesministerium für gesamtdeutsche Fragen, Bonn 1957.

Christian Krebs, Der Weg zur industriemäßigen Organisation der Agrarproduktion in der DDR. Die Agrarpolitik der SED 1945–1960, Bonn 1989.

Hans-Ulrich Krellenberg, Die Eingliederung der Umsiedler in das gesellschaftliche und politische Leben in Mecklenburg 1945–1949 (dargestellt an den Kreisen Parchim und Malchin), Diss. Rostock 1970.

Claus Peter Kromm, Rolle und Bedeutung der Erfassungs- und Aufkaufpreise für landwirtschaftliche Erzeugnisse, Diss. Berlin 1957.

Joachim von Kruse (Hrsg.) Weißbuch über die „Demokratische Bodenreform" in der Sowjetischen Besatzungszone Deutschlands. Dokumente und Berichte, München 1988[2] (Erstauflage 1955).

Siegfried Kuntsche, Zum 30. Jahrestag der demokratischen Bodenreform: Zur historischen Stellung der demokratischen Bodenreform, in: Archivmitteilungen 25 (1975), S. 162–168.

Siegfried Kuntsche, Bauern im Interessenkonflikt. Die Situation vor der Staatsgründung 1948/1949, in: Scherstjanoi, Provisorium, S. 231–235.

Siegfried Kuntsche, Die ostdeutschen Bauern im Wendejahr 1949. Wirtschaftliche Lage und Interessenkonflikte, in: Ilona Buchsteiner (Hrsg.), Rostocker Landes- und Agrargeschichtliche Forschungen nach 1990. Bilanz – Einblick – Ausblick (Reihe Rostocker Beiträge zur Deutschen und Europäischen Geschichte, Bd. 9), Rostock 2001, S. 183–212.

Siegfried Kuntsche, Das Bauerndorf in der Nachkriegszeit. Lebenslagen und Alltag, in: Evemarie Badstübner (Hrsg.), Befremdlich anders. Leben in der DDR, Berlin 2000, S. 64–116.

Siegfried Kuntsche, Die ostzonale Bodenreform in der deutschen Geschichte. 10 Thesen zur Diskussion, in: PDS- Pressedienst Nr. 34/95.

Siegfried Kuntsche, Bodenreform in einem Kernland des Großgrundbesitzes: Mecklenburg-Vorpommern, in: Bauerkämper, Junkerland, S. 51–68.

Siegfried Kuntsche, Bodenreform in einem Kernland des Großgrundbesitzes, in: Modrow/Watzek, Junkerland, S. 99–127.

Siegfried Kuntsche, Demokratische Bodenreform in Mecklenburg-Vorpommern. Versuch einer Neubefragung der Geschichte, in: Lothar Elsner/Steffen Flechsig/Siegfried Kuntsche, Bodenreform in Mecklenburg und Vorpommern, Geschichte und Gegenwart, Rostock 1995, S. 25–39.

Siegfried Kuntsche, Die Bodenreform in der SBZ – Versuch einer Neubefragung der Geschichte, in: Konferenz anläßlich des 50 Jahrestages der demokratischen Bodenreform am 2. September 1995 in Kyritz, Berlin o. J. [1996].

Siegfried Kuntsche, Vereinigung für gegenseitige Bauernhilfe, in: Die Parteien und Organisationen der DDR. Ein Handbuch, hrsg. von Gerd-Rüdiger Stephan u. a., Berlin 2002, S. 560–592.

Siegfried Kuntsche (u. a.), Wie wir angefangen haben. Von der demokratischen Bodenreform zum Sieg der sozialistischen Produktionsverhältnisse in der Landwirtschaft. Erinnerungen, Berlin 1985.

Siegfried Kuntsche, Der Kampf gegen die „Gemeinwirtschaft" der Neubauern für die Auflösung des Gutsbetriebes und den Aufbau der Neubauernwirtschaften bei der demokratischen Bodenreform in Mecklenburg-Vorpommern, in: Wissenschaftliche Zeitschrift der Universität Rostock 20(1971), GSR, S. 39–51.

Siegfried Kuntsche, Die „Gemeinwirtschaft" der Neubauern. Probleme der Auflösung des Gutsbetriebes und des Aufbaus der Neubauernwirtschaften bei der demokratischen Bodenreform in Mecklenburg, Diss. Schwerin 1970 (gleichzeitig Diss. Rostock 1970; Neuauflage: Probleme der Auflösung des Gutsbetriebes und des Aufbaus der Neubauernwirtschaften bei der demokratischen Bodenreform, Alt-Schwerin 1975).

Siegfried Kuntsche, Die Umgestaltung der Eigentumsverhältnisse und der Produktionsstruktur in der Landwirtschaft, in: Dietmar Keller u. a. (Hrsg.), Ansichten zur Geschichte der DDR, Bd. 1, Bonn/Berlin 1993, S. 191–210.

Helmut Kunz, Die Finanzierung der Maschinen-Traktoren-Stationen in der DDR: eine Untersuchung über die Beziehungen zwischen dem Staatshaushalt und den Maschinen-Traktoren-Stationen, Diss. Berlin 1958.

Wolfgang Kurek, Die VdgB in der bündnis- und agrarpolitischen Konzeption der SED (1945–1952). Entstehung und Konsolidierung des Verbandes als Konsequenz der SED-Politik. Eine Quellenstudie, Diss. Berlin 1995.

A. Kuropatkin, Die Ökonomik der landwirtschaftlichen Arbeit in der UdSSR, Berlin 1953.

Das Landarbeiterschutzgesetz. Landarbeiter, das geht dich an! Studiere es gründlich, hrsg. vom Zentralvorstand der IG Land- und Forstwirtschaft, Berlin o. J. (1950).

Landwirtschaftliche Produktionsgenossenschaften. Statuten – Beschlüsse der Regierung, hrsg. vom Ministerium für Land- und Forstwirtschaft der DDR, Berlin 1952.

Dagmar Langenhan, „Halte Dich fern von den Kommunisten, die wollen nicht arbeiten!", Kollektivierung der Landwirtschaft und bäuerlicher Eigen-Sinn am Beispiel Niederlausitzer Dörfer (1952 bis Mitte der sechziger Jahre), in: Thomas Lindenberger (Hrsg.), Herrschaft und Eigen-Sinn in der Diktatur. Studien zur Gesellschaftsgeschichte der DDR, Köln 1999, S. 119–165.

Horst Laschitza, Kämpferische Demokratie gegen Faschismus. Die programmatische Vorbereitung auf die antifaschistisch-demokratische Umwälzung in Deutschland durch die Parteiführung der KPD, Berlin 1969.

Jochen Laufer, „Genossen, wie ist das Gesamtbild?". Ackermann, Ulbricht und Sobottka in Moskau im Juni 1945 (Dokumentation), in: Deutschland Archiv 29(1996), S. 355–371.

Jochen Laufer, Die UdSSR und die Einleitung der Bodenreform in der Sowjetischen Besatzungszone, in: Bauerkämper, Junkerland, S. 21–35.

Lehrbuch des Kolchosrechts, Moskau 1950.

Lehren des XIX. Parteitags der KPdSU für den Aufbau des Sozialismus in der Deutschen Demokratischen Republik. Referat und Diskussionsreden auf der 10. Tagung des Zentralkomitees der SED vom 20. bis 22. November 1952, Berlin 1952.

Hans Lemberg, Sowjetisches Modell und nationale Prägung: Resümee einer Diskussion, in: Hans Lemberg (Hrsg.) Sowjetisches Modell und nationale Prägung. Kontinuität und Wandel in Ostmitteleuropa nach dem Zweiten Weltkrieg (Historische und Landeskundliche Ostmitteleuropa-Studien, Bd. 7), Marburg 1991, S. 357–366.

Michael Lemke, Einheit oder Sozialismus? Die Deutschlandpolitik der SED 1949–1961, Köln u. a. 2001.

Wolfgang Leonhard, Die Revolution entläßt ihre Kinder, Köln 1955, Berlin 1961 u. a. (hier zitiert aus der Ausgabe Köln 1990).

Wladimir I. Lenin, An die Mitglieder des Politbüros. Über die Thesen des Gen. Preobrashenski, in: Werke, hrsg. vom Institut für Marxismus-Leninismus beim ZK der KPdSU, Bd. 33, S. 224–228.

Wladimir I. Lenin, Die Naturalsteuer, April 1921, in: Werke, Bd. 32, S. 341–380.

Wladimir I. Lenin, Entwurf des Programms der KPR(B), in: Werke, Bd. 29, S. 80–124.

Wladimir I. Lenin, Gruß den italienischen, französischen und deutschen Kommunisten, 10.10. 1919, S. 35–46.

Wladimir I. Lenin, Rede in der Sitzung des Petrograder Sowjets der Arbeiter- und Soldatendeputierten, 4. (17.) 11. 1917, in: Werke, Bd. 26, S. 288–290.

Wladimir I. Lenin, Rede über die Bodenfrage, 26. 10. (8. 11.) 1917, in: Werke, Bd. 26, S. 248–253.

Wladimir I. Lenin, Referat über die Ersetzung der Ablieferungspflicht durch die Naturalsteuer, 10. Parteitag der KPR(B), 15. 3. 1921, in: Werke, Bd. 32, S. 216–232.

Wladimir I. Lenin, Referat über die Naturalsteuer in der Versammlung der Sekretäre und verantwortlichen Vertreter der Zellen der KPR(B) der Stadt und des Gouvernements Moskau, 9. 4. 1921, in: Werke, Bd. 32, S. 294–308.

Wladimir I. Lenin, Über das Genossenschaftswesen, 1923, in: Werke, Bd. 32, S. 7–16.

Wladimir I. Lenin, Ursprünglicher Entwurf der Thesen zur Agrarfrage (Für den Zweiten Kongreß der Kommunistischen Internationale), Juni 1920, in: Werke, Bd. 31, S. 140–152.

Joachim Lieser, Genossenschaft und Wirtschaftsordnung. Ein Systemvergleich zwischen Genossenschaftsgesetz und LPG-Recht, Marburg 1969.

Thomas Lindenberger, Der ABV als Landwirt. Zur Mitwirkung der Deutschen Volkspolizei bei der Kollektivierung der Landwirtschaft, in: Thomas Lindenberger (Hrsg.), Herrschaft und Eigen-Sinn in der Diktatur. Studien zur Gesellschaftsgeschichte der DDR, Köln 1999, S. 167-203.

Thomas Lindenberger (Hrsg.), Herrschaft und Eigen-Sinn in der Diktatur. Studien zur Gesellschaftsgeschichte der DDR, Köln/Weimar/Wien 1999.

Werner Linek, Die Entwicklung der sozialistischen Handelsorgane für Agrarerzeugnisse und ihre Aufgaben bei der Festigung des Bündnisses zwischen Arbeiterklasse und Bauern (1945–1961), Diss. Berlin 1963.

Hans-Peter Löhn, Spitzbart, Bauch und Brille sind nicht des Volkes Wille. Der Volksaufstand am 17. Juni 1953 in Halle an der Saale, Bremen 2003.

O. F. Lopatina, Die Ausarbeitung von Leistungsnormen in den Kollektivwirtschaften. Eine verantwortungsvolle Aufgabe bei der organisatorisch-wirtschaftlichen Festigung der Landwirtschaft, Berlin 1953.

Wilfried Loth, Stalins ungeliebtes Kind. Warum Moskau die DDR nicht wollte, Berlin 1994.

A. I. Lukjanow/B. M. Lasarew, Der Sowjetstaat und die gesellschaftlichen Organisationen, von den Autoren für die deutsche Ausgabe wesentlich überarbeitete und ergänzte Übersetzung aus dem Russ. von Ernst Strnad und Hermann Mertens, Berlin 1963.

Horst Luther, Liberales und autoritäres Strafverfahrensrecht im Wandel der politischen Systeme in Deutschland, in: Uwe Ewald/Kersten Woweries (Hrsg.) Entwicklungsperspektiven von Kriminalität und Strafrecht, Festschrift für John Lekschas, Bonn 1992, S. 35–55.

Horst Luther, Das Strafverfahrensrecht in der Deutschen Demokratischen Republik – Demokratischer, rechtsstaatlicher Anspruch und Wirklichkeit, MS 30. 3. 1994.

Karl Maerzke, Die Entstehung der Landwirtschaftlichtlichen Produktionsgenossenschaften und die Probleme und Besonderheiten der Entwicklung der LPG in den europäischen Ländern der Volksdemokratien, Diss. Berlin 1959.

Bernd Maether, Brandenburgs Schlösser und Herrenhäuser 1945–1952, Potsdam 1999.

Gunther Mai, Der Alliierte Kontrollrat in Deutschland 1945–1948. Alliierte Einheit – deutsche Teilung?, München 1995.

Joachim Mai, Die Militärverwaltung und die Bodenreform in Mecklenburg-Vorpommern 1945/46, in: Modrow/Watzek, Junkerland, S. 128–137.

Andreas Malycha, Partei von Stalins Gnaden? Die Entwicklung der SED zur Partei neuen Typs in den Jahren 1946 bis 1950, Berlin 1996.

Andreas Malycha, Privatbäuerliche oder staatliche Landwirtschaft? Die Auseinandersetzungen über die Bodenreform zwischen SPD und KPD in der Sowjetischen Besatzungszone im Sommer/Herbst 1945, in: Bauerkämper, Junkerland, S. 37–49.

Andreas Malycha, Die SED – Geschichte ihrer Stalinisierung 1946–1953, Paderborn/München/Wien/Zürich, 2000.

Sabine Marquardt, Die Bodenreformkommissionen in Mecklenburg-Vorpommern als Vehikel der politischen Transformation, in: Damian van Melis (Hrsg.), Sozialismus auf dem platten Land. Tradition und Transformation in Mecklenburg-Vorpommern von 1945–1952 , Schwerin 1999, S. 239–260.

Herbert Mayer, Ziele und Ergebnisse der Bodenreform, in: Disput 1995, H. 15/16, S. 12–15.

K. Mayer, Die Entwicklung der Großbauernschaft im Prozeß der sozialistischen Revolution in der DDR bis zu ihrem Übergang in die Klasse der Genossenschaftsbauern (1949/50–1961), nachgewiesen am Beispiel des mittelsächsischen Raumes, Diss. Leipzig 1971.

Valerij Mazaev, Berlin: žarkoe leto 1953 goda [Berlin: der heiße Sommer 1953], in: Pravda, 29. August 1996, Nr. 52 (81), S. 3.

Wolfgang Meinicke, Die Bodenreform und die Vertriebenen in der Sowjetischen Besatzungszone, in: Bauerkämper, Junkerland, S. 133–151.

Konrad Merkel/Eduar Schuhans, Die Agrarwirtschaft in Mitteldeutschland. „Sozialisierung“ und Produktionsergebnisse, Berlin/Bonn 1960.

Paul Merker, Bündnispolitik und Landwirtschaft, in: Einheit. Zeitschrift für Theorie und Praxis des wissenschaftlichen Sozialismus, 1949, H. 4, S. 316–322.

Paul Merker, Die Landwirtschaftsplanung und der Bauer (Rede, gehalten am 25. 1. 1950 in Chemnitz), Berlin 1950.

Stephan Merl, Der Agrarmarkt und die Neue Ökonomische Politik. Die Anfänge staatlicher Lenkung der Landwirtschaft in der Sowjetunion 1925–1928, München u. a. 1981.

Stephan Merl, Die Anfänge der Kollektivierung in der Sowjetunion. Der Übergang zur staatlichen Reglementierung der Produktions- und Marktbeziehungen im Dorf (1928–1930), Wiesbaden 1985.
Stephan Merl, Bauern unter Stalin. Die Formulierung des sowjetischen Kolchossystems 1930–1941, Berlin 1990.
Stephan Merl, Sowjetmacht und Bauern. Dokumente zur Agrarpolitik und zur Entwicklung der Landwirtschaft während des „Kriegskommunismus" und der Neuen Ökonomischen Politik, Berlin 1993.
Hans-Georg Merz, Bodenreform in der SBZ. Ein Bericht aus dem Jahre 1946, in: Deutschland Archiv 24(1991), S. 1159–1170.
Sigrid Meuschel, Legitimation und Parteiherrschaft. Zum Paradox von Stabilität und Revolution in der DDR 1945–1989, Frankfurt am Main 1992.
David Mitrany, Marxismus und Bauerntum, München 1956.
Armin Mitter, „Am 17. 6. 1953 haben die Arbeiter gestreikt, jetzt aber streiken wir Bauern". Die Bauern und der Sozialismus, in: Ilko-Sascha Kowalczuk/Armin Mitter/Stefan Wolle (Hrsg.), Der Tag X. 17. Juni 1953. Die „innere Staatsgründung" der DDR als Ergebnis der Krise 1952/54, Berlin, 1995, S. 75–128.
Armin Mitter/Stefan Wolle, Untergang auf Raten. Unbekannte Kapitel der DDR-Geschichte, München 1993.
Reinhard Mocek, „... den Himmel zu gewinnen, mit Schläue und Gewalt", in: Ansichten zur Geschichte der DDR, hrsg. von Dietmar Keller u. a., Bd. 4, Berlin 1994, S. 183–200.
Norbert Moczarski, Der 17. Juni im Bezirk Suhl (Vortrag, MS), April 2003.
Hans Modrow/Hans Watzek (Hrsg.), Junkerland in Bauernhand. Die deutsche Bodenreform und ihre Folgen, Berlin 2005 (2. korr. Aufl.).
Marcus Mollnau, Die Bodenrechtsentwicklung in der SBZ/DDR anhand der Akten des Zentralen Parteiarchivs der SED, Berlin 2001.
Armin Moritz, Regression und Reform in einer wirtschaftlichen Ausnahmesituation: zu einigen strukturellen und ökonomischen Besonderheiten der Agrarwirtschaft der SBZ in den ersten Nachkriegsjahren, Diss. Erlangen, Nürnberg 1984.
Christa Müller, Probleme der Führungstätigkeit der KPD und SED auf dem Lande im Kampf um Veränderungen im Denken und Handeln der werktätigen Bauern während der antifaschistisch-demokratischen Umwälzung und dem Übergang zur sozialistischen Revolution, Diss. Berlin 1978.
Konrad Müller, Die mitteldeutsche Landwirtschaft 1945-1974. Ein agrarsoziologisch-sozialgeographischer Beitrag zu ihrem Strukturwandel, Berlin 1975.
Jens Murken, Bodenreform in Mecklenburg-Vorpommern, in: Zeitgeschichte Regional. Mitteilungen aus Mecklenburg-Vorpommern 3(1999), H. 1, S. 4–42.
Imre Nagy, Politisches Testament, München 1959.
Christel Nehrig, Anfänge der Genossenschaftsbewegung, in: Das Jahr 1952. Europa am Scheideweg. Vergebliche Suche nach Alternativen in Ost und West, hrsg. vom Thüringer Forum für Bildung und Wissenschaft e.V., Jena 2002, S. 107–115.
Christel Nehrig, Bauern zwischen Hoffnung und Wirklichkeit. Die modifizierte Agrarpolitik von 1950/51, in: Scherstjanoi, Provisorium, S. 236–242.
Christel Nehrig, Zur sozialen Entwicklung der Bauern in der DDR 1945–1960, in: Zeitschrift für Agrargeschichte und Agrarsoziologie 41(1993), H. 1, S. 66–76.
Christel Nehrig, Das Leben auf dem Lande. Die Genossenschaften (LPG), in: Evemarie Badstübner (Hrsg.), Befremdlich anders. Leben in der DDR, Berlin 2000, S. 195–218.
Christel Nehrig, Das Leitungspersonal der Volkseigenen Güter 1945–1970, in: Peter Hübner (Hrsg.), Eliten im Sozialismus. Beiträge zur Sozialgeschichte der DDR, Köln u. a. 1999, S. 309–324.
Christel Nehrig, Uckermärker Bauern in der Nachkriegszeit. Sozialhistorische Untersuchungen zur Lage von Neu- und Altbauern im Kreis Prenzlau 1945–1952, Berlin 1996.
Christel Nehrig, Der Umgang mit den unbewirtschafteten Flächen in der DDR. Die Entwicklung der örtlichen Landwirtschaftsbetriebe (ÖLB), in: Zeitschrift für Agrargeschichte und Agrarsoziologie, 51 (2003), H. 2, S. 34–46.

Christel Nehrig, Die Weiterentwicklung der agrarapolitischen Konzeptionen der SED vor der 1. Parteikonferenz 1949, in: ZfG 30(1982), S. 483–497.
Christel Nehrig/Joachim Piskol, Zur führenden Rolle der KPD in der demokratischen Bodenreform, in: ZfG 28(1980), S. 324–339.
Karl von der Neide, Raiffeisens Ende in der sowjetischen Besatzungszone, Bonn 1952.
NEP- Priobretenija i Poterija [NÖP. Errungenschaften und Verluste], red. V. P. Dmitrenko, Moskva 1994.
NEP: zaveršajuščaja stadija. Sootnošenie ekonimiki i politiki [NÖP. Das abschließende Stadium. Das Verhältnis von Ökonomie und Politik], red. V. P. Dmitrenko, Lewiston u. a. 1999.
NEP v kontekste istoričeskogo razvitija Rossij XX veka [Die NÖP im Kontext der historischen Entwicklung Rußlands im 20. Jahrhundert], Moskva 2001.
Viacheslav Nevsky, Soviet Agricultural Policy in Eastern Germany, 1945–1949, in: Robert Slusser (Hrsg.), Soviet Economic Policy in Postwar Germany. A collection of papers by former soviet officials, New York 1953, S. 87–126.
Lutz Niethammer (Hrsg.), Der „gesäuberte" Antifaschismus. Die SED und die roten Kapos von Buchenwald, Dokumente, Berlin 1994.
Fajna I. Novik, „Ottepel'" i inercija cholodnoj vojny (Germanskaja politika SSSR v 1953–1955 gg.) [„Tauwetter" und Trägheit des Kalten Kriegs (Die Deutschlandpolitik der UdSSR 1953–1955)], Moskva 2001.
Obrazovanie Germanskoj Demokratičeskoj Respubliki. Dokumenty i materialy [Die Gründung der Deutschen Demokratischen Republik. Dokumente und Materialien], Moskva 1950.
Fred Oelßner, Die Aufgaben der Partei auf dem Lande nach der II. Parteikonferenz der Sozialistischen Einheitspartei Deutschlands, Rede auf der Beratung des Sekretariats des ZK mit den Kreissekretären am 20. 8. 1952 in Berlin, Berlin 1952.
Fred Oelßner, Die Bauernfrage im Leninismus, in: Einheit. Zeitschrift für Theorie und Praxis des wissenschaftlichen Sozialismus, 1949, H. 9, S. 775–791.
Fred Oelßner, Die Diktatur des Proletariats – die Hauptfrage im Leninismus, in: Einheit. Zeitschrift für Theorie und Praxis des wissenschaftlichen Sozialismus, 1949, H. 8, S. 723–737.
Fred Oelßner, Eine neue Etappe der marxistischen Politischen Ökonomie, Berlin 1953.
Fred Oelßner, Die Übergangsperiode vom Kapitalismus zum Sozialismus in der Deutschen Demokratischen Republik, Berlin 1955.
Organizacionnye formy i metody gosudarstvennogo regulirovanija ekonomiki v period novoj ekonomičeskoj politiki. Sbornik obzorov [Organisationsformen und Methoden staatlicher Wirtschaftsregulierung in der Zeit der Neuen Ökonomischen Politik. Sammelband], Moskva 1992.
Jonathan Osmond, Kontinuität und Konflikt in der Landwirtschaft der SBZ/DDR zur Zeit der Bodenreform und der Vergenossenschaftlichung 1945–1961, in: Richard Bessel, Ralph Jessen (Hrsg.), Die Grenzen der Diktatur. Staat und Gesellschaft in der DDR, Göttingen 1996, S. 137–169.
Elena Osokina, Za fasadom „Stalinskovo izobilija". Raspredelenie i rynok v snabženii naselenija v gody industrializacii 1927–1941 [Hinter der Fassade des „Stalinschen Wohlstandes". Verteilung und Markt in der Versorgung der Bevölkerung während der Industrialisierung 1927–1941], Moskva 1999.
Christian F. Ostermann (Hrsg.), New Documents on the East German Uprising of 1953, in: Cold War International History Project, Bulletin 5, Washington DC, Frühjahr 1995, S. 10–21, 57.
Christian F. Ostermann, „This is not a Politburo, but a Madhouse", The Post-Stalin Succession Struggle, Soviet Deutschlandpolitik an the SED: New Evidence from Russian, German an Hungarian Archives, Dokumentation, in: Cold War International History Project, Bulletin 10, Washington DC, März 1998, S. 61–110.
Christian F. Ostermann (Hrsg.), The Post-Stalin Succession Struggle and the 17 June 1953 Uprising in East Germany: The Hidden History, Dokumentation, Washington 1996.
Christian F. Ostermann (Hrsg.), Uprising in East Germany 1953. The Cold War, the German Question and the First major Upheaval behind the Iron Curtain, Budapest/New York 2001.

Wilfriede Otto, Dokumente zur Auseinandersetzung in der SED 1953, in: BzG 32 (1990), H. 5, S. 655–672.

Wilfriede Otto, Die SED im Juni 1953. Interne Dokumente, Berlin 2003.

Wilfriede Otto, Die SED 1952/53 – zwischen Stalin und letzter Selbstfindung, in: Klaus Kinner (Hrsg.), Menetekel 17. Juni 1953 , Leipzig 2003, S. 51–90.

Wilfriede Otto, Sowjetische Deutschlandpolitik 1952/53. Forschungs- und Wahrheitsprobleme, in: Deutschland Archiv 26(1993), S. 948–954.

Christel Panzig, „Freiwillig bin ich nich' in de LPG jegang'n, aber 's war'n meine besten Jahre." Kollektivierung der DDR-Landwirtschaft zwischen Zwang und Freiwilligkeit, in: Recht im Sozialismus. Analysen zur Normdurchsetzung in Osteuropäischen Nachkriegsgesellschaften (1944/45–1989), Bd. 1: Enteignung, Frankfurt am Main 1999, S. 153–187.

Kommunističeskaja Partija Sovetskogo Sojuza v rezoljucijach i rešenijach s"ezdov, konferencij i plenumov CK [Die Kommunistische Partei der Sowjetunion in Resolutionen und Beschlüssen der Parteitage, Konferenzen und ZK-Plenen], III, 1930–1954, Moskva 1954.

Dietmar Pellmann/Hans-Rainer Baum, Aspekte der Agrargeschichte der SED, o. O., o. J. [1988].

Alexander Petruschow, Agrarverhältnisse in Deutschland und die Agrarreform, aus dem Russ., Leipzig 1948.

Wilhelm Pieck, Junkerland in Bauernhand. Rede zur demokratischen Bodenreform in Kyritz am 2. 9. 1945, Berlin 1955.

Joachim Piskol, Zum Beginn der Kollektivierung der Landwirtschaft der DDR im Sommer 1952, in: BzG 37(1995), H. 3, S. 19–26.

Joachim Piskol, Zur sozialökonomischen Entwicklung der Großbauern in der DDR 1945–1960, in: ZfG 39(1991), S. 419–433.

Joachim Piskol, Zur Entwicklung der agrarpolitischen Konzeption der KPD 1935 bis 1945, in: Historiker-Gesellschaft der DDR, Wissenschaftliche Mitteilungen, 1982/II, S. 55–59.

Joachim Piskol/Christel Nehrig/Paul Trixa, Antifaschistisch-demokratische Umwälzung auf dem Lande (1945–1949), Berlin 1984.

V. I. Pogudin, Put' sovetskovo krets'janstva k socializmu. Istoriografičeskij očerk [Der Weg der sowjetischen Bauernschaft zum Sozialismus. Historiographische Betrachtung], Moskva 1975.

Dieter Pohl, Justiz in Brandenburg 1945–1955. Gleichschaltung und Anpassung, München 2001.

Hermann Pohl, Rittergut Wessin: Die Betriebsverhältnisse von 1945 bis 1953. Manuskript.

Politbjuro CK RKP(B)-VKP(B). Povestki dnja zasedanij 1919–1952 [Politbüro des ZK der RKP(B) und KPdSU(B), Tagesordungen der Sitzungen 1919–1952], Katalog, Bd. III 1940–1942, Moskva 2001.

Karl-Heinz Poosch, Die Bündnispolitik der SED bei der Vorbereitung und dem erfolgreichen Beginn der sozialistischen Umgestaltung der Landwirtschaft in der DDR (1949–1955), Diss. Berlin 1965.

V. P. Popov, Possijskaja derevnja posle vojny (ijun' 1945–mart 1953). Sbornik dokumentov [Das russländische Dorf nach dem Krieg (Juni 1945–März 1953). Dokumentensammlung], Moskva 1993.

Posetiteli kremlevskogo kabineta I. V. Stalina, [Die Besucher des Kreml-Kabinetts Stalins], Teil 1 in: Istoričeskij archiv 4/1996, Nr. 4; Teil 2 in: Istoričeskij archiv 5/1997, Nr. 1, Moskva.

Rainer Potratz, Der Ausbau des Grenzregimes der DDR an der innerdeutschen Grenze und die Zwangsaussiedlungen aus dem Grenzgebiet im Mai und Juni 1952, in: Das Jahr 1952. Europa am Scheideweg. Vergebliche Suche nach Alternativen in Ost und West, hrsg. vom Thüringer Forum für Bildung und Wissenschaft e.V., Jena 2002, S. 131–141.

Die Potsdamer (Berliner) Konferenz 1945 (Reihe: Die Sowjetunion auf internationalen Konferenzen während des Großen Vaterländischen Krieges 1941–1945, Band 6), Moskau/Berlin 1986.

Sebastian Pries, Das Neubauerneigentum in der ehemaligen DDR, Frankfurt am Main 1994.

Michael Projahn, Konfrontation oder Zusammenarbeit? Die ländliche Gesellschaft in der Altmark 1945–1951, in: Kluge/Halder/Schlenker (Hrsg.), Zwischen Bodenreform und Kollektivierung, S. 125–140.

Protokoll der Ersten Parteikonferenz der Sozialistischen Einheitspartei Deutschlands, 25. bis 28. Januar 1949 im Hause der Deutschen Wirtschaftskommission zu Berlin, Berlin (1949).
Protokoll der II. Parteikonferenz der Sozialistischen Einheitspartei Deutschlands, 9. bis 12. Juli 1952 in der Werner-Seelenbinder-Halle zu Berlin, Berlin 1952.
Protokoll des III. Parteitages der SED, 20.-24. Juli 1950 in der Werner-Seelenbinder-Halle zu Berlin, 2 Bde, Berlin 1951.
Wolfgang Quaisser, Sozialistische Landwirtschaft ohne Kollektivierung? Konzeptionen und Ergebnisse polnischer Agrarpolitik, in: Bergmann/Gey/Quaisser, Agrarpolitik, S. 163-197.
Wilhelm Radloff, Rechtliche Probleme der Bodenreform, in: Neue Justiz 4/5 (1947), S. 85-91.
Heinrich Rau, Die Aufgaben der Landwirtschaft im Jahre 1951, in: Einheit. Zeitschrift für Theorie und Praxis des wissenschaftlichen Sozialismus, 1951, H. 5, S. 301-313.
Heinrich Rau, Die Ziele des Fünfjahrplans, Rede des Stellvertretenden Ministerpräsidenten und Vorsitzenden der Staatlichen Plankommission zur Begründung des Plangesetzes am 31. 10. 1951, Berlin o. J.
Razvitie socialističeskoj ekonomiki SSSR v poslevoennyj period [Die Entwicklung der sozialistischen Ökonomie der UdSSR in der Nachkriegsperiode], Moskva 1965.
Rechenschaftsbericht des Zentralkomitees der KPdSU(B) an den XIX. Parteitag. Bericht des Sekretärs des ZK der KPdSU(B) G. M. Malenkow, Berlin 1952.
Hans Reichelt, Blockflöten, oder was? Zur Geschichte der Demokratischen Bauernpartei Deutschlands (DBD) 1948 bis 1990, Berlin 1997.
Michael Reimann, „Sowjetisierung" und nationale Eigenart in Ostmittel- und Südosteuropa. Zu Problem und Forschungsstand, in: Hans Lemberg (Hrsg.), Sowjetisches Modell und nationale Prägung. Kontinuität und Wandel in Ostmitteleuropa nach dem Zweiten Weltkrieg (Historische und Landeskundliche Ostmitteleuropa-Studien, Bd. 7), Marburg 1991, S. 3-9.
Fritz Reinert, Der Befehl Nr. 209 der SMAD. Die Zusammenarbeit zwischen Sowjetischer Militäradministration und antifaschistisch-demokratischen Staatsorganen bei der Erfüllung des Neubauernbauprogramms, in: ZfG 23(1975), S. 504-515.
Fritz Reinert, Bodenreform 1945 in Brandenburg, o. O. [Potsdam] 1995.
Fritz Reinert (Hrsg.), Dokumente zur demokratischen Bodenreform im Land Brandenburg, Potsdam 1966.
Fritz Reinert, Der Kampf der antifaschistisch-demokratischen Staatsmacht für die Festigung des Bündnisses zwischen der Arbeiterklasse und der werktätigen Bauernschaft durch das Neubauern-Bauprogramm (Herbst 1947-Ende 1948), Diss. Potsdam 1973.
Rudi [Rudolf] Reutter, Die Bauernpolitik der SED, Berlin 1947.
Rudolf Reutter, Das deutsche Ernährungsproblem. Alte und neue Agrarpolitik, Berlin 1947.
Rudolf Reutter, Großgrundbesitzerland wird wieder Bauernland, Berlin 1945.
Rudolf Reutter, Was will die Vereinigung der gegenseitigen Bauernhilfe?, Berlin 1946.
RGW. Bilanz und Perspektiven, Berlin 1975.
Johannes Rocho, Grundtendenzen der Agrarpolitik in der sowjetischen Besatzungszone Deutschlands, Diss. Bonn 1960.
Jürgen Roesler, Unerwartet hohes Wirtschaftswachstum im Zweijahrplan 1949/50 – objektive Ursachen und zeitgenössische Interpretation, in: Elke Scherstjanoi (Hrsg.), „Provisorium für längstens ein Jahr". Protokoll des Kolloquiums Die Gründung der DDR, Berlin 1993, S. 274-278.
Günther Rohde (Hrsg.), Bodenrecht, Berlin 1976.
Otto Rosenkranz, Von der Bodenreform zum sozialistischen Landwirtschaftlichen Großbetrieb (Sitzungsberichte der DAdW, Klasse für Philosophie, Geschichte, Staats-, Rechts- und Wirtschaftswissenschaften, Nr. 9), Berlin 1967.
Otto Rühle, Die sozialistische Umgestaltung der Landwirtschaft in der Deutschen Demokratischen Republik, in: ZfG 9(1961), S. 405-433.
Carola Sachse, Ein „heißes Eisen". Ost- und westdeutsche Debatten um den Hausarbeitstag, in: Gunilla-Friederike Budde (Hrsg.), Frauen arbeiten. Weibliche Erwerbstätigkeit in Ost- und Westdeutschland nach 1945, Göttigen 1997, S. 252-285.

Rosemarie Sachse (Hrsg.), Der Leninsche Genossenschaftsplan und seine schöpferische Anwendung in der Landwirtschaft der DDR durch die marxistische-leninistische Agrarpolitik der SED, Bernburg 1971.

Frithjof Samuel, Zur Rolle der Bauernmärkte in der DDR, in: Wirtschaftswissenschaft 3(1955), H. 5, S. 626–644.

Friederike Sattler, Zwischen politischem Kurs und pragmatischem Zwang: Zum Konfliktverhalten von SED-Wirtschaftsfunktionären im Land Brandenburg im Krisenjahr 1947, in: Peter Hübner (Hrsg.), Eliten im Sozialismus, Köln u. a. 1999, S. 273–298.

Friederike Sattler, Wirtschaftsordnung im Übergang. Politik, Organisation und Funktion der KPD/SED im Land Brandenburg bei der Etablierung der zentralen Planwirtschaft in der SBZ/DDR 1945–1952, 2 Bde., Münster u. a. 2002.

Albert Schäfer, Die Arbeit auf dem Lande, Referat auf der 10. Tagung des ZK der SED, 20.–22. 11. 1952, Berlin 1953.

G. Schaum, Das sowjetische sozialistische Arbeitsrecht – Vorbild des Arbeitsrechts in der Deutschen Demokratischen Republik, in: Arbeit und Sozialfürsorge 7 (1952), H. 21, S. 532–533.

Fritz Schenk, Magie der Planwirtschaft, Köln/Berlin 1960.

Elke Scherstjanoi, „In 14 Tagen werden Sie vielleicht schon keinen Staat mehr haben." Vladimir Semenov und der 17. Juni 1953, in: Deutschland Archiv 31(1998), S. 907–937.

Elke Scherstjanoi, Die deutschlandpolitischen Absichten der UdSSR 1948. Erkenntnisstand und forschungsleitende Problematisierungen, in: Dierk Hoffmann/Hermann Wentker (Hrsg.), Das letzte Jahr der SBZ. Politische Weichenstellungen und Kontinuitäten im Prozeß der Gründung der DDR, München 2000, S. 39–54.

Elke Scherstjanoi, Die DDR im Frühjahr 1952. Sozialismuslosung und Kollektivierungsbeschluß in sowjetischer Perspektive, in: Deutschland Archiv 27(1994), S. 354–363.

Elke Scherstjanoi, Zur aktuellen Debatte um die Stalin-Note 1952, in: Deutschland Archiv 27(1994), S. 181–185.

Elke Scherstjanoi, Die sowjetische Deutschlandpolitik nach Stalins Tod 1953. Neue Dokumente aus dem Archiv des Moskauer Außenministeriums, in: VfZ 46(1998), H. 3, S. 497–549.

Elke Scherstjanoi, „Friedenshektarerträge" auf Vorkriegsanbauflächen. Zur Bewältigung von Kriegslasten in der ostdeutschen Landwirtschaft (1950), in: Christoph Buchheim (Hrsg.), Wirtschaftliche Folgelasten des Krieges in der SBZ/DDR, Baden-Baden 1995, S. 323–340.

Elke Scherstjanoi, Paul Baender und die „zuständigen" Offiziere der sowjetischen Kontrollkommission, in: BzG 35(1993), S. 80–98.

Elke Scherstjanoi (Hrsg.), „Provisorium für längstens ein Jahr", Die Gründung der DDR, Protokoll eines Kolloquiums im September 1991, Berlin 1993.

Elke Scherstjanoi, Sowjetische Reaktionen auf die Zweite Parteikonferenz der SED 1952 (mit Dokumentation), in: Jahrbuch für Forschungen zur Geschichte der Arbeiterbewegung 2002/II, Mai 2002, S. 23–34.

Elke Scherstjanoi, Zur „Sowjetisierung" in Agrarwissenschaft und Agrarwirtschaft der DDR, in: Jahrbuch für Forschungen zur Geschichte der Arbeiterbewegung 2003/II, S. 168–174.

Elke Scherstjanoi, Gegen eine „völlige Sowjetisierung der Ostzone". Neues zur Amtsniederlegung des Ministerpräsidenten von Sachsen-Anhalt, Dr. Erhard Hübener (LDP), im Sommer 1949, in: Geschichte im Westen, 1994, H. 2, S. 197– 223.

Elke Scherstjanoi, „Wollen wir den Sozialismus?" Dokumente aus der Sitzung des Politbüros des ZK der SED am 6. Juni 1953, in: BzG 33(1991), S. 658–680.

Elke Scherstjanoi, Zwei deutsche Staaten? Forschungsfragen zur Nachkriegsplanung Moskaus im Lichte neuer Quellen 1948–1950, in: Tel Aviver Jahrbuch für deutsche Geschichte, Gerlingen, XXVIII(1999), S. 257–302.

Elke Scherstjanoi, Stalinismus. Auswertung der sowjetischen Stalinismus-Debatte für die Aufarbeitung der frühen DDR-Geschichte, in: Jochen Černy (Hrsg.), Brüche – Krisen – Wendepunkte, Leipzig u. a. 1990, S. 27–36.

Elke Scherstjanoi, Die „Stimme des Volkes von Eckolstädt", in: Utopie kreativ, 1991, H. 6, S. 96–98.

Elke Scherstjanoi, Volkskontrolle und zentrale staatliche Kontrolle im Land Brandenburg 1947–1949, Diss. Berlin 1987.

Elke Scherstjanoi, Vyzrevanie političeskogo krizisa v GDR v 1953 godu. Po materialam vysšich partijnych i gosudarstvennych organov GDR i Sovetskoj Kontrol'noj Kommissii v Germanii [Das Heranreifen der politischen Krise in der DDR 1953. Nach Akten der obersten Partei- und Staatsorgane der DDR und der Sowjetischen Kontrollkommission in Deutschland], in: Novaja i novejšaja istorija, Moskva 2006, Heft 2, S. 34–57.

Elke Scherstjanoi, Zum Verhältnis zwischen SED- und KPdSU-Führung, in: Andreas Herbst, Gerd-Rüdiger Stephan, Jürgen Winkler (Hrsg.), Die SED. Geschichte-Organisation-Politik. Ein Handbuch, Berlin 1997, S. 177–196.

Elke Scherstjanoi/Ralph Sowart, Vergleichende Betrachtungen zu Krisenverlauf, Krisenwahrnehmung und Krisenmanagement 1952/53 und 1960/61, in: Dierk Hoffmann/Michael Schwartz/Hermann Wentker (Hrsg.), Vor dem Mauerbau, München 2003, S. 265–283.

Elke Scherstjanoi/Rolf Semmelmann, Die Gespräche Stalins mit der SED-Führung im Dezember 1948 und im April 1952, in: ZfG 52(2004), Teil 1(zu 1948): S. 138–166; Teil 2 (zu 1952): S. 238–269.

Barbara Schier, Die Ablieferungsgemeinschaft der Merxlebener Neubauern als Klassenkampfinstrument? Ein thüringisches Dorf auf dem Weg zur Kollektivierung, in: Kluge/Halder/Schlenker (Hrsg.), Zwischen Bodenreform und Kollektivierung, S. 213–228.

Barbara Schier, Alltagsleben und Agrarpolitik im „sozialistischen Dorf". Regionalstudie zum Wandel eines thüringischen Dorfes während der Jahre 1945–1990, in: APuZ 38(1997), S. 38–47.

Barbara Schier, Alltagsleben im „sozialistischen Dorf". Merxleben und seine LPG im Spannungsfeld der SED-Agrarpolitik 1945–1990, Münster 2001.

Eberhard Schinke, Die agrarpolitische Entwicklung in der sowjetischen Besatzungszone Deutschlands seit 1945, in: Jahrbuch für Geschichte Mittel- und Ostdeutschlands, Band 11, Berlin 1962, S. 238–271.

Klaus Schlehufer/Bernhard Grünert, Ein Pionier der sozialistischen Landwirtschaft der DDR, Berlin 1983.

Katja Schlenker, Die Abbrüche mecklenburgischer Gutsanlagen zwischen 1947 und 1950, in: Ulrich Kluge/Winfried Halder/Katja Schlenker (Hrsg.), Zwischen Bodenreform und Kollektivierung. Vor- und Frühgeschichte der „sozialistischen Landwirtschaft" in der SBZ/DDR vom Kriegsende bis in die fünfziger Jahre, Stuttgart 2001, S. 91–104.

Schlußwort des Generalsekretärs des Zentralkomitees der Sozialistischen Einheitspartei Deutschlands und Stellvertreters des Ministerpräsidenten, Genossen Walter Ulbricht, in: Die erste Konferenz der Vorsitzenden und Aktivisten der landwirtschaftlichen Produktionsgenossenschaften vom 5. bis 6. Dezember 1952 in Berlin, Berlin 1953, S. 226–238.

Gerald Schmidt, Aufgaben und Grundsätze der Preispolitik bei landwirtschaftlichen Erzeugnissen, in: Wirtschaftswissenschaft 6(1958), Sonderheft 5, S. 63–78.

Gerald Schmidt, Die Agrarpreispolitik der DDR. Vorlesungen zur Agrarökonomik, H. 3, Berlin 1960.

Gerald Schmidt, Prinzipien zur Gestaltung eines Systems der Besteuerung der landwirtschaftlichen Produktionsgenossenschaften und zur Neuregelung der Besteuerung der Genossenschafts- und Einzelbauern in der DDR, Diss. Berlin 1957.

Isolde Schmidt, Das Erbrecht an Bodenreformeigentum auf dem Gebiet der früheren Sowjetischen Besatzungszone/DDR von 1945 bis zur Gegenwart, Berlin 1999.

Walter Schmidt, Die Grundzüge der Entwicklung der Landwirtschaft in der DDR von 1945 bis zur Gegenwart (Vorlesungen), Teile I, II/1, II/2, Berlin 1960–1961.

Andreas Schneider, Das Landproletariat der Sowjetischen Besatzungszone 1945/46. Veränderungen in seinem Bestand, seiner Struktur und gesellschaftlichen Rolle zu Beginn der antifaschistisch-demokratischen Umwälzung, Diss. Leipzig 1983.

Jens Schöne, Landwirtschaftliches Genossenschaftswesen und Agrarpolitik in der SBZ/DDR 1945–1950/51, Stuttgart 2000.

Jens Schöne, Das landwirtschaftliche Genossenschaftswesen der SBZ/DDR 1945–1950/51, in: Kluge/Halder/Schlenker (Hrsg.), Bodenreform, S. 157–176.

Jens Schöne, Die Raiffeisengenossenschaften in der SBZ/DDR 1945-54, in: Zeitschrift für das gesamte Genossenschaftswesen 47(1997), S. 180-186.

Volkmar Schöneburg, Rechtsgeschichte im Widerspruch, in: Uwe Ewald/Kersten Woweries (Hrsg.), Entwicklungsperspektiven von Kriminalität und Strafrecht, Festschrift für John Lekschas, Bonn 1992, S. 115-144.

Volkmar Schöneburg, Strafrecht zwischen Machterhalt und Emanzipation, in: Lothar Bisky u. a. (Hrsg.), Rücksichten. Politische und juristische Aspekte der DDR-Geschichte, Hamburg 1993, S. 114-128.

Michael F. Scholz, Bauernopfer der deutschen Frage. Der Kommunist Kurt Vieweg im Dschungel der Geheimdienste, Berlin 1997.

Michael F. Scholz, Kurt Viewegs alternative Agrarpolitik 1956, in: BzG 36(1994), H. 3, S. 78-87.

Hans Schubert, Genossenschaftliche Selbstverwaltung in der Landwirtschaft der frühen DDR und ihre Interessenvertretung, in: Zeitschrift für das gesamte Genossenschaftswesen 41(1991), S. 119-125.

Renate Schultze, Der verschärfte Klassenkampf auf wirtschaftspolitischem Gebiet in der DDR unmittelbar nach ihrer Gründung, in: Jahrbuch für Wirtschaftsgeschichte 1977, Teil II, S. 45-63.

Dieter Schulz, Zur sozialen Entwicklung auf dem Lande in der ersten Hälfte der fünfziger Jahre, in: ZfG 34(1986), S. 210-222.

Dieter Schulz, Probleme der sozialen und politischen Entwicklung der Bauern und Landarbeiter in der DDR von 1945 bis 1955, Diss. Berlin 1984.

Dieter Schulz, Der Weg in die Krise 1953, Berlin 1993.

Frank Schumann, Edwin Hoernle (1883-1952) – Vater der Bodenreform, in: Modrow/Watzek, Junkerland, S. 59-81.

Klaus Schwabe, der 17. Juni in Mecklenburg und Vorpommern, Schwerin 2003.

Monika Schwank/Franz Göttlicher, KPD und demokratische Bodenreform, Dokumentation, in: BzG 17(1975), S. 848-861.

Michael Schwartz, 50 Jahre Bodenreform in der SBZ. Ein Workshop zu Forschungsstand und Kontroversen, in: Deutschland Archiv 28(1995), S. 1299-1302.

Michael Schwartz, Vertriebene und „Umsiedlerpolitik". Integrationskonflikte in den deutschen Nachkriegs-Gesellschaften und Assimilationsstrategien in der SBZ/DDR 1945-1961, München 2004.

Michael Schwartz, Vom „Flüchtling" zum Neubürger, Vertriebenenintegration als gesellschaftspolitisches Problem der deutschen Nachkriegsgesellschaften, in: Grenze und Grenzbewohner, Dokumentation, hrsg. von der Deutsch-Polnischen Gesellschaft Brandenburg e.V., Deutsch-Polnischer Journalistenclub, Guben 1994, S. 26-39.

Michael Schwartz, Zwischen Zusammenbruch und Stalinisierung. Zur Ortsbestimmung der Zentralverwaltung für deutsche Umsiedler (ZVU) im politisch-administrativen System der SBZ, in: Hartmut Mehringer (Hrsg.), Von der SBZ zur DDR, Studien zum Herrschaftssystem in der Sowjetischen Besatzungszone Deutschlands, München 1995, S. 43-96.

Bernhard Seeger, Vom Werden und Wachsen der Produktionsgenossenschaft „Thomas Müntzer", in: Neues Deutschland, 2. 11. 1952.

Gerhard Seidel, Die Landwirtschaft in der Deutschen Demokratischen Republik, Berlin 1961.

Fritz Selbmann, Wandlungen im Wirtschaftsrecht der sowjetischen Besatzungszone, in: Neue Welt, 4(1949), H. 12, S. 68-88.

Katja Seybold, Ländlicher Protest. Der 17. Juni 1953 in Jessen und Umgebung, in: Hermann-Josef Rupieper (Hrsg.), „... und das Wichtigste ist doch die Einheit." Der 17. Juni 1953 in den Bezirken Halle und Magdeburg, Münster u. a. 2003, S. 140-161.

Wladimir S. Semjonow, Von Stalin bis Gorbatschow. Ein halbes Jahrhundert in diplomatischer Mission 1939-1991, Berlin 1995.

V. A. Šestakov, Social'no-ekonomičeskaja politika sovetskogo gosudarstva v 50e – seredine 60ch godov [Die sozialökonomische Politik des sowjetischen Staates von den 50er bis zur Mitte der 60er Jahre], Moskva 2006.

Georg F. Sherman, Soviet policy and Eastern Germany 1952-1954, Oxford 1956.

Das SKK-Statut. Zur Geschichte der Sowjetischen Kontrollkommission in Deutschland 1949-1953, Eine Dokumentation, zusammengestellt und eingeleitet von Elke Scherstjanoi, München 1998.

Josef Sommer, Die Entwicklung der landwirtschaftlichen Produktionsgenossenschaften von 1952 bis 1960, Diss. habil. Berlin 1962.

Sowjetgesellschaft im Wandel. Rußlands Weg zur Industriegesellschaft, Stuttgart u. a. 1966.

Die Sowjetisierung der Landwirtschaft in der Sowjetzone, hrsg. vom Bundesministerium für Gesamtdeutsche Fragen, Hamburg 1951.

Boris Spix, Die Bodenreform in Brandenburg 1945-1947. Konstruktion einer Gesellschaft am Beispiel der Kreise West- und Ostprignitz, Münster 1997.

Horst Spriewald, Die Entwicklung des Neubauerndorfes Wernitz von der Bodenreform bis zum vollgenossenschaftlichen Dorf in betriebswirtschaftlicher Hinsicht, Diss. habil. Berlin 1962.

Horst Spriewald, Die betriebswirtschaftlichen Verhältnisse volkseigener Güter in den Bezirken Potsdam, Frankfurt/Oder und Cottbus sowie ihre Auswirkungen auf die Produktivität und Rentabilität, Diss. Berlin 1957.

Josif W. Stalin, Über die rechte Abweichung in der KPdSU(B), 1924, in: ders., Fragen des Leninismus, Moskau 1947, S. 261-269.

Josif W. Stalin, Fragen des Leninismus, Moskau 1947.

J. W. Stalin, Ökonomische Probleme des Sozialismus in der UdSSR, Berlin 1952.

Dietrich Staritz, Die Gründung der DDR. Von der sowjetischen Besatzungszone zum sozialistischen Staat, München 1984.

Dietrich Staritz, Die SED, Stalin und die Gründung der DDR. Aus den Akten des Zentralen Parteiarchivs des Instituts für Geschichte der Arbeiterbewegung, in: APuZ 5(1991), S. 3-16.

Dietrich Staritz, Sozialismus in einem halben Lande. Zur Programmatik und Politik der KPD/SED in der Phase der antifaschistisch-demokratischen Umwälzung in der DDR, Berlin 1976.

Statistisches Jahrbuch der Deutschen Demokratischen Republik 1955, hrsg. von der Staatlichen Zentralverwaltung für Statistik, erster Jahrgang, Berlin 1956.

Statistisches Jahrbuch der DDR 1960/61, Berlin 1961.

Die Statuten der Landwirtschaftlichen Produktionsgenossenschaften. Rede des Stellvertreters des Ministerpräsidenten, Paul Scholz, in: Die erste Konferenz der Vorsitzenden und Aktivisten der Landwirtschaftlichen Produktionsgenossenschaften vom 5. bis 6. Dezember 1952 in Berlin, Berlin 1953, S. 83-116.

Rolf Steding, Agrarrecht/LPG-Recht, in: Uwe-Jens Heuer (Hrsg.), Die Rechtsordnung der DDR. Anspruch und Wirklichkeit, Baden-Baden 1995, S. 75-94.

Siegfried Stein, Der Kampf der demokratischen Kräfte unter Führung der KPD um die Durchführung der demokratischen Bodenreform in Mecklenburg, Mai 1945 bis Dezember 1945, Diss. Berlin 1961.

André Steiner, Wirtschaftliche Lenkungsverfahren in der Industrie der DDR Mitte der fünfziger Jahre. Resultate und Alternativen, in: Christoph Buchheim (Hrsg.), Wirtschaftliche Folgelasten des Krieges in der SBZ/DDR, Baden-Baden 1995, S. 271-293.

Rolf Stöckigt, Ein Dokument von großer historischer Bedeutung vom Mai 1953, in: BzG 32(1990), H. 5, S. 648-654.

Rolf Stöckigt, Der Kampf der KPD um die demokratische Bodenreform Mai 1945 bis April 1946, Berlin 1964.

Rolf Stöckigt, Der Kampf um die Vorbereitung und Durchführung der demokratischen Bodenreform in der Provinz Sachsen (Mai 1945-April 1946), Diss. Berlin 1962.

Rolf Stöckigt, Direktiven aus Moskau. Sowjetische Einflußnahme auf DDR-Politik 1952/53, in: Brüche, Krisen, Wendepunkte. Neubefragung von DDR-Geschichte, hrsg. von Jochen Černy , Leipzig u. a. 1990, S. 81-88.

Rolf Stöckigt, Zur Bündnispolitik der SED, in: ZfG 27(1979), S. 1115-1120.

Frank Thomas Stößel, Positionen und Strömungen in der KPD/SED 1945-1954, Teil 1, Köln 1985.

Heinz Such, Zu einigen Fragen des Vertragssystem in der volkseigenen Wirtschaft, in: Staat und Recht 1952, S. 49-98.

Heinz Such, Das Volkseigentum, in: Neue Justiz 6 (1949), S. 125–129.

Siegfried Suckut, Blockpolitik in der SBZ/DDR 1945–1949. Die Sitzungsprotokolle des Zentralen Einheitsfront- Ausschusses, Köln 1986.

Siegfried Suckut, Der Konflikt um die Bodenreformpolitik in der Ost-CDU 1945. Versuch einer Neubewertung der ersten Führungskrise der Union, in: Deutschland Archiv 15(1982), S. 1080–1095.

Arnold Sywottek, Deutsche Volksdemokratie, Studien zur politischen Konzeption der KPD 1935–1946, Düsseldorf 1971.

Wladimir A. Tichomirow, Die sozialistische Umgestaltung der bulgarischen Landwirtschaft, aus dem Russ., Berlin 1953.

Kurt Tiedke, Zu einigen Erfahrungen der KPdSU bei der Entwicklung der sowjetischen Landwirtschaft (1953 bis 1960), Berlin 1960.

Günter J. Trittel, Die Bodenreform – ein Beitrag der Besatzungsmächte zur gesellschaftlichen Strukturreform Nachkriegsdeutschlands 1945–1949, in: Zeitschrift für Agrargeschichte und Agrarsoziologie 30(1982), S. 28–47.

Edgar Tümmler, Die Agrarpolitik in Mitteldeutschland. Historische Entwicklung der Landwirtschaft in Mitteldeutschland und ihre agrarpolitische Konzeption, in: Tümmler/Merkel/Blohm, Agrarpolitik, Teil 1, S. 7–20.

Edgar Tümmler/Konrad Merkel/Georg Blohm, Die Agrarpolitik in Mitteldeutschland und ihre Auswirkung auf Produktion und Verbrauch landwirtschaftlicher Erzeugnisse, Berlin 1969.

Die UdSSR und die deutsche Frage 1941–1948. Dokumente aus dem Archiv für Außenpolitik der Russischen Föderation, bearbeitet und hrsg. von Jochen P. Laufer und Georgij P. Kynin unter Mitarbeit von Viktor Knoll, Bde 1-3, Berlin 2004.

Walter Ulbricht, Der Fünfjahrplan des friedlichen Aufbaus. Die Begründung des Gesetzes über den Fünfjahrplan, Berlin. o. J.

Walter Ulbricht, Der Fünfjahrplan und die Perspektiven der Volkswirtschaft (Referat auf dem III. Parteitag der SED), in: Protokoll des III. Parteitages der SED, 20-24. Juli 1950, 2 Bde, Bd. 1, Berlin 1951, S. 338–416 [zitiert: Ulbricht, Fünfjahrplan und Perspektiven (1)].

Walter Ulbricht, Der Fünfjahrplan und die Perspektiven der Volkswirtschaft, Referat und Schlußwort auf dem III. Parteitag der SED, Berlin 20.–24. 7. 1950, Berlin 1950.

Walter Ulbricht, Die Bauernbefreiung in der Deutschen Demokratischen Republik, Band 1: Februar 1945–Juni 1958, Berlin 1961.

Walter Ulbricht, Die demokratische Bodenreform – ein ruhmreiches Blatt in der deutschen Geschichte, Berlin 1956.

Walter Ulbricht, Die gegenwärtige Lage und die neuen Aufgaben der Sozialistischen Einheitspartei Deutschlands, Referat auf der 2. Parteikonferenz der SED, in: Protokoll der II. Parteikonferenz, Berlin 1952, S. 20–161.

Walter Ulbricht, Die neuen Aufgaben der Landwirtschaft, Schlußwort auf der Bauernkonferenz der SED am 19./20. Februar 1949 in Halle, in: ders., Lehrbuch für den demokratischen Staats- und Wirtschaftsaufbau, Berlin 1949, S. 213–253.

Walter Ulbricht, Die wirtschaftlichen Hauptaufgaben im Fünfjahrplan, Rede vor der Volkskammer am 31. 10. 1951, in: Einheit. Zeitschrift für Theorie und Praxis des wissenschaftlichen Sozialismus, 1951, H. 20, S. 1521–1536.

Karl Urban/Fritz Reinert, Die Rolle von Partei und Staat bei der Durchführung und Festigung der demokratischen Bodenreform, Potsdam-Babelsberg 1978.

Die antifaschistisch-demokratische Umwälzung, der Kampf gegen die Spaltung Deutschlands und die Entstehung der DDR von 1945 bis 1949 (Deutsche Geschichte, Band 9), Autorenkollektiv, Leitung Rolf Badstübner, Berlin 1989.

Ol'ga M. Verbickaja, Naselenie rossijskoj derevni v 1939–1959 gg. Problemy demografičeskogo razvitija [Die Bevölkerung im russischen Dorf 1939–1959. Probleme der demografischen Entwicklung], Moskva 2002.

Ol'ga M. Verbickaja, Rossijskoe krest'janstvo: Ot Stalina k Chruščevu, seredina 40ch – načalo 60ch godov [Die russische Bauernschaft. Von Stalin zu Chruščev, Mitte der vierziger–Anfang der sechziger Jahre], Moskva 1992.

Kurt Vieweg, Die nächsten Aufgaben auf dem Lande, in: Einheit. Zeitschrift für Theorie und Praxis des wissenschaftlichen Sozialismus, 1950, H. 12, S. 1061-1069.

Kurt Vieweg, Die Veränderungen der Klassenverhältnisse im Dorf und unsere Bündnispolitik, in: Einheit. Zeitschrift für Theorie und Praxis des wissenschaftlichen Sozialismus, 1950, H. 7, S. 590-602.

I. M. Volkov u. a., Istorija sovetskogo krest'janstva, t.4, Krest'janstvo v gody uproćenija i razvitija socialističeskogo obščestva 1945 – konec 50ch godov [Geschichte der sowjetischen Bauernschaft, Teil 4, Die Bauernschaft in den Jahren der Festigung und Entwicklung der sozialistischen Gesellschaft 1945-Ende der fünfziger Jahre], Moskva 1988.

I. M. Volkov, Trudovoj podvig Sovetskogo krest'janstva v poslevoennye gody: Kolchozy SSSR v 1945-1950 gg [Die heldenhafte Arbeit der sowjetischen Bauernschaft in den Nachkriegsjahren: Die Kolchose in den Jahren 1945-1950], Moskva 1972.

Volle Gleichberechtigung der Landarbeiter. Ein Wendepunkt. Das Gesetz zum Schutze der in der Landwirtschaft Beschäftigten in der Deutschen Demokratischen Republik, hrsg. vom Sekretariat der Nationalen Front des demokratischen Deutschland in Verbindung mit dem Zentralvorstand der IG Land und Forst im FDGB, Berlin o. J. [1950].

Aleksej Viktorovič Voronin, Kooperativnaja politika Sovetskoj vlasti v načale NEPa i krach ideologii „Starovo kooperativizma". Po materialam evropejskogo severa RSFSR [Die Genossenschaftspolitik der Sowjetmacht zu Beginn der NÖP und der Zusammenbruch des „alten Genossenschaftsgedankens". Nach Quellen des europäischen Nordens der RSFSR], Leningrad 1988.

Karl-Eugen Wädekin, Die Bezahlung der Arbeit in der sowjetischen Landwirtschaft, Berlin 1972.

Karl-Eugen Wädekin, Sozialistische Agrarpolitik in Osteuropa, Teil I: Von Marx bis zur Vollkollektivierung, Berlin 1974.

W. Wappenhans, Agrarpolitik in der Zentralverwaltungswirtschaft Mitteldeutschlands und in der Markwirtschaft der Bundesrepublik Deutschland. Ziele und Mittel, in: Osteuropastudien der Hochschulen des Landes Hessen, Reihe I, Gießen 1959,

Elke Warning, Dokumente zur demokratischen Bodenreform, in: BzG 27(1985), S. 634-643.

Hans Watzek, Zur Bodenreform 1945-47, in: Zum deutschen Neuanfang 1945-1949. Tatsachen – Probleme – Ergebnisse – Irrwege. Die Arbeiterbewegung und die Entstehung der beiden deutschen Staaten, Bonn 1993, S. 188-192.

Adolf Weber, Umgestaltung der Eigentumsverhältnisse und der Produktionsstruktur in der Landwirtschaft der DDR, in: Materialien der Enquete-Kommission „Aufarbeitung von Geschichte und Folgen der SED-Diktatur in Deutschland", hrsg. vom Deutschen Bundestag, Bd. II/4, S. 2808-2888.

Hermann Weber, Die DDR 1945-1990, München 1993².

Hermann Weber (Hrsg.), DDR. Dokumente zur Geschichte der Deutschen Demokratischen Republik (1945-1983), München 1987³.

Hermann Weber, Schauprozeßvorbereitungen in der DDR, in: Hermann Weber/Ulrich Mählert (Hrsg.), Terror. Stalinistische Parteisäuberungen 1936-1953, S. 459-486.

Petra Weber, Justiz und Diktatur. Justizverwaltung und politische Strafjustiz in Thüringen 1945-1961, München 2000.

Heinrich Wegener, Die Entwicklung der Landwirtschaft Brandenburgs in den Jahren 1946/47, in: Wirtschaft im Aufbau 1(1947), H. 1, S. 289-293.

Markus Wehner, Bauernpolitik im proletarischen Staat. Die Bauernfrage als zentrales Problem der sowjetischen Innenpolitik 1921-1928, Köln/Weimar/Wien 1998.

Günther Weinschenk, Interdependenz der landwirtschaftlichen Entwicklung in Ost- und Westdeutschland, in: Agrarwirtschaft 41(1992), H. 8/9, S. 230-237.

Udo Wengst, Der Aufstand am 17. Juni 1953 in der DDR. Aus den Stimmungsberichten der Kreis- und Bezirksverbände der Ost-CDU im Juni und im Juli 1953, in: VfZ 41(1993), S. 277-321.

Hermann Wentker, Justiz in der SBZ/DDR 1945-1953. Transformation und Rolle ihrer zentralen Institutionen, München 2001.

Rüdiger Wenzke, Der 17. Juni 1953 im Kreis Zossen. Arbeiterdemonstrationen und Bauernproteste, in: Heimatkalender für den Kreis Zossen, 36(1993), S. 33-38.

Falco Werkentin, „Unser Land habt ihr – aber uns habt ihr noch lange nicht." Widerstand im ländlichen Milieu der SBZ/DDR, in: Klaus-Dietmar Henke/Peter Steinbach/Johannes Tuchel (Hrsg.), Widerstand und Opposition in der DDR, Köln 1999, S. 137–148.

Falco Werkentin, Politische Strafjustiz in der Ära Ulbricht, Berlin 1995.

Falco Werkentin, Wirtschafts-Strafrecht als Instrument der „Revolution von oben" – Justizpolizik der DDR in den 50er Jahren, in: Jahrbuch für Rechtssoziologie und Rechtstheorie 15 (1992), S. 328–351.

Jens Werner, Die Bodenreform. Ein Beitrag zur Eigentumsordnung der DDR, Diss. Jena 1997.

Bernhard Wernet, Zur Rolle und Funktion der Vereinigung der gegenseitigen Bauernhilfe (VdgB) und Demokratischen Bauernpartei Deutschlands (DBD) im Parteiensystem der SBZ/DDR (1945–1952), in: Hermann Weber (Hrsg.), Parteiensysteme zwischen Demokratie und Volksdemokratie. Dokumente und Materialien zum Funktionswandel der Parteien und Massenorganisationen in der SBZ/DDR 1945–1950, Köln 1982, S. 241–280.

Bernhard Wernet-Tietz, Bauernverband und Bauernpartei. Die VdgB und die DBD 1945–1952. Ein Beitrag zum Wandlungsprozeß des Parteiensystems der SBZ/DDR, Köln 1984.

Dieter Westphal, Tradition und Neugestaltung. Die Beendigung der Tätigkeit der Zentralen deutschen Genossenschaftsbank auf dem Gebiet der Sowjetischen Besatzungszone und die Neugestaltung des Bankwesens für die Landwirtschaft der DDR, in: Markus Hanisch (Hrsg.), Genossenschaftsmodelle – zwischen Auftrag und Anpassung, Festschrift zum 65. Geburtstag von Prof. Dr. Rolf Steding, Berlin 2002, S. 51–78.

Gerhard Wettig, Kontrastprogramm ‚antifaschistisch-demokratische Ordnung': Sowjetische Ziele und Konzepte, in: Heinrich Oberreuter/Jürgen Weber (Hrsg.), Freundliche Feinde? Die Alliierten und die Demokratiegründung in Deutschland, München 1996, S. 101–123.

Ernst Weymar, Die Sozialisierung der Landwirtschaft in der Sowjetunion, in Mitteldeutschland und in Jugoslawien, 1. Teil, in: Geschichte in Wissenschaft und Unterricht 11(1960) S. 12–36.

Siegfried Wietstruk, Vom Kreis Teltow zum Kreis Zossen 1949–1952, Zossen 1978.

Charles K. Wilber, The Soviet Model and the Underdeveloped Countries, Chapel Hill 1969.

Hans-Georg Wilhelm, Der Übergang zu landwirtschaftlichen Produktionsgenossenschaften und die Festigung des genossenschaftlich-sozialistischen Sektors in der Landwirtschaft des Bezirkes Neubrandenburg von 1952 bis 1960, Diss. Rostock 1970.

Wolfgang Wilhelmus, Zur Kontinuität der Bündnispolitik der KPD/SED 1945–1949, in: Wissenschaftliche Zeitschrift der EMA-Universität Greifswald, 1965, Gesellschafts- und Sprachwissenschaftliche Reihe Nr. 2/3, S. 377–383.

Manfred Wille, Die demokratische Bodenreform und die sozialistische Umgestaltung der Landwirtschaft in der Magdeburger Börde (1945–1961), in: Hans-Jürgen Rach/Bernhard Weissel/Hainer Paul, Die werktätige Dorfbevölkerung in der Magdeburger Börde. Studien zum dörflichen Alltag vom Beginn des 20. Jahrhunderts bis zum Anfang der 60er Jahre, Berlin 1986, S. 221–254.

Manfred Wille, Die Verabschiedung der Bodenreform in der Provinz Sachsen, in: Bauerkämper, Junkerland, S. 87–102.

Helmut Winzer, Zu einigen Problemen des Übergangs von der einzelbäuerlichen zur genossenschaftlich-sozialistischen Produktionsweise in der Gemeinde Beyern, Hertzberg (1952–1964), Diss. Rostock 1969.

Rudolf Woderich, Zu den Anfängen der Demokratisierung des Dorfes in Ostmecklenburg von 1945 bis Ende 1947, dargestellt vornehmlich am Beispiel des Kreises Neubrandenburg, Diss. Rostock 1964.

Wladimir K. Wolkow, Die deutsche Frage aus Stalins Sicht (1947–1952), in: ZfG 48(2000), S. 20–49.

W. Wunderlich, Die Erzeugerpreisrelationen in der Landwirtschaft der DDR sowie die Faktoren und Methoden ihrer Bestimmung, Diss. Berlin 1960.

Wolfgang Zank, Die Gesellschaftspolitik der KPD/SED 1945–1949, in: APuZ 11(1990), S. 52–62.

Wolfgang Zank, „Junkerland in Bauernhand", in: Die Zeit, Nr. 42, 12. 10. 1990, S. 49.

Wolfgang Zank, Wirtschaft und Arbeit in Ostdeutschland 1945-1949. Probleme des Wiederaufbaus in der Sowjetischen Besatzungszone Deutschlands, München 1987.

Jordan Zarčev, BZNS i izgraždaneto na socializma v B"lgarija, 1944–1962 [Der Bulgarische Bauernvolksbund und der Aufbau des Sozialismus in Bulgarien 1944–1962], Sofija 1984.

I. E. Zelenin, Krest'janstvo i vlast' v SSSR posle „revoljucii sverchu“ [Bauernschaft und Macht in der UdSSR nach der „Revolution von oben“], in: Voprosy istorii, 1996, H. 7, S. 14–31.

I. E. Zelenin, Sovchozy SSSR (1941-1950) [Die Sovchose der UdSSR (1941-1950)], Moskva 1969.

Zentralverordnungsblatt, Amtliches Blatt der Zentralverwaltungen bzw. der DWK und ihrer Hauptverwaltungen sowie der Deutschen Verwaltungen für Inneres, Justiz und Volksbildung, hrsg. von der Deutschen Justizverwaltung in der SBZ, Berlin, Jahrgänge 1947 bis 1949.

Olaf Zinke, Die Transformation der DDR-Agrarverfassung in der Zeit von 1945 bis 1960/61, die agrarpolitische Konzeption der SED sowie die ordnungspolitisch-institutionellen und sozialökonomischen Auswirkungen der SED-Agrarpolitik, Diss. Berlin 1999.

Die Zwangskollektivierung des selbständigen Bauernstandes in Mitteldeutschland (hrsg. vom Bundesministerium für Gesamtdeutsche Fragen), Bonn/Berlin 1960.

Ungedruckte Quellen

1. Stiftung Archiv der Parteien und Massenorganisationen der DDR im Bundesarchiv

Tagungen des Parteivorstandes bzw. Zentralkommitees der SED
SAPMO BArch, DY 30, IV 2/1-
63, 64, 67, 68, 76, 77, 82, 83, 90 bis 92, 95, 96, 101 bis 110, 114 bis 124

Protokolle von Sitzungen des Politbüros des ZK der SED
SAPMO BArch, DY 30, IV 2/2-
1 bis 254
SAPMO BArch, DY 30, J IV 2/2-
255 bis 338

Büro des Politbüros des ZK der SED
SAPMO BArch, DY 30, IV 2/2.01-
1, 302

Protokolle von Sitzungen des Sekretariats des ZK der SED
SAPMO BArch, DY 30, J IV 2/3-
1 bis 412

Stenographische Mitschriften von Konferenzen und Beratungen der SED-Führung
SAPMO BArch, DY 30, IV 2/1.01-
122, 162, 163, 173, 195, 200, 205, 211, 212, 214, 222

Abteilung Parteiorgane
SAPMO BArch, DY 30, IV 2/5-
240

Abteilung Landwirtschaft des ZK der SED
SAPMO BArch, DY 30, IV 2/7-
2, 7,22, 34, 49, 54, 63 bis 67, 72 bis 74, 77, 78, 81, 82, 90 bis 95, 109, 121, 144, 145, 152, 153, 194, 213, 217, 222, 229, 243, 243-1, 244, 256, 257, 262, 263, 266, 282, 290 bis 295, 315, 331, 332, 340 bis 343, 353, 354, 394, 425, 493, 527, 549-1, 551, 561, 634

Abteilung Staat und Recht des ZK der SED
SAPMO BArch, DY 30, IV 2/13-
9, 12, 316, 393, 394, 409

Arbeitsgruppe Kirchenfragen des ZK der SED
SAPMO BArch, DY 30, IV 2/14-
31, 36, 37

Abteilung befreundete Organisationen des ZK der SED
SAPMO BArch, DY 30, IV 2/15-
3 bis 5

Büro Walter Ulbricht
SAPMO BArch, DY 30, IV 2/202-
4 bis 6, 14, 15, 27, 39, 44 bis 46, 60, 63 bis 68, 72, 319, 335, 459, 461, 465, 466

Sekretariat Paul Merker
SAPMO BArch, DY 30, IV 2/2.022 –
1, 2, 7, 12 bis 19, 21 bis 27, 31 bis 34, 38, 42, 45 bis 48, 52, 57, 61, 65 bis 124

Nachlaß Wilhelm Pieck
SAPMO BArch, NY 4036-
395, 657, 658, 694–696, 734–738

Nachlaß Otto Grotewohl
SAPMO BArch, NY 4090-
9, 11, 16, 180, 290, 297, 298, 303, 313 bis 316, 337 bis 340, 437, 445 bis 456, 471, 473, 502, 504, 699

Nachlaß Walter Ulbricht
SAPMO BArch, NY 4182-
7, 50 bis 1075, 1039 bis 1041, 1047, 1053, 1056, 1067 1069 bis 1073, 1081, 1093,1094, 1180 bis 1200, 1206

Nachlaß Fred Oelßner
SAPMO BArch, NY 4215-
53, 111

FDGB
SAPMO BArch, DY 34-
18 d. 305, 42.897.4210,
20038, 20373, 20514, 20711, 21432, 22496, 22501 bis 22506, 22508, 24025, 24026, 24029, 24030, 24033, 24036

Gewerkschaft Land-, Nahrungsgüter- und Forstwirtschaft
SAPMO BArch, DY 44-
10.396.7948, 10.184.6267,
2908, 3707

2. Bundesarchiv, Berlin

Ministerium für Land- und Forstwirtschaft der DDR bzw. Hauptverwaltung für Land- und Forstwirtschaft in der Deutschen Wirtschaftskommission
BArch, DK 1-
29, 75, 85, 86, 137, 138, 150, 152, 153, 155, 205, 247 bis 250, 444, 451, 801, 884, 885, 890 bis 892, 1204, 1206, 1552, 1801, 1818, 1819, 1826 bis 1834, 2270, 2273 bis 2275, 2281, 2283, 2286 bis 2289, 2791, 2794, 2805, 2826, 2827, 2831, 2839, 2927, 2929 bis 2931, 2938, 2967, 3021, 3022, 3025 bis 3033, 3035 bis 3037, 3039, 3040, 3075 bis 3081, 3280, 7310, 7444, 7480, 7492, 7634, 7635, 7690 bis 7693, 8151, 8157, 8159, 8606, 8626, 8689 bis 8694, 8696, 8712, 8713, 8724, 8729, 8801, 8802, 8883, 8885, 8886, 8889, 8895, 9052, 9054, 9056 bis 9069, 9183, 9184, 9436, 9479, 9480, 10326

Ministerium für Arbeit und Gesundheitswesen
BArch, DQ 1-
1349, 1365, 1366, 1386, 1413, 1420, 1554

Deutsche Wirtschaftskommission
BArch, DC 15-
360, 374, 394, 395, 397, 405, 405–1, 412, 412–1, 421, 422, 871, 872

Staatliche Plankommission
BArch, DE 1-
37, 38, 44, 57, 94 bis 111, 125 bis 129, 179, 198, 1522, 1550 3801–3807, 10098, 10109–10113, 10130, 10324 bis 10345, 11006, 11039, 11085, 11125, 11464, 11465, 11497, 11498, 11476, 11506, 11510, 11517, 11518, 11520, 11573, 11613, 11622 , 11625, 11627, 11642 bis 11644, 11726, 11738, 11739, 11743, 11744, 11762, 11789, 12045, 12123, 12166, 12213 bis 12216, 12226, 12273, 12536, 12900, 20016, 20080, 20144 bis, 20147, 20149, 20164 bis 20166, 20216, 20384, 20570, 20649, 25158, 25355, 27394, 27434, 27694, 28099, 28118, 28119, 28166, 28331, 28408, 28436, 28438

Zentrale Kommission für Staatliche Kontrolle
BArch, DC 1-
668, 1180, 1277, 1319, 1343, 1354, 1357, 1367, 1395, 1486, 1544, 1680, 1681, 1994, 2172, 3241, 3312, 5247, 5256

Deutsche Bauernbank
BArch, DN 2-
1–12, 16, 17, 22, 50, 99–103, 105, 124–138, 149, 150, 267 bis 270, 2993, 2995

Ministerrat der DDR
BArch, DC 20 I/3-
8 bis 191

Präsidium des Ministerrats der DDR
BArch, DC 20 I/4-
1 bis 12

3. Archiv der Bundesbeauftragten für die Unterlagen des Staatssicherheitsdienstes der ehemaligen DDR, Berlin

AS 1/54, Bde 1–3; AS 4/54; AS 9/57, Bd. 13; AS 168/56, Bde 1–4, Bd. 6; AU 539/53, Bd. 2; SdM 1446; VVS 2710/53; MfS BdL, 179, 180; MfS HA XX 14, 487; MfS SdM 656; GVS 3007/55; GVS 2281/5; MFS AIM 5079/56, Bd. 1; MfS SAM 1446

4. Außenpolitisches Archiv der Russischen Föderation (AVP RF), Moskau

Apparat des Politberaters beim Vorsitzenden der SKK
fond 457
- opis' 3: papka 13, delo 9
- opis' 5: papka 75, dela 12–21
- opis' 13

fond 457a bzw. 0457 a
- opis' 2: papka 5, dela 15, 19
- opis' 3: papka 28, delo 1
- opis' 4: papka 17, delo 36; papka 20, delo 52
- opis' 7: papka 40, dela 18, 19; papka 41, delo 24
- opis' 9: papka 52, dela 17, 18; papka 51, delo 15
- opis' 10: papka 58, delo 6
- opis' 11: papka 61, delo 19
- opis' 12: papka 65, delo 5
- opis' 13: papka 66, dela 1, 5; papka 71, dela 31, 35, 36
- opis' 15: papka 79, delo 30 ; papka 80, dela 35, 38

Informationsverwaltung der SMAD/SKK
fond 457b bzw. 0457b
opis' 1: papka 70, delo 32
opis' 4: papka 24, delo 32; papka 25, delo 34
opis' 8: papka 49, delo 11
opis' 13: papka 164, delo 61
opis'13a: papka 154, delo 63; papka 155, delo 64
opis' 14: papka 168, delo 37
opis' 14a: papka 168, delo 36; papka 169, delo 38; papka 184, delo 9
fond 457g
opis' 1: papka 6, dela 16, 17, 18
opis' 3: papka 28, delo 1; papka 29, dela 2–4
fond 4570

Sowjetische Kontrollkommission in Deutschland (SKK)
fond 458 bzw. 0458
opis' 3: delo 7, 12
opis' 3m: dela 8, 9
opis' 25: dela 7–9, 11
opis' 72: dela 1, 8, 9, 12, 13, 14, 15, 16
opis' 72 k: papka 258, delo 15
opis' 73 ns: papka 260, delo 5; papka 261, delo 8
opis' 73: dela 4, 5, 7, 8
opis' 82: papka 279, dela 2, 4; papka 280, delo 4
opis' 192: delo 2
opis' 287: delo 1
opis' 314s: papka 280, delo 2; papka 281, dela 7, 9, 10, 11; papka 282, delo 14
opis' 315s: papka 282, delo 1; papka 283, dela 2, 3
opis' 356: dela 4, 5, 6, 9, 12
opis' 365: dela 1, 6
opis' 366: delo 1
opis' 368: delo 1
opis' 383: delo 1
opis' 384: delo 1
opis' 385: papka 765, delo 1
opis' 393: delo 1
opis' 902: papka 812, dela 5, 6

Apparat des Hohen Kommissars der UdSSR in Deutschland
fond 0459
opis' 95c: papka 751, delo 1
opis' 136: papka 800, dela 1, 2

Sekretariat Molotov
fond 06
opis' 12a: papka 51, delo 291; papka 52, delo 309

Referentur Deutschland
fond 82 bzw. 082
opis' 4: papka 20, delo 52
opis' 35: papka 125, delo 37; papka 165, delo 37
opis' 36: papka 182, dela 3 bis 5; papka 182, delo 7; papka 190, delo 68; papka 192, delo 79
opis' 37: papka 206,dela 41, 44
opis' 38: papka 221, dela 7, 8
opis' 40: papka 256, delo 18; papka 261, dela 51, 52

5. Russisches Staatsarchiv für soziale und politische Geschichte (RGASPI), Moskau

Abteilung für internationale Beziehungen des ZK der KPdSU(B)
fond 17, opis' 137

6. Russisches Staatsarchiv für neueste Geschichte (RGANI), Moskau

Protokolle der Sitzungen des Sekretariats
Findhilfsmittel, Kartei
fond 3
  opis' 8: delo 26
  opis' 10: delo 27
fond 4
  opis' 9: dela 667, 720

Außenpolitische Kommission
fond 5
  opis' 22: delo 996,
  opis' 28: dela 3, 7, 8, 17, 53, 54, 59 bis 67, 199, 200, 201, 202

7. Russisches Staatsarchiv für Wirtschaft (RGAE), Moskau

Landwirtschaftsministerium der UdSSR
fond 7486
  opis' 1: dela 5007, 5008, 5415, 5416, 5497, 5499, 5921, 5922, 5980, 5981, 6380, 6381, 6425, 6864–6866, 6905
  opis' 22 (Findbuch)

Ministerium für Staatsgüter
fond 7803,
  opis 1 : dela 1175 bis 1182, 1310 bis 1317, 1442 bis 1448, 1579 bis 1587

Rat für Kolchos-Angelegenheiten beim Ministerrat der UdSSR
fond 9476
  opis' 1: dela 4 bis15, 2556

Staatliches Plankomitee beim Ministerrat der UdSSR
fond 4372
  opis' 58: delo 1053
  opis' 49: delo 832
  opis' 51: delo 999
  opis' 52: delo 1031

Abkürzungsverzeichnis

AfS	Archiv für Sozialwissenschaften und Sozialpolitik
AKD	Amtsblatt des Kontrollrats in Deutschland
APuz	Aus Politik und Zeitgeschichte, Beilage zur Wochenzeitung Das Parlament.
AVP RF	Archiv Vnešnej Politiki Rossijskoj Federacii [Außenpolitisches Archiv der Russischen Föderation], beim Außenministeriums der Russischen Föderation, Moskau
BArch	Bundesarchiv, Berlin
Bd.	Band
Bde	Bände
BGB	Bürgerliches Gesetzbuch
BHG	Bäuerliche Handelsgenossenschaft
BKV	Betriebskollektivvertrag
Bl.	Blatt
BPA	Bezirksparteiarchiv [der SED]
BRD	Bundesrepublik Deutschland
BzG	Beiträge zur Geschichte der Arbeiterbewegung
bzw.	beziehungsweise
ca.	cirka
CDU	Christlich-Demokratische Union
ČSR	Tschechoslowakische Republik
DAL	Deutsche Akademie der Landwirtschaftswissenschaften zu Berlin
DB	Durchführungsbestimmung(en)
DBB	Deutsche Bauernbank
DBD	Demokratische Bauernpartei Deutschlands
DCGG	Deutsche Continental-Gas-Gesellschaft,
DDR	Deutsche Demokratische Republik
deu.	deutsch
DFD	Demokratischer Frauenbund Deutschlands
DHZ	Deutsche Handelszentrale
Diss.	Dissertation
DM	Deutsche Mark
DSG	Deutsche Saatzuchtgesellschaft
dt	Dezitonne
DVLF	Deutsche Verwaltung für Land- und Forstwirtschaft
DWK	Deutsche Wirtschaftskommission
dz	Doppelzentner (100 kg)
e.V.	eingetragener Verein
EVG	Europäische Verteidigungsgemeinschaft
FDGB	Freier Deutscher Gewerkschaftsbund
FDJ	Freie Deutsche Jugend
FN	Fußnote
GBl.	Gesetzblatt der DDR
GDSF	Gesellschaft für Deutsch-Sowjetische Freundschaft
GmbH	Gesellschaft mit beschränkter Haftung
GVVG	Gebietsverwaltung Volkseigener Güter
HA	Hauptabteilung
ha	Hektar
habil.	Habilitation
hm	Hektometer
HO	(staatliche) Handelsorganisation
HV	Hauptverwaltung
IG	Industriegewerkschaft

k. A.	keine Angabe
kg	Kilogramm
KLB	Kreislandwirtschaftsbetrieb
KP	Kommunistische Partei
KPČ	Kommunistische Partei der Tschechoslowakei
KPD	Kommunistische Partei Deutschlands
KPdSU	Kommunistische Partei der Sowjetunion [seit ihrem 19. Parteitag im Oktober 1952]
KPdSU(B)	Kommunistische Partei der Sowjetunion (Bolshewiki) [bis zu ihrem 19. Parteitag im Oktober 1952]
KPSS	Kommunističeskaja Partija Sovetskogo Sojuza [Kommunistische Partei der Sowjetunion]
KWU	Kommunales Wirtschaftsunternehmen
LDPD	Liberal-Demokratische Partei Deutschlands [bis 1951 LDP abgekürzt]
LFW	[Hauptverwaltung bzw. Ministerium für] Land- und Forstwirtschaft
LKK	Landeskontrollkommission
LKSK	Landeskommission für Staatliche Kontrolle
LKW	Lastkraftwagen
LNF	Landwirtschaftliche Nutzfläche
LPG	Landwirtschaftliche Produktionsgenossenschaft
LSchG	Landarbeiterschutzgesetz
lt.	laut
MAS	Maschinen-Ausleih-Station
MTS	Maschinen-Traktoren-Station
MVD	Ministerstvo vnutrennych del [Innenministerium – der UdSSR]
NEP	Novaja ekonomičeskaja politika [Neue Ökonomische Politik]
NÖP	Neue Ökonomische Politik
NS	Nationalsozialismus
NSDAP	Nationalsozialistische Deutsche Arbeiterpartei
o. D.	ohne Datum
o. J.	ohne Jahr
o. O.	ohne Ort
o. U.	ohne Unterschrift
ÖLB	Örtlicher Landwirtschaftsbetrieb
PKW	Personenkraftwagen
RGAE	Rossijskij Gosudarstvennyj Archiv Ekonomiki [Russisches Staatsarchiv für Wirtschaft], Moskau
RGANI	Rossijskij Gosudarstvennyj Archiv Novejšej Istorii [Russisches Staatsarchiv für neueste Geschichte], Moskau
RGASPI	Rossijskij Gosudarstvennyj Archiv social'noj i političeskoj Istorii [Russisches Staatsarchiv für soziale und politische Geschichte], Moskau
RGW	Rat für Gegenseitige Wirtschaftshilfe
RIAS	Rundfunk im amerikanischen Sektor
RM	Reichsmark
russ.	russisch
S.	Seite
SAG	Sowjetische Aktiengesellschaft
SAPMO	Stiftung Archive der Parteien und Massenorganisationen der DDR im Bundesarchiv
SBZ	Sowjetische Besatzungszone
SED	Sozialistische Einheitspartei Deutschlands
SKK	Sowjetische Kontrollkommission in Deutschland
SMA	Sowjetische Militäradministration [in einem der Länder der SBZ]
SMAD	Sowjetische Militäradministration in Deutschland
SMAiD	siehe SMAD
SPK	Staatliche Plankommission

t	Tonne
TAN	technisch begründete Arbeitsnorm
Tsd. t	tausend Tonnen
u. ä.	und ähnliches
u. a.	und anderes; unter anderem
UdSSR	Union der Sozialistischen Sowjetrepubliken
unpag.	unpaginiert
VP	Volkspolizei
USIG	Upravlenie sovetskogo imuščestva v Germanii [Verwaltung für sowjetisches Eigentum in Deutschland]
VdgB	Vereinigung der gegenseitigen Bauernhilfe
VEAB	Volkseigener Erfassungs- und Aufkaufbetrieb
VEB	Volkseigener Betrieb
VEG	Volkseigenes Gut
VfZ	Vierteljahrshefte für Zeitgeschichte
VKP(B)	Vsesojuznaja Kommunističeskaja Partija (bol'ševikov), siehe KPdSU(B)
VO	Verordnung
VP	Volkspolizei
VR	Volksrepublik
VVB	Vereinigung volkseigener Betriebe
VVEAB	Vereinigung volkseigener Erfassungs- und Aufkaufbetriebe
VVG	Vereinigung volkseigener Güter
VVMAS	Vereinigung volkseigener Maschinen-Ausleih-Stationen
ZfG	Zeitschrift für Geschichtswissenschaft
ZGB	Zivilgesetzbuch
ZK	Zentralkomitee
ZKK	Zentrale Kontrollkommission
ZKSK	Zentrale Kommission für Staatliche Kontrolle
ZLGD	Zentralverband der landwirtschaftlichen Genossenschaften in Deutschland
ZPKK	Zentrale Parteikontrollkommission
Ztr.	Zentner (50 kg)
ZVdgB	Zentrale Verwaltung der gegenseitigen Bauernhilfe
ZVOBl.	Zentralverordnungsblatt

Verzeichnis der in der Anlage auf CD-Rom edierten Dokumente und Dokumentenauszüge

Personenregister

www.ingramcontent.com/pod-product-compliance
Lightning Source LLC
LaVergne TN
LVHW092115300926
849161LV00002B/142
* 9 7 8 3 4 8 6 5 7 9 9 4 9 *